近代汉语词汇研究

(增订本)

蒋冀骋 著

2019年·北京

图书在版编目(CIP)数据

近代汉语词汇研究/蒋冀骋著.—增订本.—北京：商务印书馆,2019
ISBN 978-7-100-15990-6

Ⅰ.①近… Ⅱ.①蒋… Ⅲ.①汉语—词汇—研究—近代 Ⅳ.①H134

中国版本图书馆CIP数据核字(2018)第058407号

权利保留，侵权必究。

本书获湖南师范大学中国语言文学一流学科经费资助。

近代汉语词汇研究
（增订本）

蒋冀骋　著

商　务　印　书　馆　出　版
（北京王府井大街36号　邮政编码100710）
商　务　印　书　馆　发　行
北京艺辉伊航图文有限公司印刷
ISBN 978-7-100-15990-6

2019年7月第1版　　　开本710×1000　1/16
2019年7月北京第1次印刷　印张41¼
定价：115.00元

弁　　言

蒋礼鸿

近代汉语的研究,已在现今语言学工作者中进行着,蒋冀骋同志的《近代汉语词汇研究》是其中取得很好成绩的一部著作。他的书规模很大,从近代汉语的时限、近代汉语词汇的来源等等直到近代汉语词义的考释以及记录近代汉语文献的俗字的研究都包括在内。一方面是范围之大,一方面是钻研之细,两者兼而有之,称为力作,可以无愧。

这样一部细大不捐的著作,要一一加以论列是困难的。现在只想提出本书的两个优点。一、一般研究语言的,大抵是就语言谈语言,不越语言雷池一步;而作者则注意到社会生活、文化对近代汉语词义的影响,立专章加以阐发。这样,使近代汉语词义的一部分重要的根源得以上溯明白,比之静态地就语言谈语言开阔多了。二、书中能吸收并时学者研究的成果而加以推衍,如引用张永言先生《论张相〈诗词曲语辞汇释〉》一文对"却"字意义的分析综合出来的字义孳乳的谱系而加以推衍,对张书和其他书籍的一些词目如"着""可""何处""动"等条是。这可以说是"旧学商量加邃密,新知培养转深沉"了。……

这里不妨附带举一个释义精确的例子。书中第七章"近代汉语语源研究"里根据王念孙说古代"隐""意"都有"疑"义说明近代汉语又转为"影"——《娇红记》卷下三折:"末云:我心里有些影他。旦云:怎么影他?末:我见他倚绣幌春心怯,背银釭粉脸羞,我猛觑着紧低头。"《水浒传》三十五回:"宋江听了,心中疑影,没做道理处。""疑影"连文,"影"也是"疑"。"影""意""隐"双声,系一声之转,这三个字是同源词。这样的解释,岂非有根有据,联系确切吗?

任何著作都不免有缺失之处,本书也在所难免,如第七章中释"嫽(僚)、撩、料、誂、调"引《董西厢》的"琴中挑斗"、《百花亭》的"暗中挑斗"、《萧淑兰》的"戏而挑逗",却忘了早在《史记·司马相如列传》中已有"以琴心挑之"的话,见其后而不见其先,未免是疏略。但这类的疏忽在全书中毕竟不多,不过是白璧微瑕而已。

一九九〇年十月

目　　录

绪　　论 ··· 1
　一、近代汉语词汇研究的意义 ··· 1
　二、近代汉语词汇研究的历史和现状 ··································· 7
　三、近代汉语的上下限 ·· 9
第一章　近代汉语词汇研究的基本语料和必读书 ······················ 11
　一、基本语料 ·· 11
　二、入门书 ·· 24
第二章　近代汉语词汇的来源 ··· 36
　一、承古 ·· 36
　二、新造 ·· 43
　三、方俗语和市语行话 ··· 65
　四、外来语 ·· 72
第三章　近代汉语造词法研究 ··· 79
　一、语法造词 ·· 80
　二、音韵造词 ··· 224
　三、字形造词 ··· 235
第四章　近代汉语词义研究 ··· 237
　一、词义与造词语素意义之间的关系 ································ 237
　二、语词意义间关系研究 ··· 241
　三、语词间意义关系研究 ··· 253
　四、近代汉语词义的运动和发展 ···································· 298

第五章　近代汉语词汇与语言诸要素的关系⋯⋯⋯⋯⋯⋯⋯⋯⋯ 360
一、语法与词汇的关系⋯⋯⋯⋯⋯⋯⋯⋯⋯⋯⋯⋯⋯⋯⋯⋯⋯ 360
二、音韵与词汇的关系⋯⋯⋯⋯⋯⋯⋯⋯⋯⋯⋯⋯⋯⋯⋯⋯⋯ 365
三、文字与词汇的关系⋯⋯⋯⋯⋯⋯⋯⋯⋯⋯⋯⋯⋯⋯⋯⋯⋯ 374
四、修辞与词汇的关系⋯⋯⋯⋯⋯⋯⋯⋯⋯⋯⋯⋯⋯⋯⋯⋯⋯ 376

第六章　近代汉语词义与社会文化、生活⋯⋯⋯⋯⋯⋯⋯⋯⋯ 384
一、城乡差别对词义的影响⋯⋯⋯⋯⋯⋯⋯⋯⋯⋯⋯⋯⋯⋯⋯ 384
二、礼仪对词义的影响⋯⋯⋯⋯⋯⋯⋯⋯⋯⋯⋯⋯⋯⋯⋯⋯⋯ 387
三、医学对词义的影响⋯⋯⋯⋯⋯⋯⋯⋯⋯⋯⋯⋯⋯⋯⋯⋯⋯ 392
四、天文历法对词义的影响⋯⋯⋯⋯⋯⋯⋯⋯⋯⋯⋯⋯⋯⋯⋯ 399
五、音乐杂艺对词义的影响⋯⋯⋯⋯⋯⋯⋯⋯⋯⋯⋯⋯⋯⋯⋯ 402
六、风俗习惯和典章制度对词义的影响⋯⋯⋯⋯⋯⋯⋯⋯⋯⋯ 404
七、哲学思想对词义的影响⋯⋯⋯⋯⋯⋯⋯⋯⋯⋯⋯⋯⋯⋯⋯ 413

第七章　近代汉语语源说略⋯⋯⋯⋯⋯⋯⋯⋯⋯⋯⋯⋯⋯⋯⋯ 420
一、近代汉语同源字说略⋯⋯⋯⋯⋯⋯⋯⋯⋯⋯⋯⋯⋯⋯⋯⋯ 420
二、近代汉语事物得名之由说略⋯⋯⋯⋯⋯⋯⋯⋯⋯⋯⋯⋯⋯ 438
三、俗语源说略⋯⋯⋯⋯⋯⋯⋯⋯⋯⋯⋯⋯⋯⋯⋯⋯⋯⋯⋯⋯ 446

第八章　近代汉语新兴虚词例举⋯⋯⋯⋯⋯⋯⋯⋯⋯⋯⋯⋯⋯ 458
一、代词⋯⋯⋯⋯⋯⋯⋯⋯⋯⋯⋯⋯⋯⋯⋯⋯⋯⋯⋯⋯⋯⋯⋯ 458
二、介词⋯⋯⋯⋯⋯⋯⋯⋯⋯⋯⋯⋯⋯⋯⋯⋯⋯⋯⋯⋯⋯⋯⋯ 465
三、副词⋯⋯⋯⋯⋯⋯⋯⋯⋯⋯⋯⋯⋯⋯⋯⋯⋯⋯⋯⋯⋯⋯⋯ 474
四、连词⋯⋯⋯⋯⋯⋯⋯⋯⋯⋯⋯⋯⋯⋯⋯⋯⋯⋯⋯⋯⋯⋯⋯ 488
五、助词⋯⋯⋯⋯⋯⋯⋯⋯⋯⋯⋯⋯⋯⋯⋯⋯⋯⋯⋯⋯⋯⋯⋯ 492

第九章　近代汉语词义考释方法⋯⋯⋯⋯⋯⋯⋯⋯⋯⋯⋯⋯⋯ 499
一、语感揣义⋯⋯⋯⋯⋯⋯⋯⋯⋯⋯⋯⋯⋯⋯⋯⋯⋯⋯⋯⋯⋯ 499
二、诸法证义⋯⋯⋯⋯⋯⋯⋯⋯⋯⋯⋯⋯⋯⋯⋯⋯⋯⋯⋯⋯⋯ 505

第十章　近代汉语常用词演变说略⋯⋯⋯⋯⋯⋯⋯⋯⋯⋯⋯⋯ 543
一、什么是常用词⋯⋯⋯⋯⋯⋯⋯⋯⋯⋯⋯⋯⋯⋯⋯⋯⋯⋯⋯ 543

二、常用词如何演变 544
第十一章　俗字说略 567
　　一、俗字的定义和范围 567
　　二、俗字与正字的关系 569
　　三、俗字形成的类型 575
　　四、俗字的特点 585
　　五、俗字研究的意义 587

附录：壹　敦煌文献校勘方法说略 590
　　　贰　论近代汉语的上限 600

引用和参考文献 628
语词索引 636

后　　记 648
增订本后记 650

绪　　论

经过几代人的努力,汉语史的研究已经取得了令人注目的成就。尤其是上古汉语,由于历代学者,特别是有清一代学者的各方面的探索,更是成绩斐然。纵观整个汉语史,各阶段的发展是不平衡的,详于上古而略于近代,呈虎头蛇尾之势。这是历史造成的。清代以前的语言研究,都是为经学服务的,他们的重点只能是经、子、史(史部的重点在前四史)三部,这些文献的产生年代均在先秦和两汉,故上古汉语的研究比较深入。近代汉语的研究对象大多为诗词、戏曲、小说,古人把它们看作小道,认为无关于治理,故很少有人措意。徐嘉瑞、张相以前,几乎无人问津。但一部汉语史,缺乏任何一个环节都不能说是完整的,语言演变的规律也只有通过研究它的整个历史才能发现。近代汉语上承上、中古,下启现代,是汉语史的一个重要环节,应该给予充分的重视。

一、近代汉语词汇研究的意义

(一) 近代汉语词汇研究是近代汉语其他领域研究的前提

研究任何一门语言,都应先从词汇开始。只有掌握了词汇,才能知其义,才能读懂研究对象。不能读懂研究对象,一切研究都无从谈起。研究近代汉语也是如此。如:若不知道"梦撒(猛杀、懵撒)"义为"没有","镣丁""馒底"是"钱"的意思,就无法理解"空滴溜下老大小荷包,猛杀了镣丁馒底"(《宦门子弟错立身》十二出),也就无法对它进行语法结构分析。

又如:若不知道"食次"是"酒菜、食品"的意思,就会将《水浒传》三十回的"又进一两套食次,说些闲话,问了些枪法"读为"又进一两套食,次说些闲话"(人民文学出版社标点本），就会将"次"理解为序数词，就会将"食次"拆开来分析。

再如：若不知道"奸便"是"奸计"的意思，就会将《敦煌变文集·汉将王陵变》的"莫落他楚家奸便，遂乃揭却一幕"读为"莫落他楚家奸，便遂乃揭却一幕"（人民文学出版社标点本），就会将"便"看作副词，就会将"便遂乃"作为"三副词连用"的例证，做出错误的语法分析。

近代汉语词汇研究可为近代汉语语音研究提供材料。如入声的消失，《中原音韵》已如实予以记录，但词汇研究可为它提供更早的实例。如"是物"一词见于唐初，五代时写作"甚摩"，"是"受"物"字声母影响变为"甚"，"物"则径改写为"摩"，"物"为入声字，"摩"是平声字，则五代时入声已开始消失。又如，表命令的语气助词"着"见于唐代口语，语法作用相同的"者"也见于唐代口语，一为入声，一为上声，似乎也可用作入声消亡的例证。

他如浊音清化、照知合流，m 尾与 n 尾、ŋ 尾合流，皆可从词汇研究中发现更早的例证。此不备述①。

（二）近代汉语词汇研究是汉语词汇史研究的不可或缺的环节

近代汉语词汇是汉语词汇史的一个重要环节。不进行近代汉语词汇研究，就无法揭示汉语词汇由上、中古到现代的全部演变过程，就无法发现它们演变的规律。如：

阿堵　《世说新语·文学》："殷中军见佛经云：'理亦应阿堵上。'"又《巧艺》："顾长康画人，或数年不点目睛，人问其故，顾曰：'四体妍蚩，本无关于妙处，传神写照，正在阿堵中。'"

"阿堵"一词后来演变如何？唐宋尚有个别用例。《寒山子诗集》（后文简称《寒山诗》）："若无阿堵物，不啻冷如霜。"宋释德洪觉范《石门文字禅》："传神写照谁与功，吾闻成在阿堵中。"但皆为沿袭旧语，口语中已不见用例，是否已经消亡？值得研究。

通过对近代汉语词汇的研究，我们发现此词并未消亡。宋元间写作"阿底""兀底"，只是改换了书写形式而已。由于语音的差异，有些地方将词头"阿"读作"兀"，将"堵"读作"底"，故"阿堵"变成了"兀底"。宋张镃《夜游宫·美人》："鹘相庞儿谁有？

---

①　详见本书附录二；或参拙文《论近代汉语的上限》，《古汉语研究》，1990 年第 4 期。

兀底便笔描不就。"《董西厢》卷一："须看了可憎底千万,兀底般媚脸儿不曾见。"《张协状元》四出："兀底一间小屋,四扇旧门。青布帘大写着'员梦如神',纸招子特书个'听声揣骨'。"

入声消失后,"底"与"的"同音,故又写作"兀的"。元李伯瑜《越调·小桃红·磕瓜》："兀的般砌末,守着个粉脸儿色末,诨广笑声多。"马致远《双调·蟾宫曲·叹世》："韩信功兀的般证果,蒯通言那里是风魔？成也萧何,败也萧何,醉了由他。"高安道《般涉调·哨遍·嗓淡行院·尾》："似兀的武光头、刘色长、曹娥秀,则索赶科地沿村转瞳走。"又写作"阿的",《元曲选外编·拜月亭》二折："阿的是五夜其高,六日向上,解利呵过了时晌,下过呵正是时光。不用那百解通神散,教吃这三一承气汤。"又三折："早是没外人,阿的是甚么言语那?"又《哭存孝》三折："阿的好小番也！暖帽貂裘最堪宜,小番平步走如飞。吾儿存孝分诉罢,尽在来人是与非。"

宋朱翌《猗觉寮杂记》："阿堵如言阿底。"庄绰《鸡肋编》卷下："前世谓'阿堵',犹今谚云'兀底'。"宋马永卿《嬾真子》："古今之语大都相同,但其字各别耳。古所谓阿堵者,乃今所谓'兀底'也。"黄朝英《靖康缃素杂记》："阿堵,犹今人言'这个'也。"可为证明。

现代方言尚有"兀底"一词。山西太原："像他兀底个样子,祖辈也成不咥气候。"榆社、榆次、文水："我叫他这底做,他偏要兀底做。"可为证明。这个"兀底"与宋元的"兀底"尽管意义相同,但构词方式可能不一样。宋元的"兀底"的"兀"由"阿"变来,起指示作用的是"底",是"词头＋词根"式;山西方言的"兀底"的"兀"不从"阿"演变来,"兀"与底都起指示作用,是"词根＋词根"式。"兀"起指示作用的原因,可能是由于常跟"那"连用,受"那"的影响,也产生了指示意义。还有一种可能："兀"本身就有指示代词的用法。

如馨 《世说新语·方正》："使君如馨地,宁可斗战求胜?"又作"尔馨""宁馨",又《文学》："田舍儿强学人作尔馨语。"又《品藻》："正自尔馨。"《晋书·王衍传》："何物老妪,生宁馨儿。"《南史·宋·前废帝纪》："取刀来剖我腹,那得生此宁馨儿?""馨"是语尾,没有具体意义。

唐代则只作"宁",《云溪友议》卷中："天人宁底巧,剪水作花飞。"又作"能",殆"宁"之音转。张九龄《庭梅咏》："芳意何能早,孤荣亦自危。"

宋人诗词中也作"能",辛弃疾《水调歌头》:"却怪青山能巧,政尔横看成岭,转面已成峰。"但宋人散文(较接近口语的)则作"恁""恁地"。《洛阳搢绅旧闻记》卷一:"到恁田地,藉个甚?"《五灯会元》卷五"水空和尚":"祇恁便得么?"《朱子语类》卷五:"情是性之发,情是发出恁地,意是主张要恁地。""恁"为"能"之音转,"地"为语尾,不为义。

《说文》:"馨,声也。从只粤声。读若馨。"段注:"谓语声也。晋宋人多用馨字,若'冷如鬼手馨,强来捉人臂','何物老妪,生此(引者按:《晋书·王衍传》原文无"此"字)宁馨儿'是也。馨行而馨废矣。隋唐后则又无馨语,此古今之变也。"依《说文》读若例,则"馨"为"馨"之借用字。《芦浦笔记》卷一"宁馨":"一说以为儿非馨香者,观其语意,似不然。予读《世说》,见晋人言多带馨字,……只如今人说怎地。"郝懿行《晋宋书故》"宁馨"条:"今按宁馨,晋、宋方言即为如此之意。……后世词人喜用宁馨,有平、去二音。而方以智《通雅》以宁馨为呼语词,谓今云能亨,此盖明季方音。证以今时语,或云那杭,或云笯杭,皆即宁馨二字之音转字变耳。又晋、宋人或言尔馨、如馨,或单言馨,此并语词及语余声也。……又以尔馨代宁馨。尔读若你,亦宁之转音矣。"

如此,则"如馨"经过了"如(尔)馨—宁馨—宁—能—恁、恁地"的发展过程。如不对近代汉语词汇进行研究,这种演变过程就无法展现。

索妇 中古为"聘妇"之义。《三国志·魏·吕布传》:"(袁)术欲结布为援,乃为子索布女,布许之。"又《蜀·关羽传》:"(孙)权遣使为子索羽女,羽辱骂其使,不许婚。"《佛说长者子懊恼三处经》:"儿即长大,年十五六,长者夫妇为子索妇,得长者女,端正姝好。"索,求也,本为"求婚"的意思。

中古以后,"索妇"为"娶妇"之义,盖"求婚"义之引申。《须摩提女经》:"若此中有女嫁适彼国,当重刑罚;若彼国索妇将来内入,亦重刑罚。"上句言"嫁适",下句"索"当是"娶"的意思,不"娶"就不能"将来内入"。《北史·杨勇传》:"我为伊索得元家女,望隆基业,竟不闻作夫妻。""竟不闻作夫妻",言有夫妻之名而无夫妻之实,此"索"字也应是"娶"的意思。若只是"求婚",就不能责以"不闻作夫妻"。近代汉语里"索"或写作"色",亦为"娶妻"之义。《敦煌变文集·不知名变文(一)》:"自家早是贫困,日饥恓;更不料量,须索新妇一处作活。"又《䎂鞴书》:"新妇闻之,从床忽起,'当初缘甚不嫌,便即下财下礼?色我将来,道我是底?'"又:"已后与儿色妇,大须稳审。""索妇"即"娶妇"的意思。《老学庵笔记》卷十:"今人谓娶妇为索妇,古语也。"《宾退录》卷九:

"俚俗谓娶妻为索妻,亦有所本。"此其明证。

如此,"索妇"一词的意义由中古到近代经历了"求婚—娶妻"的发展过程。按,《方言》卷六:"索,取也。"《白虎通》云:"娶者,取也。""索妇"之引申为"娶妇",犹"娶"之得声义于"取",取意相同。

(三)近代汉语词汇是现代汉语词汇的直接源头

现代汉语语词大多可在近代汉语中找到它的直接源头。如不了解近代汉语词汇,对现代汉语一些语词的来源和用法就无法解释清楚。

您 《现代汉语词典》解释为"你"的尊称。但"你"可用"你们"表示复数,而"您"则没有这种用法。"您们"一词,虽偶有所见,但不是地道的北京话,而是方言类化的结果。为什么会有这种区别?原因在于:"您"是"你们"的合音,"们"失去韵母,声母与"你"合为一音,即为[nim],今读 nín,是语音演变的结果。徐渭《南词叙录》云:"你每(按,'每'是'们'的早期书写形式)二字合呼为您。"既然"您"是"你们"的合音,当然就不须再加"们"来表示复数了①。

别 否定副词。《辞源》举《红楼梦》为例。其实此词已见于近代汉语,元曲和《金瓶梅》均有用例。详参《近代汉语新兴虚词例举》章。

傻瓜 现代汉语骂蠢子之词。其源可追溯到近代汉语。《广韵·马韵》:"傻,沙瓦切,傻俏,不仁。"祃韵:"傻偢,不仁。""偢""俏"同音,"傻俏"即"傻偢"。"不仁",麻木貌。《素问·痹论》:"皮肤不营,故为不仁。"王冰注:"不仁者,皮顽不知有无也。""傻俏"不见于《玉篇》和王仁昫《切韵》,当是唐宋之际出现的新词。

始则为联绵词,继则单用"傻",再加上指人的词尾"厮",则为"傻厮"。唯意义由原来的"麻木"引申为"愚蠢"而已。《元曲选外编·破窑记》一折:"柴又不贵,米又不贵,两个傻厮,恰好一对。"

加上"角"("角色"之"角"),则为"傻角",《元曲选外编·西厢记》三本三折:"偌早晚,傻角却不来,赫赫赤赤,来。"徐渭《南词叙录》:"傻角,上湿假切,下急了切,痴人也,吴谓呆子。""傻瓜"当是"傻角"的音转。《元曲选外编·延安府》三折:"他扣厅打

---

① 此本吕叔湘《释您、俺、咱、喒,附论们字》一文;吕老另有新说,本文未取。

我一顿,想起来都是傻瓜。"章太炎《新方言》认为"傻"即"俊"字之误,"俊"训"呆"则为"偻"字之借。说多迂曲,恐非是。

打听　取笑　现代汉语分析词的构成,一般对它们避而不谈。为何"听"要用"打","笑"要用"取",一般读者不一定十分清楚。但研究过近代汉语的人就会知道,"打""取"只是一个动词词头,起凑足音节或其他附加语法作用,没有实际意义。"取"用为词头,始于魏晋,唐宋仍之。"打"则是唐宋间新起的动词词头。参见欧阳修《归田录》卷二。

歹　现代汉语中"好歹"的"歹"的直接源头是元代文献,早期写作"觩",元代写作"歹"。宋彭大雅《黑鞑事略》:"(蒙古族)言及饥寒艰苦者谓之觩(觩者,不好之谓)。"《元代白话碑·一二六八年盩厔重阳万寿宫圣旨碑》:"不依体例行做,觩勾当的做啊。"《正字通·角部》:"觩,《字学三正》以觩为好歹之歹。"

后世通行"歹"字,见于《元代白话碑·一二五〇年盩厔重阳万寿宫圣旨碑》:"你每为与了这金宝文字,却隐慝做贼说谎歹人啊。"《宣和遗事》前集:"父亲做歹事,误我受此重罪。"《元曲选·赵氏孤儿》一折:"程婴,你一向在俺赵家门下走动,也不曾歹看承你。"又《墙头马上》二折:"今夜好歹来也,则管里作念的眼前活现。"《元曲选外编·拜月亭》二折:"咱兀的做夫妻三个月时光,你莫不曾见您这歹浑家说个谎?"《西游记》三十回:"想是歹人打劫师父,把马打坏了。"《红楼梦》十一回:"秦氏有几日好些,也有几日歹些。"

《汉语大词典》将敦煌文献中的两个例证作为"歹"字最早用例,不妥。据李思纯《说歹》、徐复老《歹字源于藏文说》的研究,"歹"是元代蒙古族入主中原后进入汉语的,不可能出现在敦煌文献中。考《敦煌变文集·维摩诘经讲经文(一)》:"且希居士好调和,不得因循搅病歹。"又《父母恩重经讲经文(一)》:"若是长行五逆歹人,这身万计应难觅。"前例的"歹"是"多"字之误认;后例的"歹"P.2418号卷字形不很清楚,似"女"字,又似"支"字,潘重规录作"吱",无依据,但绝不是"歹"字。蒋冀骋认为"支"读作"之"。详参蒋氏《敦煌文献研究》。但今天重审原卷,认作"支"也有问题。我们认为,此字是个写错而又点掉的字,由于点的笔画不重,原误字笔画尚存,故既似"女"又似"支"。原文为七字诗,除两处的首句是六言外,其余的都是七言,将此字认作误字,正符合七言诗的要求。原诗是:

为人不解思恩德,返倒父娘生五逆;
共语高声应对人,拟嗔嗔眼如相吃。
伴恶人,为恶迹,饮酒樗蒲难劝激;
长遣慈亲血泪垂,每令骨肉怀愁戚。
释迦尊,留教敕,看取经文须审的;
若是长行五逆攴人,这身万计应难觅。

这段诗歌可看作三首七言诗,每首诗的第三句都是七言,如有"支"字,则破坏了诗的句式。《父母恩重经讲经文》的七言诗歌都很整齐,除有些诗的第一句六言外,其余的都是七言。我们的解释既符合原卷的书写状况,也符合原诗的句式要求。

二、近代汉语词汇研究的历史和现状

近代汉语以晚唐以来俗讲、语录、诗、词、曲、话本、白话小说的语言作为研究对象,凡研究过这方面语词的,都应算作近代汉语词汇的研究工作。但系统地研究近代汉语词汇的第一部著作当推张相的《诗词曲语辞汇释》。在此以前,虽有不少著作间亦考证唐宋方俗语辞,但都显得零星分散,不成系统,没有划时代的意义。如王观国《学林》卷四"方俗声语"、王应麟《困学纪闻》卷十九"俗语有所本"、徐渭《南词叙录》附"俗说"七十条、方以智《通雅》"谚源"和其他考释唐宋以降名物制度语词的章节、田汝成《西湖游览志余·委巷丛谈》、李实《蜀语》、杨慎《俗言》、翟灏《通俗编》、梁同书《直语补证》、胡文英《吴下方言考》、李调元《方言藻》等,尤其是《方言藻》,是第一部专释诗词中口语词的学术著作,但由于收辞太少(仅108条),没有引起人们足够的重视,也没有划时代的意义。

今人徐嘉瑞(1895—1977)的《金元戏曲方言考》是第一部专释戏曲语词的著作。但由于资料和别的原因,此书在释义的准确性和方法的科学性方面都不能令人满意,有些解释简直是望文生义,毫无根据。如将"梦撒撩丁"解释为"梦醒空虚",将"绿豆皮"解释为"年青"。实际上"梦撒"是"没有"的意思,"撩丁"是"钱"的意思,合起来是"没有钱",是市语行话,徐氏据"梦"字释为"梦醒空虚",系望文生义;后者是"请退"的谐音隐语,跟"年青"毫无关系,徐氏据"绿豆"的"绿"而解释为"年青",也是望文生义。尽管开创之功不可灭,但还是起不到划时代的作用。

朱居易的《元剧俗语方言例释》是第一部专释元剧俗语方言的著作。朱先生的书完成在张相书之后,词义解释也有很多精彩的地方,纠正了前人特别是徐书的不少失误;但由于此书的目的主要在读懂元剧,所使用的方法是以曲证曲,偶尔涉及话本小说,取材范围受到限制,因而也有不少失误。尽管此书晚出,但其成就并未超过张相的《诗词曲语辞汇释》,也没有划时代的意义。

我们说张相的著作有划时代的意义,理由是:

1)取材广泛。作者对唐诗、宋词、元曲的语言材料几乎进行了全面的搜集和整理,立词目1171条,是当时释词最多的近代汉语词汇研究著作。

2)释义基本正确,很多新义是张氏首次发明,具有开创之功。

3)方法缜密。首次有意识地使用以诗证诗、以词证词、以曲证曲和诗词曲三者互证的释词方法,是对前人训诂方法的继承和发展。

当代学者在研究近代汉语词汇方面具有里程碑意义的著作,当推蒋礼鸿师的《敦煌变文字义通释》。此书的意义在于:

1)首次对敦煌变文中的口语词进行了系统的研究,开敦煌资料语辞研究之先河;

2)释义较张书更为准确,方法更加科学,材料更加丰富,是词义训释的典范之作;

3)注重溯源探流,具有一定程度的词汇史性质;

4)为汉语词汇史研究提供了丰富的实例,揭示了词义变化的一些规律。

吕叔湘《近代汉语指代词》也做出了突出的贡献。此书对近代汉语指代词进行了系统的研究,讨论语辞用法的同时,注意了溯源探流,并且取得了丰硕的成果。尤其是他在《序》中提出的"晚唐五代上限说",在学术界影响很大。这是一部融词汇和语法研究于一炉的高质量学术著作。

此外,对近代汉语词汇研究有贡献的学者有陆澹安(《小说词语汇释》《戏曲词语汇释》),郭在贻(《训诂丛稿》《训诂学》《郭在贻敦煌学论稿》《敦煌变文集校议》),刘坚(《近代汉语读本》),王锳(《诗词曲语辞例释》《唐宋笔记语辞汇释》),顾学颉、王学奇(《元曲释词》〈一〉〈二〉〈三〉〈四〉),龙潜庵(《宋元语言词典》),胡竹安(《水浒词典》)。

90年代以来,学界在近代汉语领域取得了令人瞩目的成绩,主要成果有:

蒋绍愚《唐诗语言研究》(1990)、《近代汉语研究概况》(1994),白维国《金瓶梅辞典》(1991),李申《金瓶梅方言俗语汇释》(1992),江蓝生《近代汉语探源》(2000)、《近代汉语研究新论》(2008),袁宾《近代汉语概论》(1992)、《二十世纪的近代汉语研究》(与人合著,2001),蒋礼鸿《敦煌文献语言词典》(1994),项楚《敦煌变文选注》(1990)、《王梵志诗校注》(1991)、《〈敦煌歌辞总编〉匡补》(1995)、《寒山诗注》(2000),蒋冀骋《近代汉语词汇研究》(1991)、《近代汉语纲要》(1997)、《敦煌文书校读研究》(1994),黄征、张涌泉《敦煌变文集校注》(1997),徐时仪《古白话词汇研究论稿》(2000),黑维强《敦煌、吐鲁番社会经济文献词汇研究》(2010),方一新《中古近代汉语词汇研究》(2010)。

在近代汉语词汇研究方面取得较大成就的日本学者有:

波多野太郎(《中国小说戏曲词汇研究辞典——综合索引》、《中国小说戏曲词汇研究札记——家藏白话研究文献提要》〈1—14〉)、太田辰夫(《汉语史通考》《中国语历史文法》)、高岛俊男(《水浒传词汇词典稿》)、荀春生(《西游记词语汇释》《古今小说词语汇释》)、香坂顺一(《白话词汇研究》)。

当前近代汉语词汇研究的发展趋势将是:

1)由单个零碎的语词考释走向同体裁书籍语辞和断代语辞的研究;

2)由具体的考释开始走向理论的归纳、规律的探求;

3)进一步加强溯源探流,特别注意与现代汉语词汇做比较研究。

三、近代汉语的上下限

关于近代汉语的上限,国内学者共有三说:王力、潘允中的宋元说,吕叔湘的晚唐五代说,胡明扬的隋末唐初说。

本书上限采用吕叔湘先生晚唐五代说。通过对音韵、词汇、语法三方面的考察,我们认为晚唐五代说比较符合语言实际[①]。

理由是:

---

① 参拙文《论近代汉语的上限》(上)(下),《古汉语研究》,1990年第4期、1991年第2期。

1)语音方面:a)轻唇音开始分化;b)舌上音已开始与照三合流;c)全浊声母开始清化乃至消失;d)入声韵尾开始失落;e)-m尾开始与-n尾、-ŋ尾合流。

2)词汇方面:a)更加口语化。b)广泛使用词头、词尾"子""老""头""打"以创造新词。虽然"子""头"已见于中古,而且使用频率也比较高,但用法上还有一定限制,一般只能附在名词后,而不能附在动词、形容词后。晚唐以后,才没有这种限制,如"叫子""望子""明头""暗头"。至于"老""打"用作词头,则是唐五代才出现的。c)双音节词大量出现,已开始接近现代汉语的双音词比例。d)出现大量新词新义。应该指出,近代汉语词汇研究的语料主要是口语性比较强的文献,如变文、语录、诗词曲、小说等,中古文献除汉译佛典、道藏外,留传下来的口语文献不太多,考察起来比较困难。一个时代有一个时代的新词新义,非独近代汉语为然。e)出现大量外语借词。每当民族交流、融合的力度比较大的时候,外语借词就会大量出现。一个时代有一个时代的借词,非独近代为然;所不同者,程度有大小,融合有浅深而已。就近代而言,有些借词已成为汉语词汇的有机组成部分,一般人已看不出它的来源了,如"好歹"的"歹"。

3)语法方面:a)出现了新的指代词,如"儿""奴""这""那"等。b)出现了新的语气助词。如"了""哩""呢""那"。c)被动句有了新发展。形式上新出现了用"吃"表被动的句式;用法上,可以引进词组做行为主动者,动词可以带宾语。d)处置式也有了新发展。形式上,除用"将""把"做处置词外,还可用"捉",见《敦煌变文集》;用法上,处置对象可以是词组和名词性短语结构。

近代汉语的下限本书以明末清初为界。这一点语言学界分歧不大,不拟陈述理由。

第一章 近代汉语词汇研究的基本语料和必读书

一、基本语料

所谓基本语料,实际上指的是研究对象。近代汉语词汇研究以口语性强的语料为研究对象。唐宋至明清,哪些文献口语性较强,可以做我们的研究对象呢?

(一)唐代诗歌

唐代诗歌主要收录在《全唐诗》《全唐诗补编》《全唐五代词》等集子里。各书的口语程度不一样,当分别介绍。

《全唐诗》《全唐诗补编》的语言有口语成分,也有很大程度的文言成分。由于口语的强大影响,纵使是不太使用口语的作者在作诗时也会不经意地使用口语,从而露出"口语"的春消息,成为我们研究近代汉语词汇的资料。如徐贤妃《赋得北方有佳人》:"由来称独立,本自号倾城。"其中"由来""本自"应是当时口语。高适《秋胡行》:"从来自隐无疑背,直为君情也相会。"岑参《赴北庭度陇思家》:"西向轮台万里余,也知乡信日应疏。"副词"也"六朝时期已见用例,唐代文言文献用得也不多,唐诗中的这些例证反映了当时口语。纵是诗圣杜甫,其诗作中也有不少口语。孙奕《履斋诗说》卷十:"子美善以方言里谚点化入诗句中,词人墨客,口不绝谈。"他举了二十余例来证明杜诗的这个特点,其中有"吾家老孙子,质朴古人风"(《吾宗》)、"客睡何曾着,秋天不肯明"(《夜客》)、"父母养我时,日夜令我藏"(《新婚别》)、"见耶背面啼,垢腻脚不袜"(《北征》)、"床前两小女,补绽才过膝"(《北征》),以及"南村群儿欺我老无力,忍能对面为盗贼。公然抱茅入竹去,唇焦口燥呼不得"(《茅屋为秋风所破歌》)等,几乎都是以日常口语组成的诗句。有些在当时看来十分"鄙俗"的字眼,一般诗人不敢使用,但杜甫也同样大胆引入诗中。比如"吃"字在唐代就是个口语词,在文言中与之相对的是"食",但杜诗中常用"吃"而不用"食"。如"对酒不能吃"、"楼头吃酒楼下卧"、"但使残年饱吃饭"、"梅熟许同朱老吃"等①。

至于有些作者,本以口语入诗作为自己的创作追求,其诗作便理所当然地成为我们的研究语料。如元稹、白居易的诗,孟郊、卢仝的诗,罗隐、卢延让的诗,顾况、杜荀鹤的诗,寒山、贯休的诗,吕岩、齐己的诗,王梵志诗,口语性都很强,是研究近代汉语的重要资料。陆游《老学庵笔记》卷四:"今世所道俗语,多唐以来人诗。'何人更向死前休',韩退之诗也;'林下何曾见一人',灵澈诗也;'长安有贫者,为瑞不宜多',罗隐诗也;'世乱奴欺主,年衰鬼弄人'、'海枯终见底,人死不知心',杜荀鹤诗也;'事向无心得',章碣诗也;'但有路可上,更高人也行',龚霖诗也;'忍事敌灾星',司空图诗也;'一朝权入手,看取令行时',朱湾诗也;'自己情虽切,他人未肯忙',裴说诗也;'但知行好事,莫要问前程',冯道诗也;'在家贫亦好',戎昱诗也。"

王楙《野客丛书》卷二四"以鄙俗语入诗中用"条:"唐人有以俗字入诗中用者。如张佑(冀骋按:应作'祜',可能是校勘的原因,《全唐诗补编》作'张祜',下同)诗'银注紫衣擎',许浑诗'橘边沽酒半坛空',元微之诗'橹窸动摇妨客梦',杜子美诗'遮莫邻鸡下五更',权德舆诗'遮莫雪霜撩乱下',杜荀鹤诗'子细寻思底模样',曰'帝乡吾土一般般',曰'万般无染耳边风',张佑(冀骋按:《全唐诗》作'张祜')诗'归来不把一文钱',曰'酒引娇娃活牡丹',戴叔伦诗'秋风里许杏花开,杏树旁边醉客来',王建诗'杨柳宫前忽地春',曰'万事风吹过耳轮',曰'朝回不向诸余处',曰'若教更解诸余语',曰'新晴草色暖温暾',白乐天诗'池水暖温暾',此类甚多。'旁边'二字见徐陵《杂曲》。"

全唐五代词的口语程度也很高,是研究近代汉语词汇的重要材料。

应该指出,唐代诗歌的时间跨度大,作者望地也不一样,故不能作为一时一地的语料使用。

在这方面取得重要成绩的有项楚先生的《寒山诗注》、蒋绍愚先生的《唐诗语言研究》。

---

① 这段话和下文的《老学庵笔记》引自孟昭连《唐诗的口语化倾向》一文,《徐州工程学院学报》,2012 年第 6 期。

（二）敦煌文献

敦煌文献涉及近代汉语词汇的有敦煌变文，敦煌歌辞、诗赋、小说和敦煌经济文书等。

变文源于变相。变相是为了敷演佛经内容而绘成的一幅幅具体图像。这些图像，幅幅相连，以表现佛经的故事情节。一般绘制在石窟、寺院的墙壁或纸帛上，是传播佛教教义的通俗艺术。《坛经·行由品》："拟请供奉卢珍画《楞伽经》变相及五相血脉图，流传供养。"清叶廷琯《鸥陂渔话·石唯庵残稿》："断碑已失前朝字，画壁犹存变相图。"范文澜、蔡美彪等《中国通史》第三编第七章第六节："变的意思是变原样，依照佛经所说，作成绘画的形状，叫做变相。"变文就是解说这些图画内容的文字。几乎每一幅画旁边都有一段长短不一的文字来对绘画的内容进行解说，变文中的"××处若为陈说"，即可证明。后来"文"脱离"相"独立发展，逐渐演变成为一种说唱体的文学体裁。变文有变、因缘、缘起、讲经文、话等不同的称呼。大致可分为佛经故事和非佛经故事两类。比较有影响的衷辑和整理著作有周绍良编《敦煌变文汇录》，王重民等编《敦煌变文集》，潘重规编《敦煌变文集新书》；整理著作有项楚《敦煌变文选注》，黄征、张涌泉《敦煌变文校注》；校勘方面的著作有郭在贻、张涌泉、黄征《敦煌变文集校议》，蒋冀骋《敦煌文献研究》；词汇研究的代表作有蒋礼鸿《敦煌变文字义通释》。

敦煌歌辞收集的集大成者为任二北《敦煌歌辞总编》，包括曲子词、佛曲、俚曲小调、儿郎伟等，为我们的研究提供了较完备的资料。此书的不足之处是，过录和校勘不太精细，有时随意更改原文，使用时应注意核对原卷。项楚先生有《〈敦煌歌辞总编〉匡补》，使用时可以参阅。

诗赋类作品数量较多，除王梵志诗等释道诗歌、民间诗歌外，还有署名白行简的《天地阴阳交欢大乐赋》。王梵志诗的整理和研究著作有张锡厚的《王梵志诗校辑》、项楚先生的《王梵志诗校注》。《校注》纠正了前人校勘、注释方面的大量错误，考释了部分俗语词，尤其是以佛典、佛理说释王梵志诗，可谓得其肯綮，开当时一代学风，是王梵志诗整理校释的经典之作。整理敦煌赋类的著作有伏俊连的《敦煌赋校注》，用力亦勤，可以参阅。

小说类作品有佛教灵验记、志怪小说(《搜神记》等)、志人小说(《启颜录》《孝子传》等)、传奇小说(《秋胡小说》《唐太宗入冥记》等)、话本小说(《韩禽虎话本》《庐山远公话》等),收集裒辑的集大成者为张涌泉《敦煌小说合集》。

敦煌经济文书有籍帐、契约、法令、会计文书、社邑文书、斋文、书仪等,唐耕耦、陆宏基主编的《敦煌社会经济文献真迹释录》收录得比较全面,其中契约之类的公私文书涉及了当时敦煌社会生活的各个方面,是当时的社会底层人用俗语记录的底层人民的生活,是研究近代汉语的重要资料。黑维强《敦煌、吐鲁番社会经济文献词汇研究》、张小艳《敦煌书仪语言研究》研究这些资料的语言,取得了较好的成绩。

王梵志五言诗:

良田收百顷,兄弟犹工商。却是成忧恼,珠金虚满堂。满堂何所用?妻儿日夜忙。行坐闻人死,不解暂思量。贫儿二亩地,干枯十树桑。桑下种粟麦,四时供父娘。图谋未入手,祇是愿饥荒。结得百家怨,此身终受殃。

本是尿屎袋,强将脂粉涂。(原注:"音茶。")凡人无所识,唤作一团花。相牵入地狱,此最是冤家。

照面不用镜,布施不须财。端坐念真相,此便是如来。

大皮裹大树,小皮裹小木。生儿不用多,了事一个足。省得分田宅,无人横煎魇。但行平等心,天亦念孤独。我身虽孤独,未死先怀虑。家有五男儿,哭我无所据。哭我我不闻,不哭我亦去。无常忽到来,知身在何处?

世间何物贵?无价是诗书。了了说仁义,愚夫都不知。深房禁婢妾,对客夸妻儿。青石凳行路,未知身死时。(摘录于《全唐诗补编》)

敦煌变文:

其夜,西楚霸王四更已来,身穿金〔钾〕,揭上(去)头牟,返衔(牙)床如坐,诏钟离末附近帐前。钟离末蒙〔诏〕趍至帐前,叫呼万岁。楚王曰:"在夜甚人斫营?与寡人领将一百识文字人,抄录将来!"钟离末唱喏出门,顷刻之间,便到两军,抄录已了,言道:"二十万人,总着刀箭,五万人当夜身死。"霸王闻语,转加大怒:"过在甚人?"钟离末奏曰:"过在左将丁腰、右将雍氏。"拔至帐前:"遣卿权知南游奕,何不存心觉察,放汉将入界,斫破寡人六十万军营?"二将答曰:"口称四更已来捉得。"霸王问曰:"捉得不得?"二将奏曰:"被汉将诈宣我王有敕,赚臣落马受口敕之次,决鞭走过,踏后如趁,双弓背射,损却五十余人。"霸王问曰:"甚人斫营?"奏曰:"汉家左先锋兵马使兼御史大夫王陵,右先锋兵马使兼御史大夫灌婴。临去传语我王,今夜且去,明夜还来,交王急须准备。"二将交雪罪过,过在钟离末。霸王曰:"拔至帐前!""何不存心,放汉将斫破寡人军营?领出军门,斩为三段。"钟离末答曰:"臣启陛下,与陛下捉王陵去。"楚王曰:"王陵斫营得胜,却归汉朝,甚处捉他?"钟离末奏曰:"王陵须是汉将,住在绥州茶城村。若见王陵,捉取王陵;若不见,捉取陵母。将来营内,若楚蒸煮疗治,待捉王陵不得之时,取死不晚。"钟离末领三百将士,人又衔媒(枚),马又勒辔,不经旬日,便到绥州茶城村,围绕陵庄,百匝千遭。新妇检挍田苗,见其兵马,敛袄堂前,说其本情处,若为陈说:

  陵妻亦(一)见非常怪,敛袄堂前说本情。

  陵母称言道不畏,应是我儿斫他营。

  只是江东项羽使,遂交左右出封迎。

  离末拔剑至街前,犀甲弯弓臂上悬,

  先说王陵斫营事,然后始称霸王言。

  身是楚将钟离末,伏仕霸王八九年。

  何期王陵生无赖,暗听点漏至三更,

  损动霸王诸将士,枉煞平人数百千。

  火急西行自分雪,霸王固取莫摧(推)延。……(摘录自《敦煌变文集新书》)

  应该指出,敦煌文献的时间跨度较长,有六朝的,也有北宋的,书写地点有本地的,也有外地书写携带来的,不是一时一地之作。但其主体部分应是唐五代的作品,且带有较明显的西北方言特点。由于明代以后,退守嘉峪关,当地居民大多内迁,遂使敦煌人口稀少,今日的敦煌居民,大多是清代以后从各地迁移过去的,因而现代的敦煌方言与唐五代敦煌方言有较大的差异,不能仅依现代敦煌方言来校释敦煌文献,否则会发生失误。纵使是当时的居民,所使用的语言,也不一定是统一的。戍边的兵卒、迁客、逃户、罪犯等皆来自外地,且占当地居民的大部分,所以方言成分比较复杂。

除各自的方言外,应该还有一种各地人皆能听懂的官方语言,否则他们无法互相交流。就是这种官方语言,经过一千多年的发展,跟现代的西北方言也应有很大的差异,二者应不是同质的语言。所以,用现代西北方言简单地比附敦煌文献的语音和词汇时,应谨慎。罗常培的《唐五代西北方音》,可以作为校勘时音韵方面的参考;但此书只描写字音,没有也不可能涉及词汇。

值得一提的是,敦煌文献中有记录民间口头语词和日常生活用语的通俗辞书《字宝》《俗务要名录》,对考释敦煌文献有重要的参考价值。

敦煌文献是俗人用俗字、俗语记俗事的作品,太多的俗字、俗语,给我们的阅读带来困难,所以使用时应当校勘。要校勘敦煌文献,必须识俗字。如何识俗字,如何校勘敦煌文献,请参阅本书第十一章《俗字说略》和附录一《敦煌文献校勘方法说略》。如对敦煌俗字有兴趣,张涌泉君有《敦煌俗字研究》和《敦煌写本文献学》,杨宝忠君有《疑难字考释与研究》《疑难字续考》,均可细细研读。后起之秀郑贤章君,也有俗字研究的著作,如《〈龙龛手镜〉研究》《〈新集藏经音义随函录〉研究》《〈郭逸经音〉研究》。各有各的领域,各有各的贡献,均当研读。

(三)外国人用汉文撰写的文献

唐宋时期的这类文献有日僧圆仁的《入唐求法巡礼行记》、圆珍《行历抄》、成寻的《参天台五台山记》,元代有《元代白话碑》《元典章》《元朝秘史》,明代朝鲜汉语教材有《老乞大》《朴通事》《训世评话》。这些文献中影响最大的,唐宋间首数《入唐求法巡礼行记》,元代的首数《元代白话碑》《元典章》,明代的首数《老乞大》《朴通事》。

《入唐求法巡礼行记》有不少当时的口语,是研究近代汉语词汇的重要资料。我们摘录其中的一段,以见一斑。

〔二月〕廿日,缘公事未备足,不得进发。午时,先入京使内监国信春道宿祢永藏、杂使山代吉永、射手上教继、长判官傔从白鸟、村清、清岑等十余人乘一船来,便闻:大使等以今月十二日到楚州住。缘上都不得卖买,便差前件人等为买杂物来。又闻:大使以下总卧病,辛苦无极。病后渐可。第二舶判官藤原丰并路间卧病,不任辛苦,死去。自外诸人并皆平善。真言请益圆行法师入青龙寺,但得廿日雇廿书手写文疏等。法相请益法师不得入京,更令弟僧义澄着冠、成判官兼从令入京。勾当军将王友真相随向楚州去。不许永藏等卖,……即打鼓发去。监国信传大使宣云:请益僧发赴台州之事,大使到京三四度奏请,遂不被许。第四舶射手一人、水手二人缘强凌唐人,先日捉缚,将州着枷,未被免。未时,出东郭水门。不久之间,第四舶监国信并通事缘买敕断色,相公交人来唤,随使入州去。诸船到禅智寺东边停住,便入寺巡礼。晚际,第四舶通事、知乘等被免趋来。长〔判〕官傔从白鸟、清岑、长岑、留学等四人为买香药等下船到市,为所由勘追,舍二百余贯钱逃走,但三人来。(卷一)

董志翘君的《〈入唐求法巡礼行记〉词汇研究》,深入研究了《入唐求法巡礼行记》的词汇,很见功力,多有创获,可以参阅。

《元代白话碑》和《元典章》都是用白话写就的,但其中有相当一部分蒙古语成分,使用时尤当注意。我们摘录《元典章》中的一段,以见一斑。

大德六年九月,行台准御史台咨:奉中书省札付,蒙古文字译该:中书省官人每根底,宝哥为头也可扎鲁忽赤每言语:虎儿年正月二十二日,[也]可[扎]鲁忽赤(校记:元刻本无"也""扎"二字,疑脱。沈刻本同。岩本径补)宝哥、秃忽鲁由、德怗里、脱欢,上位奏:"在先,蒙古重囚的勾当断呵,钦依薛禅皇帝圣旨:'月儿鲁那颜、月赤察儿两个根底商量了,上位奏来。'前者,月赤察儿被差之后,咱上位奏:'完泽、阿忽歹两个根底,商量了奏那?'奏呵,'那般者。'么道圣旨有来。省官人每,俺根底行将文字来:'台官人每奏:"'如今,也可扎鲁忽赤里重囚有呵,立着蒙古文字,交俺审问有。是人命的勾当有。如今,交立汉儿文卷,俺根底行将文字来呵,俺差监察每,交审问怎生?'么道,奏呵,'那般者。'圣旨了也。"么道,俺根底行将文字来有。咱每从在先,蒙古重囚的勾当,不曾立汉儿文字来;他每根底行的文字,也无有来。如今,咱每的蒙古勾当根底,与汉儿的勾当里,交厮似行的一般有。'如今,俺依着在先体例里,'蒙古重囚,完泽、阿忽歹两个根底商量者,奏呵,怎生?'商量了,奏呵,'那般者。'么道,圣旨了也。奏时分,速古儿赤马哈某沙、阿塔赤燕忽儿的哈、借(校记:当为"昔"之讹刻,沈刻本、岩本已订)宝赤哈只等有来。如今依着圣旨体例里,行(校记:沈刻本脱,陈氏未校出)将文字去也。"拟此,照得:先为本台呈奏奉圣旨节该:"也可扎鲁忽赤重罪过的人,取了蒙古状子,也立着汉儿案卷。与文字,交监察每审复。"钦此。(《元典章·刑部》"审复蒙古重刑")

《老乞大》《朴通事》是朝鲜时代学习汉语的教材,其口语性自不待说;《训世评话》既是学习汉语的教材,又是朝鲜时代用于教化的通俗文学,其口语性也很强。我们摘录《老乞大》中的一段,以见一斑。

大哥,你从那里来?
我从高丽王京来。
如今那里去?
我往北京去。
你几时离了王京?
我这月初一日离了王京。
既是这月初一日离了王京,到今半个月,怎么才到的这里?
我有一个火伴落后了来,我沿路上慢慢的行着等候来,因此上来的迟了。
那火伴如今赶上来了不曾?
这个伙伴便是,夜来才到。
你这月尽头到的北京么?
到不得。知他,那话怎敢说?天可怜见,身已安乐时,也到。
你是高丽人,却怎么汉儿言语说的好?
我汉儿人上学文书,因此上些少汉儿言语省的。
你谁根底学文书来?
我在汉儿学堂里学文书来。(卷上)

应该指出,这类文献的作者是外族人,其所用汉语不是很纯正,难免会带有本族语言的特点,或使用本族语言的词汇,而用汉字写出,读者不易发现,如《入唐求法巡礼行记》中"遣"之"去往"义、"驾"之"上船"义、"见"之"看"义、"落"之"抛弃"义、"若"

之用作"推测"语气,"依"之"因为"义,皆日语词汇之掺入汉语者[①]。或掺杂本族语言的语法格式,读起来有点怪怪的,如《老乞大》《朴通事》。如"因此上些少汉儿言语省的",汉语语序应是"因此上省的些少汉儿言语",由于朝鲜语是动词后置语言,故将"省的"置后,我们不能据此认为明代汉语动词可以放在宾语后面。使用这些文献时应当注意这种现象。

(四)禅宗文献

禅宗是佛教的中国化。它讲究教外别传,不立文字,直指人心,见性成佛;认为生活就是修行,无需再去坐禅、念经修持。虽然不立文字,但各种各派的发展轨迹、流行脉络、宗主的传教历史,还是要靠文字传承下来。正是这些文字,既为禅宗的发展史研究提供了资料,也为语言研究提供了资料。由于不立文字,直指人心,读经不再是一件重要的必修功课。禅宗的经只有《心经》《金刚经》《圆觉经》《楞伽经》《楞严经》《维摩诘经》和《六祖坛经》。这些经典都不长,也符合禅宗的"直指人心,见性成佛"。尤其是《六祖坛经》,是中国人所创作的唯一一部称为经典的经。正是这部《六祖坛经》打破了禅宗的一脉单传,使禅宗从贵族宗教走向了平常人家,使禅宗成为中国自己的宗教。正因为走向平常人家,遂使一般的没有文化或文化程度不高的老百姓也能修持。这种一般百姓的宗教修持活动,当然使用的是老百姓的口头语言,故记录他们活动的灯录和其他文献,也充满了口语,为我们的语言研究提供了宝贵的资料。这类资料主要有:

《祖堂集》,二十卷。五代南唐泉州招庆寺静、筠二禅僧编。记述自迦叶以至唐末、五代共二百五十六位禅宗祖师的主要事迹及问答语句,而以南宗禅雪峰系为基本线索,是现存最早的禅宗史书。此书在中国佚失已久,日本学者关野贞、小野玄妙等人于 20 世纪 20 年代在朝鲜发现。"二战"后,日本花园大学复印《祖堂集》的普及本;1972 年,柳田圣山又在日本出版该书之影印本,遂得以广泛流传。

我们摘录其中的一段,以见一斑。

寺东有石如台,乃庵其上,时人号石头和尚焉。此台则梁海禅师得道之台

[①] 董志翘:《〈入唐求法巡礼行记〉词汇研究》,57—71 页,中国社会科学出版社,2000 年。

也。师初至南台，师僧去看，转来向让和尚说："昨来到和尚处问佛法、轻忽底后生来东石头上坐。"让曰："实也无？"对曰："实也。"让便唤侍者曰："你去东边子细看，石头上坐底僧，若是昨来底后生，便唤他。若有应，你便道：'石上偬惇子，堪移此处裁。'"侍者持此偈举似师。师答曰："任你哭声哀，终不过山来。"侍者却来举似让和尚。和尚云："这阿师！他后子孙噪却天下人口去。"又教侍者问法。侍者问法。侍者去彼问："如何是解脱？"师曰："阿谁缚汝？""如何是净土？"师曰："阿谁垢汝？""如何是涅般？"师曰："谁将生死与汝？"侍者却来举似和尚。和尚便合掌顶戴。此时有坚固禅师、兰、让三人为世宗匠，佥曰："彼石头有真师子吼。"师唤主事具陈前事。主事曰："乞师有事处分。"和尚领众去东边见石头。石头又强为不得，起来迎接，相看一切了，让和尚与石头起院成持也。僧问："如何是祖师西来意？"师曰："问取露柱去。"僧曰："不会。"师曰："我更不会。"大颠问："古人道：'道有道，无二谤。'请师除。"师曰："正无一物，除个什摩？"师索大颠曰："併却咽喉唇吻，速道将来。"对曰："无这个。"师曰："若与摩则你得入门也。"僧问："如何是本来事？"师曰："汝因何从我觅？"进曰："不从师觅，如何即得？"师曰："何曾失却那作摩？"（卷四"石头和尚"）

《祖堂集》带有一定程度的闽方言特点，可以与现代闽方言相互参证。

《景德传灯录》，三十卷。宋景德元年(1004)东吴道原撰。唐金陵沙门慧炬(或作智炬)、天竺三藏胜持于贞元十七年(801)编次禅宗诸祖传记、偈谶及宗师机缘，为《宝林传》。光化二年(899)，华岳玄伟禅师编次贞元以来禅宗宗师机缘，为《玄门圣胄集》。道原在《宝林》《圣胄》等传的基础上，续后梁开平以来宗师机缘，撰成此书。书成以后，诣阙进呈，宋真宗诏翰林学士杨亿等刊削裁定，历时一年，方藏其事。本书所记禅宗世系源流，上起七佛，下止大法眼文益法嗣，共52世，1701人。其中951人有机缘语句，其他有名无文。是当时比较完备的灯录之作，产生了巨大的影响。

《五灯会元》，二十卷。宋理宗淳祐十二年(1252)，一说绍定间杭州灵隐寺普济编集。"五灯"系指五部禅宗灯录：①北宋法眼宗道原的《景德传灯录》；②北宋临济宗李遵勖的《天圣广灯录》；③北宋云门宗惟白的《建中靖国续灯录》；④南宋临济宗悟明的《联灯会要》；⑤南宋云门宗正受的《嘉泰普灯录》。"五灯"共150卷，内容层见叠出，诸多重复。《五灯会元》括摘枢要,芟夷枝蔓,使灯录更符合禅宗史书的性质。虽然篇幅减少了一半以上,也没有拈古、颂古等内容,但对宋末之前著名的禅师"机缘"语录,均加综缀,删削不多。禅家之瞬目扬眉、擎拳举指,或举棒行喝、竖拂拈槌,或持叉张弓、辊球舞笏,或拽石搬土、打鼓吹毛,以及一问一答、一唱一提、一默一言、一吁一笑等等机用,莫不备载[①]。

《古尊宿语录》,四十八卷。赜藏主编。赜藏主不知何人,待考。是晚唐五代至南宋初期禅宗的一部重要语录汇编。收集了上自南岳怀让,下至南岳下十六世佛照德光,共三十七家禅师的言行。《古尊宿语录》收录的禅师人数不及《五灯会元》收录得多,但对禅师的言行记述则比较详尽,有行迹、拈古、偈颂、奏文、与帝王的对答等,弥补了其他灯录之不足。物初大观的序云"刊行于闽中",刊行于闽是否就是编写于闽,尚不得知。

此二书系整理修订前人著作而成,较大程度上反映了唐宋间的口语,但是否带有某方言特点,不能肯定。

(五)宋儒语录及史书中的口语资料

宋儒语录最有名的有二程语录、朱子语录、象山语录,皆是先生讲学、论道时学生们的记录,口语化程度较高。

我们摘录《朱子语录》中的一段,以见一斑。

> 先生问:"《大学》看得如何?"曰:"大纲只是明明德,而著力在格物上。"曰:"著力处大段在这里,更熟看,要见血脉相贯穿。程子格物几处,更子细玩味,说更不可易。某当初亦未晓得。如吕,如谢,如尹杨诸公说,都见好。后来都段段录出,排在那里,句句将来比对,逐字称停过,方见得程子说颠扑不破。诸公说,挨着便成粉碎了!"问:"胡氏说,何谓太迫?"曰:"说得来局麽,不怎地宽舒,如将绳索绊在这里一般,也只看道理未熟。如程子说,便宽舒。他说'立志以定其本',是始者立个根基。'居敬以持其志,志立乎事物之表,敬行乎事物之内,而知

---

① 苏渊雷:标点本《五灯会元》前言,中华书局,1984年。

乃可精'。知未到精处,方是可精,此是说格物以前底事。后面所说,又是格物以后底事。中间正好用工曲折处,都不曾说,便是局蹙了。"(卷十八)

朱熹生活、讲学的地方绝大部分在福建,所用语言可能是带有闽语色彩的读书语,使用这些资料时应注意闽方言的影响。文献的记录者是朱子的学生,同一个问题有时有几个人同时记录,虽则大致意思相同,但个别措辞有区别,这些文献是否受学生方言的影响?使用时也应该考虑。

史书中口语词较多的应推徐梦莘《三朝北盟会编》,我们摘录一段,以见大概。

赵良嗣得御笔:"山后事力争,如不可争,别作一段商议。"十一日见虏酋(改作金主),遣兀室(改作乌舍)捷鲁(改作萨鲁)二人至所馆议事。良嗣曰:"本朝皇帝大度,一言许尽。今平州又不肯商量,唯有西京一道许了。"又语兀室(改作乌舍)曰:"贵朝所须不贵,本朝一无所吝;唯西京早与,庶人情无亏。"武仲亦曰:"来时主上丁宁极留意。"兀室(改作乌舍)去再来,云:"得圣旨,将西京地土与贵朝,所有人户本国收系。"良嗣对以"西京州城,已蒙见许。既是与了地土,岂有不与人户之理?如只空得田地,都无人户,本国怎生做得?况兵乱之后,所在残破,些少人户一道许了甚好"。兀室(改作乌舍)云:"我国里军人厮杀八九年,受了苦辛不少,方得西京。已是将西京地土与了贵朝,本国只要人户有何不可?便如西京地土两家分割一般,我亦合得一半。"对以"两朝既是通好如一家,已许了地土,乃是信义人情,却不与人户,实不完全,何似把人民一齐许了,做个人情也是完备"。兀室(改作乌舍)云:"与了地土,更要人户,却待着个甚么道理?如何商量?大抵地土重于人民,地土已许了,更和人民要,更别无酬答,更无致谢,怎生了得?"因约同见粘罕(改作尼堪),粘罕(改作尼堪)云:"西京地土亦是不少,已与地土,又要人民,更道本国贪财,莫不相应么?且如西京地土,都是两朝皇帝相重,据理贵朝皇帝更添物,金国皇帝道不须添物,乃是好事,或金国皇帝道,便与西京,更不要一物,贵国皇帝却道,须添些物,乃是相顺,使副只言道百万之物已多也,更添不得,便着多少银绢,怎生买得地土,兼契丹旧银绢也不当人情。大抵契丹地土一齐都得,岂有不得银绢的道理?"马扩言:"郎君们岂不知契丹银绢从初厮杀了数年后因讲和方才与了三十万,后来又因河西家兵,契丹说谕得教称臣,再添了二十万。"粘罕(改作尼堪)且笑且言:"贵国与契丹家厮杀多年,直候敌不得,方与银绢。莫且自家门如今且把这事放着一边,厮杀则个。待你败时,多与银绢,我败时都不要一两一匹,不知何如?"良嗣谕以"马宣赞之意无他,盖以谓本朝与契丹曾厮杀,后来讲和,未若自来(删此二字)两家本无相争便通交好,万世所无,乃是好事"。兀室(改作乌舍)云:"如此道,则乃是。"粘罕(改作尼堪)、兀室(改作乌舍)遂起,引良嗣等望房酋(改作金主)所居,传言云:"百寮军人等都不肯许西京,惟是皇帝要与贵朝永远交好,特与西京地土并民户,更不欲逐年要物。只是军人厮杀夺得西京不易,请特与个赏设,数目多少。"又传房酋(改作金主)之言:"信誓事须要便了,此所系万年永远,须是各说得重则好。"又问交割期日,却云:"为立誓书事大,兼王事已定,待差一个煞近上底官人去,只候来则便交割。"(卷十四)

目前尚未见专门研究《三朝北盟会编》中口语词的著作。可能是篇幅太大,研究不易,或是本人耳目所见有限,未曾见到真经,至有遗珠之憾。

(六)戏曲语料

戏曲是大名,其下位名称有宋金诸宫调、元杂剧、元曲、明传奇。戏剧是演唱艺术,无论是一般百姓还是达官贵人,都是戏剧的观众和服务对象,所以它使用的语言必须是一般百姓的口头用语,否则百姓无法听懂,无法欣赏,因而是研究近代汉语的最重要的材料。

这类资料比较常见,恕不举例。需要注意的是,宋金北诸宫调(《刘知远诸宫调》《董解元西厢记》)、元杂剧、元曲反映的是北方方言,南诸宫调(《张协状元》)、明传奇反映的是南方方言。其语音、词汇系统应有差异,使用时应注意。

主要研究成果有:张相《诗词曲语辞汇释》,王锳《诗词曲语辞例释》,顾学颉、王学奇《元曲释词》,陆澹安《戏曲词语汇释》。

(七)话本和明清小说

话本就是讲故事人用的底本。宋代兴盛,元明续有发展。主要作品有《清平山堂话本》《全相平话五种》等。明清小说则汗牛充栋，遽数之难以终其数。最有名的当数明代的《金瓶梅》《三国演义》《水浒传》《西游记》，还有《三言二拍》《三遂平妖传》《三宝太监西洋记》；清代最有名的有《醒世姻缘传》《儿女英雄传》《儒林外史》《红楼梦》等。

这类资料也不举例。研究成果有：陆澹安《小说词语汇释》、董遵章《元明清白话著作中山东方言例释》、白维国《金瓶梅词典》、李申《金瓶梅方言俗语汇释》、胡竹安《水浒词典》、曾上炎《西游记辞典》。

应该指出的是，《金瓶梅》《儿女英雄传》的语言带有山东方言的特点（也有人对《金瓶梅》的山东方言特点持否定意见），《水浒传》《西游记》《三言二拍》《三遂平妖传》《三宝太监西洋记》的语言带有明显的吴方言特点，《儒林外史》带有江淮方言的特点，《红楼梦》带有北京方言特点，使用时应该注意。

还要指出的是，一些历史小说或社会小说是历代累积而成的，成书年代的语言占书中的主要部分，但也有前代的语言成分。如《水浒传》《西游记》《三言二拍》中就有宋元语言的成分，使用时应尽可能区分。

刘坚先生《近代汉语读本》所选文献比较周到，并加以详细注解，甚便初学，可以此窥探门径，刘坚、蒋绍愚主编的《近代汉语语法资料汇编》虽则名为"语法资料"，实则对词汇研究同样有指示门径的作用，皆可精读。

二、入门书

入门书指提供进入近代汉语词汇研究必备知识、必须参考的书。

《匡谬正俗》 八卷。唐颜师古撰。师古名籀，以字行，雍州人。据其子扬庭《上书表》云："稿草才半，部帙未尽。"则是一部未竟之作。此书就古书和俗语形、音、义的谬误，加以纠正，范围较广，考证亦精。书中所考订的俗语对近代汉语词汇研究有一定的参考价值。如谓称呼公差的"上下"乃父母之谓，"草马"即供食用的牝马之谓。他如：

番　或问曰：今之宿卫人及于官曹上直皆呼为番，音翻。于义何取？答曰：案陈思王《表》云：宿业之人，番休递上。此言以番次而归休，以番次而递上，字本

作幡,文案从省,故作番耳。(卷八)

《丛书集成》本较易看到。

《资暇集》 三卷。唐李匡乂撰。上卷证误,中卷论源,下卷本物。所释多为典章制度、风俗名物、俗字俗语。如:

> 方寸乱 今见他人稍惑桡未决,则戏云"方寸乱"矣。此不独误也,何失言甚软?按《蜀志》,颍川人徐庶,从昭烈帝率兵南行,被曹公追破,而庶母为其所虏。庶将辞昭烈以诣曹公,乃自指心曰:"本欲与将军共图王霸之业,以此方寸地耳。今母为彼获,方寸乱矣,无益于事。"遂弃蜀入魏。苟事不相类,其可轻用耶?若撰《节行倡娃传》引用,虽非正文,其为此事,则云善矣。(卷上)
>
> 俗字 俗字至夥。刍字已有二草在心,今或更加草,非也。因刍又记得趋走之趋,今皆以多居走,非也(音驰)。焦下已有火,今更加一火,剩也。瓜果字皆不假,更有加草。瓜字已象剖形,明矣。俗字甚众,不可殚论。(卷中)
>
> 承床 近者绳床皆短其倚衡,曰"折背样",言高不及背之半,倚必将仰,脊不遑纵,亦由中贵人创意也。盖防至尊赐坐,虽居私第,不敢傲逸其体,常习恭敬之仪。士人家不穷其意,往往取样而制,不亦乖乎?(绳床当作"承"字,言轻赍,可随人来去。)(卷下)

所释偶有失误,《四库全书总目》已发数条,他如释"龙钟""措大",亦未允当。读者应自甄别。

《丛书集成》本较易见到。

《苏氏演义》 二卷。唐苏颚撰。旨在考证典章、名物、习俗和俗语。如:

> 婚姻之礼,坐女于马鞍之侧。或谓此北人尚乘鞍马之义。夫鞍者,安也。欲其安稳同载者也。《酉阳杂俎》云:今士大夫家婚礼,新妇乘马鞍,悉北朝之余风也。今娶妇家新人入门跨马鞍,此盖其始也。(卷上)
>
> 醋大 醋大者,一云郑州东有醋沟,多士流所居,因谓之醋大。一云作此措

字,言其举措之疏,谓之措大。此二说恐未当。醋大者,或有招肩、拱臂、攒眉、蹙目以为姿态,如人食酸醋之貌,故谓之醋大。大者,广也,长也(上声)。篆文𠤎,象人之形。(卷上)

娄罗　娄罗者,干办集事之称。世曰娄敬、甘罗,非也。(卷上)

婪尾　今人以酒巡匝为婪尾。又云婪,贪也,谓处于座末,得酒为贪婪。(卷下)

芍药　文无　丹棘　牛亨问曰:"将离别,赠之以芍药者何?"答曰:"芍药一名将离,故将别以赠之。亦犹相召赠以文无,文无一名当归也。欲忘忧者赠以丹棘,丹棘一名忘忧,使人忘其忧也。欲蠲忿赠以青棠,青棠一名合欢,合欢则忘忿也。"(卷下)

不足之处:语源考证,间有失误。如"狼狈""滑稽"等。

《丛书集成》本较易见到。

《慧琳音义》　一百卷。唐释慧琳撰。从一千三百部佛经中选取词语——包括佛学术语和熟语,加以诠释,旨在补充玄应、慧苑音义。大抵据《说文》《字林》《玉篇》《字说》《古今正字》《文字典说》《开元文字音义》等字书以释义,参照《韵诠》《韵英》《考声切韵》以取音,并常于解说之末辨解文字形体。字书、韵书所未备者,即博引经传为证,有时还据当时俗语为说。所引书籍大多散佚,很多古籍借此以窥一斑,是辑佚取材之渊薮。所说词义,有些为当时一般字书所未收,故弥足珍贵。尤其是所据俗语,更是俗语词研究的宝贵材料。

扮　《慧琳音义》卷六四:"芼扮,上毛报反,《考声》云:芼,搴也。《毛诗》云:择也。《说文》:芼,择之。芼从艸毛声。经从木作栊,冬桃也,非。下敷刎反,《广雅》云:扮,动也。《声类》云:击也。《文字典说》:扮,从手分声,经从芬作橨,非也。"又卷七六:"相扮,汾吻反,《说文》:握也。《声类》:击也。手握干戈,互相扮击。从手分声,经文从木作枌,是木名,误也。"

按:"打扮"之"扮"得义于"击"。钱大昕《十驾斋养新录》卷四说:"《说文》本有之字,世俗借为他用者,如扮,握也,读若粉,今人读布患切,以为打扮字。"恐非是。容貌的装饰需傅粉,傅粉需拍打,故"打扮"连文,"扮"亦"打"也。当然也可将"打"看作词头,在词义中起作用的是"扮";扮,拍打也①。"扮"读"布患切",是由于唇音变化时,"扮"没有随着"粉"等字的读音一起变化;"扮"读 bàn,犹"盼"之读 pàn、"颁"之读 bān,语音演变之理相同。

拼量 《慧琳音义》卷七一:"补茎反,谓弹墨曰拚,江南名抨,音普庚反。"《汉语大词典》未收"拼量"。玄奘译《阿毘达磨顺正理论》卷三一:"先以黑索拼量支体,后方斩锯。故名黑绳。"宋慈贤译《妙吉祥平等秘密最上观门大教王经》卷四:"先用吉祥线念本尊真言加持一七遍。用朱砂染,据坛大小尊位拼量。用净水洒坛尊位,各以手摩。次涂香洒坛尊位,然布杂华亦想种智。"慧琳释以"弹墨曰拚",弹墨者,工匠以墨线规划形状尺寸也。

尤其值得指出的是,其中的解释之辞多用当时口语写成,反映了当时的实际语言,是研究语词演变的重要资料。如"穿衣"的"穿",我们见到的最早用例即出于此书的解释用语。详参下文"着挂穿"条。

胭 《慧琳音义》卷七一"鬼胭":"又作咽,同。一千反。胭,喉也,北人名颈为胭也。"今按,《宋本广韵》:"胭,胭顶。""胭顶"不辞,周祖谟校刊记云:"顶,楝亭本作脂,是也。"今谓"脂"与"顶"形、音不近,讹误无由,后学者恒闻"胭脂"为词,而不知"胭项"(《广韵》"顶"为"项"之误,形近而讹)也可成词,故改"项"作"脂",误。周先生据以校改,此则误而再误者。我们认为,"胭"即"咽","喉"在口,故字从"口"作"咽",而"喉"又由肉构成,故字又从"肉"作"胭",二者实一字。《玉篇》"肉部":"胭,胭喉。"《集韵》"先韵":"咽,《说文》:嗌也。谓咽喉也。或作胭、哩、腥。"佛经或"项胭"连文,玄奘译《大般若波罗蜜多经》卷四〇一:"两手、两掌、十指、项胭、颐颔、颊额、头顶。"《慧琳音义》卷一:"项胭(上巩讲反,《说文》云:前曰颈,后曰项。下宴坚反,《声类》:胭,喉也。《苍颉篇》:胭也。《古今正字》从肉,因声。案,胭即颈之异名也,或作腥、臃,皆古字也。经从口作咽,非也。颈音经郢反,咽音宴。巩,音项江反。)"或"胭项"连文,玄奘译《不空罥索神咒心经》卷一:"或手足痛或头面痛,或胭项痛或肩髆痛。"或"胭颈"连文,宋慈贤译《妙吉祥平等秘密最上观门大教王经》卷五:"若有病人而用此线系胭颈上,当系之时,以此真言加持二十一遍,病即除差。"或"胸胭"连文,玄奘译《阿毘达磨

---

① 参徐时仪《玄应和慧琳〈一切经音义〉研究》,395 页,上海世纪出版集团,2009 年。

顺正理论》卷三三：“胸胭等处，互相击动。”有单用者，唐道世译《法苑珠林》卷四六："汝见龙胭下有何等物？答言：有摩尼珠。吾复语言，龙若来时，汝便合掌向龙作如是语：我今须汝胭下摩尼宝珠。"又卷四八：“烧铁为食，融铜灌胭。"失译名《佛说目连问戒律中五百轻重事经》卷二：“遣人往取衣物，见蛇缠衣，近胭吐毒，不敢近。"皆可为证[①]。

此书曾一度失传。明天顺间高丽人得正续《一切经音义》于塞北，翻刻于海印寺。清乾隆年间日本亦有翻刻本。光绪初中日通使，高丽和日本刻本始流传我国，学界才得见此书。上海古籍出版社1986年影印本较易见到。

《中华古今注》 三卷。五代马缟撰。仿崔豹《古今注》而作，专记典章制度和名物。上卷分"帝王、宫阙、都邑、羽仪、冕服、州县、仪仗、军器"等部，中卷分"皇后、冠带、士庶、衣裳、文籍、书契、草木、答问、释义"等部，下卷分"古今音乐、鸟兽、鱼虫、龟鳖"等部。全书共一百九十六条。如：

棒　棒者，崔正熊注：车辐也。汉朝执金吾，金吾亦棒也。以铜为之，黄金涂两足。以谓之金吾。御史大夫、司隶校尉，亦得执焉。用以夹车，故谓之车辐。一曰形似辐，故曰车辐。魏曹操为洛阳北部尉，乃悬五色棒于门，以威豪猾也。（卷上）

燕脂　盖起自纣，以红蓝花汁凝作燕脂。以燕国所生，故曰燕脂。涂之作桃花妆。（卷中）

背子　隋大业末，炀帝宫人、百官母妻等绯罗蹙金飞凤背子，以为朝服及礼见宾客舅姑之长服也。天宝年中，西川贡五色织成背子。玄宗诏曰：“观此一服，费用百金。其往金玉珍异，并不许贡。"（卷中）

悲歌　《平陵东》，翟义门人之所作也。王莽杀义，门人作此歌以怨也。（卷下）

每条说释，尽可能指出得名之由和出典。但有些解释是牵强的，如"燕脂"，"以燕国所生，故曰燕脂"，读者当有所鉴别。

《丛书集成》本较易见到。

---

① 参徐时仪《玄应和慧琳〈一切经音义〉研究》，602页，上海世纪出版集团，2009年。

《事林广记》《墨娥小录》 前书宋陈元靓撰,后书佚名撰。这是两部类书。《事林广记》续集卷八"绮谈市语"和《墨娥小录》卷十四"市语声嗽"中的"行院声嗽"收集了宋元以来的市语行话,并将其分门别类。先出通语,后出市语,是研究市语,特别是考释元曲和明清小说语词的重要材料。"绮谈市语"分"天地、君臣、亲属、人物、身体、宫殿、文房、器用、服饰、玉帛、饮食、果菜、花木、走兽、飞禽、水族、举动、拾遗、数目"等十九门,"行院声嗽"分"天文、地理、时令、花木、鸟兽、宫室、器用、衣服、饮食、人物、人事、身体、伎艺、珍宝、文史、声色、数目、通用"等十八门。如:

夫　厥良,盖老;　　　口　三绰;
算命　星翁,参照;　　七　皂不白;
舌　丁香,三寸;　　　眼　秋波,六老;
泻　河鱼,破腹;　　　镜　菱花,寿光。
（以上《事林广记》）
血　光子;　　　　　　肉　线;
药　汁;　　　　　　　道士　正八;
伴当　打捉;　　　　　说话　衍嗽;
虚谎　查呼;　　　　　做口　吕儿。
（以上《墨娥小录》）

《事林广记》有中华书局1963年影印本,底本据元至顺间建安椿庄书院刻本。《墨娥小录》有北京市中国书店1959年影印本,底本据明隆庆五年吴氏聚好堂刻本。

《龙龛手镜》 辽僧行均撰。成书于辽统和十五年,即宋太宗至道三年(997),距今千余年。据燕台悯忠寺智光序可知,作者行均,字广济,俗姓于,是幽州僧人,擅长音韵文字之学,为便僧俗研读佛经,行均花五年功夫写成了这部辨正字形兼注音释义的字书。全书共收字二万六千四百三十余字,部首按平上去入四声排列,各部所收之字也以四声顺序排列。每字下详列正体、俗体、通俗体、古体、今字、或体及误体,并做音义注释,是继颜元孙《干禄字书》、张参《五经文字》之后的大型俗字字典,是俗字之渊薮,很多无法释读的字可以利用此书得以解决。

郑贤章有《〈龙龛手镜〉研究》，考证精细，创获良多，通过与佛经文献的比勘，救活了不少死字，很见功力。欲识俗字，此书值得一读。

《履斋示儿编》 二十三卷。宋孙奕撰。孙奕字季昭，号履斋，庐陵（今江西吉安）人。此书内容涉及面广泛，包括七个部分：总说、经说、文说、诗说、正误、杂记、字说。自卷十八至卷二三，皆为"字说"，收集书写中因笔画相近、字音相同或相近而引起的讹误，以及书中或民间的俗字，是研究俗字的重要资料。

《通雅》 五十二卷。明方以智撰。以智字密之，号鹿起，桐城人。这是一部兼包文字、音韵、训诂，又具类书性质的大型工具书。所谓"通"，除内容广博外，更重要的在于全书处处体现以音通义，以音通形，以古音通今音。世人多以"内容该博"释"通"，殊未得其旨。

此书对语言学的重要贡献在于提出了"欲通古义，先通古音""因声知义，知义而知声"的语言学原则，开清人"因声求义"之先河。

"释诂"部分汇集了历代聚讼纷纭的经书音、义（包括重言、连语）纠纷，运用"转语"的理论，以音韵为基本手段，为之诠释，亦多精当可据。如卷七："闵勉、闵免，僶勉，一也。转为密勿、蠠没，又转为侔莫、文莫。"

还汇集了很多魏晋，特别是唐宋元以来有关名物、典章制度方面的词语。如：

　　叆叇　眼镜也。《洞天清录》载："叆叇，老人不辨细书，以此掩目则明。"此出元人小说，作叆叇，出西域，误作瑇耳。《方舆胜略》："满刺加国出叆叇。"今西洋有千里镜，磨玻璃为之，以长筒窥之，可见数十里。又制小者于扇角，近视者可使之远。（卷三四"器用·杂用诸器"）

今按，《洞天清录》，宋人所作，方以智云元人。知叆叇之为眼镜，宋元已有是称。今本《辞源》引明田艺蘅《留青日札摘抄》，非其朔也。

　　䞤酒　一作膗酒，即催酒也，元有喝盏之仪。李涪《刊误》言："䞤酒三十拍，促曲名三台。䞤合作啐，盖送酒也。"《资暇录》言与涪同。程大昌言："'内燕抗声索乐，但云䞤（音催）酒'，字书：䞤，屈破也。当是啐酒之转。"《名贤诗话》王仁裕诗:"芳尊每命管弦嗺。"又赵鳂《交趾事迹》言:"嗺酒逐歌。"可知嗺酒乃唐人熟语,宋相沿不改也。义当用催而别作嗺、催,何必强引啐字。三台者,作乐时部首拍版三声,然后管色振作。李济翁以为邺中三台,刘公《嘉话》言高洋筑三台,愚谓乃曲名耳。陶九成曰:"宴飨,一人执拍版,赞曰'干脱'。执觞者和之曰打粥,则节一版而众乐皆作谓之喝盏,别奏曲则曰谒盏。"(卷二八"礼仪")

按,此条释"催酒""三台""喝盏"三词,若读过此条,就不会释"欲饮琵琶马上催"为"催人战斗",言战事频繁,一日三接,欲饮而被催去战斗。也不会释"唱三台"为"唱三场"了。(《王梵志诗校辑》)

卷四九"谚原",专释方言俗语,是俗语词研究的宝贵资料,尤当重视。如:

划船　撑小舟曰划,音华,今俗呼小舟为划子。按,汉有戈船将军,音划。合溪主之。渔仲:"划,胡瓜切。舟进篙谓之划。"今《通志》刻作进竿。古麻与歌通,当转华音。《汉武纪》《南粤传》皆云置戈。师古以张晏之说,谓"以戈置船下,以驱蛟鼍",此则谬矣。

释多精审,但也偶有失误。如卷四九"透水"条:"《王孙传》,透水死者,千余人。《羊侃传》:侯景欲透水,羊鹍抽斩之。按,意即泅水,而书作透字。"今谓,透,跳也。透水即跳水,方氏误。

此书有《四库全书》本和中华书局标点本。

《南词叙录》　明徐渭撰。本书集录和解释了一部分有关戏曲术语和方言俗语。如:

开场　宋人凡勾栏未出,一老者先出,夸说大意,以求赏,谓之开呵,今戏文首一出,谓之开场,亦遗意也。

九百　风魔也。宋人云:九百尚在,六十犹痴。

装么　犹做模样也。古云作态。

傻角　上温假切,下急了切。痴人也,吴谓呆子。

波查　犹言口舌。北音凡语毕必以"波""查"助词,故云。

入马　进步也。倡家语。

虽有些考释未可为典要,如释包弹为包公弹劾,但它代表了当时人们对这些词语的理解,在词义研究史上仍有一定价值。

《通俗编》　三十八卷。清翟灏撰。翟灏字大川,后改晴江,浙江仁和人。全书按内容分为三十八类。始自天文、地理,终于故事、识余,共收词语五千多条,凡经传子史、诗文词曲、小说字书,以及诗话、艺谈、佛经、道书,皆在搜罗之列。又因作者"往来南北十许年,五方风土,靡所不涉",故收集和考释了不少方言俗语。书名"通俗",当基于此。每释一词,都对词义、来源、演变等方面进行了探讨,是研究宋元语词的重要参考书。

撮弄　《武林旧事》:撮弄曰云机社。《供奉志》载撮弄杂艺十九人,有"浑身手"等号。按,撮弄亦名手技,即俚俗所谓做戏法也。《梦粱录》杂手技有弄斗、打硬、藏人、藏剑、吃针等事。《墨客挥犀》:夏英公见伶人杂手伎,有号藏撮者。赋诗云:舞拂跳珠复吐丸,遮藏巧技百千般,主公端坐无由见,却被旁人冷眼看。(卷三一)

耐可　李白诗:耐可乘明月。又,耐可乘流直上天。按,耐,音略读如能,亦俗言"宁可"之转。(卷三三)

还收有一些对构词法研究很有参考价值的词目。如词尾"儿""子""头",皆有专条论述,例证甚夥,为构词法研究者所重视。

不足之处:一、引书任意删节,或者出处不详,引用时须查对原文。二、有些语词的溯源有误。卷十"医生"条:"《元典章》:至二十二年设各路医学教授、学正、训诲医生,照依降去十三科题目,每月习课医义一道,年终置簿申复。……按,史游《急就章》有'医匠'文,颜师古注曰:'疗病之工也。'古之号医,亦但曰匠、曰工而已。今特以生称之,乃由元设学校课起也。"今按:"医生"之名,不起于元。《唐六典》十四:"医生四十人。"注:"后周医正,有医生三百人,隋太医有生一百二十人,皇朝置四十人。"因肄业官学习医,故称医生。宋范成大《石湖集》二九《书事》诗之二:"门外虽无车辙。医生卜叟犹来。"翟说起于元,误。

此书有《丛书集成》本,但不全,仅二十五卷。1957年商务印务馆将它与《直语补证》合印,并附有四角号码索引,是较好的本子。

《佛学大辞典》 丁福保编。共收辞目三万余条。内容广泛,包括佛教各种专门名词、术语、典故、典籍、名僧、史迹等。每条辞目下先注明词类,如名数、物名、地名、书名、人名、术语、杂语、譬喻、故事、仪式、图像,然后再解释词义,征引其出处。一辞多义者,则依次列出,间亦做必要的考证。对重要的译名,均注出梵文或巴利文,以便覆案。全书按辞首笔画多少编排,大多数佛学术语均可从中得到解释。对佛经整理、变文校勘和佛经中的俗语研究,都有重要的参考价值。如:

珍重　不审　《五灯会元》卷十五"香林澄远禅师":"早朝不审晚后,珍重。"按,原标点误。"不审"后当逗,"珍重"当上属。"不审"犹今之"你好",系见面时的问候语。"珍重"犹今之"再见",告别用语。训见《佛学大辞典》308页,839页。标点者昧于此,割"晚后"二字属上,误。

成办　《五灯会元》卷十二"云峰文悦禅师":"天明平旦,万事成办。"又卷十三"鹿门处真禅师":"瞥然撞着豁人情,大事分明总成办。"又卷十四"兴阳清剖禅师":"是身如泡幻,泡幻中成办。"又卷十五"云门文偃禅师":"十年二十年,办取彻头,莫愁不成办。"又卷十八"黄龙观禅师":"古人道,眼色耳声,万法成办。"揆以文义,诸例"成办"当是"成就"的意思,殆当时俗语。《佛学大辞典》"业事成办"条:"(术语)业因成就也。""《净土论》注上曰:言十念者,明业事成办耳。《智度论》十二曰:复次,于事成办,名彼岸。"可证。

文物出版社1984年影印本较易见到。

《金元戏曲方言考》徐嘉瑞著。第一部以戏曲俗语作为研究对象的著作。原收词目约六百余,1955年重印时,除补充原词目例证外,还新增词目一百五十五条。按首字笔画排列,采用"以曲释曲"的方法,证以方言。先做解释,后出例证。如:

三休　　三顿。　　(董)三休饭饱。

| 子声 | 做声 | （董）牙儿抵着不敢子声。 |
| 兀秃 | 不冷不热。 | （生）酿些兀兀突突的与他。按，今昆明有此俗语，读如乌突。 |

不足之处：举例不够广，解说有不少错误和失当之处。如释"不约儿赤"为"打马声"，"放水火"为"放囚人"，"口磣"为"害羞"，"梦撒撩丁"为"梦醒空虚"。

有商务印书馆1956年2月版。

《诗词曲语辞汇释》 六卷。张相著。选取唐宋元明间流行于诗词曲中的特殊语词，汇集排列，释其意义，明其用法。全书共收词目八百余条，取例先诗，次词，再曲，征引宏博。考释方法为：体会声韵，辨认字形，玩绎章法，揣摩情节，比照意义。继承清人的传统训诂方法，但又有所发展。释义大多精审可靠。尤其对"字面生涩而义晦"和"字面普通而义别"者，用力尤勤。如释"可中"为"假使"，"为复，为"为"抑或，还是"，"骨"为"心"，皆能得字之确诂，新人耳目。他如：

> 诉　辞酒之义。韦庄《离筵诉酒》："感君情重惜分离，送我殷勤劝酒卮，不是不能判酩酊，却忧前路醉醒时。"诉酒者，辞酒也。又《菩萨蛮》："须愁春漏短，莫诉金杯满。"欧阳修《依韵答杜相公》："平生未省降诗敌，到处何尝诉酒巡。"又《定风波》："把酒花前欲问公，对花何事诉金钟。"黄庭坚《定风波》："且共玉人斟玉醑，休诉，笙歌一曲黛眉低。"又前调："花外黄鹂能密话，休诉，有花能得几时斟。"秦观《金明池》："佳人唱，金衣莫惜；才子倒，玉山休诉。"周邦彦《定风波》："休诉金尊推玉臂，从醉，明朝有酒遣谁持。"赵鼎《醉桃园》："花下醉眠休诉，看取春归去。"陆游《蝶恋花》："鹦鹉杯深君莫诉，他实相遇知何处。"又《杏花天》："金杯到手君休诉，看着春光又暮。"皆其例也。

冀骋按：诉，《说文》："告也。"辞酒须告敬酒者以情，即为什么不能喝，现今辞酒也当告以不能饮之故。古今一理，故"诉"有"辞"义。

不足之处：1)有些解释失误；2)词义分得太细，显得无所统系；3)溯源尚可加强。张永言先生有专文评论，可参看。

《敦煌变文字义通释》 蒋礼鸿著。全书分为"释称谓、释容体、释名物、释事为、释情貌、释虚字"六篇,从纵、横两个方面考索词义。既探其源,又溯其流。考释精审,征引宏博,所使用材料除变文外,经史子集、诗词曲语、笔记小说、佛经道藏、诏令碑刻,乃至现代方言,皆在采撷之列。运用辨形、识音、比类词例、演绎词义等方法以确定词义。是一部学术性很强、质量很高的词语考释著作,尤其是以俗语作为研究对象,更是开一派学风。如:

分张 基本意义为分,有分辨、分离、分散、分给或分取等义,随文而异。

此后,征引变文、《魏书》、《北史》、《宝真斋法书赞》、《法苑珠林》、元杂剧、白居易诗、杜甫诗、佛经、《元典章》等语言材料为证。

家常、家尝 求乞饭食的话,和布施意思一样,又指待客的酒饭。

此后,引变文、王梵志诗、《朝野佥载》、唐诗、《景德传灯录》为证。

打论 踢气球。

引变文、《事林广记》、《说郛》、《隋唐演义》、《西游记》、《鉴戒录》、《茶香室三抄》、《葆光录》等为证。

征引宏博,由此可见,尤其是在手工摘录的时代,更为难得。

考释精当,是此书的最大特色。但也偶有失误。如释"露柱"为"旌表门第的柱端龙形的部分",实则是"显露的柱子"的意思。《五灯会元》中"露柱"一词共出现七十五次,皆不指"旌表门第的柱端龙形的部分"。卷十六"雪峰思慧禅师":"僧问:古殿无灯时如何?师曰:东壁打西壁。曰:恁么则撞着露柱也。"显然"露柱"指的是殿堂东西壁间的大柱子。又卷十四"大阳慧坚禅师":"入室次,泉问:甚么处来?师曰:僧堂里来。泉曰:为什么不筑着露柱?"此指僧堂中的柱子。变文中的"露柱"形容丑女脚的粗大,且作者又是僧人,当是以殿堂的柱子为喻。

此书曾经四次增订,共出五版,以1988年9月版为最全备。

第二章 近代汉语词汇的来源

近代汉语词汇的来源比较复杂。有继承前代的,有新造的,也有从其他民族借用的。至于方言俗语,既有代代相袭的,也有新造的,逻辑上不好将它单独归类。由于近代汉语词汇研究的对象主要是口语性比较强的文献中的语言,如变文、语录、诗词曲、小说等,这些文献大量地使用方言俗语,故近代汉语词汇的一个显著特点是方言俗语多。要讨论近代汉语词汇的来源,方言俗语是个不可回避的问题。为方便起见,我们将它作为近代汉语词汇的第四个来源。

一、承古

任何一种语言的存在和发展都不能脱离它的原有基础。近代汉语词汇的绝大部分是从古代汉语继承来的。基本词汇如"天""地""山""水""君""臣""父""子""饮""食""衣服",自不待论;就是非基本词汇也有很多是古代汉语词汇的遗留,充其量改变一下书写形式而已。由于改变了书写形式,很容易被误认为新词。如:

屈期 《敦煌变文集·虷䶏书》:"索得个屈期丑物入来,与我作底?"云从师认为"期"通"奇","屈期"即"屈奇",引《玄应音义》证明当训"异"。今谓蒋师说是。《广韵》"期"音"渠之切",在"之"韵;"奇"音"渠羁切",在"支"韵。晚唐五代时"支""之""脂"三韵混一,故二字同音。《汉书·广川惠王越传》:"背尊章,嫖以忽,谋屈奇,起自绝。"师古注:"屈奇,奇异也。"又《扬雄传》:"游观屈奇瑰玮,非木摩而不雕,墙涂而不画,周宣所考,般庚所迁,夏卑宫室,唐、虞棌橼三等之制也。"贾谊《虡赋》:"牧太平以深志,象巨兽之屈奇。"(《艺文类聚》卷四四引)《淮南子·诠言训》:"圣人无屈奇之服,无瑰异之行。服不视,行不观,言不议,……此之谓大通。""屈奇"与"瑰异"相对。瑰,奇也。训见《文选·东京赋》"瑰异谲诡"李善注。是"屈"亦当训"奇"。高诱训"屈"为

"短",系《说文》"无尾"义之引申,恐不合文义。今谓野兽皆有尾,"无尾"对于野兽是件奇事,故引申有"奇"义。"屈奇"连文,"屈"亦"奇"也。《论衡·自纪》:"屈奇之士见,倜傥之辞生,度不与俗协,庸角不能程。是故罕发之迹,记于牒籍;希出之物,勒于鼎铭。"前言"屈奇""倜傥",后言"罕发""希出",而义相成,知"屈奇"即稀罕之物。后汉李尤《平乐观赋》:"玩屈奇之神怪,显逸才之捷武。"(《艺文类聚》卷六三引)后汉王延寿《王孙赋》:"原天地之造化,实神伟之屈奇。"(《艺文类聚》卷九五引)潘岳《西征赋》:"门磁石而梁木兰兮,构阿房之屈奇。"北齐邢子才《新宫赋》:"尔其状也,则瑰谲屈奇,澜漫陆离。"(《艺文类聚》卷六二引)《北齐书·幼主纪》:"怀谲诡非常之才,运屈奇不测之智。"皆其证。

呜嗫 《董西厢》卷五:"恣恣地觑了可喜冤家,忍不得恣情呜嗫。"又作"呜咂"。又:"拍惜了一顿,呜咂了多时。"宋方壶《一枝花·蚊虫》:"每日穿楼台兰堂画阁,透帘栊绣幕罗帏账,嗡嗡乔声气,不禁拍抚,怎受禁持? 厮呜厮咂,相抱相偎。"此则分用。乍看"呜嗫"似是新词,其实亦古语之遗留,只不过书写形式有所改变而已。因音求之,此词本作"欥歔",《说文》"欥"下云:"一曰口相就也。"按,"欥"即"呜",所不同者,后出"呜"字以偏旁"口"换偏旁"欠"而已。"歔"下云:"欥歔也。"按,此字俗体作"噈",从"口"从"就",口相就当然是吻。"欥歔"二字同义。"呜嗫""呜咂"皆"呜噈"之音转,实一词也。

翠 《敦煌变文集新书·十吉祥讲经文》:"五德之鸡产凤凰,灵禽表瑞法中王,毛分五彩云遐〔霞〕翠,日〔目〕斗双珠日月光。"翠,明也。陆游《老学庵笔记》卷八:"东坡《牡丹》诗云:'一朵妖红翠欲流。'初不晓'翠欲流'为何语。及游成都,过木行街,有大署市肆曰:郭家鲜翠红紫铺。问土人,乃知蜀语鲜翠犹言鲜明也。东坡盖用乡语云。"王应麟《困学纪闻·评诗》:"以鲜明为翠,乃古语。"明李实《蜀语》:"凡颜色鲜明曰翠。"高明《琵琶记·赵五娘忆夫》:"翠减祥鸾罗幌,香销宝鸭金炉。"钱大昕《十驾斋养新录》卷十九:"《说文》:漼,新也。七罪反,与翠同音。故谓鲜新为鲜翠。"是知"翠"亦古语之遗,唯书写形式有改变而已。

报怨 《西游记》二回:"此时俱甚报怨他,又鄙贱嫌恶他。"又二十回:"行者道:'这个恋家鬼,你离了家几日,就生报怨。'……那呆子慌得跪下道:'师父,你莫听师兄之言。他有些赃埋人。我不曾报怨甚的,他就说我报怨。'"又二三回:"呆子,你这般言语,似有报怨之心。"按,"报怨"即今语"抱怨"。《三宝太监西洋记》七一回:"国师先前把个如意钩变做磨盘,本是试一试儿,众人看着,那晓得银角大仙收回去了,那个不抱怨?"又八五回:"是小将回来抱怨他,他说我再走一个你看。"《通俗编》卷五:"焦竑《字学》:俗以恨人陷害曰暑怨。按《汉书·东方朔传》:武帝令仓监榜郭舍人,舍人不胜呼暑。注:暑,自冤痛之声也。《列子·天瑞篇》:向氏以国氏之谬已也,往而怨之。俗乃以二事合为一辞。"若此说可信,则"报怨"亦古语之遗。又,《论语》有"以德报怨"之语,"报"为"回报、报复"之"报","怨"是"仇恨"的意思。后世词义发展,"怨"不再是"怨恨",而是"责怪"的意思,责怪并不需要回报、报复,故"报怨"变成了"怀有责怪之心"的意思,"怨"的词义变轻,导致"报怨"的意义发生了演变。随着语音的发展,"报"与"抱"同音,故干脆写作"抱怨"。

随邪 《元曲选·范张鸡黍》二折:"他从来正性不随邪。"又《桃花女》四折:"你看一火随邪的弟子孩儿都死了也。"《元曲选外编·单刀会》四折:"你心内休乔怯,畅好是随邪。"又《独角牛》二折:"随邪的弟子孩儿,那里唱的好?"关汉卿《碧玉箫》曲:"你性随邪,迷恋不来也;我心痴呆,等到月儿斜。"马致远《双调·夜行船·风入松》:"劣冤家真个负心别,陡恁的随邪。"周德清《越调·斗鹌鹑·双路络·丝娘》:"采到后喝着的都应的,也随邪顺着人意。"顾学颉等《元曲释词》:"随邪,意谓随顺邪恶,脱离正路。"王利器主编《金瓶梅词典》"设念随邪"条:"随邪,没主见,性情易变。"皆释"随"为"随顺"。今谓"随邪"连文,"随"犹"邪"也。王引之《经义述闻》卷七"无纵诡随"条:"诡随谓谲诈谩欺之人也。诡,古读若戈,随古读若蘬,蘬音土禾反,字或作詑,又作訑,随其假借字也。《方言》曰:虔、儇,慧也。……楚或谓之蘬……。"随为欺,欺亦邪之一端也。关汉卿以"随邪"对"痴呆",皆为并列结构,不应释"随"为"随顺",诸家所释似误。"随"是古词语"蘬"之继承。若以元曲其他例证,释"随"为"随顺",也没有什么不可。关汉卿的例子也可按"随顺"来解释,词曲中的对文并不要求绝对工整,能够对个大概也就可以了。"随邪"在汉译佛经中有用例。如晋竺法护译《持心梵天所问经》卷四:"计有吾我而有妄想,愚骏所行,随邪放逸。"刘宋释宝云译《佛本行经》卷七:"当迷失正路,随邪遭艰难。"唐尸罗达摩译《佛说十地经》卷二:"有情堕在邪见,随邪思量,顺邪意乐,行于僻路稠林之中,我应令彼归于正趣正见之道,令得安住如实法中。"唐清凉山大华严寺沙门澄观撰《大方广佛华严经疏》卷三五:"四随逐下,明其造集,世寡正道,学即随邪,复起邪业,为行颠倒行。"例中"随"或与"顺"对文,"随"亦"顺"也。解释为"随顺邪恶"也有根据,但仍为佛经中古语之遗,不影响我们论点的成立。

拿 《说文》:"挐,持也。"桂馥《义证》:"挐通作拏,拘捕有罪曰拏。今俗作拿。"段注本云:"挐,牵引也。"注曰:"各本篆作拏,解作奴声。别有挐篆,解云持也。从手如声。女加切。二篆形体互讹,今正。……盖其字本如声,读女居切,其义为牵引。《广韵》九鱼挐注牵引,未尝作拏。《说文》拏训持,即今所用攫拏字也,其字奴声,读女加切。""攫拏"之"拏",唐以前用"挐"字。《梁书·滕昙恭传》:"宣城宛陵有女子与母同床寝,母为猛虎所搏,女号叫挐虎,虎毛尽落,行乃弃之,女抱母还。"《元典章新集·刑部》"拐带"条:"不肯会合向前挐贼的,随即举申本管上司究问。"唐以后开始用"拿"。《韩愈集》卷五:"弱拒喜张臂,猛拿闲缩爪。""拿"与"拒"相对,"拿"应是"攫持"之义。《唐摭言》卷十:"前冲后敌,无非有力之人;左攫右拿,尽是用拳之手。"唐路德延《小儿诗》:"宝箧挐红豆,妆奁拾翠钿。"《新唐书·刘晏传赞》:"虽拿兵数十年,敛不及民而用度足。"宋王之道《春雪和袁望回》其一:"老夫僵不扫,稚子走争拿。"陈德武《水调歌头·又咏掬水月在手》:"可人意,拿不住,握还空。"葛长庚《山坡羊·又》:"九宫八卦,排列下拿龙阵。"《梦粱录》卷十二"河舟":"或宅舍府第庄舍,亦自创造船只,从便撑驾往来,则无官府捉拿差借之患。"《钱塘遗事》卷七:"拿一个盏跪在地,不能得他接,接了未能得他饮,安能忍辱事他人耶?"从元代开始,"拿"的意义有所扩大,不再局限于"握、持","捉获、抓捕、取出"皆可用"拿"。《元曲选·梧桐雨》三折:"见俺留恋着他,龙泉三尺手中拿。便不将他刺杀,也将他吓杀。"又《蝴蝶梦》一折:"俺男儿负天何事?拿住那杀人贼,我乞个罪名儿。"《元曲选外编·介子推》三折:"烧得来半熟,慌用手来拿,早是我涩奈无收煞。"贯石屏《村里迓鼓》:"鱼旋拿,柴旋打。无事掩荆笆。"《元朝秘史》卷一:"那般住的时分,孛端察儿见有个雏黄鹰,拿住个野鸡。他生计量,拔了几根马尾,做个套儿,将黄鹰拿着养了。"又卷五:"若你每将他拿来,我必杀了你每。"这是"抓获"的意思。《元曲选·赵氏孤儿》三折:"着我拿细棍子又不是,拿大棍子又不是,好着我两下做人难也。"这是"拣取"的意思。又《两世姻缘》二折:"你拿幅绢来,我待自画一个影身图儿,寄与那秀才咱。"《水浒传》一回:"端王拿起狮子,不落手看了一回,道:'好!'"又五回:"只拿了桌上金银酒器,都踏匾了,拴在包裹。"这是"取"的意思。

也有由于不明古义而有可能被看作新词的,如:

求守 《敦煌变文集·燕子赋》:"雀儿被禁数日,求守狱子脱枷,狱子再三不肯。"按,"守",求也。二字同义连文。P. 2666号、S. 214号"守"字皆作"祈"。今谓,P、S二卷以同义词"祈"取代"守",源于抄书者不知"守"的"祈求"义而擅改,从而导致抄本与原书文字的歧异。"守",古有"求"义,此沿用古义也。《汉书·外戚传》上:"数守大将军光,为丁外人求侯。"师古注:"守,求请之。"《后汉书·窦融传》:"融于是日往守萌,辞让巨鹿,图出河西。"李贤注:"守犹求也。"后汉支娄迦谶译《般舟三昧经》卷二:"复于佛所受是三昧,求守八万四千岁,佛告飔陀和。"隋阇那崛多译《佛本行集经》卷十八:"净饭王内心日夜求守一切诸天诸神,复作种种方便因缘,欲求见子以慰心故。"元魏吉迦夜共昙曜译《杂宝藏经》卷十:"枭语乌言:'何用是为?'乌即答言:'孔穴之中,纯是冷石,用此草木,以御风寒。'枭以为尔,默然不答。而乌于是即求守孔穴,诈给使令,用报恩养。"唐孟献忠《金刚般若经集验记》卷一:"玄问云:'汝是何人?'答云:'是鬼王,令于扬州追窦大使。'玄云:'窦大使名何?'答云:'名德玄。'玄即求守鬼,作何方便得免。鬼去:'甚媿公赐食,为公先去,公但诵金刚般若经一千遍,即来相报。"《唐人小说·游仙窟》:"余时把着手子,忍心不得。又咏曰:'千思千肠热,一念一心焦。若为求守得,暂借可怜腰。'"又:"令人频作许叮咛,渠家太剧难求守。"《太平广记》卷三"汉武帝":"此子守求不已,誓以必得。"此则作"守求"。又有作"守"者。《太平广记》卷十"李仲甫":"仲甫言:'卿性褊急,未中教。'然守之不止,费用数十万以供酒食,殊无所得。"欧阳修《玉楼春》:"夜来枕上争闲事,推倒屏山褰绣被,尽人求守不应人,走向碧纱窗下睡。"可证。

骤 《敦煌变文集·故圆鉴大师二十四孝押座文》:"犬解报恩能骤草。""骤"即"打滚",说见云从师《通释》。按,此词亦古语之留。《艺文类聚》引《说文》:"马卧土中也。"按,今本《说文》无此语。唐人多以《字林》为《说文》,此条当出于《字林》。《玉篇》"马部":"骤,马转卧土中也。"《慧琳音义》卷八七:"《埤苍》云:骤,马卧土中也。张戬云:马展转也。"《广韵》:"骤,马土浴也。"《集韵》:"骤,马卧也。"《韩诗外传》卷二第二章:"昔者宋之桓司马得罪于宋君,出奔于鲁,其马佚而骤吾园,而食吾园之葵。是岁,吾闻园人亡利之半。"皆其证。今谓此字系"展"字之分化。《说文》:"展,转也。"《诗·关雎》:"辗转反侧。"《广雅·释训》:"展转,反侧也。"以此义用于不同的对象,遂产生一组意义有联系的新词。如：以此义用于手曰"捥"，束缚也。束缚需用手绕来绕去，有"转"义。用于车曰"辗"，用于石曰"碾"，用于马则曰"骤"。诸词同源。

还有一些书写形式没有什么改变的承古语词，比较容易辨别，如：

哀敬、爱乐、爱恤、安厝、安吉、安居、按行、跋涉、拜谒、备体、背叛、比至、边鄙、边方、宾优、博览、不获、不审、菜园、超群、晨夜、成就、耻辱、丑虏、处所、春秋、慈孝、刺举、蹉跌、大半、怠荒、单弱、电激、逗留、督察、端严、恶秽、发觉、发露、发生、发行、放出、废疾、风调雨顺、奉教、奉行、伏藏、福利、妇工、改悔、改正、溉灌、干才、甘草、高下、告报、告示、各个、耕稼、公道、恭谨、骨肉、光扬、归还、规范、国务、过期、毫发、合（应该）、鸿业、后悔、还返、惠泽、魂灵、祸患、即日、急疾、疾疫、计会、记识、纪识、忌日、家财、家人（奴仆）、减损、检身、简选、见在、降年、交互、交相、劫夺、诘问、捷径、竭诚、今时、金钱、矜恤、进行、经过、精专、警备、警跸、久长、救疗、康宁、可意、控守、匮乏、腊月、劳费、礼则、力田、历代、临时、灵光、流离、流人、留难、留守、留滞、论功行赏、懋赏、迷误、名闻、名誉、年岁、擗踊、剽劫、贫薄、平旦、平地、平复、耆旧、虔恭、慊恪、潜逃、亲情、侵夺、侵陵、勤苦、清平、秋熟、去住、人定、任意、日日、柔从、如今、三端、沙卤、设教、申理、审定、生降、声誉、盛年、失脱、施行、时疾、时人、使命、市买、疏慢、思慕、随身、他故、贪愎、啼泣、田主、痛惜、屠儿、湍流、推类、推问、推寻、亡失、望幸、微细、未期、无处、无有、武备、物则、徙居、瑕秽、贤哲、相随、晓喻、协从、心度、行客、性行、雄勇、修理、修饰、修治、虚竭、虚妄、巡行、询问、严令、言念、言誓、移徙、已来、引水、营重、游媚、宥过、雨泽、浴室、冤痛、远行、约敕、殒命、灾患、在意、遭遇、糟粕、贼盗、宅兆、张设、贞洁、真性、政法、直符、至于、志道、众望、周回、主者、助葬、转迁、追念、灼火、资粮、自活、自用、宗社、罪辜，等等。

这些是来自先秦两汉的。还有来自魏晋的，如：

谙知、八字、白直、班次、班秩、板授、版授、报寻、悲酸、本来、本主、迸散、比年、壁立、边务、贬降、杓子、殡葬、冰清、逋悬、捕捉、不是、不闲、参详、藏匀、侧近、察照、唱和、抄录、抄掠、车脚、陈述、晨夕、澄心、筹量、筹议、出家、除名、处断、触及、触突、创建、纯笃、纯至、忿忿、粗率、存济、错误、大限、袋子、丹诚、单贫、单身、惮摄、当下、当直、德业、灯笼、递相、电影、定数、洞鉴、毒热、对面、对扬、俄然、恩渥、发动、发困、发遣、乏短、乏尽、法事、翻动、繁杂、繁重、反悔、犯科、防援、放还、费损、分外、分违、丰饱、峰岫、符文、赒赠、覆藏、干黩、干略、感厉、刚鲠、高亮、告身、革运、格令、隔越、给与、根源、公务、公验、功过、功状、供侍、勾覆、孤标、孤介、顾恋、官仓、规免、贵要、合家、和市、河傔(濂)海夷、鸿慈、鸿化、鸿基、后时、胡禄、户贯、荒地、惶怖、毁损、火急、货卖、机便、稽废、稽缓、稽失、记帐、伎女、济办、祭奠、加减、家居、家口、嘉庸、艰辛、艰虞、缄默、检校、浇溉、矫妄、皆悉、接应、结正、竭涸、解事、戒律、戒行、今年、禁断、经行、旌表、竞心、窘乏、纠告、纠举、旧来、救援、鞠养、居业、居止、拒讳、蠲免、眷属、觉路、均平、慨叹、看养、科罪、刻意、客隐、客作、课工、课效、空闲、苦酒、苦空、苦痛、困弊、来由、劳效、累载、黎人、理当、理窟、理务、廉慎、量决、临时、灵柩、凌犯、陵忽、流动、留碍、留传、挛拳、茂范、明通、谋略、某甲、奶母、年年、年终、牛黄、讴谣、排比、朋徒、披览、疲人、贫匮、贫下、频繁、频年、品秩、平善、仆从、齐整、起止、迄至、弃毁、器能、金升、虔诚、潜藏、潜窜、峭崿、亲家翁、勤勖、清严、清直、求访、曲允、屈滞、取次、去月、阙少、人夫、人户、任听、如或、若或、商量、赏劳、绍继、设斋、赦除、申雪、神谋、神识、审详、生灵、生前、什物、时机、识见、食料、世范、市易、事意、收入、手力、首领、瘦弱、书券、输送、署名、束身、庶望、庶务、思量、四散、搜访、搜寻、俗名、夙霄、诉辞、宿债、随机、随即、随意、遂即、遂乃、损坏、损伤、逃避、腾空、提携、体下、田收、条列、停泊、停留、通彻、通规、通济、同胎共气、统领、头发、头匹、投(治疗)、推鞫、推穷、脱漏、豌豆、尪弱、亡没、冈昌、违犯、违越、温清、温言、文案、文簿、文记、文状、问讯、瓮子、乌豆、喜庆、细马、退令、下手、先来、陷没、乡间、消除、嚣尘、小豆、邪视、胁迁、辛勤、新易、兴隆、凶逆、修葺、修营、修造、虚谬、喧扰、喧嚣、寻访、巡检、巡绕、巡游、迅速、牙床、言玄诱、颜貌、奄然、宴集、腰刀、要路、要重、一概、一依、医疗、依次、依旧、遗漏、已经、义烈、音信、银钱、隐没、英奇、迎送、营葬、营造、佣力、优奖、忧慌、忧矜、忧闲、由绪、幼小、渔师、云屯、熨斗、杂物、杂戏、灾难、灾瘴、宰煞、葬送、早晨、澡豆、造设、债主、招慰、遮护、珍重、真风、斟量、甄别、枕疾、振济、震骇、镇守、征马、征收、支配、执衣、执作、直绳、职守、旨意、指环、至到、治务、忠恳、终服、终制、周匝、朱夏、装束、追还、追赠、姿容、滋茂、自后、自家、自身、自首、自余、宗枝、纵使、尊奉、作具、作牧、作人,等等①。

---

① 承用先秦、魏晋语词的这些例证引自黑维强《敦煌、吐鲁番社会经济文献词汇研究》,2—3页、6—8页,民族出版社,2010年。

应该指出,我们研究的是文献语言,而文献在传承过程中多有散失,现有文献没有的,不见得古语中没有。我们是举例性的,没有也不可能反映全面。

二、新造

社会的发展,新事物的不断出现,新概念的产生,需要制造新词,以便人们交际;人类思维的发展,要求语言的表达更加缜密。汉民族的发展促使了汉语语音、词汇、语法的发展。就词汇而言,新概念的大量产生,要求语言的词汇予以反映。旧的单音词的数量有限,不足以记录新概念,故采用双音词的办法造出新词,以记录新概念,这是双音词产生的一个原因。另一方面,人的思维、认识的发展,促使了词义的发展,词义的发展促使了双音词的产生,这是双音词产生的内因。还有一个原因,就是语音的简化,浊音的清化、入声的消失、韵部的简化,产生了大量的同音词。同音词的大量产生,模糊了语词在语音上的区别性特征,造成了交际的困难。为了区别,人们使用构造双音词的办法来扩大语词的区别性。双音词的产生,扩大了词的能指,使语言的表达更加准确,更加严密。海德格尔说:"语言是存在的家。"人的社会存在,人的类的存在,人对自然的观察、研究、利用,人自身的发展,皆需使用语言,通过语言得到反映。所以,语言是人类存在的表征,也是人类发展的表征。新造词反映了人类存在的状况,更反映了人类发展的状况。研究人类社会,必须研究语言。郭沫若研究中国的奴隶社会,就是通过研究甲骨文的语言得以实现的。

近代汉语产生的新词,有如下几个方面的内容。

(一)有关典章制度的

公凭 唐五代时期官府发给的具有法律效力的证件。又称"公验""公据"。[①]

[①] 黑维强说:"《敦煌学大辞典》(386页)认为'公验'是'唐五代专用文书之一'。我们在敦煌文献中看到宋初还在使用。例如,P.4525号《辛巳年(981)都头吕富定为乘骑死亡请赐公凭状稿》:'(前缺)都头吕富定,伏以富定准都官例,着马壹疋,与知客赵清汉乘骑达坦内为使回来路上致死,未蒙支给,伏乞太傅恩慈,特赐公凭,专请处分。'(释录3/621)"冀骋按:《三朝北盟会编》也有用例,卷一一四:"昨来先祖父臣汲死事之迹,既有上件帅臣所保奏武胜军所,被受使臣将校所供诉,吏部所给公凭、臣僚章疏所论时事,一一并可照验,则臣吁天泣血泥首,请命冀获彰闻,亦固其所。"

《旧五代史·唐·明宗纪》八："应见任前资守选官等，所有本朝及梁朝出身历任告身，并仰送纳，委所在磨勘，换给公凭。"下面是唐五代传世文献和敦煌文献的用例。①《全唐文》卷三一〇孙逖"诫励吏部兵部礼部掌选知举官等敕"："其流外铨及武学，专委郎官，恐不详悉，共为取舍，适表公凭。"又卷一二九王建"郊天改元赦文"："如有失坠告身，无以自明，但有失坠时公凭，及于本任官处取得文解者，并准例参选。"又卷一二三五代周太祖"改定盐曲条法敕"："所请蚕盐处道路津镇，须验公凭。"敦煌文献P.3101号《大中五年（851）尼智灯苑状并离烦判辞》："身在床枕，制不由人，转经福田，盖是王课，今若患疾，理合优矜，付寺法律，疴缠不虚，勿得拘检，仍任公凭。"（释录4/119）S.3877v号《戊戌年（878）令狐安定请地状》："伏望司空照察贫下，乞公凭，伏请处分。"（释录2/469）P.2825号《唐景福二年（893）九月卢忠达状》："右忠达本户于城东小第一渠地一段廿亩，今被押衙高再晟侵劫将，不放取近，伏望常侍仁恩照察，乞赐公凭。"（释录2/291）

　　白草　下级向上级报告的公文用语。下面是黑维强著作所引例证。《北凉义和三年（433）兵曹李禄白草》："校曹主簿　潘　义和三年六月五日起兵曹　李禄白草长史　驮。"（吐1/123）《北凉真兴六年（424）高昌郡兵曹牒尾署位》："真兴六年十月十三日兵曹范庆白草。"（新6）黑氏说，出现"白草"的这类文书，其句式是某年月日某某（有时不出现）如何，出现在"如何"位置上所用的词语为"属""称""条呈""辞""班"等动词，因此，可以推断这里的"白草"亦属这类动词，是为同类性质的公文用语。"白草"亦作"白"。《兵曹下八幢符为屯兵值夜守水事》："兵曹掾张预、史左法强白。"（吐1/138）《北凉真兴七年（425）高昌郡兵曹白请差直步许奴至京牒》："真兴七年正月廿日白。"（新7）《北凉缘禾十年（441）高昌郡功曹白请改动行水官牒》："缘禾十月三月一日白。"（新10）《北凉高昌郡内学司成白请差刘苜蓿牒》："四月十六日白。"（新13）冀骋按："白"是"报告"的意思，"草"是"撰写"的意思。言××"白"，即××报告，而写报告者可以是报告人，也可以另有其人；言××"白草"者，报告者和撰写者一定是同一人。

---

　　① 例证节录自黑维强《敦煌、吐鲁番社会经济文献词汇研究》，70页，民族出版社，2010年。下例"白草"也引自此书。

札子 奏事公文之一种。欧阳修《归田录》卷二:"唐人奏事,非表非状者,谓之牓子,亦谓之录子。今谓之札子。凡群臣百司上殿奏事,两制以上非时有所奏陈,皆用札子。中书,枢密院事有不降宣敕者,亦用札子,与两府自相往来亦然。"李攸《宋朝事实》卷八有"胡宿上仁宗《论兖国公主议行册礼札子》",卷十六:"乙西,降空名敕告、宣头札子三百道下河北宣抚使,以备赏功。"宋文莹《湘山野录》中:"急具札子奏,批下,奉圣旨依奏,乞见宜不允。"《宋史·礼志》十:"熹方惩内批之弊,因乞降出札子,再令臣僚集议,上亦然之。"《宋史·艺文志》三:"韩琦《端拱以来宣敕札子》六十卷。"

以上是公文、证件制度产生的新词。

和买 宋代于春季青黄不接之时,官府向百姓发放贷款,夏秋时令其输绢于官,偿还贷款,叫作"和买"。王明清《挥麈后录》卷二:"《前录》载和买起于王丝,后阅范蜀公《东斋记事》云:'太宗时,马元方为三司判官,建言:方春民乏绝时,预给官钱贷之,至夏秋令输绢于官。和买䌷绢,盖始于此。'"《宋史·高宗纪》三:"下诏改元,释流以下囚,复贤良方正直言极谏科,蠲两浙夏税、和买䌷绢丝绵,减闽中上供银三分之一。"又《高宗纪》七:"夏四月壬子,禁州县预借民税及和买钱。"又《孝宗纪》三:"辛未,知绍兴府张津进羡余四十万缗,诏以代民输和买、身丁之半。"又《食货志》上:"初,神武右军统制张俊乞蠲所置产,凡和买、科敷,诏特从之。"《三朝北盟会编》卷一七五:"虽小民莫不愿效财力助国讨贼,是以预纳苗税及和买绢钱之类,皆尽所有,争先供输,无复难色。"又卷一九一:"频年以来,换度牒,鬻官爵,出卖户帖,预借和买,头会箕敛、衰世掊克之法略已尽行。"

剥征 黑维强释为征收,下面是他的论证。P.3841v号《唐开元廿三年?(735?)沙州会计历》125行:"至廿一年支度于判官勾日,见不收小练。复缘先附大练,遂被剥征。"(释录1/425)"剥征"为同义复合词。"剥"即"征收"之义。P.2979号《唐开元二十四年(736)九月岐州眉县尉勋牒判集》16行:"廿三年地税及草等被柳使剥由,已具前解,不蒙听察,但责名品。"(释录2/616)"剥由"即"征收缘由"。11行:"开元廿三年地税及草等,里正众款,皆言据实合蠲;使司勾推,亦云据实合剥。"(释录2/616)"合剥"就是应该征收。"剥征"在传世文献也有用例。例如,唐陆贽《翰苑集》卷二二:"抑使剥征,奸吏因缘得行侵夺。"又:"重重剥征,理甚无谓,望令所司,应诸州府送税物到京。"《全唐文》卷六六唐穆宗"南郊改元德音":"如缘收贮年深,盘覆欠折,水火沈爇,保累剥征,并缘用兵之时,所在贮备杂物,准拟军需,及贼平之后,不堪上供,勒令回变,因有损折。"《旧唐书·韦巨源传》:"有吏才,勾覆省内文案,下符剥征,虽为下所怨苦,然亦颇收其利。"宋王溥《唐会要》卷八三:"自今已后,送省及留使匹段不得剥征折估钱。"明王袆《大事记续编》卷六〇:"税物送至上都,度支颁给群司,例皆增长本价,抑使剥征,四也。"史鉴《西村集》卷五"收粮之法宜有厘革":"故剥征掊敛惟命是从,饮气吞声莫能控诉。"冀骋按:"剥征"是用"剥"的方式征,其构词方式应该是偏正式而不是并列式。纵使是并列式,也是因为与"征"字连用而受"征"字同化而有"征"的意义,但"剥"不是一般的"征",而是额外的、巧立名目的、带有强迫意味的"征",所以才为"下所怨苦"。还有"剥敛"一词,是"搜刮征敛"的意思。《新唐书·韦坚传》:"郡县剥敛偿输,责及邻伍,多裸死牢户。"《新五代史·郭延鲁杂传》:"五代之民其何以堪之哉! 上输兵赋之急,下困剥敛之苛。"宋罗大经《鹤林玉露》甲编卷十三:"近时莆阳一寺,规建大塔,工费巨万,或告侍郎陈正仲曰:当此荒岁,寺僧剥敛民财,兴无益之土木。"另有"句剥"一词,黑氏也释为"征收",值得怀疑。所引杜佑《通典》卷六:"大凡都计租税庸调,每岁钱、粟、绢、绵、布约得五千二百三十余万端、匹、屯、贯、石。诸色资课及句剥所获不在其中。"并不能为其作证。前言"租税庸调",是正当的税收,后言"诸色资课及句剥所获"是不正当的额外负担,属于减负的范围,故曰"不在其中"。句,曲也。句剥者,曲剥也,想着法子盘剥。

一条鞭 明相张居正所推行的田赋制度,将赋与役合为一,以各州县田赋、各项杂款、均徭、力差、银差、里甲等编合为一,通计一省税赋,通派一省徭役,官收官解,除秋粮外,一律改收银两,计亩折纳,总为一条,称"一条鞭法"。《明史·食货志》二:"一条鞭法者,总括一州县之赋役,量地计丁,丁粮毕输于官,一岁之役,官为佥募。力差,则计其工食之费,量为增添;银差,则计其交纳之费,加以增耗。凡额办、派办、京库岁需与存留、供亿诸费,以及土贡方物,悉并为一条,皆计亩征银,折办于官,故谓之一条鞭。立法颇为简便。"由于颇为简便,故凡并繁为简者,均可称为"一条鞭"。《通俗编》卷九云:"此法自明季创行,至今不改,而凡事之并繁就简,世俗亦借以言焉。"

以上是食货制度产生的新词。

安置 宋代贬谪官吏往外州,稍重者称"安置"。南宋赵升《朝野类要》卷五"居住":"被责者,凡云送甚州居住,则轻于安置也。"又"安置":"安置之责,若又重,则羁管、编管。"张邦基《墨庄漫录》卷四:"东坡知徐州,作黄楼,未几黄州安置。"《宋史·赵廷美传》:"诏降廷美为涪陵县公,房州安置。"又《赵元佐传》:"诏遣御史捕元佐,诣中书劾问,废为庶人,均州安置。"又《杨承信传》:"承信与弟承祚诣阙请死,诏释之,以承信为右羽林将军,承祚为右骁卫将军,放归,服丧私第,寻安置郑州。"《三朝北盟会编》卷七:"诏种师道押赴枢密院,责授右卫将军,致仕,和诜亳州团练副使,筠州安置。"又卷三十:"李邦彦密结蔡攸,令潜黜而罢之。靖康初,贬广州安置,遣使斩之。"《清平山堂话本·五戒禅师私红莲记》:"忽一日,学士被宰相王荆公寻件风流罪过,把学士奏贬黄州安置去了。"

警迹人 元代为盗贼所立的特殊户籍,其人身自由受到限制。《元史·刑法》二:"诸有司承告被盗,辄将警迹人,非理枉勘身死,却获正贼者,正问官笞五十七,解职。"又《刑法》三:"诸窃盗初犯,刺左臂,谓已得财者。再犯刺右臂,三犯刺项。强盗初犯刺项,并充警迹人,官司以法拘检关防之。"又:"诸诈称搜税,拦头剽夺行李财物者,以盗论,刺断,充警迹人。"又:"诸警迹人,有不告知邻佑,辄离家经宿,及游惰不事生产作业者,有司究之。"《元典章·刑部》卷十一"诸盗":"应配役人,逐有金银铜铁洞冶、屯田、堤岸、桥道一切工役去处,听就工作,令人监视。日记工程,满日疏放,充警迹人。"又:"强盗合徒囚数,带镣居役。满日收充警迹人。"《元曲选·金钱记》二折:"那里有警迹人贾生子建,那里有老而不死为盗的颜渊。"

以上是惩处制度产生的新词。

投下 辽人以征伐所得俘户及私奴,聚而建城,名"投下"。《辽史·地理志》一:"又以征伐俘户,建州襟要之地,多因旧居名之,加以私奴,置投下州。"又:"头下军州,皆诸王、外戚、大臣及诸部从征俘掠,或置生口,各团集建州县以居之。……其节度使朝廷命之,刺史以下皆以本主部曲充焉。""头下"即"投下"。元承辽旧,亦置投下,然其内涵稍异。有由各部族降人组成的五投下,亦有诸王分地之投下,还有勋臣食邑之投下。蒙古军制,行军攻夺,诸将所俘掠子女玉帛,均可掩为己有。所降之户,因以与诸将和诸王,遂建投下。《元史·本纪》五:"秋七月癸未,诏诸投下毋擅勾摄燕京路州县官吏。"又:"不许擅招民户,不得以银与非投下人为斡脱,禁口传敕旨及追呼省臣官属。"又《本纪》六:"诸路州府,若自古名郡,户数繁庶,且当冲要者,不须改并。其户不满千者,可并则并之,各投下者,并入所隶州城。"又《木华黎传》:"丙戌夏,诏封功臣户口为食邑曰十投下。"

站户 元代专供驿站车马、米料等物之户,与民户别。《元史·兵志》四"站赤":"各站俱置米仓,站户每年一牌内纳米一石,令百户一人掌之。"《元典章》卷十五:"各站祗应库子,例于站户余粮内差拨一名,上下半年交替,就准里正主首户役。"又:"站户词讼,自是有司之责,不应站官私受词状。若不禁治,不惟紊乱官府,实为蠹害良民,不便。"又卷十九:"近年以来,田禾旱涝,人民饥荒,站户消乏,致将亲属典卖他人驱使,实可哀悯。其管站头目典卖站户亲属,已有钦奉诏书,给亲完聚,所有权豪权要人家典买站户儿女为驱,即系违法。"《元曲选·铁拐李》一折:"老汉军差也当,民差也当。因老汉有几文钱,又当站户哩。"

总甲 元明以来职役名称。系地方乡保的管事人员,相当于后世的乡长、保长。《元曲选·范张鸡黍》四折:"您这个老大人差了,我若不赖他的文章,我可怎么能勾做官,便总甲我也不得做。"又《东堂老》一折:"他老子在那里做官来,他也是小哥。诈官的该徒,我根前歪充,叫总甲来绑了这弟子孩儿。"又《来生债》一折:"街坊邻舍,火夫总甲,救火麻,搭火钩,趱水桶,救火搭,上火钩,众人着气力拽。"又:"里长总甲,有贼也! 偷了我的银子去了。"《杀狗记》十八出:"地方总甲,孙二要告哥哥,不干我事。"

以上是户籍制度产生的新词。

(二) 有关风俗习惯的

风俗习惯,大多代代相因。由于时代的发展,社会生活的改变,风俗习惯也会随之有所改变。宋时,辽、金崛起,与汉族交往频繁,习俗自会互相影响;尤其是元代,蒙古族入主中原,他们的风俗习惯也给汉民族以很大的影响。风俗习惯的改变,词汇上必有所反映,这就出现一批新词。

射柳 辽、金时驰马射柳之戏。又叫"乍柳"。本是辽、金军方于端午节时训练士兵的一种方式,后来发展为北方民众端午的节庆游戏。有如中原军队的蹴鞠,先用来训练士兵,后来发展为民间游戏。《金史·礼志》八:"金因辽俗,重五日插柳,去地约数寸,削其皮而白之。先以一人驰马前导,后驰马以无羽横簇箭射之。既断柳,又以手接而弛去者为上。断而不能接去者次之。每射必发鼓以助其气。"《都城纪胜》"瓦舍众伎":"与马打球,并教船水秋千,东西班野战,诸军马上呈骁骑。"作者自注:"北人乍柳。"《董西厢》卷八:"也不爱耽花恋酒,也不爱打桃射柳,也不爱放马走狗,也不爱射生猎兽。"《元曲选·丽春堂》一折:"时遇蕤宾节届,奉圣人的命,但是文武官员,都到御园中赴射柳会,老夫为押宴官,射着者有赏,射不着者无赏。"又:"今日五月端午,蕤宾节令,奉圣人命,都着俺文武官员御园中赴射柳会。"又二折:"昨日在御园中射柳,今日在香山设宴,须索走一遭。"按:乍者,插也。二字音近,故将"插"写作"乍"。"插"字《广韵》"楚洽切",初母,入声洽韵。"乍"字《广韵》"锄驾切",崇母,去声祃韵。入声消失后,二字韵母相同,唯声母有清浊之别;如果当时的浊音未清化,在母语没有清浊区别的人听来,二者的读音是相同的。故"插"写作"乍"。又,《广韵》有"閘"字,音"士洽切",崇母,入声洽韵,如此则与"乍"声母相同,唯韵有去入之别,二字读音更近。汪维辉君《朝鲜时代汉语教科书丛刊》引《岁时乐事记》:"武士军校裇(汪君此字作衤旁,衤旁与礻旁俗书常相混,二者可看作一字。下同)柳于击场。"汪君按:"裇"字,即"刢"音,而"刢"字韵书不著,唯《免疑杂韵》内音"乍",即与"插"字音意同①。今谓既是"乐事",则已由训练士兵变成了游戏。"裇"《广韵》与"乍"同音,写作"裇"与写作"乍"一样,皆为"插"的借字。"插"就"柳"言,"射"就箭言,是一件事的两个方面;故既称"射柳",又叫"乍柳"。

草刷儿 乡村酒店悬挂为标志的草团。《元曲选·生金阁》三折:"草刷儿向墙头挑,醉八仙壁上描,盖造的潇洒清标,写着道酒胜西湖,店欺着东阁。"又作"草稕儿""草帚儿"。《元曲选·黑旋风》二折:"你觑那往来不断,车马相接。墙角畔滴溜溜草稕儿挑,茅檐外疏剌剌布帘儿斜。"《元曲选外编·遇上皇》二折:"曲律竿头悬草稕,绿杨影里拨琵琶。高阳公子休空过,不比寻常卖酒家。"《水浒传》四回:"远远地杏花深处,市梢尽头,一家挑出个草帚儿来。智深走到那里看时,却是傍村的小酒店。"又十回:"林冲住脚看时,见篱笆中挑着一个草帚儿在露天里。"

宋时南方酒店的标志是酒旗、酒帘子、幌子,草刷儿应是北方酒店的标志。

以上是北方习俗产生的新词。

牵巾 宋时婚俗,新夫妇行过结婚大礼之后,相偕进入新房,新郎以彩巾牵新妇而行,谓之"牵巾"。孟元老《东京梦华录》卷五"娶妇":"婿于床前请新妇出,二家各出

---

① 汪维辉编:《朝鲜时代汉语教科书丛刊(一)》,245页,中华书局,2005年。

彩段,绢一同心,谓之'牵巾'。"《梦粱录》卷二十"婚娶"记载得更为详细:"婿登床,右首座,新妇座于左首,正'坐富贵礼'也。其礼官请两新人出房,诣中堂参堂,男执槐简,挂红绿彩,绾双同心结,倒行;女挂于手,面相向而行,谓之'牵巾'。"

煖房 宋时杭州风俗,若有新迁家者,邻居备酒食前来祝贺,谓之"煖房"。《梦粱录》卷十八"民俗":"或有新搬移来居止之人,则邻人争借动事,遗献汤茶,指引买卖之类,则见睦邻之义,又率钱物,安排酒食,以为之贺,谓之煖房。"《西湖游览志余》:"迁居而邻友治具过饮曰'暖屋'。亦曰'暖房'。王建宫词:'太仪前日暖房来。'"

照虚耗 宋俗于十二月二十四日或除夕点灯照床下以驱除秽邪鬼怪。《梦粱录》卷六"十二月":"二十四日,不以穷富,皆备蔬食饧豆祀灶。此日市间及街坊叫买五色米食,花果,胶牙饧,箕豆,叫声鼎沸。其夜家家以灯照于卧床下,谓之'照虚耗'。"宋无名氏《异闻总录》卷四:"京师风俗,每除夕夜必明灯于厨厕等处,谓之照虚耗。"《慧琳音义》卷七五"魍魉":"虚,耗鬼也。《异苑》曰:虚,耗鬼。所至之处,令人损失财物,库藏空竭,名为耗鬼。"

点汤 宋元习俗,客至点茶,送客点汤,因以为送客、逐客之词。《元曲选·冻苏秦》三折:"张千云:点汤!正末唱:哎。你敢也走将来喝点汤喝点汤。云:点汤是逐客,我则索起身。"《元曲选外编·云窗梦》一折:"我爱的是文章数百篇,这件事便休言。……请点汤晏叔原,告回避白乐天。"《萍州可谈》卷一:"今世俗客至则啜茶,去则啜汤,汤取药材甘香者屑之,或温或凉,未有不用甘草者。此俗遍天下。"

火把节 明代云南的一种节日。《万历野获编》卷二四"风俗":"今滇中以六月念八日为火把节。是日人家缚荛芦高七八尺,置门外爇之,至夜火光烛天,又用牲肉细缕如脍,和以盐酰生食之,问其原,则是日为洪武间遣待制王忠文(祎)说元梁王纳款,不从,为其所醢,以此立节,亦晋人禁寒食,楚人投角黍之意也。"

以上是南方习俗产生的新词。

随身灯 丧俗,在死尸脚旁点的长明灯。《清平山堂话本·快嘴李翠莲记》:"我家公婆又未死,如何点盏随身灯?"《金瓶梅》六回:"到天大明,王婆拿银子买了棺材冥器,又买些香烛纸钱之类,归来就于武大灵前点起一盏随身灯。"

送路 送行、饯行。《入唐求法巡礼行记》卷二:"幕府从初相见之时心极殷勤,在寺之时每日有恩施,慰问不绝。发行之时差人送路,兼示道路。"又卷三:"院主僧广初设饭送路。斋后便发。"又卷四:"今交郎君将书来,送路绢二定、蒙顶茶二斤、团茶一串、钱两贯文,付前路书状两封。别有手札。"又:"楚州刘总管每事勾当。前总管薛诠及登州张大使舍弟张从彦及娘皆送路。"刘长卿有《送路少府使东京便应制举》,杜甫有《送路六侍御入朝》,李端有《送路司谏侍从叔赴洪州》,皆以"送路"为题。敦煌文献也有用例。① P.2912 号《丑年正月已后入破历稿》:"四月已后,僦家缘大众要送路人事及都头用使破历。"S.1519 号《辛亥年(891 或 951)某寺诸色斛斗破历》:"五日,酒壹角,送路曹县令用。"(释录 3/177)S.6981 号《年代不明诸色斛斗破历》:"面叁斗、油壹升半,送路留作用。"

照田蚕 民间风俗,每年年末夜间,农家以火照田野间,以祈丝谷丰收。宋温革《分门琐碎录》:"年夜,农家以火照旷野间,谓之照田蚕。"《月令辑要》"十二月":"照田蚕与烧火盆同日,村落则以秃帚若麻秸竹枝辈燃火炬,缚长竿之杪以照田,烂然遍野,以祈丝谷。"高启《照田蚕》:"东村西村作除夕,高炬千竿照田赤。老人笑祝小儿歌,愿得宜蚕又宜麦。明星影乱栖乌惊,火光避寒春已生。夜深然罢归白屋,共说丰年真可卜。"②

拜堂 旧时婚礼的一种仪式,包括新郎新娘参拜天地、拜舅姑和夫妇交拜。唐封演《封氏闻见记》卷五:"近代婚嫁有障车、下婿、却扇及观花烛之事,及有下地、安帐并拜堂之礼。上自皇室,下至士庶,莫不皆然。"王建《失钗怨》:"双杯行酒六亲喜,我家新妇宜拜堂。"《敦煌变文集·叶净能诗》:"其时张令妻正拜堂次,使者高声作色:'咄!这府君,因何取他生人妇为妻,太一极怒,令我取你头来!'"《元曲选·窦娥冤》一折:"你不要错过了好时辰,我和你早些儿拜堂罢。"《西游记》二三回:"那妇人道:'女婿,你师兄说今朝是天恩上吉日,就教你招进来了。却只是仓卒间,不曾请得个阴阳,拜堂撒帐,你可朝上拜八拜儿罢。'八戒道:'娘,娘说得是,你请上坐,等我也拜几拜,就当拜堂,就当谢亲,两当一儿,却不省事?'"

以上是南北共有习俗产生的新词。

---

① 引自黑维强《敦煌、吐鲁番社会经济文献词汇研究》,112 页,民族出版社,2010 年。此条目受黑氏启发而立,特致谢意。
② 此词条节引自化振红《〈分门琐碎录〉校注》,41 页,巴蜀书社,2009 年。

（三）有关饮食的

民以食为天。汉民族非常讲究饮食，《周礼》将帝王饮食归于天官冢宰，设专员司掌。如："膳夫掌王之食饮膳羞。""庖人掌共六畜六兽六禽……以共王之膳。""浆人掌共王之六饮，水、浆、醴、凉、医、酏。"醢人掌四豆之实。还有醯人、盐人，亦各有专司。有关饮食的著作亦史不绝书，屡见书录。如唐代陆羽的《茶经》，宋代陈达叟《本心斋蔬食谱》、朱翼中的《酒经》、王灼的《糖霜谱》，元代贾铭的《饮食须知》、忽思慧的《饮膳正要》，明代韩奕的《易牙遗意》、田艺蘅的《煮泉小品》。就文字而言，只《说文》一书"食"部就收有六十二个正文、十八个重文，如果加上"口"部、"欠"部的有关饮食的字就更多了。晚唐五代以后，城市经济的发展，促进了商业的繁荣，同时也促使饮食的精益求精。品目之繁多、做工之考究，非秦汉魏晋之可比拟。我们可以说，近代汉语所出现的新词，饮食词汇是个重要的组成部分。如：

面食 宋吴自牧《梦粱录》卷十六"面食店"："大凡面食店，亦谓之分茶店。……更有面食名件：猪羊盦生面，丝鸡面，三鲜面，鱼桐皮面，盐煎面，笋泼肉面，炒鸡面，大熬面，……素面如大片铺羊面，三鲜面，炒鳝面，卷鱼面，笋泼刀，笋辣面，……皆精细乳麸笋粉素食。"名目之多，不下百数。

烧饼 火烧而食的饼叫"烧饼"。宋黄朝英《靖康缃素杂记》卷二："凡以面为餐具者，皆谓之饼。故火烧而食者呼为烧饼，水瀹而食者呼为汤饼，笼蒸而食者呼为蒸饼，而馒头谓之笼饼。"蒸饼之名已见于《释名·释言语》："蒸饼、汤饼、蝎饼、髓饼、金饼、索饼之属，皆随形而名之也。"《金瓶梅》四八回："西门庆差玳安儿抬了许多酒、肉、烧饼来，与他家犒赏匠人。"又："西门庆吩咐贲四，先把抬轿子的每人一碗酒、四个烧饼、一盘子熟肉，分散停当，然后，才把堂客轿子起身。"《西游记》十三回："伯钦与母妻无奈，急做了些粗面烧饼干粮，叫伯钦远送，三藏欢喜收纳。"又十四回："行者去解开包袱，在那包裹中间见有几个粗面烧饼，拿出来递与师父。"

酒 宋周密《武林旧事》卷六"诸色酒名"下列有蔷薇露、流香、宣赐碧香、思堂春、凤泉、玉练槌、有美堂、中和堂等五十四种。《西湖老人繁胜录》列有太常、和酒、夹和、兰陵、龙游、蓝桥风月游、蓝桥风月等二十七种。其他如茶、下酒菜、果子、点心等名目亦数不胜数。详见《东京梦华录》《都城纪胜》《西湖老人繁胜录》《梦粱录》《武林旧事》

等书。至于有关制作技术方面的术语,亦可在这些著作里见到,此不赘。下面介绍几个不常见的与饮食有关的词汇。

卧酒/醋　酿酒/醋。敦煌文献常见此词,P.2049 号《后唐同光三年正月沙洲净土寺直岁保护手下诸色入破历算会牒》:"粟柒斗,马家卧酒看侍佛人用。"P.3763 号《净土寺诸色入破历算会稿》:"麦二斗,春秋卧醋用。"《双恩记第三》:"牛羊苏乳能奇异,变造多般诸巧伎。点作楼台织绮罗,卧成浆酪能香美。"[1]《太平御览》卷七一九引晋张华《博物志》:"作燕支法,取蓝蒚捣以水,洮去黄汁,作十饼如手掌,着湿草卧一宿,便阴干。"北魏贾思勰《齐民要术》卷六"作酢法":"瓮中卧经再宿,三日便压之,如压酒法。"又"作酪法":"屈木为桊,以张生绢袋子,滤熟乳,着瓦瓶子中卧之。新瓶即直用之,不烧。若旧瓶已曾卧酪者,每卧酪时,辄须灰火中烧瓶,令津出,回转烧之,皆使周匝热彻,好干,待冷乃用。……其卧酪待冷暖之节,温温小暖于人体为合宜适。热卧则酪醋,伤冷则难成。……其六七月中作者,卧时令如人体,直置冷地,不须温茹。冬天作者,卧时少令热于人体,降于余月,茹令极热。"冀骋按:卧,暖也。将较多的东西放在一起,使之发热,以便使用。此法可用于酿酒、酿醋、作酪,还可用于作酒曲、酱、豆豉、养蚕。酿酒、酿醋、作酪,例已见上。作酒曲、酱、豆豉、养蚕者如《齐民要术》卷七"卧曲法":"先以麦䴷布地,然后着曲讫,又以麦䴷覆之。多作者,可以用箔、槌,如养蚕法。覆讫,闭户。七日,翻曲,还以麦䴷覆之。二七日,聚曲,亦还覆之。三七日,瓮盛。后经七日,然后出曝之。……笼子中盛麹五六饼许,着汤中,少时出,卧置灰中,用生胡叶覆上。"又卷八"作麦酱法":"小麦一石,渍一宿,炊,卧之,令生黄衣。""神酢法":"蒸干黄蒸一斛,熟蒸麸三斛:凡二物,温温暖,便和之。水多少,要使相淹渍,水多则酢薄不好。瓮中卧经再宿,三日便压之,如压酒法。""酒糟酢法":"作法:用石碓子辣谷令破,以水拌而蒸之。熟便下,掸去热气,与糟相拌,必令其均调,大率糟常居多。和讫,卧于酢瓮中,以向满为限,以绵幂瓮口。……春秋作者,宜温卧,以穰茹瓮,汤淋之。""作家理食豉法":"随作多少,精择豆,浸一宿,旦炊之,与炊米同。若作一石豉,炊一石豆。熟,取生茅卧之,如作女麹形。二七日,豆生黄衣,簸去之,更曝令燥。后以水浸令湿,手抟之,使汁出。"又卷五"养蚕":"今世有三卧一生蚕,四卧

---

[1]　张涌泉:《敦煌写本文献学》,140 页,甘肃教育出版社,2013 年。

再生蚕。……凡三卧、四卧,皆有丝、绵之别。"从这些例证可以看出,"卧"就是将物品按一定的要求放在一起,令其发热。其本来意义与"酿"有区别,酿酒必"卧",但仅有"卧"还不是"酿酒"的全过程,故《齐民要术》将"酿酒"与"卧"区别开来。《齐民要术》卷七"造酒法":"凡冬月酿酒,中冷不发者,以瓦瓶盛热汤,坚塞口,又于釜汤中煮瓶,令极热,引出,着酒瓮中,须臾即发。""候麴发,气香沫起,便酿。隆冬寒厉,虽日茹瓮,麴汁犹冻,临下酿时,宜漉出冻凌,于釜中融之——取液而已,不得令热。凌液尽,还泻着瓮中,然后下黍,不尔则伤冷。"则知"酿"包括"选黍米,选器皿,煮熟,用曲,适度加热,发酵,成酒"的全过程,而"卧"则只指"将拌了酒曲的米饭放置瓮中,以穰茹瓮,使发热"的过程。这是酿酒的关键,故可用"卧"称"酿酒"。为什么叫作"卧"?有两种可能的解释。一是将东西平摊着放在容器里,给予一定条件使其发热,这种平摊就是"卧",如养蚕,作酱。后来将东西放在一起使其发热,也叫"卧",而不管是否"平摊"。还有种解释是,《集韵》:"炓,乌卧切,煖也。"而"卧"《集韵》音"吾货切",二者仅声母有"影""疑"之别,韵母则完全相同,如果"疑"母失落,则二者读音相同,故借"卧"代替"炓"。但"疑"母失落的时间没有这么早,故本文不取。

龊茶 以茶水送店铺,以乞求钱物。《梦粱录》卷十六"茶肆":"又一等街司衙兵百司人,以茶水点送门面铺席,乞觅钱物,谓之'龊茶'。"

合酪 荞麦磨粉后制成的面条状食品。《元曲选·勘头巾》二折:"你若说实情呵,我可便买与你个合酪吃。"又三折:"张千,下合酪来与孩儿吃。"又:"这厮不中用,既没了合酪,就是馒头烧饼,也买几个来,可也好那。"又作"河漏",元王祯《农书》"荞麦":"北方山后,诸郡多种。治去皮壳,磨而为面。……或作汤饼,谓之河漏。"《水浒传》二四回:"西门庆也笑了一回,问道:'干娘,间壁卖甚么?'王婆道:'他家卖拖蒸河漏子,热汤温和大辣酥。'"《儿女英雄传》十七回:"他又叫人在外面给那些车马人煮的白肉,下得新面过水合漏。"

汗酒 烧酒。元卞思义《汗酒》:"水火谁传既济方,满铛香汗滴琼浆。"明方以智《物理小识》卷六"烧酒":"元时始创其法,名阿尔奇。稻、黍、杂粮等皆可烧。……蒸而取其气水。"《饮膳正要》卷三:"阿剌吉酒,味甘辣,大热,有大毒,主消冷坚积,去寒气。用好酒蒸熬取露,成阿剌吉。"此酒须蒸熬,蒸熬须火,故曰"烧";因取气水而成,故名"汗"。

同子骨　现代写作"筒子骨",《回回药方》卷十二:"又贴药。治筋松筋抽病证贴软。用小麦粉亦里乞,一同捣罗,却用猪脂,牛同子骨髓,羊尾子油……一同炼化,去渣。"又卷三四:"又方。牛筒骨髓。"[①]

(四) 有关衣着服饰的

衣服不仅可御寒蔽体,而且还具有辨等第、明贵贱的功用,所谓"报功章德,尊仁尚贤"(《后汉书·舆服志》上)。中国是个礼仪之邦,历代王朝对"服色"都十分重视,什么人穿什么衣,穿什么颜色的衣,都有明确规定,不得逾等。故史书有"舆服志",专记车舆和服装。宋元以来新兴的服装有:

背子　起源于隋,但只用于朝服,未曾普遍。唐末马缟《中华古今注》卷中:"背子,隋大业末,炀帝宫人、百官母妻等绯罗蹙金飞凤背子,以为朝服,及礼见宾客舅姑之长服也。天宝年中,西川贡五色织成背子,玄宗诏曰:观此一服,费用百金,其往金玉珍异,并不许贡。"则以背子为奢侈物。宋代以降,背子成了一种简易服装,一般人皆可服。陆游《老学庵笔记》卷二:"予童子时,见前辈犹系头巾带于前,作胡桃结。背子背及腋下皆垂带,长老言,背子率以紫勒帛系之,散腰则谓之不敬。至蔡太师为相,始去勒帛。"程大昌《演繁露》残本卷三:"今人服公裳,必衷以背子。背子者,状如单襦袷袄,特其裾加长直垂至足焉耳,其实古之中禅也。"元明时期,背子则为妓妾之常服,一般人不常穿。《元曲选·度柳翠》三折:"你和这衫儿永别,将背子道个安置。"《通俗编》:"今背子则为妓妾辈之常服,良贵惟燕亵服之,乃元明时乐伎所着皂背遗制,其贵贱直天渊矣。"

直裰　宋元时流行的一种家居常服。斜领大袖、四周镶边的袍子。源起于晋,隋唐时流行,叫冯翼之服。宋郭若虚《图画见闻志》卷一"论衣冠异制":"晋处士冯翼,衣布大袖,周缘以皂,下加襕,前系二长带,隋唐朝野服之,谓之冯翼之衣,今呼为直裰。"《清平山堂话本·快嘴李翠莲记》:"夫家娘家着不得,剃了头发做师姑。身披直裰挂葫芦,手中拿个大木鱼。"《金瓶梅》三九回:"那道士头戴小帽,身穿青布直裰,谦逊数次,方才把椅儿挪到旁边坐下。"《水浒传》三一回:"把两只直裰袖结起背上,竟来到庵

[①]　宋岘:《回回药方考释》下册,194页、436页,中华书局,2000年。

前敲门。"《西游记》十四回："行者又有眼色,见师父洗浴,脱下一件白布短小直裰未穿,他即扯过来披在身上。"又："徒弟,你不嫌残旧,那件直裰儿,你就穿了罢。"

质孙 元代服装之一。《元史·舆服志》一："质孙,汉言一色服也。内庭大宴则服之。冬夏之服不同,然无定制。凡勋戚大臣,近侍,赐则服之,下至于乐工卫士,皆有其服。精粗之制,上下之别虽不同,总谓之质孙云。"又《礼乐志》一："凡大宴,马不过一,羊虽多,必以兽人所献之鲜及脯鱐,折其数之半。预宴之服,衣服同制,谓之质孙。"又《太宗纪》："诸妇人制质孙燕服不如法者,及妒者,乘以骒牛徇部中,论罪,即聚财为更娶。"明代亦袭用此服。《明史·舆服志》一："元制,郊祀则驾玉辂,服衮冕;巡幸,或乘象轿,四时质孙之服,各随其宜。"又《舆服志》三："(洪武)六年,令校尉衣只孙,束带,幞头,靴鞋。只孙,一作质孙,本元制,盖一色衣也。"

团衫 女真族女人上衣。《金史·舆服志》下"衣服通制"："(妇人)上衣谓之团衫。用黑紫或皂及绀,直领,左衽,掖缝,两傍复为双襞积,前拂地,后曳地尺余。"《南村辍耕录》卷十一"贤孝"："国朝妇人礼服,达靼曰袍,汉人曰团衫,南人曰大衣。"《明诗别裁》卷一张昱"白翎雀歌"："女真处子舞进觞,团衫鞶带分两旁。"明陆钎《贤识录》一："士庶妻首饰许用银镀金,耳环用金珠,钏镯用银,服浅色团衫。"《徐襄阳西园杂记》卷上："国初,民间妇人遇婚媾饮宴,皆服团袄为礼衣。……元时,有团衫团袄,其遗制与?"

八搭麻鞋 麻鞋的一种。由于有八个搭扣(前面的左右各两个,后面的左右各两个,共八个)用以穿绳子系扣,故称为"八搭麻鞋"。"八搭"又作"八答"。《元曲选·朱砂担》二折："一领布衫我与你刚刚的扣,八答麻鞋款款的兜。"又《黑旋风》一折："你这般茜红巾,腥衲袄,干红褡膊,腿绷护膝,八答麻鞋,恰便似那烟薰的子路,墨染的金刚。"《元曲选外编·鸳江亭》二折："着我头挽双髽髻,身穿粗布袍,腰系杂彩绦,脚下行缠八答鞋,手拍渔鼓简子。"《水浒传》二十回："只见一个大汉,头带白范阳毡笠儿,身穿一领黑绿罗袄,下面腿绷护膝,八搭麻鞋,腰里跨着一口腰刀。"又三十回："包裹里有两件绵衣,一帕子散碎银子,路上好做盘缠。也有两只八搭麻鞋在里面。只是要路上仔细,提防这两个贼男女不怀好意。"又三五回："讨石勇的八搭麻鞋穿上,取了些银两藏放在身边。"《醒世恒言》卷十："刘公擦摩老眼看时,却是六十来岁的老儿,行缠绞脚,八搭麻鞋,身上衣服甚是褴褛。"《三遂平妖传》六回："见一个客人,头带范阳毡笠,身上着领打路布衫,手中缚腰,行缠爪着裤子,脚穿八搭麻鞋。"《儒林外史》三九回:"看那人时,三十多岁光景,身穿短袄,脚下八搭麻鞋,面上微有髭须。"《后水浒传·序》:"不期地下有许多怪物,只一脚踏去,直将八搭麻鞋、裹布穿过,搠通脚底。"《汉语大词典》释为"用麻编织、有耳绊可用带系在脚上的一种鞋,适合于行远路。云游僧道常穿",甚是。《元曲释词》谓"有耳穿孔之麻鞋",是。但疑"八搭"为"状声词,形容穿这种鞋走路着地的声音,或可为状声、状义词,谓鞋袢交叉也",则未必是。

(五) 有关歌技的

狚(旦)　戏剧中的女主角。明朱权《太和正音谱·词林须知》:"当场之伎曰狚。狚,猿之雌也。名曰猵狚,其性好淫。俗呼'旦',非也。"徐渭《南词叙录》:"旦,宋伎上场,皆以乐器之类置篮中,担之以出,号曰花担,今陕西犹然,后省文为'旦',或曰:'小兽能杀虎,如伎之以小物害人也。'未必然。"说法各异,但系剧中女主角则是可以肯定的。

科　戏剧中提示动作的术语。明徐渭《南词叙录》云:"相见、作揖、进拜、舞蹈、坐跪之类,身之所行,皆谓之科。"元曲有"瞧科"一词,义为"明白、察觉",则是由舞台动作进一步引申的结果。《元曲选·对玉梳》二折:"你与我打睃,有甚不瞧科?"《水浒传》二一回:"唐牛儿是个乖的人,便瞧科。"

断送　宋时歌舞、戏剧表演以后,乐队另外演奏的曲子。《东京梦华录》卷九:"或舞《采莲》,则殿前皆列莲花,槛曲亦进队名。参军色作语问队,杖子头者进口号,且舞且唱。乐部断送《采莲》讫,曲终复群舞。"《都城纪胜》:"杂剧中,末泥为长,每四人或五人为场,先做寻常熟事一段,名曰艳段;次做正杂剧,通名为两段。末泥色主张,引戏色分付,副净色发乔,副末色打诨,又或添一人装孤,其吹曲破断送者,谓之把色。"

赚　宋代的一种难度较大的歌唱技艺。《都城纪胜》"瓦舍众伎":"唱赚在京师日,有缠令、缠达。有引子、尾声为'缠令',引子后只以两腔互迎,循环间用者为'缠达'。中兴后,张五牛大夫因听动鼓板中,又有四片太平令,或赚鼓板,遂撰为'赚'。赚者,误赚之义,令人正堪美听,不觉已至尾声,是不宜为片序也。"又:"凡赚最难,以其兼慢曲、曲破、大曲、嘌唱、耍令、番曲、叫声诸家腔谱也。"

道情　说唱曲艺的一种。宋普济《五灯会元》卷十五"洞山守初禅师":"师登师子座,请师唱道情。"《武林旧事》卷七:"后苑小厮儿三十人,打息气,唱道情。太上云:这是张抡所撰《鼓子词》。"朱权《太和正音谱》:"道家所唱者,飞驭天表,游览太虚,俯视八纮,志在冲漠之上,寄傲宇宙之间,慨古感今,有乐道徜徉之情,故曰'道情'。"

嗔拳 《通雅》卷三五:"角戏开场曰嗔拳。……《事物纪原》:江淮俗作诸戏,先必设嗔拳。《岁时记》曰:戴面如戎状,作勇势曰嗔拳。又《梦笔录》曰:唐有嗔面戏。"这是表演的嗔拳。《水浒传》二七回:"自古嗔拳输笑面,从来礼数服奸邪。"《金瓶梅》七二回:"常言'嗔拳不打笑面'。"又九六回:"你此位哥好不近理,他年少这般贫寒,你只顾打他怎的?自古嗔拳不打笑面,他又不曾伤犯着你。你有钱,看平日相交,与他些;没钱罢了,如何只顾打他?自古路见不平,也有向灯向火。"这是打人的嗔拳。溯其源,诸戏开场前的拳脚表演叫"嗔拳",后来用拳脚功夫打人也叫"嗔拳"。也有可能先有打人的嗔拳,然后有表演的嗔拳。究竟谁先谁后,不能确定。

(六)有关五行星相的

人类在面对死亡和无法控制的环境的时候,需要一种心理防御手段。人为什么会死?为什么有人早死、有人晚死?人死了以后会怎么样?是人死神灭,还是人死神在?是否还有一个灵魂的世界?死是人的宿命,早死晚死由谁决定?有些人归之于上帝,有些人归之于神灵,有些人归之于命运。中国人大多归之于命运。人在世,有贵贱穷通,有吉凶福祸,由什么决定?中国人大多归之于命运。中国自孔子以来都相信命运。"生死有命,富贵在天",是孔子的名言,一直被中国人所尊奉。虽然墨子不相信命运,但未成为主流意识,不为典要。有需求就有供给。中国人相信命运,就有人研究命运,设计种种预测命运的方法。自周朝以来,代有研究,唐五代达到高峰。徐子平用一个人出生的年、月、日、时四组干支,共八个字,来推算人的命运,从此,算命称"算八字"或"批八字"。一些新词由此产生。

饿纹 占相术语。指鼻翼两旁的面纹。星相术士认为,如此纹贯入口角,主饿死,故称。《元曲选·合汗衫》一折:"那眉下无眼勉,口头有饿纹,到前面不是冻死,便是饿死的人也。"又:"你道他眉下无眼勉,你道他兀那口边厢有饿纹。"又三折:"可道哩饿纹在口角头,食神在天涯外。"又《渔樵记》二折:"看了你这嘴脸,口角头饿纹,驴也跳不过去;你一世儿不能勾发迹!"《元曲选外编·裴度还带》二折:"你看你冻饿纹入口,横死纹鬓角连眼。鱼尾相牵入太阴,游魂无宅死将临,下侵口角如烟雾,即目形躯入土深。"《警寤钟》七回:"莫怪我说,尊相满脸俱是贼纹,如今贼纹中间着许多阴德纹,相交相扯,间什不分,岂不是因偷积德。但饿纹黄气虽一些不见,却变做青红之色,必主官府虚惊。""饿纹"又作"饿文"。《水浒传》九回:"我看这贼配军满脸都是饿纹,一世也不发迹!"《拍案惊奇》卷十:"那人是个穷儒,我看他满脸饿文,一世也不能够发迹。"

四柱 人的生辰,年、月、日、时。占相者以此推算人的命运,俗称"算八字"。此法创自五代徐子平,则"四柱"一词当是五代时新造。宋周密《齐东野语》卷四:"学士李、刘功甫当笔,内用四柱作一联云:'亥年巳月,无长蛇封豕之虞;午日丑时,有归马放牛之喜。'"《元曲选外编·东墙记》三折:"卜金钱祷告神灵,……八卦详推莫顺情,四柱安排定。"又《老君堂》一折:"你把那先天《周易》细循环,将我那五行四柱从头算。"《警世通言》卷十三:"不用五行四柱,能知祸福兴衰。"《型世言》九回:"若说算命,他晓得甚么是四柱?甚么是大限、小限、官印、刃杀?要去相面,也不知谁是天庭?谁是地角?何处管何限?"明万民英《三命通会》:"若四柱火多,则又不可入南方火地。"清吴沃尧《九命奇冤》二回:"贵兴便将生辰八字,一一告知。半仙戴上眼镜,提起笔写了出来,起了四柱。"

五岳　三停 宋陈抟《麻衣神相》"十观":"五看五岳及三停。左颧为东岳,俱要中正,不可粗露倾塌。额为南岳,亦喜方正,不宜撒竹低塌。右颧为西岳,亦与左颧相同。地阁为北岳,喜旺方圆隆满,不可尖削歪斜,卷窍兜上。土星为中岳,亦宜方正耸上。印堂五岳成也。书云,五岳俱朝,贵压朝班,亦且钱财自旺。三停者,额门、准头、地角,此面部三停也。又为三财,又为三主、又名三表,俱要平等。上停长,少年忙,中停长,福禄昌,下停长,老吉祥,三停平等,一生衣禄无亏。若三停尖削、歪斜、粗露,俱不利也,可照流年部位气色而推,不可一体而断。"《元曲选外编·裴度还带》二折:"通神的许负细详推,地阁天仓,兰台廷尉,则他那山根印堂人中贵,五露三停六极,龙角鱼尾伏犀;肉眼藏天地理,风鉴隐鬼神机。"《金瓶梅》二九回:"这位娘子,三停平等,一生衣禄无亏。"

(七)有关农桑的

中国以农立国,农桑关系到国民的衣食。衣食不周,则国失其本,人心浮动。故欲治国，必重农桑。《淮南子·主术训》："耕之为事也劳，织之为事也扰。扰劳之事，而民不舍者，知其可以衣食也。人之情不能无衣食，衣食之道必始于耕织，万民之所公见也。"自北魏贾思勰的《齐民要术》以来，代有著述，宋元明达到一个新的高峰。很多农业术语由此进入载籍。虽说有些是继承前代旧语，但也有很多新词。农业技术的发展，必然会产生新概念。新概念的形成，需要语言；新概念的表达，更需要语言。唐末韩鄂的《四时纂要》，宋代温革的《分门琐碎录》、吴怿的《种艺必用》，元朝司农司编的《农桑辑要》、鲁明善的《农桑衣食撮要》、王祯的《东鲁王氏农书》，明代徐光启的《农政全书》，皆有大量的农业术语。

早禾　晚禾　禾为八谷之一。"晚禾"一词，见于《齐民要术》"种瓜"："于良美地中，先种晚禾。（晚禾令地腻。）"但未见"早禾"。以理推之，既言"晚禾"，则必有"早禾"，唯《齐民要术》没有记载而已。温革《分门琐碎录》："早禾怕北风，晚禾怕南风。"则二词对举。

分龙　农业的收成如何，雨水的适量与否起着很大的作用。在某种意义上说，农家靠天吃饭。雨水是否适量，在民间看来，龙起着决定的作用。龙不止一条，哪条龙管哪个地方需要玉帝分，故民间有分龙日之说。分龙那一天，如果下了雨，说明分得的龙勤快、管事，这年的雨水会好，收成会不错；如果不下雨，说明分得的是条懒龙，这年的雨水会不好，很可能会天旱，收成会不好。湖南祁东乡下至今犹有此说。由于各地气候的不同，分龙的作用也就不同：于怕旱者分龙日下雨是好兆头，于怕涝者分龙日下雨则是坏兆头。宋陈元靓《岁时广记》"分龙节"引《图经》："池州俗以五月二十九、三十日为分龙节，雨则多大水。闽人以夏至后为分龙，雨各有方。"《分门琐碎录》"谷"："五月二十日分龙。农家于是日早以米筛盛灰，藉之以纸，至晚视之，若有雨点迹，则秋不熟，谷价高，人多闭粜。"

斋蚕　桑叶不够时，在桑叶上洒甘草水，并用米粉掺其中，再给蚕食。南宋陈元靓《事林广记》庚集"养蚕法"："育蚕而阙食者，以甘草水洒桑叶，次以米粉糁之，候干而食，谓之斋蚕，可以度百（按：百为一日的合文，当作一日）夜。"《分门琐碎录》："育蚕而阙食者，以甘草水洒于桑叶，次以米粉糁之，候干而食，谓之斋蚕，可以度一日夜。"他如《便民图纂》《居家必用》也有相同的记载，文字几乎全同。蚕以桑叶为食，桑叶不够而加米，与僧尼吃米而不吃肉相似，故曰斋蚕。

发　薄　蚕家将育蚕之器具给人叫作"发",走访人家叫作"薄"。蚕欲"发",丝欲"薄",故有是语。《分门琐碎录》:"育蚕之具与人,谓之发,造人谓之薄。"

(八) 有关医药的

人活在世上,不可能不生病。人类的繁衍史,就是一部与疾病做斗争的历史。人战胜了疾病,种族也就延续下来了;不能战胜疾病,就延续不到今天。而医药的发展,也会产生一批新词,从而丰富了汉语的词汇。例见"近代汉语词义与社会文化生活"章。

(九) 有关动作、情貌的

人的动作、情貌自古以来似乎不会有太大的改变。但同一动作、同一情貌,在不同时期的语言词汇里,可以用不同的词来表示。纵使旧词还在继续使用,但为了表达的需要,仍要吸收或创造一批新词。如:

扑　《说文》:"扑,挨也。""挨,击背也。"《慧琳音义》卷五六:"扑,《字林》:手相搏曰扑也,打也。"《淮南子·说林训》:"荫不祥之木,为雷电所扑。"高诱注:"扑,击也。"此"扑"之古义。近代汉语"扑"有"摔"的意义,殆"击"义之引申。《敦煌变文集·父母恩重经讲经文(一)》:"纵愚痴,多抳(抵)拒,父母诚嗔扑匙箸。"《五灯会元》卷四:"师拈起钵曰:'三十年后若见老僧,留取供养,若不见,即扑破。'别僧曰:'三十年后敢道见和尚?'师乃扑破。"扑破,摔破。又卷八:"问:'如何是扑不破的句?'师曰:'扑。'"扑不破即摔不破。又卷十一:"师曰:'三十年弄马骑,今日被驴扑。瞎汉参堂去。'""扑"亦"摔"。范成大《催租行》:"床头悭囊大如拳,扑破正有八百钱。"

按,湖南祁东方言有[pa]这个词,意为"摔",如:"他大发脾气,把碗[pa]在地上,[pa]得粉碎。"[pa]殆即扑字。"扑",普木切,滂纽,屋韵。二者双声,系一声之转。又,友生凌宏惠见告,客家方言亦有此词,念[pat],义为"摔、扔"。

绰　《说文》:"缓也。"近代汉语"绰"有"拂扫"义。《元曲选·燕青博鱼》二折:"我将那竹根的蝇拂子,绰了这地皮尘。"又《老生儿》楔子:"庄儿头有两间草房,绰扫一间,教几个村童,养赡你那身子去罢。"绰扫连文,绰亦扫也。又《梧桐叶》一折:"思往事浑如梦,恨不的上青山便化身,拂绰了壁间尘。"又《丽春堂》四折:"你与我拂绰了白象床,整顿了销金帐。"拂绰连文,绰亦拂也。"绰"还有"拿"义。《水浒传》十七回:"杨志起身,绰了朴刀便出店门。"今写作"抄"。

挑 《说文》:"挠也。"宋元以来,"挑"有"用肩担"之义。首先是一头挑,然后是两头挑。陆游《自题传神》:"担挑双草屦,壁倚一乌藤。"朱敦儒《朝中措》:"先生筇杖是生涯。挑月更担花。"蒋捷《昭君怨·卖花人》:"担子挑春虽小,白白红红都好。卖过巷东家,巷西家,帘外一声声叫,帘里鸦鬟入报。"文天祥《又赋》诗"隐几惟便睡,挑包正倦行。"《石门文字禅集补钞·合妙斋》:"未饶拄杖挑山衲,差胜袈裟裹草鞋。"这是一头挑。《清平山堂话本·合同文字记》:"挑了担儿,且同我回去。"《京本通俗小说·菩萨蛮》:"雇人挑了行李,迳来灵隐寺投奔印铁牛长老出家,做了行者。"《碾玉观音》:"只见一个汉子,……挑着一个高肩担儿。正面来,把崔宁看了一看。"《元曲选·魔合罗》一折:"正末挑担上,云'是好大雨也呵'。"这是两头挑。"肩挑"之"挑"与"挠也"之"挑"没有意义关联,应是一新词。

烘堂 同空间的所有人同时大笑。唐李肇《唐国史补》卷下:"凡上堂,绝言笑,有不可忍,杂端大笑,则合座皆笑,谓之'烘堂'。烘堂不罚。"赵璘《因话录》卷五:"若杂端失笑,则三院皆笑,谓之'烘堂',悉免罚矣。"宋韩淲《好事近·郑倅生朝》:"烘堂赢得戏莱衣,春酒宝杯凸。"张纲《凤栖梧·安人生日》:"怪底烘堂添语笑,姮娥此夜来蓬岛。"《西江月·壬午生日》:"为具随宜飣餤,烘堂不用笙箫。"《归田录》卷一:"冯相道、和相凝同在中书。一日,和问冯曰:'公靴新买,其直几何?'冯举左足示和,曰'九百'。和性褊急,遽回顾小吏云:'吾靴何得用一千八百?'因诟责久之。冯徐举其右足曰'此亦九百'。于是烘堂大笑。"又卷二:"间以滑稽嘲谑,形于风刺,更相酬酢,往往烘堂绝倒。"

不请 又作"不清"。"不清"可能是"不请"草书之变。此词似乎只见于敦煌文书,是"不必"的意思,别的文献未见用例。《敦煌变文集·维摩诘经讲经文(二)》:"直须认取速行行,不请无端恋意情。"又《维摩诘经讲经文(五)》:"室中不清更迟疑,上界程遥去是时。"又:"莫生忧虑,不清疑积(猜)。"《敦煌遗书总目索引》S.2104号卷子录《某赠道清和尚诗》:"寂寞如今不清说,苦乐如斯各自知。"项楚先生释为"不必"[①],甚是。可疑的是,此义只见于敦煌文献,别的文献未见用例,纵使是敦煌文献也只有这

---

① 项楚:《敦煌字义零拾》,载《敦煌文献丛考》,上海古籍出版社,1991年。

第二章　近代汉语词汇的来源

么几例。从语言的社会性来看,似乎不可靠。我们认为:"请",求也;求者,要也。"不请"是"不要"的意思。施于原文,文意也通,而语义来源也可得到解释。

便　借贷[①]。敦煌写卷 S.1475 号《酉年下部落百姓曹茂晟便豆种帖》:"酉年三月一日,下部落百姓曹茂晟为无种子,遂于僧海清处便豆一硕捌斗。"又 P.2686 号《巳年普光寺人户李和和等便麦契》:"巳年二月六日,普光寺人户李和和为(无)种子和粮用,遂于灵图寺常住处便麦肆汉硕、粟捌汉硕。""便"就是"借"。因缺麦粟、钱物,极不方便,借来就方便了,故称"借"为"便"。《资治通鉴·后唐同光二年》:"豆卢革尝以手书便省库钱数十万。"胡三省注:"今俗谓借钱为便钱,言借贷以便用也。"又有"便贷",《王梵志诗·村头语户主》:"在县用纸多,从吾相便贷。"又《父母生儿身》:"暂托寄出来,欲似相便贷。"或作"贷便",皆同义连文。《全唐文》卷四六五"均节赋税恤百姓六条其五":"除赈给百姓已外,一切不得贷便支用。"《册府元龟》卷五一〇:"如故诸贾人未作贳贷卖买居邑贮积诸物(贳,除也;贷,便与也。"贳"音"式制切","贷"音"土载切"。按,原文作"士",应为"土"字之误)及商以取利者。""便与"即"借与"。

走作　"走"就是快速走动,"作"表示动作,意义比较虚,词的意义主要由"走"承担,有如"动作""操作""炒作"的"作"。也可理解为"走"类的"作","动"类的"作",如此则"作"的意义就较实了,但其词义仍落在"走"之类的词上。《汉语大词典》设四个义项。"移位""越归""出岔子"应皆来自"走",而"生事、起衅"义可能来自"作"。《庄子·马蹄》郭象注:"而乃走作驰步,求其过能之用,故有不堪而多死焉。"元魏瞿昙般若流支译《正法念处经》卷十三:"三十四名藏华虫,行去来住,走作风杀。"《全唐诗拾遗》卷二十庞蕴诗:"识乐众生乐,缘绳枉走作。"《祖堂集》卷五:"今时出来尽学个驰求走作,将当自己眼目,有什摩相应时?"又卷六:"若更向汝道向上向下,□□□事尽是走作。"《古尊宿语录》卷三三:"我怎么说向你,犹自不会。若到别处,更作么生会也。诸方不是走作你,便坐定你。我者里也不走作你,亦不坐定你。直是省力易会。……若是诸方坐定你,便有个做功夫处。走作你,便有个咬嚼处。"《云笈七签》卷八一:"走

[①] 敦煌文献用例张涌泉君已发,见所著《敦煌写本文献学》,132 页,甘肃教育出版社,2013 年。《汉语大词典》"便"的义项有"借贷",是。

作魂魄,司人过咎。"《朱子语类》用了77个"走作",此举一例,卷十一:"盖自家能常常存得此心,莫教走作,则理自然在其中。"卢烈红君的《"走作"补义》认为还有"快速运动、到处乱跑、糊弄"等义①。

至于状形貌之词,数量最大的是联绵词,包括叠音词和象声词,如:

乜斜 叠韵联绵词。本为"萎靡不振"的意思。较早的用例见于元代。汤舜民《春闺即事》:"病乜斜恰似醉乜斜,身瘦怯那堪影瘦怯,人薄劣何况情薄劣。"吴仁卿《商调·梧叶儿》:"相思害,憔悴死,诉与谁? 只有天知地知。乜斜害,药难医,陡峻恶相思。""乜斜害"即"乜斜病",指萎靡不振的病。郑光祖《伊尹耕莘》三折:"我是副将实英杰,临敌对阵莫乜斜,若是输了下的马,跪下叫他方大爷。"王元鼎《商调·柳叶儿》:"走将来乜斜头撒呓,不熨贴性儿希林,软处捏硬处掐甜处渗。"这是走路神气不足、萎靡的样子。《汉语大词典》释为"走路踉跄跌冲貌",未必合适。"萎靡不振"表现在外,则为愁眉苦脸。刘庭信《双调·折桂令·忆别》:"他那里鞍儿马儿身子儿劣怯,我这里眉儿眼儿脸脑儿乜斜。"上文说"苦离别",则这是形容离别时愁眉苦脸的样子。"萎靡不振",则眼蒙蒙。刘庭信《双调·折桂令·忆别》:"想人生最苦离别,脚到处胡行,眼落处痴呆。嘴脸迷稀,身子儿扎挣,眼脑儿乜斜。"②关汉卿《望江亭》三折:"那厮也忒懵懂玉山低趄,着鬼祟醉眼乜斜。"汪元亨《醉太平》:"听几声金缕心欢悦,饮千钟玉液身颓趄,看两行红袖眼乜斜,老先生醉也。"脑懵懵,则人不聪明,故引申有"愚昧、痴呆"的意思。马致远《任风子》二折:"俗说能化一罗刹,莫度十乜斜。"萎靡不振,则眼睛难以睁开,故引申有"眼睛眯成一条缝,斜视的样子"的意义。《字汇·乙部》:"乜,眼乜斜。""眼乜斜"是什么样子,没说。清翟灏《通俗编·状貌》:"乜斜,《侬雅》:'眼小一缝俗呼冒斜。《中原雅音》作乜斜。''冒'与'乜'皆弥耶切。"汤舜民《湘妃引·闻赠》:"肉沾着书生麻木,手汤着郎君趔趄,眼梢着子弟乜斜。"汤式《湘妃游月宫·春闺情》:"愁和病最苦禁持,靠银床倦眼乜斜。"此义现代还在使用。

他如"邋遢"(《广韵》)、"趔趄"(《元曲》)、"龙钟"(《苏氏演义》)、"蘦苴"("蘦"《广

---

① 卢烈红:《"走作"补义》,《中国语文》,2004年第4期。
② 按,眼脑,即眼。"脑"是音节助词,无义,犹同"老",用在身体器官名词或器官特征的后面,凑成双音节。如爪老、听老等。某种方言n、l不分,故把"老"写作"脑"。

韵》音"卢下切"，"苴"《集韵》音"侧下切"，二字叠韵）、"郎当"（《朱子语类》），皆为叠韵联绵词；"潇洒"（李白《王右军》诗）、"趋跄"（《元曲》），则为双声联绵词。恕不引用文例。

叠音词和象声词有：

黑淬淬、黄甘甘、羞答答、病恹恹、恶狠狠、香喷喷、响珊珊、惨可可、村棒棒、不邓邓、扑碌碌、实丕丕、闹攘攘、空荡荡、卒律律、迭迭薄薄、瑰瑰赖赖、采采色色、迷丢没邓、急留古鲁、滴滴答答、滴羞跌屑、扢搭帮、吉丢古堆、吉丁当、必丢不搭、剔抽秃揣、乞纽忽浓、薄薄怯怯。

总之，新词的出现与社会生活的关系非常密切。社会生活中出现了什么，在语言中就得有个相应的词来表达。以上讨论的，只是个大概，我们打算在"词义与社会文化生活"中详加讨论。

三、方俗语和市语行话

方俗语和行话在近代汉语的新词中占有相当大的比例。这与晚唐以来兴行的文学体裁不无关系。宋代的词、元代的曲、明代的小说，都是比较通俗的文学形式。宋词虽有不少文人之作，风格比较典雅，但由于要合乐，要形诸口吻，在一定程度上也保留着部分口语。尤其是元曲和明代小说，更是纯粹的市民文学，口语化程度更高，其中有相当数量的方俗语和行话。

（一）方俗语

一簦牙齿　指家口。范成大《净慈显老为众行化》："担负一簦牙齿债，钟鸣鼓响几时休？"《西湖游览志余》："《白獭髓》言：'杭俗浇薄，……语家口则曰一簦牙齿。'"

九佰　痴呆。《萍州可谈》卷三："俗谓神气不足者为九百，岂以一千为足数耶？"《董西厢》卷五："镜儿里不住照，把须鬓掠了重掠，口儿里不住只管吃地忽哨，九佰了多时。"《元曲选·鲁斋郎》二折："才五更天气，你敢风魔九佰，引的我那里去？"陈师道《后山诗话》："彭祖八百岁而死，其妇哭之恸。其邻里共解之曰：人生八十不可得，而翁八百矣，尚何尤？妇谢曰：汝辈自不谕尔，八百死矣，九百犹在也。世以痴为九百，谓其精神不足也。"（《历代诗话》本）

黑甜 睡。苏轼《发广州》："三杯软饱后，一枕黑甜余。"自注："浙人谓饮酒为软饱，俗谓睡为黑甜。"杨万里《南海集钞·明发泷头》："黑甜偏至五更浓，强起侵星敢小慵。输与山云能样懒，日高犹宿夜来峰。"张耒《宛丘诗钞·叙十五日事》："强驱睡味谁不仁，漠漠黑甜留两眦。"黄朝英《靖康缃素杂记》补辑"俗语入诗"条："南人以饮酒为软饱，北人以昼寝为黑甜。"《元曲选外编·贬黄州》二折："黑甜一枕睡，灯火对愁眠。"《元曲选·青衫泪》一折："黑甜甜倒身如酒醉，忽喽喽酣睡似雷鸣。"又三折："笑他满朝朱紫贵，怎知我一枕黑甜乡。"滕斌《普天乐》小令："日高未起，黑甜睡足，归去来兮。"王爱山《上小楼》小令："黑甜浓坦腹眠，清凉风拂面吹。"

云子 饭之别称。宋陈传良《送郡守汪充之移治严陵》："村春化出云子粒，市上明朝升二十。"范成大《劳畲耕并序》："晶晶云子饭，生世不下咽。"杨万里《初秋戏作山居杂兴俳体》："甑头云子喜尝新，红嚼桃花白嚼银。"曹组《点绛唇·水饭》："相留住，共抄云子，更听歌声度。"《事林广记》续集卷八"绮谈市语"："饭，云子。"庄绰《鸡肋编》："杜子美诗云：'饭抄云子白，瓜嚼水晶寒。'李义山《河阳》亦云：'梓泽东来七十里，长沟复堑埋云子。'世莫识云子为何物。白彦惇云：'其姑婿高士新为吉州兵官，任满还都，暑月，见其榻上数囊，更为枕抱，视之，皆碎石，匀大如乌头，洁白若玉。云出吉州，土人呼云子石。'而周焘子演云：'云子，雹也。见唐小说。'而不记其书名。义山谓埋于沟堑，则非雹明矣。疑少陵比饭者，是此石也。"杜甫以云子比饭，后世竟以云子称饭。此方俗语之借代也。《瓮牖闲评》："盖谓饭可以比云子之白也，至后世，则便以饭为云子。"

三脚猫 所学略知皮毛而不精善者称作"三脚猫"。《百宝总珍集》卷十："物不中谓之三脚猫。"不中，即不合法式。张明善《水仙子·讥时》曲："说英雄谁是英雄，五眼鸡岐山鸣凤，两头蛇南阳卧龙，三脚猫渭水非熊。"《七修类稿》下："俗以事不尽善者，谓之三脚猫。"清钱谦益《瞿元立传》："无论学儒、学佛、学道，苟得其真，不妨唤作一家货，否则为三脚猫，终无用处。"

拐子 一般指拐骗人口、财物的人。为什么骗人、骗钱物者为"拐子"？可能得义于手杖之拐。《广韵·蟹韵》："拐，手脚之物枝也。"又云："枴，老人手杖也。"《龙龛手鉴·手部》："拐，俗，正作'枴'。老人杖也。""拐"与"杖"有什么区别？"杖"是直条条一根长棍；"拐"比杖要短，顶上加个横木，以供手握持。清曹庭栋《养生随笔》卷三：

"近时多用短杖,非杖也。其长与腰齐,上施横杆四五寸,以使手执,名曰'拐'。"腿瘸者,杖拐而行,故称腿瘸为"拐子"。由于"拐杖"在顶上施横杆四五寸,要拐个弯,故有"弯曲"义。用作动词,就是"拐弯"。《清平山堂话本·简贴和尚》:"从里面交拐将过来,两个狱子押出一个罪人来。"《老残游记》三回:"进了大门,望西一拐,便是三间客厅,铺设也还妥当。"由"曲"引申,用于人际往来,就是骗。《元曲选·鲁斋郎》楔子:"推整壶瓶生巧计,拐他妻子忙逃避。"《清平山堂话本·错认尸》:"告小二拐物在逃,不知去向。"《琵琶记》二六出:"几年间,为拐儿,脱空说谎为最。"清龚炜《巢林笔谈》卷四:"如今之拐子者,取人脑,堕人胎,断人肢体,惨毒非常。"现代汉语此词仍在使用。

（二）市语行话

元曲中所使用的市语、行话之多,堪居中国古典文学作品之首。就范围而言,三教九流,天文地理,皆有涉及。若不知市语行话,就根本读不懂有关资料。请看这一段对语:

［末云］:且住,再听他说个甚么?

［净云］:大嫂,你收了银子了?将前日落了人的一个旗儿,两搭儿荒资,把那青资截一张荒资,荷叶了,压重处潜垛着,休着那老婆子见。

［贴净云］:你的嗽,我鼻涕了,便去潜垛也。

［末云］:小鬼,你说的都是甚么言语?我不省的。(《表背匠市语》,出《诚斋乐府·乔断鬼》)

初看如同天书,但如果知道表背匠的行话,就非常易懂。其实"旗儿"是绢子,"荒资"是纸,"青资"是刀儿,"荷叶了"是包裹了,"压重"是柜子,"潜垛"是藏了,"鼻涕了"是知道了。并无深奥之处。

现将部分市语行话分类论列如次:

1. 有关身体的

爪老 手也。赵君祥《般涉调·拘刷行院》:"摸鱼爪老粗如扒齿,担水腰肢月奔似碌轴。"《元曲选·两世姻缘》一折:"舒着双黑爪老似通臂猿。"又《玉壶春》二折:"舒着一双黑爪老,搭着一条黄桑棒。"《墨娥小录》卷十四"行院声嗽":"手,爪老。"

撒道 脚。王嘉甫《八声甘州》:"倾城倾国,难画难描,窄弓弓撒道,溜刀刀渌老。"《墨娥小录》卷十四:"足,撇道。"

渌老 眼睛。《元曲选外编·西厢记》一本二折:"胡伶渌老不寻常,偷睛望,眼挫里抹张郎。"王嘉甫《八声甘州》:"窄弓弓撇道,溜刀刀渌老。"《墨娥小录》卷十四:"眼,六老,六子。"按,"渌""六"同音。湖南祁东方言称眼睛为"小六",如"挖掉他一对小六"。唯"小六"是詈人之词,平常并不使用,与《西厢记》有异。又作"绿老"。高安道《哨遍·嗓淡行院》:"瞅粘的绿老更昏花,把棚的莽壮真牛。"

听老 耳。《雍熙乐府》卷六"粉蝶儿·割耳寄":"将一个听老可叉的去了。"《事林广记》续集卷八:"耳,听老。"

奄老 肚。高安道《哨遍·嗓淡行院》:"一个个青布裙紧紧的兜着奄老,皂纱片深深地裹着额楼。"《墨娥小录》卷十四:"肚,庵老。""庵""奄"通用。

朵 腮。《事林广记》续集卷八:"腮,朵。"按,腮之称朵,盖源于《易经·颐卦》的"舍尔灵龟,观我朵颐"。颐即腮。由于"朵颐"连文,故市语截取一"朵"字以代"颐"。此歇后之法,犹取"友于"以代兄弟也。《元曲选·燕青博鱼》三折:"谁揉的你这鬓角儿松,……谁捏的你这腮斗儿青。"于伯渊《仙吕·点绛唇》:"钿窝儿里粘晓翠,腮斗儿上晕春红。"乔吉《双调·清江引》:"凤酥不将腮斗儿匀,巧倩含娇俊。"又:"被窝儿甘露浆,腮斗儿珍珠汗,朦朣着对似开不开娇睡眼。"赵君祥《双调·新水令》:"绣针儿怕待亲,腮斗儿粉香褪。""腮斗"连文,"斗"亦"腮"也。"斗""朵"双声通用。

2.有关称谓的

顶老 妓女。商正叔《南吕·一枝花》:"生把俺殃及做顶老,为妓路划地波波。忍耻包羞排场上坐。"高安道《嗓淡行院》:"供过的散嗽生,嗟顶老撒朗兜,老保儿强把身躯纽。"《琵琶记》十七出:"倒不如做虔婆顶老,也得些鸭汁吃饱。"《水浒传》二九回:"里面坐着一个年纪小的妇人,正是蒋门神初来孟州新娶的妾,原是西瓦子里唱说诸般宫调的顶老。"《南词叙录》:"顶老,妓之诨名。"

盖老 丈夫。《水浒传》二四回:"他的盖老,便是街上卖炊饼的武大郎。"《事林广记》续集卷八:"夫,厥良,盖老。"

洁郎 和尚。《元曲选外编·西厢记》一本二折:"崔家女艳妆,莫不是演撒你个老洁郎。"《元曲选·竹叶舟》楔子:"外扮杰郎惠安领丑行童上。""杰"同"洁"。《墨娥小录》卷十四:"和尚,桀郎。"

都子　乞丐。《元曲选·老生儿》二折:"净大都子领刘九儿、小都子上。"又《赵礼让肥》一折:"(丑扮都子开门科,云)是谁唤门哩?(正末云)我来讨一把儿火来。(都子云)兀的是火。等你做罢饭时,剩的刷锅水儿留些与我。(正末云)你要做甚么?(都子云)我要充饥哩。"又:"(都子云)可怜见,叫化些儿。"《墨娥小录》卷十四:"乞丐,都俫。""都俫"即"都子"。

3.有关动物的

马留　猴子。《邵氏闻见后录》卷十:"马援南征留之不诛者,谓'马留人',今世猴为马留,与其人形似耳。"《桐江诗话》:"吕惠卿访察京东,吕天资清瘦,语话之际,喜以双手指画,社人目之曰说法马留。"《云麓漫抄》卷五:"北人谚语,目胡孙为马流。"《事林广记》续集卷八:"猴,马留。"章太炎《新方言》卷十:"今广州谓猴为马犹,犹音如留。"《西游记》六回:"这阵上梅山六弟助威风,那阵上马流四将传军令。"又十五回:"我把你这个大胆的马流,村愚的赤尻!"又二八回:"还有马流二元帅,奔芭二将军管着哩。"又:"马流道:'大圣,不论什么时度,他逐日家在这里缠扰。'大圣道:'他怎么今日不来?'马流道:'看待来耶。'"

大武　牛。《湘山野录》下:"(石曼卿与释秘演为文酒之会,有牛监簿者为东道,共登繁台寺阁,曼卿索笔记游,牛)拜扣曰:'尘贱之人幸获陪侍,乞挂一名,以光贱迹。'石虽大醉,犹握笔沉虑,无其策以拒之,遂目演,醉舞,伴声讽之曰:'大武生——牛也捧砚用事可也。'竟不免,题云:牛某捧砚。"《事林广记》续集卷八:"牛,大牢,大武。"按,"大武"一词,乃截取古语"一元大武"而成。《礼记·曲礼》下:"凡祭宗庙之礼,牛曰一元大武。"郑玄注:"元,头也;武,迹也。"孔颖达疏:"牛若肥则脚大,脚大则痕迹大,故云一元大武也。"

4.有关动作的

演撒　有。周文质《朝天子》曲:"断肠人敢道么,演撒,梦撒,告一句知心话。"《墨娥小录》卷十四:"有,演撒。"

梦撒　无。《元曲选·曲江池》二折:"我直着你梦撒了撩丁倒折了本。"又《对玉梳》一折:"有一日使的来赤手空拳,梦撒撩丁。前吊砖,后吊瓦,槌着胸,跌着脚。哭哭啼啼,悲悲切切恰还魂。敢恁时马死黄金尽。"钟嗣成《哭皇天》:"设答了馒的,梦撒了寮丁,他采你也不见得。"周德清《双调·蟾宫曲·别友》:"酱瓮儿恰才梦撒,盐瓶儿又告消乏。"朱庭玉《庆宣和》："若是自家空藏瓶,梦撒撩丁,花姑不重女猱轻,任谁,见哽。"无名氏《双调·新时令》："郎君梦撒毡,鸨儿苦爱钱。"按,"撩丁"指钱。"梦撒撩丁"即没有钱。《墨娥小录》卷十四："无,梦撒。"

  喳呼 说谎。《元曲选·渔樵记》一折："那一等本下愚,假扮做儒,他动不动一划地谎喳呼。见人呵闲言长语三十句,……他虚道是腹隐九经书。""喳呼"与"谎"连文,"喳呼"亦"谎"也。《墨娥小录》卷十四："虚谎,查呼。"

  吸嚠 笑。高安道《哨遍·嗓淡行院》："揎断的昏撒多,主张的自吸嚠,几曾见双撮泥金袖。"按,"吸嚠"本是笑声。语言中以笑声代笑,故吸嚠为笑的市语。《墨娥小录》卷十四："喜笑,吸笛。"从字形来看,"笛"应为"留"的误字。从元曲的用韵来看,"嚠"与"袖"相韵,"嚠"字应不误。《西湖游览志余》："有以双声而包一字,易为隐语以欺人者,如以好为现萨,……以笑为喜黎。""黎"与"留"双声,系一音之衍。也有只用"吸"字表示笑声的,可能不是市语而只是象声而已。元张鸣善《中吕·普天乐·赠妓》："见人便厌的拜、忽的羞、吸的笑,引的人魄散魂消。"又《中吕·普天乐·遇美》："奄的转身,吸的便哂,森的销魂。"

5.有关数字的

  市语中的数词非常丰富。行业不同,地域不同,称谓各异。一般能自成体系,但也有共同的。市语中表数词所以名目繁多,与数词本身的作用有关。交易物品和金钱,都得使用数字。为了行业的保密,故另规定一套表示法。《通俗编》卷一："《游览志余》:杭州三百六十行,各有市语,不相通用,仓卒聆之,不知为何语,有四平市语者,以一为忆多娇,二为耳边风,三为散秋香,四为思乡马,五为误佳期,六为柳摇金,七为砌花台,八为灞陵桥,九为救情郎,十为舍利子。意义全无,徒以惑乱听闻耳。按今松木场香市中犹习用此语,而其余诸行,正如《志余》所云各有市语,不相通用。如米行,则一子、二力、三削、四类、五香、六竹、七才、八发、九丁、十足。丝行,则一岳、二卓、三南、四长、五人、六龙、七青、八豁、九底。紬绫行,一叉、二许、三沙、四子、五固、六羽、七落、八末、九各、十汤。线行,一田、二伊、三寸、四水、五丁、六木、七才、八戈、九成。铜行,一豆、二贝、三某、四长、五人、六土、七木、八令、九王、十合。药行,一羌、二独、三前、四柴、五梗、六参、七苓、八壳、九草、十芎。典当,一口、二仁、三工、四比、五才、六回、七寸、八木、九巾。故衣铺,一大、二士、三田、四东、五里、六春、七轩、八书、九

第二章 近代汉语词汇的来源

大白羊羖壹拾贰口,二止(齿)白羊羖肆口,大白母羊壹拾柒口,二止(齿)白母羊叁口,白羊儿落悉无伍口,白女落悉无柒口,又白羖贰口,计白羊大小伍拾口。"(契约372)Дx.01424号《庚申(960)王拙罗寔鸡领羊凭》:"见行大白羊羖陆口,贰齿白羊羖肆口,大白母壹拾捌口,白羊儿落悉无柒口,白羊女落悉无伍口。已上通计肆拾口,一一并分付牧羊人王拙罗寔鸡,后算为凭。"(契约378)英图Ch.I0021a《甲申年(984?)六月都头索胜住领羊凭》:"甲申年六月廿三日付牧羊人都头索胜住羖羊陆口,大白母羊拾壹口,女落悉无两口,羘羖叁口,羘母羊两口,儿只无壹口,女只无叁口。"(契约380)

只无 绵羊。① S.3984号《丁酉年(937)报恩寺牧羊人康富盈算会凭》:"大羘羊羖壹拾陆口,二止(齿)羘羖壹口,大羘母羊壹拾肆口,二止(齿)羘母羊壹口,羘儿只无四口,女只无叁口,计羘羊大小叁拾玖口,一一诣实,后笑为凭。"(契约372)S.4116号《庚子年(940)报恩寺牧羊人康富盈算会凭》:"大羘羊羖壹拾玖口,贰齿羘羖壹口,羘儿羔子伍口,大羘母羊壹拾壹口,贰齿羘母羊拾口,羘女只无伍口,羘儿只两口,计羊大小伍拾叁口,已前白羊羘羊,一一诣实,后笑为凭。"(契约374)上二例,从文献来看,没有说明具体品种的"羘羊"是一类,它们是黑山羊,"羘"是黑色的羊,数量大,是主要部分,所以没有注明具体品种;表明品种的"只无""只"("脱""无"?)是一个品种,数量小,只七口,它们当是与山羊相对的绵羊,这里是黑色的绵羊。英图Ch.I0021a《甲申年(984?)六月都头索胜住领羊凭》:"甲申年六月廿三日付牧羊人都头索胜住羖羊陆口,大白母羊拾壹口,女落悉无两口,羘羖叁口,羘母羊两口,儿只无壹口,女只无叁口。"(契约380)此例先以白、羘分类,再按品种分。前言"落悉无",后言"只无",所指当相同。P.3156$_{vp3}$号《年代不详领羊残凭》:"(前缺)齿母羊壹口,儿落悉无□□足齿羖母羊壹口,肆齿羖□壹口,女只无两。"(契约382)

叱半 吐蕃语。可能指牧主,或者指收税的人。《唐于阗神山某寺支用历》:"出钱壹阡柒伯叁拾文,付市城政声坊叱半勃曜诺,充还家人悉末止税并草两络子价。出钱贰伯文,付同坊叱半可你婆,充还家人盆仁挽税并草两络子价。"(S.491号)

---

① 黑氏原注:"学友陆离告知,谨表谢忱。"

又:"出钱贰伯文,付市城安仁坊叱半庆蜜,充还家人勿悉满税草两络子价。"(S.494号)"十二月一日,出钱伍伯伍拾文,付市城安仁坊叱半蚍密,充还家人勿悉满又科差着税。"(S.494号)"廿二日,出钱捌伯文,付西河勃宁野乡厥弥拱村叱半萨董,充家人悉 勿 吉良又科着税并草两络子价。"(S.498号)从文献书写体例来看,皆为将钱付给"叱半"某某,充还税钱和草钱,"叱半"皆为收取钱的人。

叱般 吐蕃语。中等,不大不小的形体。[①] S.542$_{v2}$号《丑年(809或821)金光明寺寺卿张☐点算史太平羊群见在数牒》:"大白羯壹口,白羯叱般壹口,白羯羔叁口,大白母陆口。大羖羯拾壹口,羖羯叱般叁口,羖羯羔捌口,大羖母拾柒口,羖母叱般贰口。已上计伍拾贰口。"(释录3/571)S.542$_{v4}$号《丑年(809或821)灵修寺寺卿薛惟谦算见在羊牒》:"大羖母拾贰口,羖母叱般贰口,羖母羔伍口。"(释录3/573)S.542$_{v5}$号《丑年(809或821)大乘寺寺卿唐千进点算见在及欠羊牒》:"大白羯壹口,大羖羯陆口,羖羯叱般叁口,羖羯羔贰口,大羖母拾陆口,羖母四齿肆口,羖母羔贰口,羖羯肆齿肆口。"(释录3/574)以上例子中,"叱般"使用的环境,都是介于大羊和羔羊之间,可见它的意思是指形体大小的。这里的"羖"与"白"相对,是黑色的羊。因此"叱般"在这里指中等个头的羊。另外,P.3945号《归义军节度时期官营牧羊算会历状》中也有很多例子,它们都是与大羊相对而举,亦能说明问题。

突 吐蕃语的土地面积计量单位,一突地相当于唐制的十亩地。"突"为吐蕃语dor的音译(姜伯勤1987:108)。dor在吐蕃语中是"一驾""一对牲畜"的意思,与汉语中的"一具牛"(两头牛)意思相同。用于指称土地面积单位是可能由两头牛一天所耕作土地的面积而来。P.2858$_v$号《酉年(829?)索海朝租地帖》:"索海朝租僧善惠城西阴安渠地两突,每年价麦捌汉硕,仰海朝八月末已前依数填还了。"(契约319)S.9156号《年代未详(9世纪前期)沙州诸户口数地亩计簿》:"武朝副两户九口,都乡渠一突一亩七畦,双树渠半突一亩一畦,宜秋西支渠七突四亩十六畦,计九突一亩。"(释录2/408)S.2103号《酉年十二月南沙灌进渠用水百姓李进评等乞给公验牒》:"本无过水渠道,遂凭刘屯子边卖(买)合行人地壹突用水。"(社邑364)因为"突"是外来词,

---

[①] 乜小红:《唐五代畜牧经济研究》,244页,中华书局,2006年。

许多人对敦煌文献不太了解,所以常常误解。如苏旸解释为"段",云:"'突'字用作量词,在同时代的诗文小说中未见。《广韵》:'突,陀骨切。'定母没韵入声合口一等字。'段,徒玩切。'定母换韵去声合口一等字。'突'和'段'声母相同,都是定母;韵母相近,都是合口一等字。因此,我们觉得,'突'可能是'段'的音近替代字。"①释"突"为量词是对的;但它与"段"虽然读音相近,却风马牛不相及。王启涛将"突"解释为"偿还"②,则为另一个词。"突"作为外来词的义项,《大词典》《大字典》《唐五代词典》《敦煌词典》皆未收录;由"突"构成的一系列词,《大词典》等也没有收录。

胡禄 装箭的袋子。突厥语 qurluqr 的音译。③ 阿斯塔那 232 号墓《唐某府卫士王怀智等军器簿》:"王怀智:弓一并袋,刀一口,胡禄箭卅支。"(吐 8/12)P.2567ᵥ 号《癸酉年(793)二月沙州莲台寺诸家散施历状》:"十量金花银瓶子一,八量银胡禄带一,银火铁一。"(释录 3/71)P.2641 号《丁未年(947)六月都头知宴设使宋国清等诸色破用历状并判凭》:"胡禄匠赵员子面贰。"(释录 3/610)又:"付胡禄匠阴应子等,面壹硕。"(释录 3/611)"支胡禄匠赵员子面贰。"(释录 3/612)传世文献又作"胡籙""胡鹿""胡簏""胡箓""胡鞬""葫芦""弧箓""箶簏"等。如,《玉篇·竹部》:"箓,胡箓,箭室。"唐段成式《酉阳杂俎》卷十七:"异鱼,东海渔人言近获鱼,长五六尺,肠胃成胡鹿刀槊之状,或号秦皇鱼。"《史记·魏公子列传》"平原君负韊矢",《索隐》云:"韊音兰,谓以盛矢,如今之胡簏而短也。"

(二)契丹语

曳剌 兵卒。《元曲选·虎头牌》三折:"今番又着人勾去,不来时,直着几个关西曳剌,将元帅府印信文书勾去,也不怕他不来。"又《荐福碑》二折:"洒家是个曳剌,接相公来,则被那块子马走的紧,洒家紧赶着,跟不上,接不着相公。"又:"(曳剌云)洒家是吉阳县伺候,教小人接新官去。"《辽史·百官志》二:"走卒谓之拽剌。"又:"远探军:有小校,有拽剌。候骑:有侦候,有候人,有拽剌。"按:走卒就是步兵。

---

① 苏旸:《敦煌契约中的量词》,《江南大学学报》,2003 年第 4 期。
② 王启涛:《中古及近代法制文书语言研究——以敦煌文书为中心》,144 页,巴蜀书社,2003 年。
③ 参见岑仲勉《隋唐史》上册,222 页,中华书局,1982 年。

撒剌 一种酒樽。《辽史·耶律斜涅赤传》:"耶律斜涅赤,字撒剌。六院部舍利裏古直之族。始字铎盌,早隶太祖幕下,尝有疾,赐樽酒饮而愈。辽言酒樽曰撒剌,故诏易字焉。"《辽史》附《国语解》:"撒剌,酒樽名。"

朝定 朋友。《契丹国志》卷一:"七月,唐遣姚坤如契丹告哀。太祖闻之恸哭曰:我朝定儿也。"原注:"朝定,犹华言朋友也。"《资治通鉴》卷二七五后唐天成元年亦有此事之记载,云:"虏言朝定,犹华言朋友也。"字又作"朝庭"。"定""庭"双声,译语取其近似,故又写作"庭"。《敦煌变文集·唐太宗入冥记》:"卿与李乾风为知己朝庭否?崔子玉□□:'臣与李乾风为朝庭。'帝曰:'卿既与李乾风为□□(知己)朝庭,情如何?'子玉曰:'臣与李乾风为朝廷已来,□□管鲍。'"又《燕子赋》:"并量坐守死,万代得称传。百姓忆朝廷,哽咽泪交连。"《王梵志诗·朝廷数十人》:"朝廷数十人,平章共博戏。"又《朝使来相过》:"朝使来相过,设食因杯酌。"张锡厚云:"朝使,原作'朝庭',据文义改。"按,原文不误。朝庭,朋友也。施于文中,义通理顺,张校误。"朝廷""朝庭"同词,皆"朝定"之异写,实源出契丹语。应该指出,本师蒋礼鸿先生释此词之义为"朋友",甚是。据上下文意即能准确推出新词的意义,可见其训诂功力之深。但解释词义得义之由时,说是同朝做官为朋友,词义扩大后,变成一般的朋友之称,则没有依据。同朝做官,也可能是政敌,政敌又怎能引申出"朋友"之义呢?刘坚先生《近代汉语读本》释"朝庭"为"朋友",可参看①。

(三)女真语

阿妈 父。《元曲选外编·五侯宴》四折:"今已得胜回营,比及见老阿妈,先见我阿妈走一遭去。"《元曲选·货郎旦》三折:"阿妈有甚话对你孩儿说呵,怕做甚么?"女真人呼父为阿妈,今满族人仍沿此称。

阿者 母亲。《元曲选外编·拜月亭》一折:"阿者,你这般没乱荒张到得那里?"又:"上面风雨,下面泥水,阿者,慢慢的枉步,显的你没气力。"又二折:"早是赶不上大队,又被哨马赶上,轰散俺子母两人,不知阿者那里去了!"又《五侯宴》四折:"你休管

---

① 刘坚:《近代汉语读本》,19页注8,上海教育出版社,1985年。

他,明日阿者设一筵宴,名是五侯宴,要犒赏俺五侯哩。"又《哭存孝》一折:"阿者,当日与俺潞州上党郡,如今信着康君立、李存信,着俺去邢州去。阿者,怎生阿妈行再说一声,可也好也?"

撒敦 亲戚。《元曲选·虎头牌》二折:"我也曾吹弹那管弦,快活了万千,可便是大拜门撒敦家的筵宴。"又《金安寿》四折:"忒聪明更精彩,对着俺撒敦家显耀些抬颏。"《元曲选外编·调风月》四折:"双撒敦是部尚书,女婿是世袭千户。"张福成《女真译语》:"撒敦,亲戚。"

(四) 蒙古语

蒙古语在元曲中的使用频率大大超过其他语种。《元曲选外编·哭存孝》一折:"李存信云:米罕整斤吞,抹邻不会骑,弩门并速门,弓箭怎的射?撒因答剌孙,见了抢着吃,喝的莎塔八,跌倒就是睡。若说我姓名,家将不能记,一对忽剌孩,都是狗养的。"几乎每句都使用了蒙古语词。其中"米罕"是肉,"抹邻"是马,"弩门"是弓,"速门"是箭,"撒因"是好,"答剌孙"是酒,"莎塔八"是醉,"忽剌孩"是贼。这样集中地大量使用蒙古语的情况比较少见,而戏文中偶然用个蒙古词则比较常见。

牙不 走。《元曲选·黑旋风》二折楔子:"你先到那里,你便等着我;我先到那里,我便等着你。若见了你呵,跳上马牙不约儿赤便走。"火洁源《华夷译语》:"行,牙不。"徐嘉瑞释"(牙)不约儿赤"为"打马声",误。

哈喇 杀死。《元曲选·盆儿鬼》一折:"若是放了回去,可不倒着他道儿,不如只一刀哈喇了他,可不怜悧?"又《单鞭夺槊》二折:"量这敬德打甚么不紧,趁早将他哈喇了,也还便宜。"《华夷译语》:"哈喇,杀。"

站 《元史·兵志》四:"元制站赤者,驿传之译名也。……凡站,陆则以马以牛,或以驴,或以车,而水则以舟。"又:"马站户,马一匹,牛站户,牛二只,于各户选堪当站役之人,不问亲躯,每户取二丁,及家属于立站去处安置。"高明《琵琶记》四一出:"(外)唯,此间是何处?住此还怎地?(净丑)此间站里,待将鞍马来换取。(外白)这是站里,换了马者。(净丑介白)站官那里?(末作站官上)"又:"告相公,站官不与分例。(外)唤那厮来。(净拖末跪告介)(丑指净)却是你拿将去了。(外)站赤,大体例与咱分例,你主甚意不与?你不怕那!""站"即"站赤"之省。此语尚存现代汉语中。

歹　"坏"的意思。较早的例证似乎是《敦煌变文集·父母恩重经讲经文（一）》："若是长行五逆歹人，这身万计应难觅。"但此文末尾有天成二年某某书题记，当是后唐明宗时所抄。今按，"歹"出于蒙古语，此"歹"字可疑。今考原卷，此字实作"支"（也有可能是点掉的误字。去掉此字，此句变成了七言，与上下文句式相配），应是"之"字音误。"歹"字进入汉语，应是蒙古入主中原以后的事情。例证元曲中随处可见，此不赘。

（五）其他语种

佛郎机　炮名。来源于法语。《明史·兵志》四："至嘉靖八年，始从右都御史汪铉言，造佛郎机炮，谓之大将军，发诸边镇。佛郎机者，国名也。正德末，其国舶至广东。白沙巡检何儒得其制，以铜为之，长五六尺，大者重千余斤，小者百五十斤，巨腹长颈，腹有修孔。以子铳五枚，贮药置腹中，发及百余丈，最利水战。驾以蜈蚣船，所击辄糜碎。"（2264页）

火不思　一种拨弦乐器。来自突厥语。《元史·礼乐志》五："火不思，制如琵琶，直颈，无品，有小槽，圆腹如半瓶榼，以皮为面，四弦。"沈德符《万历野获编》卷二五"俚语"："今乐器中，有四弦长颈圆鼙者，北人最善弹之，俗名琥珀槌，而京师及边塞又呼胡博词，予心疑其非。后偶与教坊老妓谈及，曰，此名浑不是。盖以状似箜篌，似三弦，似琵琶，似阮，似胡琴，而实皆非，故以为名，本房中马上所弹者，予乃信以为然。及查正统年间赐迤北瓦剌可汉诸物中，有所谓虎拨思者，盖即此物。而《元史》中又称火不思，始知浑不是之说亦讹耳。""琥珀槌""胡博词""浑不是""火不思"，皆音译之异也。

兀擦　斩杀。《东坡志林》卷四："官军围灵武，不下，粮尽而返。西人从城上问官军：'汉人兀擦否？'或仰而答曰：'兀擦。'城上皆大笑。西人谓斩为兀擦也。"

先陀婆　聪明者。来自梵文。《五灯会元》卷六："问：'如何是和尚先陀婆？'师曰：'昨夜三更见月明。'"又卷八："将谓灵利，又不仙陀。"又："大好省要，自不仙陀。若是听响之流，不如归堂向火。珍重。"

借自梵文的语词，宋代文献习见。但由于隋唐以来这种借词就已充斥佛学典籍，有些已经进入了汉语基本词汇，如"和尚""尼姑""佛""塔"，并非近代汉语始见，故这里不做详细讨论。

第三章　近代汉语造词法研究

　　词是音和义的结合体。义是内容,是核心,是灵魂;音是形式,是载体,是物质外壳,而文字则是语音的记录符号,从严格的意义上讲,它与词没有内在的联系。在文字产生之前,语言就存在;语言存在,则词汇、语音、语法也就存在。所以我们说文字与词没有关联。文字产生之初,用什么字形记录某一语音,本没有什么特殊要求,完全是随机的。但到了孳乳阶段,用什么字形记录什么语音,就有了一定的制约,这种制约就是语音系统和语音发展逻辑。尤其是汉语,在其产生之初,其词汇形式很有可能是单音节[①]。先秦时期,汉语的词汇形式仍以单音节为主。以此推之,汉字产生时期的汉语也应是单音节。单音节词最适合用单个的汉字来表达和记录。这样,汉字与词汇就有了一种一对一的关系,从而使文字在词的发展过程中扮演了某种角色,起了某种程度的推进或阻扰作用。尽管这种作用是有限的,但研究汉语造词法应该给予注意。也就是说,汉语造词法的研究应从形、音、义三方面入手。这里,义是主体和基础,音是辅助,形则是辅助的辅助。应该指出,造词法所说的义,是语素间的语法义,不是概念义。概念义我们将在词的意义系统和词义发展里面讨论。

　　造词法有人又称为构词法。造词法是从语辞产生的角度说的,即人们用什么方式造出新词。构词法是从语辞产生以后的角度说的。语辞产生以后,人们分析语辞的内部构成,即语辞内部各要素间是按什么方式组成的,则叫作构词法。二者是二而一的东西,没有本质的区别,所不同者,分析视角不一样而已。

[①] 原始汉语的情况我们无从得知,但先秦汉语的词汇形式以单音节为主,这是语言学界公认的。由此推知,原始汉语的词汇形式也以单音节为主。单音节可以向多音节发展,而多音节不可能向单音节发展。这是我们的推论。又,金理新《上古汉语音系》主张上古汉语是一种以多音节为主的语言。见其著作11页,黄山书社,2002年。

汉语语词按其结构方式可分为单纯词和合成词。由一个语素构成的词为单纯词,由两个或两个以上的语素构成的词为合成词。

单纯词有一个音节的,也有两个和两个以上音节的。一个音节的单纯词,语素、语音和字形都是单一的,不需要分析。两个和两个以上音节的单纯词,其音节间有一定的音韵构成规则,是我们的研究对象。就造词法的角度来说,就是音韵造词。

合成词可按语素在词中所起作用分为附加式、复合式和重叠式。附加、复合是语法手段,自不待言。至于重叠,语法界有不同的看法。或以为是构词法,如张静等;或以为是结构学的一种,如黎锦熙等。在我们看来,从词的构成的角度来看,应该是利用语法手段构词。前人之所以产生异议,原因是重叠有两种:一种是造词法的重叠,一种是造句法的重叠。从词的构成角度看,当然是词法;从造句的角度看,当然是句法。皆有道理。

总之,用附加式、复合式和重叠式来造词,属于语法造词。

复合式造词各语素间有不同的语法关系,我们按并列、叙述、支配、修饰和补充为序来讨论;还有一种复合式是将一个大于两个语素的词组或语言片段紧缩成两个语素构成的词,它虽然不是语法关系而只是一种语用关系,我们也放在这里讨论,叫作紧缩关系。

并列关系的两语素谁前谁后,也有一定的规则可寻,我们将在复合式一节的最后予以讨论。

汉字有字形。利用字形来造词,叫字形造词。

一、语法造词

(一) 附加式

附加式指构词的两个语素中一个处于主导、主体地位,另一个处于从属、附加地位的构词方式。处于主体地位的语素表示词的主要意义,我们把它叫作词根;处于附加地位的语素表示词的附加意义或某种语法意义,我们根据它在词中的前后位置分别叫作词头、词尾。由于有词头、词尾之别,所以有前附加式和后附加式的区别。

第三章　近代汉语造词法研究

1. 前附加式

词头＋词根者为前附加式。词头指位于词的第一个语素位置而其词汇意义不明显或没有词汇意义的部分。它不能单独运用，只能作为词的构成材料，起助成双音节和标明词性的作用，有时还附带一定的感情色彩。近代汉语常见的词头有：

老　名词词头，加在单音节的称谓、姓名或动物名称前面，以构成双音节词。

老婆　有两种意义。一是老妇人，不是词头。常见诸唐宋以来的各种文献，现代北方话还在使用。唐义净译《根本说一切有部毘奈耶破僧事》卷十九："渔师子闻已，即东走而避，乃入一老婆家，其老婆见已隐藏深处。"唐迦才撰《净土论》卷三："村有老翁老婆两人，更无男女。"《景德传灯录》卷八："南泉云：'苦哉浮杯！被老婆摧折。'"顾况《杜秀才画立走水牛歌》："八十老婆拍手笑，妒他织女嫁牵牛。"一为妻子，是词头。《梦粱录》卷十三"夜市"："更有叫'时运来时，买庄田，取老婆'卖卦者。""取老婆"连用，"老婆"应是妻子的意思。《清平山堂话本·刎颈鸳鸯会》："你何轻贱我之甚，你道你有老婆，我便是无老公的。"杜仁杰《般涉调·庄家不识勾栏》："见个年少的妇女向帘儿下立，那老子用意铺谋待取做老婆。"《元曲选·竹叶舟》楔子："你这老秃厮，你还要悟佛法哩，则会在看经处偷眼儿瞧人家老婆。"又《儿女团圆》楔子："我两个不曾娶老婆哩，分另这家私倒也净办。"黑维强引敦煌文献证明妻子义的"老婆"一词始见于唐，其例为 P.3216$_2$ 号《显德二年(955)正月十三日投社人何清清状》："右清清不幸薄福，父母并亡，更无至亲老婆侍养，不报恩德。"(社邑702)今按：例句中的老婆也可理解为年长的妇人，如伯母、婶婶之类，不一定就是妻子。

老哥　对青年男子的称呼，有尊敬意味。《元曲选·张天师》楔子："老哥，你着那患子来我看。"又："老哥，等我嘱付家里小的咱。"刘唐卿《白兔记》四出："自今以后，诚诚致致，致致诚诚。停一会香金钱与老哥两个八刀。"

老兄　《祖堂集》卷十三："师云：无老兄扫地又争得？"《朱子语类》卷二十："大抵看圣贤语言，不须作课程。但平心定气熟看，将来自有得处。今看老兄此书，只是拶成文字，元不求自得。"又："乡令老兄虚心平气看圣人语言，不意今如此支离！"又卷九三："老兄言语更多些，更须删削见简洁处，方是。"按："老兄"一词，六朝已见用例，《宋书·殷琰传》："老兄垂白，东市受刑邪。幸自思之，信言不爽，有如皎日。"

老郎　寺庙的执事。宋惟勉编次《丛林校定清规总要》卷一："如请住持。本寺库司会知事、头首、单寮、耆旧献茶,言定何日,先遣行者老郎通书。"元德辉重编《敕修百丈清规》卷三:"侍者小师插香大展三拜,次执局行者插香礼拜,次参头领众行者插香礼拜,次直厅轿番、庄甲、作头、老郎、人仆参拜毕。"《水浒传》四回:"都寺不与长老说知,叫起一班职事僧人、点起老郎、火工道人、直厅、轿夫,约有一二百人,都执杖叉棍棒,尽使手头盘头,一齐打入僧堂来。"

老表　《蹴鞠谱》"圆社锦语":"老表,道士。"何以称道士为老表,不得其理。文献亦未见用例。现代方言称姑、舅、姨的儿子为"老表",乃表兄表弟的又一称呼。表者,外也。姑、舅、姨的儿子对于自己本家来说是"外",故用"表"称之。道士对于世俗之人来说也是"外",故也用"老表"称之。

老鸦　顾况《乌夜啼》:"此是天上老鸦鸣,人间老鸦无此声。"《祖堂集》卷十六:"老鸦衔红柿子来放师面前。"

老鼠　唐马异《答卢仝结交诗》:"将吾剑兮切淤泥,使良骥兮捕老鼠。"曹邺《官仓鼠》:"官仓老鼠大如斗(一作牛),见人开仓亦不走。"《寒山诗》:"失却斑猫儿,老鼠围饭瓮。"《五灯会元》卷八:"恁么则群生有赖,师曰:也是老鼠吃盐。"

老虎　《太平广记》卷四三一:"老虎恒持麋鹿等肉还以哺妻,或时含水吐其口中。"又卷四四一:"老虎洎老麋皆屈膝向长人言。"又:"老虎老麋即屈膝哀请。"《水浒传》四三回:"李逵却拿了朴刀,就洞里赶将出来,那老虎负疼,直抢下山石岩下去了。"《西游记》十三回:"处士者是个野牛精,山君者是个熊罴精,寅将军者是个老虎精。"又:"铺排些没盐没酱的老虎肉、香獐肉、蟒蛇肉、狐狸肉、兔肉,点剁鹿肉干巴,满盘满碗的,陪着三藏吃斋。"《通俗编》卷十六:"《十国春秋》:桂州儿童聚戏,辄呼大虫来,及李琼拔桂,人谓琼曰李老虎,识者以为应。"

"老"字也可加在人姓名前,钱大昕《十驾斋养新录》卷十九:"今世友朋相狎,呼其姓加以老字,亦有本。白乐天诗'每被老元偷格律',谓微之;'试觅老刘看',谓梦得。"又云:"又有称其人字者,苏东坡诗'老可能为竹写真',谓文与可也。今人多称其上一字,僧亦称下一字,东坡诗'不知老奘几时归',谓元(玄)奘。"冀骋按,《北史·王罴传》:"老罴当道卧,貉子那得过!""老罴"为王罴自称,此为加在人名前的较早用例。《北史·石曜传》:"此是老石机杼,聊以奉赠。""老石"为"石曜"的姓,是"石曜"自称。此为加在姓前的较早例证。

第三章 近代汉语造词法研究

按,"老"本谓年纪大,中国自古有敬老的传统,故加在人姓名、称谓前面的"老"含有尊敬的意味。而尊敬的原因有两个:一是"爱",父母、兄弟、夫妻、亲爱者前加"老"字即出于这种心理;一是"畏","老虎"称"老",即出于这种心理。然则"老鼠""老鸦"也称"老",难道也是出于这种心理?答案是:然也。"老鼠"繁殖极快,且毁人衣物,损人器皿,讨厌之极,而人工捕杀难以灭其族,杜其害,几乎无可奈何。无可奈何,反而尊之、敬之,故以"老"称之。"老鸦"称"老"也是出于同一心理,民间传说,"老鸦"叫,必死人或即将死人,而其声亦凄惨瘆人,故人们畏之,畏则"敬",故也以"老"称之。"老虎"称"老"亦与此相同。

阿　名词词头,可加在人名、称谓、指代或形容语素前面。汉魏时有"阿谁""阿母""阿兄""阿妹""阿瞒""阿斗",东晋陶潜《责子》有"阿舒",《世说新语》有"阿智""阿恒""阿大""阿恭""阿戎",皆以"阿"为词头,同时还含有亲昵的意味。"阿"何以用作词头,原因待考。可能的解释是:"阿"就是"我",阿母、阿兄、阿弟、阿妹就是我母、我兄、我弟、我妹,《三国志·魏·东夷传》:"东方人名我为阿。"其始是东夷人的说法,后来融入中原方言。开始的时候用于亲属名词前,是"我"的意思,亲属名词前加"我",本身含有亲昵的意味;后来人们忘记了它本是"我"的意思,故凡喜爱、亲近的对象都加"阿",以示亲昵。从语音的角度说,"阿"古音为影母歌部,"我"为疑母歌部,二字叠韵。按字母家的说法,影母是喉音,疑母是牙音。用现代语音术语来表示,牙音是舌根音,喉音是小舌音。牙音与小舌音发音部位相近,在某种方言读小舌音的词到另一种方言读舌根音,完全可能。由于韵母相同,故东夷人将"我"读作"阿"。据郑张尚芳《上古音系》,"我"拟为[ŋaal?],"阿"拟为[qaal],除声调外,二者非常接近。就《广韵》而言,研究者皆将"我"拟为[ŋɑ],"阿"拟为[ʔɑ],除声调外,二者也非常相近。我们说"阿"来于"我",语音上是说得过去的。现代方言安徽歙县"我"读作[a],为阴平,字正写作"阿"。如:"你不叫阿去,阿偏要去。"安徽黟县、屯溪、祁门,浙江建德,也读"我"为[a],也写作"阿"[①]。浙江浦江话"我堆"是"我们"的意思,读作[a⁵⁴ te³],这个 a 就是"我",除声调外,与"阿"的读音非常相近。福建浦城石陂话的"我们",汉字写作"我及你",读作[a ki ni](未标声调),与"我"对应的是[a],读阳平,与"阿"的读音也非常相

[①] 许宝华等:《汉语方言大词典》,2983 页"阿"字条、2712 页"我"字条,中华书局,1999 年。

近。江西黎川方言"我"的白读音为[a],与"阿"的读音完全相同。浙江、福建古代也应属东夷的范围。当然,这种解释不一定正确,只能算是一种不是解释的解释。姑妄言之,姑妄听之。

近代汉语"阿"字可加在——

A. 称谓前

阿伯　伯父。唐赵璘《因话录》卷四:"衢州视事际,有妇人姓翁,陈牒论田产,称'阿公阿翁在日',坐客笑之。因征其类。余尝目睹者,王屋有梓人女曰阿家,京中有阿辅,洪州有阿姑,蜀中有阿母,洛中有阿伯、阿郎,皆因其姓,亦堪笑也。"吐鲁番文献也有用例[①],《武周法惠、思惠与阿伯、伯母等书》:"仲秋渐凉,未审阿伯、々母、阿姊等体内如何?"(吐 8/496)《唐总章元年(668)海塠与阿郎阿婆家书》:"二人☐万再拜! 阿伯海☐。"(吐 5/162)

阿娘　母亲。敦煌、吐鲁番文献的用例如《唐左庭玉付阿师子青麦帐》:"庭玉阿娘付壹斜。"(吐 10/316)S. 4445$_{IV}$号《庚寅年(930?)二日三日寺家汉不勿等贷褐历》:"阿娘共张家女白褐壹段。"(释录 2/209)S. 8443$_{A-H}$号《甲辰年—丁未年(944—947?)李阇梨出便黄麻麦名目》:"☐通阿娘便黄麻一斗,至秋一斗五升。"(释录 2/217)P. 2953v 号《年代不明[9 世纪后期]孔再成等贷麦豆本历》:"押衙宋文秀麦,张家阿娘麦。"(释录 2/246)P. 3102v 号《公元 945 年前后(?)七月一日社司付社人面历》:"石通子妻将[面]叁斤,保岳阿娘一秤。"《祖堂集》卷三:"父阿娘眷属,远近邻舍总来惊讶。"

阿婆　指母亲,也可尊称老年妇女,还可指老婆,依上下文而定。

指母者:中古已见少量用例,《魏书·汲固传》:"及捕者收宪,属有一婢产男,母以婢儿授之。事寻泄,固乃携宪逃遁,遇赦始归。宪即为固长育至十余岁,恒呼固夫妇为郎婆。"郎婆即父母,此称母为"婆"者。《南史·齐·废帝郁林王》:"文惠太子每禁其起居,节其用度。帝谓豫章王妃庾氏曰:阿婆,佛法言有福生帝王家,今见作天王,便是大罪,左右主帅,动见拘执,不如市边屠酤富儿百倍。"[②]唐代用例渐多,《唐贞观

[①]　此两例引自黑维强《敦煌、吐鲁番社会经济文献词汇研究》,民族出版社,2010 年。"阿"字词头所引敦煌、吐鲁番社会经济文献语料皆来自此书。

[②]　此二例采自王云路《中古汉语词汇史》上册,533 页,商务印书馆,2010 年。

二十年(646)赵义深自洛州致西州阿婆家书》:"居子、义深再拜:从六月廿日已后,家中大小内外亲眷悉平安否?居子、义深二人千万再拜阿婆,两个阿舅、两个阿姨尽得康和以否?"(吐 5/10)阿婆与阿舅、阿姨连文且置于阿舅、阿姨前,阿婆当是比舅、姨还要重要的人,这个人可能是母亲,也有可能是外婆。但据此信的上下文,则信中所指,应是母亲。"☐居子等巢寄他土,晓夜思乡,粗得偷存,实无理赖,虽然此处经纪微薄,亦得衣食,阿婆、大兄不须愁虑。"(吐 5/9)"☐阙等作兄弟时,努力慈孝,看阿婆、阿兄,莫辞辛苦。"(吐 5/10)还有一信,也可证明。《唐总章元年(668)海塠与阿郎阿婆家书》:"阿郎、阿婆:千万问信,儿进塠、汉塠、幢々三人从发家已来,得平安好在不?"(吐 5/161)阿郎指父、阿婆指母。

指妻者:黑维强举张祜《捉搦歌》"阿婆六十翁七十,不知女子长日泣,从他嫁去无悒悒"为证,但此诗上文有"养男男娶妇,养女女嫁夫",则诗中的"阿婆"绝不是"老婆"。除此例外,黑氏还举了数例吐鲁番文献以证明"阿婆"有"妻子"义,但从上下文来看,不一定指老婆。如 S.6981 号《癸亥年(903?)八月十日张贤者阿婆身故转帖》:"右缘张贤者阿婆故,准例合有吊酒壹瓮,人各粟一斗。"(社邑 76)P.3257 号《后晋开运二年(945)十二月河西归义军左马步押衙王文通牒及有关文书》:"其义成瓜州致死,今男幸通及阿婆论此地者,不知何理。"(释录 2/296)S.3074v 号《吐蕃占领敦煌时期某寺白面破历》:"同日,出白面陆斗,付昔家阿婆,充修砲轮价。"(释录 3/170)P.2049v 号《后唐长兴二年(931)正月沙州净土寺直岁愿达手下诸色入破历算会牒》424 行:"布捌尺,张家阿婆亡时,吊都头及小娘子用。"(释录 3/387)P.2032v 号《后晋时代净土寺诸色入破历算会稿》413 行:"布壹丈五寸,张乡官亡时吊和尚张法律阳孔目阿婆等用。"(释录 3/478)P.2846 号《甲寅年(954?)都僧政愿清等交割讲下所施麦粟麻豆等破除见在历》:"麦两硕,粟壹硕,弥共阿婆春粮用。"(释录 3/525)S.3728 号《乙卯年(955)二、三月押衙知柴场司安佑成状并判凭》:"佛座子桎两车,各柒拾柒束,梁户二人吹油刺贰伯贰拾束,南城上阿婆桎伍拾伍束。"(释录 3/619)从上下文来看,这些例证中的"阿婆"都可解作"老人家"或"老太太",不应解释为"老婆"。《全唐诗》共出现"阿婆"5 次,绝大多数作"老太太"解,也不应解作"老婆"。除上引张祜诗,还有如下例子。孙子多《嘲郑仿妓》:"昔人曾闻阿武婆,今日亲见阿婆舞。"序文中称舞者为老妓,则阿婆绝不是老婆。《咸亨后谣》:"莫浪语,阿婆嗔,三叔闻时笑杀人(其验为则天即位,孝和嗣之。阿婆者,则天也。三叔者,孝和为第三也)。"《李敬玄谣》:"洮河李阿婆,鄯州王伯母。"只有一例根据上下文可解为老婆。如窦巩《送元稹西归》:"南州风土滞龙媒,黄纸初飞敕字来。二月曲江连旧宅,阿婆情熟牡丹开。"从"情熟"二字看,有可能指"老婆",为诗人调侃语。《敦煌变文集》有一例,也可解为老婆。《敦煌变文集·丑女缘起》:"比来丑陋前生种,今日端严遇释迦,夫主人来全不识,却觅前头丑阿婆。妻云道:'识我不?'夫云:'不识。''我是你妻,(如何不识)?'夫主云:'唬人!'"《敦煌变文集·韩朋赋》中"阿婆"有 2 例,《敦煌变文集·秋胡变文》有 12 例,皆作"公婆"的"婆"解释,没有疑义。各种《讲经文》中有 2 例"阿婆嗔",从上下文看,可释为"老婆",为唱经人调侃之语。

总之,"阿婆"本指母亲,后借指"老太太"。老婆"狮吼"有如严母,温存犹如慈母,故借以指老婆。平江方言称老婆为"夫娘",其缘由与此相似。

阿郎 主人。《玄怪录》卷一"裴谌":"既而稍闻剑佩之声,二青衣出曰:'阿郎来。'"《敦煌变文集·庐山远公话》:"舍身与阿郎为奴,须尽阿郎一世,中路抛离,何名舍身。阿郎若且要伏侍,万事绝言。若不要贱〔奴〕之时,但将贱奴诸处卖却,得钱与阿郎诸处沽酒买肉,得之已否?"《祖堂集》卷八:"若是下人出来着衣,更胜阿郎。"本师蒋礼鸿教授《敦煌变文字义通释》对此词有详细考证,可参看。

阿师 指和尚。唐玄奘译《阿毗达磨大毗婆沙论》卷三四:"阿师白佛,方得归依。"唐慧然集《镇州临济慧照禅师语录》卷一:"后生小阿师不会。"《祖堂集》卷七:"者阿师欲似一个行脚人。"

阿兄 较早的例证见于中古,《古诗为焦仲卿妻作》:"阿兄得闻之,怅然心中烦。"东晋佛陀跋陀罗共法显译《摩诃僧祇律》卷三五:"尔时六群比丘展转作俗人相唤,阿翁、阿母、阿兄、阿弟。"《唐贞观二十年(646)赵义深自洛州致西州阿婆家书》:"□深等作兄弟时,努力慈孝,看阿婆、阿兄,莫辞辛苦。"(吐 5/10)《唐甄连武通家书》:"□□武通两个千万参承阿妇、阿兄。"(吐 5/14)《五灯会元》卷三:"士曰:阿兄为甚么却道得。"

阿爷 此词已见于中古,东晋佛陀跋陀罗共法显译《摩诃僧祇律》卷三五:"佛言:从今日后,应如是共语问询。共翁语时,不得唤言阿翁、阿爷摩诃罗,应言婆路酰多;

共母语时,不得言阿母、阿婆,应言婆路酰帝;共兄语时,不得言阿兄,当言婆路酰多;共姊语时,不得言婆鞞,应言婆路酰帝。"《敦煌变文集·伍子胥变文》:"旷大劫来自何罪,如今孤负阿爷娘。"《五灯会元》卷十七:"汝等诸人各自寻取祖业契书,莫认驴鞍桥作阿爷下颔。"又作阿耶,《敦煌变文集·张义潮变文》:"甘州可汗亲降使,情愿与作阿耶儿。"又《舜子变》:"舜子抄手启阿耶:'阿耶若取得计(继)阿娘来,也共亲阿娘无二。'"

阿家(gū) 婆婆,丈夫的娘。此词已见于中古,《宋书·范晔传》:"晔妻先下抚其子,回骂晔曰:'君不为百岁阿家,不感天子恩遇,身死固不足塞罪,奈何枉杀子孙。'"又:"妻云:'罪人,阿家莫念。'"《北史·崔达拏传》:"文宣尝问乐安公主:'达拏于汝何似?'答云:'甚相敬,唯阿家憎儿。'"唐宋仍之,唐赵璘《因话录·商下》:"王(西平王)掷箸怒曰:'我不幸有此女,大奇事。汝为人妇,岂有阿家体候不安,不检校汤药,而与父作生日,吾有此女,何用作生日为?'"《敦煌变文集·孝子传》:"新妇闻之方割股,阿家吃了得疾平。"又"阿家再明。"又《搜神记》:"阿家儿昨夜有何变怪,今有一婆罗门胡,在新妇床上而卧。"宋惠泉集《黄龙慧南禅师语录》卷一:"忆得首山曾漏泄,新妇骑驴阿家牵。"才良等编《法演禅师语录》卷一:"大众,莫问新妇阿家,免烦路上波咤,遇饭即饭遇茶即茶,同门出入宿世冤家。"

阿公 此词中古时已出现,但所指与后世不同。刘宋求那跋陀罗译《杂阿含经》卷四十:"帝释闻已,复告宿毘梨天子:'阿公! 阿修罗军已在道路,阿公可速告,令起四种兵与阿修罗战。'"刘宋佛陀什共竺道生等译《弥沙塞部和酰五分律》卷二一:"于是释摩南到琉璃王所,琉璃王以为外家公。白言:'阿公欲求何愿?'答言:'愿莫复杀我诸亲。'"从上下文,我们看不出他们的亲属关系;但不是媳妇对丈夫父亲的称呼,则是可以肯定的。从第二例的"外家公"来看,"阿公"似乎指称爷爷,"外家公"即外公。

后来用以指丈夫的父亲。《唐咸亨三年(672)新妇为阿公录在生功德疏》:"丝巾子一枚。"(吐 7/69)《唐咸亨三年(672)新妇为阿公录在生功德疏》:"咨阿公生存在日功德,审思量记录,但命过已后功德具件如前。"(吐 7/71)后世用作老人家的尊称。《水浒传》二一回:"阿公休怪,不是我说谎。"又:"阿公,你不知道。我还有一件物事做一处放着,以此要去取。"《喻世明言》卷三:"当时八老去,就出艮山门到灰桥市上丝铺里见主管。八老相见罢,主管道:'阿公来,有甚事?'"又:"只见小厮寿童走出,看见叫道:'阿公,你那里来,坐在这里?'"又:"好! 阿公,你盒子里甚么东西?"

阿舅 此词见于中古,或为尊称,刘宋求那跋陀罗译《杂阿含经》卷四八:"语麁牛弹琴人言:'阿舅,阿舅,为我弹琴,我当歌舞。'麁牛弹琴者言:'如是。姊妹,我当为汝弹琴,汝当语我汝是何人,何由生此。'天女答言:'阿舅,且弹琴,我当歌舞。'"或为娘舅,《唐贞观二十年(646)赵义深自洛州致西州阿婆家书》:"居子、义深二人千万再拜阿婆,两个阿舅、两个阿姨尽得康和以否?"(吐 5/10)S.2174 号《天复九年(909)神沙乡百姓董加盈兄弟分书》:"见人阿舅石神神(押)见人耆寿康常清(押)见人兵马使石福顺。"(契约 443)《水浒传》十四回:"阿舅,救我则个。"

阿爹 王明清《摭青杂记》:"儿受阿爹厚恩,死无以报。"《碧岩录》卷二:"殊不知南地竹兮北地木,与麻三斤,只是阿爷与阿爹相似。"《三朝北盟会编》卷二〇六:"俊子亡,遂以其妇再适师中,师中极迷佞,呼俊为阿爹,不啻如亲父子。"

"阿"在称谓前,或音转为"亚"。《张协状元》五出:"亚哥,亚哥,狗胆梳千万买回,头须千万买回,亚哥。"明姜准《歧海琐谈》卷八:"吾温方言,凡呼爷、妈、哥、嫂,以'亚'先之;儿女弟行以至命名,无不皆然。此之'亚',犹吴下之言'阿'也。"《洛阳伽蓝记》卷二"景宁寺":"吴俗有自呼'亚侬',语则'阿傍'。"知"阿""亚"之转,中古已然。

B. 指代语素前

阿那 指代人。《敦煌变文集·李陵变文》:"五千步卒逢狂虏,此苦从来阿那经?"又《无常经讲经文》:"人生百岁寻常道,阿那个得七十身不妖。"《祖堂集》卷十八:"师云:'阿那是维摩祖父?'"也可指代处所。李白《相逢行》:"万户垂杨里,君家阿那边。"李郢《上元日寄湖杭二从事》:"谢公留赏山公唤,知入笙歌阿那朋。"《敦煌变文集·父母恩重经讲经文(一)》:"只忧身命片时,阿那里有心语话。"《敦煌变文集新书·双恩记》:"敢问在朝卿相等,阿那边足利唱将来。"又《盂兰盆经讲经文》:"忆得先亡念慈亲,堕落三涂阿那边。"《敦煌变文集》共有 8 例,不备录。

阿莽 又作"阿没"。指代词,义同"什么""怎么"。根据其在句子中的位置,可以做不同的理解。本师蒋礼鸿教授的《敦煌变文字义通释》做了深入的研究,可以参看。《敦煌变文集·燕子赋》:"如今及阿莽次弟,五下乃是调子。"又:"但知捶胸拍臆,发头忆想阿莽,两步并作一步,走向狱中看去。"又:"更被枷禁不休,于身有阿没好处。"

今谓"莽"就是"没"。《广韵·姥韵》"姥"小韵下:"莽,宿草。又音蟒。"音莫补切,合口一等。高本汉、李方桂、周法高、董同龢、潘悟云拟作[muo],李荣、邵荣芬拟作

[mo]，王力拟作[mu]，蒲立本拟作[mou]。高、周诸家用[u]体现合口，李、邵、王将合口和主要元音合而为一，或为[o]，或为[u]。从主要元音而言，[o][u]皆为后高元音，一个开口度大一点，一个开口度小一点，没有本质差别，只要符合自己的构拟系统，都没有问题。《广韵》："没，沈也。莫勃切。"合口一等入声没韵。高本汉、李方桂、王力、周法高、李荣、邵荣芬、蒲立本、董同龢皆拟作[muət]，唯潘悟云拟作[muot]。分析高、王诸位的拟音，我们认为，[m]是对明母（反切上字"莫"）的构拟，[u]是对合口介音的拟音，[ə]是对没韵主要元音的拟音，[t]是对入声韵尾的拟音，既然"没"是一等字，则用中央元音[ə]来构拟其主要元音不如[o]更合适。江永说："一等洪大，二等次大，三、四皆细，而四尤细。"由于中央元音[ə]音色比较含糊，尽管开口度比[o]低一点，但后、中高元音[o]更适合构拟一等韵的读音。既然合口一等模韵的主要元音拟作[o]，那么合口一等没韵的主要元音也应拟作[o]。所以我们支持潘悟云的拟音。随着入声韵的消失，"没"读[muo]，则与高、周诸家对"莽"的拟音完全一致，如此，则"莽""没"记录的是同一个语词。此词宋代写作"摩"，见《景德传灯录》，元明以来写作"么"，现代写作"么"。又，如果"莽"读又音"模朗切"，则在上声"荡"韵，应拟作[maŋ]，如果后鼻音韵尾丢失，作为韵尾丢失的补偿，则其主要元音高化，变为[u]或[o]，如此，则与"没"的读音非常接近。唐五代西北方音中，后鼻音丢失并不罕见，详见罗常培《唐五代西北方音》。"阿没（阿莽）"音转为"阿门"，也是怎么、怎么样的意思。见于中原官话，甘肃临夏："你嘴脸不好者阿门了？（你脸色不好到底怎么了？）"又："他阿门还不来？（他怎么还不来？）"又转为"阿木"，亦见于中原官话，甘肃临潭、岷县："侧上唾下仰头看，阿木看着你不见？""阿木"是怎么的意思[①]。

　　阿你　《敦煌变文集·茶酒论》："阿你酒能昏乱，吃了多饶啾唧。"又："阿你不闻道：浮梁歙州，万国来求。"又："阿你头恼，不须干努。"又《大目乾连冥间救母变文》："阿你个罪人不可说，累劫受罪度恒沙。"《敦煌变文集》共有10例，不赘。

　　阿奴　奴，我也。《敦煌变文集·韩擒虎话本》："阿奴今拟兴兵收伏狂秦，卿意者（若）何？"又："阿奴无得（德），槛（滥）处为军（君）。"《敦煌变文集》共有11例，不备录。

　　阿谁　《敦煌变文集·太子成道经》："若法万般教处置，中心更向阿谁陈。"《敦煌

[①]　例证引自许宝华等编《汉语方言大词典》，2984页，中华书局，1999年。

变文集新书·双恩记》：".如是相随经数日,到阿谁看守也唱将来。"《敦煌变文集》共有36例,不赘。《五灯会元》卷十四："僧闻：师唱谁家曲,宗风嗣阿谁。"

阿汝 《五灯会元》卷五："阿汝欲学么？不要诸余,汝等各有本分事,何不体取？"

"阿莽""阿奴"是近代汉语新兴的语词。

C. 姓名前

a. 姓前加"阿"者

赵彦卫《云麓漫抄》卷十："妇人无名,第以姓加阿字。今之官府供状,皆云阿王、阿张,盖是沿袭之旧云。"姓前加"阿",敦煌文献也有用例,一般是用于已婚女性的称呼。例如,S.3877v号《丙子年(916)赤心乡百姓阿吴卖儿契(习字)》："赤心乡百姓王再盈妻阿吴,为缘夫主早亡,男女碎小,无人求(救)济,供急(给)依(衣)食,债负深圹(广)。"(契约75)P.3813v号《唐(7世纪后期?)判集》87行："奉判,妇女阿刘,早失夫婿,心求守志,情愿事姑。"(释录2/603)P.3813V号《唐(7世纪后期?)判集》104行："阿毛宦者之妻,久积标梅之叹。"(释录2/604)[①]钱钟书说："古书中男女名皆可冠以'阿',而姓则惟女为尔,不施于男也。"至于"妇人无名,第以姓加阿字",钱氏云："实乃六朝以来久然,且未必由于'无名',亦不限于官文书。……夫唐韦后自呼'阿韦',武后自呼'阿武',……二后岂'无名'之妇哉？"[②]

b. 名前加"阿"者

韦縠《才调集》卷一载白居易《江南喜逢萧九彻因话长安旧游戏赠五十韵》云："多情推阿软,巧语许秋娘。"《白氏长庆集》十五"酬微之寄示赠阿软七律"："偶助笑歌嘲阿软,可知传诵到通州。"陈振孙《白文公年谱》会昌六年："公自丧阿崔,终身无子。墓志云：以侄孙阿新为后。""阿软""阿崔""阿新"皆是名字前加"阿"。敦煌文献也有用例,如翟阿富、阿习、韩阿福、王阿连、阿买、吕阿隆、阿想、张阿双、阿成、阿足、阿玉、吴阿义、张阿苟、曲阿保、阿忠、范阿懒、阿显、阿钵、泛阿住、范阿六、曲阿军、姜阿尊、竺阿堆、赵阿头、高阿提、董阿善、张阿友、张阿举、冯阿禅、赵阿斌、郭阿雏、阿顺、阿勇、

[①] 这两例和下文名字前加"阿"的敦煌文献例证采自黑维强著《敦煌、吐鲁番社会经济文献词汇研究》,民族出版社,2010年。

[②] 钱钟书：《管锥编》第二册,762页,中华书局,1979年。

阳阿周、阿守、阿迦、张阿枚、索阿买、樊阿石、张阿悥、阿就、李阿祝、张阿卑、何阿火、阿秋、阿欢、阿迎、张阿庆、史阿愿、阿监、赵阿养、翟阿面、冯阿谷子、张阿仲、冯阿相子、令狐阿僦、吕阿识、鲁阿众、张阿涉、阿那、阿弥、阿愿、赵阿海、傅阿胡、阿裴、阿润、康阿保儿、泛阿斌、阿贞、曹阿宾、张阿树、阴阿朵、阿时、张阿瘦、张阿盈、令狐阿变、阿龙、阿毛、阿靖、阴阿施、南宫阿谅、张阿智、张阿奴、王阿作、阿朵子、阿柟、何阿盈、令狐阿堆、安阿丹、阿磨、苏阿达、阿把、康阿竹子、何阿腴、唐阿桃、张阿孙、阿鸾、李阿察、阿起、杨阿罗、张阿忠、司徒汉阿亭、段阿爽、宋阿六、阿生、苏阿建、田阿甫、张阿养、索阿法。

D. 形容语素前

这种情况比较少见，但仍用来指称人。

阿老 《警世通言》卷二二："阿老见得是，只怕女儿不肯，须是缓缓的偎他。"又："刘姬道：'阿老见得是。那钱员外来顾我家船只，或者其中有意，阿老明日可往探之。'"

阿带 "带"通"呆"，本字当作"嬯"。《通雅》卷十九"重台，贱称"条："智按，《说文》：嬯，迟钝也。阘嬯亦如之。笺云：阘嬯，浙之方言曰阿带，平声，改作憎。马曰驽骀，盖本佁台之贱称也。"清梁章钜《称谓录》："浙省方言曰'阿带'，愚戆貌。'阿'，入声；'呆'，平声。一曰阿呆，近时即有杭州阿呆之称。"翟灏《通俗编》："今苏杭人相嘲，苏谓杭曰阿呆，杭谓苏曰空头。"《醉醒石》一回："衙门里也有赞他忠厚的，也有把他做阿呆看，他全不在心，任人说笑而已。"又十回："自古道：好人是阿呆表德，小浦也是个真阿呆。"《儒林外史》九回："杨先生虽是生意出身，一切帐目却不肯用心料理。除了出外闲游，在店里时，也只是垂帘看书，凭着这伙计胡三。所以，一店里人都称呼他是个'老阿呆'。"

兀 名词词头，施于指代语素前。它是词头"阿"语音变化的结果。阿，影母，歌韵；兀，疑母，没韵。宋元时代疑母部分字已与影母合流。如《中原音韵》里"屋""兀"同音。屋，影母；兀，疑母。元曲"兀的不"，又作"窝的不"。窝，影母；兀，疑母。故"阿""兀"二字双声。由于宋元时代入声字正在消失，故"阿""兀"二字韵亦相近。"阿"在《中原音韵》中属歌戈，"兀"为鱼模。歌戈与鱼模主要元音相近，"阿"字稍变即为"兀"。马永卿《嬾真子》卷三："古今之语大都相同，但其字各别耳。古所谓阿堵者，乃今所谓兀底也。"也说明了"阿""兀"之音转。

兀谁　《董西厢》卷二："掇搜好汉每兀谁敢？待要斩贼降众,大喊故是不险。"又卷五："三五日来不汤个水米,教俺难恋世。到此际,兀谁可怜见我这里！"又卷六："旧日做下的衣服件件小,眼漫眉低胸乳高,管有兀谁厮般着,我团着这妮子做破大手脚。"又卷七："白日浑闲夜难熬,独自兀谁睬？闷对西厢月,添香拜。"又："我然是个官人,却待教兀谁做县君。"

兀那　《元曲选·汉宫秋》一折："兀那弹琵琶的是那位娘娘,圣驾到来,急忙迎接者。"又三折："却原来满目牛羊,是兀那载离恨的毡车半坡里响。"又《合汗衫》一折："你道他眉下无眼勒,你道他兀那口边厢有饿纹。"又三折："猛想起十年前,兀那鸦飞不过的田宅,甚么是月值年灾,可便的眼睁睁一时消坏。"《水浒传》十四回："刘唐赶上来,大喝一声,兀那都头不要走。"

兀底(的)　宋张镃《夜游宫·美人》："鹊相庞儿谁有？兀底便笔描不就。"《董西厢》卷一："这一双鹁鸰眼须看了可憎底千万,兀底般媚脸儿不曾见。"又："绿杨影里,君瑞正行之次,仆人顺手直东指,道：'兀底一座山门！'君瑞定睛视。"又："何须更买卦,已见十分掉不下,兀的般标格精神,管相思人去也妈妈。"又卷四："多应是你,厮迤厮逗,兀的般言语,怎敢着我咱左右？"《元曲选·伍员吹箫》三折："兀的般人物,遭逢着恁般时势。"又《陈州粜米》一折："兀的赈济饥荒你也该自省,怎倒将我一槌儿打坏天灵。"

辨异：宋代有"兀自"一词,义为"尚,还,仍",做副词用。乍看来,"兀自"的"兀"似无意义,当是词头。其实不然。"兀自"异文作"古自""骨自""骨子""固自",而且还可加"尚""犹"字组成"尚兀自""犹兀自"。我们认为,"兀自"既与"古自"诸词构成异文,则"兀自"之"兀"不读影母,与词头"阿"没有音韵的继承关系,它们不是一个词素的不同书写形式,"兀自"之"兀"当另有来源。今谓"兀自"之"兀"来源于中古的"故"。"兀",五忽切,疑母,没韵；"故",古暮切,见纽、暮韵。二字声母发音部位相同,可视为双声。由于宋元时入声正在或已经消失,"没"韵部分字转入"鱼模"韵,故"兀""故"二字叠韵。"故"音稍变即为"兀"。以义言,"自",尚也,还也。"兀"亦尚也,还也。二字同义连用。南北朝时"自"有"仍"义。晋干宝《搜神记》卷十七："小人故妄言,膏自如故。"唐明皇《同刘晃喜雨》："繁云先合寸,膏雨自依旬。""自依旬",仍依旬也。章怀太子《黄台瓜辞》："三摘犹自可,摘绝抱蔓归。""犹自可",犹尚可也。王勃《滕王阁》："阁

第三章 近代汉语造词法研究

中帝子今何在?槛外长江空自流。"杜甫《滕王亭子》:"古墙犹竹色,虚阁自松声。"二"自"字皆应释为"仍"。王衍《过白卫岭和韩昭》:"轩皇尚自亲平寇,嬴政徒劳爱学仙。"这是律诗的第三联,应为对句。"尚自"对"徒劳","自"不应是词尾。魏晋唐宋时"故"也有"尚仍"之义。《古小说钩沉·玄中记》:"身故在水中。"王安石《壬子偶题》:"黄尘投老倦忽忽,故绕盆池种水红。""故"即"尚还"之义。"兀自"本作"故自",系同义连文①,因音变而写作"兀自",形式上与"兀谁""兀那"相似,故为辨之。又,江蓝生认为,"兀自"的"自"是词尾,"兀自"犹"兀然"。我们认为"自"有"仍"义,则"兀自"为同义语素并列,不烦释"自"为词尾"然"。至于其他的"自"是否是词尾,本文不讨论。如"正自""复自""故复自",有时候"自"可以看作词尾,有时候似乎不是词尾。如《世说新语·言语》:"郊邑正自飘瞥,林岫便已皓然。""正自"对"便已","自"可释为"在",不必释为"然"。又《任诞》:"酒正自引人箸胜地。"比较《世说新语·赏誉》:"虽不相关,正是使人不能已已。""正自"似乎就是"正是"。我们支持"自"可用作词尾,但不主张将所有"副词"后的"自"都看作词尾。研究者喜欢将自己的研究对象绝对化,将某种观点推到极致,以证明自己的理论。这就是"过犹不及"。龙国富将部分汉译佛经与梵文本佛经进行对勘研究,说:"我们对《道行般若钞经》《大明度经》《摩诃般若钞经》《正法华经》《妙法莲花经》中时间副词、重复和累加副词后面的'复'和'自'进行穷尽式的梵汉对勘发现,时间副词后面的'复'都作音节成分,起凑足双音节的作用;'自'多数只作为一种音节成分出现,少数独立成词,具体情况因文而异。重复和累加副词后面的'复'都是同义连用,而'自'却有的是音节成分,有的是反身代词。"②能区别对待,应是不错。实际上做反身代词理解的,其谓语动词一定是及物动词;也就是说,谓语是及物动词的,前面的"副词+自"结构中的"自"是反身代词。除此之外,"副词+自"的"自"如果与前面的副词意义相同,也不应该看作词尾。如果与前面的副词没有同义、近义关系,又不是反身代词,则应看作词尾。如"果自"(《北齐书》)、"过自"(《梁书》)、"默自"(《太平经》)、"甚自"(《北齐书》)、"乍自"(《论衡》)③。当然,

---

① 江蓝生:《说"兀自"》,《辞书研究》,1990 年第 1 期。
② 龙国富:《从语言接触看"复"和"自"的语法地位》,《语文研究》,2010 年第 2 期。
③ 方一新:《中古近代汉语词汇学》上编,702—705 页,商务印书馆,2010 年。此书还有别的例证,有些可以采信,个别还可做别的解释。

这个问题可做进一步研究。无论将"自"释为与"故"同义的语素,还是释为词尾,都不影响"兀自"的"兀"不是词头而应做"故"解释的结论。

第 名词词头。加在数字前,表示序数。"第"原本写作"弟",《说文》:"弟,韦束之次弟也。"段注:"束之不一则有次弟也,引申之为凡次弟之弟,为兄弟之弟。"本是名词,是次第之义;有"次第"则有先后顺序,故用作序数词之词头。这种用法汉代就已开始,《史记》"太史公自序":"作五帝本纪第一。"这个"第一"没有放在句首,"第"是不是序数词还可以再研究。可以将"五帝本纪第一"理解为一个名词词组,做"作"的宾语;也可将"作五帝本纪第一"理解为一个连动式,"作""第"都是动词,"第"是"排列"的意思,"第一",就是"排在第一"。只有"第一"做名词使用而不会有别的理解时,"第"才是序数词。刘向《别录》:"《士寇礼》第一,《士昏礼》第二,《士相见礼》第三,《乡饮酒礼》第四,《乡射礼》第五,《燕礼》第六,《大射仪》第七,《聘礼》第八,《公食夫夫礼》第九,《觐礼》第十,《丧服》第十一,《士丧礼》第十二,《士丧礼》下篇第十三,《士虞礼》第十四,《特牲馈食礼》第十五,《少牢馈食礼》第十六,《少牢下篇》第十七。"《孔雀东南飞》:"云有第五郎,娇逸未有婚。""第五"的"第"才是真正的序数词。后汉安世高译《是法非法经》卷一:"或时比丘,已得第一禅,余比丘不如,便从第一禅故,自誉自□欺余,是非贤者法。"吴支谦译《诸法本经》卷一:"何谓第一?三昧为第一。"《全晋文》司马休之"上表自陈":"前扬州刺史元显第五息法兴,桓玄之衅,逃远于外,王路既开,始得归本。"西晋白法祖《佛般泥洹经》卷一:"是佛第一威神,……是佛第二威神,……是佛第三威神。"这种构词法一直延续到近、现代,没有什么变化。

《朱子语类》卷二十:"一番思了,又第二、第三番思之,便是时习。"庄绰《鸡肋编》卷下:"俶时有宰相姓沈者,倚为谋臣,……方中朝加兵江湖,俶大恐,尽集群臣问计,云:'若移兵此来,谁可为御?'三问无敢应者。久之,沈相出班奏事。皆倾耳以为必有奇谋。乃云:'臣是第一个不敢去底。'"《梦粱录》卷十"厢禁军":"元管十指挥,后拨威果二十八指挥、雄节九指挥于平江外,见存者威节第一、第四、第五、第六指挥,雄节第八、第十六指挥,全捷第二、第三指挥,共统八指挥军也。"

打 动词词头。加在表动语素前以构成双音节。

打量 量也。欧阳修《归田录》卷二:"以丈尺量地曰打量。"欧阳修《论牧马草地札子》:"臣今欲乞令差去官只据见在草地,逐段先打量的实顷亩。"范成大《甘雨应祈三绝》:"说与东江津吏道,打量今晚涨痕来。"《朱子语类》卷一〇九:"若人人都教他算,教他法量,他便使瞒不得矣。打量极多法,惟法算量极易。"又:"须是三十年再与打量一番,则乘其弊少而易为力。"

打搅　搅也。《元曲选·来生债》二折:"我与他这个银子,打搅的他一夜不曾得睡,你无福消受,送还与我。"又《望江亭》一折:"你要官休呵,我这里是个祝寿道院,你不守志,领着人来打搅,我告到官中,三推六问,枉打坏了你。"又《青衫泪》一折:"平白里打搅了一日,怎生就空去了。"又《扬州梦》一折:"多有打搅,小生不敢久留。就此告辞长行去也。"又《竹叶舟》一折:"长老说那里话!小生连月打搅,感激不尽。"

打叠　叠也,收拾也。《朱子语类》卷八:"打叠得此意尽,方有进。"又卷一一八:"公大抵容貌语言皆急迫,须打叠了,令心下快活。"赵佶《燕山亭》:"裁翦冰绡,打叠数重,冷淡燕脂匀注。"《古尊宿语录》卷十二:"仁者须打叠及时,莫待临终挥霍。"

打坐　坐也。《朱子语类》卷一〇七:"先生饭罢,楼下起西序行数回,即中位打坐。"又卷一一五:"圣贤教人,岂专在打坐上?"《五灯会元》卷十六:"唯有十八高人,缄口围炉打坐。"《密庵和尚语录》卷一:"若只守一机一境,终日冷湫湫地打坐,等个悟来,便是丧达磨正宗魔子也。"

打并　又写作"打屏""打併",是"收拾、整理、清除"的意思。宋杨万里《晓起探梅》:"打并人间名利心,万山佳处一溪深。"宋孔平仲《孔氏谈苑·吕许公知许州》:"是日,张公打屏阁子内物色过半矣。"《朱子语类》卷六:"譬如水,若一些子碍,便成两截,须是打併了障塞,便滔滔地去。"又卷十:"有一士人,以犯法被黜,在都中,因计会在梁师成手里直书院,与之打併书册甚整齐。师成喜之,因问其故,他以情告,遂与之补官,令常直书院。一日,传圣驾将幸师成家,师成遂令此人打併装叠书册。"又卷十二:"敬是涵养操持不走作;克己,则和根打併了,教他尽净。"宋绍隆等编《圆悟佛果禅师语录》卷十二:"须是打并净尽,方可全体见成。"《元曲选外编·七里滩》四折:"为君的紧打并吞伏四海,为臣的紧铺劳日转千阶。"元普度编《庐山莲宗宝鉴》卷六:"直下打并净尽,永不复生。"《水浒传》十七回:"我和公孙先生两个打并了便来。"明元贤集《建州弘释录》卷二:"又曰只缘他打并得心下洁净。"

打听　探问。《京本通俗小说·刎颈鸳鸯会》:"张二官是个行商,多在外,少在内,不曾打听得备细。"《元曲选·梧桐雨》一折:"你试向天宫打听,他决害了些相思病。"又《竹叶舟》三折:"孩儿应举去了,我在长街市上打听音信不着。"《元曲选外编·调风月》二折:"莫不在我根底,打听得些闲是非?"又《七里滩》三折:"则为我交契情,我费打听,到处里曾问遍庶民百姓,最显的是暮秋霜气岩凝。"元姜端礼撰《林泉老人评唱丹霞淳颂古虚堂集》卷六:"不劳闲打听,切忌漫商量。"《三国演义》八回:"次日,吕布在府中打听,绝不闻音耗。"《西游记》五回:"你且立下,待老孙先去打听个消息,看可请老孙不请。"《水浒传》四回:"昨日有三四个做公的来邻舍街坊打听得紧。"清钱谦益《国初群雄事略》卷十二:"你可去沈阳侯家来往,打听消息。"

打扮 装饰。宋黄公绍《潇湘神端午竞渡棹歌·又》:"朝了霍山朝岳帝,十分打扮是杭州。"刘克庄《沁园春·又和林卿韵》:"谢锦袍打扮,佯狂太白,黄冠结裹,老大知章。"杨无咎《探春令·又》:"着一套、时样不肯红,甚打扮、诸余济。"又《两同心》:"见个人人、越格风流,饶济济、入时打扮。"《元曲选·虎头牌》二折:"往常我便打扮的别,梳妆的善。"《元曲选外编·拜月亭》四折:"这打扮早难坐琼林宴。"《金瓶梅》二回:"金莲打扮光鲜,单等武大出门,就在门前帘下站立。"《喻世明言》卷十:"那女子虽然村妆打扮,颇有几分姿色。"

以"打+V"型构成的新词,近代汉语中比较常见。"打"之所以用作词头,是"触事皆谓之打"(欧阳修《归田录》卷二语)引申的结果,是近代汉语新兴的一种构词法。

我们认为,唐宋以来,"打"可与不同的名词搭配。这种泛搭配,导致了"打"词义的泛化,从而也导致了"打"组合功能的泛化。当那些既是名词又是动词的词与"打"搭配时,其初始是以名词的身份进入"打+名"结构的(看作动词做宾语也未尝不可,但"打"首先是与名词组合的,然后才扩展到动词,所以我们采用"以名词的身份进入'打+名'结构"的说法);随着词义的发展,进入此结构的词,其名词用法弱化甚至消失,而动词用法凸显,"打+名"变成了"打+动","打"的词汇意义开始销蚀,"打+动"结构开始词汇化,随着词汇化程度的提高,"打"慢慢变成了动词词头。如"打量","量"既可用作名词,也可用作动词。当它用作名词时,就可进入"打+名"结构;当其动词用法凸显,"打+名"就变成了"打+动"。由于类推的作用,那些没有名词用法的动词,也随之进入"打+动"结构,"打"就成了词头。

取 动词词头。加在表动语素前以构成双音节。

取笑 较早的例证见于中古,但用例较少;唐宋之间,用例增多,但都是遭受讥笑的意思,"取"有实际意义,还不是词头。宋元以来,开始有"笑耍""开玩笑"的意思,才变成了词头;明清仍之,一直用到现代。

《后汉书·盖勋传》:"既足结怨一州,又当取笑朝廷,勋不知其可也。"《三国志·吴·张昭传》:"若渊改图,欲自明于魏,两使不反,不亦取笑于天下乎?"西晋竺法护译《佛说力士移山经》卷一:"始从一日勤身勠力,至于一月永不可动,惭耻无效,取笑天下。"后秦鸠摩罗什译《大智度论》卷十七:"五情马所制,取笑亦如是。"又:"而行乞衣食,取笑于众人。"又:"而更求欲乐,取笑亦如是。"唐刘长卿《负谪后登干越亭作》:"独醒空(一作翻)取笑,直道不容身。"杜甫《自京赴奉先县咏怀五百字》:"取笑同学翁,浩歌弥激烈。"《敦煌变文集·维摩诘经讲经文(四)》:"非唯取笑于傍人,兼亦自添于惭悚。"《景德传灯录》卷九:"尽是吃酒糟汉,怎么行脚,取笑于人。"这些"取笑"都还是词组。《朱子语类》卷一一六:"一向胡说,反为人取笑。"这个"取笑"用于"为"字被动句中,"为"字被动句要求介词"为"所介名词的后面接动词,则"取笑"是一个词,"取"不是遭受的意思,应该是词头了。宋绍隆编《圆悟佛果禅师语录》卷十:"其奈取笑衲僧。"《元曲选·度柳翠》楔子:"(牛员外云)你又来取笑。"《荆钗记》二出:"[末]休要取笑。"《白兔记》二出:"(小生)不要取笑。"《幽闺记》二二出:"(生)休取笑。"《杀狗记》十二出:"兄弟,我是取笑你。"《山歌》卷九:"个星轻薄后生见面弗得介捉我取笑。"《水浒传》十五回:"晁盖笑道:'教授休取笑,且请相见。'"《西游记》五三回:"哥哥莫取笑,可曾有水来么?"《红楼梦》七回:"说着,大家取笑一回,惜春命丫环收了。"

取,本为"获取"(《说文》释为"捕取",义亦相近)。从获取者来说,"取笑"就是"搞笑""逗乐子",是主动的,"取"是动词,"笑"是宾语,《大智度论》的"取笑"就是这个意思。从被获取者来说,就是遭受。当"笑"是"讥笑"的意思时,则"取笑"就是遭受讥笑,是被动的,"取笑朝廷""取笑天下"是也;当"笑"是"玩笑"的意思时,则"取笑"就是遭受玩笑,也是被动的。这时的"取笑"还是词组,尚未成词。随着语言的发展,除成语外,"取"不再用于表示"遭受",从而使"取笑"的"笑"由表名语素变成了表动语素,"笑"也随之成为强势语素,在词中起主要的乃至全部的表义作用,遂使"取"的语义逐渐磨损乃至消失,变成了一个词头。"取笑"就是"开玩笑""笑话"的意思,用作主动。"某人取笑"不是某人遭受讥笑,而是某人开玩笑,动作是某人发出的。"取笑"的"取"成为词头应该是元明之间的事。

取别 就是作别、告别。主要意义由"别"承担,"取"是词头,仅表示一定的语法意义,助成双音节。较早的例证见于六朝时的汉译佛典,但尚是词组;唐宋之间,才成为词;明清的用例仅见于文人作品,可能已成为文言词。

词组的用例如《北史·穆亮传》:"土木虽复无心,毁之能不凄怆!今故临对卿等,与之取别。"元魏慧觉等译《贤愚经》卷六:"告国王大臣旧故知识诸檀越辈来共取别。"姚秦竺佛念译《出曜经》卷九:"时瓶沙王礼足取别。"刘宋译《佛说净饭王般涅盘经》卷一:"我愿已满,心意踊跃,从是取别。"隋吉藏撰《法华义疏》卷十二:"今是咒陀罗尼,故举通以取别。"

唐代开始成为词。标志是杜甫和鲍溶的诗中"取"已开始与"相"对偶,"相"字是副词,"取"也应不再是动词,而可能是词头了。杜甫《将适吴楚留别章使君留后兼幕府诸公得柳字》:"相逢半新故,取别随薄厚。"鲍溶《庐山石经》:"形神乍相逢,竟夕难取别。"李洞《早春友人访别南归》:"南归来取别,穷巷坐青苔。"《敦煌变文集·伍子胥变文》:"身轻体健目精明,即欲取别登长路。"又《韩擒虎话本》:"皇帝闻奏,遂诏合朝大臣内宴三日,只在殿前与衾虎取别。"又《搜神记》:"明日路上,共珍执手取别。"《太平广记》卷十七:"复五日,将还,潜诣取别,其门不复有宅,乃荒凉之地,烟草极目,惆怅而返。"又卷一一四:"今即取别。"宋惟盖竺编《明觉禅师语录》卷二:"时广慧和尚复问:'师自此一别,甚处与学士再得相见。'师云:'直是千里万里。'于是取别。士云:'善为道路。'师云:'诺诺。'"宋延一编《广清凉传》卷二:"无着执童子手,礼一拜取别。"又卷三:"至元和八年二月十五日,取身所着衣,令弟子悉送常住,施大众用,乃集众取别。"宋善卿编正《祖庭事苑》卷二:"师方取别,蘖曰:'汝宜往高安滩头见大愚,必为汝明此事。'"元姜端礼撰《林泉老人评唱丹霞淳禅师颂古虚堂集》卷三:"故恁伸诚,取别丈室。"清王士禛《池北偶谈·谈异》二"林四娘":"妾尘缘已尽,当往终南。以君情谊厚,一来取别耳。"

取齐 就是会合、集合的意思。"取"是词头,表义的是"齐"。

《元曲选外编·射柳捶丸》一折:"既然这般,葛监军你为合后,延寿马为先锋,你两个都到雁门关取齐,则要你得胜而回。"又三折楔子:"着你为前部先锋,葛监军为合后,统领人马,在雁门关取齐,征伐虏寇。"《金瓶梅》四八回:"从清早晨,堂客都从家里取齐,起身上了轿子,无辞。"又七十回:"明早在朱太尉宅前取齐。"《水浒传》十七回:

"到得东溪村里,已是一更天气,都到一个观音庵取齐。"又二五回:"我明日和你约在巷口取齐,你便少做些炊饼出来。我若张见西门庆入茶坊里去时,我先入去,你便寄了担儿等着。"又三十回:"便点起一百马军,四百步军,先叫出城去取齐,摆布了起身。"又三八回:"各去家里取了各人器械,来我下处间壁城隍庙里取齐。"又四八回:"先叫邹渊登云山寨里收拾起财物马匹,带了那二十个心腹的人,来店里取齐。"

取扰 就是打扰。"取"是词头,表义的是"扰"。《元曲选·青衫泪》一折:"好便好,只是不敢取扰。"又《张天师》一折:"您孩儿依着叔父,住几日去。但恐早晚取扰,不当稳便。"又:"自家骨肉,说甚么取扰。"《金瓶梅》四九回:"久闻芳誉。学生初临此地,尚未尽情,不当取扰。"又五一回:"因打尊府过,敢不奉谒。容日再来取扰。"又六五回:"今日负累取扰,深感深感!分资有所不足,容当奉补。"《三遂平妖传》八回:"难得先生好意相请,今日也将晚了,我们就同往仙院借宿一宵,只是不当取扰。"《喻世明言》卷十九:"就与和尚说道:'你既与众人打伙不便,就到我舱里权住罢,随茶粥饭,不要计较。'和尚说道:'取扰不该。'"《初刻拍案惊奇》卷十二:"二客自己非分取扰,已出望外。"《醋葫芦》五回:"这还犹可,今日还要取扰,一发要快活哩。"《醋葫芦》十一回:"见他傍晚不至,料在娘家取扰。"《歧路灯》三回:"人多不便取扰。"

取闹 就是闹。"取"是词头,表义的是"闹"。《汉语大词典》释为吵闹、扰乱。例证为韩愈《答柳柳州食虾蟆》:"鸣声相呼和,无理只取闹。"有宋以来的例证有《曾巩集·卷四·古诗》:"百川亦相投,取闹不知悔。"黄遵宪《人境庐诗草》卷八:"蛙蛤相呼只取闹,蛟螭攫人先染腥。"蒋敦复《芬陀利室词话》卷一:"又一体三字,最为无理取闹。"赵翼《瓯北诗话》卷一:"诗家好作奇句警语,必千锤百炼而后成。如李长吉'石破天惊逗秋雨',虽险而无意义,只觉无理取闹。"陈仅《竹林答问》:"《天厨禁脔》强造为平头、换韵之名,直是无理取闹。"朱庭珍《筱园诗话》卷三:"七律贵有奇句,然须奇而不诡于正,若奇而无理,殊伤雅音,所谓'奇过则凡'也。如赵秋谷之'客舍三千两鸡狗,岛人五百一头颅',不惟显露槎丫,绝无余味,亦嫌求奇太过,无理取闹矣。"

"取"作为词头,能产性不强。为什么出现这种情况?可能的原因是:"取"是动词,是"获取"的意思,它本是一个支配性很强的动词,可带宾语。这宾语可以是名词,也可以是动词。支配性强的特点导致它不容易虚化,只有后面所带宾语是动词且是强势动词时,才有可能使它虚化。而这种可以进入"取+动"结构中的强势动词并不多,从而使"取"词汇意义消失的可能性减少,故作为词头的机会也减少,所以我们说,"取"作为词头,能产性不强。具体说来,当"取"后的成分是名词的时候,"取+名"是动宾结构,由于汉语中很多动词都有名词用法,人们称为"体用同辞",那些"体用同辞"的词进入"取+名"结构时,开始时仍是动宾结构,随着语言的发展,这些"体用同辞"的词其动词特征凸显,而名词用法减少,"取+名"变成了"取+动"。在这些"取+动"结构中,"取"还是有实际意义的,或为"获得",或为"遭受",或为"要求"。"取杀",即遭受杀戮;"取合",即求合,求得一致;"取悉",即获知①。当"取"后的表动语素不再受"取"支配时,表动语素就变成了强势语素,从而导致"取"的词汇意义磨蚀、虚化,"取+动"结构开始词汇化,"取"也就慢慢发展成为词头。尤其是"取+表动语素"结构后面带有宾语时,支配这个宾语的并不是这个结构,而是后面的表动语素;这时,"取"不跟后面的名词宾语发生任何关系,其词汇意义销蚀,变成了词头。如:

取杀 西晋法炬译《佛说鸯崛髻经》卷一:"然此沙门独来无伴,我今当取杀之。"东晋瞿昙僧伽提婆译《增壹阿含经》卷十六:"其中或有大臣而作是说,当断手足;或有言,当分身三段;或有言,当取杀之。"又卷二三:"设不与我说者,当取杀之。"又卷二四:"设当为国王所擒得者,或截手足,或取杀之。""取杀"可理解为"取而杀","取"为"抓捕"之义,但此例上文有"擒得"二字,则"取杀"之"取"不应为"抓捕"之义,而是词头。

取害 东晋瞿昙僧伽提婆译《增壹阿含经》卷三二:"父王无咎而取害之,当生阿鼻地狱中。"卷四二:"大臣叛逆为王所收,皆取害之。"按,这个"取"可看作被动标志,未必是词头。

有人把"取打"的"取"看作词头,我们认为值得怀疑。"取打"作为词头的例证是东晋僧伽提婆译《增壹阿含经》卷十八:"大目揵连而作是念,此诸梵志围我取打,骨肉烂尽,舍我而去。"又:"尊者大目揵连语舍利弗言,此执杖梵志围我取打,骨肉烂尽,身体疼痛,实不可堪。"

仅从这两例来看,确实可以将"取"看作词头;但"取打"一词后世文献未见用例,汉译佛经中也仅此两例,值得怀疑。佛经中有"取打破""取打杀""捉取打"的说法,

---

① 参王云路《中古汉语词汇研究》,314—315页,商务印书馆,2010年;朱庆之《佛典与中古汉语词汇研究》,142—144页,文津出版社,1992年。

"取打破"的"取"很难看作词头。萧齐僧伽跋陀罗译《善见律毘婆沙》卷八:"若比丘多闻知律者,见余比丘所用不得法,即取打破,无罪。物主不得作是言,大德已破我物,应还我物直。"东晋僧伽提婆译《增壹阿含经》卷十八:"尊者大目揵连到时,着衣持钵,欲入罗阅城乞食,是时,执杖梵志遥见目连来,各各相诣谓曰:此是沙门瞿昙弟子中,无有出此人上,我等尽共围已,而取打杀。"姚秦佛陀耶舍共竺佛念译《四分律》卷五六:"此恶比丘盗比丘衣钵坐具针筒,应捉取与说法语,即捉取打,令熟手。"

与其看作词头,不如将"取"理解为"捉""抓";"取打破"就是"抓住打破","取打杀"就是"捉住打杀","捉取打"就是"捉住打"。

2. 后附加式

词根+词尾者为后附加式。词尾是位于词的最后一个音节而不具词汇意义的部分。它不能单独使用,只能作为构词材料,起助成双音节和标明词性的作用,有时还附带一定的感情色彩。近代汉语的词尾有:

儿 作为词尾唐时已经出现。《通俗编》卷三三"语辞"云:"儿犹云子也。《升庵集》举古诗用儿字者:'卢仝云:"新年何事最堪悲,病客还听舌舌儿。"李群玉云:"一双裙带同心结,早寄黄莺孤雁儿。"孙光宪云:"晚来弄水船头湿,更脱红裙裹鸭儿。"'余如邵尧夫诗:'小车儿上看青天。'梅尧臣诗:'船儿傍舷回。'苏轼诗:'深注唇儿浅画眉。'陈起诗:'点易余朱抹囟儿。'如此类甚多。《梦粱录》载小儿戏耍家事:鼓儿、板儿、锣儿、刀儿、枪儿、马儿、闹竿儿、棒槌儿。盖杭州小儿口中无一物不助以儿者,故仿其言云尔。"

我们认为,唐人所用"儿"字均附在"有生命"的名词后,很难说毫无词汇意义。"雁儿、鸭儿"也可以理解为初生的"雁、鸭",是"孩儿"意义的引申,不能说就是词尾。只有当它能附在"无生命"的名词后面且不带"小"的意味时,才能看作词尾。也就是说,带"儿"与不带"儿"意义完全一样时,才能算作词尾。如金昌绪诗:"打起黄莺儿,莫教枝上啼。"打的是黄莺,不是黄莺之子。唐中宗时民谣:"牵来河里饮,踏杀鲤鱼儿。"踏杀的是鲤鱼,不是鲤鱼之子。所以它们是词尾。邵尧夫、梅尧臣、苏轼诗里的车儿等于车,船儿等于船,唇儿等于唇,无大小之分,也是词尾。我们说,词尾"儿"虽起于唐,但广泛使用还是宋时的事。如:

大丈夫儿=大丈夫 《敦煌变文集·伍子胥变文》:"大丈夫儿天道通,提戈骤甲远从戎。"又《捉季布传文》:"大丈夫儿遭此难,都缘不识圣明君。"《祖堂集》卷八:"大丈夫儿焉局小道而晦大方。"又有丈夫儿,《敦煌变文集·维摩诘经讲经文(四)》:"共伊彼此是丈夫儿,更莫推辞问疾去。"《敦煌变文集新书·双恩记》:"忝作丈夫儿,争合为天地。"

芥辣瓜儿=芥辣瓜 《东京梦华录》卷八:"是月时物,……皆卖……芥辣瓜儿,……沙角儿,……水晶皂儿。"

眼儿=眼睛 鼻儿=鼻 晁端礼《滴滴金》:"庞儿周正心儿得,眼儿单、鼻儿直、口儿香、发儿黑、脚儿一折。"欧阳修《鼓笛慢》:"多情更把,眼儿斜盼,眉儿敛黛。"又《阮郎归》:"伊怜我,我怜伊。心儿与眼儿,绣屏深处说深期,幽情谁得知。"

"刀册儿"等 《武林旧事》卷六"小经纪"载有刀册儿、纸画儿、扇牌儿、小梳儿、染梳儿、接补梳儿、香袋儿、面花儿、符袋儿、竹猫儿、闹蛾儿、凉筒儿等。

些儿=些子,些 哀长吉《水调歌头·贺人娶妻》:"索酒子,迎仙客,醉红妆。诉衷情处,些儿好语意难忘。"蔡伸《卜算子·题团扇》:"渔艇孤烟,酒旗幽院。些儿景趣君休羡。"曹希蕴《踏莎行·灯花》:"解遣愁人,能添喜气。些儿好事先施力。"《董西厢》卷一:"大来没寻思,所为没些儿斟酌。"宋绍隆等编《大慧普觉禅师语录》卷十三:"日久月深,打入葛藤窠里,只赢得一场口滑,于自己分上添得些儿狼藉。"宋集成等编《宏智禅师广录》卷四:"一着能回一局棋,仙即妙处只些儿。"

点儿=点子,点 黄人杰《生查子》:"烟雨不多时,肥得梅如许。早有点儿酸,消没星儿苦。"李芸子《水龙吟·甲申潼川玩月》:"迤逦归来,须臾懒去,桂华犹未。待冰轮推上,梧桐树了。更儿是、点儿几。"毛滂《渔家傲》:"一点儿春吹却。"宋守坚集《云门匡真禅师广录》卷二:"一日云:'三十年后会去在。'代云:'点儿落节。'"

块儿=块 《元曲选·魔合罗》四折:"你畅好会使拖刀计,漾一个瓦块儿在虚空里,怎生住的?"又《神奴儿》三折:"见这块儿凹,扫了些粪草土儿填上。"《元曲选外编·刘弘嫁婢》二折:"王秀才,打发媒人回去,与他五两银子,是五块儿。"乔吉《嘲少年》:"性儿神羊也似善,口儿蜜钵也似甜,火块儿也似情忺。"

一块儿=一块 《京本通俗小说·冯玉梅团圆》:"同他在店中吃了些饮食,借半间房子做一块儿安顿。"《元曲选·陈州粜米》一折:"这厮放屁,秤上现秤八两,我吃了你一块儿那?"又《冤家债主》二折:"我见了这香喷喷的羊肉,待想一块儿吃,我问他多

第三章　近代汉语造词法研究

少钞一斤,他道两贯钞一斤。"《水浒传》五回:"方才吃得两盏,跳起身来,两拳打翻两个小喽啰,便解搭膊做一块儿捆了,口里都塞了些麻核桃。"又三七回:"宋江和两个公人做一块儿伏在船舱里。"《喻世明言》卷三八:"要待何计脱身?只除寻事回到娘家,方才和周得做一块儿,耍个满意。"

"儿"附在"点""些"等表指代的语素后面以构成新词,是近代汉语出现的新现象,一直沿用至今,应当注意。"点""些"等表指代的语素表示的是少量,而"儿"也可表"小"和"少",故可同义组合。

按,汉魏时有"胡儿""汉儿","儿"是人的意思,不是语尾。

子　名词词尾。附在表名、表动语素后以构成名词,起助成双音节的作用。"子"作为词尾,上古汉语就已出现。《汉书·西域志》有"师子",《孔雀东南飞》有"连珠子"。魏晋以来,这种情况更加常见,而且使用范围也大大扩大了。王力先生《汉语语法史》说:"在上古时代,'子'字已经有了词尾化的迹象","魏晋以后,到了中古时代,词尾'子'字逐渐普遍应用起来了","一切都可以证明,在中古时代,名词词尾'子'字已经很发达了,并且它有构成新词的能力。"《通俗编》卷三三"语辞"云:"俗呼服器之属,多以子字为助,其来已久。《旧唐书》裴冕自创巾子,其状新奇。《中华古今注》:'始皇元年诏近侍宫人皆服衫子,三妃六嫔,当暑戴芙蓉冠子,手把云母扇子,宫人戴蝉冠子,手把五色罗扇子,又有钗子、帽子、鞋子等称。'《古乐府》:'艇子打两桨,催送莫愁来。'李白诗:'头戴笠子日卓午。'杜甫诗:'郑州亭子涧之滨。'王建诗:'缠得红罗手帕子。'和凝诗:'镂花帖子留题处。'花蕊宫词:'平头船子小龙床。'陆游:'龟毛拂子长三尺。'多未尝辨物之大小,而概呼之也。《湘山野录》吴越王歌云:'别是一般滋味子,永在我侬心子里。'虽非呼物,而亦以'子'字为助。"现代学者对此也有研究。江蓝生《魏晋南北朝小说词语汇释》有:婢子、奴子、童子、恶子、憨子、小子、老子、龟子、貉子、鹞子、鼠子、小笼子、小舸子、小刀子、小石子、虎子、床子、竹管子。朱庆之《佛典与中古汉语词汇研究》曾举佛典 25 例:刀子、镊子、隔子、盏子、身子、师子、麦子、谷子、橘子、瓜子、果子、蚊子、蟆子、蠹子、狗子、猫子、鸟子、蜂子、孙子、马子、园子、象子、牛子、厨子、盲子。向熹《简明汉语语法史》列举 49 例:娘子、郎子、小姑子、新妇子、老子、床子、刀子、幡子、盒子、局子、奁子、衫子、笼子、袄子、杓子、帖子、艇子、瓮子、圆子、饼子、帐子、砖子、亭子、宅子、犊子、蛤子、貉子、驴子、猫子、雀子、燕子、鹞子、蚊子、附子、栗子、梅子、树子、桃子、柚子、枣子、口子、舍子、榻子、日子、半夜子、面子、句子、格子、样子。

中古时期的"子"多附在表名语素后,在近代汉语里,"子"字不仅可附在表名语素后,还可附在表动和表指代的语素后。就表名语素而言,中古只能附在表具体名称语素后,近代汉语则可附在表抽象名称语素之后。这是一种发展。

A. 表名语素+子

a. 具体名称语素+子

这种构词法中古屡见,例多不备举。本书只举表时间名称语素后附"子"的例证:

日子 《朱子语类》卷二:"月有大小,朔不得尽此气,而一岁日子足矣,故置闰。"又卷十五:"今人闲坐过了多少日子,凡事都不肯去理会。"又:"上面是服药,下面是说药之效验。正如说服到几日效如此,又服到几日效又如此。看来不须说效亦得,服到日子满时,自然有效。"又:"大抵是不曾立得志,枉过日子。"又卷二一:"今人只是惮难,过了日子。"郭应祥《踏莎行·寄远》:"霎时不见早思量,许多日子如何睚。"黄公绍《望江南·雨》:"毕竟阴晴排日子,大都行止听天公。"

刻子 《三宝太监西洋记通俗演义》三九回:"天师,你不准信,即刻子那妖妇又要过来讨战。"《续济公传》中:"这日在庙中上半日,一刻子上殿,一刻子接驾,一刻子说法,已经劳顿不堪。"

时间语素"年""月"后均不能加"子"以构成新词(现代有"月子"的说法,但只用以指女性生产时的特殊时间,如"坐月子",并不是每个月都可称"月子",不带普遍性,与"日子"有别),可能与它们所表时间的长度有较大关系,但"时"的长度比"日"小,何以不能加"子"成为"时子"? 可能的原因是:"时"的时段不具体,可以指一个小时,可以指一个月,也可以指一年;既然所指不是具体的特指的概念,当然不能加"子"了。这只是我的一种猜测,远没有解决问题,可以再研究。

b. 抽象名称语素+子

调子 "调"是音调,也是一种税赋名,但都是抽象名称。《敦煌变文集·燕子赋》:"如今及阿莽次第,五下乃是调子。"项楚先生《敦煌变文选注》三九二页云:"调,开玩笑,读平声。此句言杖脊五下只算开个小玩笑,是挖苦的话。"我们认为,"调"是唐代税赋名,打五下等于交点赋税,是挖苦的话。由于没有别的文献用例可以佐证,很难说我们的解释是正确的,只是提供一种解释而已。还可以将"调"理解为曲调,"五下乃是调子",意思是说,打五下就成了曲调了,是讥笑、挖苦的话。"调子"表"曲调"的说法有《太平广记》:"故乐工依其节,奏曲子,名道调子。"《太平御览》卷五八三"乐部"二一"琵琶":"奏曰:'且请昆仑弹一调子。'乃弹之,师曰:'本领何杂也?兼带雅声。'昆仑惊曰:'段师神人也。臣小年初学琵琶,偏于邻舍女巫处授一品弦调子,后乃易数师。'"如果将"调"解释为"开玩笑",就是表动语素了,不能归于此类。

样子 《朱子语类》卷十八:"理固是一理,然其间曲折甚多,须是把这个做样子,却从这里推去,始得。"又卷二四:"'思而不学',如徒苦思索,不依样子做。"又卷三四:"道只是人所当行之道,自有样子。"《景德传灯录》卷二七:"某甲也欲造个无缝塔,就庵主借取样子。"又:"法眼举云:且道借伊样子不借伊样子。"宋守坚集《云门匡真禅师广录》卷二:"峰云:'大王何不盖取一所空王殿?'大王云:'请师样子。'"

性子 唐智周撰《因明入正理论疏后记》卷中:"有言性者,有不言者,如彼性、此性、液性等,皆置性子,余皆不言,何意耶?"明代明说《石雨禅师法檀》卷八:"山僧与你同住同坐同卧,只是者断拂子性子恶,切不得触着他,若触着他,则孤魂杳杳不知归。"《元曲选外编·西厢记》二本二折:"我从来斩钉截铁常居一,不似恁惹草拈花没掂三。劣性子人皆惨,舍着命提刀仗剑,更怕甚勒马停骖。"《牡丹亭》二三出:"眨眼儿偷元气去楼台。克性子费春工淹酒债。"《长生殿》二十出:"马蹄儿纵不行,狼性子终难帖,逗的鼙鼓向渔阳动也。"《元曲选·酷寒亭》三折:"僧住将手心儿搓,赛娘把指尖儿呵,冻的他战笃速打颏歌,他可也性子利害母阎罗。"《西游记》十四回:"那三藏却不曾答应,他就使一个性子,将身一纵,说一声:'老孙去也!'"《水浒传》二回:"老汉的儿子,从小不务农业,只爱刺枪使棒。母亲说他不得,呕气死了,老汉只得随他性子。"

B. 表动语素+子

望子 《广韵》:"帘,青帘,酒望子。"《东京梦华录》卷八"中秋":"至午未间,家家无酒,拽下望子。"《元曲选·岳阳楼》一折:"今日早晨间,我将这碹锅儿烧的热了,将酒望子挑起来。"又《范张鸡黍》一折:"小可是个卖酒的,在这汝阳镇店开着酒肆。挂上这望子,看有甚么人来。"又《冤家债主》四折:"自家店小二的便是。开开门面,挑起望子,看有甚么人来。"又《朱砂担》一折:"今早起来烧的这碹锅热,挂起望子,看有甚么人来买酒吃。"《水浒传》二九回:"早望见一座酒肆,望子挑出在檐前。"

叫子 《五灯会元》卷九：“眼里瞳人吹叫子。”《三朝北盟会编》卷一三五：“又口吹叫子，一战胜周虎于芜湖，(邵)青遂驻于芜湖。”《水浒传》四九回：“人见我唱得好，都叫我做铁叫子乐和。”《孽海花》十五回：“那一个巡捕见来势厉害，于于的吹起叫子来。”

挂子 《五灯会元》卷四：“不披袈裟，不受具戒，唯以杂彩为挂子。”宋宗寿集《入众日用》卷一：“脱挂子直裰令齐整，以手巾系定。”宋善卿编次《祖庭事苑》卷八：“诫法师云：'挂子，或呼络子，此盖先辈僧始创，后僧效之，又亡衣名，见挂络在身，故因之称也。'”《警寤钟》九回：“'你急也没用，且把衬挂子拿去当来，救你眼下的急罢。'遂一头说，一头就将身上穿的衬衣，热扑扑的脱下，递与儿子。”《后红楼梦》三十回：“李纨、探春一样的燕尾青哆罗呢挂子。”

障子 唐道宣撰《四分律删繁补阙行事钞》卷九：“柜簏屏风障子及诸锁钥入重。”道宣辑《量处轻重仪》卷一：“承闻：六百段绢入重，屏风障子入轻之类。”《景德传灯录》卷二一“漳州罗汉院桂琛禅师”：“师与长庆保福入州见牡丹障子。”《五灯会子》卷十：“有俗士献画障子。”

盛子、槛子、晟子[①] 盛放祭品的器具。P.2613号《唐咸通十四年(873)正月四日沙州某寺交割常住物等点检历》：“木油花盛子贰，屏风骨两副。”(释录3/10)S.1774号《后晋天福七年(942)某寺法律智定等交割常住什物点检历状》：“黄花盛子壹，花木盛子壹。”(释录3/18)冀骋按：由于"盛子"是木做的，故又作"槛子"。S.1776号《后周显德五年(958)某寺法律尼戒性等交割常住什物点检历状》：“花樽子壹。花槛子壹。”(释录3/23)有时写作"晟子"，则完全是记音了。P.3972号《辰年四月十一日情漆器具名》：“晟子五枚，团盘二枚。”(释录3/52)

交子 《宋史·高宗纪》五：“乙酉，改交子为关子，罢交子务。”又《食货志》下三：“交子之法，盖有取于唐之飞钱。真宗时张咏镇蜀，患蜀人铁钱重，不便贸易，设质剂之法，一交一缗，以三年为一界而换之，六十五年为三十二界，谓之交子。”

会子 《宋史·高宗纪》八：“初行会子于东南。”又《高宗纪》九：“乙未，行新造会子于淮、浙、湖北、京西诸州。”又《食货志》：“(高宗)三十年，户部侍郎钱端礼被旨造会

[①] 此例引自黑维强《敦煌、吐鲁番社会经济文献词汇研究》，288页，民族出版社，2010年。

子,储见钱,于城内外流转。其合发官钱,并许兑会子输左藏库。"又:"当时会纸取于徽、池,续造于成都,又造于临安。会子初行,止于两浙,后通行于淮、浙、湖北、京西。除亭户盐本用钱,其路不通舟处上供等钱,许尽输会子。"《武林旧事》卷七:"会子三万贯。"

批子 宋宗寿集《入众须知》卷一:"住持人怀中将批子付侍者。"宋惟勉编次《丛林校定清规总要》卷一:"开静。方丈分付侍者,提点请人,粥后吃茶,付请人名字批子与客头,唤行者若干人听候。"元弋咸编《禅林备用清规》卷三:"当日早粥,未过堂时,僧堂前后门贴批子,用烛照之,下堂图列堂前。"这是丛林主事人批写的人名或有关注意事项的条子。《醒世恒言》卷三一:"张员外道:'没在此间,把批子去我宅中质库内讨。'夏扯驴得了批子,唱个喏。……夏扯驴道:'不赎不解,员外有批子在此,教支二十两银。'……夏扯驴道:'主管莫问,只照批子付与我。'……夏扯驴骂道:'打脊客作儿!员外与我银子,干你甚事,却要你作难?便与你去员外,这批子须不是假的。'"这里指批写的支取银钱的条子。

C. 指代语素+子

惹子 《敦煌变文集·维摩诘经讲经文(四)》:"念君惹子大童儿,便解与吾论志道。"又《百鸟名》:"雀公身寸惹子大,却谦(嫌)老鸦没毛衣。"

些子 罗虬《比红儿诗》:"应有红儿些子貌,却言皇后长深宫。"又:"不似红儿些子貌,当时争得少年狂。"卢延让《句》:"只讹些子缘,应耗没多光。"贯休《苦热寄赤松道者》:"蝉喘雷干冰井融,些子清风有何益?"《敦煌变文集·无常经讲经文》:"早求生,速抛此,莫厌闻经频些子。"又《父母恩重经讲经文(一)》:"尽驱驰,受煎煮,岂解酌量些子许。"又《丑女缘起》:"若人(有)些子攒眉,来世必当丑面。"《祖堂集》卷三"慧忠":"肃宗帝问讯次,师不视帝。帝曰:'朕身一国天子,师何得殊无些子视朕?'"又:"又问:'更有什摩言说?'对曰:'非心非佛,亦曰:不是心,不是佛,不是物。'师笑曰:'犹较些子。'"又卷四"药山":"师曰:'此沙弥有些子气息。'"《朱子语类》卷九七:"所谓乐,其与圣人不同者只些子。"

点子 《朱子语类》卷四:"理不同,如蜂蚁之君臣,只是他'义'上有一点子明;虎狼之父子,只是他仁上有一点子明;其它更推不去。恰似镜子,其它处都暗了,中间只有一两点子光。"又卷三一:"'三月不违'者,如人通身都白,只有一点子黑。'日月至焉'者，如人通身都黑，只有一点白。"《三宝太监西洋记》七三回："'你脱下你的衣服来数一数儿，看是多少枪数。'云幕啤道：'不敢怠慢。'脱下那件长衫儿来，数上一数，只见有一枪就有一个红点儿。怎么一枪一个红点儿？原来枪头上是个活人心，心是一包血，故此有一枪就有一个红点儿。总共一数，得七七四十九个点子。"这个"点子"与《朱子语类》的代词用法有别，形同义不同。

这种用法扩大了"子"的使用范围，提高了"子"的构词能力，是汉语史上应该注意的事。

按："儿""子"成为词尾，皆源于"小称"；人类对于"小"的物品，或多或少地带有喜悦的感情，因而凡用词尾"儿""子"构成的词都带有人的主观喜爱色彩。其始，"儿""子"附在小对象名称的后面，表示"小称"。如小老虎，可称"虎子""虎儿"；而大老虎，就不能称"虎子""虎儿"，只能称老虎。后来则可附在各种名物的后面，以助成双音节，而不论其大小。如"房"加"儿""子"成为"房儿""房子"，"房"不再是小事物。马致远《南吕·四块玉·叹世》："信马携仆到鸣珂，选一间岩嵌房儿坐。"《元曲选外编·西游记》五本十七出："你若不肯呵，锁你在冷房子里，枉熬煎得你镜中白发三千丈。"《水浒传》五三回："晁盖教请柴大官人就山顶宋公明歇处，另建一所房子与柴进并家眷安歇。"又一〇三回："却好范全昨晚拣赁的独宿房儿。"《西游记》十一回："这里那是我家！我家是清凉瓦屋，不象这个害黄病的房子，花狸狐哨的门扇。"又八四回："店家，可有闲房儿我们安歇？"《金瓶梅》一回："大户家下人都说武大忠厚，见无妻小，又住着宅内房儿，堪可与他。"又四三回："昨日，俺两个都在灯市街房子里唱来。"

头 名词词尾。附在表名语素、表动语素、形容语素后面，构成名词，起助成双音节或标明词性的作用。"头"作为词头，产生于汉魏，隋唐有大的发展，宋元时使用范围更加广泛。可用于：

A. 表名语素后

a. 具体名称语素后

具体名称包括一般的自然、器物名称，如：口头、枕头、床头、斧头、钩头、鼻头、拳头、舌头、指头、锄头、锥头、杖头（《五灯会元》），也包括方位名称和时间名称。

（a）自然名称语素后

日头 唐花蕊夫人徐氏《宫词》："午时庵内坐，始觉日头暾。"吕岩《长短句》："醉后吟哦动鬼神,任意日头向西落。"权龙褒《喜雨》:"日头赫赤出,地上绿氤氲。"《朱子语类》卷一二一:"浙间有一般学问,又是得江西之绪余,只管教人合眼端坐,要见一个物事如日头相似,便谓之悟,此大可笑!"《景德传灯录》卷三十:"只知黄叶止啼哭,不觉黑云遮日头。"《五灯会元》卷五:"药山看经次,师曰:'和尚休猱人好!'山置经曰:'日头早晚也。'师曰:'正当午。'"

风头 岑参《走马川行奉送出师西征(一作行)》:"半夜军行戈相拨,风头如刀面如割。"又《送李司谏归京》:"雨过风头黑,云开日脚黄。"白居易《早秋晚望兼承韦侍郎》:"穿霞日脚直,驱雁风头利。"又《送友人上峡赴东川辟命》:"羊角风头急,桃花水色浑。"又《房家夜宴喜雪戏赠主人》:"风头向夜利如刀,赖此温炉软锦袍。"唐输婆迦罗译《广大念诵仪轨供养方便会》卷一:"腕合风头拄,印如掬华势。"《敦煌变文集·李陵变文》:"交兵欲(□)风头便,对敌生曾(憎)日影斜。"宋程垓《木兰花慢》:"空使风头卷絮,为他飘荡花城。"陆游《感皇恩旅思》:"风头日脚下,人空老。"吕胜己《减字木兰花》:"月下风头,一曲清讴博见楼。"这是具体的"风",也可用于表示事物的发展趋势和形势,是语用导致词义的演变。朱熹《答刘季章书》:"但见朋友当此风头,多是立脚不住,况欲望其负荷此道,传之方来,应是难准拟也。"《三宝太监西洋记通俗演义》三五回:"胎刺密看见不好风头,抽身便走。"《红楼梦》六回:"姥姥既如此说,况且当年你又见过这姑太太一次,何不你老人家明日就走一趟,先试试风头再说。"又一一一回:"现今都在这里看个风头,等个门路,若到了手,你我在这里也无益,不如大家下海去受用,不好么?"《镜花缘》八八回:"与其不战而负,何不请他一会?大家凭着胸中本领同他谈谈,倘能羞辱他一场,也教那些狂妄的晓得我们利害;如风头不佳,不能取胜,那时再'拜倒辕门'也不为迟。"《官场现形记》二八回:"时筱仁看了这个,不觉心上又为一动。又想到朋友们叫我暂时避避风头的话,'照此下去,我要躲到何年何月方有出头之日?'"夏衍《心防》三幕:"我以为你们刘先生,在风头上总还是避一避好,所谓君子不吃眼前亏。"

(b)方位名称语素后

前头 元稹《西凉伎》:"哥舒开府设高宴,八珍九酝当前头,前头百戏竞撩乱,丸剑跳踯霜雪浮。"白居易《对酒五首》其三:"赖有酒仙相暖热,松乔醉即到前头。"又《对酒劝令公开春游宴》:"前头更有忘忧日,向上应无快活人。"《敦煌变文集·佛说阿弥陀经讲经文（二）》："莫同大石纵愚痴痴，不拣前头及后面。"又《破魔变文》："任你前头多变化，如来不动一毛端。"又《难陀出家缘起》："难陀走到佛前头，礼拜如来双泪流。"《敦煌变文集新书·维摩碎金》："千人莫引于前头，万骑罢随于背后。"《朱子语类》卷八："如两边擂起战鼓，莫问前头如何，只认卷将去！"《景德传灯录》卷十三"汝州广慧真禅师"："僧问：'如何是广慧境？'师曰：'小寺前头资庆后。'"《五灯会元》卷十三："第一莫将来，将来不相似，言语也须看前头。"又卷十五："时不待人，忽然一日眼光落地，到前头将甚么抵拟？"

后头 《寒山诗》二三一首："前头失却桅，后头又无柂。"易静词《占鸟》："兵行次，鸟众后头来。"《祖堂集》卷七："前头两则也有道理，后头无主在。"又卷十："前头彼此作家，后头却不作家。"《五灯会元》卷十八："前头两句是平实语，后头两句是格外谈。"《元曲选·墙头马上》三折："你两个不投前面走，便往后头去？"又《望江亭》一折："不妨事，都在我身上。你壁衣后头躲者，我咳嗽为号，你便出来。"

里头 《朱子语类》卷十八："譬如吃果子一般，先去其皮壳，然后食其肉，又更和那中间核子都咬破，始得。若不咬破，又恐里头别有多滋味在，若是不去其皮壳，固不可，若只去其皮壳了，不管里面核子，亦不可，恁地则无缘到得极至处。"《五灯会元》卷四："四大由来造化功，有声全贵里头空。"

外头 李白《白微时募县小吏，入令卧内，尝驱牛经堂下，令妻怒，将加诘责，白亟以诗谢云》："素面倚栏钩，娇声出外头。"王建《宫词》："未承恩泽一家愁，乍到宫中忆外头。"《敦煌变文集·父母恩重经讲经文（一）》："家内长嫌父母言，外头却信他人语。"又《父母恩重经讲经文（二）》："罗袖班班新泪点，一心专忆外头儿。"《韩禽虎话本》："外头有一僧，善有妙术，口称医疗，不感（敢）不报。"《朱子语类》卷四四："若有'克伐怨欲'而但禁制之，使不发出来，犹关闭所谓贼者在家中，只是不放出去外头作过，毕竟窝赃。"又卷七十："便如适来说孔子告陈恒之事，须是得自家屋里人从我，方能去理会外头人。"《景德传灯录》卷三："师曰：非吾知也。斯乃达摩传《般若多罗悬记》云心中虽吉外头凶是也。"

上头 唐滕潜《凤归云》："饮啄蓬山最上头，和烟飞下禁城秋。"王维《送康太守》："铙吹发夏口，使君居上头。"《敦煌变文集·不知名变文（一）》："弟（第）一且道上头底，弟二东头底，弟三更道西头底。"《敦煌变文集新书·悉达太子修道因缘》："一丈红

第三章 近代汉语造词法研究

罗八尺强,上头更绣二鸳鸯。"又《维摩碎金》:"角簟(簟)上头寒色动,玉床静拂似轻冰。"《朱子语类》卷六三:"它从上头说下来,只是此意。"又卷七十:"上头底只管刚,下头底只管柔,又只巽顺,事事不向前,安得不蛊?"又卷八十:"夫婿从东来,千骑居上头。"

下头 《敦煌变文集·维摩诘经讲经文(四)》:"谁知弥勒下头,便沐更呼我号。"《朱子语类》卷九五:"而今虽道是要学圣人,亦且从下头做将去。"又卷一○四:"据他说时,只这一句已多了,又况有下头一落索?"《景德传灯录》卷二一:"师曰:汝实不会。曰:学人实不会。师曰:看取下头注脚。"

南头 元魏杨衒之撰《洛阳伽蓝记·自序》:"南头第一门曰西明门,汉曰广阳门,魏晋因而不改,高祖改为西明门。"王维《春日与裴迪过新昌里访吕逸人不遇》:"桃源一向(一作四面,一作面面)绝风尘,柳市南头访隐沦。"李白《忆旧游寄谯郡元参军》:"渭桥南头一遇君,酂台之北又离群。"《敦煌变文集·汉将王陵变》:"回头乃报传语去,却发南头事汉君。"又《搜神记》:"卿昨日刈麦地南头大桑树下,有二人樗蒲博戏。"又:"(投寄主人王僧世家宿,为主人煞我,埋在舍东园里枯井中,取绢东行南头屋里)柜子中藏之。"又:"屋里南头柜中得本绢二十三疋。"

(c)时间名称语素后

夜头 王建《华岳庙》二:"上庙参天今见在,夜头风起觉神来。"敦煌歌词《南歌子》:"白日长相见,夜头各自眠。"(P.3836号)《敦煌变文集·佛说阿弥陀经讲经文(二)》:"夜头早去阿郎嗔,日午斋时娘子打。"又《不知名变文(一)》:"白日起(□)无饭吃,夜头拟卧没毡眠。"《敦煌变文集新书·维摩碎金》:"直须晓会取自兼他,便是夜头破断索。"《景德传灯录》卷二十:"玉兔不曾知晓意,金乌争肯夜头明。"

年头 《五灯会元》卷七:"问:'新年头还有佛法也无?'师曰:'有。'曰:'如何是新年头佛法?'"万安江《朱行父留度岁》:"梅边竹外三杯酒,岁尾年头几局棋。"杨万里《立春检校牡丹》:"新旧年头将替换,去留花眼费商量。"这是"年的开始"的意思,"头"还不是词尾。逮乎有元,"年头"有了"年"的意思,是真正的词尾。《元曲选·窦娥冤》一折:"媳妇儿守寡,又早三个年头,服孝将除了也。"《水浒传》九十回:"昔日与燕将军交契,不想一别有十数个年头,不得相聚。"《西游记》一回:"弟子飘洋过海,登界游方,有十数个年头,方才访到此处。"

晚头 《入唐求法巡礼行记》卷一:"(八月)廿三日晚头,开元寺牒将来,送勾当王大使。"又:"(十月)三日晚头,请益、留学两僧往平桥馆,为大使、判官等入京作别。"又:"晚头,县都使来云:'余今日且行,明日在山南作馎饦,兼雇驴,待和尚来。须明日早朝,但吃粥,早来。斋时已前到彼空饭。'"又:"晚头,到县,到押司录事王岸最宿。"又卷二:"晚头,归宅。终日东北风吹。"又:"晚头,从舶上将状来。"又:"晚头,祭五方龙王,戒明法师勾当其事。"此外还有八例,"晚头"皆"晚上"的意思,"头"是构词的后附成分。值得一提的是唐五代其他文献未见此词,宋代文献也只《朱子语类》有一例。《朱子语类》卷一一九:"一日说话,晚头如温书一般,须子细看过,有疑,则明日又问。"元代未见用例,明代有"夜晚头边"的说法,构词法有点相近。《山歌》卷九:"看看日头落子,姐儿肚里又介心慌,夜晚头边有星走失,借别人介多呵物事,教我拿僧陪偿。"《三宝太监西洋记》八六回:"又去了两个多月,先前朝头有日色,晚头有星辰,虽没有了红纱灯,也还有些方向可考。"清真在编《径山滴乳集》:"径山广颂曰:侵晨出去晚头归,赤脚鬅头满面灰。"按:宋明以后出现"晚头"的文献,皆闽、吴方言区的文献。我们怀疑《入唐求法巡礼行记》所用汉语具吴方言的特点,"晚头"的使用就是证明。据此书记载,作者登陆的地方是扬州(卷一:"未时,到扬州海陵县白潮镇桑田乡东梁丰村"),受吴或其他南方方言的影响是有可能的。今江苏溧水、南通,浙江宁波、仙居、黄岩方言皆有"晚头"一词,可为佐证。

此外,还有"月头"一词,唐花蕊夫人徐氏《宫词》:"月头支(一作又)给买花钱,满殿宫人近数(一作尽十)千。"吴潜《南乡子和韵·己未八月十日郊行》:"芦苇已雕荷已败,飕飕。桂子飘香八月头。"又《南乡子·答和惠计院》:"争问主人归近远,飕飕。定是登高九月头。"这个"月头"是"月初"的意思,是一个月的开始;"头"还有实际的意义,不是词头。

b. 抽象名词语素后

念头 《京本通俗小说·菩萨蛮》:"一时念头差了。"《元曲选·来生债》三折:"我庞居士这个念头,比别人不同。"又《两世姻缘》三折:"我好意请你,你倒起这样歹念头,我先把你杀死,待我面奏圣人去。"又《对玉梳》二折:"就叫那呆汉来挤上他一场,也绝了念头。"又《金安寿》三折:"金安寿记者,望你那来处来,去处去。休差了念头,休迷了正道。"

第三章　近代汉语造词法研究

话头　陈亮《贺新郎·寄辛幼安和见怀韵》:"只使君、从来与我,话头多合。"《景德传灯录》卷十九:"曰:和尚为什么在学人肚里? 师曰:还我话头来。"又卷二三:"师曰:试举话头看。"《五灯会元》卷四:"好个话头,正欠进语。"

极头　唐栖复集《法华经玄赞要集》卷二六:"问三归五戒何名二乘教? 答望无种性人,极头是人天果也。"又卷二八:"今说无种性人极头,是释梵轮王果。"后唐景霄纂《四分律行事钞简正记》卷十六:"顶者,极头之义也。"《五灯会元》卷六:"若不知事极头,只得了事,唤作外绍,是为臣种。"明戒显著《禅门锻炼说》卷一:"师家喜以此教人,则以枯木堂禅为极头,闻他家机下省发人,必然生谤矣。"明法藏著《五宗原》卷一:"贱分外绍,贵从内绍,未识极头,进于极头。门内人趋向里头事,是朝生之臣种归王。既识极头,担荷极头。"清性统编《五家宗旨纂要》卷二:"又曰同时不识祖,可见内即外之内也,所谓知事之极头处也。"

B. 表动语素后

问头　唐法宝撰《俱舍论疏》卷三十:"若答即是异语,不当问头。"《敦煌变文集·唐太宗入冥记》:"臣有一个问头,陛下若答得,即却归长安。"又:"卿与我出一个异(易)问头,朕必不负卿。"又:"把得问头寻读,闷闷不已,如杵中心。"此词在《敦煌变文集》中共出现九次,不备录。《景德传灯录》卷十二"江西庐山双溪田道者":"问如何是西来意。师曰:什么处得个问头来。"《景德传灯录》卷十八:"曰:就和尚请一转问头? 雪峰曰:只怎么为别有商量。"《五灯会元》卷十:"好个问头,如法问着。"

疏头　宋绍隆等编《圆悟佛果禅师语录》卷十六:"山叟为书数语及疏头。"《景德传灯录》卷十八:"师入僧堂举起疏头曰:见即不见还见么?"《古尊宿语录》卷三五:"僧云:但请和尚疏头来,便与师道。"《五灯会元》卷七:"师入僧堂,举起疏头。"按:疏,义疏、疏通之义。

宣头　晚唐枢密使自禁中受诏,出付中书省,称为"宣"。至五代后唐时,不由中书省,直接发至枢密院者亦称为"宣",小事则发"头子",又称"宣头"。唐李中有《己未岁冬捧宣头离下蔡》《捧宣头许归侍养》诗,宋沈括《梦溪笔谈》卷一:"予及史馆检讨时,议枢密院札子问宣头所起。余按唐故事,中书舍人职掌语诏,皆写四本:一本为底,一本为宣。此'宣'谓行出耳,未以名书也。晚唐枢密使自禁中受旨,出付中书,即谓之'宣'。中书承受,录之于籍,谓之'宣底'。今史馆中尚有梁《宣底》二卷,如今之

《圣语簿》也。梁朝初置崇政院，专行密命。至后唐庄宗复枢密使，使郭崇韬、安重海为之，始分领政事，不关由中书直行下者谓之'宣'，如中书之'敕'。小事则发头子，拟堂贴也。至今枢密院用宣及头子，本朝枢密院亦用札子。但中书札子，宰相押字在上，次相及参政以次向下；枢密院札子，枢长押字在下，副贰以次向上：以此为别。头子唯给驿马之类用之。"《敦煌变文集·韩衾虎话本》："虽自官家明有宣头，不得隐藏师僧，且在某衙府回避，乞（岂）不好事？"《续资治通鉴·宋仁宗皇佑四年》："己卯，降空名宣头、札子各一百道，锦袄子、金银带各二百，下狄青以备赏军功。"《金史·百官志》四："故国初与空名宣头付军帅，以为功赏。"

望头　《元曲选·老生儿》一折："俺老的偌大年纪，见有这些儿望头，欢喜不尽。"《拍案惊奇》卷十："却毕竟不如嫁了个读书人，到底不是个没望头的。"《二刻拍案惊奇》卷二："父母见他年长，要替他娶妻。国能就心里望头大了。"又卷二四："不把正经话提起，我们有甚么别望头在那里？"《花月痕》十八回："后来见痴珠洒洒落落，便没甚大望头了。"《二十年目睹之怪现状》五回："我们看见他这等说，以为可以有点望头了。"

教头　《宋史·兵志》六："（元丰）二年十一月，始立《府界集教大保长法》，……凡禁军教头二百七十，都教头三十，使臣十。"又："三年，大保长艺成，乃立团教法，以大保长为教头，教保丁焉。"《水浒传》回目有"林教头风雪山神庙"。此军中教头。《宋史·乐志》十七："嘉佑中，诏乐工每色额止二人，教头止三人，有阙即填。"宋王珪《宫词》其三七："蜀锦地衣呈队舞，教头先出拜君王。"这是乐坊教头。

行头　1. 读 xíng tou。《醒世恒言》卷二十："竟穿着行头冠带，向外而坐。"《二刻拍案惊奇》卷二六："那家子正怕这厌物再来，见要这付行头，晓得在别家过年了，恨不得急烧一付退送纸，连忙把箱笼交还不迭。高愚溪取了这些行头来，心里一发晓得女儿家里不要他来的意思，安心在侄儿处过年。"2. 读 háng tou。《敦煌变文集·捉季布传文》："侍伊朱解回归日，扣马行头卖仆身。"《敦煌变文集·庐山远公话》："作一商客，将三五个头疋，将诸行货，直向东都，来卖远公，向口马行头来卖。"

想头　《金瓶梅》二八回："怪短命，会张致的！来旺儿媳妇子死了，没了想头了，却怎么还认的老娘。"《今古奇观》卷五："到第四日又没想头，就差回院中。"又卷十三："耐心坐坐，若转得快时，便是没想头了。"《西游记》七十回："娘娘听说，故此没了想头,方才命我来奉请。"明法藏说、弘储记《三峰藏和尚语录》卷十五:"才领纳便起想头,才起想头,便心识流行,识行则分别好丑矣。"

C.形容语素后

虚头 《祖堂集》卷七:"德山云:什摩处学得虚头来?"《景德传灯录》卷八:"有僧作一圆相,以手撮向师身上,师乃三拨,亦作一圆相却指其僧,僧便礼拜,师打云:遮虚头汉。"宋崇岳、了悟等编《密庵和尚语录》卷一:"死衲僧虚头话霸。"宋义远编《天童山景德寺如净禅师续语录》卷一:"若不与么,只是虚头汉参。"

实头 《景德传灯录》卷十一:"曰:如何是短？师曰:蟭螟眼里着不满。其僧不肯,便去举似石霜。石霜云:只为太近实头。"《五灯会元》卷十九:"五祖怎么说话,还有实头处也无?"宋才良等编《法演禅师语录》卷一:"太平怎么说话,还有实头处也无?自云:有。如何是实头处？归堂吃茶去。"

明头、暗头 唐慧然集《镇州临济慧照禅师语录》卷一:"智剑出来无一物,明头未显暗头明。"《五灯会元》卷四:"明头合,暗头合?"又:"明头来,明头打,暗头来,暗头打。"又卷六:"嵩山道士诈明头。"又卷八:"幸然未会,且莫诈明头。"宋法应集、元普会续集《禅宗颂古联珠通集》卷十一:"南泉因赵州问:'明头合暗头合。'"

滑头 《罗湖野录》卷四:"侍者曰:'这是哪里僧?'安曰:'莫。'侍者曰:'曾在和尚会下去。'自曰:'怪得怎么滑头。'"上文说和尚,和尚的头是光滑的,所以说"滑头",与后来的"滑头"意义上有区别,"头"指脑袋,有实际意义。《二十年目睹之怪现状》七九回:"这李雅琴本来是一个著名的大滑头(滑头,沪谚。小滑头指轻薄少年而言,大滑头则指专以机械阴险应人,而又能自泯其迹,使人无如之何者而言),然而出身又极其寒苦,出世就没了老子。"《九尾龟》三三回:"原来那赛飞珠排行第四,人人都赶着他叫'滑头阿四',所以秋谷说这个影射的话儿,要叫他自家明白。"又三五回:"像你这样的人,真是那天字第一号的滑头码子。"

按,"头"本是人的最高处,引申为"顶端",故有"枕头、床头、斧头、钩头、鼻头、拳头、舌头、指头、锄头、锥头、杖头"。从另一角度说,"顶端"就是事物的起点,故"头"有事物起点的意思,"念头、初头"是也。也是方向的终点,"上头、下头、前头、后头、东头、西头"就是方向的终点;而方向的终点也就是某个方向、方面,故"头"有方向、方面之义。《朱子语类》卷七六:"此只说得一头。""一头"即一个方面。而"里头、外头、实头、虚头、明头、暗头"的"头"也是"面"的意思。"顶端"也是事物的最先接触点,故有"风头"之说。"顶端"还是事物间的边界处,故有"边界、边畔"之义。贾思勰《齐民要术·序》:"察其强力收多者,辄历载酒肴,从而劳之,便于田头树下,饮食劝勉之。""田头"即田边。这些"头"都还有一定的词汇意义,除非专业人士,一般难以觉察。把它看作词缀,便于人们学习、理解。《现代汉语词典》将"上头、下头、前头、后头、里头、外头"看作方位词后缀,不太恰当。

老 名词词尾。宋元时期的市语行话,多用"老"为词尾,以表示人物、器物和身体器官。方诸生本《西厢记》五之三注云:"北人乡语,多以'老'字为衬字,如眼为渌老,鼻为嗅老,牙为柴老,耳为听老,手为爪老,拳为扣老,肚为庵老。"请看文献用例:

爪老 手。《元曲选·玉壶春》二折:"睁着一对白眼睛,舒着一双黑爪老,搭着一条黄桑棒。"又《两世姻缘》一折:"舒着双黑爪老似通臂猿,抱着面紫檀槽弹不的昭君怨,凤凰箫吹不出鹧鸪天。"元无名氏《般涉调·耍孩儿·拘刷行院》:"摸鱼爪老粗如扒齿,担水腰肢瘦似碌轴。"

邦老 贼。《元曲选·合汗衫》一折:"(净邦老扮陈虎上,云)哥也,叫我做甚么?我知道少下你些房宿饭钱不曾还哩。(店小二云)没事也不叫你,门前有个亲眷寻你哩。(邦老云)休斗小人耍。(店小二云)我不斗你耍。我开开这门。(邦老云)是真个在那里?(店小二做推科,云)你出去,关上这门。大风大雪里冻杀饿杀,不干我事。(下)(邦老云)小二哥开门来,我知道少下你房宿饭钱。这等大风大雪,好冷天道,你把我推抢将出来,可不冻杀我也。"又《朱砂担》一折:"(净扮邦老闪上,做意科)(正末唱)【后庭花】则听的擦擦的鞋底鸣,丕丕的大步行。好教我便抠抠的牙根斗,(邦老靠正末科)(正末唱)觉一阵渗渗的身上冷。(邦老做揪住正末科)(正末唱)猛见个黑妖精,似和人寻争觅竞。这埚儿里无动静,昏惨惨月半明,莫不要亏图咱性命?骨碌碌怪眼睁,早嗺的咱先直挺。"

渌老 眼。王嘉甫《八声甘州》:"更身儿倬,庞儿俏。倾城倾国,难画难描。窄弓弓撇道,溜刀刀渌老。"《元曲选外编·西厢记》一本二折:"可喜娘的庞儿浅淡妆,穿一套缟素衣裳;胡伶渌老不寻常,偷睛望,眼挫里抹张郎。"又作"绿老",高安道《耍孩儿》:"瞅粘的绿老更昏花,把棚的莽壮真牛。"又作"六老",邓玉宾《后庭花》:"把闲家扎垫的饱,六老儿睃趁的早,脚步儿赶趁的巧。"按,眼睛渌渌滚动,"渌"表眼睛的特征。

顶老 妓。《琵琶记》十八出:"终日走千遭,走得脚无毛。何曾见汤水面? 花红也不曾见半分毫。倒不如做个虔婆顶老,也落得些鸭汁吃饱。"《清平山堂话本》卷一:"在京师与三个出名上等行首打暖:一个唤做陈师师,一个唤做赵香香,一个唤做徐冬冬。这三个顶老陪钱争养着那柳七官人。"《水浒传》二九回:"正中间装列着柜身子,里面坐着一个年纪小的妇人,正是蒋门神初来孟州新娶的妾。原是西瓦子里唱说诸般宫调的顶老。"《醒世恒言》三一卷:"只见众中走出一个行首来,他是两京诗酒客,烟花杖子头,唤做王倩,却是张员外说得着的顶老。"《喻世明言》三六卷:"告公公,我不是擦卓儿顶老,我便是苏州平江府赵正。"《金瓶梅》九四回:"这雪娥一领入一个门户,半间房子,里面炕上坐着个五六十岁的婆子,还有个十七八顶老丫头,打着盘头揸髻,抹着铅粉红唇,穿着一弄儿软绢衣服,在炕边上弹弄琵琶。"按:向熹先生《简明汉语史》上册641页将此词归入"表述式复合词"一类①。从向先生所举其他例证来看,"表述式复合词"实际上指的是构词的两个语素之间有叙述和被叙述关系,如"喉急""口顺""眼熟"等。但"顶"与"老"没有叙述与被叙述的关系,"顶"不是表名语素;既然不是表名语素,"老"也就不是对它的叙述了。我们认为,"顶"是顶替的意思,在古人看来,妓是老婆的暂时顶替者,故称为"顶老"。"老"表示某一类人,还有一定的词汇意义,从严格的意义讲,还不是词尾。由于跟"听老"一类词的结构相同,我们把它们放在一起讨论。实际上"听老"的"老"有表示某类器官、物品的意思,也可不看作词尾。

他如:

听老,耳朵; 奄老,腹; 扣老,拳;
底老,妻; 泡老,手巾; 孤老,官人;
海老,酒; 光老,和尚; 盖老,丈夫;
拆老,脚; 嗅老,鼻; 鲍老,面条;
挟老,骆驼; 滑老,油。

除个别词的词根意义还不清楚外,其余的似乎都与各词根所表概念的功能和形象有关,在概念所表对象的功能或形象的基础上加个"老"字,以构成新词。如"耳朵"

---

① 向熹:《简明汉语史》(修订本)上册,641页,商务印书馆,2010年。

的功能是"听",故在"听"的后面加个"老"字,以代表"耳朵",其余诸词可类推。这个"老"含有敬重的意味,从严格的意义讲,不是词尾。这类词都是些市语和行话,详参《事林广记》续集卷八"绮谈市语"、《墨娥小录》卷十四"行院声嗽"、《江湖切要》和《蹴鞠谱》"圆社锦语"。①

家　名词词尾。一般只能附在人称代词后。

奴家＝奴,女子自称;　谁家＝谁;

你家＝你;　他家＝他;　我家＝我;

孩儿家＝孩儿;　自家＝自己

吕叔湘先生《近代汉语指代词》对此有详细论述,可参看。

还可加在某些名词、动词和形容词后,表示某种人际关系和某类人。这类"家"还有一定的词汇意义,与前面的词根比起来,意义虽虚一些,但还不能算是词尾。

东家　字面意义是东头人家、邻家,《孟子·告子下》:"逾东家墙而搂其处子,则得妻。"《汉书·王吉传》:"东家有大枣树垂吉庭中。"寒山《我见东家女》:"我见东家女,年可有十八,西舍竟来问,愿姻夫妻活。"河中鬼《踏歌》:"两个胡孙门底来,东家阿嫂决一百。"宋唐庚《游雪峰院书所见》:"东家既峥嵘,西邻亦棱层。"在古代的各种礼仪中,主人的位置在东面,《仪礼》卷一:"士冠礼:筮于庙门。主人玄冠,朝服,缁带,素韠,即位于门东,西面。"又:"厥明夕,为期于庙门之外,主人立于门东,兄弟在其南,少退。"称主人为东家,即源于此;宴请客人叫做东,也基于同样的道理。或以为源于《左传·僖公三十年》的"若舍郑以为东道主,行李之往来,共其乏困,君亦无所害。"但《后汉书》有"北道主人"的说法,《彭宠传》:"前吴汉北发兵时,大王遗宠以所服剑,又倚以为北道主人。"又《邓晨传》:"伟卿以一身从我,不如以一郡为我北道主人。"又《耿弇传》:"光武指弇曰:'是我北道主人也。'"虽然《后汉书》的影响力不如《左传》,但不能不考虑"北道主人"一词的存在,所以我们采用"古代礼仪主人在东面"而导致"东"有主人之义的解释。《元曲选·荐福碑》一折:"多谢哥哥赐我这三封书,我辞别东家,便索长行也。"《型世言》十九回:"挨到年,先生喜得脱离苦根,又得束修到手,辞了东家

---

① 汪维辉君近年发表大作《近代汉语中的"～老"系列词》,专论此种"老"字,甚详尽,诸君可以参看。见《中国训诂学会2012年学术年会论文》(浙江大学),2012年10月;又见《古汉语研究》,2013年第3期。

起身。东翁整了一桌相待,临行送了修仪,着个小厮挑了行李,相送回家。"《醒世姻缘传》三三回:"且是往人家去,又要与那东家相处。若是东家尊师重友,成了好好相知,全始全终,好合好散,这便叫是上等。"《红楼梦》四九回:"快商议作诗,我听听是谁的东家?"《儒林外史》九回:"先年东家因他为人正气,所以托他管总。后来听见这些呆事,本东自己下店把帐一盘,却亏空了七百多银子。问着,又没处开消,还在东家面前咬文嚼字,指手画脚的不服。东家恼了,一张呈子送在德清县里。"

亲家 两家儿女相婚配的亲戚关系。《汉语大词典》引《后汉书·礼仪志》上"东都之仪,百官、四姓亲家妇女、公主、诸王大夫、外国朝者侍子、郡国计吏会陵"为证。按:据《后汉书·明帝纪》李贤注,东汉明帝时外戚有樊、郭、阴、马四姓。既然是外戚,则"亲家"应是儿女亲家。《北史·李浑传》:"帝览之,泣曰:'吾宗社几倾,赖亲家公而获全耳。'""亲家公"指宇文述,宇文述与北周皇帝同姓,皇帝称为"亲家公",应不是儿女亲家。《旧唐书·萧嵩传》:"子衡,尚新昌公主,嵩夫人贺氏入觐拜席,玄宗呼为亲家母,礼仪甚盛。"唐道宣撰《法华传记》卷八:"乃于众中,见待亲家翁张楷亦在其中。"《太平广记》卷一三八:"北齐后主武平初,平邑王氏与同邑人李家为婚,载羊酒,欲就亲家宴会。"(出《广古今五行记》)又卷一九五:"乃发其左扉,抵其寝帐,田亲家翁止于帐内。"(出《甘泽谣》)又卷二五七:"有妇人姓田,年老,口无齿,与男娶同坊人张氏女。张因节日盛馔,召田母饮啖,及相送出,主人母云:'惭愧,无所啖嚼,遣亲家母空口来空口去。'"(出《启颜录》)又卷二六二:"有民妻不识镜,夫市之而归,妻取照之,惊告其母曰:'某郎又索一妇归也。'其母亦照曰:'又领亲家母来也。'"(出《笑林》)《元曲选外编·绯衣梦》一折:"他当初有钱时,我便和他做亲家;他如今消乏了也,都唤他做叫化李家,我怎生与他做亲家?"《醒世恒言》卷八:"就是妆奁厚薄,但凭亲家,并不计论。"

冤家 本指冤仇之家,后世用以指所爱,此正语反说。爱之极则恨之切,爱恨同源,故"冤家"可用以指所亲爱者。宋陈亚《生查子》:"琵琶闲抱理相思,必拨朱弦断。拟续断朱弦,待这冤家看。"韩玉《且坐令》:"冤家何处贪欢乐,引得我心儿恶。"黄庭坚《昼夜乐》:"其奈冤家无定据。"连静女《失调名》:"只恐冤家误约,又怕他,侧近人知。"《董西厢》卷一:"当时张生却是见甚的来?见甚的来?与那五百年前疾憎的冤家,正打个照面儿。"又卷三:"张生道:'依命,我有分见那冤家。'"

作家 《敦煌变文集·韩擒虎话本》:"叅虎闻语,便知萧磨呵不是作家战将。"《祖堂集》卷六:"因此名播天下,呼为作家也。"又卷七:"洞山云:'灼然夹山是作家。'"《景德传灯录》卷八:"师云:分明记取举似作家。"《五灯会元》卷八:"向后遇作家举看。"按:与现代汉语的"作家"义别,此指"里手""行家"。本师蒋礼鸿教授《敦煌变文字义通释》有详细精确的解释,可参看。

取 动词词尾。

记取 此词已见于中古,唐宋仍之。后汉支娄迦谶译《佛说无量清净平等觉经》卷四:"自然牢狱,日月照识,神明记取,诸神摄录。"唐不空译《蕤呬耶经》卷二:"其执绳者,于东北角而面向南,记取分量。"《景德传灯录》卷八:"分明记取,举似作家。"《五灯会元》卷五:"分明记取。向后遇明眼作家,但恁么举似。"又卷十五:"刹那变现百千般,分明示君君记取。"《董西厢》卷六:"少饮酒,省游戏,记取奴言语,必登高第。"《宋元戏文辑佚·王祥卧冰》:"闻君此语当记取,只恐怕脚后脚前避之。"《荆钗记》十五出:"[生]萱亲免愁烦,萱亲免愁烦!岳丈休忆念。[老旦]记取叮咛,客邸当勤俭。"王氏《套数·中吕·粉蝶儿·普天乐》:"嘱付你僧人记取,苏卿休与,知他双渐何如?"明梅鼎祚《昆仑奴》一折:"他袖出三指,又反掌者三,然后指胸前小镜子,道是'记取,记取'。这明明是有心我了。"

全取 《张协状元》九出:"姓张名协,是川里居。本是读书辈,应着科举。有些路途费,我日逐要支。望怜念心全取,饶张协,裹足一路来去。"又十六出:"(生旦)谢得全取两成双。(丑)我讨盘来你讨娘。"又三七出:"故乡有路没盘缠,今哀告,望怜念,全取我两文钱。"又:"赶奴出去怎留连,千里远没盘缠,全取我两文钱。"

存取 《朱子语类》卷二二:"学者而今但存取这心,这心是个道之本领。"又卷八三:"然其间极有无定当、难处置处,今不若且存取胡文定本子与后来看,纵未能尽得之,然不中不远矣。"又卷九七:"若是个道理,须着存取。"又卷一〇四:"且不如让渠如此说,且存取大意,得三纲、五常不至废坠足矣。"

体取 《景德传灯录》卷五:"何不体取无生了无速乎?"又卷十二:"未有阇梨时体取。"《五灯会元》卷四:"荐否?不然者且向着佛不得处体取。"又卷五:"阿汝欲学么?不要诸余,汝等各有本分事,何不体取?作么心愤愤、口悱悱,有甚么利益,分明向汝说。"

看取 李白《少年行》:"看取富贵眼前者,何用悠悠身后名。"孟郊《怨诗》:"看取

第三章　近代汉语造词法研究

芙蓉花,今年为谁死?"唐善无畏译《尊胜佛顶修瑜伽法轨仪》卷一:"护摩等法各有殊异,所有梵烧柴木等,亦须临时看取,本法相应作之。"《祖堂集》卷九:"若论师子据地,且作摩生道千般设用未脱野干鸣? 透古透今,声前看取。无事珍重。"又卷十四:"禅师云:'天台高多少?'师云:'自看取。'云居进云:'尽眼看不见时,又作摩生?'自代云:'异于世间。'"

还有"乞取、收取、问取、惜取、认取、识取、说取、语取"(见《祖堂集》),例繁不备引。

以上诸"动＋取"结构中的"取"字除"乞取""收取"尚与"获得"义有关外,其余诸词的"取"皆与其核心义"获得"没有任何联系。它只是作为一种构词材料,附在词干后面,是动词的标志。其词汇意义已经消磨殆尽,如果一定要寻求它的意义,也只有一定的表"持续""涉及"或"完成"的语法意义。就来源来说,它本是"动＋取"连动结构中的第二个动词,第一个动词表示动作行为,即做什么,第二个动词表示动作的目的或结果。如"攻取",即攻而取之,《史记·白起王翦列传》:"武安君所为秦战胜攻取者七十余城。"又:"吾欲攻取荆,于将军度用几何人而足?"前一动词是手段,后一动词是目的。它如"招取",《乐府诗集》卷四四:"高堂不作壁,招取四面风。吹欢罗裳开,动依含笑容。"又如"迎取",《乐府诗集》卷四九:"问君可怜六萌车,迎取窈窕西曲娘。"[1]皆如此。随着语言的发展,前一动词既表行为又表目的,后一动词表目的的作用淡化,从而导致此结构词汇化,词汇化的结果是"取"虚化为动词词缀。如"唤取","唤"就是叫人家来,既是"唤"又是"取","取"的意义虚化。唐宋以来,"取"的前一动词不再是"取"的手段,其他的动词也可进入"动＋取"结构,它的搭配范围扩大了,"取"词义开始虚化,从而使"动＋取"结构词汇化,"取"最后变成了词缀。如"听取",骆宾王《称心寺》:"为乐凡几许,听取舟中琴。"白居易《短歌行》:"歌声苦,词亦苦,四座少年君听取。"《杨柳枝》:"古歌旧曲君休听,听取新翻杨柳枝。""听"已不是"取"的手段,"听取"就是"听",如果有区别的话,则"听"指听的动作本身,听没听到,没有表达出来,而"听取"不仅指"听",而且包括"听到",语法上有表示完成的意义,这是"取"

---

[1] 还有"唤取""撩取",王云路《中古汉语词汇史》上册(商务印书馆,2010年)皆有论列,六朝诗歌中所有的"动＋取"几乎都被她说到了。本书论及中古的"动＋取",亦受王书启发,志此以表谢意。

的词义在结构中的残留。王谌《十五夜观灯》："应须尽记取,说向(一作与)不来人。"韩翃《题龙兴寺澹师房》："记取无生理,归来问此身。""记取"的"取"不再是"记"的目的,"记"也不再是"取"的手段。"记取"就是"记","取"是词的后缀,但仍含有持续的语法意义。在"看取""说取""语取"等词中,"取"也还有表示"涉及"的语法意义。"看取"就是看到,余可类推。

地 词尾。与状语标志"地"不一样,它紧附在词干后面,不能灵活运用。

坐地 东晋瞿昙僧伽提婆译《中阿含经》卷十六："便破火钻十片、百片,弃去坐地,愁恼而言：'不能得火,当如之何？'"吴支谦译《撰集百缘经》卷三："有一妇女,抱一小儿,在巷坐地。"隋阇那崛多译《佛本行集经》卷二十："或复有如麋鹿食草而以活命,或有立地而用称心,或有坐地而称消适。"唐义净译《根本说一切有部毘奈耶杂事》卷七："彼遂默然不为开户,通宵坐地受苦至明。"《太平广记》卷八七："遁淹留建业,涉将三载,乃还东山,……一时名流,并饯离于征虏亭。时蔡子叔前至,近遁而坐。谢万石后至,值蔡暂起,谢便移就其处。蔡还,复欲据谢坐地,谢不以介意。其为时贤所慕如此。"(出《高僧传》)《朱子语类》卷十二："敬不是只恁坐地。举足动步,常要此心在这里。"又卷六七："他须要先揲蓍以求那数,起那卦,数是恁地起,卦是恁地求。不似康节坐地默想推将去,便道某年某月某日,当有某事。圣人决不恁地！"《五灯会元》卷十："若不见也莫闲坐地。"

立地 《敦煌变文集·降魔变文》："须达应时顺命,更无低昂,当处对面平章,立地便书文契。"又："王敕所司,生擒须达并祇陀太子,生仗围身,立地过问因由处。"又《汉将王陵变》："二将勒在帐西角头立地。"又《舜子变》："舜子府(抚)琴忠(中)间,门前有一老人立地。"《朱子语类》卷十三："今人之所谓践履者,只做得个皮草,如居屋室中,只在门户边立地,不曾深入到后面一截。"《景德传灯录》卷十七："师乃掀倒禅床,叉手立地。"又卷十八："劝汝我如今立地待汝觑去,不用汝加功练行。"《五灯会元》卷七："三世诸佛立地听。"

特地 《五灯会元》卷十："若向他求,还成特地。"(626 页)又卷十五："师曰：'汝何不判公验？'曰：'和尚何得特地？'"又卷十七："德山临济枉用工夫,石巩子湖翻成特地。"按：袁宾认为,"特地"是"徒然、枉然"的意思。我们认为,"特地"的这个义项似乎只见于《五灯会元》,别的文献未见用例,值得怀疑。不如释为特别,与别的"特地"同义。《朱子语类》卷四:"天地那里说我特地要生个圣贤出来! 也只是气数到那里,恰相凑着,所以生出圣贤。"又卷八:"又如韩信特地送许多人安于死地,乃始得胜。"《景德传灯录》卷二十:"如今特地过江来。"又卷二四:"斩新世界,特地乾坤。"

瞥地 唐代吕岩《渔父词十八首》其一"疾瞥地":"万劫千生得个人,须知先世种来因,速觉悟,出迷津,莫使轮回受苦辛。""疾瞥地"就是诗中"速觉悟"的意思。"瞥地"就是"觉悟"。《朱子语类》卷一二〇:"要当如此瞥地,即自然有个省力处,无规矩中却有规矩,未造化时已有造化。"《五灯会元》卷十一:"这老汉今日方始瞥地。"又卷十四:"霞曰:'你试举我今日胞座看。'师良久。霞曰:'将谓你瞥地。'师便出。"又卷十五:"昨日一,今日二,不用思量,快须瞥地。不瞥地,蹉过平生没巴鼻。""瞥地"是"明白、醒悟"的意思。又,"瞥地"还有"突然"的意思,是"瞥"意义的引申。唐薛昭蕴《浣溪纱》其五:"瞥地见时犹可可,却来闲处暗思量。"

恁地 《朱子语类》卷二:"而今某自不曾理会得,如何说得他是与不是? 这也是康节说恁地。若错时,也是康节错了。"又卷三:"而今只据我恁地推测,不知是与不是,亦须逐一去看。"《三朝北盟会编》卷四:"自家南朝是天地齐生底,国主皇帝有道有德,将来只恁地好,相待通好,更不争,要做兄弟。这个事是天教做,不恁地后,怎生隔着个恁大海便往来得。"《水浒传》一回:"既然恁地,依着你说,明日绝早上山。"

蓦地 《朱子语类》卷二七:"且如今人做事,亦自蓦地做出来,那里去讨几微处。"又卷六七:"凡于事物须就其聚处理会,寻得一个通路行去。若不寻得一个通路,只蓦地行去,则必有碍。"《五灯会元》卷十八:"百丈野狐,失头狂走。蓦地唤回,打个筋斗。"

我们认为,这类"地"共分两类:一为"恁地""瞥地""特地""蓦地"的"地",我们称为"地₁";一为"立地""坐地"的"地",我们称为"地₂"。"地₁"来自"地方"之"地",处于某个地方就是处于某种处所、某种境界、某种状况和某种情貌①。陆游《老学庵笔记》卷二:"乃力学三十年,今乃能造此地。"《朱子语类》卷六十:"老子窥见天下之事,却讨

---

① 太田辰夫认为:"地"当然是"土地、场所"的意思,是转为表示动作或状态存在的环境,用作副词性的修饰语的吧。例如唐代就能见到的"暗地",大概就是"暗的地方"→"在暗的地方"→"暗暗地"这样变化而来的。同样的词有"暗中""暗里",但这种"中"或"里"始终没有发达起来。见《中国语历史文法》中译本,320页,北京大学出版社,1987年。

便宜置身于安闲之地。""地"皆"处所、境界"之义。前加"形容词",则表示此形容词所处的状态。"恁地"就是这个样子,"瞥地"就是明白的样子,"特地"就是特别的样子,"蓦地"就是突然的样子。

至于"地$_2$",如果把"坐地$_2$"释为"坐着",则"地$_2$"有可能来自表持续的"著",是"著"古音的遗留。"著"上古音的声母为舌上澄母,如果舌上归端的话,则"著"的声母上古时代本就与定母相同,读[d]。《广韵》"著"有五音:直鱼、丁吕、张略、直略、陟虑。"直鱼"切对应的词是"著雍",《尔雅》云:"太岁……在戊曰著雍。""丁吕"切对应的词义是"任","陟虑"切对应的词义是"明也,处也,立也,补也,成也,定也","张略"切对应的词义是"服文于身","直略"切对应的词义是"附也"。表"持续"义的"著"来自"附",按照音义匹配的原则,应取"直略"切。据李荣的拟音,"直略"切应读[diak],其余诸家的拟音也大同小异,如果主要元音高化,入声消失,则其韵母在某些方言中可读[i]或[u]。读[i],则"著"应读[di]。浙江宁波"着力"的"着"读[dziI?]$^{12-22}$,主要元音为[I],与[i]相近,可为佐证。读[u],则"着"应读[du]。广东揭阳作"赌注"解的"着"读[tu],可为佐证。"地"上古音在定母,歌部。《广韵》音徒四切,定母,去声"至"韵,中古音应读[di]。当某些方言的[u]读作[i]的时候,则二字的读音非常接近。据罗常培研究,唐五代西北方音"鱼"韵部分字的韵母读作[i],与"支""脂""之"的读音相同,可以证明。如"地"读作[di],"诸"读作[ci],韵母完全相同①。而"诸"在《广韵》"鱼"韵,主要元音在大多数方音里读[u]。纵使韵母仍读[u],有[i]、[u]之别,如果"着"处于第二个音节,而且是非重读音节时,则这种差别几乎不存在。江蓝生在《"动词+×+地点词"句型中介词"的"探源》一文中通过对山西七个方言点语音的平面差异的研究,论证了"着"字读音的演变,以及与"的"字读音相同的事实②,也可为我们的论点佐证。

"地$_2$"的这种解释看起来很新颖,富有创造性,似乎也说得过去,但总嫌迂曲。我们认为,凡转弯太多的解释大多站不住脚,虽然这种音韵解释是我的一个发明(笔者孤陋寡闻,似乎未见其他持这种解释者),但我仍怀疑。不删去者,存之以供批评而

---

① 罗常培:《唐五代西北方音》,43页,科学出版社,1961年。
② 江蓝生:《近代汉语探源》,106页,商务印书馆,2000年。

已。从另一角度来考虑，可将"地₂"看作"于地"的省略。其始，"坐地"就是"坐于地"的省略。上文所举"弃去坐地"完全可解释为"弃去坐于地"，"坐地而称消适"可解释为坐在地上而觉得很舒服。吴支谦译《释摩男本四子经》卷一："坐地者卧地者，身体无衣皆被鹿皮。""坐地卧地"，即坐于地卧于地。刘宋求那跋陀罗译《杂阿含经》卷二三："阿育言：'我今坐地，是我胜座，我当作王。'下文云："自见当作王，老象为乘，以地为坐。"此处的"以地为坐"，就是上文"坐地"的另一种说法，可知"坐地"就是"坐于地"。姚秦竺佛念译《出曜经》卷十七："时梵志妇蓬头乱发以土自坌，裂坏衣裳，坐地号哭。""坐地号哭"就是坐在地上号哭，现代的妇女小孩也有这种行为，并不是坐着哭。姚秦佛陀耶舍共竺佛念译《四分律》卷三八："守笼那如是三白父母，犹故不听。时守笼那即从坐起而坐地。""从坐起而坐地"说明守笼那原先坐在座位上，后来坐在地上，"坐地"就是"坐于地"。后秦弗若多罗《十诵律》卷三四："近雪山下，有三禽兽共住，一鹦二猕猴三象，是三禽兽互相轻慢无恭敬行。是三禽兽同作是念，我等何不共相恭敬？若前生者，应供养尊重教化我等。尔时鹦与猕猴问象言：'汝忆念过去何事？'时是处有大荜茇树。象言：'我小时行此。此树在我腹下过。'象鹦问猕猴言：'汝忆念过去何事？'答言：'我忆小时，坐地捉此树，头按令到地。'象语猕猴：'汝年大我，我当恭敬尊重汝，汝当为我说法。'"三兽以树的高矮比年龄，"坐在地上，用头按树到地"者，当然比"树在腹下过"者的年纪要大，所以"坐地"就是坐在地上。萧齐僧伽跋陀罗译《善见律毗婆沙》卷十一："此比丘或坐地或坐床上，无有敷具。"很明显，"坐地"绝对是坐在地上。

汉语中表示处所的介词可以省略。《马氏文通》云："记处转词，有有介、无介之别。"举《左传·隐公元年》："五月，辛丑，太叔出奔共。"加按语云："'共'者，奔至之处也，无介字。"《史记·五帝赞》："余尝西至空峒，北过涿鹿，东渐于海，南浮江淮矣。"加按语云："'过涿鹿''浮江淮'，记所经之处，无介字。"又《魏其侯列传》："魏其谢病，屏居蓝田南山之下。"加按语云："'蓝田南山之下'，记所在之处也，而无介字者。《史》《汉》言所在之地，介字概从删也。"杨树达《高等国文法》第七章"介词"有一节专论"介词之省略"，举例后加按语云："右省表地之'于'。"据此，我们说"坐地"是"坐于地"之省是有文献依据的。《世说新语·德行》："王恭从会稽还，王大看之，见其坐六尺簟，因语恭：卿东来，故应有此物，可以一领及我。"又《文学》："玄亦疑有追，乃坐桥下。"又

《任诞》:"阮步兵丧母,裴令公往吊之。阮方醉,散发坐床,箕踞不哭。"又《简傲》:"晋文王功德盛大,坐席严敬,拟于王者。"又《雅量》:"王子猷、子敬会俱坐一室。""坐簟""坐桥下""坐床""坐席"与"坐地"结构相同,"坐簟"是"坐于簟"之省,"坐地"也应是"坐于地"之省。

古人的"坐"是以膝脚着地,臀部置脚上。一般的"坐"在地上垫上荐、席、褥,如果坐床(与现代的床有别)上,也是膝脚着床,床上也垫有荐、席、褥。"坐地"则地上没垫荐、席、褥等物。

据此,我们认为"坐地"本是"坐于地"的意思。

随着时代的发展,"坐"不再是以膝脚着地,臀部置脚上,人们也不再"坐"席(褥、垫、毡)上,而是"坐"在凳子上,这样"坐地"与"坐凳子"就有了很大的区别。姿势不同,舒适度也不同。但"坐地"表示"坐"的说法还存在,与是否"坐"在地上无关,从而使"坐地"这个词保留了下来。"立地"则是类推的结果。既然仍用"坐地"表"坐",故仍用"立地"表"站"。

隋阇那崛多译《佛本行集经》卷七"树下诞生品":"菩萨见于其母摩耶夫人立地以手攀树枝时,在胎正念,从座而起。"又卷八"从园还城品":"彼童子者,相貌过人,有大威德,致令摩耶国大夫人立地之时,童子自然从右胁出。""立地"可以理解为"站着",也可理解为"站在地上";但从此卷下文的语境来看,作"站在地上"理解更符合文意。此卷下文云:"即立于地,无人扶持即行七步,足所履处皆生莲华,一切四方,正眼观视,目不暂瞬。……童子在彼所立地处,以是童子身清净故,从虚空中,二水注下,一暖一冷,复持金床,令童子坐,澡浴其身。"上文说"立于地",下文云"彼所立地处",可知"立地"即上文的"立于地"。隋杜顺说《华严五教止观》卷一:"舌根如偃月刀相,身根如立地蛇相。""偃月"与"立地"相对,"月"是名词,"地"也是名词。

宋以前的"立地"都应作"立于地"理解,就是宋代的例证也有很多只能作"立于地"解释。上文所引《敦煌变文集》和《景德传灯录》《朱子语类》的例证都可理解为"立于地"。古时有身份的人大多是坐于席、坐于毡、坐于簟,很少坐于地,故"坐地"是特殊情况,值得特别指出。而"立"呢,室内若有席、床,则无须"立地",而是"立席""立床"。而野外则必立于地,若非特殊情况,一般都是"立地"。所以"立地"就是站着。唐阿地瞿多译《陀罗尼集经》卷十二"佛说诸佛大陀罗尼都会道场印品":"次阿阇梨引徒众等升西阶上,行立席上,即作三礼。"唐道世撰《法苑珠林》卷七五:"崔语充,君可至东廊。既至廊,妇已下车,立席头,即共拜。"此"立席"者。姚秦佛陀耶舍共竺佛念等译《四分律》卷五二:"时六群比丘于绳床木床上立。"此"立床"者。后世则只说"立床前",宋志盘撰《佛祖统纪》卷二八:"一日微恙,见异人立床前曰:宜勤精进。"又,佛经中的"地"有时作境况、状态解,所以并非所有的"立地"都是"立于地",而是处于某种境界的意思,是抽象的"立地"。

元明以后的"立地"才是"站着"的意思,"立于地"当然就是站着;后世不明此词的结构,故将词中的"地"看作词缀。《元曲选·墙头马上》四折:"你这里立地,我家去也。"又《谢天香》一折:"立地刚一饭间,心战勾两炊时。"这个"立地"后面有时间词"一饭间",应是"站了"的意思,不是"站着";由此也可推知,"地"不是"着"。又三折:"可又早七留七力来到我跟底,不言语立地;我见他出留出律两个都回避。"《水浒传》四回:"信步蹍出山门外立地,看着五台山,喝采一回。"皆其证。

如果将"坐地""立地"的"地"看作表持续的助词,相当于"着",那么为什么别的动词如"走""看""挑"等不能带"地"表持续呢?整个汉语史上,可以理解为表持续的"着"的"地"只有"坐地""立地"的"地",这也为我们的看法提供佐证[①]。

他如"得""然""着""将""复"也可用作词尾。限于篇幅,本书不予介绍。

(二) 复合式

1.并列关系

构词语素之间不分主从、地位相等的为并列关系,这种情况共分二类:

(1)意义相同、相近、相关的语素并列

Ⅰ.表名语素的并列

分义　情义。"分",情也,《敦煌变文集·韩禽虎话本》:"皇后问言:'阿耶朝廷与甚人诉(素)善?''某与左右金吾有分。'""有分",就是有交情。"义",谊也。二字同义。此词始见于中古,近代汉语仍之。《三国志·魏·华歆传》:"将军奉王命,始交好曹公,分义未固,使仆得为将军效心,岂不有益乎?今空留仆,是为养无用之物,非将

---

① 蒋冀骋:《论"坐地"结构中"地"的词性》,《古汉语研究》,2013年第4期。

军之良计也。"又《蜀书·法正传》:"(法)正虽获不忠之谤,然心自谓不负圣德,顾惟分义,实窃痛心。"《北齐书·司马子如传》:"子如少机警,有口辩,好交游豪杰,与高祖相结讬,分义甚深。"《北史·杨愔传》:"抚养孤幼,慈旨温颜,咸出仁厚。重分义,轻货财,前后赐与,多散之亲族。"《敦煌变文集·捉季布传文》:"忍饥受渴终难过,须投分义旧情亲。"又:"只是旧时亲分义,夜送千金来与君。"又:"记(既)道远来酬分义,此语应虚莫再论。"《太平广记》卷一六六:"吾常读古人书,见古人行事,不谓今日亲睹于公。何分义情深,妻子意浅,捐弃家室,求赎友朋,而至是乎?"(出《纪闻》)又:"钦吴生分义,故因人成事耳。"《朱子语类》卷二一:"父子兄弟朋友,皆是分义相亲。"宋魏了翁《江城子·同官酌酒相贺再和前韵》:"傥来官职不关人,等微尘,苦劳神,更向中间,谩说假和真。只有交朋关分义,无久近,与陈新。"《元曲选·合同文字》四折:"外人行白打了犹当罪,可不俺关亲人绝分义。"《元史·儒学传》一:"训迪后学,谆切无倦,而尤笃于分义。"按:"分义"还有"名分"的意思,《三朝北盟会编》卷四五:"臣虽至愚,粗知忠孝分义,岂敢复萌一毫私心,希朝廷恩赏?"《醒世姻缘传》三九回:"他的呈子再没个不虚的!但师呈弟子,把师来问了招回,却又分义上不便,老大人只是不准他罢了。"《九云记》十二回:"不如顺受皇命,无伤分义而已。"训见《汉语大词典》。

泣泪 "泣"本是无声的哭,是动词。哭必有泪,故转类为名词,指眼泪。汉刘向《九叹·忧苦》:"涕流交集兮,泣下涟涟。"后来与"泪"连用,成为双音节词,用以指称眼泪和流眼泪,名词、动词用法兼具。较早的例证见于中古。《后汉书·南匈奴传》:"老母寡妻设虚祭,饮泣泪,想望归魂于沙漠之表,岂不哀哉!"后汉昙果共康孟详译《中本起经》卷二:"众女惊怖,泣泪悔过。"此用为动词。吴康僧会译《六度集经》卷五:"王为怆然,泣泪流面。"此用为名词。曹植《精微篇》:"盘桓北阙下,泣泪何涟如。"晋石崇《王明君辞(并序)》:"哀郁伤五内,泣泪沾朱缨。"刘宋求那跋陀罗译《杂阿含经》卷二三:"比丘闻其所说,心生悲毒,泣泪满目。"唐李嘉佑《江上曲》:"君看峰上斑斑竹,尽是湘妃泣泪痕。""泣泪"还有流泪的意思。徐夤《览柳浑汀洲采白蘋之什因成一章》:"年来泣泪知多少,重叠成痕在绣衣。"《敦煌变文集·秋胡变文》:"婆忽闻此语,不觉放声大哭,泣泪成行,彼此收心。"《敦煌变文集新书·双恩记》:"合掌泣泪,告于世尊。"《法苑珠林》卷十三:"父到儿前,泣泪合掌语诸子言。"《大唐求法巡礼行记》卷一:"人人销神,泣泪发愿。"宋张君房《云笈七签》卷四十:"学生之法,不可泣泪及多唾泄。"梅尧臣《戊子三月二十一日殇小女称称三首》其一:"理固不可诘,泣泪向苍苍。"元自庆编述《增修教苑清规》卷二:"师亡不得举声大哭,应小小泣泪。"明传灯注《性善恶论》卷四:"心怀忧戚,泣泪如雨。"

村坊 村庄。"坊"指市镇的居住地,与"村"并不同义,但都是人的居住地,故相关连用;首先是作为词组使用的,后来才凝固成词。《旧唐书·食货志》上:"在邑居者为坊,在田野者为村。村坊邻里,递相督察。"又《高适传》:"比日关中米贵,而衣冠士庶,颇亦出城,山南剑南,道路相望,村坊市肆,与蜀人杂居,其升合斗储,皆求于蜀人矣。"《敦煌变文集·维摩诘经讲经文(一)》:"此人村坊下辈,不识大官,不要打捧(棒),便令放去。"又《伍子胥变文》:"敕既行下,水楔(泄)不通,州县相知,榜标道路,村坊搜括,谁敢隐藏?竞拟追收,以贪重赏。"又《燕子赋》:"寒来及暑往,何曾别帝乡!子孙满天下,父叔遍村坊。"又:"雀儿但为鸟,各自住村坊,彼此无宅舍,到处自安身。"唐菩提流志译《大宝积经》卷十九:"彼佛世尊,若入村坊舍宅,其千叶华,即随而现。"《宋会要辑稿·职官》二六:"开封、祥符两县去京五十里外村坊道店酒务,并令依旧各随县分界至管属,不得一例停闭。"宋施护译《佛说护国者所问大乘经》卷二:"或有经营于市肆,或有耕种住村坊。""村坊"与"州县""市肆"相对,应该还是词组。元代以后,应该成词了。《元史·世祖纪》二:"凡军马不得停泊村坊,词讼不得隔越陈诉。"又《世祖纪》四:"戍军还,有乏食及病者,令所过州城村坊,主者给饮食医药。"《元曲选·伍员吹箫》三折:"这一座村坊,兀的班人物,遭逢着恁般时势。"又《桃花女》楔子:"我们住的村坊,也有百十多家。"《元曲选外编·黄花峪》三折:"绕村坊,寻门户,一径的打探个实虚。"又《遇上皇》一折:"你教我住村舍伴芒郎,养皮袋住村坊。"《水浒传》一回:"走了这一晚,不遇着一处村坊,那里去投宿才好?"还可专指村里的人,《汉语大词典》举了二例,《水浒传》二回:"(史进)寻思:这厮们大弄,必要来蓊恼村坊。"《水浒传》三七回:"半夜三更,莫去敲门打户,激恼村坊。"

尸灵 "尸"指死后的遗体,"灵"指死后的灵魂,二者不同义,但相关,故组合成词。《全晋文》卷八八"上尚书定父子生离服制":"若尸灵不收,葬礼不成,则在家与在远俱不得除也。"隋阇那崛多译《佛本行集经》卷二五:"汝优陀夷!取我尸灵,从本出门,扶舁将入迦毗罗城。"唐道宣撰《续高僧传》卷二五:"及毅讫,逡巡间尸灵遂失。"唐法琳撰《辩正论》卷六:"戎狄尸灵翻尽雕装之妙。"《全唐文》卷九七○"请定检勘非理死亡及丧葬仪制奏"":"窃虑前件事故之家,或所居隘窄,兼阻暑毒之月,尸灵难久停留,若待申报官中检勘,纵无邀难,须经时日。"《敦煌变文集·搜神记》:"我乃埋你死尸灵在此,每日祭祀,经三个月,不知汝姓何字谁,从今已后(不)祭汝,汝自努力。"又:"时会会稽太守刘惠明当官孝满,遂将死女尸灵归来,共景伯一处。"又:"王僧兄弟三人,遂杀刘寄,抛尸灵在东园(枯井)里埋之。"又:"遂即访问王僧家衣(于)舍,东园里(枯井)捉获弟尸灵。"《西游记》五七回:"你看着师父的尸灵,等我把马骑到那个府州县乡村店集卖几两银子,买口棺木,把师父埋了,我两个各寻道路散伙。"《狐狸缘全传》十八回:"我非得将他们的尸灵皮斩尽不可。"《小八义》五回:"守着一位死尸灵,跑在街上把钱要,口口哀告不住声。"清净挺著《阅经十二种》卷五:"千年百岁,拖个死尸灵,驀直去。"

房卧 住房,引申为嫁妆。"房"为"卧"之所,二者意义相关,故联合成词。《敦煌变文集·欢喜国王缘》:"每相(想)夫人辞家出,夜夜寻看房卧路。"唐张鷟《游仙窟》:"新妇向来专心为勾当,已后之事,不敢预知。娘子安稳,新妇向房卧去也。"这是"住房"义。《敦煌变文集·丑女缘起》:"万记事须相就取,陪些房卧莫争论。"这是嫁妆义。嫁妆的内容主要为床上用品,故称"房卧"。本师蒋礼鸿教授《敦煌变文字义通释》有详细考证,可参看。

他如:道路、珍宝、鱼鲜、钱会(会,会子,南宋的一种纸币)。

还有表量语素与表量语素的组合,也属于并列关系:

贯文 唐代始见此词。《旧唐书·德宗纪》下:"每节宰相及常参官共赐钱五百贯文,翰林学士一百贯文,左右神威、神策等军每厢共赐钱五百贯文,金吾、英武、威远诸卫将军共赐钱二百贯文,客省奏事共赐钱一百贯文。"《敦煌变文集·捉季布传文》:"问此贱人谁是主?仆拟商量几贯文。"又《庐山远公话》:"要听道安讲者,每人纳钱一百贯文,方得听讲一日。"又:"是已后却卖此身,得钱五百贯文还他白庄。"又:"遂令取钱分付与牙人五百贯文,当即分付与白庄。"又:"相公每日下朝,常在福光寺内听道安讲经,纳钱一百贯文。"《汉语大词典》未收此词。

斤两 本指斤和两,计算重量的单位,后世借指重量、分量。东汉即有此词,用例不多,但多用作计量单位。如:《淮南子·人间训》:"大斗斛以出,轻斤两以内。"《太平经》卷十八"名为神诀书":"夫斤两所察,人情也。天之照人,与镜无异。"也借指"重

第三章　近代汉语造词法研究

量",如:后汉昙果共康孟详译《中本起经》卷二:"佛为说法,书心不忘,施讫还宫,过肆取香。因此功福,本行所追。香气熏闻,斤两倍常。"晋代以后,用例渐多,但多用作重量、分量。葛洪《抱朴子外篇·君道》:"然则君之流源不穷,而百僚之才力毕陈矣;我之涯畔无外,而彼之斤两可限矣。"又《清鉴》:"此为丝线既经于铨衡,布帛已历于丈尺,徐乃说其斤两之轻重,端匹之修短,人皆能之,何烦于哲哉!"又《百里》:"而秉斤两者,或舍铨衡而任情;掌柯斧者,或曲绳墨于附己。"西晋竺法护译《生经》卷四:"吾称牛身斤两轻重与若干斤金,故不肯矣。"元魏凉州沙门慧觉等译《贤愚经》卷四:"若等斤两,比于石蜜。彼善恶报,亦复如是。"唐以后,用例较多,直到现代。《旧唐书·职官志》一:"凡天下田赋调,先于输场简其合尺度斤两者、卿及御史监阅,然后纳于库藏。"又《食货志》上:"苟欲副于斤两,遂则加其丈尺,至有五丈为疋者,理甚不然。"又:"起元和十六年已后,并改配端匹斤两之物为税额,如大历已前租庸课调,不计钱,令其折纳。"《敦煌变文集·降魔变文》:"拈须弥山,即知斤两。"《全唐文》卷一二五"令毁铜器铸钱敕":"其私下所纳到铜,据斤两给付价钱。"宋葛长庚《水调歌头·自述又》:"药物无斤两,火候不须时。"夏元鼎《水调歌头·九》:"火候无斤两,大药本非遥。"邓玉宾《南吕一枝花》:"阔论高谈,是一个无斤两的风云担,蝇蚋虫般舍命的贪。"《西游记》八八回:"意欲命工匠依师神器式样,减削斤两,打造一般,未知师父肯容否?"

头匹　①复合量词。"头",表量语素,用于马以外的其他牲口;"匹",表量语素,用于马。当马和其他动物组合成词或词组时,用"头"和"匹"的组合作量词。如《敦煌变文集·张义潮变文》:"生口细小等活捉三百余人,收夺得驼马牛羊二千头匹,然后唱大阵乐而归军幕。"又:"于是中军举华(画)角,连击铮铮,四面族兵,收夺驼马之类一万头匹。"《全唐文》卷三五二"河西破蕃贼露布":"所以擒金银告身副使三人,斩首千余,俘囚二百余人,获牛马羊驼共三千余头匹、器械新物一万余事,谓我再克而虏再败矣。"又卷四二五"贺生擒高玉状":"先锋将柏秀等十一月于南梁州大雪岭北破前件贼党,杀戮四千五百人,生擒高玉妻及男女二人,并获牛马八千头匹。"②用表量语素的组合来指代牲畜(包括马,无马不能称头匹)。《敦煌变文集·庐山远公话》:"白庄闻语,然而信之。遂便散却手下徒党,只留三、五人,作一商客,将三五个头匹,将诸行货,直向东都,来卖远公。"《元史·百官志》三:"阑遗监,秩正四品,掌不阑奚人口、头匹诸物。"又《百官志》八:"自脱脱木儿既没之后,无人承嗣。达达人口头匹,时被西番劫夺杀伤,深为未便。"又《兵志》三:"泰定三年五月,以太平庄乃世祖经行之地,营盘所在,春秋往来,牧放卫士头匹,不宜与汉军立屯,遂罢之。"又《刑法志》三:"所盗钱物头匹、倍赃等,没官。"又《刑法志》四:"诸所在镇守蒙古、汉军,各立营所。无故辄入人家,求索酒食,及纵头匹食践田禾桑果,罪及主将。"又:"头匹有主识认者,征还已有草料价钱,然后给主;无主识认,则籍其毛齿而收养之。"明于谦《备边保民疏》:"今易州、蔚州、浑源、昌平等处近边百姓,自去岁被掠人口,抢去头匹。"《明史·食货志》五:"买卖田宅头匹必投税,契本别纳纸价。"

此外,还有"丈尺""尺寸""端匹""咫尺""颗粒",有些起源于上古,有些起源于中古,除"丈尺""端匹"外,其他词语现代汉语都还在使用,此不赘。

应该指出,除"头匹"外,表量语素的并列,皆是上位概念与下位概念、大量与小量的组合,二者具有包含关系。

还有表名语素与表量语素的并列,也属语义相关的并列。

表名语素与表量语素并列,构成名词,后面的表量语素的表义作用不明显或者没有,从来源上说,表量语素由表名语素发展而来,故可看作并列关系。尽管表量语素在词中不再表义,但必须能与前面的表名语素相配,与语素的原初意义必须相关,如"盏"可以附于"灯"后,与"灯"组合,但不能附在"匹"后,与"匹"组合。

灯盏 "盏"本为名词,与灯同义。《说文》"䰜"下段注引《方言》曰:"盌械盏㿿閜㽀㽀,桮也。自关而东赵魏之间曰械,或曰盏,或曰㿿。"据此,则"盏"本为名词,后来用作量词。早期与"灯"的组合,应是名词与名词的组合,是一种限定关系。"灯"限定"盏"。"灯盏"者,灯的盏。盏,杯也,则灯盏指灯上盛油放灯芯的圆形的杯。《说文》"主"字下段注:"膏镫,《说文》金部之镫锭二字也,其形如豆,今之镫盏是也。上为盌盛膏,而蘸火是为主。"文献有"灯炷、灯盏",各有所指,前者指燃火的灯芯,后者指盛油膏的碗。较早的例证见于东晋。东晋佛陀跋陀罗共法显译《摩诃僧祇律》卷三:"瓦器者,从大瓮乃至灯盏,是名瓦器。"隋阇那崛多译《不空罥索咒经》卷一:"复以种种净草敷设道场,以食置上,并诸果蔬于四角处,面作灯盏。"唐输波迦罗译《苏悉地羯罗经》卷一:"以金以银,以熟铜,或以瓷瓦,而作灯盏。"又卷二:"五色线,谓青黄赤白黑,童女所合线,金刚杵、灯炷、灯盏、瓦椀。"有唐以后,"盏"用作量词,而名词用法消失,这时与"灯"的组合才是名与量的组合。唐阿地瞿多译《陀罗尼集经》卷八:"然一盏灯咒三七遍,将此灯盏安置床底以钵覆灯,用左脚蹋覆灯钵上,诵咒七遍,所在治病,不畏一切,诸鬼神等不能障碍。"《旧唐书·杨绾传》:"绾应声指铁灯树曰:'灯盏柄曲。'"宋巴谈《送穷鬼词》:"正月月尽夕,芭蕉船一只,灯盏两只明辉辉,内里更有筵席。"《元曲选·金线池》一折:"灶窝里烧了几个灯盏,吃甚么饭来!"《元曲选外编·二郎神》二折:"我做妖魔一百个眼,个个眼似亮灯盏。"

生口 本指畜生,后世也用以指奴隶。奴隶没有人权,如畜生之贱,故借以指称。较早的例证见于中古,近代汉语仍之。西晋法立共法炬译《大楼炭经》卷四:"以金银珍宝米谷钱财生口,市买价贩。"东晋法显记《高僧法显传》卷一:"国中不养猪鸡不卖生口,市无屠店及沽酒者。"高齐那连提耶舍译《大悲经》卷一:"众生所作种种恶业,所谓贩卖生口、酒曲、紫矿、押油之具。"隋智顗说、灌顶记《菩萨戒义疏》卷二:"夫贩卖者谓生口六畜,……若偷贩生口,卖畜生令杀;咒令人死,欲得棺材售,此别犯盗罪杀罪。"唐道宣撰《四分律删繁补阙行事钞》卷一:"若为治生觅利贩卖生口牛畜等物,纵为三宝并破夏得罪。"此为牲畜。《敦煌变文集·庐山远公话》:"今日见此生口,莫是应我梦也。"此为奴隶。《太平广记》卷一二二:"唐元和四年,宪宗伐王承宗,中尉吐突承璀获恒阳生口马奉忠等三十人,驰诣阙,宪宗令斩之于东市西坡资圣寺侧。斩毕,胜业坊王忠宪者,属羽林军,弟忠弁,行营为恒阳所杀,忠宪含弟之仇,闻恒阳生口至,乃佩刀往视之。敕斩毕,忠宪乃剖其心,兼两胜肉,归而食之。"此为俘虏。

花朵 单个的花,不带枝叶,叫花朵,带枝叶的叫花条或花枝。唐输波迦罗译《苏悉地羯罗经》卷一:"上色妙香花,中色香花,下色香花,随事分用,或用取花条,或用花朵,以献妃天等。"刘禹锡《和乐天春词》:"行到中庭数花朵,蜻蜓飞上玉搔头。"陆畅《蔷薇花》:"锦橐花朵灯丛醉,翠叶眉稠浥露垂。"李郢《七夕寄张氏兄弟》:"好与檀郎寄花朵,莫教清晓羡蛛丝。"杜荀鹤《维扬春日再遇孙侍御》:"络岸柳丝悬细雨,绣田花朵弄残春。"《梦粱录》卷一:"街坊以食物、动使、冠梳、领抹、缎匹、花朵、玩具等物沿门歌叫关扑。"又卷三:"又雕刻生百虫铺于上,却以葵、榴、艾叶、花朵簇拥。"又卷十三:"所聚奇异,……七宝珠翠,首饰花朵。"

钱陌 指钱。《梦粱录》卷十三"都市钱会":"元都市钱陌用七十七陌,近来民间减作五十陌,行市通使。"又:"自因颁行之后,诸行百市,物货涌贵,钱陌消折矣。"又卷二十"育子":"至来岁得周,名曰'周',其家罗列锦席于中堂,烧香炳烛,顿果儿饮食,及父祖诰敕、金银七宝玩具、文房书籍、道释经卷、秤尺刀翦、升斗等子、彩缎花朵、官楮钱陌、女工针线、应用物件,并儿戏物,却置得周小儿于中座,观其先拈者何物,以为佳谶,谓之'拈周试'。"

银两 就是银。《宋会要辑稿·职官》七二:"以帅臣辛弃疾按其昏浊庸鄙,寡占军伍,散失军器,百姓租赋,科折银两,赢余入己故也。"又:"湘前知广州,差王彦邦等权摄职事,容纵违法折换簿书,收匿文历,赊买度牒,侵盗银两。"又《刑法》二:"访闻州县间有抑纳银两,重困民力,可令监司觉察按劾。"宋沈孟桦《济颠道济禅师语录》卷一:"舅氏舅母苦苦再三劝他不得,乃恁他去。付与盘缠,济公并不受,曰:出家人做甚么要银两安在身边,到担干记。"《元曲选·儿女团圆》二折:"我与了他些碎银两,他便与了我。"《元曲选外编·裴度还带》四折:"若非长老与野鹤赍助鞍马银两,裴度岂有今日也呵!"《水浒传》三十回:"你倒赚了银两,教我与你害人。"

体段 指形状,形体。"段"为"体"的一节,合而为"体段",今尚有"身段"一词,二者造词法相同。唐韦续《书诀墨薮》:"虞世南书体段遒媚,举止不凡。"唐慧忠著《般若心经三注》卷一:"诸法是心,心无体段。"《朱子语类》卷六:"诚是实有此理,中是状物之体段,浩然之气只是为气而言。"又:"若是仁之体段意思,也各各自理会得了。"《元曲选·玉壶春》二折:"那里是敲金击玉辞源响,则为这玉骨冰肌体段香。"又《扬州梦》三折:"知音吕借意儿嘲风咏月,有体段当场儿撅竹分茶。"

船只 就是船。较早的例证见于宋,《汉语大词典》举元代例,太晚。《宋会要辑稿·职官》三六:"遂致虚破草料,多差船只。"又四十:"所有库务更不别置,凡有修造船只、教阅支费,就用安抚司钱物。"又四四:"今承指挥,舶船到临安府不得抽解收税,差人押回有舶司州军,即未审前项转贩泉、广已经抽解有引物货船只,合与不合抽解收税。"又:"赴临安府市舶务抽解住卖,即不得将元来船只再贩物货往泉、广州军。"《元史·河渠志》一:"差人于吕梁百步等衹,及济州闸监督江淮纲运船只,过衹出闸,不令阻滞客旅,苟取钱物。"又:"即目各处官司差人管领,与纲官船户各无统摄,争要水势,及挽越过闸,互相殴打,以致损坏船只,浸没官粮。"元德辉重编《敕修百丈清规》卷一:"但属寺家水土、园林、人口、头匹、碾磨、店铺、解典库、浴堂、竹园、山场、河泊、船只等,不谏是谁,休夺要者。"《元曲选·来生债》三折:"巡海夜叉,等庞居士来时,将那船只托住者。"《幽闺记》二六出:"夫人言之有理。六儿,叫驿丞催趱船只,即日起程。"《水浒传》十九回:"我们如今安排了船只,把一应的对象装在船里,将些人情送与他引进。"

马匹 就是马。《全唐文》卷七六五"与韩君雄书":"致三军之怨怒,乘马匹以奔逃。"《梦梁录》卷一:"例朝廷差来伴射武臣,用弓箭中的则得捷,上赐闹装、银鞍、马匹、衣帛、金银器物有差,迎迓还舍,观者纷然。如朝使入朝辞,赐宴饯行,仍赐马匹银帛,礼物甚盛。"又卷二十:"如头赏者,旗帐、银杯、彩缎、锦袄、官会、马匹而已。"《元曲选·虎头牌》三折:"只因八月十五夜,失了夹山口子,第二日我马上亲率许多头目,复杀了一阵,将掳去的人口牛羊马匹,都夺回来了。"又《来生债》二折:"咱家中牛羊孳畜驴骡马匹,每一个畜生脖子里挂一面牌,上写着道:'庞居士释放,不许人收留。'"元觉岸编《释氏稽古略》卷二:"获夏公卿后妃宫人以万数,马匹、牛羊数千万头。"《水浒传》十九回:"我们把马匹都教人看守在这村里,一发都下船里去。"

妻房 妻室,老婆。古人金屋藏娇,故"妻"可用"房"做量词。表名语素与表量语素组合成名词。《敦煌变文集·伍子胥变文》:"楚王太子,长大未有妻房。"又:"太子为半国之尊,未有妻房,卿等如何?"《敦煌变文集新书·祇园图记》:"其须达后有七子,六个婚骋(聘)已讫,弟七小者未取妻房,须达常忧。"宋宗晓编《四明尊者教行录》卷一:"男子不得背己妻房。"高明《琵琶记》二出:"更喜新娶妻房,才方两月,却是陈留郡人,赵氏五娘子。"又二十出:"为邻家蔡伯喈妻房,名唤做赵氏五娘子。"《元曲选·鲁斋郎》四折:"他不遵王法太疏狂,专要夺人妇女做妻房。"《荆钗记》三十出:"我孩儿自别求科举,怎知道妻房溺水?"《喻世明言》卷一:"因为丧了妻房罗氏,止遗下这兴哥,年方九岁,别无男女。"

铜斤 就是铜。"斤"是"铜"的量词,二者组合,表达"铜"的概念。《宋史·食货志》下八:"计置之初,宜增本损息,浸铜斤以钱五十为本,煎铜以八十。"《全辽文》卷十:"复诏郢匠,陶冶洪钟。铜斤巨万,一铸而就。"清钱泳《履园丛话·丛话十四》"祥异":"不数月,忠亮以任内亏缺铜斤,遂落职,监追而死。"梁章钜《浪迹丛谈》卷四:"商办铜斤,有倭照以为凭信。"陈康祺《郎潜纪闻初笔》卷十四:"铜斤水脚七千六百余两。"佚名《阳秋剩笔》:"所换铜斤货物,押往开行。"赵慎畛《榆巢杂识》卷下:"近宝泉钱局事发,亏短铜斤七十余万。"梁廷楠《海国四说》:"伊国造福送寺,需用铜斤,奉禁之后,无从采办。"俞万春《荡寇志》九十回:"范成龙将银两、铜斤煎出,陆续存库。"

丝斤　就是丝,"斤"是"丝"的重量单位,二者组合,表达"丝"的意思。梁章钜《浪迹丛谈》卷四:"携带绸缎、丝斤、糖、药等物往日本,市铜分解各省,乾隆二十四年禁止丝斤出洋。"《信及录》:"各种丝斤不得即无以为织。"《夷氛闻记》卷一:"出洋丝斤船予以限。"《海国四说》:"凡丝斤绸缎,准其展限配带。"又:"方严丝斤出洋之禁。两广总督李侍尧奏言:'近年英吉利夷商屡违禁令,潜赴宁波。今丝斤禁止出洋,可抑外夷骄纵之气。惟本年丝斤已收,请仍准运还。'"《清史稿·食货志》六:"是年弛丝斤出洋之禁,仍示限制。"

表名语素的并列成词来自名词词组,经词汇化后,词组变成词,词降格为词素。然而是否所有的并列名词词组都能词汇化为词呢?答案是否定的。只有具备了下列条件的名词并列后才有可能词汇化为词。

1)概念意义上,必须相同、相近或相关。意义上没有相同、相近、相关关系者,即使常常连用在一起,也不可能词汇化。如,我们说:"大风雪过后,人畜都平安。"人畜经常连用,但人畜不是一个词,而是一个词组。一个"都"字暴露了底细,说明所说不是一个对象而是两个对象,是词组。但"人"与"马"组合,可以成词,因为"马"是人骑的,尤其是骑兵,离不开马,二者有很大的相关性。同时"人马"是军队和某组织人员的意思,语义也起了变化。再如"水""土"组合,可以词汇化为词,即"水土",因为二者相关性很强:离开了"水","土"成了死土,没有活力,种不出庄稼;离开了"土","水"失去了存在之所。二者相依相生。还如"土"与"木"组合,也可以词汇化为词,即"土木",因为"木"生于"土",而"土"也离不开"木",离开了"木","水土"会流失,二者相依相存。

2)语法意义上,词组中的名词没有指称性或指称性很弱[①]。为什么没有指称性或指称性很弱的名词容易词汇化?原因是,没有指称性的名词比较抽象,所谓抽象,就是抽去了对象的表征、特点和个性,两个抽象的失去个性或个性不强的名词组合在一起,不会产生排斥效应,比较容易融合成词。如"分义"。"分"和"义"都表抽象的概念"情"和"义",它们不表具体对象,不具指称性,故可词汇化为词。他如"婚姻"。《说文》:"婚,妇家也。""姻,婿家也。"谁是"婚",谁是"姻",不能确指,不能落到具体的人,

---

① 参董秀芳《词汇化:汉语双音词的衍生和发展》(修订本),110页,商务印书馆,2011年。

词义的概括性比较强,故能组合在一起,经词汇化成为词,用于指称男女间的嫁娶关系。再如"气节","气",本指云气,继而指空气,也指节气之气(五日为候,三候为气),还指人养的浩然之气,但都是抽象概念。"节",本为竹节,竹节将竹分成段,故节者截也,截而成段。故有一段一段的意思。从这一段一段的意义,引申为节气之义,节气也是一段一段的。当然也可从"节制"义引申,天气变了,要节制人的行为,故用"节"作为"节气"之名。又《说文》释"节"为"竹约"。段注:"约,缠束也,竹节如缠束之状。……引申为节省、节制、节义字。""气节"源于"节气"之义,还是源于"浩然之气"和"节制"之义,今难以指实。但无论是"节气",还是"浩然之气"和"节制",都是抽象的概念,没有指代性。

3)指称性较强的并列名词的词汇化,有两条途径。一是通过隐喻削弱其具体性,使概念抽象化,以实现词汇化。如"斤两",再也不是具体的斤和两,而是以"斤""两"作为重量的代表,组合在一起,表示重量、分量。表量语素的组合而实现词汇化,都属于这类情况。二是两个名词(同义、近义、意义相关者)组合成词组,要实现词汇化,必有一个词的意义消失,而这个消失意义的词一般是第二个音节。之所以是第二个音节,原因是:a.两个词的意义在词组中的分量不一样,前者承担着词组的主要意义,后者在词组中起辅助陪衬作用,如"船只""马匹"等,承担词的主要意义的是"船"和"马",而"只"和"匹"则起次要的作用。b.汉语常用词的重音在第一个音节,第二个音节是非重音,非重音词的意义有可能消失。还有个可能,名词后面带上量词后,削弱了名词的指称性,从而使指称性较强的名词词汇化。

Ⅱ.表动语素的并列

勾(句)留　作为并列语素的词,《汉语大词典》列有二个义项。①拘留。《册府元龟》卷四一:"(唐肃宗)乾元元年六月戊午诏:……间者时遭寇逆,患在干戈,衣冠之流逼迫者众,事不获已,情稍轻焉。顷者委在三司,穷其五听议,重者累中刑典,稍轻者犹被勾留,况时久淹延,人皆窘乏衣食,且犹不给家属。"《敦煌变文集·伍子胥变文》:"子胥见兄所说,遥知父被勾留,逆委事由,书当多为(伪)。"《玄怪录》:"景生未合来,固非冥间之所勾留,奈何私欲而有所害?"《太平广记》卷三八一:"便呼吏问:'何得勾留谭家女子?'"(出《广异记》)②逗留。白居易《春江》:"莺声诱引来花下,草色句留坐水边。"又《花楼望雪命宴赋诗》:"绊惹舞人春艳曳,句留醉客夜妆回。"《敦煌变文集·

燕子赋》:"薄媚黄头雀,便漫说缘由;急手还他窟,不得更勾留。"按,《慧琳音义》卷六二引《考声》云:"句,留也。"二字同义,故"勾留"一词为同义语素并列组合。主观上愿意留者,为"逗留、停留",被强迫而留者为"拘留",被劝说、引诱而留者为"挽留"。挽留的词例见《汉语大词典》。

波逃 逃跑。《敦煌变文集·太子成道变文(四)》:"其太子见于父母识知毫相,便欲波逃,愿求苦行。"又《张义潮变文》:"行至雪山南畔,被背乱回鹘劫夺国信,所以各自波逃,信脚而走,得至此间,不是恶人。"又《张淮深变文》:"尚书见贼□降伏,莫遣波逃星散去。"《庐山远公话》:"是时众僧例总波逃走出,惟有远公上足弟子云庆和尚,为师礼法,缘情切未敢东西回避。"又:"自家走出寺门,随众波逃。"《韩擒虎话本》:"陈王见随驾兵士到来,遂乃波逃入一枯井,神明不助,化为平地。"按:波就是逃,同义语素并列组合成词。"波"有跑义,南朝宋谢惠连《秋胡行》:"念彼奔波,意虑回惑。"《乐府诗集·横吹曲辞五·企喻歌辞之一》:"鹞子经天飞,群雀两向波。"《太平广记》卷六五:"三子悉欲潜去避之,惶惑未决,有苍头及紫衣宫监数十,奔波而至。"(出《神仙感遇传》)又卷九五:"忽见王庭前有神至,自称山岳川渎之神,被甲,面金色,奔波而言曰:'不知何处,忽有四五夜叉到人间,杀人食甚众,不可制,故白之。'"(出《纪闻》)又卷一七二:"包君妻兄在扬州闻之,奔波过浙江,见李公。"(出《逸史》)又卷二六三:"商旅惊波,行纲侧胆。"(出《朝野佥载》)明李翊《俗呼小录》:"跑谓之波,立谓之站。"

然则"跑"何以谓之"波"?蒋礼鸿师云:"'波逃'就是'逋逃'的假借。"并认为"波"假借为"逋",在梁以前就有用例。并举《晋书》的"波散"、《北史》的"波迸"和《法苑珠林》的"波迁"为证。按:先生说"波逃"是"逋逃"的借用,是对的,但所举"波散""波迸"和"波迁"的例证,则未必可信。"波散""波迸"和"波迁",皆可理解为像波一样地散、像波一样地迸、像波一样地迁。"波"是名词作状语,尤其是《北史》的"波散流离","波"与"流"对文,都是名词,就是像波一样地散、像流一样地离的意思。"流离"的本来意义就是像流水一样地离开,"流"是名词作状语,后来才凝固成词。"波"可以散,可以迸,可以迁,但不能逃,故"波"不能做"逃"的状语,不能修饰"逃"。所以我们同意蒋先生的意见,"波"是"逋"的借用。"波",《广韵》音博禾切,合口一等,音韵学家们大多拟作[pua],而蒲立本拟作[pwa],潘悟云拟作[pʷa],也是大同小异。"逋",《广韵》音博孤切,合口一等,音韵学家们大多拟作[puo],李荣、邵荣芬拟作[po],王力拟作

[pu]，蒲立本拟作[pou]。"波"的主要元音高化，就是[puo]，与"逋"的读音完全一样。由于合口介音容易被唇音声母同化，故[puo]实际读音很有可能读[pu]，王力先生拟作[pu]，是有道理的。既然二者同音，加上"波"是常用字，而"逋"并不常用，故抄书者完全有可能把"逋"写作"波"。《敦煌变文集·燕子赋》："阿你浦逃落藉，不曾见你膺王役，终遣官人棒脊，流向担（儋）崖、象白。""浦逃"就是"逋逃"，不能看作"波逃"的假借。又有"浮逃"，《敦煌变文集·燕子赋》："宅家今括客，特敕捉浮逃。""浮"《广韵》音缚谋切，並母，尤韵。据周祖谟研究，东汉时尤韵就开始与鱼虞韵押韵[①]。魏晋南北朝时，尤韵的部分唇音字入鱼模部（鱼韵与虞韵、模韵合流，称鱼模部）[②]，罗常培《唐五代西北方音》部分尤侯韵字也归于 u 韵[③]。看来唐初以来的口语中，"妇、负、母"等尤韵诸字已与鱼模部的读音相近，主要元音可能就是 u 或与 u 相近的音。唐五代轻唇音的绝大部分字尚未从重唇中分出，故"浮"唐五代时应该读[bu]。罗常培书中的例字中没有"浮"字，但有"否"字，《广韵》音方九切，在有韵，为尤韵的上声，罗书对音 p'u。据此，则"浮"当时也应读 p'u，与"波""逋"同音。

信受 相信并接受。此词已见于中古，近代汉语仍之。《梁书·文学下·任孝恭》："孝恭少从萧寺云法师读经论，明佛理，至是蔬食持戒，信受甚笃。"东晋法显译《大般涅盘经》卷三："一切众生，闻我所说，信受思惟，当知其人必不空闻，要得解脱。"东晋瞿昙僧伽提婆译《增壹阿含经》卷十："设吾与人说妙法者，人不信受，亦不奉行者，唐有其劳，则有所损。我今宜可默然，何须说法！"后秦佛陀耶舍共竺佛念译《长阿含经》卷十六："汝谓如来在大众中勇捍无畏，为师子吼，善能说法，诸来会者欢喜信受，而不供养耶？"

唐以前诸例的"信受"皆不带宾语，应该还是词组；唐代以后，"信受"开始带宾语，

---

① 所举例证为：梁鸿《适吴诗》流浮隅休、班固《答宾戏》虞周、阙名《高颐碑》州殊柔优。加点的字是虞韵字，其余的是尤韵字。

② 例证有：《古诗为焦仲卿妻作》"母"与"取、怒、许、户、语、府"相押。"母"尤韵字，余为鱼模部字。《宋诗·清商曲辞》："非欢独慊慊，侬意亦驱驱，双灯俱时尽，奈许两无由。"驱，虞韵字，由，尤韵字，可证。《敦煌变文集》也有这类韵例：谋（尤）、胡、苏（127 页），富（有）、慕、缶（有）、舞、肚、苦（268 页），去、护、覆（宥）、护、御（640 页），雨、护、肚、聚、负（有，680 页），敷、牟（尤）、辅、扶（793 页）、苦、妇（有）、女、主、户（793—794 页）。皆是尤侯部的唇音字与鱼模韵相押。

③ 参蒋冀骋《敦煌文献研究》，235—236 页，湖南师范大学出版社，2005 年。

应该是一个词了。《敦煌变文集·伍子胥变文》:"陛下是万人之主,统领诸邦,何得信受魏陵之言!"又:"今为平王无道,信受佞臣之言,因系慈父之身,拟将严峻,吾今远至,唤弟相随。事意不得久停,愿弟急须装束。"唐净义译《佛说五蕴皆空经》卷一:"说此法时,五苾刍等,于诸烦恼,心得解脱,信受奉行。"元稹《大嘴乌》:"专听乌喜怒,信受若神龟。"《太平广记》卷九五:"岂不能暂开经卷,少讲经旨,令天人信受。"(出《纪闻》)又:"贫道唯愿陛下无多杀戮,大损果报,其言唯此,则天信受之。"《西游记》四回:"那猴王信受奉行,即日与五斗星君到府,打开酒瓶,同众尽饮。"又九八回:"三藏叩头谢恩,信受奉行,依然对佛祖遍礼三匝,承谨归诚,领经而去。"《型世言》三五回:"大众闻言,皆忘此苦,皆大欢喜。作礼而退,信受奉行。"《禅真逸史》三八回:"印月、樵云稽首信受,方悟性无不善之理。"

伴涉　陪涉　帮涉　陪侍涉　陪伴。《敦煌变文集·舜子变》:"前家男女不孝,东院酒席常开,西院书堂常闭,夜夜伴涉恶人,不曾归来宅里。"又《庐山远公话》:"况是白庄累行要(恶)迹,伴涉凶徒,好煞恶生,以劫为治。"又:"既乃长大成人,不孝父母,五逆弥天,不近智者,伴涉(凶,原书无'凶'字,今据上下文意补)徒。"《下女(夫)词一本》:"敦煌县摄,公子伴涉,三史明闲,九经为业。"又有"陪涉",《宋会要辑稿·帝系》五:"十二月三日,诏:教诱陪涉宗室,虽不系敦宗院所管之人,并依外宗正司条法。"又《帝系》七:"七年二月二十三日,大宗正司言平江府昆山县寄居宗子希尧文身犯法等事:照对宗室为非,皆是不逞恶少之徒,苟于一时酒食钱物之利,寻访他事,故意纵臾,使之出名,谓之'陪涉'。"又:"逮至有司,但令宗室招承其罪,余人悉得幸免。恶少恃此,何惮而不为?其陪涉之法,著之令甲,非不分明,然冒犯者尚多。"又:"所有施针笔为宗室雕青之人,虽有条法,欲更比附陪涉之法,加一等断罪。"又:"在法,教诱陪涉宗室致犯罪者,徒一年。"还有"陪侍涉""帮涉",《梦粱录》卷十九"闲人":"更有一等不着业艺,食于人家者,此是无成子弟。……专精陪侍涉富豪子弟郎君,游宴执役,甘为下流,及相伴外方官员财主,到都营干。……又有一等手作人,专攻刀镊,出入宅院,趋奉郎君子弟,专为干当杂事,插花挂画,说合交易,帮涉妄作,谓之'涉儿',盖取过水之意。"按:"涉"与"陪""伴""帮""侍"组合成词,应与"陪""伴""帮""侍"意义相近,系同义语素并列组合。吴自牧认为"涉"是"取过水之义",则未必。本师蒋礼鸿先生认为是"居间、引导之义",庶几得之。详参《敦煌变文字义通释》。又,《敦煌变文集·太子成道变文(一)》:"五百释众乱涉。""乱"原卷为俗写的繁体"亂"字,《敦煌变文集》的校录者定为"乱"字,是正确的。今谓"乱"应是"部"字之误。"部"误作"亂","乱"又写作繁体,故成原卷现在的字形。"部"读作"陪"。"部"为蒲口切,厚韵字;"陪"为薄回切,灰韵字。二字双声,有讹误的可能。尽管没有必然性,但与"涉"相连,组成并列结构,我们有理由认为是"陪"字之误。"陪涉"就是陪伴的意思,置之原文,语义畅通。当然,也可将"部"看作"陪"的形近误字。

疑误(悮)《汉语大词典》释为"迷惑贻误"。举《东观汉记·尹敏传》"谶书非圣人所作,其中多近鄙别字,颇类世俗之辞,恐疑误后生"、唐陆龟蒙《甫里先生传》"先生恐疑悮后学,乃书撼而辨之"和宋洪迈《容斋随笔·浅妄书》"俗间所传浅妄之书,如所谓《云仙散录》《老杜事实》《开元天宝遗事》之属,皆绝可笑。……此皆显显可言者,固鄙浅不足攻,然颇能疑误后生也"为证。按:"疑"与"误"既不同义也不近义,"迷惑"之极就会产生"误",二者意义相关。《后汉书·安思阎皇后纪》:"而兄大将军冀鸩杀质帝,专权暴滥,忌害忠良,数以邪说疑误太后,遂立桓帝而诛李固。"又《苏竟传》:"世之俗儒末学,醒醉不分,而稽论当世,疑误视听。"《三国志·魏·孙礼传》:"假虚讼诉,疑误台阁。"西晋竺法护译《文殊支利普超三昧经》卷二:"濡首童真,果相疑误,则发此心。"中古时期的"疑误"大多是"迷惑贻误"的意思,但也有只是"误"的意思的例证,似乎已是偏义复词了。《后汉书·公孙瓒传》:"绍不能举直措枉,而专为邪媚,招来不轨,疑误社稷。""社稷"就是国家,说"误国"者有之,说"疑国"者似乎没有,可见"疑误"就是"误"。姚秦竺佛念译《出曜经》卷二五:"然财宝货尽,旧藏空竭,新藏无报,将无为兄所疑误乎?"此例的"疑误"也是"误"。也有偏义于"疑"的,《梁书·侯景传》:"比来举止,事已可见,人相疑误,想自觉知,合门大小,并付司寇。"例中的"疑误"就是"疑"。从《敦煌变文集》的用例来看,"疑误"大多偏义于"疑"。《敦煌变文集·维摩诘经讲经文(一)》:"梵王既见生疑误,引接发言寻保护。"又《太子成道变文(三)》:"莫是鬼魅妖神,莫是化生菩萨,心中疑误,决定审详,善恶二途,分明解说。"又作"疑悟","悟"为"悮"之误。《敦煌变文集·维摩诘经讲经文(四)》:"汝须听,莫疑悟,丈室维摩身病苦。"《云笈七签》卷八八:"既得事之证明,岂将心而犹豫?疑误冰泮,端倪釭流。"王灼《画堂春·春思》:"小窗瞥见一枝梅,疑误君来。"

还有"疑猜""疑阻"也是意义相关的语素组合。"疑猜"的较早词例见于敦煌变文;"疑阻"的较早词例见于《全三国文》《晋书》和东晋所译的《灌顶经》,后世直至有清一代皆有用例。还有"疑怪",但"疑"本身有"怪"义,应是同义语素并列。

捉获 "捉"是动作行为,"获"是结果,二者意义相关组合成词。此词的较早例证见于中古。《全后魏文》卷四〇"刘景晖九岁且赦后不合死坐议":"律令之外,更立余条,通相纠之路,班捉获之赏。"《北齐书·傅伏传》:"已被捉获,别路入关。"《北史·胡长仁传》:"既而捉获,因令壮士扑之,决马鞭二百。"《旧五代史·梁·太祖纪》四:"但昨捉获刘知浣是张温等二十二人。"《敦煌变文集·伍子胥变文》:"如能捉获送身,赏千斤,封邑万户。"又:"楚王捕逐于子,捉获赏赐千金;隐匿之人,诛身灭族。"又《前汉刘家太子传》:"其时捉获不得,遂遣太使占之。"又《庐山远公话》:"自拟到东都,见及上下经台,陈论过状,道我是贼,令捉获我。"又《搜神记》:"遂即访问王僧家衣(于)舍,东园里(枯井)捉获弟尸灵。"《宋史·兵志》七:"近据都统制王渊捉获溃败使臣,已管押赴宣抚副使刘鞈军前交割,依军法施行外,访闻尚有未曾出首将佐、使臣。"《金史·移剌窝斡传》:"尚书省,如节度防御使捉获窝斡者与世袭猛安,刺史捉获者与世袭谋克,驱奴、宫籍监人亦与庶人同。"《元史·刑法志》四:"随时捉获及半以上者,罚俸一月。"《元曲选·赵氏孤儿》五折:"奉主公的命,道屠岸贾兵权太重,诚恐一时激变,着程勃暗暗的自行捉获。"《水浒传》六九回:"我看此人,全仗龚旺、丁得孙为羽翼。如今羽翼被擒,可用良策,捉获此人。"《二十年目睹之怪现状》五六回:"在祖宗跟前,烧香禀告过,已经捉获奸夫,那祖宗才转悲为喜呢。"

留连 挽留。"留连"的挽留义来自它的"滞留"义,善意的滞留就是挽留。《素问·生气通天论》:"邪气留连,乃为洞泄。"《素问·疏五过论》:"尝富后贫,名曰失精。五气留连,病有所并。"此为"滞留"。用于留人,尤其是善意的留人,就是挽留。"连"与"留"不同义,但留下来,则连在一起,二者意义相关,故组合成词。姚秦竺佛念译《鼻奈耶》卷七:"跋难陀语:'知卿已食,意欲使卿更食去。'言语留连。诸比丘已去,跋难陀弟子后去不及,伴为贼所劫。""言语留连",即用言语挽留。唐义净译《根本说一切有部毘奈耶》卷二:"既被留连,报使者曰:'汝可前去,我即随行。'"《敦煌变文集·妙法莲华经讲经文(一)》:"公主闻兮苦死留连,慈母见兮殷勤安抚。"又《太子成道经》:"新妇既去者,父王亦不敢留连。"又《太子成道变文(一)》:"尔时净饭大王留连太子,太子都缘不恋皇宫。"又《伍子胥变文》:"子胥即欲前行,再三苦被留连,人情实亦难通。"《敦煌变文集新书·双恩记》:"留连虽切无心住,恳至拜辞须欲去。"又《汉语大词典》举宋代例,太晚。宋梅尧臣《翠羽辞》:"主人重客苦留连,急走钿车令去取。"宋司马光《太子太保庞公墓志铭》:"公恐虏猝犯之,败其功,乃留连其使,数与之讲议,虽抑止其懻,亦不决然绝也。"

迷闷 昏迷。"迷"为昏迷义,"闷"有憋气义,二义相关但并不同义。较早的例证见于吴支谦译《菩萨本缘经》卷一:"汝父辅相不幸薨殒,大地倾丧,人民扰动,我为之忧,其心迷闷。"东晋法显译《大般涅盘经》卷二:"今此八部,或有悲泣不能自胜,或有懊憹迷闷欲绝。"刘宋求那跋陀罗译《杂阿含经》卷二三:"王闻是语,忧恼迷闷擗地,时诸臣辈以水洗心面,良久得稣。"《水经注·溱水》:"室前盘石上,行罗十瓮,中悉是饼银,采伐遇之,不得取,取必迷闷。"《北齐书·权会传》:"会亦不觉堕驴,因尔迷闷,至明始觉。"《玄怪录·齐推女》:"李氏妻如空中坠地,初甚迷闷。"《敦煌变文集·降魔变文》:"天王回顾震睛看,二鬼迷闷而擗地。"又《庐山远公话》:"阿娘迷闷之间,乃问是男是女。"又:"若是道(道是)儿,总忘却百骨节疼痛,迷闷之中,便即含笑。"《敦煌变文集新书·双恩记》:"迷闷虽半醒,疼痛何申诉。"《聊斋志异·念秧》:"今夜旅舍,俱同念秧者宿,惊惕不敢交睫,遂致白昼迷闷。""迷闷"还有忧闷义,则词义以语素"闷"为主,"迷"是相关语素。元魏慧觉等译《贤愚经》卷三:"王搏树枝,象去王住,下树坐地,自视无复衣冠,身体伤破,生大苦恼,迷闷出林,不知从者所在。"又卷六:"时诸商人,迷闷愁忧,恐失财物,此处多贼,而复怖畏,咸共同心,向于天地日月山海一切神祇,啼哭求哀。"《敦煌变文集·八相变》:"太子作偈已了,即便归宫,迷闷忧烦,极甚不悦。"唐玄奘译《大般若波罗蜜多经》卷五七七:"乃至是善男子是善女人所摄福聚,有诸有情则便迷闷,心惑狂乱。"宋法贤译《众许摩诃帝经》卷四:"太子闻已,迷闷不乐,昼夜思念,专求出家。"又《佛说最上根本大乐金刚不空三昧大教王经》卷二:"见菩萨现忿怒相,皆大惊怖,苦恼迷闷。"

他如把捉、挑逗、慌急、和哄、怕怖、执拗、营干、败阙、逗留,皆由同义、近义的表动语素并列成词。

表动语素并列的词由动词并列的词组词汇化而来。词汇化后,词组变成词,词变成了语素,而其意义更概括,适用对象更广。

是不是所有的动词并列都会词汇化为词呢?哪些动词更容易词汇化呢?董秀芳

对此进行了较好的研究①。她认为,及物动词的并列比不及物动词的并列更容易词汇化。

按,董君的说法很有道理。两个带宾语的及物动词如果要并列,必须共一个宾语;如果不共一个宾语,这两个动词就被第一个宾语隔开了,因而无法并列。既然共带一个宾语,则其宾语对这两个动词有一定的强制作用,要求两个动词放弃各自的个性,增加共性,从而使它们成为一个整体,实现词汇化。而不及物动词由于没有宾语的强制,二者的个性得以保存,其关系也就没有那么紧密,故词汇化的难度要大一些。难度大并不是表示没有,由于它们意义相同,又处于同一线性序列上,加上双音节化的作用和人们阅读习惯(人们习惯于两个音节两个音节地阅读,这与汉语声调所形成的"平平""仄仄"的韵律有关,也与中国人的哲学观念有关。中国哲学认为:独阴不生,故阳不长,阴阳成双,和谐之方)和认知的影响,也还有一些不及物动词经过并列使用才词汇化为词的。

Ⅲ. 表形语素的并列

清亮　本为纯正、清明之义。清指品行的廉洁,亮指行事的透明,应是一个词组。《东观汉记·戴凭传》:"(蒋遵)清亮忠孝,学通古今。"《后汉书·袁安传》:"(袁忠)为沛相,乘苇车到官,以清亮称。"《晋诗·郊庙歌辞·京兆府君登歌》:"于惟曾皇,显显令德。高明清亮,匪兢柔克。"后用以形容歌曲声音,为清脆、响亮之义。声音是单质的,清脆者必响亮,不像品行那样,可以有多个方面,故形容声音的"清亮"应该是个词。隋阇那崛多等译《起世经》卷五:"种种诸鸟,和鸣清亮。"《佛本行集经》卷九:"大王!是童子声深而清亮。"韩愈《赠同游》:"无心花里鸟,更与尽情啼(自注:唤起,催归,二禽名也。唤起声如络纬圆转清亮,偏鸣于春晓,江南谓之春唤。催归,子规也。)"殷七七《阳春曲序》:"七七有异术,过润州,与客饮,云:某有一艺侑欢。顾屏上画妇人,曰:可歌阳春曲?妇人应声而歌,其音清亮,似从屏中出。"骆宾王《上郭赞府启》:"则回眸之报,不独著于前龟;清亮之音,谁专称于往笛?"李绅《墨诏持经大德神异碑铭》:"经四七日,而吴音清亮,常达圣听。"《太平广记》卷十:"啸音非常清亮,闻者莫不肃然。"又卷十七:"其歌虽非云韶九奏之乐,而清亮宛转,酬献极欢。"《梦粱录》卷

---

① 董秀芳:《词汇化:汉语双音词的衍生和发展》(修订本),113页,商务印书馆,2011年。

五"驾宿明堂斋殿行祀礼":"如笙而大者,如箫而增管者,有歌声则声清亮。"元贾仲明《吊赵天锡》:"曹公汤饼试何郎,大德名公家汴梁,《金钗剪烛》音清亮。"《元曲选外编·西游记》六本二三出:"虽不是按着宫商,一班伴乐何清亮。"《醒世恒言》卷九:"王三老和朱世远见那小学生行步舒徐,语音清亮,且作揖次第,甚有礼数,口中夸奖不绝。"《警世通言》卷六:"文君正行数步,只听得琴声清亮。"又用来形容眼睛的明亮,《红楼梦》三八回:"河里的水又碧清,坐在河当中亭子上岂不敞亮,看着水眼也清亮。"《汉语大词典》释为清净明亮,较早的例子是宋代的,苏轼《七月五日》其二:"秋来未云几,风日已清亮。""清"对风而言,"亮"对日而言,各有所承,与《红楼梦》的"清亮"比,意义上有区别。

美丽 较早的例证见于《汉书》。《汉书·董贤传》:"贤传漏在殿下,为人美丽自喜,哀帝望见,说其仪貌,识而问之。"《后汉书·班昭传》:"妇容,不必颜色美丽也。"《三国志·吴·妃嫔传》五:"以美丽得幸于权,宠冠后庭。"西晋竺法护译《佛说大净法门经》卷一:"言辞不粗,柔和美丽。"《晋书·杨皇后传》:"后少聪慧,善书,姿质美丽,闲于女工。"隋阇那崛多《佛本行集经》卷二十:"尔时菩萨以微妙语,辞采音句,美丽可观。"《全隋文》卷二九阙名"石里村造桥碑":"两盈美丽,婉娩可观。"《全唐文》卷一〇〇李志束"兴圣寺主尼法澄塔铭":"法师仁孝幼怀,容仪美丽,讲经论义,应对如流。"又卷四四七窦泉"述书赋下":"荥阳昆弟,内外光华,挥毫美丽,自是一家。"又卷七四三裴休"注华严法界观门序":"备在心不在经也(原注:如宗庙京邑之美丽在城中不在图上)。"又卷七九九皮日休"刘枣强碑":"所有歌诗千首,其美丽恢赡,自贺外世莫得比。"又卷八一七张为"诗人主客图序":"以武元衡为瑰奇美丽主。"宋词无名氏《叠青钱·作垒》:"娇娥美丽,天然秀色冰肌。"《五灯会元》卷十七:"诸方所说非不美丽,要之如赵昌画花,花虽逼真而非真花也。"《元曲选·东坡梦》二折:"柳妖娆,桃美丽,梅魂缥缈,竹影依稀。"又:"放着四位专房,这般美丽,可知不要我那白牡丹。"《元曲选外编·西游记》三本九出:"狐变成美丽,虎变作多娇,着我忍不住一场好笑。"此例用作名词。又十一出:"老汉鳏寡孤独运拙,俺孩儿风流美丽奇绝。"钟嗣成《南吕·骂玉郎过感皇恩采茶歌·四情·欢》:"春风尽日闲庭院,人美丽正芳年。"《清平山堂话本》卷一:"本处有一美丽歌妓。"《初刻拍案惊奇》卷十二:"一个头扎临清帕,身穿青绸衫,且是生得美丽。"《警世通言》卷二一:"俺与你萍水相逢,出身相救,实出恻隐之心,非贪美丽之貌。"《红楼梦》五回:"然品格端方,容貌美丽,人人都说黛玉所不及。"

整齐 《说文》:"整,齐也。""齐,禾麦吐穗上平也。"本为形容词,尽管也有动词用法,但皆为形容词的活用。较早的用例见于先秦。《商君书·赏刑》:"当此时也,赏禄不行,而民整齐。"《史记·乐书》二:"闻羽音,使人整齐而好礼。"《汉书·司马迁传》:"余所谓述故事,整齐其世传,非所谓作也。"此用作动词。《后汉书·岑彭传》:"彭首破荆门,长驱武阳,持军整齐,秋豪无犯。"《三国志·魏·夏侯玄传》:"自州郡中正品度官才之来,有年载矣,缅缅纷纷,未闻整齐,岂非分叙参错,各失其要之所由哉!"《晋书·苻坚载记》上:"王猛整齐风俗,政理称举,学校渐兴。"此用作动词。南朝陈真谛译《佛说立世阿毗昙论》卷八:"譬如世人所着衣服,纵横长短不能整齐。"《全后魏文》太武帝"禁私立学校诏":"自顷以来,军国多事,未宣文教,非所以整齐风俗示轨则于天下也。"《颜氏家训》卷一:"业以整齐门内,提撕子孙。"唐欧阳炯《题景焕画应天寺壁天王歌》:"圣王怒色览东西,剑刃一挥皆整齐。"《全唐文》卷三六七贾至"论王去荣打杀本部县令表":"则祸乱不日而定,师旅因兹整齐矣。"宋无名氏《玉楼春·又蜡梅》:"腊前先报东君信,清似龙涎香得润。黄轻不肯整齐开,比着红梅仍旧韵。"此用作副词。《朱子语类》卷四五:"闻其身上极不整齐。"《元曲选外编·剪发待宾》三折:"这顿饭如法要整齐,着他每放心的吃。"宋代以后,动词用法减少,形容词用法增多;明代以后,除书面语外,在口语作品中基本上是形容词用法了。《二刻拍案惊奇》三例"整齐",《醒世恒言》十六例"整齐",皆形容词用法;《警世通言》十例"整齐",只有一例用作动词;《三国演义》六例"整齐",《水浒传》十三例"整齐",《西游记》十三例"整齐",皆形容词用法。与现代汉语没有什么区别了。其重叠形式"整整齐齐"较早的用例见于宋胡浩然词。

轻易 《现代汉语八百词》认为是形容词,是简单容易的意思。《说文》:"轻,轻车也。"段注:"《周礼》:'轻车之萃。'郑曰:'轻车,所用驰敌致师之车也。汉之发材官轻车,亦谓兵车。'轻本车名,故字从车。引申为凡轻重之轻。"由此看来,其本义是名词,引申义为形容词,由于名词的意义后世很少使用,故我们把它看作形容词。易,《说文》作"傷",训为"轻也"。段注:"《苍颉篇》曰:'傷,慢也。'《广韵》曰:'傷,相轻慢也。'自易专行而傷废矣。《礼记》:'易慢之心入之矣。'注:'易,轻易也。'《国语》:'贵货而易土。'注:'易,轻也。'《国策》注、《吕览》注、《汉书》注皆同,凡皆傷之假借字也。"按,对人轻则为怠慢,故引申有慢易之义。事物本身轻,则比较简单,故引申有简易之义;就人而言,简单的事物容易对付,故引申有容易之义。

"易"与"轻"连用,组成"轻易"一语,较早的例证见于《史记》,用作动词,是慢易的意思。《史记·苏秦列传》:"此一人之身,富贵则亲戚畏惧之,贫贱则轻易之,况众人乎!"其他的例证有《汉书·武五子传》:"平闻左将军素轻易,车骑将军少而骄。"《淮南子》十八卷:"虞氏富氏之日久矣,而常有轻易人之志。"《说苑》卷十二:"念思非无钱以买鹄也,恶有为其君使,轻易其弊者乎?"后汉安世高译《佛说分别善恶所起经》:"当作下贱丑恶,为人所轻易。"支娄迦谶译《佛说无量清净平等觉经》卷四:"复不孝顺供养父母,轻易师父知识。"

怠慢别人,自己的行为必然轻率、随便,故引申有轻率、随便之义,是形容词。较早的例证见于《三国志》,《汉语大词典》举《三国演义》例证,太晚。《三国志·魏·程昱传》:"今见昱兵少,必轻易不来攻。"《后汉书·刘尚传》:"安性轻易贪恣,数微服出入,游观国中,取官属车马刀剑,下至卫士米肉,皆不与直。"《晋书·郭璞传》:"璞亦以才学见重,埒于峤、亮,论者美之。然性轻易,不修威仪,嗜酒好色,时或过度。"《全唐文》卷一〇一"申明门禁敕":"皇墙大内,本尚深严,宫禁诸门,岂宜轻易。"杜荀鹤《恩门致书远及山居因献之》:"若把白衣轻易脱,却成青桂偶然攀。"宋李纲《靖康传信录》卷三:"乃诏宣抚司不得轻易进兵,而议和之使纷然于道路矣。"范晞文《对床夜话》卷二:"双字用于五言,视七言为难,盖一联十字耳,苟轻易放过,则何所取也。"

由此义进一步引申,就是简单、容易。较早的例证见于明代。《汉语大词典》举瞿秋白文为证,太晚。《警世通言》卷十五:"若此银果然是他所盗,便当严刑究讯,此非轻易之事。"《说岳全传》七回:"老叔伯大家资,又有许多人口,为了小侄都要迁往汤阴居住,也不是轻易的事,还求斟酌。"《野叟曝言》一三六回:"四十至五十者,力不及学,令作细巧轻易手艺。"吕熊《女仙外史》五六回:"贫道须查明他的来历,然后可以驱遣,也莫看得轻易。"《绮楼重梦》十五回:"将帅是三军司命,不轻易的。"《天豹图》六回:"怎么说得如此轻易的事?"

简单 《说文》:"简,牒也。"段氏于"牒"下注:"木部云:'札,牒也。'《左传》曰:'右师不敢对,受牒而退。'司马贞曰:'牒,小木札也。'按厚者为牍,薄者为牒。牒之言枼也,叶也。"冀骋按,"简"是构成书册的最小单位,朱骏声说:联简为编,编之为册,故引申有单独之义,其引申义为形容词。"单,大言也。"大言可引申为大,而其单独之义所从何来?段玉裁说:"引申为双之反对。"但"大言"无论如何不能引申为"双之反对",所以段氏的解释不可信。《说文》有"禅"字,训为"衣不重。"衣不重,当然有单独、单一之义。"单"的"单一、单独"义应来自"禅",是"禅"的假借。

"简""单"并列使用的较早例证见于宋撰佛经,宋元照撰《四分律行事抄资持记》卷中:"若下简单心,疏约瞥尔重缘分之,弥善。"元明未见用例,清代中晚期才见较多的例证。乾隆年间中都遗叟编次的《说唐三传》三一回:"遂将劝降反杀,误跌剑锋,二哥已骨肉相残,简单说了一遍。"文康《儿女英雄传》二六回:"怎么我的陪送就该那等简单?"曾朴《孽海花》二八回:"当时就写了一封汉文的简单警告,径寄威毅伯,就算他的哀的美敦书了。"黄浚《花随人圣庵摭忆》:"以欧人调查,皆谓北部摧残森林之方法,虽属简单,但其效率至大。"夏仁虎《旧京琐记·卷七》:"当洋兵分管地面时,犯人治罪仍送刑部行之。余常见其公文甚简单而明括,曰犯人某,犯何事,应何罪,如是而已。"

确实 《说文》:"塙,坚不可拔也。"段注:"坚者,刚土也。拔者,擢也。不可拔者,不可擢而起之也。《易·文言》曰:'确乎其不可拔,潜龙也。'虞翻曰:'确,刚貌也。'郑曰:'坚高之皃。'按今《易》皆作确。……今俗字作确,乃確字之变耳。"凡坚物必实,故引申有"实"义。《庄子·应帝王》:"确乎能其事者而已矣。"成玄英注:"确,实也。"《说文》:"实,富也。"段注:"贯为货物,以货物充于屋下是为实。"有货物在屋下,心里踏实,故引申有实在、诚实之义。《国语·吴语》:"则何实以事吴。"韦昭注:"实,实事也。"实事必实在,故引申有实在之义。《孙子·虚实》:"兵之形,避实而击虚。"实则必诚,故引申有"诚"义。《楚辞·离骚》:"羌无实而容长。"《楚辞·刘向〈九叹·逢纷〉》:"后听虚而黜实兮,不吾理而顺情。"王逸注:"实,诚也。"用作修饰语,则为"的确"之义。《左传·庄公八年》:"我实不德,齐师何罪?"

"确""实"并列使用的较早例证见于南北朝。《全梁文》卷二"敕诸州月一讯狱诏":"深惧怀冤就鞫,匪唯一方。可申敕诸州,月一临讯,博询择善,务在确实。"但仅见此一例。唐代开始,例证开始多了起来。《全唐文》卷二十"将行释奠礼令":"舍兹确实,竞彼浮华,取悦无知,见嗤有识。"又卷二二九:"公雅珍确实,不尚华靡,敬慎风规,直纪行事。"皆用作名词。唐无名氏《题焚经台》:"确实是非凭烈焰,要分真伪筑高台。"此用作动词。唐戴孚《广异记》:"言词确实,容服高贵,陶甚敬待。"此为形容词作谓语。宋代例证有《文献通考·田赋考》一:"至于斟酌古今,究竟利病,则莫如老泉、水心二公之论最为确实。"《朱子语类》卷十八:"程子说得确实平易,读着意味愈长。"这个"确实"应看作形容词,与"平易"并列,不是副词。又卷一三九:"南丰文字确实。"《宋史·刘珙传》:"陈俊卿忠良确实,可以任重致远。"唐代开始出现副词用法,修饰动词,但皆见于汉译佛经和解释佛经的述记。唐般剌蜜帝译《楞严经》卷二:"若必有见,现在汝前。汝应以手确实指陈何者是见。"窥基撰《成唯识论述记》卷六:"此中何者是信自相,确实论其自相是何?"玄嶷《甄正论》卷中:"确实论之,并无其事。"《苏辙集·栾城集》卷四五:"委自逐司子细体究,详具逐州确实利害因依。"《朱子语类》卷一〇一:"上蔡语虽不能无过,然都是确实做工夫来。"又:"须是确实有志而才敏,方可。"《文献通考·选举考》五:"取士之弊,人人能言之,然晦庵、平甫二公之说,则不废科目之法,而自足以救科目之弊,其说犹为确实可行云。"元普度编《庐山莲宗宝鉴》卷十:"寻访真知决择心要,确实念佛求悟大乘。"又:"凛凛神威阿谁敢近?作家汉确实论量。"元熙仲集《历朝释氏资鉴》卷一一:"上智利根,惟务确实研究。"明李贽《焚书》卷二:"所以说这种俗儒确实是天下人的灾祸,十分毒害人民。"又卷四:"我老矣,冻手冻笔,作字甚难,慎勿草草,须时时与明因确实理会。"

现代汉语的"确实"只有形容词和副词的用法。

普遍 《说文》:"普,日无色也。从日,竝声。"段注:"此义古籍少用。衣部祫下曰:'无色也,读若普。'两无色同读,是则普之本义实训日无色,今字借为溥大字耳。今《诗》'溥天之下',孟子及汉人引《诗》皆作'普天'。赵岐曰:'普,徧也。'"按,"日无色"之训,古籍未见用例,段氏以语源义证"无色"之训,可谓煞费苦心。因字从日,故许慎释为"日无色",其较早的字形是否从日,尚不可知。若依许慎,则"普遍"之"普"实"溥"字之假借,《说文》:"溥,大也。"大则必遍,故引申有"遍"义。《诗·大雅·召旻》:"溥斯害矣。"郑笺:"溥犹徧也。"宋玉《风赋》:"溥畅而至。"吕延济注:"溥,徧也。"《礼记·中庸》:"溥博渊泉。"孔颖达疏:"溥,谓无不周徧。"徧今写作遍,是知普、遍同义。

"普遍(徧)"连用较早的例证见于西晋的汉译佛经。可用作动词,带地点宾语。竺法护译《德光太子经》卷一:"其一珠光明照四十里,普遍佛国。"又:"普遍三千国,消灭诸恶道。"也可将此例理解为"佛国"前的介词省略,但从其他例证来看,未见"佛国"

等地点名词前有介词的用例,故我们认为是带地点宾语。可用作谓语,为形容词,竺法护译《修行地道经》卷七:"如来之行,不因言说而至正觉,如日大光一时普遍。"《光赞经》卷八:"及诸天上天下诸天、人民、诸阿须伦,光明普遍。"可用作状语,《生经》卷一:"彼于异时,其人不现,普徧行索,不知所凑。"《普曜经》卷三:"其身威神光,明彻普遍照。"竺法护译《光赞经》卷六:"彼何谓普遍虚空三昧?住是定意时,一切三昧普遍虚空无所不周,是谓普遍虚空三昧。"还可用作定语,西晋无罗叉译《放光般若经》卷十七:"菩萨于中学已,当具足萨云若慧,消诸习绪,具足成相,得普遍光明。"东晋瞿昙僧伽提婆译《增壹阿含经》卷五:"有普遍心,便自觉知有普遍心;无普遍心,便自觉知无普遍心。"

唐宋至今,除带地点宾语的用法外,其他用法皆沿袭了下来。唐丰干《壁上诗》:"法界即无边,一法普徧该。"《朱子语类》卷六二:"戒惧无个起头处,只是普遍都用。"《元曲选外编·野猿听经》四折:"动仙音清霄普遍,列幢幡飘摇皆现。"中土文献中,清代用例最多,例繁不备引。

形容语素的并列成词在意义上可以使词义表达更丰富、更完整、更全面。如果不并列,仅靠单个的语素,则使意义表达单薄、狭窄、片面,如只是一个语素"清",则只有"明"和"洁"的意思。《说文》云:"朖也。澄水之皃。"段注:"朖者,明也。澄而后明,故云澄水之貌。引申之,凡洁曰清。凡人洁之亦曰清,同瀞。"如果与"亮"或"丽"并列,成为"清亮""清丽",在"清"的基础上,还可表达"响亮""明亮"、"美丽""秀丽"的意思,表达的意义更丰富了。从音节的角度来看,使单音节变成了双音节,既符合汉语词汇发展的总趋势,又符合汉语语音节奏双音步的规矩。

是不是所有的表形语素都能构成双音节并列词并能流传下来呢?答案是否定的。表状态的形容语素一般不能并列成词,而表性质的形容语素则可以并列成词。如我们没有"皑皎",但却有"明白",原因是"皑""皎"是表状态的形容语素,"皑"形容雪的状态,"皎"形容月的状态,故不能并列成词,而"明"和"白"是表性质的形容语素,故能并列成词。尽管表状态形容语素不能两两并列成词,但却能与表性质形容语素并列成词。如"皑"与"白"并列成"皑白",郭沫若《豕蹄·楚霸王自杀》:"连日的大雪把乌江浦附近的江岸化成了一片皑白。"但其表述的对象仍然是"雪"。"皎"与"亮"并列为"皎亮"。《敦煌变文集·伍子胥变文》:"属风浪静,山林皎亮,日月贞明,雾卷青天,云归沧海。""皎"与"洁"并列,成为"皎洁",汉班婕妤《怨歌行》:"新裂齐纨素,皎洁如霜雪。裁为合欢扇,团团似明月。"南朝宋谢灵运《怨晓月赋》:"浮云褰兮收泛滟,明舒照兮殊皎洁。"

为什么只有表性质的形容语素才能并列成词,而表状态的形容语素则不能并列成词呢?原因在于表状态的形容语素与具体的物象结合得比较紧密,如"皑"与雪的形象联系在一起,"皎"与月的形象联系在一起,离开了具体物象,它就不能使用,故两个表具体物象的状态形容语素不能并列成词。表状态形容语素要成为双音节并列词,必须与表性质的形容语素并列。由于表性质形容语素不与特定的具体物象联系在一起,它的修饰对象已经泛化,故同类的形容语素可以并列成词。如"明"与"白"并列为"明白","明""白"皆为表性质形容语素。

Ⅳ. 其他语素的同义并列

其他语素指由副词降格而来的语素,它们单用时本是副词,并列成词后降格为语素。副词作为一个词类,在概念的分类上与名词、动词、形容词没有同一性;名、动、形是依据概念的内涵来命名的,副词是按照它在句中的位置命名的。由于它没有单一的、具体的内涵,所以我们不好用"表……语素"来指称它。它们大多是意义相同的表程度、速度、范围、频率、推测的语素的并列。

即便 "即""便"既是表时间语素,又是表关系语素;并列成词,既有表时间的用法,也有表关系的用法。表时间是"立即"的意思,表关系是"即使"的意思,表示让步和条件关系。"即""便"连言,较早的例证见于汉,但不是词,而是词组,是"就便、在便中"的意思。《风俗通义》卷二:"文帝礼言事者,不伤其意,群臣无小大,至即便从容言。上止辇听之,其言可者称善,不可者喜笑而已。"真正的时间副词"即便",见于《三国志》,《三国志·魏·朱建平传》:"帝将乘马,马恶衣香,惊咬文帝膝,帝大怒,即便杀之。"又《蜀·张裔传》:"权言笑欢悦,有器裔之色。裔出阁,深悔不能阳愚,即便就船,倍道兼行。权果追之,裔已入永安界数十里,追者不能及。"《抱朴子》卷四:"欲隐形及先知未然方来之事,及住年不老,服黄丹一刀圭,即便长生不老矣。"《齐民要术》卷八:"豆若着地,即便烂矣。"《宋书·武帝纪》中:"诏草既成,送呈天子使书之,天子即便操笔。"《唐律疏议》卷二一:"斗殴谓以手足击人,明是虽未损伤,下手即便获罪。"张籍《书怀》:"未能即便休官去,惭愧南山采药翁。"程长文《狱中书情上使君》:"县僚曾未知情绪,即便教人絷囹圄。"《敦煌变文集·前汉刘家太子传》:"走至下阶,即便拜舞。"《朱子语类》卷六:"存得此心,即便是仁。"又卷十八:"举此一端,即便可见。"《元曲选·范张鸡黍》三折:"母亲你伴魂幡即便回,婶子共侄儿休落后。"《元曲选外编·吕洞宾》二折:"将行李即便收拾,践程途远路奔驰。"《三国演义》十一回:"吾知北海粮广,可借一万石,即便退兵;不然,打破城池,老幼不留!"

  表让步关系的较早例证见于元明之际,元念常集《佛祖历代通载》卷一:"彼等有情,即便更活,复相斫害。"明一如集注《法华经科注》卷七:"主人如教,通晓念佛诵戒,鬼莫能害。鬼神之法,人令其杀,即便欲杀,但彼有不可杀之德,法当却杀其使鬼者。"《剪灯新话·三山福地志》:"今为三杯薄酒所卖,即便不出一言,吾等何所望也。"《醒世姻缘传》二三回:"自己的伯叔兄长,这是不必说的。即便是父辈的朋友,乡党中有那不认得的高年老者,那少年们遇着的,大有逊让,不敢轻薄侮慢。"《镜花缘》四回:"即便朕要挽回造化,命他百花齐放,他又焉能违拗!"清光绪年间刊醉月山人著《狐狸缘全传》十回:"他所仗的无非口巧舌辩,真本领半点皆无,不过哄骗愚人,诓取财物而已。即便他来,这又何足惧哉!"又十二回:"即便有这些女子,既为他们家捉妖,岂肯将符揭将下来?"《老残游记续集遗稿》三回:"即便一宿不睡,我也不困,谈谈最好。"

  悉皆 较早的用例见于后汉。《全后汉文》卷三明帝"即位恩赦诏":"中二千石下至黄绶,贬罪赎论者,悉皆复秩还赎。"后汉支娄迦谶译《佛说无量清净平等觉经》卷一:"积功累德无央数劫,自致作佛悉皆得之。"又卷四:"于虚空中悉皆供养。"《太平经》卷三九"真券诀第五十一":"夫欲效是非,悉皆案此为法,可勿怀狐疑。"《三国志·吴·蒋钦传》:"权叹其在贵守约,即敕御府为母作锦被,改易帷帐,妻妾衣服悉皆锦绣。"《齐民要术》卷五:"又至明年正月,斸去恶者,其一株上有七八根生者,悉皆斫去,唯留一根粗直好者。"《水经注》卷三九:"豫章水又径其郡南,城中有井,其水色半清半黄,黄者如灰汁,取作饮粥,悉皆金色,而甚芬香。"《全唐文》卷一"置社仓诏":"田亩之赋,一切蠲除;锱铢之律,悉皆停断。"《敦煌变文集·伍子胥变文》:"其子胥上知天文,下知地理,中知人情,文经武纬,一切鬼神,悉皆通变。"又《庐山远公话》:"应是山间鬼神,悉皆到来。"《祖堂集》卷一:"坐至三更,五百宫人,悉皆得睡。"《三朝北盟会编》卷六:"一切横敛悉皆除去。"《云笈七签》卷十三:"若县官口舌,书六庚六辛符,并呼其神姓名,又呼甲辰神,官符口舌悉皆解散。"宋蔡伸《踏莎行·又》:"四众归依,悉皆欢喜。"元王伯成《般涉调·哨遍·项羽自刎》:"今日悉皆扫荡,上合天统,下应民情。"《三国演义》九回:"但系董卓亲属,不分老幼,悉皆诛戮。"《醒世恒言》卷四:"秋公日饲百花,渐渐习惯,遂谢绝了烟火之物。所鬻果实钱钞,悉皆布施。"《警世通言》卷十:"宽仁惠爱,劝化凶顽,悉皆奉业守约,廉谨公平。"《拍案惊奇》卷三:"侍立左右及羽林摆立仗下军士,手中所拿的东西悉皆震落。"《红楼梦》三回:"果见正房厢庑游廊,悉皆小巧别致。"

按,自宋代以来,此词不见于口语性较强的作品。《朱子语类》未见用例,《全宋词》只有三例,但都与特定的内容有关,如佛教,除此外,未见用例。《元曲》只有二例,一例见于宾白,一例见于韵文,但都是文气较浓的文字,不是地道的口语。明清小说也未见对话中出现此词。我们怀疑,此词自宋以后已是一个文言词。

每常 常常、平常的意思。《说文》:"每,艸盛上出也。"段注:"今俗语言每每者,不一端之辞,皆盛也。"段氏认为副词"每每"是"盛"义的引申。朱骏声说:"《三苍》:每,非一定之辞也。每亦数也。"也没有合理的解释,但"每"有"常"义,却是肯定的。《说文》:"常,下裙也。"段注:"引申为经常字。"段氏未说明引申路径,显得有点武断。朱骏声说:"度数莫长于常,故曰常矣。"朱氏从度数"寻""常"的角度来说明"常常"义的来源,可备一说。八尺为寻,倍寻为常。由于短小而引申为常常之义,短小之物比较常见,故有此引申。但从下裙也可引申出常常之义。男人上衣可以不穿,下裙是必须穿的,必穿之物必常用,故引申有"常常"之义。故"每""常"为同义连用。较早的例证见于魏晋。《全三国文》卷四七"与山巨源绝交书":"每常小便而忍不起,令胞中略转乃起耳。"《三国志·魏·田畴传》:"此道,秋夏每常有水,浅不通车马,深不载舟船,为难久矣。"西晋安法钦译《阿育王传》卷六:"时南天竺有族姓子,入佛法出家,善解造作塔寺,所行来处,诸比丘僧每常请作僧房塔寺。"《颜氏家训·序致第一》:"二十已后,大过稀焉;每常心共口敌,性与情竞,夜觉晓非,今悔昨失,自怜无教,以至于斯。"《魏书·岛夷萧道成传》:"宝卷每常轻骑戎服,往此诸家,与之宴饮。"《通典》卷十九:"其相知表启通举者,每常有之。"《全唐文》卷六一"处分诸司食利钱敕":"仍委御史台勾当,每常至年终勘会处分。"元稹《代九九》:"每常同坐卧,不省暂参差。"《敦煌变文集·目连缘起》:"在世每常修十善,将为生天往净方(土)。"宋净端《苏幕遮》:"遇荒年,每常见。"《欧阳修集》卷九六:"窃比古人,每常嗟其巽懦。"《朱子语类》卷十七:"每常思量着,极好笑,自那原头来便如此了。"《元曲选外编·拜月亭》一折:"每常我听得绰的说个女婿,我早豁地离了坐位。"《杀狗记》十三出:"你每常间和柳龙卿、胡子传两个,吃得酒淹衫袖湿,花压帽檐低。"《三国演义》三七回:"众问孔明之志若何,孔明但笑而不答。每常自比管仲、乐毅,其才不可量也。"《水浒传》十五回:"若是每常要三五十尾也有,莫说十数个。"《西游记》十八回:"我因今日有些不自在,若每常好时,便起来开门等你了。"《金瓶梅》五八回:"每常在人前会那等撇清儿说话。"《醒世恒言》卷九:"每常朱小娘子伏侍丈夫先睡,自己灯下还做针指,直待公婆都睡了,方才就寝。"《拍案惊奇》卷十七:"每常如此放肆惯了,不以为意。"《红楼梦》五一回:"王太医和张太医每常来了,也并没个给钱的,不过每年四节大趸送礼,那是一定的年例。"

  约莫 大概的意思。又写作约摸。约,大约;莫,大概,估计。二词同义并列,经词汇化成为词,而"约""莫"则由词变为语素。"约""莫"连用较早的例证见于宋。从现有文献看,它的初始形式是词,未见用作词组的例证。它的词汇化过程,我们难以从文献中看到了,但我们相信,它们应经过了一个词汇化过程。《汉语大词典》引唐高适《自淇涉黄河》"约莫三十年,中心无所向"作为最早例证,有问题。"约莫"是"钓鱼"二字之误。按,高适《自淇涉黄河》共十三首,例句为第三首的七、八句,前面的第三、四句为"手持青竹竿,日暮淇水上",说的正是"钓鱼",故"约莫"二字为"钓鱼"二字之形误。刘辰翁《疏影》:"约莫是、打围归际。又谁知、别忆烹茶,冷落故家愁思。"侯置《点绛唇》:"约莫香来,倚阑低瞰花如雪。怨深愁绝,瘦似年时节。"宋沈孟桦叙述《济颠道济禅师语录》卷一:"约莫西天十万里,迅步虚空在目前。"《张协状元》八出:"我们约莫记得,客长到被它打。"《清平山堂话本》:"约莫二更天气,清一领了红莲径到长老房中。"《西游记》三十回:"他见那星移斗转,约莫有三更时分。"《水浒传》一回:"揽葛攀藤,约莫走过了数个山头。"《金瓶梅》七九回:"月娘叫小玉熬下粥,约莫等到饭时前后,还不见进来。"《醒世恒言》卷三:"约莫走了二里之程,心上又苦,腹中又饥。"《喻世明言》卷一:"约莫半酣,婆子又把酒去劝两个丫鬟。"《警世通言》卷一:"行于樵径,约莫十数里,出一谷口,伯牙站住。"《拍案惊奇》卷四:"约莫有十数里,方得石磴。"《二刻拍案惊奇》卷三七:"只见一辆车子倒在地上,内有无数物件,金银钞币,约莫有数十万光景。"《型世言》三回:"递出五十个钱来,一半是低钱,换了又换,约莫半个时辰才去。"《三遂平妖传》五回:"彼时月色不甚明亮,约莫一个像男子,一个像妇人。"《老残游记》十二回:"看那河身不过百十丈宽,当中大溜约莫不过二三十丈。"《儿女英雄传》四回:"约莫也有个二百四五十斤重。"有时也用作动词,《金瓶梅》二回:"落后闹惯了,自此妇人约莫武大归来时分,先自去收帘子,关上大门。"《孽海花》三回:"年纪约莫三十来岁。"《飞龙全传》九回:"此时约莫二更天气。"《七剑十三侠》五十回:"中间一村房屋,约莫数十余家。"《儿女英雄传》七回:"只见他年纪约莫五十余岁。"汉语中表年纪的数量词和时间词可以直接做谓语,名词和数量词、时间词之间不需要动词,故这些"约莫"除《金瓶梅》二回的例证外,都应看作副词。

作"约摸"的例证如《朱子语类》卷九:"若不识得时,只约摸恁地说,两只脚也得,三只脚也得。"又卷十五:"固是要见到那里。然也约摸是见得,直到物格、知至,那时方信得及。"《西游记》八回:"未定,约摸二三年间,或可至此。"《醒世恒言》卷二三:"光阴荏苒,约摸有一年多光景。"《熊龙峰四种小说·张生彩鸾灯传》:"况舜美也约摸着有五六分上手,那女娘子迳往盐桥,进广福庙中拈香。"《醒世姻缘传》十八回:"约摸自己箱内不消愁得没的用度。"《孽海花》十五回:"约摸进去了一点钟光景,忽听大门开处,嘻嘻哈哈一阵人声。"《官场现形记》五回:"约摸有四更时分便已起身,怕的是误了天亮接印。"

便乃 "便""乃"都有副词用法,表示两件事情接着发生,如果前面是一个句子,则起连接作用。二词并列使用,或用作连词,起承接作用,相当于"于是";或用作副词,表示两件事情接着发生。较早的例证见于东汉。《风俗通义》卷四:"何有忘百姓涂炭之急,便乃光昭旧交之门乎!"《北史·贺若敦传》:"敦弃马步逐,至山半,便乃掣之而下。"《全唐文》卷八一七"赤石楼隐难记":"其后便乃清平,干戈不扰,人忘往难,无复再游。"《敦煌变文集新书·双恩记》:"会中维那便乃从头礼请。"《云笈七签》卷二:"天欲化物,无方可变,便乃置生日月在其中,下照暗冥。"《景德传灯录》卷十二:"便乃告寂。"庄绰《鸡肋编》卷下:"逾年之后,性极通慧,初不识字,便乃能操笔,书有楷法。"《大宋宣和遗事·利集》:"平时童大王作多少威福,一旦金虏渝盟,便乃畏怯如此。"《水浒传》五十回:"顾大嫂先拨人兵保护乐大娘子,却自拿了两把双刀,在堂前趸,只听风声,便乃下手。"《醒世恒言》卷二:"许武既归,省视先茔已毕,便乃纳还官诰,只推有病,不愿为官。"《官场现形记》九回:"王道台见他总是一味推诿,也不值再去逼他,便乃一笑,端茶送客。"《济公全传》二一回:"瞧到得意之处,自己便乃拍案惊奇。"此例用作副词。

我们检索了《全宋词》和《全元曲》,皆未见"便乃"的用例。"便乃"表行为的承接,常用于记事和说理的文字中;宋词主要是抒情的,所有的写景、叙述皆为了抒情,故连接词用得很少。宋词中既没有"便乃",也没有"遂乃",只有一个"就是",但不是表承接的,而是表纵使、假设的。"于是"也用得很少,只有几例,且大多是"于此"的意思,不用作连词。元曲口语性很强,但也没有"便乃",可能的原因是当时北方话的口语中已经不用此词了。明代小说《水浒传》《醒世恒言》有"便乃",可能与作者的吴方言背景有关,或者带有文言色彩,而带有山东话(有人对此持不同意见)色彩的《金瓶梅》就没有此词。清代口语性强的小说也未见此词,可能已成为文言了。

这类由副词并列经词汇化而成的词不太多。汉语中形容词可置于动词前,故形容词和副词的界线很难划分。很多词既有形容词用法,也有副词用法,故真正的纯副词(没有形容词用法,只有副词用法)本来就不多,从而导致由副词并列经词汇化而成的词很少。

这类词的产生是汉语词汇双音节化的产物。动词双音化必然要求修饰它的副词也是双音节词。同义并列构词既可满足双音节动词对副词的形式要求,也可满足动词对副词的语义要求。

(2)反义或对义语素并列

世界上的事物有正面就有反面。正与反既是对立的,又是统一的。对立的一面使它们水火不容,阵线鲜明;统一的一面使它们互相补充,互相依存。就语言来说,反义词在语用上可使记事更加清晰,说理更加全面,表情更加准确;在构词方面,反义语素的组合可增加词的表现力,使新词能表达更为丰富的内容和一些抽象的概念。就语素在语词意义中所起作用而言,有几种情况:有正反两语素在语词中并列表义者(学者们或称并指),如"存亡"(存在和灭亡的意思)、"赏罚"(奖励和处罚的意思)、"毁赞"(诋毁和赞扬的意思),实际上是个词组;有构词语素在语词中单方表义者(学者们或称偏指),如"缓急""得失""利害",这种情况应该是词;有构词语素在语词中合成表义者(学者们或称泛指),如"动静"(情况的意思。情况的变化,不是动就是静,故用"动""静"二字组合,合成其义以指称)、"东西"(物品)、"早晚"(时间)。从构成语素的性质来说,有表名语素、表动语素、表形语素和其他语素的反义、对义并列:

Ⅰ.表名语素的反义、对义并列

可分几种情况:

ⅰ.表时间语素者

早晚 本是早晨和晚上的意思。二语素意义相对,用以表达时间的先后,是个词组。《三国志·魏·王朗传》:"盖生育有早晚,所产有众寡也。"《晋书·刘毅传》:"器有大小,达有早晚。"又《羊曼传》:"客来早者得佳设,日宴则渐罄,不复及精,随客早晚而不问贵贱。"又《昙霍传》:"人之生死自有定期,圣人亦不能转祸为福,昙霍安能延命邪!正可知早晚耳。"

近代汉语中用以表时间,词义由具体的早晚变成了较抽象的时间。因句式的不同,可以有不同的理解。在叙述句中,如果用作名词,是"时间、时候"的意思;如果用作副词,是"时时,天天"的意思。

前者如《三国志·魏·明帝纪》三:"其春夏秋冬孟仲季月虽与正岁不同,至于郊祀、迎气、礿祠、蒸尝、巡狩、搜田、分至启闭,班宣时令、中气早晚,敬授民事,皆以正岁斗建为历数之序。"《旧唐书·职官志》二:"租则准州土收获早晚,量事而敛之。"又《薛怀义传》:"以子克义娶魏王武承嗣女,内门参问,不限早晚,见则尽欢。"这些"早晚"既可理解为"早还是晚",也可理解为"时间"。正是这些可以做两种理解的状况,为"早晚"的词汇化提供了条件。作为一种未确定的时间,要么"早",要么"晚",故可用"早""晚"来指称它,原来的词组也就变成了词。宋程垓《沁园春·又·谢刘小山频寄所作》:"频相见,怕熏风早晚,便隔天隅。""熏风早晚"就是"熏风时节"。管鉴《满江红·北岩寺饯别张子仪,醉归口占》:"得意春风群玉府,第名早晚黄金阙。""早晚"对"春风",应是名词,是"时候"的意思。当"早晚"用指代词来修饰时,它的词汇化就完成了。《元曲选·隔江斗智》三折楔子:"我着你换上青骢前路发,这早晚周瑜没乱杀。"又《墙头马上》二折:"(云)梅香,这早晚多早晚也?(梅香云)是申牌时候了。"又《范张鸡黍》一折:"理会得,我出的这门来,怎生这早晚不见俺那哥哥来也?"《元曲选外编·村乐堂》二折:"是谁人这早晚不寻常?俺的把曲槛斜穿,呀的将角门儿开放。是谁人这早晚往花园里撞?这厮引定谁家一个艳妆?"周德清《越调·柳营曲·有所思》:"猜,多早晚到书斋?"《西游记》十七回:"只斗到这早晚,不分上下。"又二四回:"好女婿呀!这早晚还不起来谢亲,又不到师父处报喜,还在这里卖解儿耍子哩!"

后者如唐韩翃《送山阴姚丞携妓之任》："他日如寻始宁墅，题诗早晚寄西人。"钱起《田鹤》："单飞后片雪，早晚及前侣。"宋舒亶《鹊桥仙·吕使君饯会》："两堤芳草一江云，早晚是西楼望处。"李璧《江城子·劝酒》："好是上林多少树，应早晚，待公来。"元无名氏《中吕·快活三过朝天子》："恹煎成病，怎生奈何，早晚着床卧。"《元曲选·隔江斗智》二折："母亲！您孩儿有些不成器，早晚要你照顾咱。"《水浒传》二回："这厮们既然大弄，必然早晚要来俺村中罗唣。"

在疑问句中，是"何时"的意思。《魏书·李顺传》："若如卿言，则效在无远，其子必复袭世，袭世之后，早晚当灭？"《隋书·万宝常传》："大业末，炀帝将幸江都，令言之子尝从，于户外弹胡琵琶，作翻调《安公子曲》。令言时卧室中，闻之大惊，蹶然而起曰：'变，变！'急呼其子曰：'此曲兴自早晚？'其子对曰：'顷来有之。'"《乐府诗集》卷九三："乡关万里无因见，西戍河源早晚休？"《敦煌变文集·维摩诘经讲经文（一）》："厌善缘，贪恶境，早晚情田能戒省？"《敦煌变文集新书·双恩记》："朝日尚难期晚日，今年早晚到明年？"晁端礼《菩萨蛮·又》："芳草伴离愁。绵绵早晚休？"刘克庄《水调歌头·又喜归》："再拜谢不敏，早晚乞还山？"冯子振《正宫·故园归计》："断回肠一首阳关，早晚马头南去？"

有时用来偏指"早"，《全唐五代词·敦煌词》："愿我早晚脱山川，大王尧舜团圆。自今已后把枪攒，舍金甲，齐唱快活年。"这个"早晚"就是"早"。

ⅱ．表空间语素者

远近 本指远和近。近代汉语用作名词，指空间的距离，是路程、距离的意思，词义由具体变抽象。晋陶潜《桃花源记》："晋太元中，武陵人以捕鱼为业，缘溪行，忘路之远近，忽逢桃花林。"《敦煌变文集·故圆鉴大师二十四孝押座文》："四邻忿怒传扬出，五逆名声远近彰。"这些"远近"，可释为"远和近"；虽然指距离，但还不是词，仍是词组。当距离无法确指，用"远近"来指称，就是词了。《入唐求法巡礼行记》卷一："欲下碇停，不知去陆远近。"《朱子语类》卷二："日月升降三万里之中，此是主黄道相去远近而言。"又卷一〇六："其初令画地图，量道里远近，就僧寺或庄宇置粜米所。"方岳《西江月·又》："绿杨连骑带春城，不问南山远近。"柳永《木兰花》其三："坐中年少暗消魂，争问青鸾家远近。"《元曲选·张生煮海》二折："多谢上仙指教！但不知此处离海岸远近若何？"这些"远近"应是"距离"的意思，不再是词组，而是词。尤其是前接表距离的数量词,则是路程的意思,更不可能是词组了。《西游记》一回:"你顺那条小路儿,向南行七八里远近,即是他家了。"又二回:"悟空弄本事,将身一耸,打了个连扯跟头,跳离地有五六丈,踏云霞去勾有顿饭之时,返复不上三里远近,落在面前。"又十三回:"一行三人,连马四口,迎着清霜,看着明月,行有数十里远近,见一山岭。"《水浒传》三五回:"且说宋江、花荣两个,骑马在前头,背后车辆载着老小,与后面人马,只隔着二十来里远近。"又五二回:"此间只隔得五里远近,却又无雨无风。"《二刻拍案惊奇》卷十八:"一向不曾问得:仙庄在何处?有多少远近?老汉可去得否?"《红楼梦》六四回:"已于宁荣街后二里远近小花枝巷内买定一所房子,共二十余间。"

高低 本指高和低,喻指程度的深浅、轻重、好歹。《元曲选·风光好》三折:"贱妾煞不识高低,不知远近,不辨贤愚,不别清浑。这的是天注定的是非,天指引的前程,天匹配的婚姻,咱兀的教太守主婚。"又《青衫泪》二折:"过一边去! 好不知高低。我做了白侍郎之妻,休来缠我!"又《陈抟高卧》二折:"不住的使命催,奉御逼;便教咱早趋朝内,只是野人般不知这远近高低。"又《谢金吾》一折:"你这个老人家,好不知高低,我尽让你说几句便罢,则管里倚老卖老,口里唠唠叨叨的说个不了。"《元曲选外编·黄花峪》三折:"他走将来无高低骂到我三十句。"《水浒传》三一回:"那三四个村汉叫声苦,不知高低,都下溪里救起那大汉,就搀扶着投南去了。"又用来喻指抽象的情况,是"不测的事"的意思。《元曲选外编·独角牛》三折:"你既是他叔叔,那独角牛可利害,拳头上无眼,倘若还有些高低,可如之奈何?"

ⅲ.表方位语素者

上下 本是上面下面的意思,上、中古汉语用来表示天地、尊卑、古今和前后,一直用到现代。近代汉语中有了新的用法,可用来表示:

①高低、优劣、胜负①。《能改斋漫录》卷十四:"品之上下,曾弗齿于钟评;掷中宫商,宜远惭于孙赋。"《唐才子传》卷六:"祜至京师,属元稹号有城府,偃仰内庭,上因召问祜之词藻上下,稹曰:'张祜雕虫小巧,壮夫不为,若奖激大过,恐变陛下风教。'上颔之。由是寂寞而归。"沈德符《野获编补遗·玩具·书画学》:"宋制书画二学,……人

---

① "上下"的词义解释采用《汉语大词典》的释义,例证除用《汉语大词典》的外,本书还补充了一些宋代的例证。

主时出新意校试,以第其上下。"《西游记》二回:"你家什么混世鸟魔,屡次欺我儿孙,我特寻来,要与他见个上下!"②从头到脚。《元曲选·墙头马上》一折:"休道是转星眸上下窥,恨不的倚香腮左右偎。"又《冯玉兰》二折:"我见他假醺醺上下将娘亲觑,不由我战钦钦魄散魂无。"《儒林外史》二一回:"郭铁笔接在手内,将眼上下把浦郎一看。"③犹左右。用在数量词后,表示约数。《欢喜冤家》二回:"只见里边走出一个小娃子,有三岁上下光景。"又三回:"年将三旬上下,尚无中馈之人,不免同街坊闲步,倘寻得标致的填房,不枉掷半生快乐。"《儿女英雄传》三八回:"安公子才得二十岁上下的一个美少年,巍然高坐受这班新贵的礼,大家看了,好不替他得意。"④犹言匹敌,差不多。唐韩愈《与冯宿论文书》:"近李翱从仆学文,颇有所得。……有张籍者,年长于翱,而亦学于仆,其文与翱相上下。"《春渚纪闻》卷八:"又永嘉叶谷作油烟,与潭州胡景纯相上下,而胶法不及。"《曲洧旧闻》卷五:"张长史怀素得草书三昧,圣宋文物之盛,未有以嗣之,惟蔡君谟颇有法度,然而未放心,与东坡相上下耳。"清管同《读〈晏子春秋〉》:"且刘向、歆、班彪、固父子,其识与太史公相上下,苟所见如今书多墨氏说,彼校书胡为入之儒家哉?"⑤宋元以后对公差的尊称。《水浒传》三九回:"戴宗坐下,只见个酒保来问道:'上下打几角酒?要甚么肉食下酒?'"《喻世明言》卷三六:"只见点茶的老子,手把粥椀出来道:'众上下少坐,宋四公教我买粥,吃了便来。'"《二刻拍案惊奇》卷一:"众僧见住持被缚,大家走将拢来,说道:'上下不必粗鲁,本寺是山塘王相府门徒,等闲也不受人欺侮。'"按:六朝及隋唐时用"上下"作父母的尊称,宋元移以指公差。

东西 本为方位词,近代汉语用作名词,表示人物、物品(还可用作动词,表示出门在外,本文不讨论)。宋吴自牧《梦粱录》卷十九"顾觅人力":"如有逃闪,将带东西,有元地脚保识人前去跟寻。"《董西厢》卷五:"夫人去后门儿闭,又没甚东西。"《元曲选·儿女团圆》一折:"哎!你一个歹东西,常好是不贤慧。"又《诈范叔》四折:"这东西,去年时你备的。我与你揣在怀里,放在眼底。请先生服毒自吃,俺这里别无甚好饭食。"又《救风尘》一折:"(唱)但见俺有些儿不伶俐,便说是女娘家要哄骗东西。"又《玉壶春》一折:"(唱)料的这入马东西应不免,我着他拣口儿食,换套儿穿,任抓掀,不是我拨万论千。"

为什么将物品叫作东西?《汉语大词典》解释说:"物产于四方,约言称之为东西。"称"物品"为"东西"源于方位词,应是可信的,问题是:为什么称"东西"而不称"南北"呢?"南北"不也是方位词吗? 我们认为,这与古人对方位的认识有关。古人认为:八卦中"离卦"配东方,属火;"坎卦"配西方,属水。而世界万物皆离不开水,没有水就没有生命,没有世界;世界也离不开火,没有火,万物就没有运行的动力,世界就没有生机。总之,水为体,火为用,无水不成世界,无火就是个死寂的世界。用"东西"来指代人和万物,包含了古人对世界构成的认识。此外,东方配春,西方配秋,万物生发于春,成藏于秋,没有"春""秋",万物的生长收藏就无法实现。用"东西"表示人和万物,也包含了古人对"东""西""春""秋"的认识。古人用"春秋"表示年代,用"东西"表示人和万物,皆出于此。当然,从理论上说,也可以用"南北"来表示物品,但"南北"在八卦中配"乾""坤"二卦,"乾坤"关系是一种君臣关系,用君臣关系来喻指万物,降低了君臣关系的地位。而"东西"关系是一种主宾关系(体用关系就是主宾关系,体是主,用是宾);人与物是主宾关系,物与物之间,依视觉的不同,也是一种主宾关系。主宾关系可以概括世界上的一切关系,故用"东西"来喻指人和万物。

Ⅱ. 表动语素的反义、对义并列

往复　往反　本是具体的往和来,中古以降,引申为对答、争论的意思。对答、辩论是双方观点、语言的你来我往,故引申有对答、辩论义。经过引申,词义变抽象了。《全梁文》卷七四"上昭明太子启请开讲":"殿下以生知上识,精义入神,自然胜辨,妙谈出俗。每一往复,阖筵心醉,真令诸天赞善,实使释梵雨华。"《全后魏文》卷十四"宣令张普惠":"朕向诏卿与群臣对议,往复既终,皆不同卿表。朕之所行,孝子之志;卿之所陈,忠臣之道。群公已有成议,卿不得苦夺朕怀。"《全北齐文》卷五"与邢邵议生灭论":"前后往复再三,邢邵理屈而止。"《颜氏家训·勉学》:"直取其清谈雅论,剖玄析微,宾主往复,娱心悦耳,非济世成俗之要也。"王利器《集解》:"宾主往复,即宾主问答之意。魏、晋、南北朝人称宾主问答为往反。"《晋书·向秀传》:"又与康论养生,辞难往复,盖欲发康高致也。"《宋书·张敷传》:"初,父邵使与南阳宗少文谈《系》《象》,往复数番,少文每欲屈,握麈尾叹曰:'吾道东矣。'"又《蔡兴宗传》:"建平王宏、侍中王僧绰、中书侍郎蔡兴宗并以文义往复。"《旧唐书·魏征传》:"征又自录前后谏诤言辞往复,以示史官起居郎褚遂良,太宗知之,愈不悦。"又《崔玄亮传》:"玄亮首率谏官十四人,诣延英请对,与文宗往复数百言。"《宋史·律历志》十四:"光、镇争论往复,前后三十年不决,大概言以律起度,以度起律之不同。"《朱子语类》卷二九:"南轩谓恐意不如此。然南轩当时与五峰相与往复,亦只是讲得个大体。"又卷九三:"当时既未有人知,无人往复,只得如此。"《王阳明集》卷二一:"承相问,辄缕缕至此。有未当者,不惜往复。"《情史》卷九:"因问儿女与家人及亲旧闾里等事,往复数十句。"清王士禛《池北偶谈》卷五:"长史往复良久,日已高,王遂令照常吉服朝见。"

又作"往反(返)",《后汉书·李育传》:"(建初)四年,诏与诸儒论五经于白虎观,育以《公羊》义难贾逵,往返皆有理证,最为通儒。"《世说新语·文学》:"既共清言,遂达三更。丞相与殷共相往反,其余诸贤,略无所关。"又:"弟子如言诣支公,正值讲,因谨述开意,往反多时。"又:"谢万作八贤论,与孙兴公往反,小有利钝。""往反(返)"的这个义项见于中古,近代似乎少见用例。

反义语素并列的词还有:缁素、宾主、人我、彼此、左右、南北、反正、大小、多少、长短、动静、是非、平仄、寒暄、呼吸、消息、死活、生死、尊卑、阴阳、真假、先后、轻重、贤愚、清浊、紧慢、迟疾、喜怒、良贱、进退、出没、吐纳、利钝、巨细,等等。

反义语素并列还有一种情况:其中一语素意义淡化乃至于无,人们或称作偏义复词:

离合 偏指离。王羲之《书论》:"若飘散离合,如云中别鹤遥遥然。""离合",是"离"的意思,下文的"别鹤"可证。唐杜甫《垂老别》:"人生有离合,岂择衰老端。"萧涤非注:"有离合,实际是说有离散。"权德舆《送王炼师赴王屋洞》:"相看话离合,风驭忽泠然。""合"一本作"别",是不明"离合"与"离别"同义而改的结果。《旧唐书·王珂传》:"珂势蹙,将渡河归京师,人情离合。"从下文看,"离合"即"离"。刘辰翁《水调歌头·又和马观复中秋》:"饮连江,江连月,月连城。十年离合老矣,悲喜得无情。"曾觌《水调歌头·又和南剑薛倅》:"堪叹人生离合,后日征鞍西去,别语却从头。老矣江边路,清兴漫悠悠。"《全元散曲·水仙子·喻镜》:"不明白抛闪人寂寞,想前生注定我,恰团圆又早离合。"

缓急 偏指急。此词见于汉,中古仍之,近现代皆有用例。《史记·孝文本纪》:"太仓公将行会逮,骂其女曰:'生子不生男,有缓急非有益也!'"又《袁盎列传》:"且缓急人所有。夫一旦有急叩门,不以亲为解,不以存亡为辞,天下所望者,独季心、剧孟耳。今公常从数骑,一旦有缓急,宁足恃乎!"《晋书·苻坚载记》下:"阿得脂,阿得脂,博劳旧父是仇绥,尾长翼短不能飞,远徙种人留鲜卑,一旦缓急语阿谁!"《南史·沈攸

第三章 近代汉语造词法研究

之传》:"受沈公厚恩,一朝缓急,便改易本心,不能也。"《旧唐书·杨师道传》:"太宗尝从容谓侍臣曰:'杨师道性行纯善,自无愆过。而情实怯懦,未甚更事,缓急不可得力。'"又《李晟传》:"晟以怀光反状已明,缓急宜有所备。"《太平广记》卷四九四:"书生厉声言曰:'睹色不能禁,亦人之常情。缓急有用人乎?公何靳于一婢女耶!'"《宋会要辑稿·宗室杂录》:"如遇疾病在假,缓急事故,许依元丰令乘暖轿出入,余人不得援例。"《朱子语类》卷六四:"如平康无事时,是一般处置;仓卒缓急时,又有一样处置。"《元曲选·伍员吹箫》二折:"(正末唱)缓急间须要你支吾,可怜我孤身的躲难逃灾,更一家儿衔冤负屈。"《幽闺记》十七出:"(旦)乱军中,乱军中,有谁来问你?(生)缓急间,语言须是要支持。"《水浒传》四三回:"但有缓急事情,飞捷报来。"又四七回:"石秀道:'我在蓟州原曾卖柴,我只是挑一担柴进去卖便了。身边藏了暗器,有些缓急,匾担也用得着。'"《清史稿·祥厚传》:"自今固结民心,尚恐缓急难恃;若任其纷纷迁徙,土匪因而窃发,奸细尤易勾结。是未御外侮,将成内变。"又《曾国藩传》:"应请皇上注意将才,但使七十一镇中有十余镇足为心腹,则缓急可恃矣。"

  失赚 偏指失。《董西厢》卷二:"僧行,有谁随俺?但请无虑,不管有分毫失赚。"《普庵印肃禅师语录》卷一:"若人去酒,智慧便生。自觉觉佗,永无失赚。"

  前后 偏指前。《敦煌变文集·汉将王陵变》:"前后送书,万无一回,愿其陛下,造其战书,臣当敢送。"又:"前后修书招儿,儿并不信,若借大王宝剑,卸下一子头发,封在书中,儿见头发,星夜倍程入楚救母。"又《舜子变》:"娘子前后见我不归,得甚能欢能喜?今日见我归家,床上卧不起,为复是邻里相争,为复天行时气?"按,"前后"的这种偏指义,文献中的例证不多。本条所举例证中,前二例也可理解为"从前到后",后一例只能理解为"前时",属偏指。但只有一例,这种理解有一定风险,存此以待贤者赐教。

  他如:好歹、得失、异同、存亡、荣辱、去就。其中好歹即歹,得失即失,异同即异,存亡即亡,荣辱即辱,去就即去。

  为什么会出现偏指反义并列词?从上面的例词可以看出,除"前后"本身无褒贬等感情色彩外,其余的词所偏指的都是贬义语素。为什么偏指反义并列词偏指的大多是贬义语素?原因是:在语言使用中(尤其是正常的对话,下对上的对话和平等对话),人们尽量避免使用贬义语素,以免刺激对方;实在没有办法,也要拉上一个褒义语素来缓解或消解贬义对听者的刺激,使语言变得委婉。

同义、近义和反义语素并列成词构词法产生的原因:

1)语言发展的必然结果。上古汉语单音节词居多,词的单音节决定了汉字的产生和发展趋势。一个汉字代表一个音节,也代表一个词,汉字与汉语单词非常适应。这种适应性使汉字难以朝拼音方面发展,同时也使汉语的语辞难以朝多音节方向发展(古汉语中,除音译词外,四音节词已是极致,而且数量不多,成语例外)。一种语言,如果全部是单音节词,语言的美感就会受到限制。音节没有变化,导致语言的韵律没有变化,既无美感,说起来吃力,听起来枯燥。所以,一种发达的语言,绝不会是单音节语言。故语言本身要求单音节向多音节发展。由于汉字是单音节的,一个汉字一个音节,边界非常清楚,音节太多,影响人们对词的边界的认定(汉字是连写的,字与字之间的空隙不大,如果词的音节太多,给区分词的边界带来了困难。外语词与词之间留下了足够区别的空间,不存在这个问题,故它们的词音节没有限制)。汉语向多音节发展,最佳选择是双音节化;既能解决语言的韵律、美感问题,也能解决词的边界问题。

2)主客观世界发展的必然要求。随着人类思维的发展、人类对主客观世界认识的深化、人类概念能力的提高,人类的语言也得到了发展。语言的发展,又促使人类思维的发展。如此循环往复,互相促进,使所指和能指都更加繁复。复杂的客观世界、复杂的主观世界,以及主客观间的各种关系,都需要语言来表达,从而导致单语素词无法指称繁复世界所产生的概念。一之不足,则二之,故双语素词产生。双音节不同的排列组合,可以造出无穷数的新词,以适应世界发展的需要。

3)缓解语词与汉字之间的供需矛盾。语词无穷,而汉字有限。如果一个汉字对应一个语词,汉字不堪其负,势必会造成大量的假借字。假借字太多,影响人们的阅读。书面语言主要靠目治,大量的假借字影响人们对文本的理解。双语素词的产生将大量增加能指的数量,在一定程度上消解所指和能指之间的矛盾,消解汉字与语词之间的供需矛盾。

4)并列关系是客观世界中最广泛的关系。只要身份相同、相近或相反,就可构成并列关系。它不涉及搭配问题,选择性少,比较能产,适合客观世界和语言自身发展的要求。

5)同义、近义、反义语素并列造词扩大了词的内涵,缩小了词的外延,使语词能够更加精确地表达概念。

(3)并列关系语素间的声调关系

汉语是有声调的语言。原始汉语是否有声调,我们不得而知。上古汉语有没有声调,也是打不清的笔墨官司。如果有,是四声还是二声?谁也说不清。如果没有,它是什么时候产生的?怎么产生的?尽管已有不少的猜想,但都不能令人信服,仍是仁智之论。好在我们的对象是近代汉语,近代汉语四声俱全没有异议,我们就按近代汉语的四声来研究语素间有并列关系的词之声调关系①。

并列构成词的语素排序顺序,首先是意义顺序,然后才是声调顺序。意义顺序不是本节的讨论范围,但为了论述的完整性,我们也附带说几句。

所谓意义顺序指语素间有同义、近义、反义、对义关系的词的语素排列顺序。一般说来,这类词的语素间的排列顺序是按照"长幼、尊卑""大小、先后""多少、快慢"②等来排列的。

从人伦的角度看,按"长幼、尊卑"排列。长者、尊者在前,幼者、卑者在后,如:君臣、父母、爹娘、爷娘、兄弟、兄妹、姐弟、哥嫂、男女、儿女、妻子(以上七个词也可用调序规则来解释),父子、父兄、婆媳、弟妹、公婆、夫妻、子女、长幼、尊卑、贵贱、上下、高低、子孙、官兵。

"夫妻"又作"妻夫"。前者是按"尊卑"排列的,所谓丈夫大如天;后者可能是按长幼排列的,旧时多养童养媳,养童养媳的目的之一,就是让大龄童养媳带小丈夫,故童养媳的年龄一般比丈夫大。较早的例证见于《云笈七签》卷六一:"所以有间色者,甲已为妻夫,以黄入青为绿;丙辛为妻夫,以白入赤为红;丁壬为妻夫,以赤入黑为紫;戊癸为妻夫,以黑入黄为绀。"《云笈七签》的论述涉及阴阳,将"妻"排在前面,是先阴后阳。中国传统文化认为,阴为体,阳为用;所以"阴阳"一词,"阴"在前,"阳"在后(也有声母清浊的原因,清声在前,浊音在后,排列顺序是阴平、阳平)。"妻夫"的排列与此

---

① 参蒋冀骋《论近代汉语并列结构词的语素间声调关系》,《古汉语研究》,2013年第3期。
② 参王云路《中古汉语词汇史》上册,250—255页,商务印书馆,2010年。"长幼"等顺序系采用王云路的说法,最后一个"快慢"是我改的,原为"主次",特致谢。本节有些例证采自此书,一并致谢。

同理。元曲也有"妻夫"一词，多出现在韵文韵脚的位置上，可能与协韵有关。但也有不用在韵脚位置上的，如《元曲选·范张鸡黍》四折："元伯萧然一命亡，有才无寿两堪伤。妻夫镜里鸾孤影，朋友丛中雁失行。"王和卿有《胖妻夫》曲，周文质《神曲缠》："虽然未可，妻夫过活，且遥受亲爱的哥哥。"例证不多，仅此数例。

王云路君书中提及"长少"和"少长"并存的现象，确实属实。我们检索了《国学宝典》，用"长少"者156例（现代的4例未计），用"少长"者853例（现代的30例未计）；尽管数量上有差距，但从上古到现代皆有用例，不能说这种现象不存在。我们试图从语音和声调上加以解释，也无法说清。如果说是个人语言习惯的不同，但同一作家的同一作品"长少"和"少长"又同用。还有个可能是上下文语境的不同，如《墨子》卷十二"长少贵贱"连用，《庄子·渔父》"妻妾不和，长少无序"相对，《晏子春秋》卷一"长少行其道，宗孽得其伦"相应，《史记·礼书》"贵贱有等，长少有差"相配，如不用"长少"而用"少长"，则失其比配。但《管子·五辅》《庄子·盗跖》也有"少长贵贱"连用的例证，这种说法也站不住脚。云路君将它们作为两种词序并存的例证提出来，不强作解人，可见学风的严谨。现在看来，既然"长少"和"少长"一直用到现代，可能还没有完全词汇化，应该还是一个词组。既然有同义异序情况的存在，将它看作词组应该是合理的；既然是词组，就无需遵循音序原则，"例外"也就可以解释了。

还有一个"少小"，云路君认为不合于调序原则，意义上也看不出区别，并作为特例提出。我们认为此词的构成符合云路君提出的"长幼"原则。《灵枢经》卷九："黄帝问于伯高曰：'人之肥瘦大小温寒，有老壮少小，别之奈何？'伯高对曰：'人年五十已上为老，三十已上为壮，十八已上为少，六岁已上为小。'""十八已上"当然比"六岁已上"大，所以是"长幼"原则。

还有"子弟"和"弟子"。"子弟"指"子"和"弟"，泛指子侄辈和年轻人，元代用以指嫖客，也可用以指艺人。"弟子"也指"弟"和"子"，泛指年幼的人。老师犹如父兄，故学生称为"弟子"；戏剧歌舞也是师徒相传，故又称戏剧、歌舞艺人为"弟子"；戏剧、歌舞艺人的女性自古叫作"妓"，故又称"妓女"为"弟子"。二词的初始意义相同，但其引申意义不同，是两个不同的词。"子弟"是按亲疏排列的，"弟子"是按长幼排列的，都还可以解说。

从空间的角度看，按"大小""远近"排列。一般说来，形体大的排前，小的排后；远

第三章　近代汉语造词法研究

的在前,近的在后：

大小、长短、首尾、耳目、门户、琴瑟、碗筷、车马、书册、衣钵(此七词也可用调序规则解释)、牛羊、马羊、桌椅、国家、江河、市廛(市比廛大)、村落(村比落大,但也可用调序规则解释,落是入声字)

远近、彼此(彼是远,此是近)、天地(天远地近,也可按调序规则解释)、来去(来是从远到近,去是从近到远,也可按调序规则解释,去是去声字)

从时间的角度看,按"先后"排列。时间先的排前,晚的排后：

朝夕(夕是入声字,也可用调序规则解释)、早晚、旦暮、东西(太阳从东边升起,人们以太阳的出没为参照,先东后西)、春秋、名字(先有名,后有字)

从速度的角度看,按"快慢"排列。快的在前,慢的在后：

快慢、疾徐

从数量的角度看,按"多少"排列。一般情况下,数量多的在前,少的在后：

多少、年时、岁月、时分、斤两、分毫、尺寸、锱铢、水火(人们心目中,自然界水多些,火少些)、疾病(病为疾之加)、贯文、万千

大多数情况下是按调序排列的。所谓调序排列,即汉语语素间有并列关系的词其语素排列次序是按照汉字声调的平上去入排列的。如果同声调,则又按声母的阴阳排列。阴声在前,阳声在后。

平上：颠倒、辛苦、开展、来往、伤感、开晓、奇怪、寻找、齐整、人我、方所、起止、亲近(近是上声字,浊声母,宋以后浊上变去,才读作去声)、深浅、悲喜、抽解(此词见《五灯会元》)

平去：贫贱、聪慧、精妙、仁爱、田地、开悟、情爱、容易(易有去入两读,作难易、简易解读去声,作变易解读入声)、憍慢、迷闷、方便、思算、成办、回互、模样、担荷

上去：紧要、解劝、解放、解悟、理会、娆害、比并、领悟、保任、宠爱、显贵、赏爱、骇愕("骇"在《广韵》为上声字,宋以后浊上变去,才读作去声)

去入：气力[①]、挂搭、利益、施设(出《五灯会元》)、败阙、好恶、面目、醍沐、困极、歉薄

[①] 同字异序词有"力气",不合调序规则,但可用意义规则解释："力"比较实,"气"比较虚;"力"可见,"气"不可见。实际上"力气"就是"力","气"的意义被"力"吸收了。

平入：南北、通达、商略、开发、功德、捞摝、分析、和合、挑剔、谋略、拈掇、存泊

上入：酒色、等匹、把捉、反复、感激、表白、轨则、很戾、赏说（赏析论说）、谂悉、缓急

阴平阳平：哀愁、姿容、遵循、操劳、依从、阴阳、稀奇、香甜、安全、痴狂、分歧、根源、灰尘、归还、饥寒、惊奇、消停、因循、殷勤、凮斜、轩昂

阴上阳上：犬马（马的声母是鼻音，是次浊，属阳）、阻扰、俯仰、等待、管理、堡垒、饱满、鼓舞、侈靡、苦恼、畎亩、首尾、首脑

阴去阳去：去就、置办、建造、禁忌、敬佩、赞助、告示、记会、替代、放逐、懈惰、懈慢、泮涣、破旧

阴入阳入：竹帛、谷帛、劫夺、法度、卜度（duó）、抉择、决绝、辍绝、肃穆、促狭、捉搦、剥脱、掇撷

按，平前仄后的规则，古人早已发现，清阮葵生《茶余客话》（二十二卷本）卷十二"姓名并称"条："刘紫庭尝戏言，两姓两名并称，必平声在上，仄声在下，而平声必优于仄，如巢许、迁固、王谢、韩柳、元白、朱陆之类。予记古人曾有此谑。但谓平必在上，亦不尽然，如禹皋、孔颜、马扬、惠庄、孟韩、孔聃、孔程、管萧、璩场、董迁、邓张、尹班、阮何，当亦不少，若以此定优劣，则昔人所谓安见马不如驴也。"阮氏所举刘说甚是，但所举反证则尚可解释。"禹皋"是君臣关系。"孔颜"是师生关系。"马扬"时代有先后，是前后辈关系（司马迁，前145或前135—前87？；扬雄，公元前53—公元18）。"惠庄"尽管是朋友，但应是忘年交：惠施生于公元前390年，庄子生于公元前360年，相差30岁；惠施居前，是尊老。其余诸词亦可按此思路解释。

周祖谟在《汉语骈列的词语与四声》中说："在汉语里两个词并举合称的时候，两个词的先后顺序，除了同是一个声调以外，一般是按照平仄四声为序，平声字在前，仄声字在后。如果同是仄声，则以上去入为序。先上，后去、入；或先去，后入。"

他如丁邦新、陈爱文和于平、竺家宁也对这个问题进行了研究，所持观点没有本质区别。王云路的《中古汉语词汇史》集此类研究之大成，并对一些例外进行了解释，多有贡献。

现在的问题是，为什么出现这种现象？我们认为，与汉语双音节词的重音特点和音素、声调的响度有关。汉语双音节词的重音可以在前，也可以在后：单说时一般在后，习用词和后附加词重音在前。习用词之所以重音在前，是由于说话人一说出习用

词的第一个音节,听话人就能知道说的是什么,为了省便,在习用词第一个音节发音完了以后,第二个音节发音似了未了的情况下,就转向下一个词语的发音或者结束发音,从而使词语中第二个音节成为发音较弱的部分。尤其是带"子"尾、"儿"尾的词,表义的主要是第一个音节,"子""儿"只起指示词性和其他语法、情感作用,故其读音很容易弱化,最后变成轻音,词的重音当然在前。习用词中的并列结构类语词,由于第一个音节处于词首的位置,一般不会弱化,大多要重读,而第二个音节的音量则一般比第一个音节轻,以凸显第一音节的重音地位,这就造成汉语双音节并列复合词读音的前重倾向[①]。

汉语的声调是运用语音音高、音长的变化来区别词和词义的一种手段,它是由音节中浊音部分的基频和音长决定的。在听觉上,音高、音长者,响度大,为重音;音高较低、音长较短乃至音急者,响度小,为轻音;音高发生变化者,相对于音高、音长者,响度较小,为较弱的音。

古代声调的音值今不可考。虽然古人曾对其有所描写,但无确切的音值。唐释处忠《元和韵谱》说:"平声哀而安,上声厉而举,去声清而远,入声直而促。""哀而安"者,安,平也,应该是个平调。何以用表情感的"哀"来描述,不可理解。"厉而举"者,举,上也,由低朝上。厉,急也。急而举,急下而后上,是个拐弯曲折的调。"清而远"者,远,指远去,远去的声音必长而渐弱,应该是个下降调。何以用"清"来描写,还无法解释。"直而促"者,直,不曲,也就是不拐弯,促,短促,是个不拐弯而短促的调。

顾炎武《音论》说:"平音最长,上去次之,入则诎然而止。"顾氏的描述只有音长的变化,没有音高的变化,不够全面,但仍为我们提供了古人对声调的部分认识。

通过以上分析,我们得知,平声的响度高于上声、去声、入声,上声的响度高于去声、入声,去声的响度高于入声。根据前重原则,故汉语的并列结构语词,平声字在上、去、入前,上声字在去、入前,去声字在入声前。

从上文的例证可以看出,声调相同的字,大多清音字在前,浊音字在后,这又如何解释呢?我们知道,任何事物都有正反两面。双音节并列结构词既有前重的,也有后

[①] 俞理明对汉语双音节并列词的前重、后重问题有较好的论述,本文有所采用,但也有所阐发。参见其著作《汉语缩略研究》,224—225 页,巴蜀书社,2005 年。

重的。习用词和后附加词重音在前,陌生和新生词、书面语词多重音在后,同声调词也重音在后,表现为后重的特点。陌生和新生词、书面语词的后重与信息的传播有关。信息传播要求清晰,不熟悉的词如果后轻的话,容易导致信息传递的模糊,达不到交际的目的。同声调双音节并列词,理论上说前重后重皆可,由于前面的音节在线性排列上处于第一的位置,容易引起人们的重视,为了保持信息的清晰性,所以把重音放在后面,形成后重的格局。

要实现后重,就必须将响度大的音节放在后面。从音节响度来说,多音素音节响于少音素音节。就汉语的音节情况来看,汉语音节最多有四个音素,最少只有一个音素,数量相差较少,而且大多数音节是由两三个音素构成的。所以,汉语音节所含音素的多少对音节响度的影响不太大。我们在分析构词语素语音轻重时,一般不予考虑。从音素响度来说,元音响于辅音,开口度大的元音响于开口度小的元音;辅音中,浊音响于清音。王理嘉说:"就语音本身说,开元音总比闭元音听起来要响,而所有的元音都比辅音要响。辅音内部则鼻音、边音最响,擦音次之,塞音又次之。而同是塞音,清浊相比,后者就相对要响一些。总起来说,在强度和频率等同的条件下,语音的响度按这样一个次序递减:[a]>[i]>[m]>[z]>[s]>[d]>[t]。"①

汉语造词将浊音置于清音后,使后重的构词要求成为现实。具体情况是:声母清浊相同的双音节并列词,为了实现后重的要求,将响度大的音节置于后面。由于低元音响于高元音,开口韵响于合口韵,擦音响于塞音,所以,一般将含低元音的音节或声母是擦音的音节放在后面。如:

减损　"减",《广韵》古斩切,见母,上声豏韵,二等字;"损",《广韵》苏本切,心母,上声混韵,一等字。古代一等字开口度大,响度大,故"损"字置后。又,"减"的声母是见母,是塞音;"损"的声母是心母,是擦音。擦音响于塞音,也应后置。

意故　"意",《广韵》於记切,影母,去声志韵,三等字;"故",《广韵》古暮切,见母,去声暮韵,一等字。一等的元音响于三等,所以"故"字后置。

灌溉　"灌",《广韵》古玩切,见母,去声换韵,合口一等字;"溉",《广韵》去代切,见母,去声代韵,开口一等字。二字的响度本应相同,但"灌"字是合口,有 u 介音,u

---

① 王理嘉:《音系学基础》,28 页,语文出版社,1991 年。

介音是个后高元音,受介音 u 的影响,"灌"字的舌位在实际读音时高于"溉",开口度小于"溉",从而使"溉"的响度高于"灌",故"溉"字后置。

议论 "议",《广韵》宜寄切,疑母,去声寘韵,开口三等字;"论",《广韵》卢困切,来母,去声恩韵,合口一等字。一等的元音响于三等,故"论"字后置。

傲慢 "傲",《广韵》五到切,疑母,去声号韵,开口一等字;"慢",《广韵》谟晏切,明母,去声谏韵,开口二等字。从语音的轻重来说,一等字比二等字要响,复合元音比单元音要响,应该将"傲"字后置;而实际情况却是"慢"字后置,可能的原因是语词构造类推的结果。"傲慢"一词出现较晚,较早的例证见于汉代,汉焦赣《易林·剥之离》:"礼坏乐崩,成子傲慢。欲求致理,力疲心烂。"《论衡》卷十四:"子弟傲慢,父兄教以谨敬;吏民横悖,长吏示以和顺。"在此以前,已有"侮慢"(见于《尚书·大禹谟》"侮慢自贤,反道败德")、"简慢"(见于《管子·八观第十三》"禁罚威严,则简慢之人整齐")、"怠慢"(见于《周礼·春官宗伯》"麟其不敬者,巡舞列而挞其怠慢者")的说法,时代相近的有"轻慢"(见于《经典释文·易·剥》引郑玄注"蔑,轻慢也"、《论衡》卷十三"不肖者轻慢佚忽,无原察之意")的说法。这些词(除"轻慢"外)的前一语素皆为上声字(怠为浊上),处于去声"慢"字前,符合先上后去的规则。受这些语词类推的影响,遂出现"傲慢"。

还有一个解释:"傲"是"慢"的原因,"慢"是"轻忽""怠慢";因为"傲",所以"慢"。"傲"是内在的、心理的变化,"慢"是外在的表现形式。将原因、内在的心理变化放在前面,将结果、外在的表现形式放在后面,这就可以理解了。

2. 叙述关系

构词语素之间有叙述和被叙述关系的属于此类,有些著作称作主谓式。如:春分、秋分、霜降、地动、日食、耳背、脾和、性紧、性缓、心痛、眼花。他如:

毛病 《通俗编》卷十六:"徐咸相马书:马旋毛者,善旋五,恶旋十四,所谓毛病,最为害者也。王良《百一歌》:'毛病深知害,妨人在不占,大都如此类,无祸也宜嫌。'《黄山谷刀笔》有'此荆南人毛病'之语。按此本说马,人有阙德,借以喻之。然据韩非《五蠹》篇云:'不才之子,父母怒之,乡人谯之,师长教之,三美加焉,而其胫毛不改。'今所云毛病,正谓其终身不能悛改者也,似共源又别出于此,非独借喻于马矣。"《朱子语类》卷一三一:"若论数将之才,则岳飞为胜。然飞亦横,只是他犹欲向前厮杀。先生曰:'便是如此。有才者又有些毛病,然亦上面人不能驾驭他。'"《水浒传》三二回:"这个兄弟诸般都肯向前,只是有这些毛病。"《金瓶梅》三七回:"原来妇人有一件毛病。"《醒世恒言》卷十七:"谁知过老本是个看财童子,儿子却是个败家五道,平昔有几件毛病:见了书本,就如冤家。遇着妇人,便是性命。"《喻世明言》卷二二:"原来唐氏为人妒悍,贾涉平昔有个惧内的毛病。"《警世通言》卷十五:"这小厮自幼跟随奔走,甚是得力,从不见他手脚有甚毛病,如何抖然生起盗心?"《拍案惊奇》卷十三:"殷家女子到百般好,只有些儿毛病:专一恃贵自高,不把公婆看在眼里。"《红楼梦》十九回:"如今且说袭人自幼见宝玉性格异常,其淘气憨顽自是出于众小儿之外,更有几件千奇百怪口不能言的毛病儿。"

面生 《朱子语类》卷一〇一:"就诸先生立言观之,和靖持守得不失。然才短,推阐不去,遇面生者,说得颇艰。"这个面生是不熟悉的意思。《元曲选·荐福碑》四折:"谁承望坐请了一个状元及第,恕面生也白象笏,少拜识也紫朝衣。"《白兔记》六出:"上告严尊,他又不是我家相识我家亲。况兼官司文榜,不许窝藏面生歹人。"《元曲选·误入桃源》三折:"你道我面生可疑,便待要扬威耀武,也合问姓甚名谁?"又《合汗衫》四折:"有两口儿老的,背着一个包儿在此窝弓峪经过。小的每见他是面生可疑之人,拿来盘诘者。"《西游记》三四回:"行者道:'怎么没我?你再认认看。'小妖道:'面生,面生,不曾相会。'行者道:'正是,你们不曾会着我,我是外班的。'"《水浒传》十四回:"保正息怒。你令甥本不曾做贼。我们见他偌大一条大汉,在庙里睡得跷蹊,亦且面生,又不认得,因此设疑,捉了他来这里。若早知是保正的令甥,定不拿他。"《醒世恒言》卷六:"只因郭令公留守京师,颁榜远近旅店,不许容留面生歹人。如隐匿藏留者,查出重治。"《红楼梦》三十回:"话未出口,幸而再看时,这女孩子面生,不是个侍儿,倒像是那十二学戏的女孩子之内的,却辨不出他是生旦净丑的那一个角色来。"《清史稿·食货志》一:"凡甲内有盗窃、邪教、赌博、赌具、窝逃、奸拐、私铸、私销、私盐、踩曲、贩卖硝磺,并私立名色敛财聚会等事,及面生可疑之徒,责令专司查报。"

面熟 唐末王定保《唐摭言》卷九:"华京,建州人也,极有赋名。向游大梁,尝预公宴,因与监军使面熟。"宋吴潜《八声甘州》:"向鄞江、面熟是熏风,吹燕麦凫葵。"《万松老人评唱天童觉和尚拈古请益录》卷一:"只为面熟,所以不识。"《大宋宣和遗事·亨集》:"徽宗见了,思想这人好面熟,欲待询问。"《京本通俗小说·志诚张主管》:"这妇女叫,'张主管,是我请你'。张主管看了一看,虽有这面熟,却想不起。"《元曲选·望江亭》四折:"这一位夫人,好面熟也。"又《鲁斋郎》三折:"那一个心犹豫,那一个口支吾,莫不你两个有些儿曾面熟?"又《梧桐叶》三折:"这个状元好面熟也呵!"《水浒传》十九回:"宋江见了这人,略有面熟,'莫不是那里曾厮会来?'心中一时思量不起。"又:"宋江道:'兄长是谁?真个有些面熟。小人失忘了。'"《西游记》五六回:"不论三界五司,十方诸宰,都与我情深面熟,随你那里去告!"《喻世明言》十五回:"阎招亮肚里道:'这个汉,好面熟!'"《初刻拍案惊奇》卷十八:"富翁看见,好些面熟,仔细一认,却是前日丹客所带来的妾与他偷情的。"《禅真逸史》五回:"钟守净心里想道:'这小厮好生面熟。'"

面善 与"面熟"同义,语素之间也是叙述关系。《元曲选·望江亭》三折:"这个姐姐,我有些面善。"《水浒传》二十回:"宋江道:'足下有些面善。'"《西游记》六二回:"不知你们是那方来的,我等似有些面善。"《醒世恒言》卷三:"抬头一看那人,有些面善,一时醉了,急急叫不出来。"《型世言》八回:"忽见一个胡僧,眉发如雪,有些面善。"《老残游记》六回:"老残见了这人,心里想到:'何以十分面善?我也未到曹属来过,此人是在那里见过的呢?'"

面染 《拍案惊奇》卷二:"只见一个娼妇,站在门首献笑,好生面染。"《二刻拍案惊奇》卷三九:"有一个客人来嫖宿饮酒,见了莫大姐,目不停瞬,只管上下瞧觑。莫大姐也觉有些面染,两下疑惑。"汪维辉[①]说:"笔者老家浙江宁波农村老一辈人还常说这个词。'面善'和'面染'显然是一个词的异写,在某些南方方言中,'善''染'同音,如宁波话……。"今按,《二刻拍案惊奇》卷六:"狄氏欲待起身,抬起眼来,原来是西池上曾面染过的。看他生得少年,万分清秀可喜,心里先自软了。"从此例看来,"染"指见面的匆匆一瞥。"染"本指布料在颜料水中过一下,以染其色。用于人的见面,则指匆匆一面,未及细谈,或见面时间不久。

恶发 发火,发脾气。符秦鸠摩罗佛提等译《四阿鋡暮抄解》卷一:"唯当恐畏众生恶发。"唐栖复集《法华经玄赞要集》卷三四:"父母打子,少杖打来则受,大杖打即须

[①] 汪维辉:《也说"面善""万国"——兼论编纂方言词汇集的重要性》,《词库建设通讯》(香港),总第16期,1998年第5期。

走,恐一时间恶发打死,陷父母不义之过。"唐灵泰撰《成唯识论疏抄》卷十:"愤发者,即如人嗔已,面赤恶发是也。"《敦煌变文集·难陀出家缘起》:"连忙取得四个瓶来,便着添瓶。才添得三个,又倒却两个;又添得四个,倒却三个。十遍五遍,总添不得。难陀恶发,不添,尽打破。"又《妙法莲华经讲经文(一)》:"忽然处在贫穷,还似梦中恶发。"宋守坚集《云门匡真禅师广录》卷三:"地神恶发,把须弥山一掴勃跳上梵天,拶破帝释鼻孔,尔为什么向日本国里藏身?"柳永《满江红》:"恶发姿颜欢喜面,细追想处皆堪惜。"惠洪《浣溪纱·丹霞》:"古寺天寒还恶发,夜将木佛齐烧杀。"欧阳修《玉楼春》:"向道夜来真个醉。大家恶发大家休,毕竟到头谁不是。"陆游《老学庵笔记》卷二:"钱王名其居曰握发殿,吴音'握''恶'相乱,钱塘人遂谓其处曰:'此钱大王恶发殿也。'"又卷八:"北方民家,吉凶辄有相礼者,谓之白席,多鄙俚可笑。韩魏公自枢密归邺,赴一姻家礼席,偶取盘中一荔支,欲啖之。白席者遽唱言曰:'资政吃荔支,请众客同吃荔支。'魏公憎其喋喋,因置不复取。白席者又曰:'资政恶发也,却请众客放下荔支。'魏公为一笑。恶发,犹云怒也。"《西游记》五八回:"当面说出,恐妖精恶发,搔扰宝殿,致令阴府不安。"《醒世姻缘传》九一回:"把个大奶奶一惹,惹得恶发起来,行出连坐之法。"又一百回:"皆说他为人也不甚十分歪憋,只是人赶的他极了,致的他恶发了,看来也不是个难说话的。"《野叟曝言》九一回:"今日天气炎热,各人都冒着暑气,我合大姆,不是在外闻着这香,也都要恶发哩!"本师蒋礼鸿教授《敦煌变文字义通释》对此词有详细的考证,可参看。

嘴吃 食物,零食①。《元曲选·勘头巾》二折:"兀那高房子里赊了一担草,今日索也无钱,明日索也无钱,俺妳妳说我换嘴吃了。今日再去索那钱去。"又《冯玉兰》二折:"(夫人云)家童,你且看些饭来,与俺食用咱。(家童云)你这个奶奶,但住下则讨嘴吃,慌些甚么!等我到江边,洗了澡来,就捞几个螃蟹与你吃。""讨嘴吃",可以理解为要食物,也可以理解为要东西吃。但"嘴"没有"食物"之义,结合其他文献,应该做第一种解释。《西游记》七六回:"这是甚私房!都是牙齿上刮下来的,我不舍得买了嘴吃,留了买匹布儿做件衣服,你却吓了我的。还分些儿与我。"《醒世恒言》卷十三:

---

① 向熹先生《简明汉语史》(修订本)收有此词,见其书上册,642页,商务印书馆,2010年。但向书仅举《西游记》一例,我们在例证上有所推衍。

"胡乱卖几文,与小厮们买嘴吃,只凭你说罢了,只是要公道些。"《红楼梦》三九回:"二奶奶说,叫奶奶和姑娘们别笑话要嘴吃。"《醒世姻缘传》二七回:"论起理来,这等连年收成,刚刚的一季没有收得,也便到不得那已甚的所在。却是这些人恃了丰年的收成,不晓得有甚么荒年,多的粮食,大铺大腾,贱贱粜了,买嘴吃,买衣穿。"《小五义》一六六回:"祖宗祖太爷爷,你老人家别与小孙子一般见识,只当我是看家之犬避猫之鼠偷嘴吃来着。"

情恳 本为情义恳切,是一种叙述和被叙述的关系,后世用作"情愫""情义"的意思。《全晋文》卷一一〇"奉法要":"若负理之心铭之怀抱而外修情恳,以免人尤。"《敦煌变文集·八相变》:"车匿蒙使,趋骤直见老翁,具说所问根原,直申太子情恳。"又《张义潮变文》:"再遇明王恩化及,远将情恳赴丹墀。"唐窥基撰《阿弥陀经通赞疏》卷一:"太子知其情恳,自发胜心。"唐遇荣集《仁王经疏法衡钞》卷一:"初稽首三尊,陈造疏之情恳,二叹佛身,说为经起之源由。"《全唐五代词》卷四:"只恨隔蕃部,情恳难申吐。早晚灭狼蕃,一齐拜圣颜。"《全唐文》卷五七"授田兴魏博节度使制":"既而保贵胄之家,将到上国;全故帅之绩,求复中军,表章屡疏,情恳备至。"《唐文拾遗》卷四二:"自数年继遭剽劫,生计荡尽,骨肉凋零,久在江南。近投当府,愿披情恳。"《旧唐书·王友贞传》:"顷加征命,作护储闱,固在辞荣,累陈情恳。"宋法云译《无能胜大明陀罗尼经》卷一:"若有情恳,虔诚一心,受持此明呪者。"

口吃 一种习惯性的言语缺陷,说话字音重复或词句中断。最早的例证见于汉代,《史记·韩非列传》:"非为人口吃,不能道说,而善著书。"《汉书·景十三王传》:"鲁恭王馀以孝景前二年立为淮阳王。吴、楚反破后,以孝景前三年徙王鲁。好治宫室、苑囿、狗马,季年好音,不喜辞。为人口吃难言。"《汉书·扬雄传》:"为人简易佚荡,口吃不能剧谈,默而好深湛之思。"《三国志·魏·邓艾传》:"为都尉学士,以口吃,不得作干佐。"《宋书·王微传》:"口吃不能剧读,遂绝意于寻求。"《新五代史·孙晟传》:"晟为人口吃,遇人不能道寒暄,已而坐定,谈辩锋生,听者忘倦。"《宋史·崔公度传》:"崔公度,字伯易,高邮人。口吃不能剧谈,而内绝敏,书一阅即不忘。"《能改斋漫录·类对》:"世间事未有无对。周昌口吃,而言称期期;邓艾口吃,而言称艾艾。"《元史·陈旅传》:"绎曾字伯敷,处州人。为人虽口吃,而精敏异常,诸经注疏,多能成诵。"《镜花缘》八七回:"某兄虽然口吃,如能随我问答,不假思索,即可教他学做鸡鸣。"

眼见 本为眼睛看见,是词组,后来词汇化为词。韩愈《桃源图》:"当时万事皆眼见,不知几许犹流传。"元稹《连昌宫词》:"耳闻眼见为君说,姚崇宋璟作相公。"白居易《司天台》:"是时非无太史官,眼见心知不敢言。"杜荀鹤《题会上人院》:"心知与眼见,终取到无间。"《敦煌变文集·佛说阿弥陀经讲经文(一)》:"行偷现世遭枷锁,世人眼见不虚言。"宋王炎《玉楼春》:"人言不死是神仙,我但耳闻非眼见。"《宋诗钞·石门文字禅集补钞》惠洪《送实上人还东林》:"世事但堪眼见,此生何殊梦游。"这些例证中的"眼见"应该还是词组,后来引申为"明显""显然",就是词了。《敦煌变文集·孝子传》:"更被孩儿减夺,老母眼见消瘦。"《元曲选·对玉梳》三折:"谁想顾玉香夜来收拾了房中细软,共梅香逃走,不知去向!眼见往京师寻那荆楚臣去了。"又《救孝子》四折:"张千,好不会干事!眼见那婆子也来了,只这一个字,便这等难画?"又《合汗衫》二折:"老的,眼见一家儿烧的光光儿了也,教俺怎生过活咱?"《元曲选外编·千里独行》楔子:"刘备跳在河里,张飞不知所在,眼见都无了也。"《水浒传》七三回:"李逵笑道:'眼见这两个不得活了。'"又五十回:"官人今日眼见一文也无,提甚三五两银子!正是教俺'望梅止渴','画饼充饥'!"又一一四回:"今番收方腊,眼见挫动锐气,天数不久。"又引申为"马上""即将"。《元曲选外编·西厢记》三本三折:"夜来得简方喜,今日强扶至此,又值这一场怨气,眼见休也。则索回书房中纳闷去。"张可久《小桃红·湖亭秋夜》:"人倚阑干叹孤另,掩围屏,伤心眼见秋成病。"《喻世明言》四十卷:"父亲被严贼屈陷,已不必说了;两个舍弟随任的,都被杨顺、路楷杀害;只有小侄在家,又行文本府,提去问罪。一家宗祀,眼见灭绝。"《红楼梦》三一回:"眼见有婆婆家了,还是那们着。"元明的戏曲小说文献常见"眼见的""眼见得",是"眼见"加"的"的结果。"眼见"用作副词,为了区别"眼见"的其他用法,故加"的"字。这种用法始见于元曲,可能与曲中多用三字顿有关。在"眼见"后加个"的"字,构成三字顿。

客作 雇工。此词见于中古,唐宋仍之。《三国志·魏·管宁传》"动见楷模焉"裴松之注引三国魏鱼豢《魏略》:"(焦光)饥则出为人客作,饱食而已,不取其直。"吴支谦译《撰集百缘经》卷六:"尔时有一贫穷女人,客作三月,得一张叠,须用作衣。"晋皇甫谧《高士传·夏馥》:"乃自翦须变服易形,入林虑山中为冶工客作,形貌毁悴,积佣三年,而无知者。"晋竺法护译《贤劫经》卷八:"时在其国贫无所有,为人客作放牛使令。"后秦鸠摩罗什译《大庄严论经》卷四:"汝今客作,为何所得?"刘宋什共、竺道生等译《弥沙塞部和酰五分律》卷七:"我今无物,正当佣赁以用供养。即便客作,日食一食留一食分。"《北史·邢峦传》:"邢家小儿常客作章表,自买黄纸,写而送之。"唐义净译《根本说一切有部毘奈耶》卷五:"苏师牟与他客作,遂不复行。"《旧唐书·李峤传》:"天下编户,贫弱者众,亦有佣力客作以济糇粮,亦有卖舍贴田以供王役。"《寒山诗·世有一般人》:"虽有一灵台,如同客作汉。"《祖堂集》卷十八:"我此间不着这个客作汉。"又卷十九:"大德欲得山僧见处,坐断报化佛头,十地满心犹如客作儿。"《敦煌变文集·搜神记》:"有董永者,千乘人也。小失其母,独养老父,家贫困苦,至于农月,与辘车推父于田头树荫下,与人客作,供养不阙。"宋赵叔向《肯綮录·客作》:"今人指佣工之人为客作,三国时已有此语:焦光饥则出为人客作饱食而已。"元徐行善《法华经科注》卷二:"尔时穷子虽欣此遇,犹故自谓客作贱人,由是之故,于二十年中常令除粪。"元昙噩述《新修科分六学僧传》卷六:"通咄曰:'于顿客作汉,问这般事作么?'"明李东阳《陈氏墓志铭》:"见佣工客作,亦温言慰之,未始加诃叱焉。"《醒世恒言》卷三一:"打脊客作儿!员外与我银子,干你甚事,却要你作难?"又:"我好没兴,吃这客作欺负!"清纪昀《阅微草堂笔记·如是我闻》二:"客作张珉,昨夜村外守瓜田,今早已失魂不语矣。"按:此词的原义我们理解为"客人作",故其结构为叙述关系;如果将其意义理解为"像客人一样作",则其结构为修饰关系。我们做第一种理解,故归于此类。

志诚 诚实,用情专一。吴支谦译《撰集百缘经》卷四:"时王夫人及诸群臣,观其志诚,必欲自投。"西晋竺法护译《佛说鹿母经》卷一:"世人一切,尚无志诚,况汝鹿畜?"刘宋求那跋陀罗译《大方广宝箧经》卷二:"我今当作诚实言誓,尔时即作是志诚言。"姚秦鸠摩罗什译《佛说须摩提菩萨经》卷一:"若我志诚,我身当如年三十沙门。"隋智凯译《摩诃止观》卷二:"礼竟,以志诚心悲泣雨泪,陈悔罪咎竟。"唐实叉难陀译《地藏菩萨本愿经》卷一:"汝可志诚念清净莲华目如来,兼塑画形像,存亡获报。"《全唐文》卷二五一苏颋"授张昕鸿胪卿制":"银青光禄大夫詹事兼尚书右丞上柱国邓国公张昕,雅量温恭,志诚忠信,怀直方而不蔽,务宽大而不杂。"又卷二七八刘秀"凉州卫大云寺古刹功德碑":"维那元证、法师崇隶、前上座守廉等,并志诚明瞻,风神疏朗,共图经始,大愿成就。"《敦煌变文集·频婆娑罗王后宫采女功德意供养塔生天因缘变》:"时众运志诚,心大称念,摩阿(诃)一功德意供养塔生天缘。"《全唐诗》卷十三"同和":"恭禋展敬光先德,苹藻申虔表志诚。"又李节度姬《书红绡帕》:"偶用志诚求雅合,良媒未必胜红绡。"皎然《赋得吴王送女潮歌送李判官之河中府》:"乃知昔人由志诚,流水无情翻有情。"花仲胤《南乡子》:"题起词名恨转生,展转意多情,寄与音书不志诚。"《太平广记》卷一五三:"儒生曰:'此人志诚可赏,且是道流,稍从容,亦何伤也。'"《董西厢》卷七:"我于伊志诚没倦怠,你于我坚心莫更改。"《元曲选·梧桐雨》一折:"月澄澄银汉无声,说尽千秋万古情。咱各办着志诚,你道谁为显证,有今夜度天河相见女牛星。"《金瓶梅》十八回:"月娘只知敬济是志诚的女婿,却不道这小伙子儿诗词歌赋,双陆象棋,拆牌道字,无所不通,无所不晓。"按,又有"至诚"一词,先秦以来代有用例,或以为"志诚"即"至诚"的音变。但从汉译佛典的用例来看,二者不是一词。"志诚"是"心志诚实",是叙述结构;"至诚"是"极诚实",是修饰结构。

  构词语素之间有叙述关系的词皆由主谓词组词汇化而来,当这类词组经常用作名词,在句子做主语、宾语和状语时,就有可能词汇化为词①。当然,可能性并不等于必然性。主谓词组的词汇化,除词组在句中的语法位置外,还需要其他条件的支持,如句中主要动词是否具有强制性。如果具有强制性,则主谓词组就极有可能词汇化。如果不带强制性,则词汇化的可能性会降低。所谓强制性,就是句中有两个动词,其中的一个动作性很强,在句中起主要作用,从而使另一动词的动作性降低,慢慢地词性也发生变化,成为名词、形容词或副词。如"嘴吃"可以理解为"用嘴吃","嘴"是工具名词,在结构中起限定作用,限定"吃"的方式,"吃"是结构中的主要动词。由于"嘴"是限定者而不是动作发出者,动作的发出者应该是"人"或其他有嘴的动物,当"人"或其他有嘴的动物发出"吃"的动作时,这个"吃"是强势的,它的前后不可能出现别的动词。既然不可能出现别的动词,"吃"也就不可能虚化。"吃"的词义不能虚化,"嘴吃"这类结构也就不可能词汇化。也可理解为"嘴吃东西","吃"也是主要动词,但"嘴"不再是动作的限定者,而是动作的发出者。而"嘴"是人/动物的器官,它依附于人/动物,除"嘴"发出动作外,"嘴"的所有者——"人/动物"也可再发出动作,这就使句子有了两个动词的可能。在"嘴"和"人/动物"之间,"人/动物"发出的动作比"嘴"发出的动作强势,"嘴吃"的"吃"在"人/动物"发出的动作的强制下虚化,从而使"嘴

---

  ① 董秀芳《词汇化:汉语双音节词的衍生和发展》(修订本)对这一问题做了较好的理论解释,读者可以参看。187—201页,商务印书馆,2011年。

吃"的词义由"嘴吃东西"变成了"嘴吃的东西",成为了名词。如元曲的"俺奶奶说我换嘴吃了","嘴吃"前有"换","换"的动作是"人"发出的,比"嘴"发出的"吃"强势;在"换"的强制下,"嘴吃"词汇化,变成名词,是"零食"的意思。在词汇化的过程中,有时词义也会有较大的变化,变得与原结构似乎没有什么关联了("嘴吃"变成"零食",二者之间有明显的关联)。如"眼见",用作状语,就由原来的"眼睛看见"变成了"明显,分明"或"即将,马上"。"眼睛看见"当然是"明显,分明","眼睛"看物的速度是最快的,故引申为"即将,马上"。

应该指出,在汉语的双音节语词中,语素间具有叙述关系的词比较少,这可能与它的结构关系有关。语素间的叙述关系从句法层面来说就是一种主谓关系,主谓关系实际上就是一个完整的句子,将一个句子词汇化,难度较大,故由这类结构词汇化而来的词较少。

3. 支配关系

构词的前一语素对后一语素具有支配作用,叫支配关系。有些著作称为谓宾式,如:

挂眼、挂意、知府、点心、拂尘、袖手、点汤、点药、抽脚、学舌、净手、散场、呼卢、努力、行散、骗马、打交道、作幸、起病、软脚、暖寿

破费 花费。"破"是消耗、使用的意思,是动词;"费"是财用的意思,是名词。二者是支配关系。较早的例证见于唐,近现代仍之。《汉语大词典》举宋杨万里诗为例,太晚。《敦煌变文集·捉季布传文》:"二臣坐上而言说,深劳破费味如珍!"《全唐文》卷一〇九"州县告身不要进纳敕":"今后所除州县官告身敕牒,宜令中书门下指挥,不要进纳。并委宰臣当面给付,贵无留滞,兼免住京破费。"又卷一二四"幸兖州札":"其随从臣寮,内外诸司,官中已有供给,州县亦不得另有破费祗供。"又卷七二四"徐襄州碑":"官田元无所获,徒遗虚竖将额,添市耕牛,破费甚多,收获无几。"唐义净译《根本说一切有部毘奈耶》卷四三:"时婆罗门闻斯语已,还至家中,呵责其妇,何故我暂不在,广为破费。"《太平广记》卷二五七:"又每年五月,值生辰,颇有破费。"(出《玉堂闲话》)刘克庄《解连环·又赵叟生日》:"欲举一杯寿酒,却愁破费兵厨。"辛弃疾《柳梢青·赋牡丹》:"解释春光,剩须破费,酒令诗筹。"《元曲选·忍字记》一折:"他知道呵,必然安排酒食,可不破费了我这家私?"《警世通言》卷五:"金员外生年五十,从不晓得在庵中破费一文的香钱。"

纳败阙（缺） 受挫，吃亏。《景德传灯录》卷十二："遮瞎驴来遮里纳败缺，卸却衲帔，待痛决一顿。"宋绍隆等编《圆悟佛果禅师语录》卷十："三千里外纳败阙，直得尽乾坤大地无丝毫法可当情，静悄悄地绝渚讹。"宋蕴闻编《大慧普觉禅师语录》卷七："已纳败阙了也。"宋妙源编《虚堂和尚语录》卷一："释迦老子一生卖峭，临死自纳败阙。致令后代儿孙个个以鰕为目。"《五灯会元》卷十七："适来诸善知识，横拈竖放，直立斜抛，换步移身，藏头露角，既于学士面前各纳败阙。"又卷十九："吃粥了也，头上安头，洗钵盂去，为蛇画足，更问如何，自纳败阙。"又卷二十："因甚么却来这里纳败缺。"《佛果圜悟禅师碧岩录》卷四："这般纳败缺底汉，有什么用处？"又作"纳败"，宋崇岳、了悟等编《密庵和尚语录》卷一："净名居士向遮里，嗦语未惺，七佛祖师到来，纳败愈甚。"《五灯会元》卷二十："杰上座裂破面皮，不免纳败一上，也要诸方检点。"按，"纳败阙"应是词组，"纳败"才是词。

发业 发火，烦恼。"业"，佛教用语，本指身、口、意、善、恶、无记之所作，此特指恶业。《祖堂集》卷十："师以手挈头曰：'今日打这个师僧，得任摩发人业。'"《景德传灯录》卷二一："问：'承古人有言，不断烦恼，此意如何？'师曰：'又是发人业。'僧曰：'如何得不发业？'师曰：'尔话堕也。'"这是生发烦恼的意思，应是词组。又卷二二"岳州导陵新开颢鉴大师"："云门曰：'修罗王发业，打须弥山一掴。'"又卷二七："有座主念弥陀名号次，小师唤和尚，及回顾，小师不对，如是数四，和尚叱曰：'三度四度唤有什么事？'小师曰：'和尚几年唤他即得，某甲才唤便发业。'"此为发火，词义起了变化，不再是"生发烦恼"的意思，应是词。《五灯会元》卷五："这个师僧，好发业杀人。"元元惟则会解、明传灯疏《楞严经圆通疏》卷四："吴兴曰：发业润生者，此指烦恼也。谁作谁受者，此推根本也。"此谓烦恼，也是词。杭州有"发业"一语，意为"有趣"，与此不同。

落节 受损。唐义净译《根本说一切有部尼陀那目得迦》卷七："我今料理，令其落节。"《全唐诗》"薛稷书语"："买褚得薛不落节。"《敦煌变文集·李陵变文》："其时凶奴落节，输汉便宜。"《太平广记》卷四八七："玉工凄然下泣曰：贵人男女，失机落节，一至于此。我残年向尽，见此盛衰，不胜伤感。"《朱子语类》卷三四："却不是他心里要恁仔细，圣人自是恁地仔细，不恁地失枝落节，大步跳过去说。"宋绍隆等编《圆悟佛果禅师语录》卷一："眨上眉毛蹉过，大似开眼尿床。见成公案放行，正是點儿落节。"《虚堂和尚语录》卷二："若非剑手相酬，几乎落节。"宋正受编《嘉泰普灯录》卷二九："要是圆悟儿孙,丧却杨歧家法。奸汉多疑,點儿落节。"《五灯会元》卷十九"五祖法演禅师":"昨日那里落节,今日这里拔本。"《古尊宿语录》卷二八:"如何更云不曾藏覆,还见落节处么?"元道泰集《禅林类聚》卷一一:"石头虽善驰达,不辱宗风。其奈逞俊太过,不知落节。既是落节,回来因甚得斧子。"明瞿汝稷集《指月录》卷六:"国师既在,为甚么不见客。向这里见得破,非唯知耽源落节,亦见自己有出身之路。"清集云堂集《宗鉴法林》卷十二:"若不是麻谷作家,泊合放过。且道那里是落节处。拨开向上窍,能有几人知。"

破天荒 《唐摭言·海述解送》:"荆南解比,号天荒。大中四年刘蜕舍人以是府解及第,时崔魏公作镇,以破天荒钱七十万资蜕。蜕谢书略曰:'五十年来,自是人废;一千里外,岂曰天荒!'"《北梦琐言》卷四:"唐荆州衣冠薮泽,每岁解送举人,多不成名,号曰天荒解。刘蜕舍人以荆解及第,号为破天荒。"宋德洪著《石门文字禅》卷十六:"此生身世两茫茫,醉里因君到故乡,沧海何曾断池脉,白袍从此破天荒。"明林弘衍编次《雪峰义存禅师语录(真觉禅师语录)》卷二:"破天荒,立山门,放水路,原始要终,其功不浅。"明清以前的"破天荒"应是词组,到现代汉语里才是词。

抽脚 退出。宋李曾伯《水调歌头·又幕府有和,再用韵》:"休诧穿杨妙手,乘早闹篮抽脚,谁拙又谁才。"又《念奴娇·又丙午和朱希真老来可喜韵》:"云胡不喜?得抽脚篮中,安身局外。世路风涛都历遍,几度眉攒心碎。"清超永编《五灯全书》卷七八:"太白山头抽脚早,哭不得兮笑不得。"清觉说、洪遥编《自闲觉禅师语录》卷七:"肯向世途抽脚早,相期云壑证初心。"

解箭 军事术语。古代军队比试射箭技术,先射者射中靶心,后射者用自己所射的箭射中先射者的箭,并将先射者的箭从箭杆至箭镞剖开,将先射者的箭解开,叫解箭。《敦煌变文集·韩擒虎话本》:"蕃家弓箭为上,赌射只在殿前。若解微臣箭得,年年送供(贡),累岁称臣。若也解箭不得,只在殿前,定其社稷。"又:"时有左勒将贺若弼,'臣愿解箭。'皇帝闻语,'衣(依)卿所奏。'贺若弼此时臂上捻弓,腰间取箭,答(搭)阔(括)齐弦,当时便射。箭起离弦,不东不西,同孔便中,皇帝亦见,大悦龙颜,应是合朝大臣,一齐拜舞,叫呼万岁。时韩擒虎亦见箭不解,不恐(肯)拜舞,独立殿前。皇帝宣问:'卿意者何?'擒虎奏曰:'臣愿解箭。'"《全唐文》卷二三六"姜遐碑":"寻又制(阙)来仪喻鹿眼(阙一字)解箭矣。"此文缺字太多,无法窥知文意,但"解箭"的意思是清楚的。以上言解箭者。下文所言,则说明什么是解箭。《敦煌变文集·韩擒虎话本》:"衾虎拜谢,遂臂上捻弓,腰间取箭,答(搭)阔(括)当弦,当时便射。箭既离弦,世(势)同雷吼,不东不西,去蕃人箭阔(括)便中,从杆至镞,突然便过,去射堕十步有余,入土三尺。蕃人亦见,惊怕非常,连忙前来,侧身便拜。"这就是解箭。后世"解箭"的具体要求似乎略有不同。只要射在同一孔中,就算解箭,不要求从箭杆到箭镞剖开。《三国演义》五六回:"操传令曰:'有能射中箭垛红心者,即以锦袍赐之;如射不中,罚水一杯。'号令方下,红袍队中,一个少年将军骤马而出,众视之,乃曹休也。休飞马往来,奔驰三次,扣上箭,拽满弓,一箭射去,正中红心。金鼓齐鸣,众皆喝采。曹操于台上望见大喜,曰:'此吾家千里驹也!'方欲使人取锦袍与曹休,只见绿袍队中,一骑飞出,叫曰:'丞相锦袍,合让俺外姓先取,宗族中不宜搀越。'操视其人,乃文聘也。众官曰:'且看文仲业射法。'文聘拈弓纵马一箭,亦中红心。众皆喝采,金鼓乱鸣。聘大呼曰:'快取袍来!'只见红袍队中,又一将飞马而出,厉声曰:'文烈先射,汝何得争夺?看我与你两个解箭!'拽满弓,一箭射去,也中红心。众人齐声喝采。"按,《汉语大词典》未收此词。

分首 分别,离别。此词已见于中古,南朝梁沈约《襄阳白铜鞮》:"分首桃林岸,送别砚山头。"梁吴均《酬别江主簿屯骑》:"何用赠分首,自有北堂萱。"梁朱超《别刘孝先》:"复念夜分首,江上值徂秋。"北齐颜之推《颜氏家训·风操》:"北间风俗,不屑此事,歧路言离,欢笑分首。"唐刘长卿诗《宿严维宅送包佶》:"江湖同避地,分首各依依。"又《送姨子弟往南郊》:"那堪适会面,遽已悲分首。"唐李嘉佑诗《送客游荆州》:"青门一分首,难见杜陵人。"又《游徐城河忽见清淮因寄赵八》:"长恨相逢即分首,含情掩泪独回头。"骆宾王《初夏邪岭送益府窦参军宴诗序》:"分首三春,送君千里。青山白日,非旧国之春秋;翠罍清樽,是他乡之杯酒。"唐湛然述《止观辅行传弘决》卷七:"于是二鬼共食所易活人之身,各各拭口分首而去。"《敦煌变文集·维摩诘经讲经文(四)》:"不审维摩尊体万福,一自佛前分首,已隔寒暄,难寻似鹤之踪,莫睹如云之迹。"宋王安石《再至京口寄漕使曹郎中》:"乡国去身犹万里,驿亭分首已三年。"贺铸《下水船》:"凭阑语。草草蘅皋赋,分首惊鸿不驻。"京镗《雨中花·又次阁侍郎韵》:"等闲分首,征尘去后,目断斜阳。"赵鼎《浣溪沙》:"已恨梅花疏远信,休传桃叶怨遗音。一醉东风分首去,两惊心。"《太平广记》卷三九九:"明旦分首而去。"明善坚述《古庭禅师语录辑略》卷四"送僧归蜀":"故乡日暮听啼鹃,归到家山三月天,送子松门分首处,野云寥落满山川。"后世只用"分手",不用"分首"。

放关 设机关论证自己的观点。此词用例很少,仅见于《敦煌变文集·佛说阿弥陀经讲经文(一)》:"穷究三枝源本末,更兼喻,甚能鸯(惊),问难往来如劈竹,放关辞辩似流星。""放关"与"问难"相对,要么二者词义相同,要么二者词义相反。我们认为,相反的可能性大一些。又:"陀罗论义不如他,词辩纵横不那何,嘲诮分明如马胜,机关深遂(邃)若玄何。""关"就是下文的"机关","放关"应是"设置机关","设机关"是辩论的常用方法。清智静说《撄宁静禅师语录》卷三:"把关容易放关难,打破关头事转长,枯木崖前多错路,透明公验始教还。"这个"关"是"关口"的"关",与变文的"放关"词义不同。《汉语大词典》未收此词。

抄手 双手相交,举于胸前,表示施礼。唐张保嗣《戏示诸妓》:"抄手向前咨大使,这回不敢恼儿郎。"《敦煌变文集·舜子变》:"舜子抄手启阿耶。"又《父母恩重经讲经文(一)》:"抄手有时望却,万福故是隔生。"元曲无名氏《嘲妓家匾食》:"白生生面皮,软溶溶肚皮,抄手儿得人意。当初只说假虚皮,就里多葱脍。"《水浒传》三回:"酒保抄手道:'官人要甚东西,分付买来。'"《封神演义》九二回:"杨戬听说,乃向前抄手施礼曰:'弟子杨戬参见娘娘。'"《济公全传》二八回:"抄手问事,万不肯应,左右看夹棍伺候!"这个"抄手"是客气的意思,是由施礼之义引申来的。

努眼 睁大眼睛,使眼球凸出,形容愤怒的样子。《敦煌变文集·父母恩重经讲经文(一)》:"应对高声由(犹)可怒(恕),嗔眉努眼更堪伤。"前蜀蒋贻恭《咏虾蟆》:"坐卧兼行总一般,向人努眼太无端。"《全唐诗》卷八七八"僖宗时童谣":"金色虾蟆争努眼,翻却曹州天下反。(王仙芝反于曹州,黄巢继之,此谣之应。)"唐阿地瞿多译《陀罗尼集经》卷八:"即努眼视作大瞋面,头如向前。"唐菩提流志译《不空罥索神变真言经》卷四:"合口切齿嚬眉努眼,瞋怒顾视。"梅尧臣《和江邻几学士画鬼拔河篇》:"两旁挝鼓鼓四面,声势助勇努眼圆。"《太平广记》卷三四三:"上都东市恶少李和子,父名努眼,和子性忍,常偷狗及猫食之,为坊市之患。"宋绍隆等译《圆悟佛果禅师语录》卷十四:"向机境上立照立用,下咄下拍,努眼扬眉一场,特地更遇本色宗匠。"宋蕴闻编《大慧普觉禅师语录》卷十四:"或云:能为万象主,不逐四时凋。已上尽在瞠眉努眼提撕处,然后下合头语,以为奇特痴汉!不可瞠眉努眼时便有禅,不瞠眉努眼时便无禅也。"《元曲选·冻苏秦》二折:"俺一家儿努眼苦眉,只待要逼苏秦险些上吊。"又《潇湘雨》三折:"则见他努眼撑睛大叫呼,不邓邓气夯胸脯。"明德清阅《紫柏尊者全集》卷三:"男儿家顶天立地,睁眉努眼,高谈阔论,孰不自谓圣贤豪杰之徒,一朝撞着个没面目汉子,将无孔铁椎轻轻敲击,未有不眼目动定,支吾不及。如是而安望其能知四难之旨乎?"又卷十八:"无限鱼龙吸影忙,江涛滚滚浑泥出,阿庵努眼石灰汤,水晶庵内离娄窟。"又写作"弩眼",《朱子语类》卷六:"顷见王日休解孟子云:'麒麟者,狮子也。'仁本是恻隐温厚底物事,却被他们说得抬虚打险,瞠眉弩眼,却似说麒麟做狮子,有吞伏百兽之状,盖自'知觉'之说起之。"又卷二八:"如那撑眉弩眼,便是欲。"又卷四四:"而今人所以知于人者,都是两边作得来张眉弩眼,大惊小怪。"

破白 候选或依资格可以升职的官员第一次得到上级或有关官署的荐举状,叫作破白。宋赵升《朝野类要·破白合尖》:"选人得初举状,谓之破白;末后一纸凑足,谓之合尖,如造塔上顶之意。"宋叶适《刘靖君墓志铭》:"作邑者,要路之储也,以改官为急。盖有因缘属托于破白之初矣,未有逡巡退却于及格之际也。"《燕翼诒谋录》卷五:"中兴以来,改官人数绝少。……庆元以后,岁有溢额。盖孤零路绝,得举官五员俱足,而不得者多不破白,势使然也。"《鼠璞》卷上"正衙常参"条:"嘉定末年臣僚申严此制,寄禄官通直郎以上既不比承平之时,一入国门即破白,直及马,虽欲趁赴朔望,不可得,参日多免,犹前日也。"按,王锳《唐宋笔记语辞汇释》收有此词,可参看,本条所引《朝野类要》和《燕翼诒谋录》的例证即转录自此书。

双语素词的支配关系在语法层面上为动宾关系,当动宾关系不表示动作过程而表示一个概念时,就为这个结构的词汇化提供了可能。可能性并不等于必然性。要使可能成为必然,结构的句法位置非常重要。当这个结构处于主语和宾语位置时,这个结构就是一个词,完成了它的词汇化。如果这个结构处于谓语位置上,后面又未跟别的成分,则这个结构为句子的主谓结构,尚未词汇化。如"纳败阙",当它在句中作谓语而后面没有补语的时候,就是一个动宾结构,如果后面跟了补语"一上",则是一个词,完成了它的词汇化。另外一个条件是,动词的动作性比较弱,强势动词带宾语的结构难以词汇化[①]。

[①] 董秀芳《词汇化:汉语双音节词的衍生和发展》(修订本)对这一问题做了解释,读者可以参看。158—187页,商务印书馆,2011年。

4.修饰关系

构词语素中,前一语素对后一语素有修饰和限定作用的叫修饰关系。有些语法著作叫作偏正关系。这种构词法最能产,几乎所有的表名、表动、表形语素的前面都可以加上一个修饰/限定语素,所以词的语素间属这类关系的词很多,与并列关系相比,难分伯仲。如:

常卖、黄封、家乘(记载家事的日录)、家生、饿纹、蒸饼、字舞、草马、蚊香、晏灯、索粉、艳段、娇客(女婿)、明开、胡来、饱看、春消息、孩儿茶、蒙汗药

洋铜 熔化的铜汁。《敦煌变文集·佛说阿弥陀经讲经文(四)》:"铁犁耕舌灌洋铜,磨磨碓捣作微尘。"又《目连缘起》:"或洋铜灌口,或吞热铁火丸,或抱铜柱,身体燋然烂坏。"又:"更有犁耕兼拔舌,洋铜灌口苦难当。"本师蒋云从先生释为"熔化了的铜汁",并据徐震堮认为"洋"通"烊"。《太平广记》卷三七九:"见数百人,洋铁补城。"这个"洋铁",是"熔化铁","洋"是动词。又卷三九三:"具大镬油煎,亦不死,洋铁汁,方焦灼。"按,此词已见于中古,吴支谦译《菩萨本缘经》卷二:"饥吞铁丸,渴饮洋铜。"西晋法炬译《佛说优填王经》卷一:"洋铜灌其口,山连筆其身。"东晋瞿昙僧伽提婆译《中阿含经》卷十二:"以热铁钳钳开其口,以沸洋铜灌其口中,彼沸洋铜烧唇。"符秦僧伽跋澄等译《僧伽罗刹所集经》卷一:"我堪饮恶毒,洋铜灌口中。"姚秦竺佛念译《菩萨从兜术天降神母胎说广普经》卷五:"洋铜热钳叉,偿对今不久。"唐宋译经仍之,唐菩提流志译《大宝积经》卷十六:"假使大海水,尽融为洋铜。"宋释法云译《佛本行经》卷六:"洋铜灌其咽,次噉烧铁丸。"《五灯会元》卷十二:"岂不见教中道,宁以热铁缠身,不受信心人衣,宁以洋铜灌口,不受信心人食。"《济公全传》百五十回:"休大胆,热铁洋铜,摸摸心头怕不怕,仔细思量。"现代北京官话、江淮官话、吴语、赣语、闽语、客家话皆称"熔化"为"烊","烊"应是"洋"的后起字。清代的文献也有"洋铜"一词,似乎指进口的外国铜,意义有别。

内亲 父系亲族。《敦煌变文集·地狱变文》:"内亲长不近,外族难知己。""内亲"与"外族"相对,应该指父系亲族。又《搜神记》:"昔有樊寮至孝,内亲早亡,继事后母。"此则指母亲。母亲虽则外姓,但与父亲结婚后,则须冠上父亲的姓,故为内亲。但大部分用例指父系亲族。《通典·刑法》六:"五过之所病,或尝同官位,或诈反囚辞,或内亲用事,或行货枉法,或旧相往来,皆病所在。"《宋史·选举志》三:"士有善父

母为孝,善兄弟为悌,善内亲为睦,善外亲为姻,信于朋友为任,仁于州里为恤,知君臣之义为忠,达义利之分为和。"《张邦昌传》:"外统制官、宣赞舍人吴革耻屈节异姓,首率内亲事官数百人,皆先杀其妻孥,焚所居,谋举义金水门外。"《文献通考·帝系考》十:"公族朝于内朝,内亲也。虽有贵者,以齿,明父子也。"《资治通鉴》卷一四一:"曲江公遥欣好武事,上以诸子尚幼,内亲则仗遥欣兄弟,外亲则倚后弟西中郎长史彭城刘暄、内弟太子詹事江祏。"《续资治通鉴》卷九十:"其女适人,贫不能自给,取而养之于家,为善内亲。又以婿穷窭,收而教之,为善外亲。"《文史通义》卷四:"嫌之甚者,莫过于男女;谷永为元帝报许后,即不以内亲为忌。"又卷五:"尝见名士为人撰志,其人盖有朋友气谊,志文乃仿韩昌黎之志柳州也,一步一趋,惟恐其或失也。中间感叹世情反复,已觉无病费呻吟矣。末叙丧费出于贵人,及内亲竭劳其事。询之其家,则贵人赠赙稍厚,非能任丧费也。而内亲则仅一临穴而已,亦并未任其事也。"《三朝北盟会编》卷十六:"赋敛暴刻,众怀离散之思,刑罚峻深,人抱怨咨之戚,内亲争叛,强敌肆侵。"《汉语大词典》未收此词。本师蒋礼鸿教授《敦煌变文字义通释》收有此词,释为"母亲"。就所举《敦煌变文集·搜神记》的例证来看,这个解释是对的;但综合考虑别的文献,这个解释不完整。"母亲",我所自出,是父系的不可或缺的组成者,是"内"不是"外",故称"内亲"。

常住 僧、道称寺舍、田地、什物等为常住物,简称常住。《云笈七签》卷一二二:"道士用常住物如子孙用父母物耳,何罪之有?"唐冯翊《桂苑丛谈·太尉朱崖辩狱》:"太尉朱崖出镇浙右,有甘露知主事者诉交代得常住什物,被前主事隐用。"《敦煌变文集·大目乾连冥间救母变文》:"狱中罪人,生存在日,侵损常住游泥伽蓝,好用常住水果,盗常住柴薪。"又:"出家之法,依信施而安存,纵有常住饮食,恐难消化。"《太平广记》卷一三四:"其寺常住庄田,孳畜甚多。……不三五日后,常住有老牸牛一头,无故而死。"又卷二三二:"其常住有庄田,颇为邑民侵据。"《元曲选外编·西厢记》一本二折:"有白银一两,与常住公用,略表寸心,望笑留是幸!"又《蓝采和》一折:"你又不纳常住自趱做家缘。"《水浒传》六回:"只因是十方常住,被一个云游和尚引着一个道人来此住持,把常住有的没的都毁坏了。"《初刻拍案惊奇》卷四十:"长官昔年将钱物到此求官,得疾狼狈,有钱二千贯,寄在老僧常住库中。后来一病不起,此钱无处发付。老僧自是以来,心中常如有重负,不能释然。今得郎君到此,完此公案,老僧此生无事矣。"《西游记》九三回:"荒山十方常住,都可随喜,况长老东土神僧,但得供养,幸甚。"

都公 《汉语大词典》说:"唐尚书省左右司的别称。"李肇《唐国史补》卷下:"旧说吏部为'省眼',礼部为'南省',舍人、考功、度支为'振行',比部得廊下食,以饭从者,号'比盘',二十四曹呼左右司为'都公'。"宋洪迈《容斋四笔·官称别名》:"唐人好以它名标榜官称,……左右司为都公,太子庶子为宫相。"按,敦煌变文也有用例,《敦煌变文集·金刚般若波罗蜜经讲经文》:"筹料不应取次说,都公案上复如何?"又:"六段文中第四段,都公案上(唱将罗)。"又:"当日如来亲为说,都公案上复何如?"《三宝太监西洋记》十九回:"老爷道:'你这些狗娘养的,都到咱们这里胡塞赖,咱们有个话儿对你讲,叫过管册籍的都公来。'只见管册籍的都公连忙的跑将来,跪着说道:'元帅老爷有何事呼唤?'老爷道:'你把前日各营里递来的病状,都拿来咱们看着。'都公道:'病状都在这里。'"《明珠缘》二九回:"这是晚朝启请五师笺文,黄箓白简,告下青城可韩司丈人真君九转妙道真君,告下三天辅教天师十转元灵妙道真君并总醮都公诸疏。这是老爷虔许香愿青词。"按,"都公"本为"左右司"之称,唐代管理佛教僧尼名籍、僧官补任事宜的僧职叫"左右街僧录司",僧人借用二十四曹称左右司为"都公"的旧例来称"左右街僧录司",是完全可能的。蒋冀骋《敦煌文献研究》释"都公"为"都讲师"的尊称,他说:"'公'为尊称,'都'为'都讲师'之省。唐时讲经,有讲师、都讲、读师等名号。"并引圆仁《入唐求法巡礼行记》卷二"新罗一日讲议式:辰时打钟,长打拟了,讲师、都讲二人入堂。大众先入列坐,讲师、读师入堂之会,大众同音称叹佛名长引。其讲师登北座,都讲登南座了,讚佛便止"、《出三藏记集》卷十四"豁然便觉,心神喜悦。旦起言义,皆备领宋语,于是就讲。弟子法勇传译,僧念为都讲。虽因译人,而玄解往复"等书例证为证。今谓"都讲师"是"都讲师","都公"是"都公";"都讲师"再怎样省略,也不会省为"都公"。将"都讲师"省为"都",再与"公"组合,转了两个弯。凡是转了几个弯才能说通的解释,大多不可信。纵使是王氏父子的解释,若有这种情况,也当作如是观。伍成泉先生《读蒋冀骋先生〈敦煌文献研究〉》指出蒋氏此说不可信,并认为"都"通"睹",是"看"的意思,"公案"谓"祖教之书"。我们检阅了汉译佛典的有关语料,自宋以来,佛家确有"公案"的说法,但所有的例证中,"案"后不接"上"字,故我们不采用伍氏的解释,但他促使我重新审视这一问题,在此特表感谢。

四远 四方。本指四方边远之地,后来指四方。唐李颀《双笋歌送李回兼呈刘四》:"为君当面拂云日,孤生四远何足论。"王昌龄《代扶风主人答》:"浮埃起四远,游子弥(一作迷)不欢。"《敦煌变文集·佛说阿弥陀经讲经文(二)》:"四远总来朝宝座,七州安泰贺时康。"又《妙法莲华经讲经文(一)》:"日日满空呈瑞采,时时四远有贞(祯)祥。"又《目连变文》:"家财分作于三亭,二分留与于慈母,内之一分,用充慈父之衣粮,更分资财,禜(营)斋布施于四远。"又《庐山远公话》:"远公入寺安居,约经数月,便有四远听众,来奔此寺。"宋方千里《塞垣春》:"四远天垂野。向晚景,雕鞍卸。"关咏《迷仙引》:"独自个凝睇。暮云暗、遥山翠。天色无情,四远低垂淡如水。"吕胜己《瑞鹤仙·又嘲博见楼》:"倚阑观四远。近有客登临,故相磨难。"柯丹邱《荆钗记》七出:"四远名传,那个不识孙汝权。他貌如潘岳,富比石崇,德并颜渊。"汤舜民《赠钱塘镊者》:"虽然道事清修一艺相随,却也曾播芳名四远相知。"《三宝太监西洋记》七回:"那小妖精口儿里吹上一个鬼号,舌儿上调出一个鬼腔。长老刚刚的坐在山头上,只见前后左右,四远八方,尽是些精怪,都奔着长老的面前来。"《三国演义》二八回:"数月前有一将军,姓张,名飞,引数十骑到此,将县官逐去,占住古城,招军买马,积草屯粮。今聚有三五千人马,四远无人敢敌。"

弱事 倒霉的事。《敦煌变文集·丑女缘起》:"王郎道苦,彼媒人误我将来。今日目前,见这个弱事。乃可不要富贵,亦不藉你官职;须(虽)然相合之时,争忍见其丑貌。"这是倒霉的事的意思。《尚书·洪范》:"六极……六曰弱。"郑注:"尪劣。"《正义》:"'尪''劣'并是弱事,为筋力弱,亦为志气弱。郑玄云:'愚懦不毅曰弱。'言其志气弱也。"这是软弱的事的意思。"软弱"导致"倒霉",意义上有联系。古书中有"弱人""弱民",当然也可有"弱事",可惜流传下来的古籍中用例太少,不能窥其全豹。《汉语大词典》未收此词。

九夏 夏天。此词的较早用例见于中古,近代仍之。陶潜《荣木》序:"日月推迁,已复九夏。"《水经注》卷三二:"东侧有一湖,三春九夏,红荷覆水,引渎城隍,水积成潭,谓之东台湖,亦肥南播也。"《汉魏南北朝墓志汇·北魏》:"九夏翁蔚,三冬葳蕤。如何如何,一旦倾辉。"《全梁文》卷十九"锦带书十二月启":"三伏渐终,九夏将谢。萤飞腐草,光浮帐里之书;蝉噪繁柯,影入机中之鬓。"唐太宗《赋得夏首启节》:"北阙三春晚,南荣九夏初。"李峤《四月奉教作》:"暄钥三春谢,炎钟九夏初。"《敦煌变文集新书·双恩记》:"九夏无劳远远敷,三秋镇有长长媚。"《敦煌变文集·维摩诘经讲经文

(二)》:"九忧取凉招扫洒,三春赏玩到宫商。"("九忧"是"九夏"之形误。《敦煌变文集》校录者校"忧"为"秋",盖以为二字韵母相同,而不知据字形的相近校为"夏",殆忘记有"九夏"一词。"九夏"与"三春"正相对。)又《维摩诘经讲经文(六)》:"眉分皎洁三秋月,脸写芬芳九夏莲。"《五灯会元》卷十二:"意能觉触身分别,冰室如春九夏凉。"又卷十三:"三冬华木秀,九夏雪霜飞。"《挥麈后录》卷二:"来万籁之清风,无九夏之剧暑。"元李志常《长春真人西游记》卷上:"浸润百川当九夏(以水溉田),摧残万草若三冬。"明费信《星槎胜览》卷一:"三春花草盛,九夏稻禾荣。"明蒋一葵《尧山堂外纪》卷七三:"情知已是秋风后,留作明年九夏看。"《西游记》二八回:"潮来汹涌,犹如霹雳吼三春;水浸湾环,却似狂风吹九夏。"清李渔《闲情偶寄·颐养部》:"三时苦于裭襮,九夏独喜轻便,袒裼裸裎之时,春心所由荡也。"《声律启蒙》:"明对暗,淡对浓,上智对中庸。镜奁对衣笥,野杵对村舂。花灼烁,草蒙茸,九夏对三冬。"

火急 形容极其紧急。《北齐书·幼主纪》:"特爱非时之物,取求火急,皆须朝征夕办,当势者因之,贷一而责十焉。"唐任华《报杜拾遗》:"火急将书凭驿使,为报杜拾遗。"柳宗元《叠后》:"事业无成耻艺成,南宫起草旧连名。(公与梦得尝同为礼部员外郎。)劝君火急添功用,趁取当时二妙声。"白居易《劝欢》:"火急欢娱慎(一作切)勿迟,眼看老病悔难追。"《全唐五代词》卷二《易静词》:"此是将军倾折象,难禳兵众敌相凌。火急整回程。"《敦煌变文集·维摩诘经讲经文(一)》:"汝须火急相催去,算得宣扬整(正)是时。"又《破魔变文》:"遂向军前亲号令,火急抽兵却归宫。"《三朝北盟会编》卷五九:"若欲保全,伏乞速赐指挥,宣抚司火急遣兵前来。亨伯之言如此,可谓切矣。"此词一直沿用至今。按:《齐民要术》也有"火急"一词,但语素间的关系是叙述关系,结构与此不同,二者不是一词。《齐民要术》的"火急"是"火猛""火大"的意思,它也无法词汇化为表"紧急"的副词。

镇时/镇日 常常,常时/整天,从早到晚。"镇"有"常"义,故"镇时"即"常时"。张相《诗词曲语辞汇释》释"镇"为:"犹常也,长也,尽也。"《敦煌变文集·维摩诘经讲经文(一)》:"三界镇时为巨烛,四生长是□□。""镇时"与"长是"相对,"镇时"应是"长时"的意思。但文献中仅检得一例,可能与西北方言有关。还有"镇日",是"整天,从早到晚"的意思;"镇"的词义与"镇时"的"镇"有所不同,但构词方式是一致的。此词唐代文献常见。张相《诗词曲语辞汇释》举有五例,可参看。但都是词曲用例,没有散文的。《朱子语类》卷一一七:"后来闻尊长镇日相寻,又令人皇恐,如何?"《西游记》四五回:"通宵秉烛,镇日香菲。"《金瓶梅》六二回:"他可可儿来三年没过一日好日子,镇日教他挑水挨磨来?"明朱国祯《涌幢小品》卷一五:"又镇日咸西南风,更不起东北。"《醒世恒言》卷九:"柳氏镇日在家中骂媒人,骂老公,陈青已自晓得些风声,将信未信。"《型世言》二二回:"咱不晓得这道儿。嫂子嫌咱镇日在家坐,教咱出来的。不利市,咱家去罢。"《儒林外史》三四回:"据我说,镇日同一个三十多岁的老嫂子看花饮酒,也觉得扫兴。"《红楼梦》二三回:"宝玉亦发得了意,镇日家作这些外务。"

还有一种情况应该特别指出:从来源上讲,造词的二语素之间是修饰关系,由于后来的演变发展,表义的是修饰语素,而被修饰语素的词义磨蚀掉了,变成了较虚的语素,但并未完全虚化为词缀,故我们仍将它们放在修饰关系内讨论。如:

智量 本指智慧等所达到的量度,元魏慧觉等译《贤愚经》卷六:"虽复禀受长者遗体,才艺智量,出过人表。"姚秦竺佛念译《出曜经》卷二四:"佛法宽博,汪洋无涯,卿今以凡夫之智量度圣人,斯非正理,犹若拳许土块仰比须弥,升合之器欲量海水。"后秦鸠摩罗什译《大智度论》卷十一:"众人疑怪,或谓愚小无知,或谓智量过人。"梁慧皎撰《高僧传》卷二:"光既获什,未测其智量。见年齿尚少,乃凡人戏之。"陈真谛译《四谛论》卷四:"念根即四念处,但不以境界分别根故,譬如智根智量。"后来"量"变成了意义较虚的语素,"智"成了强势语素,表义的主要是"智",故变成了智慧、智能的意思。《敦煌变文集·晏子赋》:"齐国大臣七十二相,并是聪明志(智)惠(按,通慧),故使向智量之国去。"《全唐文》卷五五"授抚王纮河东节度使制":"抚王纮,智量端平,体识沉远。"唐昙旷撰《大乘起信论广释》卷五:"此句正显能诠之文,依理所起大乘教也,谓随智量分所证理,以其略文而摄多义,显前甚深广大之义。"唐体请记《释肇序》卷一:"即智量高远,出过于世故云也。"宋蕴闻编《大慧普觉禅师语录》卷二一:"凡夫智量狭,妄说有难易,离相如虚空,尽契诸佛智。"《元曲选·谇范叔》三折:"他论机谋减灶压着齐孙膑,他论战策不弱如鞭尸楚伍员。则他那智量似稷苴,文学似子夏,德行似颜渊,舌辩似苏秦。"《水浒传》引首:"这朝圣人出世,……乃是上霹雳大仙降。英雄勇猛,智量宽洪。"又引申有计策、计谋义。《元曲选·风光好》二折:"我自寻思出这个风流俏智量,须要今夜成双。"又《谢天香》二折:"背地里锁着眉骂张敞,岂知他殢雨尤云俏智量,刚理会得燮理阴阳。"《元曲选外编·哭存孝》三折:"原来不曾落马,都是李存信、康君立的智量。"又《千里独行》四折:"他恰才万马千军摆下战场,则见他忙把门旗放,显出那弃印封金有智量。"《西游记》六一回:"这一个,金箍棒起无情义;那一个,双刃青锋有智量。"

志量 志向和抱负。表义的是"志"。后秦鸠摩罗什译《十住毘婆沙论》卷九:"寂灭清净分别好丑,有大志量不没不缩不高不下。"唐般若译《大方广佛华严经》卷二八:"志量弘深,人无与等。"唐大觉撰《四分律行事钞批》卷十三:"时人言曰死诸葛亮怖生仲达,仲达是魏家之将也,姓司马名仲达,亦云死诸葛走生仲达,其孔明有志量,时人号为卧龙,甚得刘氏敬重。"《全唐文》卷二二五"送严少府赴万安诗序":"三蜀严子,西南之选也。登英江汉,胄德沉宜,志量夷雅。"《旧唐书·王珪传》:"珪幼孤,性雅澹,少嗜欲,志量沉深,能安于贫贱,体道履正,交不苟合。"《新唐书·王珪传》:"性沉澹,志量隐正,恬于所遇,交不苟合。"《元曲选·墙头马上》一折:"夫人张氏,有女孩儿小字千金,年方一十八岁,尤善女工,深通文墨,志量过人,容颜出世。"又《谇范叔》二折:"谢恩人肯主张,放咱去入咸阳。仗英雄显志量,见秦君说勾当。管穰侯立辞相,不荒唐有承望。"又《陈抟高卧》一折:"志量恢弘纳百川,遨游四海结英贤。夜来剑气冲牛斗,犹是男儿未遇年。"《喻世明言》六卷:"正是朝中一员虎将,姓葛,名周,生来胸襟海阔,志量山高。"《东周列国志》九六回:"鄙人志量浅狭,不知相国能宽容至此,死不足赎罪矣!"《万花楼演义》十三回:"贤侄,你有此大鹏奋翮之志,何虑云龙风虎之会无期,果然志量高大,非老夫所能限量。"文献中还有"计策、办法"的意思。《喻世明言》二一卷:"天挺英豪志量开,休教轻觑小儿孩。"又四十卷:"只怕你妇人家,没志量打发这两个泼差人,累你受苦,于心何安?"《三宝太监西洋记通俗演义》六三回:"为将不在大小,看各人的本领何如。交锋不在恶杀,看各人的志量何如。"可能是"智量"的同音借用。

思量 本为思之量。"思"作为名词,有"思绪、思致"义;作为动词,有"思考、思虑"义。当"思"用作表名语素时,"思量"为思致之度量,故有"志趣"义;当"思"用作表动语素时,"思量"为思考之度量,故有"思考、思虑"义。前者如《三国志·蜀·黄李吕马王张传》:"黄权弘雅思量,李恢公亮志业,吕凯守节不回,马忠扰而能毅,王平忠勇而严整,张嶷识断明果,咸以所长,显名发迹,遇其时也。"《晋书·魏舒传》:"司徒、剧阳子舒,体道弘粹,思量佳远,忠肃居正,在公尽规,入管铨衡,官人允叙。"《全晋文》卷三"以高阳王圭为尚书右仆射诏":"尚书高阳王圭,忠允善政,思量弘济,莅官尽心,所居著称,其以圭为右仆射。清蒋士铨《一片石·宴阁》:"怎么今日就这样骄其妻妾,思量高尚?"但这种用法的例证不多,可能与"思"用作表名语素比较少有关。后者如《晋书·后妃传》:"愿诸君子思量远算,戮力一心,辅翼幼主,匡救不逮。"又《王豹传》:"得前后白事,具意,辄别思量也。"西晋竺法护译《受岁经》卷一:"此比丘当自思量。"法显译《大般涅盘经》卷二:"若有人客,欲来见我,阿难即先思量其时。"后秦佛陀耶舍共竺佛念译《长阿含经》卷十:"若欲思量观察分别其义者,则皆荒迷,无能见者。"《宋书·徐湛之传》:"以为怨愤所至,不足为虑,便以关启,惧成虚妄,思量反复,实经愚心,非为纳受,曲相蔽匿。"《全唐五代词》卷一"唐词":"思量大是恶因缘,只得相看不得怜。"又卷三"五代词":"等闲无事莫思量。每一见时明月夜,损人情思断人肠。"蔡伸《南乡子》:"陈事费思量,回首烟波卷夕阳,尽道凭书聊破恨,难忘。及至书来更断肠。"柴望《摸鱼儿》:"这情怀、怎生消遣?思量只是凄怨。"元阿鲁威《双调·湘妃怨》:"竹上雨,湘妃泪,树中禽,蜀帝王,无限思量。"《元曲选外编·东墙记》一折:"一见了那人,不由我断魂;思量起这人,有韩文柳文。"《西游记》十六回:"他昨晚看着你的袈裟,只哭到更深时候,看也不曾敢看,思量要图长久,做个传家之宝,设计定策,要烧杀老爷。"此词始见于中古文献,近代仍之,现代仍常用。

器量 本指器皿的容量,后来喻指"器度、才识"。较早的例证见于东汉。蔡邕《郭有道碑文》:"夫其器量弘深,姿度广大,浩浩焉,汪汪焉,奥乎不可测已。"《全后汉文》卷七一"让高阳乡侯章":"非臣小族陋宗器量褊狭所能堪胜,非臣力用勤劳有所当受,诚无安宁甘悦之情。"又:"至德元功,器量宏大。"《全晋文》卷七十"晋故使持节侍中太傅钜平成侯羊公碑":"其器量宏深,容度广大,浩浩乎固不可测已。"《全梁文》卷十九"锦带书十二月启":"万顷澄波,黄叔度之器量;千寻耸干,嵇中散之楷模。"《全唐文》卷三"加齐王元吉司徒诏":"器量凝邈,风神爽迈,徽猷夙著,嘉誉早隆。"又卷九"封怀化郡王李思摩为可汗诏":"惟尔右武候大将军化州都督怀化郡王李思摩,器量明远,识用宏通,地称贵种,望高赐姓。"《唐国史补》卷下:"宪宗朝,则有杜邠公之器量,郑少保之清俭。"宋林正大《括沁园春》:"盖先生心地,超乎日月,又谁如光武,器量包荒。"无名氏《水调歌头》:"备文武,宏器量,足谋谟。"元沈禧《南吕·一枝花》:"瑶台上品仙,麟阁中人物。胸襟开宇宙,器量溢江湖。"《醒世恒言》三十卷:"谁知老婆原是小家子出身,器量最狭,却又配着一副悍毒的狠心肠。"《二刻拍案惊奇》卷二七:"秀才真宰相器量!能如此不拘小节,决非凡品。"《红楼梦》七七回:"又见他器量宽宏,并无嫉妒妒枕之意。"

此外还有"气量、德量、才量、商量、度量、能量、肚量、胆量、饭量、酒量",此不赘。应该指出,后面的两个词没有喻指意义,其原因在于:构词的前一语素所指的是具体的物品,物品必有容量,故使后一语素"量"只能是"容量"的意思。参与构词的语素意义太实,又没有经过转喻,因而没有喻指意义。

5. 补充关系

构词语素之间有补充和被补充关系的叫补充关系。如:

参透、瞧破、趱足、蹙损、磨灭、踢脱、解脱、觑绝、撒开、做下、脱除、消破、消杀、调动、留住、挨满、致下、上去、下去、发去、发出、教得、济得、做得、离不得、迭不得

补充和被补充关系在语义上有"补结果""补趋向""补可能""补状态""补程度"五类。上举各例"参透、瞧破、趱足、蹙损、磨灭、踢脱、解脱、觑绝、撒开、脱除、消破、消杀、调动"是补结果,"做下、致下、上去、下去、发去、发出"是补趋向,"教得、济得、做得、离不得、迭不得"是补可能,"留住、捏合"是补状态,"挨满"是补程度。

有些学者将《尚书·盘庚上》"其犹可扑灭"的"扑灭"作为补充式的最早例证,其实《尚书》的"扑灭"是两个动词的连用,不是一个词,是扑之灭之的意思。再如《左传》的"大叔出奔共","出"是离开故都,被赶走,"奔"是逃往,也是动词连用。

以"补结果"为例,真正的补充式见于东汉,其判断标准是:

1)语义上:第一语素只表示行为,第二语素只表结果,"结果"由行为而生,语义指向受事而非施事或动词;如果第一语素也包含结果,则可能为同义/近义连用。

2)句法上:是施事主语句而非受事/对象主语句,并且带受事宾语,唐代后句型可不再受限制,表示"行为"的语素单用作动词的时候是可以带受事宾语的及物动词。

3)语用上:

a)表示"结果"的成分不再有"使动"用法,而有在"使、令"等使令动词构成的兼语句中做谓词的用法;

b)"行为+结果"必须连用在一起,中间不能插入别的成分;

c)"行为+结果"必须带上受事宾语,动词前有"相"等相当于施事和受事的复合

体时这种组合不再带宾语,由于"结果"仍有可能指向这种复合体,我们也应该把它排除在外;

d)"行为+结果"带受事宾语而其中表示"结果"的成分从来不用于使动时,可以判定动结式已经产生。

代表文献是《太平经》[①],如:

保全 《太平经》卷四七"上善臣子弟子为君父师得仙方诀第六十三":"真人今旦所说,但财应平之行,各欲保全其身耳。"又:"汝行适财自保全其身耳,反深自言有功于上,而啼呼天地,此悉属下愚之人也,不能为上善之人也。"又:"子未能应上善之人也,财名为保全子身之人耳,又何以置天地乎?"

治愈 《太平经》卷五十"神祝文诀第七十五":"如使行人之言,不能治愈病也。"

禁绝 《太平经》卷一一八"禁烧山林诀第二百九":"天上急禁绝火烧山林丛木之乡,何也?"

中古以降,这种构词方式大增。

斫破 袭破(敌营)。《敦煌变文集·汉将王陵变》:"遣卿权知南游奕,何不存心觉察,放汉将入界,斫破寡人六十万军营?"又:"前月廿五日夜,王陵领骑将灌婴,斫破项羽营乱,并无消息。"又:"不是别人,则是前月廿五日夜,王陵领骑将灌婴,斫破寡人营乱,廿万人各着刀箭,五万人当夜身死。"又:"前者二月二十五日夜,王陵领骑将灌婴,斫破寡人营乱。"按,"斫破"较早的例证见于《汉书·张汤传》:"又以县官事怨乐府游徼莽,而使大奴骏等四十余人群党盛兵弩,白昼入乐府攻射官寺,缚束长吏子弟,斫破器物,宫中皆奔走伏匿。"汉时"破"字尚有使动用法,"斫破"可视为两动词连用,随着汉语"使动用法"的减少和消失,"破"在口语中不再用作"使动",则"动语素+破"就是补充关系了。它如"打破",《敦煌变文集·降魔变文》:"者(这)回忽若得强,打破承前并……"又《难陀出家缘起》:"难陀恶发,不添,尽打破。"还有"踏破",《敦煌变文集·庐山远公话》:"敢(感)得五色云现,人更转多,无数听众,踏破讲筵,开启不得。"又"刺破",《敦煌变文集·舜子变》:"解散自家头计,拔取金芰(钗)手里,次(刺)破自

[①] 刘文正博士论文《〈太平经〉动词及相关基本句法研究》对此有专门研究,可参阅。本文的判断标准即采用刘说。

家脚上,高声唤言舜子。"尤其是变文中的"斫破寡人营乱","营"后还有补语"乱",更彰显前面的"斫破"语素间是"补充关系"。云从先生校"营乱"为"营部",可能是忽略了俗文学作品中"动补"结构的动词带了宾语后还带补语的现象。考 P.3627 号卷,"营乱"的"乱",左从舌,右从乚,与今之简体完全一样,字迹非常清晰。"乱"与"部"形、音都不相似,相混的可能性很少,这种解释不可靠。

把定 抓住,控制住。《全唐诗补编》卷四五"罗隐诗":"肩挑日月横街去,把定乾坤莫放渠。"《三朝北盟会编》卷十一:"已差李靖充大使,王永昌充副使,撒卢拇(改革者作察勒玛)充计议,却于二国信使中留一员随军,恐贵朝军马入燕地,把定关隘,本朝借路时要得分辨。"又卷七三:"金人数十万众聚京城下,周围四壁各把定要害。"福建士子《卜算子》:"泪眼相看话别时,把定纤纤手。"《景德传灯录》卷二五:"沙门眼把定世界,函盖乾坤不漏丝发。"《古尊宿语录》卷二十:"白云山里白云人,把定封疆无缝罅。"《五灯会元》卷十二:"穿云不渡水,渡水不穿云。乾坤把定不把定,虚空放行不放行。横三竖四,乍离乍合,将长补短,即不问汝诸人,饭是米做一句,要且难道。"《朱子语类》卷六:"义有裁制割断意,是把定处,便发出许多仁来。如非礼勿视听言动,便是把定处;'一日克己复礼,天下归仁',便是流行处。"《元曲选·风光好》二折:"我等驷马车为把定物,五花诰是撞门羊。"又《金线池》三折:"不是我把定、无记性,言多伤行。扶咱的小哥每是何名姓?"《三国演义》十五回:"甘、糜二夫人见玄德,具说吕布令兵把定宅门。禁诸人不得入;又常使侍妾送物,未尝有缺。"《水浒传》二二回:"我自把定前门。雷都头,你先人去搜。"《警世通言》卷十一:"姚大便去抛铁锚,杨辣嘴把定头舱门口,沈胡子守舵,赵三当先提着一口泼风刀,徐能手执板斧随后,只不叫徐用一人。"《儿女英雄传》二四回:"没多时,只见从东边先进来两个家人,下了屏门的门闩,分左右站着,把定大门。"

捏合 字面上的意思是捏到一起来。蒋贻恭《咏金刚》:"扬眉斗目恶精神,捏合将来恰似真。"《三宝太监西洋记》四一回:"赵元帅得了法旨,飞身而上,照着那些火龙一个一鞭,打得他一会儿露了本相。你说本相是些甚么?原来都是些草根树皮捏合成的。"引申为凑合,《梦粱录》卷二十:"盖小说者,能讲一朝一代故事,顷刻间捏合,与起令随令相似,各占一事也。"《朱子语类》卷十八:"事事物物各自有理,如何硬要捏合得! 只是才遇一事,即就一事究竟其理,少间多了,自然会贯通。"又卷三十:"如公乡里议论,只是要酌中,这只是自家不曾见得道理分明。这个似是,那个也似是,且捏合做一片,且恁地过。"宋张炎《词源》卷下:"大词之料,可以敛为小词;小词之料,不可展为大词。若为大词,必是一句之意,引而为两三句,或引他意入来,捏合成章,必无一唱三叹。"清延君寿《老生常谈》:"又有故典与题全没关涉,信手拈来,妙不可言者。翁山《太白祠》句云:'人才自古蛟龙得,太白三间两水仙。'读之令人惊喜。如此捏合用事,岂非妙手?"再引申为编造、虚构,《元曲选·杀狗劝夫》四折:"那告状人指陈事实,都是些扶同捏合的虚词。"《西游记》三二回:"他两个耳朵盖着眼,愚拙之人也,他会编什么谎?又是你捏合什么鬼话赖他哩。"《水浒传》二六回:"覆告相公,这个须不是小人捏合出来的。"字又作"捻合",《朱子语类》卷十:"虽是朝廷甚么大典礼,也胡乱信手捻合出来使,不知一撞百碎。"刘菊房《蓦山溪》:"醉魂离梦,捻合难成片。恶味怕黄昏,更西风,梧桐深院。"吴潜《祝英台近》:"旋安排,新捻合,莺谷共烟浦。好处偏悭,一向风和雨。"乔吉《仙吕·赏花时·赚煞》:"我是个锻炼成的铁连环,不比您捻合就的泥圈套。"《聊斋志异》卷十一:"视其股上,莲花大放。试之,气已绝。即以两手捻合其花,且祝曰:'妾千里从君,大非容易。为君教子训妇,亦有微劳。即差二三年,何不一少待也?'"按,《广韵》帖韵:"捻,奴协切,指捻。"屑韵:"捏,奴结切,捏捺。"二字声母相同,韵母则为开口四等,唯韵尾有收-t收-p之别;入声消失,则二字同音。今读"捻"作niǎn,系偏旁读音类推的结果。

说破 说穿,说透。《敦煌变文集·维摩诘经讲经文(四)》:"喜有四件,忧有四般,不如对我世尊,一一分明说破。"《祖堂集》卷四:"某等两人曾在百丈时,沩山和尚造典座,某甲造侍者,不离左右,佐副和尚。在后达于本愿,欲得说破这个事。"又卷五:"师见洞山沉吟底,欲得说破衷情。洞山云:'启师:不用说破。但不失人身,为此事相著。'"《五灯会元》卷九:"和尚大慈,恩逾父母。当时若为我说破,何有今日之事?《朱子语类》卷四:"只是不合不说破个气质之性,却只是做性说时,便不可。"又卷六:"今人说仁,如糖,皆道是甜;不曾吃着,不知甜是甚滋味。圣人都不说破,在学者以身体之而已矣。"又卷六十:"比者,但比之以他物,而不说其事如何;兴,则引物以发其意,而终说破其事也。"又卷九六:"若退之见得到处,却甚峻绝。性分三品,正是说气质之性。至程门说破'气'字,方有去着。"宋王娇娘《再团圆》:"言是心声,明神在上,说破从前。天还知道,不违人愿,再与团圆。"宋沈义父《乐府指迷》:"炼句下语,最是紧要,如说桃,不可直说破桃,须用'红雨''刘郎'等字。如说柳,不可直说破柳,须用'章台''灞岸'等字。又用事,如曰'银钩空满',便是书字了,不必更说书字。'玉箸双垂',便是泪了,不必更说泪。如'绿云缭绕',隐然髻发,'困便湘竹',分明是簟。正不必分晓,如教初学小儿,说破这是甚物事,方见妙处。"《大宋宣和遗事·元集》:"说破兴亡多少事,高山流水有知音。"元杨瑀《山居新话》卷一:"不数日,云峤告殂,岂非说破话头而致然也?"吕侍中《正宫·六么令》:"说破真如妙理,唯恐露玄机。"无名氏《商调·梧叶儿》:"离是女,坎是男,妙玄谈,不说破教人家怎参?"《明清民歌时调集》:"若说破他的薄情也,(惹得)薄情心加倍歹。"《西游记》一回:"有分有缘休俗愿,无忧无虑会元龙。料应必遇知音者,说破源流万法通。"《三宝太监西洋记》六十回:"我和你都不许说破,各人写下各人的字,封印了放在这里,到明日破敌之后,拆开来看,中者赏不中者罚。"《红楼梦》一〇三回:"离别来十九载,面色如旧,必是修炼有成,未肯将前身说破。"

打透 打穿,打破,打通。《朱子语类》卷四二:"仁譬之屋,克己是大门,打透便入来。"又卷一二一:"欲为学问,须要打透这些子,放令开阔,识得个'以能问于不能,以多问于寡'底意思,方是切于为己。"《苏辙集·栾城集》卷二五:"吾一槌打透无底藏,一切珍宝皆吾有也。"《癸辛杂识·别集》下:"适值江水暴涨,乘势冲突堡寨及万人敌,打透鹿门,连船运入衣袄、布帛、米盐、粮草。"《五灯会元》卷二十:"面门掆破,天地悬殊。打透牢关,白云万里。饶伊两头坐断,别有转身,三生六十劫,也未梦见在。"刘克庄《六州歌头·又解印有期戏作》:"老子颇更事,打透利名关。百年扰扰于役,何异入槐安。"沈瀛《念奴娇·又》:"玉斧匣中常夜吼,可惜光阴虚设。唤下云梯,直攀金户,打透重门铁。"明刘若愚《酌中志》卷十六:"又一石碾自空中落于民家屋上,打透至炕,而炕上所卧小儿,不知何因,在地无恙。"《水浒传》八八回:"却以白袍军马,选将八员,打透左边青旗军阵。此乃金克木之义也。"《绿野仙踪》三三回:"竹筒下面打透一孔,内用竹棍抽提,棍头用棉絮包紧,即俗名水枪是也。"

放倒 推倒,放下。《朱子语类》卷十七:"从,顺也。敬便竖起,怠便放倒。以理从事,是义;不以理从事,便是欲。"又卷二二:"只是立心要从容不迫不得。才立心要从容不迫,少间便都放倒了。"此"放下"义。又卷一二一:"但立一个纲程,不可先自放倒。也须静着心,实着意,沉潜反复,终久自晓得去。"此"推倒"义。"推倒"与"放下"

义相成。《朱子语类》全书此词共出现二十八次,皆可如此解释。《张载集·张子语录·后录下》:"设此语者,只不要放倒此意尔。"《五灯会元》卷十二:"汝旧呼狄三,今名道川,川即三耳。汝能竖起脊梁,了办个事,其道如川之增;若放倒,则依旧狄三也。"又卷十七:"好个真消息,凭君子细看。黄龙先师和身放倒,还有人扶得起么?"宋钱易《南部新书》巳集:"杜邠公饮食洪博,既饱即寝。人有谏非摄生之理,公曰:'君不见布袋盛米,放倒即慢。'"元张光祖《言行龟鉴》卷一:"不得跳举,不得昏沉,是他见得此心,只有两项跳举。是走作时昏沉,是放倒时惟敬,则都无此病。"王阳明《传习录》卷下:"世儒教人事事物物上去寻讨,却是无根本的学问;方其壮时,虽暂能外面修饰,不见有过,老则精神衰迈,终须放倒;譬如无根之树,移栽水边,虽暂时鲜好,终久要憔悴。"《水浒传》一回:"只得聚集众人,先把石碑放倒,一齐并力掘那石龟。"此为推倒义。又二五回:"武大再呷第二口时,被这婆娘就势一灌,一盏药都灌下喉咙去了。那妇人便放倒武大,慌忙跳下床来。武大哎了一声,说道:'大嫂,吃下这药去,肚里倒疼起来。苦呀!苦呀!倒当不得了!'"又二八回:"(武松)放倒头便自睡了,一夜无事。"此为放下义。引申为打翻、打倒。《西游记》七回:"慌得那架火看炉与丁甲一班人来扯,被他一个个都放倒。"又五一回:"老魔王措手不及,却被他推倒三个,放倒两个,打开一条血路,径自出了洞门。"又九二回:"众小妖遮架不住,被他放倒三两个,推倒两三个,打开几层门,径自出来。"

装定 做定,笃定。《朱子语类》卷六三:"'费是形而下者,隐是形而上者。'或曰:'季丈谓,费是事物之所以然。某以为费指物而言,隐指物之理而言。'曰:'这个也硬杀装定说不得,须是意会可矣。'"又卷六七:"'程传大概将三百八十四爻做人说,恐通未尽否?'曰:'也是。则是不可装定做人说。看占得如何。有就事言者,有以时节言者,有以位言者。以吉凶言之则为事,以初终言之则为时,以高下言之则为位,随所值而看皆通。《系辞》云:"不可为典要,惟变所适。"岂可装定做人说!'"字又作"妆定",又卷三二:"叔器问:'中人上下是资质否?'曰:'且不妆定恁地。或是他工夫如此,或是他资质如此。圣人只说"中人以上、中人以下"时,便都包得在里面了。'"明清溪道人《禅真后史》五十回:"张令休欢喜,就令沈鬼、孟大慧做了眉眼,装定圈套,捉空下手。""装定"还有"装上""放上"的意思,《金瓶梅》七五回:"到次日,宋巡按摆酒,后厅筵席,治酒,装定果品。"又七六回:"李娇儿、孟玉楼众人,都在月娘房里装定果盒,搽抹银器。"《七侠五义》一〇四回:"只因前日襄阳王爷派人送了一个坛子,里面装定一位英雄的骨殖,说此人姓白叫玉堂。"

拈尽 拿掉,拿遍。《朱子语类》卷八四:"若有工夫,更就里面看。若更有工夫,就里面讨些光采,更好。某之诸生,度得他脚手,也未可与拈尽许多,只是且教他就切身处理会。"宋僧净善集《禅林宝训》卷四:"其拈尽诸方自来习气,不遗毫发。"明法藏《三峰藏和尚语录》卷十四:"此竹篦子之所以为祖师关也,此拈尽五宗之奇玄也。"清赵慎畛《榆巢杂识》卷上:"画禅更欲翻新界,拈尽维摩只此花。"《隋唐演义》四七回:"遗臭谩留千万世,繁华拈尽十三年。"

挑开 挑明,挑破,拨开。用于抽象事物为挑明,用于具体事物为挑破、拨开。《朱子语类》卷一:"若论文王《易》,本是作'大亨利贞',只作两字说。孔子见这四字好,便挑开说了。所以某尝说,《易》难看,便是如此。"明代马欢《瀛涯胜览》:"凡男子年二十余岁,则将茎物周围之皮,用如韭菜叶样细刀挑开,嵌入锡珠十数颗皮内,用药封护,待疮口好,才出行走,如葡萄一般。"《西游记》十四回:"好猴王,把毫毛拔下一根,吹口仙气,叫:'变!'变作一把牛耳尖刀,从那虎腹上挑开皮,往下一剥,剥下个囫囵皮来。"又三一回:"那怪不识是计,见有空儿,舞着宝刀,径奔下三路砍。被行者急转个大中平,挑开他那口刀,又使个叶底偷桃势,望妖精头顶一棍,就打得他无影无踪。"《水浒传》二六回:"武松左手提了人头,右手拔出尖刀,挑开席子,钻将入来,把那妇人头望西门庆脸上掼将来。"《醒世恒言》十四回:"抬起身来,再把斗笠戴了,着了蓑衣,捉脚步到坟边,把刀拨开雪地。俱是日间安排下脚手,下刀挑开石板下去,到侧边端正了,除下头上斗笠,脱了蓑衣在一壁厢,去皮袋里取两个长钉,插在砖缝里,放上一个皮灯盏,竹筒里取出火种吹着了,油罐儿取油,点起那灯,把刀挑开命钉,把那盖天板丢在一壁,叫:'小娘子莫怪,暂借你些个富贵,却与你做功德。'"

绷定 固定,锁定,纠紧。《朱子语类》卷七十:"缘《易》本不是个绷定底文字,所以曰'不可为典要'。"又卷一〇〇:"《易》是卜筮之书,《皇极经世》是推步之书。《经世》以十二辟卦管十二会,绷定时节,却就中推吉凶消长。"字又作"绷定",《朱子语类》卷七五:"又曰:'"神以知来",如明镜然,物事来都看见;"知以藏往",只是见在有底事,他都识得。'又曰:'都藏得在这里。'又曰:'如揲蓍然。当其未揲,也都不知揲下来底是阴是阳,是老是少,便是"知来"底意思。及其成卦了,则事都绷定在上面了,便是

"藏往"。'"又卷九二:"季通书来说,近已晓得,但绷定七弦,不用调弦,皆可以弹十一宫。"

6.紧缩关系

将一个词组或语言片段紧缩成复音或多音词,叫紧缩,紧缩词和被紧缩的语言片段或词组之间的关系叫紧缩关系。如:

哨马 字面上看是"哨探之马"的意思,应是修饰关系;实际上是"哨路马军"之紧缩,是一种紧缩关系。《元曲选外编·拜月亭》一折:"(夫人云了)(哨马上,叫住了)(夫人云了)"又二折:"早是赶不上大队,又被哨马赶上,轰散俺子母两人,不知阿者那里去了!"施惠《幽闺记》十五出:"加鞭哨马走如龙,海角天涯要立功。"《水浒传》七七回:"前面发三百铁甲哨马,前去探路。"又一〇九回:"鸾铃响处,约有三十余骑哨马,都戴青将巾,各穿绿战袍。"《三国演义》二六回:"正杀之间,刘玄德领三万军随后到。前面哨马探知,报与玄德云:'今番又是红面长髯的斩了文丑。'"又五十回:"比及天晚,已近南郡,火把齐明,一簇人马拦路。操大惊曰:'吾命休矣!'只见一群哨马冲到,方认得是曹仁军马,操才心安。"

开江 字面上是"打开江",应是支配关系,实际上是"摇开江面"之紧缩。《水浒传》四十回:"黄文炳谢了知府,随即出来,带了从人,慌速下船,摇开江面,望无为军来。"这是不紧缩者。又:"晁盖整点众人完备,都叫分投下船,开江便走。"

改张 改变的意思,是成语"改弦更张"的紧缩。此词见于中古,近代仍之,现代汉语仍见使用。晋葛洪《抱朴子·百里》:"夫百寻之室,焚于分寸之飚;千丈之陂,溃于一蚁之穴,何可不深防乎?何可不改张乎?"南朝梁刘勰《文心雕龙·声律》:"今操琴不调,必知改张,摘文乖张,而不识所调。"《隋书·律历志中》:"宋大明中,臣先人考古法,以为正历,垂之于后,事皆符验,不可改张。"唐元稹《桐花》:"改张乃可鼓,此语无古今。"又《酬乐天江楼夜吟稹诗因成三十韵(次用本韵)》:"改张思妇锦,腾跃贾人笺。"白居易《变法》:"唯是改张官酒法,渐从浊水作醍醐。"花蕊夫人徐氏《宫词(五)》:"殿名新立号重光,岛上亭台尽改张。"《敦煌变文集·维摩诘经讲经文(一)》:"直宜早去礼空王,宝盖庄严莫改张。"又《佛说观弥勒菩萨上生兜率天经讲经文》:"四弘誓愿专相续,六种波罗莫改张。"

比数 "比于人数"的紧缩。司马迁《报任安书》:"刑余之人,无所比数。""比数"

一词,各家都有注解,大多释为"重视,看得起"。汪维辉君认为,"比数"来源于庄子的"比于人数",《庄子·达生》:"今汝饰知以惊愚,修身以明污,昭昭乎若揭日月而行也。汝得全而形躯,具而九窍,无中道夭于聋盲跛蹇而比于人数,亦幸矣,又何暇乎天之怨哉?子往矣!""比于人数"就是比次于人的行列、列在人里面算个人。也就是"把……算作个人,把……当人看待","数"读去声。[①] 今谓,就来源来说,汪说似乎很有道理。"比于人数"的"数"是名词,本是"与人相比"或"在人里面充个数"的意思。就这个角度来说,"比数"是"比于人数"的紧缩。但《晏子春秋》就出现"比数"连用,《晏子春秋》成书于战国中晚期[②],年代与《庄子》接近,不能说这个"比数"也来自《庄子》的"比于人数"。《晏子春秋》卷八:"有工女,托于晏子之家者,曰:'婢妾,东郭之野人也,愿得入身,比数于下陈焉。'"我们认为,这个"比数"就是"列数""充数","数"仍是名词。用来解释司马迁的"无所比数",也通达无碍。"无所比数"就是"没有充数的地方"。连"充数的地方"都没有,当然就是"瞧不起""不重视"。到了后来,由于"比数"常连用,"比数"由动宾词组变成一个并列词组;"数"受"比"的影响,也由表名语素变成了表动语素。《汉书·杨胡朱梅云传》:"建始以来,日食地震,以率言之,三倍春秋,水灾亡与比数。""亡与比数"就是"不可与它并列而数","数"变成了表动语素。如果把它看作表名语素,则"比"应理解为"比较","比数"就是"比较数目"。《全隋文》卷十一"大庄严寺碑":"式旌镂碣,无待雕戈。标年刹土,比数洹河。""比数洹河",就是与洹河比数、与洹河比数的多少。《苏轼集》卷八十:"又念以重罪废斥,不敢复自比数于士友间,但愧缩而已。"《王阳明集·外集三》:"然省愆内讼,痛自削责,不敢比数于冠裳,则亦逐臣之礼也。"这是并列的意思。《闲情偶寄·颐养部》:"世人忧贫而致疾,疾而不可救药者,几与恒河沙比数。"这是相等的意思。实际上,从六朝开始,"比数"就有并列之义。《世说新语·轻诋》:"真长平生,何尝相比数,而卿今日作此面向人。"《宋书·刘祎传》:"至是太宗与建安王休仁诏曰:'人既不比数西方公,汝便为诸王之长。'时祎住西州,故谓之西方公也。"《南齐书·王僧虔传》:"吾在世,虽乏德素,要复推排人间数十许年,故是一旧物,人或以比

---

① 汪维辉:《"比数"的语源与词义》,《著名中年语言学家自选集·汪维辉卷》,274 页,上海教育出版社,2011 年。
② 谢祥娟:《从词汇角度看〈晏子春秋〉的成书年代》,《中南大学学报》,2011 年第 4 期;杨亚蕾:《〈晏子春秋〉的成书年代》,《文山师范高等专科学校学报》,2004 年第 4 期。

数汝等耳。即化之后,若自无调度,谁复知汝事者? 舍中亦有少负令誉,弱冠越超清级者,于时王家门中,优者则龙凤,劣者犹虎豹,失荫之后,岂龙虎之议? 况吾不能为汝荫,政应各自努力耳。"唐张九龄《荔枝赋》:"且欲神于醴露,何比数于湘橘?"又《敕北庭将士百姓等书》:"由是忠义奋发,凶丑就擒,虽则奴庸,何足比数?"高适《行路难》:"君不见富家翁,昔时贫贱谁比数。一朝金多结豪贵,万事胜人健如虎。"杜甫《秋雨叹》:"长安布衣谁比数,反锁衡门守环堵。"刘禹锡《酬令狐相公寄贺迁拜之什》:"白发青衫谁比数,相怜只是有梁王。"《韩愈集》卷十八"书五":"岂以愈为粗有知识,可语以心而告之急哉? 是比数愈于人而收之,何幸之大也!"又卷三三"碑志十":"为考功吏部郎也,下莫敢有欺犯之者;非其人,虽与同列,未尝比数收拾;故遭谗而贬。"《旧唐书·杨嗣复传》:"帝良久改容曰:'朕缵嗣之际,宰相何尝比数。……'"令狐楚《为太原郑尚书谢赐旌节等表》:"伏惟皇帝陛下至德配天,大明并日,朝有多士,国无幸人。若臣庸虚,何足比数?"杜牧《注孙子序》:"复不知自何代何人,分为二道,曰文曰武,离而俱行,因使搢绅之士,不敢言兵,或耻言之。苟有言者,世以为粗暴异人,人不比数。"又《唐故岐阳公主墓志铭》:"尚书治沣州,考治行为天下第一,后为大司徒京兆尹凤翔节度使,朝廷屈指比数,以为凡有中外重难,非尚书不可。"薛逢《上前易定卢尚书启》:"虽去病不师吴起,世祖常合伏波,方之变通,曾何比数。"李商隐《为汝南公上淮南李相公状》:"虽萧何之自下周昌,曾难比数;仲尼之兄事子产,莫可等夷。"徐铉《复方讷书》:"铉以疏拙之性,顽滞之资,厕于人曹,无足比数。"《太平御览》卷二五一:"刘世让拜广州总管,将之官,高祖问以备边之策。世让答曰:突厥比数南寇者,徒以马邑为其中路耳。……"《欧阳修集》卷九二"表奏书启四六集三":"臣本庸材,不足比数,然而职所任者国政,身所系者国体。而遭罹诬枉,毁辱百端,既不自辨明,便当引去。"《朱子语类》卷二十:"人之待己,平平恁地过,亦不觉。若被人做个全不足比数底人看待,心下便不甘,便是愠。愠非忿怒之谓。"又卷一三二:"此辈在向时,本是阘茸人,不比数底。但今则上面一项真个好人尽屏除了,故这一辈稍稍能不变,便称好人。"《曾巩集》卷十五"书十首":"今虽群进于有司,与众人偕下,名字不列于荐书,不得比数于下士,以望主上之休光,而尚获收齿于大贤之门。"《云麓漫钞》卷十四录李清照诗:"嫠家父祖生齐鲁,位下名高人比数。当时稷下纵谈时,犹记人挥汗成雨,子孙南渡今几年,漂流遂与流人伍。"宋撰人不详《钓矶立谈》:"是时钟谟亦拔自下位,预闻国事,锐意有为而不肯比数,时辈朝臣嫉之,上下侧目。"元杨奂《金谷行》:"晋时花草不复见,野人犹解谈齐奴。齐奴豪奢谁比数,酒醒爱击珊瑚株。"明周亮工《闽小记》卷一:"三家名醋擅潭阳,李叶菁菁锦水傍,苏合金檀难比数,不知别有昆仑觞。"《香祖笔记》卷七:"予尝谓五代中原之君,史家所谓正统者,皆盗贼僭窃,无足比数,惟唐庄宗虽以沙陀赐姓,而能手除篡贼,复唐社稷,则君子引而进之,不忍斥也。"《王阳明集》卷八《文录五》:"今见善而妒其胜己,见不善而疾视轻蔑不复比数者,无乃自陷于不仁之甚而弗之觉者邪?"《清诗别裁集》卷一:"尚书天资过人,学殖鸿博。论诗称扬乐天、东坡、放翁诸公,而明代如李、何、王、李,概挥斥之,余如二袁、钟、谭,在不足比数之列。"又《史记·天官书》:"或从正月旦比数雨。率日食一升,至七升而极;过之,不占。数至十二日,日直其月,占水旱。"《索隐》:"比音鼻律反。数音疏矩反。谓以次数日以候一岁之雨,以知丰穰也。"《集解》曰:"正月一日雨,民有一升之食;二日雨,民有二升之食;如此至七日。"这个"比数"是"依次数"的意思,"数"是动词,与前文我们讨论的"比数"词义有别。

东床 女婿。《世说新语·雅量》:"唯有一郎在东床上坦腹卧。"紧缩为成语"东床坦腹",再紧缩为"东床"。刘长卿《登迁(一作仙)仁楼酬子婿李穆》:"赖有东床客,池塘免寂寥。"李白《窜夜郎于乌江留别宗十六璟》:"我非东床人,令姊忝齐眉。"五代王定保《唐摭言·散序》:"曲江之宴,行市罗列,长安几于半空。公卿家率以其日拣选东床,车马阗塞,莫可殚述。"范飞《满江红·寿东人》:"更风流酝藉,东床佳客。"《元曲选·秋胡戏妻》四折:"选拣东床,相貌堂堂。"此词现代汉语仍在使用,周立波《桐花没有开》:"盛福元是他去世的大哥的东床,他的侄女婿。"

此成语的紧缩词还有:

坦腹[①] 唐黄崇嘏《辞蜀相妻女诗》:"幕府若容为坦腹,愿天速变作男儿。"五代危德兴《浔阳长公主墓志》:"潜应坦腹之姿,妙契东床之选。"

东坦 《丁晋公谈录》:"晋公即参政之东坦也。"明马愈《马氏日钞》:"京师姚生为锦衣指挥门达馆客,诗文尾用私印曰'锦衣西席'。吴江甘驿丞蜀人也,内翰江东之

[①] 有关"女婿"紧缩语的条目采自俞理明《汉语缩略研究》,304页,巴蜀书社,2005年。特致谢。例证则本书有所补充。

婿,亦有私印,云'翰林东坦'。于时传为的对。"《歧路灯》十回:"又想孔耘轩关切东坦,必有妥办。"

坦床 李商隐《韩城门丈请为子侄祭外姑公主文》:"试种玉而有感,实坦床之无誉。"李端《送黎兵曹往陕府结婚》:"时称渡河妇,宜配坦床宾。"王仁裕《玉堂闲话》卷二"陈俶":"同院有小计姓武,亦元衡相国之后,盖汾阳之坦床也。"宋江休复《醴泉笔录》下卷:"曹佾太尉,长秋母弟张貂耆之坦床。"

令坦 在"坦腹""东坦""坦床"的基础上,再加以紧缩而成,作为对别人女婿的尊称。明清溪道人《禅真逸史》三五回:"姓张字思皇,说是令坦,幼年间曾纳礼,聘第二位令爱琳瑛为室。"《禅真后史》八回:"令坦与小弟同舟而来,暂留客馆。"清烟霞散人《凤凰池》十一回:"令坦云兄,亦曾与云年兄有交,故此中真假,锷颖兄知之,而令坦亦知之。"

苍极 "苍天何极"的紧缩,苍天的意思。《先秦汉魏晋南北朝诗·梁诗》卷三十:"感苍极,洞玄象。"唐陈子昂《洛城观酺应制》:"苍极神功被,青云秘箓开。"

知归 "知指归"之紧缩。《五灯会元》卷七:"峰以杖拄之,师当下知归。"又卷十六:"卫州王大夫,遗其名。以丧偶厌世相,遂参元丰,于言下知归。"又卷十七:"若不当阳晓示,穷子无以知归。"以下是未紧缩的例证,唐体请记《释肇序》卷一:"言虽非精诣而粗知指归耳。"唐道宣述《四分比丘尼钞》卷一:"今以义推,略知指归。"宋元照述《释门章服仪应法记》卷一:"物体多端,莫知指归,故云惑也。"

助发 "劝助发起"之紧缩。《五灯会元》卷八:"沙每因诱迪学者,流出诸三昧,皆命师为助发。"又卷十四:"教中道,诸佛放光明,助发实相义。"《景德传灯录》卷十二:"而常以师为助发之友。"又卷二五:"老僧住持将逾一纪,每承国主助发。"西晋竺法护译《正法华经》卷一:"劝助发起,无数菩萨。"竺法护译《佛说济诸方等学经》卷一:"辩才至真,劝助发起无央数人。"

(三) 重叠式

造词语素的两个语素是同一语素的我们叫作重叠关系,简称 AA 式。由重叠关系构成的词如果是动词、形容词,则含有试探、程度加重、动作反复等意义。如果是名词,则大多是称谓词,含有亲爱、尊敬的意味。应该指出,这类词的单个语素可以单独使用,并以此区别于重音联绵词。重音联绵词的两个音节构成一个语素,因而其中的单个音节不能独用。

语素间是这种关系的词先秦时代就已产生,如《诗经》的"夭夭""黄黄""苾苾""芬芬""芃芃""灼灼""霏霏""连连""忡忡""泛泛""招招"。这类词的单个语素或是表状态/性质的形容语素,如"夭""苾""芬""芃""黄";或是表动语素,如"灼""霏""连""忡""泛""招"。重叠后都变成了状态形容词[①]。先秦汉语还有少数由两个相同的表动语素构成的动词,如"言言"(于时言言)、"语语"(于时语语)、"处处"(于时处处)[②]、"采采"(采采卷耳)、"哀哀"(哀哀父母)、"招招"(招招舟子)、"泛泛"(泛泛杨舟)。或表动作的连续反复,或表动作的强度增加。但尚无名词是由双语素重叠而成的。虽然"猩猩""狒狒"等动物名词是两个音节构成的,但其中的单个音节并不是语素,所以不属此类。

中古汉语里,除动词、形容词外,由表名、表数量语素重叠而成的名词也产生了。如:

岁岁 六朝宋谢灵运《苦寒行》:"岁岁层冰合,纷纷霰雪落。"《乐府诗集》卷二五:"门前一株枣,岁岁不知老。"

年年　月月 陶渊明《拟古诗九首》其六:"年年见霜雪,谁谓不知时。"梁刘邈《折杨柳》:"年年阻音息,月月减容仪。"吴均《行路难五首》其一:"年年月月对君子,遥遥夜夜宿未央。"

日日 陶渊明《止酒》:"日日欲止之,营卫止不理。"梁刘缓《敬酬刘长史咏名士悦倾城诗》:"夜夜言娇尽,日日态还新。"

朝朝 陶渊明《读〈山海经〉十三首》其六:"灵人侍丹池,朝朝为日浴。"鲍照《拟古诗八首》其八:"朝朝见云归,夜夜闻猿鸣。"

夜夜 陶渊明《饮酒诗二十首》其四:"徘徊无定止,夜夜声转悲。"梁王揖《望织女诗》:"盈盈一水边,夜夜空自怜。"

时时 《晋诗·杂歌谣辞·襄阳儿童为山简歌》:"酩酊无所知,时时能骑马。"萧

[①] 郭锡良:《汉语史论集》(增补本),153—154页,商务印书馆,2005年。
[②] 毛、郑、孔、朱都把它们看作动宾结构,王力、向熹看作动词重叠,于省吾、杨伯峻和何乐士看作凑足音节而重叠的动词。

纲《执笔戏书诗》:"夜夜有明月,时时怜更衣。"

幕幕 梁武帝萧衍《拟青青河畔草》:"幕幕绣户丝,悠悠怀昔期。"

人人 陶渊明《饮酒诗二十首》其三:"道丧向千载,人人惜其情。"

步步 陶渊明《还旧居诗》:"步步寻往迹,有处特依依。"六朝宋吴迈远《飞来双白鹄》:"步步一零泪,千里犹待君。"萧绎《乌栖曲四首》其四:"兰房椒阁夜方开,那知步步香风逐。"

表名语素重叠的词含有"每一"的意义。如果把它们看作名词叠用,则为一个词组,这个词组的语法功能与一个词相当。既然其语法功能与一个词相当,考虑到双音节词的发展趋势,我们把它们看作词,其构成者看作语素。

表数量语素重叠的有:

双双　两两 陶渊明《拟古诗九首》其三:"翩翩新来燕,双双入我庐。"《晋诗·清商歌辞·秋歌十八首》其十四:"秋爱两两雁,春感双双燕。"江总《梅花落》:"长安少年多轻薄,两两共唱梅花落。"

一一 陶渊明《桃花源记》:"问今是何世,乃不知有汉,无论魏晋。此人一一为具言所闻,皆叹惋。"梁王湜《赠情人诗》:"傥更逢归雁,一一传情心。"

点点 丘迟《夜发密岩口诗》:"丛枝上点点,崩溜下填填。"庾信《晚秋诗》:"日气斜还冷,云峰晚更霾。可怜数行雁,点点远空排。"

表数量语素重叠成词或表示"每一",如"双双";或表示"逐一",如"一一";或表示"多",如"点点"。

表动语素重叠的动词有:

行行 陶渊明《饮酒诗二十首》其十七:"行行失故路,任道或能通。"谢灵运《相逢行》:"行行即长道,道长息班草。"

去去 谓远远离开。较早的例证见于汉,后世仍之。苏武《古诗》其三:"参辰皆已没,去去从此辞。"晋周处诗:"去去世事已,策马观西戎。"陆机《拟行行重行行诗》:"去去遗情累,安处抚清琴。"谢惠连《西陵遇风献康乐诗》:"行行道转远,去去情弥迟。"

望望 齐谢玄晖《同王主簿有所思》:"佳期期未归,望望下鸣机。"萧衍《临高台》:"高台半行云,望望高不极。"

恨恨 《古诗为焦仲卿妻作》:"生人作死别,恨恨那可论。"齐王秀之《卧疾叙意诗》:"何用揽余情,恨恨此故路。"

飘飘 陶渊明《与殷晋安别诗》:"飘飘西来风,悠悠东去云。"何逊《铜雀妓》:"寂寂檐宇旷,飘飘帷幔轻。"

飞飞 陆机《壮哉行》:"灼灼桃悦色,飞飞燕弄声。"《宋诗·清商曲辞·乌夜啼》:"乌生如欲飞,飞飞各自去。"

表动语素重叠成词可表动作的连续。连续的动作,当然是程度的加重,故表动语素的重叠还有表程度加重的作用。如"愁愁"就含有程度加重的意味。

由表形语素重叠而成的形容词是重叠造词的主体,这里暂不举例,我们放在下面一起讨论。

近代汉语里,这种构词法使用更广。名词、形容词和动词皆可用此法构造,而其所表达的意义除继承前代外,还有所发展。

表名语素重叠构成的名词:

哥哥 称父。《淳化阁帖·唐太宗与高宗书》:"省书潸然,益增感念,善自将爱,遣此不多。哥哥敕。"字又写作"歌歌",乃"哥哥"的同音借用。《敦煌变文集·搜神记》:"其田章年始五岁,乃于家啼哭,唤歌歌娘娘。"也有不叠音而称×哥者,《旧唐书·王琚传》:"玄宗泣曰:'四哥仁孝,同气唯有太平,言之恐有违犯,不言忧患转深,为臣为子,计无所出。'"四哥指玄宗之父睿宗。又《棣王炎传》:"玄宗大怒,引琰诘责之。琰顿首谢曰:'臣之罪合死矣,请一言以就鼎镬。然臣与新妇,情义绝者,二年于兹。臣有二孺人,又皆争长。臣实不知有符,恐此三人所为也。惟三哥辩其罪人。'"本师蒋礼鸿教授云:"今浙江武义和安徽歙县还有管父亲叫哥哥的。"见《敦煌变文字义通释》。

姊姊 兄兄 家家 《北齐书·后宫传》:"后有娠,太原王绍德至阁,不得见,愠曰:'儿岂不知耶,姊姊腹大,故不见儿。'"绍德为李后所生,此称生母为"姊姊"。又《王绰传》:"绰兄弟皆呼父为兄兄,嫡母为家家,乳母为姊姊,妇为妹妹。"此称乳母为"姊姊"。

爷爷 《宋史·宗泽传》:"泽威声日著,北方闻其名,常尊惮之,对南人言,必曰宗爷爷。"又《岳飞传》:"金所籍兵相谓曰:'此岳爷爷军。'争来降附。"又《孟宗政传》:"金人呼为'孟爷爷'。"这是对宗泽、岳飞、孟宗政敬畏的称呼。之所以用这一称呼,源于宋时称祖父为"爷爷"。清梁绍壬《两般秋雨盦随笔·爷爷》:"宋燕山府永清县大佛寺内,有石幢,系王士宗建。末云:'亡爷爷王安,娘娘刘氏。'是称其大父大母也。"

爹爹　妈妈　称父亲、母亲。宋汪应辰《祭女四娘子文》:"维年月日,爹爹妈妈以清酌、时果、庶羞之奠,祭于四小娘子之灵。"陆游《避暑漫钞》:"太后回銮,……上极天下之养,用宣政故事,然仅列十数烛,太后阳若不闻,上奉卮问此烛颇惬圣意否?后曰:'尔爹爹每夜常设数百枝。'上微谓宪圣曰:'如何比得爹爹富贵。'"宋道谦编《大慧普觉禅师宗门武库》卷一:"宣云:'爹爹妈妈,明日请和尚斋。'"宋释晓莹撰《罗湖野录》卷一:"婆遽呼曰:'儿!儿!'僧曰:'妈妈,爹爹在甚么处?'"

嬢嬢　娘娘　《敦煌变文集·汉将王陵变》:"倘若一朝拜金阙,莫忘嬢嬢乳哺恩!"又《孔子项讬相问书》:"项讬入山游学去,叉手堂前启嬢嬢。"苏辙《龙川别志》卷上:"仁宗谓刘氏大娘娘,谓杨氏小嬢嬢。"或作娘娘,钱世昭《钱氏私志》:"一日,入禁中,慈圣问云:'主主以未得子为念,为甚不去玉仙圣母处求嗣?'董奏曰:'都尉不信,事须是官家、娘娘处分。'"蔡绦《铁围山丛谈》卷一:"神庙当宁,慨然兴大有为之志,思欲问西北二境罪。一日被金甲诣慈寿宫,见太皇太后曰:'娘娘,臣着此好否?'曹后迎笑曰:'汝被甲甚好。虽然,使汝至衣此等物,则国家何堪矣。'"又:"国朝禁中称乘舆及后妃多因唐人故事,谓至尊为'官家',谓后为'圣人',嫔妃为'娘子',至谓母后亦同臣庶家,曰'娘娘'。"《铁围山丛谈》中"娘娘"一词共出现六次,翟灏《通俗编》卷十八云:"娘娘当是嬢嬢,传写讹。"按:《广韵》:"娘,女良切,少女之号。""嬢,女良切,母称。"二字同音,故可借用。《敦煌变文集·目连缘起》:"娘娘且是亲生母,我是娘娘亲福(腹)儿。"又:"目连见母哭乌呼,良久之间气不苏,自离左右经年岁,未审娘娘万福无?"又《父母恩重经讲经文(一)》:"致使娘娘形貌,日日汪羸;慈母颜容,朝朝瘦悴。"可证。

太太　清梁绍壬《两般秋雨盦随笔》卷七"太太"条:"汉哀帝尊祖母定陶恭王太后,傅氏为帝太太后,后又尊为皇太太后。此妇人称太太之始也。古者妇人称太最重,故列侯夫人,非子复为列侯,不得称太夫人。见《汉书·文帝纪》注。今则无贵贱,皆称太太矣。"《通俗编》云:"胡应麟《甲乙剩言》:有一边道转御史中丞,作《除夕》诗云:'幸喜荆妻称太太,且斟柏酒乐陶陶。'盖部民呼有司眷属惟中丞以上得呼太太耳,故幸而见之歌咏,读者绝倒。何良俊《四友斋丛说》:松江十来年间凡士夫妻年未三十即呼太太,前辈未有此,大为可笑也。按,今燕秦之地虽丐妇无不称太太者。"看来"太太"的称谓是从明代开始的。《金瓶梅》三八回:"第二日,就领了后边见了太太。"又四三回:"月娘再三请太太受礼,太太不肯,让了半日,受了半礼。"《喻世明言》三七回:"太太听了这话,心中不喜,就使人请老爷来看书。太太把小姐的书,送与太尉。"可证。

他如:**伯伯**、**姆姆**、**婆婆**、**嫂嫂**、**公公**(《清平山堂话本·快嘴李翠莲记》)、**奶奶**(《西游记》)。

唐宋以来,由于语言表达的需要,量词大量增加,表量语素的重叠也较前代有所增加,与表名语素、表数语素的重叠一起构成一个繁复的重叠词系统。如:

朵朵 《说文解字·木部》:"朵,树木垂朵朵也。"这个"朵朵"是形容词。用作名词的,见于唐诗,杜牧《蔷薇花》:"朵朵精神叶叶柔,雨晴香拂醉人头。"齐己《宜春江上寄仰山长老二首》其一:"云影触衣分朵朵,雨声吹磬散潺潺。"

手手 **脚脚** 手、脚本为名词,在此用作动量词。成词后,降格为语素。孟郊《上昭成阁不得于从侄僧悟空院叹嗟》:"手手把惊魄,脚脚踏坠魂。"这个"手手""脚脚"含有"每一"之义。安世高、竺佛念译经中也有"手手易与""手手相付"之辞,但"手手"不含"每一"之义,而是"手传与手"的意思,是词组,二者有别。

箸箸 **匙匙** 白居易《饱食闲坐》:"箸箸适我口,匙匙充我肠。"

条条 张野人《句》:"铜街陌柳条条翠,金谷园花片片燃。"

片片 李白《北风行》:"燕山雪花大如席,片片吹落轩辕台。"此指雪。杜甫《雨二首》其一:"片片水上云,萧萧沙中雨。"此指云。沈佺期《嵩山石淙侍宴应制》:"溪水泠泠杂行漏,山烟片片绕香炉。"此指烟。杜甫《城上》:"风吹花片片,春动水茫茫。"此指花。又《小寒食舟中作》:"娟娟戏蝶过过闲幔,片片轻鸥下急湍。"此指鸥鸟。又《陪郑公秋晚北池临眺》:"萋萋露草碧,片片晚旗红。"此指旗。郭震《古剑篇》:"精光黯黯青蛇色,文章片片绿龟鳞。"此指鳞。刘威《宿渔家》:"月明何处去,片片席帆斜。"此指帆。

他如:

枝枝、**些些**、**般般**、**时时**、**个个**、**三三**、**九九**、**段段**、**树树**、**山山**(以上见《全唐诗》);

口口、**种种**、**头头**、**对对**、**县县**、**户户**、**各各**、**群群**、**队队**、**家家**、**千千**、**万万**(以上见

《敦煌变文集》);

世世、代代、祖祖、门门、子子、句句、上上、法法、佛佛、层层(以上见《祖堂集》);

节节、件件、项项、物物、字字(以上见《朱子语类》);

眼眼、眉眉、卿卿、我我、奴奴(以上见《宋词》);

柳柳、鸟鸟、花花、春春(以上见《全元散曲》和《元曲选》)。

由重叠方式构成的称谓名词,含有尊敬或亲爱的意味;普通名词含有"每一""盛、多"或"连续"的意义。为什么会出现这种情况?我们认为,称谓语素的重叠源于"儿语"。其初始是小孩语言表达不顺畅的结果,是一种无奈;大人要与小孩交流,也使用这种不顺畅的重叠语素表达。后来渐渐进入到成人言语的词汇系统中,成为共同语词汇的一部分。这种不顺畅的表达方式表现了幼儿对大人的依赖、信任、亲近和爱,所以这类词含有尊敬或亲爱的意味。人类要表达"每一"或"盛、多"的概念,可以使用语法手段,即在名词前加"每一"或与"盛、多"词义相近的修饰语,但语言的表达不够简练,过于口语化;如果用重叠语素构成的词来表达,则语言显得精练、典雅一些,同时还会增加语言的音乐美。试比较"每个人都这样"和"人人如此",请体会《敦煌变文集·维摩诘经讲经文(一)》:"缘国无二王,世无二佛,所以权为长者之身,示现有妻子男女,在毗耶城内,头头接物,处处利生,处城中无不归依,在皇阙寻常教化。"如果将"头头""处处"用语法手段表达,则语言的节奏、对偶、简洁不复存在。至于为什么重叠语素词可表达"每一""盛多"之义,盖源于对"每一""盛多"的认识。人们表达"每一""盛多"可以用例举法,即将对象一一例举出来,但人们不可能遍举对象物,只好以双语素重叠来代替例举,从而使这些词具有"每一""盛多"之义。还有一些重叠语素词,表示时间段和血统的连续,如"世世""代代""子子"。凡时间和血统的连续,皆为此时段与彼时段、此血统与彼血统的相接,相接就是一种线性排列,将两个相同的语素排在一起就是一种线性排列。故由重叠语素构成的词可表时间和血统的连续,它既反映了客观事物的特性,也是语言表达最简洁的方式。

个别重叠词虽然产生于前代,但到了近代,词义上发生了变化,应该看作另一个词。如:

人人 中古已产生,是"每一个人"的意思;宋代这个意义仍存在,但产生了新的用法,常用来称呼自己喜欢的女人。蔡伸《醉落魄》:"料想人人,终是赋情薄。"晁冲之

《传言玉女》:"绣阁人人,乍嬉游,困又歇。"陈三聘《虞美人·寄人觅梅》:"一枝梅玉似人人。索笑依然消瘦,不禁春。"元无名氏《沉醉东风》曲:"花有清香月有阴,少一个人人共寝。"王晔《折桂令》:"愁思昏昏,人事纷纷;眼底卿卿,心上人人。"

虫虫 自称,仅见于宋词。柳永《征部乐》:"但愿我、虫虫心下,把人看待,长似初相识。"又《集贤宾》:"小楼深巷狂游遍,罗绮成丛。就中堪人属意,最是虫虫。"杜安世《浪淘沙》:"一床鸳被叠香红。明月满庭花似绣,闷不见虫虫。"按:这种用法全宋词仅三例,可能是个别人的自我戏谑,以"虫虫"指代自己,以表示自己的卑贱。所谓"男人不贱,女人不爱"。

表动语素重叠构成的动词和形容词:

笑笑 动词。此词见于中古,《全汉文》卷十一班婕妤"捣素赋":"笑笑移妍,步步生芳。"梁汤僧济《咏渫井得金钗诗》:"窥窥终不罢,笑笑自成妍。"唐宋至今,代有用例。唐包融《赋得岸花临水发》:"笑笑傍溪花,丛丛逐岸斜。"《欧阳修集》卷六"折刑部海棠戏赠圣俞二首":"摇摇墙头花,笑笑弄颜色。"《苏轼集》卷九四:"先生闲居,独笑不已。问安所笑,笑我非尔。物之相物,我尔一也。先生又笑,笑所笑者。笑笑之余,以竹发妙。"《金瓶梅》十八回:"妇人笑笑,以手携之。"又二三回:"蕙莲道:'怪囚根子,谁和你呲那牙笑哩?'平安儿道:'嫂子,俺们笑笑儿也嗔?'"《西游记》二二回:"他两个搀着手,说说笑笑,转回见了唐僧。"又六八回:"有那游手好闲的,并那顽童们,烘烘笑笑,都上前抛瓦丢砖,与八戒作戏。"《初刻拍案惊奇》卷一:"我们在海船里头不耐烦寂寞,若得兄去,在船中说说笑笑,有甚难过的日子?"《红楼梦》三八回:"明儿叫你日夜跟着我,我倒常笑笑觉的开心,不许回家去。"

说说 《祖堂集》卷十:"师云:'出一人口,入千人耳。''如何是出一人口?'师云:'释迦不说说。''如何是入千人耳?'师云:'迦叶不闻闻。'"《景德传灯录》卷十三:"问:'如何是世尊不说说?'师曰:'须弥山倒。'曰:'如何是迦叶不闻闻。'师曰:'大海枯竭。'"《元曲选外编·博望烧屯》四折:"我与诸葛亮同师故友,比及与刘、关、张交战,我先到新野,将诸葛亮一席话说说将来,同心协力,然后破刘、关、张,未为晚矣。……军师,你直至新野说说诸葛去,若肯佐于某麾下,擒拿了刘、关、张弟兄三人,将师父重赏封官也。"《金瓶梅》二五回:"玉楼向金莲道:'这桩事,咱对他爹说好,不说好?大姐姐又不管。倘忽那厮真个安心,咱每不言语,他爹又不知道,一时遭了他手怎了?六姐,你还该说说。'"又卷三四:"此事明日只怕要解到县里去,只望二叔往大官府宅里说说,讨个帖儿,转与李老爹,求他只不教你侄妇见官。事毕重谢二叔。"

扰扰 形容词。此词较早的例证见于先秦,中古仍之,近代至今皆有用例。《国语·晋语》六:"称晋之德,诸侯皆叛,国可以少安。唯有诸侯,故扰扰焉,凡诸侯,难之本也。"《太平经》卷四四"案书明刑德法第六十":"子生积岁月日幸不少,独不见扰扰万物之属,悉尽随德而居,而反避刑气邪?"《列子·周穆王》第三:"今顿识既往,数十年来存亡、得失、哀乐、好恶,扰扰万绪起矣。"《三国志·魏·张既传》:"陇西、天水、南安民相恐动,扰扰不安。"王绩《赠程处士》:"百年长扰扰,万事悉悠悠。"王勃《出境游山二首》其一:"潇潇离俗影,扰扰望乡心。"《朱子语类》卷十二:"今人多于'察'字用功,反轻了'习'字。才欲作一事,却又分一心去察一心,胸中扰扰,转觉多事。"高登《渔家傲·绍兴甲子潮州考官作》:"名利场中空扰扰,十年南北东西道,依旧缘山尘扑帽。"葛长庚《酹江月》:"绛阙寥寥,红尘扰扰,老泪滂如雨。人间天上,桑田沧海如许。"汪元亨《双调·雁儿落过得胜令》:"忙忙乌兔走,扰扰龙蛇斗。"《元曲选外编·野猿听经》三折:"谢扰于为名场,问道参禅;谈空空于释部,侧闻尊宿建大法幢。不惮远来,求依净社。"《西游记》二一回:"扰扰微形利喙,嘤嘤声细如雷。"《警世通言》卷十:"莺贪春光时时语,蝶弄晴光扰扰飞。"《红楼梦》六三回:"畸人者,他自称是畸零之人,你谦自己乃世中扰扰之人,他便喜了。"

盼盼 形容词。急切盼望貌。《全唐诗》有"盼盼"一词,系歌妓"关盼盼"之名。《全唐诗补编》才有"盼盼"的用例。《全唐诗补编·全唐诗续拾·卷五》"王梵志诗":"众生眼盼盼,心路甚堂堂。"《敦煌变文集·大目乾连冥间救母变文》:"水里之人眼盼盼,岸头之者泪涓涓。"宋何坦《西畴老人常言·律己》:"惟俭足以养廉,盖费广则用窘,盼盼然每怀不足,则所守必不固。"《苏辙集·栾城集》卷二三:"民之所欲,而莫为之劝,盼盼相视,不能自致。"《金史·世宗纪》下:"重以海陵无道,赋役繁兴,盗贼满野,兵甲并起,万姓盼盼,国内骚然,老无留养之丁,幼无顾复之爱,颠危愁困,待尽朝夕。"元兰楚芳《上小楼》:"常则是眼儿盼盼,脚儿尖尖,越着他那意儿悬悬。"《醒世恒言》卷二五:"且说白氏在家,掐指过了试期,眼盼盼悬望佳音。"《警世通言》卷十五:"却说卢智高在船中,靠着栏干,眼盼盼望那胡美接表子下来同乐。"明代还可附在"大"的后面,表示大模大样的意思。《警世通言》卷二一:"遂大踏步奔出路头,心生一计,复身到店家,大盼盼的叫道:'大王即刻到了,洒家是打前站的,你下马饭完也未?'"

看看 动词。表动语素重叠而成的词本来表示动作的连续,作为"看"这个语素来说,动作的连续就是"看着看着"的意思;"看着看着"事物起了变化,就有"转眼间""渐渐"的意思,表示时间的短暂。动作的短暂就是"试",故又可表示"试"。王建《关山月》:"边风割面天欲明,金沙岭西看看没。"赵嘏《昔昔盐·暗牖悬蛛网》:"妾意何聊赖,看看剧断弦。"这是"看着看着""转眼间""渐渐"的意思。这种用法一直延续到现代,故不再举例,我们只探讨含"尝试"义的新用法。崔国辅《古意》二首:"比至狂夫还,看看几花发?"这个"看看"用在疑问句中,好像是"看一看"的意思,含有"试"的意味。唐输波迦罗译《苏婆呼童子请问经》卷二:"鬼魅所著,闷绝躄地。置于四衢,以白氎覆,来者令唱看看。"《敦煌变文集·佛说阿弥陀佛经讲经文(四)》:"佛把诸人修底行,校量多少唱看看。"又《降魔变文》:"依实向我说看看,好恶不须生拒讳。"又:"伏望明宣诏令,广集颁下群嫽(僚),大决看看,然可定其胜负。"又:"更试一回看看,后功将补前过。"这五例"看看"用在祈使句中,皆含"试"的意味。宋词中我们未发现"看看"的尝试义用例,可能与词的句式有关。词是表达情感和内心感受的,祈使句用得比较少,而"看看"的尝试义一般用在祈使句中,故宋词中没有这种意义的"看看"。或将"看看皓首,瞒不过镜台儿""看看满地,堆却香絮""报道看看天色,待平明""父夸利市,笑道看看生舍弟"中的"看看"作为表尝试义的例证,是靠不住的。我们认为,祈使句的动词后补一"看"字,本是"观看"的意思,由于祈使句的语用意义含有礼貌意味,故使"看看"获得了尝试义。还有些祈使句是表命令的,命令句式的语气较重,与礼貌无缘,这种情况下的"看看"还是"观看"的意思。宋代"看看"有"尝试"义的用例有宋妙源编《虚堂和尚语录》卷九:"除夜小参,更筹饯腊看看。"集成编《宏智禅师广录》卷二:"有一无位真人,常在汝等面门出入,初心未证据者看看。"道原纂《景德传灯录》卷二六:"师一日上堂良久曰:'大众看看。'便下座归方丈。"法应集《禅宗颂古联珠通集》卷二八:"雪峰一日登座召众曰:'看看东边底。'又曰:'看看西边底,汝若要会。'拈拄杖掷下曰:'向这里会取。'"宋颐藏主集《古尊宿语录》卷十五:"上堂,大众集定。师乃拈起拄杖云:'不得已,且向这里会取看看,三门在露柱上。'便下座。"又卷四六:"若也不会,拄杖子透过渤海看看。卓拄杖一下。"或将此两例的"看看"与前文点断,使"看看"单用,也未尝不可;禅宗文献有不少单用的"看看",符合行文体例。但我们作这种句读,也不算错;纵使点断,也不影响我们的分析。独用的"看看",本就含有"尝试"义。宋师明集《续古尊宿语要》卷六:"师高声喝云:'你诸人看看,眼目定动也。'"宋沈孟桦叙述《济颠道济禅师语录》卷一:"我侬且去火场上看看。"宋李遵勖编《天圣广灯录》卷十三:"至晚上堂,众集,拈起柱杖云:'大众看看。'众皆竞视。师掷下拄杖,于法座上端然而化矣。"《张协状元》三二出:"请娘子看看,请娘子笑一面。"宋元话本《刎颈鸳鸯会》:"我去看看便来。"及乎有元,"看看"的用法已与现代汉语没有什么区别了。《元曲选·竹叶舟》楔子:"你也睁开驴眼看看,我这等长的和尚,还教做小和尚?"刘唐卿《白兔记》二一出:"且喜且喜,待我看看。我儿,父亲去投军,家中添一个余丁。"又三二出:"且不要忙,先走一个势与你看看。"除了表"持续""转眼间""渐渐"等意义外,表"尝试"的用例更多了,而且"看看"后还可带补语和宾语,还可用于紧缩复句。《元曲选·冤家债主》二折:"今日无甚事,到解典库中看看去。"又:"待我收拾了铺面,也到员外家看看去。"又《合同文字》一折:"我如今不免扶持出来,看看他气色。"又《两世姻缘》二折:"我请医者看看你这脉息,知他是甚么症候。"又《碧桃花》楔子:"我与你略去看看便回,相公那里知道?"

　　中古时期,表动语素重叠构成的动词,可表动作的连续(时长),还可表程度的加重(量大)。近代汉语里这类结构的动词也有这些意义,此外,还产生了新的意义和用法,如可表"短暂"和"尝试"。"短暂"和"尝试"意义相因,尝试者必短暂,短暂的连续动作就是尝试。不同的角度有不同的理解,故有不同的意义。然而为什么"时长"和"短暂"、"量大"和"量小"可以用同一形式表达呢?其原因在于这类动词的构成语素都是自主性的持续性表动语素,这类表动语素所表达的动态过程具有完整性。所谓完整性,就是既包括一次动作,也包括动作的全过程。如"看",既包括看一下,也包括"看"的整个过程。当它们重叠成词后,则可表示若干个具体行为的量次和具体行为的全过程。当它表示具体行为全过程的时候,由于全过程就是时点的连续,这个连续从"时"的角度来说就是"时长",而从"点"的角度来说,就是"量大",所以它表达的就是"时长"和"量大"。而当它表具体行为的量次的时候,由于重叠表示的量次有限,这种有限就是"短暂"和"量小"。这种表达有个发展变化过程,唐和唐以前的重叠语素构成的动词皆表示"时长"和"量大",唐代开始在继承前代用法的时候,还产生了新的表"时短"和"量小"的用法。为什么会产生这种用法呢?究其原因,在于这类动词从唐代开始可用于祈使句中,祈使(命令除外)要求说话者讲礼貌,所谓讲礼貌,就是要求对方做的事情不太费劲。不太费劲,就是花费时间短,用的力气小。祈使句的这种语用义使重叠语素构成的动词产生了"时短"和"量小"的意义。

下面是唐宋至元明时期较常见的重叠语素构成的动词:

扬扬、断断、迟迟、敛敛、翻翻、飘飘、嗟嗟、坐坐、飞飞、望望、送送、叫叫、念念、拍拍、顾顾、来来、逐逐、转转(以上见《全唐诗》)①;

唱唱、忙忙、觅觅、闲闲、悄悄、驱驱(以上见《敦煌变文集》);

闪闪、恋恋、催催、晃晃、悬悬、忆忆、借借、缩缩、醒醒(以上见《全宋词》);

道道、数数、授授、缓缓、闻闻、收收、住住、歇歇、忍忍、饶饶、用用、捏捏、寻寻、款款(以上见《祖堂集》和其他禅宗语录);

拜拜、避避、表表、出出、扯扯、搽搽、吃吃、秤秤、刺刺、槌槌、戴戴、待待、等等、躲躲、改改、画画、哄哄、和和、救救、搅搅、讲讲、开开、摸摸、扭扭、耍耍、劝劝、撒撒、洒洒、湿湿、省省、使使、算算、问问、踏踏、抬抬、停停、挺挺、跳跳、洗洗、下下、谢谢、想想、走走、做做、坐坐(以上见元曲);

帮帮、报报、变变、查查、缠缠、尝尝、穿穿、打打、荡荡、点点、跌跌、动动、抖抖、斗斗、发发、放放、感感、拱拱、关关、换换、活活、见见、浆浆、讲讲、解解、净净、掬掬、揩揩、砍砍、咳咳、抹抹、挪挪、爬爬、瞥瞥、热热、认认、散散、扫扫、伸伸、试试、束束、睡睡、探探、腾腾、贴贴、听听、喂喂、显显、献献、响响、巡巡、压压、押押、腌腌、演演、养养、医医、硬硬、照照、张张、整整、遮遮、治治、战战、装装、住住、助助、捉捉、酌酌(以上见《西游记》);

抱抱、笾笾、禀禀、冲冲、捶捶、踹踹、辞辞、搭搭、倒倒、兑兑、扶扶、干干、估估、聒聒、会会、祭祭、剪剪、浇浇、接接、烤烤、拉拉、理理、买买、眯眯、磨磨、暖暖、瞧瞧、揉揉、烧烧、守守、躺躺、讨讨、誊誊、剃剃、脱脱、温温、相相、消消、写写、叙叙、迎迎、咂咂、沾沾、站站、追追(以上见《金瓶梅》)。

表形语素重叠构成的形容词:

表形语素可细分为两类:一表状态,一表性质。我们将前者叫作表状语素,后者

---

① 摘自崔应贤《汉语动词重叠的历史考察》,111—242页,光明日报出版社,2011年。采用时有所甄别。

叫作表形语素。表状语素意义比较具体,带有具象化的特点,其所表状态与所描写的对象密切相关,一看到状态就知道所描写之物是什么,如一看到"皎"就知道是描写"月",故其所描写的对象多为有限的一类或几类事物,结合面很有限。表性语素意义比较抽象,带有泛化的特点,其所表性质不与特定的具体事物挂钩,一看到某性质无法推出某具体事物,故可用它来修饰任何具有此性质的事物,所修饰的对象不止一类或少数的几类,而是多类,结合面比较广。如"白",修饰的对象可以是"人""纸""布""酒""水""沙"等等。[①]

表形语素重叠的作用就是增强形容语素描写事物状态的生动性和主观性。由于表状语素本身就是描写事物状态的,要增强描写的生动性,将表状语素重叠是最佳选择,故汉语史上最早重叠的形容语素是表状语素,如:萋萋、幽幽、绰绰、苍苍、耳耳、赫赫、菁菁、泥泥、濛濛、蓬蓬、洋洋、夭夭、祁祁、猗猗(皆见于《诗经》)。

由于性质是状态进一步抽象的结果,性质在某种程度上暗含着状态,所以表状语素与表性语素并没有绝然的、不可逾越的鸿沟。表性语素重叠也可表状态,只不过是一种比较抽象、不与特定的具体事物挂钩的状态而已。如:高高、青青(见于《诗经》)、深深(见于《庄子·大宗师》)、弯弯(见于《先秦汉魏晋南北朝诗·先秦诗》)。但这种情况比较少见。两汉魏晋时期,出现了"轻轻、远远、多多、淡淡、小小、长长、低低"等表性语素的重叠,例子有所增加,但仍不是主流。

随着汉语词汇的双音化程度的提高,单音节状态形容词很少单独使用;如果要使用单音节状态形容词,大多要与别的语素组合成双音节。叠用是双音化的一个手段,与词尾"然""如""若""乎"连用也是双音化的手段,而与别的语素组成并列或偏正结构,则是非常能产的双音化手段。如"苍天""皓月""幽谷""乔木"等为表状形容语素与表名语素组成的偏正结构,而"苍茫""恻怆""魁伟""浩渺"则为由两个状态形容语素组合而成的并列结构。随着双音化的发展,性质形容语素也可与状态形容语素组成并列结构的双音节形容词,如"浩大""寂静""崇高""凄凉""短促""喧闹""遥远""纷乱""纤细",皆为性质形容语素与状态形容语素的组合。由于每个双音节形容词中都

[①] 参石锓《汉语形容词重叠形式的历史发展》,34—37页,商务印书馆,2010年。下文的一些例证也采自此书。

有一个状态形容语素,再加上性质形容语素也隐含状态因素,故组合成的形容词为状态形容词。性质形容语素与状态形容语素的组合构成状态形容词,以描写物状,扩大了性质形容语素的使用范围,为性质形容语素重叠构词的大量使用(先秦、汉魏已有少量用例)提供了进一步的可能。

由于性质形容语素本已暗含表状态的功能,再加上汉魏以后性质形容语素使用范围的扩大,性质形容语素重叠构词的可能性进一步加大。随着语言的发展,语词的抽象化程度进一步提高,带有具象化特点的单音状态形容词逐渐被带有抽象性的单音性质形容词所替代,除作为语素参与构词外,已经不再单独使用。由于表状语素与具象结合得很紧,结合对象有限,其重叠形式的结合对象就更加有限,从而导致其描写功能的减弱,语用上不占优势。而表性语素与具象结合得不紧,可与各种对象结合,故其重叠形式可与各种对象结合,其使用范围比表状语素重叠词大。语言研究表明,使用范围较大的形式必将取代使用范围较小的形式,故后世除继承前代的现成形式外,没有产生新的表状语素重叠的新词。凡新产生的重叠形容词,其构成成分皆为表性形容语素。这种情况发生在唐代及其后世。

有人将表状语素重叠的形式叫作重言,把表性语素重叠的形式叫作重叠[①]。我们认为,重是重复,言是字、词的意思。重言就是将字、词重复使用。如果把重言看作词,则其构词方式与重叠相同,不能因为其构词成分的性质不同而看作不同的构词方式。如果这样的话,则由表名语素、表动语素重叠构成的词也不能称为重叠构词了,所以我们不采用这种说法。

下面是自先秦至明清间由表形语素重叠构成的形容词的部分例证,由于重叠构词诗词中用得较多,我们的例证大多采自诗词:

见于《诗经》的:萋萋、莫莫、夭夭、灼灼、蓁蓁、赳赳、祁祁、肃肃、耿耿、殷殷、弥弥、强强、悠悠、芃芃、猗猗、青青、杲杲、晏晏、滺滺、靡靡、陶陶、绵绵、凄凄、潇潇、涣涣、崔崔、骄骄、皓皓、粼粼、湑湑。

见于《楚辞》的:炭炭、菲菲、忽忽、曼曼、暧暧、婉婉、邈邈、欣欣、皇皇、青青、咬咬、冥冥、蔓蔓、萧萧、霏霏、杳杳、湛湛、浩浩、荧荧、皓皓、明明、暗暗。

---

① 石锓:《汉语形容词重叠形式的历史发展》,34 页,商务印书馆,2010 年。

见于汉诗的:青青、绵绵、荧荧、莫莫、洋洋、姗姗、冥冥、肃肃、悠悠、凛凛、浩浩、漫漫、凛凛、美美、蔚蔚、髻髻、盈盈、冉冉、煌煌、渫渫、累累、郁郁、凄凄、袅袅、穆穆、修修、磊磊、历历、悠悠、迢迢、皎皎、纤纤、脉脉。

见于魏诗的:荔荔、巍巍、霏霏、翩翩、桓桓、悠悠、靡靡、眸眸、灼灼、磷磷、洋洋、绵绵、冽冽、皎皎、殷殷、蒙蒙、漫漫、烈烈、郁郁。

见于晋诗的:昭昭、彭彭、翳翳、胧胧、赫赫、蔼蔼、淡淡、涓涓、滔滔、峨峨、亭亭、邈邈、粲粲、灼灼、恢恢、甄甄、翘翘、嵬嵬。

见于南朝诗歌的:肃肃、峨峨、杲杲、岌岌、萋萋、宛宛、亭亭、泠泠、眷眷、凄凄、楚楚、绵绵、袅袅、寥寥、婉婉、靡靡、容容、翘翘、修修、沉沉、浩浩、溶溶、憎憎、昙昙、黝黝、芃芃、勤勤、陶陶、霏霏、昏昏、蔼蔼、森森、漠漠、滔滔、袅袅。

见于北朝诗歌的:茫茫、翳翳、蔼蔼、翩翩、皖皖、迢迢、恂恂、晃晃、昱昱、凄凄、晻晻、盈盈、袅袅、郁郁、昭昭、森森、奕奕、皇皇、穆穆、昏昏、团团、耿耿、漠漠、亭亭、婉婉、简简、喤喤。

见于隋诗的:凄凄、纷纷、萋萋、暖暖、锽锽、济济、森森、霏霏、蔼蔼、峨峨、烂烂、耿耿、肃肃、漫漫、森森、萧萧、灼灼、亭亭、苍苍、雍雍、赳赳、桓桓、奕奕、穆穆、皇皇、浑浑、粲粲、煌煌、怡怡、郁郁。

见于唐诗的:肃肃、苍苍、迢迢、泠泠、渺渺、森森、冥冥、萋萋、徐徐、遥遥、高高、明明、轻轻、青青、暗暗、深深、远远、细细、淡淡、弯弯、小小、长长、短短、满满、薄薄、浅浅、早早、急急、平平、暖暖、鲜鲜、密密、忙忙、好好、碎碎、白白、慢慢、窄窄、苦苦、久久、清清、空空、绿绿、少少、松松、低低、新新、柔柔、黄黄、厚厚、多多、红红、尖尖、斜斜、浓浓、直直、稳稳、大大、弱弱。①

见于敦煌变文的:翩翩、冥冥、兢兢、弯弯、分分、郁郁、炎炎、偏偏、巍巍、岌岌、荡荡、堂堂、深深、切切、急急、嘈嘈、团团、俄俄、忙忙、少少、高高、小小、青青。

见于宋词的:纤纤、深深、萧萧、远远、匆匆、迢迢、茫茫、悠悠、青青、浩浩、淡淡、惨惨、整整、斜斜、忙忙、薄薄、长长、细细、疏疏、小小、硋硋、轻轻、款款、孜孜、昏昏、明明、黯黯、寂寂、阴阴、的的、密密、多多。

---

① "高高"至"弱弱"的例证采自石锓《汉语形容词重叠形式的历史发展》,101页,商务印书馆,2010年。

第三章　近代汉语造词法研究

见于元曲的：昭昭、冉冉、白白、高高、低低、朦朦、强强、漫漫、炎炎、紧紧、暗暗、茫茫、绿绿、远远、近近、明明、恢恢、凛凛、慢慢、轻轻、青青、清清、凄凄、频频、娇娇、微微、匆匆、细细、小小、热热。

见于明清小说的：慢慢、早早、远远、急急、暗暗、小小、细细、轻轻、紧紧、好好、齐齐、明明、忙忙、低低、苦苦、多多、满满、深深、团团、悄悄、堂堂、闷闷、累累、烈烈、默默、足足、快快、高高、大大、全全、呆呆、碌碌、奄奄、草草、淳淳[①]。

通过调查我们发现，元曲中的形容语素重叠词的数量比唐诗少。一则由于唐诗比元曲字数多，二则与文体和所表达的内容有关。唐诗多对偶，元曲的对偶句明显少于唐诗，对偶句使用重叠词的可能性比散句大。唐诗的句式多四三、二三结构（七言为四三，五言为二三），这种结构为形容语素重叠词的使用提供了可能（唐诗也有ABB结构，但是词组，不是词）；元曲句式参差，且多三字句，三字句适合于 ABB 式重叠词，而不太适合 AA 式重叠词。而 AA 式重叠可由 ABB 式重叠代替。如唐诗有"黄黄"一词，元曲没有，但有"黄甘甘"，"黄甘甘"取代了"黄黄"。"黄黄"用自身重叠的形式以增强其描写性，"黄甘甘"则用音缀重叠的形式以增强其描写性。唐诗多描写形象，所谓形象思维；而元曲则不局限于描写形象，叙事、抒情、论理皆可。描写形象需要形容；叙事、抒情、论理可以形容，也可以不形容。需要形容则可多用重叠形容词，可形容可不形容者则可少用或不用重叠形容词。故元曲中 AA 式表形语素重叠的形容词比唐诗少。

除了 AA 式重叠外，还有 AABB 式[②]。此式先秦两汉时即已产生，但是词组而不是词，如"恢恢广广"（《荀子·解蔽》）、"济济锵锵"（《说苑·建本》）、"纷纷纭纭"（《孙子·势篇》）；唐代才产生真正的 AABB 式重叠词，如"明明白白""急急忙忙"（皆见于《寒山诗》）。为什么说唐代的"明明白白"等才是 AABB 式重叠词呢？理由是"明明白白"中的结构固定，不能倒置说成"白白明明"，也不能用别的重叠替代，说成"明明显显"；此外，"明明"与"白白"意义趋同，两个重叠语素间的意义没有什么区别，"明明

[①] 此段例证采自石锓《汉语形容词重叠形式的历史发展》，112—113 页，商务印书馆，2010 年。

[②] 本节讲双音节双语素，四音节不应放在这里讨论。由于 AABB 是重叠构词的重要扩展形式，我们将它放在这里讲，也算是连类而及。下文讨论 ABB 式也是出于这种考虑。

"白白"就是"明白"的加强式,所以是重叠词不是重叠词组。重叠词组 AABB 的结构不太固定,可以用别的重叠代替,如"恢恢广广"可以有"罩罩广广"(《荀子·解蔽》),"济济锵锵"可以有"锵锵济济"(左思《魏都赋》),"纷纷纭纭"可以有"纷纷翼翼"(枚乘《七发》)。此外,AA 与 BB 的意义也有一定的区别。"恢恢"言其大,"广广"言其宽;"济济"言其多盛,"锵锵"言其威严;"纷纷"言其乱,"纭纭"言其多而乱。所以,我们把它们看作词组。

这种 AABB 式重叠可分两类:一类是 AB 两语素成词的重叠,我们叫作重叠;一类 AB 两语素不成词的重叠,我们叫作叠加①。

前者的例证:漫漫汗汗、渺渺茫茫、恍恍惚惚、寂寂寞寞、冷冷清清、明明白白、零零碎碎、平平稳稳、齐齐整整、长长久久、干干净净、悲悲切切、大大小小、忙忙碌碌、恭恭敬敬、慌慌张张、从从容容、孤孤另另、清清爽爽、清清楚楚、和和气气、客客气气、认认真真、随随便便、安安分分、大大方方、风风流流、至至诚诚、自自在在、亲亲热热、勤勤恳恳、老老实实、分分明明、好好歹歹、标标致致、粗粗细细、冰冰冷冷、本本分分。

后者的例证:长长短短、白白胖胖、咽咽幽幽、红红绿绿、小小细细、白白红红、青青黄黄、浅浅深深、光光荡荡、乔乔怯怯、杓杓答答、村村棒棒、纷纷扬扬、纷纷攘攘、纷纷闹闹、张张狂狂、轰轰烈烈、拖拖沓沓、罗罗嗦嗦、悄悄冥冥、高高低低、袅袅娜娜、苦苦孜孜、荡荡悠悠、茫茫荡荡、影影绰绰、昏昏惨惨、辉辉朗朗、浩浩荡荡、波波渌渌。

这是从 AB 两语素成词与否的角度的分类。还有一种情况,AB 是一个词,但同时又是一个语素,人们称为联绵词。这种的重叠较早的例证见于唐代,如:参参差差、绵绵蛮蛮、氤氤氲氲、从从容容。宋以后,有所发展,但不是主流。如:酩酩酊酊、鹘鹘突突、含含糊糊、落落托托、腌腌臜臜、窈窈窕窕、葳葳蕤蕤、嵯嵯峨峨、马马虎虎、糊糊涂涂、朦朦胧胧、尴尴尬尬、啰啰嗦嗦、懵懵懂懂、逍逍遥遥、龌龌龊龊、腼腼腆腆、崎崎岖岖、肮肮脏脏、邋邋遢遢。

从 AA 与 BB 本身的意义来说,元代以后产生了 AA 有意义而 BB 没有意义只起

---

① 术语采用石锓的说法,见《汉语形容词重叠形式的历史发展》,126 页,商务印书馆,2010 年。下文 AABB 式的多数例证也采自此书,在此致谢。又,本节讨论的是双音节双语素词,AABB 是四音节双语素词,为了论述的方便,我们放在一起讨论。

衬音作用的 AABB 式。如：羞羞答答、慢慢腾腾、娇娇滴滴、光光溜溜、呆呆邓邓。其中的"答答""腾腾""滴滴""溜溜""邓邓"没有意义，只起衬音作用，实际上它们是"羞答答""娇滴滴""光溜溜""呆邓邓"的扩展式，但这类结构的词不多。

还有一种 ABB 式重叠，前面是表形容的语素，后面的叠音部分或补充说明前面的形容语素，起加强描写和增强情感的作用，或与形容语素并列，共同描写句中的名词。大多数著作把它归于"重叠式"构词的"部分重叠"类。我们把它叫作 ABB 式。这种 ABB 式是由形容词和叠音词构成的 ABB 类词组发展来的。这类词组在诗歌中比较多见，如：

邈绵绵　　晋成公绥《诗》："远涉许颍路，顾思邈绵绵。"
纷禳禳　　晋张华《感婚诗》："驾言游东邑，东邑纷禳禳。"
郁萋萋　　晋陆机《园葵诗》："种葵北园中，葵生郁萋萋。"
杳悠悠　　南朝宋鲍照《松柏篇》："大暮杳悠悠，长夜无时节。"
虚没没　　《敦煌变文集·破魔变文》："一世似风灯虚没没，百年如春梦苦忙忙。"按，"没没"应为"彶彶"，字之误也。详参下文"校勘通义"节。
绿潺潺　　《敦煌变文集·太子成道变文（三）》："千树夜花光璨（灿）烂，一溪流水绿潺潺。"
碧岩岩　　清潺潺　　白居易《晚归香山寺因咏所怀》："关塞碧岩岩，伊流清潺潺。"
红漠漠　　白溶溶　　元稹《表夏十首》其四："度霞红漠漠，压浪白溶溶。"

后面的叠音部分与前面的形容语素关系不太紧密，可以单独使用，所以它们还是词组。随着语言的发展，后面的叠音部分与前面的形容语素的关系越来越紧密，离开了前面部分，叠音部分不能单独使用，ABB 类词组就词汇化为 ABB 类词了，造词方式上则变成了补充式。

ABB 由词组词汇化为词的语言条件是诗歌中节奏的三字顿，尤其是元明戏曲中三字顿的大量出现。三字顿的大量使用迫使 A 与 BB 之间不再有语音的停顿，使 A 与 BB 成为一个语音整体，语音的整体性导致词组在意义和形体上也成为一个整体，从而词汇化为一个词。如：

赤资资　　大设设　　娇滴滴　　《元曲选·扬州梦》一折："弃万两赤资资黄金买笑，拼百段大设设红锦缠头。"又《秋胡戏妻》三折："捧着这赤资资黄金奉母，安慰了我那娇滴滴年少夫人。"

赤条条 柯丹邱《荆钗记》十出:"若不肯嫁孙家,剥得赤条条,拣个十恶大败日,一乘破轿子,送到王家。"

红灼灼 碧澄澄 《元曲选·误入桃源》三折:"则被这红灼灼洞中花,碧澄澄溪上水,赚将刘阮入桃源,畅好是美美。"

瘦弓弓 尖恰恰 刘时中《中吕·红绣鞋·鞋杯》:"帮儿瘦弓弓地娇小,底儿尖恰恰地妖娆,便有些汗浸儿酒蒸做异香飘。"

光塌塌 湿津津 《元曲选·老生儿》三折:"你觑那光塌塌的坟墓前,湿津津的田地上,不闻的肉腥和这鱼腥,那里取茶香也那酒香?"

喜孜孜 假惺惺 困腾腾 《元曲选·东坡梦》四折:"昨夜个喜孜孜灯下相亲傍,今日里假惺惺堂上问行藏。可是你困腾腾全不记娇模样。"

冻剥剥 穷滴滴 气昂昂 《元曲选·冻苏秦》三折:"划的来着我冻剥剥靠着这卖文为活,穷滴滴守着这单瓢也那陋巷,天那!我几时能勾气昂昂博得这衣锦还乡。"

急煎煎 冷清清 扑簌簌 闷腾腾 《元曲选外编·云窗梦》三折:"早忘了急煎煎情脉脉冷清清,早忘了扑簌簌泪零零,早忘了意悬悬愁戚戚闷腾腾,早忘了骨岩岩心穰穰病紫紫。"

青鸦鸦 闹炒炒 《元曲选·赵氏孤儿》四折:"画着的是青鸦鸦几株桑树,闹炒炒一簇田夫。"

软设设 喜孜孜 《元曲选·谇范叔》三折:"我可便接将来怎敢虚谦逊,觉的软设设身上如绵囤。不由不喜孜孜顿解心头闷。"

光灿灿 明丢丢 《元曲选·老生儿》一折:"光灿灿玻璃盏,明丢丢水晶盘,那一件宝物是无有的?"

黄甘甘 白邓邓 《元曲选·灰阑记》一折:"为甚的黄甘甘改了面上,白邓邓丢了眼光?"

闲遥遥 醉醺醺 邓学可《套数·滚绣球》:"闲遥遥唱些道情,醉醺醺打个稽首,抄化些剩汤残酒,咱这愚鼓简子便是行头。"

湿浸浸 哽噎噎 空荡荡 薄怯怯 沉点点 软揣揣 恶狠狠 《元曲选·灰阑记》三折:"湿浸浸棒疮疼痛,哽噎噎千啼万哭。空荡荡那讨一餐?薄怯怯衣裳蓝缕。沉点点铁锁铜枷,软揣揣婆娘妇女。哎,你个恶狠狠解子怎知?"

呆邓邓　乱蓬蓬　《元曲选·赚蒯通》三折:"我为甚的呆邓邓把衣裳袒裸,乱蓬蓬把鬓发婆娑。"

稳拍拍　短促促　《元曲选外编·陈母教子》三折:"俺这里笑吟吟的行酒令,稳拍拍的做着筵席。"兰楚芳《耍孩儿》:"似这般短促促携云握雨,几时得稳拍拍立计成家?"

黑洞洞　闹垓垓　急穰穰　悄蹙蹙　古爽爽　急煎煎　密匝匝　《元曲选外编·介子推》四折:"焰腾腾火起红霞,黑洞洞烟飞墨云,闹垓垓火块纵横,急穰穰烟煤乱滚,悄蹙蹙火巷外潜藏,古爽爽烟峡内侧隐。我则见烦烦的烟气熏,纷纷的火焰喷。急煎煎地火燎心焦,密匝匝烟屯合峪门。"

这类造词法以前一语素为基本意义,后二个音节起补充、描述和加强程度的作用。使用得当,可使语言生动活泼、形象鲜明,增加语言的节奏感和音乐美。

元明时代,这种结构非常能产,具有相当强的构词能力。几乎所有表示颜色、状态、情绪的词后都可以加上一个叠音成分,以加强形容词的意义。

这种叠音词大多出现在元、明杂剧的唱词里,可能与戏曲的曲调有关。戏剧歌辞必须合乐,必须与曲调的节奏一致。曲的格律是从诗、词演变而来,其节奏亦脱胎于诗词。诗歌,无论是五言还是七言,都离不开"二三""三二""四三""二二三"这种音乐节奏,即离不开三字顿。词,又叫诗余,又叫长短句;顾名思义,它不过是句式参差、长短不齐的诗而已。由于词中多三字句,加上长句里面固有的三字顿,故词中的三字顿节奏更多。至于元曲,形式比词更自由,句式更参差多变,短句更多,因而三字一顿的节奏形式也就更多。如薛昂夫《正宫·甘草子》曲:

金风发/飒飒秋香/冷落在/阑干下/万柳稀/重阳暇/看红叶/赏黄花/促织儿啾啾/添潇洒/陶渊明/欢乐煞/耐冷迎霜/鼎内插/(看)雁落/平沙。

大多是三字一顿。就是元曲中的衬字,也多由三字构成。如:《仙吕·鹊踏枝》(声沥沥)巧莺调,(舞翩翩)粉蝶飘,(忙劫劫)蜂翅穿花,(闹炒炒)燕子寻巢,喜孜孜寻芳斗草。笑吟吟南陌西郊。(据唐圭璋《元人小令格律》)

如果衬字是一字,也多是为了与上、下句凑成三字一顿。如无名氏《双调·太平令》:丹脸(上)/胭脂匀腻/翠盘(中)/彩袖低垂/宝髻(上)金钗斜坠/霞绶(底)/珍珠络臂/(见娘行)舞低/羽衣整齐/欢喜(煞)唐朝皇帝。

三字顿的节奏表现在词汇上就是三音节词增多。从理论上说,这种三音节词可以是 ABB 式,也可以是 AAB 式;可以二、三音节重叠补充前面的语素,也可以重叠一、二音节修饰后面的语素。但元曲的这类词绝大部分重叠二、三音节以补充前面的语素,这可能与音乐的节奏和元曲的歌舞形式有关。三字一顿的句末如果是两个同音词,会使音乐的节奏感更加强烈,增加语言的音乐美,更适合歌舞。1978 年有一首青年友谊圆舞曲,它的曲子是:

| 5 i i | 3 5 5 | 1·1 3 | 5 - - | 5 i i | 3 6 6 | 2·2 3 | 6 - - | 1 5 3 | 2 1 4 |

| 6·3 5 | 2 - - | 3 5 i | 6 5 3 | 4·3 2 | 1 - - | 3 6 6 | 4 i i | 7·6 5 6 | 3 - - |

| 5 3 3 | 2 1 7 6 | 5 ·6 7 | i - - |

这首曲子采用 3/4 拍子,节奏以每拍一音为主。全曲共六句,第一句、二句和第五、六句的第二、三个音是同音反复。这样的旋律,富于圆舞曲特性,贴切地表现了青年们欢乐和激荡的心情,充满着青春的活力。使人陶醉,使人兴奋,催人奋进。这种 3/4 拍子节奏与汉语诗词中的三字顿的作用非常相似,都有使节奏明快的效果,而曲子中一、二句的二、三音重复的结构和汉语构词中的 ABB 式也有相同的韵律效果。这种方法用在曲子中会使曲子具有强烈的节奏感,易于学,便于跳。用在语词构造中,会使语言更具节奏感和音乐美。

从理论上说,应该还有 AAB 式,但这种情况比较少见,元曲中的例证有:

粉粉碎、厌厌闷、醺醺醉、重重喜、烦烦恼、滴滴溜、腻腻娇、娟娟净、浸浸湿、款款移、磨磨擦、细细踏、步步滑、吖吖叫①

二、音韵造词

汉字有音,利用汉字的语音来象形、状物、表情、达意叫音韵造词。世界物质的广博性、概念的繁复性,必然导致语言词汇的丰富性,故词汇系统是开放的;而语言中能表意的音是有限的,故语音系统是封闭的。开放与封闭的矛盾,导致词与音不会产生

---

① 这几个例子多数引自崔应贤《汉语动词重叠的历史考察》,182 页,光明日报出版社,2011 年。

必然的联系,即什么义用什么音表达,大多是偶然的。所谓大多,当然不排除少数。少数词的词义与语音之间还是有联系的,这种联系就是音韵造词。由于音韵造词法所造出的词有限,故音韵造词在造词法中不是主流,所起作用也有限。但作为一种造词法,还是值得介绍的。

音韵造词法所造词有拟声词、联绵词和切脚合音词。

（一）拟声词

1. 拟声以命名

布谷、蝈蝈、蛐蛐、知了、鸡、鸭、鹅（现代"鹅"字的读音与"鹅"的叫声不同。"鹅"的叫声是 ga,但"鹅"从"我"声,《广韵》为"五何切",疑母,歌韵,拟音为 ŋa,与"鹅"的叫声非常接近)、娃、蛙

2. 拟声以表情

嘻、噫、啊、啊也、哎哟、咦、嗨、嘿、呀

3. 单纯拟声

吃地,笑声;呵呵,笑声;吖吖,叫声;扑通,物入水声;扑冬冬,击鼓声;吁吁,气喘声;扑剌剌,鸟拍翅膀声;失流疏剌,风声、水声;扑扑,心跳声;阿鹊,喷嚏声;扢擦擦,滚动声;丁当,金属碰撞声;阿来来(又作阿剌剌,见《元曲》),对不熟悉语言的声音的模仿声,相当于现代人听不懂英语时说"叽里呱啦不知道说些什么",叽里呱啦就是对英语语音的模仿声;必律不剌,快速讲话的声音(现代写作"噼里啪啦");剥地,爆裂声;不剌剌,马奔跑的声音;吃的、唿哨声、呼唤声、答应声、笑声、撕布声;冬冬、蓬蓬,鼓声;格格、挌挌,牙斗声;各剌剌,掀动瓦的声音;圪蹬蹬,马蹄声;疙蹅蹅,硬物撞击声;各支支,物件撞击、摩擦声;骨剌剌,雷声、车声、炮声、旗帜飐动声;骨碌碌,滚动声;括括匝匝,火烧爆裂声;急留骨碌,滚动声;可叉,拳打或刀斧砍物声;可擦擦,物体相互摩擦声;丕丕(嚭嚭、扑扑、拘拘),心跳过速的声音;扑地,拟与 p'u 声音相同的声音,如吹灯、跪地、倒地、拳击命中声;七留七力(七留七林、出留出律、赤留出律、赤留兀剌),步履悉嚓或滑行的声音;乞丢磕塔,滚动的铜钱快要平稳落地时的声音;乞留乞良(乞留兀良、乞留出律、出留乞良),哭泣声;乞纽忽浓,走在稀泥里的声音;失留屑历,下雪声(《元曲释词》释为风紧雪骤之词,我们认为是雪下得很大的声音;现代汉语

方言用"西利撒拉"状下雪声,与此相同);失留疏刺,风声、水声;勿勿勿,嘘寒声;希留豁刺,翻书或别的响声(《儿女英雄传》作"唏溜哗啦",《红楼梦》作"嘻嚠哗喇",现代汉语作"稀里哗啦");喜收希和,簸米声;伊哩乌芦,说话含糊不清的声音;阿磕绰(阿各绰、阿可绰、阿可赤),用力时的发声,以助力(《元曲释词》认为是"状倒下或跳越声"。从所举例证看,三例为跳墙,一例为用背靠倒墙。跳过墙要用力,靠倒墙更要用力,所以释为用力时的发声,应该没问题。现代人发力时为了助力,会发"核鹊"的音,"阿磕绰"就是现代的"核鹊"。一例为绊倒人的声音。要使人绊倒,也要费劲,释为"用力声"也未尝不可)。

磕塔,抓住、挡住、扯住、撑开的声音。又作"磕搭""磕答""可搭""可答""呵塔""可疋塔",皆记其声。《元曲选·柳毅传书》一折:"早磕塔顿开金锁走蛟龙,扑腾的飞过日华东。"又《抱妆盒》四折:"可搭的把咽喉来当住,唬得咱魂魄全无。"又《赵氏孤儿》五折:"来来来可疋塔的提离了鞍鞒上。"《元曲选外编·三战吕布》一折:"上阵处磕搭的攀住狮蛮,交马处滴溜扑摔下雕鞍。"又《飞刀对箭》一折:"轻舒猿猱,磕答的揝住征袍,滴溜扑摔下鞍鞒。"又《存孝打虎》二折:"一只手可答地拖离宝殿,滴溜扑摔下瑶阶。"又《三夺槊》四折:"我呵塔地勒住征骁,立在这边。"《元曲释词》释为"动作突然和迅速的状态,犹云忽地,一下子",恐非是。

应该指出,元代的四个音节拟声词中,第二个音节大多是"尤侯"韵字,如"留""流""溜""遛""嚠""丢""收"等;在明清小说中,这类词的第二个音节大多是"里""哩"。是语音变化的结果,还是方言的差别?难以质言。我们认为,应是方言的不同。元曲多反映北方方言,明清小说多反映吴方言。它们不是演变和发展的关系,而是既独立发展又相互影响的关系,而独立多于相互影响。

(二) 联绵词

双音节词中,那些不能进行语法分析,字面与词义没有关联,而只是利用语音的双声叠韵关系表示词义的词,我们叫作联绵词。联绵词的音韵情况比较复杂:有双声叠韵的,也有非双声叠韵的。这里只讨论前者。

1.双声者

娄罗、蜘蛛、踌躇、佗傺、惆怅、犹豫、周章、尴尬、陆离、蹊跷、秋千、茬苒、黾勉、恝

那(见《敦煌变文集》)、造次、迁次、飔黖(笔势牵连不断貌,见《集韵》)、含胡、萧索、磊落、玲珑、含洪(见《朱子语类》)

2.叠韵者

螺蠃、蟓蛉、螳螂、傀儡、馄饨、苗条、腌臜、缤纷、蹩躠、翩跹、酩酊、糊涂、鏖糟、骨都、攒沍、狼犺、毂辘、雷堆(笨重、累赘,见《西游记》三十回)、颠纤(见《五灯会元》。"纤"收-m韵尾,宋时-m韵尾开始消失,故与-n韵尾字构成叠韵)、膀浪(见《朱子语类》)、略绰、郎当、儱侗、廉纤、莽荡、邹搜、杭唐、烂漫、阆飒、累垂、荒唐、须臾

3.既双声又叠韵者

涣汗、褊斑、绵蛮、间关、萧骚、燕婉、展转、澹淡、缱绻、辘轳、优游、蟏蛸、崴嵬(《玉篇》)、氤氲、缘延

应该指出,由于语音的演变,有些本来没有双声叠韵关系的字,到了近代汉语里却具有了双声叠韵关系。如"骨都"。"骨"《广韵》入声"没"韵字,"都"《广韵》平声"模"韵字,本无叠韵关系;但近代汉语里入声消失,"骨"与"都"同属《中原音韵》的"鱼模"部,成了叠韵词。

为什么会产生联绵词?我们认为,部分是上古汉语单音词语音演变的结果。如果承认上古汉语有复辅音,复辅音演变为单辅音词时,一个单音词,变成了双音节词,这就形成了联绵词。表达的是一个整体意义,而与字面没有联系。如:

椒/椒聊 《诗经·唐风·椒聊》:"椒聊之实,蕃衍盈升。"毛传:"椒聊,椒,木名。"按,椒,上古精母,幽部,拟音为 ʔsliw[①],中古时复辅音消失,s 受塞音 ʔ 的影响变为塞擦音 ts,与流音 l 分离,并带上韵母 iw,而流音 l 升格为声母,其后的韵母不变,从而使单音节词变成了双音节词,语音形式由 ʔsliw 变为 tsieulieu,用汉字记录,就是"椒聊"。陆德明《释文》云:"椒,木名。聊,辞也。"无法解释,就释为"辞也",这是旧训诂学家的常用法门。实际上这是单音词音变为双音节词的结果,后世词汇学家则用联绵词来解释。上古汉语常用 l、r、j、w 做声母后的垫音,其中 j 和 w 为通音,后世演变为 i、u,成为介音。j 在某些声母后,有使声母腭化的作用,如 t 后带 j 垫音,由于 j 的腭化作用,t 变成了 tɕ。r 后来成为二等韵的标志。唯独 l 垫音在复辅音变成双音节

[①] 郑张尚芳:《上古音系》,467 页,上海教育出版社,2003 年。下同。

词的过程中保留了下来,其形式是垫音加上原韵母,不同的是垫音升格为声母。这就是叠韵联绵词中第二个音节多为来母字的原因。他如:

笔/不律 "笔"古音拟为 prud。复辅音 pr 单音化,p 变成 pu,rud 仍为 rud;随着语音的发展,r 变成 l,则 rud 变成 lud,合起来就是 pulud,用汉字表示就是"不律"。

孟/孟浪 "孟"古有"大"义,《管子·任法》:"奇术技艺之人,莫敢高言孟行以过其情,以遇其主矣。"尹知章注:"孟,大也。遇,待也。不敢以谬妄奸言妄行以待其主也。"将"大"义用于思想行为就是"鲁莽",故"孟"有"鲁莽"义。这种意义由单音词变为双音词就是"孟浪"。"孟"古音拟为 mraaŋs。复辅音单音化,mr 变成 m 和 r。m 带上原韵母则为 meŋ。r 在中古变为 l,带上韵母则为 laŋ,主要元音低化后化,由 ɐ 变为 ɑ。韵尾 s 消失,作为补偿,成为去声调。mraaŋs 变成 meŋlaŋ,汉字则用"孟浪"表示,成为联绵词。

还有些联绵词本是并列结构的合成词,由于人们不知或忘记了其中某词的古义,用后世的词义无法解释,故把它们看作联绵词。如:

挥霍 或以为联绵词,实则为同义语素连用。《说文》:"挥,奋也。靃,大飞也。"段玉裁于"挥"下注云:"按奞部奋下曰:靃也。靃下曰:大飞也。此云奋也,挥与靃义略同。玄应引此下有谓奋讯振去之也七字。"于"靃"下注云:"此字之本义也,引申为挥霍,为霍靡。"按,据《说文》,挥为奋,奋为靃,靃为大飞,霍也为大飞。大飞速度必快,故《集韵》:"挥霍,猝遽也。"如果依据《说文》,则解释为急促、快速的"挥霍",应是同义语素连用。如果据玄应则为"振去之"。振去之,就是通过手的甩动,使手上沾着的东西去掉。这个过程很快,故引申有迅快义。又据《集韵》:"攉,手反复也。"手反复的速度也很快,故引申有迅快义。则挥霍即挥攉,也是同义语素连用。《汉语大词典》解释为"迅疾貌"是对的,所举例证为汉张衡《西京赋》:"跳丸剑之挥霍,走索上而相逢。"《文选·陆机〈文赋〉》:"体有万殊,物无一量,纷纭挥霍,形难为状。"李善注:"挥霍,疾貌。"宋王禹偁《酬种放征君》:"冥心想前事,一梦何挥矐。"谢灵运《折杨柳行》的"挥霍见日雪",雪见日则融,见日之雪用挥霍形容,言其融化之迅疾。由于迅疾,所以给人以虚幻感,故引申有恍惚、朦胧之义。现代的挥霍浪费,也是取义于迅疾,言用金银之迅疾。或将其看作联绵词,恐未必。

参差 不齐貌。学者们皆以为联绵词。但把它们看作同义语素并用,也没有什么不可。《说文》:"篸,篸差也。"大徐本作:"篸,差也。"段注:"各本差上无篸,此浅人谓为复举字而删之也。《集韵》:篸差,竹貌。初簪切。又篸,竹长兒。疏簪切。按木部槮,木长兒。引槮差荇菜。盖物有长有短则参差不齐,竹木皆然。今人作参差,古则从竹、从木也。"又,《说文》:"差,贰也。左不相值也。"(段注本)不相值的原因是长短不一,与"参"连用,就是"不齐貌"。

躁蹉 《说文》有"蹵"字,云:"蹵足也。"段注:"蹵即躁字也。假借作啑作喋。《文帝纪》:'新喋血京师。'服虔曰:'喋音躁屟履之躁。'如淳曰:'杀人流血滂沱为喋血。'司马贞引《广雅》:'喋,履也。'然则喋血者,蹵血也。谓流血满地污足下也。"知"躁"即"蹵"字,义为"蹈、踏"。《吕氏春秋·顺说》:"康王躁足謦欬,疾言曰:'寡人之所说者勇有力,不说为仁义者,客将何以教寡人?'"《淮南子·俶真训》:"虽目数千羊之群,耳分八风之调,足躁阳阿之舞,而手会《绿水》之趋,智终天地,明照日月,辩解连环,泽润玉石,犹无益于治天下也。"孔安国《古文训传序》:"胡笳吟动,马躁而悲;黄老之弹,婴儿起舞。"三国钟会《孔雀赋》:"或舒翼轩峙,奋迅洪姿;或躁足踟蹰,鸣啸郁咿。"《全晋文》卷十七成都王颖"答郎中令陆云令五首":"官徒右军来躁覆此屋,恐或不可久。"又"曹摅文":"良马躁足,轻车结轮。"西晋竺法护译《普曜经》卷六:"十四、在前跳躁。十五、现其髀脚。"南朝宋谢惠连《七月七日夜咏牛女诗》:"躁足循广除。"刘义恭《从驾顿上诗》:"冀马依风躁,边箫当夜闻。"梁吴均《赠王桂阳诗》:"马在城上躁,剑自腰中鸣。"陈张正见《轻薄篇》:"细躁连钱马,傍趋苜蓿花。"此"躁"字单用者。

与其他汉字连用者,或后接"蹑"字,晋法炬共法立译《法句譬喻经》卷四:"而此女子独守悲歌,其声妖亮,听者莫不顿车止马,回旋躁蹑而欲趣之,盘桓不去皆坐声响。""蹑"训"踏",与"躁"同义,为同义语素连用。或前接"跤"字,《九辩》:"众跤躁而日进兮。"旧注:"跤,一作蹋。"而此句在《哀郢》中也曾出现,旧注:"跤,一作蹙。"或后接"蹋"字,《后汉书·祢衡传》:"次至衡,衡方为渔阳参挝,躁蹋而前,容态有异,声节悲壮,听者莫不慷慨。"按,据《集韵》:"蹵,《说文》:蹵足也。一曰小步。或作蹋。"则"蹵""蹋"为一字,是"小步"的意思。"躁蹋"连文,"蹋躁"连文,都是同义词连用,不是联绵词。由于"蹋"音达协切,与"躁"通音,为了区别,将第二个音节或第一个音节的声母t变作s,而字则写作"蹉"。于是"蹉躁""躁蹉"的词形产生了,宋诗《清商曲辞·读曲歌》:"徙倚望行云,蹉躁待郎归。"梁萧衍《江南弄》:"舒芳耀绿垂轻阴,连手蹉躁舞春心。"何逊《学古赠丘永嘉征还诗》:"龙马鱼肠剑,蹩躠起风尘。"此第一音节声母变化者。陈叔宝《紫骝马》:"嫖姚紫塞归,蹀躞红尘飞。"又:"蹀躞紫骝马,照耀白银鞍。"吴均《战城南》:"蹀躞青骊马,往战城南畿。"梁僧佑撰《弘明集》卷一:"即掉尾奋耳蹀躞而听,是以诗书理子耳。"此第二个音节的声母变化者。

前人将词的长言、缓言作为联绵词产生的一个原因。长言者必缓,二者是一回事。如,摩—摩挲。"摩"长言为什么会成为"摩挲"呢? mo 这个音怎么长言,也不会变成 mo suo;后面这个辅音 s 怎么产生的,说不清楚。如果将"摩"解释为"摩挲"的急言,或许可以解释"摩"与"摩挲"的关系。

扶疏 枝叶(根系)繁茂分披貌。此词见于先秦,后世仍之,至今尚存。《吕氏春秋·辩土》:"树肥无使扶疏,树墝不欲专生而族居。肥而扶疏则多粃,墝而专居则多死。"《韩非子·扬权》:"为人君者,数披其木,毋使木枝扶疏;木枝扶疏,将塞公间,私门将实,公庭将虚,主将壅围。"汉刘旦《上疏请入宿卫》:"高皇帝览踪迹,观得失,见秦建本非是,故改其路,规土连城,布王子孙,是以支叶扶疏,异姓不得间也。"枚乘《七发》:"龙门之桐,高百尺而无枝,中郁结之轮菌,根扶疏以分离。"刘向《极谏用外戚封事》:"今王氏先祖坟墓在济南者,其梓柱生枝叶,扶疏上出屋,根插地中,虽立石起柳,无以过此之明也。"王褒《洞箫赋》:"洞条畅而罕节兮,标敷纷以扶疏。"南朝宋刘义庆《世说新语·汰侈》:"枝柯扶疏,世罕其比。"字又写作"扶疏",《说文》"枎"下:"枎疏也。"段注:"扶疏谓大木枝柯四布。疏,通作胥,亦作苏。《郑风》:'山有扶苏。'毛曰:'扶苏,扶胥木也。'"学者多以此词为联绵词,或认为是"疏"的缓言。然则"疏"缓言何以成为"扶疏",音理上不好解释,所以不能令人信服。我们认为"扶疏"是"䔬"语音演变后的记音词。《说文》:"䔬,华叶布也。""䔬"的上古音或拟为 paas(郑张尚芳)。在声调尚未产生之际,"䔬"可能已演变为二个音节,即 paasa;如果用汉字记录,就是"扶疏"(元音高化,长元音变短元音,paasa 即为 pusu;后代重唇音轻唇化,即为 fusu。如果写作"扶苏",语音上相当吻合)。声调产生以后,"䔬"变成了去声,s 尾没有了,而记音词"扶疏"保留下来了①。人们对它的结构形式、得义根据不好解释,就说是联

---

① 这是我的大胆猜测,证据不太足,写在这里,供大家批评。我姑妄言之,诸君姑妄听之。汉字有没有 s 韵尾,去声字是否由 s 韵尾演变而来,目前尚无定论,也只是一种假设,而我的这种解释则又是假设的假设。诸君当作酒后醉言可也。

第三章 近代汉语造词法研究

绵词。这是联绵词产生的又一途径。

还有一种可能,就是古代叠音词语音演变的结果①。本为单音词,为了突出它的形容性,将它重叠使用,变成形容词。在后世的发展过程中,为了求变,将重叠词后一字或前一字的声母稍作变化,变成叠韵联绵词。向熹先生在《诗经中的复音词》一文中分析的"猗猗"变为"猗傩","勉勉"变为"黾勉",前者属后一字的声母变化,后者属前一字声母的变化。其他的例证有:

团　团团　团栾　《说文》:"团,圜也。"段于"圜"下注云:"许书圆、圜、圆三字不同。今字多作方圆、方员、方圜,而圓字废矣。依许则言天当作圜,言平圆当作圆,言浑圆当作圆。"按,实际运用中团、圜不太区别,团就是圆的意思,《说文通训定声》训"团"为"圆"。《墨子·经下》:"鉴团景一。"后汉支娄迦谶译《佛说无量清净平等觉经》卷二:"华都自然合为一华,华正团圆周匝各适等。"吴支谦译《撰集百缘经》卷三:"佛以神力,令此燋木,须臾之间,枝条生长,花果茂盛,团圆可爱。"又:"其妇怀妊,足满十月,生一肉团。"西晋竺法护译《生经》卷一:"时有贾客,卖好真珠,枚数甚多,既团明好。"又《贤劫经》卷三:"其髻团圆自然兴起,光明昱昱,是布施报。"东晋佛陀跋陀罗译《佛说观佛三昧海经》卷一:"其果形色,闫浮提果无以为譬,其形团圆满半由旬。"刘宋求那跋陀罗译《楞伽阿跋多罗宝经》卷一:"若泥团微尘异者,非彼所成。"晋桃叶《答团扇歌三首》其一:"七宝画团扇。灿烂明月光。"梁吴均《八公山赋》:"桂皎月而长团,云望空而自布。"将"团"重叠,就是"团团"。汉班婕妤《怨歌行》:"裁为合欢扇,团团似明月。"晋傅玄《杂诗》:"团团三五日(当作月),皎皎曜清晖。"南朝宋谢惠连《七月七日夜咏牛女》:"团团满叶露,析析振条风。"南朝宋诗清商曲辞《西乌夜飞》:"日从东方出,团团鸡子黄。"齐谢朓《新治北窗和何从事》:"泱泱日照溪,团团云去岭。"江淹《刘文学桢感怀》:"苍苍山中桂,团团霜露色。"唐罗隐《芳树》:"可怜团团叶,盖覆深深花。"李贺《江南弄》:"吴歈越吟未终曲,江上团团帖寒玉。"宋王安石《黄菊有至性》:"团团城上日,秋至少光辉。"后一字的声母略加变化,即为 luan,用汉字记录即为

---

① 刘又辛先生曾提出"双声、叠韵、调声词是从重言词演化而来"的假设,见《古汉语复辅音说质疑》,《文字训诂论集》,142 页,中华书局,1993 年。本书"团""拘"的词目和基本观点皆采自此书,但原书未举例论证,本书的例证系鄙人自己搜集。

"栾","团栾"由此产生,人们把它看作联绵词。南宋孝武帝刘骏《与庐陵王绍别诗》:"团栾流景入,迟迟分手念。"谢灵运《登永嘉绿嶂山》:"澹潋结寒姿,团栾润霜质。"孟郊《惜苦》:"可惜大雅旨,意此小团栾。"唐彦谦《秋葵》:"月瓣团栾翦猪罗,长条排蕊缀鸣珂。"宋陈亮《浪淘沙·梅》:"瘦竹团栾,水光疏影有无间。"程大昌《浣溪纱》:"道这回、屋舍团栾,四时风月桃李。"戴复古《洞仙歌》:"一笑且开怀,小阁团栾。"

拘 拘拘 拘挐 《说文》:"拘,止也。从手拘,句亦声。"段注:"手句者,以手止之也。"按,《说文》:"句,曲也。"从句声的字多有弯曲之义,故"笱"为曲竹捕鱼具,"钩"为曲钩,"佝"为曲背(佝偻,曲背。现代汉语方言可单用,如苏州话:"背有点佝哉。"浙江苍南金乡:"腰痛佝不到。"[①]湖南祁东话:"佝起个背。"),"翑"为羽曲,"跔"为天寒足(《逸周书·太子晋》:"师旷束躅其足,曰:'善哉!善哉!'王子曰:'太师何举足骤?'师旷曰:'天寒足跔,是以数也。'"是知跔为脚筋弯曲疼痛),"痀"为曲脊,"雊"为雄雉鸣(字从句,因其鸣必弯曲其颈。《说文》云:"雷始动,雉乃鸣而句其颈。"),"朐"为脯挺(段注:"何注《公羊》曰:屈曰朐,申曰脡。……《曲礼》曰:左朐右末。郑云:屈中曰朐。屈中犹言屈处,末即申者也。"朱骏声说:"全挺曰脯脡,其端屈处曰朐。"是知"脯"的弯曲处叫作"朐"),"剐"为镰(镰刀弯,方能割物,故有弯义),"耈"为老人面冻黎若垢(朱骏声说:"当训老人背伛瘘也。"),"軥"为轭下曲者。皆其证。以此推之,则"拘"是用手使对象弯曲;施于人,则是使人弯曲。人本直立,被别人用手使自己弯曲了,当然是被"拘止"和"拘执"了。故"拘"有弯曲义。《左传·僖公三十三年》:"武夫力而拘诸原,妇人暂而免诸国。"武夫逮捕人,必使被捕者低头弯腰,以表臣服,不会让被捕者昂首阔步,故拘执必使人弯腰,"弯"义自然包含在拘执之中。《荀子·宥坐》:"其流也埤下,裾拘必循其理,似义。"杨倞注:"拘,读为钩,曲也。"《荀子·哀公篇》:"古之王者,有务而拘领者矣,其政好生而恶杀焉。"杨倞注:"拘领,曲领也。"《淮南子·泰族训》:"夫指之拘也,莫不事申也。"拘,亦弯曲义。《集韵·遇韵》:"拘,拘挐不展。"拘挐,与弯曲义相近。按,拘为弯曲不申,为什么弯曲不申?乃外力拘止之故,故拘既有弯曲义又有拘止义,二者相成。拘止是因,弯曲是果。由拘止引申,还有限制、拘束、拘泥等义。故后世的重叠形式和变化形式皆有拘止、弯曲义。今读拘执之拘为

[①] 此二例引自许宝华等《汉语方言大词典》,2747页,中华书局,1999年。

jū,读弯曲之拘为 gōu；上古应没有这种区别,皆读为钩。

重言则为"拘拘",《庄子·大宗师》："伟哉,夫造物者将以予为此拘拘也！"成玄英疏："拘拘,挛缩不申之貌也。"陆德明《释文》："拘拘,郭音驹,司马云'体拘挛也',王云'不申也'。"这是弯曲不申的意思。《柳宗元集》卷十一"志谒诔"："与夫拳拳恐悸,蒙诒负义,得之拘拘,荣不盖愧,以终其身而不能止者,不犹优乎！"又卷三三"书"："我不能薾薾拘拘,以同世取荣。"《全唐文》卷八〇一"蠹化"："力力拘拘,其翎未舒。"这是拘束、拘泥的意思。陆龟蒙《祝牛宫辞》："老农拘拘,度地不亩。"审以文意,"拘拘"应为勤劳貌。农上有"老"字,也可理解为弯曲不申貌；勤劳与身体弯曲,义亦相成也。

"拘拘"的第二个音节的读音稍加变化,则为"拘挛"。《灵枢经》卷十："凡此八虚者,皆机关之室,真气之所过,血络之所游,邪气恶血,固不得住留,住留则伤筋络骨节,机关不得屈伸,故拘挛也。"汉王延寿《梦赋》："或盘跚而欲走,或拘挛而不能步。"扬雄《太玄赋》："荡然肆志,不拘挛兮。"《后汉书·曹褒传》："帝知群僚拘挛,难与图始,朝廷礼宪,宜时刊立。"刘宋沮渠京声译《佛说谏王经》卷一："耳鼻闭塞不闻声香,手足拘挛筋急。"梁宝唱等集《经律异相》卷三四："其婿手足拘挛不能行步。"宋欧阳修《琴枕说》："昨因患两手中指拘挛,医者言,唯数运动以导其气之滞者,谓唯弹琴为可。"

还有一种解释,"挛"者,"曲"也,与"拘"同义并列成词。《说文》："挛,系也。"段注："系者,絜束也。"受到絜束则曲,故引申有"曲"义。《素问·皮部论》："寒多则筋挛骨痛。"王冰注："挛,急也。"《史记·范睢蔡泽列传》："先生曷鼻,巨肩,魋颜,蹙齃,膝挛。吾闻圣人不相,殆先生乎？"《集解》："挛,两膝曲也。"《元包经传·仲阳》："俘之挛。"李江传："挛,拘也。"《慧琳音义》卷二"挛躄"下引《考声》曰："挛,手足屈弱病也。"皆其证。如此,则"拘挛"是同义并列连用。

还有：玲/玲玲/玲珑,玲珑也写作"玲琅",也属这类演变。

（三）切脚合音词

用字的反切来代表某字,称切脚合音式。这只适合于单音节词。如：
突落—铎、丁宁—钲、即零—精、突郎—螳、步郎—旁、屈栾—圈、滴颡—顶、矹落—角、勃卢—蒲、骨露—锢、勃笼—篷、勃阑—盘(《容斋三笔》卷十六)、举卿—荆、古拜—芥(《类证普济本事方》卷十)、窟隆—孔、鲫溜—就、突栾—团(《宋景文笔记》卷上)、屈陆—曲、鹘仑—浑、鹘卢—壶、咳洛—壳(《学林》卷八)、胡阑—环、曲连—圈(《高祖还乡》曲)、叨滥—贪、滴留—丢

呆答孩 "呆答孩"是痴呆的意思,或写作"呆打颏""呆打孩"。"答孩"可以看作"呆"的分音,"呆答孩"就是"呆呆"。此词常见于戏曲作品,尤以元曲用例较多。奥敦周卿《南吕·一枝花·远归》:"急惊列半晌荒唐,慢朦腾十分认得,呆答孩似醉如痴!"《元曲选外编·调风月》二折:"又不疯又不呆痴,面没罗、呆答孩、死堆灰。"《元曲选·朱砂担》二折:"唬的我呆打颏空张着口,惊急力怕抬头。"又《扬州梦》一折:"蜂与蝶花间四友,呆打颏都歇在豆蔻梢头。"清洪昇《长生殿·见月》:"怎似伊情投意解,恰可人怀,思量到此呆打孩。"

这实际上是一种文字游戏,是造词方法的一种反向运动,不值得提倡。现代汉语里这种情况很少见,可见它没有群众基础,缺乏生命力。

有人把这种造词方法叫作裂变式重叠,如孙景涛[①];也有人叫作分音词,如石锓[②]。我们认为,二位所给出的名称虽异,而其实际所指则没有本质区别。我们倾向于分音造词说。理由是:分音是一个音分成两个音,裂变重叠,则既裂变又重叠。说它们是一个音的裂变,没有问题;说是重叠,则不太符合实际。如"曲连"和"圈",我们看不出它们的重叠关系。难道"连"的韵母与"圈"的韵母相同,就可叫作重叠?就重叠造词来说,我们不是这么定义的,也不是这么理解的。

切脚合音是从词的现实形式推知它的潜在形式,是以果推因;分音造词是从词的潜在形式推出它的现实形式,是以因证果。我们现在看到的是果,如"曲连";因是什么,要推寻。怎么推寻?从果("曲连")上推寻。"曲连"急读为"圈"。如果从因上推寻,我们怎么知道"曲连"的因是"圈",是"圈"的分音或裂变呢?难道要先从"曲连"找到"圈",再从"圈"来说明"曲连"吗?我们认为这样不妥,所以我们赞成切脚合音的说法。

---

① 孙景涛:《古汉语重叠词的内部构造》,郭锡良主编《古汉语语法论文集》,语文出版社,1998年。
② 石锓:《汉语形容词重叠形式的历史发展》,266页,商务印书馆,2010年。

三、字形造词

字形造词在造词法中的地位不高,所造词不多,使用范围有限,多少带有谜语的性质。字形造词分两种。

(一) 拆字造词

根据汉字的构形特点,将一个单音节词拆成几个汉字,作为这个词的另一形式。这种情况多出现于市语、纬书、詈人语和其他隐语。

1. 姓氏

卯金刀—劉(刘)、十八子—李、木易—杨(楊)

按,杨从"木","昜"声,不从"易",盖俗书"昜""易"不分故耳。《野客丛书》卷十七云:"今人称姓杨人为木易。案杨氏姓文,左从木,右从昜,非从易。《周易》之易乃从日月,此易丘阳字耳。今人书鄱阳有省文为番昜者,盖知此意。仆观真诰,其间有为姓杨人作离合书曰:偃息盛木,玩执《周书》。其意谓《周书》为《易》,木加易即杨字也。乃知以木易为杨姓,其误久矣。不知左右之字文,皆非。"

2. 詈人语

马户—驴、尸巾—屌、木寸—村

3. 其他

人言—信、三友—酒("友"谐音"酉","三"表示三点,三点加"酉"为"酒")、女子—好、门心—闷、人肖—俏

按,黄庭坚《两同心》:"你共人,女边著子,争知我,门里挑心。"《元曲选外编·西厢记》五本三折:"君瑞是个肖字这壁着个立人,你是个木寸马户尸巾。"《本草纲目》卷十:"砒,性猛如貔,故名,惟出信州,故人呼为信石,而又隐'信'字为人言。"

(二) 描绘字形造词

《事林广记》续集卷八"绮谈市语":

一,丁不勾;二,示不小;三,王不直;四,罪不非;五,吾不口;六,交不叉;七,皂不白;八,分不刀;九,馗不首;十,针不金。

他如"怀五为丑""未丸为九",亦此类。见《西湖游览志余》卷二十五、《癸巳存稿》卷十。

这也是一种文字游戏。除在隐语、市语、黑话中使用外,其他情况很少见,而且文献用例也很少;尤其是"丁不勾、示不小、王不直"等说法,除了文人笔记因为猎奇心理而记载外,文献中未见用例。

第四章　近代汉语词义研究

研究词义可从四个方面入手：一是研究词义的来源，即词义与造词语素之间的意义关系；二是研究语词本身的内涵，即该语词究竟是什么意思；三是研究语词意义间关系；四是研究词义的运动和发展。前二者是本体研究，后二者是关系研究。研究语词本身的内涵，实际上就是考释词语，我们在"考释方法"一章中将有详细的讨论。本章只讨论词义与造词语素意义之间的关系、语词意义间的关系和词义的运动发展。

一、词义与造词语素意义之间的关系

由语法造词法造出的词，其词义与造词语素的意义之间有多种关系。大致说来，有同义关系、偏义关系、化合关系、比喻关系、借代关系和歇后关系。

（一）同义关系

造词语素意义与词的意义相同，任何一个词素都可表示词的意义。如：

较好（较，病愈）、把捉、效学、观觑、玩弄、哂笑、收捉、投到（投亦到）、和哄、钻刺、匹对、挨倚、点污。

就造词法来说，属于同义并列类复合词。

（二）偏义关系

造词词素的意义不同（相反或相对），组合后，一方吞并了另一方。词义由其中一个词素的意义决定，另一词素的意义完全消失。人称偏义复词。如：

得失,失;缓急,急;失赚,失;恩怨,怨;好歹,歹;忘记,忘;朝冶(同野),朝廷;物事,物;兄弟,弟弟;人物,有德才之人①。

这一类与语法造词的并列式第二类的最后一项全同。但前者从语法角度分析词的构成,这是从语义角度分析词义与语素意义间的关系,着重点不一样。至于这类词产生的原因,我们认为与语用有关,具体解释见上文"语法造词"的"并列式"第二类的最后一项。

(三) 化合关系

词义不是造词语素意义的简单相加,而是经过化合,生出一个与原语素义有关联而又有区别的新义。如:

骨肉—亲属	耳目—探子	口舌—纠纷	社稷—国家
手脚—武艺	手眼—技艺	手足—爪牙、党羽	
水火—大小便	领袖—关键	学问—知识	手力—奴仆
去就—行为	人我—较量胜负	东西—事物	大小—家人
上下、动静—举止态度	缁素—分别	左右—无论如何	
平仄—韵律	寒暄—应酬话	反正—无论如何	早晚—时候
是非—纠纷	表里—送礼衣料	进止—皇帝命令	

(四) 比喻关系

比喻包括明喻和暗喻,它的共同点是通过找出两个不同事物的相似点,在想象的

---

① 汪维辉君见告,"物"古有"人"义;如此,则人物为并列结构。《汉语大词典》收有数例,《左传·昭公十一年》:"晋荀吴谓韩宣子曰:'不能救陈,又不能救蔡,物以无亲。'"杨伯峻注引顾炎武曰:"物,人也。"南朝宋刘义庆《世说新语·方正》:"卢志于众坐问陆士衡:'陆逊、陆抗是君何物?'"北魏郦道元《水经注·洛水》:"既神游自得,不与物交。"宋沈作喆《寓简》卷六:"彼以急病告,勿与则已矣,而恶声辱之,是为绝物,不仁甚矣。……彼以善意来,勿受则已矣,而庚气以诟之,是为傲物,无礼甚矣。"汪君曾著文论及此义,见《中国语文》,1990年第6期。又,吕叔湘先生《未晚斋语文漫谈》(一三)讨论了魏晋南北朝时期"物"作"人"解的语言现象,可以参阅。湖南方言骂人"绝物",即绝了代的人,这个"物"也当人解释。"物"之所以有"人"义,应是"物品"义的延伸:"人"是"物"的一种,用"物"指"人",是用属概念指称种概念。就其来源来说,"人物"属吞并型偏义复合词;就其成词的过程来说,则为并列型复合词。

基础上将甲事物说成是乙事物或像乙事物。从修辞的角度来看，可以使抽象的概念形象化，使语言的表达更生动，更明白，更易于理解，其缺点是不够准确。任何比喻都是取其一点，不计其余，因而是有缺憾的。如著名的"月亮代表我的心"，取象于"月亮的纯洁"；但月亮图像的其他方面与对"心"的要求相抵触，如十五的月亮与初一的月亮不一样，十五的圆，初一的缺，如果取像于月亮的"圆缺"，则这颗心太易变了，不是情人们所希望的。从造词的角度来说，一般采用暗喻的方式造词。如"爪牙"，其作用是帮助动物抓攫、咬啃猎物，而"党羽"的作用是帮助主子打击、杀戮对手，在"助其事"上二者相似，故用"爪牙"来表示"党羽"。这种造词法可以使语词的抽象概念具象化，丰富了概念的表达形式；不足之处是增加理解的难度，尤其是没有相同文化生活背景的人，理解起来更加困难。认知语言学将这种情况叫作隐喻造词。如：

桃李—学生　　　　秋波—美女的眼睛
爪牙—党羽　　　　泰斗—众所景仰者
鸳鸯—夫妻　　　　风月—男女风情
鸡头—芡　　　　　板眼—事物的条理
鱼肉—欺凌、宰割　天甲经—骗人的话
狗尾—粟名

（五）借代关系

不直接说出要说的事物，而借用与它有密切关系的事物来代替，或用事物的局部代替事物的整体，都是修饰上的借代。认知语言学将这种造词法叫作转喻造词。如：

红娘—媒人　　　　红头子—绿林强盗
回禄—火灾　　　　玉兔—月亮
丹青—绘画　　　　翰墨—书画、文章
出门倒—酒名　　　望口消—食品名
右军—鹅　　　　　曹公—梅子

（六）歇后关系

引用成语或前人词句，字面上只用前面部分，而本意在后面部分，叫作歇后。这种方法中古以来就比较流行。如：友于——兄弟,三尺——剑,诒厥——子孙,一抔——土。在近代汉语里,歇后语用得更多。表现方法也有了新的发展。中古时期的歇后,歇后部分与字面没有必然的联系,不知道出处的人,就无法读懂。近代汉语的歇后则不然,除了继承前人成法以外,还创造了新的表现方式:词的意义可通过字面猜出,歇后部分有时与原词还存在着某种声韵借用关系。如:

火染幡竿——长炭(叹)

脂油点灯——布捻(步辇)

筛子喂驴——漏豆(斗)

瞎子跳河——看前面(钱面)

尉迟恭捣米——胡支对(胡子碓)

脚后跟——掌子(长子)

绿豆皮——清裼(请退)

梁山——伯(泊)

狗头狗——脑(恼)

缺口镊子——一毛不拔

没梁桶——休提

王屠倒脏——牵肠肚

刘九的爪牙——穷狠

柳青——娘

头巾环儿——靠后

曲棒打地——当着不着

木驴儿——自行不得

庄家夫妻——一步不厮离

《墨娥小录》卷十四"中原市语"收有歇后语101条,可以参看。元杜仁杰《耍孩儿·喻情》几乎全用歇后语写成,亦可参阅。

应该指出,歇后关系大多是语而不是词;我们放在这里讨论,是为了讨论对象的完整性;从逻辑的角度来说,放在这里不太合适。

二、语词意义间关系研究

研究语词意义间的关系,就是从共时的角度研究语词的意义系统。汉语的语词,大多数是多义词。任何一个多义词,诸义项不可能完全是平行的,其中总有一个是主要的、核心的意义,其余的则是次要的、派生的意义。我们的目的就是要弄清诸义项中谁是核心义,谁是派生义,核心义是怎样引申出派生义的,以爬梳出词的意义系统。现在很多语词辞典,一词之义多至二十余项,前后次序混乱,词的引申线索不清,非独难记,有时还会出错;不该分立义项的分了,该分的没分。研究词的意义系统是编纂语词辞典的第一项工作,也是研究语词意义的重要工作。

张永言先生在《论张相〈诗词曲语辞汇释〉》一文中为我们做了很好的示范。他说:

却字,本书列举了8条14义(第64~72页)。可是却没有说明这些意义之间的内部联系,排列也凌乱失序:

却

却一　语助辞。用于动辞之后,有"掉""了""得""着"等义。

却二　犹于也。

却三　犹正也。于语气加紧时用之。

却四　犹倒也,反也。此为由'正'字义加强其语气者,于语气转折时用之。

却五　犹返也,回也,此由退却之本义引申而来。

却六　犹还也,仍也。

却七　犹再也。意义有时与作还字解者略近。

却八　犹岂也。

照我们的看法,"却"本来是个动词,意义是退,由此演变为"返"或"还"(huán),词性再向着副词转变,逐渐趋于虚化,这就是却五,这是诗词里"却"字的中心义。由这个意义再向三方面发展:1)由还带有动词性质的"返"变为纯粹副词的"反"或"倒",这就是"却三"的前半(唐诗诸例)和"却四";这个"倒"义的"却"用于反诘语气,有时可以译释为"岂",这就是"却八"。2)由还带有动词性质的"还"(huán)变为纯粹副词的"还"(hái),这就是"却三"的后半(宋词诸例)和"却六";由这个"还"(hái)可以很自然地演变为"再",这就是"却七"。3)"退"、"返"、"还"(huán)都含有"去"的意思,其用于另一动词后面的逐渐虚化为带有词尾性质的"一去"、"一掉"或"一了",这就是"却一"。经过这样的爬梳之后,除了"却二"的性质和来源待考以外,本书罗列的"却"字各个意义先后演变的轨迹就比较清楚了。这样,各个条目(义项)的排列次序也就应当按词义的引申发展作相应的调整。综上所述,"却"字意义的孳乳可以图示如下:①

```
            ↗反,倒──→岂
退──→返,还(huán)──→还(hái)──→再
            ↘一去──→一掉,一了
·················································于
```

经过张先生的整理,"却"字的词义系统基本上清楚了。

受张先生的启发,我们也对张书和其他书籍的一些词目进行了整理。如:

着 张书列有22条,44义,节目之多,义项之烦,令人眼花缭乱:

着一 犹加也,添也。

着二 犹有也,带也。

着三 犹接也,近也,切也。

着四 犹到也。

着五 犹值也,遇也。

着六 犹向也,趋也。

着七 犹被也,沾也,亦犹受也。

着八 犹中也,袭也,惹或迷。

着九 犹爱也,亦犹云注重也。

---

① 原注:如上所述,本书释为"正"的"却三"这一义项可以不立,用例分别归入"却四"和"却六",因为凡本书释为"正"的"却"都应当或可以释为"还"、"倒"或"还"。"却六"的"仍"义也是蛇足,凡释为"仍"的都可以用"还"义兼赅。

着十　犹泥也,滞也。

着十一　犹落也,下也。

着十二　犹安也,置也,容也。

着十三　犹发也,生也。

着十四　犹作也,成也。

着十五　犹凭也。

着十六　犹将也,把也,用也。

着十七　犹教也,使也。

着十八　犹得也,要也。

着十九　犹在也。

着二十　命令辞。

着二十一　语助辞。用于动词之后。

着二十二　拟辞。(293～317页)

按,诸条例证不尽恰当。如"着这情怀"之"着"归于"着二十二",训为拟辞,实则"着"字当训"碰、值",言"碰上这情怀"也,应归于"着五"。后二例同此。义项归类也有欠妥者,如"惹也迷也"归于"着八",实则应归"着九"。

经过爬梳整理,我们发现,"着"的义项并没有这么复杂。"着"本作"著"(依《说文》则当作"箸"),其核心意义是"附着"。除"拟辞"之"着"待考外,其他各义皆"附着"义的引申和虚化。

大凡"附着",必有甲乙两物。我们可从甲乙两物和动作本身来追寻"着"的引申线索。

就动作本身而言,要"附着",二物必须相遇、相接,故"着"引申有"值、遇、接、近"之义,即"着五""着三"。就人言,过分的接近,就是爱慕贪恋,即"着九"。"附着"不松动,就是"泥滞",即"着十"。二物一经附着,就有上、下、前、后之分。故"着"字用在这些方位名词之前,就有"在"的意思,即"着十九"。语助辞"着二十一"即此义进一步虚化的结果。

就甲物——运动者而言,要附着于乙物上,就必须向乙物靠近,故"着"有"向"义,即"着六"。如果这个动作是由上而下,就是"落",故"着"有"落下"之义,即"着十一"。

如果附着上了,就是"中""成"。即"着八""着十四"。一旦附上,就是"到",就是被"安置"、被"容纳",即"着四""着十二"。"附着"就是"靠上",故"着"可训"凭",即"着十五"。由此进一步虚化,就是"用、将、把",即"着十六"。再进一步引申,就是"教、使"、"得、要"即"着十七""着十八"。再引申即为"叫",即"着二十"。

就乙物——被附者而言,"附着"即是沾上东西,就是增加。故"着"有"被、沾、受"义,有"添加、有、带"之义,即"着七""着一""着二"。"添加"的东西如果出于乙物本身,就是"生""发",即"着十三"。

"着"字的词义系统可图示如下:

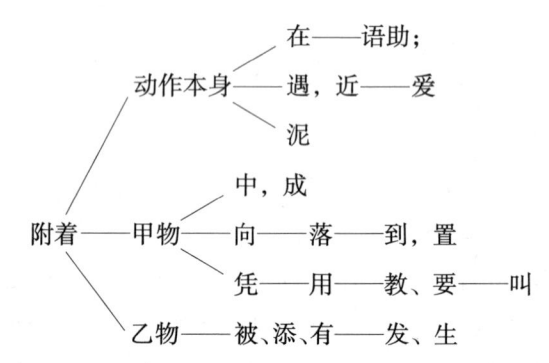

```
                    ┌─ 在──语助;
          动作本身──┼─ 遇,近──爱
                    └─ 泥
附着──┤
          ┌─ 中,成
          │  向──落──到,置
      甲物─┤
          │  凭──用──教、要──叫
      乙物──被、添、有──发、生
```

可　张书分9条,18义。各义项之间亦漫无统纪,初学者极难驾驭。

可一　犹却也。

可二　犹恰也。

可三　犹再也。

可四　犹当也。(按,应释为"满",说见项楚《变文字义零拾》,《中华文史论丛》,1984年第2辑。今以"满"义作为考察对象。)

可五　犹称也,合也。

可六　犹愈也。病愈之愈。

可七　约估数目之辞。

可八　犹岂也,那也。

可九　轻易之辞,引申之则犹云小事也,容易也,寻常也,在其次也,不在意也。再引申之,则犹云含糊也,隐约也。

按,"可"的核心意义是"肯"。《说文》:"可,肯也。"所肯之事必称心合意,故"可"

有"合"义。"可"之训"合",实古义之遗。《荀子·正名》:"故可道而从之,奚以益之而乱。"杨注:"可道,合道也。"又《富国》:"皆有可也,知愚同;所可异也,知愚分。"杨注:"可者,遂其意之谓也。"这就是"可五"。

"可"有"仅可、不足"的意思。《论语·子路》:"苟有用我者,期月而已可也,三年有成。"皇侃疏:"可者,未足之辞也。""未足"即"少"。故"可"有"少""小"之义。病愈即病由重变轻,即少,故"可"引申有"病愈"之义。即"可六"。"可"之训"愈",犹"损"训"少"亦可引申有"病愈"之义也。"仅可"之义用于数字前,就是"估摸"之辞,"可"之训"约",犹"仅"之训"庶几"也。"庶几"亦"差不多""大约"的意思。"仅",《说文》:"材能也。""才能"即尚有不足,用于数字前,即可用来表"约数"。二字基本义相同,用法相同,故引申义也相同。这就是"可七"。由"仅可"之义再引申,即为"轻易之辞"。随文而释,则有"小事也,容易也,寻常也,在其次也,不在意也"诸义,即"可九"。

除引申义外,"可"字其他意义均是假借的结果。"可"与"却""恰"皆双声。由于近代汉语入声趋于消失,故"却"与"可"可视为叠韵。二字同在《中原音韵》"歌戈"("却"字《中原音韵》未收,《洪武正韵》音乞约切,与"约"叠韵,"约"在"歌戈",故"却"亦在"歌戈")。是"可""却"二字音近。"可"与"恰"韵亦相近。"恰"在"家麻","可"在"歌戈"。二韵主要元音亦相近,是"可""恰"音亦相近。故"可"可借作"却""恰"。故"可早"即"却早","可则"即"恰则","可似"即"恰似"(均见元曲)。这就是"可一""可二"。"可三"(再也)亦"却"义("可一")之引申。

训"满"之"可四"得义于"洽",亦因声为用。《说文》:"洽,沾也。"引申有"遍"义。《汉书·终军传》:"是泽南洽而威北畅也。"师古注:"洽,溥也。"《后汉书·杜林传》:"京师士大夫,咸推其博洽。"李贤注:"洽,遍也。"《慧琳音义》卷二二引《小雅》曰:"洽,充备也。"又卷四八引《三苍》曰:"洽,遍澈也。""遍""溥""充备"与"满"义亦相成。先师在贻先生《杜诗札记》训"恰恰"为"频繁",认为"恰恰"得声义于"戢戢","戢戢"有"密集"之义。按,"密集"与"满、遍"之义亦相成。这就是"可四"。按,现代方言"可"仍有"满"义,项楚先生曾撰文论及。① 除项楚先生文章所举例证外,北方话"可"训"满"的例证有周立波《暴风骤雨》一十:"你小二子把二八匣子插在靴靿里,可屯都知

---

① 项楚:《变文字义零拾》,《中华文史论丛》,1984年第2期。

道,你敢说没有?"北京话:"他还是把一肚子话可桶儿的都倒出来。"辽宁话:"可院子都是水。"洛阳话:"可村的人都出来看热闹哩。"文水话:"可沟只剩下他一个人。"[①]

"可八"训"岂",当是"岂"字的假借。"可""岂"双声,故可借用。元曲中"可塔"可写作"乞答","可喜"可写作"忔戏","可丕丕"可写作"吃(音 qǐ)丕丕","乞""忔""吃"皆与"岂"音近,《中原音韵》同属"齐微",声母或相同、或相近,"可"可借为"乞""忔""吃",自可借为"岂"。

我们将"可"的词义系统图示如下:

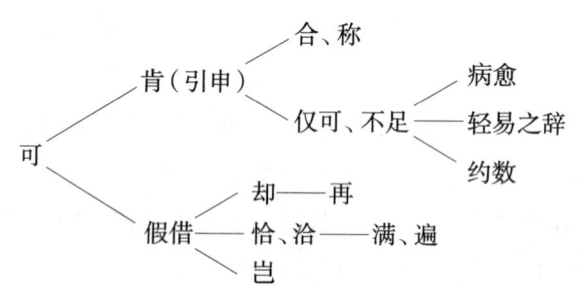

```
                  ┌ 合、称
         ┌ 肯(引申)┤           ┌ 病愈
         │        └ 仅可、不足 ┼ 轻易之辞
可 ┤                           └ 约数
         │        ┌ 却——再
         └ 假借 ┼ 恰、洽——满、遍
                  └ 岂
```

饶 张书分5条,12义:

饶一 犹让也。

饶二 犹恕也,怜也。

饶三 犹添也,连也,不足而求增益也,即今所云讨饶头之饶。

饶四 犹娇也,妖也,为佳美之义。

饶五 犹任也,尽也,假定之辞,凡文笔作开合之势者,往往用饶字曲笔以垫起之。

按,《说文》:"饶,饱也。"饱则多,故《尔雅·释诂》:"饶,多也。"使之多,则为添("饶三")。以己物添于人,则为让——"饶一",《贾子·道术》云:"厚人自薄谓之让。""让"有"逊、减"之义,饶亦含"逊、减"之义。李白《上皇西巡南京歌》:"柳色未饶秦地绿,花光不减上阳红。""饶""减"相对,"饶"亦"减"也,"逊也"。"让"则必恕之、怜之,故引申有"恕、怜"之义。即"饶二"。"让"如用作关联词,则是"任力、尽"的意思。这就是"饶五"。

至于"饶四",今写作"娆"。《说文》:"娆,苛也。"似非其义。朱骏声认为"娆"之娇

[①] 方言例证引自许宝华等《汉语方言大词典》,1173页,中华书局,1999年。

第四章　近代汉语词义研究

美义,盖得之于"孈"。《说文》:"孈,直好貌。"盖"饶""娆"皆"孈"之假借。

"饶"的词义系统图示如下:

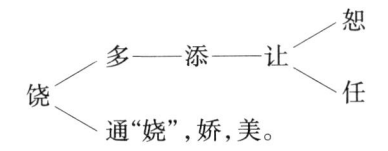

```
                    ┌恕
        多──添──让┤
饶 ┤              └任
    └通"娆",娇,美。
```

何处　王锳《诗词曲语辞例释》分为6条、12义:

何处一　等于说何时。

何处二　又等于说"何由","何以",或现代的"怎么""凭什么"。

何处三　又略同"何曾",也即不曾的意思,用以否定其后的事实或状况。

何处四　又相当于"何为""何以",或现代的"为什么",用于询问原因。

何处五　又犹如"何物""何如",略同现代的疑问代词"什么""哪个""哪样",多作定语,偶亦作主宾语。

何处六　又略同"何必",意在否定其后动作、状态的必要性,实即"不必"的意思。

何处七　又犹"何在"。

实际上"何处"的意义并没有这样复杂。由于时空关系的引申,故"处"有"时"义,此"何处一"得义之由。"何处三"亦可按"何处一"之义理解,不必释为"何曾";"何处三"所以别于"何处一"者,"何处一"为正面提问,"何处三"系反问而已。王书所引"唯当重意气,何处有骄奢"即"何时有骄奢",唯用于反问句,故隐含"不曾"之义,非"何处"当释为"不曾"也。他如"虚名何处有""负薪何处逢知己""钟山何处有龙盘""何处见遗灵""走遍京华何处见"诸句,皆可如此理解。至于"何处有炎曦""万乘旌旗何处在?""许多时富贵,何处关身?""虎踞龙蟠何处是?"诸句,直按原意"什么地方"理解即可,唯施于反问句而已,更不必释为"何曾"。

"何处七"亦不必释为"何在"。"往日繁华何处""朱颜何处""阳台望极人何处"诸句的"何处"就是"什么地方"的意思,文言文中疑问词结构做谓语,可以不用"在"字。王氏欲字字坐实,释"何处"为"何在",泥矣!

"何处二""何处四""何处五"之"处"系音节助词,不起表义作用。其"何由、何为、何如"之义,皆"何"字所具有,并非与"处"字连用的结果。"何"用作定语、主语和宾语,就是"谁、什么"的意思。《论语》"非诸侯而何","何"亦训谁,可证。王书中"何处最先知"即"谁最先知","何处村"就是"什么村","何处人"就是"什么人","何处船"就是"什么船"。这就是"何处五"。"何"用作状语以询问原因,就是"何以""何为",即今"为什么"的意思。《助字辨略》云:"此何字,犹云何以。"王书"何处为此曲""何处听不足"诸句的"何处"即"何",就是"为什么"。此即"何处四"。"何"用作状语以询问方式、手段,则是"怎么办""凭什么"的意思。王书"何处得迁乔""何处梦阳台""总有春来何处知"诸例之"何处"即"何",作"怎么"解,"处"字不为义。这就是"何处二"。

唯有"何处七"训"何必",目前尚难以说明,不能纳入这个词义系统。但王书所举仅三例,而且两例有异文:"必"和"足"。此义能否成立,尚有待证明。

如此,"何处"诸义的线索就比较清楚了。无须设为多义而文意自可涣然。

下面是"何处"的词义系统图:

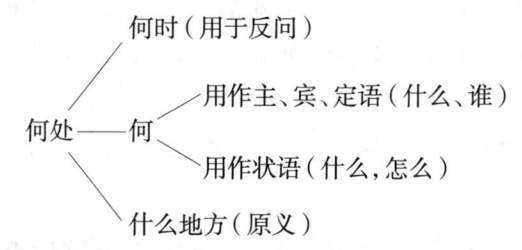

```
                   ┌─ 何时(用于反问)
                   │
                   │─ 用作主、宾、定语(什么、谁)
何处 ── 何 ─┤
                   │─ 用作状语(什么,怎么)
                   │
                   └─ 什么地方(原义)
```

动　王锳《诗词曲语辞例释》书分为3条、7义:

动一　常常、每每、往往,副词。

动二　即、便、就,仍为副词,但主要在一先一后的两个动作间起承上启下的作用,并不强调动作的频率,与"动一"有一定的差别。

动三　与"多"通,"动"与"多"一声之转。

按,"动"与"多"虽然声纽相近,而韵母相隔甚远。就《广韵》而论,"多"在平声"歌"韵,"动"在上声"董"韵。依《中原音韵》,则"多"在"歌戈"韵平声,"动"在"东钟"韵去声。说是一声之转,音理根据不足。王书并未举出其他"多""动"相通的例证以为佐证。故王说未允。今谓"动"字7义,实一义在不同语言环境的应用,并无本质区别。刘淇《助词辨略》说:"凡云动者,即兼动辄之义,乃省文也。动,举动也,辄,即也,言每举动即如此也。"并引《汉书·食货志》"又动欲慕古,不度时宜",《世说》"简文为相,事动经年,然后得过",李义山诗"殷勤动即来"诸例为证。按,刘氏对句意的理解是对的,但说是"动辄"的省文,则未允。"动"用作状语,含"动辄"之义,就是"一动就""动不动就"的意思。"辄"字之义是通过句法表示的,如果"动"后有"即"字,则"辄"义无须补出。并不是"动"字本身有"辄"义,更不是"动辄"的省文。"动"如用于表事物出现的频率,"一动就"自然有"每、常"之义。如径释为"每、常",则应说明词义的引申线索,以便理解。"动如参与商"即"一动就如参与商","动作经年别"即"一动就作经年别"。至于"一饮动连宵,一醉长三日",因上文出现了数词"一",下文又与"长"相对成文,则可径释为"每"。"动"如用于表事物的先后关系,"一动就"的意义偏重于"就",亦"一动就"之引申。至于动三(训"多"者)诸例皆可分隶于动一、动二之下,不必分立。"胡人高鼻动成群""丈夫垂名动万年",言"每成群""每万年"也。"采柏动盈掬""交柯乱叶动无数"亦可如此理解。"动是愁端"即"一动就是愁端";"动是经年,少是半载,恰第一夜",少,至少也。言"一动就是经年","至少也是半载"。并不是"动"通"多",而与"少"对文。"兵戈动接联"(王引作"连",今据原文正),言"每接联"也。言"每",言"常"则"多"义自含其中,故"动"字下皆属以"成群""万年""盈""无数"等表多数之词,非"动"与"多"通用也。

"动"的词义系统可图示如下:

$$\text{动} \longrightarrow \text{一动就} \begin{cases} \text{每、常(多)} \\ \text{即、就} \end{cases}$$

偏　王锳《诗词曲语辞例释》列4条、9义:

偏一　相当于文言的"甚""颇",白话的"最""很",表程度的副词。

偏二　正,恰,表时间的副词。

偏三　只,独,单单,表范围的副词。

偏四　多,深。形容词。

按,"偏"字诸义,系一义之引申、繁衍。《说文》:"偏,颇也。"偏于一边,就原标准来说就是过分。故引申有"甚"义。"偏"训"甚","颇"亦可训"甚"。"偏""颇"本义相同,故引申之义亦可相同。以此义作状语,就是"甚、很、非常",以此义作谓语或补语,就是"多、深"。即"偏一"和"偏四"。偏于一边,则离众,离众则独,故"偏"有"只、独、单单"之义。即偏三。"偏"之训"正、恰",实则是现代的"偏偏"的意思,唯单用、复用有异而已。"高思闲偏极",谓"闲尚可,偏偏又极"。"正是扬帆时,偏逢江上客",言"偏偏逢到江上客"。皆不期然而然之辞,王书此义下的例证皆可如此理解。

```
        ┌─ 甚 ── 多
  偏 ──┼─ 独
        └─ 偏偏
```

寻趁 龙潜庵《宋元语言词典》分为 5 个义项。

① 寻找、寻觅。

② 打交道。

③ 亲近、追逐。

④ 寻找活路。

⑤ 纠缠。

义项间纠纷混杂,全无统系。但只要稍加整理,则其意义系统灼然分明。"寻趁"由"寻"与"趁"两个词素并列而成,两个词素都起表义作用。《说文》:"寻,绎理也。"绎理必随事物之伦理,故"寻"有"随、逐"之义。趁,《慧琳音义》卷五六引南朝何承天《纂文》云:"关西以逐物为趁。"《广雅·释诂》一:"跈,履也。"即"趁"。"履"犹"迹"。迹人之迹,即为追,是"迹"有"追"义。同理,"履"也有"追"义。"趁"之追逐义即由"履"引申。《广韵》"狝"韵:"趁,践也。亦作碾。尼展切。"据此音,则"趁"即明代蜀语之"碾",今方言之"撵"。"追逐"必随,故"趁"引申有"随、寻找"之义。参王锳《诗词曲语辞例释》。当"趁"为"寻"义时,"寻趁"是"寻找、寻觅"的意思,即"寻趁一"。"寻找活路"是"寻找"的特殊用法,并未分出新的义项。当"寻"为"追逐"义时,"寻趁"有"追逐"义。"追逐"用于表示人际交往,就是"周旋"(龙氏释为"打交道",太实,不如释为"周旋"来得含糊、空灵)。"周旋"过分,就是"纠缠"。

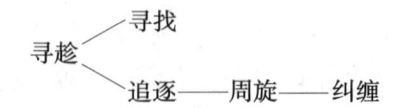

```
          ┌─ 寻找
  寻趁 ──┤
          └─ 追逐 ── 周旋 ── 纠缠
```

作 《汉语大词典》列有 28 个义项:

1. 兴起;发生。	2. 起来;起身。	3. 借指死而复活。	4. 振作;激发。
5. 发出音响;演奏。	6. 始。	7. 引申为本原、根本。	8. 兴建;建造。
9. 谓工程。	10. 创制;设立。	11. 制造。	12. 撰述;撰写。
13. 为写,书写。	14. 作品;文章。	15. 特指举行节庆等活动。	16. 耕作。
17. 指耕作所得的成果。	18. 做工。	19. 引申为活动,进行。	20. 委派;役使。

21.引申为使得,使。 22.为;充当;担任某种职务。23.当做;算是。24.装;做作。
25.变;改变。 26.似;如。 27.通"斮"。去除;削除。28.姓。

按,通假义和姓氏不在词义系统内,可不考虑。但"作"下立这么多义项,值得再研究。我们认为,如果从"作"的核心义出发来考察各义项,就不会有这么复杂。《说文》:"作,起也。"《说文》通过字形分析来考察词的本义,很多情况下本义与核心义一致,有时候则不一致。语言的词产生在字以前,词的意义系统的形成,很多也在文字产生之前,故其核心义大多在文字产生前就已形成。核心义与字的本义出现不一致的情况,完全可能。《说文》释"作"为"起",从文献资料来看,"起"是它的本义,也是它的核心义。《诗经·秦风·无衣》传:"作,起也。"《尔雅·释言》《谷梁传》:"作,为也。"《诗经·鲁颂·駉》传:"作,始也。"《周颂·天作》传:"作,生也。"段玉裁注引诸说后说:"其义别而略同。别者所因之文不同,同者其字义一也。"也就是说,诸"作"字虽然有不同的意义,但都是随文释义的结果,其本义和核心义则是相同的,都是"起"义的生发。

《说文》:"起,能立也。""起"可分两类:一是"有"的基础上的"起",一是"无"的基础上的"起"。无论是"有"的"起"还是"无"的"起",都是一种变化,故有"改变"义,这就是义25。要让事物变化,就得有所作为,故引申有"为"的意思,段玉裁"为"字下注:"凡有所变化曰。""作为"就要进行活动,故引申有"进行、活动"的意思,这就是义19。庆祝本身是一种活动,是一种作为,是对平常生活的一种改变,故引申有"举行节庆等活动"的意思,这就是义15。担任某种职务也是一种变化,故有"充当"义,这就是义22。无论担任什么职务都是上级任命的,就任命方来说就是"委派、役使",故引申有"委派、役使"义,即义20。这种"役使"义进一步虚化,扩大使用范围,就是一般的"使令",故"作"有"使"义,即义21。如果"充当"是一种心理活动,就是"当做、算是",即义23。"当做"进一步引申,就是"似、如",即义26。如果"作为"是为了某种目的故意做出的,则为"装、做作",即义24。"制造、兴建"也是一种变化,是"为"的具体实施,故"作"有"制造、兴建"之义,这就是义11、义8。"做工、耕作"是"为"义用于工、农业时的意义,是为义18、义16。用来表示这些动作的结果,就有"工程、耕作所得"义,这就是义9、义17。

从"有"的角度说,如果"起"的是人,则为"站起、起来",这就是义项2。人死必在床,在地,若死而复生,其显著标志就是能站立,故死而复生也叫"起",这就是义项 3。但是这是"站立、起立"义在不同语境的使用,无需另立一义。如果"起"的是物,则为"兴起、发生"义,这就是义 1,如果"起"的速度很快、力度很大,则为"振作、激发",这就是义 4。

从"无"的角度说,"起"是"无"变成"有",是事物的"开始",事物的"根本",故有"始、根本"之义,这就是义 6、义 7。弹奏歌曲是"无"变为"有",书写、写作也是从"无"变为"有",故引申有"发出音响、演奏""撰述、撰写""写、书写"等义,即义 5、义 12、义 13。用来表示动作的结果,就是"文章、作品",即义 14。设立制度也是"无"变为"有",故有"创制、设立"义,即义 10。

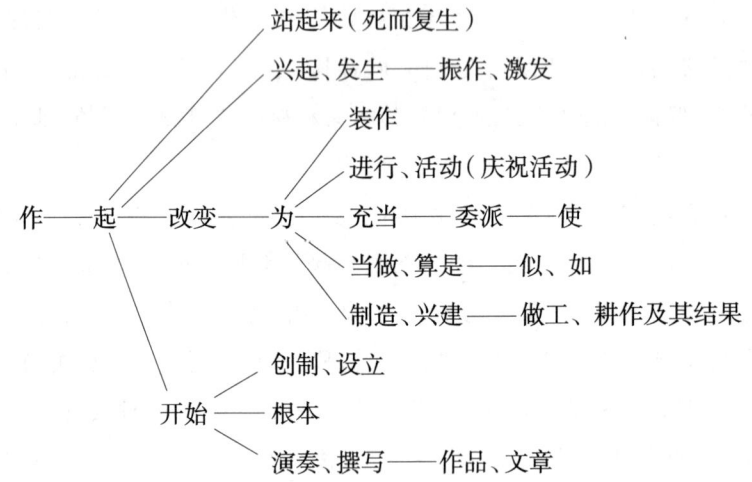

```
                        站起来(死而复生)
                        兴起、发生——振作、激发
                        装作
                        进行、活动(庆祝活动)
作——起——改变——为——充当——委派——使
                        当做、算是——似、如
                        制造、兴建——做工、耕作及其结果
              创制、设立
         开始——根本
              演奏、撰写——作品、文章
```

研究多义词的词义系统,对语义学、辞典编纂学、注释学(即广义的训诂学)、语源学都有极其重要的意义。如果我们将每一个多义词的词义系统都很科学地加以说明,则我们的语义学研究将会达到一个新的水平。如果将词义系统的研究成果运用于词典编纂,我们的辞典将不会像现在这样义项纷纭,无所统系,同时释义将会更加准确,义项的确定将会更加精当。张、王、龙氏所撰三书之所以出现某些失误,就是没有很好地把握词的意义系统。

"注释学"研究的是怎样运用辞典中所列词义以解释文献中的疑难。辞典中众义胪列,选此而不选彼,与注释者的学识密切相关。注释者的学识主要指对词义系统的理解和掌握程度。如《坛经校释》五三:"真如净性是真佛,邪见三毒是真魔,邪见之人魔在舍,正见之人佛则过。"郭朋校释云:惠昕等三本均作"正见之人佛在堂",较通。"佛则过",很不通。今谓郭校误。过,至也。《吕氏春秋·异宝》:"五员过于吴,使人求之江上。"高诱注:"过犹至也。"《汉书·贾逵传》:"一岁中以往来过它客,率不过再过。"师古注:"率计一岁之中,每不过再过至也。""过至"连文,"过"亦"至"。过,本是"经过",经过则必至,故引申有"至"义。"正见之人佛则过",言正见之人佛则至也。于义甚通。郭朋先生不明"过"字的词义系统,认为此句不通,当以别本"佛在堂"为正。殊不知此偈"魔""过"相韵,"堂"则不韵矣。原文不误。此不明词的意义系统而产生的失误。

语源学研究实际上就是整理词的亲属系别。要做到这一点,首先得考察多义词内部各义项间的词义系统。单个词的语义系统不明,词族的语源研究就无法进行。前辈学者在研究汉语语源方面付出了辛勤的劳动,也取得了可观的成绩。但他们的研究都局限于上古汉语。中古以降,则无人问津。中古和近代汉语所出现的新词、新义,也有个语源问题,也亟需人研究、探讨。研究近代汉语多义词的词义系统,是研究近代汉语语源的首要工作,应该予以重视。

三、语词间意义关系研究

语词间意义关系指词与词之间的意义关系。这种关系大致可分两种:同义关系和反义关系。

(一) 同义关系

研究同义关系可研究同义关系的来源、形成、类别、演变、发展和作用。本文只讨论演变和发展。其他各项一般的词汇著作都有详细论述,此不赘。

同义词的演变分相同方向的演变和不同方向的演变。相同方向的演变训诂研究者称为"同步引申",也有人把这种情况称为"词义渗透"。我们认为,"词义渗透"是指本无此义的词由于受别的词的影响而产生影响者所具有的意义,从他们所举的例证来看,大多数的被影响者与影响者在某一点上有同义关系,所以应该称为"同步引申"。从词汇学的角度看,应该称为"同义词的同向演变"。不同方向的演变就是本来同义的词变成了非同义词,我们称之为"同义词的异向演变"。

1. 同义词词义的同向演变

语言中词义的变化不是孤立的。一个词意义的变化,会引起同一语义场中其他词的意义的变化,或对其他词的演变产生一定的影响。尤其是有些同义词,由于它们的基本意义相同,感情色彩相似,搭配关系也相近,它们就有可能走向同一条发展道路,即其中某个词的意义起了变化,与之同义的其他词也很有可能发生变化。王念孙《广雅疏证》云:"'有'与大义相近,故有谓之庬,亦谓之方,亦谓之荒,亦谓之幠,亦谓之虞,大谓之庬,亦谓之方,亦谓之荒,亦谓之幠,亦谓之吴,吴虞古同音。"不仅揭示了语词的音近义通,而且揭示了同义词的同步引申关系。只是没有正式提出这一名称而已。王氏《疏证》中以"×与××义近,故×谓之×,×亦谓之×"这种形式来讨论同义词变化的相互作用和演变方向,共数百处,是上古汉语同义词研究的宝贵材料。近代汉语里这种现象也不少见。如:

过　度　《说文》:"过,度也。""渡,济也。"朱骏声云:"子史皆以度为之。"《广雅·释诂》三:"渡,过也"。是"过、度"二字同义。由于"给东西于人"是"将对象由此及彼",与"过"基本义相近,故"过"有"给予"之义。《敦煌变文集·不知名变文(一)》:"娑婆国里且无贫,拾得金珠乱过与人。"《景德传灯录》卷六:"沩山把一枝木吹三两气过与师。"又卷九:"师过净瓶与仰山。"又卷十:"师作火头,一日闭却门烧满屋烟,叫云:救火救火。时大众俱到,师云:道得即开门,众皆无对。南泉将锁匙于于窗间过与师,师便开门。"又卷十七:"翠微曰:'与我将禅板来。'师遂过禅板,翠微接得便打!"此义常见于宋人作品,例繁不备引。《通雅》卷四九"谚原":"辰州人谓以物予人曰过。""过"有"给予"之义,与之同义的"度"也有"给予"义。较早的例证见于东晋。东晋帛尸梨蜜多罗译《佛说灌顶经》卷一:"佛语阿难,此大神典至尊至重,诸佛如来不妄宣说,度与人也。"又卷八:"若有信心欲受之者,师当一心如法度与。"刘宋僧伽跋摩译《萨婆多部毗尼摩得勒伽》卷四:"共住比丘,盗心取四方僧物度与余寺,寻便生悔。"陈真谛译《律二十二明了论》卷一:"若比丘身心平等,欲得所施饮食,行施人至比丘边,度与比丘非所遮。"萧齐僧伽跋陀罗译《善见律毗婆沙》卷十六:"若比丘病,沙弥若净人抱比丘行见果,比丘从净人乞,净人取果已,回手就身上,度与比丘,成受。"《奏弹刘整》:"苟奴仍随逡归宅,不见度钱。"唐阿地瞿多译《陀罗尼集经》卷七:"以草火略病人头上,窜过后更续拄火,度与呪师,呪师把取依前绕窜。"《敦煌变文集·庐山远公话》:"相公处分左右,取纸笔来度与,远公,接得纸笔,遂请香炉,登时度过,拜谢相公已了。"又《汉将王陵变》:"霸王闻语,拔太哥(阿)剑,度与陵母。"《朱子语类》卷一〇四:"是他那不说破处。他所以不说破,便是禅。所谓'鸳鸯绣出从君看,莫把金针度与人',他禅家自爱如此。"《五灯会元》卷二:"善财遂于地上拈一茎草,度与文殊。"又卷七:"潭点纸烛度与师。师拟接,潭复吹灭。"《元曲选·铁拐李》二折:"旧官行,揩勒些东西,新官行,过度些钱。""过度"连文,亦"给予"之义。

差 异 《说文》:"差,贰也,差不相值也。""异,分也。""分,别也。"二字本义并不相同。但就"分别"这一义项而言,则二字义近。《三国志·魏·赵俨传》:"遂宣言当差留新兵之温厚者千人镇守关中,其余悉遣东。便见主者,内诸营兵名籍,案累重,立差别之。"《陈书·刘师知传》:"若言公卿胥吏并服缞绖,此与梓宫部伍有何差别?""差别"即"分别",是"差"有"分"义。《礼记·王制》:"事为异别。""异别"即"差别"。是"异""差"二字同义。"异",分也。分则别,别则有不同,不同则异于常。故"异"引申有"怪"义。《左传·昭二十六年》:"然据有异焉。"贾注:"异,犹怪也。"《孟子》:"无异于百姓之以王为爱也。"注:"异,怪也。"皆其证。"异"有"怪"义,与之同义的"差"也有"怪"义。唐人皇甫枚《三水小牍》卷上"王知古为狐招婿":"保母忽惊叫仆地,色如死灰。既起,不顾而走入宅。遥闻大叱曰:夫人,差事!宿客乃张直方之徒也。"《敦煌变文集·妙法莲华经讲经文(一)》:"今朝采果来迟,只为逢于差事。"又《丑女缘起》:"公主全无窈窕,差事非常不小。"皆其证(云从师《敦煌变文字义通释》已发此训)。现代汉语"惊诧"之"诧",即"差"字此义的借用分别字。《玉篇》言部:"诧,夸也。"与"奇异"义了不相关。

差 较 "较"的基本意义是比较,比较则有差别,有差别就有好坏、多少之分,故"较"有"差、少"义。孙光宪《杨柳枝》:"骎骎(集作毵毵)金带谁堪比,还笑黄莺不较多。"李贞白《咏狗蚤》:"与虱都来不较多,擘挑筋斗太喽啰。"金代元好问《论诗绝句》:"无人说与天随子,春草输赢较几多。"较,用作动词,差也。皮日休《汴河怀古》:"若无水殿龙舟事,共禹论功不较多。"胡曾《金义岭》:"凿开山岭引湘波,上去昭回不较多。"较,用作动词,少也。"较"有"比较、略微"之义,"差"也有"比较、略微"之义。刘克庄《水龙吟·癸卯生日》:"要知甲子,陈抟差大,邵雍差小。"差,较也。"较"有"颇、更、甚"之义,"差"也有"颇、甚"之义。白居易《江楼夕望招客》:"能就江楼销暑否,比君茅舍较清凉。"较,更也。《秋雨中赠元九》:"莫怪独吟愁思苦,比君校近二毛年。"校,同"较",更也。张籍《送扬州判官》:"征南幕里多宾客,君独相知最校深。"最校连文,"校"亦"最"也。《胡山人归王屋有赠》:"君归与访移家处,若个峰头最较幽。"此"较"训"最、甚"之证。陆游《七月十一日见落叶》:"物理贵见微,勇退差为贵。"差,最也。叶绍翁《寓居》:"十年林下隐,差觉世缘轻。"差,颇也。方岳《水调歌头·寿吴尚书》:"眼中犹有公在,吾意亦差强。胸中甲兵百万,笔底天人三策,堪补舜衣裳。"差强,甚强也。此"差"训"颇、甚"之证。"较"有"愈"义,"差"亦有"愈"义,"差"字此义后来写作"瘥",我们只举"较"的例证。薛能《黄蜀葵》:"记得玉人初病起(一作'校'或'较',二字通),道家妆束厌禳时。"原本应做"校"或"较",由于不知"较"的"瘥愈"义,辑录者将它改作"起"。张籍《患眼》:"三年患眼今年[校](免),[免](校)与风光便隔生。"辑录者不知"校"的词义,遂改"校"为"免",误。又《闲游》:"病眼校来犹断酒,却嫌行处菊花多。"姚合《从军乐》:"眼疼长不校,肺病且还无。"皮日休《初冬偶作》:"酒病校来无一事,鹤亡松老似经年。"贯休《秋寄栖一》:"眼中疮校未,般若偈持无(公时有眼疮,因为之念《多心经》)。"李郢《友人春暮寄枳花茶》:"相如病渴今全校,不羡生台白颈鸦。"杨万里《久病小愈,雨中端午试笔》:"病较欣逢五五辰,宫衣忽忆拜天恩。""较"皆训"愈",是其证。"较"(校)之训"愈",源于它的"少"义,病少了,当然也就是病愈。本师蒋礼鸿教授《敦煌变文字义通释》(文集本)有详细的论证,可参阅。

解　能　《说文》:"解,判也。从刀判牛角。""解牛"须有技术,否则会"岁更刀","月更刀",会生"割"硬"折"。故"解"引申有"技能"的意思。武术中套数称"解",以"拆解"得名,也含有"技能"的意思。故"解""能"同义。柳宗元《寄京兆孟客》书:"力薄才劣,无异能解。"《敦煌变文集·丑女缘起》:"惭耻这身无得解,大王宠念赴(副)乾坤。"又《维摩诘经讲经文(四)》:"无瑕玼似童子一般,有行解与维摩无量(两)。""解"皆是"才能"的意思。"能"由"技能、能力"虚化,变为能愿动词,"解"也可虚化为能愿动词。杜甫《洗兵马》:"隐士休歌《紫芝曲》,词人解撰《河清颂》。"《敦煌变文集·故圆鉴大师二十四孝押座文》:"犬解报恩能驱草,马能知主解垂缰。"又《长兴四年中兴殿应圣节讲经文》:"慈怜解惜邦家本,雨露能滋草木根。"柳永《木兰花》:"解教天上念奴羞,不怕掌中飞燕妒。"诸"解"字皆是能愿动词。

第四章 近代汉语词义研究

庄　严　二字上古同义。故史书中凡避"庄"字讳者,概以"严"代之。是严即庄也。由于"庄"常借为"妆",故"严"亦有"妆"义。《上林赋》:"靓庄刻饰,便嬛绰约。"《后汉书》永平元年"如元会仪"注:"具盥水,陈庄具。"《南史·宋·潘淑妃传》:"帝好乘羊车经诸房,淑妃每庄饰褰帷以候,并密令左右以咸水洒地。"诸"庄"皆通"妆",当训为"饰"。"庄"有饰义,因为避讳而与之同义的"严"也有"饰"义,二者走向同样的引申道路。《后汉书·清河孝王庆传》:"每朝谒陵庙,常分严装,衣冠待明。"晋干宝《搜神记》卷九:"将朝会之夜,精爽扰动,通夕不寐,严毕趋出,犬衔其衣。"《敦煌变文集·维摩诘经讲经文(一)》:"顶戴珠珍,身严玉佩。"又:"你且身严璎珞,光明而似月舒空,顶覆金冠,清净而如莲映水。"又《三身押座文》:"十法行中行一行,六千功德用严身。"诸"严"字皆当训"妆"。有人认为"严"训"妆",系避东汉明帝讳所致。然"严"之训"妆",延及到近代汉语,恐非简单的避讳所能解释。可能的解释是,首先是避讳,将"妆"说成"严",后来成了习惯,故一直延续到近代汉语[①]。

解　放　"解""放"二字同义。《管子·五辅》:"是故上必宽裕而有解舍。"尹知章注:"解,放也。"近代汉语里,由于委婉,"放"有"屙(屎/尿)"之义。《五灯会元》卷三:"公见鸟雀于佛头上放粪,……公曰:'为甚么向佛头上放粪?'师曰:'是伊为甚么不向鹞子头上放?'"又卷四"乌石灵观禅师":"师曰:'好片地被兄放不净污了也。'""不净"指屎或尿。又卷七"玄沙师备禅师":"雪峰山橡子拾食,来这里雀儿放粪。"诸例中"放"皆当释为"屙"。"放"有此义,"解"亦具此义。宋元时恒言"解手",《京本通俗小说·错斩崔宁》:"叙了些寒温,魏生起身去解手。"《清平山堂话本·戒指儿记》:"小僧前日腹坏,至今未好,借解(指厕所)一解。"《喻世明言》卷二二:"贾涉见他说话凑巧,便诈推解手。"后世又作"解溲",清褚人获《隋唐演义》十五回:"平常起来解溲,媳妇同两个丫头,搀半日还搀不起来。"清夏仁虎《旧京琐记》卷十:"其时各园于中轴前必有昆剧一出,而听曲者每厌闻之,于时相率起而解溲,至讥之为车前子,言其利小水也。"民国《小奢摩馆脞录》:"其地无时不有解溲屈躬者,间有峨冠博带,荆钗布裙,裸体杂处,肉膊相逼,光天化日之中,毫不为怪。"

偏　颇　《说文》:"颇,头偏也。"引申为一切之偏。是"偏""颇"二字同义。"颇"

[①] 参汪维辉《释"严妆"》,《辞书研究》,1991年第1期。

有"很、甚"之义，"偏"亦有"很、甚"之义。严武《巴岭答杜二见忆》："可但步兵偏爱酒，也知光武最能诗。"刘长卿《送李穆归淮南》："淮水问君来早晚，老人偏畏过芳菲。"白居易《冬至夜》："三峡南宾身最远，一年冬至夜偏长。"杨万里《晴后再雪》："八盘岭上云偏清，万斛琼尘作一倾。"《元曲选·留鞋记》一折："你道我年纪小，喜事迟，我则怕镜中人老偏容易。"诸"偏"字皆当训"最、甚"。

损　减　《说文》："损，减也。""减，损也。"二字同义。《墨子·七患》："岁馑，则仕者大夫以下皆损禄五分之一。"《左传·僖公十四年》："无损于怨，而厚于寇，不如勿与。"又《襄公三十一年》："我闻忠善以损怨，不闻作威以防怨。"《史记·秦始皇本纪》："始皇帝幸梁山宫，从山上见丞相车骑众，弗善也。中人或告丞相，丞相后损车骑。"晋陆机《辨亡论》下："屏气局蹐，以伺子明之疾；分滋损甘，以育凌统之孤。"《世说新语·言语》："年在桑榆，自然至此，正赖丝竹陶写。恒恐儿辈觉，损欣乐之趣。"唐李峤《晚秋喜雨·序》："天子虑深求瘼，念在责躬，避寝损膳。"晁端礼《木兰花》："料恨月愁花，多应瘦损，风柳腰肢。"诸例的"损"皆为"减少"的意思。由于"减""损"同义，故二字可连用。后秦佛陀耶舍共竺佛念译《长阿含经》卷一："增益诸天众，减损阿须伦。"由于病痛的好转和痊愈也是原来基础上的减少，故"损""减"都有"疾病好转或痊愈"的意义。

他如"算""数""筹""策"之有"计谋"义皆属此类。

2. 同义词词义的异向演变

异向演变就是本来同义的词由于演变方向的差异变成了不同义。由于词义的发展、人们认识的变化和语用等原因，上古是同义词的到中古变成了非同义词，中古是同义词的到近代变成了非同义词。

俶　落　始　《尔雅·释诂》："俶、落，始也。"《说文》："俶，善也。一曰始也。"《诗经·大雅·大田》："俶载南亩，播厥百谷。"《正义》："俶，音尺叔反，始也。"朱熹《诗集传》："取其利耜而始事于南亩，既耕而播之。"《书·胤征》："惟时羲和，颠覆厥德。沈乱于酒，畔官离次。俶扰天纪，遐弃厥司。"孔传："俶，始；扰，乱。"后代文人多有沿用，《宋书·符瑞志》下："黛耒俶载，高廪已积。"又《颜峻传》："及时移俗易，则通变适用，是以周、汉俶迁，随世轻重。"《魏书·李平传》："嵩京创构，洛邑俶营，虽年跨十稔，根基未就。"《周书·武帝纪》下："伪主高纬，放命燕齐，怠慢典刑，俶扰天纪。"

《诗经·颂·访落》："访予落止，率时昭考。"毛传："访，谋。落，始。"《逸周书·文酢》:"伐道咸布,物无不落。落物取配,维有永究。"孔晁注:"落,始也。"《楚辞·离骚》:"朝饮木兰之坠露兮,夕餐秋菊之落英。"游国恩《纂义》引孙奕曰:"宫室始成而祭则曰落成,故菊英始生亦曰落英。"冀骋按,朝、夕是反对,木兰是春天之物,秋菊是秋天之物,也是反对,则坠与落也有可能是反对。坠为落,而落则为始。此外,落下之花可以葬,不可以吃,可吃者为未落下之花。所以,我们支持训"落英"为"始英"。晋潘岳《皇女诔》:"落英凋矣,从风飘飏。"既然言"凋",则前面的"落英"就不是落下的花。本文名《皇女诔》,则"落英"代指皇女未死之时,"凋"指她死。谢灵运《初去郡诗》:"憩石挹飞泉,攀林搴落英。""搴"是摘采的意思,需要摘采,就不是落下的花而是初开之花。但是这种情况不多见,在六朝诗歌中,大多数的"落英"指落下的花。看来口语中"落"不再与"始"同义了。

也有"俶""落"连文表示"开始"义的,但这是熟读《尔雅》的文人写的东西,不是口语的反映。唐崔明允《庆唐观金箓斋颂》:"惟初授命,载告休征,权舆灵迹,俶落祠宇,昭彰于国史。"唐无名氏《濮阳令于孝显碑》:"皇图俶落,帝典权舆。"很明显,是文人们直接引用《尔雅》所致。

后世人们并不都知道"俶"有"始"义,在使用"俶+动词"结构时,将"俶×"作为一个词来使用,"×"由动词变成一个动词语素了。如"俶建"就是"建造","俶"已没有"始"义了。唐许登《润州福兴寺碑》:"福兴寺,梁大同二年之俶建也。""俶建"指建成,并不指始建。清陈康祺《燕下乡脞录》卷一:"当洪基俶建之初,已赫然有抚中国、子万民气象也。"后文有"初"字,则"俶"不作"始"解甚明。又如"俶扰",本是"开始扰乱"的意思,后世作文者由于不知"俶"的"始"义,遂将"俶扰"用如"扰乱"之"扰"。下面是《汉语大词典》的有关例证:

唐颜真卿《祭伯父豪州刺史文》:"日者,羯胡禄山俶扰河洛,生灵涂炭。"唐独孤及《奉和李大夫同吕评事太行苦热行兼寄院中诸公》:"赵魏方俶扰,安危俟明哲。"宋罗大经《鹤林玉露》乙编卷五:"福州启运宫,在开元寺,有七祖御容塑像,乃西京陵寝之旧。南渡之初,迎奉于此。时金兵俶扰,仓忙间,载以篮舆七乘。"明宋濂《宣慰曾侯嘉政记》:"自中原俶扰蔓延大江之东,兵连不解,殆将十稔。"清魏源《圣武记》卷五:"盖自第五世达赖卒后三十余年,两立假刺麻,西陲俶扰至是始定焉。"章炳麟《訄书·别录甲》:"吴三桂弑末帝于云南,谦益复和《秋兴》诗以告哀。凡前后所和几百章,编次为《投笔集》,其悲中夏之沈沦,与犬羊之俶扰,未尝不有余哀也。"李大钊《日本帝国主义最近进攻中国的方策》:"日人之宣传目的,即在掩饰其乘中国俶扰,不欲实行华府会议决议之意。"

近代以来,口语中未见"俶""落""始"用作同义词的例证。

传　遽　《说文》:"传,遽也。""遽,传也。"《尔雅·释言》:"驲、遽,传也。"孙炎曰:"传车,驿马也。""传""遽"皆古代驿车,二者为同义关系。《周礼·秋官》:"行夫,掌邦国传遽之小事,媺恶而无礼者。"《左传·成公五年》:"梁山崩,晋侯以传召伯宗。"《孟子·滕文公下》:"后车数十乘,从者数百人,以传食于诸侯,不以泰乎?"《国语·晋语》五:"梁山崩,以传召伯宗,遇大车当道而覆,立而辟之,曰:'避传。'对曰:'传为速也,若俟吾避,则加迟矣,不如捷而行。'"《汉书·高帝纪》:"横惧,乘传诣雒阳,未至三十里,自杀。"又《文帝纪》:"乃令宋昌骖乘,张武等六人乘六乘传,诣长安,至高陵止,而使宋昌先之长安观变。"按,六乘传,指六匹马拉的传车。又《食货志》:"使仅、咸阳(冀骋按:仅、咸阳为人名)乘传举行天下盐、铁,作官府,除故盐、铁家富者为吏。"又:"乘传求利,交错天下。"以上是用"传"的例证。《左传·僖公三十三年》:"且使遽告于郑。"又《昭公二年》:"子产在鄙,闻之,惧弗及,乘遽而至。"又《哀公二十一年》:"君辱举玉趾,以在寡君之军,群臣将传遽以告寡君。"《礼记·玉藻》:"公子曰臣孽,士曰传遽之臣,于大夫曰外私。"则传遽二字同义连文。《国语·吴语》:"吴、晋争长未成,边遽乃至,以越乱告。"《管子·匡君大匡》:"凡仕者近宫,不仕与耕者近门,工贾近市,三十里置遽委焉,有司职之。"《墨子·非攻下》:"出自有遽,始邦于越,唐叔与吕尚邦齐晋。"《韩非子·爱臣》:"不载奇兵,非传非遽,载奇兵革,罪死不赦。此明君之所以备不虞者也。"以上是用"遽"的例证。

由于语源和构字要素的不同,导致二字的发展方向不同,故二者成为非同义词。传,转也。《释名·释宫室》:"传,传也。人所止息,而去后人复来,转转相传,无常主也。"虽然刘熙以"传"释"传",是同字相训,但"转转相传"四字,已说明"传"得声义于"转"。而"转"的作用就是"传递",刘氏以"传递"之"传"释"驿车"之"传",因为这类车马用于急速传递,故叫作"传"。字从"人",偏重于用人传递。如果"传车"之"传"是其本义的话(依段玉裁说),则"传递、传播、传注"是其引申义,这些引申义的产生是以人为基础的,"传递""传播""传注"离不开人,字形结构从"人"决定了它的发展可能性和发展方向。"遽"的语源不明,但字从"辵",取义于行走。《说文》:"辵,乍行乍止也。"《广雅》:"辵,奔也。"故"遽"字的构形取义于走得快。故其引申为"急遽、急疾"。朱骏声《说文通训定声》"传"下云:"以车曰传,亦曰驲;以马曰遽,一曰驿。皆所以达急速之事。"同为"达急速之事","遽"引申有"急速"之义,而"传"没有这种引申义,与二字的语源有关,也与字的构形要素有关;语源决定构形要素,构形要素也在一定程度上影响词的发展可能性和发展方向。

愉 豫　《尔雅·释诂》:"愉、豫,乐也。"在"快乐"这一义项上二词同义。《说文》:"愉,薄也。"段玉裁注:"'薄'本训林薄、蚕薄,而假为浅泊字。'泊'水部作洦。凡言厚薄皆冹洦之假借字。此'薄也'当作'薄乐也',转写夺乐字,谓浅薄之乐也。引申之,凡薄皆云愉。《唐风》:'他人是愉。'传曰:'愉,乐也。'《礼记》曰:'有和气者,必有愉色。'此愉之本义也。毛不言薄者,重乐不重薄也。《鹿鸣》:'视民不恌。'传曰:'恌,愉也。'许书人部作佻,愉也。《周礼》:'以俗教安,则民不愉。'郑注:'愉谓朝不谋夕。'此引申之义也。浅人分别之,别制偷字,从人,训为偷薄,训为苟且,训为偷盗,绝非古字,许书所无。然自《山有枢》郑笺云:'愉读曰偷。偷,取也。'则不可谓其字不古矣。……《论语》曰:'私觌,愉愉如也。'《乡党篇》文。觌者,䙵之俗字。愉愉,《聘礼》作俞俞。《论语》郑注云:'愉愉,容色和也。'正薄乐之义。"按,《说文》释"愉"为"薄",但文献中大多数情况下用的是"和悦、快乐"的意义,而"薄"的意义,则认为是"偷"的假借。桂馥《说文义证》心部"愉"字下云:"经典借偷字。"《诗经·唐风·山有枢》:"他人是愉。"郑笺:"愉读曰偷。"《荀子·王霸》:"为之出死断亡而不愉者。"王先谦《集解》:"愉,读为偷。"《逸周书·官人》:"欲色姁然以愉。"朱右曾《集训校释》:"愉,读为偷,苟且求悦人也。"《汉繁阳令杨君碑》:"不愉禄求趋。"王念孙《读书杂志·史记第四·苏秦列传》引此文云:"愉与偷用。"皆其证。然则"愉"的本意如果真的是"薄"的话,则"愉"训苟且则不是其假借义而是它的本义了。从《说文》的列字来看,大多情况下是将意义相同或相近的字排在一起。"愉"字的前一字是"惔",《说文》释为"愉也",则"愉"的解释应该与"乐"的意义相近;今本《说文》释为"薄",与此列字原则不合,同时也不能用来解释"惔"。故段氏怀疑掉了"乐"字。并认为"薄乐"是"浅薄之乐"。然则"浅薄之乐"这种说法似乎也未见诸文献,不可尽信。"愉"字的后一字是"㦛"字,《说文》释为"轻易也"。"轻易"就是不重视、瞧不起,与"苟且"的意义也相近,故从列字次第我们也无法肯定"愉"的本义是"薄"还是"乐"，桂馥《义证》证明"愉"的"薄"义也头头是道。如果一定要照顾到"愉"的"快乐"义，则似乎可以解释为"薄也，一曰乐也"。但没有版本依据。《说文》原注如何，我们不能肯定；但有一点可以肯定，就是两汉以来，"愉"大多用于"快乐"义，而其"薄"义，则用"偷"表示。所以我们说，"愉"在"快乐""和悦"义上与"豫"同义。《庄子·在宥》："桀之治天下也，使天下瘁瘁焉人苦其性，是不愉也。"《礼记·祭义》："其立之也，敬以诎；其进之也，敬以愉。"郑玄注："愉，颜色和貌也。"《淮南子·本经训》："其心愉而不伪，其事素而不饰。"高诱注："愉，和也。"《史记·司马相如列传》："长眉连娟，微睇绵藐；色授魂与，心愉于侧。"又《酷吏列传》："当是之时，吏治若救火扬沸，非武健严酷，恶能胜其任而愉快乎！"又《田敬仲完世家》："攫之深，醳之愉者，政令也。"《汉书·礼乐志》二："高贤愉，乐民人。"又《韦贤传》："烝民以匮，我王以愉。"皆其证。

豫，《说文》："象之大者。"段玉裁注："此豫之本义，故其字从象也。引申之凡大皆称豫。故《淮南》《史记·循吏传》《魏都赋》皆云：'市不豫价。'《周礼·司市》注云：'防诳豫。'皆谓卖物者大其价以愚人也。大必宽裕，故先事而备谓之豫，宽裕之意也。宽大则乐。故《释诂》曰：'豫，乐也。'《易》郑注曰：'豫喜、豫说，乐之貌也。'亦借为舒字。如《洪范》：'豫，恒燠若。'即舒，恒燠若也。亦借为'与'字，如《仪礼》古文'与'作'豫'是也。……侍中说象豫虽大而不害于物。故宽大舒缓之义取此字。……俗作预。"

为什么"豫"有"悦乐"之义？段氏认为是"大"义之引申，但并非所有的"大"义都能引申出"悦乐"之义。《尔雅·释诂》第三条："弘、廓、宏、溥、介、纯、夏、幠、庬、坟、嘏、丕、奕、洪、诞、戎、骏、假、京、硕、濯、訏、宇、穹、壬、路、淫、甫、景、废、壮、冢、简、箌、昄、晊、将、业、席，大也。"没有一字可以引申出"悦乐"义。段氏似乎求之过深。朱骏声认为"豫"借为"忬""娱"。《说文》："忬，喜也。""娱，乐也。"故与"愉"成为同义词。《易·豫》："豫，利建侯行师。"陆德明《释文》引马注："豫，乐也。"《国语·晋语》二："我教兹暇豫事君。"韦昭注："豫，乐也。"《孟子·梁惠王下》："吾王不豫。"朱熹《集注》："豫，乐也。"《庄子·应帝王》："何问之不豫。"陆德明《释文》引简文云："豫，悦也。"《孟子·公孙丑下》："夫子若有不豫色然。"朱熹《集注》："豫，悦也。"《汉书·谷永传》："上帝不豫。"颜师古注："豫，悦也。"《文选》颜延之《秋胡诗》："春来无时豫。"张铣注："豫，悦也。"晋阮瞻《上巳会赋》："同欢情而悦豫，欣斯乐之恺慷。"张华《三月三日后园会》：

"禽鸟逸豫(一本作'翔逸'),桑麻滋荣。"潘岳《藉田赋》:"神祇攸歆,逸豫无期。"

唐宋以来,除文人作品和固定成语外,"豫"在口语中不再用作"悦乐"义,而"愉"则仍可用于"悦乐"义,二者不再同义。

把　持　《说文》:"把,握也。""持,握也。"二字古代同义。《墨子·非攻下》:"禹亲把天之瑞令。"《晏子春秋·内篇·谏上》:"晏子辞,不得命,受相退,把政,改月而君病悛。"又《内篇·谏下》:"然则后世孰将把齐国?"《楚辞·九歌·东皇太一》:"瑶席兮玉瑱,盍将把兮琼芳。"《战国策·秦策》四:"无把铫推耨之势,而有积粟之实。"《史记·殷本纪》:"汤自把钺以伐昆吾,遂伐桀。"又《周本纪》:"武王弟叔振铎奉陈常车,周公旦把大钺,毕公把小钺,以夹武王。"又《齐太公世家》:"师尚父左仗黄钺,右把白旄,以誓曰:'苍兕苍兕,总尔众庶,与尔舟楫,后至者斩。'"又《宋微子世家》:"微子乃持其祭器造于军门,肉袒面缚,左牵羊,右把茅,膝行而前以告。"又《刺客列传》:"臣左手把其袖,右手揕其匈,然则将军之仇报而燕见陵之愧除矣。"又《酷吏列传》:"择郡中豪敢任吏十余人,以为爪牙,皆把其阴重罪,而纵使督盗贼,快其意所欲得。"《汉书·五行志》上:"其于王事,出军行师,把旄杖钺,誓士众,抗威武,所以征畔逆、止暴乱也。"又《食货志》上:"(珠玉金银)其为物轻微易臧,在于把握,可以周海内而亡饥寒之患。"又《张敞传》:"敞皆召见责问,因贳其罪,把其宿负,令致诸偷以自赎。"又《王莽传》:"以太保甄邯为大将军,受钺高庙,领天下兵,左杖节,右把钺,屯城外。"《春秋繁露·五行顺逆》:"建立旗鼓,杖把旄钺,以诛贼残。"《说苑》卷一:"胫大于股者难以步,指大于臂者难以把,本小末大,不能相使也。"又卷十一:"臣愿把君之手,其可乎?"《论衡·龙虚篇》:"当蒈丘䜣之杀两蛟也,手把其尾,拽而出之至渊之外,雷电击之。"《世说新语·识鉴》:"王先把其手曰:事克,当相用为荆州。"又《赏誉》:"谢公道豫章:若遇七贤,必自把臂入林。"又《任诞》:"诸人门外迎之,把臂便下,裁得脱帻,着帽酣宴。半坐,乃觉未脱衰。"晋干宝《搜神记》卷一:"又赠诗一首,把臂告辞。"又卷四:"道中绎络,把火见城郭邑居。"

唐宋元明至今均有用例。唐鲍氏君徽《惜花吟》:"妆成罢吟(一作吟罢,又作曲罢)恣游后(一作乐),独把芳(一作花)枝归洞房。"张祜《长门怨》:"珠铅滴尽无心语,强把花枝冷笑看。"孟浩然《过故人庄》:"开筵面场圃,把酒话桑麻。"《敦煌变文集·维摩诘经讲经文(一)》:"忽尔昆仑把动摇,等闲沧海搇倾注。"宋蔡伸《点绛唇》:"夜来相对,把酒弹清泪。"晁补之《满庭芳》:"佳人怪,把盏为我,微敛眉山。"《元曲选·汉宫秋》一折:"我则怕乍蒙恩把不定心儿怕。"又《玉镜台》一折:"小姐与哥哥把盏。"《水浒传》二回:"教庄客一面把盏劝酒。"又四回:"刘太公把了下马杯。"清吴伟业《题庄楷庵小像》:"把卷无人意惘然,故乡云树梦魂边。"闻一多《五四运动的历史法则》:"让帝国主义一手把着枪炮,一手提着钱袋,站在背后保镖。"以上用作动词者。

《管子·山国轨》:"握以下者为柴楂,把以上者为室奉,三围以上,为棺椁之奉。"《孟子·告子下》:"拱把之桐、梓,人苟欲生之,皆知所以养之者。"《庄子·人间世》:"宋有荆氏者,宜楸柏桑,其拱把而上者,求狙猴之杙者斩之。"《国语·楚语下》:"郊禘不过茧栗,蒸尝不过把握。"《说苑》卷八:"鸿鹄高飞远翔,其所恃者六翮也,背上之毛,腹下之毳,无尺寸之数,去之满把,飞不能为之益卑;益之满把,飞不能为之益高。"此用作量词者。

《周礼·天官冢宰·女御》:"后之丧,持翣。"又《春官宗伯·巾车》:"及葬,执盖从车,持旌。"《左传·成公十六年》:"寡君乏使,使针御持矛,是以不得犒从者,使某摄饮。"《哀公二年》:"蒯聩不敢自佚,备持矛焉。"《谷梁传·定公四年》:"子胥父诛于楚也,挟弓持矢而干阖庐。"《国语·越语下》:"夫国家之事,有持盈,有持倾,有节事。"《战国策·秦策三》:"楚地持戟百万,白起率数万之师,以与楚战。"《管子·匡君大匡》:"持社稷宗庙者,不让事,不广闲。"《墨子·公输》:"然臣之弟子禽滑厘等三百人,已持臣守圉之器,在宋城上而待楚寇矣。"《史记·殷本纪》:"殷之大师、少师乃持其祭乐器奔周。"《汉书·高帝纪》:"秦民大喜,争持牛、羊、酒食献享军士。"《后汉书·光武纪》:"及莽败,李松持玺诣宛上更始。"《潜夫论·边议》:"羌始反时,计谋未善,党与未成,人众未合,兵器未备,或持竹木枝,或空手相附,草食散乱,未有都督,甚易破也。"《论衡·吉验篇》:"其父持杖入门以示人。"《世说新语·任诞》:"一手持蟹螯,一手持酒杯,拍浮酒池中,便足了一生。"

"把""持"的"握执"义一直用到现代,但其引申意义并不完全相同。由于语源的不同,二词的引申路径也不同。"把"是"以一手握持",而"持"则偏重于"久持"。《释名·释姿容》:"持,跱也。跱之于手中也。"故"把"引申有量词用法。《孟子·告子下》朱熹集注:"把,一手所握也。"还引申为"手握持之处"。《礼记·曲礼上》:"左手承弣。"郑注:"弣,把中。"陆德明《释文》:"把,手执处也。"《玄应音义》卷十二"弓把":

"把,谓弓可把之处也。"由于"持"偏重于"久持"(《诗·大雅·凫鹥序》:"能持盈守成。"孔颖达疏:"执而不释谓之持。"),无在乎一手持还是两手持,故"持"没有量词和"握持处"的引申用法,而有"坚守"的引申义。《左传·昭公十九年》:"楚不在诸侯矣,其仅自完也,以持其世而已。"杨伯峻注:"持,守也,保也。"《吕氏春秋·慎大》:"胜非其难者也,持之其难者也。"高诱注:"持,犹守。"因为"不释",故引申有"扶持、护持"义。《论语·季氏》:"危而不持,颠而不扶,则将焉用彼相矣。"《汉书·刘向传》:"上数欲用向为九卿,辄不为王氏居位者及丞相御史所持,故终不迁。"颜师古注:"持谓扶持佐助也。"还引申有"奉侍、侍候"义。《荀子·荣辱》:"父子相传,以持王公。"王念孙《读书杂志·荀子一》:"持,犹奉也。……《广雅》'奉,持也',是持与奉同义。"而"把"没有这些引申义。

"把"后来语法化为介词,表工具和处置。东晋竺昙无兰译《佛说见正经》卷一:"若有人把炬照之,令人观视,可得见不?"刘宋求那跋陀罗译《杂阿含经》卷四二:"婆罗豆婆遮婆罗门遥见世尊,作粗恶不善语,瞋骂呵责,把土坌佛。时有逆风,还吹其土,反自坌身。"姚秦竺佛念译《中阴经》卷一:"若有明智者,把土画舍利。"萧齐僧伽跋陀罗译《善见律毘婆沙》卷十五:"若把火烧手掷地不犯。"隋达磨笈多译《大方等大集经菩萨念佛三昧分》卷四:"如人把草塞恒河,尊者我谓不为难。"以上表工具。高齐那连提耶舍译《大悲经》卷三:"我把宝钱奉献彼佛,为求如是不可知智。……我把众宝奉献彼佛,为求如是无障碍智。"元魏瞿昙般若流支译《不必定入定入印经》卷一:"把碎荜茇著其眼中。"隋阇那崛多译《佛本行集经》卷十九:"汝今把我心中所爱如意圣夫,将何处去。"这是较早表处置的例证①。如果说这些例证的动词"奉献""著"还带有宾语或补语,可以看作连动式,那么唐代的例证则是典型的表处置,无法做别的解释。宋之问《温泉庄卧病寄杨七炯》:"惜无载酒人,徒把凉泉(一作潭)掬。"骆宾王《代女道士王灵妃赠道士李荣》:"不把丹心比玄石,惟将浊水况清尘。"韦庄《杂曲歌辞·古别离》:"更把马鞭云外指,断肠春色在江南。"和凝《杨柳枝》:"软碧摇烟似送人,映

---

① 太田辰夫《中国语历史文法》241页引《洛阳伽蓝记》"把米与鸡呼朱朱"作为"把"表处置的最早例证。我们认为"把米"是手拿着米,是动词。当今老人家喂鸡时是手拿着米,同时呼朱朱,而米慢慢从手中散出,以便将所有的鸡都聚集到一起,集中喂养。

花时把翠眉嚬。"顾况《萧郸草书歌》:"若把君书比仲将,不知谁在(一作上)凌云阁。"又《赠僧二首》其二:"更把浮荣喻生灭,世间无事不虚空。"王建《维扬冬末寄幕中二从事》:"那堪旅馆经残腊,只把空书寄故乡。"又《宫词》:"众中偏(一作爱)得君王笑(一作唤),偷把金箱笔砚开。"李璟《登楼赋》:"素姿好把芳姿掩,落势还同舞势斜。"以上表处置。

"持"中古时也有介词用法,表工具和处置,见于汉译佛经。吴支谦译《梵网六十二见经》卷一:"女人往来之时,持草化作美食,与人食之。"西晋白法祖译《佛般泥洹经》卷一:"当敬同学,当持同学作兄弟。"又:"不得念是人持衣物遗比丘,余人不得念言,我独不得,何以所行乞匄得者。"又卷二:"佛呼阿难,持金织成氍布来,色大好正黄。"西晋法立共法炬译《大楼炭经》卷一:"尔时诸小王持国界奉上转轮王。"又:"尔时转轮王欲试明月珠宝,便使会四部兵,持珠着幢头。"又卷二:"尔时主藏圣臣持众珍宝着船上。"又:"言我但苦饥渴,便持消铜灌口中。"又:"持铁钩钩其口皆开。"又卷三:"佛持一小石着手中,问诸沙门,我手中石为大耶? 山为大乎?"东晋瞿昙僧伽提婆译《中阿含经》卷五:"诸贤,犹如阿练若比丘持粪扫衣。"又卷八:"未曾用针缝衣,未曾持针缝囊。"又卷十三:"作是念已,即持食分与辟支佛。"又卷十七:"后遂信任,一以委付,即持卫身刀剑授与长生博士。"东晋竺昙无兰译《铁城泥犁经》卷一:"佛持天眼视天下人。"隋达摩笈多译《起世因本经》卷四:"以头向下,持足向上。"

唐以后,这种用法几乎绝迹,介词"把"取代了"持",二词的引申路径由同变成了异。

道　路　《说文》:"道,所行道也,从辵首。"段注:"《毛传》每云:'行,道也。'道者,人所行,故亦谓之行。道之引申为道理,亦为引道。"于"从辵首"下注曰:"首者,行所达也。首亦声。"《诗·小雅·大东》:"周道如砥,其直如矢。"《说文》:"路,道也。从足各声。"段注:"《释宫》:'一达谓之道路。'此统言也。《周礼》:'浍上有道,川上有路。'此析言也。《尔雅》《毛传》:'路,大也。'此引申之义也。"《易·说卦》:"《艮》为山,为径路。"

二者为同义词,后来引申,产生了不同的意义。"道"引申有"引导、道理、方法、道德"等义,而"路"则没有这些意义;但"路"有"大"义,而"道"则没有。这些意义文献中常见,恕不举例。

为什么产生这种差异?可能与二字的构字要素有关。"道"从"首","首"可以示意,可以指示方向,《礼记·间传》:"斩衰何以服苴? 苴,恶貌也,所以首其内而见诸外也。"陈澔《集说》:"首者,标表之义,盖显示其内心之哀痛于外也。"示意,指示方向就是引导,故"道"有"引导"之义。为什么往这边引,不往另一边引,自有其道理、原因,故引申有"道理"之义。引导须言说,故"道"引申有"说"的意义。引导须得法,故"道"引申有"方法"之义。道理的实践和规范,就成为道德,故又引申有"道德"义。而"路"则不同,"路"从"各"声,声中有义。各,至也。足所至为"路"。足所至比较具体,故不能往"引导"等方面引申。虽则《尔雅·释宫》说:"一达谓之道路。"二者同义,没有区别。但实际上还是有区别的。大道谓之"路",《孟子·尽心下》:"介然用之而成路。"朱熹《集注》:"路,大路也。"《离骚》:"既遵道而得路。"洪兴祖补注:"路,大道也。"清曾国藩《复李眉生书》:"古人用字,不主故常,初无定例,要之各有精意运乎其间。且如高平曰阜,大道曰路,土之高者,曰冢,曰坟,皆实字也。然以其有高广之意,故《尔雅》《毛传》于此四字,均训为大。"而"道"没有"大路"之训,尽管《广雅·释诂》:"道,大也。"王念孙《疏证》云:"《老子》云:'有物混成,先天下生,吾不知其名,字之曰道,强为之名曰大。'故道大,天大,地大,王亦大。域中有四大,而王居其一焉。"这是从哲学、社会学的角度来解释的,不是词义的引申,不能作为"道"有"大"义的证明。此外,"路"有"方面、路线"之义,有"种类、类型"之义,"道"则没有。

3. 新的同义聚合的形成

同义词关系并不是一成不变的。既有同义变成不同义的演变,我们称为异向演变;也有不同义变成同义的演变,我们称为新的同义聚合的形成。有出的,有进的,保持了同义词聚合系统的新鲜活力。

走　行　古代二词不同义。走,古指跑。有晋以降,"走"开始有意义在"行走"和"跑"之间的例证。这种两可之间的状况,为进一步发展为"行"提供了语言环境。晋白法祖译《佛般泥洹经》卷一:"三态去,即得度世道,不复生死。心不复走,一心无所著。""心走"可指心的游走、移动,也可理解为跑;因为心的走动速度很快,可上天入地,释为"跑"也可以。不载译人附东晋《般泥洹经》卷二:"意作复作,受非常苦。生辄有死,死则复生,识随行走。"同理,"识走"的"走"可理解为移动,也可理解为跑。干宝《搜神记》卷三:"安平太守东莱王基,字伯舆,家数有怪,使辂筮之,卦成,辂曰:'君之卦,当有贱妇人生一男,堕地便走入灶中死,又床上当有一大蛇衔笔,大小共视,须臾便去,又乌来入室中,与燕共斗,燕死乌去。'有此三卦,基大惊曰:'精义之致,乃至于此。幸为占其吉凶。'辂曰:'非有他祸,直客(一作官)舍久远,魑魅罔两共为怪耳。儿生便走,非能自走,直宋无忌之妖将其入灶也。大蛇衔笔者,直老书佐耳。乌与燕斗者,直老铃下耳。'"这几个"走",可理解为"行走",也可理解为"跑"。初生小儿,理解为"行走",也未尝不可。鲍照《拟行路难十八首》其十一:"君不见枯籜走阶庭,何时复青着故茎。"这个"走"也可做"行走"和"跑"两种理解。南朝宋诗《读曲歌八十九首》其五一:"语我不游行,常常走巷路。败桥语方相,欺侬那得度。""行""走"上下句相比较,"走"可做"行走""跑"两种理解。《抱朴子》卷十七:"又有沙虱,……其大如毛发之端,初着人,便入其皮里,……可以针挑取之,正赤如丹,着爪上行动也。若不挑之,虫钻至骨,便周行走入身,其与射工相似,皆煞人。"这个"走"似乎只能理解为"行走"。南朝陈徐陵有《走笔戏书应令诗》,"走笔"即"行笔",与"跑"没有关系。隋阇那崛多译《佛本行集经》卷八:"时彼大众,或有踊身掷在虚空,或复腾铃,或复打鼓,或着屩屣,或缘竿头,或复倒行,首下足上,或复反掷,犹如旋轮,或悬虚空,上绳而走。"这个"走"绝不是"跑"。现代尚有"走绳索"之杂技。

唐代的例证有王衍《醉妆词》:"者边走,那边走,只是寻花柳。那边走,者边走,莫厌金杯酒。"宋之问《送李侍御》:"南登指吴服,北走出秦畿。"骆宾王《在江南送宋五之问》:"姑苏望南浦,邯郸通北走。北走平生亲,南浦别离津。"又《秋日饯陆道士陈文林》序:"陆道士将游西辅,通庄指浮气之关,陈文林言返东吴,修途走落星之浦。"又《久戍边城有怀京邑》:"北走非通赵,西之似化胡。"这些送人之诗中的"走",应是"行走",不是"跑"。沈佺期《初达驩州》:"夜则忍饥卧,朝则抱病走。"储光羲《效古二首》其一:"晨登凉风台,暮走邯郸道。"王昌龄《江上闻笛》:"羸马望北走,迁人悲越吟。""羸马"只能慢慢行走,不能跑,除非逃命。《山行入泾州》:"西临有边邑,北走尽亭戍。"刘长卿《孙权故城下怀古兼送友人归建业》:"逢君从此去,背楚方东走。"《早春寄王汉阳》:"闻道春还未相识,走傍寒梅访消息。"杜甫《木皮岭》:"下有冬青林,石上走长根。"《入唐求法巡礼行记》卷一:"船将中绝,迁走舻舳,各觅舍处。"又卷二:"次录事一人、军将一人出于庭中,对使君言谢,走向本处立。使君宣诸司云:'各勤勾当。'判官以上尽唱喏。"《敦煌变文集·金刚般若波罗蜜经讲经文》:"信脚夜行迷暗走,不知南北与西东。"《敦煌变文集新书·双恩记》:"最后有一大臣,精神爽明(朗),词辨分明。曲身而走出班行,仰目而直言启白。"

如果说唐代的"走"主要用于"跑",少数用于"行走";宋代以后的口语作品中,则主要用于"行走","跑"义只见于仿古和成语。《朱子语类》卷二:"只似在圆地上走,一人过急一步,一人差不及一步,又一人甚缓,差数步也。"又卷八:"最怕粗看了,便易走入不好处去。"又卷十八:"今之不为禅学者,只是未曾到那深处;才到那深处,定走入禅去也。譬如人在淮河上立,不知不觉走入番界去定也。"杨无咎《柳梢青·又》:"莫待开残,却随明月,走上回廊。"袁去华《清平乐·又赠游簿侍儿》:"见客入来和笑走,腻脸羞红欲透。"《董西厢》卷一:"譬如闲走,与你看去则个。"又:"金刚揭帝骨相雄,善神菩萨相移走。"又:"手撩衣袂,大踏步走至根前,欲推户。脑背后个人来,你试寻思怎照顾?"《京本通俗小说·菩萨蛮》:"四角尖尖草缚腰,浪荡锅中走一遭。"《清平山堂话本·简帖和尚》:"皇甫殿直道:'这妮子,却不弄我。'喝将过去,带一管锁,走出门去,拽上那门,把锁锁了,走去转弯巷口,叫将四个人来,是本地方所由……"《元曲选·窦娥冤》四折:"慢腾腾地昏地里走,足律律旋风中来。"又《陈州粜米》二折:"你跟着老夫见圣人走一遭去来。"《西游记》十四回:"伯钦听说,领着三藏,一行人回东即走。走了五七里远近,又听得那猴高叫道:'再走,再走。'三藏又行了许远,下了山,只闻得一声响亮,真个是地裂山崩。"《水浒传》八回:"林冲……又是个新吃棒的人,路上一步挨一步,走不动。董超道:'你好不晓事!此去沧州二千里有余的路,你这样般走,几时得到?'……薛霸道:'你自慢慢的走。'"

惧　怕　《说文》:"惧,恐也。""怕,无为也。"二词并不同义。《文选·司马相如〈子虚赋〉》:"怕乎无为,憺乎自持。"《隶释·汉山阳太守祝睦后碑》:"渊然深识,怕然执守。""怕"是"无为、淡泊"的意思,与"恐惧"义无关。中古以降,"怕"开始有"惧怕"义,二者成为同义关系。朱骏声认为"怕"假借为"庒",解释说:"今惧怕字其义当为压连。"《玉篇·心部》:"怕,恐怕也。"《广韵·祃韵》:"怕,怕惧。"这是字、韵书记录较早的例证。《汉语大词典》举唐诗例,太晚。《论衡》卷二三"四讳篇":"孝者怕入刑辟,刻画身体,毁伤发肤,少德泊行,不戒慎之所致也。"汉代文献仅检得此例,可疑。西晋竺法护译《普曜经》卷六:"波旬已见缚束,勇猛巧言自憀怕,摈十四。"东晋法喜译《请观世音菩萨消伏毒害陀罗尼咒经》卷一:"阎婆腻(名怕人鬼)。"干宝《搜神记》卷十二:"有不养者,其母辄死,故惧怕之,无敢不养。"又卷十四:"马皮蹶然而起,卷女以行,邻女忙怕,不敢救之。"《北史·来护儿传》:"长白山头百战场,十十五五把长枪。不畏官军千万众,只怕荣公第六郎。"失译人名附秦录《别译杂阿含经》卷二:"时摩得梨,见已,心亦惊怕,失鞭及䇿。"又卷三:"梦与帝释交兵共战,生大惊怕。"姚秦竺佛念译《出曜经》卷十一:"人之处世当习方俗,或相颜而出语,或听彼进趣而后报,恒适彼人意良宜得所,或现威怒怯怕时人,或现赢弱伏从于人,将护其意令彼得所。"后秦鸠摩罗什译《大庄严论经》卷十三:"以佛威神力,惊怕皆散走。"元魏吉迦夜共昙曜译《杂宝藏经》卷二:"值彼聚落造作吉会,饮酒醉乱,不觉火起,烧此聚落,诸人惊怕,靡知所趣。"又:"有十八丑,都不似人,见皆恐怕。"又卷九:"如是一夜,三闻其声。王闻异声,情甚惊怕。"又卷十:"时耶输陀罗,着白净衣,抱儿在怀,都不惊怕。"瞿昙般若流支译《正法念处经》卷十一:"若闻其声,极生恐怕。"姚秦竺佛念译《出曜经》卷十一:"或现威怒,怯怕时人。"北凉昙无谶译《金光明经》卷四:"居道闻之,弥增惊怕,步步倒地。"高齐那连提耶舍译《月灯三昧经》卷九:"令手执刀不能动,惊惧恐怕大怖畏。"隋阇那崛多译《佛本行集经》卷十六:"是故我今心如撞捣,战动忙怕。"又卷二九:"或有节节自支解身,或复张弓,或复拍手吓呼,欲令生于恐怕。"隋达磨笈多译《大方等大集经菩萨念佛三昧分》卷三:"当尔之时,无一众生有惊怕想,亦不觉知。"

　　唐代的用例大增。僧齐己《猛虎行》:"饮来吞噬取肠饱,横行不怕日月明。"刘商《胡笳十八拍》九拍:"逐令边雁转怕人,绝域何由达方寸。"元稹《侠客行》:"侠客不怕死,怕在事不成。"陆龟蒙《鸣雁行》:"莫怕儿女恨,主人烹不鸣。"施肩吾《古别离》:"不愁寒无衣,不怕饥无粮。"刘长卿《小鸟篇上裴尹》:"不辞奋翼向君去,唯怕金丸随后来。"李白《姑孰溪》:"漾楫怕鸥惊,垂竿待鱼食。"梁锽《名姝咏》:"怕重愁拈镜,怜轻喜曳罗。"杜甫《丽春》:"如何贵此重,却怕有人知。"《姜楚公画角鹰歌》:"梁间燕雀休惊怕,亦未抟空上九天。"《光禄坂行》:"马惊不忧深谷坠,草动只怕长弓射。"《陪李金吾花下饮》:"醉归应犯夜,可怕李金吾。"《官定后戏赠》:"老夫怕趋走,率府且逍遥。"《敬简王明府》:"骥病思偏秣,鹰愁(一作秋)怕苦笼。"

　　我们检索了《全唐诗》的全部"怕"字,皆作"惧怕"解,无一例作"淡泊"解。

　　着　挂　穿　古时"穿衣"用"衣"字,读去声。"穿""着""挂"古无"穿衣"之义,基本义亦不相同。盖"穿",贯也。人穿衣似"贯穿"物,故称为穿。"着",附也。"穿衣"即将衣附于人身上,故又称为"着"。"挂"则将人视为衣架,人穿衣有如衣架挂衣,故又称为"挂"。三字本不同义,但就"穿衣"这一义项而言,形成了同义关系。

　　"着"作"穿衣"的例证如《晏子春秋》卷五"晏子乞北郭骚米以养母,骚杀身以明晏子之贤第二十七":"着衣冠,令其友操剑,奉笥而从,造于君庭。"《吕氏春秋》卷十二有一段与此完全相同的文字,可能引自《晏子春秋》。先秦文献仅捡得此二例,其中一例重复,实为一例。

汉代的例证渐多。《史记·司马相如列传》:"相如身自着犊鼻裈,与保庸杂作,涤器于市中。卓王孙闻而耻之,为杜门不出。"《汉书》记载此事与《史记》同,显然抄自《史记》。《汉书·隽不疑传》:"有一男子乘黄犊车,建黄旗,衣黄襜褕,着黄冒,诣北阙,自谓卫太子。"又《元后传》:"莽更汉家黑貂,着黄貂,又改汉正朔伏腊日。"《前汉纪·景帝纪》:"梁王来朝。上使乘舆驰驷马,逆梁王于阙下。入则侍帝,出则同舆。梁王侍郎谒者着金貂,出入天子殿门,与汉官无异。"又卷十一:"公主脱簪珥,徒跣顿首谢,因引偃,偃着绿帻,碧鞲伏殿下。"《东观汉记》卷一:"光武起义兵,暮闻冢上有哭声,后有人着大冠绛单衣。"又卷十五:"泰于待贤,狭于养己。常着大布褔袍,粝食粗餐。"又卷十八:"建武中,征周党,党着短布单衣,縠皮惨头,待见尚书。"《佛说兴起行经》卷二:"护喜后日复语火鬘曰:'共至水上澡浴乎?'火鬘答曰:'可尔。'便共诣水,澡浴已,着衣服。"又:"护喜即放,火鬘便还,结头着衣服。"

魏晋间的例证有三国吴时支谦译《梵网六十二见经》卷一:"明旦起着衣持钵,入郡国县邑分卫。"支谦译《撰集百缘经》卷一:"尔时世尊着衣持钵,将诸比丘入城乞食。"《孔子家语》①卷二:"子贡复进曰:赐愿使齐楚合战于漭瀁之野(漭瀁,广大之类),两垒相望,尘埃相接,挺刃交兵,赐着缟衣白冠(兵凶事,故白冠服也),陈说其间,推论利害,释国之患,唯赐能之,使夫二子者从我焉。"《西京杂记》卷二:"司马相如初与卓文君还成都,居贫,愁懑,以所着鹔鹴裘就市人阳昌贳酒,与文君为欢。"又:"庆安世年十五,为成帝侍郎,善鼓琴,能为双凤离鸾之曲,赵后悦之,白上得出入御内,绝见爱幸。尝着轻丝履、招风扇、紫绨裘,与后同居处。"晋张敞《东宫旧事》:"皇太子纳妃,有着衣大镜,尺八寸。"西晋白法祖译《佛般泥洹经》卷一:"佛起着衣持钵,与比丘俱入城。"法立共法炬译《大楼炭经》卷三:"便着衣冠帻,严驾与无央数百千兵九鬼神从须卑斿城出,往至毘沙门天王所。"《世说新语·德行》:"太傅时年七八岁,着青布裤,在

---

① 《孔子家语》《西京杂记》的著作年代各家说法不一,但最晚是晋代,为保险起见,我们将它们看作晋代的语料。

兄膝边坐。"又:"烈宗山陵,孔时为太常,形素羸瘦,着重服,竟日涕泗流涟,见者以为真孝子。"

"挂"作"穿衣"解的例证见于唐。崔峒《初除拾遗酬丘二十二见寄》:"江海久垂纶,朝衣忽挂身。"《敦煌变文集·佛说阿弥陀经讲经文(一)》:"袈裟才挂体,便得为僧相。"又:"一件袈裟挂在身,威仪去就与(异)常人。"又:"一缕袈娑身上挂,堪与门徒长福田。"又《维摩诘经讲经文(一)》:"帝释忙忙挂宝衣,仙童各各离宫内。"又:"掣霜剑而夜月藏光,挂金甲而朝霞敛耀。"又《维摩诘经讲经文(五)》:"轻罗拭体,吐异种之馨香;薄縠挂身,曳殊常之翠彩。"又《破魔变文》:"身挂绮罗,臂缠璎珞。"《敦煌变文集新书·双恩记》:"身挂绅袍云片片,手棰(摇)金锡乡(响)玲玲。"又:"(俱)持璎珞,各挂天衣。"又《维摩碎金》:"骑俊(骏)马于长途,挂锦袍于广陌。"宋元以降皆有用例。《景德传灯录》卷二二:"来披三事衲,归挂六铢衣。"又卷二三"行朗禅师":"师曰:'天然无相子,不挂出尘衣。'"《太平广记》卷十五"兰公":"兰公乃诣冢间,躬取仙衣挂体,又取金丹服之,招邀卧冢二真人,同共耸身而轻举。"又卷八六"抱龙道士":"遂却沉龙于水底,自挂鹑衣而行。"又卷二〇〇"高骈":"手持金钺重,身挂铁衣寒。"《刘知远诸宫调》第一:"腰细金莲步稳,体挂衣相称,一套罗裳金缕尽。"《水浒传》五一回:"柴进听得说,挂着一身孝服,慌忙出来答应。"《西游记》二回:"头戴乌金盔,映日光明;身挂皂罗袍,迎风飘荡。"又九回:"绿蓑青笠随时着,胜挂朝中紫绶衣。"又三五回:"才进门,见老魔挂了孝服,二人大哭。"现代汉语北京话"挂"还可作"穿"讲,闽方言可作"戴"解释,见《汉语方言大词典》。

"穿"作"穿衣"解的例证:新版《辞源》"穿"下立有"穿戴"义,最早的例证引自《世说新语》,较晚的例证引自《红楼梦》,中间断层千余年。而所引《世说新语·雅量》的例证也站不住脚。原书例证云:"庾时颓然已醉,帻堕几上,以头就穿取。"今谓"穿取",乃"贯穿而取",非"穿戴"之义。或以《魏书·王遵业传》"尝着穿角履"作为"穿戴"的例证,亦误。今谓"着"指穿鞋。穿角履,指穿了洞的鞋[①],"穿"不是"穿着"的意思。

较早的例证见于唐。慧琳《一切经音义》在解释中多次说到贯穿衣甲,其中有些

[①] 此书的1991年版将此例的"穿"字作为"穿鞋"的例证,误。蒙学友汪维辉君指出,特此致谢。

解释用语可以作为例证。以下是《慧琳音义》有关"贯穿衣甲"的全部例证。卷一:"擐铠(上音患,《桂苑珠丛》云:以身贯穿衣甲曰擐。今相传音惯。)"又卷十六:"披擐(还慢反,杜注《左传》:擐,穿贯衣甲曰擐。《说文》从手瞏声。)"又卷三六:"擐般(上,关患反,借音字也。杜注《左传》:擐,贯,穿衣也。本音患。《说文》:衣甲。从手从瞏省声也。)"又卷三九:"为掼(关患反。《考声》云:掼,穿,穿衣也。《说文》作擐,擐甲执兵也。从手瞏声也。经文从心作惯,是惯习义,非经意也。)"又卷四一:"擐精(上音患,杜注《左传》云:擐甲执兵是也。《说文》:穿贯衣甲也。从手瞏声。)"又卷八一:"楦体(上,关患反。《考声》云:穿衣也。传文作楦,音患,误也。)"又卷九三:"擐甲(还惯反,杜注《左传》云:擐,穿贯也。《说文》从手瞏声。贯音官也。)"只有三例"穿"与"衣"连用,其中二例"穿"前有"贯"字或"穿"字,一例则"穿"前无"贯"字。前有"贯"字者,可以有两种理解:一为"掼,贯穿衣也",一为"掼,贯,穿衣也"。就另一例"掼,穿,穿衣也"来看,后一种理解是对的。由此,我们可以肯定,"穿衣"的说法,唐代已经出现。《敦煌变文集·汉将王陵变》:"其夜,西楚霸王四更已来,身穿金〔钾〕,揭上(去)头牟,返衙(牙)床如坐。"又:"霸王亲问,身穿金钾,揭去头牟,搭箭弯弓,臂上悬剑,驱逐陵母,直至帐前。"又《舜子变》:"老母便与衣裳,串(穿)着身上,与食一盘吃了。"字写作"串",应是"穿"之借用。又《捉季布传文》:"骏马雕鞍穿锁甲,旗下依依认得真,只是季布钟离末,终之更不是余人。"又《叶净能诗》:"身穿金甲,陷上兜鍪,身长一丈,腰阔数围。"又:"忽有一将军,身穿金甲,陷上兜鍪,拔剑上殿,拟斩岳神。"又《秋吟一本》:"罗衣不挂因虫颥(啮),半臂休穿为酒伤。"半臂,《汉语大词典》释为"短袖或无袖上衣",则"穿"为"穿衣"之义。白居易《不二门》:"束带剩昔围,穿衣妨宽袖。"元稹《和乐天送客游岭南二十韵》"猩猩置屐驯"下自注:"猩猩嗜酒,好屐,南人尝以美酒置于其所,且排十数屐,猩猩见之,骤相谓曰:吾既就擒矣。然而渐饮至醉,醉则穿破屐而行,既不能去,相与泣而见获。"王建《送韦处士老舅》:"照水学梳头,应门未穿帻。"帻,类似帽子之类的东西;穿帻,有如戴帽。

宋代用例增多。曹豳《红窗迥》:"扶持我去,转得官归,恁时赏你。穿对朝靴,安排你在轿儿里。"刘克逊《水调歌头》:"与仇香,穿阮屐,试同登。"刘克庄《水龙吟·方蒙仲、王景长和余丙辰、丁巳二词,走笔答之》:"谁欤来者,吟诗张碧,诙谐侯白。礼数由他,谢郎着帽,王郎穿屐。"又《洞仙歌·又和居厚弟韵》:"眇难揽镜,跛尤难穿履,赖有胡公菊潭水。"史浩《永遇乐》:"三杯之后,吴歌楚舞,忘却曳金穿履。"王从叔《南柯子·苦雨》:"昨日穿新葛,今朝御夹衣。"《朱子语类》卷一二一:"又举徐处仁知北京日,早辰会僚属治事讫,复穿衣会坐谈厅上。"《太平御览》卷六九一"单衣":"马融《遗令》曰:'穿中除五时衣,但得施绛绢单衣。'"虽则称"马融",但"穿"应是宋代语言。《太平广记》卷一九六"潘将军":"衣装褴褛,穿木屐于道侧槐树下。"(出《剧谈录》)《大宋宣和遗事·亨集》:"皇帝驾坐不多时,有殿头官身穿紫窄衫,腰系金铜带,踏着金阶,口传圣旨道:'有事但奏,无事卷班。'"又:"徽宗闻言大喜,即时易了衣服,将龙袍卸却,把一领皂背穿着,上面着一领紫道服,系一条红丝吕公绦,头戴唐巾,脚下穿一双乌靴。"又:"二人闻言,急点手下巡兵二百余人,人人勇健,个个威风,腿系着粗布行缠,身穿着鸦青衲袄,轻弓短箭,手持着闷棍,腰挂着环刀,急奔师师宅,即时把师师宅围了。"又:"惊觉高俅、杨戬二人,急起穿了衣服,走至师师卧房前,款沙窗下。……天子闻之,急起穿了衣服。"又:"见二人于清光之下,对坐奕棋。一人穿红,一人穿皂,分南北相向而坐。二人道:'今奉天帝敕,交咱两个奕棋,若胜者得其天下。'不多时,见一人喜悦,一人烦恼。喜者穿皂之人,笑吟吟投北而去;烦恼之人穿红,闷恹恹往南行。"

宋以后例证如《京本通俗小说·错斩崔宁》[①]:"却见一个后生,头带万字头巾,身穿直缝宽衫。"又:"头带干红凹面巾,身穿一领旧战袍。"又《志诚张主管》:"张员外穿紫罗衫,新头巾,新靴,新袜。"《元曲选·风光好》一折:"我头顶儒冠,身穿儒服,乃正人君子,不得无礼。"《老乞大》:"媳妇孩儿,吃的穿的,都是这呆厮的钱。……穿衣服时,按四时穿衣服。"《水浒传》三一回:"孙二娘去房中取去包裹来打开,将出许多衣裳,教武松里外穿了。武松自看道:'却一似与我身上做的!'着了皂直裰,系了绦。"

饮 吃 喝 "喫(吃)"古代只与"食"为同义关系,食用液体则叫"饮"。中古以降,可用"吃"表示"饮"。唐宋仍之。元代则可用"喝"。但"饮""吃"二词并未废止,故三词构成同义关系。而"喝"本为"喝叫"之义,与"饮、吃"并不相干。

"吃"表"饮用"的例证见于东汉,《汉语大词典》引唐杜甫例,太晚。后汉支娄迦谶译《佛说无量清净平等觉经》卷四:"自用赈给,不畏防禁,饮食无极,吃酒嗜美。"三国

[①] 《京本通俗小说》虽是伪书,但其语言时代应属元明,所谓"书伪文不伪"。

吴支谦译《佛说阿弥陀三耶三佛萨楼佛檀过度人道经》卷二也有同样的话:"饮食无极,吃酒嗜美。"萧齐昙景译《佛说未曾有因缘经》卷二:"王勅忠臣,办琉璃椀,受三升许。诸宝椀中,盛满好酒,我于众前,先吃一椀。"

唐代的例证更多。崔国辅《对酒》:"朦胧荆棘一鸟飞,屡唱提壶酤酒吃。"储光羲有《吃茗粥作》诗,如果茗粥为并列结构,则茗也可用"吃"字。杜甫《晦日寻崔戢李封》:"每过得酒倾(一作吃),二宅可淹留。"《送李校书二十六韵》:"对酒不能吃,回身视绿野。"张籍《赠施肩吾》:"合取药成相待吃,不须先作上天人。"古代"药"为汤剂,"药"用"吃"字,则与"饮"字同义。卢仝《走笔谢孟谏议寄新茶》:"柴门反关无俗客,纱帽笼头自煎吃。"所煎者为"茶",则"茶"亦可用"吃"。又:"六椀通仙灵,七椀吃不得也。"白居易《咏怀》:"有诗不敢吟,有酒不敢吃。"《劝酒》:"归去来,头已白,典钱将用买酒吃。"姚合《病僧》:"倚壁看经坐,闻钟吃药斋。"项斯《梦仙》:"云叶许裁成野服,玉浆教吃润愁身。"贾岛《赠丘先生》:"常言吃药全胜饭,华岳松边采茯神。"陆龟蒙《再和次韵》:"寒蔬卖却还沽吃,可有金貂换得米。"拾得诗第三十八首:"博钱沽酒吃,翻成客作儿。"又第四十首:"我见出家人,总爱吃酒肉。"贯休《鼓腹曲》:"有酒如浊醴兮呼我吃,往往醉倒潢洿之水边兮人尽识。"又《寄怀楚和尚二首》其二:"印缺香崩火,窗疏蝎吃风。""风"也可用"吃"字。无名氏《曲中唱语》:"张公吃酒李公颠,盛六生儿郑九怜。"《方干李主簿改令》其一:"措大吃酒点盐,将军吃酒点酱。"其二:"措大吃酒点盐,下人吃酒点鲊。"

宋代的用例更多,应该是"吃"字的基本用法了。戴复古《浣溪纱》:"说个话儿方有味,吃些酒子又何妨。"又《望江南》:"有剑卖来酤酒吃,无钱归去买山居。"方岳《汉宫春·又寿老父》:"唱个曲儿,吃些酒子,检点茅檐竹。"葛长庚《水调歌头》:"做些诗,吃些酒,放些颠。"无名氏《拨棹子·香山会》:"向神前发愿,烧香做咒。断了去、娼家吃酒。果子钱早是遭他毒手。"杨无咎《西江月》:"名字纵非俦匹,夤缘自合欢娱。尽教涂抹费工夫,到底翻成吃醋。"赵长卿《品令》:"你若待我些儿酒,尽吃得、尽吃得。"《朱子语类》卷三:"尽吃庵中水,少顷庵外皆堆成雹。"又卷五:"又如吃药,吃得会治病是药力,或凉,或寒,或热,便是药性。至于吃了有寒证,有热证,便是情。"又卷十:"人读书,如人饮酒相似。若是爱饮酒人,一盏了,又要一盏吃。若不爱吃,勉强一盏便休。"又卷十四:"如人饮酒,终日只是吃酒。但酒力到时,一杯深如一杯。"又卷十八:

"如言吃酒解醉,吃饭解饱,毒药解杀人。须是吃酒,方见得解醉人;吃饭,方见得解饱人。不曾吃底,见人说道是解醉解饱,他也道是解醉解饱,只是见得不亲切。"

《朱子语类》还有"吃力"(六例)、"吃紧"(十三例)的说法,已不限于液体,搭配对象更广了。

"喝"表"饮用"的例证,见于元曲。关汉卿《单刀会》二折:"林泉下酒生爽口,御宴上堂食惹手,留的残生喝下酒。"(《新校元刊杂剧三十种》本)《元曲选·汉宫秋》二折:"害渴时喝一杓儿酪和粥。"又《秋胡戏妻》二折:"农家只得锄刨力,凉酸酒儿喝一盆。"又《勘头巾》二折:"令史,咱两个问了这件事,无甚勾当,且回私宅喝三瓯冷酒去来。"又《生金阁》一折:"小的每休打,着他收拾下干净阁子儿,等我喝几杯酒去。"又《争报恩》楔子:"只见一个男子搭着个妇人,一坨儿坐着喝酒。我过去卖这狗肉去。"又三折:"我卖稀饭真个稀,谁不与我做相知。由你连喝一百碗,吃了依然肚里饥。"又《陈州粜米》一折:"俺两个别无甚事,都去狗腿湾王粉头家里喝酒去来。"又三折:"才则喝了几碗投脑酒,压一压胆,慢慢的等他。"又《隔江斗智》三折:"俺两个叔叔终日喝酒快活,则不心焦。"《元曲选外编·遇上皇》一折:"你这个糟短命,跳跳而死的,有几文钱喝了酒。"又《蔡顺孝母》三折:"太保留命喝汤罢。"又《七里滩》一折:"富汉每喝菜汤穿粗衣朴裳,有一日泼家私似狗令羊肠。"又《哭存孝》一折:"撒因答剌孙,见了抢着吃。喝的莎塔八,跌倒就是睡。""莎塔八"是酒,所以用"喝"。又:"你饿时节挝肉吃,渴时节喝酪水,闲时节打髀殖,醉时节歪唱起。"又《刘弘嫁婢》楔子:"员外,喝口粥汤儿者。"又《黄鹤楼》二折:"清早晨起来,头不曾梳,脸不曾洗,喝了五六碗茶,阿的们大烧饼,吃了六七个,才充了饥也。"又《延安府》二折:"左右将马来,我去酒铺里,喝几瓯凉酒去来。"又:"今朝造化低,四十打了皮。喝上三瓶酒,睡到日头西。"《射柳捶丸》三折:"打剌孙喝上五壶。"按,"打剌孙"是酒。又《甄江亭》二折:"你原来喝人些残汤水,吃人些剩饭食,枉饥饿的你黑干憔悴。"马致远《新水令·题西湖》:"但得孤山寻梅处,苫间草厦,有林和靖是邻家,喝口水西湖上快活煞。"施惠《幽闺记》二五出:"我若一日不医死几个,叫我外婆姐姐在家里喝风。"《张协状元》四八出:"喝茶……不尚庄身打扮,喝汤。"

明代用"喝"表"饮用"例证更多。《金瓶梅》三三回:"叫你姐夫寻了衣裳来这里喝瓯子酒去。"又三四回:"你不吃,喝口茶儿罢。我使迎春前头叫个小厮,接你娘去。"又四四回:"我心里还不待吃,等我去喝些汤罢。"又五十回:"两个坐在厨下问老冯要茶吃,每人喝了一瓯子茶,交小伴当点上灯笼牵出马去。"《西游记》五回:"众怪闻言大喜,即安排酒果接风,将椰酒满斟一石碗奉上,大圣喝了一口,即咨牙倸嘴道:'不好吃,不好吃。'……你们各饮半杯,一个一个也长生不老。"又三十回:"却说那怪物坐在上面,自斟自酌。喝一盏,扳过人来,血淋淋的啃上两口。"又四五回:"小道士即便拿了一个茶钟,递与老道士。道士舀出一钟来,喝下口去。只情抹唇咂嘴。鹿力大仙道:'师兄好吃么?'……羊力大仙道:'等我尝尝。'也喝了一口。"又:"我等各喝了一口,尝出滋味,正欲下手擒拿,他却走了。"又五九回:"那罗刹渴极,接过茶,两三气都喝了。"现代南方方言"吃""喝""饮"仍为同义关系。

喫(吃),《玉篇·口部》:"唊喫也。"《说文新附》:"食也。"《玄应音义》卷一"喫噉"条:"喫,谓喫食也。"又卷八"喫酒"条:"喫,谓喫噉也。"《慧琳音义》卷三二引《玄应音义》"先喫"注:"喫,谓喫噉食饮也。"由于"饮"和"喫"皆用口,皆从口中吞下,故"喫"引申为"饮",词义搭配范围扩大了。现代南方很多方言如江淮官话、西南官话、吴语、徽语、湘语、赣语、粤语等皆称"吸烟"为"吃烟",其引申路径与之相同。

至于"喝",可能是"欱"的俗字。《说文》:"欱,歠也。"《慧琳音义》卷五八"欱烟"注:"欱,犹饮取也。"又卷六二有"欱粥"条,慧琳注引《考声》曰:"欱,大歠也。或作哈,俗字也。"是其义。还有一种可能,口干曰"渴",饮水解除口干曰"喝"。这只是一种猜测,没有文献依据,不为典要。姑妄言之,姑妄阅之而已。

张　看　望　《说文》:"张,施弓弦也。""看,睎也。从手下目。"手下目,应该是"望"的意思。《说文》:"睎,望也。"是其义。望,出亡在外,望其还也。"张"与"看""望"二字古代并不同义。《广雅·释诂》二:"张,开也。"凡"望"必张目,宋曹组《小重山》:"帘边人似月,月如冰。从今张眼到天明。""张眼"就是看,故"张"引申有"看""望"之义。与"看""望"成为同义关系。

有单用"张"者。《西山一窟鬼》:"教授把三寸舌尖舐破窗眼儿张一张,喝声彩,不知高低……"《金瓶梅》二回:"良久,王婆在茶局里冷眼张着他在门前踅过东,看一看,又转西去,又复一复,一连走了七八遍。"又三回:"第三日早饭后,王婆只张武大出去了,便走过后门首叫道。"又四二回:"贼祸根子,小奴才儿,你还少第二遭死?又往那里张他去!"《水浒传》二回:"史进喝道:'作怪!谁在那里张俺庄上?'史进跳起身来,转过树背后,打一看时,认得是猎户摽兔李吉。史进喝道:'李吉!张我庄内做甚么?莫不来相脚头?'"又二一回:"就槅子眼里张时,堂前琉璃灯却明亮,照见是宋江,那婆娘复翻身转又上楼去,依前倒在床上。"又:"唐牛儿捏脚捏手,上到楼上,板壁缝里张时,见宋江和婆惜两个都低着头。"又二五回:"武松一直撞到楼上,去阁子前张时,窗眼里见西门庆坐着主位,对面一个坐着客席,两个唱的粉头坐在两边。"又四五回:"不想石秀却在板壁后假睡,正张得着,都看在肚里了。"又五三回:"李逵爬上来,舐破窗纸张时,见罗真人独自一个坐在云床上。"《西游记》三一回:"那呆子跳得起来,两边乱张。行者道:'你张甚么?'八戒道:'看看那条路儿空阔,好跑。'"又三四回:"那老魔扳着葫芦口,张了一张,见是个半截身子动耽。"又五二回:"行者入里,眼不转睛,东张西看,走过几层廊宇,忽见那牛栏边一个童儿盹睡,青牛不在栏中。"又六一回:"那呆子漠然不知,土地亦不能晓,一个个东张西觑,只在积雷山前后乱找。"又六五回:"那行者在里边,东张张,西望望,爬过来,滚过去,莫想看见一些光亮。"又六八回:"八戒遵依,把个把子嘴揣在怀里,沙僧不敢仰视,惟行者东张西望,紧随唐僧左右。"又八六回:"那小妖奔至前门,从那打破的窟窿处,歪着头,往外张,见是个长嘴大耳朵。"又:"好大圣,飞在中堂,东张西看,见旁边有个小门儿,关得甚紧;即从门缝儿里钻去看时,原是个大园子,隐隐的听得悲声。"《型世言》三回:"却又听得后门外内眷,且是说笑得热闹,便开了后门张一张,不料早被左邻一个杨三嫂见了。"

有与"见""看"连用,作"张见""张看"者。"张见"的例证如《金瓶梅》二回:"这婆子正开门,在茶局子里整理茶锅,张见西门庆踅过几遍,奔入茶局子水帘下,对着武大门首,不住把眼只望帘子里瞧。王婆只推不看见,只顾在茶局子内煽火,不出来问茶。"上文言"张见",下文言"看见",是"张见"即"看见"。《水浒传》四回:"(鲁智深)拿起一根折木头,去那金刚腿上便打,簌簌的泥和颜色都脱下来,门子张见道:'苦也!'"又四五回:"却不防石秀在布帘里一眼张见,早瞧科了二分,道:'莫信直中直,须防仁不仁!'"又七二回:"宋江等都未出来,却闪在黑暗处,张见李师师拜在面前,奏道:'起居,圣上龙体劳困。'"《喻世明言》卷三:"有好事哥哥,见吴山半晌不出来,伏在这司空楼壁边。入马之时,都张见明白。"又:"内中有原张见的,是对门开杂货铺的沈二郎。"《型世言》四回:"适值一个邻人邹妈妈,他来讨火种,张见他在那里割肉。"

"张看"的例证如《金瓶梅》三五回:"西门庆就往后边穿衣服去了。白赉光躲在西厢房内,打帘里望外张看。"又四二回:"见房门关着,就在门缝里张看,见房里掌着灯烛。"又:"这小孩子正在那里张看,不防他娘一丈青走来看见,揪着头角儿拖到前边,凿了两个栗爆。"又五三回:"见西门庆吃酒到晚还未来家,依旧闪入卷棚后面,探头探脑张看。"《水浒传》三七回:"火把光下,宋江张看时,那个提朴刀的,正是在揭阳镇上要打我们的那汉。"又四五回:"石秀却背叉着手,随后跟出来,布帘里张看。只见那妇人出到外面,那和尚便起身向前来,合掌深深的打个问讯。"《型世言》三回:"唯闻得后门外有人说笑,便去张看,却是掌珠与这两个邻舍坐着说话。"

有与"望""觑"连用,作"张望""张觑"者。"张望"的例证如《金瓶梅》五回:"且说武大挑着担儿,出到紫石街巷口,迎见郓哥提着篮儿在那里张望。"《水浒传》二回:"对面松林透过风来,史进喝采道:'好凉风!'正乘凉哩,只见一个人探头探脑在那里张望。"又九二回:"时迁张望前后无人,对石秀丢个眼色。"又:"两个再趱几步,左右张望,邻近虽有几家居民,都静悄悄地闭着门,隐隐有哭泣之声。"《西游记》五回:"七仙女张望东西,只见向南枝上止有一个半红半白的桃子。"《醒世恒言》卷三:"进了门却不敢直入,舒着头,往里面张望。"又卷五:"伸着头往外张望,见两盏红灯,若隐若现,忽地刮喇的一声响亮,如天崩地裂,一件东西向前而坠,惊得勤自励倒身入内。"又卷七:"如此胡思乱想,坐不安席,不住的在门前张望。"《型世言》五回:"在那两头张望,问他是甚人。"又:"早间送了董文出去,绝早梳头,就倚着门前张望,只见远远一个人来,好似昨日少年,正在那厢望他。"又十五回:"沈刚不敢冒实进去,只在那边张望,却见一个人出来,众人都站起来。""张觑"的例证只检的一例,《金瓶梅》二十回:"金莲拉玉楼两个打门缝儿往里张觑,只见房中掌着灯烛,里边说话,都听不见。"

诸"张"字均可释为"看"和"望"。其区别在于"张"可用于偷偷地、紧紧张张地、目的非常明确地"看"和"望",而"看"和"望"不能这样使用。今语尚有"张望"一词,也含有这层意思,可证。

曰　说　道　《说文》:"曰,词也。从口乙声。亦象口气出也。"《说文》:"说,说释也。一曰谈说。"段注:"说释即悦怿。说悦,释怿皆古今字。许书无悦怿二字也。说释者,开解之意,故为喜悦。"至于"谈说"之义,段氏说:"此本无二义二音,疑后增此四字。"按,段氏的解释有问题。"说"字在"言"部,训为"说释"是正确的。《论语》的"成事不说",就是解释的意思,可证《说文》的解释。《国语·吴语》:"夫差将死,使人说于子胥曰：'使死者无知，则已矣；若其有知，吾何面目以见员也！'遂自杀。"韦昭注："说，告也。""告"是"说"的一种形式。"说道"的"说"是"说释、告知"词义发展的结果。真正表"说道"的"说"，见于东汉以降口语性较强的文献，在"说道"这一意义上与"曰"构成同义关系。

《太平经》的例证：

卷四〇"乐生得天心法第五十四"："今吾可说，不若天师所云也。"上云"可说"，下云"所云"，"可说"即"所云"，"说"与"云"同义。又卷四五"起土出书诀第六十一"："诺，不匿也。吾知天地病之剧，故□□语子也。行复为子说一事，使子察察重明知之。""说一事"就是现代"说一件事"的意思，"说"是"说道"之义。又卷五〇"去邪文飞明古诀第六十七"："慎之，无妄言，令使人无后世也，所以然者，其说妄语无后，不可久用，故使人无后也，治道日衰乖逆，皆异言。""说妄语"的"说"应是"说道"之"说"。

《论衡》的例证：

"骨相篇"："斯十二圣者，皆在帝王之位，或辅主忧世，世所共闻，儒所共说，在经传者较著可信。"又"书虚篇"："吴君高说：'会稽本山名，夏禹巡狩，会计于此山，因以名郡，故曰会稽。'"又"儒增篇"："书说：孔子不能容于世，周流游说七十余国，未尝得安。"

汉译佛经的例证：

东汉安世高译《一切流摄守因经》卷一："所觉所说所作所更所举所起。"西晋法立共法炬译《大楼炭经》卷二："佛尔时说偈言：'四方有四门，诸角治甚坚，垣壁以铁作，上亦用铁覆。'"东晋瞿昙僧伽提婆译《中阿含经》卷一："犹人没溺，卧于水中，我说彼人亦复如是。"

《三国志》的例证：

《魏书·武帝纪》："韩遂请与公相见，公与遂父同岁孝廉，又与遂同时侪辈，于是交马语移时，不及军事，但说京都旧故，拊手欢笑。"又《管宁传》："贡说：'宁常着皂帽、布襦袴、布裙，随时单复，出入闺庭，能自任杖，不须扶持……。'"又《钟会传》："诸牙门亲兵亦咸说此语，一夜传相告，皆遍。"

《世说新语》的例证：

《品藻》："王黄门兄弟三人俱诣谢公，子猷、子重多说俗事，子敬寒温而已。"《企羡》:"王丞相过江,自说昔在洛水边,数与裴成公、阮千里诸贤共谈道。"《赏誉》:"王子猷说:'世目士少为朗,我家亦以为彻朗。'"

汪维辉说认为,"说"的意义可分为两类:一是"叙说、说话"的意思,后带宾语,是叙说的内容,也可单用,不带宾语;一是"说道"的意思,后面通常是所说的原话。这两种"说"正是现代汉语所最常用的[①]。

上文所引例证,"说"后所带大多为叙说的内容,但不一定是原话,只有个别例证"说"后所带是说话人原话。下面的几个例证"说"后所带是说话人原话。

晋干宝《搜神记》卷一:"时有百岁公,说:'小儿时见训(人名)卖药会稽市,颜色如此。'"又卷二:"戚夫人侍儿贾佩兰,后出为扶风人段儒妻,说:'在宫内时,尝以弦管歌舞相欢娱,竞为妖服,以趋良时……。'"又卷十五:"戴洋,字国流,吴兴长城人。年十二病死,五日而苏。说:'死时,天使其为酒藏吏,授符箓,……既而遣归。'"

但是隋唐之际的"说"后带说话人原话的情况并未增加,大多数情况是"叙说、说话",后面不带原话。

隋阇那崛多等译《起世经》卷八:"仁者更说善言,时阿修罗。复向天主说如是偈。"唐封演《封氏闻见记》卷九:"神功比来受判官拜,大是罪过,公何不早说?"

日僧圆仁撰《入唐求法巡礼行记》有"说"字后带说话人原话的例证:

《入唐求法巡礼行记》卷一:"沈弁书答云:弁咨问相公,前后三四度。咨说:'本国和尚往台州,拟一文牒,不审得否?'相公所说:'扬州文牒出到浙西道及浙东道不得一事,须得闻奏。敕下即得,余不得。'"又卷三:"为往长安,排比行李。见人说:'从五台往长安,向西南行二千余里得到长安也。'"又卷四:"往日临行次,遇人说:'其僧等已往南州,趁本国州趁本国船去。'"此外,尚有数例"见说",后也带说话人原话。"见说"即"听说","说"也是说道的意思。

唐宋之际的敦煌变文,"说"后带说话人原话的例证较多:

《敦煌变文集·佛说阿弥陀经讲经文(一)》:"《维摩经》说:'香积佛国,人但闻香,便成佛果。'《法花经》说:'法喜禅悦,食了即是味,故知以味为佛事。'《花严经》说:'善哉童子,参善诸识,逢一淫女,淫女告童子曰:我有一法,能度众生。一切男子烦恼,轻

[①] 汪维辉:《东汉—隋常用词演变研究》,158页,南京大学出版社,2000年。

者手触我身,便成佛果;烦恼稍重者,来抱我身,共我口子,便成佛果;烦恼极重者,共我宿卧,便成道果。故知以触为佛事。'"又《妙法莲华经讲经文(一)》:"仙人请大王入山,即说:'王居宫室,箫韶每日,艳境既多,凡情恣积,增益愆尤,足其过失。'"

宋代的例证随处可见:

《朱子语类》卷二:"伊川说:'世间人说雹是蜥蜴做,初恐无是理。'"又:"后来又见先生说:'昆仑取中国五万里,此为天地之中。中国在东南,未必有五万里。尝见佛经说昆仑山顶有阿耨大池,水流四面去,其东南入中国者为黄河,其二方流为弱水黑水之类。'"

至于"道",《说文》:"所行道也。从辵从首。一达谓之道。"是"道路"的意思。道路是地点间沟通的工具,语言是彼此间沟通的工具,故"道"引申有"说道"的意思。在这一点上,与"曰"成为同义词。虽说此类用法先秦就已出现,但广泛使用,则是唐以后的事。《诗·墉风·墙有茨》:"不可道也。"王先谦《三家义集疏》引鲁说:"道,说也。"《论语·季氏》:"乐道人之善。"刘宝楠《正义》:"道,犹说也。"此先秦用例。汪维辉《东汉—隋常用词演变研究》165—171页例举了数十个东汉至隋的用例,可以参看。但"道"后所带大多不是说话人的原话,带说话人原话的例证只有八个。

唐代以后,带说话人原话的"道"用例渐多:

《敦煌变文集·妙法莲华经讲经文(一)》:"大王道:'王有私愿,求经无倦。'"又:"大王道:'思量如斯,不恋荣华,便乃铺陈道场,请仙人说法。'"又:"大王向兽王道:'大王却报兽王听,我住山中有恳情。'"又:"仙人道:'大王!大王!近日多不精勤,汲水即一日不来,采果乃午时方到。若是心生退屈,故请便却归回;王兔每日驱驰,交我终朝发业。'"又:"大王道:'朕若在位时,富贵难喻。'"又:"仙人道:'大王!我有莲花中道经,世间之中应罕有。'"又:"佛道:'若有善女善男,能受持观世音菩萨名号。'"

宋代的用例更多:

《太平广记》卷三二九"刘讽":"传语道:'此间好风月,足得游乐。弹琴咏诗,大是好事。虽有竟陵判司,此人已睡,明月下不足回避也。'"又卷三四七"胡急":"召急出,厉声道:'贾悚在君家,君宜立出,不然,与悚同罪。'"(上例出《玄怪录》,下例出《宣室志》。虽说是唐人作品,但原书已佚,《太平广记》是宋人作品,我们将它作为宋代的语料。)《大宋宣和遗事》元集:"到得他揖让传禅时分,且道:'无若丹朱傲:惟慢游是好,傲虐是作。'"又:"百姓怨道:'夏桀与日相似,这日几时丧亡,我甘受其苦不过,情愿与他偕亡!'"又:"太祖道:'此诗村教书语耳!'因道:'我少时有《咏日诗》。'"又:"陈抟奏道:'宋朝以仁得天下,以义结人心,不患不久长;但卜都之地,一汴,二杭,三闽,四广。'"《董西厢》卷一:"张生急问道:'都知听说:不问贤家别事故,问说贵州天下没,有甚希奇景物?你须知处。'"

宋以后,口语作品中"说、道"已基本取代"曰"成为表"言说"的主要动词。

在"曰""说""道"并用的作品中,三者仍有区别。"曰"只带说话人的原话,不能带事件或其他的内容做宾语。"说""道"除带说话人的原话外,还可带事件或其他的内容做宾语。

忙 怕 《方言》卷二:"茫,遽也。"是急忙的意思,后世写作"忙",此义一直使用至今。中古以降,"忙"还有"怕"的意思,与"怕"构成同义关系,但用例较少。唐宋之间,才有较多用例。考《小学钩沉·通俗文》上:"心乱曰忙。"《玉篇》心部:"恾,忧也。"乱则令人怕惧,忧之甚也令人怕惧,故引申有怕惧的意思。《广韵·唐韵》:"恾,怖也。"

这种用法的较早例证见于晋,但都与"恐、怖、怕、惊"等语素连用成词,或作为第一个语素,或作为第二个语素,未见单用的例证。西晋法立共法炬译《大楼炭经》卷五:"诸阿须伦见天帝释千乘马车回还,便言欲来与我战斗,以阿须伦即恐怖忙走。"西晋竺法护译《修行地道经》卷三:"尔时罪人为狗所噬,乌鸟所害,恐怖忙走。""恐、怖、忙"三字同义连用。当然,将这两例的"忙"理解为"遽",为迅疾之义,也未尝不可,但下面的例证就不能如此理解了。北齐那连提耶舍译《大宝积经》卷七四:"大王,是人见已,心生忙怖。"又卷七五:"大王,是人见已,心生忙惧。"隋阇那崛多译《佛本行集经》卷十六:"是故我今心如撞捣,战动忙怕,不能自持。""忙怕"连文,忙亦怕也。干宝《搜神记》卷十二:"言未及竟,马皮蹶然而起,卷女以行,邻女忙怕,不敢救之。""忙""怕"连文,"忙"亦"怕"也,是"惊怕"的意思。白居易《遣怀》:"已共身心要约定,穷通生死不惊忙。"孙元晏《甘宁斫营》:"夜深偷入魏军营,满寨惊忙火似星。"《敦煌变文集·八相变》:"太子见已,即便惊忙。"又《破魔变文》:"惭愧刀而未举,鬼将惊忙;智慧剑而未轮,波旬怯惧。"又:"舍利座上不惊忙,都缘智惠甚难量,整理衣服安心意,化出威棱师子王。"又《叶静能诗》:"皇帝惊忙,绕柱数匝看之。"又《燕子赋》:"雀儿怕怖,悚惧恐惶;浑家大小,亦总惊忙。""惊忙",是"惊恐""惊慌"的意思。又《伍子胥变文》:

"江神遥闻剑吼,战悼(掉)涌沸腾波,鱼鳖忙怕攒泥,鱼龙奔波透出,江神以手捧之,惧怕乃相分付。"又:"郑王得信,忙怕异常,莫知何计。"又《韩朋赋》:"百官忙怕,皆悉捶胸。"又《庐山远公话》:"既是你当直,我适来于此庙中,忽觉山石摇动,鸟兽惊忙,与我巡检此山,有何祥瑞?"又《唐太宗入冥记》:"皇帝闻已,忙怕极甚。"又《叶静能诗》:"岳神见使者上殿,忙惧不已,莫知为计,当(原书作"劣","劣"是"当"字草书之误认,今正)时便走。"又:"净能都不忙惧,收毡盖着死女子尸,钉之内四角,血从毡下交流。"又:"(净能)见五百人拔剑上殿,都不忙惧,对皇帝前缓步徐行。"《太平广记》卷六十:"明日,有城如雪,围绕岛上,人家莫能辨。其城渐窄狭束,岛上人忙怖号叫,囊橐皆为齑粉,束其人为簌。"(出《女仙传》)卷三一四:"妇人竟上船,问:'有好发髢,可以见与。'其人忙怖,不复记,但云:'物已尽矣。'妇人云:'在船后挂壁篋中。'如言而得之。"(出《稽神录》)卷三二八:"此家忙惧,唯见此人在,即共殴。"(出《异闻录》)卷三八五:"绍忙惧之中,都忘人间经佛名目,唯记得《佛顶尊胜经》,遂发愿,各与写经一卷。"(出《玄怪录》)

《太平广记》成于宋,但哀辑的大多是唐代小说,虽经宋人改过,但大致保持了唐代小说的原貌,可看作唐宋间的语料。宋以后,"忙"的这种用法似乎未见于文献。

(二) 反义关系

反义关系包括逻辑上的反对和相对关系。研究反义关系,一般只研究反义词的类别和作用,而对反义词的变化则注意不够。本书只讨论一词含正反两义现象和反义词关系的改变。

1.一词含正反两义

一词含正反两义是一个词内部义项关系间的问题,不是反义词的问题。我们讨论的是"反义关系",故可纳入此节讨论。

一词含正反两义就是传统训诂学所说的反训。这种现象首由郭璞发现:"以徂为存,犹以乱为治,以曩为向,以故为今,此皆诂训义有反复旁通,美恶不嫌同名。"自此后,世人代有研究。宋洪迈《容斋三笔》卷十一有"五经字义相反"条,云:"治之与乱,顺之与扰,定之与荒,香之与臭,遂之与溃,皆美恶相对之字,然五经用之或相反。如乱臣十人,乱越我家,惟以乱民,乱为四方新辟,乱为四辅,厥乱明我新造邦,丕乃俾乱之类,以乱训治也。安扰邦国,扰而毅,扰龙,六扰之类,以扰训顺也。荒度土功,遂荒大东,大王荒之,葛藟荒之之类,以荒训定也。无声无臭,胡臭亶时,其臭膻,臭阴达于渊泉之类,以臭训香也。是用不溃于成,草不溃茂之类,以溃训遂也。郑康成笺《毛诗》溃成,与毛公皆释为遂,至于溃茂,则以为溃当作汇,汇,茂貌也。自为异同如此。"近人章太炎、刘师培、董璠,今人徐世荣、余心乐诸先生也续有研究。但他们的材料都局限于先秦两汉,唐宋以降则无人问津。先师郭在贻先生《唐诗中的反训词》对唐诗语词中的反训现象进行了初步的探讨,为进一步研究奠定了基础。唐宋以来的反训词有:

较(校) 唐宋以来有"差少"之义,也有"多、颇、甚"义。盖"较"本为比较,比较则有高下、多少,故"较"引申有"少"义,也有"多"、"颇"义。[①] 白居易《和韦庶子远坊赴宴未夜先归》:"到时常晚归时早,笑乐三分校一分。""校"同"较"。曹松《拜访陆处士》:"性灵比鹤争多少,气力登山较几分?"罗隐《邺城》:"英雄亦到分香处,能共常人较几多。"此训少者。

《西京杂记》卷四:"安定嵩真、元菟曹元理并明算术,皆成帝时人。真尝自算其年寿七十三,真绥和元年正月二十五日晡死。书其壁以记之。至二十四日晡时死。其妻曰:见真算时长下一算,欲以告之。虑脱真旨,故不敢言。今果较一日。""较一日"可以理解为"差一日",也可理解为"少一日",还可理解为"多一日";但前文言"长下一算","长下一算"即"多下一算",故后文的"较一日"就是"多一日"。白居易《重到江洲感旧游题郡楼十一韵》:"青山满眼在,白发半头生,又校三年老,何曾一事成。""校"通"较",多也。雍陶《送蜀客》:"莫怪送君行较远,自缘身是忆归人。"较远,太远,偏向于多。刘言史《题源分竹亭》:"绕屋扶疏千万竿,年年(一作人)相诱独行看,日光不透烟常在,先校诸家一月寒。"由于竹遮住了阳光,所以比别人家多一个月的寒,"校"是多的意思。薛逢《醉春风》:"日往月来何草草,今年又校三年老。"罗隐《邺城》:"英雄亦到分香处,能共常人较几多?"这是说英雄死后,在祭台分香火的时候,与常人比,能多得多少?"较"是"多"的意思。

賸(剩) 《说文》:"賸,物相增加也。"此字后世写作"剩"。加则益多,故"剩"有"增多""多"义。加于彼必减于此,故"剩"又引申有"剩余、少"义。岑参《玉门关盖将

[①] 张相《诗词曲语辞汇释》抉发其"少"义,例证甚夥,见此书 213 页,中华书局,1953 年。王锳《唐宋笔记语辞汇释》(95 页,中华书局,1990 年)发其"多"义,但只举《西京杂记》一例。

军》:"我来塞外按边储,为君取醉酒剩沽。"李商隐《李夫人歌》:"剩结茱萸枝,多擘秋莲的。"钱起《送李谏议归荆州》:"归舟同不系,纤草剩忘忧。"《官渡柳歌送李员外承恩往扬州觐省》:"莫贪扬州好,客行剩淹留。"柳宗元《种木槲花》:"只因长作龙城守,剩种庭前木槲花。"张籍《赠项斯》:"日暖剩收新落叶,天寒更着旧生衣。"元稹《遣行十首》其四:"白发年年剩,秋蓬处处惊。"《喜李十一景信到》:"留君剩住君须住,我不自由君自由。"白居易《留题开元寺上方》:"恋水多临坐,辞花剩绕行。"苏轼《归宜兴留题竹西寺》:"剩觅蜀冈新井水,要携乡味过江东。"王良《百一歌·起卧》:"生姜宜剩使,滑石勿令多。""剩使"可理解为"少用",也可理解为"多用"。本诗讲脾胃虚弱的治疗,脾胃虚弱应多吃生姜,故应理解为"多用"。下句"勿令多"是"少用",若此句也理解为"少",就上下句意义合掌了,所以,还是应理解为"多"。此训"多"者。

李商隐《镜槛》:"月中供药剩,海上得绡多。""剩"与"多"反义相对,应是"少"的意思。杜甫《九日(一作日高,一作登高)诸人集于林》:"旧采黄花賸,新梳白发微。""賸"即"剩","剩""微"相对,可理解为"少"。白居易《不二门》:"两眼日将闇,四肢渐衰瘦,束带剩昔围,穿衣妨宽袖。"人趋老病,腰围渐小,一束带,发现比过去的腰围少了,故曰"剩昔围"。"剩"是"少"的意思。李荣《嘲洛邑僧静泰》:"静泰语,莫憳惶。我未发,汝剩扬。""剩"与"未"相对,言我未发言,你不要多说,少讲点。"剩"是"少"的意思。我们只检得这么几例。下面的例证是"剩余"之义,与"少"义有别。本师郭在贻教授举此数例以证"剩"有"少"义,与"多"构成反训关系,恐不太合适①。杜甫《陪郑广文游何将军山林十首》其五:"剩水沧江破,残山碣石开。"牟融《司马迁墓》:"一代高风留异国,白年遗迹剩残碑。"颜令宾《临终召客》:"气余三五喘,花剩两三枝。"

逡巡 本为欲进不进,迟疑不决,由此引申有"迟缓、停留"义。这种"欲进不进,迟疑不决"行为不可能持续长久,故"逡巡"有"迅疾、顷刻"之义②。二者形成反义关系。高适《答侯少府》:"诏书下柴门,天命敢逡巡。"杜甫《寄薛三郎中》:"余病不能起,健者勿逡巡。"武元衡《送崔判官使太原》:"劳君车马此逡巡,我与刘君本世亲。"柳宗

---

① 郭在贻:《训诂丛稿》,132页,上海古籍出版社,1985年。
② 此词的"顷刻"义本师蒋礼鸿教授《敦煌变文字义通释》已发,见此书365页,《蒋礼鸿文集》第1卷,浙江教育出版社,2001年。

元《登蒲州石矶望横江口潭岛深迥斜对香零山(山在永州)》:"信美非所安,羁心屡逡巡。"白居易《酬张十八访宿见赠》:"日高上马去,相顾犹逡巡。"罗隐《途中送人东游有寄》:"离骖莫辞暂逡巡,君向池阳我入秦。"此"迟缓、停留"之义,用作动词。

卢仝《除夜》:"殷勤惜此夜,此夜在逡巡。"(此诗又作姚合诗,皆见《全唐诗》)姚合《送春》:"昨迎今复送,来晚去逡巡。"姚合《庄恪太子挽词二首》其二:"吹笙今一去,千古在逡巡。"张祜《偶作》:"徧识青霄路上人,相逢只是语逡巡。"李商隐《戊辰会静中出贻同志二十韵》:"丹泥因未控,万劫犹逡巡。"周繇《看牡丹赠段成式》:"逡巡又是一年别,寄语集仙呼索郎。"李咸用《升天行》:"梳玄洗白逡巡间,兰言花笑俄衰残。"又《哭所知》:"风灯无定度,露薤亦逡巡。"罗隐《春日登上元石头故城》:"万里伤心极目春,东南王气只逡巡。"章碣《春日经湖上友人别业》:"一年一电逡巡事,不合花前不醉游。"李中《云》:"非烟聊拟议,千吕(一作千里)在逡巡。"韩湘《言志》:"解造逡巡酒,能开顷刻花。"《敦煌变文集·维摩诘经讲经文(一)》:"搅长河为苏酪,只在逡巡。变大地为黄金,都来倾克(顷刻)。"又《妙法莲华经讲经文(一)》:"逡巡时节到三更,中夜亦须思教化。"此言时间之快,是"瞬间、一下子"的意思,用作名词,在句中做宾语、定语和谓语。

元稹《古社》:"逡巡荆棘尽,狐兔无子孙。"又《赛神》:"灵药逡巡尽,黑波朝夕喷。"又《松鹤》:"逡巡九霄外,似振风中铎。"又《感梦》:"逡巡急吏来,呼唤愿且止。"又《连昌宫词》:"逡巡大遍凉州彻,色色龟兹轰录续。"又《琵琶歌》:"逡巡弹得六幺彻,霜刀破竹无残节。"姚合《别胡逸》:"记得春闱同席试,逡巡何啻十年余。"又《八月十五夜看月》:"惆怅逡巡别,谁能看碧空。"李商隐《七月二十八日夜与王郑二秀才听雨后梦作》:"逡巡又过潇湘雨,雨打湘灵五十弦。"薛能《登城》:"无端将吏逡巡至,又作都头一队行。"邵谒《妓女》:"炫耀一时间,逡巡九泉里。"方干《废宅》:"入门缭绕穿荒竹,坐石逡巡染绿苔。"陆希声《寄晋光上人》:"笔下龙蛇似有神,天池雷雨变逡巡。"欧阳炯《贯休应梦罗汉画歌》:"窸窣毫端任狂逸,逡巡便是两三躯。"贯休《归故林后寄二三知己》:"昨别楚江边,逡巡早数年。"吕岩《通道》:"要果逡巡种,思茶逐旋煎。"甘露寺鬼《西轩诗》:"握里龙蛇纸上鸾,逡巡千幅不将难。"孙鲂《主人司空后亭牡丹》:"私心期一日,许近看逡巡。"尹鹗《临江仙》:"西窗幽梦等闲成,逡巡觉后,特地恨难平。"《敦煌变文集·维摩诘经讲经文(一)》:"逡巡总到庵园会,所已经文道一时。"又:"我等暂瞻大圣,略礼慈尊,逡巡便出庵园,倾克(顷刻)却看居士。"又《佛说观弥勒菩萨上生兜率天经讲经文》:"端正岂能长占得,逡巡又被岁年侵。"这也是"瞬间、短暂"的意思,也是名词,在句中做状语和补语(做状语者有人看作副词,我们认为仍是名词,名词做状语是古汉语常见的语法现象)。

按,此词的"迟缓""停留"义是其动词用法,"瞬间""短暂"义是其名词用法(虽则有谓语、宾语、定语、状语和补语的区别,句法地位不一样,但词性还是相同的,仍是名词),词性不一样,不能看作一词含正反两义。本师郭在贻教授将其看作反训词,并收入《训诂丛稿》,不太合适。

乞 唐诗中有"求取"义,也有"送与"义,本师郭在贻教授认为二者构成反义关系,是一个反训词。"求取"义现代仍用,无需举例,"送与"义郭师举了以下例证。杜甫《戏简郑广文虔兼呈苏司业源明》:"赖(一作近)有苏司业,时时与(一作乞)酒钱。"一本"与"作"乞","乞"即"与"。姚合《谢韬光上人赠百龄藤杖》:"衰病近来行少力,光公乞我百龄藤。"罗隐《江南》:"垂衣端拱浑闲事,忍把江山乞与人。"《寒山诗》:"题安糊饼上,乞狗也不吃。"他又引《广雅·释诂》"乞,予也"说:"即给予之意。既有给予,则亦必有取受,故乞字可有正反二训。"按师说甚是。唐诗中的例证还有李白《少年行》:"好鞍好马乞与人,十千五千旋沽酒。"元稹《放言五首》其五:"乞我杯中松叶满,遮渠肘上柳枝生。"松叶酒,可治痹症,见唐孙思邈《备急千金方》。皎然《戏作》:"乞我百万金,封我异姓王。"白居易《偶吟》:"韦荆南去留春服,王侍中来乞酒钱。"又《答次休上人》:"来篇云:闻有余霞千万首,何妨一句乞闲人。"又《答裴相公乞鹤(一作酬裴相公乞予双鹤)》,乞鹤即予鹤。又《送鹤与裴相临别赠诗》:"司空爱尔尔须知,不信听吟送(一作乞)鹤诗。"又《闲吟二首》其二:"嵩洛供云水,朝廷乞俸钱。"冯衮《掷卢作》:"合是赌时须赌取,不妨回首乞闲人。"权德舆《奉和崔评事寄外甥刘同州并呈杜宾客许给事王侍郎昆弟杨少尹李侍御并见寄之作》:"谢公尝乞(音气)墅,宁氏终相宅。"韩愈《送灵师》:"得客辄忘食,开囊乞缯钱。"张籍《赠王司马》:"藏得宝刀求主带,调成骏马乞人骑。"宋廖行之《贺新郎·赋木樨》:"上界真仙多才思,乞与瑶阶玉树。"刘辰翁《法驾导引·又》:"床下玉灵头戴九,手中铜叶锦添花。乞汝作飞霞。"刘克庄《沁园春·答陈上舍应祥》:"把一枝彩笔,掷还郭璞,些儿残锦,回乞天孙。"吴镒《水调歌头柳州北湖》:"乞我飞霞佩,从子广寒宫。"金王若虚《别家》:"谁能置我无饥地,却把微官乞与渠。"清钱大昕《十驾斋养新录·假借乞》:"乞之与乞一字也。取则入声,与则去声。"

归 《说文》:"女嫁也。"自男家而言,是归来;自女家而言,是归去。所以"它既有归来之义,又有归去之义。来去乃相对而言,实际是一件事情的两个方面"。[①]"归来"就是返回,这是词典的常见解释。"归去"就是离开,这个解释词典少见。我们举作"归去"解的例证。刘长卿《送王员外归朝》:"芳时万里客,乡路独归人。""独归人",只有回去的人。又《惠福寺与陈留诸官茶会(得西字)》:"能令归客意,不复还东溪。"又《弄白鸥歌》:"归客正夷犹,爱此沧江闲白鸥。"又《岳阳楼》:"楼前归客怨秋梦,湖上美人疑夜歌。"李益《闻亡友王七嘉禾寺得素琴》:"讵欲匣孤响,送君归夜泉。"武元衡《重送卢三十一起居》:"旧府东山余妓在,重将歌舞送君归。"长孙佐辅《南中客舍对雨送故人归北》:"几年客吴君在楚,况送君归我犹阻。"储嗣宗《送人归故园》:"从来忆家泪,今日送君归。"张贲《送浙东德师侍御罢府西归》:"杨柳渐疏芦苇白,可怜斜日送君归。"唐诗常以"送某某归某地"为诗题,这种"归"皆"归去"之义。

漏 宋元时期有"遮""藏"之义。盖得义于"露"。"露""漏"双声,韵亦相近。今北方话"露出来"的"露"仍与"漏"同音,故二字可借用。"露"有"暴露"义,亦有"遮覆"之义。盖"露"之下物,于物本身为"暴露"。《礼记·孔子闲居》:"地载神气,神气风霆,风霆流形,庶物露生,无非教也。"孔颖达疏:"言众物感此神气风霆之形,露见而生。"而物之下则有所"遮盖",故"露"又有"遮盖"之义。《释名·释天》:"露,虑也,覆虑物也。"又《释宫室》:"庐,虑也。取自覆虑也。"皮锡瑞曰:"复虑盖古语,亦谓之覆露。《汉书·晁错传》:'覆露万民。'《严助传》:'陛下垂德惠以覆露之。'《淮南·时则篇》:'包裹覆露。'皆以覆露连文,即覆虑也。虑、露一声之转。"依《释名》的说法,"露"得声义于"覆虑"之"虑"。盖自天空而言,"露"对地上万物无不覆盖,故"露"有"覆盖"之义。《诗·小雅·白华》:"露彼菅茅。"马瑞辰《毛诗传笺通释》云:"露,犹覆也,连言之则曰覆露。"《慧琳音义》卷九二云:"露者,《韩诗外传》云:露,覆也。贾逵注《国语》云:露,盖也。"《国语·晋语六》:"智子之道善矣,是先主覆露子也。"《汉书·爰盎晁错传》:"今陛下配天象地,覆露万民,绝秦之迹,除其乱法。"又《严助传》:"陛下垂德惠以

---

① 郭在贻:《训诂丛稿》,133 页,上海古籍出版社,1985 年。

覆露之,使元元之民安生乐业,则泽被万世,传之子孙,施之无穷。""覆""露"连文,"露"亦覆也。故刘氏认为"露,虑也,覆虑物也"。"覆虑"连文,"虑"亦"覆"也。《汉书》"覆露"连文,"露"也是"覆"的意思。旧注:"露,膏泽也。"非是。汉译佛经有"交露"一词,《汉语大词典》释为:"指用交错的珠串组成的帷幔。其状若露珠,故称。"并引《无量寿经》卷上:"又讲堂精舍宫殿楼观,皆七宝庄严自然化成,复以真珠明月摩尼众宝,以为交露,覆盖其上。"为证。从所引例来看,《汉语大词典》的解释是对的;但若注意到西晋法立共法炬译《大楼炭经》的例证,则这种解释要重新考虑了。如《大楼炭经》卷一:"北方天下有树,曲合如交露,北方天下人,在下卧起,男女各异处。"这个"交露"就是"交互覆盖的盖子"的意思,与用什么做成无关。又:"北方天下人,有树名象兜,交曲上合如交露,人民在上止宿,男女各异处。"又卷二:"复次其有罪人,堕大泥犁烧炙中者,泥犁旁牵人入铁交露中,自然有火,烧炙毒痛,是故名为烧炙。"这个"交露"是铁做的,其状未必若露珠,《汉语大词典》的解释更站不住脚了。《大楼炭经》卷五:"作百重栏楯,一一栏楯间,各作七百交露,一一交露中,有七百玉女,一一玉女,有七百侍者。"这个"交露"就是个大顶盖,与用什么做成无关。东晋僧伽提婆译《中阿含经》卷五九:"供养三善根,三痛三覆露。""覆""露"连文,"露"亦"覆"。宋元时期,"露"音转为"漏",而仍有"遮藏"之义。《梦粱录》卷十三"夜市":"大街关扑,如……细画绢扇,细色纸扇,漏尘扇柄,异色影花扇。"《元曲选外编·陈母教子》一折:"我做了官,戴一顶前漏尘羊肝、漆一定墨乌纱帽。你身穿甚么?"无名氏《醉太平·叹子弟》曲:"戴一顶十花九裂遮尘帽。"字径做"遮",可证。《元曲选·鸳鸯被》三折:"张瑞卿云:当初有三媒六证,花红羊酒,娶小娘子来,可怎生在这里就不来顾你。(正旦唱)[耍三台]当初也无红定无媒证。(张瑞卿云:这等怎生成亲来? 正旦唱)做的来藏头漏影。"元曲中有"漏面贼"一词,"漏面"即"蒙面"。诸"漏"字皆当训"遮""藏"。

　　从上文的例证可以看出,凡一词含正反两义者,其所表概念(动作行为/性质状态)皆具有相对或相反的特点,失去任何一方,另一方都不存在。无论是"给予"类,还是"比较"类,无论是"买卖"类,还是"治乱"类,无论是"遮藏"类,还是"香臭"类,都相互依存,都是一件事的两个方面,这是一词含正反两义的前提。训诂学的反训离不开这个前提。

　　现代的词汇学者大多反对"反训"的说法。从词义引申的角度来说,一个词所表达的概念本来就含正反两面。如"受","受"的动作本身就有"授者"和"受者"两个方面,缺乏任何一个方面,这个动作都无法完成。从词义发展的角度来说,不存在正义、反义的问题,研究者不同意反训是有道理的。但是,从训诂的角度来说,将这种现象说成"反训",也没有什么不可。"训诂"就是解释古代文献中不易理解的词语,为了便于理解,将这种解释词语的方式叫作反训,没有什么不可以。一个是语义学,一个是训诂学;不同的学科,不同的要求;没必要用语义学的概念和逻辑来要求训诂学,也没必要用训诂学的概念和逻辑来要求语义学。

2. 反义词关系的改变

由于词义的发展,新词的出现,反义关系也有所改变。本不是反义的,近代变成了反义关系;但大多数是中古以后的新词,与古代的旧词形成新的反义关系,而不破坏原先的反义词系统。只是加入,而不是取代。既然是加入,则会出现一词与多个词构成反义关系的情况。如:

穷:达—穷:富 古汉语"穷"与"达"是一对反义词。《说文》:"达,行不相遇也。"不相遇,则通畅无阻,一帆风顺。"穷",《说文》云:"极也。"极者,竟也,止也。一个通畅无阻,一个被止,故二词构成反义关系。先秦两汉典籍中常"穷""达"对举,以"穷"表仕途不得意,以"达"表直步青云。中古以降,"穷"引申有贫穷义,与"富"成为反义关系。《大楼炭经》卷六:"若有人布施沙门道人及贫穷乞匄者。"《长阿含经》卷六:"沙门瞿昙出大财富、大威德家,我生下穷鄙陋小家故,致供养礼敬如来也。"又:"国有孤老,当拯给之。贫穷困劣。有来取者,慎勿违逆。"又:"我贫穷饥饿,不能自存,故为贼耳。"韩愈有《送穷文》。苏轼《答程全父推官书》其五:"儿子比抄得《唐书》一部,又借得《前汉》欲抄,若了此二书,便是穷儿暴富也。"是其证。

钝:利—钝:快 先秦"钝"与"利"构成反义关系。《荀子·性恶篇》:"钝金必将待砻厉然后利。"《韩非子·显学》:"水击鹄雁,陆断驹马,则臧获不疑钝利。"两汉隋唐时期仍之。《潜夫论·考绩》:"夫剑不试则利钝闇,弓不试则劲挠诬。"《论衡·案书篇》:"两刃相割,利钝乃知。"《三国志·魏·臧霸传》:"公明于利钝,宁肯捐吾等邪?"《魏书·赵俨传》:"故顺辞求效,乘衅因变,以观利钝耳。"后秦佛陀耶舍共竺佛念译《长阿含经》卷一:"根有利钝,教有难易。"北凉昙无谶译《悲华经》卷七:"若有众生于诸根中不知利钝,闻佛说法,即知利钝。"意义略有不同,但仍为反义关系。中唐以降"快"有锋利之义,与"钝"形成新的反义关系,而原反义关系仍然存在。杜甫《戏题王宰画山水图歌》:"焉得并州快剪刀,剪取吴松半江水。"又《李潮八分小篆歌》:"况潮小篆逼秦相,快剑长戟森相向。"韩愈《石鼓歌》:"快剑斫断生蛟鼍,鸾翔凤翥众仙下。"李商隐《行次西郊作一百韵》:"快刀断其头,列若猪牛悬。"陆龟蒙《杂讽九首》其九:"古铁久不快,倚天无处磨。"敦煌卷子《字宝碎金》去声:"刃䂿钝。""䂿"音枯怪反,与"快"同音,盖"快"之假借。"快""钝"构成反义关系。

慢:敬—慢:快 先秦时代"慢"与"敬"构成反义关系。《说文》:"敬,肃也。""肃,持事振敬也。从聿在肙上,战战兢兢也。"是尊敬的意思。其反义词是"尊敬"的反面,在先秦用"慢"表示。《说文》:"慢,惰也。从心曼声。一曰慢,不畏也。"畏则敬,不畏则不敬,不敬则轻忽、怠慢。故"慢"有"轻忽、怠慢"义。《书·咸有一德》:"夏王弗克庸德,慢神虐民。"《周礼·春官·肆师》:"祭之日……相治小礼,诛其慢怠者。"贾公彦疏:"谓执事之人,有惰慢懈怠者,则诛责之。"《管子·中匡》:"赐小国地,而后可以诛大国之不道者;举贤良,而后可以废慢法鄙贱之民。"故与"敬"构成反义关系,文献中常见"敬""慢"相对使用。《荀子·议兵》:"凡百事之成也,必在敬之;其败也,必在慢之。"又《礼论》:"夫厚其生而薄其死,是敬其有知,而慢其无知也。"又《君子篇》:"敬贤者存,慢贤者亡,古今一也。"《史记·乐书》二:"心中斯须不和不乐,而鄙诈之心入之矣;外貌斯须不庄不敬,而慢易之心入之矣。"《论衡·状留篇》:"子弟傲慢,父兄教以谨敬。"《潜夫论·贤难》:"今世俗之人,自慢其亲而憎人敬之,自简其亲而憎人爱之者不少也。"

心慢反映在行动上就是动作慢、速度慢,在这个意义上与"快"构成反义词。《诗·郑风·大叔于田》:"叔马慢忌,叔发罕忌。"郑玄笺:"田事且毕,则其马行迟。"《说文》:"趨,行迟也。"段玉裁注:"今人通用慢字。"朱骏声云:"今迟钝意以慢为之。"桂馥云:"反快为趨。"实际上"趨"是"慢"的分化字。《旧唐书·宪宗》上:"入衙入阁,执笏不端,行立迟慢。"又《魏徵传》:"人言魏徵举动疏慢,我但觉妩媚,适为此耳。"《敦煌变文集·八相变》:"两手乃牢扶柱杖,看人不识,共语无应,缓行慢行,粗喘细喘。"唐李洞《送包处士》:"性急却于棋上慢,身闲未免药中忙。"刘长卿《花石潭》:"人闲流更慢,鱼戏波难定。"又《送贾侍御克复后入京》:"晴云淡初夜,春塘深慢流。"钱起《江行无题一百首》其六五:"橹慢开(一作生)轻浪,帆虚带白云。"(一作钱珝诗。)畅当《偶宴西蜀摩诃池》:"浅觞宁及醉,慢舸不知移。"张蒙《晓过南宫闻太常清乐》:"慢随飘去雪,轻逐度来风。"王建《贻小尼师》:"身轻礼拜稳,心慢记经迟。"又《隐者居》:"何物中(一作堪)长食,胡麻慢火熬。"又《初授太府丞言怀》:"病童唤(一作嗔)着唯行慢,老马鞭多转放顽。"唐诗中这类例证颇多,不备举。《云笈七签》卷二五:"夜半清静,坐卧任意。安体静心,慢气调神,临目内视。"又卷七二:"日月有迟疾,药性有燥慢,此之是也。"又卷七六:"上用勘盆子盖铛,以泥固济,周回令密,慢火锻之,却令汞飞上,以汞尽为度。"可疑的是,《诗经》已出现"快慢"之"慢"字,而自秦汉至魏晋的文献中皆未见用例,直到唐代才发现"慢"的例证,是文献不足征?还是此词只活跃在口语中,而传世的经籍文献不用此词,用则不雅?也许两种可能性都存在。

《说文》:"快,喜也。"段玉裁注:"引申之义为疾速。俗字作駃。"《广雅·释诂》二:"遆,快也。"王念孙《疏证》:"今俗语犹谓疾为快矣。"按,心理的"快"很容易导致行为的"快",故引申有"迅疾"义。早期写作"駃",马跑得快,所以从马。汉杨孚《异物志》:"日南多駃牛,日行数百里。"后汉支娄迦谶译《佛说无量清净平等觉经》卷一:"池中水流亦不迟亦不駃。"后汉昙果共康孟详译《中本起经》卷一:"顶光烛幽昧,何駃忽无常。"吴支谦译《太子瑞应本起经》卷二:"时尼连禅水,长流駃疾,佛以自然神通,断水令住,使水隔起,高出人头,令底扬尘,佛行其中。"西晋竺法护译《生经》卷二:"风有五事:寒冷之类,轻飘駃疾,有所飘吹,出入得通,有诸响声。"元魏慧觉等译《贤愚经》卷四:"时彼林边有大河水,既深且駃。"东晋佛陀跋陀罗译《佛说观佛三昧海经》卷十:"既上树已,六兵乘象駃疾如风,寻复来至。"后秦鸠摩罗什译《大智度论》卷七:"海水入中,船去駃疾。"慧琳《一切经音义》卷二六:"駃河(史吏反,《苍颉篇》云:駃,疾也。字从史。经文作駃,古穴反,谓駃騠,骏马也)。"按,经文的"駃"皆有异文"駃",二字形近,而且都有"迅疾"之义。有可能原本作"駃",以形近误作"駃",从而使"駃"也具有"迅疾"之义。这又是一种解释。《说文》:"駃,駃騠,马父骡子也。"慧琳解释为骏马。骏马跑得快,故"駃"有"迅疾"义。但"駃"与"駃騠"有别:"駃騠"是骏马,"駃"不一定也是骏马。从引申的角度来说,"駃"的"迅疾"义,不应来自骏马,而有可能来自"快乐"的"快",属心理的"快"向行为的"快"的引申。段玉裁说"快""引申之义为疾速,俗字作駃",是有道理的。做迅疾解释的"駃",应读苦央切。晋崔豹《古今注·杂注》:"曹真有駃马名为惊帆,言其驰骤如烈风之举帆疾也。"《广韵》去声夬韵:"駃,駃马,日行千里。"北魏贾思勰《齐民要术·养牛马驴骡》:"牛岐胡有寿,眼去角近,行駃。"字或写作"快"。后汉竺大力共康孟详译《修行本起经》卷二:"作福之报快,众愿皆得成。"吴康僧会译《六度集经》卷七:"喘息长短即自知,喘息动身即自知,喘息微著即自知,喘息快不快即自知,喘息止走即自知,喘息欢戚即自知。"下文言"欢戚",则"快不快"的"快"不是"喜乐"的意思,应是"迅疾"的意思,否则文意重复。东晋僧伽提婆译《中阿含经》卷三十:"身力成具足,善速往来快。"又卷三一:"汝可速起,行欲布施,快修福业。"行,将也。快,则为"赶快"的意思,不是"高兴"之义。又卷三七:"瞿昙!甚奇!甚特! 快说此喻。"《洛阳伽蓝记》卷四:"快马健儿,不如老妇吹篪!"《乐府诗集》卷二五录陈诗"折杨柳歌辞":"健儿须快马,快马须健儿。必跋黄尘下,然后别雄雌。"《诗纪》卷六九录陈诗"幽州马客吟歌辞":"快马常苦瘦,剿儿常苦贫。"《南史·曹景宗传》:"我昔在乡里,骑快马如龙。"张九龄《江上遇疾风》:"瓦飞屋且发,帆快樯已摧。"杜甫《送从弟亚赴安西(一作河西)判官》:"孤峰石戴驿,快马金缠辔。"又《投简成华两县诸子》:"赤县官曹拥材杰,软裘快马当冰雪。"又《阻雨不得归瀼西甘林》:"令儿快搔背,脱我头上簪。"李贺《马诗》其五:"何当金络脑,快走踏清秋。"又《出城别张又新酬李汉》:"地理阳无正,快马逐服辕。"顾况《李供奉弹箜篌歌》:"小弦短,小弦紧快大弦缓。"元稹《缚戎人》:"边头大将差健卒,入抄禽生快于鹘。"白居易《鹦鹉》:"谁能拆笼破,从放飞鸣去。"又《秋日与张宾客舒著作同游龙门醉中狂歌凡二百三十八字》:"不寒不热好时节,鞍马稳快衣衫轻。"与"慢"构成反义关系。

睡:觉——睡:醒 《说文》:"睡,坐寐也。"坐寐即打瞌睡。引申为"睡觉",《汉书·贾谊传》"陈政事疏":"将吏被介胄而睡。"即其证。《说文》:"觉,寤也。"与"睡"成为反义词。古之"睡觉"是个词组,是"睡"而"醒来"的意思,与今义别。白居易《长恨歌》"云鬓半偏新睡觉"即"睡而醒来",但白氏《何处堪避暑》中既用作"醒",又用作"睡"的量词,诗曰:"游罢睡一觉,觉来茶一瓯。"前面的"觉"用作量词,后面的"觉"用作动词,是"醒"的意思。皮日休《鹿门夏日》:"山人睡一觉,庭鹊立未移。"这个"睡一觉"的"觉",可看作量词,表示次数;也可看作动词,数词"一"修饰"觉",是"一醒来就"的意思。但我们采用第一种解释。《全唐诗补编·全唐诗续拾卷四一·五代上》录敬新磨诗:"六只眼儿睡一觉,抵别人三觉。"(摘自宋张世南《游宦纪闻》卷二)及乎有宋,"觉"不再只表"睡醒",有时可用作"睡"的量词。《朱子语类》卷一:"如大睡一觉,及醒时却有精神。"后面有"醒"字,则前句的"觉"不再是"醒"的意思了。宋黄公绍《施经斋会戒约榜》:"一觉黄粱之梦,百年大槐之宫。""觉"与"年"相对,应该是量词。晁端礼《虞美人》:"一觉扬州梦,不知何物最多情。"这个"觉"可理解为动词"醒",也可理解为量词。冯时行《蓦山溪·村中闲作》:"一壶酒,一声歌,一觉醺醺睡。"连久道《清平乐·渔父》:"一觉游仙好梦,任它竹冷松寒。"吴文英《夜游宫》:"叙别梦、扬州一觉。"这些就只能理解为量词了。《广韵·效韵》"觉"字下云:"睡觉。"音古孝切。入声《觉韵》下:"晓也,大也,明也,寤也,知也。"音古岳切。"寤"就是"睡醒",是知"睡醒"的"觉"是入声读,"睡觉"的"觉"是去声读,二者宋代就有区别。但《集韵》去声下的"觉"释为"寤也",入声下的"觉"引《说文》也释为"寤也",二者没有区别,不知何故。我们认为,古岳切今音应读 jué,根据音义契合原则,此音对应的词义应是"明也、晓也、悟也",而不是"睡觉"的"觉"。如此,则《集韵》与《广韵》的解释没有区别。继而"睡觉"连文,"觉"亦"睡"也。元代元长说、嗣诏录《千岩和尚语录》卷一:"二十余年住伏龙一茅庵,对两三峰,近来老病,唯贪睡觉。"《元曲选·蝴蝶梦》楔子:"我小时看见俺爷在上头,俺娘在底下,一同床上睡觉来。"又《青衫泪》一折:"你只管里睡觉,谁送钱来与你!"张可九《正宫·汉东山》:"人生梦南柯,睡觉来也未哥,积玉堆金待如何?"《元曲选·盆儿鬼》三折:"每日价铺着这羊皮,暖烘烘的睡觉,怎么今日冰也似这般冷的。"元曲的例证大多出现在宾白中,只能看作明代的用例。《西游记》三二回:"我往那里睡觉去,睡一觉回去,含含糊糊的答应他,只说是巡了山,就了其帐也。"《金瓶梅》五二回:"傻小淫妇儿,他怎的睡不安稳?又没拿了他去。落合的在家里睡觉儿哩。"《醒世恒言》卷九:"要看时,你自去看,老娘要睡觉哩。"皆其证。

"觉"何以有"睡"义,究其原因,可能有两个:一是"睡觉"常连文,在"睡觉"这个结构中,"睡"处于第一个音节,又是禅母字(浊声母),故重读("觉"作睡醒解时读去声,与"睡"同声调;同声调字连用,浊音字的音量大些,所以重读),重读字在意义上得到强调,而非重读的"觉"字的意义则渐渐弱化,从而被"睡"字吸收,故"睡觉"就是"睡"。二是"醒"字有了"睡醒"义,"睡"与"觉"在口语中不再构成反义关系,导致"觉"的意义弱化,被"睡"字吸收,"睡觉"就是"睡"。

. 唐以降,"醒"由"酒醒"引申为"睡醒",从而使"睡"与"醒"构成反义关系。隋无名释《马明生临去箸诗三首》其一:"奄忽睡觉醒,生生世所悟。""醒"字有异文"顷",难以作为确证。全唐诗有不少例证,今各家举一例以见一斑。杜甫《早发》:"颓倚睡未醒,仆夫问盥栉。"元稹《出门行》:"一朝龙醒寤,本问偷珠事。"上文云:"偷珠待龙睡。"是知"醒"与"睡"相反对。张碧《美人梳头》:"玉容惊觉浓睡醒,圆蟾挂出妆台表。"周匡物《自题读书堂》:"黄昏不欲留人宿,云起风生龙虎醒。"上句有"宿",则下句"醒"为"睡醒"。章孝标《游云际寺》:"云领浮名去,钟撞大梦醒。""梦"是睡的状态,故可与"醒"构成反对。皮日休《奉酬鲁望夏日四声四首·平去声》:"村深啼愁鹃,浪霁醒睡鹭。"方干《秋夜》:"度鸿惊睡醒,敲枕已三更。"徐夤《赠月君》:"出水莲花比性灵,三生尘梦一时醒。"李洞《对棋》:"侧楸敲醒睡,片石夹吟诗。"熊皎《句》:"厌听啼鸟梦醒后,慵扫落花春尽时。"李中《庐山栖隐洞谭先生院留题》:"偶然醒得庄周梦,始觉玄门兴味深。"成彦雄《寒夜吟》:"猧儿睡魔唤不醒,满窗扑落银蟾影。"谭用之《别何处士陵俊老》:"三皇上人春梦醒,东侯老大麒麟生。"吕岩《题东都妓馆壁》:"玉楼唤醒千年梦,碧桃枝上金鸡鸣。"魏承班《诉衷情》一:"思君无计睡还醒,隔层城。"宋代则常见"睡醒"连文,"睡"为名词,"醒"为动词。大多数情况下,口语中"醒"已取代"觉"("睡醒"义)。晁端礼《浣溪纱》:"湘簟纱厨午睡醒,起来庭院雨初晴。"程垓《谒金门》:"浓睡醒,惊对一帘秋影。"黄裳《卖花声·本意》:"画楼睡醒,正眼横秋水。"李石《木兰花》:"辘轳轧轧门前井,不道隔窗人睡醒。"楼采《二郎神》:"露床转玉,唤睡醒、绿云梳晓。"卢祖皋《锦园春三犯·又赋海棠》:"玉环睡醒未足。记传榆试火,高照宫烛。"《太平广记》卷六七"妙女":"又睡醒而说,婚嫁礼一如人间。"又卷二七二"任瓌妻":"既睡醒,帝谓瓌曰:'其性如此,朕亦当畏之。'"元高文秀散曲《黄钟·啄木儿》:"朦胧睡、巧梦成,偶一佳人伴瘦形。正温存云雨将兴,被黄鹂弄声惊醒。"《元曲选外编·七里滩》三折:"黑甜一枕,直睡到红日三竿,犹兀自唤不的我醒。"《元曲选·玉镜台》二折:"若是寝正浓,梦乍醒,且休问斜月残灯,直睡到东窗日影。"又《窦娥冤》:"做睡科。""窦天章做醒科。"皆其证。

　　肥:胖/瘦—胖:瘦　《说文》:"肥,多肉也。""胖,瘦也。""痩,臞也。""臞,少肉也。""肥"与"胖"(文献作"瘠")/"瘦"在先秦是一对反义词。《管子·问》:"时简稽帅马牛之肥胖,其老而死者皆举之。"《墨子》卷五:"与其牛马,肥而往,瘠而反,往死亡而不反者,不可胜数。"《左传·襄公二十九年》:"何必瘠鲁以肥杞?"《国语·楚语上》:"民实瘠矣,君安得肥?"《逸周书·月令解第五十三》:"视全具,案刍豢,朝肥瘠,察物色。"《吕氏春秋·仲秋纪第八·仲秋》:"瞻肥瘠,察物色。"《论衡·非韩篇》:"故礼义在身,身未必肥；而礼义去身，身未必瘠，而化衰。""瘦"较早的例证见于《庄子》和《韩非子》。如《庄子·盗跖》："人上寿百岁，中寿八十，下寿六十，除病瘦死丧忧患，其中开口而笑者，一月之中不过四五日而已矣。"《韩非子·内储说下六微》："中山有贱公子，马甚瘦，车甚弊。"但未与"肥"同文出现以构成反义关系，这可能与文章的内容有关。与"肥"同文出现以构成反义关系的见于成书于战国时期的《灵枢经》。《灵枢经》卷二："故刺肥人者，以秋冬之齐；刺瘦人者，以春夏之齐。"又卷六："愿闻人之白黑肥瘦少长，各有数乎？"又卷九："人之肥瘦大小温寒，有老壮少小，别之奈何？"后汉竺大力共康孟详译《修行本起经》卷一："不长不短，不白不黑，不肥不瘦，是以名为玉女宝也。"后汉康孟祥译《佛说兴起行经》卷一："不肥不瘦，色犹红莲华，皆能伏心意。"三国吴康僧会译《六度集经》卷七："殿有五百妓人，不肥不瘦，长短无诃。"吴支谦译《太子瑞应本起经》卷一："不肥不瘦，不长不短，不白不黑，才能巧妙，各兼数妓。"《三国志·魏·吴质传》："时上将军曹真性肥，中领军朱铄性瘦，质召优，使说肥瘦。"《说文》："胖，半体肉也。一曰广肉。"段玉裁于"广肉"下注："胖之言般也。般，大也。《大学》'心广体胖'，其引申之义也。"是知"胖"有"大"义。《说文》："伴，大皃。"段注："《大学》注：'胖犹大也。''胖'不训大，云犹者，正谓'胖'即'伴'之假借也。"今按，"胖""伴"皆从"半"声，声中应有义。对于整体来说，半是二分之一，对于局部来说，半就比较多了，故引申有"多、大"之义。《汉书·李陵传》："（李陵）令军士人持二升糒，一半冰，期至遮虏鄣者相待。"颜师古注："半读曰判。判，大片也。时冬寒有冰，持之以备渴也。"说"半"是"判"之假借完全可以，说"半"引申有"大义"也可以，将"半""胖""判"说成同源关系仍然可以。

唐诗中常见"半"与"全"相对，蒋绍愚先生释"半"为"俱、全"，实则应是"大多"的意思。释为"全"则上下文意合掌，不是佳对；释为"大多"则上下文意略有区别，对偶的形式会更好。从词义的发展脉络来说，更有依据。李世民《远山澄碧雾》："带岫凝全碧，障霞隐半红。"蒋先生所引李白《宫中行乐词》："艳舞全知巧，娇歌半欲羞。"杜甫《大历三年春白帝城放船出瞿塘峡久居夔府将适江陵漂泊有诗凡四十韵》："书史全倾挠，装囊半压濡。"皆应释为副词"大多"。尽管他说"半"有"俱、全"之义，是由"多半、大半"引申而来的[①]，但其倾向还是主张释"半"为"俱、全"。我们认为这个解释太实，

[①] 蒋绍愚：《唐诗语言研究》，311—313页，中州古籍出版社，1990年。

不太合适。我们说"半"有"大"义、"多"义，唐诗的用例也可佐证。

由"大义"进一步引申，则有肥胖义，与"瘦"成为反义词。《朱子语类》卷一三七："荀子虽然是有错，到说得处也自实，不如他说得恁地虚胖。"这个"胖"应是"大"的意思，但"肥胖"的"胖"应是这种"胖"义的引申。宋华岳著《翠微先生北征录》卷七："故第一等甲所以给肥胖之士也，肥胖之士亦有长短。"《东京梦华录》卷二："寺东骰子李家，黄胖家。"从字面上看，"黄胖家"应是姓黄的胖子家。但此书卷七有："都城之歌儿舞女，遍满园亭，抵暮而归。各携枣锢、炊饼、黄胖、掉刀、名花异果、山亭戏具、鸭卵鸡匏，谓之'门外土'。"则"黄胖"似乎是一玩具。南宋庞元英《谈薮》："席间有献牵丝傀儡为土偶负小儿者，名为迎春黄胖。"据上下文，则"黄胖"是土偶的别称。宋叶绍翁《四朝闻见录·黄胖诗》："韩（侂胄）以春日宴族人于西湖，因土为偶，名曰黄胖。"为什么叫"黄胖"？土色黄，偶体大，故称土偶为"黄胖"。土偶像人，以"胖"名之，是用其"肥胖"之义，非独"大"也。金刘祁著《归潜志》卷九："许州有苏嗣之者，……富于财，以赀入官，交结权要、短衣，女直中士大夫多以为笑。以其肥硕也，呼为'苏胖'。"元王和卿《双调·拨不断·胖妻夫》："一个胖双郎，就了个胖苏娘，两口儿便似熊模样。"马致远《南吕·四块玉·叹世》："带月行，披星走，孤馆寒食故乡秋。妻儿胖了咱消瘦。"又《般涉调·耍孩儿·借马》："逐宵上草料数十番，喂饲得漂息胖肥。"汤舜民《正宫·小梁州·太真》："开元天子好奢华，太真妃选作浑家。东风吹动祸根芽，娘牵挂，没乱煞胖娃娃。"《挂枝儿》："相思亦瘦，贪花亦瘦，瘦可怜又可憎也。要作恩爱夫妻，须是一对胖子，岂不可笑。"明李乐《见闻杂记》："有一生肥胖，方出学道门即中暑而卒，二日抵家，尸已腐而难收矣。"《西游记》十三回："一条胖汉，称是特处士。"《汉语大词典》引《水浒传》"胖和尚"的例证，太晚。

四、近代汉语词义的运动和发展

（一）近代汉语词义与古、今汉语词义的异同

词义既有继承，也有发展。继承的一面，使我们能基本读懂古代的各种文献，使文化得以延续；发展的一面，使我们不能全面、深入理解不同时代的文献，使我们有隔

第四章 近代汉语词义研究

代之叹。即使同一词,在不同的时代,词义和词义系统也有所改变。或旧义消亡,或新义产生,或旧义未消亡而新义产生。如:

念 中古以来,"念"常作"爱怜"[①]解,与"思念"之义别。较早的例证见于后汉。后汉安世高译《婆罗门子命终爱念不离经》卷一:"彼时有异婆罗门,有一子命终,爱念不离。"这个"念"也可看作思念。因与"爱"连用而产生"爱"义。后汉竺大力共康孟详译《修行本起经》卷一:"圣王爱念,甚奇甚异。"三国吴康僧会译《六度集经》卷七:"尽内秽垢,无贪爱念。"西晋竺法护译《应法经》卷一:"彼行不舍离已,不爱不念法转减,爱念法转增,此法是智慧慧者所说。"东晋瞿昙僧伽提婆译《中阿含经》卷四:"我唐爱念、敬待彼女,然彼女人更与他语,共相闻讯,往来止宿,我今宁可因自苦自忧故,断为彼女爱念、染着耶?"《世说新语·方正》:"蓝田爱念文度,虽长大犹抱着膝上。"梁简文帝《与衡山侯恭手令》:"长以控短,静以制躁,早蒙爱念,敢布腹心。"此则"爱念"连文。南朝宋臧质《举兵上表》:"念旧爱老,无一而存。"谢灵运《江妃赋》:"惧展爱之未期,抑倾念而暂伫。""念"与"爱"对文,"念"亦"爱"也。宋呵罗单国王毗沙跋摩《又上表》:"扬州城无忧天主,愍念群生,安乐民人。"例中"念"为"怜"的意思。

有唐以降,"念"作"爱"或"怜"解的用例渐多。骆宾王《代女道士王灵妃赠道士李荣》:"相怜相念倍相亲,一生一代一双人。"又:"分念娇莺一种啼,生憎燕子千般语。""念""憎"相对,皆为"爱怜"的意思。李白《紫骝马》:"挥鞭万里去,安得念(一作恋)春闺。"异文作"恋",可证"念"是"爱"义。韦应物《天长寺上方别子西有道》:"聊登释氏居,携手恋(一作念)兹晨。"又《送杨氏女》:"尔辈况无恃,抚念益慈柔。"吕温《道州秋夜南楼即事》:"谁念(一作怜,又作令)独坐愁,日暮此南楼。"白居易《弄龟罗》:"物情少可念,人意老多慈。"乔知之《定情篇》:"君念菖蒲花,妾感苦寒竹。""念"和"感"都是"喜欢"的意思。李贺《南园》:"桥头长头相哀念,因遗戎韬一卷书。"又《勉爱行二首送小季之庐山》:"江干幼客真可念,郊原晚吹悲号号。"齐己《放猿》:"王孙可念愁金锁,从(一作纵)放断肠明月中。"无名氏《咏崔五嫂》:"自然能举止,可念无方比。"韩愈《殿

[①] 《汉语大词典》"念"字下的第五义项是"爱怜",最早的例证是《书·多士》:"惟时天罔念闻,厥惟废元命,降致罚。"孔颖达疏:"惟是桀有恶辞,故天无复爱念,无复听闻。"第二个例证是唐诗的例证,上下时间相差太远,故我怀疑《多士》中的"念"不作"爱念"解,而是作一般的思念解。

中少监马君墓志》:"姆抱幼子立侧,眉眼如画,发漆黑,肌肉玉雪可念,殿中君也。"《朱子语类》卷一一〇:"只见所犯之人为可悯,而不知被伤之人尤可念也。"李清照《凤凰楼上忆吹箫》:"惟有楼前流水,应念我终日凝眸。"《元曲选外编·霍光鬼谏》三折:"感陛下特怜念旧公侯,亲自来问候。"诸"念"字皆当作"怜"或"爱"解释。《说文》:"念,常思也。"对物的"思",是怀念;对事的"思",是追忆;对人的"思",是挂念。不爱不怜,怎会挂念? 故引申有"爱"和"怜"的意思。从时间的角度来说,对过去的"思",是缅怀;对现在的"思",是思考;对未来的"思",是畅想。这类"思"引申不出"爱"和"怜"的意义来。《释名·释言语》:"念,粘也。意相亲爱,心粘着不能忘也。"刘氏说语源未必可靠,但揭示出"念"有"亲爱"之义,则是正确的。

抬　在中古汉语里是"举"的意思。《慧琳音义》卷三五引《韵诠》云:"抬,举也。"谓举之使高,不限人数。《慧琳音义》有"抬眉"一词,释云:"尊者眉长覆眼,故以右手举之也。"又有"抬裙"一词,慧琳引《考声》云:"抬,举也。……抬裙者,抠衣也。"还有"抬举"一词,慧琳引《通俗文》云:"举振谓之抬也。"元稹《高荷》:"亭亭自抬举,鼎鼎难藏擪。"罗隐《春风》:"但是秕糠微细物,等闲抬举到青云。"顾敻《荷叶杯》:"泥人无语不抬头。"《祖堂集》卷十二:"师抬起手,打两掴。"皆指一般的举。后来特指二人或二人以上的合力扛举。白居易《马坠强出赠同座》:"足伤遭马坠,腰重倩人抬。"王建《宫词》其二七:"金砌雨来行步滑,两人抬起隐花裙。"王仁裕《开元天宝遗事》"步辇召学士"条:"上令侍御者抬步辇召学士来。"《旧唐书·安禄山传》:"禄山肚大,每着衣带,三四人助之,两人抬起肚,猪儿以头戴之,始取裙裤带及系腰带。"《京本通俗小说·碾玉观音》:"两个轿番便抬着径到府前。"又:"即时叫将轿番来道:'见他上轿,抬到这里,却不见了。'"《西游记》三四回:"老怪喜道:'好孝顺的儿子。'就去叫抬出轿来。行者道:'我的儿啊,妖精也抬轿。'后壁厢即有两个女怪,抬出一顶香藤轿,放在门外。"又九七回:"又把行者三人,也一齐捆了,穿上杠子,两个抬一个。"《水浒传》三二回:"王头领直赶到半路上,七八个军汉都走了,拿得轿子里抬着的一个妇人。"又:"燕顺见宋江坚意要救这妇人,因此不顾王矮虎肯与不肯,喝令轿夫抬了去。"

按,《说文》:"台,观四方而高者也。""高"是台区别于其他建筑物的一个特征,故"台"有"高"义。"抬"字从"手"。手者,致力者也。致力于某物,使之高,叫作"抬"。抬眉、抬手、抬脚、抬轿、抬刀、抬棺,此抬实物者。还有"抬价"(《旧唐书·食货志下》:

"惟纳榷之时,须节级加价,商人转抬,必较稍贵。"),此抬虚拟实物者。"高"者,《广韵》:"上也。"使物体方向向上,也叫作"抬",故有抬眼、抬头。眼、头并没有因为"抬"而高,而是其正面朝上了。还有"抬举",系同义语素并用成词;可以用于养育,也可用于扶持、提拔、栽培。前者使实体(具象)长大,后者使名誉、地位(抽象)提高。前者的例证有《敦煌变文集·父母恩重经讲经文(一)》:"热时太热为恩怜,寒即尽寒为台举。"又:"台举女男,不辞辛苦。"又:"就中苦是阿娘身,抬举孩儿岂但(惮)频。"本师蒋礼鸿教授《敦煌变文字义通释》论之甚详,《汉语大词典》此词条下收有四个义项,而无"养育"义。后者的意义现代汉语仍在使用。

跑　古为"足刨地"的意思。西晋法炬译《群牛譬经》卷一:"时彼驴入群牛中,前脚跑土,触娆彼群牛,亦效群牛鸣吼,然不能改其声。"梁僧佑撰《释迦谱》卷三:"复作一牛,身体高大,肥壮多力粗脚利角,跑地大吼,奔队来前。"唐段成式《寂照和尚碑》:"父诠,灌钟府折冲镇于咸阳马跑泉精祠。"刘商《胡笳十八拍》:"马饥跑雪衔草根,人渴敲冰饮流水。"李益《再赴渭北使府留别》:"截海取蒲类,跑泉饮鹡鹩。"吴融《赋雪》:"结冻防鱼跃,粘沙费马跑。"赵延寿《塞上》:"鸟逢霜果饥还啄,马渡冰河渴自跑。"这二首诗皆为律诗,第二句为韵脚字,一定是平声;无论是从词义还是诗韵来看,都应是"跑地"的"跑"。韦应物《调笑令》:"跑沙跑雪独嘶,东望西望路迷。"《西京杂记》卷四:"滕公驾至东都门,马鸣,局不肯前,以足跑地久之。"《广韵》"肴"韵:"跑,足跑地也。"今杭州"虎跑泉"之"跑",即此义。

近代汉语"跑"有"走、疾走"义。较早的例证见于元代,《元朝秘史》卷二:"帖木真说:'伴当!你这里立着,我去把这马赶出来。'字斡儿出说:'我既与做伴来了,如何我这里立?'一同跑着马入去,将马赶出来了。"从上下文看,这个"跑"绝不是"跑地"之义,应是"跑走"的意思。《元曲选》有不少用例,但皆见于宾白,而《新校元刊杂剧三十种》未见一例,看来只能作为明代的例证。《元曲选·陈州粜米》楔子:"便往陈州开仓,跑一遭去来。"又三折:"若是不容咱,我每则一跑。"又《冤家债主》楔子:"若那人家不惊觉便罢,若惊觉呵叫道'拿贼!'我望着这石灰道上飞跑。"又《单鞭夺槊》三折:"我近他不的,跑、跑、跑!"又《救孝子》一折:"前路上撞着人,快些儿跑、跑。"又《生金阁》三折:"小的每,这鬼魂好狠哩。我们这等跑,他倒越追上来。走!走!走!"明代的其他例证就更多了。《尧山堂外纪》卷九四:"撮拥着这伙能奔快跑乔和尚。"《三国演义》二一回:"车胄只得披挂上马,引一千军出城,跑过吊桥,大叫:'文远何在?'"又二五回:"忽见一人跑马上山来,视之乃张辽也。"《三遂平妖传》六回:"回到房中,坐不过,一连出来趸了四五遍,好似蚂蚁上了热锅盖,没跑路投处。跑到厨下,唤起老香公来,教他烧洗脸水,打点早饭。"《西游记》恒用"跑"字。八回:"那土地又急跑报与城隍、社令。"又十七回:"日满开炉我跳去,手持铁棒绕天跑。"又二一回:"若不是我跑得快些,几乎被他捉住。"《水浒传》三回:"县尉惊得跑走回去了。"《喻世明言》卷一:"暖雪等不及解完,慌忙捡了裤腰,跑出门外,叫住了瞎先生。""奔跑"之"跑"系"跑地"义之引申。野兽刨地,动作频频,与快走相似,故引申为奔跑。王力先生认为此义唐代就已产生,举唐马戴诗"红缰跑骏马,金镞掣秋鹰"为证。实则"跑骏马"之"跑"仍是"刨地"之义。马被缰绳所羁,故"刨地"示威,欲脱缰而骋。且与下文"金镞掣秋鹰"相对。就诗的格律来说,此句的第三字应是平声,如果是"奔跑"的"跑",则是仄声,与诗的格律不合。王说可商。

瞧　目昏花。按,此字从"目","焦"声,声中有义。焦,火也。火上腾眼部,当然影响视力,故有"目昏花"之义。三国魏嵇康《难张辽叔〈自然好学论〉》:"以六经为芜秽,以仁义为臭腐,睹文籍则目瞧,修揖让则变伛,袭章服则转筋,谭礼典则齿龋。"郭璞《鸬鹚黄鸟》:"鸬鹚之鸟,食之不瞧。""不瞧","眼睛不昏花"的意思,言此鸟之肉有药用价值,吃了可以使眼睛不昏花。

后世用为偷视貌,《字汇》:"瞧,慈消切,偷视貌。"较早的用例见于元代。周德清《中吕·朝天子·书所见》:"笑眼偷瞧,文谈回话,真如解语花。若咱,得他,倒了葡萄架。"无名氏《水仙子过折桂令》:"莺花寨串到有千遭,怎能够热气儿相呵,只落的冷眼儿偷瞧。"贯云石《正宫·小梁州》:"醉阑乘兴会今宵,低低道,无语眼儿瞧。"《元曲选·赵氏孤儿》三折:"暗地里偷瞧,只见他早唬的腿脡儿摇。"又《魔合罗》二折:"我这里慢腾腾行出灵神庙,举目偷瞧。"《挂枝儿》卷五:"权恕(我)这一遭,偷眼的瞧他也,好笑又好恼。"这几个"瞧"皆是"偷看"的意思。

由于"瞧"常用"偷"修饰,而它本身所含的"偷"义素成了冗余,从而逐渐消失,遂变成一般的"看"。杜仁杰《喻情》:"木猫儿守窟瞧他甚,泥狗儿看家守甚黑。"《元曲选·赵氏孤儿》三折:"我只见他左瞧、左瞧、怒咆哮,火不腾改变了狰狞貌。"又《李逵负荆》三折:"你则合低头就坐来,谁着你睁睛先去瞧?"又《隔江斗智》三折:"他眼朦胧恰待开,对着人不敢瞧。"《元曲选外编·飞刀对箭》一折:"我似不的那闵子般贤,我学不的曾参般孝,和你一个瞽瞍把我闲瞧。"这些"瞧"皆是"看"的意思。

正因为是"看"的意思,故还可与别的词连用,组成新的结构,如"瞧破""瞧见"。《崔莺莺夜听琴》四折:"我恰待目转秋波,谁想那识空便的灵心儿早瞧破。"《风魔蒯通》三折:"夜深也咱独坐,谁想道人瞧破。"高明《琵琶记》三一出:"撇呆打堕,早被那人瞧破,他要同归,知他爹怎么?"《宦门子弟错立身》十二出:"一面是旧特科,我把它瞧破。""瞧破",看穿、看透。关汉卿《双调·新水令》:"怕别人瞧见咱,掩映在酴醾架。"商挺《小令·双调·潘妃曲》:"只恐怕窗间人瞧见,短命休寒贱。"《元曲选·窦娥冤》三折:"等他四下里皆瞧见,这就是咱苌弘化碧,望帝啼鹃。"又《金钱记》一折:"(唱)我则怕人瞧见做风流话把。"又《红梨花》一折:"俺将俏书生去问他,又怕这劣梅香瞧见咱。""瞧见"连文,"瞧"亦"见"也。皆其证。

此词仍在现代汉语的冀鲁、胶辽、西南官话和吴语中使用,《现代汉语词典》也收有此词,认为是口语词,看来已是比较通用的语词了。

亲切　今义为"亲近、和蔼",宋明除"亲近、和蔼"义外,还有"真切、确实""准、准确"的意思。《全唐文》卷八八一"萧庶子诗序":"比夫泽宫选士,入国知教,其最亲切者也,是以君子尚之。"五代王定保《唐摭言·杂记》:"僧曰:'相公第更召与语,贫道为细看。'公然之。既去,僧曰:'今日看更亲切,并恐是扬汴。'公于是稍接之矣。"《五代史补》卷四:"时节在侧,皋顾谓之曰:'尝闻马有旋风之队,如何得一事为对?'节曰:'马既有旋风队,军亦有偃月营,何患耶?'"宋叶适《淮西论铁钱五事状》:"臣昨在其中蕲州目见利害,询采吏民,颇为亲切。"《周敦颐集》卷一:"于学者日用最为亲切。"《张子语录·后录下》:"通蔽开塞,张横渠吕芸阁说孰为亲切?"《朱子语类》卷六:"又曰:'五峰曰:"诚者,命之道乎!中者,性之道乎!仁者,心之道乎!"此语分得轻重虚实处却好。某以为"道"字不若改做"德"字,更亲切。"道"字又较疏。'"又:"孟子说'乍见孺子入井时,皆有怵惕恻隐之心',最亲切。人心自是会如此,不是内交、要誉,方如此。"又卷五五:"此语最为亲切,……不消分这个是亲切,那个是不亲切,如此则成两截了。"又卷一一四:"凡读书穷理,须要看得亲切。"《景德传灯录》卷十八:"问:'如何是佛法最亲切处。'师曰:'过也。'"《宋史·周敦颐传》:"迄宋南渡,新安朱熹得程氏正传,其学加亲切焉。"宋知礼述《金光明经玄义拾遗记》卷一:"依经就法方为亲切。"《五灯会元》卷十:"藏曰:'作么生是行脚事?'师曰:'不知。'藏曰:'不知最亲切。'"元念常集《佛祖历代通载》卷十八:"欲得亲切,莫将问来问会去。问在答处,答在问处。"元姜端礼撰《林泉老人评唱丹霞淳禅师颂古虚堂集》卷一:"横说竖说要到亲切处,俾听之者日益时习廓达灵明者矣。"元昙噩述《新修科分六学僧传》卷八:"上堂,如今事不得已,向汝道个着实亲切处。"《三国演义》十八回:"阵上曹性看见,暗地拈弓搭箭,觑得亲切,一箭射去,正中夏侯惇左目。"《三遂平妖传》五回:"不坐犹可,一坐之时,道士斜对着,看得十分亲切,比前愈加妖丽,把这三魂七魄,分明写个谨具帖子,尽数送在他身上了。"《水浒传》三五回:"花荣搭上箭,曳满弓,觑得亲切,望空中只一箭射去。"《二刻拍案惊奇》卷七:"史生见问得亲切,晓得瞒不过了。"又卷十八:"此须晚间卧榻之上,才指点得穴道明白,传授得做法手势亲切。"《东周列国志》十七回:"左右捧矢以进,庄公搭上弓弦,觑得长万亲切,飕的一箭,正中右肩,深入于骨。"《禅真逸史》三一回:"小女记得亲切,愿传帅爷,以报活命之恩。"《儒林外史》三回:"胡老爹方才这个嘴巴打的亲切,少顷范老爷洗脸,还要洗下半盆猪油来。"

按,《说文》:"亲,至也。"段注:"至部曰:到者,至也。到其地曰至,情意恳到曰至。父母者,情之最至者也,故谓之亲。"行为的到为亲自,心理情感的到为亲近,故引申有"亲自、亲近、亲爱"之义,再引申为亲爱的人,即父母等。"亲切"一词中的"亲",取"亲自"之义。"切",刌也,见《说文》。亲自切,一定会靠近,一定要看真切。由前者引申,有"亲近"义;由后者引申,有"准确"义。此"亲切"有"准确"义的原因。又,"切"有"切近"之义,"亲"有"亲近"之义,"接近"必"真切",故引申有"准确"义。

安排 古汉语指"安于推排",是一个词组。《庄子·大宗师》:"不识今之言者,其觉者乎?其梦者乎?造适不及笑,献笑不及排,安排而去化,乃入于寥天一。"注云:"安于推移而与化俱去,故乃入于寂寥而与天为一也。"《文选》谢灵运《晚出西射堂》:"安排徒空言,幽独赖鸣琴。"唐宋后,"安排"成了一个词,是"布置、准备"的意思,但"安于推排"的意义还在使用,要看上下文意。只有当它带宾语、补语或作为名词使用时,才是"布置、准备"的意思。白居易《谕友》:"推此自豁豁,不必待安排。"罗隐《春日叶秀才曲江》:"安排贱迹无良策,裨补明时望重才。"杜荀鹤《句》:"只知断送豪家酒,不解安排旅客情。"沈彬《句》:"须知手笔安排定,不怕山河整顿难。"李中《竹》:"闲约羽人同赏处,安排棋局就清凉。"李家明《题纸鸢止宋齐丘哭子》:"安排唐祚革强吴,尽是先生作计谟。"花蕊夫人徐氏《宫词》十六:"六宫官职总新除,宫女安排入画图。"又七三:"安排诸院接行廊,外(一作水)槛周回十里强(一作长)。"又七四:"安排竹栅与笆篱,养得新生鹁鸽儿。"贯休《山居诗》二十:"自休自已(一作了)自安排,常愿居山事偶谐。"吕岩《七言》:"安排鼎灶炼玄根,进退须明卯西门。"李煜《蝶恋花》:"一片芳心千万绪,人间没个安排处。"

宋以降,"安排"大多作"布置、准备"解释,作"安于推排"解的例证反而少见了。《刘知远诸宫调》第二:"到夜深,潜龙困睡。李洪义门外听沉,发起毒心,安排下手。"曹勋《满路花》:"归去后、安排着,一辆麻鞋,定期踏遍名山。"曹幽《红窗迥》:"穿对朝靴,安排你在轿儿里。更选个、宫样鞋,夜间伴你。"晁端礼《河满子》:"眠梦何曾安稳,身心没处安排。"陈著《摸鱼儿》:"安排小马随猿鹤,勾引诗朋酒侣。"《朱子语类》卷三六:"若才有些安排布置底心,便是任私意。"又:"只是天理自然底,不待安排,所以着力不得时,盖为安排着便不自然,便与他底不相似。"《梦粱录》卷二:"诸军寨及殿司衙奉侍香火者,皆安排社会,结缚台阁,迎列于道,观睹者纷纷。"又卷四:"至如铺席之家,亦登小小月台,安排家宴,团圆子女,以酬佳节。"《元曲选外编·西厢记》四本三折:"见安排着车儿、马儿,不由人熬熬煎煎的气。"

"安排"由"安于推排"发展到"布置、准备",由词组发展为一个词,主要原因是"排"的词义发生了变化。《说文》:"排,挤也。"推挤的目的是想变无序为有序,或变既有的序为自己想要的序,从而引申有"排列"的意义[①]。朱骏声《说文通训定声》"排"下云:"今排偶字当作辈耦,或作辈耦。"朱氏于"辈"下引《仓颉篇》云:"辈,比也。""比"即"排列"之义。无论是引申还是假借,"排"在中古开始有了"排列"义。"排"的"排列"义较早的例证如南朝梁沈约《注制旨连珠表》:"连珠者,盖谓辞句连续,互相发明,若珠之结排也。"《齐民要术·杂说》:"至十二月内,即须排比农具使足。""排比"是"准备"的意思,"排""比"同义连文,"排"亦"比"也。比,列也。及唐,例证渐多。李白《草

[①] 《汉语大词典》"排"下的第七个义项是"安排,准备",引《庄子·大宗师》"献笑不及排"为证。尽管有陈鼓应注引林希逸曰"此笑出于自然,何待安排"的解释,但《庄子》的这个"排"不是"安排",而是"推挤",意思是献笑不需要人的推挤,也就是说,不要等到人推挤你时才献笑,才想到修好关系。《庄子》原文是:"造适不及笑,献笑不及排,安排而去化,乃入于寥天一。"郭象注:"安于推移而与化俱去,故乃入于寂寥而与天为一也。"前后两个"排"字,后者承前者而来,后者释为"推移",前者却释为"准备",二者意义不同,不可取。

书歌行》:"酒徒词客满高堂,笺麻素绢排数厢。"杜甫《送杨六判官使西蕃》:"边酒排金醆(一作盌),夷歌捧玉盘。"孙光宪《竹枝》:"恰似有人长点检,著行排立向春风。"蜀太妃徐氏《和题丹景山至德寺》:"武士尽排青嶂下,内人皆在讲筵中。"

当"排"的"排列"义成为常用义时,"安排"结构中的词义"排"起主要作用,"安"成了修饰成分,语义也慢慢弱化,随而语音的重点也落在了"排"上。"安排"实际上就是"排","排"就是"排列、排比","排列、排比"是准备的一种形式,故引申为"布置、准备"。

报复 今义为"打击报复"。元明时则为"通报、告诉"。《元曲选·朱砂担》三折:"今日在森罗殿上对案,还有天曹不曾来哩,鬼力门首觑者,尊神来呵,报复知道。"又《虎头牌》一折:"左右,接了马者,报复去,道有使命在于门首。"又《薛仁贵》四折:"可知是孩儿薛仁贵,我报复您父亲去。"《吴起敌秦》二折:"你且一壁有者,小校望着,众将来时,报复我知道。"《水浒传》三九回:"正值知府退堂在衙内,使人入去报复。"皆其证。按,元曲的例证,皆见于宾白,而韵文未见。我们查阅了元代的其他文献,也未见用例,而在明代的《水浒传》中检得一例,故怀疑"报复"的"通报"义明代才出现。但检索未遍,不敢执言。

《说文》:"报,当罪人也。"段玉裁于"谓"下注:"盖刑与罪相当谓之报。引申凡论人论事得其实谓之报。谓者,论人论事得其实也。"于"报"下注:"断狱为报,是则处分其罪以上闻曰奏当,亦曰报也。引申为报白,为报复。"按,"报"为治罪人,治罪人的要求是罪跟刑罚相当,要依据事实,判罪完了后要将实情奏闻,这种奏闻叫作"报"。故引申有报告的意思。《史记·秦本纪》:"阎乐归报赵高,赵高乃悉召诸大臣公子,告以诛二世之状。"又《项羽本纪》:"于是项伯复夜去,至军中,具以沛公言报项王。"《汉书·高帝纪》:"行前者还报曰:'前有大蛇当径,愿还。'"又:"羽使人还报怀王。"又《高后纪》:"还入北军,复报太尉勃。"还可与"告"并列成词,义亦同。《汉书·王莽传上》:"虽文王却虞芮何以加? 宜报告天下。"后汉安世高译《七处三观经》卷一:"佛报告婆罗门。"西晋竺法护译《佛说如幻三昧经》卷一:"同时报告诸侍者。"东晋竺昙无兰译《佛说见正经》卷一:"至于人死,皆无还相报告者。"《宋书·张永传》:"永即夜彻围退军,不报告诸将,众军惊扰。"又《索虏传》:"望所列上彼朝,惠以报告。"这种意义的"报"与表"回答"义的"复"组合,就是"回答、应对"的意思。《魏书·萧宝夤传》:"及被命当南伐,贵要多相凭托,门庭宾客若市。书记相寻,宝夤接对报复,不失其理。"《旧唐书·高骈传》:"何乃疑忿太深,指陈过当,移时省读,深用震嗟。聊举诸条,粗申报复。"这个"报复"是"回答、答复"的意思。《旧五代史·唐·朱汉宾传》:"自公入朝,三发单函候问,略无报复。"《三朝北盟会编》卷十五:"却合有回谢礼数,并报复文字送付。"又卷五八:"乃者差萧仲恭赵轮等赍书报复,回日辄受间谍之语,阴传构结之文,敢蹈前非?"再由此引申,就是"通报"的意思。

　　刑罚是对所犯罪行的报应,是正义对罪行的回复,故引申有"报复"义。《国语·越语上》:"昔者夫差耻吾君于诸侯之国,今越国亦节矣,请报之。"《史记·秦本纪》:"缪公复益厚孟明等,使将兵伐晋,渡河焚船,大败晋人,取王官及鄗,以报殽之役。"又:"二年,秦伐晋,取武城,报令狐之役。"又《吕太后本纪》:"吕氏绝理分託天报仇。"晋干宝《搜神记》卷十一:"吾干将、莫邪子也。楚王杀吾父,吾欲报之。"这种意义的"报"与"回复"意义的"复"组合成词,当然为"打击报复"义,并沿用至今。

　　吹嘘　《说文》:"吹,嘘也。嘘,吹也。"二字同义。段玉裁"吹"字下注:"口欠则气出。"吹风可助燃,吹气可使乐器发声、励人志气,轻微之物借吹嘘之力以飞腾,故引申有"助"义。扬雄《方言》十二:"吹、扇,助也。"郭注:"吹嘘、扇拂,皆助也。"江淹《建平王拜右卫将军荆州刺史章》:"亦有玄云结吹。"胡之骥注:"吹,鼓吹也。"鼓吹,也是帮助人的一种方式。《宋书·沈攸之传》:"故司空沈公以从父宗荫,爱之若子,卵翼吹嘘,得升官秩。"《全隋文》卷十六"孤鸿赋(并序)":"通人杨令君、邢特进已下,皆分庭致礼,倒屣相接,剪拂吹嘘,长其光价。"《全唐文》卷一四四"谏太子承乾启":"宗枝藉其吹嘘,重臣仰其鼻息。"张九龄《初发道中赠王司马兼寄诸公》:"子云应寂寞,公叔(一作绪)为吹嘘。"李白《赠崔侍郎》:"故人东海客,一见借吹嘘。"杜甫《赠献纳使起居田舍人澄》:"扬雄更有《河东赋》,唯待吹嘘送上天。"为"称扬、赞扬"之义,"称扬、赞扬"得义于"鼓吹"。张贾《和裴司空答张秘书赠马诗》:"须知上宰吹嘘意,送入天门上路行。"杜荀鹤《下第寄池州郑员外》:"未必有诗堪讽诵,只怜无援过吹嘘。"《曾巩集》卷三六:"阴推覆护之私,每借吹嘘之力。"宋彭乘《墨客挥犀》卷十:"心若死灰,枉被吹嘘之力;身如槁木,难施雕琢之功。"宋罗烨《醉翁谈录》卷一:"仆家寒而族冷,无绍介之吹嘘。"《鹤林玉露》甲编卷三引陈师道诗:"辍耕扶日月,起废极吹嘘。"《元曲选·曲江池》四折:"夫人,小官已为朽木死灰,若非你拯救吹嘘,安能到此?"又《赵礼让肥》四折:"我只道保奏的是当朝邓禹,却原来是马武一力吹嘘。"又《梧桐叶》二折:"敢劳你吹嘘力，相寻他飘荡的那儿夫，是必与离人作主。"《金瓶梅》五七回："我们佛家的行径，多要随缘喜舍，终不强人所难，但凭老爹发心便是。此外亲友，更求檀越吹嘘吹嘘。"明朱国祯《涌幢小品》卷二三："数终轮奂犹有代，御史尹仁为吹嘘。"清徐时栋《烟屿楼笔记》卷四："师为之吹嘘张罗，为余画红梅于扇头，颇有逸致。"清方浚师《蕉轩续录》卷一："食客仰其膏光，婆子希其吹嘘，谁不投以甘饴，而肯进之苦荼哉？"皆为"鼓吹、帮助"义。今"吹嘘"是"吹牛皮"，"不切实际的称赞"的意义，与古义不同。

讲究 《说文》："讲，和解也。"段注："不合者调龢之，纷纠者解释之是曰讲。"解释纠纷需讲道理，故"讲"有"谈说、研习、讨论"之义。《礼记·礼运》："讲信修睦。"孔颖达疏："讲，谈说也。"《左传·昭公七年》："乃讲学之。"杜预注："讲，习也。"《国语·鲁语》："夫仁者讲功。"韦昭注："讲，论也。"《汉书·礼乐志》："希阔不讲。"颜师古注："讲，谓论习也。"《说文》："究，穷也。""穷，极也。"穷是到达极点，故"究"有"穷尽"之义。将所关注的对象穷尽，就是研究、探究，故"究"有"研究、探究"义。《诗·小雅·常棣》："是究是图，亶其然乎。"毛传："究，谋也。"谋，必研究，是研究的高级形式，故高亨注："究，研究。"义相成。《淮南子·修务》："究事之情。"高诱注："究，极也。""极"也是研究，"究事之情"就是研究事物的真实情况。汉司马迁《报任少卿书》："亦欲以究天人之际，通古今之变，成一家之言。"这个"究"也是研究。所以"讲究"连用，就是"议论、研究"的意思。较早的例证，见于唐。唐雍陶《学然后知不足赋》："始也侻易足于谀闻，无求备乎讲究。"《宋史·食货志》上二："神宗讲究方田利害，依法而推行之。"《三朝北盟会编》卷八："臣愿遴选健吏，讲究榷场利害，使复如祖宗之时，则岁赐之物不足虑也。"宋叶绍翁《四朝闻见录丁集》："既与其徒辨问讲究，又著而为书，使后世有传焉。"《朱子语类》卷一一八："又问读书宜以何为法？曰：须少看。凡读书须子细讲究，不可放过。"《金史·孙铎传》："比年号令，或已行而中辍，或既改而复行，更张太烦，百姓不信。乞自今凡将下令，再三讲究，如有益于治则必行，无恤小民之言。"诸例中"讲究"是"议论、研究"的意思。《元曲选外编·东窗事犯》三折："忠臣难出贼臣彀，陛下宜的文武公卿讲究；用刀斧将秦桧市曹中诛，唤俺这屈死冤魂奠盏酒。"无名氏散套《点绛唇·杨柳丝柔》："也是自家心顺，怕甚外人讲究。"《陶庵梦忆》卷五："盖四明姚益城先生精音律，与楚生辈讲究关节，妙入情理。"《万历野获编》卷十二："乃知海运一事，先朝未常一日不讲究。"此亦"议论、研究"之义，与今义不一样。

（二）词义的运动和发展

研究词的运动发展，就是研究词的意义在某一历史时期有什么变化——增加了什么、减少了什么、改变了什么，怎样变化，为什么变化。"有什么变化"指的是词义变化的结果，"怎样变化"是词义变化的方式，"为什么变化"是词义变化的原因。词义变化的原因有多种，有词汇本身的（详本章一、二节），有语言其他要素的（详第四章），有社会文化生活的（详第五章）。本节只讨论词义变化的方式和结果。

1. 近代汉语词义变化的方式

近代汉语词义变化的方式主要是引申和同化。

（1）引申

由一个义项延伸出另一个与之有关的新义项，我们称之为引申。陆宗达、王宁将引申分为"理性引申""状所引申""礼俗引申"三类，类下还分有若干小类。我们认为，任何引申都是理性的，非理性的引申是不存在的。与其将"理性引申"与"状所引申""礼俗引申"并列，不如将"因果""时空""动静""施受""反正""实虚"诸类与它们并列，共为八大类。我们只讨论"时空""性状"和"虚实"引申。从逻辑的角度来说，"时空""性状""虚实"三者不在一个平面，分类的标准未能同一。若要标准同一，可分作两类：一为实词间引申，一为虚实引申。实词间引申又分两类：一为时空，一为性状。但这种分类层次太多，不如将三者并列，叙述起来更方便。

Ⅰ. 近代汉语词义引申的几种主要类型

ⅰ. 空间向时间的引申

指空间名词引申为时间名词。它的哲学基础是"时间空间不可分割论"。

凡表处所的词，近代汉语中绝大多数都可用来表时间。如：

处　杜甫《述怀》："沉思欢会处，恐作穷独叟。"刘长卿《江州留别薛六柳八二员外》："江海相逢少，东南别处长。"元稹《鄂州寓馆严涧宅》："何时最是思君处，月落斜窗满寺钟。"柳永《雨霖铃》："方留恋处，兰舟催发。"王锳释"处"为"时"，是。但他认为"处"用以指时间而不指处所，大约和诗词剧曲的格律要求有关，则不尽恰当。"处"之为"时"，应是空间朝时间引申的结果。散文中也有例。《玄怪录》卷三："每至春风动处，秋月明时，众乐声悲，征鸿韵咽。"《敦煌变文集·前汉刘家太子传》："当此之时处，有东方朔在于殿前过见。""时处"连文,处亦时也。《敦煌变文集》将"处"字下属,误。《朱子语类》卷二一:"如人做事,只至诚处,便有始有末,才间断处,以后便皆无物……。才失照管处,便无物矣,又须到再接续处,方有终始。"《水浒传》二回:"正没理会处,只见远远地林子里闪出一道灯光来。"《二刻拍案惊奇》卷二一:"呜里呜喇正在嚷处,王妻见说出海底眼,急走出街。"

当 古有"处所"义。古写作党,《左传·哀公五年》:"师乎,师乎!何党之乎?"杜注:"党,所也。"《礼记·玉藻》:"侍坐,则必退席,不退,则必引而去君之党。"孙希旦《集解》云:"党,所也。"《释名·释州国》:"上党,党,所也。在山上,其所最高,故曰上党也。"礼鸿师云:"嘉兴谓何处为啥何党,音转为当。"今谓湖南祁东方言谓处所曰"当"。"哪当"即"什么地方","好当"即"好地方"。女孩子到男方家相亲,名曰"看当",即"看地方"。由此引申,"党"(当)有"时间"义。《公羊传·文公十三年》:"'郑伯会公于斐,还'者何?善辞也。何善尔?往党卫候会公于沓,至,得与晋侯盟;反党郑伯会公于斐,故善之也。"何休注:"党,所也。所犹时也。"此文献训党为时之始,唯经过"所"这一中间环节而已。中古以降,有"何当"一词,即"何时"之意。"当"为"党"之音转。王右军帖:"虞生何当来。"鲍照《代升天行》:"何当与汝曹,啄腐共吞腥。"古绝句:"何当大刀头,破镜飞上天。"杜甫《秦州杂诗》:"何当一茅屋,送老白云边。"《送高三十五书记十五韵》:"黄尘翳沙漠,念子何当归。"李商隐《夜雨寄北》:"何当共剪西窗烛,却话巴山夜语时。"薛能《柘枝词》:"何当千万骑,飒飒贰师还。"又《除夜作》:"何当平贼后,归作自由身。"贾岛《忆吴处士》:"何当折松叶,拂石刻溪阴。"杜甫《祭外祖祖母文》:"幸遇圣主,愿发清机。以显内外,何当奋飞?"韦充《笔赋》:"何当入梦,终期暗以相亲。"苏轼《和子由论书》:"何当尽屏去,万事付懒惰。"又《过汤阴市得豌豆大麦粥示三儿子》:"何当万里客,归及三年新。"陈师道《送内》:"关河万里道,子去何当归。"韩淲《贺新郎次韵昌甫雪梅曲》:"何当醉酒扬雄宅。问避人避地,其如楚之舆接。"王之道《桃源忆故人》:"旧隐何当重到,迎得平安报。"刘淇《助字辨略》释为"何时当如此",义虽可通,仍未达于一间。张相释为"何日、何时",是。

今按,"当"表时间见于唐宋文献者仅有"何当"一词;如果真的"当"表时间,为什么仅见于"何当",而不见别的用法?值得怀疑。但清代以来有"当口"一词,可表时间。《二十年目睹之怪现状》七一回:"我进京找他求信,恰好碰了这个当口,所以我也不便多说。"又七二回："这个当口,我顺眼看他桌上那张信,写的是'送上书价八十两,祈将购定之书,原箱交来人带回……'云云。"杜鹏程《在和平的日子里》第三章："这当口,最可怕的是将相不和。"现代吴语上海话《长篇叙事吴歌·五姑娘》："侬格歇去真是个当口。"《小刀会的故事·女中英雄周秀英》："这当口,义兵里的一个头脑……投降了。"《老母猪肉"夜市"一瞥》："卖肉为何拣这夜里人稀的当口呢?"①又有"当儿",也表时间。《儿女英雄传》二回："他好容易耗过了三月桃汛,吃是吃饱了,掳是掳够了,算没他的事了,想着趁这个当儿躲一躲,另找个把稳道儿走走。"又："这个当儿,越耗雨越不住,雨越不住水越加长。"又三回："偏是这个当儿乌克斋不在家,昨日老人家已经恳切写了一封信,由提塘给他发了去了。"又四回："这个当儿,恰好那跑堂儿的提了开水壶来沏茶,公子便自己起来倒了一碗,放在桌子上晾着。"现代汉语有"这当子"一词,"子"是词缀,"这"表指代,"当"应表时间。魏巍《山雨》第六章："今天傍黑,我得赶到梅花渡过河,明天这当子还不知道能不能赶到。"从这个角度看,"当"表时间是有语言事实作为依据的。

次 《说文》云："不前不精也。"不前,则停止,故"次"有"驻扎"义,例见《左传》等先秦典籍。由"驻扎"义引申,"次"有"处所"义。《国语·鲁语》："五刑三次。"韦昭注："次,处也。三处,朝、野、市也。"《庄子·田中方》："喜怒哀乐不入于胸次。"李注："次,中也。"中,方位词。中古之际,"次"已有表时间的用法,如《世说新语》的"语次""言次",即"言语之时"的意思。近代汉语"次"的时间词用法,随处可见。《唐人小说·秀师言记》："流人解衣就刑次,熟视监刑官,果李糺也。""就刑次"即"就刑时"。汪辟疆于"刑"后逗,"次"字下属,误。杜甫《鸡》："殊方听有异,失次晓无惭。""失次"即失时,失报晓之时也。《祖堂集》"师因赵王斋次""偶一日买柴次""三人说话次""大众下堂次""师煎茶次","次"皆"时"字之义。《敦煌变文集·汉将王陵变》："项羽帐中盛寝之次,不觉精神恍惚,神思不安。"《七国春秋平话》卷上："众人说话之次,大夫离坐至后花园中行。"明人小说用例甚多,几乎随处可见,不备引。"次"之为"时",亦空间向时间的引申。

时空引申,一般是空间朝时间的引申,而时间朝空间的引申则未见。时间的"间"

---

① 吴方言的三例采自许宝华等《汉语方言大词典》,1878页,中华书局,1999年。

表时间,也是空间向时间的引申。"间"本为门缝,是两户之间,表示的是空间。还有一个"际",也可表时间,但其本义是"壁会也",见《说文》,段注:"两墙相合之缝也。"表示的是空间,引申之,则可表时间。《汉语大词典》"际"字下有二个义项,一为"先后交接的时期",一为"某种局势形成的时机",皆为时间义。就汉字的构形来看,也有用空间表示时间者。如"旦"为"日见一上,一,地也","旦"为早晨,表示时间,字形为日在地上,东方之象,是用空间表示时间。又如"莫"字,为傍晚,字形为日在茻中,西方之象,也是用空间表示时间。

为什么"时空引申"只有空间朝时间的引申,而没有时间朝空间的引申呢？这与人类的认知次序有关。人类的认识首先是认识空间,然后才认识时间。空间具体些,时间抽象些。康德说:"时间是人类的内经验形式,空间是人类的外经验形式。""外经验"即是对外部世界的经验,"内经验"即是对人自身、人类自己所感受的经验。对人类来说,先认识外部世界,再认识自己,外部世界为人类的认知提供材料,促使内部经验的形成。所以,"外经验"先于"内经验","内经验"通过"外经验"的获得,才慢慢被认识,并通过"外经验"来表达。先认识空间再认识时间合乎人类认识先具体后抽象的原则。此外,空间可见、可触、可及,时间不可见、不可触、不可及,要认识时间,必须借助空间的特性,即将时间空间化;具体说来,就是认为时间是一条由一个个同质的、前后相继的瞬间或现在累积而成的线,从而使我们能够度量和计算时间。故语言中有"空间"词向"时间"词引申的现象。在三维空间里,我们不能通过时间来理解空间,因而无法将空间时间化,所以我们没有"时间"词向"空间"词的引申。

ⅱ.性状引申

由事物、行为的性质、状态而引申出新的意义叫性状引申。任何事物、动作行为都有其特殊的性质和状态,这是一事物区别于他事物、一行为区别于其他行为的标志。人们通过联想,将这一事物、行为的性质或状态的特点与另一事物、行为的性质或状态的特点等同或关联起来,从而使这个事物和行为具有另一事物和行为的特点,因而使表示这一事物和行为的词产生新的词义,这就是形状引申。性状引申建立在相似性和相关性的基础上,是词义引申的主要方面。

相似基础上的引申:

快 中古有"迅速"之义。《晋书·王湛传》:"此马虽快,然力薄不堪苦行。"是其证。善于某事，一定熟练、迅速，在这一点上二者有相似之处，故引申有"善于"之义。白居易《有感》："马肥快行走，妓长能歌舞。"快行走，善于行走，与下文"能"相对。宋王淮《满江红·用吴渊吴潜二公韵》："龙豹莫藏韬略手，犬羊快扫腥膻迹。"快扫，善扫也。张孝祥《西江月》："有距公鸡快斗，尾长山雉枭雄。"《董西厢》卷四："只唤作先生解经理，解的文义，羞争知快扦诗谜。"《张协状元》四出："小子最快说梦，又会解梦。"《元曲选·梧桐雨》四折："虽然是快染能描，画不出沉香亭畔回鸾舞，花萼楼前上马娇。"高安道《皮匠说谎》："若要做四缝磕瓜头，除是南街小王皮。快做能裁，着脚中穿，在城第一。"《朴通事》卷上："他那养汉的老婆……只是快说谎，真个气杀我。"《水浒传》七五回："下官手下有个虞候，能言快语，问一答十，好与太尉提拔事情。"《喻世明言》卷一："这婆子能言快语，况且日逐串街走巷，那一家不认得，须是与他商议，定有道理。"皆其例。

回 《说文》："转也。"转则有变，变则必改换，"回"与"改换"在这点上相似，故引申有"改换"之义。《朝野佥载》卷五："赵履温为司农卿，谄事安乐公主，气势回山海，呼吸变霜雪。"《大唐新语》卷六："臣有今日之贵，乃张弼之力也。乞回臣之官爵以复之。"《太平广记》卷二四四"李德裕"："吾于此人不足久矣，其文章何必览焉，但以回吾精绝之心，所以不欲看览。"《太平御览》卷四四一"祖冲之记"："后值卢循之乱，贼众将加陵逼，女厉然不回，遂以被害。"《太平广记》卷三二六"费庆伯"："庆伯方知非生人，遂叩头祈之，三驸同词，因许回换。"《五灯会元》卷十四："师确守不回，以拒命坐罪。"又卷十六："虽主法聚议，无一言以回上意。"诸例中"回"字，皆"改换"之义。由于"购买"和"出售"，都离不开"换"，或以钱换物，或以物换钱，在这一点上二者相似，故又引申有"买、卖"之义。《元曲选·留鞋记》三折："一个货郎儿担上挂着一只绣鞋，……我女孩儿因看花灯，掉了这只绣鞋儿，你回与我罢。"姚守中《粉蝶儿·牛诉冤》："好材儿卖与了皮匠，碎皮儿回与田夫。"此"卖"义。《喻世明言》卷三三："问大伯买三文薄荷。公公道：'好薄荷！《本草》上说凉头明目，要买几文？'韦义方道：'回三钱。'公公道：'恰恨缺！'韦义方道：'回些个百药煎。'"《二刻拍案惊奇》卷二一："店主人，有鱼肉回些我们下酒。"《水浒传》九回："当下深、冲、超、霸四人在村酒店中坐下，唤酒保买五七斤肉，打两角酒来吃，回些面来打饼。"《初刻拍案惊奇》卷一："你这些银钱，此间置货，作价不多。除是转发在伙伴中，回他几百两中国货物，上去打换些土产珍奇，带转去有大利钱,也强如虚藏此银钱在身边,无个用处。"又卷八:"陈大郎便问酒保打了几角酒,回了一腿羊肉,又摆上些鸡鱼肉菜之类。"此"买"义。吴方言称"卖"为"回",与上义相同。参阅家骥等编《简明吴方言词典》。

脱空 "脱",是"落"的意思,"脱空"就是"落空"。如:《朱子语类》卷十六:"如人说十句话,九句实,一句脱空,那九句实底被这一句脱空底都坏了。"元顾德润《点绛唇·四有争春》:"他见这恩情脱空,便把那是非讲动。"《二刻拍案惊奇》卷十七:"这个不必追悔,兄只管闹妆之约不脱空罢了。"《型世言》三八回:"蒋日休因见他惯也,便恣意快活,真也是鱼得水、火得柴,再没一个脱空之夜。"《西洋记》四七回:"马公道:'我已经阉割了的,故此没有本钱。'宫主心上还有些不准信,把只手去摸一摸,果真是个猜枚的吊谎,两手都脱空。"又八三回:"仙师道:'还是猜枚的吊马,两手都脱空。'番王道:'只一管铁笛,怎么两手都脱空?'仙师道:'夫之不幸,妾之不幸! 这却不是两手都脱空?'"

做人不诚实,什么事都无法落实,不靠谱,这一点与"脱空"相似,故引申为"不诚实"。《朱子语类》卷三二:"罔,只是脱空作伪,做人不诚实,以非为是,以黑为白。如不孝于父,却与人说我孝;不弟于兄,却与人说我弟,此便是罔。"这是"不诚实"的意思。又卷五八:"若是不着实,只是脱空。今人有一等杜撰学问,皆是脱空狂妄,不济一钱事。""脱空"就是前面的"不着实"。《老乞大》:"老实常在,脱空常败。""脱空"是前文的"反面",就是"不老实"。《西游记》八十回:"既做了佛门弟子,切莫说脱空之话。"

语言的不诚实就是讲假话、大话、说谎,故引申为"讲假话、大话,说谎"。宋吕本中《东莱吕紫微师友杂记》:"刘器之尝论至诚之道,凡事据实而言,才涉诈伪,后来忘了前话,便是脱空。"诈伪是假,忘前话是虚,故这个"脱空"就是"讲假话、大话"。《三朝北盟会编》卷四:"我从生来不会说脱空。"《三遂平妖传》十二回:"李二哥道:'这事实么?'浑家道:'我与你说甚么脱空!'"此是"假话"的意思。《旧五代史·汉·宗室传》:"令公累朝大臣,诚信著于天下,四方谈士,无贤不肖皆以为长者,今一旦返作脱空汉,前功业并弃,令公之心安乎?"《五灯会元》卷四:"脱空漫语汉! 五百力士揭石义,却道无。"又卷十二:"年问曰:'对面不相识,千里却同风。'师曰:'近奉山门请。'年曰:'真个脱空。'"《古尊宿语录》卷十八:"问僧:'甚处来?'僧云:'南华礼塔来。'师云:

'莫脱空。'"这是"说谎"的意思。《挥麈三录》卷三:"有胡昉者,大言夸诞,……语坐客云:'朝廷官爵,是买吾曹之头颅,岂不可畏!'适闻人伯卿阜民在坐末,趋前云:'也买脱空!'"前文说"大言",下文说"脱空",则"脱空"即"大言"。《元曲选外编·西厢记》二本五折:"这的是俺娘的机变,非干是妾身脱空;若由得我呵,乞求得效鸾凤。"《琵琶记》二六出:"几年间,为拐儿,脱空说谎为最。遮莫你是怎生俐俏的,也落在我圈套。自家脱空为活计,掏摸作生涯。"《三遂平妖传》十三回:"你贝州人好不信事,只道媳妇脱空骗你三文钱!"这是"说谎"的意思。

还可用作状语,是"没有根据、随便、乱"的意思。这个意义用例很少,可能是句式中的临时义,不为典要。《拍案惊奇》卷二三:"此即令爱庆娘之物,可以表信,岂是脱空说的?"

唐代有种制作偶像的工艺,叫脱空。即将胎心脱出,仅留外壳的工序流程。脱,落也。将实心取出,留下空的,应该是此工艺得名的理据。《旧唐书·五行志》:"大历十三年二月,太仆寺廨有佛堂,堂内小脱空金刚左臂上忽有黑汗滴下,以纸承色,色即血也。"唐于頔编集《庞居士语录》卷三:"壁画柱用色,不如脱空佛。"《太平广记》卷一二二:"张乃易其衣服先往,于院内一脱空佛中坐,觑觎之。"(出《逸史》。按,《逸史》为唐卢肇著,今散逸,书中部分内容散见于《太平广记》《类说》《绀珠集》《诗话总龟》等宋代笔记中,共有八十余条。)脱空佛,佛像的内部不是实心的,是空的,故里面可以藏人。《太平广记》卷二二六:"盘以木为之,布漆其外,龟及山皆漆布脱空,彩画其外。山中虚,受酒三斗。"(出《纪闻》,唐牛肃撰)宋陶谷《清异录·丧葬》:"长安人物繁,习俗侈,丧葬陈拽寓象,其表以绫绢金银者曰大脱空,褚外而设色者曰小脱空。"《云笈七签》卷五九"太清王老口传服气法":"此卷口诀,并是杨府脱空王老所传授。其脱空王老,时人莫知年岁,但见隐见自若,或示死于此,即生于彼,屡在人间蝉蜕转脱,故时人谓之脱空王老也。"

先有脱空的工艺,还是先有"脱空"(作"落空、不诚实"解)的语词,今不能定。若"脱空"的语词在先,为何宋代才见此词用例?若"脱空"工艺在先,为何它的理据可用一般的"落空"义来解释?既然可用"落空"义来解释,则说明此词当时就存在;未见更早的用例,是文献不足征而已。究竟谁先出现,看来是先鸡后蛋还是先蛋后鸡的问题,无需深究了。

踌躇 本"犹豫不决"之义。而"思考问题"时也常常犹豫,在这一点上,它们的状态相似,故"踌躇"引申有"思量"义。蒋冀骋曾举韩愈《符读书城南》"思义有相夺,作诗劝踌躇"为证,将此义的产生时代提到唐代,见其所著《近代汉语词汇研究》1991年初版。其实韩诗的"踌躇"仍是犹豫的意思。"劝犹豫",是对方行为"犹豫",作者作诗"劝"对方不要"犹豫","犹豫"不是"思量"的意思。白行简《李都尉重阳日得苏属国书》:"感时空寂寞,怀旧几踌躇。"广宣《皇太子频赐存问并索唱和新诗因有陈谢》:"空怀受恩感,含思几踌躇。"唐无名氏《海阳湖》:"每有惬心处,沉吟复踌躇。"这几个"踌躇"可以理解为"徘徊",也可以理解为"思考",词义在两可之间而偏于"徘徊"。但其"思考"义就是在这种语境中发展起来的。宋洪咨夔《念奴娇·老人用僧仲殊韵咏荷花谨和》:"独立踌躇肠欲断,一段若耶溪女。"林正大《括清平乐》:"谁家白面游郎?两三遥映垂杨。醉踏落花归去,踌躇空断柔肠。"这两个"踌躇"的词义仍在"徘徊"和"思想"之间,但已偏于"思想"了。将行为的"踌躇"用到情绪、思想的"踌躇",就是"思量、考虑"。《敦煌变文集·张淮深变文》:"尚书远送郊外,拜表离筵,碧空秋思,去住怆然,踌躇塞草,信宿留连。"上文言"碧空",下文言"塞草";上文言"秋思",下文言"踌躇"。两两相对,知"踌躇"就是"思量"。《景德传灯录》卷十六:"踌躇欲与谁?"《元曲选外编·七里滩》二折:"子细惆惕(踌躇),观了些成败兴亡阅了些今古,浪淘尽千古风流人物。"《元曲选·鲁斋郎》三折:"他两个眉来眼去,不由我暗暗踌躇。"又《伍员吹箫》二折:"仔细踌躇,俺父兄多身故,他又把咱家一命图。"又《岳阳楼》四折:"俺为甚的不言语,悠心儿下自踌躇。"又《丽春堂》三折:"自踌躇。想这场烦恼都也由咱取。"萧德润《夜行船·秋怀》:"到如今镜破青铜,钗分金凤,箫闲碧玉,无语自踌躇。"《荆钗记》二七出:"细踌躇,甚日酬取?教我怎生忘渠?"皆其例。王锳《诗词曲语辞例释》发明此义,可参看。

卖阵 本为交战时受敌人贿赂而假败的意思,相当于当今为钱踢假球。《元曲选·黄粱梦》二折:"某奉圣人的命,为你卖阵受财,私自还家,着我来取你首级哩。"又:"朝廷将使命差,前厅上把圣旨开。道是西边上卖阵走回来,谁教你贪心儿爱他不义财。"明汤显祖《邯郸记·飞语》:"说他贿赂番将,佯输卖阵,虚作军功。"《三国演义》三六回:"曹仁大怒曰:'汝未出军时,已慢吾军心;今又卖阵,罪当斩首!'"又八八回:"吾知汝原受诸葛亮之恩,今故不战而退——正是卖阵之计!"《荡寇志》八七回:"陈将军不可久留，便请归营。明日交锋，永清卖阵受擒便了。"《南明野史·绍宗皇帝纪》："既而官军与贼战，必奎卖阵先走，官军大败。"又："自阿迷卖阵后，桀骜日甚。""假败"事先要通消息，目的为了钱财，与内部人为了钱财与对手暗通款曲相似，故引申为为了贿赂而暗通消息。汤舜民《集贤宾》："奶奶得了些卖阵钱，哥哥占了些劳军钞。"《二刻拍案惊奇》卷十："只要起了官司，我们打点的打点，卖阵的卖阵，这边不着那边着，好歹也有几年缠帐了，也强似在家里嚼本。"清符净汇集《宗门拈古汇集》卷三七："风穴正令全行，卢陂退身卖阵。"《恨冢铭》："朱序以卖阵求容，莒公竟弃城不守。"

相关基础上的引申：

委 《说文》："委，随也。"段注："禾部曰：'随，从也。'毛诗《羔羊》传曰：'委蛇者，行可从迹也。'《君子偕老》传曰：'委委者，行可委曲从迹也。'按随其所如曰委，委之则聚，故曰委输，曰委积。所输之处亦称委，故曰原委。"朱骏声认为"委本训积"，引申为"蓄"，为"所聚"。冀骋按，"所聚"就是最终所归之处，也就是事物的终止点，其论引申义与段玉裁所说基本一致。《礼记·学记》："三王之祭川也，皆先河而后海；或源也，或委也。此之谓务本。"后世"原委"一词即源于此，"原"指源头，"委"指归宿，继而引申为事物的本末[①]。究其本末，探其原委，是获取知识的手段，故引申有"知悉"[②]之义。二者的关联性极高，故有此引申。较早的例证见于东晋。王羲之《杂帖》五："白屋之人，复得迁转，极佳。未委几人？"又："足下时事少，可数来至，人相寻下官吏不？东西未委，若为言叙乖，足下不返，重遣信往问，愿知心素。"又："念足下，罔恋之至，不可居处。白此已具委也。"《敦煌变文集》有不少用例，蒋礼鸿师原书论证详尽，不复引。

需要指出的是，"委"做动词使用，解释为"知"，是没有问题的；但它与"知"连用时，则未必皆是"知"的意思。蒋书所举"知委"和"委知"的例证，有些可以有别的解释，不一定都得作"知"解。

"知委"例如《敦煌变文集·秋胡变文》："臣别家乡，以（已）经九载，慈母死活莫

[①] 《广雅·释言》："委，阅也。"即训其"终止"之义。王念孙认为"委"与"阅"义不相近，进而认为"委"下脱"累也"二字，"阅"下又有脱字，恐未确。其说见王氏《广雅疏证》，158页，中华书局，2012年。

[②] 蒋礼鸿：《敦煌变文字义通释》，222—226页，《蒋礼鸿集》第1卷，浙江教育出版社，2001年。

知。臣今忠列(烈)事王,家内无由知委。""知委"是"知道详情"的意思。"委",原委,做"知"的宾语。又《舜子变》:"舜子是孝顺之男,上界帝释知委,化一老人,便往下界来至。""知委"可理解为"知道缘由"。又《庐山远公话》:"老人住居何处,听法多时,不委姓名,要知委的。"前一个"委"是"知"的意思,后一个"委的"做"知"的宾语,"委"是细节,"的"是"根底",就是"详情"的意思。"知委的"就是"知委"。下面的例证蒋书未引,《敦煌变文集·维摩诘经讲经文(四)》:"光严合掌,又白维摩。近别道场,我以知委。为复山岩寺宇,为复城廓伽蓝?是何堂殿楼台,有甚幡花宝盖,多少来田地,几许多僧徒,深知重叠咨闻,伏乞慈悲为说。"这个"知委"也是"知原委"的意思,即知道离开道场的原委。"委"就是《敦煌变文集·太子成道经》"必须召取相师,则知委由"的"委由"。

"委知"例所引孔颖达疏《左传》:"其实是大夫以否,亦不可委知也。"这个"委知"是"备知"的意思。《敦煌变文集·维摩诘经讲经文(四)》:"我也委知难去,不是阶齐。""委知"即"确知"。

尽管如此,有些"知委"作"知"解的例证还是能够成立的。既然"委"有"知"义,则"知委""委知"同义连用,是合适的。《敦煌变文集新书·十吉祥讲经文》:"阴阳五运皆知委,造化三才并□闲。"尽管"闲"上缺一字,但据上下文可以推知,所缺是与"闲"意义相同或相近的字,与"闲"组合成词做谓语,这个字有很可能是"熟"字,"熟闲"与"知委"相对。然而"熟闲"一词,元代才见;唐宋之际,未见用例。所以我们认为,所缺应是"等"字,"等闲"与"知委"也相对。变文中"知""委"连用的例证有《敦煌变文集新书·悉达太子修道因缘》:"说此只是父王夫人及太子三人同知,其余诸众并不知委。""知委"就是前文的"知"。《敦煌变文集·伍子胥变文》:"自拙为人,幸愿先生知委。"皆属同义连用。又:"远使将书,云舍慈父之罪,臣不细委知,遣往相看。"前面有"细"修饰,则"委知"就是"知"。还有一种可能:原书本作"臣不委知",抄书者将"委"写成了"细"字,发现错了,在"细"后续写"委知",又忘记了点去前面的"细"字,故成了"臣不细委知"。从文章的音节节奏来说,"臣不/委知"读起来顺口,"臣不/细知"也顺口,而作"臣不/细/委知"则不太顺口。但敦煌卷子作"臣不细委知"。

总之,"委"作"知"解释是成立的,而其义来源于"委"的"根由"义,探其根由,得其根由即为"知"。

塘　《说文》:"隉,唐也。"段注:"唐塘正俗字。唐者,大言也。段借为陂唐,乃又益之土旁作塘矣。隉与唐得互为训者,犹陂与池得互为训也。其实宛者为池、为唐,障其外者为陂、为隉。"段氏于"唐"字下注:"凡陂塘字古皆作唐,取虚而多受之意。"据此,则段氏认为"低洼能盛水者为塘"。但《说文》明言"隉,唐也",则用来挡水的隉就是"唐",并非指水池。《淮南子·人间训》:"且唐有万穴。"高诱注:"唐,隉也。"又《主术训》:"若发城决唐。"高诱注:"唐,隉也,皆所以蓄水。"可决者当然是隉,故唐就是隉,并非水池。《吕氏春秋·尊师》:"治唐圃。"高诱注:"唐,隉以壅水。"按,"唐""塘"为古今字。《说文新附》:"塘,隉也。"《庄子·达生》:"披发行歌而游于塘下。"成玄英注:"塘,岸也。"据此,则"唐"(塘)的本义应为"隉岸"。杭州古称钱塘,塘前冠"钱"字,其来由不可考(应与钱王有关。钱王筑堤御水,故称钱塘),但"塘"取"隉岸"之义是很明显的。从语源来说,"唐"之言"挡"也,所以挡水也,解释为"隉岸"是正确的。"唐"还有"涂"(途)和"庙中路"的意义,路是可以走的,隉也是可以走的,故都叫作"唐"。段玉裁认为"宛者为池、为唐,障其外者为陂、为隉",不一定正确。

由于堤(隉的后起字)与"池水"的关系非常密切,建堤为了蓄水,要蓄水必须建堤,二者不可分割,简直是一件事情的两个方面,二者的相关性非常高,故"塘"后来有了"池塘"的意义。较早的例证见于汉魏。《广雅·释地》:"塘,池也。"汉刘桢《赠徐干》:"方塘含清源。"又《杂诗》:"方塘含白水。"吕延济注:"塘,池也。"沈约《咏湖中雁》:"白水满春塘。"张铣注:"塘,池也。"

其他的例证有晋诗《杂曲歌辞·西洲曲》:"采莲南塘秋,莲花过人头。"可以采莲,应该是水塘。陆机有诗名《塘上行》,能行者当然是堤岸;如果将"行"解释为"歌行",则诗题就是"塘上歌"的意思。此诗前首为《长安有狭邪行》,后首为《折杨柳行》,则应该理解为歌行。从诗的内容看,诗中言"花池"、言"沧浪",则"塘"应是"池塘"的意思。刘宋谢灵运《读书斋诗》:"春事日已歇,池塘旷幽寻。"可以寻幽的应该是很大的水塘,不是堤岸。谢惠连《西陵遇风献康乐》:"回塘隐舻栧(《类聚》作枻),远望绝形音。"可以"隐舻栧",当然是水塘,不是堤岸。刘义恭《登景阳楼诗》:"象阙对驰道,飞廉瞩方塘。"堤岸不会是方的,当是"水塘"的意思。鲍照《学刘公干体诗五首》其四:"彪炳(《类聚》作照灼)此金塘,藻耀君王(《类聚》作玉)池。"堤岸不会是金色的,只有阳光下的池塘才会是金色的,故"塘"是"水塘"的意思。吴迈远《阳春歌》:"佳人爱华景,流靡园塘侧。"能够"流"的,当然是月,下文"艳月"可证,能够较好地显现月,应该是池塘,故此诗的"塘"是"水塘"的意思,不是堤岸。齐王融《渌水曲》:"琼树落晨红,瑶塘水初渌。"江朝请《渌水曲》:"塘上蒲欲齐,汀洲杜将歇。"陈何逊《送韦司马别诗》:"暧暧入塘港,蓬门已掩扉。"

"池塘"的义位产生后,其"堤岸"的意义并未马上消失,二者共存了很长时期。谢灵运《登池上楼诗》:"池塘生春草,园柳变鸣禽。""池塘"与"园柳"相对,"园""柳"不是一物,是偏正结构,"池""塘"也不是一物,也是偏正结构。"塘"是"堤岸"的意思。谢朓《奉和随王殿下诗十六首》其三:"春塘多迭驾,言从伊与商。"言"迭驾",则"塘"是"堤"的意思。又其五:"严城乱芸草,霜塘凋素枝。"有树枝,应该是"堤岸"。《送江水曹还远馆》:"塘边草杂红,树际花犹白。"红指花,草中夹杂花,应是堤边或堤上。唐代以后,除沿袭旧词外,如"横塘"(《文选·左思〈吴都赋〉》:"横塘查下,邑屋隆夸。"李善注:"横塘在淮水南,近家渚缘江筑长堤,谓之横塘。"),"塘"一般作"水塘"解释,不再作堤岸用;有时作为语素参与构词,也是古词之遗。《旧唐书·高瑀传》:"瑀召集州民,绕郭立堤塘一百八十里,蓄泄既均,人无饥年。"

现代学者认为"塘"的"池塘"义来自词义沾染,由于"池塘"连用,"塘"受"池"的影响产生了"水塘"之义。恐未必。理由是:如果是沾染的结果,则"池塘"一词应大量使用;用量不大,难以产生沾染。考"池塘"一词大多在诗歌中出现,其在南北朝诗歌中的使用情况是:魏诗一例,晋诗、齐诗、陈诗未见用例,刘宋诗二例,梁诗一例,北魏、北周、北齐诗歌均无用例。隋唐的情况是:隋诗一例,全唐诗一百六十一例。由于塘的池塘义魏晋时已产生,则唐代的用例不能为"沾染说者"提供佐证。

总之,"塘"本义为"堤",修堤的目的为了蓄水、防水,堤离开水没有意义,水没有堤不能储蓄,故"塘"引申有"水池"的意义。当它产生"水池"意义时,它的"堤岸"义仍存在。故唐诗中"池塘"一词有时仍是"池的堤岸"的意思。如杨师道《春朝闲步》:"池塘藉芳草,兰芷袭幽衿。"钱起《归故山路逢邻居隐者》:"心死池塘草,声悲石径松。"再到后来,如现代汉语,"塘"只有"池塘"的意义。就其本义来说,是词义的转移;就其"堤岸、池塘"义合一来说,又是词义的缩小。

颜 《说文》:"眉之间也。"(段注本)段注:"各本作眉目之间。浅人妄增字耳,今正。眉与目之间不名颜。《释言》曰:'猗嗟名兮,目上为名。'郭注云:'眉眼之间。'《西京赋》名作略。薛注曰：'眉睫之间。'是不谓之颜也。若云两眉间，两目间，则两目间已是鼻茎谓之頞，又非颜也。面下曰：'颜前也。'色下曰：'颜气也。'是可证颜为眉间，医经之所谓阙，道书所谓上丹田，相书所谓中正印堂也。"又《说文》："色，颜气也。"据此，颜之气谓之色。段注："心达于气，气达于眉间是之谓色。""色"离不开"颜"，是"颜"的表现；"颜"必有"色"，无论是活的还是死的，是老的还是少的，是健康的还是病的，其"颜"都有"色"。"颜"是"色"的基础，"颜"本身包含"色"的意义。"颜"与"色"的相关性很高，几乎是一件事的两面。如此，则"颜"应有两个义位：一是位置，二是状态。前者是明显的，后者是隐含的。后来"位置"的义位发生转移，由"眉之间"变成了"面"。"颜面"一词反映了这种变化。《诗·郑风·有女同车》："有女同车，颜如舜华。"指的是"颜面"。后来"色"的义位进一步显化，"颜"于是有"色"义，首先指人的脸色、神色。《礼记·玉藻》："凡祭，容貌颜色，如见所祭者。"[①]《论语·泰伯》："正颜色，斯近信矣。"前者指脸色，后者指神色。人的脸色无外乎红、白、黄、青、绿、紫、黑，其种类与自然界的七原色非常接近，故由人的颜色引申为一般的色彩。较早的例证见于南北朝。《齐民要术·卷二·种麻第八》："凡种麻，用白麻子。白麻子为雄麻。颜色虽白，啮破枯燥无膏润者，秕子也，亦不中种。市籴者，口含少时，颜色如旧者佳。"北齐邢邵《思公子》："绮罗日减带，桃李无颜色。"北周庾信《燕歌行》："桃花颜色好如马，榆荚新开巧似钱。"这些"颜色"均与人脸无关，应该是一般的颜色了。唐刘希夷《孤松篇》："青青好颜色，落落任孤直。"岑参《优钵罗花歌》："其间有花人不识，绿茎碧叶好颜色。"杜甫《哀江头》："忆昔霓旌下南苑，苑中万物生颜色。"徐铉《柳枝词》："百草千花共待春，绿杨颜色最惊人。"菏泽和尚《五更转》："牡丹昨日吐深红，移向新城殿院中。欲得且留颜色好，每窠皆着碧纱笼。"蔡伸《忆秦娥·又》："江梅标韵，海棠颜色。"宋范晞文《对床夜语》："老杜多欲以颜色字置第一字，却引实字来，如'红入桃花嫩，青

[①] "容貌"和"颜色"的内部结构是修饰关系，不是并列关系。"容"指面目，"貌"指面目所呈现的形态；"颜"指两眉之间，指印堂，"色"指印堂所显示的气色。二者合在一起是"面目的形态和颜额的气色"的意思。《说文》"皃"下段注："凡容言其内，皃言其外。"又说："析言则容皃各有当，如叔向曰貌不道容是也。累言则曰容貌，如动容貌斯远暴慢是也。""容貌颜色"，"容貌"不是说明"颜色"的。《礼记·玉藻》有"行容""足容""手容""目容""口容""声容""头容""气容""立容""色容""丧容"，足见"容"指"容仪"，"貌"指"容"的外在表现，"容""貌"连言，不是并列结构。《礼记·乐记》："内和而外顺，则民瞻其颜色而弗与争也，望其容貌而民不生易慢焉。""颜色""容貌"分立，各有所当。

归柳叶新'是也。"《元曲选外编·西厢记》五本二折:"高抬在衣架上怕吹了颜色,乱穰在包袱中恐剉了褶儿。"又引申为"颜料",杨炎正《水调歌头·又》:"胭脂何事,都做颜色染芙蓉。"《梦粱录》卷十三:"修义坊北张古老胭脂铺,水巷口戚百乙郎颜色铺,徐家绒线铺。"《元史·食货志》一:"丝料之法,……每二户出丝一斤,并随路丝线、颜色输于官。"又《兵志》四:"若系军情急速,及送纳颜色、丝线、酒食、米粟、段匹、鹰鹯,但系御用诸物,虽无牌面文字,亦验数应付车牛。"明施显卿《奇闻类记》卷二:"而观音一面,果当时颜色妆成,则熏蒸于洞,自昔至今不知几百年矣。"《水浒传》四回:"簌簌的泥和颜色都脱下来。"《醒世恒言》卷十五:"吓得个空照脸儿就如七八样的颜色染的,一搭儿红,一搭儿青。"《三宝太监西洋记》八十回:"一面出黄土,就是姜黄,染练颜色,无所不宜。"

或以为"颜"的"颜色"义是"颜""色"二字连用,"颜"因"色"影响,沾染了"色"的词义产生的。恐未达于一间。

快活 字面意义应是"舒适、快乐地生活"的意思。快乐地生活既有物质的,又有精神的,而精神的快活须有物质的保障,故早期的"快活"应是"快乐地生活"的意思;愉快、快乐必须以快乐生活为前提,二者极度相关,故引申为"愉快、快乐"。二字连用较早的例证见于《北齐书·和士开传》:"陛下宜及少壮,恣意作乐,纵横行之,即是一日快活敌千年。"《北史》也有一例。但《北史》叙述此事,几乎原文照抄,唯"纵横"作"从横"而已,没有多少语料意义。"快活"就是前文的"作乐",可理解为"快乐",也可理解为"愉快地生活"。前文有"即是",是"纵使"的意思,表让步,则此句是个复句,意思是"纵使快乐地活一天,也当得千年",当然也可理解为"纵使一天快乐,也敌得千年"。《朝野佥载》卷三:"长安富民罗会以剔粪为业,里中谓之'鸡肆',……会世副其业,家财巨万。有士人陆景旸,会邀过,所止馆舍甚丽,入内梳洗,衫衣极鲜,屏风、毡褥、烹宰无所不有。景旸问曰:'主人即如此快活,何为不罢恶事?'"上文讲"馆舍、衫衣、屏风、毡褥、烹宰",皆为生活条件,故下文的"快活",应是"快乐生活"的意思。据此,我们认为《北齐书》的"快活"也当如此解释。

真正的形容词"快活",应见于唐诗。白居易《偶作二首》其一:"未必方寸间,得如吾快活。"又《想归田园》:"快活不知如我者,人间能有几多人。"又《快活》:"谁知将相王侯外,别有优游快活人。"杜荀鹤《题田翁家》:"田翁真快活,婚嫁不离村。"间邱允

《寒山子诗集序》："或长廊徐行，叫唤快活。"吐蕃赞普弃隶众宿赞《请修好表》："但是百姓拟遣安业，久长快活。"《敦煌变文集·舜子变》："父放母命以后，一心一肚快活，天下传名。"又《无常经讲经文》："动说十劫五劫，不曾快活逡巡。"《三朝北盟会编》卷四："射得煞好南使射中我心上快活。"范成大《减字木兰花》："归田计决，麦饭熟时应快活。"葛长庚《沁园春·又题罗浮山》："仙家好，这许多快活，做甚时官。"黄庭坚《品令茶词》："口不能言，心下快活自省。"《景德传灯录》卷二十："是快活，无系绊，万两黄金终不换。"阿里西瑛《叹世》："则不如对酒当歌，对酒当歌且快活。"杜仁杰《耍孩儿》："风调雨顺民安乐，都不似俺庄家快活。"《元朝秘史》卷四："我告与你许多道理，只与我个万户呵，有甚么快活？"《西游记》九回："你山中不如我水上生意快活。"《水浒传》三回："哥哥便只在此间做个寨主，却不快活？"《金瓶梅》二七回："俺每唱，你两个到会受用快活。"

此词仍在现代汉语中使用。

功夫 又写作"工夫"，本指工程和夫役，是一个词组。《全后汉文》卷九八"广汉长王君治石路碑"："冲路危险，……长广汉王君，建和二年冬，任掾杨（阙）攻治破壤，又从涂□鬴平（阙三字）井间道至别监，得去危就安，功夫九百余日，成就通达，永传亿岁无穷记。"言工程和夫役共费时九百余日。也有只指工程者，词义偏于"功"，而"夫"则不再表义。后汉昙果共康孟详译《中本起经》卷二："便谓须达：'勿复足钱，余地贸树共立精舍。'须达即言：'善哉！许诺。'便兴功夫，僧房、坐具、床榻、茵褥，极世之妙。""功夫"就是"工程"，即文中的僧房等。后汉支娄迦谶译《佛说无量清净平等觉经》卷四："作事仓卒，不豫熟计，为之不谛，亡其功夫。败悔在后，唐苦亡身。""功夫"就是前面的"作事"，"功夫"也指"工程"，是个词组。《三国志·魏·董卓传》："悉发掘陵墓，取宝物。"裴松之注引《续汉书》："又陇石取材，功夫不难。杜陵南山下有孝武故陶处，作砖瓦，一朝可办。"按，《汉语大词典》引此例作为"工程和夫役"的例证，然裴松之注引华峤《汉书》对同一件事情的记述文字略有不同，"功夫不难"作"为功不难"，则"功夫"就是"功"，也就是"工程"，《汉语大词典》例证与解释不合。《三国志·魏·王肃传》："闻曹真发已逾月而行裁半谷，治道功夫，战士悉作。是贼偏得以逸而待劳，乃兵家之所惮也。"《三国志·魏·王肃传》："显阳之殿，又向将毕，惟泰极已前，功夫尚大。"这也是"工程"的意思，仍是词组。有时偏指"夫"，《晋书·范宁传》："又下十五县,皆使左宗庙,右社稷,准之太庙,皆资人力,又夺人居宅,工夫万计。""工夫"指工程所用之夫。

工程有如下特点:

1)要有量的考核,如进度、质量。而造诣与进度、质量相关,故引申有"造诣"和"程度"的意思。"造诣"的词义比较抽象,已不再是词组,而是词了。《南齐书·王僧虔传》:"宋文帝书,自云可比王子敬,时议者云'天然胜羊欣,功夫少于欣'。"《因话录》卷二:"巨源在元和中,诗韵不为新语,体律务实,功夫颇深。自旦至暮,吟咏不辍。"《全唐文》卷一〇四"更定符蒙正等及第敕":"况王彻体物可嘉,属辞甚妙;桑维翰差无纰缪,稍有功夫。"姚合《喜览裴中丞诗卷》:"调格江山峻,功夫日月深。"《祖堂集》卷四:"莫求觅,损功夫,转求转见转元无。"《朱子语类》卷四:"如季通之说,则人皆委之于生质,更不修为。须是看人功夫多少如何。若功夫未到,则气质之性不得不重。若功夫至,则气质岂得不听命于义理!"此皆指"功力",也就是"造诣"。"造诣"就是某人在某方面所达到的境界,由此引申,则有"能力、本事"之义。《全唐文》卷二一九"吏部兵部选人议":"夫然,德行为上,功夫次之,折衷之方,庶几此道。"王涯《广宣上人以诗贺发榜和谢》:"延英面奉入春闱,亦选功夫亦选奇。"方干《水墨松石》:"三世精能举世无,笔端狼藉见功夫。"功夫,即能力、本事。欧阳修《渔家傲》:"正月斗杓初转势,金刀剪彩功夫异。"《朱子语类》卷二七:"便可见曾子当时功夫是一一理会过来。"现代将武术称为"功夫",即此义的进一步引申。

2)要有财力、人力、时间的花费。可以说,财力、人力、时间是工程所必需的,二者极度相关,故引申有"财力、精力、时间"之义。费精力必费时间,二者不可分,故有时既可作"精力"理解,也可作"时间"理解。《三国志·魏·卫觊传》:"不益于好而糜费功夫,诚皆圣虑所宜裁制也。"《全三国文》卷十一"申敕治道":"吾乃当以十九日亲祠,而昨出已见治道,得雨当复更治,徒弃功夫。"此皆指"财力"。《北梦琐言》卷十二:"又嫌以银棱瓷器、托里碗碟,徒费功夫。"此"功夫"可理解为"财力",也可理解为"精力",我们偏向于作"财力"解。《抱朴子》卷四:"或控弦以弊筋骨,或博弈以弃功夫。""弃功夫"就是"浪费时间、消磨日月"的意思。《颜氏家训·杂艺第十九》:"吾幼承门业,加性爱重,所见法书亦多,而玩习功夫颇至,遂不能佳者,良由无分故也。"这也指"时间"。《全陈文》卷十六"明道论":"此则净者自净,无净者自无净,吾俱中取而用之,宁劳法师费功夫，点笔纸，但申于无诤，弟子疲唇舌，消晷漏，唯对于明道。"此指"精力"。唐元稹《琵琶歌》："逢人便亲请送杯盏，著尽功夫人不知。"王润滋《卖蟹》："功夫不负有心人。"《全唐文》卷八九八"吴越国武肃王庙碑铭"："所以博览七纬，精究三元。尽得津涯，皆升堂奥。其于篇韵，尤著功夫。"此皆指"精力"。《大唐新语》卷四："易之乃设诈告事人柴明状，称贞慎等与元忠谋反。则天命马怀素按之，……中使催迫者数焉，曰：'反状皎然，何费功夫，遂至许时。'"既可理解为"精力"，也可理解为"时间"。

3) 对承担者来说，工程是一个大功课、大事情，与功课、事情密切相关，故引申有"功课、事情"之义。功课、事情若办成功，则为承担者的业绩，故又引申有"功劳、功德"的意思。《全唐文》卷九五九"真气还元铭（并序）"："余自后尝依次第，不辍功夫。"《敦煌变文集·佛说阿弥陀经讲经文（四）》："功夫满足之时，这个名为多否？"魏了翁《临江仙·送嘉甫弟赴眉山》："简编迁事业，屋漏拙功夫。"《朱子语类》卷十一："寻常出外，轿中著三四册书，看一册厌，又看一册，此是甚功夫也！"又卷十九："至孔子教人'居处恭，执事敬，与人忠'等语，则就实行处做功夫。"此为"功课、事情"。西晋竺法护译《普曜经》卷七："昔者父王遣五人俱侍卫我，经历勤苦，有大功夫，我今宁可为是先说经法而开化之？"道略集《杂譬喻经》十六："我治王病大有功夫，未知王当报我与不？"萧齐昙景译《佛说未曾有因缘经》卷上："汝济我命，无功夫也。"《朝野佥载》卷一："更有挽郎、辇脚、营田、当屯，无尺寸工夫，并优与处分。"《全辽文》卷九："内置千帙之教，后留万载之名。虽为此地之功夫，应是他方之世界。"此是"功劳、功德"的意思。

此词的"时间"义、"工作、事情"义，现代汉语方言仍在使用[①]。

受用 本谓接受而用之。《周礼·天官·大府》："颁其货于受藏之府，颁其贿于受用之府。"郑玄注："凡货贿皆藏以给用，或言受藏，或言受用，皆互文也。"是个词组。按，《三国志·蜀·郤正传》："（郤）正昔在成都，颠沛守义，不违忠节，及见受用，尽心干事，有治理之绩，其以正为巴西太守。"这个"受用"是"任用"的意思，言委任起用也。前面有"见"，表被动，应该是个词。但我怀疑这个"受用"应是"授用"，"授"，授官，"用"，起用，与前例"受用"的意义不一样。

"接受而用之"应该是好的、有益于人的东西，"接受"与"享受"密切相关，故引申

[①] 见许宝华等《汉语方言大词典》，194—195页，中华书局，1999年。

有"享用、享受"的意思。吴支谦译《菩萨本缘经》卷二:"犹如毒树,虽生华实,无人受用。"刘宋求那跋陀罗译《杂阿含经》卷四三:"此堂新成,未有住者,可请世尊与诸大众于中供养,得功德福报,长夜安隐,然复我等当随受用。"隋阇那崛多译《佛本行集经》卷四四:"布施以后,唯愿世尊,纳取受用,哀愍我故。"《鹤林玉露》乙编卷五:"人之受用,自有剂量,省啬淡泊,有久长之理,是可以养寿也。"《朱子语类》卷十四:"先看《大学》,次《语》《孟》,次《中庸》。果然下工夫,句句字字,涵泳切己,看得透彻,一生受用不尽。"

"享受"与"舒服"密切相关,让人"享受"就是使人受益、使人舒服,故引申有"受益、舒服"的意思。《朱子语类》卷九:"今只是要理会道理。若理会得一分,便有一分受用;理会得二分,便有二分受用。"又卷三十:"颜子工夫尽在'克己复礼'上。'曰:'回虽不敏,请事斯语矣。'是他终身受用只在这上。"又卷五九:"我恁地,他人也恁地,只就粗浅处看,自分晓,却有受用。若必讨个颜子来证如此,只是颜子会恁地,多少年来更无人会恁地。看得细了,却无受用。"这些"受用"应是"受益"的意思。《元曲选·酷寒亭》三折:"我老公不在家,我和你永远做夫妻,可不受用?"又《诈范叔》一折:"大人,委的是好受用也!"《菽园杂记》卷二:"近来,圣恩宽大,法网疏阔。秀才做官,饮食衣服舆马宫室子女妻妾,多少好受用!"《拍案惊奇》卷十五:"合行院中姊妹,也没一个不喜欢陈秀才的。好不受用,好不快乐!"《闲情偶寄·颐养部》:"其最不受用者,在将觉未觉之一时,忽然想起某事未行,某人未见,……更加烦躁,此忙人之不宜睡也。"《红楼梦》十六回:"秦相公是弱症,未免炕上挺扛的骨头不受用。"又二八回:"我告诉你个笑话儿,才刚为那个药,我说了个不知道,宝兄弟心里不受用了。"又九七回:"我躺着不受用,你扶起我来靠着坐坐才好。"这些"受用"应是"舒服"的意思。

打点 "打"是动词词头,表意义的是"点"。"点"有"检验、查点"义。唐王建《送衣曲》:"旧来十月初点衣,与郎着向营中集。"杜甫《新安吏》:"客行新安道,喧呼闻点兵。"点兵,即检阅士兵。顾况《塞上曲》:"点军三十千,部伍严以整。"李商隐《任弘农尉献州刺史乞假还京》:"黄昏封印点刑徒,愧负荆山入座隅。"綦毋潜《经陆补阙隐居》:"学书弟子何人在,点检犹存谏草无?"孙光宪《杨柳枝词四首》其二:"恰似有人长点检,著行排立向春风。""点"与"检"组合成词,二语素同义。

对物品进行检验、查点的过程就是整理、收拾物品的过程,二者相关,故由"点"构成的"打点"有"整理、收拾"之义。较早的例证见于元明之际。《元曲选外编·金凤钗》三折:"早迁转波粗茶淡饭黄荠菜,你畅好能打点,会安排。"《白兔记》四出:"庙官来,庙官来,打点香炉蜡烛台。"《幽闺记》十出:"(末)紧使人,紧使人,疾速催驿骑。便疾忙安排鞍辔,打点行李。"《元曲选·陈州粜米》四折:"外郎,你与我将各项文卷打点停当,等金押者。"又《冯玉兰》一折:"我从五更鼓起来,打点行李,走了这半日,你便不知饥,我可肚里饥哩。"《水浒传》二四回:"大哥,你便打点一间房屋,请叔叔来家里过活。"又:"相公明日打点端正了,便行。"《金瓶梅》十四回:"连夜打点,驮装停当。"

收拾、整理是为使用作准备,在某种意义上说,收拾、整理就是准备,二者密切相关,故引申有"准备、打算"之义。《幽闺记》二五出:"医得东边才出丧,医得西边已入殓,南边流水买棺材,北边打点又气断。"《荆钗记》四十出:"叫左右,与我打点马船人夫,送钱相公到吉安府去。"《嫁周公》:"你伏侍我多年,只今日放你回去,打点送终之具。"《元曲选·竹叶舟》一折:"小生学成满腹文章,正要打点做官哩。"《水浒传》二九回:"施恩当时打点了,叫两个仆人先挑食笋酒担,拿了些铜钱去了。"《醒世恒言》卷五:"一面聚集庄客,准备猎具,专等天明,打点搜山捕获大虫,并寻女儿骨殖。"由于"收拾"就是"准备",有些例证可作两种理解,如《警世通言》卷二一:"店家娘方才息怒,打点动火做饭。"这个"打点"可理解为"收拾",也可理解为"准备"。《二刻拍案惊奇》卷三:"孺人虽喝住了儿子,却也道是有理的事,放在心中打点,只是未便说出来。"此则可释为"打算、盘算"。"打算、盘算"也是一种准备,二者有相通之处。

用钱物请托人,将事情按自己的意图办,也是一种准备,这种准备也叫作"打点"。《怨家债主》四折:"若告我,我拼的把这金银官府上下打点使用,我也不见得便输与他。"《元曲选·灰阑记》一折:"这衙门以外的事,不要你费心,你只替我打点衙门里头的事便了。"《水浒传》六二回:"厅上官吏,小人自去打点。"《喻世明言》卷二一:"幸得县尉性贪,又听得使臣说道,录事衙里替他打点。"

将收拾、整理用于精神,就是振作。凡振作必去掉萎靡、慵懒,而收拾、整理也须去掉杂乱、邋遢,二者相似。《元曲选·虎头牌》二折:"我如今把守去夹山寨口,打点着老精神时常抖擞。"《二刻拍案惊奇》卷三:"权翰林在书房中梳洗已毕,正要打点精神,今日求见表妹。"《红楼梦》四七回:"这会子你倒不打点精神赢老太太几个钱,又想算命。"《赛花铃》九回:"红生打点精神,进场与试。"《飞龙全传》五二回:"回视波涛歇,打点精神,凯旋声接。"《玉楼春》二一回:"痊愈时节,身强健旺,便打点精神,盼望佳期取乐。"《雪月梅》二九回:"看看场期不远,大家打点精神赴试。"

ⅲ.实虚引申

指由实词用法朝虚词用法的引申。近代汉语产生了一批新的虚词,这些虚词大多由实词虚化而来,故实虚引申在近代汉语词义引申中占有重要地位。

1)助动词。帮助动词表示某种意愿、条件、可能的词,叫助动词。它们大多由动词和形容词虚化而来。如:

能 基本意义为"能力、才能",是名词,《书·大禹谟》:"汝惟不矜,天下莫与汝争能。"《墨子·尚贤上》:"故官无常贵而民无终贱,有能则举之,无能则下之。"但名词的句法位置使它不能直接虚化为表可能的助动词,须经过一般的动词阶段。名词"能"用作动词,就是"有能力"。《国语·鲁语下》:"使予欺君,谓予能也。能而欺其君,敢享其禄而离其朝乎?"第二个"能"是动词,"有能力"的意思。《晋语八》:"今吾子有栾武子之贫,吾以为能其德矣,是以贺。"引申之,就是"能够"。《书·舜典》:"有能奋庸,熙帝之载,使宅百揆,亮采惠畴?"又《西伯戡黎》:"乃罪多参在上,乃能责命于天?"《史记·淮阴侯列传》:"信能死,刺我;不能死,出我袴下。""能够"再虚化就是助动词"能",这种虚化以人对客观事物或动作行为的主观感受为前提。能否做成某事,全在于人的认知和判断。前者是事情完成的条件,后者是事情完成的结果。故"能"可表动作行为达到某种结果。《敦煌变文集·故圆鉴大师二十四孝押座文》:"孝慈必感天宫福,五逆能招地狱殃。"或表示某种条件。又:"孝行万灾咸可度,孝心千祸总能禳。"《敦煌变文集新书·双恩记》第七:"嗔嫌岂可因缘就,欢喜方能智惠开。"《入唐求法巡礼行记》卷二:"申时,到邵村浦,下碇系住——当于陶村之西南——拟入于澳,逆潮遄流,不能进行。"或表示可能。《敦煌变文集·长兴四年中心殿应圣节讲经文》:"若非皇帝心如佛,释子争能到此中。"《敦煌变文集新书·双恩记》第三:"日月岂敢争光,天地不能拦障。"《祖堂集》卷二:"此师后有人能继不?"又:"本来无有种,花亦不能生。"

会 《说文》:"会,合也。"心与外物合,则为领悟、理解。《韩非子·解老》:"其智深则其会远。"《敦煌变文集·长兴四年应圣节讲经文》:"空生错会如来意,为是真如本自修。"引申之,则为熟悉、通晓。《敦煌变文集·金刚般若波罗蜜经讲经文》:"法报二身人不会,由如何等唱将罗。"又《维摩诘经讲经文(一)》:"休夸英彦会文章,令格清词韵雪霜。"又:"智惠使万法不移,愚暗者教招晓会。"又:"千力勋来就,三乘会得全。"由此引申为助动词,表示懂得怎样做或有能力做某事[①]。又《捉季布传文》:"送语传言兼识字,会交伴恋入庠门。"又《孝子传》:"主人曰:'汝本言一身,今二人同至,何也?'永曰:'买一得二,何怪也。''有何所解也?'答曰:'会织绢。'"《敦煌变文集新书·双恩记》第七:"算应也会求财路,那个门中利最多。"还表示有可能。沈佺期《钓竿篇》:"为看芳(一作方)饵下,贪得会无筌。"《河南程氏遗书》卷一:"骨肉日疏者,只会不相见,情不相接尔。"又卷二:"有人遇一事,则心心念念不肯舍,毕竟何益? 若不会处置了放下,便是无义无命也。"又卷十八:"怎生便会该通?"《朱子语类》卷一:"且如天地间人物草木禽兽,其生也,莫不有种,定不会无种子白地生出一个物事,这个都是气。"又:"又问:'天地会坏否?'曰:'不会坏。只是相将人无道极了,便一齐打合,混沌一番,人物都尽,又重新起。'"

2)语气词。语气词大多是经动词或形容词虚化而来。由于常处于句末,又是非主要动词,在句中不是语义重点,故逐渐虚化,最终变成语气词。如:

在 本是"存在"的意思。由于可置于句末,逐渐虚化为语气助词,义同现代的"呢"。吕叔湘先生曾举四例唐代文献作为较早例证[②]:①杜甫诗:"诗酒尚堪驱使在,未须料理白头人。"②《唐国史补》卷中:"德宗晚年绝嗜欲,尤工诗句,臣下莫可及。每御制奉和,退而笑曰:'排公在。'"③《幽闲鼓吹》:"上(宣宗)闭目摇首曰:'总未,总未,依前怕他在。'"④《钓矶立谈》:"李华结子可怜在,不似杨花没了期。"例一和例四皆为诗歌,由于韵律平仄的原因,与正常语序略有不同。例一可理解为"尚堪驱使在诗酒",例四可理解为"李华可怜在结子","在"为介词。例一的格律是"仄仄平平平仄仄,平平仄仄仄平平"。如果上句是"尚堪驱使在诗酒",则格律为"平平仄仄仄平仄仄",与此诗的格律不合;为合平仄,诗人将"诗酒"二字放在句首,变成"诗酒尚堪驱使在",其格律为"仄仄平平平仄仄",与绝句格律的要求相合。例四是一首民谣,全诗四句,其上两句是:"江北杨花作雪飞,江南李树玉团枝。"四句的格律是"仄仄平平仄仄平,平平仄仄仄平平,平平仄仄平平仄,仄仄平平仄仄平"。虽则是民谣,但却合绝句的格

---

① 吕叔湘:《现代汉语八百词》,278页,商务印书馆,1999年。
② 吕叔湘:《汉语语法论文集》,58—64页(下同),商务印书馆,1999年。

律;如果将第三句作"李花可怜在结子",则不合平仄;故将"结子"二字提前,变成"李花结子可怜在",既合乎平仄,于诗意也无碍。据此,例一例四的"在"都是介词,不是语气词。

例二的下文有"俗有投石之两头置标,号曰'排公',以中不中为胜负也"。"排公"是一种游戏,赛诗也是一种游戏,"以中不中为胜负"与"诗以好坏分胜负"相同,"吟诗比赛"游戏与"投石置标以中不中为胜负"的"排公"游戏相同。"排公在",即"排公这种游戏还在",意思是说"我先退了,其他的人还在赛诗","在"是实词。

例三的情况复杂一些,由于引文太短,难以看出文意。今引原文如次:"宣宗暇日召翰林学士。时韦尚书澳遽入,上曰:'要与卿款曲,少间出外,但言论诗。'上乃出新诗一篇。有小黄门置茶讫,亦屏之。乃问曰:'朕于敕使如何?'韦公即述:'上威制前朝无比。'上闭目摇首曰:'总未,总未,依前怕他,在于卿,如何?计将安出?'韦公既不为之素备,乃率意对曰:'以臣所见,谋之于外庭即恐有太和末事。不若就其中拣拔有才识者,委以计事,如何?'上曰:'此乃末策,朕已行之,初擢其小者,自黄至绿至绯皆感恩,若紫衣挂身,即一片矣。'公惭汗而退。"从整个文意看,宣宗皇帝很窝囊,竟然害怕敕使(冀骋按,指太监的头目[①]),故求计于韦尚书;皇帝希望韦尚书能设身处地地为他想个办法,故问"在于卿,如何",即"这种事情发生在你身上,你将怎样"。如果这种句读能够成立,则"在"不是语气词。如果将"在"字上属,则"于卿如何"可理解为"对你来说怎么样"。意思虽没有"在于卿"显豁,但"在"则只能理解为语气词。《幽闲鼓吹》是唐德宗大中年间张固所撰,时间为晚唐,有这种语言现象也有可能。然而"在"怎么变成语气词的?其机制为何?此例的句式无法为我们提供解释,故我们不取。我们主张"在"字下属,让"在于"连用。"在于"连用较早用例见于先秦,用于表处所,是"存在"的意思。《孟子·滕文公下》:"子谓薛居州,善士也,使之居于王所。在于王所者,长幼卑尊,皆薛居州也,王谁与为不善?"《庄子·在宥》:"闻广成子在于空

---

① 皇帝的使者多由太监的头目担任,故称太监的头目为敕使。《辞源》《汉语大词典》皆释为"皇帝的使者",当然正确;但其用来特指"宦官的头目",未曾指出。《旧唐书·文宗纪》下:"注内通敕使,外连朝官。"又《鲁晁传》:"肃宗使中官将军曹日升来宣慰,路绝不得人。日升请单骑入致命,仲犀曰:'不可,贼若擒吾敕使,我亦何安!'"此指大太监。又《宣宗纪》:"宫人有疾,医视之,既瘳,即袖金赐之,(上)诫曰:'勿令敕使知,谓予私于侍者。'"此指小太监。小太监会报告大太监,故连小太监也要防备。

同之上,故往见之。"或为"取决于、决定于"的意思,《国语·晋语》:"其耳目在于旗鼓。"表"对于"之义,唐代已见用例,《汉语大词典》释为"犹对,对于",认为"表示所说的情况与后面的对象密切相关"。如《法苑珠林》卷十七:"三、在于众会,真谛无欺。"又卷六九:"在于众人,而自终没。"《全唐文》卷二四玄宗"九月荐衣陵寝制":"且《诗》著授衣,令存休浣,在于臣子,犹及恩私。"《旧唐书·礼仪志》四:"且名称国学,乐用轩悬,樽俎威仪,盖皆官备,在于臣下,理不合专。"《旧唐书·于志宁传》:"往年口敕,伏请重寻,圣旨殷勤,明诫恳切。在于殿下,不可不思,至于微臣,不得无惧。"又《韦承庆传》:"《易》曰:'君子终日乾乾,夕惕若厉,无咎。'敬慎之谓也。在于凡庶,参守而行之,犹可以高振声华,坐致荣禄。"又《列女传》:"且邻里有急,尚相赴救,况在于姑,而可委弃!"《唐会要》卷十二:"在于有司,非所宜议。"这些例证的句式,皆与"在于卿,如何"相同,所以,我们将"在"下属。

曹广顺君《近代汉语助词》举唐代文献七例以证明"在"的语气词用法,使吕老"在"为语气词的观点建立在更加坚实的基础上,踵华之功,令人钦敬。今复按原文,有些例证靠不住。

例一"犹有在",原文为:"高正臣,……习右军之法,睿宗爱其书。张怀素之先,与高有旧。……高常为人书十五纸,张乃戏换其五纸,又令示高,再看不悟。客曰:'有人换公书。'高笑曰:'必是张公也。'乃详观之,得其三纸。客曰:'犹有在。'高又观之,竟不能辨。"从上下文看,"犹有在"是"还有假货在里面""还有假货在"的意思,"在"不是语气词。

例三"见于后园中放在"的"在"表示动作的持续,相当于"着",是时态助词,不是语气助词。"在"由"存在"义发展为时态助词,与"着"由"附着"义发展为时态助词相同。

例四"他家解事在"的"在"也可理解为表示状态持续的助词,联系下文,意思是"别人懂事着呢,不会随便嗔责你,你大胆的上吧"。"着"对应"在","呢"的语气来自句子本身。若要理解为语气,也未尝不可,可以作两种理解。

例五白居易诗"未死会应相见在",可以作语气词理解,也可理解为"会应相见在未死",因平仄关系而颠倒用语。

例六的"得"是"能"的意思,"在"是动词,表存在。

例二"李巽即可在","在"接在动词"可"(合适)的后面,"可"的动作性不强,"在"应该是语气词。按,文献中"亦可在""也可在"的例证还有《祖堂集》卷二:"汝虽断臂求法,亦可在。"《景德传灯录》《五灯会元》此句作"汝今断臂吾前,求亦可在。"《禅林僧宝传》"仰山伟禅师":"汝虽无悟,然且有疑,尚亦可在。"《祖堂集》卷十三:"与摩也可在。"《古尊宿语录》卷三七:"便遇着这般底,便是杀人贼,是汝一人半人犹可在,惑赚他多少人家男女。"

例七"晚风犹冷在","在"在形容词"冷"的后面,应理解为语气词。

我们认为,真正表语气的"在"的较多例证见于五代,宋代亦多用例。《祖堂集》位于句尾的"在"共有五十三例,如卷四"药山和尚":"这饶舌沙弥,犹挂着唇齿在。"又卷五"长髭和尚":"诸事已备,只欠点眼在。"又卷六"神山和尚":"这个人未出家在。"又卷七"岩头和尚":"魔魅人家男女去在。"[①]《朱子语类》也有用例,卷二:"海水无边,那边只是气蓄得在。"又卷九:"人多以私见自去穷理,只是你自家所见,去圣贤之心尚远

---

① 我们将《祖堂集》中除"何在""所在""安在""自在"和明显表"存在"的"在"以外的可以理解为语气词的例证,全部列出(已引用的除外),供学者参考。卷二:"汝虽断臂求法,亦可在。"又卷三:"犹持瓦砾在。"又卷四"石头和尚":"未在,更道。"(按,这个"未在"是不在的意思,上文问:"只如着不得,还着得摩?""着"就是"在",故回答说"未在"。《祖堂集》所有的这类"未在",皆可如此理解。)卷四"药山和尚":"莫错和尚,自有人把匙箸在。"又卷五"长髭和尚":"舌头不曾染着在。"又卷五"云岩和尚":"牙根犹带生涩在。"又卷六"洞山和尚":"直道本来无一物,也未得衣钵在。……虽然如此,犹教老僧三生在。……若也与老僧隔三生在。……犹将教意向心头作病在。"又卷七"夹山和尚":"未屈阇梨在。"又卷七"岩头和尚":"某甲这里未稳在,不敢自谩。……实未稳在。……若与摩,则自救也未彻在。……多少天下,沩山泥壁也未了在。"又"雪峰和尚":"与摩必弁人犹可在。"又卷八"云居和尚":"虽则如此,有人未许专(某)甲在。……也大屈在。"又卷九"落浦和尚":"未藉你与摩道在。……太嫩在!"又卷十"玄沙和尚":"灵云谛当甚谛当,敢报未彻在。"又卷十"长庆和尚":"药山与摩道,犹教一节在。……你若择不出,敢保你未具眼在。……虽然如此,犹虑恐人笑在。"又卷十一"惟劲禅师":"我道直得金星现,也未是到头在。"又卷十二"龙回和尚":"汝也未梦见礼真在。"又卷十二"中塔和尚":"与摩则斫额望先师,未梦见在。"又卷十三"报慈和尚":"虽然如此,我亦未免少分腥膻在。……看汝,平生未脱笼在。"又卷十三"福先招庆和尚":"与摩也可在。"又卷十四"江西马祖":"未解讲得经论在。……争解讲得经论在?"又卷十四"紫玉和尚":"罗刹鬼国不远在。"又卷十四"百丈和尚":"苦杀人,老汉未造在。……有恒沙无漏戒定慧门,都未涉一毫在。"又卷十五"五泄和尚":"秀有才太远在。……虽然如此,犹涉途在。"又卷十五"金牛和尚":"惣未曾见你问在?"又卷十六"南泉和尚":"如许多时,又觅在。……直饶不来,犹较王老师一线道在。……某甲未吃茶在。"又卷十六"黄蘗和尚":"明眼人笑你,久后惣被俗汉弄将去在。"又卷十七"处微和尚":"你犹有前后在。"又卷十八"赵州和尚":"去!未见老僧在!"又卷十八"仰山和尚":"他时后日,自具足去在。……和尚有事在。……寂子此语,迷却天下人去在。……若与摩,汝智眼犹浊在,未得法眼力人,何以知我浮沤中事?"又卷十九"灵云和尚":"唯有中心一树,由属我在。"又卷二十"宝寿和尚":"向后有多口阿师与你点破在。……长老与摩识弁人,瞎却镇州城里人眼去在。"

在。"《五灯会元》卷三:"大德正闹在,且去,别时来。"吕叔湘先生《释景德传灯录中在、著二助词》论之甚详,可参看。但吕先生认为语气词"在"来自"在里",他说:"此一语助词,当以在里为最完具之形式,唐人多单言在,以在概里,宋人多单言里,以里概在,裹字俗书多简作里。本义既湮,遂更着口。"我们认为,"在里"就是"在里面",就是《太平经》卷六八"心在里,枝居外"之"在里"。如果句子的前面有别的动词,"在里"的意义虽然有所弱化,但表处所的意义还存在,不至于只留下一个"在"或"里"。吕老所举《唐摭言》之"富贵在里"是在"在里面"的意思。"里面"作为名词本身有指代的意义,理解为"在这里""在那里"也未尝不可。吕老所举"里字虽与在等相继,而实不相属"的四个例子,都可做别的解释。例一《唐摭言》:"李缪公,贞元中试《日有五色赋》及第,……闻浩虚舟应宏辞复试此题,颇虑浩赋逾己,……及睹浩破题,……程喜曰:'李程在里。'""李程在里",是李程的文章内容在里面的意思。例二《刘宾客嘉话录》:"后明皇帝幸蜀,至中路,曰:'崟郎亦一遍到此来里。'及德宗幸梁,是验也。""到此"与"来里"重叠,意义相同;如此理解,也未尝不可,所谓古人自有复语也。当然,把"里"理解为语气词"哩"(吕老就是这样理解的),也许更顺当;但语气词"哩(里)"唐代未见用例,这种理解不可信。例三《河南程氏遗书》卷二:"若尽为佛,则是无伦类,天下却都没人去里,然自亦以天下国家为不足治,要逃世网,其说至于不可穷处,佗又有一个鬼神为说。"从上下文来看,"里"应为"理"之误,意谓"如果都成了佛,天下就没有人去治理了",下文"以天下国家为不足治",可证。例四《上蔡语录》卷一:"温公初起时欲用伊川,伊川曰:'带累人去里。'""带累人去里"就是连累别人到官场里去。"去里"即"到里面去"。

我们还检索到"在里"的其他用例,皆为"在里面"的意思。沈约《俗说》:"于时袁羌与人共在窗下围棋,仲堪在里,问袁易义,袁应答如流,围棋不辍。"(《艺文类聚》卷七四引)《全唐诗补编·全唐诗续拾》卷三八易静"占日":"又若飞烟星在里,火星傍出血成坑。"《祖堂集》卷六"投子和尚":"若与摩和尚来时,莫得他说纳僧在里。"宋张履信《谒金门》:"帘外雨声花积水,薄寒犹在里。"《朱子语类》卷四:"且如一草一木,向阳处便生,向阴处便憔悴,他有个好恶在里。……才说性时,便有些气质在里。"又卷六:"仁未能尽得道体,道则平铺地散在里。"又卷十四:"我之所得以生者,有许多道理在里。"又卷一二〇:"他本平铺地说在里,公却帖了个飞扬底意思在上面,可知是恁地。"

《正统临戎录》:"他的洪福还高还在里。"《尧山堂外纪·卷四七·宋》:"(刘)沆,天圣中办装赴省,梦被人所落头,甚恶之,人解曰:'只得第二人。虽砍却头,留项在里。'项、沆、刘、留同音,果第二人及第。"皆其证。

我们认为语气词"在"是表存在的"在"虚化的结果。"在"作为存在类动词,当它用在连动式的句末时,由于前面的动词意义比较强势,使"在"的意义弱化,渐渐失去其概念义,遂变成了语气词。其格式为"V+N+在"/"V+在",能进入这个格式的动词有:

"行为动词",如"见"(张说《凯安》"大哉干羽意,常见风云在",白居易《十年三月三十日别微之于澧上》"未死会应相见在,又知何地复何年")、"吹"(孟郊《乐府》三首"风吹荷叶在,渌萍西复东")、"沾"(杜甫《花鸭》"稻粱沾汝在,作意莫先鸣")、"逢"(岑参《崔驸马山池重送宇文明府》"不逢秦女在,何处听吹箫")、"伴"(白居易《赠梦得》"只有今春相伴在,花前剩醉两三场")、"看"(郭遵《南至日隔仗望含元殿香炉》"如看浮阙在,稍觉逐风迁")等[①]。

"趋向动词",如"去"(白居易《郡斋暇日忆庐山草堂……》"会应归去在(一作住),松菊莫教荒")、"来"(齐己《丙寅岁寄潘归仁》"康泰终来在,编联莫破除")等。

"存现动词",如"有"(张说《邺都引》"但有西园明月在,邺傍高冢多贵臣")、"无"(杜甫《送韦书记赴安西》"白头无藉在,朱绂有哀怜")、"余"(岑参《河西太守杜公挽歌四首》其一"唯余卿月在,留向杜陵悬")、"留"(窦蒙《题弟臮述书赋后》"季江留被在,子敬与琴亡")、"残(余也)"(白居易《同崔十八寄元浙东王陕州》"惆怅八科残四在,两人荣闲两人闲")等。

"心理动词",如"怜"(钱起《晚归蓝田旧居》"泉移怜石在,林长觉原低")、"怪"(杜甫《羌村》"妻孥怪我在,惊定还拭泪")、"愧"(杜甫《与严二郎奉礼别》"尚愧微躯在,遥

[①] 此类的例证还有沈佺期《从骧州廨宅移往山间水亭赠苏使君》:"弃置一身在,平生万事休。"李白《观博平王志安少府山水粉图》:"游云不知归,日见白鸥在。"杜甫《奉留赠集贤院崔于二学士(国辅、休烈)》:"谬称三赋左,难述二公恩。"《因许八奉寄江宁叟上人》:"闻君话我为官在,头上昏昏只醉眠。"《赠裴南部闻袁判官自来欲有按问》:"即出黄沙在,何须白发侵。"任华《寄李白》:"斯言亦好在,至于他作多不拘常律。"耿沣《送李端》:"空怀谏书在,回首恋承明。"王建《贺杨巨源博士拜虞部员外》:"残着几丸仙药在,分张还遣病夫知。"白居易《寄题盩厔厅前双松》:"清韵度秋在,绿茸随日新。"《别春炉》:"晚风犹冷在,夜火且留看。"

闻盛礼新")、"觉"(杜甫《复愁》"身觉省郎在,家须农事归")、"忆"(白居易《郡中闲独寄微之及崔湖州》"两处也应相忆在,官高年长少情亲"。按,此句可理解为"也应相忆在两处",为平仄故,将"两处"置句首)等。

"能愿动词",如"得"(王建《题法云禅院僧》"上山犹得在,自解衲衣裳",白居易《自叹二首》其二"唯有闲行犹得在,心情未到不如人",《就花枝》"自量气力与心情,三五年间犹得在")、"能"(李贺《示弟》"病骨犹[一作独]能在,人间底事无")等。

"存在动词"与"在"同类,其动作强弱相同,谈不上什么相互影响,可不论。"心理动词""能愿动词"的动作性比较弱,与"在"相比强不了多少,对"在"字意义的存在与否不起什么作用,故"在"的弱化不从这类动词所在的句式开始。

"行为动词"和"趋向动词"的动作性比"存在动词""在"强,这类句子末尾的"在",在强势动词的影响下失去其概念义,慢慢变成了语气词,而"在"所表语气就是句子原来的语气。"V+N+在"式即属于这种情况。如"弃置一身在""空怀谏书在""谬称三赋在""康泰终来在",去掉后面的"在",句子的意义没有任何变化;如果在散文中,这类"在"就会变成语气词。一旦变成一般的语气词,就可用在别的动词句或形容词句中,没有任何限制了。如《祖堂集》、宋代禅宗语录、宋儒语录和其他文献中所见到的那样。例见吕老文章。而"V+在"式则略有不同,动词后的"在"首先由实词"存在"弱化为时态助词,表动作或状态的持续,然后再变为语气助词。如《祖堂集》卷五"长髭和尚":"舌头不曾染着在。"又卷十五"金牛和尚":"惚未曾见你问在?"又卷二十"宝寿和尚":"长老与摩识弁人,瞎却镇州城里人眼去在。"

还有一种格式为或"A+在",形容词后面也可带"在",这类"在"可能已是语气词了。任华《寄李白》:"斯言亦好在(一本无在字),至于他作多不拘常律。"别的版本没有"在"字,说明"在"字可有可无。白居易《别春炉》:"晚风犹冷在,夜火且留看。"《祖堂集》卷十八:"若与摩,汝智眼犹浊在。"

湖南祁东方言也有语气词"在",可用于"祈使句":a."快点去在!"b."走在!"c."早点来在!"询问句:"好在?"这种句式的"在"相当于"吗"。闽方言[1]:"阿庆去公园在?""你不是接着伊两张批在?"(你不是接到他两封信吗?)陈述句:a."来得太早了

---

[1] 例见许宝华等《汉语方言大词典》,1775页,中华书局,1999年。

在。"b."个家东西是我的在。"(这个东西是我的。)否定句:"你冒来在。"(你不要来。)

了 本为"完毕"之义,用于动词之后,逐渐虚化为动态助词。其标志是"动+了+宾"结构的出现,出现的时间应是晚唐五代。前此汉语中有"动+了"和"动+宾+了"结构,但这两种结构中的"了"都还不能看作助词,原因是当时的"了"还未完全虚化,仍是"完成"义动词,属于"V+V"的连谓形式,"了"对前面的事件的状态起陈述作用。当"了"前移,变成了"动+了+宾"后,"了"不能再对"V+宾"进行陈述,就变成了动态助词。"了"为什么前移,可能的原因是受"V+却+宾"结构的影响。较早的用例见于晚唐五代。卢仝《与马异结交诗》:"补了三日不肯归婿家,走向日中放老鸦。"沈传师《寄大府兄侍史》:"将军破了单于阵,更把兵书仔细看。"李峤《过洞庭》:"此身如粗了,来把一竿休。"章谒《下第有怀》:"迁来莺语虽堪听,落了杨花也怕看。"《寒山诗》:"死了万事休,谁人承后嗣?"吕岩五言诗:"吃了瑶台宝,升天任海枯。"《敦煌变文集·维摩诘经讲经文(一)》:"迷了菩提多谏断,悟时生死免轮回。"又《难陀出家缘起》:"各请万寿暂起去,见了师兄便入来。"《敦煌变文集新书·悉达太子修道因缘》:"寻时缚了彩楼,集得千万室女。"《祖堂集》也有例证,不备引[①]。

好 有"对、合适"的意思。用于句末,其始为"才好、才对"的意思。如《祖堂集》卷十九:"师问安和尚:'只这一片田地,合著什摩人好?'安和尚云:'好着个无相佛。'"很明显,句中的"好"都是"合适、才好"的意思。引申为表祈使和劝诫的语气词。《祖堂集》卷七:"悟入且是阿谁分上事,亦须着精神好!"又:"惭愧,大须努力好。"又卷十:"佛法不是这个道理也,须子细好。"又:"亦须自检责好。"理解为"才好",似无问题;但若理解为语气词,似乎也说得过去。可能此词正处于实虚转化之际。下面数例则不能理解为"才好、才对",而只能作语气词理解。《祖堂集》卷八:"莫无惭愧好!"又卷十一:"莫错好,者风汉与摩道,莫屈着人摩?"又:"莫吃语好。"《五灯会元》卷四:"和尚莫谤先师好!"又卷十:"诸人还委悉么?莫道语默动静,无非佛事好,且莫错会。"又卷十八:"莫谤经好!"又卷二十:"莫错怪人好!"这是劝诫语气。《五灯会元》卷十二:"师云:'惜取眉毛好。'"又:"问:'如何是客中主?'师云:'识取好。'"又卷十三:"进曰:'不问不答时如何?'师云:'你亦须别头好。'"又:"其僧叉手进前退后,师便喝出,云:'将

[①] 参曹广顺《近代汉语助词》,16—26页、84—97页,语文出版社,1991年。

为是作家,若与摩见知,更须行脚遇人去好。'"又卷十四:"长老房内有客,且归去好。"这是祈使语气。《五灯会元》全书共有数十例,不备引。从上面的例证可以看出,"好"用于一般的陈述句句末,是"才好、才对"的意思,是对他人和自己的一种要求和鼓励,进一步虚化,就是表祈使语气的助词。用于否定句句末,是一种劝诫,所表达的是一种劝诫语气。湖南祁东方言也用"好"做语气助词,可表祈使,也可表劝诫。如:"慢点走好!""在我屋里吃饭好!""早点睡好!"此为祈使语气。"莫打野眼好。""莫听别个的闲言闲语好。"此为劝诫语气。按,现代中原官话和江苏徐州方言也有这种用法,用以引起对方注意或表示祈使。如:"今天放好电影好。""你数清楚好,千万别错了。"①

3)介词。介词皆由动词虚化而来,"将""把""被"皆然。

捉 《说文》:"捉,搤也。"汉语的介词大多来自动词。"捉"本是"紧握"的意思,后来变为一般的"握持"。当"捉"带宾语后接其他动词时,如果后面动词的动作性比"捉"强,后面的动词成了句子的语义重点,而"捉"所带宾语又是后面动词所表"动作"的工具或方式,"捉"就变成了介词②。

隋达摩笈多译《起世因本经》卷三:"入彼处已,为守狱者,取于彼等地狱众生,捉脚向上头向下,掷置铜釜之中。"又:"为守狱者取其两脚,倒竖向上,捉头向下,掷铜釜中。""捉脚向上""捉头向下"的语义重点在"捉","捉"的动作性比"向"强,"向"在这里应是介词,它无力使"捉"虚化,"捉"是动词。

王梵志诗《生时不须歌》:"天地捉秤量,鬼神用斗斛。"又《凡夫真可念》:"漫将愁自缚,浪捉寸心悬。"寒山《诗三百三首》其二二一:"下危须策杖,上险捉藤攀。"

"量"的是"天地","悬"的是"心","攀"的是"藤"。"量""悬""攀"是句子的主要动词。"捉"在句中或表工具,或表处置,应是介词。王梵志是隋末唐初白话诗人,我们说介词"捉"产生于隋末唐初,应无问题。我们在《敦煌变文集》的《燕子赋》和《大目乾连冥间救母变文》中也见到了一些用例:

《敦煌变文集·燕子赋》:"胥是捉我支配。""夺我宅舍,捉我巴毁。""向吾宅里坐,却捉主人欺。""何为捉他欺。"又《大目乾连冥间救母变文》:"有黑狗出来,捉汝袈裟衔

---

① 见许宝华等《汉语方言大词典》,2317 页,中华书局,1999 年。
② 参蒋冀骋《论明代吴方言的介词"捉"》,《古汉语研究》,2003 年第 3 期。

着,作人语,即是汝阿娘也。""便捉目连袈裟衔着,即作人语。"①

宋代亦有用例,似乎仅见于《朱子语类》,卷一二〇:"这都是不曾平心读圣贤之书,只把自家心下先顿放在这里,却捉圣贤说话压在里面。"朱子语录带有闽方言色彩,宋代其他文献未见用例,元代也未见用例,可能"捉"的介词用法带有方言色彩。明代吴方言有较多用例:

《三遂平妖传》七回:"着甚来由捉性命打水撇儿。"《警世通言》卷六:"身边铜钱又无,吃了却捉甚么还他?"又:"吃了许多酒食,捉甚还他。"《山歌·骚》:"真当骚,真当骚,大门前冷眼捉人瞧。"又:"姐儿心痒捉郎瞟,我郎君一到弗相饶。"又《半夜》:"姐道我郎呀,尔若半夜来时没要捉个后门敲,只好捉我场上鸡来拔子毛,假做子黄鼠郎偷鸡引得角角哩叫,好教我穿子单裙出来赶野猫。"又《走》:"郎在门前走子七八遭,姐在门前只捉手来摇。"又《盘问》:"姐儿说话弗到家,吃郎君盘问只捉指头牙。"又《乡下人》:"乡下人弗识枷里人,忽然看见只捉舌头伸。"

清代文献未见用例,应是文献不足征的原因。现代安庆方言中有用例,如:"大华昨个捉他老婆骂了一顿。""你有本事和他吵,不要捉人家出气。"②湖南宁乡偕乐桥话也有例证,不过词形作"捉哒"。其中"哒"读轻音,是个助词;真正起作用的是"捉"字,其作用与"捉"同,表处置。如:"捉哒沙发上的衣服折好。"(把沙发上的衣服叠好。)"他捉哒电脑搞烂哒。"(他把电脑弄坏了。)"捉哒那条街都寻到哒也冒看见么子花店。"(把那条街都找遍了也没看见什么花店。)"看电视捉哒眼睛都看近哒。"(看电视把眼睛看近视了)。③

还有"施受""正反""动静""礼俗""因果"诸类引申,别章中已有论列,此不讨论。

Ⅱ. 词义引申的民族性

各民族语言的词义引申有共同的一面,也有差异的一面。差异性就是民族性。一个可以对译的词,即使它们可用来表示同样的概念,但它们在各自语言中的引申意义不可能完全一样。出现这种差别,当与民族的哲学观念、思维方式、习俗、心理、生

---

① 参蒋冀骋《敦煌文书校读研究》,90 页,文津出版社,1993 年;马贝加《近代汉语介词》,233 页、290 页,中华书局,2002 年。
② 参蒋冀骋、吴福祥《近代汉语纲要》,486 页,湖南教育出版社,1997 年。
③ 引自陶伏平《宁乡偕乐桥话介词初探》,硕士学位论文,湖南师范大学文学院,2002 年。

活环境、语言特点有密切的关系。如"手",英语叫"hand"。英语中"hand"有"指针、递交"等义项,而汉语则没有;汉语"手"有"拿、持""擅长某技能的人"的意思,而英语也没有。据笔者考究,汉语的"手"所以没有"递交"的义项,是因为古人交付东西与人,一般不用单手,而用双手,否则为失礼。即使是现代,在较正式的场合,授受物品也要用双手。故汉语的"手"没有"递交"的意思。就词的内涵而言,汉语的"手"指手腕以前的部分,这从"手"字的篆书"手"可以看出。手腕以前部分的主要功能是用来握持,故汉语的"手"有"拿"的意思。英语的"hand"包括手臂、手掌,"递物"须伸长手臂,故"hand"引申有"递交"的意思。钟表"指针"与"伸长的手臂"相似,故"hand"可用来表示"指针"。汉语的"手"不包括手臂,故不能用来指代"指针",而且中国古代(明以前)也没有钟表这种计时装置,没有"指针"这个概念,也不要求当时的汉语予以反映。英语有词缀"er",可用来表示某种职业的人,无须用"hand"来表示这个意思,故英语的"hand"不具备这一义项。这个差别则是由语言的特点所决定的。

如果将汉语词义系统与日语词义系统相比较,就更能显出词义引申的民族性。魏晋至唐宋之间,日语从汉语借用了大量的汉字。有些汉字只是被借去充当日语的书写符号,与汉语词汇没有什么关联,可以不论。有些汉字则连音和义都一同借去了,也就是借词,它们与汉语词汇有密切的关系。它们进入日语后,也产生引申义。如果把它们的引申系统与汉语的引申系统相比较,有相同的,也有不同的。不同的,就是词义引申民族性的表现。如:

露 作为名词,日语有"露水、眼泪、短暂"等意义。汉语中作为名词只有"露水"一义,而没"眼泪、短暂"等意义。大概日本民族认为人的眼泪就像树叶上的露珠,故用"露"来表示"眼泪"。又认为露水在太阳下存在的时间很短促,故又用"露"表示"短暂"。汉民族虽然也认为露珠是短暂的,如曹孟德诗:"对酒当歌,人生几何,譬如朝露,去时苦多。"但并没有用"露"来表示"短暂"。作为动词,日语基本上不单独使用"露"字,而只在"暴露、露出、露见"等词里作为构词成分使用;汉语则可以单用,义项也多些。

饱 汉语中一般只有"吃饱、满足"等义。日语有"饱かす"一词,基本意义仍与汉语一样,是"让人吃饱"的意思。吃得太多太饱,则生厌,故日语中此词还有"讨人嫌、使人厌"的意思。汉语的"饱"则没有这个义项,原因是汉语上古时期有个"厌"字,也是"饱"的意思。其字从"甘"从"肰"。"肰"就是狗肉,狗肉吃多了,易令人生厌,故引申为"讨厌"。既然"厌"已具此义,"饱"就没有做同样的引申了。但汉语某些方言里"饱"仍有"烦人、厌人"的意义。湖南祁东方言制止小孩吵闹,常说:"冒吵了,饱寡了。""寡"是极甚之辞,"饱"是"烦人、厌人"的意思。合起来就是"烦死了""讨嫌死了"的意思。但语义较轻,而且只是大人对小孩嗔怪时用,"厌"中带有"爱"的意味。这又与日语有别。

青 本为青色。草木初出其色青,故引申有"出生、少壮"之义,如"青春""青岁""青年"。色青则果实未熟,故又引申有"生、未熟"之义,如"青梅"指未成熟的梅子,"看青"指看守未成熟的庄稼。日语借用"青"字,形容词作"青い"。除上述义项外,还有"幼稚"这一义项。很显然,"幼稚"是从"未熟"引申来的。如"青书生",指幼稚的学生。汉语"青"没有这个义项,原因是汉语"青"的"生、不熟"只指果实、庄稼,没有用来指人。有意思的是,英语"green",意为"绿、青",也有"生、不熟""青春的"和"无经验"的意思,引申线索与日语全同。

出 本为出来。日语"出す"一词与之对应,其义项与汉语大致相同;不同者,日语的"出す"有"陈列、展览"义,有"寄、发(信)"义,还有"开船、航行"的意义,而汉语没有。如:展覽會に繪を出す/把画送展览会上展出。此"陈列、展览"义。手紙を出/寄信。此"寄信"义。暴風で船が出せない/有暴风不能开船。此"开船、航行"义。

为什么有这种差别?可能由于中日两国人民观察事物着重点的不同,导致了对同一事物的特征有不同的看法,从而其表述方式也产生了不同。反映在语词上,就是词的引申方向出现歧异;即同一个词,由于引申方向不一样,其孳乳的词义有较大的不同,从而显示出民族性。"出"本为由里而外,在日人看来,"陈列、展览""寄信、发信",乃至"开船"皆是由里而外,其着重点在"内而外",故"出"引申有这些意义。在中国人看来,"展览"重在"陈列给人看"而不是"内而外",故不用"出"表示这个意义;"寄信"重在"托人带物",而"出"没有这些内容,故不用"出"表示"寄信",而用"寄"字,寄者,托也;"开船"重在"发动、启动",而不在"离开",故不用"出"表示"开船"。

目 眼睛。上古用目;战国时期出现"眼",且只指眼球;西汉出现作"目"讲的"眼",见于《史记》,但用得不广;东汉"眼"与"目"已无区别,汉末"眼"在口语中基本上取代了"目";六朝晚期这种取代已完成①。日语所用汉字读音大多来自南北朝时期的吴音,也有些来自汉音。汉音是隋唐时期引进的,为当时的中原音。"目"在现代日语中读め(me),应是汉字"目"读音的变化,其词义是"眼睛"。在中土文献中,南北朝时期"眼"已替代了"目",为什么引进"目"而不引进"眼"? 可能的原因是南方吴语还没有实现真正替代。日语中还有汉字"眼",也读作め,可能是隋唐时期引进的,其意义为"视力"。二者用法上有区别。除"视力"之义外,其他意义皆用"目"而不用"眼"。"目"在日语中的引申路径也呈现出与汉语不同的特点,有些义项古代汉语存在,而现代汉语已经不再使用,但日语却还保留者。如,日语"目"有"眼神、目光"义,如:變な目で見る/用惊奇的眼神看。又有"眼力、见识"义,如:目が高い/见识高,有眼力。还有"看法、见解"义。如:法律家の目/法律家的看法。"目"的这些义项古代文献都曾出现过。如"眼神"义,《汉书·高帝纪》上:"酒阑,吕公因目固留高祖。"颜师古注:"不欲对坐者显言,故动目而留之。""眼力"义,诸葛亮《便宜十六策·治军》:"工非鲁般之目,无以见其工巧。""看法"义,《北史·李彪传》:"赫赫之威,振于下国;肃肃之称,著自京师。天下改目,贪暴敛手。"明方孝孺《答王秀才书》:"俾世俗易心改目,以勉其远且大者。"但现代汉语不再使用,这是随着"目"在汉语口语中的消失和汉语词汇双音节化的趋势所产生的必然结果。这是汉语古有今无的义项而日语仍保留者。

"目"的个别义项纵使在古代汉语中也未见使用,而是日语在借用此词后独立引申出来的。日语"目"有"(锯)齿"义,如:鋸の目/鋸齿,櫛の目/梳齿。古今汉语"目"字无此义。为什么日语的"目"有"(锯)齿"义呢?可能源于日本人对锯齿的理解。锯齿既有"齿"也有"空",齿与齿间的"空"是一个一个的小缺,像"孔眼",与"目"有相似处,"目"也是人头部的两个"孔眼",故引申有"(锯)齿、(梳)齿"义。"(锯)齿、(梳)齿"就其实者而言,是"齿";就其虚者而言,是"孔眼"。中国人从其实者观察,故以"齿"名;日本人以其虚者观察,故以"目"名。

绞　用两股以上条状物拧成一根绳索叫作绞。引申之,汉语拧、挤压叫绞,缠绕叫绞,急切也叫绞。日语借用此词。根据日语的构词特点,其书写形式为"絞る"。此词有"挤压、拧"义,但没有"缠绕、急切"义。此外,还产生了一些汉语中没有的意义。

---

① 汪维辉:《东汉—隋常用词演变研究》,南京大学出版社,2000年。

"絞る"日语中有"集中(到一点)"义,如:問題をそこに絞って話す/把问题集中到那一点上来谈。还有"引人(流泪)"的意义,如:観客の淚を絞る/引得观众流泪。

为什么会有这种差异?原因在于两国人民对"绞"这一动作观察的着重点不一样。在日人看来,"绞"是把两个以上的东西通过用力拧挤变成一个东西,着重点为二合一,所以有"集中为一"的含义,词义"集中(到一点)"就是这样产生的。两种东西合一不是自动的,是人强迫的结果,"强迫"程度较轻,就是引导,所以又有"引人(流泪)"的意义。而中国人着重于两个东西缠在一起,经过"绞",两根绳子不是直直的结合在一起,而是缠在一起,其动作"绞"的过程和结果都是"缠",故引申有"缠绕"义。此外,"绞"的过程要快,要紧,否则就不是"绞"了,故引申为"急切"。

有些日人写的文献,由于受日语的影响,使用了汉字在日语中产生的新意义,故增加了理解的困难。如:

驾　日人圆仁《入唐求法巡礼行记》卷一:"承和五年六月十三日,午时,第一、第四两舶诸使驾舶。缘无顺风,停宿三个日。"又:"〔二月〕十八日,斋后,请益、留学僧等出开元寺,住平桥馆候船。诸官人未驾船。""驾船"是不是"开船"的意思?答案是否定的。前例云"缘无顺风,停宿三个日",则尚未开船。后例言"请益、留学僧……候船",言"诸官人……未驾船","请益、留学僧"不可能要唐朝的给他们开船,所以当另作解释。董志翘君说:"'驾舶'犹言上船,不一定就出发,下文云'缘无顺风,停宿三个日'可证。……而日语中的'駕る(のる)'正有'登上'之义,如'屋根にのる/登上屋顶'。"①

词义引申系统的民族性,目前研究得还很不够。现代学者虽有"论民族性"之类的文章,但都是就成语的形式和意义构成而言,并未涉及词义的引申系统,因此还有大量的工作可做。本书所论,只是举例性的,不成体系,他日有暇,将就此做专门研究。

(2)同化

同化,指两个本来没有意义关联的词,由于经常处于同一语言结构或在言语的线性排列中处于临近的位置,其中一词受另一词意义的影响,由于类化的作用,也产生

---

① 董志翘:《〈入唐求法巡礼行记〉词汇研究》,60页,中国社会科学出版社,2000年。

了与另一词相同或相近的意义。

汉语词汇史上,词义同化的现象并不罕见。

恳　《说文新附》:"恳,悃也。"《诗经·鹿鸣》下毛苌云:"鹿得苹,呦呦鸣而相呼,恳诚发乎中,以兴嘉乐宾客,当有恳诚相招呼以成礼也。"《盐铁论》卷六:"恳言则辞浅而不入,深言则逆耳而失指。"《风俗通义》卷五:"夫人虽有恳切之教,盖子不以从令为孝。"此"恳"字皆"诚恳"之义。后世有"恳求"一词,"恳求"即诚恳地求。《全汉文》卷八"答赵皇后":"有恳求上,无烦笺奏,口授宫使可矣。"《全唐文》卷四二五"为赵侍御陈情表":"昔子建之表,恳求自试。"《旧唐书·卢迈传》:"迈以叔父兄弟姊妹悉在江介,属蝗虫岁饥,恳求江南上佐,由是授滁州刺史。"又《薛放传》:"放因召对,恳求外任。其时偶以节制无阙,乃授以廉问。"《旧五代史·晋·郑韬光传》:"梁贞明中,恳求休退,上表漏名,责授宁州司马。"由于"恳求"常连用,受"求"的影响,"恳"遂有"求"义。《全唐文》卷二一〇"为程处弼辞放流表":"臣以天恩非分,矜敏赐臣,怀戴之心,祈恳冥报,遂用于天宫寺写书造像,半为圣人,半为老亲。"又卷三六二"嵩山会善寺故景贤大师身塔石记":"大师雅尚山林,迫以祈恳,或出或处,存乎利济。"《太平广记》卷一一一:"和自散走,便恒诵念《观世音经》,至将斩时,祈恳弥至。""祈恳"连文,"恳"亦"祈"也。也有单用"恳"而表"求"义者。《敦煌变文集·目连缘起》:"一心欲见慈亲,不免低颜哀恳。"又《秋吟一本》:"入王城,投长者,愿鉴野僧相恳话。"宋释文莹《续湘山野录》:"扶拱来对于便坐,面恳之。"旧题宋陈楒撰《负暄野录》卷上:"范文正公作《钓台严先生祠堂记》,欲求其书而刻之石,专遣钱持书恳之。"辛弃疾《南渡录》:"少帝语左右:'汝等可悯念吾国破家亡,取汤水相救。'左右引去曰:'吾国禁卫,犯旨过于杀人,汝呼悯字,已该大罪,尚欲索汤水耶?'再恳之,不顾而去。"庄绰《鸡肋编》卷中:"许先之监左藏库,方请衣,人众,有武臣亲往恳之曰:'某无使令,故躬来请,乞先支给。'"又卷下:"章子厚为相,靳侮朝士。常差一从官使高丽,其人陈情,力辞再三,不允,遂往都堂恳之。"《挥麈后录余话》卷二:"丰父以启恳之云:'黄纸除书,久无心于梦寐;青毡旧物,尚有意于陶熔。'"《清平山堂话本·杨温拦路虎传》:"客人杨温是东京人,特来上岳烧香。病在店中,要归京去,又无盘缠,相恳尊官周全杨温回京则个。"又《死生交范张鸡黍》:"但见其不食,再三恳之。"元高明《琵琶记》五出:"昨日已蒙亲许,今日特此拜恳。"《元史·羊仁传》:"乃遍恳亲故,贷得钞百锭,历诣诸家求赎之。"又《刘居敬传》:"刘居敬,大都人。年十岁,继母郝氏病,居敬忧之,恳天以求代。"明《都公谭纂》卷上:"夏氏里人有顾亨之者,与赵公交,母买舟,恳顾生往。时冬月,赵方曝背檐下,见顾来,大惊,顾以建中病告,欲屈其一视,赵曰:'吾不出久矣。'顾恳之再,遂与偕来。"《万历野获编》卷十一:"时商燕阳(为正)在台中资最深,为陶姻家,又江陵门人也,苦救不能得,乃恳之江陵公。"《三宝太监西洋记》二八回:"故此俺学生辈不识忌讳,特来相恳。"《禅真后史》一回:"瞿相公作速开门,奴有一至紧事相恳,伏乞见纳。"《儒林外史》八回:"因是如此,明日打发少爷过来当面相恳。"《镜花缘》二回:"小仙所以相恳者,并非希冀娱目,意在趁此嘉辰,博金母尽日之欢,庶不虚此胜会。"《海上花列传》五十回:"陶云甫抢步上前,代通姓名,并述相恳帮办一节。"

漪　《诗经·伐檀》:"河水清且涟猗。"孔疏:"此云涟猗,下云直猗、沦猗,涟、直、沦论水波之异;猗,皆辞也。"《释文》:"猗'本或作'漪'。由于经典中"涟漪"连文,"漪"受"涟"的同化,中古时也具有了"水波"之义。《文心雕龙·定势》:"断辞辨约者,率乘繁缛,譬激水不漪,槁木无阴,自然之势也。"《晋书·卫恒传》"四体书势":"是故远而望之,若翔风厉水,清波漪涟。"左思《吴都赋》:"剖巨蚌于回渊,濯明月于涟漪。"刘渊林注:"风行水成文曰涟漪。"此义尚存现代汉语中。

设　《说文》:"施陈也。"由于经常与"酒""食"连文,"设"受"酒食"的同化,也具有"酒食、饮食"之义。如《六度集经》五"摩天罗王经":"彼设未办,而日过中。"葛洪《西京杂记》下:"俎上蒸独一头,厨中荔枝一梌,皆可为设。"《南齐书·王僧虔传》:"又才性四本,声无哀乐,皆言家口食,如客至之有设也。汝皆未经拂耳瞥目,岂有庖厨不修,而欲延大宾者哉!"《南史·刘湛传》:"会湛入,因命臑酒炙车螯。湛正色曰:'公当今不宜有此设。'"《世说新语·雅量》:"客来早者,并得佳设。"梁何逊《聊作百一体》:"值设乃糠糟。"诸"设"字皆"酒食、饮食"之义。按,"设"的"酒食"义唐宋后未见用例。

哀　《说文》:"闵也。"由于"哀求"连文,"哀"受"求"的同化,也具"乞求"之义。其始作"求哀"。"求哀",非"求而哀",而是"恳求、乞求"的意思,"哀""求"同义。《中本起经》下:"皆当以衣被布地,求哀于诸沙门言:'贤者有净戒高行,愿行此衣上。'"《旧杂譬喻经》卷上:"出城逢贼,女向贼求哀:'我有重誓当解。'贼放去。"晋干宝《搜神记》卷二十:"其母便搏颊向人,欲乞哀状,直谓口不能言耳。"《酉阳杂俎》续集卷一:"三日饥困,不成,求哀于鬼,乃拔其鼻。"又:"国子监学生周乙者,尝夜习业,忽见一小鬼,……戏灯弄砚,纷搏不止。学生素有胆,叱之,稍却,复傍书案,因伺其所为,渐逼近,乙因擒之,踞坐求哀,辞颇苦切。"《敦煌变文集·佛说阿弥陀经讲经文(二)》:"凡是听法,必须求哀,发露忏悔,先受三归,以请五戒,方可闻法。"又《妙法莲华经讲经文(一)》:"因何国主苦求哀,为□长劫免沦回。"又《维摩诘经讲经文(四)》:"吾今对众苦求哀,望汝依言莫逆怀。"又:"光严则辞退千般,善德乃求哀万种。"又《生天因缘变》:"即于佛前,求哀乞罪。"敦煌本《搜神记》:"其时妻面上疮出,状如火烧,疼痛非常,后乃求哀伏首,始得差也。"《太平广记》卷十"赵瞿":"(瞿)乃自陈乞,叩头求哀。"又卷十二"董奉":"有一人中有疠疾,垂死。载以诣奉,叩头求哀之。"又卷三一:"诸吏叩头求哀云:'大夫之暴,公所知也。'"又卷三六"李清":"汝可且归,清则叩头求哀。"《春渚纪闻》卷四:"诠因求哀金紫人。"《老学庵笔记》卷十:"从一(人名)皇恐,自陈湖湘人,迎亲窃禄,求哀不已。""求哀"连文,"哀"亦求也。尤其是"求哀"后带宾语者,意思更为显豁。后来,"哀"字单用,也是"求"的意思。《聊斋志异》这种用法共有五十二次,今举二例以见其义。卷一《雹神》:"天师曰:'适言奉旨雨雹,故告辞耳。'公问:'何处?'曰:'章丘。'公以接壤关切,离席乞免。天师曰:'此上帝玉敕,雹有额数,何能相徇?'公哀不已。"又《画皮》:"陈皮拜迎于门,哭求回生之法。道士谢不能,……曰:'市上有疯者,时卧粪土中,试叩而哀之。倘狂辱夫人,夫人勿怒也。'"皆其例。

  疑 近代汉语可用为比拟之辞,意为"如、似"。韩愈《东都遇春》:"深居疑避仇,默卧如当瞑。"李远《咏壁鱼》:"透窗疑漏网,落砚似流泉。"储嗣宗《圣女祠》:"巢鹊疑天汉,潭花似镜妆。"《太平广记》卷二二五"僧灵昭":"未几,灵昭忽拊心,疑有刀刺,须臾,吐血而终。"张炎《疏影》:"枝南枝北,疑有疑无,几度背灯难折。"皆其例。"疑"之所以有"似、如"之义,当是"疑似"连文的结果。《吕氏春秋·疑似》:"疑似之迹,不可不察,察之必于其人也。"《三国志·魏·杜畿传》:"疑似难分,故累载不为明主所察。"始则连文,继则对文(多见于诗文),"疑"受"似"的同化,遂产生"如、似"之义,成为比况之辞。

  "疑"的"如、似"义也可用引申来解释。凡怀疑之物,物本体(被怀疑者)与目标物(怀疑成另一物者)必有相似之处,否则不可能被怀疑,也就是说,"疑"者必"似",而"似"者极有可能遭"疑",故"疑"引申为"如、似"。

  所 中古以降有"何"义。这种解释,裴学海《古书虚字集释》振声于前,徐仁甫

《广释词》踵华于后，今人江蓝生《魏晋南北朝小说词语汇释》广其辞例，使此义的成立臻于无懈可击。晋干宝《搜神记》卷十一："莫邪子名赤比，后壮，乃闻其母曰：'吾父所在？'"《长寿王经》："长寿王问婆罗门：'贤者从何来，将欲所之？'"《中本起经》下："美音问言：'道士何来？今欲所之？'"《太子须大挐经》："于是婆罗门径诣叶波国，至王宫门外，闻守门者：'太子须大挐今为所在？'"《出曜经》："五亲不识而问曰：'钟磬今为所在？'"《百喻经》："汝所乘马，今为所在？何以不乘？""所"之"何"义，盖以"何所"连文，"所"受"何"同化而致。

算 中古以来有"寿命"义，近代仍之。颜延之《赭白马赋》："齿算延长，声价隆振。"颜之推《颜氏家训·归心》："如此之人，阴纪其过，鬼夺其算，慎不可与为邻，何况交结乎！"《敦煌遗书总目索引》第二《斯坦因劫经录·大般涅槃经卷二十三题记》："延算现辰。"S.2404号《日历·礼北斗图》："延年益算。"S.2687号《天福十二年浔阳郡夫人翟氏布旋疏》："大王神算遐长。"S.2838号《维摩诘经》题记："增太妃之余算。"《太平广记》卷二八三"巫师舒礼"："巴丘县有巫师舒礼，晋永昌元年病死，……府君问主者：'礼寿命应尽？为顿夺其命？'校禄籍，余算八年，府君曰：'录来！'牛首人复以铁叉叉着熬边，府君曰：'今遣卿归，终毕余算，勿复杀生淫祀。'"（《古小说钩沉》所据本，今通行本与此有异）卷三八三"索卢贞"："北府索卢贞者，本中郎荀羡之吏也。以晋太元五年六月中病亡，经一宿而苏，云：见羡之子粹。惊喜曰：君算未尽，然官须得三将，故不得便尔相放。君若知有干捷如君者，当以相代。"又卷三八三"曲阿人"："景平元年，曲阿有一人病死，见父于天上，父谓曰：汝算禄正余八年。若此限竟死，便入罪谪中。"《元曲选外编·西游记》一本三出："师父，你法算多少了。"《醒世恒言》卷四："张委损花害人，花神奏闻上帝，已夺其算。"诸例之"算"皆当释为"寿"。

"算"之"寿"义，是"寿算"连文、"算"受"寿"同化的结果。《易林》："锡我福祉，寿算无极。"《玄怪录·齐推女》："李氏寿算长，若不再生，议无压伏，公等所见何如？"皆可证。

将 近代汉语有"以为"的意思。《旧唐书·礼仪志》七："大帝御极之辰，中宫献书之日，往时参议，将可施行。"又《武承嗣传》："今居京辇，不降旧封。天下之心，窃将不可。"又《李邕传》："素有声称，后进不识，京洛阡陌聚观，以为古人，或将眉目有异。"《敦煌变文集·伍子胥变文》："丈夫为仇发愤，将死由如睡眠。"《太平广记》卷三二六

"袁炳":"炳曰:'如我旧见,与经教所说,不尽符同,将是圣人抑引之谈耳;如今所见,善恶大科,略不异也。'"又卷四一九"柳毅":"其后季父请于君,君固不许,君乃诚将不可邪?抑忿然邪?"韦应物《示全真元常》:"无将一会易,岁月坐推迁。"司空曙《留卢秦卿》:"无将故人酒,不及石尤风。"石尤风,即台风。《元曲选外编·渑池会》一折:"你若将容易得,便做等闲看。"礼鸿师认为,诸例的"将"都是"认为、以为"的意思。"将"之所以有"以为"之义,是由于"将为"连用的结果。《隋书·礼仪志》七:"帽,……文帝项有瘤疾,不欲人见,每常着焉。相魏之时,着而谒帝,故后周一代将为雅服。"又《杨勇传》:"大将为怪。"《法苑珠林》卷六九:"人人妄作,斐然盈卷,无识之徒,将为圣说。"《旧唐书·任瑰传》:"观我此举,将为济否?"皆其例。"将为"由"将……为"式演变而来,"将"是表处置的介词,介词后面的宾语省略,即为"将为","为"是"认为,当作"的意思,"将"受"为"的同化,遂具"以为、认为"之义。

2.近代汉语词义变化的结果

词义变化的结果就是研究"词义的扩大""词义的缩小""词义的转移"和"词修辞意义的改变"。这四种分析方法是法国语言学家保罗提出来的。尽管这个分法并不十分科学——如各类之间没有确定不移的界线,存在着相互交叉重叠韵情况。"转移"和"修辞意义改变"归根结底仍是"词义扩大""词义缩小"的问题。但要了解词义发展的结果,这个分析法还是能说明问题的。

(1)词义的扩大

一般认为,词义的扩大指概念外延的扩大,从而使词义由具体变抽象了。如果一个词的词义单一,义位等于义项,在不增加义位(义项)的情况下,这种说法不无道理。但有些情况不是这样,通过引申,义项增加了,不是纯粹的同一义项的扩大使用范围问题,故这种说法不够严谨。蒋绍愚说:"一个义位在历史发展过程中减少了限定性义素,这个义位由下位义变成了上位义,这就是扩大。"[1]蒋先生引进义位、义素的概念来分析词义的扩大,使分析更加准确,避免了将那些增加义项的情况看作词义的扩大。扩大是对义位而言,义项的增加不算词义的扩大。如:

超垛　本来是市语"坐"的意思。见《墨娥小录·行院声嗽》"人事"类。元曲中引

---

[1] 蒋绍愚:《蒋绍愚自选集》,71页,大象出版社,1994年。

申为"留恋"的意思。《元曲选·对玉梳》二折:"你去顾前程,这搭儿休超垛,识吊头打闹里急赸过。""超垛",在这是"留恋"的意思,由具体的"坐"变为抽象的"留恋"。但这是义项的增加,不是词义的扩大。

下面诸例可以看作词义的扩大:

下官 本谓属下官吏。《汉书·贾谊传》:"坐罢软不胜任者,不谓罢软,曰:'下官不职。'"由于语用的缘故,后世用为属吏自称,以表谦恭。《宋书·刘穆之传》:"先是郡县为封国者,内史、相并于国主称臣,去任便止。至世祖孝建中,始革此制,为下官致敬。"江淹《诣建平王书》:"下官每读其书,未尝不废卷流涕。"

唐以后,由官吏自称变成所有人的自称,下位概念变成了上位概念,词义扩大了,蒋礼鸿师的《敦煌变文字义通释》释为"自称的词儿,不论地位和男女都可以用"。《敦煌变文集·妙法莲华经讲经文(一)》:"要去任王归国去,下官决定不相留。"这是仙人称下官。又《伍子胥变文》:"下官形骸若此,自拙为人。"伍子胥逃亡在外,不敢表明身份,应看作一般百姓自称下官。又《齖䶗书》:"若觅下官行妇礼,更须换却百重皮。"这是妇女自称下官。《太平广记》卷十八"柳归舜":"然下官禽鸟,不能致力生人。"这是鸟禽称下官。则人人可称下官,词的适用对象已经扩大。

官人 本指官吏。《荀子·王霸》:"若夫贯日而治详,一日而曲列之,是所使夫百吏官人为也。"又《强国》:"官人益秩,庶人益禄。"杨注:"官人,群吏也。"南朝《乐府》:"个自是官人,那得到头还。"

唐代称居官者为官人。韩愈《试大理评事王君墓志铭》:"一女,怜之,必嫁官人,不以与凡子。"又:"吾明经及第,且选,即官人。"杜甫《逢唐兴刘主簿弟》:"剑外官人冷,关中驿骑疏。"例证甚夥,不备举。

宋代以后,转为对一般人的敬称,由下位概念"做官的人"变成了上位概念"所有的人",使用范围扩大了,属词义扩大。《武林旧事》卷六:"棋有金四官人,书会有李大官人,演史有周八官人,陈三官人,使棒有高三官人,说药有乔七官人。"《东京梦华录》卷十三"铺席":"张官人诸史文籍铺,傅官人刷牙铺,徐官人幞头铺,李官人双行解毒丸。"《元曲选外编·西厢记》五本二折:"我是个浪子官人,风流学士,怎肯去带残花折旧枝。"《水浒传》三回:"史进忙起身施礼道:'官人,请坐,拜茶。'"又:"敢问官人高姓大名?"则是对不认识的人的招呼语,含尊敬的意思。

车　本为"车舆"。后来凡运转之物皆可谓之车,概念的外延扩大了,但下位义位"车舆"变为上位义位"运转之物",应是词义的扩大。陆容《菽园杂记》卷十:"车字昌遮切者,韵书云:舆轮之总名。今观凡器之运转者皆谓之车,则车字有转运之义。如桔槔汲水曰车水辘轳,挽舟过堰曰车坝,纺纱具曰纺车,飏谷具曰风车,缫丝具曰缫车,圬者敛绳具曰线车,漆工漉漆具曰漆车,规工曰车旋,皆以其有机轴能运转也。至于沸油者曰油车,梳工制梳,骨角工制簪亦皆有车,此未可晓。"

瞎　《释名》:"瞎,迄也,肤幕迄迫也。"肤幕迄迫,指上下眼皮相合。《慧琳音义》卷四三引《字书》云:"(瞎),一目合也。"东晋瞿昙僧伽提婆译《中阿含经》卷二六:"犹如瞎牛在边地食,行边至边,乐边至边,住边至边,彼沙门瞿昙亦复如是。"从上下文看,"瞎牛"指瞎了一只眼睛的牛。《十六国春秋·前秦·苻生》:"吾闻瞎儿一泪,信乎?""一泪",指一目流泪;"瞎儿",一只眼睛看不见。本指一目相合,后来词义扩大,可用于双目,遂为"目盲"之义。《慧琳音义》卷六:"(瞎),字书云:目不见物也。"又卷六一"盲瞎"条:"无目睛也,不见物也。"唐孟郊《寄张籍》:"西明寺后穷瞎张大祝,纵尔有眼谁尔珍。天子咫尺不得见,不如闭眼且养真。"《全唐文》卷一七三"张羌文":"盲人之配瞎驴,自然俱败。"唐地婆诃罗译《最胜佛顶陀罗尼净除业障咒经》卷一:"骂盲瞎故得无目报。"《祖堂集》卷四:"施者受者,二俱瞎汉。"近代汉语中,"瞎"可指双目失明,不再专指一目相合或一眼盲。

打　《说文》从"木","丁"声。云:"撞也。"朱骏声云:"《通俗文》:撞出曰朾。谓以此物撞彼物使出也。按即丁字之转注,因丁为借义所专,别制此字,字亦作捖,俗又作'打'。"今按,《广雅·释诂》:"打,击也。"即撞义之引申。由具体的撞到一般的击,词的适用对象扩大了。"撞"是"击"的下位义位,"击"包括"撞"、"投"(《说文》:"毁,䚻击也。从殳豆声。古文投如此。"段注:"䚻击者,远而击之。")、"殴",由"撞"变为一般的"击",下位义位变成了上位义位,是词义的扩大。宋代,凡触物皆可谓之打,适用对象进一步扩大。"击"是"两物相触"的下位义位,"打"由"击"变为所有的"两物相触",下位义位变成了上位义位,词义扩大了。如打船(造船)、打车、打鱼、打水、打饭、打伞、打醋、打酒等。

抄　本为"强夺、掠取"。《后汉书·郭伋传》:"时匈奴数抄郡界,边境苦之。"又《宋均传》:"臣察鲜卑侵伐匈奴,正是利其抄掠。"《慧琳音义》卷十五引《字书》云:

"(抄)夺也。"又卷二七引《玉篇》云:"抄,掠也。强取物也。"引申为一般的"取",下位义位变成了上位义位,词义扩大了。杜甫《与鄠县源大少府宴渼陂》:"饭抄云子白,瓜嚼水精寒。"韩愈《赠刘师服》:"匙抄烂饭稳送之,合口软嚼如牛啊。"元稹《江边四十韵》:"绿柚勤勤数,红榴个个抄。"白居易《与沈杨二舍人阁老同食勅赐樱桃玩物感恩因成十四韵》:"手擘才离核,匙抄半是津。"字又作"绰"。《京本通俗小说·错斩崔宁》:"也是人极计生,被他绰起一斧,正中刘官人面门,扑地倒了。"《元曲选外编·三战吕布》二折:"某绰金盆在手,一金盆打杀了丁建阳。"《水浒传》十三回:"杨志听得弓弦响,扭回身,就鞍上把那枝箭只一绰,绰在手里。""抄""绰"音近,故相借用。"抄"由"强取"变为一般的"取、拿",词的适用对象扩大了。现代汉语仍有此词,字作"抄"。又,《说文》:"钞,叉取也。""抄"是"钞"的俗写。段注:"叉者,手指相遣也。手指突入其间而取之,是之谓钞。字从金者,容以金铁诸器刺取之矣。""指突入其间"必用大力,故引申为"掠、强取"。在此基础上,又引申为一般的"取",则为词义的扩大。

(2)词义的缩小

一般认为,词义的缩小,是指扩大特征,缩小使用范围,由一般变为具体。蒋绍愚说:"从义素看,原来的义位增加限定性义素,从语义场的上下义位关系看,是由上位义变成了下位义,从概念看,是属概念变成了种概念。"如:

丈人 原指一般的老人。《易·师》:"师贞,丈人,吉,无咎。"《论语·微子》:"丈人曰:'四体不勤,五谷不分,孰为夫子。'"后世则指岳父。《三国志·蜀·先主传》:"献帝舅车骑将军董承辞受帝衣带中密诏。"裴松之注:"董承,汉灵帝母董太妃之侄,于献帝为丈人。盖古无丈人之名,故谓之舅也。"新版《辞源》举此以证"丈人为岳父"之称始于南北朝,其实不然。裴注之"丈人"是长辈的意思,并无"妻父"之义。《辞源》似误。杜甫诗中恒言"丈人",皆为尊老之称,无一指岳父。《奉赠韦左丞丈二十二韵》:"丈人试静听,贱子请具陈。"又:"甚愧丈人厚,甚知丈人真。"又《奉酬薛十二丈判官见赠》:"丈人但安坐,休辨渭与泾。"《别李义》:"丈人嗣王业,之子白玉温,道国继德业,请从丈人论,丈人领宗卿,肃穆古制敦。"可知中唐时尚无以"丈人"称岳父者。庄绰《鸡肋编》:"柳宗元称妻父杨詹事丈人,母独孤氏为丈母。故今时惟婿呼妇翁为然,亦不敢名尊老,以畏讥笑。"是"丈人"作为"岳父"的专名,是晚唐五代的事。《敦煌变文集·丑女缘起》:"丈人丈母不知,今日浑成差事。"又《前汉刘家太子传》:"其时遂有汉帝丈人王莽,在于宫中,见其孙年少,遂设计谋,拟夺帝业。"又《觱觛书》:"跪拜丈人两拜,当时领妻便发。"《太平广记》卷二八〇《梦五·豆卢荣》:"女又梦见荣,谓曰:'适被发者,即是丈人,今为阴将,浙东将败,欲使妻子去耳。'"从上下文看,"丈人"即岳父。又卷三三四:"田郎参丈人丈母。"《刘知远诸宫调》第二:"新近亡却丈人丈母,尔怎敢饮酒。"《元曲选外编·遇上皇》二折:"更有丈人丈母十分狠毒,将小人时常打骂。小人当朝一日,丈人丈母并妻月仙,拖到本处司公臧府尹衙门中,强要休书。"《水浒传》八回:"只见众邻舍并林冲的丈人张教头都在府前接着。""丈人"由指一般的老人变成"岳父",由上位义位变成下位义位,词义缩小了。

为了与称妻父的"丈人"区别,后世造了一个"丈丈"以表示尊老的"丈人"。宋尤袤《全唐诗话》卷五"郑谷"条:"幼年,司空图与刺史同院,见而奇之,曰:'曾吟得丈丈诗否?'曰:'吟得。'曰:'莫有病否?'曰:'丈丈《曲江晚望断篇》云:"村南斜日闲回首,一对鸳鸯落渡头。"即深意矣。'"《水浒传》四五回:"既然丈丈恁地说时,小人再纳定性过几时。"所以如此,盖变字以避讥笑也。

还有"表丈人"一词,其中的"丈人"不是"岳父"的意思。我在《近代汉语词汇研究》1991年初版中将"表丈人"作为"丈人"有"岳父"义的例证,大误。所举例证为《燕子赋》:"云野鹊是我表丈人。"按,"表丈人"是"表叔伯"的意思。"丈人"本指长辈,就本家而言,"丈人"就是叔伯,就外家而言,"表丈人"就是表叔伯。清梁章钜《称谓录·祖之姊妹》:"《太平广记》述崔圆事,云表伯父曰表丈人。"《太平广记》卷一四八:"崔相国圆,少贫贱落拓,家于江淮间,表丈人李彦允为刑部尚书。"下文云:"崔公拜谢曰:'恩慈如此,不知何以报效?某每度过分,未测其故,愿丈人示之。'李公笑而不为答。夫人曰:'亲表侄与子无异,但虑不足,亦何有恩慈之事。'"明言"表侄",则"表丈人"为表叔伯无疑。

弟子 本指年幼者,也可泛指子弟。《论语·学而》:"弟子入则孝,出则悌。"由于学生视老师有如父兄,故称学生为弟子。《论语·雍也》:"弟子孰为好学?"由于俳优亦须师徒相传,关系有如师生,故称戏剧演员为弟子。其始则只称青年演员,继而统称所有演戏者。程大昌《演繁露》卷六"乐营将弟子"条:"开元二年,元(玄)宗以太常礼乐之司不应典优倡杂乐,乃更置左右教坊,以教俗乐。命左右骁卫将军范及为之使。又选乐工数百人,自教法曲于梨园,谓之皇帝梨园弟子,至今谓优女为弟子,命伶魁为乐营将者,此其始也。"王建《霓裳辞十首》其一:"弟子部中留一色,听风听水作霓裳。"又《温泉宫行》:"梨园弟子偷曲谱,头白人间教歌舞。"宋元则称妓女为弟子。首先指歌妓,卖艺不卖身者,与梨园弟子的含义相成。后来生活艰难,加上男人的勾引,要洁身自好、卖艺不卖身难于登天,故卖艺的同时多有卖身者,故称卖身的妓女为弟子。朱彧《萍洲可谈》卷三:"近世择姿容,习歌舞,迎送使客侍宴女子,谓之弟子,其魁谓之行首。"这种弟子相当于三陪小姐,卖艺还是卖身分不清了。《元曲选·谢天香》一折:"卖弄的有伎俩,卖弄的有艳姿,则落的临老来呼弟子。"《元曲选外编·紫云庭》:"早则没着末,致仕了弟子,罢任波虔婆。""弟子"与"虔婆"相对,知"弟子"为妓女。"弟子"一词由泛指学生到倡优、妓女之专名,属概念变成了种概念,使用范围缩小了。今仍称学生为"弟子",义与古代同。

旨 《说文》作"恉",云:"意也。"《广雅·释诂》:"恉,志也。"志亦意也。原可指任何人的意见、主张。《汉书·孔光传》:"数使录冤狱,行风俗,振赡流民,奉使称旨。"此称皇帝的意见。《后汉书·曹褒传》:"今承旨而杀之,是逆天心,顺府意也。"此指长官的意见。宋以后,用来专指皇帝的命令。泛指变为特指,属概念变成了种概念,使用范围缩小了。王建《上裴度舍人》:"非时玉案呈宣旨,每日金阶谢赐回。"又《宫词一百首》其六一:"中宫传旨音声散,诸院门开触处行。"《太平广记》卷五四:"吏部上表直谏,忤旨,出为潮州刺史。"宋魏泰《东轩笔录》卷一:"太宗恻然念其功,即日有旨召赴阙,稍复金吾将军,盖江南之役翰为先锋也。"《前汉书平话》卷上:"各受印谢恩讫。汉王传旨:'其余众将,寡人还长安之日,有功者迁赏。'"又:"使传旨宣子房、萧何入内见帝。"《南村辍耕录》卷一:"今蒙古色目人之为官者,多不能执笔花押,例以象牙或木,刻而印之。宰辅及近侍官至一品者,得旨则用。"《西游记》十一回:"却说太宗又传旨赦天下罪人,又查狱中重犯。"又:"玄奘再拜领旨而出。"

青楼 古指刷过青漆的楼。《古乐府》:"大路起青楼。"注引《齐书》:"武帝兴光楼上施青漆,谓之青楼。"曹植《美女篇》:"青楼临大路,高门结重关。"骆宾王诗:"大道青楼十二重。"上官仪诗:"青楼遥敞御沟前。"皆以"青楼"指金张门第。由于妓女(首先是歌妓)所居装饰豪华,与富贵人家无异,故称妓女所居为"青楼"。梁刘邈《万山见采桑人》:"倡女不胜愁,结束下青楼。"杜牧《遣怀》:"十年一觉扬州梦,赢得青楼薄幸名。"李廓《长安少年行》:"青楼无昼夜,歌舞歇时稀。"此为歌女所居。后来则专指妓馆,词的适用范围缩小了。晁冲之《汉宫春》:"风流未老,拼千金、重入扬州。应又是、当年载酒,依前名占青楼。"花千金于青楼,绝不是听歌舞、喝酒吟诗那么简单,应该有别的色情服务,故应是卖身的妓女。程垓《浪淘沙》:"载我相思千点泪,还与青楼。"贺铸《蓦山溪》:"转柂绿杨湾,恍然间、青楼旧处。回肠断尽,犹剩尔多愁。"《元曲选·百花亭》二折:"也不枉我虚名赢的上青楼,早展放双眉皱。"《水浒传》三六回:"当年却笑郑元和,只向青楼买笑歌。"皆指妓馆。

设法 本指想办法,宋代则指倡妓卖酒、或设圈套以骗人财物。《宋艳》卷四引《北轩笔记》:"装局取物,俗语谓之设法。"《野客丛书》卷十五:"今用女倡卖酒,名曰设法。"《梦粱录》卷一"元宵":"诸酒库亦点灯球,喧天鼓吹,设法大赏,妓女群坐喧哗,勾引风流子弟买笑追欢。"设法骗钱是各种设法的一种,由各种想办法变成骗钱,上位义变成了下位义,词义缩小了。

修理 本指"整治、整理"。《后汉书·光武纪》下:"修理长安高庙。"《敦煌变文集·舜子变》:"缘人命致重,如何但修理他?有计但知说来,一任与娘子鞭耻。""修理"皆"整治、处置"之意。"修理"还可作整治饮食解。词义由抽象变为具体,属概念变成了种概念,适用对象缩小了。《酉阳杂俎》前集卷七"酒食篇":"贞元中,有一将军家出饭食,每说物无不堪吃,唯在火候,善均五味,尝取败障泥胡禄修理食之。其味极佳。"《太平广记》卷三八五"崔绍":"又见阶前有一木盆,盆中以水养四鲤鱼。绍问:'此是何鱼?'家人曰:'本买充厨膳,以郎君疾瘥,不及修理。'"

按,"设法"和"修理"也可看作义项的增加,但从引申义和原义的关系来看,是词义的缩小,将它们看作"词义的缩小"应无问题。

(3)词义的转移

一般认为,"词义的转移"指原来表示一种客体的词用来表示另一种客体。原义和后起义之间没有整体和部分、类和种、多类对象和其中一类对象的关系。这种转移多是通过比喻和借代实现的。蒋绍愚认为,"(词义的)转移是一个义位某一限定义素保留,其它义素,特别是中心义素变化而引起的词义变化,这就使得这个义位由一个语义场转入了另一个语义场"。如:

口 《说文》:"人之所以言食也。"它的中心义素是"进出的通道"。门口、路口皆是人进出的通道,故可称"口"。还有刀口、伤口皆是受伤后"血的通道",故也可称"口"。"口"从人的器官的语义场转移到通道的语义场,词义转移了。

头 本指人头。因头在人上部之尽处，故凡尽头处皆可称头，如：道头、地头、船头、盖头、坐头、水头、矛头、剑头、杖头。由"人身部件"的语义场转移到"物体尽头"的语义场，词义转移了。

脚 本指人脚。后世有"雨脚"一词，盖雨所过，有如人脚之经过，故称。词义有所转移。《齐民要术》卷二"胡麻"："种欲截雨脚，一亩用子二升。"杜甫《茅屋为秋风所破歌》："床床屋漏无干处，雨脚如麻未断绝。"《能改斋漫录》卷十一"江公著由微雨诗知名"："江公著初任洛阳尉，久旱微雨，作诗云：'云叶纷纷雨脚匀，乱花柔草长精神，雷车却碾前山过，不洒原头陌上尘。'司马文正公于士人家见之，借纸笔修刺谒江。且为称荐，由此知名。"又有"日脚""云脚"，亦由此取义。"脚"由人的四肢的语义场转移到了"日""云""雨"的语义场，属词义的转移。

下梢 下，下部；梢，末端。引申有"结果"的意思，由"物的下部"的语义场转移到"事情的结果"的语义场，属词义转移。《朱子语类》卷一○三"胡氏门人"："学者工夫当并进，不可推泥牵连，下梢成两下担阁。"又卷四四："若必定要无，下梢犹恐未能尽去。"《董西厢》卷一："此愁今后知滋味，是一段风流冤业，下梢管折倒了性命去也。"对于现在而言，"结果"是将来的事情，故引申为"以后、将来"，由"结果"的语义场转入到"时间"的语义场。《朱子语类》卷十三："公且道不去读书，专去读些时文，下梢是要做甚么人？"又卷一○七："有客游二广多年，知其山川人物风俗，因举廉州山川极好。先生笑曰：'被贤说得好，下梢不免去行一番。'"《董西厢》卷六："香消玉瘦，天天都为他，眼底闲愁没处着。是即是下梢相见，咱大小身心，时下打叠不过。"

东西 本方位词。因出外无非"东西南北"，故举"东西"以代"离开"或"外出"。由具体的方位词到动词"外出"，从方位词语义场转入到"离开"语义场，词义转移了。敦煌借贷文书："如身不在有东西，一仰保人□□。"（《敦煌资料》第一期）有，或也。不在，亡故也。此言"如本人亡故或出外，全仗保人（代还）"。云从师云："'东西'，应是说东西奔走于道路，犹言不在，其义与道上，路上般次相同。这些说东西或道上之类的契，借贷者常常是出使（如贾彦昌贷生绢契）或出外营商（如何愿德贷褐契）的人，所以可以推知东西犹如说道上。"①按，师说是，今更广其例。《王梵志诗·耶娘年七

---

① 蒋礼鸿：《怀任斋文集》，45页，上海古籍出版社，1986年。

十》:"耶娘年七十,不得远东西。"又《尊人对客饮》:"尊人对客饮,卓立莫东西,使唤须依命,躬身莫不齐。"《敦煌变文集·王昭君变文》:"骁(晓)夜不离丧侧,部落岂敢东西。"东西,皆"外出、离开"之意。

病痛 本指人身的疾病,转而指人的缺点或不足,从"人疾病"的语义场转入到"人缺点"的语义场。《朱子语类》卷四二:"'色取仁而行违,居之不疑'正是指子张病痛处。"又卷四三:"武帝多有病痛,然天资高,足以有为。"又:"五峰只缘错认了性无善恶,便做出无限病痛。"明王守仁《传习录》卷上:"知善知恶是良知,为善去恶是格物。只依我这话头,随人指点,自没病痛。此原是彻上彻下功夫。"

还有一种由词性转换而造成的词义转移,如"露布""细软""秀才""威仪"等。这里不详加讨论。

(4)词的感情意义的改变

词感情色彩的变化,分扬升、贬降两端。

扬升者:

冤家 本指仇家。《朝野佥载》六:"梁简文王之生,志公谓武帝:'此子与冤家同年生。'"冤家指候景。此仇敌也。《敦煌变文集新书·双恩记》:"强欺弱者,几时解息于冤家。"皆其例。《道山清话》:"彭汝砺晚娶宋氏,有姿色,承顺恐不及,临卒书'负此冤家'四字。"词义已在爱恨之间。吴处厚《青箱杂记》卷一:"陈亚《闺情》诗:'拟续断朱弦,待这冤家看。'"韩玉《且坐令》:"冤家何处贪欢乐,引得我心儿恶。"石孝友《惜奴娇》:"冤家,你教我、如何割舍?"《元曲选外编·西厢记》四本一折:"多管是冤家不自在。"此皆指情人。

可憎 字面意义是"可恶、可恨",吴支谦译《撰集百缘经》卷八:"面貌丑陋,身皮粗恶,何其可憎。"西晋竺法护译《修行地道经》卷一:"其头战掉,视之可憎。"后秦鸠摩罗什译《大智度论》卷八一:"是故不应生憎、爱。……恶是善因,云何可憎?"韩愈《送穷文》:"凡所以使吾面目可憎,语言无味者,皆子之志也。"唐张鷟《游仙窟》:"谁知可憎病鹊,夜半惊人。"《太平广记》卷八:"人言鬼可憎,果然。"(出《幽明录》)宋元时称"可爱"为"可憎",这是修辞上正话反说的结果。从心理上说,恨之切则爱之深,由爱生恨也是常有的事,从而使词的感情色彩发生了倒转。《董西厢》卷一:"这一双鹘鸰眼,须看了可憎底千万,兀底般媚脸儿不曾见。"又:"倘或明日见他时分,把可憎的媚脸儿饱看了一顿,便做受了这悢惶也正本。"《元曲选外编·西厢记》四本一折:"只为这可憎才熬得心肠耐,办一片志诚心留得形骸在。"又《东墙记》一折:"送秋波眼角情,近东墙住左邻,觑了可憎才有就因。"兰楚芳《中吕·粉蝶儿》:"过章台,临洛浦,与可憎相见。"

乖 《说文》:"乖,戾也。"《史记·天官书》:"三能色齐,君臣和,不齐,为乖戾。""乖"本为"不顺"。不顺于时势,则多变,故引申有"机变"之义。宋代邵雍《伊川击壤集》九"安乐窝中好打乖吟":"安乐窝中好打乖,打乖年纪合挨排。重寒盛暑多闭户,轻暖初凉时出街。"司马光《酬邵尧夫见示安乐窝中打乖吟》:"料非闲处打乖客,乃是清朝避世人。"宋罗大经《鹤林玉露》丙编卷四:"(张子房)得老氏'不敢为天下先'之术,……故不伤手,善于打乖。"《朱子语类》卷七五:"揲蓍虽是一小事,自孔子来千五百年,人都理会不得。唐时人说得虽有病痛,大体理会得是。近来说得太乖,自郭子和始。"这是单用"乖"表"机变"之义者。机变者多乖巧、机灵,故引申有"乖巧、机灵"义。《朱子语类》卷八三:"他才大段高,观当初人去周迎他时,只十四岁,他说几句话便乖,便有操有纵。"又卷一二五:"(张子房)少年也任侠杀人,后来因黄石公教得来较细,只是都使人不疑他,此其所以乖也。"又卷一二九:"富郑公与韩魏公议不合。……及鲁直在史馆修《韩魏公传》,使人问富曾吊韩丧否。知其不曾,遂以此事送下案中,遂成案底。后人虽欲修去此事,而有案底,竟不可去,鲁直也可谓乖。"《元曲选外编·蔡顺奉母》一折:"自幼乖觉伶俐,不与儿童作戏。专以志诚为本,所事合着人意。"《元曲选·杀狗劝夫》三折:"你倒生的乖,其如我不呆,你将人杀死,怎教兄弟埋!"又《铁拐李》一折:"这老子倒乖,哄的我低头自取,你却叫有蕍绺的,倒着你的道儿。"又《风光好》一折:"秦弱兰,教你来伏事陶学士,你可乖觉着。"《水浒传》四一回:"黄文炳是个乖觉的人,早瞧了八分,便奔船梢后走,望江里踊身便跳。"乖巧者面对权势,绝不会反抗,只会驯服,故引申有"驯服"义。关汉卿《中吕·普天乐·崔张十六事》"莺花配偶":"只恐怕母亲做猜,侍妾假乖,小姐难挨。"《元曲选·灰阑记》二折:"可又来,我的乖乖儿嚛!"又《金线池》三折:"我的儿,好乖!"又《陈州粜米》三折:"我的乖,你偌远的到这里来。"又《留鞋记》二折:"我这里一双柳叶眉儿皱,他那里两朵桃花上脸来,说甚乖乖。"《西游记》四二回:"好乖儿女,也罢也罢,向前开路,我和你去来。""乖"由"乖戾"到"机变""乖巧""驯服",感情色彩在慢慢发生改变,最后走到了它本来意义的反面。

小姐 古代是一种蔑称,元明时始用为官宦人家未婚女子之称,感情色彩由贬至褒,发生了变化。赵翼《陔余丛考》卷三八:"今南方缙绅家女多称小姐。在宋时则闺阁女称小娘子,而小姐乃贱者之称耳。钱惟演《玉堂逢辰录》记荣王宫火起于茶酒,宫人韩小姐谋放火私奔,是宫婢称小姐也。东坡亦有成伯席上赠妓人杨小姐诗。《夷坚志》:'傅九者,好狎游,常与散乐林小姐绸缪,约窃而逃,不得,遂与林小姐共缢死。'又建康女娼杨氏死,现形与蔡五为妻,一道士来,仗剑逐去,谓蔡曰:'此建康娼女杨小姐也。'此妓女称小姐也。"赵氏所论甚是。如《董西厢》用"小娘子"。卷三:"不合问个小娘子年级。"又卷六:"当日乱军屯寺,夫人、小娘子皆欲就死。张生与先相无旧,非慕莺之颜色,欲谋亲礼,岂肯区区陈退军之策,使夫人、小娘子得有今日?"同一对象,至元曲《西厢记》则用小姐。一本二折:"若共他多情的小姐同鸳帐,怎舍得他叠被铺床。我将小姐央,夫人央,他不令许放,我亲自写与从良。"又:"自思想,比及你心儿里畏惧老母亲威严,小姐呵,你不合临去也回头儿望。"其他的例证有《元曲选外编·东墙记》二折:"只因你青春后生,俺小姐心肠不硬。"又三折:"俺小姐亲封一策,向你这东君叩拜。不知他有甚衷肠,道甚言词,诉甚情怀。"又《裴度还带》四折:"小生我怀旧意无私志,小姐白玉带知恩必报恩。"

伤心 肠断 本愁苦之词,唐人或以为"欢快"。李白《古风》:"天津三月时,千门桃与李;朝为断肠花,暮逐东流水。"刘希夷《公子行》:"可怜桃李断肠花。"杜甫《阆水歌》:"阆中胜事可肠断,阆州城南天下稀。"又《滕王亭子》:"清江锦石伤心丽,嫩草秾花满目斑。"卢仝《小妇吟》:"门边两相见,笑乐不可当。夫子于傍聊断肠,小妇哆嗫上高堂。"礼鸿师认为诸例的"伤心""肠断"皆"欢快"之义[①]。按,此词表"欢快"义的同时,其"悲苦"义并未废弃。就人的情感来说,愁苦固然使人"伤心""肠断",而欢乐至极,也会使人"伤心""肠断"。良辰美景,固然使人"欢快",但同游的佳人不在,物是人非,不"伤心""肠断"还会有什么?故可理解为"欢快"。还有一种解释是:欢快到了极致,一般的语辞无法表达和形容,只好用相反的语辞来表达;如今形容高兴到极点说"高兴得要死",形容食物好吃到了极点说"好吃得要死",其理相同。

今重审诸例,将所有的"伤心""肠断"释为"欢乐"恐怕有问题。"断肠花"应该是

[①] 蒋礼鸿:《义府续貂》,16页,《蒋礼鸿集》第2卷,浙江教育出版社,2001年。

"非常美丽的花"的意思,美丽的花固然使人欢快,但本身并不具"欢快"义;"胜事"当然是美事,这里指美景,美景使人肠断,应是"物是人非"的缘故,而"肠断"本身也无"欢快"义。"伤心"也当如此解释。只有"夫子于傍即断肠"的"断肠",可释为"欢快"貌。

贬降者:

风流 原指风俗教化或遗风。《汉书·刑法志》三:"风流笃厚,禁罔疏阔。"又《赵充国辛庆忌传》:"其风声气俗,自古而烈;今之歌谣慷慨,风流犹存耳。"后来泛指文士的各种雅事、兴韵和气度。《世说新语·品藻》:"门庭萧寂,居然有名士风流。"又《赏誉》:"范豫章谓王荆州:卿风流俊望,真后来之秀。"进一步引申,则指狎妓和不正当的男女行为,变成了贬义词。《开元天宝遗事》:"长安有平康坊,妓女所居之地,京都侠少萃集于此,兼每年新进士,以红笺名纸游谒其中,时人谓此坊为风流薮泽。"此兼"风雅"与"狎妓"二义。又:"明皇与贵妃,每至酒酣,使妃子统宫妓百余人,帝统小贵百余人,排两阵于掖庭中,目为风流阵。"此则指男女相戏,非谓宿眠也。陈师道《踏莎行》:"重门深院帘帷静,又还日日唤愁生,到谁准拟风流病。"杜龙沙《谒金门》:"午枕高云斜纵,一觉风流春梦。"方千里《玲珑四犯》:"依红傍粉怜香玉,聊慰风流眼。"元曲中有"风流罪",指男女私情而引起的过犯。《元曲选·留鞋记》一折:"便犯出风流罪,暗约下雨云期。"也用来指小的过错。汤舜民《双调·新水令·春日闺思·随煞》:"他风流罪攒来数十款。"《元曲选·酷寒亭》三折:"把孩儿风流罪犯寻些个,吊着脚腕又不敢将脚尖那。"

龟 古为灵物,是长寿的象征。元代以后,"龟"则为詈人之词。《陔余丛考》卷三八:"今俗以纵妻淫行者为龟。不知起于何时。《左传》:宋有公子围龟,楚有斗韦龟。汉有京兆尹陈龟,幽州刺史朱龟。……五代前蜀有京兆李龟祯,宋则吕蒙正义父名龟图,其弟名龟祥,即夷简之祖也。何承矩之子名龟龄,范雍之祖名从龟,王大宝字符龟,《丁陟传》有员外郎董龟正,……东坡赠诗所谓'人言君畏事,欲作龟头缩'也。江阴葛延之访东坡于儋耳,以亲制龟冠献坡,坡答以诗。……元至正中,谢应芳自号龟巢老人,所著有《龟巢集》。又戴良自署其居曰龟毛庐。是唐宋以来,并未以龟为讳也。……王阮亭《池北偶谈》谓讳龟自明始,惟张江陵生时,母梦一大龟,因名之,后仍改名云。按明人阚庄驹《阴兄记》谓三山士人郑唐好讥虐,尝为一老人题真容曰:'精神炯炯,老貌堂堂,乌中白发,龟鹤呈祥。'有人横读之,乃'精老乌龟'四字也。老人遂毁之。此可为明人讳龟之证。然所以讳之之故，终莫得其说也。及阅《辍耕录》，记秀州多故家大姓，其子孙不肖，废败荡尽，有金方所作诗嘲之曰：'兴废从来古有之，尔家忒煞欠扶持，诸坟掘见黄泉骨，两观番成白地皮，宅眷多为撑目兔，舍人总作缩头龟，强奴猾干欺凌主，说与人家子弟知。'撑目兔谓兔望月而孕，以见其不夫而妊也。缩头龟则以喻其夫也。想其时已有此谚语而入之诗也。又《坚瓠集》："张伯雨赠叶景修诗：'家藏逸少笼鹅帖，门系龟蒙放鸭船。'龟蒙句，讥其妇女不洁，故藏一龟字云，则讳龟起于元时无疑矣。"《荆钗记》三出："［丑见介］愿嫂嫂千年朱顶鹤，愿哥哥万代绿毛龟。［外］甚么说话？"《白兔记》九出："我想起来，都是前村三叔老乌龟。（末上，暗听介）畜生，你骂那个？"

明目张胆 本谓睁开眼睛，大着胆子，无贬义。《晋书·王敦传》"王导遗王含书"："今日之事，明目张胆，为六军之首，宁忠臣而死，不无赖而生矣。"《陈书·傅縡传》"明道论"："呼吸顾望之客，唇吻纵横之士，奋锋颖，励羽翼，明目张胆，披坚执锐。"《大唐新语》卷二："丈夫当正色之地，必明目张胆，然不能碌碌以保妻子也。"《朱子语类》卷五一："不知周之子孙，何故都无一人能明目张胆出来整理？"后世用为贬义词，指公然无所顾忌地干坏事。《醒世姻缘传》三一回："后来以强凌弱，以众暴寡，明目张胆地把活人杀吃。"又三六回："又比了那唐朝武太后的旧例，明目张胆地横行。"这种用法还存于现代汉语中。

伎俩 古代是"技能、技术"的意思。三国魏刘劭《人物志·流业》："盖人流之业，十有二焉，……有伎俩。"刘昞注："错意工巧。"唐贯休《战城南》："邯郸少年辈，个个有伎俩。"《朱子语类》卷三四："且如小学……是先教他做个伎俩，这都是行底事。"又卷一〇四："今人大抵偪塞满胸，有许多伎俩，如何便得他虚？亦大是难。"元曲无名氏《点绛唇》："有精神有伎俩，诸余里忒四行。"直到明代，"伎俩"还可作"技能、策略"解，康对山《述隐》曲："愧无伎俩佐虞唐，堕落在儿曹细党。"元代始有"手段、花招"的意思，开始朝贬义方向发展。刘时中《端正好·上高监司》："吞象心肠歹伎俩，谷中添粃屑，米内插粗糠。"《醒世恒言》卷七："骂道：'弄假成真，以非为是，都是你弄出这个伎俩。'"清百一居士《壶天录》卷下："妖妇进资甚巨，而贪婪无厌，鬼蜮伎俩，愈出愈奇。"现代汉语的"伎俩"一词，纯属贬义，再不需要用"歹""鬼蜮"字样修饰了。

第五章　近代汉语词汇与语言诸要素的关系

任何事物的发展都不是孤立的,既有其内在因素,也有其外部原因。近代汉语词汇的发展变化,除词汇本身诸因素的作用外,还受语言内部诸因素——语音、文字、语法、修辞的影响。

一、语法与词汇的关系

旧语法形式的消亡,新语法形式的出现,在词汇上会有所反映。

依上古汉语语法,形容词、名词皆可用为动词,而且在意义上有使动、意动之分。中古以降,这种用法逐渐减少;到近代汉语,除刻意仿古的作品外,这种用法在口语里几乎绝迹。语法形式——使动、意动已经消失,但并不意味着"使动""意动"的概念也已经消失。近代汉语里的"把/将字句""使令句"基本上取代了上古汉语里的"使动""意动"用法,汉语增加了新的语法形式。介词"把""将"的出现是这种语法形式产生的必然结果。动词"使"也由此具有"让、叫"的意义。

上古汉语复数概念没有明显的形态标志。"我"既可表单数"我",也可表复数"我们",具体意义皆由上下文决定。至于"辈""曹"诸词,本是"类别"的意思(尔辈,即你这类人),也不表复数。由于人们思维的发展,数的概念进一步增强,反映在语言上就是单复数的区别。近代汉语表示复数的词"们(瞒、每、伟、懑)"的产生就是这种发展的结果。

上、中古汉语的"时态"多由语序的先后和上下文来表示,没有专门的时态助词。随着语法的进一步严密化,"时"的概念在语言中有了表现形式。近代汉语时态助词"了""过""着"就是这种发展的反映。

上古汉语的被动句多由"为＋V""为＋所 V"表示。中古以来,增加了"被"字句。近代汉语里,被动句的使用范围进一步扩大,语法形式也有了较大的变化,表示被动的词也有所增加,如"叫、给"等词也可表示被动。如果说"被"用作"被动"是其词汇意义"遭受、蒙受"进一步虚化的结果,那么,"叫、给"则与"遭受"意义没有什么联系。较早的"被"字句表示的意义多是"蒙受苦难",故用"被"做介词。随着"被"字句使用范围的扩大,"被"字句不再只表"遭受"意义。如:《五灯会元》卷十九"保宁仁勇禅师":"幸自可怜生,忽然被业风吹到江宁府,无端被人上当,推向十字路头。""被人上当"就是"上人当","被"不表被动。又卷二十"龟峰慧光禅师":"所以达磨大师烦恼,要为诸人吞却,又被咽喉小;要为诸人吐却,又被牙齿碍。""被咽喉小",是"因咽喉小"的意思,"被"不表被动,而是表原因。《朱子语类》卷一〇〇:"邵康节,看这人须极会处置事,被他神闲气定,不动声气,须处置得精明。"又卷一〇七:"有客……言廉州山川极好。先生笑曰:'被贤说得好,下梢不免去行一番。'"这两个"被",也是"因"的意思。"被"何以能表原因?因为被动句的作用之一是引进动作行为的发出者,动作行为的发出者就是动作行为的原因,故可用来表原因。又卷十六"雪峰志璇禅师":"没量大人,被语脉里转却。"这个"被"好像是"在"的意思,不表被动。被字句不一定都有"遭受"义,只是起个引进动作行为发出者的作用,故"叫、给"也可用作表被动的介词。

词在句子中位置和作用的变化也可引起词义的变化。

连系动词"是"的产生,就是词在句中的位置引起的。王力先生说:"'是'字是由指示代词发展为系词的。发展过程是这样:在先秦时代,主语后面往往用'是'字复指,然后加上判断语。……'是'字经常处于主语和谓语的中间,这样就逐渐产生出系词的性质来。"[①]选择连词"为""为复"的产生,也是由于经常置于两个选择复句之间的结果。详《近代汉语新兴虚词例举》章。

还有一种情况,本来是不同层次的语言单位,由于连用和双音化的原因,凝固成了一个词。如:

事须 本是"于事须"的意思,"事"是名词,"须"为助动词,"事"修饰"须"。由于经常连在一起使用,加上"事""须"二字构成一个双音节音步,在汉语词汇双音化的过程中,很容易被当作一个词来看待,故凝固成词。《汉书·王莽传》:"方制作未定,事须公而决,故且听公。"这个"事"做主语,不是"事须"的原型。《全三国文》卷十二"与杨彪夫人袁氏书":"方今骚扰,戎马屡动,主簿股肱近臣征伐之计,事须敬咨。"这个

---

① 王力:《汉语史稿》(中册),353 页,中华书局,1980 年。

"事"是"于事"的意思,是"事须"一词的原型,只不过未凝固成词而已。《全晋文》卷三七庾翼"书":"昨所启庞遗、孟昺所请求述上事,事须检校谘论。"《魏书·世宗纪》:"五兵之器,事须充积,经造既殷,非众莫举。"《隋书·高祖纪》下:"人生子孙,谁不爱念,既为天下,事须割情。"《通典·兵》九:"其兵共贼相持,事须抽拨者,即须隔一队,抽一队。"刘禹锡《和乐天鹦鹉》:"谁遣聪明好颜色,事须安置入深笼。"这些"事须"应该看作一个词,是"务必、必须"的意思。《敦煌变文集·八相押座文》:"欲得身中佛性明,事须勤听大乘经。"又《目连缘起》:"吾今赐汝威光,一一事须记取。"《苏轼集·补遗》:"天下风流笋饼馂,人间济楚蕈馒头,事须莫与谬汉吃,送与麻田吴远游。"陆游《小雨》:"事须求暂假,宜睡称烧香。"自注:"事须二字,盖唐人公移中语也。"《宋史·舆服志》六:"城砦分屯军马,事须往来关会之处,亦如数给与。"元代黎崱《安南志略》卷五:"若更执迷不返,强辞争执,事须闻奏,必有施行!"元明之际,使用日减,渐至于不再使用,故清末况周颐《蕙风词话·续编》卷二:"圣得、事须、称销、遮些,皆唐宋人方言。"不再使用的原因是"务必"的进入这一语义场,"事须"可理解为"事情须","事"做主语,如《三国演义》二六回:"事须缓图,不可欲速。"即可理解为"事情须慢慢考虑",而"务必"则不会有这种理解,因为明代的"务"不能单独做主语,而"事"则可以,故"务必"取代了"事须"。明代用"务必"的例子如戚继光《练兵纪实》卷九:"文移案牍时时检行,如一事未完,即忘其饥劳,务必终之。"《明清民歌时调集·白雪遗音·留多情》:"不管你有甚么要紧的事儿,务必奉求,今日你的尊步,暂且款留。"

　　汉语的名词、动词、形容词没有形态标志,用在谓语位置上是动词,用在施受位置上是名词,用在修饰限定位置上是形容词。由于大多数的汉字是由不同的部件构成的,而这种构形并不是随意的,而是有一定意义可说的。这种可说的意义暗示了所表之词的词性。故有些词可根据其暗示的词性,确定其词类。如"射",无论是甲骨文的从"弓"从"矢",还是篆文的从"身"从"矢"、从"身"从"寸",从造字之意来看,其词类应该是动词。如果使用中与这种词性不合,将其放在名词的位置上,就成了名词,有时候会导致新词的产生。又如"矫",《说文》:"揉箭箝也。从矢,乔声。""乔声"声中有义。《说文》:"乔,高而曲也。"故"乔声"含二义:一为"高"义,一为"曲"义。此"乔声"取其"曲义",字形的造字之义就是"弯曲的矢",是名词。"弯曲的矢"不能用,需要矫正,用来矫正的工具就叫作"矫"。从造字的取象来看,矫正的工具叫"矫",矫正的行为也叫"矫",体用不分。就事物产生的前后来看,先有器,然后才有用;《说文》取前者为释,可能出于这种考虑。所以"矫"字所表概念的词性应是名词。就动作而言,也有动作和指称动作之别,前者为动词,后者为名词,取决于在句中处于何种位置而已。《易·说卦》:"坎为水,为沟渎,为隐伏,为矫𫐓,为弓轮。"《荀子·性恶》:"枸木必将待隐栝烝矫然后直,钝金必将待砻厉然后利。"这是名词用法。用以表动作,就是动词。《汉书·严安传》:"今天下锻甲摩剑,矫箭控弦,转输军粮,未见休时,此天下所共忧也。"这是动词用法。近代汉语这种情况仍然存在。

服(复) 《敦煌变文集·秋胡变文》:"服得十袟文书,并是《孝经》《论语》,……便即登程。"又《韩擒虎话本》:"知主上无道,遂复裹经题,直至随州山内隐藏。"[①]"复""服"相通,皆是"包裹"的意思。"服"即今"包袱"之"袱"字。用在谓语的位置上,就是"包";用作名词,就是今之"包袱"。《东轩笔录》卷一:"(曹翰说:)'欲以故衣质十千以继饘粥,可乎?'内侍曰:'太尉有所须,敢不应命,何烦质也。'翰固不可,于是封裹一复以授,内侍收复,以十千答之。暨回奏翰语及言质衣事,太宗命取其复,开视之,乃一大幅画幛。"例中的"复"用作名词。"包袱"义的产生,就是动词名物化的结果。

貌 本为容貌,是名词。用作动词,就是"描画"[②]。杜甫《韦讽录事宅观曹将军画马图》:"曾貌先帝照夜白。"《奉先刘少府新画山水障歌》:"貌得山僧及童子。"《太平广记》卷二一三李绰"尚书故实":"顾况字逋翁,文词之暇,兼攻小笔,尝求知新亭监。人或诘之,谓曰:'余要写貌海中山耳。'仍辟画者王默为副。"诸"貌"字皆用作动词,是"画"的意思。又写作"邈"。《敦煌变文集·汉将王陵变》:"诏太史官邈其夫人灵在金牌之上。"又《捉季布传文》:"白土拂墙交画影,丹青画影更邈真。"后代的"描"字即此词的分别字。这是名词动化的结果。

蓦 《说文》:"上马也。"上马务速,故引申有"迅疾"义;用作状语,就是"突然"的意思。较早的形式是"蓦地""蓦然""蓦"。《敦煌变文集·维摩诘经讲经文(一)》:"深河恰好骋威仪,蓦地维摩染病羸。"又:"四大违和常日事,不劳君等蓦然惊。"又:"蓦被命终难脱免,息(忽)然身教大娄罗。"《祖堂集》卷六:"师蓦唤侍者,侍者来,师良久云:

---

① 蒋礼鸿:《敦煌变文字义通释》,156页,《蒋礼鸿集》第1卷,浙江教育出版社,2001年。
② 同上书,145页,《蒋礼鸿集》第1卷,浙江教育出版社,2001年。

'传语大众:寒者向火,不寒者上堂来。'"又卷十一:"师有时上堂,蓦地起来伸手云:'乞取些子,乞取妙子。'"又卷十七:"有一僧在面前立,师蓦推倒林际前,林际便把杖子打三下。"《五灯会元》卷四:"师在东司上,见远侍者过,蓦召文远,远应诺。"又:"与胜光和尚锄园次,蓦按镬,回视光曰:'事即不无,拟心即差。'"《董西厢》卷三:"恰正张生闷加转,蓦见红娘欢喜煞,叉手奉迎他。"《武王伐纣平话》卷下:"二将入阵,蓦闻旗开,忽睹一员猛将。"这是动词用作状语的结果。

无 用于句末,表示疑问,相当于"否"。白居易《问刘十九》:"晚来天欲雪,能饮一杯无?"杨巨源《寄江州白司马》:"江州司马平安否,惠远东林住得无?"蜀太妃徐氏《玄都观》:"即向周回岩下看,似看曾进画图无?"张祜《桂花曲》:"可怜天上桂花孤,试问姮娥更要无?"杜甫《入奏行赠西山检察使窦侍御》:"江花未落还成都,肯访浣花老翁无?"唐彦谦《登兴元城观烽火》:"襄邓冢前烽火起,不知泉下破颜无?"这类"无"本来应是否定副词,与前面的肯定性动词一起组成肯定否定相并的形式(V/+N/+无)表示疑问,同类副词"不"也有这种用法。刘宋求那跋陀罗译《杂阿含经》卷九:"欲有所问,宁有闲暇见答与不?""不"与"答"组成肯定否定并列的形式以表疑问,所不同者,"不"前有个连词"与"而已。也有不用"与"连接的,其结构为V/+N/+不,这就与V/+N/+无完全相同了。求那跋陀罗译《杂阿含经》卷九:"我今问尊者,随意见答,尊者纯陀,为有眼、有色、有眼识不?"加个"与"字,"不"与前面表肯定的动词之间的并列关系明显一些,同时还可凑成四字句;不加"与"字,并列关系依然存在,但没有那么明显,而四字句则仍然得以保留。由于处于句末,"不"后来变成了疑问语气词,字形写作"否",读音变成了 fǒu。也有不变的,字形和字音均没有变化。现代汉语方言如河南、客家话就有这种用法[①]。同理,由于处于句末,"无"后来也变成了疑问语气词;早期写作"么""摩",后来写作"吗"。"无"的上古音王力拟作[ma],"摩"的中古音王力拟作[mua];从[ma]到[mua],音理上没有问题。"么"与"摩"中古完全同音(见《集韵》,二字同小韵,音眉波切),用来替代更没问题。明清之际,元音低化,读作[ma],字形则写作"吗"。而作为动词和副词的"无"则随着同韵类其他字读音的演变而演变,重唇变轻唇,元音高化,变成 wú,字形不变。也正因为"无"读作了 wú,语音

[①] 许宝华等:《汉语方言大词典》,608 页,中华书局,1999 年。

上与语气词[ma]相差太远,故用"么""摩"代替"无"。写作"么"的较早例证见于唐。王建《宫词》:"拾得从他要赎么?"贾岛《王侍御南原庄》:"南斋宿雨后,仍许重来么?"李中《听蝉寄朐山孙明府》:"不知陶靖节,还动此心么?"刘兼《登郡楼书怀》:"北山更有移文者,白首无尘归去么?"贯休《避寇山中作》:"更有好时么?"《景德传灯录》卷四:"师曰:'万古长空一朝风月。'良久又曰:'阇黎会么?自己分上作么生?'"又卷五:"师乃举拂子曰:'曹溪还有这个么?'"辛弃疾《江神子·闻蛙蝉戏作》:"斜日绿阴枝上噪,还又问:是蝉么?"《元曲选外编·西厢记》一本二折:"小娘子莫非莺莺小姐的侍妾么?""么"明清至现代一直在使用。写作"摩"较早例证见于五代。后蜀顾敻《荷叶杯》其一:"凭栏敛双眉,忍教成病忆佳期,知摩知,知摩知?"按《荷叶杯》有九首,同类的例证有:其二"愁摩愁"、其三"狂摩狂"、其四"羞摩羞"、其五"归摩归"、其六"吟摩吟"、其七"怜摩怜"、其八"娇摩娇"、其九"来摩来"。《祖堂集》卷二:"六祖见僧,竖起拂子云:'还见摩?'对云:'见。'"又卷三:"禅师曰:'汝还闻曹溪摩?'子曰:'不知漕溪是什摩州界。'"又:"师云:'皇帝见目前虚空摩?'帝曰:'见。'师曰:'还曾眨眼向陛下摩?'""吗"的较早用例见于元明之际。《青纱泪》二折:"(卜儿云)你老爹好吗?"又四折:"那妇人是裴兴奴吗?"《元曲选·陈抟高卧》三折:"先生在那隐居处,山野荒凉,得如俺这朝署中这般富贵吗?"《水浒传》一一三回:"渔翁,有大鲤鱼吗?"这也是语法引起的词汇变化。

二、音韵与词汇的关系

由于语音的发展,本来同音的字不同音了,不同音的字反而同音了。同音字太多,影响语言的交际功能。为了区别,不得不组合两个意义相近的词以构成新词,从而使双音节词大量增加。

隐—安隐、隐审、隐便 "隐""稳"是一对古今字。"稳",《说文》作"䡥",云:"所依据也,读与隐同。"经籍中"稳当"的"稳"和"隐蔽"的"隐"皆用"隐"字。由于语音变化的原因,"隐""䡥"不再同音。"隐"读"於谨切","稳"读"乌本切"。虽然双声,但韵有"隐""混"之别。如果仍共享一"隐"字,就会影响正常的交际。凡单用一"隐"字者,均配以意义相近的词根,以免混淆。如:

安隐 安世高译《长阿含十报法经》卷二:"令我无有乐、令我不安隐。"西晋法立共法炬译《大楼炭经》卷一:"东方诸城国界,富乐炽盛安隐。"后秦佛陀耶舍共竺佛念译《长阿含经》卷九:"二者无病,身常安隐。"《淳化阁帖》卷三"王凝之书":"得郗中书书,说汝勉难安隐,深慰悬心。"《晋书·庾亮传》:"冀一安隐,无复怵惕。"

隐审 《敦煌变文集·丑女缘起》:"朝暮切须看隐审,惆怅莫教外人闻。"按,"隐审",甲卷作"听审",乙卷作"稳审",丁卷作"隐审"。《尚书·盘庚》下:"邦伯师长、百执事之人,尚皆隐哉!"注:"国伯,二伯及州牧也。长,公卿也。言当庶几相隐括共为善政。"正义:"'隐'谓隐审也。幸冀相与隐审检括,共为善政,欲其同心共为善也。"宋闻达《法华经句解》卷二:"安心隐审得出三界。"

隐便 《全唐文》卷九六四"禁额外征钱奏":"任刺史着百姓隐便处置。"《敦煌变文集·频婆娑罗王后宫彩女功德意供养塔生天因缘变》:"即朝大臣眷属,隐便商宜,中内有一智臣,出来白王一计。"《旧五代史·晋·少帝纪》一:"于太庙内隐便处修盖库屋五间。"《册府元龟》卷四八八:"着百姓隐便处置。"元赵光祖《言行龟鉴》卷二:"利不独财利之机,凡有利心,便不可才作一事,须寻自家隐便处,皆利心也。"马致远《清江引·野兴》:"阴陵迷路时,船渡乌江际,则不如寻个隐便个闲坐地。"

后世的"稳"字,正是适应这种需要而产生的。

事——物事、事件、事节、事干、事情 "事"本与"是""仕"不同音。由于音变的结果,变成了同音字,故《中原音韵》同列入"支思"韵的去声。敦煌变文书卷常将"事"字写作"是"或"士"。如"此是异圣奇仁,不同凡类"(《八相变》),甲卷"是"作"事"。又,"有相夫人见王垂泪,不测事由"(《欢喜国王缘》),"事"原卷作"士"。为了区别"事"与"士""是",故单言"事"者,多缀以近义词根,以免混淆。如:

事物(物事)、事情 例证随处可见,除"物事"外,皆为现代汉语常用词,不备引。

事件 《通典》卷五三:"学生员数多少,所习经业,考试等第,并所供粮料及缘学馆破坏,要量事修理,各委本司作事件闻奏。"《全唐文》卷一〇九"诛西平令李商敕":"初闻告不公之事件,决彼状头,又为夺为主之庄田,挞其本户。"《旧唐书·礼仪志》六:"宜令尚书省会百僚与国子监儒官,切磋旧状,定可否,仍委所司具事件闻奏。"宋范仲淹《论复并县札子》:"若转运使等定夺不当,亦乞朝廷驳下不当事件,特行堪问。"《大宋宣和遗事》利集:"今两国通和,所有合理事件,仰元帅府请两朝皇帝军前面议可

第五章 近代汉语词汇与语言诸要素的关系

否申奏。"《王阳明集》卷九:"若有重大军务,应议事件,益于政体,便于军民者,明白条陈,听会官计议奏请。"

事干 《魏书·元飏传》:"高祖重其事干,縶维不许。"《周易集解》卷一"文言":"贞为事干,以配于智。"《元曲选·竹叶舟》二折:"陈季卿,你来这里,有何事干那?"又《杀狗劝夫》三折:"难得贵人踏贱地,到俺家里有甚事干。"《西游记》四回:"你是谁家小哥?闯近吾门,有何事干?"现代汉语江淮方言、徽语、吴语、粤语皆有此词①。

事节 《全唐文》卷八五"夏令推恩德音":"宜令天下长吏差清强判官专勾当,切更分明检举,一一据事节施行讫奏闻,如更因循,必行朝典。"《旧五代史·周·冯道传》:"或有微益于国之事节,皆形于公籍。"《朱子语类》卷一三六:"王猛事苻坚,煞有事节。"《三朝北盟会编》卷十一:"且言今来所计议事节,与自家上京戏时说底话煞别也。"《刘知远诸宫调》:"知远入府至衙,夫人、成佑接着,问:'事节如何?'"《文献通考·职官考》四:"尚书省下六曹,六曹付诸案勘当,检寻文书,会问事节。"清南沙三余氏撰《南明野史》:"朕览邵捷春抚蜀,群情号呼事节,为之怆然。"《杨家将》二七回:"汝生出事节,我等定遭连累。"

事体 有几个意义。一为"事理"。《后汉书·胡广传》:"(胡广)性温柔谨素,常逊言恭色,达练事体,明解朝章。"晋葛洪《抱朴子·仁明》:"明见事体,不溺近情,遂为纯臣。"一为"事情"。白居易《请罢兵第三状》:"行营近日事体陛下一一具知。"《通典》卷十四:"事体驳错,与古不同。"《旧唐书·韦处厚传》:"事体至大,岂敢不言?"《三朝北盟会编》卷一:"若降诏遵故事以市马为名,令人访其事体虚实如何,上可之。"《董西厢》卷二:"我寻思,这事体,怎生是着?"《琵琶记》十二出:"今朝事体,管取完成。"《元史·贾鲁传》:"然事体重大,非处置尽善,不可轻发。"《西游记》七三回:"毕竟向前去还有什么事体,且听下回分解。"《儒林外史》九回:"未知事体做的来与做不来,说出来就没趣了。"现代汉语方言的徽语、吴语皆有此词。

填—填偿、填还 "填"有"偿"义。《桂苑丛谈》"李将军为左道所误":"护军李将军全皋罢淮海日,……一旦有一小校绍介一道人,……一夕话及黄白事,道人曰:'唯某颇能得之。可求一鼎容五六升已来者,得金二十余两为母,日给水银药物,火候足

---

① 许宝华等编:《汉语方言大词典》,3170 页,中华书局,1999 年。下文"事体"所引方言亦出于此书。

而换之,莫穷岁月,终而复始。'李喜其说,顾囊中有金带可及其数,以付道人。……一日道人不来,药炉一切如旧,……启炉而视之,不见其金矣。事及道引小校,代填其金,道人杳无踪迹。""代填"即"代为偿还"。由于"填"与"田"同音,有时会产生混淆,故用意义相近的"偿"或"还"组合成双音词,以提高区别性。

填偿 《敦煌变文集·董永变文》:"直至三日复墓了,拜辞父母几(去)田常。"又:"便遣汝等共田常","感得天女共田常"。"田常"即"填偿"。有人认为"田常"是仙人名,此不知"填偿"是唐宋间熟语之故。若变文不用"填偿"这一双音节词,则"田常"之为"填偿"就难以的实了。《太平广记》卷一二三:"收录家资填偿外,尚欠三四万无所出。"苏轼《应诏论》四"事状":"及至限满不能填偿,又理一重息罚。"又:"尚有余欠一万三千四百余贯,计四百四户,岁月既久,终不能填偿。"元普度编《庐山莲宗宝鉴》卷一:"还作鸡猪鱼兔,次第填偿,至于宰割烹炮,因果相似。"

填还 也是"偿还"的意思。《全唐文》卷四一四常衮"放京畿丁役及免税制":"百姓应有负欠,一物已上,及诸杂夫役庸课未酬纳者,一切容至麦熟填还。"韩愈《论变盐法事宜状》:"盐商利归于己,无物不取。或从赊贷升斗,约以时熟填还,用此取济,两得利便。"《朱子语类》卷七九:"且如而今人,其父打碎了个人一件家事,其子买来填还,此岂是显父之过!"《元曲选·墙头马上》三折:"休把似残花败柳冤仇结,我与你生男长女填还彻。"《二刻拍案惊奇》卷二四:"十分不认账,我填还他也罢了。"

语音的发展,不仅引起了双音词的大量增加,而且引起了假借字范围的扩大,使近代汉语词汇的书写形式更加多样化。

-m 尾与-n 尾合流带来的变化:

多管—多敢 "大概、可能"的意思。《元曲选·汉宫秋》一折:"且尽此宵情,休问明朝话,到明日多管是醉卧在昭阳御榻。"《元曲选外编·东墙记》二折:"音韵轻,声律清,精通理性,多管是暗中传两情相应。"《水浒传》三十回:"虽是他频频来相看我,多管是不能够入宅里来。"又作"多敢"。"管""敢"双声,由于-m 尾的消失,故二字音近。《清平山堂话本·李元吴江救朱蛇》:"李元曰:'我自来江左,并无相识,亦无姓朱者来往为友,多敢同姓者乎?'"《元曲选外编·遇上皇》二折:"见三疋金鞍拴在老桑树,多敢是国戚皇族。"《元曲选·杀狗劝夫》二折:"[正末云]:……'我不知哥哥有钞,怎么偷得?'[旦云]:'多敢是那两个贼子拿去了。'"

牛表牛筋—牛金牛表　泛指农村中的闲汉。《元曲选·秋胡戏妻》二折:"我则骂你闹市云阳吃剑贼,牛表牛筋是你亲戚,大户乡头是你相识。"又《伍员吹箫》三折:"无路子,沙三,伴哥,牛表,牛筋,你每一齐的都来。"《元曲选外编·五侯宴》三折:"伴着的是王留、赵二,牛表、牛筋。锄刨过日,耕种绝伦。"又作"牛金牛表"。"金"收-m尾,本与"筋"不同音;-m尾混入-n尾后,二字始同音。《元曲选外编·黄鹤楼》二折:"牛金牛表扶策走,只吃的东歪西倒醉如泥。"

那堪—那看　蔡伸《菩萨蛮·沐发》:"正是惜春归,那堪怨别离。"柴望《齐天乐》:"竟日西风,那堪无寐更邻笛。"晁补之《万家欢·梅》:"那堪羌管惊心,也随繁杏抛掷。"又作"那看"。张孝祥《木兰花》:"那看,更值春残,斟绿醑,对朱颜。"《董西厢》卷八:"黄昏后,守僧舍,那堪暮秋时节。"一本"那堪"作"那看"。

入声消失带来的变化:

几合—几乎　"合""乎"双声,入声消失,"合"入"歌戈"韵平声,与"乎"音近。故"几合"就是"几乎"。《五灯会元》卷三"南源道明禅师":"师曰:'心心无间断,流入于性海。'山曰:'几合放过。'"又卷七"长庆慧棱禅师":"曰:'和尚若行此棒,不虚受人天供养。'师曰:'几合放过。'"又卷十一"首山省念禅师":"曰:'未审怎么生下手?'师曰:'适来几合丧身失命。'"按,从《五灯会元》的例证看,说"几合"是"几乎"的同音借用,不无道理。但此词唐代已见用例,说唐时"合"与"乎"音近,可能有问题。就是说宋时"合""乎"音近,也不能令人信服。唐代此词的例证有罗邺《献池州庚员外》:"曾降瑶缄荐姓名,攀云几合到蓬瀛。"《洛阳缙绅旧闻记》卷五:"果是风狂人,几合淹杀。"此词的构成是"几"与"合"的组合。"几"是"几乎"的意思,"合"是"会当、应当"的意思[1],用现代汉语解释就是"差点儿会"。由于词的重音在"几","合"的词义被"几"吞蚀,故"几合"等于"几",是"差点儿"的意思,"几合"就是"几乎",故与"几乎"词义相同。把"合"看作"乎"的同音或音近的字,虽然可以解释,但难以解释唐代的例证。唐代的

---

[1] 训见《助字辨略》,281页,中华书局,1954年。所举例证有《史记·司马相如传》:"然则受命之符,合在于此矣。"杜甫《畏人》:"褊性合幽栖。"《伤春五首》其一:"蓬莱足云气,应合从龙。"刘淇云:"应合,重言也。"按,词义解释不错,但杜甫诗的第一例有问题。刘氏只举下句,其上句为"畏人成小筑","成"与"合"相对,"成"是动词,"合"也应是动词,是"适合"的意思。杨树达《词诠》也有此训,例证来自《史记》和《后汉书》,句义皆与所释相符。看来"合"的"当"义自汉以来直到现代皆在使用,例繁不赘。

"合"与"乎"并不同音。

信口开合—信口开河 《元曲选·鲁斋郎》四折："你休只管信口开合,絮絮聒聒。"又《气英布》一折："你怕不待死撞活,功折过,一谜里信口开合。"《元曲选外编·西厢记》二本四折："你那里休聒,不当一个信口开合,知他命福是如何?"又《蓝采和》三折："再不去齐妆扮,打拍撺掇,再不去戏台上信口开合。"《红楼梦》三九回："村姥姥是信口开合,情哥哥偏寻根究底。"又六三回："贾蓉只管信口开合、胡言乱语之间,只见他老娘醒了,请安问好。"《歧路灯》三十回："说的高兴,渐渐坐在一个凳子上,信口开合起来。"入声消失后,"合"与"河"音近,故又写作"信口开河",例见清代小说。《官场现形记》八回："谈官派信口开河,亏公项走头无路。"《九命奇冤》四回："盼乡榜焦心似沸,讲风水信口开河。"《济公全传》一三二回："那人信口开河说:'我认识,我跟济颠有交情,去年夏天我在临安盘桓了好几个月呢。'"《七侠五义》六二回："他却信口开河道:'张道兄……。'"《三侠剑》四回："欧阳爷遂信口开河说道:'天灵灵,地灵灵,韦驮何在?'"

口茄目瞪—口结目瞪 《董西厢》卷一："口茄目瞪面如土,唬杀那诸僧和寺主,气喘不迭叫苦。"《宋元语言词典》认为"茄"借作"结",蒋冀骋《近代汉语词汇研究》1991年初版从之,并解释说:"结"在入声屑韵,《中原音韵》入"车遮",与"茄"音近,故"结"可写作"茄"。今按,蒋说有问题。"茄"《广韵》有"古牙切""求迦切"二读。前者"麻"韵,"见"母,与"迦、珈"同小韵;后者"戈"韵,"群"母,与"伽、柳(此字又音古牙切)"同小韵。"迦、珈、柳"三字《中原音韵》皆在"家麻",应是由"麻"韵演变而来。"茄"字《中原音韵》未收,以其同音字推之,读"见"母者也应在"家麻";如果读"车遮"韵,则应读"群"母,则与"结"的声母不同。故"茄"不是"结"的借用。揆以文义,"目瞪"与"口茄"相对,用来形容吃惊至极的样子。但凡吃惊至极,人们的表情必定格在眼睛直视口张开的状态。"瞪",《玉篇》训为"直视",《广韵》训为"直视貌",《管子·小问》"瞪然视"下尹知章训为"惊视貌";将这些解释用于句中,皆合乎文章对词义的要求。若读"茄"为"结",而"口"只能开合,不能"结";现代用来形容口吃的"结",是"结巴"一词省略的结果(如,"这个人有点结",应是"有点结巴"的省略)。考诸文献,形容口张开而又与"茄"音近的字有"呿","茄"可能是"呿"的借用。《广韵》"呿"音"丘迦切",在"戈"韵"溪"母,与"茄"的"戈"韵读音仅清浊之别;宋元以来,浊音消失,故可通用。"呿",《玉篇》《广韵》皆训为"张口貌",于义亦通。《庄子·秋水》:"公孙龙子口呿而不合。"《经典释文》引司马云:"呿,开也。"《吕氏春秋·重言》:"君呿而唫。"高诱注:"呿,开也。"是其义。文献多用"目瞪口呿",宋绍隆等编《圆悟佛果禅师语录》卷一:"临济德山目瞪口呿。"又卷九:"直饶千圣出头来,也须目瞪口呿。"宋法应集元普会续集《禅宗颂古联珠通集》卷六:"得个冬瓜印子,至今目瞪口呿。"元道泰集《禅林类聚》卷十二:"这罗汉具计多神通妙用,到仰山面前直得目瞪口呿。"也有作"口呿目瞪"者。宋义青颂古《林泉老人评唱投子青和尚颂古空谷集》卷二:"但肯教意解心开,便不索口呿目瞪。"明明雪说《入就瑞白禅师语录》卷十七:"旁观者口呿目眙,莫适所从。"所以,我们认为,《董西厢》的"口祛目瞪"就是宋元以来的"口呿目瞪"或"目瞪口呿"的倒说。"结"则为"呿"的俗讹字。

支生生—直争争 《元曲选·范张鸡黍》三折:"疏刺刺阴风吹过冷飕飕,支生生头发似人揪。"又作"直争争"。入声消失,"直""支"音近("直",在《中原音韵》"齐微","支",属"支思",二韵相近),故"支""直"相借用。《元曲选·罗李郎》二折:"愁戚戚情不乐,直争争发似揪,热烘烘面如烧,心痒难揉。"

他如"阿堵"之变为"兀底"(《鸡肋编》卷下:"前世谓阿堵,犹今谚云兀底。"),"兀自"之变为"古自","兀的不"之变为"窝的不","知会"之写作"支会","骗口张舌"之作"片口张舌","磣磕磕"之作"磣可可"(见《元曲》),皆语音变化的结果。

语音的发展,扩大了假借字的范围。有些新义的产生,实际上是假借的结果。如:

展　拭也。《三遂平妖传》三回:"赵壹……恨不得爬上天去,拿个几万片绝干的展布,将一天湿津津的云儿展个无滴。"《西游记》十八回:"老儿十分欢喜,才教展抹桌椅,摆列斋供。"又二三回:"那妇人即唤童子:'展抹桌椅,铺排晚斋,管待三位亲家。我领姑夫房里去也。'"《水浒传》七五回:"阮小七叫上水手来,舀了舱里水,把展布都拭抹了。"《聊斋志异·画皮》:"方欲展血敛尸。"按,"展",抹拭也。展布即抹布,"展血"即"拭血"。今江苏、北京话仍称抹布为"展布",可证。今谓"展"通"点"。"点",《说文》:"小黑也。""小黑"就是污。污之曰"点",故文献常见"点污"的用法。《三国志·吴·韦曜传》:"囚撰此书,实欲表上,惧有误谬,数数省读,不觉点污。"《颜氏家训·治家》:"有狼籍几案,分散部帙,多为童幼婢妾之所点污,风雨虫鼠之所毁伤,实为累德。"《旧唐书·李勉传》:"元恶未殄,遭点污者半天下,皆欲澡心归化。"去其污亦曰"点"。《尔雅·释器》："灭谓之点。"郭注："以笔灭字为点。""以笔灭字"，即用与纸同色的笔涂去误字，亦"涂抹"之义。文献中有"点抹"一词，系同义连用。《通典》卷一六一："他日，公又与遂书，多所点抹，如遂改定者，超等愈疑遂。""点"，"多忝切"，"端"纽，上声"忝"韵；"展"，"知演切"，"知"纽，上声"狝"韵。古音舌上归端，故"展""点"二字双声。虽然，隋唐以降，"知"纽已从"端"纽分出，但由于方言的原因，某些"知"纽字仍属"端"纽或与"端"纽相近。今赣方言区仍有读"中"为"东"者，即是明证。由于近代汉语中-m尾与-n尾开始混淆，故"点""展"音近，可相假借。"点"有"污、拭"义，"展"亦有"污、拭"之义。《元曲选·谢天香》三折："想是我出身处本低微，则怕展污了相公贵体。"又《冻苏秦》三折："〔正末云〕：'要那拜褥怎么？'〔张仪云〕：'则怕展污了你那锦绣衣服。'"又《鲁斋郎》三折："你待展污俺婚姻簿，我可便负你有何辜。"《金瓶梅》五八回："大红缎子新鞋儿上，满帮子都展污了。"《金瓶梅》九一回："象我与俺主子睡，成月也不见点水儿，也不见展污了甚多佛眼儿。"《醒世姻缘传》七二回："叫他把我一顿打杀，没的不怕展污了街么？""展污"连文，"展"亦"污"也。此"展"训"污"者。"展"可借为"点"，"点"亦可借为"展"。《敦煌变文集·长兴四年中兴殿应圣节讲经文》："大鹏点翅，度九万里之山河，玉兔腾空，照十千重之宇宙。"又《鹖𪃏书》："鸿鸟只思羽翼齐，点翅飞腾千万里。"试比较柳宗元《放鹧鸪词》："破笼展翅当远去，同类相呼莫相顾。"则知"点翅"即"展翅"。又有"点羽"，《敦煌变文集·维摩诘经讲经文（一）》："公子停车马上瞻，邪禽点羽空中觑。"揆以文义，知"点羽"即"展羽"，"点"亦借为"展"。

  团 猜也。晁元礼《少年游》："眼来眼去又无言，教我怎生团。"《董西厢》卷四："非不多情，自儹自儊，争奈他家不自由，我团着情取个从今后为伊瘦。"又卷六："旧日做下的衣服件件小，眼慢眉低胸乳高，管有兀谁厮般着，我团着这妮子做破大手脚。"字又做"挦"。《朱子语类》卷一〇五："伯恭《大事记》忒藏头亢脑，如挦谜相以。"（"以"，当作"似"。）字则作"挦"。又卷六七："若是屈曲之说，却是圣人做一个谜与后人猜搏，决不是如此。""搏"则"挦"之误。"团""挦"当是一词之异写，皆是"猜"的意思。云从师云："团有斯义，乃揣量、揣摩字之假借。《说文》：'揣，量也。从手，耑声。度高曰量。'引申有估量猜度之义耳。"按，师说是。"团"训"猜"，实得声义于"揣"。"揣"从"耑"声，"耑"即古"端"字，段注"耑"下云："古发端字作此，今则端行而耑废，乃多用耑为专矣。""揣"从"耑"声而读"初委切"，音之变也。《集韵》"揣"字一音"徒官切",与"团"同音,实"耑(端)"音之变,以清浊相区别耳。虽训"聚貌",但可知"揣"字确有"团"字的"徒官"之读。"团"或体作"糰",犹"揣"从"耑"声而读作"团"也。《长笛赋》:"冬雪揣封乎其枝。"朱骏声认为,"揣"为"团"之借字。如此,则二字相借,由来已久。

掉 美也。秦观《品令》:"掉又瞩,天然个品格,于中压一。"史浩《如梦令·酴醾·金沙同架》:"雪脸间朱颜,各自一般轻妙,忒掉、忒掉,真个一双两好。"《董西厢》:"虽是个侍婢,举止皆奇妙,那些儿鹘鸼那些儿掉。"诸"掉"皆是"美"义。"掉"之训"美",盖得义于"嬥"。《说文》:"嬥,直好貌。"《广雅·释诂》:"嬥,好也。"曹宪音"徒聊""徒了"二切,若取"徒了切",则与"掉"音相同。《广韵》:"掉,摇尾,又动。徒了切。"可证。由于"嬥"字不如"掉"常见,故换用习见的"掉"字。

眼根—眼斤 "眼根"是佛教的六根之一。"眼、耳、鼻、舌、身、意"为六根。眼是视根,耳是听根,鼻是嗅根,舌是味根,身是触根,意是念虑之根。受佛教的影响,文献中有时将"眼睛"写作"眼根"。齐己《游道林寺四绝亭观宋杜诗版》:"高僧眼根静,应见客吟神。"《苏轼集》卷九五:"非谓日月有在亡,实自庆我眼根在。"《四友斋丛说》卷二二:"于道亦云远,如眼根自见。"《续金瓶梅》三三回:"今见色者,眼根见耶,眼识见耶。"《儿女英雄传》三七回:"他一样有眼根,却从来不解五色文章,何为好看,何为不好看?"《中原音韵》"根""斤"皆在"魂痕"韵,其区别为"根"没有 i 介音,"斤"有 i 介音。"根"读 kən,"斤"读 kiən。在"斤"的读音没有腭化以前,二者读音非常接近,故可借用。《董西厢》卷八:"莺莺那里怎安稳,觑着自家般丈夫下得随人逃奔,短命的孩儿没眼斤。"

则剧—作剧 则声—做声 "则剧"即"作剧","剧"是"游戏、玩耍"的意思,是名词,"作剧"就是"开玩笑、嬉笑打闹"。《朱子语类》卷一〇四:"此等议论,恰如小儿则剧一般。"刘克庄《贺新郎》:"生不逢场闲则剧,年似龚生犹夭,吃紧处无人曾道。"赵长卿《柳梢青》:"好忍马儿,若还输了,当甚则剧。"《武林旧事》卷七:"本位近教得二女童,名琼华、绿华,并能琴阮、下棋、写字、画竹、背诵古文,欲得就纳与官家则剧。"叶绍翁《四朝闻见录》:"宪圣念张氏,故召后入,时年十一二。尝置宪圣侧,宫中谓之'则剧孩儿'。"元刘时中《红绣鞋》:"闲则剧怀抱儿里引,娇可喜被窝儿里爬。"清屈大均《广东新语》卷十一:"角胜曰斗,转曰翻,饮食曰吃,游戏曰则剧,杂剧也,讹杂为则也。"

按,屈氏释义甚是,但说"则"是"杂"字之讹,则未必是。我们认为,"则"读作"作"。《广韵》:"则,子德切。""德"韵字。"作,则落切,为也。""铎"韵字。入声消失过程中,二者的读音趋向于接近,故可借"则"为"作"。如果读"则"为"杂",则无法解释"则声"就是"作声"。宋周密《癸辛杂识续集》下:"道学从来不则声,行也《东铭》,坐也《西铭》。"《元曲选·朱砂担》二折:"你但则声,我就杀了你。"《清平山堂话本》:"那官人是个好人,好举止,待开口则声,说不出来。"《水浒传》二四回:"武松只不则声。"《醒世恒言》卷一:"月香暗暗叫苦,不敢则声。"《红楼梦》十二回:"贾瑞急的也不敢则声,只得悄悄的出来,将门撼了撼,关的铁桶一般。"今山西武乡有"则甚哩",江苏江阴有"则啥啦","则"也是"作"的意思[①]。

三、文字与词汇的关系

文字是语言的记录符号。跟语法、音韵相比,它与词汇的关系远一些,因而对词汇的影响也间接些、少些。它对词汇的影响主要在构词方面。魏晋以降,俗书盛行。如"桑"写作"枀","安"写作"女",故有"四十八""二角女子"的说法。"四十八"用以代"桑"字,"二角女子"用以代"安"字。他如:

天保	一大人口八十;	甄舒仲	予舍西土瓦中人;
董	千里草;	昌	二日;
赵	小月走;	运	军走;
亨	二月了;	隆化	降死;
卓	十日卜;	州	三刀;
李	十八子;	丑	破田;

(以上见《学林》)

枣	来来;	刘	卯金刀;
货泉	白水真人;	裴	非衣小儿;
松	十八公;	安	两角女;

[①] 许宝华等:《汉语方言大词典》,1340 页,中华书局,1999 年。

第五章　近代汉语词汇与语言诸要素的关系　　375

春　一日夫；　　　　　幽　山上挂丝；

吴　天上有口；　　　　朱　斗下木；

兰　门东草；　　　　　罗　四维；

杏　十八日；　　　　　吉　十一口；

火　八人；　　　　　　合　人一口；

德　人十四心；　　　　岳　丘山；

业　苦末；　　　　　　劦　召力；

　　　　　　　（《履斋示儿编》卷二二"字说"引《艺苑雌黄》）

忧　百念；　　　　　　变　言反；

罢　不用；　　　　　　归　追来；

苏　更生；　　　　　　老　先人；

（同上）

他如"八字立"、"十字路头"、"品字煨"、"打之绕"（均见《五灯会元》）、"丆字巾"（见《水浒传》），也是利用文字的形状以构成新词，形成新义，是一种字形修辞法。

还有种情况是由于字形讹变而误认为他字，而使其字具有某义。即 A 由于讹变，被人们误认为 B，而使 B 具有 A 字之义。如：

磨旗　挥旗也。宋赵与裦《辛巳泣蕲录》："称有急脚于东门磨旗为号。"《东京梦华录》卷七："驾登宝津楼诸军呈百戏"条："先一人空手出马，谓之引马，次一人磨旗出马，谓之开道旗。"《元曲选·窦娥冤》三折："刽子磨旗、提刀、押正旦带枷上。"又《倩女离魂》三折："并不闻琴边续断弦，倒做了山间滚磨旗。"《元曲选外编·追韩信》四折："臣教樊哙去山尖顶上磨旗作军中眼目，看阵势调遣军人。"《金瓶梅》六二回："一壁打鼓，一壁磨旗。"《水浒传》六十回："宋江、吴用、公孙胜，带领陈达磨旗，叫朱武指引五个军士，在近山高坡上看对阵报事。"又七七回："童贯在岸上看得呆了，身边一将指道：'山顶上那面黄旗正在那里磨动。'"又九六回："南阵里黄旗磨动，门旗开处，两骑马出阵。"又一〇四回："望见山顶一面红旗，在那里磨动。"《西游记》二一回："又见那洞前有一个小妖，把个令字旗磨一磨，撞上厅来报道……"又三四回："那小妖不知好歹，围着行者，分其干粮，被行者掣出棒，着头一磨，一个汤着的，打得稀烂；一个擦着的，不死还哼。""挥棒"犹同"挥旗"，故也可称"磨"。《水浒传》十七回："天生神力花和尚,弄棒磨刀作主持。""磨""弄"对举,"磨"亦"弄"也。当是"挥舞"之义。"磨"无"挥动"之义,当是"摩"字之误,"摩"今作"麾"。《说文》:"摩,旌旗所以指麾也。从手,靡声。"省"靡"字之"非",则为"摩"。今体作"麾",实为区别"摩擦"之"摩"而改作也。下部从"毛",与造字之旨不合,故仍作"摩"。《西游记》二本六出:"一个摩着大旗,他坐着吃堂食,我立着看筵席。"字正作"摩"。如此,"摩旗"之"摩"应读为"麾"。由于"摩"本音 mó,人们不知其本字本作"摩",故改用"磨"字。此"磨旗"训"挥旗"之由。有人不明此理,训"磨旗"为"象推磨那样打圈子摇旗",可谓望文生义。又有"簸旗""掖旗"。白居易《新丰折臂翁》:"张弓簸旗俱不堪。"卢仝《月蚀诗》:"蚩尤簸旗弄旬朔,始捶天鼓鸣珰琅。"《敦煌变文集·韩擒虎话本》:"掖旗大噉,旗亚齐入,若一人退后,斩剎(杀)诸将,莫言不道!言讫,掖旗大噉,一齐便入。"按,"掖"字典未收,但字从"波"声,当与"簸"同音。"簸"当是"磨"音之转。二字皆唇音,发音部位相同,唯发音方法有异。闽方音部分明母字读作 b,与这种音变相同,可为参证。

其他的例证有:

最 《说文》:"犯而取也。"音"祖外切"。"冣",《说文》云:"积也。"音"才句切"。段玉裁说:"(冣)与冂部之最音义皆别,……至乎南北朝,冣最不分。……《玉篇》云:最者,齐也,聚也。子会切。是以冣之义为最之义。而《广韵》十四泰云:最,极也。祖外切。亦是冣之义误以为最之义也。何以言之?古凡云殿冣者,皆当作从冂字。……今人最美、最恶之云,读祖会切,盖于形、于音皆失之。"今谓段说是。音 zuì 之字当训"犯取",音 jù 之字才是"最极"之正字。由于二字形近,人们误读"冣"为 zuì,遂以"最"之字形用作"冣"的书写符号。今江西武宁方言仍有读"最极"之"最"为"才句切"者,可以证明。

他如"棘手"之为"辣手",亦字形讹变的结果。

四、修辞与词汇的关系

修辞对造词法、词义均产生过重要的影响。造词法中的"修辞造词"就是利用修辞方法以造新词,如"雪亮""冰凉"等。详见"造词法",此不赘。

修辞对词义的影响,主要通过借代、借喻等修辞手法来实现。由于经常用某物以喻另一物,遂使喻体具有被喻体的意义。

督邮 劣酒。黄庭坚《醇道得蛤蜊复索舜泉》:"商略督邮风味恶,不堪持到蛤蜊前。"督邮,又称"平原督邮",劣酒之称。《野客丛书》卷十"青州从事"条:"徐彭年家范,其子问:'人称酒为青州从事谓何?'曰:'《湘山野录》云:昔青州从事善造酒,故云。仆考《世说》与此说不同。桓公有主簿,善别酒,好者谓青州从事,恶者谓平原督邮。盖青州有齐郡,平原有鬲县,言好酒下脐,而恶酒在鬲上住也。从事美官,而督邮贱职。故取以为喻。'"这是借代。

尖儿 女人脚。邓玉宾《村里迓古·仕女圆社气球双关》:"身段儿直,掭样儿娇,挺拖更妖娆。你看他拐儿搊,尖儿挑,舌儿哨。"《元曲选外编·西厢记》四本二折:"猛凝眸,看时节,则见鞋底尖儿瘦。""尖儿"即"脚儿"。因女人缠脚,故其脚很尖,故称女人脚为"尖儿"。此借形代物,也是借代。

六出 雪花。白朴《越调·天净沙·冬》:"门前六出花飞,樽前万事休提,为问东君消息。"《元曲选外编·遇上皇》三折:"六出花飞,碧天边冻云不退,抱双肩紧把头低。"《元曲选·杀狗劝夫》二折:"疏剌剌寒风起,通长空六出花飞。"朱庭玉《天净沙·冬》:"门前六出狂飞,樽前万事休提。"王仲元《越调·斗鹌鹑·咏雪》:"一色白,六出花,密密疏疏,潇潇洒洒。""六出"犹言"六瓣"。因雪花多六瓣,故以六出代雪花,也是借代。《韩诗外传》:"草木花多五出,雪花独六出。"宋陆佃《埤雅》:"雪六出而成花,雹三出而成实。"可证。

牛皮 鼓。《元曲选外编·西游记》二本六出:"咿咿呜呜吹竹管,扑扑通通打牛皮。"鼓以牛皮做成,故以之代"鼓"。这也是借代。又今人"吹牛皮"一词,盖以皮囊渡河,用时需吹气,而皮囊用牛皮做成,故说大话称为"吹牛皮"。

避讳和委婉的出现与社会制度、民族心理、习惯有关,但其表现形式则属于修辞的范围。避讳有两方面的内容:一是避禁忌,一是避名讳。它与委婉语一道,对近代汉语词汇的各个方面都产生过一定程度的影响。

字形方面的影响:

女真—女直 女真本我国古代少数民族名,居住在乌苏里江和黑龙江流域等地。周时称肃慎氏,汉、三国、晋称挹娄,南北朝时称勿吉,隋唐时称黑水靺鞨,五代时始称女真。后属辽,因避辽主耶律宗真讳,改称女直。《辽史·太祖本纪》一:"明年春,伐女直,下之,获其户三百。……十一月,遣偏师讨奚、霫诸部及东北女直之未附者,悉破降之。"《元曲选·金安寿》一折:"领仙旨按落云头,到女直度脱凡流。……自家女直人氏,叫做金安寿。"又:"贫道按落云头,来到女直地面。"

葉—萚 避唐太宗李世民讳,改"世"为"云"。宋张世南《游宦纪闻》卷九:"世字因唐太宗讳世民,故今'牒''葉''弃'皆去'世'而从'云','漏泄''缧绁',又去'世'而从'曳'。'世'之与'云'形相近,与'曳'声相近,若皆从'云'而'泄'为'沄'矣,故又从'云'而变为'曳'也。"

昬—昏 避唐太宗讳,凡"民"字偏旁皆写作"氏"。宋张世南《游宦纪闻》卷九云:"民则易而从氏。昏、愍、泯之类,至今犹或从氏也。"王楙《野客丛书》卷十七云:"世谓昬字合从民,今有从氏者,避太宗讳故尔。仆观《唐三藏圣教序》,正太宗所作,褚遂良书,其间'重昬之夜',则从民。初未尝改民以从氏也。谓避讳之说,谬矣。盖俗书则然。又观温彦博墓志,正观间(冀骋按,正,当作贞,王氏避宋仁宗赵祯讳改为"正")欧阳询书,其后言民部尚书唐俭云云。当太宗时,正字且不讳,而况所谓偏旁乎。又有以见太宗不讳之德。"今谓太宗时,不讳不为罪,讳亦不为非。故有讳者,有不讳者。讳则取礼多人不怪之义。迨其子孙,则不讳为有罪,故书写者凡遇"世民"二字皆讳。王氏囿于太宗一代而不考其后世,而断改民为氏之说为非,恐误。段玉裁于《说文》"敃"字下注云:"按昏从氏省,不从民,昏旁作昬者误。""昏"字下注云:"昏字于古音在十三部,不在十二部。昏声之字,䪉亦作䪉,䪉亦作䪉,䪉亦作䪉。昏古音同文,与真臻韵有敛侈之别,字从氏省为会意,绝非从民声为形声也。盖隶书淆乱,乃有从民作昬者,俗皆遵用。"于"一曰民声"下云:"此四字盖浅人所增,非许本书,宜删。凡全书内昏声之字皆不从民,有从民者讹也。"今按,段氏十二部、十三部即真部、文部,真、文古音虽然有别,但并非没有通用者,仅从音韵上无法证明谁是谁非。从甲骨文的字形来看,"昏"却有从"氏"省者,但隋唐之间有从"民"声的"昬"字,也是事实。无论是正体,还是俗体,抑或是隶书淆乱,当时"昬"是通用字也是可能的,而唐代避"世民"讳也是事实。故说"昏"是避"民"字讳的结果,也不是没有道理。

暨—曁 避唐睿宗李旦讳,去"暨"字下画为曁。《石林燕语》卷八:"时暨(指暨陶,人名)自阙下一画,苏复言字下当从旦。此唐避代宗讳,流俗遂误,弗改耳。"按,代宗为李豫,当作"睿宗"。

騧—騜　《履斋示儿编》卷二三：" 宋明帝以騧字似祸字，因改作騜。"《南史·宋·太宗纪》："（明帝）多忌讳，言语文书有祸败凶丧、疑似之言应回避者，犯即加戮。改騧马字马边瓜，以騧字似祸故也。"《敦煌变文集·韩朋赋》："既出八轮之车，爪騙之马。"原校"爪"为"骅"。刘坚先生校"爪"为"枣"。实则"爪"即"瓜"之俗写，见《龙龛手镜》。"瓜"则"騜"之省偏旁字。而"騜"即"騧"字。騧騙，良马名。

对概念名称的影响：

秀才—茂才　避汉光武讳。

办装—办严　避汉明帝讳。

禾兴—嘉兴　避三国吴太子和讳。

京师—京都　避晋景帝师讳。

山岳—山岱　避晋康帝岳讳。

春秋—阳秋　晋简文郑后名阿春，故呼春秋为阳秋。

世—代　避唐太宗讳。

治—理　避唐高宗李治讳。

薯蓣—薯药—山药　避唐代宗李豫讳，避宋英宗赵曙讳。

石榴—金樱　避钱王镠讳。

蜜—蜂糖　杨行密据扬州，扬州人呼蜜为蜂糖。

（以上见《野客丛书》卷九。）

丙子—景子　避唐世祖丙讳。

城—墙　避梁太祖烈祖诚讳。

诏书—制书　避武后曌讳。（《齐东野语》）

勾当—干当　避赵构讳。

蒸饼—炊饼　避仁宗赵祯讳。（《青箱杂记》）

元来—原来　避朱元璋讳。

放灯—放火　《老学庵笔记》卷五："田登作郡，自讳其名，触者必怒，吏卒多被榜笞。于是举州皆谓灯为火。上元放灯，许人入州治游观，吏人遂书榜揭于市曰：本州依例放火三日。"

箸—筷　舟行讳住，故以箸为快儿，后加竹头为"筷"。

幡布—抹布　　舟子讳翻,故称幡布为"抹布"。

梨—圆果　　"梨""离"同音,人忌离,故称梨为"圆果"。

伞—竖笠　　"伞""散"同音,人讳散,故称伞为"竖笠"。

榔槌—兴哥　　"榔""狼"同音,人讳狼藉,故称榔槌为"兴哥"。

谢灶—谢欢　　"灶""躁"同音,人讳恼躁,故称谢灶为"谢欢"。

(以上六条见《通俗编》卷二六"快儿"条引陆深《俨山外集》。按,陆容《菽园杂记》卷一也有此条,内容略同,唯"谢欢"作"谢欢喜"。)

死—不在　　《桯史》卷七"朝士留刺"条:"昔有一朝士出谒未归,有客投刺于门,阍者告之以某官不在,留门状俟归呈禀,客忽勃然发怒,叱曰:汝何敢尔,凡人之死者乃称不在。我与某官厚,故来相见。某官独无讳忌乎？而敢以此言目之耶？我必竢其来,面白以治汝罪。"

大小便—出恭　　明代场屋制度,举子如厕,须领出恭入敬牌,故称大小便为"出恭"。

男阴—左边的　　俗传真武帝足下有龟蛇二将,龟在左。俗称男阴为"龟",故又称男阴为"左边的"。《水浒传》二五回:"我笑你只会扯我,却不咬下他左边的来。"

白垩—白善　　《神农本草经》卷三下经引《名医》曰:"白垩,一名白善,生邯郸,采无时。"为什么叫"白善"？因"垩"与"恶"同音,人们喜"善"忌"恶",故改"白垩"为白善"。

对词义的影响:

云　疯。"云"本无"疯"义。蜀人以云近风,故讳言云。"云子"即"疯子","云汉"即"疯汉"。《老学庵笔记》卷三:"蜀人谓病风者为云,画家所谓赵云子是矣。至是京师市人亦有此语,馆中会语及宸翰,或谓曹氏子曰:计家公富有云汉之章也。曹忽大怒曰:尔便云汉,坐皆惘然,而曹肆骂不已。"

剪拂　拜。"剪拂"本是"剪修擦拭"的意思,文献常用来表示"推崇、赞誉",是一种比喻的说法。礼拜他人,是对人推崇、赞誉的表现形式,故绿林中称"拜"为"剪拂"。为什么如此？因"拜"与"败"同音,绿林人认为"拜"字不祥,故改称"拜"为"剪拂",从而使"剪拂"具有"拜"义。《水浒传》五回:"原来强人下拜,不说此二字。为军中不利,只唤做剪拂。此乃吉利的字样。李忠当下剪拂了起来。"又六回:"智深说姓名毕,那汉撇了朴刀,翻身便剪拂。"《说唐》二二回:"原来兄弟对此道行中的哑谜都不晓得。

大凡强盗见礼,谓之'剪拂'。见了些客商,谓之'风来'。来得少谓之'小风',来得多谓之'大风'。若杀之不过,谓之'风紧',好来接应。'讨帐',是守山寨,问劫得多少。这行中哑谜,兄弟不可不知。"

命　请。他人之请,对我是命、是令。故"命"有"请"的意思。唐李夔《使至汴州喜逢宋之问》:"相逢且交臂,相命且衔杯。""相命"即"相请"。李贺《申胡子觱篥歌(并序)》:"今年四月,吾与对舍于长安崇义里,遂将衣质酒,命予合饮。"《五粒小松歌(并序)》:"前谢秀才杜云卿,命予作五粒小松歌。"命予,请我也。白居易《和微之诗二十三首(并序)》:"微之又以近作四十三首寄来,命仆继和。"命仆,请我。元稹《莺莺传》:"郑厚张之德甚,因饰馔以命张,中堂宴之。"宋王禹偁《对雪示嘉佑》:"去年看雪在商州,使君命我山寺头。……抱瓶自泻不待劝,乘兴一引连十瓯。"

屈　请。中古以降有"请"的意思。《晋书·郑袤传》:"会广平太守缺,宣帝谓袤曰:'贤叔大匠垂称于阳平、魏郡,百姓蒙惠化。且卢子家、王子雍继踵此郡,使世不乏贤,故复相屈。'"这是"委屈某人就职"的意思,词义处在"委屈"向"请"的演变过程中;因为是任命人与被任命人的对话,所以应是"委屈"的意思。《晋书·刘聪载记》:"往刘公相屈,君蔑而不顾,今称号龙飞,君其惧乎?"这个不是任命人与被任命人的对话,"屈"应是"聘请"的意思。《梁书·傅映传》:"绘之为南康相,映时为府丞,文教多令草具。褚彦回闻而悦之,乃屈与子贲等游处。"这个"屈"才是"请"的意思。唐韦瓘《周秦行纪》:"(太后)呼左右曰:'屈两个娘子出见秀才。'"《敦煌变文集·捉季布传文》:"屈得夏侯萧相至,登筵赴会让卑尊。"又《庐山远公话》:"遂令左右交屈夫人,夫人蒙屈,来至西门前。"又《祇园因由记》:"须达怆至,莫知所由,'为屈王耶?臣耶?'护弥答曰:'请佛供养。'"又《父母恩重经讲经文(二)》:"几度亲情屈唤,无心拟去相随。"宋王谠《唐语林·补遗三》:"卫公不悦,遣马屈白员外至。"《梦溪笔谈》卷一:"百官于中书见宰相,九卿而下,即省吏高唱一声'屈',则趋而入。"《醒世恒言》卷九:"正有句话要与三老讲,屈三老到寒舍一行。"礼鸿师释"屈"为"请"。然"屈"之所以有"请"义,盖修辞的"婉曲法"所致。不敢言"请",遂以"委屈某人"的形式代替"请",是一种礼貌的说法。久之,"屈"遂具"请"义①。

---

① 常辉《祈请义动词"屈"的历时考察》讨论了"屈"的引申机制,他好像没见过我的1991年版《近代汉语词汇研究》。常文见《汉语史研究集刊》第十五辑,巴蜀书社,2012年。

修辞上还有"通感"一说。所谓"通感",就是把人的听觉、视觉、嗅觉、味觉、触觉沟通起来。它是一种心理现象,也是一种修辞现象。它对词义的影响,主要是使那些表感觉的词意义上互相沟通。表视觉的可用来表听觉,表听觉的可用来表嗅觉。如:

见　王维《赠裴旻将军》:"见说云中擒黠虏,始知天上有将军。"白易居《石榴树》:"见说上林无此树,只教桃柳占年芳。"韦应物《与村老对饮》:"乡村年少生离乱,见话先朝如梦中。"黄昇《南柯子》:"粉痕销淡锦书稀,怕见山南山北子规啼。"《太平广记》卷二一五"邢和璞":"段成式见山人郑防说:'崔司马者寄居荆州,与邢有旧。'"《五灯会元》卷十三:"岂不见《弥陁经》云:水鸟树林,悉皆念佛念法。"《朱子语类》卷二:"某说道:'后来黄河必与淮河相并。'伯恭说:'今已如此。'问他:'如何见得?'伯恭说:'见薛某说。'又曰:'元丰间河北流,自后中原多事;后来南流,房人亦多事。近来又北流,见归正人说。'"此例的后两个"见"与前几例一样,皆"听闻"之义。又卷三:"人说神仙,一代说一项。汉世说甚安期生,至唐以来,则不见说了。又说钟离汉、吕洞宾,而今又不见说了。"诸"见"字皆"听、闻"之义。"见"本是表视觉的动词,用来表听觉,乃"通感"所致。

闻　本为"听见",表听觉,也可用来表嗅觉。《韩非子·十过》:"共王驾而自往,入其幄中,闻酒臭而还。"《孔子家语·六本》:"与善人居,如入芝兰之室,久而不闻其香,即与之化矣。"例中的"闻"是"嗅到"的意思。此义历来使用不废,今仍存现代汉语中,例不备举。

闹　本为"吵闹",表听觉;诗词中有"聚集、浓郁"之义,表视觉或嗅觉。陈师道《南乡子》:"乱蕊压枝繁,堆积金钱闹作团。"张孝祥《好事近》:"满园桃李闹春风,漫红红白白。"僧惠洪《青玉案》:"马行灯闹,凤楼帘卷,陆海鳌山对。"刘一止《临江仙》:"最爱杯中浮蚁闹,鹅儿破壳娇黄。"《太平广记》卷三四三"李僖伯":"僖伯鼓动后出,心思异之,亦不敢问,日旰,及广衢,车马已闹。""聚集"在一起,人多物多,不闹而自闹,故引申为"聚集"义。宋祁《玉楼春》:"红杏枝头春意闹。"张炎《月下笛》:"记长堤画舫,花柔春闹,几番携手。"陈亮《水龙吟》:"闹花深处层楼,画帘半卷东风软。""春"和"花"不可能"闹",而用一"闹"字,实则"浓郁、浓密"义的形象说法。诗人用一"闹"字,化视觉为听觉,写出了事物的动态,使人见其形,闻其声(仿佛有声,实则无声),怪不得王国维称"着一'闹'字而境界全出"。"闹"之"聚集"义应是"通感"作用于词义的结果。

按，因"通感"而发生词义演变的常见例证为"见"和"闻"，是耳朵和眼睛两官的行为，而未见鼻和嘴的行为由于"通感"而发生词义变化的；同是耳朵和眼睛两官的行为，"看"和"听"也没有发生"通感"。这是什么原因呢？我们认为，与它们本身的词义内涵有关。"看"是"看视"动作本身，不含"看到、看见"的信息；同时，"听"也只是"听"本身的动作，不含"听见"的信息。既然没有"看见"，也没有"听见"，只有行为，不包含结果，"通感"也就没有了条件。我们认为，"通感"只有在五官的功能实现了而有所得的情况下才能产生。"见"是眼官实施行为而有所得，"闻"是耳官实施行为而有所得，满足了"通感"产生的条件，故能产生"通感"。鼻的功能是"嗅"，是否嗅到，"嗅"的词义没有包含；也就是说，"嗅"只有行为，不包含结果。既然不包含结果，也就没有"通感"的条件，故"嗅"没有发生"通感"。"嘴"的功能是"嚼"和"味"，"嚼"是用，"味"是感，用与感没有统一，所以也不能发生"通感"。

第六章 近代汉语词义与社会文化、生活

语言反映社会文化、生活，同时，社会文化、生活又反作用于语言。就语言各要素来说，与社会文化、生活关系最密切的是词汇。社会生活的任何变化，都要求语言的词汇给予反映。近代汉语词汇如何反映社会生活，我们在《近代汉语词汇的来源》一章中已有所论列，但皆是从词汇的形成的角度说的。本章主要讨论社会文化、生活怎样反作用于近代汉语词义，是就词义的角度说的，侧重点有所不同。

一、城乡差别对词义的影响

唐宋以后，城市得到了较大的发展。与唐相比，宋代的商品经济已相当发达。大批农民涌进城市，做生意，卖苦力，从而促进了城市的繁荣。城乡差别进一步扩大。居住在城市的人显得文明些，而住在穷乡僻野的人则显得粗俗些。这种差别反映在词汇上，使词义的感情色彩发生了变化。

村　本为"村落"。陶渊明《归田园居》："暧暧远人村，依依墟里烟。"《桃花源记》："村中闻有此人，咸来问讯。"并无贬义。唐宋以后，"村"字有了粗俗的意义，始有贬义。《隋唐嘉话》："太宗曰：'薛驸马村气。'"宋代唐庚园《蛤》："我居固已陋，尔鸣亦良村。"《朱子语类》卷三五："所谓君子者，岂是敛手束脚底村人耶！"又卷八十："《诗序》实不足信。向见郑渔仲有《诗辨妄》，力诋《诗序》，其间言语太甚，以为皆是村野妄人所作。始亦疑之，后来子细看一两篇，因质之《史记》《国语》，然后知《诗序》之果不足信。"杨万里《山居午睡起弄花》："浸得荷花水一盆，将来洗面漱牙根，凉生须鬓香生颊，沉麝龙涎却是村。"《董西厢》卷七："外貌即不中，骨气较别；身分既村，衣服儿忒捻。"《元曲选·东堂老》一折："村入骨头挑不出，俏从胎里带将来。"元无名氏《喜春来》曲："冠儿褙子多风韵，包髻团衫也不村。"《快嘴李翠莲记》："可耐伊家忒怎村，冷饭将来与我吞。"明汤显祖《紫箫记·纳聘》："四娘，你说话村得怕人！"程大昌《续演繁

露》："古无村名,今之村,即古之鄙也。凡地在郊外,则名之曰鄙,言质朴无文也。隋世乃有村名。唐令在田野者为村,故世之鄙陋者,人因以村目之。"乡村人没见过世面,眼界不高,故有"没见过世面"之义。《朱子语类》卷一三二:"陈福公自在,只如一无所能底村秀才,梁丞相亦然。"又:"吕后只是一个村妇人,因戚姬,遂迤逦做到后来许多不好。"又卷一三七:"某尝说,房杜只是个村宰相。"村人既有粗俗、没见过世面的一面,如上所述,也有质朴、愚蠢的一面,故有"质朴"义,又有"愚鲁"义。前者如《朱子语类》卷八三:"《公羊》是个村朴秀才,《谷梁》又较黠得些。"元张昱《古村为曹迪赋》:"魏国南来有子孙,至今人物古而村。"俞樾《茶香室三钞·真西山生前异事》:"童子村朴,不悟为魔,遂举而焚之。"此为"质朴"义。后者如《朱子语类》卷一二四:"使公到今已老,此心怅怅然,如村愚乡盲无知之人,撞墙撞壁,无所知识。"元乔吉《折桂令·张谦斋左辖席上索赋》曲:"想献玉遭刑费本,算挥金买笑何村。"《快嘴李翠莲记》:"孩儿生得命里孤,嫁了无知村丈夫。"《醒世恒言》卷三:"那主儿或是年老的,或是貌丑的,或是一字不识的村牛,你却不肮脏了一世!"《水浒传》二回:"史进上了马,绰了刀,前面摆着三四十壮健的庄客,后面列着八九十村蠢的乡夫。"

乡谈 《说文》:"乡,国离邑,民所封乡也。啬夫别治,封圻之内六乡,六卿治之。"是一种小的行政单位。与大都市相比,就是鄙野之地。方言叫作"乡谈",与"雅言"相对,是城乡差别扩大的结果。其始叫"方言",意谓各方之言,没有鄙俗之意;继而叫"乡谈",则隐含村野不雅之意。《朱子语类》卷八一:"《诗》辞多是出于当时乡谈鄙俚之语,杂而为之。如《鸱鸮》云'拮据''捋荼'之语,皆此类也。"《五灯会元》卷十五:"某甲是福建道人,善会乡谈。"《元曲选·货郎旦》二折:"听的乡谈语音滑熟。打叠了心头恨,扑散了眼下愁,哥哥也你可是行在滩州。"又三折:"谢那老的,教我唱货郎儿度日,把我乡谈都改了。"《水浒传》六一回:"亦是说的诸路乡谈,省的诸行百艺的市语。"又七四回:"燕青打着乡谈说道:'你好小觑人。'"《镜花缘》十九回:"九公久惯江湖,自然晓得这句乡谈了。"

城乡差别自古存在,对词义发展的影响也由来已久。如:

鄙 《说文》云:"五酇为鄙。"是一种小的行政单位。古时边境称为"边鄙",因其远离都市也。故引申有"低下、浅陋、粗俗"之义。"鄙陋""卑鄙""鄙猥"是其例。

野 《说文》:"郊外也。"引申有"粗鄙、野蛮"的意义。

里　《说文》云："居也,二十五家为里。"也是一种小的行政单位。"俚俗"之"俚"所以从"里",当与此有关。《说文》："俚,赖也。"(段注本)并无"粗俗"之义。"俚"的"粗俗"义,当得之于"里"。朱骏声云："'俚',假借为'里'。《魏都赋》:'非鄙俚之言所能具。'注:'鄙也。'"是知凡与乡村有关的词,多引申有"鄙陋"之义。

相反,与都城有关的词则有可能引申为"美好"之义。这种情况在上古就已出现。如：

都　《说文》云："有先君之旧宗庙曰都。"《释名·释州国》："国城曰都。都者,国君所居,人所都会也。"引申有"美、雅"之义。《诗经·有女同车》："彼美孟姜,洵美且都。"《传》曰："都,闲也。""闲"即"闲雅、有风度"。又《山有扶苏》："不见子都,乃见狂且。《传》曰："子都,世之美好者也。"《史记·司马相如列传》："姣冶娴都。"《索隐》云："都,雅也。"《东坡志林》卷四："颜蠋与齐王游,食必太牢,出必乘车,妻子衣服丽都。"杨慎《升庵集》卷七八："'都'何以训美？'都'者,'鄙'之对也。《左传》曰:'都鄙有章。'《淮南子》云:'始乎都者常卒乎鄙。'盖天子所居,辇毂之下,声名文物之所聚,故其士女雍容闲雅之态生。今谚云'京样',即古之所谓'都',《相如传》'车从甚都'是也。边氓所居,蕞尔之邑,狐狸豺狼之所嗥,故其闾阎各啬村陋之状出。今谚云'野样',即古之所谓'鄙'。《老子》云'众人皆有以而我独顽似鄙'是也。"皆其证。

城府　本为城池和府库。由于城池深厚,府库邃密,故用来比喻人的心机深沉缜密。晋干宝《晋纪总论》："昔高祖宣皇帝……性深阻有如城府,而能宽绰以容纳。"《宋史·傅尧俞传》："尧俞厚重寡言,遇人不设城府,人自不忍欺。"这是以其本来意义为喻。《全唐文》卷二二九张说"赠户部尚书河东公杨君神道碑"："体刚毅深于城府,蕴规略长于襟带。"《旧唐书·李林甫传》："林甫性沉密,城府深阻,未尝以爱憎见于容色。"这个"城府"就是"心机"的意思。《渑水燕谈录》卷四："子瞻虽才行高世而遇人温厚,有片善可取者,辄与之倾尽城府,论辨唱酬,间以谈谑,以是尤为士大夫所爱。"《曲洧旧闻》卷三："吾屡试之矣,同叔为人敦厚方实,无城府者,其言当不欺云。"《宋史·苏易简传》："易简外虽坦率,中有城府。"又《李继隆传》："继隆……深沉有城府,严于御下。"元辛文房《唐才子传》："祜至京师,属元稹号有城府,偃仰内庭,上因召问祜之词藻上下,稹曰:'张祜雕虫小巧,壮夫不为,若奖激大过,恐变陛下风教。'"《明史·张居正传》："然沉深有城府,莫能测也。"明严从简《殊域周咨录》卷五"南蛮"："其为人旷易无城府,喜荐引士,然少慎择。"清陈其元《庸闲斋笔记》卷三:"秀水钱晓庭……少孤,事母以孝闻,胸襟洒落无城府。"《醒世姻缘传》十六回:"不惟才德双全,且是重义气的人,心中绝无城府,极好相处的。"

尤其是"市"字意义的演变,更能说明问题。

市 《说文》:"买卖所之也。"是做买卖的地方。由于历代封建统治者都实行重农抑商的政策,商贩在人们心目中地位很低,故"市"字的意义带有一定的贬抑色彩。如"市井""市侩""市语"皆不同程度地带有粗野、庸俗的意义。宋代以来,商业有了大的发展,人们对商业的看法也渐有改变,"市"的意义色彩也随之改变,除成语外,不再含贬义。《梦粱录》卷十三有"市镇""都市""龙山市""湖州市"诸词,没有丝毫贬义。

二、礼仪对词义的影响

中国是礼仪之邦。礼仪在人民生活中占有非常重要的地位。孔子说:"不学礼,无以立。"儒家讲究"非礼勿视听言动",并对"冠、婚、聘、丧、食、相见"等行为都有严格的规定。若不合规定,则为失礼,就会受到人们的指责。宋明时期,理学盛行,儒家的礼备受推崇,一切的一切都要在"礼"面前接受检验,否则被斥为异端。"礼"既然对人民生活有这么大的作用,作为人们交际工具的语言,也自然会受到影响。有些新义的产生,完全是"礼"作用的结果。

左右 古人尚右,凡来宾必让至门内右边,以示尊客。认为右边尊,左边卑。故"右"有"尊"义,左有"卑"义。《管子·七法》:"以练精锐为右。"注:"右,上也。"《史记·孝文帝本纪》:"右贤左戚。"《索隐》:"右犹高也。"高,尊高也。《汉书·高帝纪》:"无能出其右者。"注:"古者以右为尊。"而"左"则为"卑下"之义。"卑"字从"ナ","ナ"即"左"。《史记·灌夫列传》:"诸士在己之左,愈贫贱,尤益敬,与钧。"又《韩信列传》:"项王王诸将近地,而王独远居此,此左迁也。""左迁"即"降职"。由于"左""右"是个相对的概念,面对北,则左在西;面南,则左在东。故"左"字有时也有"尊"义。《史记·魏公子列传》:"公子从车骑,虚左,自迎夷门候生。候生摄敝衣冠,直上,载公子上坐,不让。"可见左边是尊位。何以"左""右"皆可表"尊上"之义?盖中国西部高,东部低,河流皆东,故东部变成了纳污藏垢之地。故古人认为西边尊高,东边低下。故有"西宾""东主"之说,以"西东"分属宾主者,所以尊宾也。今世有"东道主"一词,典出《左传》。然古人又有"北道主人""南道主人"之说,分别见《后汉书·邓晨传》和《魏书》。为什么"北道主""南道主"不能作为典故被人征用而被淘汰了呢?这不能不归之于古人的尚西卑东意识。当然与《礼记·曲礼》的"主人就东阶,客就西阶"也有一定的联系,但这种"东阶西阶"的规定,正是古代尚西卑东意识的反映。唐宋时代,寺院的厕所有建于东者,也有建于西者,故有"东厕""西厕"之说;但作为语词而流传下来的,似乎只有"东厕"。明代上厕称为"登东",而无"登西"一词。这似乎也与古人的卑东意识有关。"左"字所以有"尊"义,盖源出于古人"尚西"意识。若面朝北,则西边为左,故"左"亦有"尊"义。《仪礼·乡射礼》:"左玄酒。"注云:"设尊者北面,西曰左,尚之也。"古人席位以左为尊,当与这种面向的改换有关。时尚既久,则席位皆以左为尊,不再辨其东西方位之改换。故有"虚左"待贤之礼。隋唐以后,尚左、尚右随时代而别,没有硬性的规定。钱大昕《十驾斋养新录》卷十云:"唐宋左右仆射、左右丞相、左右丞,皆以左为上。元左右丞相、左右丞,则以右为上,科场蒙古、色目人称右榜,汉人、南人称左榜,亦右为上也。明六部左右侍郎、左右都御史、左右给事中、左右布政使,仍以左为上。"时代习尚不同,则"左右"尊卑各异。然"左""右"所以有"尊""卑"之义,当是礼仪影响的结果。

灵盖 "夫"的市语。《墨娥小录》卷十四"行院声嗽":"夫,灵盖。""夫"称为"灵盖",盖取义于"天"。"天灵盖"截去首字,则为"灵盖",故以"灵盖"代"天"。古代妇女以丈夫为"天",故市语称丈夫为"灵盖"。《仪礼·丧服》:"夫者,妻之天也。"故妻称丈夫为"所天"。《全后汉文》卷九六"为誓书与兄弟":"凤遭祸罚,丧其所天,男弱未冠,女幼未笄,是以僶俛求生,将欲长育二子,上奉祖宗之嗣,下继祖祢之礼,然后觐于黄泉,永无惭色。"西秦圣坚译《太子须大拏经》:"王者以幡为帜。火者以烟为帜。妇人者以夫为帜。我但怙太子耳。太子者我之所天。"《全唐文》卷五〇一"谷氏神道碑铭(并序)":"有妹四人,所天皆贵,异姓之社,从夫以尊。"《辽史·列女传》:"夫妇之道,如阴阳表里。无阳则阴不能立,无表则里无所附。妾今不幸失所天,且生必有死,理之自然。术者早岁登朝,有才不寿。天祸妾身,罹此酷罚,复何依恃。傥死者可见,则从;不可见,则当与俱。"《南村辍耕录》卷十四:"相妻潘氏逃民间,有恶少欲乱之,不从,执献魁。潘恸哭曰:'吾既失所天,义岂受辱?'"《醒世恒言》卷十七"张孝基陈留认舅":"逆子不肖,致令爱失其所天,老汉心实不安。"《金瓶梅》六四回:"重积学而和睦内眷,尊所天而举案齐眉。"《越谚》卷上"隐谜之谚":"癞头婆死老公,无法无天。""死老公"故曰"无天",也是以"天"为丈夫。日语有"所天"一词,亦指丈夫,可为参证。称丈夫为"天""所天",也是礼仪影响的结果。按,古代君、父也可称"所天",道理与此同。

喏　本为"发声",训见《说文》。宋代向人行礼作揖时,要加上"诺"声。"唱诺"遂成为向人致敬、作揖之词。是否发声,则取决于各地各时的习惯。《老学庵笔记》卷二:"先君言:旧制,朝参拜舞而已,政和以后,增以诺。然绍兴中予造朝,已不复诺矣。淳熙末还朝,则迎驾起居,阁门亦喝唱诺,然未尝出声也。"又卷八:"古所谓揖,但举手而已。今所谓诺,乃始于江左诸王。方其时,惟王氏子弟为之。故支道林入东见王子猷兄弟,还,人问诸王如何? 答曰:见一群白项乌,但闻唤哑哑声。即今日诺也。"《三朝北盟会编》:"女真……其礼则拱手退身为喏。"《水浒传》有"唱个大喏""唱个肥喏"的说法,显然不再发声,而是一种礼节。

叉手　从字面上看,应是"两手相交叉"的意思。《后汉书·马援传》:"岂有知其无成,而但萎腇咋舌,叉手从族乎?"又《孝灵帝纪》注:"《献帝春秋》曰:'让等惶怖,叉手、再拜、叩头。"《晋书·天文志》中:"皆叉手、低头。"按,"叉手"就是"拱手",指两手相交,拱举于前,是行拜礼前的一个动作。拜必先叉手,叉手则不一定要拜。故《献帝春秋》以"叉手、再拜、叩头"连文,《晋书》以"叉手、低头"连文。宋元时期,"叉手"常用作一般的致敬礼节,无须躬身,也不要低头。元李翀《日闻录》:"盖平衡曰拜,下衡曰稽首,至地曰稽颡。平衡谓磬折,头与腰如衡之平也。《公羊》僖二年:'荀息进,献公揖而进之。'注:'以手通指曰揖。'文六年:'赵盾北面再拜稽首。'注:'以头至地曰稽首,头至手曰拜手。'拜手,即今叉手,谓身屈,首不至地。"这里讲的是正规的礼节,而俗礼则不必身屈。《敦煌变文集·降魔变文》:"须达敛容叉手,启言和尚。""园人叉手具分披。""太子叉手启丈人。"又《舜子变》:"舜子叉手启阿嬢。"毛晃《增韵》:"俗呼拱手曰叉手。"拱手,把手交叉举起来而已,未言及身屈。《三朝北盟会编》卷二〇六:"(岳)飞初对吏立身不正而撒其手,旁有卒执杖子击杖子作声而叱曰:'叉手正立!'飞竦然声喏而叉手矣。"正立就不能屈身,故"叉手"无须屈身。《朱子语类》卷一一四:"才卿赧然,急叉手鞠躬。"《武林旧事》卷二:"招箭班者服紫衣袱头,叉手立于垛前,御箭之来，能以袱头取势转导入的，亦绝伎也。""招箭班"要"取势转导"，引箭入"的"，这种"叉手"不能屈身，屈身则无法"取势转导"。《东京梦华录》卷九："每遇舞者入场，则排立者叉手，举左右肩，动足应拍，一齐群舞，谓之'挼曲子'。"既然"举左右肩"，就不能同时屈身，这种"叉手"也不要屈身。《元曲选外编·豫让吞炭》四折："我怎肯躬身叉手降麾下。"这种叉手也不须屈身。如果叉手必须屈身，则"躬身""叉手"不应连言，有一"叉手"足矣。《长春真人西游记》卷下："且道人从来见帝无跪拜礼，入帐，折身叉手而已。""折身、叉手"连言，"叉手"不必屈身，否则"折身"成了多余。《万历野获编》卷十七："今胥吏之承官长，舆台之侍主人，与夫偏裨卒伍之事帅守，每见必射袖撒手，以示敬畏。此中外南北通例，而古人不然。如宋岳鄂王初入狱，垂手于庭，立亦欹斜，为隶人呵之曰：'岳飞叉手正立。'岳悚然听命，是知古以叉手为敬。至今画家绘仆从皆然，则今之垂手者倨也。"明屠羲英《童子礼》云："凡叉手之法，以左手紧把右手大拇指，其左手小指，向右手腕，右手四指皆直，以左手大指向上，以右手掩其胸，手不可太着胸，须令稍离方寸。"又云："凡揖时，稍阔其足，则立稳。须直其膝，曲其身，低其首，眼看自己鞋头，两手圆拱而下。凡与尊者揖，举手至眼而下；与长者揖，举手至口而下；皆令过膝。与平交者揖，一举手当心，下不必过膝。然皆当手随身起，叉于当胸。"依照这个解释，"叉手"要屈身，这是作者规范童子礼仪的教科书，因而这种礼节是正规的。尽管如此，"叉手"仍是一种低于揖拜的极其一般的礼节。与揖拜相比，神色较为自然，不像"如临大宾"那么严肃，所以暗含随随便便、悠然自在的意思。《朱子语类》卷一二六："僧家尊宿得道，便入深山中，草衣木食，养数十年。及其出来，是甚次第？自然光明俊伟。世上人所以只得叉手看他自动。"这个"叉手"暗含无所事事、因其自然的意思。《墨庄漫录》卷七引宋李邵《咏猫诗》："便请炉边叉手立，从他鼠子自跳梁。""叉手立"，暗含无所事事、悠然自得的意思，并无恭敬义。清佚名《研堂见闻杂录》："时抚臣欲发兵擒缉。而苏松道王公纪止之，单车至练川，坐明伦堂。诸生不知其故，以次进见。既集，逐一呼名，叉手就缚，无得脱者。""叉手就缚"即今"束手就擒"，"叉手"暗含随便、不费劲的意思。这是一种临时的隐含意义，不应作为义项。《宋元语言词典》将"无所事事、悠然自得"作为"叉手"的义项，非是。

　　万福　本为祝愿之辞，《诗·小雅·蓼萧》："和鸾雍雍，万福攸同。"汉赵晔《吴越春秋·勾践入臣外传》："觞酒既升，永受万福。"《南齐书·扶南国传》："伏愿圣主尊体起居康豫,皇太子万福。"后发展为行礼时的祝愿之辞,再发展为一种礼节。且多用于妇人。《鹤林玉露》丙编卷五:"每晨兴,家长率众子弟,致恭于祖祢祠堂,聚揖于厅。妇女道万福于堂,暮安置亦如之。"《五灯会元》卷七:"师乃出轿相见。盘曰:'曾郎万福。'师遽展丈夫拜,盘作女人拜。师曰:'莫是女人么?'"前言"万福",后作"女人拜",则"万福"本是女人行礼时的祝愿之辞,后来发展成为专属女人的礼节。《老学庵笔记》卷五:"王广津《宫词》云:'新睡起来思旧梦,见人忘却道胜常。'胜常犹今妇人言万福也。"也有男人用"万福"者,《敦煌变文集·庐山远公话》:"远公曰:'万福!'"《五灯会元》卷四:"师曰:'万福大王。'"此用作动词。又卷四"赵州从谂禅师":"伏惟和尚尊候万福。"《大唐三藏取经诗话》:"见一白衣秀才从正东而来,便揖和尚:'万福,万福,和尚今往何处?'"男人用"万福",恐是特例。可能的原因是:作为行礼时的祝愿之辞,男人女人都用;作为一种礼节,则只用于妇人。《董西厢》卷一:"听哑的门开瞬目觑,见个女孩儿深深地道万福。"《元曲选·潇湘雨》一折:"正旦做见科,云:'哥哥万福。'"《水浒传》二四回:"这妇人见不相怪,便叉手深深地道个万福。"《西游记》六十回:"牛王道:'夫人久阔。'罗刹道:'大王万福。'""万福"所以成为礼节名词,也是礼仪影响的结果。

不审 见面时的问候语。"审"有"察知、知道"的意思,"不审",就是"不知道"。禅宗语录常用作见面时的问候语,相当于现代的"你好"。其发展过程为:先用在问句,表讯问;后用作祝愿语,表礼敬;最后则只用"不审"二字,表示问候或礼敬。《敦煌变文集·维摩诘经讲经文(四)》:"(光严)问谇起居:'不审维摩尊体万福?'"用于问句,表讯问。《敦煌变文集·难陀出家缘起》:"合常(掌)礼拜起居,不审师兄万福?"这个"不审"可理解为"不知道",也可理解为"祝愿"。理解为"不知道",则应施问号,表问询;理解为"祝愿",则为祝愿语,表礼敬,应施感叹号。《敦煌变文集·庐山远公话》:"树神亦见,当时隐却神鬼之形,化一个老人之体,年侵蒲柳,发白桑榆,直至庵前,高声:'不审和尚!'远公曰:'万福。'""不审和尚"就是"和尚好"的意思,是表礼敬的问候语。《祖堂集》卷五:"小师第二日早朝来不审,师便领新戒入山。"又:"师比色碗里贮甘橘,洞山来不审,立地。师曰:'那边还有这个摩?'洞山曰:'有也,过于这个无用处。'"又卷九:"其僧进前煎茶次,师下牛背,近前不审,与二上座一处坐。"例中的"不审"是"问好、问候"的意思,用作动词。又卷七:"夹山有僧到石霜,才跨门便问:

'不审？'石霜云：'不必，阇梨。'"《景德传灯录》卷九："大于和尚与南用到茶堂。见一僧近前不审，用云：'我既不纳汝，汝亦不见我，不审阿谁？'"《五灯会元》卷三："问僧：'甚处来？'僧不审。师又问：'甚处来？'僧珍重。"《云麓漫钞》卷十四："宣和元年，佛寺改为宫，僧寺为观，诸陵佛寺改为陵，名明真宫；臣庶坟等改两字，合掌、和南，不审改作擎拳，稽首，佛赐天尊服，改塑菩萨、罗汉作道服冠簪，佛号大觉金仙。"

　　上手/上首　汉族的任何正式场合都有严格的礼仪规范，无论是服饰的颜色还是座次的上下，都能显示尊卑。尤其是座次，以上为尊，以右为尊。上，尊也。上手，就是左手。除元代外，古代以左为尊，故左手的位子为尊位。古代的长袍分大襟小襟。大襟在左，小襟在右；大的尊，小的卑。由此也可得到解释。当然也与中国人的尚西意识有关。参上文"左右"条。无论尚左还是尚右，称尊位为上手，则是同一的。后汉安世高译《佛说奈女祇域因缘经》卷一："王即命勅国中诸上手医，尽术教之。"唐一行译《大毘卢遮那成佛经疏》卷九："故此上手圣尊与一切金刚菩萨众，皆共同声说，言：'我等从今以后，应当恭敬供养是善男子善女人。'"唐慧立本等笺《大唐大慈恩寺三藏法师传》卷九："乃至眠寝处所，皆遣内局上手安置。其珍惜如是，虽慈父之于一子，所不过也。"《京本通俗小说·西山一窟鬼》："两个下得岭来，尚有一里多路，见一所林子里走出两个人来，上手的是陈干娘，下手的是王婆。"《水浒传》一〇九回："那麻扎刀林中，立着两个行刑刽子，上手是铁臂膊蔡福，下手是一枝花蔡庆。"《西游记》九六回："此上手房宇，乃管待老爷们的佛堂、经堂、斋堂，下手的，是我弟子老小居住。"《警世通言》卷十三："上手住的刁嫂，下手住的毛嫂，对门住的高嫂鲍嫂，一发都来。"《三宝太监西洋记》二二回："上手是左哨千户黄金彦，下手是右哨千户许以诚。"又写作"上首"。白居易《三教论衡·问道士》："道门扬弘元法师，道心精微，真学奥秘，为仙列上首。"宋叶适《兵部尚书蔡公墓志铭》："孝宗亲策，将为上首。"《水浒传》五三回："清道人他是罗真人上首徒弟，他本师如何放他离左右。"

三、医学对词义的影响

　　中国古代的医学非常发达。中医有自己完整的医学理论，有自己独特的诊断、治疗方法。它的术语，对汉语词汇和词义都产生过影响。

脉子 医生之市语。《事林广记》续集卷八"绮谈市语":"医人,脉子。"中医认为,人体的任何变化都会在脉搏上得到反映。《素问》卷七"经脉别论":"黄帝问曰:人之居处动静勇怯,脉亦为之变乎?歧伯对曰:凡人之惊恐恚劳动静,皆为之变也。是以夜行则喘出于肾,淫气病肺,有所堕恐,喘出于肝,淫气害脾,有所惊恐,喘出于肺,淫气伤心,……故曰诊病之道,观人勇怯骨肉皮肤,能如其情,以为诊法也。"基于这种理论,中医诊病以切脉为主要方法,故市语称医生为"脉子"。

六阳会首 指头。《元曲选外编·渑池会》二折:"我这一去,若有些儿差失呵,我输我这六阳会首。"《元曲选·度柳翠》二折:"恰才这清风过,怎了你那六阳会首?"又《伍员吹箫》三折:"有一个渔翁,只为着一时意气,自刎了六阳的那首级。"头所以称"六阳会首"和"六阳首级",当源于中医的经脉理论。中医以手三阳、足三阳(太阳、阳明、少阳)为六阳,认为这六脉皆聚于头部,故俗称头为"六阳会首"。《灵枢经》卷三"经脉"篇对手三阳、足三阳六脉的起止、运行和作用都有详细的说明,可参看。

天行 本指天体运行。荀子《天论》:"天行有常,不为尧存,不为桀亡。"中医将难以控制的流行性传染疾病,归之于天,故称流行性传染病为"天行",又称"天行时气"。《本草衍义》卷六:"腊雪水,大寒水也。故解一切毒,治天行时气、温疫、热痫。"《酉阳杂俎》前集卷十一"广知":"船底苔,疗天行。"《朝野佥载》卷六:"由患天行病自卒。"《敦煌变文集·舜子变》:"为复是邻里相争,为复天行时气?"《太平广记》卷一一一:"琦先畜一净刀子,长尺余,每念诵即持之。及患天行,恒置刀床头,以自卫护。"《清平山堂话本·合同文字记》:"又过半年,忽然刘二感天行时气,头疼发热。"《元曲选·冻苏秦》二折:"又谁知遇天行,染了这场儿病疾,险些儿连性命也不得回归。"《元曲选外编·拜月亭》二折:"怎生般不应当脱着衣裳,感得这天行好缠伏。"

吹霎 吹,本指风吹;霎,本为雨貌。中医认为头痛发热系风寒所致,故称伤风头痛为"吹霎"。《癸辛杂识》后集:"吹霎二字,每见刘长卿用之,作伤寒感冷之意,问之,则谩云出《汉书》,然莫可考也。继阅方书,于《香苓散证治》云:'吹霎,伤风头痛发热。'此必有所据也。"《素问·风论》:"风者,盖行而数变,腠理开则洒然寒,闭则热而闷。"王冰注:"洒然,寒貌。闷,不爽貌。腠理开则风飘扬,故寒;腠理闭则风混乱,故闷。"感冒与风寒有关,故谓之"吹霎"。

人中 穴位名,在鼻与上唇之间,是鼻口之间的一个沟渠。为什么叫作"人中"?

刘力红说:"天在上,地在下,人在其中矣。天食人以五气,地食人以五味,五气入鼻,藏于心肺,五味入口,藏于胃。因此,鼻口实际就是天地与人身的一个重要连接处,天气通过鼻与人身连接,地味通过口与人身连接。经云:'人以天地之气生。'人何以天地之气生?天地之气何以生人?显然这个口鼻担当了重要的作用。而鼻为肺窍,口为脾窍,肺主乎天,脾主乎地。故鼻口者,天地之谓也。即以鼻口言天地,那处于其间的这道沟渠不为人中为何?因此,人中的这个称谓非它莫属。"这是一种解释。

他还有一种解释:"《素问·六微旨大论》云:'言天者求之本,言地者求之位,言人者求之气交。'研究人气交是一个至关重要的问题。什么是气交呢?气交就是指天地的气交,阴阳的气交。天气要下降,地气要上升,阳气要下降,阴气要上升,天降地升这就气交了。气交了就有万物化生,气交了就有人的产生。故曰:天地气交而人生焉。天地气交,乾天之气下降,坤地之气上升,这是一个什么格局呢?这正好是一个泰卦的格局。所以,人身这个九窍的布局,它要三个双窍在上,三个单窍在下,这就正好体现了天地的气交,就正好体现了泰卦这个格局。……天地要气交,阴阳要气交,这个气交的过程总要有一个通道,而人中生就的是一个沟渠,这样一个结构就正好可以作为气交的通道。"[①]按,这两种解释都见诸前人书籍。元杨瑀《山居新语》:"何以谓之人中?若以一身之中言之,当在脐腹间,指此名之曰中,何也?盖自此而上,眼、耳、鼻皆双窍,自此而下口洎二便皆单窍,成一泰卦耳,由是之故,因以此名中也。"郎瑛《七修类稿》卷十五:"人居天地之中,天气通于鼻,地气通于口。天食人以五气,鼻受之;地食人以五味,口受之。此穴居中,故云:若曰人有九窍,自人中而上皆双,自人中而下皆单,故云。此则可名为窍中矣。"

在他们看来,"人中"之得名,与中医对鼻口功能的认识有关,也与《周易》泰卦的格局有关。鼻口之间的沟渠,无论从哪个方面看,都不是人之中。但中医认为,鼻吸天气,口吸地气,鼻口之间即为人,人在天地之中,故曰"人中"。这种解释似乎很有道理,但细加推敲,还是站不住脚。"人中"的构词意义,是"人之中"的意思,而不是"人在中"的意思。这种解释,是人在天地中的意思,不合其构词意义。后一种解释既与《易经》的卦象有关,又跟中医有关,殆是。人的身体追求的是安泰。要安泰,必须阴

---

① 刘力红:《思考中医》,296 页,广西师范大学出版社,2006 年。

阳交流。如心为阳,肾为阴,心火下行,则肾得到温煦,肾水上行,则心火得到滋润,心肾相交,身体安泰。《易经》的泰卦为上三阴爻、下三阳爻,阴往上走,阳往下走,就安泰了。如果相反,则为否卦,则不平安。人身的这种气交,符合泰卦的要求,故能安康。人身之中,口以上诸窍皆双,在《易》为阴爻,鼻以下诸窍皆单,在《易》为阳爻,口鼻之间的沟渠是其分界。人身就是阴阳,阴阳的分界处,就是人身的中点,所以这个沟渠就叫作"人中"。文献中用例如《元曲选·燕青博鱼》二折:"看那厮眼朦胧正着昏,我将这大拇指去那厮人中里掐。"又《谢金吾》二折:"我这里掐人中,七娘子揪头发,一家儿闹喧聒。"《醒世恒言》卷八:"当下老夫妻手忙脚乱,掐住人中,即教取过热汤,灌了几口,出了一身冷汗,方才苏醒。"清钱泳《履园丛话·丛话十七》:"继又生一子,鼻止一孔甚小,人中间缺寸许,可望其喉,亦以为怪而毙之。"《红楼梦》五七回:"用手向他脉门摸了摸,嘴唇人中上边着力掐了两下,掐的指印如许来深,竟也不觉疼。"

相火 中医认为,五脏皆有火,心为君火,其余诸脏的火为相火。但古人大多以少阳(胆和三焦)之火为相火,也有人以肝肾之火为相火,没有统一的看法。元代医家朱丹溪《格致余论·相火论》:"太极,动而生阳,静而生阴。阳动而变,阴静而合,而生水、火、木、金、土,各一其性。唯火有二:曰君火,人火也;相火,天火也。火内阴而外阳,主乎动也,故凡动皆属火。以名而言,形气相生,配于五行,故谓之君;以位而言,生于虚无,守位禀命,因其动而可见,故谓之相。天主生物,故恒于动,人有此生,亦恒于动,其所以恒于动,皆相火之为也。"又说:"具于人者,寄于肝肾二部,肝属木而肾主水也。天非此火,不能生物;人非此火,不能有生。肝肾之阴,悉具相火,人而同乎天也。"按,肺者,相傅之官;肝者,将军之官;脾胃者,仓廪之官;肾者,作强之官。就心君的地位而言,最有资格为相的是肺。五脏中有左右两叶的,只有肺,朝廷的相分左右,正好相合,而其他的藏府没有左右两件,故肺火才是真正的相火。肺开窍于鼻,空气通过鼻、咽喉、气管进入肺,肺火上炎,导致这些器官肿痛,称为"相火",没有问题。但医家多把肝肾之火叫作"相火"。肝属木,木生火,称为"相火",也没问题。但肾属水,本身无火,肾的火来自心和肝,何以称为"相火"?刘力红说:"心为君主之官,处形而上之位,其余藏府则为臣使之官,而处形而下之范围。上述的这个关系如果从五行的角度看,则能得到更好的说明。五行中,火属心,其余金木水土分属肺肝肾脾。……

我们谈火分君相,也要着眼到这个上面来。既然心火属形而上这个层次,位居君主,不具形器,那它怎么跟器世界的其余藏府打成一片?作为火它怎么腐熟水谷?它怎么蒸腾津液?它怎么熏肤、充身、泽毛?那就只好由相火来,让相火来履行这个'凡火'的职责。因此,相火概念的产生正是基于这样一个理性思考和实际需要的前提。所以,从形而上与形而下来讲,君火属形而上,相火属形而下。形而上,故君火以明;形而下,故相火以位。"①其余藏府指心以外所有的藏府,就藏而言,也就是肺脾肝肾。所以肺脾肝肾的火就是相火。

文献用例大多与医学有关。《梦溪笔谈》卷七:"唯北方有二,曰玄武,太阳水之气也;曰螣蛇,少阳相火之气也。其在于人为肾,肾亦二,左为太阳水,右为少阳相火。火降而息水,水腾而为雨露,以滋五脏,上下相交,此坎离之交,以为否泰者也。"《宋史·乐志》四:"客气少阳相火,与岁运同,火气太过,调宜羽,致其和。"明遗民丁耀亢《续金瓶梅》:"凡夫无知,凭着那一时快乐,两物交合,从一窍至膀胱,从膀胱至命门,傍有一小孔透入夹脊关,直接玄元精脑之府,摇荡鼓摩,相火烧动,……分明是个死界。"清陈恒庆《谏书稀庵笔记》:"一日,杖者观戏园淫剧,触动相火,急归,呼姨奶奶速来。子妇、孙妇辈恐其不豫,促姨奶奶速往,群随其后以省视之。姨奶奶甫入房门,老人大声曰:'关门。'"这是指肾火,也就是欲火。清梁溪司香旧尉编《海上尘天影》六回:"心中愈烦,相火上升,两颊红红的便嚷叫。"这是指肝火,也就是发脾气。"相火"的"欲火"和"发脾气"的意义应是中医概念影响的结果。

点穴 中医称人体上可以针灸的部位为"穴位",又叫"穴道"。多为神经末梢密集或较粗的神经纤维经过之处,是人身的关键处。人有病痛,穴道上应有反应,点按这些穴道,可以治病,所以将这种治疗法叫"点穴"。拳术家将全身力量用于手指上,在对方身体的穴道上点打,可以使人受伤,不能动弹。由于点穴可以致伤、致命,故引申为做事、讲话打中人的要害。堪舆家看风水,找出地脉风水的关键处,也叫"点穴"。《型世言》十九回:"就如我杭一大家,延堪舆看风水,只待点穴,忽两堪舆自在那厢商议,道:'穴在某处,他明日礼厚,点与他;不厚,与他右手那块地。'"这是堪舆家的"点穴"。《小五义》十七回:"焉知晓钟寨主用的是十二支讲关法,又叫闭血法,俗语就叫

---

① 刘力红:《思考中医》,285—287页,广西师范大学出版社,2006年。

点穴。……被钟雄点穴法一点,三老爷就倒下了。"这是拳术家的"点穴"。穴位之名来自医家,引申意义的产生则来自拳术家。现代汉语有"这几句话点了他的穴""这几项措施对那件事情的处理起了点穴的作用"。是其引申义。

点心 正餐之前小食,用以充饥。唐戴孚《广异记》:"唐洛阳思恭里,有唐参军者,立性修整,简于接对。有赵门福及康三者投刺谒,唐未出见之,问其来意。门福曰:'止求点心饭耳。'"唐孙颀《幻异志·板桥三娘子》:"有顷,鸡鸣,诸客欲发,三娘子先起点灯,置新作烧饼于食床上,与诸客点心。"宋庄绰《鸡肋编》卷下:"上觉微馁,孙见之,即出怀中蒸饼云:'可以点心。'"《五灯会元》卷七:"至澧阳路上,见一婆子卖饼,因息肩买饼点心。婆指担曰:'这个是甚么文字?'师曰:'《青龙疏钞》。'婆曰:'讲何经?'师曰:'《金刚经》。'婆曰:'我有一问,你若答得,施与点心。若答不得,且别处去。《金刚经》道:"过去心不可得,现在心不可得,未来心不可得。"未审上座点那个心?'"《东京梦华录》卷三:"店多点灯烛沽卖,每分不过二十文,并粥饭点心。"《能改斋漫录》卷二:"世俗例以早晨小食为点心,自唐时已有此语。按,唐郑傪为江淮留后,家人备夫人晨馔,夫人顾其弟曰:'治妆未毕,我未及餐,尔且可点心。'其弟举瓯已罄,俄而女仆请饭库钥匙,备夫人点心。傪诟曰'适已给了,何得又请'云云。"这些小食一般是糕饼,故糕饼之类的食品也叫"点心"。宋周密《癸辛杂识前集·健啖》:"闻卿(赵温叔)健啖,朕欲作小点心相请,如何?"《水浒传》十四回:"我们且押这厮去晁保正庄上讨些点心吃了,却解去县里取问。"为什么叫作"点心"?杨剑桥《释"点心"》认为"心"是"胃脘"的意思,引元朱震亨《丹溪心法》为证[①]。按《丹溪心法》卷四"心脾痛"云:"心痛,即胃脘痛。……凡治此证,必要先问平日起居何如。假如心痛,有因平日喜食热物,以致死血留于口作痛,用桃仁承气汤下之,切记。……心痛,用山栀并劫药之。……胃脘有湿而痛者,宜小胃丹下之。"此节"附录"云:"夫心痛,其种有九:一曰虫痛,二曰疰痛,三曰风痛,四曰悸痛,五曰食痛,六曰饮痛,七曰寒痛,八曰热痛,九曰来去痛。其痛甚,手足青过节者,是名真心痛,旦发夕,夕发旦死,非药物所能疗。若蛔虫攻啮心痛,令人恶心而吐,用川椒十粒煎汤,下乌梅丸良。有肾气上攻以致心痛,用生韭研汁和五苓散为丸,空心茴香汤下。"文中所称"真心痛"的"心",指心脏;后面"蛔虫攻

---

① 杨剑桥:《释"点心"》,《咬文嚼字》,2009年第7期。

啮"的"心",则指胃;再后面的"空心"即空腹,也就是空胃。《吕氏春秋·季夏纪》:"中央土,其日戊己,其帝黄帝,其神后土,其虫倮,其音宫,律中黄钟之宫,其数五,其味甘,其臭香,其祀中霤,祭先心。"高诱注:"土王中央,故祀中霤。霤,室中之祭,祭后土也。祭祀之肉,先进心。心,火也,用所胜也。一曰,心,土。自用其藏也。"既然是"中央土","祭先心",则心属土的解释是对的。据此,汉代就认为心的五行属土,土是脾胃,当时就将心看作胃了。《全晋文》卷一一六"养生论":"冬朝勿空心,夏夜勿饱食。"《寒山诗·纵你居犀角》:"暖腹茱萸酒,空心枸杞羹。"为什么用心指称胃呢?胃在心的下面,与心的距离很近;而痛是会辐射的,辐射的方向是朝后、朝上。胃的功能是肃降,发生病痛后,则不降反升;故胃的痛是往上面辐射,而不是相反。所以,胃痛很多情况反映为心痛,心脏病人有时的不舒服,实际上是胃痛的反应。由于胃痛辐射到心,故文化水平不高的人大多将胃痛叫作"心痛"。既然老百姓将胃痛叫"心痛",中医也就用"心痛"指称胃痛,并著之典籍。不这样的话,老百姓说心痛,如果不加辨别地用治心脏的方法治疗,则不可能有效。故中医接受百姓的说法。《丹溪心法》附录有"真心痛"之名,真心痛就是心脏痛,其余的为胃脘痛,实际上是与"真心痛"相对的假心痛(《丹溪心法》无"假心痛"之名)。书中所说的九种心痛,除"悸痛"外,其余的都是胃脘痛[①]。既然"心"就是"胃",为什么没有"点胃""点腹"的说法,而只有"点心"呢?楚艳芳、王云路《"点心"发覆》云:"'点'与'心'的核心义中均隐含'小'的特征,具有搭配的一致性。换句话说,'点'的核心义特征决定了与之相应搭配的只能是'心'。'腹'这样一个具有核心义'大'的词语与言'小'的'点'搭配起来自然不合适。这就是

[①] 刘力红《思考中医》云:"心的直接指义是五藏的心,但在《伤寒论》里,我们看到更多的并不是指五藏的心,而是讲的某个与体表相对应的部位。有关心的所指,概括起来大体分三种情况,第一是直接言心,心之外没有附带其他的部位。如心悸,心烦,心乱等。这样一个心悸、心烦、心乱,我们往往很难给它一个确切的定位;第二是心下,心下讲得很多,比如心下痞,心下悸,心下急,心下支结,心下痛等。心下的部位比较明确,就是指腹以上剑突以下的这片区域;第三,是心中,如心中悸而烦,心中结痛,心中疼热等。心中指的是什么地方呢?这里有两种可能,其一,如《伤寒论辞典》所言,心中指心或心区,泛指胸部;其二,古人言心者,常非指心藏,而是指躯干的中央,这个中央就正好位于心窝(剑突下)这块地方。所以,心中实际是指心窝,亦即剑下。民间谓心痛,以及整个藏区言心痛,都是指这个部位的疼痛。因此,心中的第二层意义,实际是指胃脘的这个部位。厥阴提纲条文讲'气上撞心,心中疼热',这里的'心'及'心中'就应该包括上述的两个方面。一个就是指现在的心前区及胸骨后,这一片地方显然是手厥阴领地;另一个就是剑突下的这片区域,这片区域为中土所主。所以,气上撞心,心中疼热,一方面确实包括了现在的心脏疼痛,而另一方面则包括了胃脘及其周边邻近脏器的疼痛。前者属于现在的循环系统,后者属于现在的消化系统。"见此书498页,广西师范大学出版社,2006年。

只有'点心'而没有'点腹'的原因。"①按，这种说法很有道理。"点"大多与含"小"义的词搭配，但也偶尔与较大的物件搭配，如"点景""点绣女"，还有"指点江山"。尽管有个别例外，也还可以解释。"点心"的"点"是"填充、填补"的意思，"点景""点绣女""指点江山"的"点"不是"填充"的意思。"填充"之义需要被填充者在容量上与之相应，别的意义的"点"如"指点、装点"就不需要容量的相配。但胃也不是很大，为什么没有"点胃"呢？我们认为，胃太实，心空灵一些。因为空灵，所以人的很多毛病都可用"心"来表示。人饿得太厉害时会心慌，这个心慌是胃空虚的反应，并不是心脏病。中医认为，诸痛痒疮，皆属于心。各种痛皆可与心有关。而胃与心很近，胃痛表现为心痛。加上心的功能不太显现，比较空灵，故说"点心"不说"点胃"。就表达习惯来说，除非特别需要，汉语一般选用适应面广、较空灵的词而不用太实在的词来表达某种品物和状况。如说"果腹"不说"果胃"。腹的范围比胃大，比胃空灵些，故用"果腹"不用"果胃"，当然"果腹"来自庄子的"腹犹果然"，不好硬性比较。如现在有"填饱肚子"，没有"填饱胃"；说"肚子饿了"，不说"胃饿了"。肚子包括胃、大小肠，而胃则不包括这些。胃实在，肚子空灵。说"充饥"，不说"充胃"；湘方言有"点曹"（"充饥"的意思），没有"点胃"。再如肺病，中医不叫肺病，叫痨病。肺实在，痨空灵。又如糖尿病，中医说"消渴"。消渴空灵，糖尿病实在。中医命名着眼于表现、反应，西医命名着眼于解剖上的部位。正因为这种差别，所以只有"点心"，没有"点腹""点胃"。

总之，"点心"是动宾结构，本为"稍微充饥"的意思；后来将"点心"之物叫作"点心"，变成了名词。"心"是"胃"的意思，是中医对词义的影响。

四、天文历法对词义的影响

我国古代天文历法非常发达。它有自己的术语、自己的理论、自己观测天文的方法。古人观象授时，即观察天象变化以颁布节气时间，以授农时。中国是个畜牧农业国。农业的收成、畜牧的繁衍，都与天象有密切的关系。即使是普通百姓，也都有不

---

① 楚艳芳、王云路：《"点心"发覆》，《汉语史学报》（第十三辑），上海教育出版社，2013年。江海珍：《再释"点心"》，《语文学刊》，2015年第5期。

同程度的天文知识。顾炎武《日知录》卷三十云："三代以上，人人皆知天文。'七月流火'，农夫之辞也；'三星在天'，妇人之语也；'月离于毕'，戍卒之作也；'龙尾伏辰'，儿童之谣也。后世文人学士，有问之而茫然不知者矣。"由于中国的哲学主张天人感应，认为天象的变化是人事变化的结果，天象可以预示人事，欲知人事则必须明天象。可见天文在人们生活中的作用。词义的发展，自然也受天文历法的影响。

东壁 二十八宿的壁宿。因在天门之东，故称东壁。《尔雅·释天》云："娵觜之口，营室，东壁也。"郝氏《义疏》云："东壁者，二星上下相掣曳，与营室连体而正方，……壁曰东者，据昏中视之，壁在营室东也。"《履斋示儿编》卷十二"东壁、东井、南箕、北斗"条："营室者天子之宫，壁者室之外院，离宫在南，则壁在室东，故称东壁。"《晋书·天文志》上"二十八舍"云："东壁二星，主文章，天下图书之秘府也。"后因以"东壁"为藏书之所。张说《恩制赐食于丽正书院宴》："东壁图书府，西园翰墨林。"高明《琵琶记》三六出："正是休夸东壁图书府，赛过西垣翰墨林。"

天狼 星名。《楚辞·九歌·东君》："青云衣兮白霓裳，举长矢兮射天狼。"王逸注："天狼，星名，以喻贪残。"《晋书·天文志》上："狼一星，在东井南，为野将，主侵掠。"唐李白《幽州胡马客歌》："何时天狼灭，父子得闲安。"韦庄《和郑拾遗秋日感事一百韵》："永期传子姓，宁误犯天狼。"苏轼《江城子》："会挽雕弓如满月，西北望，射天狼。""天狼"主侵掠，此隐指当时入侵北宋的辽国和西夏。又，"雕弓"，字面上似指一般的弓，如此理解，亦无不妥。但究其根源，仍与天文有关。《晋书·天文志》上："弧九星，在狼东南，天弓也，主备盗贼。""天弓"有"备盗"之功用，故云"挽弓"。苏轼用典化有形为无形，实是文章高手。今人注解多未论及，似不当。

四星 《元曲选外编·西厢记》一本三折："伫立空庭，竹梢风摆，斗柄云横，呀，今夜凄凉有四星，他不瞅人待怎生。"又《云窗梦》三折："愁烦迭万簇，凄凉有四星。"徐士范云："古人以二分半为一星。四星言十分也。"今人朱居易《元剧俗语方言例释》从之。今谓北斗七星被云遮住斗柄三星，所剩为四星，故以之喻凄凉。上文云"斗柄云横"，言云遮住了斗之柄。北斗七星，斗四星，柄三星；柄遮住了，只剩下斗，余下只有四星，同时整个北斗的形状不完整了，显得凄凉。故下文云"凄凉有四星"，文意正相属。侯克中《醉花荫》："恰遮了北斗杓儿柄，这凄凉有四星。"无名氏《双调·水仙子》："正遮了北斗杓儿柄，这凄凉有四星，睡魂儿水底飘零。"皆可为证。

辰勾 辰星。《广雅·释天》："辰星……或谓之钩星。""钩""勾"通用。"辰""勾"同义并列。辰星即水星。因离太阳最近，肉眼难见，故以喻难见之物。《元曲选外编·西厢记》三本二折："似这等辰勾空把佳期盼，我将这角门儿世不曾牢拴，则愿你做夫妻无危难。"《元曲选·青衫泪》四折："比及我博的个富贵荣华，恰便似盼辰勾，逢大赦，得重回改嫁。"无名氏《塞鸿秋·失题》："盼他时似盼辰勾月。"《醒世姻缘传》四回："人家有病人等你，象辰勾盼月的一般，你却又要投酒。你吃开了头，还有止的时候哩？"

酉字牌 酉，十二地支之一。古以十二地支记时，酉时相当于现在的六点至八点。官府至此时不再放参，挂出酉字牌，以示休衙。后来凡不升衙理事，皆挂西字牌。《三国志平话》卷中："至来日，关公去辞曹丞相。至相府，门前挂着'酉'字牌，关公却归本宅。至第二日再去，相府门前又挂着'酉'字牌，关公却归本宅。至第三日再去，相府门前又挂'酉'字牌。关公怒曰：'丞相故不放参。'复归本宅。"

金定娄金 《金瓶梅》五二回："小周儿连忙向前都磕了头。说：'刚才老爹分付，交小的进来与哥儿剃头。'月娘道：'六姐，你拿历头看看好日子歹日子，就与孩子剃头。'这金莲便交小玉取了历头来。揭开看了一回，说道：'今日是四月廿一日，是个庚戌日，金、定、娄、金、狗当直，宜祭祀、官带、出行、裁衣、沐浴、剃头、修造、动土，宜用午时，——好日期。'"《金瓶梅词典》的编撰者将"金定娄金狗当值"收入《难解词语待问篇》。其实这是旧历书的一种格式，并用它来说明日期的吉凶。旧历书的编写者将"五行""十二生肖""二十八宿"与"六十甲子"相配，再加上"十二直"以说明日子的"宜"与"忌"，以供人们查询。所谓"金"，指"庚戌"于五行属"金"。"娄"是该日的星宿代号，古人以二十八宿代表日序，按"角亢氐房"等排列。"定"是"十二直"之一，十二直又叫建除十二客，古人用它来表示吉凶宜忌。"十二直"是：建、除、满、平、定、执、破、危、成、收、开、闭。"戌"于十二生肖为"狗"，而"戌"在"地支三会"属金（"申酉戌三会西方金"），所以说"金狗"。

由于《金瓶梅词典》编写者不明白黄历的编写格式，遂不明此几个字的意义，只好阙如待质，不失为一种谨慎的态度。

豹尾 《敦煌变文集·燕子赋》："不曾触犯豹尾，缘没横罹鸟灾？"礼鸿师《敦煌变文字义通释》"鸟"字条云："这是燕子气愤的话，说自己没有触犯皇帝的仪仗，为什么要遭受这种倒霉的灾祸呢!"刘坚先生《近代汉语读本》注云:"原为大官的仪仗装饰,此指达官权贵。"今按:豹尾确有"皇帝仪仗"之义,但此处用的却不是这个意思。"豹尾"是旧历书中用来表示方位吉凶的八将军之一。八将军是:"太岁、岁破、大将军、太阴、黄幡、豹尾、岁杀、岁刑"。碰上"豹尾"将军,就会带来灾难,故燕子说"不曾触犯豹尾,缘没横罹鸟灾?"历书中将"德神、金神、八将军"的方位标出,始于六朝。《入唐求法巡礼行记》卷二:"豹尾在戌。"

他如"分""至""章""蔀""弦""望""晦""朔""朏"皆天文历法术语。尤其是"晦",有"倒霉、晦气"之义,溯其源,当是"月晦"一词引申的结果。

五、音乐杂艺对词义的影响

中国古代实行的"礼乐"制度,"礼"是主体,"乐"为从属。"礼"是一整套严厉的等级制度,是刚的、冷的,无情的;而"乐"是柔的、热的,有情的,是为礼的施行服务的,在"乐"中体现"礼",实现"礼"。统治者要人们在快乐中、在音乐的愉悦中实行"礼"的各种要求。所以,中国古代的音乐很发达。由音乐产生舞,由舞产生杂艺,其目的皆为使人娱乐,在愉悦中接受教育。发达的音乐和杂艺对汉语词义的发展也会产生影响。

节拍 本指音乐的节奏。唐南卓《羯鼓录》:"上使宣徽使、教坊使就教坊与乐官参议数日,然后进奏,二使奏乐工多言沴不解声律,不审节拍,兼有聩疾,不可议乐。"张祜《感王将军柘枝妓殁》:"画鼓不闻招节拍,锦靴空想挫腰肢。"由于乐曲是一节一拍构成的,是乐曲的小单位。故引申有"细节"之义。《朱子语类》卷九四:"象山常要说此语,但他说便只是这个,又不用里面许多节拍,却只守得个空荡荡底。公更看横渠《西铭》,初看有许多节拍,却似狭,充其量是甚么样大。"又卷一二七:"每读其书,看得人头痛,更无一版有一件事做得应节拍。"又卷一三六:"故当时创法立度,其节拍一一都是,盖缘都晓得许多道理故也。"

瓦子 亦称"瓦""瓦市""瓦舍",是一种游艺性场所的总称。《都城纪胜》云:"瓦者,野合易散之意也。"《梦粱录》云:"瓦舍者,谓其来时瓦合,去时瓦解之义,易聚易散也。"《东京梦华录》卷二:"东角楼街巷:街南桑家瓦子,近北则中瓦子,次里瓦子。其中大小勾栏,五十余座。内中瓦子莲花棚、牡丹棚,里瓦子夜叉棚、象棚最大,可容数千人。"《水浒传》二九回:"正是蒋门神初来孟州新娶的妾,原是西瓦子里唱说诸宫调的顶老。"又六九回:"史进自引人去西瓦子里李瑞兰家,把虔婆老幼一门大小,碎尸万段。"此指妓院。"瓦"所以成为说唱、游艺性场所之总名,当是戏剧、杂艺发展的结果。其始是歌妓,卖艺不卖身;后来生意冷落,则身艺都卖;及乎末流,则无艺可卖,只卖肉身。也有指别的物事的,如《东京梦华录》的"莲花棚""牡丹棚",则是花棚。《警世通言》三九卷:"当下把些钱,同顾一郎去南瓦子内,寻得卦铺,买些纸墨笔砚,挂了牌儿。拣个吉日,去开卦肆。"则卦铺也在瓦子里。看来宋时的瓦子有点像后世的市场,只不过妓院的地点比较固定,其他的铺肆则比较游移,没有固定地点而已。

  头回 宋元时说书开始时插入一段与正文内容有关的小故事,以引出正文,叫作"头回"。又叫"得胜头回""笑耍头回"。《京本通俗小说·错斩崔宁》:"且先引下一个故事来。权做个得胜头回。"《醒世恒言》卷六:"故把衔环之事,做个'得胜头回'。"《喻世明言》卷十五:"说话的,你因甚的,'头回'说这《八难龙笛词》。"《西湖二集·救金鲤海龙王报德》:"且说张生煮海一事,做个头回。"《清平山堂话本·刎颈鸳鸯会》:"权做个笑耍头回。"《东京梦华录》卷五"京瓦伎艺":"杖头傀儡任小三,每日五更头回小杂剧,差晚则看不及矣。""头回"即"冒头的一回",是说话人的专门术语。鲁迅说:"头回犹云前回,听说话者多军民,故冠以吉语曰得胜。"由"前回"引申,遂有"上次、首先、第一次"的意思,《二十年目睹之怪现象》四十回:"你怎么忘了?我头回给你看的那把团扇,把题花卉的诗题在美人上,不就是这个人画的么。"又四七回:"头回我在上海经过,听得人说,这件事颇觉得有名无实。不知到底是怎么回事?"《恨海》二回:"头回可是没想到这一着。"这是"上次"的意思。现代汉语成都方言的"头回"也是"上一次"的意思。《小五义》二二○回:"抢囚车头回中计,劫法场二次扑空。"这是"第一次"的意思。现代汉语仍有此词,《红岩》二四章:"头回生,二回熟嘛!"今按,表示事情动作次数的量词"回",是这个"头回"发展来的,还是先有量词"回",然后再有这个"头回"?我们认为是后者。贺知章《句》:"落花真好些,一醉一回颠。"孟郊《怨别》:"一别一回老,志士白发早。"《敦煌变文集·佛说阿弥陀经讲经文(四)》:"此下白道愿者还须早至道场听一回。"这是"回"用作量词的较早例证。当"头"可做序数时,"头回"就有"第一次"的意思了。但"头"用作序数的时代较晚,所以我们在晚清才发现"头回"表示"第一次"的用例。

吊场 戏剧术语。一出戏的结尾,其他演员都已下场,留下一、二人念下场诗;或一出戏中一个场面结束,由某一演员说几句说白,转到另一个场面。李渔《闲情偶寄·演习·语言恶习》:"如两人三人在场,二人先下,一人说话未了,必宜稍停以尽其说,此谓'吊场',原系古格。"宋无名氏《宦门子弟错立身》十二出:"净末卜吊场下。"《琵琶记》二九出:"(贴下)(生吊场白)难得我语和他语,未必他心似我心……。"《荆钗记》十一出:"旦、丑吹打下。外吊场。"《杀狗劝夫》三五出:"生、小生、净、丑、末并下。外、旦吊场。"

开呵 收呵 宋元戏曲在演出前,由一人上场做内容介绍的道白以求赏,谓之"开呵"。明徐渭《南词叙录》:"宋人凡句栏未出,一老者先出,夸说大意以求赏,谓之'开呵',今戏文首一出谓之开场,亦遗意也。"元商衢《一枝花·叹秀英》:"忍耻包羞排场上坐,念诗执板,打和开呵。"睢玄明《般涉调·耍孩儿·咏鼓》:"若有闲些儿个了,除是扑煞点砌,按住开呵。"《水浒传》三六回:"那人却拿起一个盘子来,口里开呵道……。"又有"收呵",是"开呵"的反面,"结束"的意思。《水浒传》三六回:"那汉子得了这五两白银,托在手里,便收呵道……。"

他如"去就"之作"去秋",则完全是曲调格律影响的结果。参王锳《诗词曲语辞例释》。

六、风俗习惯和典章制度对词义的影响

习惯指个体或组织由于长时期不断重复的行为所形成的风格、倾向和判断。这种习惯被地域相同的大多数人接受就是习俗,习俗被社会所接受就是风俗,将风俗用文字的形式固定下来并向社会推广实施就是典章制度。人类生活从无序到有序,从血亲联系到社会组织,离不开制度。风俗习惯、典章制度对语言词义的影响是多方面的,如新词的产生、词义的引申方向,都受其影响。

风俗习惯对词义的影响:

行钱 富人家的佣人。由于没有固定的雇佣关系,雇主常有改变,这几个月在这家,那几个月在别家,有如行钱,游移不定,故叫作"行钱"。也有可能是一种替人经营钱的职业,相当于现代的经纪人的角色,与钱主有人身依附关系,后来不经营钱的佣

人也叫行钱。《元曲选外编·圯桥进履》二折:"(外扮李长者领行钱上)……行钱,与我请将贤士来者。(行钱云)理会的。"《元曲选·来生债》楔子:"行钱,是必提我一提儿。行钱,将李孝先那一纸文书来。"朱居易《元剧俗语方言例释》释为"打杂的用人"。从元曲的用例看,朱说甚是。按,古代"行钱"的意义有:1)用钱币取代龟贝,见《汉书》卷八六"何武王嘉师丹传";有时特指钱币流通,如《敦煌变文集·佛说阿弥陀经讲经文(一)》:"年年转买作良人,如似行钱无定住。"2)用钱办不正当的事或行贿,见《汉书》卷五三、卷六六。3)帮人放高利贷,从中得利,这种行为叫作行钱,做这种事的人也叫作行钱。宋廉布《清尊录》:"凡富人以钱委人,权其子而取其半,谓之'行钱',富人视行钱如部曲也。或过行钱之家,设特位,置酒,妇人出劝,主人乃立侍。富人逊谢,强令坐再三,乃敢就位。……张氏子年少,……过其行钱孙助教家。孙置酒,酒数行,其未嫁女出劝,容色绝世。张目之曰:'我欲娶为妇。'孙惶恐不可,且曰:'我,公家奴也。奴为郎主丈人,邻里笑怪。'"今谓文中的"子"指利息,"权其子而取其半",是说钱主根据利息的多少,取利息的一半,而另一半则归行钱人。明于慎行《谷山笔麈》:"贾人者,为章丘巨室行钱。旧尝不售而归,巨室信此贾,不以为罪,复畀之若干再贾。贾人感其义,获利数倍,誓尽归主人,不分一缗,以是为报。"第一次亏了,钱主不罪,仍与钱与贾人,让他再贾;而第二次则大获利,行钱人感恩,不分其应得的部分,作为回报。看来行钱是有风险的,而且风险皆由行钱人负担,而钱主没有风险。《明史·张峦传》:"指挥司聪者,为延龄行钱,负其五百金。索之急,遂与天文生董昶子至谋讦祖前所首事,胁延龄贿。延龄执聪幽杀之,令聪子升焚其尸,而折所负券。"这都是替人放高利贷。《清尊录》说"富人视行钱如部曲",部曲就是家丁,就是佣人。行钱者与富人有依附关系:首先是借钱放债,尚不依附;后来亏本,不依附也不可能了。就富人而言,没有依附关系,也不会让人行钱。王学奇《元曲释词》云:"'行钱'是负债于人,被迫作奴仆的人的名称。"这个解释不全面,行钱不是一般的负债,也不是被迫做奴。由于可以赚钱,有些人以此为生,在自愿与不自愿之间慢慢的成了家丁、奴仆。

  肯酒 红定 女方答应男方的婚姻,男方给女方的酒叫"肯酒"。订婚时,男方送给女方的带有红颜色的丝布叫"红定"。一般是些小礼物,但须是红色的。《汉语大词典》释为"聘礼",不准确。《元曲选·秋胡戏妻》二折:"恰才这三钟酒是肯酒,这块红是红定。"又《李逵负荆》一折:"你还不知道,才此这杯酒是肯酒,这褡膊是红定。"又

《桃花女》二折:"适才周公家肯酒你也吃了,红定你也收了,怎还推辞得那?"单言"肯酒"者,又《鲁斋郎》楔子:"兀那李四,这三钟酒是肯酒。"《西游记》五四回:"既然我们许诺,且教你主先安排一席,与我们吃钟肯酒,如何?"单言"红定"者,《元曲选外编·西厢记》二本二折:"凭着你灭寇功,举将能,两般儿功效如红定。"《元曲选·救风尘》二折:"(周舍云)你受我的红定来。(正旦云)我自有大红罗,怎么是你的?"《歧路灯》四九回:"俗语说,寸丝为定。我没这个大胆,拆散人家姻缘;我也没有这样厚脸,送回人家红定。"《儿女英雄传》二六回:"自然也该照着外省那怯礼儿,说定了亲,婆婆家先给送匹红绸子挂红,那叫红定在先,我也知道是那么着。"

下茶 古时婚姻必以茶为礼,后因称男方向女家送致聘礼叫"下茶"。明许次纾《茶疏·考本》:"茶不移本,植必子生。古人结昏,必以茶为礼,取其不移置子之意也。今人犹名其礼曰下茶。"清李光庭《乡言解颐》:"乡人谓纳采曰下定,又曰下茶。"清福格《听雨丛谈》卷八:"今婚礼行聘,以茶叶为币,满汉之俗皆然,且非正室不用。近日八旗纳聘,虽不用茶,而必曰下茶,存其名也。"《景德传灯录》卷八:"十年后要个人下茶也无在。"《金瓶梅》十九回:"甚么下茶下礼,拣个好日子,抬了那淫妇来罢。"《牡丹亭》五三出:"不说到纳采下茶,便是指腹裁襟,一些没有。"《红楼梦》一一八回:"王夫人听了,想起来还是前次给甄宝玉说了李绮,后来放定下茶,想来此时甄家要娶过门,所以李婶娘来商量这件事情,便点点头儿。"《醒世姻缘传》七五回:"明日就下个定礼,下茶过聘,首饰衣服该怎么着,任凭姑奶奶分付了去,务必要尚齐整,别要叫亲戚们笑话。"现代河北方言、赣语仍将婚前男方送给女方的聘礼叫"下茶"[①]。此外,"下茶"有"下等茶"之义,与"上茶""中茶"相对,见《宛署杂记》卷十五;还有"以果子佐茶"的意思。谓就着果子把茶喝下去。《歧路灯》三八回:"不嫌舍下果子粗糙,愿送些以备公子下茶。"又四三回:"等闲山主不来,兼且劳动大笔,我且去街上办些果品下茶。"

接茶 旧时男女定亲,男家聘礼必备茶,故女家受男家聘礼允亲叫"接茶"。《二刻拍案惊奇》卷九:"须得说是老孺人的亲外甥,就在孺人家里接茶出嫁的,方有门当户对的来。"《醒世姻缘传》五七回:"童奶奶道:'还没有接茶哩。算命的只说他婚姻迟着些好,不要急了。'"

[①] 许宝华等:《汉语方言大词典》,214页,中华书局,1999年。

定盘星 本指戥子或秤杆上的第一星(重量为零)。多用以比喻正确的基准或一定的主意。《古尊宿语录》卷十九:"非即便言非,是即便言是,直须缁素分明,不得错认定盘星好。"《五灯会元》卷十四:"不得云门行正令,几乎错认定盘星。"朱熹《水调歌头·联句问讯罗汉》:"记取渊冰语,莫错定盘星。"《元曲选·曲江池》三折:"折莫娘将定盘星生扭做加三硬。"又《酷寒亭》二折:"有时蘸水在秤头秤,定盘星上何曾有?"《西游记》二七回:"那妖精错认了定盘星,把孙大圣也当做个等闲的。"《金瓶梅》二八回:"奴将你这定盘星儿错认了。想起来,心儿里焦,误了我青春年少。"《喻世明言》卷四:"情窦开了,谁熬得住?男子便去偷情嫖院;女儿家拿不定定盘星,也要走差了道儿。那时悔之何及!"《醒世姻缘传·引起》:"这都尽是前生前世的事,冥冥中暗暗造就,定盘星半点不差。"

稍　稍物 指赌资。《喻世明言》卷二一:"自古道:'稍粗胆壮。'婆留自己没一分钱钞,却教汉老应出银子,胆已不自壮了,着了急,一连两局都输。……婆留那里有心饮酒,便道:'公子宽坐,容在下回家去,再取稍来决赌何如?'"许政扬注:"稍,这里是赌本的意思。"《醒世恒言》卷三四:"怎当再旺一股愤气,又且稍长胆壮,自然赢了。"《石点头》六回:"尊哥自恃稍粗胆壮,与公佐对博,千钱一注。"《石点头》十回:"赌博场中稍挽稍,管他来历怎的?"又作"稍物"。《二刻拍案惊奇》卷八:"郑十道:'若挨得进去,须要稍物,方才可赌。'沈将仕道:'吾随身箧中有金宝千金,又有二三千张茶券子可以为稍。只要十哥设法得我进去,取乐得一回,就双手送掉了这些东西,我愿毕矣。'"言"稍物"、言"稍",知"稍物"即"稍";言"方才可赌",是"稍"就是"赌资"或"赌本"的意思。"稍"为什么有"赌资"之义?是引申的结果还是行业语的借用?我们认为是前者。《仪礼·聘礼》:"赴者至,则衰而出,唯稍受之。"郑玄注:"稍,廪食也。"《周礼·天官·内宰》:"均其稍食,分其人民以居之。"郑玄注:"稍食,吏禄廪也。"《续资治通鉴·宋孝宗乾道八年》:"无张官置吏,坐以縻(糜)稍,无买牛散种以费官物,二利也。"《续资治通鉴·宋孝宗淳熙十年》:"其估米既为钱,二十余州吏禄兵稍无以给。"此外,还有"廪稍""奉稍""饩稍""秩稍"的说法,"稍"皆是"廪食"的意思。古代的廪食发的是稻米,故有"几千石"之说;后世易之以金银货币,叫作俸禄,俸禄就是古代的"稍"。金银货币和其他有价券引皆可做俸禄,皆可用来做赌资,故称赌资为"稍"。称俸禄为"稍",与制度有关;称赌资为"稍",则是一种风俗习惯。

后世还有"稍房"一词,指堆放稻粮的屋子,一般为不甚重要的房子,其位置与内室距离较远。为什么称"稍房"?是否与堆放稻粮有关?我们不敢肯定。古称稻粮为"稍",故称堆放稻粮的房子为"稍房",这样解释也未尝不可。《元曲选·争报恩》楔子:"咱这里说话,也不是自在处,咱去稍房里说话去来。"又三折:"白日里在那街市上讨饭吃,夜晚来在那大人家稍房瑞安下,……你跟的我稍房里去来。"当然,也可解释为末端的房子,"稍"是"末端"的意思,这也是一种习惯。

典章制度对词义的影响:

麻 唐宋时诏书用黄白麻纸书写,故称诏书为"麻"。《石林燕语》卷三:"唐中书制诏有四:封拜册书用简,以竹为之。画旨而施行者曰发日敕,用黄麻纸。承旨而行者曰敕牒,用黄藤纸。……纸以麻为上,藤次之,用此为重轻之辨。学士制不自中书出,故独用白麻纸而已,因谓之'白麻'。诏书曰"麻",故草拟诏书曰"草麻"。唐李中《献中书张舍人》:"帘开春酒醒,月上草麻成。"《全唐诗补编》卷十六印灿"赠徐鼎臣常侍":"谏书未上先焚稿,御笔曾传立草麻。"《旧唐书·韦弘景传》:"普润镇使苏光荣为泾原节度使,弘景草麻,漏叙光荣之功,罢学士,改司门员外郎,转吏部员外、左司郎中,改吏部度支郎中。"《新唐书·韩偓传》:"学士使马从皓逼偓求草,偓曰:'腕可断,麻不可草!'……明日,百官至,而麻不出,宦侍合噪。茂贞入见帝曰:'命宰相而学士不草麻,非反邪?'艴然出。姚洎闻曰:'使我当直,亦继以死。'既而帝畏茂贞,卒诏贻范还相,洎代草麻。"《新五代史·苏逢吉传》:"方命草麻,闻周太祖起兵,乃止。"《北梦琐言》卷七:"唐荥阳郑准以文笔依荆州,成中令常欲比肩陈、阮。自集其所作为三卷,号《刘表军书》,虽有胸襟而辞体不雅,至祝朝贵书,云'中书令舍人曰草麻','通事舍人曰奏可'。"《东轩笔录》卷七:"两宫既已许臣,臣请即今宣召学士草麻。""麻"有"诏书"义,是典章制度影响的结果。

坡 《石林燕语》卷五:"俗称翰林学士为'坡'。盖唐德宗时尝移学士院于金銮坡上,故亦称'銮坡'。唐制:学士院无常处,驾在大内,则置于明福门,在兴庆宫,则置于金明门,不专在翰林院也。然明福、金明不以为称,不常居之耳。谏议大夫亦称'坡',此乃出唐人之语。谏议大夫班本在给舍上,其迁转则谏议岁满方迁给事中,自给事中迁舍人。故当时语云:饶道斗上坡去,亦须却下坡来。以谏议为上坡,故因以为称,见李文正所记。""坡"的这些意义皆与典章制度有关。

端公 唐代对侍御史的别称。《通典》卷二四："侍御史之职有四,谓推(推者,掌推鞫也)、弹(掌弹举)、公廨(知公廨事)、杂事(台事悉总判之)。定殿中、监察以下职事及进名、改转,台内之事悉主之,号为'台端',他人称之曰'端公'。其知杂事者,谓之'杂端',最为雄剧。"《因话录》卷五:"御史台三院。一曰台院。其僚曰侍御史,众呼为'端公'。见宰相及台长,则曰'某姓侍御'。知杂事,谓之'杂端'。见台长,则曰'知杂侍御'。虽他官高秩兼之,其侍御号不改。见宰相,则曰'知杂某姓某官'。台院非知杂者,乃俗号'散端'。"唐代诗文中恒见"×端公",皆指某姓侍御史。韩愈有《晚次宣溪辱韶州张端公使君惠书叙别酬以绝句二章》诗、《送幽州李端公序》文。《全唐诗》诗题中还有"戴端公""姚端公""裴端公""王端公",皆其例。宋代仍之。《春渚纪闻》卷四:"建安张端公伯玉,始生而鬼哭于家,三日而止。"《墨客挥犀》卷一:"王端公有待而发,苟言之,必大事也。"按,侍御史的一个重要职责是举劾非法、督察郡县,这种职责要求主事者必须正直无私。《说文》:"端,直也。"侍御史称"端公",与这种职责要求相符。又,宋代称衙役为"端公",是一种借用,也是取"正直"之意。《水浒传》八回:"只说董超正在家拴束包裹,只见巷口酒店里酒保来说:'董端公,一位官人在小人店中请说话。'董超道:'是谁?'酒保道:'小人不认的。只叫请端公便来。'原来宋时的公人都称呼'端公'。……'二位端公,各收五两。有些小事烦及。'"《警世通言》卷三六:"迤逦来到奉符县牢城营,端公交割了。公人说上项事,端公便安排书院。"《九云记》二七回:"离了京师去了,复使端公差使尽心扶护。"又:"忽有太监一员,率领许多端公属员,如虎似狼的,一齐动手,套拿假犯人,飞也似去。"又二八回:"那地方不有官长?那官长不有捕快、端公?"宋代以来也称男巫为"端公"。宋赵彦卫《云麓漫钞》卷十二:"号端公诳取施利,每及万缗。"清唐甄《潜书·抑尊》:"蜀人之事神也,必冯巫,谓巫为端公。"《红楼梦》二五回:"当下众人七言八语,有的说请端公送祟的,有的说请巫婆跳神的,有的又荐玉皇阁的张真人,种种喧腾不一。"治鬼须正直,与侍御史的职责要求相似,故称男巫为"端公"。

出场 《春渚纪闻》卷六"营妓比海棠绝句":"有李琪者,小慧而颇知书札,坡亦每顾之喜,终未尝获公之赐。至公移汝郡,将祖行,酒酣奉觞再拜,取领巾乞书。公顾视久之,令琪磨砚,墨浓,取笔大书云:'东坡七岁黄州住,何事无言及李琪。'即掷笔袖手,与客笑谈。坐客相谓:'语似凡易,又不终篇,何也?'至将彻具,琪复拜请。坡大笑曰:'几忘出场。'继书云:'恰似西川杜工部,海棠虽好不留诗。'一座击节,尽醉而散。"《朱子语类》卷十一:"诚是祖。但如周王不分封,也无个出场。"《王直方诗话》:"山谷云:'作诗如作杂剧,初时布置,临了须打诨,方是出场。'"《沧浪诗话·诗法》五:"发端忌作举止,收拾贵在出场。"

王锳释为"结尾、结果"。按,王释词义甚是。解释词义的来源时,他说:"本戏剧术语,不过方向与今义恰好相反,由此引申为文章结尾或事情结果。"这种解释恐不可信。今按,"出场"有三种用法:一为戏剧,一为比武,一为科举。戏剧、比武的"出场",是事件的开始,无法引申出"结束、结果"的意义。只有科举取士的考试,"出场"才是事件的结束。科举考试以"进场"为开始,"出场"为结束,故"出场"有"结束"义。唐宋开科取士,知识分子的出路多在考场一搏,故"出场"一辞对于文人来说,是再熟悉不过了,遂用为结束之辞。"出场"又作"出场屋"。《祖堂集》卷十二:"你道古人意作摩生?八十老翁出场屋,还知摩?""出场屋"就是"出场"。元纳新撰《河朔访古记》卷上:"(褚承亮)先生离席揖主文刘侍中曰:'君父之过,岂臣子所当言耶?'长揖而出场屋,刘为之动容。"明沈榜《宛署杂记》卷十五:"迎送主考、同考官进出场轿、伞、夫、皂、马匹等项,共银二十三两二钱二分四厘。……抬主考等出场家火行李夫九百二十五名。"《拍案惊奇》卷十:"到期,子文一笔写完,甚是得意。出场来,将考卷誊写出来,请教了几个先达、几个朋友,无不叹赏。"清赵吉士《寄园寄所寄》卷六:"是科首题果'点,尔何如'一节,出场时二王相告以为异,是科戴中副车。"清叶梦珠《阅世编》卷二:"坐号旧例,于唱名给卷时,当堂印浮票上,出场交卷时揭去,故必俟拆开折角弥封,方知编号姓名。"《廿二史札记》:"适敏政与李东阳同主会试,策题以四子造诣为问,乃是许鲁斋一段文字,见刘静修《退斋记》,通场士子皆不知。敏政得二卷,独条对甚悉,将以为魁;而寅出场后,亦疏狂自炫。"《镜花缘》四二回:"试题,自郡、县以至殿试,俱烈士子之例,试以诗赋,以归体制。均于寅时进场,酉时出场,毋许给烛;违者试官听处。"这些例证皆用其本来意义。

用其引申义的例证,除上文所引外,还有宋沈义父撰《乐府指迷》:"作大词,先须立间架,将事与意分定了。第一要起得好,中间只铺叙,过处要清新。最紧是末句,须是有一好出场方妙。"元盛如梓《庶斋老学丛谈》卷四:"两年鱼水之欢,迷于当局。一旦鹬蚌之隙,做此出场。""出场"是"结果"的意思。《水浒传》"出场"有二例。四四回:

"只恐足下拳手太重,误伤人命,特地做这个出场。"又四五回:"莫教撞在石秀手里,敢替杨雄做个出场,也不见得。"《醒世恒言》卷三:"又怪你不与他定亲,心下怨怅,不愿在此相帮,要讨个出场,自去娶老婆,做人家去。"《二刻拍案惊奇》卷十七:"有了这个出场,就与小姐配合,与撰之也无嫌了。"《三宝太监西洋记》七九回:"却有正务在身,不得工夫,心里就要在这猴头上做个出场。"《禅真后史》十回:"天地间止有做舅姑的磨灭媳妇,那曾见做小辈的反伤触大人?更不要着恼我,定要与这泼妇人见个出场,才见手段!"皆是"结束、结果"的意思。《醋葫芦》四回:"如今先生说虽不害人,专能疗妒,终不然我是妒妇么? 我今也不赖,拼做妒妇,与你弄个出场。"龙潜庵《宋元语言词典》、胡竹安《水浒词典》将《水浒传》的二例释为"第三者出来干预或者相助",尚未达一间。"出场"仍是"结果、结局"的意思,只不过是旁人出来收拾局面,并非当事者而已。

清代的"出场"有"出面"的意思,则是戏剧、比武"出场"的引申,《官场现形记》有例证。四十回:"你太太打坏了我的东西,要你赔我! 你若不赔,我要叫洋东出场,到领事那里告你的!"又五一回:"有中人替我说话,有起事来,只要中人出场,洋人自然不来找你的了。"《九命奇冤》也有例证。六回:"我有一个法子,要叫天来将身边所有之银,双手奉上。 如其不然,即硬行抢夺,也无人敢出场拦阻。"

脱白换绿 白衣为庶民之服,紫、绯、绿是仕者之服。《旧唐书·舆服志》:"三品已上服紫,五品已下服绯,六品、七品服绿,八品、九品服以青。"据《旧唐书·职官志》,六、七品是县令,八、九品是县丞、主簿之类。考中进士、状元者,一般可做县令,着绿服。故称应举登科为"脱白换绿"。《元曲选外编·金凤钗》一折:"今日才得文章济,我如今脱白换绿,挂紫穿绯。"《宋元戏文辑佚·王祥卧冰》:"最关情处,无奈路远山遥,回首望家乡杳也。未能够脱白挂绿袍。"《琵琶记》四出:"你可上京取应,倘得脱白挂绿,济世安民,这才是忠孝两存。"

不伏烧埋 元代对枉死者的尸首,着令犯罪者负责烧埋的费用,称作"烧埋银"。《元史·刑法志》二:"诸捕盗官,搜捕逆贼,辄将平人审问踪迹,乘奴殴之,邂逅致死者,杖六十七,解职别叙,记过,征烧埋银给苦主。""不伏烧埋",即对官方处置不服,引申为一般的"不服气、不服罪"。《元曲选·两世姻缘》四折:"也是他买了个赔钱货无如之奈,笑你个强项侯不伏烧埋。"又《李逵负荆》四折:"休道您兄弟不伏烧埋,由你便直打到梨花月上来,若不打,这顽皮不改。"又《张天师》四折:"却带累花神,干连风雪,都也不伏烧埋。"又《虎头牌》四折:"便死也只吃杯儿淡酒何伤害,到底个不伏烧埋。"又《争报恩》二折:"恰待分说,又道咱家不伏烧埋。"又作"不服烧埋"。汤舜民《梁州》:"笑自笑讪脸偏禁打掴,怪自怪痴心不服烧埋。"

揎箱 揎,《集韵》:"掷也。""掷"就是"投、抛"。《宋史·兵志》九:"枪手驻足举手揎刺,以四十揎为本等。""揎刺",谓投刺。《京本通俗小说·错斩崔宁》:"将老王尸首揎入涧中。"《元曲选·昊天塔》二折:"我敢滴溜扑将脑袋儿揎在殿阶直下。"又《冯玉兰》四折:"船拢了岸了,将跳板揎下"。诸例中"揎"字皆"投、抛"之义。是知"揎箱"即"抛箱"。宋时制度,官司设箱以受纳诉状。告状人把状纸投入箱中,叫"抛箱"。旧题宋代陈襄《州县提纲》卷二云:"出箱受状,其间有作匿名、假名状,投于箱中者。稠人杂沓,莫可辨认。兼有一人因便投不紧要数状及代名数人者。"《喻世明言》卷三六:"大尹看了越焦燥,朝殿回衙,即时升厅,引放民户词状。词状人抛箱。"元杨瑀《山居新语》:"是时都省告状揎箱,乃暗令人作一状,投之箱中,至午收状,当日省橡须一一读而分拣之。"上言"揎",下言"投",是"揎箱"即"投箱""抛箱"。元曲中恒言"喝揎箱",即"吆喝投箱",也就是叫人投状于箱。《元曲选·窦娥冤》二折:"今日升厅坐衙,左右,喝揎厢。"又《杀狗劝夫》四折:"衹候人那里?与我喝揎箱者。"又《盆儿鬼》四折:"(包待制云)……今日升厅,坐起早衙,张千,喝揎厢者。(张千云)理会得,抬放告牌出去。"从元曲的例证来看,"喝揎箱"已与原义稍有区别。它不再是叫人投状于箱,而是叫人告状的意思。即告诉人们,官吏现在开始受理案件,不一定投状于箱。详参《许政扬文集》。

敲才 《元典章·刑部》"延佑新定例":"凡处死罪仗杀者曰敲。……两遍作贼的,敲。……强盗伤人,敲。"骂人曰"敲才",即"该死的"的意思。《元曲选外编·调风月》二折:"呆敲才,敲才休怨天,死贱人,贱人自骂你。"又《豫让吞炭》四折:"这伙刁天厥地小敲才,只管把我来哄。"吕止庵《天净沙·为董针姑作》:"做意儿将人不采,甚娘作怪,绣针儿签着敲才。"皆其例。今人释为"该打的",似未达一间。杭州骂小孩也说"敲"。"该敲""要敲"相当于北方话的"该死""要死"。

气拍 说书艺人用的醒木,亦指旧时官员问案时用的惊堂木。之所以叫作"气拍",可能的原因是用这种木拍助人气势。《平妖传》十五回:"瞿瞎子当下打扫喉咙,将气拍向桌上一拍,念了四句悟头诗句,说入正传。"《醒世恒言》卷三四:"大尹把气拍在桌上一连七八拍,大喝道:'你这该死的奴才!这是谁家的妇人,你冒认做妻子,诈害别人!你家主已招称,是你把他谋死。还敢巧辩,快夹起来!'卜才见大尹像道士打灵牌一般,把气拍一片声乱拍乱喊,将魂魄都惊落了。"《二刻拍案惊奇》卷十五:"这个知州冷笑一声,连敲气拍两三下,指着贼首道:'你这杀剐不尽的奴才!……'"

七、哲学思想对词义的影响

先秦时代,百家争鸣,各种哲学思想应运而生。其荦荦大者有儒、道、墨、法、名、兵、农、杂、阴阳、纵横、小说诸家,其中儒、道、法、墨、阴阳诸家对后世的影响较大。唐宋时代,佛教盛行,儒、道、释三家成为主要的思想流派,对人们的思想产生过极大的影响。语言词汇也在不同程度上受到它们的影响。

(一)"五行说"的影响

儒、道、阴阳家都讲究五行。五行即五种基本物质:金、木、水、火、土。《尚书·洪范》:"五行:一曰水,二曰火,三曰木,四曰金,五曰土。水曰润下,火曰炎上,木曰曲直,金曰从革,土爰稼穑。"人们将五行与方位东、南、西、北和天干甲、乙、丙、丁等相配,并据五行相生相克之理,以推测事物的发展变化和吉凶祸福,现代称之为迷信。是否迷信,我们不讨论,但它们对汉语词汇和词义产生过影响倒是可信的。

五行 本指金、木、水、火、土五种物质。星相家以人的生年月日时的干支与五行相生相克之理互配,推测命运好坏,故因之指代命运。苏轼《秦少游梦发殡而葬之》:"梦尸得官真古语,五行胜己斯为官。"《小孙屠》二出:"诗书尽皆历遍,奈功名五行薄浅。"(《永乐大典戏文三种》)《元曲选·王粲登楼》一折:"则为我五行差,没乱的难迭办,几能够青琐点朝班?"又《秋胡戏妻》三折:"自从我嫁的秋胡,入门来不成一个活路,莫不我五行中合见这鳏寡孤独?"乔吉《双调·清江引·习隐》:"拖条藜杖裹枚巾,盖座团标容个身,五行不带功名分。"

庚癸 古代军中隐语,谓告贷粮食。《左传·哀公十三年》:"吴申叔仪乞粮于公孙有山氏,……对曰:'粱则无矣,粗则有之。若登首山以呼,曰"庚癸乎",则诺。'"杜预注:"军中不得出粮,故为私隐。庚,西方,主谷;癸,北方,主水。"后称向人告贷为"庚癸之呼",又称同意告贷为"庚癸诺"。柳宗元《安南都护张公墓志铭》:"储偫委积,师旅无庚癸之呼。"《全唐文》卷八八五"张公墓志铭":"余粮栖亩,无庚癸之呼;白驹过隙,感辰已之岁。"范成大《丙午新正书怀》:"一饱但蕲庚癸诺,百年甘守甲辰雌。"《西夏纪》卷二二:"于是满目疮痍,日呼庚癸,岂所以安民命乎!"《玉镜新谭》卷四:"庚癸不呼,迅扫之肤功可奏。"《清诗别裁集》卷二五:"年饥未敢呼庚癸,命贱何烦问丙丁。"

卯酉子午 星命家认为卯酉、子午相冲,故用以指对头。《刘知远诸宫调》第二:"曾想他劣缺名目,向这懑眉尖眼角上存住。神不知,天生是卯酉子午。"或单言"卯酉"。《元曲选·陈州粜米》二折:"我偏和那有势力的官人每卯酉,谢大人向朝中保奏。"又有"参辰卯酉"。《元曲选·气英布》三折:"咱与您做参辰卯酉,谁待吃这闲茶浪酒。"《元曲选外编·陈母教子》二折:"我觑着那珠翠金银,我可便浑如似参辰卯酉。"又《西厢记》四本二折:"不争和张解元参辰卯酉,便是与崔相国出乖弄丑。"又《酷江亭》三折:"我身将跨凤乘鸾友,都做了参辰卯酉。"按,十二地支卯配东,酉配西,子配北,午配南。东西、南北相对,故因之称对立之物。又,参、辰,二星宿名,此出彼没,不同时出现。故也可用来指代对立之物。

五星 以人生之辰所值五星(金、木、水、火、土)之位以言命、禄之术,故以"五星"指命运或算命。《桯史》卷五"大小寒":"优人……又为日者弊帽持扇过其旁,遂邀使谈庚甲,问以得禄之期,日者厉声曰:'君命甚高,但于五星局中,财帛宫若有所碍。目下若欲亨达,先见小寒。'"《梦粱录》卷十三"夜市":"更有夜市卖卦,……玉壶五星,草窗五星,沈南天五星,简堂石鼓,野庵五星。"《元曲选·冻苏秦》一折:"偏则是我五星直恁般时乖运蹇不通亨,觑功名如画饼。"《西游记》四二回:"先生子平精熟,要与我推看五星,今请父王,正欲问此。倘或下次再得会他,好烦他推算。"《醒世恒言》卷九:"那先生排成八字,推了五星运限,便道:'这贵造是宅上何人?先告过了,若不见怪,方敢直言。'"《阅微草堂笔记》卷八:"杨主事䕶,余甲辰典试所取士也。相法及推算八字五星,皆有验。"

(二)理学的影响

理学是儒学在宋代的发展。它主张格物、内省,主张三纲五常,在宋明时期的思想界占有统治地位。它的影响渗透到人们生活的各个方面,对词义也产生过大的影响。

先天 先秦时代是"先于天时"的意思。《易·乾》:"先天而天弗违,后天而奉天时。"理学家借用"先天"一词,指在天地万物存在之前早已存在的东西,意义已有所改变。明叶子奇《草木子·卷二上·原道篇》:"寂而不动,先天也;感而遂通天下之故,后天也。先天,体也;后天,用也。先天惟湛然一理耳,至后天始有形象之可言。先天是未用也,至后天始入用尔。"邵雍称他的象数学为"先天学",即取义于此。清谈迁《谈氏笔乘·艺簪》:"二程亲见康节,而不能传其先天之学,此四恨也。"后来则指生下来就具有的禀赋。明顾起元《客座赘语》卷八:"李(彻度)曾止余亡弟周南所,其人潇洒出尘,所教人在固后天之气,以养先天而已。"清李斗《扬州画舫录》卷十二:"盖痘毒原于先天,势宜外发,不容内解以常法治之,则聂氏之说为胜。"清傅山《女科》下:"是补后天之脾,正所以补先天之肾也。"民国张慧剑《辰子说林》:"谓汪逆多泪,此确为其生理上之特点,盖'先天的'多泪,不完全出于作伪,但亦不足为情感丰富之证。"即其义。

节妇 本指有高节的妇女。晋傅玄《秋胡行》其一:"奈何秋胡,中道怀邪。美此节妇,高行巍峨。"《宋书·孝武帝纪》:"孝子、顺孙、义夫、节妇粟帛各有差。"宋明以来则指夫死不再改嫁的妇女。理学家鼓吹"夫死从子"和"失节事大",主张妇女从一而终,故有此称。宋文莹《玉壶清话》卷五:"翰林朱昂尝撰《莫节妇传》,大为人伦之劝。"《梦粱录》卷十七:"节妇何氏,年少丧偶,志不再嫁,奉姑至孝,忽贼掠归巢穴,欲污其节,遂定策解襦自刎。"明俞汝楫《礼部志稿》卷六五"旌表备考"对此有所记载。《明史·列女传》一:"明兴,著为规条,巡方督学岁上其事。大者赐祠祀,次亦树坊表,乌头绰楔、照耀井闾,乃至僻壤下户之女,亦能以贞白自砥。其著于实录及郡邑志者,不下万余人,虽间有以文艺显,要之书烈为多。呜呼!何其盛也。岂非声教所被,廉耻之分明,故名节重而蹈义勇欤。"诸"节"字皆指贞节。《明史·列女传》有"钟氏四节妇""沈氏六节妇""吴节妇""陈节妇"。皆指从一而终、宁死不改嫁的妇女。清章学诚《文史通义》卷四:"又尝为人撰《节妇传》,则叙其生际穷困,亲族无系援者,乃能力作自给,抚孤成立。"

道学 宋代儒家周敦颐、张载、程颢、程颐、朱熹等的哲学思想,亦称"理学"。宋程颐《上太皇太后说》:"儒者得以道学辅人主,盖非常之遇。"《读书附志》卷下:"学者因号为濂溪先生,国朝道学始于先生。"《桯史》卷十三:"朱晦翁既以道学倡天下,涵造义理,言无虚文。"明王鏊《震泽长语·杂论》:"当是时,道学未倡,公始以《中庸》授横渠,开道学一脉。"清赵翼《白鹿洞书院》:"道学一以振,朗日行中天。"由于道学先生固执而不知变通,故称迂腐不达时变者为"道学"。明方汝浩《禅真后史》九回:"今日凌妈妈所说甚是相应,又吐出这一篇兜头盖脚的话来,摆不脱道学气味。"明情隐先生(李渔)《肉蒲团》九回:"大娘又来道学了。世上那有正人君子肯来看妇人的?"《红楼梦》六四回:"晴雯道:'袭人么?越发道学了,独自个在屋里面壁呢。'"又一○九回:"宝玉着急道:'你怎么也是这么个道学先生?'"《镜花缘》六五回:"谁知你们见了面,只说这些口是心非道学话,岂不闷上加闷么!"清蘧园《负曝闲谈》十八回:"这不是黄子文的道学,他怕同如玉坐了,有人看见,不甚方便之故。"

(三) 佛学的影响

禅宗是佛学的中国形式。它创始于南北朝,鼎盛于唐末五代和宋,对文人学士乃至下层百姓都有很深的影响。文人探其禅理,百姓奉其因果报应,各取所需。它对汉语词义也产生过一定程度的影响。

叫化 源于佛教的化缘。释氏认为能布施的人皆与佛有缘法,故称募化为"化缘"。由于化缘要持钵叫唤,故又称为"叫化"。引申为乞讨之称。《宋元戏文辑佚·风流王焕贺怜怜》:"告英贤,结良缘,小乞儿叫化几分钱。"《元曲选·谇范叔》三折:"他骂我做叫化头,乞俭身,都佯呆着不瞅不问。"《元曲选外编·金凤钗》二折:"穷弟子孩儿,你也才叫化的二百钱,你又放债。"乞讨者也称"叫化"。又《绯衣梦》一折:"俺父亲比前是李十万,如今无了钱,人叫做李叫化。"《水浒传》四八回:"你看这两个叫化头倒来无礼!"《西游记》八回:"如今在南门头一个破瓦窑里,每日上街叫化度日。"《喻世明言》卷二七:"众丐叫化得东西来时,团头要收他日头钱。若是雨雪时,没处叫化,团头却熬些稀粥,养活这伙丐户。"

耳根 佛教以眼、耳、鼻、舌、身、意为六根,"根"取"能生"之义。耳对声境而生耳识,故名"耳根"。《楞严经》卷三:"耳根劳故,头中作声。"唐雍陶《安国寺赠广宣上人》:"今来合掌听师语,一似敲冰清耳根。"《景德传灯录》卷十"景岑禅师":"从眼根返源,名为文殊,耳根返源,名为观音。"元李爱山《双调·寿阳曲·厌纷》:"乱纷纷世事不欲听,倒大来耳根清净。"曾瑞《闺中闻杜鹃》曲:"头直上耳根底,声声聒得人心碎。"

《水浒传》七回:"把梯子上去拆了,也得耳根清净。"《西游记》三一回:"原来行者在他耳根后,句句儿听着哩。"按,耳朵的根部也叫"耳根",而来自佛教的耳根则指整个耳朵,不只指耳朵的根部。

投机 机,指心机;投,合也。禅宗用以指大悟彻底、合于佛祖之心机。唐道宣撰《广弘明集》卷十五:"笑则四生受乐,乃应病投机,解纷说理。"《五灯会元》卷四:"今日投机事莫论,南泉不道遍乾坤。"又卷八"兴圣重满禅师":"对眼投机,唤作参玄。"引申为双方情意相合。《董西厢》卷一:"倾心地正说到投机处,听'哑'的门开,瞬目觑,见个女孩儿深深地道万福。"《元曲选外编·蓝采和》三折:"为甚么勾栏里看的十分少,则你那话不投机一句多。"又《渑池会》二折:"心怀奸计,若不是片语投机,论阿谀揣情磨情。"《喻世明言》卷四十:"李万听得话不投机,心下早有二分慌了。"

挂搭 游方僧人到寺院寄住,称"挂搭"。宋志盘撰《佛祖统级》卷十四:"我欲往他方丈求挂搭去。"《五灯会元》卷十三"杭州佛日禅师":"某甲不求挂搭,暂来礼谒和尚。"又卷十九"太平慧勤禅师":"意欲他迈,悟勉令挂搭。"陈师道《荐福院斋僧疏》:"方兹挂搭之初,宜有洗涤之供。"《三遂平妖传》九回:"动问长老尊姓何名,到敝地几时了,挂搭在于何处?"引申为"安顿、安放"。《朱子语类》卷一:"然理又非别为一物,即存乎是气之中。无是气,则是理亦无挂搭处。"

生缘 佛教指受生转世的因缘。《法苑珠林》卷一一六:"三说得住四十九日,生缘未具,死已更受,亦不限时节。"引申为"出生地、籍贯"。《全梁文》卷五三"志法师墓志铭":"法师自说姓朱,名保志,其生缘桑梓,莫能知之。"《全唐文》卷七一八"海东故神行禅师之碑(并序)":"吏人遇而诘之,禅师怡然而对曰:'贫道生缘海东,因求法而至耳。'"又卷八六九"仙居洞永安禅院记":"师生缘漳水,允嗣夹山。"《敦煌变文集·燕子赋》:"本贯属京兆,生缘在帝乡。"《祖堂集》卷三:"祖曰:'生缘在阿那里?'……祖师曰:'实说你是什摩处人。'子曰:'浙中人。'"又卷九:"师云:'……生缘什摩处?'对云:'信州人。'"宋代禅宗语录皆有此词,用以问出生地,例繁不备引。

四百四病 佛教认为人有四百四病。《智度论》六五:"四百四病者,四大为身,常相侵害,一一大中,百一为起。冷病二百二,水风起故,热病有二百二,地火起故。"后来用以泛指各种疾病。《清平山堂话本·花灯轿莲女成佛记》:"正是:四百四病人可守,惟有相思难受。"《三国志平话》上:"见有文书一卷,取出看罢,即是医治四百四病之书。"《元曲选·倩女离魂》一折:"三十三天觑了,离恨天最高;四百四病害了,相思病怎熬。"又《岳阳楼》三折:"人身上,明放着,四百四病;我心头,暗藏着,三十三天。"又《竹坞听琴》二折:"三十三天离恨天最高,四百四病相思病最苦。"《喻世明言》卷三三:"四百四病人皆有,只有相思难受。"

（四）道教的影响

道教信奉老子。由于唐代统治者与老子同姓,故道教在唐代备受重视。它的术语渗透到民族共同语中,成为雅言的一部分。

碧落 道家称天界为"碧落"。《度人经》云:"昔于始青天中碧落高歌。"注云:"始青天乃东方第一天,有碧霞遍满,是云碧落。"白居易《长恨歌》:"上穷碧落下黄泉,两处茫茫皆不见。"《柳宗元集》卷二四:"横碧落以中贯,陵太虚而径度。"陈亮《贺新郎·又》:"碧落蟠桃,春风种在琼瑶苑。"《度翠柳》楔子:"这和尚曾击响金陵半夜钟,端的个洗碧落露浓。"《醒世恒言》卷十三:"今者小神偶然闲步碧落之间,听得夫人祷告至诚。"

点化 道家称点石成金,化凡为仙为"点化"。《云笈七签》卷六四:"世人所造金丹,服饵皆求长生,愚者即劫力以资俗事,又欲将至药求点化金银,荣其行尸,以养仆妾。"宋王君玉《国老谈苑》二:"归真有奇志异术,……（真宗）问曰:'知卿有点化之术,可以言之。'归真奏曰:'臣请言帝王点化之术,愿以尧舜之道,点化天下,可致太平,惟陛下用之。'"引申为"指点教化、开导领悟"。《朱子语类》卷七:"古人于小学存养已熟,根基已深厚,到大学,只就上面点化出些精彩。"又卷一一六:"江西人大抵秀而能文,若得人点化,是多少明快! 盖有不得不任其责者。然今党事方起,能无所畏乎!"王千秋《好事近·又》:"藕草烹鲜,枯枝煎茗,点化玉花为水。"《元曲选·岳阳楼》四折:"后来托生下方,配为夫妇,直待师父三度点化,才归正道。"又《黄粱梦》四折:"十八年来一梦觉,点化唐朝吕洞宾。"《王阳明集》卷三:"学问也要点化,但不如自家解化者,自一了百当。不然,亦点化许多不得。"《水浒传》九十回:"此去前程如何? 万望吾师明彰点化。"清钱泳《履园丛话·丛话二十四》"杂记下":"吾与君同住空山,修行数十年,竟忘本来面目耶? 特来点化耳!"又引申为一种做诗法,即根据前人的句子加以改造。宋葛立方《韵语阳秋》:"诗家有换骨法,谓用古人意而点化之,使加工也。李白诗云:'白发三千丈,缘愁似个长。'荆公点化之,则云:'缲成白发三千丈。'"《宾退录》卷四:"曾文清诗:'败鼓无声强自挝,不堪持过阿香家。'似用王语点化,而误以雷门为雷霆之雷。"

真 《庄子·天下篇》:"关尹老聃乎！古之博大真人哉！"《淮南子·本经训》:"莫生莫死,莫虚莫盈,是谓真人。"后来因有"真诰""真经""真人"诸名。"真"在道教中与"仙"同义。"会真记"即"会仙记",言与仙人相会。康骈《剧谈录》下"玉蕊院真人降":"方悟神仙之游,余香不散者经月余日,时严给事休复,元相国,刘宾客、白醉吟,俱有闻玉蕊院真人降诗。"或言"真人",或言"神仙",是"真人"即"神仙"也。

总之,社会文化生活对词义的发展有很大的影响。它不仅影响新词的产生,而且对词义的发展道路——即朝这个方向发展,而不朝那个方向发展——也起着决定性的作用。当然,这种发展还与人们的思想认识和民族心理有关。而人们的思想认识和民族心理却与社会文化生活有着不可分割的联系,归根结底它仍是社会生活、文化的反映。我们讨论社会文化、生活与词义的关系,实际上在一定程度上也讨论了人们的思想认识、民族心理与词义发展的关系,只不过间接了一点而已。

第七章 近代汉语语源说略

语源研究应包括两个方面的内容：一、同源字（词）研究；二、事物得名之由研究（包括俗语源研究）。

一、近代汉语同源字说略

王力先生将同源字定义为："凡音义皆近，音近义同，或义近音同的字，叫做同源字。"云从师在《怀任斋文集》中说："分析同源词，当然应该以声韵为经，以词义为纬。"

同源字的基本特征既然是音义皆近，音同义近，或音近义同，那么，研究同源字就应从音义两方面着手。

就音的方面而言，音的变化不外于双声转、叠韵转、双声叠韵转等。① 今以音韵为经，将近代汉语同源字的孳乳情况分析如次：

（一）双声转

包括准双声。同源字声纽相同或相近，以声纽为枢纽，韵母发生变化，而产生新字。同源字之间或主要元音相同、相近而收音不同，或主要元音相近而收音相同。这种现象多是时间和地域影响的结果。在所有同源字中，双声转为数最多。

齷齪：龌糟：腌臜：肮脏：媕赃 "齷齪"本为"器量狭小"之义。张衡《西京赋》："独俭啬以齷齪，忘《蟋蟀》之谓何。"薛综注："《汉书》注曰：齷齪，小节也。"《三国志·魏·曹植传》："若夫齷齪近步，遵常守故，安足为陛下言哉？"南朝宋鲍照《代放歌行》："小

---

① 音韵学又有对转、旁转之说。但对转、旁转皆以双声为前提。凡双声相转者，其韵部必有对转、旁转关系，似双声转可包括对转、旁转，故本文不立对转、旁转之目。

人自龌龊,安知旷士怀?"《柳宗元集》卷三四:"不能为足下抗手而进,以取僇笑,矧仆之龌龊者哉!"《大唐新语》卷六:"岂非文士龌龊,思大才用之,以成天下之务者乎?"这是"小节、器量狭小"的意思。引申为"卑鄙、丑陋"。宋方勺《青溪寇轨》:"当轴者皆龌龊邪佞之徒,但知以声色土木淫蛊上心耳。"《册府元龟》卷三二〇:"岂与夫专任小智、苟合时机,阿上罔下、龌龊丛脞者同日而语哉!"《万历野获编》卷八:"士大夫黩货无厌者,固云龌龊下流。"《醒世恒言》三卷:"谁知朱重是个老实人,又且兰花龌龊丑陋,朱重也看不上眼。"《金瓶梅》三四回:"等他再和那蛮奴才在那里干这龌龊营生,你就来告我说。"再引申为"不洁",《元曲选·黑旋风》一折:"他见我风吹的龌龊是这鼻凹里黑,他见我血渍的腌臜是这衲袄腥,审问个叮咛。"《二刻拍案惊奇》卷十四:"只得依着县君说话,望着床底下一钻,顾不得甚么尘灰龌龊。"《醒世姻缘传》二八回:"那个妇人这等龌龊,擀饼和面,做饭淘米,我们眼见,这饭怎么吃得下去?"音转为"鏖糟"。《朱子语类》卷七二:"某尝说,须是尽吐泻出那肚里许多鏖糟恶浊底见识,方略有进处。"《能改斋漫录》卷十:"东坡先生才气高一时,未始下人,故自言嫉程颐之奸,又诋程为'鏖糟陂里叔孙通'。"《元曲选·燕青博鱼》一折:"燕大云:兄弟也,我怎生顶着屎头巾走?搽旦云:你哥哥更是鏖糟头。"《南村辍耕录》卷十:"俗语以不洁为鏖糟。"祁东方言以细小、碎杂之物为鏖糟,转为名词。双声转为"腌臜""媕赃"。宋赵叔向《肯綮录》:"不洁曰腌臜。"《元曲选外编·西厢记》二本二折:"腔子里热血权消渴,肺腑内生心且解馋,有甚腌臜。"《正字通》云:"俗呼不洁曰腌臜。"《通雅》卷四九"谚原":"不净曰媕赃。"《客座赘语》卷一:"南都方言……蠲曰'干净',其不蠲曰'龌龊'(恶绰),曰'邋遢',曰'腤腊',曰'鏖糟'。"今语有"龌龊""肮脏",亦"鏖糟"一声之转。

待　等　《说文》:"等,齐简也。""待,竢也。"二词本无同义关系。由于方音或其他原因,"待"双声转为"等"。故"等""待"同源。段玉裁"待"字下注云:"今人易其语曰等。"唐顾况《空梁落燕泥》:"为黏珠履迹,未等画梁齐。"路德延《小儿诗》:"等鹊前篱畔,听蛩伏砌边。"张祜《观泗州李常侍打球》:"等来低背手,争得旋分鬃。"《祖堂集》卷一:"尔时迦叶说是偈已,遂入王舍城,等阿阇世王。"又卷六:"师对曰:'等有伴则来。'"《景德传灯录》卷二七"布袋和尚":"师在街衢立,有僧问,'和尚在遮里做什么?'师曰:'等个人。'""等待"连用较早的例证见于唐。花蕊夫人徐氏《宫词》十四:"等候大家来院里,看教鹦鹉念新诗。"《宫词》九九:"日高房里学围棋,等候官家未出时。"

《朱子语类》卷八:"才等待大项目后方做,即今便蹉过了。"又卷七四:"要生便生,更无凝滞;要做便做,更无等待,非健不能也。"曹勋《选冠子》:"淮上兀坐,等待取接。"韩师厚《御街行》:"等待黄昏,寻好梦底,终夜空劳攘。"待,"定"纽,上声"海"韵;等,"端"纽,上声"等"韵。二字准双声(唐末五代以来,浊声开始清化;可视为双声),韵母由"海"转入"等",属对转。

党 懂 《方言》卷一:"党,知也。"钱绎《笺疏》云:"今人谓知为懂,其党声之转欤?"《荀子·非相》:"法先王,顺礼义,党学者,然而不好言,不乐言,则必非诚士也。"王先谦《集解》引郝懿行曰:"此则党为晓了之意。法先王,顺礼义,出言可以晓悟学者,非朋党亲比之义也。"《朱子语类》卷八十:"伯恭党得《小序》不好,使人看着转可恶。"元代开始用"懂",我们在元曲中见到了较多的例证。季子安《剔银灯》曲:"又则怕伤了和气、皱了美容,假和真你心里自懂。"《元曲选·金安寿》一折:"可正是歌尽桃花扇底风,人面映和花红,两下春心应自懂。"又《张生煮海》一折:"听一声报晓鸡,听一声定夜钟,断送的他世间人犹未懂。"又《张天师》一折:"元来是一半儿妆呆一半儿懂。"《元曲选外编·西厢记》二本五折:"知音者芳心自懂,感怀者断肠悲痛。"汪元亨《钓鳌鱼·老先生吊古》:"任人着假意厮过送,老先生不懂。"明代承用此词。《喻世明言》四十:"老门公故意道,'你说的是甚么说话,我一些不懂。'"《二刻拍案惊奇》卷十四:"我不懂得,可解与我听?"《红楼梦》二七回:"嗳哟哟!这些话我就不懂了。"党,"端"纽,"荡"韵;懂,"端"纽,"董"韵。二字双声,系一声之转。

意 隐 影 "意"古有"疑"义,"隐"亦有"疑"义。《荀子·致仕》:"隐忌雍蔽之人,君子不近。"杨倞注:"隐亦蔽也,忌谓妒贤。"王念孙曰:"杨误分隐忌为二义。……隐忌即意忌,谓妒贤也。《史记·平津侯传》云:'弘为人意忌,外宽内深。'又《酷吏传》云:'张汤文深意忌。'"按,"意""隐"皆"疑"也。"意忌"言多疑而忌也。"意""隐"双声,"职""文"相转。主要元音相同,仅韵尾有别,故二字同源。近代汉语又转为"影"。《娇红记》卷下三折:"末云:'我心里有些影他。'旦云:'怎么影他?'末:'我见他倚绣幌春心怯,背银釭粉脸羞,我猛觑着紧低头。'"明代始见"疑影"连文的用例。范濂《云间据目抄》:"在上无会计之烦,在下杜疑影之弊。"《水浒传》三五回:"宋江听了,心中疑影,没做道理处。"《醒世恒言》卷十三:"我也有些疑影,只是府中门禁甚严,决无此事。"《金瓶梅》十三回:"金莲虽故信了,还有几分疑影在心。"又二五回:"我倒疑影和他有些查子帐。"又二六回:"不想月娘正送李妈妈、桂姐出来,打惠莲门首过,关着不见动静,心中甚是疑影。"又六二回:"此是你神弱了,只把心放正着,休要疑影他。"《野叟曝言》三一回:"姑娘前日说尚是闺女,我毕竟有些疑影。"又五一回:"小的有些疑影,候他下车时偷看,那一个蒙着头认不出,那老女人却认得,是赵贵的母亲。"《歧路灯》八回:"我也只疑影是学里坐的病起来了?"又十四回:"我心中疑影是老侄。""疑影"连文,"影"亦"疑"也。影,"影"纽,与"意""隐"双声,系一声之转,"影""意""隐"三字同源。

堆 垛 穊 "堆"本为"丘阜"之义,且多用于地名。用作动词,是"堆积"的意思。韩愈《元和圣德诗》:"帛堆其家,粟塞其庾。""垛"本为门堂塾,段玉裁说:"谓之垛者何也。朵者,木下垂。门堂伸出于门之前后,略取其意。后代有朵殿,今俗谓门两边伸出小墙曰垛头,其遗语也。""垛"还有"箭垛"的意思。箭垛可以是木制的,也可以是土堆的,故"垛"有"堆积"义。由于与"堆"音近(《广韵》:堆,都回切;垛,徒果切。双声相转),故二字同源。字或写作"堕",系"垛"的同音借用("堕",《广韵》音"徒果切",与"垛"同音,故可借用)。《敦煌变文集・秋胡变文》:"纵使黄金积到天半,乱彩堕(垛)似丘山,新妇宁有恋心?"又《捉季布变文》:"直饶堕却千金赏,遮莫高搉万挺银。"垛,堆也。《旧五代史・晋・王建立传》:"闾里有恶迹者,必族而诛之,其刑失于人者,不可胜纪,故当时人目之为'王垛叠',言杀其人而积其尸也。"《玄应音义》卷七引南朝何承天《纂文》:"吴人以积土为垛也。"《三朝北盟会编》卷六七:"然将士之心,可以利动,出金银钱绢于诸门上堆垛,揭榜云:'犒赏出战将士之物,应受赏者日下支给。'"《云笈七签》卷一一七:"木才积垛,又却飞去。"《靖康纪闻》:"乃于四壁置场数十处,堆垛官钱以收买。"《东京梦华录》卷八:"皆用青布伞当街列床凳堆垛。"《癸辛杂识・别集上》:"帘前堆垛见钱数万贯,宣押市食歌叫直一贯者,犒之二贯。"《文献通考・钱币考》二:"令措置于大军库堆垛见钱,印造五百并一贯直便会子,发赴军前。"明杨慎《升庵诗话・杜诗数目字》:"大抵牧之诗,好用数目垛积。"《庶斋老学丛谈》卷四:"四六文字变于后宋,南渡前只是以文叙事,不用故事堆垛。"又有"穊",《集韵》音"杜果切",与"垛"同音,云:"禾积也。"土积曰"垛",禾积曰"穊",二字当同源。章太炎《新方言》二:"脂歌对转,堆亦称垛。"按,禾积的"穊"后世写作"稞"。

依 挨 "依""挨"同义,皆训"靠"。依,"影"纽,"微"韵;挨,"影"纽,"皆"韵。二字双声旁转,"挨"盖出于"依"。《说文》:"挨,击背也。"义与此别。《野客丛书》卷十六云:"今俗谓相抵曰挨。正书此字,而乐天诗。'坐依桃叶妓,日醉依香枕'①,坐依音乌皆反,正挨字。"文献中有单用者,贯休《览姚合〈极玄集〉》:"好鸟挨花落,清风出院迟。"又《句》:"刻成筝柱雁相挨,黄昏风雨黑如盘。"宋可旻《渔家傲·又》:"九品莲华次第排,也应荷叶翠相挨。"李之仪《清平乐·又》:"一条梅花挨枕畔,玉指几回拈看。"欧阳修《南乡子》:"半鞭乌云金凤钗。行笑行行连抱得,相挨。一向娇痴不下怀。"《元曲选·墙头马上》二折:"把粉墙儿挨,角门儿开,等夫人烧罢夜香来。"《元曲选外编·东墙记》三折:"只见他东倒西歪,倚床靠枕,身体斜挨。"又:"闷昏昏眼倦开,困腾腾鸳枕挨。"又:"魂灵儿飞在五云端,只将这玉体相挨。"《七国春秋平话》卷中:"待不吃,腹内饥渴;待吃,君子不吃挨赖之食。"有与"靠"连用者。《元曲选外编·拜月亭》二折:"你孩儿无挨靠,没倚仗,深得他本人将傍。"《杏花天》四回:"悦生将身紧贴,挨靠酥胸。"《痴娇丽》五回:"生将身紧偎,挨靠酥胸。"字又做"捱"。《董西厢》卷六:"小生客寄,没个人捱靠。"元谷子敬《黄钟·醉花阴》:"听韵悠悠乐声一派,摇纨扇玉体相捱。"《元曲选·窦娥冤》一折:"满望你鳏寡孤独,无捱无靠,母子每到白头。"又《薛仁贵》二折:"我如今无亲无眷,无靠无捱。"又《看钱奴》三折:"可怜见俺无捱无倚,无主无靠。"

厮　相　塞　宋代有"厮扑""厮打""厮赶""厮吵""厮杀"等词,其中"厮"字皆训"相"。按,"厮"字皆源出"相"。相,"心"纽,"阳"韵;厮,"心"纽,"支"韵。二字双声,阴阳对转。故"相"双声转为"厮"。《野客丛书》:"《容斋随笔》云:白乐天……又以相字作入声。如云'为问长安月,谁教不相离'是也。相字下自注云:'思必切。'"按,白诗中"相"字位置须用仄声,方合诗律。故白氏自注"思必切",可见当时"相"字确有"思必"之音。《老学庵笔记》卷十:"世多言白乐天用相字,多从俗语作'思必切',如'为问长安月,如何不相离'②是也。然北人大抵以相字作入声,至今犹然,不独乐天,老杜云:'恰似春风相欺得,夜来吹折数枝花。'亦从入声读,乃不失律。俗谓南人入亲师,效北语,过相蓝,辄读其榜曰'大厮国寺',传以为笑。""思必"与"厮",仅平入之别;宋元时训"相"的"厮",殆又"思必切"之演化。盖当时入声开始脱落,"思必切"转入平

---

① 白居易《马坠强出赠同座》作:"坐依桃叶枝,行呷地黄杯。"下句"日醉依香枕",不见于《白居易诗集》,也不见于《全唐诗》;王氏所引,与原书不同。不知何故。

② 白居易《山中问月》下句作"谁教不相离",此处的引文有误。

第七章 近代汉语语源说略

声,就是"息移切",后代遂用"厮役"之"厮"以记此音。唐代又有"塞"字,亦"相"义。"塞"可能是"思必切"的记音词。"塞"若读入声,当时似应读[sik],与"思必切"旨近,故用以记此音。请看唐代用"塞"的例子。《敦煌变文集·金刚般若波罗蜜经讲经文》:"塞漫骂,世间术。"又:"佛与众生不塞离。"又:"起坐如来镇塞随。"又《维摩诘经讲经文(四)》:"与我心头恰塞当。"《敦煌变文集新书·维摩碎金》:"共你塞逐便去来。"《太平广记》卷二八二"沈亚子":"愿沈郎赓扬歌以塞别。"用"厮"的较早例子见于《维摩碎金》:"共君今日厮修行。"

服 复 複 襆 袱 《敦煌变文集·秋胡变文》:"服得十袟文书,并是《孝经》《论语》……,便即登程。"又《韩禽虎话本》:"知主上无道,遂复裹经题,直至随州山内隐藏。"《敦煌歌辞总编·谒金门》:"闻道君王诏旨,服裹琴书欢喜。得谒金门朝帝庭,不辞千万里。"王安石《马死》诗李壁注引《建康续志》:"金华俞紫琳清老,尝冠秃巾扫塔,服抱《字说》,逐公之驴,往来法云、定林,过八功德水,逍遥洤亭之上。"《东轩笔录》卷一:"曹翰以罪谪汝州副使,凡数年。一日,有内侍……往见翰,因吊其迁谪之久。翰泣曰:'罪犯深重,感圣恩不杀,死无以报,敢恳苦耶? 但以口众食多,贫不能度日,幸内侍哀怜,欲以故衣质十千以继饭粥,可乎?'内侍曰:'太尉有所须,敢不应命,何烦质也。'翰固不可,于是封裹一複以授,内侍收複,以十千答之。暨回奏翰语及言质衣事,太宗命取其複,开视之,乃一大幅画幛。""服""複""复"均"包裹"义。"复""複"今同字,"服""复"当同源。又有"襆",《集韵》"烛"韵云:"帕也。"唐代有"襆头","幞头"即"包头"。《因话录》卷四:"后闻知恭生日,箱擎一破腻脂襆头饷恭曰:'知兄深慕高贞,求得一洪崖先生初得仙时襆头,愿兄得道,一如洪崖。'宾僚无不大笑。"《春渚纪闻》卷十"点铜成金":"众复相与谋曰:'常闻京师栾家金肆为天下第一,若往彼市之无疑,则真仙秘术也。'复被而行。至都,以十两就市。""复被"即"襆被",亦"包裹"之义。今有"袱"字,即"襆"之后起字。"包裹"曰"服""复""複",用以包裹之物曰"襆""袱",诸字实同源。章太炎《新方言》六:"服声皆有包裹义。《说文》:'箙,弩矢箙也。'《诗》'鱼服'以'服'为之。是所以容矢者。"又"衣服"之"服",亦"包裹"之义。衣服所以包裹身体。故云[①]。

[①] 蒋礼鸿:《敦煌变文字义通释》,156 页,《蒋礼鸿集》第 1 卷,浙江教育出版社,2001 年。下文"貌""邈""描"也请参阅此书。前文已举此例,但角度不同。

（二）叠韵转

韵母相同，而声母相近的都属此类。同源字的孳乳，纯以叠韵相转，而声纽毫无关联者绝少。一般讲叠韵，声纽也必然相近。

鸟　屌　尿　屌，男阴，元曲常用作詈人之词。鸟，《广韵》"都了切"，在"端"纽。今南方方言"鸟"字仍读"端"纽。《中原音韵》与"袅"字同小韵，已转入"泥"纽。由于"鸟"字发生了音变（可能是由于避讳。读"鸟"为"端"纽，与男阴同音，不雅，故改读"泥"纽），故另造一"屌"字以专指男阴。《野客丛书》卷十九"以鸟对僧"：'贾岛诗曰：'鸟宿池边树，僧敲月下门。'或者谓句则佳也，以鸟对僧，无乃甚乎？""无乃甚"，意谓"鸟"为男阴，以之对僧，太过分了。王氏论诗不一定符合实际，但却暗示了宋时已以"鸟"为男阴了。男阴之名"鸟"，犹今俗语之言"雀儿"也。盖取其形似。《水浒传》常用"鸟"作为詈人之语，如"鸟人"、"鸟晦气"、"鸟命"、"鸟大汉"、"鸟大虫"、"撮鸟"，正取"男阴"之义。又有"尿"字，音"奴吊切"，亦当与"鸟""屌"有语源关系。男阴曰"鸟"（屌），鸟之所出曰"尿"，可以看作同源。按，女人下阴所出亦叫作"尿"，以男赅女而已。

貌　邈　描　"貌"本谓形貌，写其形貌亦谓之"貌"。杜甫《韦讽录事宅观曹将军画马图》："曾貌先帝照夜白。"《奉先刘少府新画山水障歌》："貌得山僧及童子。"韩愈《楸树》："不得画师来貌取，定知难见一生中。"郑谷《杏花》："临轩须貌取，风雨易离披。"张蠙《送薛郎中赴江州》："好编高隐传，多貌上升真。"《云谣集杂曲子》"倾杯乐词"："拟貌舞凤飞鸾。"皆用为动词，均为"写其形貌"之意。音转为"邈"和"描"。作"邈"者，《敦煌变文集·捉季布传文》："丹青画影更邈真。"《祖堂集》卷五："和尚百年后，有人问还邈得师真也无，向他作摩生道？"又："汝等诸方更谁敢铭邈？有摩？出来！"又卷九："一笔丹青为什摩邈志公真不得？"又卷十五："师临迁化时，谓众云：'还有人邈得吾真摩？若有人邈得吾真，呈似老僧看。'众皆将写真呈似和尚，师尽打。时有一少师普化，出来云：'某甲邈得师真。'师云：'呈似老僧看。'普化倒行而出。师云：'我不可着汝这般底，向后去别处打风颠去也。'"《五灯会元》卷十四"梁山缘观禅师"："有人相肯重，灰里邈全真。"作"描"者，江妃《谢赐珍珠》："桂叶双眉久不描，残妆和泪污红绡。"白居易《小童薛阳陶吹觱篥歌》："缓声展引长有条，有条直直如笔描。"何凝《竹枝词》："瑟瑟罗裙金缕腰，黛眉偎破未重描。"段成式《嘲飞卿七首》其五："愁机懒织同心苣,闷绣先描连理枝。"顾况《梁司马画马歌》:"展处把笔欲描时,司马一骊赛倾倒。"《敦煌变文集·秋吟一本》:"雾縠苗(描)成鸲雀对,红罗更绣凤凰勺。"梅尧臣《和杨直讲夹竹花图》:"年深粉剥见墨纵,描写工夫始惊俗。"晁冲之《临江仙》:"此际堪描何处景,江湖小艇渔家。"《景德传灯录》卷二九:"世上画龙人,巧巧描不得。"《元曲选外编·西厢记》三本二折:"将描笔儿过来,我写将去回他,着他下次休是这般。""貌""描"叠韵,二字同源,当同出于"貌"。

掉　调　吊　丢　四字皆有"抛弃、丢失"之义,音亦相近,当是一组同源字。"掉""调""吊"叠韵相转。《说文》:"掉,摇也。"段注:"掉者,摇之过也。摇者,掉之不及也。"摇之过,则有离开母体的可能,如果被动地离开母体,就是抛弃、丢掉,故"掉"引申有"抛弃、丢下"之义。韩愈《元和圣德诗》:"掉弃兵革,私习篡簋。"李贺《感讽五首》其一:"会待春日晏,丝车方掷掉。"吕岩《七言》其三四:"割断繁华掉却荣,便从初得是长生。"《绝句》其十七:"趯倒葫芦掉却琴,倒行直上卧牛岑。"黄庭坚《赠刘静翁颂》其二:"艰难常向途中觅,掉却甜桃摘醋梨。"《董西厢》卷一:"不曾旧相识,不曾共说话。何须更买卜,已见十分掉不下。"《五灯会元》卷十二:"还如万人丛里,冷地掉个石头,忽然打着一个,方知触处周流。"又卷十七:"打狗撑门,双峰掉在无事甲里。"《朱子语类》卷十五:"若未信朋友时,且一向去悦亲,掉了朋友不管。"又卷十八:"若谓穷一事不得,便掉了别穷一事,又轻忽了,也不得。"音转为"调"。《敦煌变文集·丑女缘起》:"胭脂合子捻抛却,钗朵珑琤调一旁。"调,丢也。又转为"吊"。《元曲选·黑旋风》三折:"俺娘与了我一贯钞,着我路上做盘缠,我就揣在怀里,怎么的吊了,俺大家寻一寻还我。"又《岳阳楼》二折:"哎哟,好大口也,吊了下巴!我说道你吃个甚茶,说道我吃个木瓜。"又《潇湘雨》二折:"我为你撇吊了家私,远远的寻途次,恨不能五六瑞安个堠子。"又《酷寒亭》三折:"那孩儿欢喜,接在手里,番来番去,吊在地下。"《元曲选外编·伊尹耕莘》二折:"昨日教场去点军,吊下马来跌了腿。"《清平山堂话本·快嘴李翠莲记》:"两贯半,收好些,休嚷乱,吊了时休埋怨。"双声转为"丢"。《元曲选·黑旋风》四折:"他怎知道下的有砒霜巴豆,但吃着早麻撒撒,害得个魄丧魂丢。"又《救风尘》二折:"逐朝家如暴囚,怕不将性命丢?"又《李逵负荆》一折:"把烦恼都也波丢,都丢在脑背后。"《水浒传》一回:"那后生的棒丢在一边,扑地望后倒了。"《西游记》一回:"他走近前,弄个把戏,妆个㲎虎,吓得那些人丢筐弃网,四散奔跑。"四字皆有"抛弃、丢失"之义,音亦相近,当同源。

望子　幌子　《广韵》"盐"韵:"帘,青帘,酒家望子。"《五灯会元》卷十二:"问:'诸佛未出世时如何?'师曰:'不识酒望子。'"《猗觉寮杂记》卷下:"酒家揭帘,俗谓之酒望子。"《东京梦华录》卷八"中秋":"至午未间,家家无酒,拽下望子。"《元曲选·岳阳楼》一折:"原来是挂望子门前老杨。"又《看钱奴》四折:"开开门面,挑起望子,看有甚么人来。"《水浒传》四回:"行不到三二十步,见一个酒望子挑出在房檐上。"又二九回:"早见丁字路口一个大酒店,檐前立着望竿,上面挂着一个酒望子,写着四个大字道:'河阳风月。'"《初刻拍案惊奇》卷四十:"望子高挑,埠头广架。"明陈士元《俚言解》卷二:"望子,酒家悬帜也。古谓酒帜为帘……今人呼酒旗为望子。"音转为"幌子"。《通俗编》云:"今江以北,凡市贾所悬标识,悉呼望子,讹其音乃云'幌子'。"《金瓶梅》十八回:"玳安骑马打狮子街过,看见李瓶儿门首开个大生药铺,里边堆着许多生熟药材,朱红小柜,油漆牌匾,吊着幌子,甚是热闹。"又十九回:"使出冯妈妈来,把牌面幌子都收了。"《飞龙全传》五五回:"但见家家闹热,户户开张,幌子高挑的便是茶坊酒肆。"《济公全传》三六回:"见路北有一座酒楼,字号是天和,挂着酒幌子,里面刀勺乱响,过卖传菜。"《浪迹续谈》卷五:"南门大街两旁招牌幌子无不摇动。"由于幌子是个招牌,如果招牌与实际不符,则幌子只是个样子、形式,没有实际内容。没有实际内容,对于主人来说,就是出丑。故"装幌子"一词既有"装样子"的意思,又有"出丑"的意思。清李鉴堂《俗语考原·装幌子》:"北人以事物专饰外观谓之装幌子。亦曰装样子。"《红楼梦》七七回:"虽然闻名,不如见面,空长了一个好模样儿,竟是没药性的炮仗,只好装幌子罢了,倒比我还发讪怕羞。"《侠义风月传》九回:"这样装幌子,其实苦恼子。"《负曝闲谈》三回:"前儿吃的是锅巴,昨儿吃的是粥,已经两天没见饭面了,你还装什么幌子呢?"又二一回:"如今因为到田雁门家看病,故意拿它装装幌子的,一旦丢了,岂不可惜。"《海上尘天影》二八回:"吾兄来了,倒是极好,陈姑娘是我认得的,也不似姓苏的自装幌子。"这是"做样子"的意思。《西游记》七三回:"怎么这等不贤,替我装幌子哩!且让我出去。"《水浒传》二四回:"哥哥不要问。说起来装你的幌子,你只由我自去便了。"《醒世恒言》卷四:"因妆了幌子,自觉无颜,带了四五个家人,同那一班恶少,暂在庄上遣闷。"《警世通言》卷二十:"爹归来时须说我在家管甚事!装这般幌子!"《三遂平妖传》十五回:"看他这一些儿大,又瘸着脚,便跳入人的咽喉里也刺不杀

第七章 近代汉语语源说略

人,随他去恐不了事,倒妆幌子。"《金瓶梅》二回:"哥哥不要问,说起来装你的幌子,只由我自去便了。"又九十回:"已是出丑,平白又领了来家做甚么?没的玷污了家门,与死的装幌子。"这是"出丑"的意思。幌,上声"荡"韵,"匣"纽;望,去声"漾"韵,"微"纽。近代汉语浊上变去,故二字叠韵。《中原音韵》二字皆在"江阳"韵去声,系叠韵相转。

嫽(僚) 撩 料 誂 调 《说文》:"嫽,女字。"《广雅·释诂》:"嫽,戏也。"《广韵》:"嫽,相嫽戏也。"《集韵》"筱"韵:"僚、嫽,朗鸟切。《说文》:'好貌。'一曰:戏也。或作嫽。"是"嫽""僚"皆"戏弄、逗引"之义。文献中常写作"撩",梁邓铿《奉和夜听妓声诗》:"众中俱不笑,座上莫相撩。"庾信《结客少年场行》:"歌撩李都尉,果掷潘河阳。"《韩愈集》卷九:"无心思岭北,猿鸟莫相撩。"张鷟《朝野佥载·李日知》:"撩得李日知嗔,吃李日知杖。"刘禹锡《牛相公见示新什谨依本韵次用以抒下情》:"珠媚多藏贾,花撩欲定僧。"五代范资《玉堂闲话·葛周》:"葛公为梁名将,威名著于敌中。河北谚曰:'山东一条葛,无事莫撩拨。'"《全唐诗续拾》卷五九傅翕"独自诗":"熊罴撩人戏,飞鸟共来飨。"黄庭坚《蓦山溪·又至宜州作,寄赠陈湘》:"稠花乱叶,到处撩人醉。"曹冠《凤栖梧·又兰溪》:"飞絮撩人花照眼。"贺铸《玉连环》:"相逢浅笑合微吟,撩惹到,缠绵地。"刘时中《南吕·一枝花·罗帕传情》:"用一张助才情研粉泥金纸,写就那诉离情拨云撩雨词。"赵必豫《华胥引·舟泊万安用美成韵》:"撩弄相思,琴心寸寸三叠。"《熊龙峰四种小说·张生彩鸾灯传》:"那女娘子被舜美撩弄,禁持不住,眼也花了,心也乱了。"《元曲选外编·单刀会》二折:"他酒性躁不中撩斗,你则绽口儿休题着索取荆州。"《水浒传》二四回:"我今日着实撩斗他一撩斗,不信他不动情。"音转为"料"。《云谣集杂曲子·凤归云》:"东邻有女,相料实难过。"杜甫《江畔独步寻花七绝句》:"诗酒尚堪驱使在,未须料理白头人。"韩愈《饮城南道边古墓上逢中丞过赠礼部卫员外少室张道士》:"为逢桃树相料理,不觉中丞喝道来。"白居易《对镜偶吟赠张道士抱元》:"眼昏久被书料理,肺渴多因酒损伤。"这个"料理"是"欺侮"的意思,是"逗引"义的引申。逗引过甚,就是玩弄,玩弄是欺侮的一个方面①。宋高似孙《莺啼序》:

---

① 云从师《敦煌变文字义通释》(文集版)245页释为"修理",是"煎熬、折磨"的意思;浙江教育出版社,2001年。在贻《训诂丛稿》198页释"未须料理白头人"的"料理"为"作弄、戏侮",义亦相近;上海古籍出版社,1985年。

"光泛崇兰,坏遍桃李,把深心料理。"黄庭坚《定风波·荔枝又》:"准拟阶前摘荔枝,今年歇尽去年枝。莫是春光厮料理,无比。"黎廷瑞《秦楼月·梅花十阙》:"夜阑雪片敲窗纸,半衾芳梦相料理,相料理,梨花漠漠,江南千里。""料理"或写作"撩理"。苏轼《牡丹和韵》:"撩理莺情趣,留连蝶梦魂。"周端臣《贺新郎代寄》:"楼外一行征雁过,更偏来、撩理芳心苦。""料""料理""撩理"皆"戏弄、逗引"之义。湖南祁东方言有"料"字,亦"逗引"之义,但音阳平。如:"莫逗你,莫料你,耳光子打劳你。""逗""料"对文,"料"亦"逗"也。先秦有"誂"字,《说文》:"誂,相呼诱也。"《战国策·秦策》一:"楚人有两妻者,人誂其长者,詈之。"是"勾引"的意思。勾引的表现形式之一是逗引、戏弄,二者虽有别,其实义相成。"誂"与"嫽""僚""撩""料"诸字叠韵,义亦相近,当同出一源。"誂"又写作"挑"。礼鸿师见告,《史记·司马相如列传》:"以琴心挑之。"注引张揖云:"挑,娆也。"罗虬《比红儿诗》二八:"料得相如偷见面,不应琴里挑文君。"宋陈东《西江月》:"怜才自是宋墙东,更识琴心挑弄。"申纯《于飞乐》:"向人前藏迹,休把言语轻挑。"朱用之《意难忘·和清真韵》:"琴心挑别恨,莺羽学新妆。"《董西厢》卷四:"俺姐姐夜来个闻得琴中挑斗,审听了多时。"《京本通俗小说·海陵王荒淫》:"再不敢挑弄贵哥。"《元曲选·百花亭》二折:"为怜他皓齿星眸,拼的个掷黄金挥白璧,暗中挑斗。"《西游记》六十回:"大圣见他这等酣然,暗自留心,挑斗道:'夫人,真扇子你收在那里?早晚仔细。'"《元曲选·萧淑兰》三折:"今日着管家嬷嬷持《菩萨蛮》词一首,戏而挑逗。"《警世通言》卷六:"且说相如久闻得文君小姐貌美聪慧,甚知音律,也有心去挑逗他。"音转为"调"。《全后汉文》卷二十"与妇弟任武达书":"醉饱过差,辄为桀、纣。房中调戏,布散海外。张目抵掌,以有为无。"《全晋文》卷一二六"因灾异上疏":"每有会同,务在调戏酒色而已,此二失也。"《宋书·刘敬宣传》:"敬宣每预燕会,未尝钦酒,调戏之来,无所酬答,元显甚不说。"《北齐书·崔逞传》:"然而好大言,调戏无节。"晁端礼《步蟾宫》:"昨宵争个甚闲事。又不道、被谁调戏。"黄庭坚《归田乐引》:"被个人、把人调戏,我也心儿有。"《董西厢》卷五:"甚厮迤厮逗,把人调弄?"季子安《中吕·剔银灯》:"把我似勤儿般推磨相调弄,我这里假妆痴件件依从。"《元曲选·刘行首》二折:"我怕大街上有人调斗我,我往这后巷里去,有熟人问路咱。""调戏"一词,现代汉语仍在使用。

睁　挣　幀　䁪　开目曰睁。《青箱杂记》卷五:"怒仆空睁眼,嗔僮谩握拳。"《桯史》卷八:"虬髯捻断,星眸睁裂。"《董西厢》卷二:"把不定心中拘拘地跳,眼睁得七角八角,两个将军近不得其脚。"《大宋宣和遗事》亨集:"睁开一对重瞳眼,觑着千金买笑人。"王实甫《集贤宾·退隐》:"睁着眼,张着口,尽胡诌,这快活谁能够。"《水浒传》三二回:"武行者睁着双眼喝道:'你这厮好不晓道理,这青花瓮酒和鸡肉之类,如何不卖与我,我也一般还给银子。'"睁眼的"睁"有时写作"挣",清谈迁《谈氏笔乘·业赘》:"宽着肚皮包世界,挣开眼孔看时人。"用力使物张开曰"挣"。《元曲选·陈州粜米》一折:"你挣着口袋,我量与你么。"《西游记》七回:"若得英雄重展挣,他年奉佛上西方。"又八回:"如来哄了我,把我压在此山,五百余年了,不能展挣。""挣""展"连文,"挣"亦"展"也,是"张开"的意思。又四六回:"行者心焦,捻着拳,挣了一挣,将捆的绳子就皆挣断。"这个"挣"是"向外用力"的意思,是"张开"的引申。画卷张开曰"桢"。《敦煌变文集·维摩诘经讲经文(一)》:"乾坤如把绣屏桢,世界似将红锦展。""桢"同"帧"。《集韵》去声"映"韵:"帧,张画绘也。"《慧琳音义》卷三五:"伥像,上摘更反,借用,本无此字,张展画像也。或有从木也作桢,或作棖,皆俗字也。"唐不空译《菩提场所说一字顶轮王经》卷四:"佛像帧于壁,行者不乱心。"段成式《西阳杂俎续集·寺塔记上》:"曼殊堂工塑极精妙,外壁有泥金帧,不空自西域赍来者。"这个"帧"是名词。又有"韇",《集韵》云:"张皮也。"音"猪孟切"。是"睁""挣""帧""韇"意近。睁,疾郢切,上声;挣,侧迸切,去声;帧、韇,猪孟切,去声。近代汉语浊上变去,故"睁"亦当读去声,四字为叠韵同源字。

嬗 懫 儓 獃 呆 《说文》:"嬗,迟钝也。"段注:"《集韵》:'懫,当来切。'即此字也。今人谓痴如是。"字又作"儓"。《方言》三:"儓厾,农夫之丑称也。南楚凡骂佣贱谓之田儓。"郭注:"儝儓,驽钝貌。"音转为"呆"。《广韵》:"呆,呆痴,象犬小时未有分别。"音"五来切"。《集韵》:"獃,痴也。一曰懫獃,大志貌。"音"于开切"。较早的例证见于唐代。《寒山诗》二三八首:"弃本却逐末,只守一场獃。"宋朱敦儒《樵歌》上"念奴娇":"从教他笑,如此只如此。杂剧打了,戏衫脱与獃底。"张镃《南湖集》一"庄器之作吾亦爱吾庐六诗见寄因次韵……"诗:"更有一般獃,望南看北斗。"《朱子语类》卷三九:"或问:'子路死于孔悝之难,死得是否?'曰:'非是,自是死得獃。'"张仲文《白獭髓》:"石湖范参政,初官到任众州,在客位,其同参者闻为吴郡人,即云'獃子',石湖先生闻之在怀。"宋惠泉集《黄龙慧南禅师语录》卷一:"叔侄相逢两不猜,到头抚背似痴獃。"程大昌《好事近·又》:"更向仕途贪恋,是痴人獃虑。"刘克庄《贺新郎·又生日用实之来韵》:"鬓雪今千缕。更休休、痴心獃望,故人明主。"《元曲选·竹叶舟》一折:"写的好便写。不然,你莫写,省得人笑你杭州阿獃。"戚继光《练兵实记》杂集二"练储通论":"故用领兵之人,宁过于诚实,北方所谓老实,南方所谓獃气也。"《西游记》称猪八戒为"獃子",即此字。又作"呆"。较早的例证见于元代。元商衟《双调·风入松·搅筝琶》:"呆心儿掩然容易亲,吃不过温存。"关汉卿《碧玉箫》十之五:"我心痴呆,等到月儿斜。"陈草庵《山坡羊》:"伏低伏弱,装呆装落,是非犹自来着莫。"李茂之《行香子·寄情》:"眉上顿开愁锁,心头泼杀无名火,俺且学卖呆妆挦。"张可久《醉太平·无题》:"贤愚参杂随时变,醉醒和哄迷歌宴,清浊混沌待残年,休呆波屈原!"《水浒传》七四回:"非是燕青敢说口,临机应变,看景生情,不倒的输与他那呆汉。""嬯""憨""儓",徒哀切;"獃""呆",五来切。四字叠韵,意义亦相同,应是一组同源字。

(三) 双声叠韵转

此指同音或声韵皆同而声调有异的同源字。

抛 礮 砲 炮 抛,掷也。掷石杀敌谓抛石。《文选·闲居赋》:"礮石雷骇,激矢虹飞。"李善注:"礮石,今之抛石也。"并引《范蠡兵法》云:"飞石重二十斤,为机发行三百步。"唐李冗《独异志》卷下:"有一卒曰:'此可用抛石击去其首。'……(智兴)乃与抛发一石,正中其首,随石迸落。"《旧唐书·窦建德传》:"化及保聊城,建德纵撞车抛石,机巧绝妙,四面攻城,陷之。"又《侯君集传》:"君集遂刊木填隍,推撞车撞其睥睨,数丈颓穴,抛车石击其城中,其所当者无不糜碎,或张毡被,用障抛石,城上守陴者不复得立。"抛石之机谓之"礮",动词用作名词,字形也有改变。《新唐书·李密传》:"命护军将军田茂广造云䑺三百具,以机发石,为攻城械,号将军礮。""砲"则"礮"之俗写。三国魏曹叡《善哉行·我徂》:"发砲若雷,吐气成雨。"贯休《晋光大师草书歌》:"江楼曾见落星石,几回试发将军砲。"宋志盘撰《佛祖统纪》卷六:"阴魔列陈,砲矢如雨。"宋与咸《梵网菩萨戒经疏注》卷三:"此翻兵即兵戏也,即今以板画路,中间界之以河,各设十六子,卒砲车马象等,俗谓象基者是也。"以火药发射之械曰"炮",因用火药,故改偏旁"石"为"火",实为一字。汪元量《潮州歌九十八首》其十四:"铁瓮城头马乱嘶,金陵城下炮如飞。黑风卷地鼓鼙急,昨夜常州又受围。"李曾伯《水调歌头·又幕府有和,再用韵》:"炮雷轰,戈日耀,阵云排。"邓玉宾《仙吕·村里迓古·仕女圆社气球双关·寄生草》:"挑尖儿快似点钢枪,凿膝儿紧似连珠炮。"《元曲选外编·襄阳会》三折:"我这里炮响连天若轰雷,杀的他输也波亏,身无片甲回。"又《渑池会》四折楔子:"旗开云影飘,炮响雷霆噪。"《水浒传》七七回,"却才分到山前,只听得芦苇中一个轰天雷炮飞起,火烟缭乱,两边哨马齐回来报,有伏兵到了。"又七八回:"五军比及要退,又值天晚,只听得四下里火炮不住价响,宋江军马,不知几路杀将来。""礮""炮"得声义于抛。抛,"滂"纽,"肴"韵;炮,"滂"纽,"效"韵。皆属《中原音韵》的"萧豪"部,仅声调有平去而已。

欱(哈、呵、喝)　呷　《说文》:"欱,歙也。""歙,歛(饮)也。"按,"歛"即"饮"。饮用之辞汉代可用"欱"。清胡式钰《语窦》云:"欱,呼合切。俗云欱气味,即此。班孟坚《东都赋》:'欱野喷山。'张平子《西京赋》:'欱丰吐镐。'左太冲《吴都赋》注:'朱崖海中有渚无泉,有大木,斩其汁欱之。'故世俗往往饮亦称欱。"①此字后世写作"哈",读"呼合切",不读"五合切",而与"欱"同音。"哈"从"口","欱"从"欠"。从"口"从"欠"造字之意相同,故"哈"与"欱"在"饮用"的意义上同字。《集韵》将"哈"作为"欱"的重文,可证。庄绰《鸡肋编》卷上:"游师雄景叔,长安人。范丞相得新沙鱼皮,煮熟翦以为羹,一缕可作一瓯。食既,范问游:'味新觉胜乎常否?'答云:'将谓是飥饦,已哈了。'盖西人食面,几不嚼也。"《云麓漫钞》卷一:"(许翁翁)好作诗,多言神仙剑术,……'世味审知嚼素蜡,人情全似哈清茶。'"《三遂平妖传》四回:"只见那永儿把那葫芦儿拔去了塞的,打一顿,倾出二伯来颗赤豆并寸寸剪的稻草在地下,口中念念有词,哈口水一喷。"《续欢喜冤家》二一回:"公子拴上房门,便斟了酒一杯,送与莲姑,自己吃了一杯坐下,叫伍娘子请,莲姑只是假意不吃,公子再三劝他,略哈一口儿放下。"或写作"呵",是"欱""哈"的另一书写形式。

又有"呵"字,当是"哈"的另一写法。《梦溪笔谈》有一"呵"字,似乎可理解为"饮用",其实不是。《梦溪笔谈》卷九:"孙之翰,人尝与一砚,直三十千。孙曰:'砚有何异而如此之价也?'客曰:'砚以石润为贵,此石呵之则水流。'孙曰:'一日呵得一担水,才直三钱,买此何用?'竟不受。"两个"呵"字皆"哈气、吹气"之义。"饮用"之义的"呵"见

---

① 钱大昭等:《迩言等五种》,168页,商务印书馆,1959年。

于明代,《金瓶梅》用例较多。三三回:"叫姐夫寻了衣裳,来这里呵瓯子酒去。"又三四回:"'你不吃,呵口茶儿罢。'……那春梅似有如无,接在手里,只呷了一口,就放下了。"上文言"呵",下文言"呷",知"呵"就是"呷"。又四十回:"我心里还不待吃,等我去呵些汤罢。"又五十回:"两个坐在厨下,问老冯要茶吃,每人呵了一瓯子茶,交小伴当点上灯笼,牵出马去。"又六七回:"呷在口里,香甜美味,那消气力,几口就呵没了。"《水浒传》二四回:"干娘,不要独吃自呵,也把些汁水与我呷一呷。"上文言"呵",下文言"呷",二字同义。

喝,《说文》云:"濇也。"不表"饮用"。其"饮用"义的较早文献用例见于宋。彭乘《墨客挥犀》卷四:"子瞻尝自言:'平生有三不如人,谓著棋喝酒唱曲也。'"但仅检得一例。元代用例渐多。《元曲选·汉宫秋》二折:"怕娘娘觉饥时吃一块淡淡盐烧肉,害渴时喝一杓儿酪和粥。"《元曲选外编·七里滩》一折:"富汉每喝菜汤穿粗衣朴裳,有一日泼家私似狗令羊肠。"又《哭存孝》一折:"你饿时节挝肉吃,渴时节喝酪水,闲时节打髀殖,醉时节歪唱起。"又《瓠江亭》二折:"你原来喝人些残汤水,吃人些剩饭食,柱饥饿的你黑干憔悴。"马致远《新水令·题西湖》:"有林和靖是邻家,喝口水西湖上快活煞。"①

按,"喝"是"哈"的后起替代字,"哈"常用于表笑声,故用"喝"代"哈"。"哈(欱)""喝"双声,哈(欱),呼合切;喝,许葛切。唯收声有 t、p 之别,宋元以来入声消失,故"哈(欱)""喝"音近,可以替代。

王力先生认为"喝"是"呷"的变体②,恐未必。《说文》:"呷,吸呷也。""吸""呷"同义,"呷"亦"吸"也。左思《吴都赋》:"喧哗喤呷。"李善注引《说文》:"呷,吸也。""呷"字又作"欱"。《广雅·释诂》二:"欱,息也。""吸""息"皆"吸气"之义,可见"呷"字其始并无"饮"义。"呷"的"饮食"义,中古时始具。《洛阳伽蓝记》卷二"城东景宁寺":"呷啜莼羹。""呷""啜"连文,"呷"亦"啜"也。白居易《马坠强出赠同座》:"坐依桃叶枝,行呷地黄杯。"《唐国史补》卷中:"任迪简为天德军判官,军宴后至,当饮觥酒,军吏误以醋

---

① 《汉语大词典》"喝"字"饮用"义下引无名氏《冻苏秦》三折"哦,你敢也走将来喝点汤,喝点汤"为证,误。此例"喝"是"叫喊"之义,"点汤"是送客之辞,故下文云:"点汤是逐客,我则索起身。"

② 王力:《汉语史稿》,581 页,中华书局,1980 年。

酌。迪简以军使李景略严暴,发之则死者多矣,乃强饮之,吐血而归。军中闻者皆感泣,……时人呼为'呷醋节帅'。"①《朝野佥载》卷四:"郎中长孺子视望阳,目为'呷醋汉'。"《宣室志》:"咸通末,山下民家有儿十余岁,不食荤血。父母以其好善,使于白水僧院为童子。忽有游客称孙处士,周游院中讫,袖中出汤末以授童子曰:'为我如茶法煎来。'处士呷少许,以余汤与之。觉汤极美,愿赐一碗。处士曰:'此汤为汝来耳。'"《全唐诗续拾》卷二一庞蕴"诗偈":"共外知识呷清水,总是妄想无骨头。"《敦煌变文集·佛说阿弥陀经讲经文(一)》:"三巡呷了便颠狂,不怕阎罗兼狱卒。"宋罗愿《尔雅翼》卷三一"摄龟"称摄龟好食蛇,又叫"呷蛇龟"。宋妙源编《虚堂和尚语录》卷十:"某人一生担板,咬姜呷醋。"《云笈七签》卷一一二:"即命刘酌一杯酒,送阁子中。费冠卿窥见刘自呷酒了,即于阶下取盆中水投之,费疑而未饮。"《东轩笔录》卷三:"但焚香危坐,默诵佛书,以沉香煎汤,时时呷少许。"《水浒传》《醒世姻缘传》《警世通言》等明代小说,皆有用例,不赘。此"呷"训"饮食"者。"呷"本"呼吸"之义,而饮用液体必须吸,故引申有"饮用液体"之义。"呷"的"饮用"义可以从词的本义引申出来,没必要看作"欱"的替代字,尽管《广韵》"呷"音"呼甲切","欱"音"呼合切",二字仅一、二等的区别。我们将"呷""欱(哈、呵、喝)"看作同源字。

团 抟 溥 篿 糰 《说文》:"团,圆也。""圆"又叫作"抟"。《周礼·考工记·矢人》:"凡相笴,欲生而抟。"郑玄注:"抟,圜也。""圜"就是"圆"。《楚辞·九章·橘颂》:"曾枝剡棘,圆果抟兮。"王逸注:"楚人名圜为抟。"《荀子·儒效》:"平正和民之善,亿万之众而抟若一人。""抟"有"聚集"义,亦"团"义之引申。《商君书·农战》:"上作壹,故民不偷营,则国力抟。国力抟者强,国好言谈者削。"以手使圆曰"抟",或体作摶。《仪礼·特牲馈食礼》:"佐食抟黍,授祝,祝授尸。"《礼记·曲礼》:"毋抟饭,毋放饭,毋流歠,毋咤食,毋啮骨,毋反鱼肉,毋投与狗骨。"汉枚乘《七发》:"楚苗之食,安胡之飰,抟之不解,一噏而散。"露多为"溥"。《诗经》:"零露溥兮。""露珠"形圆,故"溥"字从"专",从"专"犹从"团"也。马瑞辰《通释》:"《释文》:'本又作团。'"《文选》李善注

---

① 《全唐诗》收有周昙《淳于髡》:"穰穰何祷手何赍,一呷村浆与只鸡。"这个"呷"是量词,指"喝"的数量,与"喝"有区别,应该是"口"的意思。字又作"哈"。《淮南子·泛论训》:"奥儿、易牙,淄、渑之水合者,尝一哈水而甘苦知矣。"高诱注:"哈,口也。"《汉语大词典》用前例证明"呷"的"喝"义,不合适。

引《毛诗》：'零露团兮。'与《释文》所引一本合。"竹制盛物之器其圆者曰"簿"。《说文》："圜竹器也。"段注："盛物之器而圜者。簿与团音同也。"吴方言有"簿簸"，即"簸箕"。因其圆，称"簿簸"；因其波动，称"簸箕"。今湖南祁东犹有此器，叫"簿箱"。为什么叫"箱"？不好解释。江苏泰州称小儿食饭之竹碗为"簿"，也取其"圆"义。粉饵做成圆形曰"糰"，又写作"团"。《都城纪胜》："都下市肆，名家驰誉者，……张家糰子。"一本作"粿子"。《梦粱录》卷十三"诸色杂货"有"沙糰""豆糰""麻糰""汤糰""水糰"之称。所以名"糰"者，因其形圆也。《元曲选·鸳鸯被》三折："如何受不过苦楚，不怕他不随顺我，我买喜欢糰儿你吃。"五字音同义近，当同源。

台 抬 簦 薹 《说文》："台，观四方而高者。"段注："《释名》曰：'观，观也。于上观望也。观不必四方，其四方独出而高者，则谓之台。'""台"之命名取其"高"义，故从"台"得声之字皆有"高"义。一种斗笠叫作"簦"，以其在人首，首为人之最高处，从"台"声者，取其"高"义。蔬菜抽花的花干花朵叫作"薹"，亦取"高"义。合力上举曰"抬"，使之高也，亦含"高"义。"抬"的较早出处见于汉，玄应《一切经音义》卷十七引汉服虔《通俗文》："举振谓之抬。"四字同音，系同出一源。

包 胞 疱 皰 包，裹也。胞，《说文》云："儿生裹也。""包"本象妇人怀妊之形。妇人怀妊，腹内包有未生的婴儿，故有"包裹"义；其形凸起，故隐含"凸起"义；其形圆，故隐含"圆"义。水泡曰"泡"，冰雹曰"雹"，瓠瓜曰"匏"，取其"圆"义。"胞""袍"则取其"包裹"义。"疱""皰"则取其"凸出"义。疱，《说文》作"疱"，云："面生气也。"指面上所生圆形小点。《集韵》："皰，齿露。"《资治通鉴·后梁均王乾化三年》："蜀太子元膺，狠喙皰齿，目视不正，而警敏知书，善骑射，性狷急猜忍。"此字俗文学作品径写作"包"。《董西厢》卷七："甚娘身分！驼腰与龟胸，包牙缺上边唇。这般物类，教我怎不阴晒，是阎王的爱民。"《西游记》三十回："锯牙包口，尖耳连眉。"包口，突出于口也。《儿女英雄传》七回："一双肉胞眼，两道扫帚眉，鼻孔撩天，包牙外露。"又三二回："一个是个高身量儿的胖子，白净脸儿，小胡子儿，嘴唇外头露着半拉包牙。"清李调元《南越笔记》卷一："不谨事曰邋遢，鼻塞曰鼻齆，音瓮，露大齿曰皰牙。"今湘方言尚有此语。四字音近，当同源。

冈 掆（扛） 亢 山脊曰"冈"。山脊在山之高处，有"高"义。《诗·小雅·天保》："如山如阜，如冈如陵。"亢，《说文》："人颈也。"人颈在身之上部，亦有"高"义。段

注:"亢之引申为高也,举也,当也。"《史记·刘敬列传》:"夫与人斗,不搤其亢,拊其背,未能全其胜也。"扛,举也。举就是将对象从低处提到高处,就是"使物品上升(高)",含"高"义。《说文·手部》:"扛,横关对举也。"段玉裁注:"以木横持门户曰关,凡大物而两手对举之曰扛。……即无横木而两手举之,亦曰扛。即两人以横木对举一物,亦曰扛。"《史记·项羽本纪》:"籍长八尺余,力能扛鼎,才气过人,虽吴中子弟皆已惮籍矣。"《后汉书·方术传下·费长房》:"长房使人取之,不能胜;又令十人扛之,犹不举。"后世几个人同时用横木荷物也叫作"扛"。《云麓漫钞》卷五:"酣醉乃罢,置卧轿中,使人扛之,高下其手,常令倾侧,展转久之,方令登榻。"《朱子语类》卷八三:"以一个人家,一火人扛个棺椁入来哭,岂不可笑!"刘时中《正宫·端正好·上高监司》:"连柜子一时扛去,怎教人心悦诚服?"后世用肩荷物也叫"扛",而不计人数的多少。《西游记》四四回:"这呆子有些夯力量,跳下来,把三个圣像拿在肩脯上,扛将出来。"《醒世恒言》卷二八:"教两个水手,扛头扛脚,抬将出去,吴衙内只叫饶命。"《型世言》二一回:"石廉使道:'是你入的殓么?'道:'不是小人,小人只扛。'"字或作"掆",作"抗",见《集韵》唐韵,与"冈""亢"同音,三字当属同源关系。

  汊　岔　趽　《字汇》"水部":"汊,水岐流也。"较早的例证见于唐,后世仍之。陆龟蒙《引泉诗》:"泉分数十汊,落处皆峥潀。"李峤《过洞庭》:"半洪侵楚翼,一汊属吴头。"汪元量《满江红·吴江秋夜》:"渔火已归鸿雁汊,棹歌更在鸳鸯浦。"王铚《默记》卷中:"因按部舟行于大江,阻风系舟僻左港汊一山下。"《宋史·河渠志》一:"复开汊河于上游,以泄其壅溢。"元王仲元《普天乐·旅况》:"过浦穿溪沿江汊,问孤航夜泊谁家。"张可久《水仙子·三溪道院》:"蹇驴骑过三溪汊,访白云居士家。"《西游记》七九回:"一身如玉简斑斑,两角参差七汊湾。"山的分歧处叫"岔",路的分歧处也叫"岔",或写作"趽"。《通雅》卷四九云:"山歧曰岔,水歧曰汊。"释云:"二音同。金陵地名有岔口,顾公引作趽路口。韩公《曹成王碑》'行趽汊川'是也。又,路之歧道亦曰趽。唐诗:'枯木岩前趽路多。'"《水浒传》六回:"又行不过五七里,到一个三岔路口。"《儿女英雄传》十七回:"我由桐口岔路到此,完了他这桩事体,今晚还要赶到店中相见。"《红楼梦》十七回:"原从那闸起流至那洞口,从东北山坳里引到那村庄里,又开一道岔口,引到西南上,共总流到这里,仍旧合在一处。"从正常的地方分出也叫"岔",无论是身体的正常功能发生变化还是离开正常的序列,都可叫"岔"。《元曲选·伍员吹箫》楔子："他跃马当先拼厮杀，不由我岔气横生怒转加。"这是气的运转离开正道。《红楼梦》十五回："众小厮听了，一带辔马，岔出人群，往北飞走。"这是离开队伍的正常序列。三字皆得声义于"叉"，当同出一源。

二、近代汉语事物得名之由说略

同源字研究，着重于字的孳乳，即谁与谁同族，而不一定讨论谁源出于谁。事物得名之由的研究，则着重于讨论事物命名之由，即某词源出于某，某字得声义于某。它们着重点不一样，故分开来讨论。

刘熙认为"名之于实，各有义类"。由于"百姓日称而不知其所以之意"，故撰《释名》，对天地、阴阳、四时、邦国、都鄙以及民众应用之物的名称，进行语源方面的探讨。后贤如毕沅有《续释名》，张金吾有《广释名》，张舜徽有《演释名》，皆采撷刘熙前后的声训材料汇而成书，并未涉及唐宋以来的新出名物。本文着重讨论唐宋以来新出名物的得义之由。

椅　得声义于"倚"。倚，依也，靠也。所靠之物为"倚（椅）"。椅子，坐时可以靠背，故称"椅"。原本作"倚"，后乃作"椅"。《金石萃编》一〇三卷"唐济渎庙北海坛祭器杂物铭碑阴"："绳床十，内四倚子。"《全唐文》卷九二一"重修古定晋禅院千佛邑碑"："棚上有阿弥陀佛一尊、圣僧一座、倚子一只、盖一顶。"《景德传灯录》卷二一："师指倚子曰：'和尚唤遮个作什么？'玄沙曰：'倚子。'"《五灯会元》卷四"国清院奉禅师"："台盘倚子，火炉窗牖。"此作"倚"者。陆龟蒙诗："竹床蒲椅。"《程子语录》："天下无一物无礼乐，且置两只椅子，才不正便无序。"（见《通俗编》卷十三）《老学庵笔记》卷一："高宗在徽宗服中，用白木御倚子。钱大主入觐，见之，曰：'此檀香倚子耶？'张婕妤掩口笑曰：'禁中用烟脂皂荚多，相公已有语，更敢用檀香作倚子耶？'"《鹤林玉露》丙编卷二："百官殿门侍班幕次，台谏皆设倚，余官则各以交床自随。周益公自殿院除起居郎，徐淳立戏曰：'罚却倚子矣。'"王铚《默记》卷上："徐（铉）引椅少偏，乃敢坐。"由于椅子是木做的，故改"倚"为"椅"。宋代已有用例。《册府元龟》卷五六："十一月，湖南马希范进金漆柏木银装起突龙凤茶床、椅子、踏床子、红罗金银绵绣褥红丝网子。"《旧五代史·汉·苏逢吉传》："过堂之日，逢吉戏之，且抚所坐椅子曰：'合是长官坐，何故让与鄙夫耶?'"《老学庵笔记》卷四:"往时士大夫家,妇女坐椅子兀子,则人皆讥笑其无法度。"《文献通考·王礼考》十四:"椅子以金雕龙首,褥以红罗。"元代以后,大多用"椅"不用"倚"。刻意仿古者除外。

桌　得声义于"卓"。卓,高也。其物高于一般的几案,故名之曰"卓"。黄朝英《靖康缃素杂记》:"倚卓之字,虽不经见,以鄙意测之,盖人所倚者为倚,卓之在前者为卓。"《通雅》卷三四"倚卓之名见于唐宋":"余记唐末小说有倚桌字。宋黄朝英言椅,木名,棹与櫂通,但当用倚卓。杨亿《谈苑》云,咸平景德中,主家造檀香倚卓,俗以为椅子、桌子。宋卤簿有金倚,张九成见宗杲推倒卓子。《元史》大定七年,肆赦仪,设鸡盘,置金鸡,衔赦书于应天门外,设卓子,阁门官取赦书于卓子读。《因话录》曰:交椅谓之绳床,敌制也。欧公不御。"按,诸说甚是。"卓子"一词较早的例证见于唐。齐己有《谢人寄南榴卓子》诗,《祖堂集》卷十七:"师便掷地卓子,便作舞势云:'啐啐。'便去。"《古尊宿语录》卷四三记载此事作"化便踏倒卓子",知"卓子"就是"桌子",不能做别的解释。北宋朱肱《酒经》卷中:"通风处安卓子上,须稍干,旋旋逐个揭之,令离筛子,更数日,以蓝子悬通风处,一月可用。"宋徐积《谢周裕之》:"两卓合八尺,一炉暖双趾。"《五灯会元》卷十六"长芦宗赜禅师":"击香卓曰:还闻么?"《三朝北盟会编》卷一一一:"见众官及卓子上有王时雍等众议推举状草。"《朱子语类》卷六二:"如卓子有四角头,一齐用着工夫,更无空缺处。"《鹤林玉露》乙编卷六:"一日,内索朱红卓子三百只,限一日办。"《大宋宣和遗事》亨集:"将金篋内取七十足百长钱,撒在那卓子上。"《东京梦华录》卷八:"又卖麻谷窠儿,亦是系在卓子脚上,乃告祖先秋成之意。"《金史·礼志》九:"又于东侧设卓子,自皇太子宰臣以下序班定。"《元曲选·朱砂担》一折:"老叔,不要打破了我的卓子。"又《神奴儿》三折:"着一个抬抬这卓子也好。罢、罢、罢,我自家端着这卓子罢(做掇卓科,下)。"明代尚有用例。《宛署杂记》卷十五:"人夫八百九十名,卓子五百五十四张,椅子一百九十把。"《水浒传》三回:"但是下口肉食,只顾将来,摆一卓子。"《醒世恒言》卷三:"丫环收拾了杯盘之类,抹了卓子。"此作"卓"者。宋代已有"桌子"的写法。《云笈七签》卷二五:"右件醮时皆须沐浴斋洁,以灯列位,每星下用桌子一只。"《梦粱录》卷三:"至日侵晨,仪銮司排设御座龙床,出香金、狮蛮、火炉子、桌子、衣帏等。"同书中或"桌子""卓子"同见。《朱子语类》有"卓子"一词,但大多情况下写作"桌子"。卷十一:"譬如拭桌子,只拭中心,亦不可;但拭四弦,亦不可。"又卷二一:"如这桌子,黄底便道是黄,黑者便道是黑,这便是无违。"《五灯会元》卷二十:"叙语未终,公推倒桌子。"《大宋宣和遗事》亨集:"抬头一觑,见师师桌子上有一小柬。"《东京梦华录》卷九:"后有羯鼓两座,如寻常番鼓子,置之小桌子上,两手皆执仗击之,杖鼓应焉。"《水浒传》四回:"智深掀起帘子,入到里面坐下,敲那桌子叫道:'将酒来。'"这些书皆有"卓子"一词,而同时又用"桌子"。《元曲选外编·西厢记》四本二折:"夫人排桌子上云。"《西游记》四五回:"顶上放一张桌子,桌上有一个香炉,炉中香烟霭霭。"总的说来,"卓子"始见于唐,"桌子"始见于宋。宋代"卓子""桌子"两用,使用频率相近;由于"桌"有个"木"字旁,与器物的用料相符,其用例反而略多于"卓子"。明代则"桌子"明显多于"卓子",清代则只用"桌子"。

棹　得声义于"掉"。《说文》:"掉,摇也。"摇船使进,故谓之"掉"。改从"木"旁则为"棹"。棹,直教切,"澄"纽;掉,徒吊切,"定"纽。古音"澄"归"定",故二字系一音之分化。字又作"櫂"。曹操《船战令》:"雷鼓一通,吏士皆严,……整持橹棹,战士各持兵器就船。"南朝何承天《雉子游原泽篇》:"浩然寄卜肆,挥棹通川阴。"江淹《杂体诗三十首·王侍中粲怀德》:"倚棹泛泾渭,日暮山河清。"唐苏颋《扈从温泉同紫微黄门群公泛渭川得齐字》:"岸转帆飞疾,川平棹举齐。"宋白瑞君《念奴娇·寄临安友》:"年来却有,短蓑轻棹胸臆。"《元曲选·竹叶舟》一折:"你则是紧闭着双目,稳站着身躯,一任的棹穿江月冷,帆挂海云孤。"《三国演义》三八回:"吕蒙见了,跳下小船,自举橹棹,直入船队,放火烧船。"又四五回:"两边四下一齐轮转橹棹,望江面上如飞而去。""棹"为划船之器,用作名词。《后汉书·张衡传》:"号冯夷俾清津兮,櫂龙舟以济予。"陶渊明《归去来辞》:"或命巾车,或棹孤舟。"张九龄《耒阳溪夜行》:"乘夕棹归舟,缘源路转幽。"宋陈允平《八声甘州·曲院风荷》:"谁在鸳鸯浦,独棹玻璃。"《元曲选·竹叶舟》二折:"青龙寺暇日舒眸,棹一叶扁舟,泛几曲江流。"《水浒传》四一回:"先使童猛棹一只打渔快船,前去探路。"又:"两个好汉棹了两只快船,径奔穆弘庄上,早摇到岸边。""棹""櫂"为划水行船,用作动词。《广韵》"效"韵:"棹,楫也。櫂,上同。"《集韵》去声效韵:"棹,行舟也。櫂艀,上同。"字又写作"櫂""艀",义同。现代汉语的中原官话、粤语都叫划船的桨为"棹",而广州还称划船为"棹"[①]。

[①] 许宝华等:《汉语方言大词典》,5891 页,中华书局,1999 年。

凳　得声义于"登"。《说文》:"登,上车也。"《尔雅·释诂》:"登,升也。"盖"凳"可登而升高,故名之曰"凳"。由于"凳"是较大较高的便于登升的"几",故字从"几","登"声。字又作"橙","凳"是木做的,故从"木"。中古有"橙",其意义是"几",与后世的"凳"尚有区别。《说文》:"几,居几也。"段玉裁注云:"古人坐而凭几,……象其高而上平可倚。……《周礼》五几:玉几、雕几、彤几、鬃几、繁几。""几"是人们坐时用来凭靠或搁置物件的小桌子,后来才发展成为坐具。后汉安世高译《佛说骂意经》卷一:"于佛寺中斋宿,不得卧沙门绳床、榻橙、机上及被中,皆为犯戒。"榻橙就是榻橙,是床前用于登床的矮凳,与后世的坐具有区别,这种矮凳比较宽,故可卧。《汉语大词典》"橙"字下以《晋书·王羲之传》"魏时陵云殿榜未题,而匠者误钉之,不可下,乃使韦仲将悬橙书之"的例证作为"凳子"的"凳"的最早用例,恐误。清代方浚师《蕉轩随录》卷一亦举此例,认为是"凳字之始",亦误。《晋书·王羲之传》的"橙"是"梯子"的意思。佛经中常见"梯橙"连文,"梯橙"即"梯隥",是"阶梯"的意思,言佛是引导人的阶梯。求那跋陀罗译《佛说菩萨行方便境界神通变化经·卷下》:"阎浮檀金以为梯橙。"北凉天竺三藏昙无谶《大方等大集经》卷二二:"譬如殿堂有四梯橙,若言不由初第一橙至四橙者,无有是处。"《晋书·列女传》六六:"会无忌夜于屏风裹制檄文,刘氏潜以器覆烛,徐登橙于屏风上窥之。"屏风不可架梯,这个"橙"应是"几"。《中阿含经》卷四八:"若彼乞食有前还者,便敷床汲水。出洗足器,安洗足橙及拭脚巾、水瓶、澡罐。"这个"橙"也是"几"的意思。《野客丛书》卷十六引《南史》"香橙"作为"凳"的用例,实误。按,《南史·蔡撙传》:"尝奏用琅邪王筠为殿中郎,武帝嫌不取参掌通署,乃推白牒于香橙地下,曰:'卿殊不了事。'""香橙"就是"香几",摆香的几案,还不是"凳子"。《礼记正义·檀弓上》三:"《正义》曰:'阁,架橙之属。人老及病,饮食不离寝,恐忽须无当,故并将近置室里阁上也。'"这个"橙"可能会被理解为"凳",其实是"几案",用来置放食物,不是用来坐人的。按,古代的"几"到唐代发展为两类:较高的几,叫"卓子";较低的几变成了坐具,叫"凳子"。"凳子""卓子""椅子"是汉民族由跪坐变为垂足坐时的用具,跪坐变成垂足坐的年代在唐,而"卓子""椅子"的文献材料也见于唐(见上文),作为与"卓子"相配而使用的"凳子"也应是唐代才有可能出现。《能改斋漫录》卷二:"《世说》:'顾和与时贤共清言,张玄之、顾敷是中外孙。年七岁,在床边戏,于时闻语,神情如不相属,瞑在镫下。'乃作此镫字。今《广韵》以镫为鞍镫之镫,岂古多借字耶？凳,《广韵》云：'出《字林》',殆后人所撰耳。《广韵》别出一橙字,注云：'几橙。'其义亦通。"按,引文"镫"今本皆作"灯"。前文说"床边戏",则"镫"有可能是"灯",也有可能是"几",用来登床的"几",所谓"榻橙(凳)",与坐具的"凳"有区别。《广韵》"橙"释为"几橙","凳"释为"床凳"。几橙为"几案",放置物品用之,"床凳"即"榻凳",上下床用之,皆不是后世的"坐凳"。我们在唐代的文献中未见"坐凳"的"凳(橙)"的用例,较早的文献见于宋代。洪迈《夷坚丙志·饼店道人》："有风折大木,居民析为二橙,正临门侧,以待过者。"《古尊宿语录》卷二十："法眼道：'识得橙子,周匝有余。'云门道：'识得橙子,天地悬殊。'"宋慧洪、觉范撰《禅林僧宝传·华严隆禅师》："渠方欲剃发,使我擎橙子来。"《万历野获编》卷五："武臣贵至上公,无得乘轿。即上马,不许用橙杌。"俞樾《右台仙馆笔记》卷十四："南牖有几有橙(《广韵》四十八嶝有橙字,都邓切。几橙,即今俗书凳字),橙以藤为之,坐起軯轧作响,乃其常也。"这是用"橙"的例子。"凳"的较早例证见于宋。叶绍翁《四朝闻见录》乙集："又有一道人访陆,……揖陆曰：'贫道今夜宿山中,分秀才半榻,可否？'陆难之。道人又曰：'可借一凳,宿于石门之外竹林中否？'陆欣然予凳。既得凳,……迨晓,道人持凳谢陆,长揖而别。"《梦粱录》卷十三："家生动事如桌、凳、凉床、交椅、兀子。"宋元照撰《四分律行事钞资持记》卷三："坐具谓床凳坐褥等。"《五灯会元》卷十八"云顶宗印禅师"："古者道,识得凳子,周匝有余。又道,识得凳子,天地悬殊。"《大宋宣和遗事》利集："呼帝与后坐其中,并无椅凳,惟砖石三四枚而已。"元明以后,除文人仿古外,通俗作品大多用"凳"字。《张协状元》十六出："(净)亚公,今日庆暖酒,也不问清,也不问浊,坐须要凳,盘须要卓。(末)这里有甚凳卓？(净)特特唤做庆暖,如何无凳卓！叫小二来,它做卓。"《元曲选·东堂老》四折："我存下这一本帐目,是你那房廊屋舍,条凳椅桌,琴棋书画,应用物件,尽行在上。"元无名氏《般涉调·耍孩儿·拘刷行院》："对郎君地无和气,背板凳天生忒贯熟,把马的都能够。子宫久冷,月水长流。"戚继光《纪效新书》卷一："每一号牌下,用桌一张、橙(凳)二条,与官生坐,书手一二名,俱分立停当,然后坐堂,照前法选兵。"郎瑛《七修类稿》卷二一："古无凳椅,席地而坐,故坐字从土。"余永麟《北窗琐语》所录"屈屈歌"："今年已去复明年,寒毡冷凳俱坐穿。"

得声义于"登"的字还有"镫",《说文》："锭也。"《急就篇》二："锻铸铅锡镫锭鐎。"颜师古注："镫所以盛膏夜然燎者也。其形若杆而中如釭。有柎者曰镫,无柎者曰锭。

柎谓下施足也。""镫""锭"之别,在于足之有无。有足则高,故"镫"含"高"义。又有"簦"字,《说文》:"笠盖也。"《史记·虞卿列传》:"蹑屩担簦。"《集解》云:"笠有柄者谓之簦。"有柄,则高,故"簦"亦含"高"义。锭之高者曰"镫",笠之高者曰"簦",几之高者曰"凳",语源相同,皆得声义于"登"。

耙 农具名,用以弄碎土块,整平土地,或写作"杷""櫺""坝"。较早的例证见于东汉,《方言》五:"杷,宋魏之间谓之渠挐,或谓之渠疏。"晋郭璞注:"有齿曰杷,无齿为朳。"但这个"杷"不是平整土地之器,而是推引聚禾谷之器。尽管二者有渊源关系,整地之"耙"是聚禾谷之"杷"的发展,但毕竟不是一物。唐道宣缉《量处轻重仪》卷一:"四治园调度,谓枚锹锄钁杷朳之具及浇溉水车楔楺杂事。"这个"杷"仍应是聚禾谷之器。《太平御览》卷三三六引《太公金匮》:"不须兵器可以守国,耒耜是其弓弩,锄杷(耙)是其矛戟,簦笠是其兜鍪,镰斧是其攻具。"这个"杷"才是整地之器。坊间多言《太公金匮》系吕望所作,从语言的角度来看,绝不是先秦之物,既是《太平御览》所引,我们就把它当作宋代的语料。《朱子语类》卷二五:"治田者须是经犁经耙,治得窒碍,方可言熟也。"文莹《罗湖野录》卷二:"人人有个生缘,从来罪大弥天。不是牵犁拽耙,便是鼎镬油煎。"宋代才良编《法演禅师语录》卷二:"四海五湖奇士,围绕无状村夫,只解扡犁拽耙。"《元曲选·荐福碑》四折:"你只会拽耙扶犁。"又《薛仁贵》三折:"偏不肯拽櫺扶犁。"《元曲选外编·衣袄车》一折:"倒不如拽耙扶犁使耕牛。""櫺"通"耙"。此用为名词。也可用作动词。《天工开物》:"南地不与北同者,多耕多耙之后,然后以灰拌种,手指拈而种之。"《元曲选·老生儿》楔子:"那驴子我养活着他,与我耕田耙垅。"《元曲选外编·智勇定齐》一折:"为儿的耕田坝地去了。""坝"通"耙"。字或写作"耀",《六书故》卷二一:"耀,卧两钉著齿其下,人立其上而牛挽之,以摩田也。"按,耙,得声义于"爬"。《集韵》麻韵:"爬,蒲巴切,搔也。"屈五指以梳理头发为搔。今语有"爬梳",原意当是"屈五指而梳理"的意思。耙之齿如手之五指,耙地如手之爬梳。其义相同,故名之为"耙"。

厅 得声义于"听"。本作"听事",后加"广"作"厅事",省作"听""厅"。胡三省于《资治通鉴·晋愍帝建兴二年》"勒升其听事,浚乃走出堂皇,勒众执之"下注:"中庭曰听事,言受事察讼于是。汉晋皆作听事,六朝以来乃始加'广'作'厅'。"《风俗通义》第九"怪神":"郴还听事,思惟良久。"《全后汉文》卷三五"汉官仪下":"郡府听事壁诸尹画赞,肇自建武,讫于阳嘉,注其清浊进退,所谓不隐过,不虚誉,甚得述事之实。"《全三国文》卷二二王朗"与许文休书三首":"是时侍宿武皇帝于江陵刘景升听事之上,共论道足下,至于通夜不寐,拳拳饥渴,诚无已也。"《华阳国志》卷十下:"鸠鸟巢其听事,孕育而去。"《宋书·五行志》一:"诸葛恪征淮南,行后,所坐听事栋中折。"《全唐文》卷七八八"修志公和尚堂石柱记":"公乃具彩舟设幡盖而迎,至则置于听事西偏方丈之净室。"宋王栐《燕翼诒谋录》卷五:"会稽县民裘承询同居十九世,家无异爨。……余尝至其村,故听事犹在,族人虽异居,同在一村中,世推一人为长,有事取决,则坐于听事。"此作"听事"者。《风俗通义》第二:"后天下一玉棺于厅事前,令臣吏试入,终不动摇。"《三国志·魏·曹爽传》:"厅事前屠苏坏,令人更治之。"《水经注》卷二一:"都尉高懿厅事前有槐树,白露类甘露者。"《南齐书·张敬儿传》:"乃列仗于厅事前斩之,集部曲侦伺之下,当袭江陵。"《全晋文》卷五一"粘蝉赋":"樱桃,其为树则多荫,其为果则先孰,故种之于厅事之前。"此作"厅事"者。《世说新语·黜免》:"大司马府听前有一老槐,甚扶疎。"清韩泰华《无事为福斋随笔》卷上:"屋之有厅,所以听事,故古之厅即作听。"此作"听"者。《论衡》卷十六:"会稽东部都尉礼文伯时,羊伏厅下,其后迁为东莱太守。"晋常璩撰《华阳国志》卷十下:"琰始为青州刺史,于厅前置大器盛水,贵要有托书,悉投于水,部下清肃。"《洛阳伽蓝记》卷一:"以前厅为佛殿,后堂为讲室,金花宝盖,遍满其中。"《齐民要术》卷五:"明年三月中,移植于厅斋之前,华净妍雅,极为可爱。"《刘梦得集》二六"郑州刺史东厅壁记":"古诸侯之居,公私皆曰寝,其它室曰便坐。今凡视事之所皆曰厅,其它室以辨方为称。"此作"厅"者。后世大多作"厅"。《北梦琐言》卷四:"路侍中岩在西蜀,尝夏日纳凉于球场厅中,使院小吏罗九皋巾裹步履,有似裴条郎中。"刘克庄《沁园春·又和诚斋休致韵》:"苍妓上厅,老僧封院,得似樗庵叟。"也有作"厅事"者。《北梦琐言》卷七:"重阳日,义山诣宅,于厅事上留题。"今则只作"厅"。

轿 得声义于"乔"。乔,高也。抬之使高故称"轿"。原为一般的山行工具。《汉书·严助传》:"今发兵行数千里,资衣粮,入越地,舆轿而隃领,拕舟而入水,行数百千里。"颜师古注:"服虔曰:'轿音桥梁,谓隘道舆车也。'臣瓒曰:'今竹舆车也,江表作竹舆以行是也。'……此直言以轿过领耳。"后用为肩舆之通称,较早的用例见于宋。《苏轼集》卷八五:"已到蒙里,承丈丈借差人轿,孤旅获济,感激不可言。"王巩《甲申杂记·阮逸》:"后有仪为海州都曹,至淮舟没,凭轿子浮水上得脱。"《朱子语类》卷十一:"又尝见龚实之轿中只著一册文字看,此其专静也。且云:'寻常出外,轿中著三四册书,看一册厌,又看一册,此是甚功夫也!'"又卷一二八:"南渡以前,士大夫皆不甚用轿,如王荆公、伊川皆云不以人代畜。朝士皆乘马。或有老病,朝廷赐令乘轿,犹力辞后受。自南渡后至今,则无人不乘轿矣。"王铚《默记》:"艺祖初自陈桥推戴入城,周恭帝即衣白襕,乘轿子,出居天清寺。"《京本通俗小说·碾玉观音》:"适来郡王在轿里看见令爱身上系着一条绣裹肚,府中正要寻一个绣作的人,老丈何不献与郡王?"又:"秀秀……即时入去梳洗,换了衣服,出来上了轿,分付了丈夫。"

骊 得声义于"展"。《玉篇》:"骊,马转卧土中。"就是在泥土中打滚。蒋礼鸿师《敦煌变文字义通释》①有详解,此不赘。

惫赖 得声义于"拨剌"。"拨剌"即"剌址"之倒文。《说文》:"址,足剌址也。读若拨。""跟,行步猎跋也。"剌址、猎跋,一声之转,同词异形,为行步颠跟、足不从顺之貌。倒而为"拨剌"。《淮南子·修务》:"琴有拨剌枉橈。"高注:"拨剌,不正。""不正",即乖戾、不从顺②。音转为"泼剌""惫赖""派赖""泼赖"。作"惫赖"者,《元曲选·窦娥冤》一折:"美妇人我见过万千向外,不似这小妮子生得十分惫赖。"《型世言》七回:"一则怕大娘子生性惫赖,恐惹口面,不敢去说。"《初刻拍案惊奇》卷三八:"怎当得张郎惫赖,专一使心用腹,搬是造非,挑拨得丈母与引孙舅子,日逐吵闹。"作"泼赖"者,《余冬序录》卷四:"谓'丑恶'曰'泼赖'。"《元曲选·举案齐眉》一折:"这都是荫庇骄奢泼赖徒,打扮出谎规模,睁眼苦眉捻鬓须。"又《杀狗劝夫》一折:"这泼赖无礼,你那里是骂俺?哥哥,你看孙二见俺这里吃酒,他骂你吃你娘祖代宗亲哩!"《尉迟恭》二折:"老徐却也忒泼赖!这不是说话,这是害人性命哩。"《西洋记》六二回:"这等的泼赖番人,怎么得赢得他一阵?"作"派赖"者,《元曲选·盆儿鬼》二折:"我一年二季,好生供养你,你不看觑我,反来折挫我,直恁的派赖。"《山歌》卷九:"官人也是做人家个说话,并无半句派赖个肚肠。"《白雪遗音》卷三:"进门来无缘无故将奴打,打了一顿说出那派赖的言语。"作"泼剌"者,《初刻拍案惊奇》卷二:"昨日说了他几句,就待告诉他爹娘

---

① 蒋礼鸿:《敦煌变文字义通释》,131页,《蒋礼鸿集》第1卷,浙江教育出版社,2001年。
② 蒋礼鸿:《义府续貂》,85页,《蒋礼鸿集》第2卷,浙江教育出版社,2001年。

去,恁般心性泼剌。"清代文献的大多情况作"泼辣"。《红楼梦》九十回:"如夏金桂这种人,偏教他有钱,娇养得这般泼辣。"《孽海花》二一回:"雯青初不料彩云说出这套泼辣的话,句句刺心,字字见血。"《官场现形记》十回:"只因这位陶子尧的太太,著名一个泼辣货。"皆"凶狠、泼辣、刁顽难驯"之义。又"拨剌",弯弓也。张衡《思玄赋》:"弯威弧之拨剌兮。"亦得义于"剌𣥺"。

泼 近代汉语中有"蛮横"之义。《元曲选·铁拐李》一折:"你看我悔气,连日接新官不着,来家吃饭,又被这泼先生骂我是没头鬼。"又《蝴蝶梦》二折:"割舍了,待泼作:告都堂,诉省部。"又《冤家债主》一折:"引着些个泼男泼女相扶策,你你你则待每日上花台。"《元曲选外编·九世同居》二折:"这厮泼说,且一壁有者。"又有"泼皮",指无赖、流氓、蛮横不讲理的人。《元曲选外编·绯衣梦》二折:"你旧景泼皮,歇着案里,你快去。"《水浒传》十二回:"原来这人是京师有名的破落户泼皮。"今谓"泼"也得声义于"𣥺"。《说文》云:"𣥺,足剌𣥺也。读若拨。"朱骏声云:"止山相背曰𣥺,止山相连曰步。"相背则戾,戾则过分则蛮横,故引申为"蛮横刁怪"之义。此其得义之由。唯元明写作"泼"而已。现代汉语有"泼妇"一词,指凶悍不讲理的女人。又,我们认为,"泼皮"的"皮"有可能是"疲"的借用。疲,《集韵》云:"困病也。蒲计切。"在去声"霁"韵,"並"母。与"皮"(《集韵》"蒲糜切")双声,韵则有平去之别。"疲"处于第二个音节,读轻声,则平去的区别不太明显,加上元明之际,"支"("皮"在"支"韵)、"齐"("疲"在"霁"韵,"齐"韵的去声)合流,故二字音近或音同,可以借用。明王永积《兵部为楚事溃裂已极等事》:"以至贪至疲至顽至无耻之宋一鹤节钺其地,当事者明知其不可用而不肯为皇上明告之。""疲"是"坏"的意思。也可将"皮"看作某类不良人的称谓,"泼皮""赖皮"者是;但以"皮"名人者仅此二词,没有普遍性,故不取。

三、俗语源说略

根据错误的联想,将本来毫不相干的东西扯在一起,试图解释一些词的得义之由,称作俗语源[①]。宋庄绰《鸡肋编》卷中:"绍兴四年,大飨明堂,更修射殿以为飨所。

---

① 参俞敏《古汉语里的俚俗语源》,《燕京学报》第36期,1949年;张永言《词汇学简论》,32页,华中理工学院出版社,1982年。

其基即钱氏时握发殿,吴人语讹,乃云'恶发殿'。谓钱王怒即升此殿也。""握发殿"之名本之周公一沐三握发,取勤政之义,而吴人语讹为"恶发",释为钱王发火即升此殿,与原意相隔,何止千里?这就是所说的"俗语源"。

"俗语源"有其合理的一面,也有消极的一面。所谓合理,是就语言的约定俗成性而言。既然某种说法得到了公众的承认,并已在人民口头中推广开来,我们就得承认,就得说它是合理的,不能斥为"荒诞不经",或以"于古无征"或"鄙俚之极"而视而不见。就其消极方面而言,俗语源解释语词得名之由牵强附会,割裂语词的内部结构,缺乏科学性。

这一语言现象既已出现,我们就得给予应有的重视,就得研究它,研究它的形式、规律和作用,为语言史研究服务。

(一)俗语源举例

西王母 《尔雅·释地》:"觚竹,北户,西王母,日下谓之四荒。"郭注:"觚竹在北,北户在南,西王母在西,日下在东,皆四方昏荒之国,次四极者。"郝懿行《义疏》:"西王母,亦国名也。《竹书》:'帝舜九年,西王母来朝。'《大戴礼·少闲篇》云:'西王母来,献其白馆。'《淮南·地形篇》云:'西王母在流沙之濒。'《汉志》:'金城郡临羌西北,至塞外,有西王母石室。'《西域传》云:'安息长老传闻,条支有弱水、西王母,亦未尝见也。'又云:'条至临西海,是西王母乃西海远荒之国,从未有人至其地者也。'""母"者,女性之称。人们因字生义,认为西王母是一种女神。其始认为是一像人的兽,《山海经·西山经》:"西王母,其状如人,豹尾虎齿而善啸。"次则认为是一老妇,《穆天子传》卷三:"乙丑,天子觞西王母于瑶池之上,西王母为天子谣。"司马相如《大人赋》:"吾乃今目睹西王母皬然白首。"后世小说戏曲进而附会为美貌女神。

蒲池—菩提 欧阳修《归田录》卷二:"世俗之讹,惟庙之名为甚。今都城西崇化坊显圣寺者,本名蒲池寺,周氏显德中增广之,更名显圣。而俚俗多道其旧名,今转为菩提寺矣。"《苏轼集》卷八二:"柳一已在此,一访,值出,未见也。僦居在蒲池寺,去此稍远。"看来确有"蒲池寺"之名,《归田录》所说不诬。

孤山—姑山 澎浪—彭郎 欧阳修《归田录》卷二:"江南有大小孤山,在江水中嶷然独立,而世(一作俚)俗转孤为姑。江侧有一石矶,谓之澎浪矶,遂转为彭郎矶,云'彭郎者,小姑婿也'。余尝过小孤山,庙像乃一妇人,而敕额为圣母庙,岂止俚俗之缪哉?"

阙口庙—豁口大王 《归田录》卷二:"西京龙门山,夹伊水上,自端门望之如双阙,故谓之阙塞。而山口有庙曰阙口庙,余尝见其庙像甚勇,手持一屠刀尖锐,按膝而坐,问之,云:'此乃豁口大王也。'此尤可笑者尔。"

羽林—雨淋　三孤—三姑　丹朱—丹猪 陆容《菽园杂记》卷六:"吴中羽林将军庙,讹为雨淋,而不覆以屋。三孤庙讹为三姑,而肖三女郎焉。山西有丹朱岭,盖尧子封域也。乃凿一猪形以丹涂之。世俗传讹可笑,大率类此。"

歪剌骨 宋元时骂女人之词,犹言"臭货"。其语源已难质说。徐渭《四声猿·狂鼓吏》剧眉注谓:"歪剌是牛角中臭肉,故娼家以比无用之妓。"沈德符《万历野获编·词曲·俚语》谓:"北人詈妓之下劣者曰歪辣骨,询其故,则云:'牛身自毛骨皮肉以至通体无一弃物,惟两角内有天顶肉少许,其秽逼人,最为贱恶,以此比之粗婢。'后又问京师之熟谙市语者,则又不然,云:'往时宣德间,瓦剌为中国频征,衰弱贫苦,以其妇女售与边人,每口不过酬几百钱,名曰瓦剌姑,以其貌侵而价廉也。'二说未知孰是。"按,宣德为明宣宗年号,而"歪剌骨"一词宋时已见。《通俗编》卷二二"瓦剌国"云:"洪容斋《俗考》:'瓦剌国人最丑恶,故俗诋妇女之不正者曰瓦剌国。'汪价《侬雅》:'今俗转其音曰歪辣货。'按《言鲭》云:'势有不便顺谓之乖剌,剌音赖。'东方朔谓'吾强乖剌而无当'。杜钦谓'陛下无乖剌之心'。今俗骂人曰'歪剌'沿此。此说虽亦有依据,然不如前说直捷。"翟氏倾向于"瓦剌"说。然其语源究竟是什么,似难确指。陆澹安引宋范成大《桂海虞衡志》谓:"歪剌应作孬孬。孬音呼怪切,孬音腊。"《芜湖县志》"方言门"谓:"妇女相詈,谓之孬孬。"亦难成定论。文献中作"歪剌骨"者,《元曲选·窦娥冤》一折:"这歪剌骨便是黄花女儿,刚刚扯的一把,也不消这等使性,平空的推了我一交,我肯干罢!"又《城南柳》三折:"这歪剌骨无礼。我偌远赶来寻你,你不回去,只恋着那先生,是甚么缘故?"《金瓶梅》十一回:"贼歪剌骨!我使他来要饼,你如何骂他?"《红楼梦》七回:"你师父那秃歪剌往那里去了?""歪辣货"是"歪剌骨"的音转,又作"歪辣物""歪辣"。《禅真后史》十六回:"这阿媚歪辣货终日搽脂抹粉,万般做作,婶婶可曾见来?"《绣榻野史》下卷:"小妖精,歪辣物,就是这样无状了。"《醒世姻缘传》五五回:"我待叫你还寻两个灶上的丫头,要好的,那歪辣脏丫头不消题。"《醒世姻缘传》五六回:"扯扶淡的臭淫妇!臭歪辣骨私窠子!不知那里拾了个坐崖豆顶棚子的滥货来家,'野鸡戴皮帽儿充鹰'哩!"

浑不是 来源于突厥语 qobuz。是古代波斯、阿拉伯的拨弦乐器,也流行于我国古代西北地区。又作"火不思""胡不思""和必斯"等。由于流传日久,人们忘其所来,遂据汉字以推其得名之由。沈德符《万历野获编》卷二五:"今乐器中,有四弦长项圆鼙者,北人最善弹之。俗名琥珀槌,而京师及边塞人又呼胡博词,予心疑其非,后偶与教坊老妓谈及,曰此名浑不是。盖以状似箜篌,似三弦,似琵琶,似阮,似胡琴,而实皆非,故以为名。本房中马上所弹者,予乃信以为然。及查正统年间赐迤北瓦剌可汗诸物中。有所谓虎拨思者,盖即此物,而《元史》中又称火不思,始知浑不是之说亦讹耳。"

紧急鼓—锦鸡鼓 《万历野获编》卷二二:"又有紧急鼓者,讹为锦鸡鼓,总皆房乐也。"

不借 草鞋名。自汉以来,多以"不假借"说其得义之由。《释名·释衣服》:"齐人谓草屦曰扉。扉,皮也。以皮作之。或曰不借,言贱易有,宜各自蓄之,不假借人也。齐人云'搏腊','博腊'犹'把作',粗貌也。"《广雅·释器》云:"不借,履也。"王念孙云:"《释名》云:'齐人云博腊,博腊犹把鲊,粗貌也。'案《释名》以博腊为粗貌是也。博腊叠韵字,转之则为不借,非不假借于人之谓也。"钱绎《方言笺疏》、叶德炯《释名诠释》(王先谦《释名疏证补》所引)皆从不同角度提出了新的解释,以驳刘氏"贱易有,不假借人"之说。但清代以前的考证著作如《中华古今注》等仍袭刘氏之说,"不借"之说影响极大。

毕罗 一种食品名。前人认为是毕氏、罗氏喜欢吃这种食品,故曰"毕罗"。《资暇集》卷下"毕罗"云:"毕罗者,蕃中毕氏罗氏好食此味,今字从食,非也。"《通俗编》卷二七:"《升庵外集》:'饆饠今北人呼为波波,南人谓之磨磨。'按'波'当饆饠二字反切。或云卢仝诗'添丁郎小小,脯脯不得吃',脯脯犹今云波波,或云本为饽饽,北人读入为平,谓之波波,皆未确。据《集韵》作饝,又一作馍。"翟氏从语言的角度来说明"毕罗"的来源,比李氏"毕罗二姓说"前进了一步。今谓"毕罗"系"果蓏"之语转,以其圆形而得名。花苞曰"蓓蕾",小丘圆者曰"部娄",亦曰"附娄"(见《左传》和《说文》),瓶圆者曰"瓿甊",紫螺曰"茈蠃",蜗牛曰"蚹蠃",皆以圆形而名之,均"果蠃"之语转,"毕罗"亦然。

琵琶 乐器名。来自西域。《释名》云:"枇杷,本出于胡中,马上所鼓也。推手前曰枇,引手却曰杷,象其鼓时,因以为名也。"应劭《风俗通义》第六云:"琵琶近世乐家所作,不知谁也。以手批把,因以为名。"实际上"枇杷"是外来语,本无"推前""引后"之分;刘氏所论,基于错误联想,是一种俗语源。

绿沉 本指浓绿色。世人不知,认为"绿沉"即"为绿所沉"。《历代诗话·竹坡诗话》云:"杜少陵《游何将军山林》诗有'雨抛金锁甲,苔卧绿沉枪'之句,言甲抛于雨,为金所锁,枪卧于苔,为绿所沉,有将军不好武之意。"《能改斋漫录》卷四:"盖枪用绿沉饰之耳,以此得名。如弩称黄间,则以黄为饰;枪称绿沉,则以绿为饰。"《野客丛书》卷五:"所谓绿沉,不可专指一物,顾所指何物耳。如梁武帝食绿沉瓜,是指瓜也;如人以绿沉漆管遗王逸少,是指笔也。……盖有物色之深者,为绿沉也。"《升庵诗话》卷十二"绿沉":"予考'绿沉'乃画工设色之名。《邺中记》云:'石虎造象牙桃枝扇,或绿沉色,或木难色,或紫绀色,或郁金色。'王羲之《笔经》云:'有人以绿沉漆管见遗。'《南史》:'梁武帝西园食绿沉瓜',是绿沉即西瓜皮色也。"《通雅》卷三七:"绿沉,深绿也。"条下云:"《说文》青黄为绿,今以藤黄合靛青即为苦绿。……绿沉言其色深沉,正今之苦绿色。"周竹坡释"绿沉"为"为绿所沉"也可视为俗语源。

罘罳 有三义:一曰"屏风",二曰"双阙曲阁",三曰"角楼"。前人推测其语源为"复思"。《释名·释宫室》:"罘罳,在门外。罘,复也。罳,思也。臣将入请事,于此复重思之也。"崔豹《古今注》、马缟《中华古今注》从之。《中华古今注》云:"罘罳屏,屏之遗象也,塾门外之舍也。臣来朝君,至门外,当就舍,更详其所应应对之事也。塾之者言熟也。行至门内屏外,复应思惟也。罘罳,复思也。汉西京罘罳合板为之,亦筑土为之,每门阙殿舍皆有焉,如今郡国厅前,亦树之也。"或以为其语源为"不思"。《靖康缃素杂记·补辑》:"王莽性好时日小数,遣使坏诸陵(渭陵、延陵)园门罘罳,曰'使民无复思汉也'。"今谓"罘罳"当是联绵词,系"扶疏"一音之转。其形疏通方空,状如扶疏,故称为"扶疏",转音为"罘罳"。古时屏风又叫作"树"。《尔雅·释宫》:"屏谓之树。"程大昌《雍录》云:"罘罳镂木为之,其中疏通可以透明,或为方空,或为连琐,其状扶疏,故曰罘罳。其制与青琐相类,顾所施之地不同,名亦随异,在宫阙则为阙上罘罳,在陵垣则为陵垣罘罳。"杨宽《中国古代陵寝制度史研究》认为:"罘罳原是由屏变化而来,屏又是从门前所种的大树变化而来。……罘罳之所以称为罘罳,该是由于这种屏上刻镂有网状的空洞。"并认为:王振铎《汉代圹砖集录》上"楼树"中有些图像——双阙间一大树高耸,树前有屏形建筑,屏上刻画出网形图案——即是门阙前的罘罳。殆其始以树为屏风,继则发展为一种具有装饰性的遮蔽物(屏风),而仍然名叫"树"。由于树之枝叶扶疏,故又叫作"罘罳"。"罘罳"二字从"网",即象其空明、连锁之形。① 所说可谓得其实。

馄饨 《资暇集》卷下"毕罗":"馄饨以其象浑沌之形。"程大昌《演繁露残本》卷九:"世言馄饨是虏中浑氏、屯氏为之。案《方言》:'饼谓之饨(徒昆反),或谓之餦(音张),或谓之馄(音浑)。'则其来久矣,非出胡虏也。"是宋时已流行"馄饨"出于浑氏、屯氏之说。故程氏驳之。《通雅》卷三九"饂饨本浑沌之转,鹘突亦浑沌之转":"智按乃混沌之转,……凡浑沌、馄钝、糊涂、鹘突、榾柮,皆声转。"②

墨鱼 又叫乌贼。本因其吐黑色汁液而得名。世俗乃云"秦王东游弃算袋化为此形",③故谓之墨鱼。何以曰"贼"?周密《癸辛杂识》续集下"乌贼得名"云:"世号墨鱼为乌贼,何以独得贼名?盖其腹中之墨,可写伪契券,宛然如新,过半年则淡然如无字,故狡者专以为骗诈之谋,故谥曰贼云。"

犹豫 本为联绵词,又作"尤豫""犹与""夷猶"。世人据字形为说——犹字从犬,故认为犬多疑,而以为喻。《颜氏家训·书证》:"《说文》:'陇西谓犬子为犹。'吾以为人将犬行,犬好豫在人前,待人不得,又来迎候,如此返往,至于终日,斯乃豫之所以为未定也。故称犹豫。或以《尔雅》曰:'犹如麂,善登木。'犹,兽名也。既闻人声,乃豫缘木,如此上下,故称犹豫。"《史记·吕太后本纪》:"犹豫未决。"《索隐》曰:"崔浩云,'犹,獀类也。仰鼻长尾,性多疑。'……'犹兮若畏四邻',则犹定是兽,自不保同类,故云畏四邻也。"

---

① 杨宽:《中国古代陵寝制度史研究》,141—142页,上海古籍出版社,1985年。
② 方以智:《通雅》,748页,影印文渊阁《四库全书》本。
③ 同上书,893页,影印文渊阁《四库全书》本。

狼狈 联绵词,系"剌𧿛"之音转,为步履艰难、举措失据之貌。人们不知其语源,遂据字形推测"狼狈"是二兽;因狈前脚绝短,须狼驾而行,故曰"狼狈"。段成式《酉阳杂俎》前集卷十六"广动植·毛篇":"或言狼狈是两物,狈前足绝短,每行常驾两狼,失狼则不能动,故世言事乖者为狼狈。"《苏氏演义》卷上:"狼狈者,事之乖舛也。狼者,豺也。狈者,狼之类。《神异经》云:'狈无前足,一云前足短,不能自行,附狼背而行,如水母之有虾也。'若狼为巨兽,或猎人逐之而逸,即狈坠于地,不能取济,遂为众工所获,失狼之背,故谓之狼狈。狈字者,形声也,大兽也。贝者,背也。以狈附于狼背,遂犬边作贝。贝者,北海之介虫……。"

何楼 虚伪也。《诗话总龟》卷二九:"世人语虚伪者为何楼,似泛滥之名,其实不然。国初京师有何家楼,其下所卖物皆行滥者,故人以此目之。"《西湖游览志余》卷二五:"言人虚伪不检者曰'楼头',盖宋时何家楼下多亡赖,以滥恶物欺人,其时有何楼之号。楼头者,盖何楼之恶魁也。"则称"何楼"为"何家楼"。《通雅》卷四九云:"何楼,活络之转语也。"方说殆得其实。

足下 对人的尊称。不敢直斥,故称"足下"以指代对方。《文选·李陵答苏武书》:"子卿足下。"李善注:"蔡邕《独断》曰:陛下,群臣与至尊言,不敢指斥天子,故呼在陛下者而告之,因卑达尊之意也。及郡臣庶士相与言殿下、阁下、足下、侍者、执事之属,皆此类也。"《菽园杂记》卷十三:"古人称呼简质,如足下之称,率施于尊贵者。盖不能自达,因其足下执事之人以上达耳。"世人不明于此,遂附会上介子推的传说。《太平御览》引《异苑》云:"介子推逃禄隐迹,抱树烧死,文公拊木哀嗟,伐而制屐,每怀割股之功,俯视其屐曰:'悲乎足下。'足下之称,将起于此。"亦为俗语源。

包弹 用为名词,是"缺点、毛病"的意思,用作动词,指批评、评论。字又做"驳弹""剥弹""襃弹""保谈"。《野客丛书》卷二十"杜撰":"'包弹'对'杜撰',为甚的。包拯为台官,严毅不恕,朝列有过,必须弹击,故言事无瑕疵者曰没包弹。"《南词叙录》云:"包拯为中丞,善弹劾,故世谓物有可议者曰包弹。"翟灏发现了字又可写作"襃弹",但狃于王说,不但不能更正,于其所著《通俗编》卷十七"包弹"下云:"作襃弹者非矣。"实际上此词为并列复合词。本作"驳弹"或"弹驳",音转为"包弹""襃弹"等。张相《诗词曲语辞汇释》始对王说发难,然仍不能质言,态度在疑似之间。云:"刘克庄

《溪庵》诗:'包弹靡靡萧萧制,指摘深深款款诗。'玩此诗,'包弹'与'指摘'作对,似乎'包弹'二字平用,俱为动词。以视《野客丛书》所云'包拯为台官,严毅不恕',则其义异矣。疑'包弹'为当时之熟语,遇有批评、指摘义时用之,或未必与包拯有关。抑或此辞之起原,与包拯有关,及沿用既熟,则并'包'字义而亦使用如弹字义欤?"至徐嘉瑞《金元戏曲方言考·补遗》才彻底屏弃"包拯为台官"之说,云:"徐文长《南词叙录》云:包拯善弹劾,故世谓物有可议者曰包弹。此望文生训也。"许政扬《宋元小说戏曲语释》亦有是说。此后,刘坚和先师在贻先生递有补证。先师将"驳弹"的例证提早到唐代,将"弹驳"的例证提早到六朝;"驳弹"的出现远在"包拯"之前,所谓"包拯弹劾"之说不攻自破[①]。

(二) 形成俗语源的方法

1. 音讹

由于语音演变,人们失其本源,遂据字音推测,从而改变原词的构词结构和语词意象,同时语义上也有不同程度的改变。如"握发殿"变为"恶发殿",虽仍是偏正结构,但其修饰成分的结构发生了变化:"握发"为"V+O"结构,"恶发"是"S+V"结构。意义也由"勤政"变成了"发脾气"。他如:

新渝县　本以渝水得名。唐天宝后相承作"新喻"(见《野客丛书》卷二三"地名语讹"),其义蕴和构词结构均有改变。

黄六—谎溜　明代张萱《疑耀》卷三:"今京师勾阑中诨语,谓绐人者为黄六,乃指黄巢兄弟六人,巢居第六而多诈,故目诈骗者为黄六也。"清顾张思《土风录》卷十、孙锦标《通俗常言疏证》三册"言语"皆承其说,唯孙氏误引为《李氏疑耀》。今谓"黄六"当是"谎溜"的音转,即"撒谎说溜"之意。世人不知,乃以"黄巢行六"说之,形成了俗语源。由并列结构的"谎溜"变成人名"黄六",语词意象发生了变化,由泛称变成了特指。

孤山—姑山　澎浪矶—彭郎矶　构词结构未变、语义未变,但语象变了。

略畔—乐蟠　《野客丛书》卷二三"地名语讹"云:"庆州有乐蟠县,本汉略畔地道,后讹为乐蟠。"语象、构词法均有改变。

[①] 郭在贻:《古代汉语词义札记(二)》,《训诂丛稿》,192页,上海古籍出版社,1985年。

涛邻—桃林　本是"与薛涛为邻"的意思，变成了"桃树之林"。意象、构词法都变了。

2. 据原词的文字意义加以联想

西王母　由"母"字想到女性，再联想到妙龄仙女。

狼狈　由"犬"字旁联想到两种野兽。

犹豫　由"犬"字旁联想到狗。

宁馨儿　由"馨"联想到香。《能改斋漫录》卷四"辨误"："……知晋宋间以'宁馨儿'为不佳也。故山涛、王太后皆以此为诋叱，岂非以儿为非馨香者邪？"按，"宁馨"犹"恁地""如此"，"宁馨儿"就是"这样的儿子"的意思。吴曾据字形联想，误。刘昌诗《芦浦笔记》卷一、叶大庆《考古质疑》卷六均有驳正，可参。

绿沉　由"绿""沉"字，联想到"为绿所沉"。

包弹　由"包"字联想到"包拯"。

3. 字误

屯氏—毛氏　"毛"为"屯"之字讹。《野客丛书》卷二三"地名语讹"："北京馆陶县有屯氏河。《汉·沟洫志》谓河北决于馆陶，分为屯氏河，后讹为毛氏河。"

冲开—潼关　"冲"音误为"潼"，"开"形误"关"。《野客丛书》卷二三"地名语讹"："华州有潼关。《水经》谓河水自龙门南流，冲激华山，故名冲开，后讹为潼关。"

蒲池—菩提　"菩"为"蒲"之音讹，提则先形讹，后音讹。池—地—提。

4. 同音类推

牢笼—捞龙—打凤捞龙　《五灯会元》卷七"玄沙师备禅师"："所以牢笼不肯住，呼唤不回头。"又卷二十"乌巨道行禅师"："直得三句外绝牢笼，六句外无标的。""牢"或写作"捞"。《五灯会元》卷十八"德山琼禅师"："作家捞笼不肯住，呼唤不回头。"由于"笼""龙"同音，"捞笼"变成了"捞龙"，由"龙"又联想到"凤"，遂产生算"打凤捞龙"。朱庭玉《青杏子·思忆》："要指望合欢共笼，月枕双欹，云衾并拥，铺谋下打凤捞龙。"《元曲选·窦娥冤》二折："说一会不明白打凤的机，使了些调虚嚣捞龙的见识。"《水浒传》六一回："铺排打凤牢龙计，坑陷惊天动地人。"语象、词法结构、意义都变了，变成了另一个词。

望洋兴叹—望×兴叹　望洋，叠韵联绵词，注释家多释为仰视貌；其实并不准确。

当是失其所恃而迷惘昏昧的样子①。由于"望洋"之"洋"与"海洋"之"洋"同字,人们错误地理解为"望着海洋"。《论衡·骨相》:"武帝望阳。"注家曰:"言望视太阳也。"其实"望阳"即"望洋",亦联绵为义;注家理解为"望视太阳",与人们释"望洋"为"望着海洋"同意。在此基础上,人们又类推出"望书兴叹""望题兴叹""望山兴叹""望车兴叹",直至"望×兴叹"。词义、语象、词法结构都变了。

(三) 俗语源的作用

黑格尔说:"存在的就是合理的。"任何事物的存在都有其环境、条件和机制,都有其合理性,都有它的存在价值。即使是一株毒草,在某些特殊条件下,还可以毒攻毒,变废为宝。我们不能因为俗语源缺乏科学性,而忽视它的价值、作用。就积极方面而言,俗语源有如下作用:

1)类推产生新词,丰富了语言的构词手段。如打凤捞龙、望×兴叹、狼狈为奸。他如:

鍦—蛇矛 《说文》:"鉈,短矛也。"段玉裁注:"《方言》:'矛,吴扬江淮南楚五湖之间谓之鍦,或谓之鋋,或谓之纵。'按鍦即鉈字,《广雅》作𥍿,《晋书》:'丈八鉈矛左右盘。'"由于字形讹变,"鉈""鍦"变为"虵",遂造"虵矛"一词。《晋书·刘曜载记》:"安左手奋七尺大刀,右手执丈八蛇矛。"《晋诗》卷九"陇上为陈安歌":"七尺大刀奋如湍,丈八蛇矛左右盘。"《全唐文》卷二二九"王公神道碑奉敕撰":"龙剑摧百胜之锋,蛇矛得万人之敌。"《旧唐书·郑畋传》:"争麾陇右之蛇矛,待扫关中之蚁聚。"变成了蛇形之矛。《三国演义》中张飞使的兵器就是丈八蛇矛,故绘图者将矛形画得弯弯曲曲,有如蛇形。"蛇矛"一词就这样出现,并被人们接受了。徐灏《说文段注笺》云:"矛刃曲折宛延,故谓之蛇矛。"

2)增加了语词的形象性,具有一定的修辞作用。如"犹豫""狼狈""包弹""孤山—姑山"。虽然解释荒谬,但对使用语言的人来说,却觉得形象多了,更便于理解、记忆。《方言》卷一"慧也"条云:"自关而东,赵魏之间谓之黠,或谓之鬼。"人们根据"鬼"字,

---

① 参俞敏《古汉语里的俚俗语源》,《燕京学报》第36期,1949年;蒋礼鸿师《敦煌变文字义通释》,319页,《蒋礼鸿集》第1卷,浙江教育出版社,2001年。

联想到"鬼魅",如说"鬼东西""这孩子真鬼"。人们不再认为"鬼"就是"慧"的转语,而且将"鬼"的出没无常与人的伶俐联系起来,显然具有一定的修辞作用。

3)为音韵学研究提供了材料。俗语源的形成绝大部分借助于音同音近,原词与俗语源词之间存在着某种音韵对应关系,这种对应词为音韵学研究提供了材料。

紧急鼓—锦鸡鼓 "紧""锦"同音,说明-m尾与-n尾在当时的某方言中已经合流;"急""鸡"同音,说明入声在当时的某方言中已消失。

陟厘—侧理 《本草》:"苔之类,……在水中石上则谓之陟厘。"《广雅·释草》:"石发,石衣也。"王念孙《疏证》云:"疾言之则为菭,徐言之则为陟厘,陟厘正切菭字。《名医别录》云:'陟厘生江南池泽。'唐本注云:'此物乃水中苔,今取以为纸,名苔纸。……'《药对》云:'河中侧梨。'侧梨、陟厘,声相近也。王子年《拾遗记》云:'张华撰《博物志》,上晋武帝,武帝嫌繁,命削之,赐华侧理纸万张。子年云:陟厘纸也。此纸以水苔为之,溪人语讹,谓之侧理也。'案《御览》'苔'下引《拾遗记》与此略同,其纸下所引,则又云:'南人以海苔为纸,其理纵横邪侧,因以为名。'与今本《拾遗记》合。纵横邪侧之说未免穿凿,不若语讹之说为善矣。""侧理"是"陟厘"的俗语源。由此可知,当时某些方言里"知"母("陟"属"知"纽)与"照二"(侧,"庄"纽,照二)有混同的趋势。

后部—右辅 《水经·漯水注》:"《地理风俗记》曰:'千乘县西北五十里有大河,河北有漯沃城,故县也。魏改为后部亭,今俗遂名之曰右辅城。"后,"匣"母,右,"喻三",说明当时"喻三"尚未从"匣"母分出。

4)俗语源能在一定程度上反映民风民俗和民族心理。俗语源以词的音同、音近为基础,通过心理联想,以推测某些词的得名之由。联想,是在人们社会生活的基础上进行的。从这个方向联想,而不朝那个方向联想,是由人们的社会生活、习惯、风俗和心理决定的。通过俗语源的研究,可在一定程度上探求人们的心理和社会风俗。

a)俗语源反映了汉民族对神的依赖,对美好事物、特别是理想爱情的向往和追求。世界上本无神。神是人们对社会生活的幻化,是人们根据需要创造的。由于人们不能掌握自己的命运,人身安全得不到保障,就通过各种方法创造出形形色色的神来,以求得神的保护,获得心理的安宁。把国名西王母幻化为女神,阙口庙塑豁口大王,大小孤山变为大小姑山,澎浪变为彭郎,并由此幻化出彭郎是小姑婿这么一个美丽的爱情故事来。伍子胥之与杜十姨(杜拾遗)的故事等皆是这种讹变的结果。

b)反映了汉民族对英主贤臣的渴望。如"包弹"之为"包拯弹劾"。又如"汉庙堆"之为"汉武堆"。《水经·沔水注》:"汉水又东迳汉庙堆下。昔汉女所游,侧水为钓台,后人立庙于台上。世人睹其颓基崇广,因谓之汉庙堆。传呼乖实,又名之为汉武堆,非也。"

c)在一定程度上反映了汉民族思维的形象性。俗语源的一个显著特点就是变抽象为具体,将语词形象化。其原因当与汉民族思维方式的形象性有关。中国的哲学、文学评论大多是通过形象来说明道理和规律,把哲理和形象融合在一起。反映在语言上,就是"文字的形象性"和"词汇的形象化"。中国古文字就是以形表义的。发展到篆书,仍保留相当比例的象形成分。中国文字没有朝拼音的方向发展,与汉民族思维的形象性当不无关系。古代汉语的体用同词,当与保留词汇的形象性有关。"衣之""兵之"当然比"穿衣""刀杀"来得形象。俗语源将联绵词"狼狈""犹豫"说成动物,将"紧急"说成"锦鸡","鏃矢"说成"蛇矛",也是汉民族思维方式形象性的一种表现。

第八章 近代汉语新兴虚词例举

虚词既是语法的研究对象,又是词汇的研究对象。语法讨论的是它在句子中的作用和各种用法,词汇讨论的是它的来源、演变和意义。本书是从词汇的角度讨论虚词的,因此,我们不准备详细讨论它的语法作用等,而欲在探源、明变、达义方面做点尝试。限于篇幅,这种尝试也只能是举例性的。

一、代词

近代汉语的代词可分为人称代词、指示代词、疑问代词三类。

常见的人称代词有:

第一人称:我、身、侬、奴、咱、俺。

第二人称:你、您。

第三人称:他、渠、伊。

指示代词有:

远指:那。

近指:这(者,遮,只)、与么。

疑问代词有:哪、甚么、早晚、怎。

吕叔湘先生《近代汉语指代词》对它们的来源、演变和用法有详尽的讨论,本文只讨论"俺""伊"和"与么"的来源,余不涉及。

俺 吕先生认为"俺"是"我们"的合音。日本学者太田辰夫《中国语历史文法》有不同意见,他认为:"'俺'是影母,而'我'是疑母。一般认为,影母和疑母的区别在元代大致是存在的,认为这种区别在宋代就已不存在了,大约稍为早了一点。虽然徐渭《南词叙录》中说'恁'是'你每二字合呼为恁','咱'是'咱们二字合呼为咱',但对于

第八章 近代汉语新兴虚词例举 　　459

'俺'没有这样说。这也许是不认为'俺'是'我门'的合音的理由吧。"我们同意吕先生的说法。"俺"《说文》训"大也",孙愐《唐韵》音"於业切",历代字典相承,都训作"大",音在"影"母。《中原音韵》此字在"泥"母,但无义训。《韵学集成》"俺"字下注云:"《中原雅音》女敢切,我也。"据此,则训"我"之"俺"本应读[ᶜnam],而不读入"影"母。"我"虽读"疑"母,但《中原音韵》已有部分"疑"母字与"泥"母合流。如"谳""臬"就分别与"碾""聂"同音。"我们"合音为"俺",正与这种音变相合。太田辰夫所疑不复存在。至于徐渭《南词叙录》没有说到"俺",不能作为"俺"不是"我门"的合音的理由。也许"俺"在当时文献中不如"恁""咱"常见,常用的第一人称代词是"我";既然不常见,也就可以不解释。此外,徐氏也没必要对每一个人称代词都进行解释。

　　又,张俊阁《汉语第一人称代词"俺"的来源》[①]对此提出不同的看法,他认为"俺"是"我"与阿尔泰语系表领格的音素-n 结合的产物。他说:"我们对阿尔泰语相关语言现象进行了探讨,发现'中世纪蒙古语同现代蒙古语一样,领属格采用-yın/-yin,-un/-ün,-u/-ü 的词缀形式……'[②],也就是说阿尔泰语领属格词缀的尾音主要是鼻辅音-n。而汉语第一人称代词'俺'也正是在汉语与阿尔泰语接触时出现的,并且多用于领属格。这种现象不是巧合,而恰恰说明汉语第一人称代词'我'是在领属格这一特定的句法位置上,在阿尔泰语领属格的语音影响下发生了鼻音音变,即带上了鼻辅音韵尾-n,音变后借用了同音字'俺'来表示,因而'俺'多用于领格。"他进而认为:"语言接触是近代汉语第一人称代词'我'在领属格位置上发生鼻音化的直接动因。"

　　事实真的如此吗?如果是受阿尔泰语系蒙古语的影响,则影响者一定是强势语言,或是母语是蒙古语而又懂汉文的作者使用汉语产生的结果。我们发现,"俺"在文献中的较早用例见于晚唐五代词作:

　　《全唐五代词》卷四"敦煌词":"秦王喊俺三边滞,千乡万里筑长城。"又:"长城下,哭声哀。喊俺长城一堕摧。"这个"俺"是否代词,有待证明。若看作代词,句意也没有什么障碍。真正的例证应该是宋代的。南宋初山东密州陈归、汤璹《守城录》:"恁也

---

① 张俊阁:《汉语第一人称代词"俺"的来源》,《河北大学学报》,2007 年第 1 期。
② 张文原注——哈斯巴特尔:《蒙古语族语言领属格和宾格关系及其来源》,《中央民族大学学报》,2003年第 6 期。

不出来共俺厮杀,我也打恁城不破。"南昌石孝友《浪淘沙》:"好恨这风儿,催俺分离。"石孝友词中还有三例,不备引。福建葛长庚《水调歌头·又》:"一日里,滴了俺儿来泪。"河南开封向滈《摊破丑奴儿》:"自笑好痴迷。只为俺、忒瞰雏儿。"向氏此词还有一例。山东济南辛弃疾《夜游宫·苦俗客》:"且不罪,俺略起,去洗耳。"江西吉安文天祥《文山集》:"唵送尔灯,唵送小番随着,不妨事。"《大宋宣和遗事》亨集:"俺是殿试秀才,欲就贵宅饮几杯,未知娘子雅意若何?"此书还有五例。《董西厢》有七十五例,卷一:"俺平生情性好疏狂,疏狂的情性难拘束。"

唐代例证撇开不论,就宋代例证看,用"俺"做第一人称代词的作者有山东的,有福建的,有江西的,还有浙江的。很难说这些人是受阿尔泰语系蒙古语的影响。南宋与蒙古对抗,这些宋代文人不可能使用敌对方的语言写词,尤其是用其人称代词所有格的表示法,何况汉语的人称代词用作领格并不需要语法标志。既然没有必要,为什么要借用,而且还借敌方语言语法的表示法呢?其民族气节何在?再者,南宋时,蒙古尚未入主中原,他的语言不可能是强势语言;就汉人的心理来说,纵使入主中原,也有一段抵触时期,不可能一下子接受其语言的语法。故这种解释难以成立。此外,宋时还出现"俺咱"连用做主语、兼语的例证,如果是领格-n 与"我"结合的结果,就不可能出现"俺咱"连用。"俺咱"连用的例证有宋江西南丰赵长卿《浪淘沙》:"惟有俺咱真分浅,往事成空。"浙江湖州《癸辛杂识·别集下》:"姓名标在青史,却干俺咱甚事。"《董西厢》卷二:"俺咱情愿,若战沙场。"又卷五:"恁时节,是俺咱可怜见你那里!"又卷七:"一领汗衫与裹肚,非足取,取是俺咱自做。"又卷八:"俺咱恁时,准备了娶他来也,不幸病缠惹。"

所以,我们还是坚持"'俺'为'我们'合音说"。

还有人认为"俺"是"卬"的俗写①。《诗经·白华》:"樵彼桑薪,卬烘于煁。"《生民》:"卬盛于豆,于豆于登。"毛传:"卬,我。"由于"卬"与"俺"的时代相隔上千年,故大多不从此说。然我国文献多罹兵燹,很多文献没有流传下来,故不能仅以文献有无记载作为依据。现代方言的"俺"与"卬"语音相近,说"俺"是"卬"之遗留,并不是一点道理都没有。"卬"上古为"疑"母,属"阳"部。"俺"从"奄"声,"奄"古音为"影"母,属"谈"部。

---

① 章太炎《新方言·释言》:"我""又转为卬(鱼模阳唐对转),《尔雅》:'卬,我也。'今徽州及江浙间言吾如牙,亦印字也。俗用俺字为之"。

上古音有区别,但主要元音相同。宋元之际,"疑"母三等字的声母脱落,变成零声母,与"影"母合流,故二字音近。说"俺"为"卬"之俗读或俗写,有一定道理。可备一说。

伊 六朝时多用作第二、第三人称代词。同一本书中有时既用作第二人称,又用作第三人称;究竟是第几人称,要依据上下文。后世主要用作第三人称代词,有些作品专指女性。现代吴方言则只用于第三人称,不分男女。《世说新语》多有用例,《方正》:"羊、邓是世婚,江家我顾伊,庾家伊顾我,不能复与谢哀儿婚。"又《识鉴》:"伊必能克蜀。观其蒲博,不必得,则不为。"又《汰侈》:"自杀伊家人,何预卿事!"或做主语,或做宾语,或做定语,皆是"他"的意思。又《品藻》:"勿学汝兄,汝兄自不如伊。"例中的"伊"是"你"的意思,做宾语。隋唐间也有用例。《隋书·杨勇传》:"睍地伐渐不可耐,我为伊索得元家女,望隆基业,竟不闻作夫妻,专宠阿云,使有如许豚犬。"唐诗用例较多,但多数是"他"的意思。刘长卿《湖上遇郑田》:"扁舟伊独往,斗酒君自适。"孟郊《送淡公》:"笑伊渔阳操,空侍文章多。"白居易《喜小楼西新柳抽条》:"为报金堤千万树,饶伊未敢苦争春。"①个别例证可理解为"你"。吕岩《寄白龙洞刘道人》:"及乎

---

① 《全唐诗》的其他例证有薛能《赠欢娘(八岁善吹笙)》:"当时纵使双成在,不得如伊是小时。"来鹄《子规》:"投人语若似伊泪,口畔血流应始听。"罗虬《比红儿诗》其六十:"任伊孙武心如铁,不办军前杀此人。"又其七十:"可中倩似红儿貌,若遇韩朋好杀伊。"又其七六:"红儿若是同时见,未必伊先入紫宫。"吴融《情》:"月不长圆花易落,一生惆怅为伊多。"李建勋《蔷薇》其二:"将并舞腰谁得及,惹衣伤手尽从伊。"又《重台莲》:"怜伊不算多时立,赢得馨香暗上身。"杨玢《批子弟理旧居状》:"四邻侵我莫从伊,毕竟须思未有时。"孙元晏《太史慈》:"陈韩昔日尝投楚,岂是当归召得伊。"又《郁林王》:"强哀强惨亦从伊,归到私庭喜可知。"无名氏《杂诗》其十:"三十六峰犹不见,况伊如燕这身材。"《寒山诗》其七五:"谁能共伊语,令教莫此居。"又其九八:"故知杂滥口,背面总由伊。"又其二四三:"打伊又不得,骂伊又不着。……阿爷恶见伊,阿娘嫌不悦。……趁向无人处,一一向伊说。"又其二七四:"我尚自不识,是伊向得知。"无则《百舌鸟》:"饶伊摇舌先知晓,也待青天明即鸣。"贯休《怀谬独一》:"思还如我苦,时不为伊来。"又《再逢虚中道士三首》其二:"囊里灵龟小似钱,道伊年与我同年。"又《春游凉泉寺》:"青山看着不可上,多病多慵争奈伊。"齐己《白发》:"莫染亦莫镊,任从伊满头。"又《独院偶作》:"毕竟伊云鸟,从来我友于。"又《书匡山隐者壁》:"直是来城市,何人识得伊。"又《渚宫莫问诗一十五首》其一:"莫问疏人事,王侯已任伊。"又《萤》:"透窗穿竹住还稀,万类俱闲始见伊。"又《对菊》:"欲倾琥珀杯浮尔,好把茱萸朵配伊。"慕幽《灯》:"孙康勤苦谁能念,少减余光借与伊。"吕岩《题四明金鹅寺壁》:"问伊方丈何寂寥,道是虚空也不着。"孙鲂《看牡丹二首》其二:"闲年对坐随成偶,醉后酣眠恐负伊。"又《杨柳枝》:"未曾得向行人道,不为离情莫折伊。"牛峤《杨柳枝》其三:"桥北桥南千万条,恨伊张绪不相饶。"又其四:"莫交移入灵和殿,宫女三千又妒伊。"李存勖《如梦令》:"长记别伊时,和泪出门相送。"李煜《喜迁莺》:"片红休扫尽从伊,留待舞人归。"魏承班《满宫花》其二:"梦中几度见儿夫,不忍骂伊薄幸。"又《菩萨蛮》:"上马出门时,金鞭莫与伊。"欧阳炯《更漏子》:"争生嗔得伊。"又《贺明朝》:"终是为伊,只恁偷瘦。"孙光宪《浣溪沙》其十二:"和娇和泪泥人时,万般饶得为怜伊。"又《更漏子》其三:"奈伊何,别来情更多。"许岷《木兰花》:"当初不合尽饶伊,赢得如今长恨别。"无名氏《撷芳词》:"记得年时,共伊曾摘,都如梦。"

精竭身枯朽,谁解教伊暂驻颜。"张泌《蝴蝶儿》:"阿娇初着淡黄衣,倚窗学画伊。"前者的"伊"是虚指,后者为实指。

宋词用例甚夥,遽数之不能终其数,但大多用作第三人称指代词。宝月《鹊踏枝》:"客意为伊浑忘却。"蔡伸《生查子》:"画堂初见伊,明月当窗满。"曹勋《水调歌头》:"仗何人,细说与,为伊潘鬓成霜。"但也有用作第二人称代词者。陈瑾《蝶恋花》:"籋子镊来,须有千堆雪。莫向细君容易说,恐他嫌你将伊摘。"句中的"你"和"伊"均指白发,作者设想与白发对话,故为第二人称。福建士子《卜算子》:"伊道不忘人,伊却都忘了。我若无情似你时,瞒不得、桥头柳。"下文言"你",上文言"伊",知"伊"即"你"。《董西厢》也有较多用例,大多数用作第三人称,少数用作第二人称。如卷二:"你把笔尚犹力弱,伊言欲退干戈,有的计对俺先道破。"又卷三:"相国夫人,怕伊不信自家说:'请宽尊抱,是须休把两眉结。'"又卷六:"俺也不似别的,你情性俺都识。临去也,临去也!且休去,听俺劝伊。"

元曲有不少用例,或用作第三人称,或用作第二人称,依上下文而定。白贲《胡十八》:"当初时想伊,为伊消玉体减香肌。"《元曲选外编·刘弘嫁婢》二折:"即来托我为交契,我不曾见伊家面皮。"《琵琶记》十三出:"听伊说教人怒起。汉朝中惟我独贵,我有女,偏无贵戚豪家匹配!"这是第三人称。白氏的"伊",指称所爱的男性。高明《琵琶记》五出:"我年老爹娘,望伊家看承。"又十二出:"下丝纶,不愁无处,笑伊村杀。"贾仲明《吊岳伯川》:"老夫共汝不相知,《鬼簿》钟公编上伊。"《元曲选·魔合罗》四折:"谁向官中指攀着伊,是你那孝子曾参赛卢医。"这是第二人称。

明代也有用例,《挂枝儿》大多作第二人称使用。《挂枝儿》别部卷四:"再劝伊,休把烧窑的气。砖做厚,瓦做薄,谁不道是一样泥。厚与他,薄与你。"又:"耽惊受怕我吃你的累,近前来听我说向伊。来由你,去由你,怎么这等容易?"《警世通言》卷二:"大块无心兮,生我与伊。我非伊夫兮,伊非我妻。偶然邂逅兮,一室同居。大限既终兮,有合有离。人生之无良兮,生死情移。真情既见兮,不死何为!伊生兮拣择去取,伊死兮还返空虚。伊吊我兮,赠我以巨斧;我吊伊兮,慰伊以歌词。斧声起兮我复活,歌声发兮伊可知!嘻嘻,敲碎瓦盆不再鼓,伊是何人我是谁?"此用作第二人称者。《醒世恒言》卷十五:"不想死在尼姑庵里,被伊父母讦告。"又卷十六:"今有十官子巷潘用家,夜来门户未开,夫妻俱被杀死,同伊女寿儿特来禀知。"此用作第三人称者。

现代汉语方言似乎只有第三人称代词的用法,见《现代汉语方言大词典》。

为什么会出现这种既做第二人称代词,又做第三人称代词的情况？而且即使是同一作品,也有这种现象？吕叔湘说:"曲文里何以会用伊字来代你呢？这只能有一种解释:利用伊字的平声来协律,因为你字没有一个平声的同义词,不象我字可以利用咱字。"①

按:正如吕先生所言,先秦时"伊"是个指示词。是远指还是近指,吕先生没说。《汉语大词典》认为是近指,所举例证即著名的"所谓伊人,在水一方",毛传云:"伊,维也。"看作联系词,不确。朱熹《诗集传》云:"伊人,犹彼人也。"我们认为这个解释是正确的。彼,就是"那",表远指。正因为是远指,才有可能发展为后世的第三人称代词。如果是近指,不可能有这种演变。《汉语大词典》的这个解释不正确。至于为什么既表第三人称又用作第二人称,原因在于:在没有把指示分作远指、中指和近指的语言里,远指没有具体的距离,离开自身,即可看作远指,这个远指包括中指,故"伊"的远指,也包括中指。远指用于指人就是他,中指用于指人就是你。这与"利用伊字的平声来协律"没有关系。如果要用平声字协律,可以用"君"字,而且用"君"还没有指称的混淆。此外,用"你"与用"伊"还是有区别的。用"你"是一般的指称,没有情感因素;用"伊"则指自己所爱的人,含有情感因素。其来源在于"秋水伊人"中的"伊人","伊人"就是作者的所爱,后世借"伊"指称所爱。哪怕是用于第三人称,也含有欣赏、喜欢的意味在里面。这就是为什么宋词和元曲中的"伊"多用于指代女性的原因,《汉语大词典》"伊"下第七个义项释为"专用以代称女性,她",就是出于这种考虑。其实,男人的第三人称也可用"伊",只要是心中所喜欢的。用"他"则没有这种意义。

与么　表指代,是"这么"的意思。其形体上字有"异""伊""与""与""熠"等,下字有"没""摩""磨""么"等。吕叔湘先生《近代汉语指代词》言之甚详,此不赘述。然则"与么"为什么有指代意义？吕先生说:"至于'异'等五个字的来踪去迹就更难说明了。"态度十分谨慎。我们不揣谫陋,试着加以猜测。请方家指教。

先看例证。唐慧然集《镇州临济慧照禅师语录》卷一:"若与么来,恰似失却。不与么来,无绳自缚。一切时中莫乱斟酌,会与不会都来是错,分明与么道,一任天下人

---

① 吕叔湘著、江蓝生补:《近代汉语指代词》,19页,学林出版社,1985年。

贬剥。久立珍重。"唐文益撰《宗门十规论》卷一:"汝是慧超,与么设施,恰似炊铁钉饭,煮木札羹,要饱天下之饥人,直是教他无下牙处。"《五灯会元》卷四:"僧曰:'寻羚羊声来。'师曰:'羚羊无声到汝寻。'曰:'寻羚羊迹来。'师曰:'羚羊无迹到汝寻。'曰:'寻羚羊踪来。'师曰:'羚羊无踪到汝寻。'曰:'与么则死羚羊也。'"元姜端礼撰《林泉老人评唱丹霞淳禅师颂古虚堂集》卷四:"峰云直须与么始解稳坐。"又卷六:"这僧恁么问,投子与么答。"明本瑞直注《荒绝老人天奇直注雪窦显和尚颂古》卷一:"汝等诸人尽是噇酒糟汉,与么行脚,何处有今日(迷名滞相,如酒所困,如此行持,何年得醒)。"清真在编《径石滴乳集》卷一:"方山与么提持,可谓烜赫古今。"此词最早的文献记录在唐代,宋代用例较多,皆见于禅宗语录和与禅宗相关的著作。禅宗的文献有连续性,后世对此词的记录,未必就是当时语言的真实反映。但当时的记录,应该是一种实录,是当时语言的真实反映。

"与么"何以表指代?我们认为来自"以(已)"。古汉语"以(已)"可用作指示代词,例见杨树达《词诠》,今各举一例。《战国策·魏策》:"'且无梁孰与无河内急?'王曰:'身急。'曰:'以三者,身,上也;河内,其下也。秦未索其下,而效其上,可乎?'"《庄子·养生主》:"吾生也有涯,而知也无涯。以有涯随无涯,殆已;已而为知者,殆而已矣。"现代汉语方言"以"也用作指示代词。湖南浏阳:"以只大,各只细(原书作'各细只',似词序有误,今正),以两只□lai只好点唧咧?(这个大,那个小,这两个哪个好一点呢?)"此外,湖南浏阳方言还有"以唧(这里)""以样(这样)"[①]"以个(这个)""以些、以起(这些)""以子(这么)"[②],"以"皆是指代词。据刘纶鑫研究,赣方言的近指代词用"伊"的有湖口、乐平,也可为我们提供证明[③]。"以(已)"与"与""异"双声,皆"喻"母四等字。"熠"为"喻"母三等字,唐宋之际从"匣"母分出,与"喻四"音近。至于"伊",属"影"母;宋代以后,"喻"母与之音近,也有可能相混。而韵母或有i、u之别,或有阴入之别,但皆可解释。i、u相混的方言有西北方言,也有南方方言,如闽方言等。阴入相混,则是入声消失过程中的必然现象。故"熠"可代"以(已)"。

---

① 许宝华等:《汉语方言大词典》,958—959页,中华书局,1999年。
② 夏剑钦:《浏阳方言研究》,185—186页,湖南教育出版社,1998年。
③ 刘纶鑫:《客赣方言比较研究》,702页,中国社会科学出版社,1999年。

二、介词

按照用法,近代汉语介词可分为七大类:

表时间的:从、自从、打、打从、到、在、当、于、趁、乘、赶、闻、随。

表处所、方向的:当、打、往、朝、向、由、望、蓦。

表方式、方法的:按、依、将、把、捉、凭、靠、拿。

表目的、原因的:因、由于、为。

表对象、关联的:对、至于、同、跟、与、替、和(合)、给、叫、被、吃、论、连。

表比较的:比。

表排除的:除、除了。

它们大部分已见于上、中古汉语,但也有不少是近代汉语新生的。如"把""打""闻""蓦""捉""吃"。

把 本"握持"之义。连动式中,如果语义重点落在后一动词,"把"字就渐渐虚化,最后成为介词。杜审言《除夜有怀》:"故节当歌守,新年把烛迎。"语义重点在"迎"——用什么迎?用烛光迎。烛光是拿着还是放在地上,并不重要,故"把"开始虚化。此诗的"把"可以看作介词,也可以不看作介词。"把"与上文的"当"相对。"当"是"应当"的意思,是助动词;则"把"为介词,助动词对介词,未尝不可。撇开上句,则"把"可理解为"执持",为动词。如果看作动词,这种"把+N+V"的格式,意义看作两种解释的语境,是促使"把"变成介词的条件。纵使此例的"把"不看作介词,但介词"把"唐代已出现。宋之问《温泉庄卧病寄杨七炯》:"惜无载酒人,徒把凉泉掬。"白居易《戏醉客》:"莫言鲁国书生懦,莫把杭州刺史欺。"李涉《岳阳别张祜》:"爱君气坚风骨峭,文章真把江淹笑。"皮日休《初夏游楞伽精舍》:"悠然散吾兴,欲把青天摸。"朱放《新安所居答相访人所居萧使君为制》:"君若欲来看猿鸟,不须争把桂枝攀。"刘禹锡《送宗密上人归南山草堂寺因谒河南尹白侍郎》:"河南白尹大檀越,好把真经相对翻。"《祖堂集》卷十五"五泄和尚":"大师把政上座耳拽。"《敦煌变文集·维摩诘经讲经文(四)》:"不把庭前竹马骑。"这些"把"都是介词。骆宾王《代女道士王灵妃赠道士李荣》:"不把丹心比玄石,惟将浊水况清尘。"顾况《萧郸草书歌》:"若把君书比仲将,不知谁在凌云阁。"又《赠僧二首》其二:"更把浮荣喻生灭,世间无事不虚空。"这些用于比较句的"把",无疑是表处置的介词。王建《维扬冬末寄幕中二从事》:"那堪旅馆经残腊,只把空书寄故乡。"刘商《画石》:"那知忽遇非常用,不把分铢补上天。"韩愈《嘲少年》:"直把春偿酒,都将命乞花。"李贺《啁少年》:"只把黄金买身贵。"孟郊《君子勿郁郁,士有谤毁者作诗以赠之》:"谁把碧梧枝,刻作云门乐。"杜牧《上盐铁裴侍郎书》:"凡有冤人,无处告诉,每州皆有土豪,百姓情愿把盐每年纳利,名曰土盐商。"李商隐《谢河东公和诗启》:"思将玳瑁,为逸少装书;愿把珊瑚,与徐陵架笔。"薛昌序《黄蜀葵赋》:"懊恨张京兆,唯将桂叶添眉;怅望齐东昏,却把莲花衬步。"《祖堂集》卷十八"仰山和尚":"怪和尚把大家底行人事。"

上面的例证可分二类:一是"把"后的动词不带宾语,一是"把"字后的动词带宾语。"把"后的动词不带宾语的,动词的支配对象是介词"把"所带宾语,这样的"把"才是介词[①]。如宋之问诗,"掬"的是"把"所带宾语"凉泉";白居易诗,"欺"的是"把"的宾语"杭州刺史";皮日休诗,"摸"的是"把"的宾语"青天"。余可类推。如果不是这样,则为连动式。如李频《黔中罢职将泛江东》:"两鬓愁应白,何劳把镜看。"看的不是镜,而是镜中的白发,所以,这个"把"不是介词。

"把"字后的动词带宾语的,又分两种情况:一为比较句,一为一般的句式。比较句好解释,其原始句型是"比 N_1 为 N_2",动词"比"的宾语本就是 N_1,比较句中用"把"将 N_1 提前,导致"比"的真宾语空位,N_2 就理所当然地成了"比"的形式宾语。如果这种分析正确,则与我们前面分析的不带宾语的"把"字句一致,即"把"后的动词支配"把"的宾语时,句中的"把"则为介词。至于一般的句子,则语义的重点必须在"把"后的动词,"把"所支配的名词大多是动作行为的凭借。

今人多以《洛阳伽蓝记》卷四的"把粟与鸡呼朱朱"作为"把"字表处置之始。其实"把粟与鸡"并不是现代的"将粟与鸡"的意思,而是"手握着粟给鸡"。现代农村老太太喂鸡,特别是引鸡归窝,多是手抓一把米,口呼"朱朱"。而真正的喂鸡,要等鸡全部到齐,才能开始;这时就不必呼"朱朱",也不须"把米"了,而是将米大把地撒在地上。可见"把粟"之"把"仍是动词。

[①] 此观点见王力《汉语史稿》,412 页,中华书局,1980 年。

宋元之际，"把"字句逐渐多了起来，但与"将"字句相比，仍占劣势。据吕鸿运统计，162种元杂剧科白中，"将"字句共有1396例，"把"字句共514例，"将"字句是"把"字句的2.72倍，占明显优势。

明代开始，情况有所变化，"把"字句已开始占优势。据抽样调查，《水浒传》第四回有22个处置式，其中20个用"把"字，2个用"将"字；第七回共享17个处置式，其中15个用"把"，2个用"将"。《西游记》三八回有18个处置式，其中13个用"把"，5个用"将"。皆占明显优势。

现代汉语一般用"把"，但"将"字句也不废弃，只是显得文言色彩浓一些。

捉　本为"操持"之义，与"把""将"动词意义相同，后来虚化为介词，表处置。较早的例证见于王梵志诗和敦煌变文。王梵志《生时不须歌》："天地捉秤量，鬼神用斗斛。"又《凡夫真可怜》："漫将愁自缚，浪捉寸心悬。"寒山《诗三百三首》其二二一："下危须策杖，上险捉藤攀。"《敦煌变文集·王昭君变文》："良由画匠，捉妾陵持。"又《降魔变文》："外道捉我刑持。"又《燕子赋》："胥是捉我支配。"又："夺我宅舍，捉我巴毁。"又："向吾宅里坐，却捉主人欺。"又："宫人夜游戏，因便捉桑烧。"又："凤凰嗔雀儿，'何为捉他欺'。"

明代的用例如《山歌·半夜》："姐道：我郎呀，尔若半夜来时没要捉个后门敲，只好捉我场上鸡来拔子毛，假做子黄鼠郎偷鸡引得角角哩叫，好教我穿子单裙出来赶野猫。"又《乡下人》："乡下人弗识枷里人，忽然看见只捉舌头伸。"又《墨斗》："姐儿好像墨斗一般般，吃情哥揿住子奴身，只捉眼来看。"又《走》："郎在门前走子七八遭，姐在门前只捉手来摇。"《警世通言》卷六："身边铜钱又无，吃了却捉甚么还他？"又卷二十："今番只说是招那厮不着，便安排圈套，捉那周三些个事，闹将起来，和他打官司。"《三遂平妖传》七回："着甚来由捉性命打水撇儿。"

元曲中未见用例，可能与它使用北方方言有关；"捉"用作介词，大概只见于南方方言的文献。由于方言文献流传下来的有限，我们只在吴方言文献中见到过用例。现代安庆方言尚有此用法，如："大华昨个捉他老婆骂了一顿（大华昨天把他老婆骂了一顿）。""你有本事和他吵，不要捉人家出气（你有本事就跟他吵，不要拿人家出气）。"[①]湖

[①] 蒋冀骋、吴福祥：《近代汉语纲要》，486页，湖南教育出版社，1997年。

南宁乡偕乐桥话也有例证,不过词形作"捉哒",其中"哒"读轻音,是个助词,真正起作用的是"捉"字,其作用与"捉"同,也表处置。如:"捉哒沙发上的衣服折好(把沙发上的衣服叠好)。""他捉哒电脑搞烂哒(他把电脑弄坏了)。""捉哒那条街都寻到哒也冒看见么子花店(把那条街都找遍了也没看见什么花店)。""看电视捉哒眼睛都看近哒(看电视把眼睛看近视了)。"[①]

"把""将""捉"都用作表处置的介词,是同义词朝相同方向引申的结果。

蒋冀骋说:"捉"与"把"几乎同时产生,一些地方的作者用"捉",一些地方的作者用"把"。由于语言的明晰性,"把"与"捉"只能保留一个。在语辞的竞争中,"把"处于强势,而"捉"则处于弱势。最终"把"被正宗的通语接受,而"捉"则逐渐消亡,只保留在个别方言里。《全唐诗》用介词"把"的例证可用百计,而用"捉"的例证则寥寥无几。"把"战胜并取代"捉"是当然的了。然而为什么人们用"把",少用或不用"捉"?这可能与"捉"的动词性强一些有关。在人们的心目中,"捉"的动词性比"把"强;既然语意重点在第二个动词,与其用一个动词性强的"捉",不如用个动词性弱的"把"。这是用"把"不用"捉"的心理原因,也是"把"在使用过程中占优势,从而取代"捉"的重要原因。"捉"自古以来只有动词一种用法,是专职动词,故动词性强一些;而"把"则既有动词用法,又有名词、量词用法,不是专职动词,故动词性弱一些。从词义的角度来看,"把"虽与"捉"同义,但二者尚有轻微区别,所谓"浑言则一,析言则异"也。把,以一手把之也(见《段注》引《孟子注》语)。《说文》:"手,拳也。"《段注》:"舒之为手,卷之为拳,其实一也。"据此,则用手的五指握持为"把",而"捉"则没有这种限制,可以是五指握持,也可以是双手握持。《说文》:"捉,搤也。""搤"之言"扼"也,紧紧握持之谓也。《释名·释姿容》:"捉,促也,使相促及也。"刘熙说语源未必正确,但他对"捉"字意义的把握应是对的。促,迫也,"紧迫"的意思。揣刘氏之意,"捉"是"紧握"的意思。古今都有"捉贼"之语,但未见"把贼"之辞;贼要紧抓,故用"捉"而不用"把"。所以说,"捉"是紧紧地握,而"把"则没有这种限制。"把"从形状上讲,是用五指握;从程度上讲,是一种不松不紧的握,如果太紧,就无法"把玩"了,我们见过"捉玩"吗?我们说"捉"的动词性强,就是基于这种考虑。从词义发展的角度来看,中古以降,"捉"的主

---

① 陶伏平:《宁乡偕乐桥话介词初探》,硕士学位论文,湖南师范大学文学院,2002年。

要意义是"捉拿、擒拿",而"握持"等意义则逐渐消失(方言除外);"把"的主要意义是"握持",而没有"捉拿"义。二者在词义上有了分工的趋势。这也应是"捉"不能成为通语中处置介词的原因。从词的组合关系来看,由于"捉"的动词性强,故它的组合对象有限,只与握持、捉拿之具体器物搭配,而较少与抽象的名词组合。"把"的动词性相应较弱,故使用对象广泛些,除可与"捉"搭配的具体器物外,还可与一些较抽象的名词组合。如风可以"把",酒可以"把",家可以"把",脉也可以"把",而"捉"则不能①。

打　作"从"解,介词,表动作的开始,较早的例证见于宋代。《朱子语类》卷十二:"或于物欲中打一觉悟,是时私欲全无,天理尽见,即此便是仁之全体否?"又卷二六:"此心散漫放肆,打一耸动时,便在这里,能使得多少力。"又卷九八:"仁打一动,便是义礼智信当来。"又卷一一六:"仁打一动,义礼智便随在这里了。"

这个"打"本是"触事皆谓之打"(欧阳修《归田录》卷二)的"打",即"打＋N"结构的"打",后来表动作的名词也进入这一结构,变成了"打＋V"。而动作离不开时间和地点,故后世发展出"打＋时间名词"和"打＋处所名词"的用法。

表处所的例证未见于《朱子语类》,较早的例证见于元代②。杜仁杰《耍孩儿庄家不识构阑》:"正打街头过,见吊个花碌碌纸榜,不似那答儿闹穰穰人多。"《元曲选·墙头马上》一折:"张千,俺打那里过去?"又《儿女团圆》二折:"长成一十三岁,每日上学,打您门前经过。"又《黑旋风》一折:"因带酒杀了阎婆惜,被告到官,脊杖六十,迭配江州牢城,因打此梁山经过。"又《杀狗劝夫》二折:"我打这背巷里去,也略避些风雪。"《元曲选外编·三战吕布》一折:"小官前往青州催运粮草去,路打此德州平原县经过。"关汉卿《大德歌》:"谁着你摇铃唱挽歌,因打亚仙门前过,恰便是司马泪痕多。"《武王伐纣平话》中:"左右捉将放雕人来,斩了其人,灭了全家,因此后人更不敢架雕打台边过。"

以上诸"打"字皆表经过。明代除表经过外,还有表起点的例证。表起点也是一

---

① 蒋冀骋:《论明代吴方言的介词"捉"》,《古汉语研究》,2003年第3期。
② 《汉语大词典》引唐李德裕文作为最早例证,实误。李德裕《代石雄与刘稹书》:"昨打暮宿寨收得文书云:'陈许游奕使贺意密报云:官军二十五日齐进,雄牒报,王尚书请勘虚实。'"(见《全唐文》卷七〇七)实际上这个"打"是攻打的"打",言攻打暮宿寨,获得文书。应在"寨"后断句。

种经过,故有此用法。《金瓶梅》四十回:"到次日西门庆打庙里来家。"又四九回:"即去院里坐名叫了董娇儿、韩金钏儿两个,打后门里用轿子抬了来,休交一人知道。"又五一回:"玳安旋打后边讨了手帕、银子出来,又没人封,自家在柜上弥封停当。"又五二回:"你不知,我夜间眼泪打肚里流出来了。"又五五回:"舍亲打山东来拜寿老爷的。"又五九回:"玳安打院里接了吴银儿来。"又六一回:"韩伙计打南边来,见我没了孩子,一者与我释闷,二者照顾他外边走了这遭,请我坐坐。"又六五回:"敕令太尉朱勔,往江南湖湘采取花石纲,运船陆续打河道中来。"又六七回:"此去从河南、陕西、汉州去,回来打水路从峡江、荆州那条路来,往回七八千里地。"又九九回:"我不日会同你巡抚张爷,调领四路兵马,打清河县起身。"

也有"打"与"从"连用的。《金瓶梅》五五回:"只见中门关着不开,官员都打从角门而入。"又五七回:"不想有个道长老,原是西印度国出身,因慕中国清华,打从流沙河、星宿海走了八九个年头,才到中华区处。"《水浒传》十二回:"打从这里经过,雇倩庄家挑那担儿,不想被你们夺了。"又十六回:"路途打从这里经过,听得多人说这里黄泥冈上时常有贼打劫客商。"又二一回:"只见押司打从这里过来,以此老身与这阎婆赶来。"又四一回:"穆太公道:'你等如何却打从那条路上来?'"明清小说这类例证甚夥,不备举。

"打""打从"表时间的例证明清小说未见,只见于现代。由表处所引申为表时间,经历了很长一段时间。《现代汉语词典》:"打今儿起,每天晚上学习一小时。"《子夜》:"打从今年元旦起,所谋辄左!"豫剧《李双双》:"打从麦罢,她当了妇女队长,见啥管啥,见啥问啥。"项佐《两个会计》:"他是个老会计了,打从十五岁就在私人绸缎庄学生意。"[1]

"打"何以有"从"义?诸家说法不一。《新方言》卷二:"从某处过曰打某处过。此打即是丁字。《尔雅》:'丁,当也。'"然"当某地过",似乎古来无此语,且"当"也没有"从"的意义。章说不足以服人。太田辰夫云:"可能'打'是从'道'变来的。'道'的例子如:旋遂之琅玡,道上党入。(《史记·秦始皇本纪》)因为这种'道',也应该说是表经过的,所以把它看作'打'的前身未必是不妥的。但是'道'的下限和'打'的上限未

---

[1] 这二例引自许宝华等《汉语方言大词典》,1014页,中华书局,1999年。

必大了一点。"①今谓"打"不可能由"道"而来。打,《广韵》音"德冷切",当读作 dǐng,宋代始读"丁雅反",说见《归田录》。"德冷反"之"打"不可能是"道"的音变。今按,"打"之"从"义是从"触事皆谓之打"而来,"打一动"与明代的"打一照""打一看""打一望"结构相同。"打一动"原本表示动作短暂,是"动一下"的意思;继而虚化为"从",表动作的开始。进一步扩大使用范围,则为表处所之"打",成为一般的"从"了。

望 本是"朝远处看"的意思。朝远处看必有方向,故引申为"对着";进一步虚化为介词,表"朝、向"。王维《淇上田园即事》:"牧童望村去,猎犬随人还。"杜甫《哀江头》:"欲往城南望城北。"②二"望"字皆当训"向",皆介词。《老学庵笔记》卷七:"北人谓向为望。"

见于散文的例证:

《祖堂集》卷三"牛头和尚":"融每常望双峰山顶礼,恨未得亲往面谒。"又卷八"曹山和尚":"使回通偈,王遥望山顶礼。"又卷九"罗山和尚":"疎山便具威仪,望大岭叹曰:'将谓无人,大岭有古佛,光明射到此间。'"《景德传灯录》卷四"弘忍禅师":"时王公士庶皆望尘拜伏。"又卷二七"天台丰干禅师":"或时叫噪望空慢骂。"《五灯会元》卷九"芭蕉慧禅师":"望南看北斗。"又卷十九"天封觉禅师":"且望空撒手,直下翻身一句作么生道?"《董西厢》卷二:"欲待望本阵里逃生,见一骑马悄如飞到。"又:"莺莺褰衣望阶下欲跳。"

诸"望"字皆是"朝"的意思,句义重点在后一动作,故"望"是介词。元明的例子有:

《元曲选·货郎旦》三折:"三条道儿,不知望那条道儿上去?"《三遂平妖传》六回:"永儿见客人来,便走起身望后便走。"

今温州方言仍保留这种用法,如:"望门前走。"③山东平邑方言也有这种用法,如:"他有钱就是不望外拿。"④

---

① 太田辰夫:《中国语历史文法》,234 页,北京大学出版社,1987 年。
② 此二例引自王锳《唐宋笔记语辞汇释》,172 页,中华书局,2001 年。
③ 游汝杰、杨乾明编:《温州方言词典》,193 页,江苏教育出版社,1998 年。
④ 许宝华等:《汉语方言大词典》,5697 页,中华书局,1999 年。

闻 表示时间、时机，相当于"趁"，现代汉语已不再使用。"闻"的这种用法始于中古，《晋书·孝愍帝纪》："今欲闻城未陷为羞死之事，庶令黎元免屠烂之苦。"但不经见。佛典中有"曼"字，也是"趁"的意思。《正法华经》二："唯母听我等出家为沙门。如来甚难遇，曼时当精学。"《菩萨处胎经》："曼我今在，先度父母。"《慧琳音义》卷五九"曼今"、卷七三"曼王"皆云"今高昌人谓闻为曼"，则"曼""闻"同词，唯声有弇侈而已。唐宋之际，口语中"闻"字较常见。张相《诗词曲语辞汇释》、蒋礼鸿师《敦煌变文字义通释》论之甚详，可参看。

王建《江南三台》："闻身强健且为，头白齿落难追。"《敦煌变文集·欢喜国王缘》："闻早回心莫等闲。"《五灯会元》卷十四"长芦清了禅师"："直饶闻早便归去，争似从来不出门。"《前汉书平话》卷中："惠帝若归天，暗使兵部官闻闹中扶吕氏为君。"

云从师认为："闻"得声义于门，与"璺""衅"同源。云："闻者，声入于耳，必有虚以受之，如门之有隙可入者。凡事物恒有际会，早与晚有间，强健与衰弱亦有间，逾间则早为晚矣、强为弱矣。乘间蹈隙，先乎晚与衰弱之至，是则为闻。闻既受义于门，门又孳乳为衅、璺，此闻早、闻健之闻所以为趁也。"（《义府续貂》）[①]可备一说。

今谓"闻"似得声义于"冒"。"闻"或作"曼"，"曼"从"又"，"冒"声。《说文》："冃，重复也。"故从"曼"声的字多有"覆、蒙"之义，如"谩""幔""鞔"。"冃"用于处所则为"蒙"，用于时间则当有"趁"义。"曼"（冒）之训"覆"而引申为"趁"，犹"乘"之训"覆"而引申为"趁"也。

蓦 表方向的介词，"当、对着"的意思。多见于禅宗语录。

《祖堂集》卷七"雪峰和尚"："师用拂子蓦口打。"又卷五"道吾和尚"："师便蓦面唾。"又卷九"落浦和尚"："逢佛蓦头坐。"《五灯会元》卷三"石巩慧藏禅师"："一回入草去，蓦鼻拽将回。"又卷四"乌石灵观禅师"："峰蓦胸挡住曰：'是凡是圣？'"又卷十九"开福道宁禅师"："蓦路忽抬头，相逢不相识。"《古尊宿语录》卷六："师拈起拄杖，蓦头打一下。"

或写作"漫"。《西游记》十八回："（行者）即使个拿法，托着那怪的长嘴，叫做个小跌。漫头一料，扑的掼下床来。""漫头"即"蓦头"。《三宝太监西洋记》四七回："猛然

[①] 蒋礼鸿：《蒋礼鸿文集》卷二，129 页，浙江教育出版社，2001 年。

间收转神来,只见唐状元的枪漫头劈面,雨点般凶。"又八一回:"举起双刀来,漫头扑面而舞。""漫头"可理解为"对着头"。

现代某些方言仍保留着这种用法。湖南祁东方言说"乎"字谜云:"蓦(音 ma,去声)脑一斧,眼睛两鼓。拦腰一棍,脚板两顿。"即其义。

喫(吃) 表被动[1],较早的例证见于唐。《敦煌变文集·王昭君变文》:"黄羊野马捻枪拨,鹿鹿从头喫箭川(穿)。"宋代例证渐多。《朱子语类》卷一〇一:"如吴元忠、李伯纪向来亦是蔡京引用,免不得略遮庇,只管喫人议论。"晁端礼《吴音子》:"更喫禁持,管取你回心,却有投奔人时。"柳永《红窗迥》:"莺共燕、喫他拖逗。"毛滂《又戏赠醉妓》:"眉儿喫皱,为谁无语,阁住阳关泪。"向滈《青玉案·又》:"喫他圈樻,被他拖逗。"周紫芝《洞仙歌》:"纵留得、梨花做寒食,怎喫他朝来,这般风雨。"元代也有不少用例。《史弘肇龙虎君臣会》:"史弘肇喫赶得慌,撇下了锅子,走入一条巷去躲避。"又:"鬼慌盘上去人家萧墙,喫一滑,撅将下来。"《元曲选外编·西厢记》四本二折:"喫我直说过了,我也怕不得许多,夫人如今唤你来完成亲事哩。"《京本通俗小说·碾玉观音》:"那女儿喫郡王捉进后花园里去。"

《说文》:"喫,食也。从口,契声。"本指进食。由于吃食是一种享受,语用中为了讽刺,使用调皮的说法,将"遭杖""遭棒"也叫作"喫";本是一种挖苦,但词义却扩大了。《敦煌变文集·庐山远公话》:"解事速说情由,不说眼看喫杖。"又《燕子赋》:"少时终须喫捆。"又:"但知免更喫杖,与他祁摩一束。"《祖堂集》有"喫拳""喫棒",《五灯会元》有"喫扑""喫交",《朱子语类》有"喫跌",诸"喫"字皆"遭受"之义。湘方言尚有"拳头古让你吃饱"之语,这个"吃"也是一种调皮的说法,可为佐证。由"喫拳""喫棒"引申为"受",由"受"进一步引申则为"被","喫"之用作介词犹"被"之用作介词,其意义和语法环境是一致的。首先是"喫"后带名词宾语,表工具或行为的主动者;后来语言表达者认为工具和行为主动者对听者来说并不重要,故"喫"后的名词省掉了,变成了"喫+V",也表被动,与"被"的句法功能一样。更有意思的是,宋代"遭杖"曰"餐",见《梦溪笔谈》。"餐"犹"喫"也。由于"餐"一般不带"棒""杖"之类的宾语,故"餐"未朝"受"这一义项发展。

---

[1] 参江蓝生《近代汉语探源》,37 页,商务印书馆,2000 年。

三、副词

近代汉语副词可按照用法分为六类:程度、情态、时间、范围、否定、反诘。

(一) 程度副词

这类副词有:最、很、极、顶、较、死、生、差、太、忒、煞。它们大多数仍活跃于现代汉语中。

忒 甚。《二程语录》卷十七:"且只是指与得个歧径,令他寻将去。不错了,已是忒大煞,若夫自得,尤难其人。"蒋捷《虞美人·梳楼》:"楼儿忒小不藏愁。"杨万里《题张垣夫腴庄图》:"不分腴庄最无赖,一时奄有忒伤廉。"元明至今,皆有用例。《快嘴李翠莲记》:"哥哥嫂嫂休推醉,思量你们忒没意。"《元曲选外编·东墙记》三折:"温柔软款情,佳人忒艳色。"陈德和《浩然骑驴》:"穷东野,忒好奇,冻得来战钦钦地。"《金瓶梅》一回:"自从嫁得你哥哥,吃他忒善了,被人欺负,才到这里来。"《醒世恒言》卷一:"如今大的忒大了,小的又娇娇的,做不得生活。"《八洞天》卷六:"这斗、党二贼又忒不良,见棺木厚实,便动了火。"《红楼梦》十一回:"宝兄弟,别忒淘气了。"现代东北官话、北京官话、冀鲁官话、胶辽官话、中原官话、晋语、西南官话、吴语、湘语、赣语、闽语、客家话,皆有此词[①]。

段玉裁《说文解字注》"忒"下云:"忒之引申为已甚,俗语用之。或曰大,他佐切,或曰太,或曰忒,俗语曰忒杀。"章太炎《新方言·释词》:"《月令》注:不贷,不得过差也。贷本作忒。今人谓过曰忒,如过长曰忒长,过短曰忒短。亦通言泰一音之转。"按,段、章说是。"忒"之为甚辞,系"过差"义之引申。"忒"之为"甚",犹"差"之为"甚"也,引申方向相同。

很 作为甚辞,较早的例证见于元代载籍。起初写作"哏"。

《元典章·刑部》卷二:"随路、江南罪囚每,哏迟慢着有。"又卷七:"为那般,军人每哏生受有。"又卷九:"赦放么道,贼每哏多了也。"又《户部》卷八:"煎盐的灶户哏生

[①] 许宝华等:《汉语方言大词典》,2512 页,中华书局,1999 年。

受有。"元刊本《老生儿》:"那几个守户闲官老秀才,它每哏利害。"

后来写作"狠"和"很"。

明徐昌祚《燕山丛录》二二:"妇女淫曰浪起来,极曰很浪,又曰怪浪。"清高静亭《正音撮要》卷二"称女人":"狠美貌(狠,甚也);狠标致。"

章太炎《新方言》卷一:"《说文》:'兄,长也。'古音如荒(见《释名》),《诗·大雅》:'仓兄填兮','职兄斯引'。《传》并云:兄,兹也。《释文》'兄'音'况'。是兄有兹长、增益之义。引申训甚。《小雅》'仆夫况瘁',况瘁犹甚瘁也……。今直隶语终言甚则曰况,如甚热曰热的况,甚苦曰苦的况。佗皆准此。况读如荒,通语则谓之很。"今按,"况"与"很",时间相距几千年,似乎没有直接的继承关系。今谓"很"当是"狠戾"义之引申。《说文》:"很,不听从也。一曰行难也,一曰鳌也。"狠戾则异于常,异于常即甚,进而用作程度副词。"很"之引申为程度副词,犹"差""忒""偏""颇"之用为程度副词,皆得义于"乖戾、偏颇"。所谓同义词的同方向引申。

(二) 情态副词

情态副词常见的有:的确、不妨、准、自然、果然、居然、好歹、左右、索性、只管、敢则、故故、特特、莫、几乎。

只管 "只顾、一味"的意思。

"只管"本是"只是管某个方面的事",而暗含"不管别的事"的意思;由此引申,就有"只顾、只是、一味"的副词用法。较早的例子见于唐。《全唐文》卷一〇七"许百姓自铸农器诏":"诸道监冶,除依常年定数铸办供军熟铁并器物外,只管出生铁。"《敦煌变文集·父母恩重经讲经文(一)》:"只管于家弄性灵,争知门外传声誉。"《敦煌变文集新书·双恩记》:"只管尊高处帝宫,未知门外苦千重。"《祖堂集》卷四:"云岩得这个信后,只管忧愁。"又卷七:"今日共师兄到此,又只管打睡。"又:"师每日只管睡,雪峰只管坐禅。"《朱子语类》也有用例。卷十一:"看书不由直路,只管枝蔓,便于本意不亲切。"又卷二二:"有礼而不和,则尚是存得那本之体在。若只管和,则并本都忘了。"

有时又写作"只观",盖音近而误。《祖堂集》卷四:"后只观望师兄来。"又卷十四:"只观诽谤马祖。""只观贪诤论,未得修行。""只观贪讲经论,药众成持,无有是处。"

"只管"本是"只注重、只关注"的意思,"只关注某事"在行动上就是"只是"做某事,"只是"做某事而不管别的事,就是"一味、只顾",这是副词用法的来由。"一味、只顾"做某事,如果还有别的事而且又做得好,则"只管"就有了"尽管"的意思,变成了表让步关系的连词。现代汉语连词"只管"就是这样发展来的。《儿女英雄传》八回:"这姑娘心里只管是这等想,但是他已经溺了,凭是怎样的大本领,可怎么替他出这个主意呢?"又二七回:"姐姐只管比你大两岁,他可傲性些儿,你可得让着人家;你要欺负了我的好孩子,我可不依你。"又三二回:"她只管满脸笑容嘴里这样说,却不禁不由的鼻子一酸,那说话的声音早已岔了。"又三六回:"他只管在那里一样的听信,却比众人心里落得安闲自在。"

几乎　上古汉语单用"几"。《史记·留侯世家》:"汉王辍食吐哺,骂曰:'竖儒,几败而公事。'""几乎"为词,似乎是中古以后的事。太田辰夫举《庄子·人间世》和《吴越春秋·夫差内传》以证"几乎"已见于上古,其实二例的"几乎"皆"近于"之义,"几"是动词,与副词用法有别。

《全晋文》卷一二一"注山海经叙":"若竹书不潜出于千载,以作征于今日者,则山海之言,其几乎废矣。"这个"几"是"近"的意思,是动词,带宾语"废"。而副词"几乎"正是"几"的"近"义演变的结果。唐刘肃《大唐新语》卷十三:"庄、列以仁义为刍狗,申、韩以礼乐为痛疽,徒有著述之名,无裨政教之阙。圣人遗训几乎息矣。"这个"几乎"可理解为动词"近于",也可理解为副词"差点儿";在词义上,"近于"与"差点儿"没有什么区别。如果"几乎"后面接光杆动词,则应理解为"近于","几"为动词,语义重点在"几";如果后面接动宾、动补结构,则应理解为副词,语义的重点在"几"后的动词结构。唐封演《魏州开元寺新建三门楼碑》:"诸佛护念,则前功几乎泯绝,大功不能为谋。"《虚堂和尚语录》卷一:"被赵州用减灶法,几乎打破蔡州。"《五灯会元》卷二十:"归堂撞见圣僧,几乎当面蹉过。"《朱子语类》卷二十:"某到此,见学者都无南轩乡来所说一字,几乎断绝了。"《清平山堂话本·洛阳三怪记》:"小子适来逢一件怪事,几乎坏了性命。"《元曲选·岳阳楼》三折:"几乎唬杀。"又《张生煮海》:"神术煅化的为夫妇,几乎熬煎杀俺眷属。"《二刻拍案惊奇》卷九:"这里素梅在房中心头丕丕的跳,几乎把个胆吓破了。"

有时写作"几合","乎""合"双声,可能是入声消失带来的书写形式的变化。

"几合"的较早例证见于唐。罗邺《献池州庚员外》:"曾降瑶缄荐姓名,攀云几合到蓬瀛。"《洛阳搢绅旧闻记》卷五:"果是风狂人,几合淹杀。若向前有疏失,况遗衣服在地,来日人寻踪至此,带累人。"这个"几合"是"几乎应当"的意思。后来"合"的意义淡化,"几"的意义成为词的中心意义,故"几合"就是"几乎"。《景德传灯录》卷十三:"问:'四众围绕师说何法?'师曰:'打草蛇惊。'僧曰:'未审怎么生下手?'师曰:'适来几合丧身失命。'"《五灯会元》卷三:"师曰:'心心无间断,流入于性海。'山曰:'几合放过。'"《建中靖国续灯录》卷十二:"问:'一问一答,尽落言诠,不涉言诠,请师速道。'师云:'缩却舌头。'僧曰:'几合一生疑着。'"

又可写作"洎合""洎乎"("洎乎"本为表时间的介词,文献中常见用例,禅宗语录中也有用作副词,义如"几乎"者),也是语音变化所致。

《祖堂集》卷十四:"某甲讲四十二本经论,将谓无人过得。今日若不遇和尚,洎合空过一生。"又卷十六:"若不遇老僧,相公洎合造龙。"《五灯会元》卷五:"僧抚掌曰:'苦杀人,洎合错判诸方。'"《古尊宿语录》卷八:"若不是宝应,洎合遭他毒手。"《古尊宿语录》卷五:"若不遇大觉师兄,洎乎误却我平生。"又卷四三:"师云:'重叠关山路。'进云:'洎乎蹉过。'"《五灯会元》卷十七:"师曰:'若不得和尚指示,洎乎蹉过一生。'"又:"自非个俗汉知机,洎乎巧尽拙出。"[①]

莫 表推测,相当于后世的"莫非"。南北朝时已见使用,唐宋之际逐渐普遍。

《搜神后记》:"莫要太子生否?"又:"此鸟莫是妖魅?"唐权德舆《玉台体》:"昨夜裙带解,今朝蟢子飞,铅华不可弃,莫是稿砧归?"贾岛《寻人不遇》:"闻说到扬州,吹箫有旧游,人来多不见,莫是上迷楼。"刘淇云:"莫是者,方言,犹今云恐是也。"

《祖堂集》卷十五:"莫是此人不?"又卷十六:"莫便是长老家风也无。"《五灯会元》卷二:"特来相访,莫更有安息之处否?"《朱子语类》卷二二:"信近于义,莫便是合义?恭近于礼,莫便是中礼?"

按,"莫"用作副词,可表否定,也可表劝诫,用于揣测语气;而这种揣测趋向于肯定,这实际上是用否定的形式表示肯定,使说话委婉,留有余地。

(三) 时间副词

常见的时间副词有:从前、从来、当初、向来、本来、元来、已经、刚、才、刚才、渐、

[①] 参袁宾《禅宗著作词语汇释》,85 页,江苏古籍出版社,1990 年。

正、在、合下、将来、常、且、暂、仍、旧。

渐 唐宋之际有"正"义,表时间。柳永《迎新春》:"渐天如水,素月当户,香径里,绝缨掷果无数。"唐宋散文也有用例。《太平广记》卷二一九"于遘":"近朝中书舍人于遘,尝中蛊毒,医治无门,遂长告。渐欲远适寻医……。一日策杖坐于门外,有钉铰匠见之。"例见张相《诗词曲语辞汇释》,此不备举。

"渐",古有"进、入"之义。《尚书·禹贡》:"东渐入海。"伪孔传:"渐,入也。"虞注:"渐,进也。"进入,必身践其地,故引申有"到、向"之义。刘过《从军乐》:"儿时鼓箧走京国,渐老一第犹未叨。"柳永《佳人醉》:"尽凝睇。厌厌无寐,渐晓雕阑独倚。""渐老"即到老,"渐晓"即到晓。由此进一步引申,即为"正当"之义。张相认为作"正"解者与作"到"解者意义略近,"特作'正'字解者为当前义,语气急,作'到'字'向'字解者为移时义,语气缓"。所论甚是。

合下 宋代用得较广的一个时间副词。从"合下"又可作"合手下"(辛弃疾《恶绣衾·无题》:"合手下安排了,那筵席须有散时。")来看,"合下"可能与作战、比武有关。比武古称"合手"。"合手下",即"合手的时候",有时径称"合下"①;用它来表示时间,就有"当时、当初"等意义。如:

《欧阳修集》卷一二二:"惟有濮王并夫人为是皇帝本生父母,合下有司检寻典礼并前代故事,遂具奏请。"《朱子语类》卷一:"或问先有理后有气之说。曰:'不消如此说。而今知得他合下是先有理、后有气邪?后有理、先有气邪?皆不可得而推究。'"又卷四:"人物之生,其赋形偏正,固自合下不同。"又卷二一:"曾子三省,看来是当下便省得。才有不是处,便改。不是事过后方始去改,省了却又休也。只是合下省得,便与它改。"陈克《渔家傲·又》:"合下心期唯有梦,如今魂梦也无凭,几行闲泪莫纵横。"石孝友《惜奴娇》:"合下相逢,算鬼病、须沾惹。"《五灯会元》卷十:"若是孝顺之子,合下得一转语。且道合下得甚么语?"《董西厢》卷三:"把如合下,休许咱家——你怎地,我离了他家门便是。"明高拱《病榻遗言》:"若拨乱世,反之正,创立规模,合下便有条理。"《王阳明集》卷一:"人要随才成就。才是其所能为,如夔之乐,稷之种,是他资性合下便如此。"

---

① 《北史》卷六一:"开远时为千牛,与独孤盛力战,合下为贼所执,贼义而舍之。"

按,元曲有"合下手"一词。如《元曲选外编·调风月》一折:"合下手休教惹议论。"吕止庵《新水令》:"他说得话儿岩,合下手脾和,莫不是把人赚?"商政叔《夜行船》:"合下手合平,先负心先赢。休只待学那人薄幸,往和他急竟。"《元曲释词(二)》释后二例的"合下"为"眼前、目前",表面看,似乎正确,而实则大误。元曲的三例,皆"合下手"为词,并非"合下"为词;如果释"合下"为"眼前",则"手"字无法落实。"手脾和",手怎么脾和? 不通。尤其是下例,"合下手"与"先负心"相对,"合平"与"先赢"相对,更不能释"合下"为"眼前"。故误。我们认为,"合下手"就是将手合起来,是"合掌、合十"的意思。合掌就是抛开纷争,不再争斗,故下文接"休教惹议论""脾和"和"合平"("合平"就是"应该平和"的意思)。如此解释,文意毫无隔阂,应该符合原义。

(四) 范围副词

常见的有:只、仅、单、光、一齐、一发、都、皆、尽、全、相、厮。

单　用作范围副词,较早的例证见于晋代文献,唐代用例渐多。

杜预《长历》:"桓十七年,日有食之,得朔。而史阙其日,单书朔。"《诗·小雅·采菽》:"邪幅在下。"孔《疏》云:"桓二年《左传》曰:'带裳幅舄。'《内则》亦单云偪,则此服名偪而已。"刘淇云:"单犹只也。"《诗·扬之水·序》孔《疏》:"此邑本名曲沃,序单言沃,则既封之后谓之沃国,故云'沃,曲沃也'。"《左传·文公二年》:"作僖公主。"孔《疏》:"且社主《周礼》谓之田主,无单称主者。"这个"单"也是副词,是"只"的意思。又《成公六年》:"二月辛巳,立武宫。"孔《疏》:"若其唯筑武宫,《传》应云:不可以立武宫,不得单称武也。"唐崔知悌《灸骨蒸方图序》:"未若此方,扶危拯急,非止单攻骨蒸,又别疗气疗风,或瘴或劳,或邪或癖,患状既广,救愈亦多,不可具录。"《祖堂集》卷九:"若也单明自己,未明目前,此人只具一只眼。"

《朱子语类》卷五七:"言中,则正已在其中。盖无正,则做中不出来;而单言正,则未必能中也。"又卷六二:"有恁地分别说底,有不恁地说底。如单说人心,则都是好。"

宋以前的例证,"单"一般修饰"言""云""说""书"这些"称说"类动词,未见与别的动词组合的用例。像这类例证的"单",若理解为"只",固然没有问题;但若理解为"独""单独",也说得过去。只有当它也可与别的动词组合时,这种演变才算真正完成。《元曲选·梧桐雨》二折:"统精兵直指潼关,料唐家无计遮拦。单要抢贵妃一个,非专为锦绣江山。"又《黑旋风》四折:"幸喜孙孔目兄弟已先来了,单不知李山儿的下落。"又《鲁斋郎》二折:"撇下了亲夫主不须提,单是这小业种好孤凄。"《元曲选外编·襄阳会》:"这一阵风,不按和炎金朔,是一阵信风,单主着今日午时候,必有军情事至也。"又《西蜀梦》二折:"单注着东吴国一员骁将,砍折俺西蜀家两条金梁。"

有时写作"单则","则"可看作音节助词。

《元曲选·蝴蝶梦》三折:"眼见的你两个得生天,单则你小兄弟丧黄泉。"又四折:"单则是子母团圆,大古里彩。"又《朱砂担》三折:"我这一来单则为你,你与我做了浑家罢。"

还可重叠为"单单"。

《朱子语类》卷一一七:"单单说个'风乎舞雩,咏而归',只做个四时景致,《论语》何用说许多事!"宋妙源编《虚堂和尚语录》卷三:"今夜略去佛法玄妙机关,单单与诸人说些细大法门,以表进寺识面之初。"宋净善重集《禅林宝训》卷四:"圆通不开生药铺,单单只卖死猫头。"曾瑞《麈腰》:"似这般无恩情不管人憔悴,我则向心坎上单单系着你。"《元曲选·谢金吾》一折:"我直从朝门外拆起,多少王侯宰相家,连片拆了,单单拆的你这一家儿也。"《元曲选外编·五侯宴》二折:"怕孩儿有刚气自己着疼热,会武艺单单的执斧钺。"《水浒传》十九回:"单单只剩得个何观察,捆住粽子也似,丢在船舱里。"

光 用作范围副词是由"精光"义引申而来的。较早的例证见于宋代。

《太平广记》卷十七"张建章":"张建章为幽州行军司马,光好经史,聚书至万卷。"(出《北梦琐言》)元代也有用例。高安道《嗓淡行院》:"带冠梳硬挺着粗脖项,恰掌记光舒着黑指头。"明清之际用例渐多,《金瓶梅》有数例,但《三言二拍》(《喻世明言》只有"光光"一例,见下)、《西游记》、《水浒传》、《三国演义》、《三遂平妖传》皆未见用例。《金瓶梅》十五回:"今日他爹不在家,家里无人,光丢着些丫头们,我不放心。"又三五回:"休说木料,光砖瓦连土也值一二百两银子。"又五八回:"这小粉头子,虽故好个身段儿,光是一味妆饰,唱曲也会,怎生赶的上桂姐一半儿。"又:"哥儿,我看你行头不怎么好,光一味好撒。"《红楼梦》一〇一回:"再者,也不光为我,就是老太太听见也喜欢。"又作"光光"。《喻世明言》卷九:"舟中一应行李,尽被劫去,光光剩个身子。"

厮 "相"的音转。范围副词,表互相。详参"近代汉语语源研究"章。

一发 用作范围副词,是"一同、一起"的意思。

《朱子语类》卷十五:"此是当初一发同时做底工夫,及到成时,知至而后意诚耳。"又卷九九:"盖释氏是个个各自轮回,横渠是一发和了,依旧一大轮回。"《三朝北盟会编》卷一六二:"午前见胡(改作敌)骑十人,望见绘等,一发叫呼,奔马前来,矢下如雨。"又:"译者言:'你们来讲和,煞是好公事,不如一发了却。'"《董西厢》卷八:"快准备,车乘鞍马,主仆行李,一发离门走。"《元曲选外编·豫让吞炭》一折:"今某心中还要将韩魏赵三家,一发并吞,废了晋侯。"《水浒传》二回:"我家也有头口骡马,教庄客牵去后槽,一发喂养。"

此词还可用作程度副词和情态副词,是"更加"和"干脆"的意思,此不备述。

"一发"为什么有这些意义和用法?其语源尚不可知,存以待考。我们推测,"发"本指"射箭",由射箭引申有"发动、启动"义。"一"修饰"发",则"一发"为"一起发动"的意思。用作副词,就是"一起、一同"。"一起发动"则力度强,作用大,故有"更加"义。"一起发动"则不留余地,故有"索性、干脆"之义。这样说,也能说通,但我们没有把握,只能是"姑妄言之"。还有一个可能是来自北方民族的语言的某个词,但我们也没有依据,而其引申线索我们也无法说清。

(五) 否定副词

除继承古汉语的"不""无""非""毋""勿""未""莫"外,近代汉语的副词还新增了"没有""别""休"。

没有 "没"训"无",见于《小尔雅》,是动词。宋元之际出现了"没有"一词,可能是"无有"类推的结果,但仍为动词。用为副词,较早的例证见于《朱子语类》和元曲,当是动词虚化的结果。

《朱子语类》卷二一:"才信,便当定如此,若恁地慢忽,便没有成。"此例最后一句的肯定形式是"便成",否定词"没有"应该是副词。《元曲选·东堂老》一折:"俺等了一早起,没有吃饭哩。"又《儿女团圆》二折:"哥,你莫不在那里见李春梅来?王兽医云:没有见。"《金瓶梅》五四回:"我想是没有用早饭。"《西游记》三十回:"自幼儿是太子登基,城门也不曾远出,没有见你这等嘴脸相貌。"

别 禁止副词"别"可能产生于元代,明代也有不少用例,但真正用得较普遍的是《红楼梦》。

《元曲选·张天师》四折:"怎将俺这一火同禁害?诉的明白,望仙尊别处裁。"《元曲选外编·哭存孝》一折:"别近谤俺夫妻们甚的,止不过发尽儿掏窝不姓李,则今日暗昧神祇。"又《㑇梅香》一折:"别引逗出半点儿风声,夫人他治家严肃狠情性。"周仲彬《斗鹌鹑·自悟》:"问甚鹿道做马,凤唤做鸡,葫芦今后大家提,别辨是和非。"(此例句的"别辨"李焱认为是"辨别"的意思,误。上文言"葫芦今后大家提",既然大家都糊涂,当然是"别辨是和非","别"是"不要"的意思。)

《金瓶梅》用例较多,大多数与"要"连用,共21例,今举数例。一回:"你也便别要说起这干人,那一个是那有良心的行货!"又:"对你娘说,叫别要看饭了,拿衣服来我穿。"又三回:"卓丢儿别要说起,我也娶在家做了第三房。近来得了个细疾,却又没了。"又十一回:"我说别要使他去。"又二一回:"小囚儿,你别要说嘴。"也有单用者,但用例不多,仅3例。三一回:"在家,别往那去了。先写十二个请帖儿,都用大红纸封套,二十八日请官客吃庆官哥儿酒。"又四二回:"且别教他往后边去,先叫他楼上来见我。"又五二回:"哥别题起,今日平白惹了一肚子气。"

《醒世姻缘传》"别要"共有161例,单用"别"的例证也有不少例证,但比"别要"少得多。五回:"别都罢了!这忘八我当不成!快去叫了计老头子爷儿两个来!"又三二回:"你别合他一般见识。"其中"别说"连用最多,全书近40例,还有"别怪""别提",但用例不太多。

《红楼梦》大多用"别","别要"只3例。

"别"字语源待考。吕叔湘先生认为是"不要"的合音[1]。王力先生不赞成合音说。他说:"普通总认为'别'是'不要'的合音,但这是很难解释的。因为'不'和'要'的合音该是 biao,不该是 bie,所以'别'字的来源还是尚待考证的。"[2]太田辰夫认为是本来意义的"别(另外)"引申而来,成为委婉的禁止意义。[3] 江蓝生同意吕先生的说法,她从方言和语音的演变证明"别"是"不要"的合音。[4] 卜师霞撰文不同意江蓝生的论证,她认为"别"来自蒙古语的"bitgi",但我们认为证据也不足。"bitgi"的"gi"

---

[1] 吕叔湘:《中国文法要略》,308页,《吕叔湘全集》第一卷,辽宁教育出版社,2002年。
[2] 王力:《中国语法理论》,227页,《王力文集》第一卷,山东教育出版社,1984年。
[3] 太田辰夫:《中国语历史文法》(中译本),282页,北京大学出版社,1987年。
[4] 江蓝生:《禁止词"别"考源》,见《近代汉语探源》,54—64页,商务印书馆,2000年。

是如何失落的？她没有解释。① 李焱、孟繁杰认为"别"是"不必"的合音,并进行了语音的证明。② 从语音上说,"不必"合音为"别",没有什么问题;但语音证明只能证明其可能性,不能证明其必然性,只有语音、语义和用法三者都能解释,假设才能成立。而"不必"与"不要"在语义上有区别,二者不能等同。"不必"是"不需要、用不着"的意思,是对"必须"的否定,不是表禁止或劝阻,与"别"的语法作用不同,故李氏的说法不足取。今按,"别"的来源这个问题自 20 世纪 80 年代末以来一直萦绕着我,我也想从蒙古语借词中寻找答案,为此我还买过蒙古语教材和词典,还写信问过照那斯图先生,因为"gi"无法解释,所以不敢提出自己的看法。所以我不接受来自蒙古语的说法。

　　江蓝生的论证确实有问题,李氏、卜氏已经指出。实际上最重要的还是王力先生所说的问题,"不要"合音当读 biáo。方言中"不用"之为"甭"(béng),可为佐证。江文所说的合音词的读音,后一个音节的某些音素(韵头、韵尾)会丢失。或失去韵头,举西安、西宁、洛阳方言为证。经覆案原书,西安的"要"读[pau](不计声调,下同),而"要"读[iau];西宁、洛阳的"要"读[pɔ],"要"读[ɕɔ],皆失去韵头[i]。江文此处的论证符合实际,可信。或失去韵尾,举北京、济南方言,苏州方言为证。北京方言正是江文要论证的,用作例证,没有意义。济南方言"别"读[piə]或[pɛ],而"要"读[ɕɔ],没有韵尾[u],不存在失去韵尾的问题。读[piə]者,只是主要元音央化而已。读[pɛ]者,则只是失去韵头[i],作为补偿,主要元音前化。苏州方言"不要"合音为[fiæ],江文认为失去了韵尾[u],与事实不合。苏州方言的"要"读作[iæ]③,本来就没有韵尾,也不存在经过合音失去韵尾的问题。扬州方言有[pɛ]。《扬州方言词典》的作者认为是"不要"的意思,没有标字头;江文认为是"不要"的合音,属于韵头韵尾皆失类。但扬州方言"要"字读[ɕɔ]④,并没有韵尾 u,如果说经过合音后失去了什么,只能说失去了韵头,主要元音变成[ɛ],也是一种语音补偿。由于后一音节失去韵头,作为补偿,主要元音前化为 ɛ。所以,江文合音后失去韵尾的解释不可信,从而使"不要"合音为[bie]的说法也就站不住脚。

---

① 卜师霞:《关于否定副词"别"是"不要"合音的质疑》,《中山大学学报》,2002 年第 6 期。
② 李焱、孟繁杰:《禁止副词"别"来源再考》,《古汉语研究》,2007 年第 1 期。
③ 叶祥苓编:《苏州方言词典》,73 页,江苏教育出版社,1993 年。
④ 王世华、黄继林编:《扬州方言词典》,181 页,江苏教育出版社,1996 年。

就词的使用来说,《金瓶梅》有不少"别要"的用例。很难想象,"不要"在元代刚合音为"别",马上又要加个"要"与之连文,成为"别要"。此外,如果"别"是"不要"的合音,语言中出现了表示禁止的副词"别要",就不会再用"不要"表禁止;但《金瓶梅》既用"别要",也用"不要"作禁止副词,《醒世姻缘传》的情况与之相同。故合音说不可信。

"别"的语源值得再研究。我们在此提出一个新的假设。我们知道,与"别"的语法意义相同且读入声的禁止副词,古代有个"勿"。这个"勿"在文言系统里自先秦一直用到近现代。就是现代书信,稍有文化的人都会用"勿念"。"勿念"就是"别念"。文言中用"勿",口语中用"别"。二者是否有联系,值得我们追问。就语音上说,《广韵》"勿"音"文弗切","明"母,"物"韵,王力拟音为 mǐuət;"别"音"皮列切","並"母,"薛"韵,王力拟音为 biɛt。"明"母的部分韵字(轻唇十韵)由重唇分出,变成轻唇,故"勿"后来读 wu。可能在有些方言中,"明"母字并没有变成轻唇,而是仍读作"並"母或与"並"母相近的音。如山西文水、平阳、兴县方言"明"母读作 mb[①],这个 mb 失去鼻音就是 b;而汕头方言,则明母字有些读 b。下面是高本汉著作中的方言例证。声母读作 b 的字有"亩""媒""馒""漫""闷""抹",m/b 两读的字有"拇""母""牡""帽""墨""磨""玫""枚""梅""瞒""摸""满""幔""墁""末""木""马""码""卯""买""卖""麦""米""篾""描""眉","微"母字(明母中的合口三等)有 m/b 两读的有"网""尾""未""问""望""袜""勿",厦门方言中"明"母(包括"微"母)字通常读作 b,"微"母字 m/b 两读的有"晚""问""物"。这是现代方言的情况。古代方言的情况如何,受文献的限制,大多数情况不太清楚,但唐五代西北方言有类似情况可供佐证。据罗常培研究,"微"母字大多读 b,《千字文》中"微、务、晚、勿"的声母、《大乘中宗见解》中"无""味""闻""问""忘""妄""物"的声母皆如此读,罗常培说:"微母的鼻音成素就似乎有逐渐变弱的倾向,所以它在《千字文》《金刚经》和《阿弥陀经》里并不受-n 或-ŋ 的影响而变成 m,在《大乘中宗见解》里有一大部分就简直的变成 b 音了。"[②]如此,则 mǐuət 变成 bǐuət 也不是没有可能。而 bǐuət 变为 biɛt,就更具现实性了。其过程是,受唇音影

---

① 高本汉:《中国音韵研究》(中译本),428—436 页,商务印书馆,1995 年。下文所引高本汉著作的方言例证皆出于此。

② 罗常培:《唐五代西北方音》,17 页,科学出版社,1961 年。

响,合口消失,作为音素消失的补偿,主要元音ə由央元音变成前元音ɛ,遂与"别"的读音一致。正因为如此,故口语中用汉字"别"来代替"勿"。

元曲"别"字四例,其作者二位是山西人(郑光祖为山西襄陵、今襄汾县人,吴昌龄为山西大同人),一位是河北人(关汉卿为大都人,旧属河北)[①],一位是杭州人(《簿鬼录》云:周仲彬名文质,其先建安人,后居杭州,因而家焉),大多是读"明"母如b的方言区人,与我们的假设相符,故语音上应该没有问题。就用法上说,元曲用例太少,不好比较。《金瓶梅》共24例,似可用来比较。《金瓶梅》共用了9个禁止副词"勿",皆不与"要"相连,且都是官员和读书人用语,带有文言色彩。唯一一例是李瓶儿的,但是鬼魂所言,变了鬼,似乎文化水平高了,故用了个"勿"。看来口语用"别",文言用"勿",二者有分工,"别"是"勿"的音变替代词的可能性很大。《醒世姻缘传》用了4个"勿"表禁止,皆为文言用法,而口语则用"别",二者也有分工。《红楼梦》的"勿"有5例,使用环境皆为文言,而口语则用"别",例证甚夥,不备举,可见二者有分工。

文献中先有"勿要",然后才有"别要"。"勿要"较早的例证见于初唐王焘《外台秘要方》:"当下破之乃得脓耳,勿要其皮厚也。"晚唐易静的词作也有用例。《全唐诗补编》卷三七载易静《兵要望江南》"占雨第八":"雷雨如倾溪涧阻,沐尸凶象不堪行,勿要与天争。"又卷四十《兵要望江南》"周易占候第二十六":"外卦世爻子孙旺,三般有气我无伤。勿要落空亡。"宋代仅见1例。《朱子语类》卷一二〇:"且要虚心,勿要周遮。"元代只见1例。《荆钗记》二九出:"勿要说三件,十件也依你。"明代有不少用例。戚继光《纪效新书》卷首:"勿要顾惜威重劳冗,而试较不全。"《醒世恒言》卷十五:"倘有人来扣,且勿要开。"又卷二十:"你们后来倘有成人之日,勿要忘了此人。"《封神演义》四二回:"勿要伤吾师叔!"明清之际的例证如《杏花天》六回:"我家大姐姐有事,不得与老母祝寿,勿要见罪。"清代例证如王士禛(新城,今山东桓台县人)《池北偶谈》:"宁可礼节上差些,勿要开了此端。"《万花楼演义》十二回:"方才传言备酒设筵,以待壮士,尽欢赏月,勿要辜负良宵也。"《海上花列传》《九尾龟》用例甚多,不备举。从上文的例证可以看出,"勿要"通行于南方,北方很少或基本不用。王士禛用"勿要",其

[①] 关于关汉卿的籍贯有三种说法,一为解州人(今山西省运城,《元史类编》卷三十六),一为祁州伍仁村人(今河北省安国县,《祁州志》卷八),一为大都人(今北京市,见《簿鬼录》)。

作品带有文言色彩，不为典要。其余诸家，除易静、《杏花天》作者籍贯不详外，其他皆为南方人，尤其是《海上花列传》《九尾龟》本就是吴语作品。所以，我们认为，北方用"别要"，南方的通俗作品和文言用"勿要"。用"别要"的不用"勿要"，用"勿要"的不用"别要"，二者成互补态势。据此，我们有理由认为，"别要"来自"勿要"，"别"来自"勿"。

太炎先生《新方言》认为"别"来自"弗"。从语音来说，似乎更合理一些，《广韵》"弗"音"分勿切"，"帮"母"物"韵，王力拟音为 piuət，与"别"的声母仅清浊之别，故语音上更好解释一些。但从用法上说，"弗"在先秦两汉乃至魏晋南北朝只有否定用法，所谓"不之深也"，没有禁止用法。

我们来看例证。全唐诗的"弗"只有一例表劝阻。戴叔伦《感怀二首》其二："主人饮君酒，劝君弗相违。"其余的皆表否定，相当于"不"。而"勿"表禁止和劝阻的用例较多，几乎随处可见。唐中宗李显《立春日遊苑迎春》："迎春正启流霞席，暂嘱曦轮勿遽斜。"唐明皇《春台望》："须念作劳居者逸，勿言我（一作身）后焉能恤。"温庭筠《公无渡河》："二十五（集作三）弦何太哀，请公勿渡立裴回。"李益《从军有苦乐行》："劳者且勿（集作莫）歌，我欲送君觞。"《全宋词》有 12 个"弗"字，没有一个用作禁止和劝阻之词，而"勿"则有较多用作禁止、劝阻之词的例证。春娘《阮郎归并序》："请过往君子览之勿笑。"贺铸《凤栖梧·桃源行》："闲边勿为他人道。"花仲胤妻《失调名·答外》："奴启情人勿见罪。"元曲中的"弗"用例本不太多，用作劝阻的只有一个"弗罪"，用了 2 次。《元曲选外编·野猿听经》一折："本当留你在此闲游几日，争奈荒疏的去处，却也不堪你的儒生居住，却也弗罪也。"还有"弗要"一词，是"不要"的意思，不是副词，也不表禁止和劝阻。《琵琶记》三出："你弗要男儿，我须要他。"《张协状元》二七出："敢欺人弗要我孩儿，它无分你无福。"而"勿"则用例较多，且很多例证用作禁止和劝阻。《元曲选·墙头马上》一折："我央你咱，你勿阻我。"又二折："勿问诗中意，相思病染床。"

明代的《山歌》有 20 余例"弗要"的用例，皆"不要"之义，用以表禁止或劝阻。可能是"勿"与"弗"在明代吴方言的某个地方合流了，也可能这个次方言只用"弗"不用"勿"。考现代吴方言，上海、苏州、无锡、江阴用"勿要"合字为"覅"，金华用"弗""要"合字为"覅"。其使用地区不大，"勿""弗"合流的可能性比较大。

太炎先生说得很有道理。由于"弗"作为禁止副词的使用面太小，故我们不采用太炎先生的解释。

休 用来表禁止或劝阻。王羲之《杂帖·荀侯帖》："计令解有悬，休寻。"这个"休"，好像是表禁止的副词；但由于上下文意不清晰，不敢肯定，而且同时代文献没有别的用例，纵使是表禁止的语义明显，也不可信。较早的例证见于唐。杜甫《曲江三章》其三："自断此生休问天。"《洗兵马》："隐士休歌紫芝曲。"李贺《绿章封事》："休令恨骨填蒿里。"《祖堂集》卷四："见月休看指，归家罢问程。"又卷十九："休思量，不自许。"

宋元之际，用例甚广，几乎随处可见。

《快嘴李翠莲记》："公休怨、婆休怨，伯伯姆姆都休劝。"《元曲选外编·鸳江亭》二折："则你那不济事谎话儿休题。"

"休"本义为"止息"。欲其"止息"，则须禁止勿行，用在动词前面，就是表禁止的副词。

（六）反诘副词

常见的有：岂、难道、不成。

不成 表反诘，是"难道"的意思。较早的例证见于宋。

《二程语录》卷十一："今观儒臣自有一般气象，武臣自有一般气象，贵戚自有一般气象，不成生来便是如此？"《朱子语类》卷一："如云：'太极动而生阳、动极而静，静而生阴。'不成动已前便无静？"又卷十："且如圣贤不生，无许多书册，无许多发明，不成不去理会？"又卷十二："若无事物时，不成须去求个事物来理会？"《刘知远诸宫调》第二："不成为新妻，便把旧妻忘了。"

又有"不成道"一词，义同现代的"难道说"。

《朱子语类》卷十二："不成道敬则欲自寡，却全不去做寡欲底功夫，则是废了克己之功也。"又卷三十："不成道我工夫未到那田地而迁怒、贰过只听之邪？"又卷九七："且如早作乐而暮闻亲属缌麻之戚，不成道既歌则不哭？……如所谓'三揖而进，一辞而退'，不成道辞亦当三？"

不成，本是"不成为"的意思，《朱子语类》卷十九："若如此说孟子时，不成说孟子，只是说'王子'也。"把"不成"用于反问句，逐渐虚化为"难道"的意思。

元代始把"不成"置于句末，成为表示反诘语气的助词，词性已有改变。《元曲选·王粲登楼》三折："既来了，怕他回去了不成？"《水浒传》七三回："宋江笑道：'你那黑厮怎地负荆？只这等饶了你不成？'"《西游记》二三回："岂有此理,你一人就占我三个女儿不成？"

与"难道"搭配为"难道……不成"格式,表示反诘,也始见于元。

《元曲选·举案齐眉》四折："难道我老婆子有这东西不成？"又《杀狗劝夫》二折："难道着你死,你就死了不成？"

是什么机制使"不成"从动词前挪到动词后,由副词变成助词,尚不得而知。还有一个可能,副词"不成"和助词"不成"没有渊源关系,二者单独发展而成,各有各的演变路径,究竟如何,值得研究。

四、连词

近代汉语连词可分为并列、递进、选择、顺承、转折、假设、因果、让步、比较九类。

并列:和、与、及、而、又……又……、也……也……、一边……一边……、越……越……。

递进:而、且、既……又、不但……亦(也)、连……也、莫说……也、况且。

选择:或……或、或者……或者、还……还、有时……有时、将、抑、还(为、为复)。

顺承:就、才、而、于是、起先……后来、一来……二来。

转折:然而、但是、不过、可是、倒、却。

假设:便、若、还、如果、隔是、可中、倘若、只有、不论、不以、不争、只要……就、只有……才。

因果:因为、因而、因此、不争、因为……所以。

让步:纵(总)、便、即使、纵使、虽然、遮莫。

比较:乍可、宁可。

今选择几个近代汉语才出现的论列如次:

又……又……　　古代汉语"又"字未见连用者。用它来表示两件事情并列,是近代汉语才有的。

《祖堂集》卷八："万般施设不如常,又不惊人又久长。"《朱子语类》卷十："而今说已前不曾做得,又怕迟晚,又怕做不及,又怕那个难,又怕性格迟钝,又怕记不得,都是闲说。"《刘知远诸宫调》十一："是日刘知远频频地又祝托,又告三娘子。"《元曲选·陈州粜米》三折："又有权势，又有钱钞。"

"又"在先秦就有表示几种情况或性质同时存在的副词用法。《国语·晋语》一："既无老谋，而又无壮事，何以事君？"将几个含有此类副词的句子放在一起，这几个句子就是并列句，副词"又"在句中起并列的关联作用，变成了连词。这是相同句式连用影响副词"又"的结果，句式影响词的演变，相同句式的连用所造成的文势对非主要词有强制作用。下文的"还""为"也与句式有关。

还　用来表示选择，较早的例证见于《祖堂集》。

卷十一"保福和尚"："古人还扶入门，不扶入门？"又："与摩道，还得剿绝，为当不得剿绝？"又卷十五"西堂和尚"："秀才唯独一身，还别有眷属不？"又卷十八"仰山和尚"："诸方还说这个，不说这个？"

又作"还是"。

《二程语录》卷十一："不知当时薄昭有罪，汉使人治之，因杀汉使也，还是薄昭与汉使饮酒，因忿怒而致杀之也。"

又作"还复"。

《朱子语类》卷一："不知魏公是有此梦，还复一时用兵，托为此说？"

或用"还……还"的形式。

《朱子语类》卷三八："不知圣人还已知之而犹问，还以其名物制度之非古而因订之？"

又作"还是……还是"。

《朱子语类》卷二二："上蔡谓'礼乐之道，异用而同体'，还是同出于情性之正？还是同出于敬？"

"还"所以用为选择连词，当是中古选择连词"为"的音变。

就用法而言，"为""还"完全一致。

张衡《髑髅赋》："为是上智？为是下愚？"《世说新语·贤媛》："王江州夫人语谢遏曰：'汝何以都不复进？为是尘务经心，天分有限？'"《魏书·温子升传》："天穆召子升问曰：'即欲向京师，为随我北渡？'"

例中的"为"相当于近代的"还"，"为是"相当于"还是"。

就时限而言，"为"作为选择连词，一直用到宋代，"还"作为选择连词始于五代，但不多见,二者正好相承。《朱子语类》140 卷,用"还"作选择连词者,不到 10 例,可见尚未广泛使用。宋代当是"为""还"接替,"为"逐渐消亡,"还"渐渐兴起的时期。从所见例证来看,口语色彩较浓的作品用"还",如《朱子语类》,文言色彩较浓的作品用"为"。《石林燕语》卷三:"只此三德,为更有德?"《涑水记闻》卷四:"朝庭诘杞所杀蛮数,为即洞中诛之耶?以金帛召致耶?""还"用得较普遍的时期当在宋元以后。

就音韵而言,还,户官切,作为选择连词今读 hái。为,薳支切。前者"匣"母,后者"为"母(喻三)。《切韵》时代,"为"母尚未分出,则"为""还"当时双声。"还"失去鼻尾,则与"为"声相近。近代汉语里,"为"已从"匣"母分出,而口语中的选择连词则仍保留着"匣"母的读法。为了解决这种字音与词书写形式的矛盾,故借用"还"来作为选择连词"为"的书写符号。

值得注意的是,上古汉语"为"可用作假设连词,训见《经传释词》,"还"在近代汉语里也可表示假设。

韩愈《送文畅师北游》:"僧还相访来,山药煮可掘。"苏轼《虞美人》:"君还知道相思苦,怎忍抛奴去。"《朱子语类》卷十二:"或谓只自持敬,虽念虑妄发,莫管他,久将自定,还如此,得否?"《张协状元》三四出:"与我分付厅前人从,还有官往来,尽自不妨。还有村夫并妇人,不得放入,须密地前来通报。"

这种现象不是偶然的,可作为"还"出于"为"的一个旁证。

"为"之所以用作选择连词,当是它的系词用法发展的结果。把两个意义相反的判断句并列在一起,向人发问,自然是叫人二者选一。选择用法就是这样产生的。

可中　表假设,"如果"的意思。

王建《镜听》:"可中三日得相见,重绣镜囊磨镜面。"李涉《早春霁后发头陀寺寄院中》:"草檄可中能有暇,迎春一醉也无妨。"又《题善光寺》:"早到可中浈南寺,免得翻经住几年。"(为了诗句的平仄,作者将"可中"放句中了,原句应为"可中早到浈南寺"。)陆龟蒙《四月十五日道室书事寄袭美》:"可中值着雷平信,为觅闲眠苦竹床。"又《和袭美寄同年韦校书》:"可中寄与芸香客,便是江南地里书。"罗隐《绣》:"可中用作鸳鸯被,红叶枝枝不碍刀。"罗虬《比红儿诗》七十:"可中得似红儿貌,若遇韩朋好杀伊。"吴融《赠羽光上人草书歌》:"可中一入天子国,络素裁缣洒毫墨。"又《赠李长史歌》:"可中长似承平基,肯将此为闲人吹。"曹松《罗浮山下书逸人壁》:"可中更践无人境,知是罗浮第几天。"寒山《诗》二八九:"可中作得主,是知无内外。"皎然《独游》:"可中才望见,撩乱捣寒衣。"又《桃花石枕歌赠康从事》:"可中弃置君不顾,天生秀色徒璘玢。"又《郑容全成蛟形木机歌》:"可中风雨一朝至,还应不是池中物。"蒋贻恭《咏王给事》:"可中与个皮裩着,擎得天王左脚无。"

《敦煌变文集·燕子赋》:"可中鹞子搦得,百年当时了竟。"又:"可中论房课,定是卖君身。"

此义张相发之于前,礼鸿师揭之于后,但所论均属韵文,其实散文中也有用例。

《景德传灯录》卷七:"禅德,可中学道,似地擎山,不知山之孤峻;如石含玉,不知玉之无瑕。若如此者是名出家。"《五灯会元》卷四:"可中总似汝如此容易,何处更有今日事也。"又卷七:"可中有个汉,牙如剑树,口似血盆,一棒打不回头。"又:"可中纯举宗乘,是汝向甚么处安措?"《古尊宿语录》卷二:"可中心即俱忘,阿你更拟向何处觅去?"又卷三:"可中若无妄念佛亦无。"又卷十二:"可中向这个皮袋子内辨得者个去。坐却天下人咽喉性命。"又卷十五:"可中于我衲僧门下过,打脚折。"

此词多见于唐宋之际。宋元以降,似未见用例。"可中"何以用来表假设,我们说不出道理,从汉语本身的角度来看,无法理清它的发展线索,是否与外来语有关,待考。

不争 近代汉语里可用来表示假设和因果关系。表假设关系的如:

《京本通俗小说·错斩崔宁》:"我从丈人家借办得几贯钱来养身活命,不争你偷了我的去,却是怎的计结?"又:"他家有了杀人公事,不争放你去了,却打没对头官司。"《宦门子弟错立身》十二出:"不争你要来我家,我孩儿要招个做杂剧的。"《元曲选·杀狗劝夫》三折:"不争我开门去,教嫂嫂入来,这礼就不是了。"《水浒传》九回:"这洪教头必是柴大官人师父,不争我一棒打翻了他,须不好看。"又十三回:"周谨枪法生疏,弓马熟闲。不争把他来逐了职事,恐怕慢了军心。"又十六回:"不争你把了生辰纲去,教俺如何回去见得梁中书。"《三国演义》四九回:"江北百万之众,虎踞鲸吞。不争都督如此,倘曹兵一至,如之奈何?"《醒世恒言》卷四:"衙内,这花虽是微物,但一年间不知废多少工夫,才开得这几朵,不争折损了,深为可惜。"

表因果关系的如:

《大宋宣和遗事》元集:"不争奸佞居台辅,合是中原血染衣。"《元曲选外编·调风月》一折:"不争你话儿因,自评自论,这一交直是哏,亏折了难正本。"又《西厢记》四本二折:"不争你握雨携云,常使我提心在口。"《水浒传》五四回:"不争呼延灼举保此二将,有分教:宛子城重添羽翼,梁山泊大破官军。"

此词不见于《朱子语类》和其他宋人作品,当是元代出现的新词。语源待考。

遮莫 让步连词,"纵使"的意思。《鹤林玉露》丙编卷一:"诗家用'遮莫'字,盖今俗语所谓'尽教'者是也。……而乃有用为禁止之辞者,误矣。"

较早的例证见于晋干宝《搜神记》。此书卷十八云:"遮莫千试万虑,其能为患乎?"但今本《搜神记》是后人从类书中辑出的,不能作为晋代的语言材料使用。就目前所见到的语言材料来看,较早的用例见于唐代,宋元之际才广泛使用。《开天传信记》:"遮莫尔古时千帝,岂如我今日三郎。"字或作"折莫""者莫""折末""折么",皆一声之衍。详参《诗词曲语辞汇释》。

明代小说也有"遮莫"一词,用法相同。

《水浒传》五回:"洒家不忌荤酒。遮莫甚么浑清白酒,都不拣选,牛肉狗肉,但有便吃。"又一一四回:"又能使一口宝刀,名为劈风刀,可以裁铜截铁,遮莫三层铠甲,如劈风一般过去。"《金瓶梅》二回:"解使三重门内女,遮么九级殿中仙。"《二刻拍案惊奇》卷一:"不肯点头的,遮莫你怎样高才,没处叫撞天的屈。"《拍案惊奇》卷二九:"遮莫做了没脊梁、惹羞耻的事,一床棉被可以遮盖了。"

此外,"遮莫"还有"不管"的意思,表示假设关系。《董西厢》卷一:"折莫老的、小的、俏的、村的,满坛里热荒。"

此词语源待考。

五、助词

助词可分为四类:

结构助词:底(的)、地、得。

时态助词:着、了、过。

比况助词:似的、也似、一样。

语气助词:那、罢、休、呢、啦、者、着、则个。

前人对它们的来源、用法进行过讨论,今择其争论较大者论列如下。

底（的） 始见于唐,盛行于宋,元明写作"的",至今活跃于现代汉语中。

或以《朝野佥载》和《隋唐嘉话》的语例作为"底"最早的例证。《朝野佥载》:"定知帕帽底,仪容似大哥。"(《太平广记》卷二五四引)《隋唐嘉话》:"湜惊美久之,谓同官曰:知无,张底乃我辈一般人,此终是其坐处。"实则前例的"帕帽底"是"帕帽下"的意思,有实际意义。"张底"是"张这样的人"的意思,不同于现代的"姓张的"。真正的较早的"底"见于《敦煌变文集》和《祖堂集》。《敦煌变文集·无常经讲经文》:"相劝直论好底事。"又《妙法莲华经讲经文(一)》:"佛把诸人修底行,校量多少唱看看。"又《李陵变文》:"大将军后底火来,如何勉(免)死?"又:"急手出火,烧却前头草,后底火来,他自定。前头火着,后底火灭。"《敦煌变文集新书·维摩诘所说经讲经文》:"已满今生发底愿,并无魔难及诸灾。"《祖堂集》卷三:"牛背上将养底儿子,作么生投个宗门。"《朱子语类》卷二十:"人心那个是不诚底?"又卷十八:"至若万物之荣悴与夫动植小大,这底是可以如何使,那底是可以如何用,……皆所当理会。"

既可以附在动词后,也可以附在形容词甚或代词后;既可以带中心词,也可以不带中心词。即现代汉语的"的字结构"。

元代入声已消失,"底"写成了"的",例见《元曲选》,此不赘。

关于"底"字语源,章太炎先生《新方言》卷一:"今凡言'之'者,音变如丁兹切,俗或作旳,'之''宵'音转也(作'底'者亦双声相转)。"又说:"今人言'底'言'旳',凡有三义:在语中者,'旳'即'之'字,在语末者,若有所指,如云冷旳、热旳,即今'者'字('者'音同'都',与'旳'双声)。若为词之必然,如云'我一定要去旳','旳'即'只'字。"

吕叔湘先生认为来自"者"字,王力先生认为来自"之"。来自"之"的理由,主要是"之"在古代的语法功能除"的字结构"用法外,与现代的"的"基本相同。如"吾之过",就是现代的"我的错","之"就是"的"。但此说于语音上说不通,"之"是平声字,"底(早期的'的')"是上声字,声调上似乎难以解释。如果说结构助词在句中应读轻音,读轻音后,字的声调含糊,故可用"底"代替。但定中结构的"之"读轻音,似乎没有证据;就是现代,也不把定中结构的"之"读作轻音。尽管梅祖麟有证明,但那个证明也没有解决声调问题,难以令人信服。此外,"冷的""热的"也不能说成"冷之""热之",用法上并不完全一致。故此说难以令人信服。

来自"者"字说的理由,吕先生主要从用法上进行论证。他认为:"底字未出现时,之已侵入者的范围,或者者已侵入之的范围。"在唐钺所举《战国策》《庄子》《汉书》例证的基础上(唐氏所举《墨经》《诗经》《左传》例,吕先生认为靠不住),吕文补充了不少先秦至宋代者字兼并之字的例证。(唐以前共举 8 例,宋代共举 7 例,明代 1 例。唐以前 8 例有 3 例靠不住。如例 1"冻释者能乎","冻释者"与"能乎"之间脱"所"字。例 3"往而不返者竖子也"为判断句。例 6 原文应读为"射手叛者斩亡身及家长者,家口没奚官",下文云:"元徽初,郢州射手有叛者,融议家人家长罪所不及,亡身刑五年。"原先要"斩亡身及家长者",刑罚太重,故融提议"家人家长"罪所不及,只"亡身刑五年"。故当如此读。宋代的例证除例 1 外,皆可信;尤其是例 5、例 6 的"者"字后原书注"改作之",则"者"就是"之"。)他最后说:"者字很早就有兼并之字的趋势,到了某一时期,笔下虽有之和者两个字,口语里已经只有者一个词,它的应用范围不但包括本来的者和之,并且扩展到(a')项即名词代词领格之不继以名词者。这个词后来写作底。者和之本可算是亲属字,原始的作用是指示,而者字专用于称代,之又转为连系。当初因为在句中地位不同而分,现在又合而为一。"①吕先生所说的"者"实际上是吞并了"之"字句中语法的"者",并不只是句中的"者"。

后来的学者梅祖麟认为,"底"是"之"的音变,但又吸收了"者"的语末用法;并从语音上进行了论证,证明了"底"是"之"的音变。江蓝生认为"底"来自方位词"底"②。梅祖麟的说法在语音上论证了太炎先生和王力先生的观点,并没有提出新的论点,尽管这种论证也是有意义的。江蓝生的观点倒是很有新意,她从另一角度观察了语料,研究了问题,很有启发性③。

---

① 吕叔湘:《论底、地之辨及底字的由来》,《汉语语法论文集》,124 页,《吕叔湘全集》第二卷,辽宁教育出版社,2002 年。
② 江蓝生:《处所词的领格用法与结构助词"底"的来源》,《中国语文》,1999 年第 2 期。
③ 学友储泽祥君在《语言教学与研究》(2002 年第 1 期)上发表《"底"由方位词向结构助词的转化》一文,认为岳西方言的结构助词"底"来自方位词"底",说得很有道理。但我们认为,方位词"底"和结构助词"底"是两个不同来源的词。方位词"底"是"里"的音变,由[l]变[t],太容易了。岳西方言基本上没有或很少用"里"做方位词,只有"里"外"对言时才说"里",其余的都用"底"。"里"有可能是受普通话影响新出现的。结构助词"底"则来自"者"与"之"的合流。二者来源不同,而恰巧用同一个音[ti]来表示,故导致人认为结构助词"底"来自方位词"底"。如果储君来自"底"的说法能够成立,也是来自表空间"里"的"底",不是来自表方位(下面)的"底"。表空间的"里"组成词组作定语时,有时不用结构助词,这种情况下,被人误认为是结构助词,这是一种经过翻译后的语法分析,不可信。

但蒋冀骋对江文提出了异议,他认为仍有四个问题需要解决。1)"所(许)"的领格用法的确存在,正如江先生所论,这种用法是"所"的"处所"义发展的结果,但"所"不是方位词。处所名词用作"领格助词",并不等于"方位名词"用作"领格助词"。2)"所/许"在魏晋南北朝诚然可用作领格,但"底"作为领格助词在"敦煌变文"中才出现;如果这个"底"源自方位词"底",是处所词"所"类化的结果,则何以这两个词的出现前后相隔近300年?何以这两个词未曾共时出现?不经过共时阶段,类化能够实现吗?不经过共时阶段,"底"何以取代"所"?3)所举现代方言中方位词用作领格助词的情况不可信,可以做别的解释。4)作为方位词,"底"的使用频率远不如"上""里";如果方位词语法化为别的词类的话,一定是使用频率高的"上""里",而不是使用频率低的"底"。这四个问题不解决,"来自方位词"说不可信。在此基础上,他提出了如下观点:"底"来自"之"和"者"的合流。"之"与"者"的用法在口语中互相渗透,形成了一个既是"之"又是"者"、既不完全是"之"又不完全是"者"的新词,这个新词承担了"之"的句中用法和"者"的句末用法,就是晚唐以降的结构助词"底"。语音上,"之"与"者"的"鱼"韵读音合流,形成一个新音,这个新音与"底"的读音十分相近,故人们用"底"来代表。说得明白点:"底"语法意义上来自"之""者"的合流,语音上来自"之""者"的合流①。前者采用吕先生的观点而略有改变,后者则为此说提供语音的证明。

吕先生的观点似乎没得到后世学者的认可。如果被认可,就不会有新的说法了。为什么如此呢?其主要原因是语音上难以解释。"之"变成"底"有声调问题,也有用法不等值的问题。"者"变为"底",用法上没有问题,吕先生已证明,而语音上似乎难以解决。

"之"变成"底",声调上我们可以给出证明。"底"在宋元时期已经有平声的读法,与"之"声调相同。元卢以纬《助语辞》曾有3处说明"底"(的)读平声,"之诸"条下云:"凡'之'字,多有'底'(平)字意。""犹"字条下云:"解'爱'字云'犹惜也'之类,于中着一'犹'字,盖是不可直以'惜'字训'爱'字,故云一似可惜底(平)意思。""者"字条下云:"或有俗语'底'(平)字意。"②卢氏多次点明结构助词"底"读平声,为的是防止人

---

① 蒋冀骋:《结构助词"底"来源考辨》,《汉语学报》,2005年第1期。
② 卢以纬:《助语辞》,9、10、36页,黄山书社,1985年。

们将这种用法的"底"也读作上声。卢氏之说,必有所本。或本于当时俗语,或本于前贤师传。无论是本于俗还是本于师,都说明了元代中期"底"是读平声的。如此,"底"代"之"声调上没有问题,唯一的问题是用法不等值,吕先生的"之""者"相互侵入说已解决。"者"的句末功能留给"底","之"的句中功能也留给了"底",这个问题就不存在了。

现在留下的唯一问题是"者"变为"底"的语音问题。我们知道,"者"一般读"止野切",但《集韵》还有"董五切"一音。《集韵》姥韵:"者,语辞。音董五切。"《类篇》卷四"白"部:"者,止野切,《说文》:别事词也。又,董五切,语辞。"据此,则别事之词音"止野切",语词则音"董五切"。段玉裁"者"字下注云:"凡俗语云者个、者般、者回,皆取别事之意。""者"古代只一音,后世分化,指示代词"者"音"止野切",语辞"者"则音"董五切"。结构助词在古人看来,当然是语辞之一种。"底"就是语辞"者"的另一书写形式。"董五切"今读 dǔ,由于某些方音 i、u 不分,如唐五代西北方音,则与"底"音相近。故口语干脆用"底"代"者"。

用法上,"底"与"者"基本上相同,吕先生已证明。所不同者,"底"可用于人称代词后,如"你底""谁底",而古汉语的"者"却不能。这可视为"者"字在近代汉语的新发展。

我们在《五灯会元》里发现 1 个"底""者"代用的例子。《五灯会元》卷四:"问:'如何是佛?'师曰:'殿里底。'曰:'殿里者岂不是泥龛塑像?'"上句用"底",下句用"者"。可见"底"就是"者"。

《景德传灯录》有用"者"为"底"的例证。卷十七:"有一僧在房内念经。师隔窗问:'阇梨念者是什么经?'对曰:'《维摩经》。'师曰:'不问《维摩经》,念者是什么经?'其僧从此得入。""念者"就是"念底"。

则个　宋元之间常用作语气助词,表祈使。有时写作"子个""只个"。

《齐东野语》卷九:"哥哥不快,可去问则个。"《三朝北盟会编》卷十四:"且把这事放着一边厮杀则个。"欧阳修《醉蓬莱》:"却待更阑,庭花影下,重来则个。"晁端礼《柳初新》:"未曾识、展眉则个。"《张协状元》二出:"张协夜来一梦不祥,试寻几个朋友扣它则个。"《京本通俗小说·西山一窟鬼》:"你看我消遣他则个。"作"子个"者,《董西厢》卷二:"可怜自家,母子孤孀,投托解元子个。"又卷五:"莺莺色胆些来大,不惯与张生做快活,那孩儿怕子个,怯子个,闪子个。"又卷六:"便不辱你爷、便不羞见我?我还待送断你子个,却又子母情肠意不过。"又卷八:"门外拙妻,参拜兄嫂子个。"作"只个"者,《元曲选·冯玉兰》一折:"雇下一只好船,专等老爷到时,一同开船只个。"《清平山堂话本·董永遇仙传》:"望先生指引只个。"《敦煌歌辞总编·杂曲·捣练子》:"吃酒只为隔饭病。"P.2809号卷子"只"作"则"。

张相释为表示动作进行时之语助词,近于"着"或"者"。钱南扬认为是表祈使语气的助词。今谓"则个"是"着"的缓音词,将"着"字长读,即为"则个"。"着"为"知"母,"则"为"精"母,而异文"之""只"则是"章"母。近代汉语中,"章""知"合流,则"着"与"之""只"双声。而"个"则为"着"字入声韵尾的记音字。盖宋代口语中入声已开始或已经消失,"则"字不再读入声,故另加一"个"字来记录唐五代时期的"着"。①

呢 用作语气助词,可表决定和疑问。较早的例证见于元代。

《元曲选·黑旋风》二折:"兀那厮,俺嫂嫂呢?"又《合汗衫》三折:"婆婆,俺那孩儿的呢?"又《东堂老》三折:"天那,搅了我一个好梦,正好意思了呢。"又《留鞋记》楔子:"小娘子祇揖,有胭脂粉,我买几两呢。"

"呢"的较早形式可能是可能是"尔"。章太炎《新方言》卷一:"《说文》:'尔,词之必然也。'经典相承作'尔',今字作'呢'。……亦或作'那',音变或读'那'为卢奢切,……今语'那'字,其义正同。"按,"尔"《广韵》音"儿氏切",古音"娘""日"归"泥",音变为"那"。《后汉书·逸民传》:"公是韩伯休那,乃不二价乎?"李贤注:"那,语余声也。"音"乃贺反"。魏晋期间也有用例,但不常见。《晋书·愍怀太子传》:"陈舞复传语云:'不孝那,天与汝酒饮,不肯饮,中有恶物邪?'"唐宋也有用例。《祖堂集》卷五:"师与道吾、船子三人,受山下人请斋。一人云:斋去日晚。一人云:近那,动步便到。"《五灯会元》共有22例。卷十一:"当时南院棒折那。"直到元代,"那"才广泛使用开来。《元曲选·桃花女》二折:"你好歹也!我女孩儿救了你性命,不指望你来谢他,倒着你卖了他那。"又《后庭花》二折:"你怎生掉了那?"又《燕青博鱼》一折:"哥哥,你唤我做甚么那?"

"呢"又可看作"那"字的音转。那,《广韵》"奴个切",语助;呢,《集韵》"乃倚切",

---

① 参吕叔湘《释景德传灯录中在、着二助词》,《汉语语法论文集》,55—68页,《吕叔湘全集》第二卷,辽宁教育出版社,2002年。

声也。二字双声,韵有平去之别;但作为语助,应读轻声。一读轻声,则声调的平去差异渐趋消失,故"那"在某些方言里变为"呢"。

"那"与"呢"相隔时间太长,故王力认为无法建立词的继承关系的联系。但唐宋禅宗语录里有个"聻"字,作用与元代的"呢"相近,似乎可以上接"那",下接"呢"。

《祖堂集》卷八:"不落意此人聻?"又卷九:"夹山曰:'只今聻?'"又卷十九:"贺善一切后,便问:前头则有如是次弟了,然虽如此,不息众人疑,作摩生疑聻?"

《五灯会元》卷二:"师曰:'还将得马师真来否?'曰:'只这是。'师曰:'背后底聻?'"又卷三:"师吃饭次,南泉收生饭,乃曰:'生聻?'师曰:'无生。'"又卷四:"师曰:'是有着不得,是无着不得?'宋曰:'总不恁么。'师曰:'着不得底聻?'宋无对。"又卷十四:"曰:'便怎么去时如何?'师曰:'雁过长空聻!'"又卷十七:"遂打一圆相曰:'寒山子聻!性似寒潭彻底清,是何境界?'"又卷十九:"或有人出来道:'盘山老聻。'"

此字在《五灯会元》共出现 36 次,或表感叹,或表疑问,与元代的"呢"用法相同。《广韵》此字音"乃里切",训"指物貌",与"你"字同音。考《集韵》"止"韵"你"字音"乃倚切",同小韵无"聻"字,而有"呢"字,训"声也"。是知"聻""呢"同音。"聻"可能是"呢"的较早形式。由于"聻"笔画繁多,故换用笔画较少的同音字"呢"。

如此,"呢"字的演变线索当是:尔—那—聻—呢[①]。

还有"叹词",限于篇幅,这里不予讨论。

[①] 江蓝生《疑问语气词"呢"的来源》有很好的研究,读者可以参看,见其所著《近代汉语探源》,19—36 页,商务印书馆,2000 年。

第九章　近代汉语词义考释方法

　　研究近代汉语词汇,首先得知其词义。不知义,则一切研究无从进行。对近代汉语词义,前人较少措意,没有留下像《尔雅》《广雅》《说文》那样的训诂专著供我们参考、利用。我们要知词义,大部分要自己动手,做具体词义的考释工作。尽管有人斥之为"小道",但要做"高层次"的学问,是离不开这"低层次"的"小道"的。有些"高层次"的研究者们,由于忽视小道,误解了词义,而做了错误的词法结构分析;虽谈不上贻笑"大方",却有点贻笑"小道"。如释"谢绝"为"感谢而拒绝",释"赞助"为"赞成而助"。殊不知"谢"者,"辞"也;"赞"者,"助"也。本为同义连文。更有甚者,有人将"疲极怨望"的"极"作为形容词做补语的例证,而不知"疲""极"同义,本为并列结构。可见虽"小道",犹有可观者,岂可因"小"而忽诸?

　　要准确地考释出一个词的意义,除拥有大量的文献资料外,还得掌握正确的考释方法。什么方法呢?无外乎两种:一为揣义,揣测句中欲释词的可能意义,为下一步的证义提供思考方向;一为证义,运用各种手段证明揣测的正确性。揣义靠语感,证义靠语料和如何运用语料,而运用语料,就是从欲释字(词)的形、音、义等方面来证明揣测的正确性。

一、语感揣义

　　语感即对语言的感觉、感知和感悟。它牵涉到学习经验、生活经验、心理经验、情感经验,包含理解能力、判断能力、联想能力等诸多因素,是阅读者直接、快速感悟语言文字能力的集中表现。

　　语感在词义考释中起什么作用呢?主要是发现问题和揣测词的可能意义。而在实际操作中,二者是不可分的:发现问题有赖于词义的揣测,词义的揣测又有赖于问题的发现。我们举例说明语感的作用:

苦上忆　《敦煌变文集·维摩诘经讲经文（一）》："恶缘须向意中除，善事莫临苦正（止）境。"王重民等六家校"正"为"止"。按，此为对句，凭语感。上句"恶缘须向意中除"文通字顺，应无问题；下句"善事莫临苦正（止）境"意义不太顺畅，可能有问题。具体说来，"善事莫临"对"恶缘须向"没有问题，"苦正（止）境"与"意中除"则对不上。"中"为方位词，则对句相应的词也应是方位词，"正（止）"不是方位词，故此字可能有误；"除"是动词，则与之相对的词也应是动词，"境"不是动词，故可能有误。这就是凭语感发现问题。是什么字的错误呢？需要我们证明，这就是下一步的"证义"。我们知道，汉语方位词中与"正（止）"字形上有点相似的方位词是"上"，故"正（止）"有可能是"上"字之误。"境"字是什么字之误呢？能与上句的"除"相对的词很多，同义相对的话，有"弃""置"等，反义相对的话，有"增""加"等，但都与主语"善事"不配。看来仅凭上句的词义难以确定是何字之误了，我们得另辟蹊径。此是韵文，从上下文的韵字来看，上文入韵字是"识"（"职"韵）、"觅"（"锡"韵）、"僻"（"昔"韵），下文入韵字是"识"（"职"韵），与这些字协韵而又是动词且可与主语"善事"搭配的词有"忆"。"忆"从"意"得声，《广韵》音"于力切"，在"职"韵，合乎要求；"善事莫临苦上忆"，于义亦通。就字形来说，"意"与"竟"形近，俗书"心"旁写作"忄"，一竖稍作回锋，即成"土"字，故"忆"误作"境"。潘重规《敦煌变文集新书》录作"苦上忆"，印证了我们的语感和论证。为什么王重民诸位的录本发生如此错讹，原因不详。当年读王本《敦煌变文集》时发现了这一问题，由于当时的条件，没能读到潘氏录本，故把它写进了"敦煌变文校读拾零"，后来收进《敦煌文书校读研究》一书。现在看来，没有什么意义了。但当时的思路是这样的，故抉发出来供大家批评。

　　摧屈　《旧唐书·李昭德传》云："是时，来俊臣、侯思止等枉挠刑法，诬陷忠良，人皆慑惧。昭德每廷奏其状，由是俊臣党与少自摧屈。""摧屈"何义？《辞源》解释为"受挫而收敛"。对不对？将解释辞代入原句，显得不太顺畅，似乎多了点什么。从上下文来看，当来俊臣党与受到弹劾时，会有什么表现？即主语"来俊臣党与"需要什么意义的动词谓语与之相配。根据语感，有两种可能：一是更加张狂，一是稍微收敛。但"摧屈"无论怎么引申，都不可能有"张狂"义，故唯一的可能是"收敛"，也就是说主语"来俊臣党与"需要"收敛"义的动词与之相配。凡与这种搭配不合的解释，都是错误的。《辞源》的"受挫而收敛"，虽有"收敛"二字，但多了"受挫"，与我们的语感不全合，故我们认为《辞源》的解释不准确。质其致误之由,盖源于将"摧"释为"挫",将"屈"释为"敛",二者合起来,就是"受挫而收敛"。

根据语感,我们发现了问题。现在我们来解决根据语感发现的问题。要解决这个问题,必须证明"摧屈"二字为同义或近义,构词方式为同义并列式。屈,服也。解释为"收敛"没有困难。"摧"的常用义是"挫折",故《辞源》才解释为"受挫"。今谓"摧",折也。"摧屈"就是"折服","折服"必"收敛"。"收敛"程度轻,"折服"是"收敛"的最高阶段,程度重。《易·晋》:"晋如摧如。"《释文》:"摧,退也。""退"则必收敛。《诗经·北门》:"室人交徧摧我。"毛传:"摧,沮也。"沮,止也。停止某事,亦含"收敛"之义。故"摧屈"是由两个同义语素并列联合而成的语词。《世说新语·文学》:"此道人语,屡设疑难,林公辩答清析,辞气俱爽。此道人每辄摧屈。"《晋书·姚苌载记》:"遇姚公智力摧屈,是吾分也。"南朝宋求那跋陀罗译《过去现在因果经》卷三:"天龙八部,咸共称赞,此非父王所能摧屈。"此也是"折服"义。

作兴 《红楼梦》三七回:"一语未了,李纨也来了,进门笑道:'雅的紧哪!要起诗社,我自荐我掌坛。前儿春天我原有这个意思的。我想了一想,我又不会作诗,瞎乱些什么,因而也忘了,就没有说得。既是三妹妹高兴,我就帮着你作兴起来。'"

"作兴"是什么意思?《辞源》释为"发动"。诗社既然还没有成立,就不存在发动不发动的问题,而是兴办不兴办的问题。根据语感,与诗社相配的动词应有"兴办"义,故这里的"作兴"应释为"兴办"。

陆容《菽园杂记》卷十三:"作兴学校,本是善政。但今之所谓作兴,率不过报选生员、起造屋宇之类而已。此皆末务,非知要者。……况今学舍屡修,而生徒无复在学肄业,入其庭,不见其人,如废寺然,深可叹息。为此者但欲刻碑以记作兴之名,而不知作兴之要故也。"《梦中缘》十五回:"又能作兴学校,鼓励人才,即举贡贫寒者,亦俱在所作养,季考、月课俱灯下亲阅。一时文风浙江省独胜。"这里的"作兴"无论如何不能解释为"发动",应是"兴办"的意思。

今谓"作兴"为同义语素并用,"作"亦"兴"也,基本意义是"兴起"。将此义用于已有之物者为"振兴",《朱子语类》卷四三:"刚是体质坚强,如一个硬物一般,不软不屈;毅却是有奋发作兴底气象。""作兴"与"奋发"义近,应是"振兴"的意思。《宋史·牛大年传》:"今日士气亦久靡矣,宜体立国之意以振起之。夫有扶持作兴之意,而后缙绅无贪名嗜利之习,……惟陛下为之振起,机括一运,天下转移,而风俗易矣。"上下文均有"振起"之语,且与"扶持"连文,是知"作兴"即"振起、振兴"之义。《三宝太监西洋记》十四回:"我和你远日无冤,近日无仇,你怎么又在朝廷面前保我去下西洋? 只有一件,我是去,不像个和尚家的勾当,我若是不去,佛门又不得作兴。""作兴"亦"振兴"义。

用于从无到有者为"兴起"。《孟子·离娄》:"伯夷辟纣,居北海之滨,闻文王作兴。"赵岐注:"伯夷让国,遭纣之世,辟之,隐遁北海之滨,闻文王起兴王道。"以"起兴"释"作兴"。张衡《灵宪》:"圣人无心,因兹以生心,故灵宪作兴。"唐元稹《对才识兼茂明于体用策》:"礼既毕行,物亦随耗,天宝之后,瑶成作兴,气盛而微,理固然也。""兴起"又可分有形与无形两类。无形者,仍为"兴起",如权势、力量、风气;有形者为"兴办",如学校、社团等。《辞源》撰稿者不明此理,将有形之物"诗社"的"作兴"解释为"发动",其不准确,甚明。《汉语大词典》"作兴"下也有义项"发动、推动",也举《红楼梦》这条书证,亦误。

无图 《朱子语类》卷七:"某见今之学者,皆似个无所作为无图底人相似。"

注者释"无图"为"无徒",是"无赖"的意思。按,"无所作为",不一定"无赖";注者释"无图"为"无赖",值得怀疑。"无图"与"无所作为"连文,根据语感,很可能与"无所作为"意义相近。"无所作为"的另一个说法就是"无理想、无抱负、无追求",故"无图"有可能是"无理想、无抱负、无追求"的意思。考《朱子语类》"无图"一词共出现多达三次,除此例外,还有卷九五:"若知得有个道理,可以学做圣人,他岂不愿为! 缘他不知圣人之可学,'饱食终日,无所用心',不成空过? 须讨个业次弄,或为诗,或作文。是他没着浑身处,只得向那里去,俗语所谓'无图之辈',是也。"从上文的"无所用心""没着浑身处"来看,"无图"应是"没有理想、没有抱负"的意思。又卷一一四:"如做一篇文义相似,心中全无所作为,恰似一个无图之人,饱食终日,无所用心。若是心在上面底人,说得话来自别,……每日读书,只是读过了,便不知将此心去体会,所以说得来如此疏。"揣朱子之意,"心无所作为"就是"无图",知"无图"不是"无赖",而是"无理想、无抱负","无所用心"的意思。又"徒"是常用词,为什么要用"图"来代替呢? 值得怀疑。"图"在唐宋间有"意图、抱负"之义,详见《汉语大词典》。"图"之"意图、抱负"义施于此甚通,无须破字。

浙江黄岩"无图"是"无赖"的意思。清光绪三年《黄岩县志》："无赖曰无徒。《友会丛谈》：世有无徒之人，他书或作无图。"安徽黄山、太平亦有此语[①]。按：现代方言的"无赖"义是词义发展的结果。"没有抱负"的人如果不守本分，就会胡作非为，就很容易变成"无赖"。这种引申并不难理解。

若—莫 《敦煌变文集·金刚般若波罗蜜经讲经文》："须转念，若蹉跎，知是漂沉不要过。"

按，"若"表假设，据语感，此句没有假设语气，"若"字于此未安。我们根据语感发现了问题，怎么解释证明才能使语句通顺呢？《敦煌变文集》中讲经文常以"须……莫……"正反相对的句式来奉劝听众。如《敦煌变文集·维摩诘经讲经文（一）》："还须念念发精勤，莫遣头头行游逸。"又："直须更改旧行藏，莫恋红楼宴会昌。"又："我要流传于末代，汝须记受莫因循。"又："事（《敦煌变文集》作'切'，原卷实是'事'字）须保摄精勤，莫使缠眠（绵）更甚。"又《维摩诘经讲经文（二）》："然须消放逸，莫遣乱心坏（怀）。"又《维摩诘经讲经文（四）》："汝须听，莫疑悟（按当作悮，疑也），丈室维摩身病苦。"又《故圆鉴大师二十四孝押座文》："须忧阴骘相摩折，莫信妻儿说短长。"又《佛说阿弥陀经讲经文（二）》："自家夫妇须知限，莫抱非处及非时。"皆"须""莫"相应。而"莫"字草书与"若"字草书字形相近，故误认。

不妨 或许，也许。《汉语大词典》立有三个义项：1)表示可以、无妨碍之意。2)不料。3)很，非常。但无"或许，也许"之义。文献中的有些例证用《汉语大词典》的三个义项无法解释。《因话录》卷四："元和中，僧鉴虚本为不知肉味，作僧素无道行。及有罪伏诛，后人遂作鉴虚煮肉法，大行于世。不妨他僧为之，置于鉴虚耳。"又卷五："公诚佳士，但此官与公不相当，不敢以故人之私，而隳朝廷纲纪。他日有瞎眼宰相怜公者，不妨却得，某必不可。"《续世说》卷三："公才不称此官，不敢以故人之私伤朝廷至公。他日有盲宰相怜公者，不妨得也，坦则必不可。"《博异志》："俄又闻车马来声，有人相请曰：'此乃逃人之室，不妨马生匿于此？'"从语感看，"不妨"是推测之辞，是"或许、也许"的意思。若将《汉语大词典》的释义施于此二例，文意不通，故我们为它新立一义。

[①] 许宝华等：《汉语方言大词典》，558页，中华书局，1999年。

荏苒 （男女非正常的私情）交往、往来。《汉语大词典》收有五个义项:1)（时间）渐渐过去。常形容时光易逝。2)蹉跎,拖延时间。3)辗转迁徙。4)形容愁苦连绵不绝。5)柔弱。但没有"交往、往来"的义项。《野客丛书》卷二四:"欧公词曰'池外轻雷池上雨,雨声滴碎荷声'云云,末曰'水晶双枕,旁有钗横'。此词甚脍炙人口。旧说谓欧公为郡幕日,因郡宴,与一官妓荏苒。郡守得知,令妓求欧词以逸过,公遂赋此词。"凭语感,例中的"荏苒"是"私情往来"的意思。《野记》:"霄深,忽一郎逾墉而入,暗中即闯女房。女谁何之,小语曰:'我丁四官人也。'女默然,执手入,就寝,未明而逝,初不睹其面也。是夕复至,亦在暗中相处,荏苒数月。"《庚巳编》卷四:"有女子款门,笑而入,自称主人之女,慕君旷达,故来相就。元善视之,姿色绝妍丽,问其年,曰:'十八矣。'遂留与狎。自是晨往暮来,荏苒且经岁。"《情史》卷二一:"姜纳之,使别榻而卧。明日,不肯去,愿充妾御,姜复从之。遂荏苒两月。"又卷二一:"一白衣客过其家,语言佻捷,视四傍无人,谑妻欲与私,袖出白金数两为路。妻悦而就之,荏苒颇久。"又:"自是无夕不会,荏苒半载,罕有知者。"又:"遂留宿,好合倍常。其妻在榻,憎腾不知觉,黎明告去。荏苒三旬,至昼相对,了不惧人。"《海鸥小谱》:"仙妓最与余荏苒久。"按,"荏苒"有"蹉跎"义,与女人发生非正当关系,是一种蹉跎,故用"荏苒"表示与女人的不正当往来,此其得义之由。

没兴 不走运,倒霉。《五灯会元》卷二十:"平生没兴,撞著这无意智老和尚,做尽伎俩,凑泊不得。"《老学庵笔记》卷八:"晁之道与其弟季比同应举,之道独拔解。时考试官葛某眇一目,之道戏作诗云:'没兴主司逢葛八,贤弟被黜兄荐发。细思堪羡又堪嫌,一壁有眼一壁瞎。'"《张太史明道杂志》:"贻永所谓没兴王驸马者。"《挥麈后录余话》卷二:"君真是没兴徐德言矣。"《苏轼集》卷八一:"好个没兴底张镐相公。"《元曲选外编·贬夜郎》三折:"流落似守汨罗独醒屈原,飘零似浮泛槎没兴张骞。"《水浒传》二四回:"从前作过事,没兴一齐来。"《醒世恒言》卷三一:"我好没兴,吃这客作欺负!"《喻世明言》卷十五:"我没兴添这厮来蒿恼人。"《薛刚反唐》一回:"想到没兴之处,不觉泪下。"凭语感,"没兴"是"不走运、倒霉"的意思。为什么有这个意义?"兴"是"兴趣、兴致"的意思,"没兴"就是"没有兴致"。宋陈著《江城子·又七夕风雨》:"正值楼台多簌燕,教没兴,不开晴。"滕甫《蝶恋花·又再和》:"对景深吟嗟没兴。薄幸不来,空把杯盘饤。"这种用法在元明以后仍有用例。张可久《寨儿令·春晚次韵红》:"有情窥宋玉,没兴撞王魁。"《醒世恒言》卷三:"吴八公子也觉没兴,自己吃了几杯淡酒,收拾下船,自来扯美娘。"又卷七:"转了这一念,反觉得没兴起来,酒也懒吃了。"为什么兴致不高?源于没碰上赏心乐事,故引申为"不走运、倒霉"。《五代史补》卷三:"今日好没兴,被个老秃兵问妾是谁家妇女,且大凡妇女皆不善之辞,安得对妾而发!"这个"没兴"可理解为"没兴致",也可理解为"倒霉"。这种两可的理解,为进一步引申创造了条件。《汉语大词典》未收此词。

二、诸法证义

诸法主要指训诂的方法和校勘的方法。训诂的方法有音,有义,有文例,有语源,有方言市语;校勘的方法有形。具体说来有:

(一) 因声求义

近代汉语的主要研究对象是晚唐五代以来的俗文学作品。从作品本身来说,由于来源于人民群众,来源于社会的底层,其中有不少的口语和俗语。口语和俗语的一大特点是字字可识而意义难晓,即张相先生所说的"字面普通而义别"。要得其确诂,就必须运用因声求义方法,求出本字,得其原义。从其流传来说,口耳相传,记其音未必记其词,读者读其音未必知其词,故也许由音求词,得其原义。如:

钝置 《五灯会元》卷七"鼓山神晏禅师":"僧近前,师曰:'钝置杀人。'""钝置"何义,殊令人费解。《五灯会元》中此词共出现二十一例,经比类,我们发现,"钝置"是"愚弄"的意思。如:

卷八"长庆常慧禅师":"师曰:'莫钝置人好。'"又"天竺子仪禅师":"山曰:'不可钝置仁者。'"卷十"广慧志全禅师":"僧问:'如何是衲僧本分事?'师曰:'你莫钝置我。'僧礼拜。师曰:'却是大众钝置阇黎。'"卷十一"风穴延沼禅师":"院掷下棒曰:'今日被黄面浙子钝置一场。'"卷十二"石霜楚源禅师":"而今而后,不钝置汝。"

"钝置"还可用作名词。卷十五"奉先深禅师":"复曰:'大众且道,钝置落在阿谁头上?'"

《祖堂集》作"钝致"。卷七"雪峰和尚":"汝诸人来者里觅什摩?莫要相钝致摩?"

《古尊宿语录》卷三七："问：'如何是末后一句？'师云：'自钝致作么？'"又："问：'临行之际乞师一言？'师云：'终不敢钝致汝。'"唐宋间"至""志"两韵合一，故"致""置"音同，"钝致"即"钝置"。然而"钝置（致）"何以有"愚弄"义？钝，愚也，鲁也。自不待论。"置"本无"愚"义，与"钝"合用而训"愚弄"，义将安出？今谓"置（致）"通"滞"。置，"知"纽，"志"韵；滞，"澄"纽，"祭"韵。唐宋之际浊音清化，故二字双声。"志""祭"两韵合流，故二字音近。是"钝置"即"钝滞"。滞，泥也。泥则不通达，与"愚"义相成。是"钝滞"为近义连文。《全唐文》卷四三二"书断序"："或笔下始思，困于钝滞；或不思而制，败于脱略。"又卷八九四"投蕲州裴员外启"："必恐员外以其姓氏单寒，精神钝滞，汨在众人之下，遗于繁务之中。"白居易《迁叟》："应须绳墨机关外，安置疏愚钝滞身。"宋王之道《蝶恋花·追和东坡，时留滞富池》："自笑自怜还自语。钝滞如君，只合归田去。"范成大《卖痴呆》："除夕更阑人不睡，厌禳滞钝迎新岁，小儿呼叫走长街，云有痴呆召人买。"按，"滞钝"即"钝滞"。题云"卖痴呆"，诗言"厌禳滞钝"，则"滞钝"即"痴呆"。此"钝滞"训"愚"之明证。"钝滞"一词，用作名词，就是"愚蠢、愚鲁"；用作形容词，就是"痴呆、迟钝"；用作动词，就是"愚弄"。

《朱子语类》亦有"钝滞"一词，义与此别。《朱子语类》卷二七："'问：程子言：忠者天道，恕者人道。不是中庸所谓天道、人道否？'曰：'不是。大本便是天道，达道便是人道，这个不可去泥定解他。……今看那一段，不须字字去解，亦不须言外求意，自然里面有许多道理，今如此说，倒钝滞了。'"上下文相比校，知"钝滞"与上文"泥定"同义。盖"钝"通"顿"，滞，泥也。故"钝滞"有"泥定"义。然"泥定"与"愚"义亦相成。"泥定"则行不通，故引申有"缓慢"之义。《朱子语类》卷一〇四："今日看此一段，明日且更看此一段，看来看去，直待无可看，方换一段看。如此看久，自然洞贯，方为浃洽。时下虽是钝滞，便一件了得一件，将来却有尽理会得时。""钝滞"是"缓慢"的意思。愚蠢必缓，故"缓慢"与"愚"义亦相成。

《五灯会元》"钝滞"用作及物动词，故释为"愚弄"。

倾（户孔切）《朱子语类》卷一三七："东坡则杂以佛老，到急处便添入佛老，相和倾瞒人。如装鬼戏，放烟火相似，且遮人眼。"

"和倾"何义，似费解。记录者于"倾"字下注云："户孔切。"则此字当为"澒"字之误。《广韵》"澒"字音"胡孔切"，"胡""户"皆"匣"母，"户孔"与"胡孔"同音。与此注音相合,可证。盖草书"亻""氵"做偏旁时不分,"顷""项"形亦相近,故"湏"误为"倾"。以"湏"字施之本文,义亦未通。今谓"湏"通"哄",骗也。"哄"字《广韵》《集韵》收在去声"送"韵,义同閧,并无"欺骗"之义。盖宋时虽有"哄骗"之词,而无专门记录"哄"的字,故《集韵》并未收"哄骗"之"哄"字。《朱子语类》作"湏",系借用;其他的书作"哄",也系借用。《董西厢》卷五:"哄他半晌,独自疑春梦。灯下偎香恣怜宠。"这个"哄"是"安抚、逗引"的意思,与"哄骗"有异。真正的"哄骗"之"哄"见于元曲。季子安《中吕·粉蝶儿·题情·红绣鞋》:"冷落了蜂媒蝶使,稀疏了燕侣莺朋,多应是搅闲人将话儿哄。"《元曲选·窦娥冤》一折:"你敢是不肯,故意将钱钞哄我?赛卢医的绳子还在,我仍旧勒死了你罢。"又《汉宫秋》楔子:"因我百般巧诈,一味谄谀,哄的皇帝老头儿十分欢喜,言听计从。"《琵琶记》十六出:"黄门大人,你莫不是哄我?"明代用例增多。《京本通俗小说·错斩崔宁》:"我的父亲昨日明明把十五贯钱与他驮来作本,养赡妻小,他岂有哄你说是典来身价之理?"又:"奴家不幸,丧了丈夫;却被媒人哄诱,嫁了这个老儿,只会吃饭。"《拗相公》:"荆公哄他道:'见在朝中辅相天子。'"《西游记》四回:"你这老儿,怎么哄我?被你说奉玉帝招安旨意来请,却怎么教这些人阻住天门,不放老孙进去。"由于"哄"字从"口",而骗人与口有关,故用"打哄"之"哄"为"哄骗"之正字。是知《朱子语类》的"和湏"即"和哄"。《元曲选·来生债》一折:"我那里是快活,你省的古墓里摇铃,则是和哄我那死尸哩。"王夫之《姜斋诗话》:"足知绝律四句之说,牙行赚客语,皮下有血人不受他和哄。""和哄"连文,"和"亦"哄"也,皆"欺骗"之义。

干当 《敦煌变文集·捉季布传文》:"忽然起立望门问,阶下干当是鬼神?若是生人须早语,忽然是鬼奔丘坟。"

按,蒋冀骋认为,"干当"通"敢待"。[①] "干""敢"双声,韵虽有收-m、收-n之别,但近代汉语里-m、-n尾趋向于混同,故二字韵母相同,仅声调有上去之异耳。故二字音近。"当""待"准双声,由于浊音清化,二字应同声纽,系一声之转。在词中充当"音节助词","敢待""干当"即"敢",是"估摸"之词,当释为"莫非、大概"。《元曲选·梧桐雨》二折:"那些个齐管仲、郑子产,敢待做忠孝龙逢、比干?"又《薛仁贵》一折:"敢待卖弄你这英雄大丈夫,谁也波如,自窨付,可甚的,养由基善射杨百步余。"此言"敢待"者。

---

① 蒋冀骋:《近代汉语词汇研究》,187页,湖南教育出版社,1991年。

《元曲选·窦娥冤》一折:"你敢是不肯,故意将钱钞哄我?"又《虎头牌》四折:"谁着你赏中秋,玩月畅开怀,敢前生少欠他几盏黄汤债?"又《陈州粜米》二折:"这个白髭须的老儿,敢是包待制?"此单言"敢"者。是"干当"即后代的"敢待"。"阶下干当是鬼神"即"阶下莫非是鬼神"的意思。

今按,就语感来说,这种解释应该没有问题。从句式和上下文来看,问句中的"干当"应是揣测之辞,是"莫非、大概"的意思。但"干当"一词,作为副词用,文献未见用例;而"敢待"是元代用例,不是同时文献,援以为例,不能令人信服。就语音来说,"干"与"敢"声调不同,韵尾也不一样;"当"与"待"声母、韵母、声调都不一样,要通过各种联系,转几个弯,才能将它们扯到一起来。据我们的经验,凡转了几个弯的通假都有问题,都不可信。故此说可疑。黄征、张涌泉君认为"干"是"于"字之误,而"于"又读作"为","为当"一词,用于句中,义亦相安[①]。但"为当"是选择连词,是"抑或、还是"的意思,似乎与句意不合,故需要解释。今谓"为当"单用时也可表推测,其意义来自"当"。"当",该也。"该"用于问句,就是推测的意思。南朝梁武帝《答陶弘景书》:"但迁徙之日,为当使人,为当使鬼?"这句的"为当"还不是一个词,而是一个被切割的语段。"为当"是"是该"的意思。"为"是"是"的意思,是动词;"当"是"该"的意思,是副词,修饰"使",句法结构上与"使"相关联。由于汉语词汇的双音节化,使"为"与"当"合成一个音步,慢慢语法化为一个词。《敦煌变文集·秋胡变文》:"汝当游学,元期三周,何为去今九载?为当命化零落?为当身化黄泉,命从风化,为当逐乐不归?"这几个句子放在一起,既表选择,又含不敢肯定、推测的意思。而选择本身就是一种推测,之所以让人选择,是因为不能肯定,二者并不相悖。《敦煌变文集·大目乾连冥间救母变文》:"弟子处在冥途间,栲定罪人生死,虽然不识和尚,早个知其名字。为当佛使至此间,别有家私事意。"这个"为当"可以理解为推测,意思是"莫非是佛派你到这来的,还是另有私事来这里的"。尽管有选择之意,但不是由"为当"表示的,而是句式本身的隐含之意。如果"为当"是选择连词,应该处在两个句子之间,而不应该处在第一句的句首。又:"世尊,阿娘吃饭成火,吃水成火,蒙世尊慈悲,救得阿娘火难之苦。从七月十五日得一顿饭吃已来,母子更不相见,为当堕〔于〕地狱,为复向饿鬼之

[①] 黄征、张涌泉:《敦煌变文校注》,105页,中华书局,1997年。

途?""为当"用于句首,是"是该"的意思,不是表选择的连词;而"当"是应该的意思,用于问句,含有推测的意思。《敦煌变文集·伍子胥变文》:"为当流浪漂蓬,独立穷舟旅岸。"这个"为当"也不表选择,而是"是将"的意思。"当"表将来。《敦煌变文集·庐山远公话》:"将军为当要贫道身?为当要贫道业?"这两个"为当"也都是"是将"的意思,选择是通过两个句子的并列,加上疑问来表达的。就语音来说,"于"是"喻"母三等字,"为"也是"喻"母三等字,二字双声;"于"在《广韵》"虞"韵,"为"在《广韵》"支"韵,而唐五代西北方音中"支"韵合口读 u,则"为"读 u,《大乘中宗见解》和《金刚经》的"为"正如此,"于"字虽未见,但虞韵字的韵母在这些资料中读 u,故"于""为"二字在唐五代西北方音中同音,例可通用。黄张二君还举了敦煌文献的用例来证明"于""为"通用,使论证更加可信。

卓 《五灯会元》卷十二"石霜楚圆禅师":"乃嘘一声,卓拄杖下座。"

按,《五灯会元》言"卓拄杖"者近百次,言"卓一下"者近五十次,言"卓一卓"者三次。"卓拄杖"之"卓"与"卓一下""卓一卓"之"卓"义相同。如:

《五灯会元》卷十二"石霜楚圆禅师":"喝一喝,卓拄杖,下座。"又"鸿福德升禅师":"卓拄杖,下座。"又卷十四"投子义青禅师":"良久,卓拄杖曰:'百杂碎。'"又卷二十"疏山如本禅师":"卓拄杖曰:'林间泥滑滑,时叫两三声。'"

言"卓一卓"者,卷十七"法托文昱禅师":"上堂,以拄杖卓一卓,喝一喝曰:'雪上加霜,眼中添屑。'"又卷二十"大沩善果禅师":"以拄杖打一圆相曰:'且莫错认定盘星。'卓一卓,下座。"

言"卓一下"者,卷十六"资福法明禅师":"以拄杖卓一下,曰:'这个是根,那个是穴。'"又"延庆可复禅师":"蓦拈拄杖横按膝上,……卓一下,下座。"又卷十七"兴国契雅禅师":"师以拄杖卓一下,僧曰:'和尚莫草草匆匆。'"

"卓"字何义?从语感来看,"拄杖"前的动词有可能是"放置",也有可能是"击打",还有可能是"戳"。从可以说"卓一下"的角度看,释为"放置"不合文意。我们认为"卓"通"戳"。《集韵》入声"觉"韵二字同音。"卓拄杖"即"戳拄杖","卓一卓"即"戳一戳","卓一下"即"戳一下"。湘方言说"拄拐杖"为"戳拐杖","拄棍"为"戳棍",义与此同,皆指用拐杖尖端朝下拄地的动作。《景德传灯录》卷八:"寻常见人来,以拄杖卓地云:'前佛也怎么,后佛也怎么。'""卓地"就是"戳地"。《警世通言》卷二二:"忽见岸上一老僧,正不知从何而来,将拄杖卓地,问道,檀越伴侣所在,此非驻足之地。"《聊斋志异》卷五"农人":"贵家固强之,使披戴如尔日状,入室以锄卓地,咤曰:'我日觅汝不可得……。'"明无名氏《杨家将演义》卷一:"复后太祖引斧戳(音擢,原注)地,大声谓晋王曰:'好为之。'""戳地"即"卓地"。此二字相通用之明证。或曰:"卓"同"晕",二字同音。《集韵》:"晕,击也。""击拄杖"义虽可通,但与上下文义不合。《五灯会元》诸例中"卓拄杖"皆与"下座"相连,当是老僧下座时以拄杖尖端着地借以支撑身体的动作,不是"击"的意思。且"击拄杖"是"以他物击拄杖","卓拄杖"则有"扶着拄杖"的意思,二者义别。《五灯会元》凡以拄杖相击,都不说做"击拄杖",而说做"以拄杖击……"。如卷十九"承天自贤禅师":"拈拄杖……击禅床一下。"又"大沩法泰禅师":"以拄杖击禅杖,下座。"又"灵隐慧远禅师":"悟以拄杖击禅床云:'吃得棒也未?'"所以我们不采"卓"训"击"之说。

卓齿 《敦煌变文集·韩朋赋》:"贞夫闻语,低头却行,泪下如雨。即裂裙前三寸之帛,卓齿取血,且作私书,系箭头上,射与韩朋。"

项楚先生云:"卓,捣击。"引《太平广记》和《旧五代史》为证。按,"卓"确有训"捣击"者,但施于此处却有未安。"捣击齿以取血"不合事理。今谓"卓齿"读作"啄指"。"啄"变文中恒用作"啄"。《敦煌变文集·降魔变文》:"其鸟乃先啄眼睛。"又:"下口其时先啄脑。"又《佛说阿弥陀经讲经文(二)》:"铁鹰来啄眼睛穿。"是其证。"啄"本指鸟进食的动作,用于人兽,则有"咬"的意思。宋玉《招魂》:"虎豹九关,啄害下人些。"注云:"啄,齧也。""齧"即"咬"。是"齧指"即"咬指"之意。"咬"指取血,今民间尚存此习。为了表示真诚可信,人们咬破手指,用手指的血以写书信,与贞夫当时的情况相同。

振睛 《敦煌变文集·伍子胥变文》:"吴王闻子胥此语,振睛努目,拍陛大嗔。"又《降魔变文》:"老人闻说,雅责须达大臣,将千种愆违,竖百般过失,振睛怒目,叱诃须达大臣。"

按,"振"当作"瞋"。"瞋"为"瞋"的异构。《集韵·真韵》:"瞋,称人切。《说文》:'张目也。祕书瞋从戌从辰。'"异体作"瞋",为"瞋"的异体。《广雅·释诂》:"瞋,张也。"《庄子·秋水》:"昼出瞋目而不见邱山。"司马注:"瞋,张也。"《汉书·项籍传》:"羽瞋目叱之。"变文"振睛""努目"连文,"振"应为"瞋",殆无疑义。

第九章　近代汉语词义考释方法　　511

一部　《三刻拍案惊奇》十二回"坐怀能不乱,秉正身毋偏":"胡须一部似钢针,启口声同雷震。"又二一回"夫妻还假合,朋友却真缘":"汴京一个女子,年纪四十多岁,忽然两颐痒,一挠挠出一部须来,数日之间,长有数寸。"

胡竹安著《水浒词典》"一部"条下云:"一把。"举《水浒传》十三回、《水浒后传》六回,《醒世姻缘传》二三回的例证为证。今谓"一部"与"一把"意义有别。"一把"是"一握"的意思,而"一部"是满脸满颊的意思,着重于胡须生的地方多。尽管"把""部"都是量词,但词的内涵有不同。"把"着重于手握,"部"着重于脸颊。故胡氏所释不准确。

今谓"部"为量词,应是"䩉"的音变。䩉,《说文》云:"颊也。"字在《广韵》"虞"韵。"部"在《广韵》"姥"韵。晚唐后,"鱼""虞""模"三韵合一,故"䩉""部"叠韵。"部"为重唇浊音,"䩉"为轻唇浊音,中古时轻重唇尚未分离,是二字双声。也许"䩉"到了晚唐后读作轻唇,而方言中仍保留重唇读法,加上"䩉"字笔画太多,故借用"部"字来记录"䩉"这个词。章太炎《新方言·释形体》:"《说文》:'䩉,颊也。'……今扬州安庆皆谓颊为辅,音如巴。直隶、山东、浙江、江南、江西、湖北、湖南皆谓口围为紫辅,音如巴。浙之杭州、绍兴言紫辅音如匍,又谓唇为紫唇辅,音亦如匍。凡言胡下者通谓之下辅,读如杷,辅读为巴为杷者,古无轻唇,辅读如补,今音据此转变,鱼模生麻,遂为巴杷等音。若父为爸,匍为爬、傅为巴矣。复有谓颊为巴掌者,则以辅音如巴。批颊为祀掌,今亦音巴,相乱致误。"太炎先生称"辅读如补",又云"辅音如匍",甚是。我们谓"部"为"䩉"的记音字,与此同理。

汉语名量词多由名词变来。胡子生在颊上,故用"䩉"做胡子的量词,"一䩉胡子",犹今之一脸胡子也。

此词的较早用例见于宋词。刘山老《满庭芳》:"跛子年来,形容何似,俨然一部髭须。"《董西厢》卷二"台台令":"生得邓房,沦敦着大肚,眼三角,鼻大唇粗,额阔颏宽眉卓竖,一部赤髭须也么台台。"《元曲选·岳阳楼》四折:"扇圈般一部落腮胡,更狠似道录。"又《还牢末》一折:"那人身材长大,面皮黑色,一部胡髯。"元明以来的话本小说屡见此词,《汉语大词典》释为数量词,未免笼统。《宋元明百部小说语词大辞典》未收此词。

塞离　《敦煌变文集·金刚般若波罗蜜经讲经文》:"佛与众生不塞离。"按,"塞"

字何义？据语感，"塞离"应该是"分离"的意思；但"塞离"为什么有"分离"义，殊令人费解相。难道"塞"有"分"义？这种可能性基本上没有。还有一种可能："塞离"即"相离"，"塞"就是"相"。文献多有用例。《敦煌变文集·金刚般若波罗蜜经讲经文》："塞谩骂，世间术。"言"相谩骂"也。又："解空罗汉多方便，起坐如来镇塞随。"又："三涂六道镇相随。"很明显，"塞随"即"相随"。《敦煌变文集·维摩诘经讲经文（四）》："今朝不往（枉）逢居士，与我心头恰塞当。""塞当"即"相当"。《维摩碎金》："共你塞逐便出来。"(《敦煌变文论文录》所附)"塞逐"即"相逐"。《太平广记》卷二八二"沈亚子"："愿沈郎赓杨歌以塞别。""塞别"即"相别"。"塞"何以能训"相"？源于"相"在唐五代可读入声"思必切"，"塞"音苏则切，与"思必切"音近，故"塞"可看作"相"字作入声读的记音字。白居易《山间问月》："为问长安月，谁教不相离。"白居易自注："相，思必切。"《老学庵笔记》卷十："北人大抵以'相'字作入声，至今犹然。不独乐天，老杜云：'恰似春风相欺得，夜来吹折数枝花。'亦从入声读，乃不失律。俗谓南人入京师，效北语，过相蓝，辄读其榜曰'大厮国寺'，传以为笑。"由于入声消失，宋代始写作"厮"。《鹤林玉露》甲编卷五："乃知今俗作厮字者，非也。"唐代读入声，宋代作"厮"，读"息移切"，系入声消失所致。罗大经不明语音改变后而引起的文字变化，辄指"厮"为非，泥矣。

应该指出，因声求义是比较能解决难题的一个方法，清人运用此法解决了古书中不少积代悬案，获得了极大成功。但成功者用的是此法，失败者也有可能用的是此法。清朝末年的一些学者以此法为独得之秘，从而将此法的运用推到极致，几乎处处用一声之转来解决问题，导致无所不转，无所不通，此其末流也。我们认为，因声求义必须满足这么几个条件：1)必须以语感为基础。用语感发现问题，用语感指出解决问题的方向，即被释词的可能意义；没有语感的支撑，因声求义就会陷入胡思乱想，就会成为谬误的避风港。2)必须有较多的语料依据，不能是孤证。3)必须语音相同或相近。4)必须有别的通假的用例。如果没有别用例，必须满足前三个条件。

掉举 《敦煌变文集·维摩诘经讲经文（二）》："不憍慢、不掉举。"袁宾校："掉举，应作掉鬼。'鬼''举'一声之转，掉鬼也写作'调鬼'，……掉鬼，调鬼都是捣鬼、搞鬼、耍花招的意思。系唐宋以前口语。"[①]按，袁说误。这是因声求义失误之例。质其致

[①] 袁宾：《敦煌变文校勘零拾》，《中国语文》，1984年第1期。

误之由:1."举"与"鬼"语音并不相近。举,《广韵》"居许切";鬼,《广韵》"居伟切"。二字双声,而韵母相差甚远:一在"语"韵,一在"尾"韵。唐五代西北方音语韵读 u,尾韵读 we,也不相近[①]。2.没有"举""鬼"相通的文献用例。3.文献中未见"掉鬼"的用例。我们所说的四个条件,有三条不合。今按:"掉举"系佛教术语,"八缠"之一。《俱舍论》四:"掉谓掉举,令心不静。"《慧琳音义》卷一、卷四、卷五一、卷六六都收有"掉举"一词,亦可为证。《大乘本生心地观经》卷六:"或有菩萨,常以掉举而为恐怖,心不寂静生散乱故。或有菩萨,以不信心而为恐怖。"《大般若波罗蜜多经》卷八:"复由增上修道,尽五顺上分结,得阿罗汉果。色贪、无色贪、无明、慢、掉举,是谓五顺上分结。"《诸法集要经》卷一:"生掉举无惭,诸恶此随转。"又卷六:"于善不勤修,心常生掉举。"又卷八:"起增上贪痴,生掉举邪慢。"又卷九:"由彼掉举故,作意而破坏。"皆其证。

(二) 校勘通义

近代汉语的大部分文献是通俗作品。这些通俗作品来自民间,创作于民间,流传于民间,讲述者和抄录者的文化水平都不高,故错别字、俗字在所难免,给后代读者的阅读带来困难。学者们对经史子集这类正统文献的研究整理用力甚勤,大多数文献都经过他们的精心校勘,给后世阅读带来方便;而俗文学作品则很少有人问津,故俗文学作品中的错讹特别严重,有些百思不得其解的问题,其实是文字错讹引起的。这就要求研究者加以校勘整理,以嘉惠学林,方便后学。

乱—陪 《敦煌变文集·太子成道变文(二)》:"五百释众亂涉车匿。"原校:"疑'乱'字。"云从师《敦煌变文字义通释》将此条和"出入椒房嫔妃乱"归入"待质录"。云:"'嫔彩乱'的'嫔彩'就是嫔妃彩女。乱,甲卷作'雍',就是'拥'字。'嫔彩乱'的'乱'显然有伴随的意义。而'亂涉车匿'也可以解作'伴随车匿'。'亂''乱'形体相近,疑系一个字的分歧。变文有'伴涉'的讲法,见本书'释事为'篇,疑'亂涉''伴涉'也有关系。"按,蒋师确具卓识。今谓"亂涉"即"部涉",亦即"陪涉"。"部"字草书作"𬗟","乱"字行书作"𫘤",二字形近(见《中国书法大字典》),故"部"误认作"乱"。而"乱"俗书作"亂"(《碑别字新编》),故讹而为"亂"。此其讹变之由。《敦煌变文集·维

[①] 罗常培:《唐五代西北方音》,43—44 页,科学出版社,1961 年。

摩诘经讲经文(五)》:"胡乱莫能相比并,龟慈不易对量他。"云从师云:"'胡乱'应作'胡部'甚明,上文的'浩浩喝(唱)歌,胡部之岂能比对'也足证明。"并认为《敦煌变文集·汉将王陵变》"斫破项羽营乱"之"乱"也是"部"字之误。此皆"乱""部"二字相讹之证。又,"部"通"陪"。同声符字借用。以《广韵》而言,部,"並"母,上声"姥"韵;陪,"並"母,平声"灰"韵。二字双声。由于唐五代西北方音读 u 如 i,故"部""陪"二字音近。"陪涉"即"伴涉"。"嫔妃乱"即"嫔妃陪"。如此,形、音、义三者了无滞碍,当近是。《梦粱录》卷十九:"今则百艺不通,精专陪涉富豪子弟郎君,游宴执役,甘为下流,及相伴外方官员财主,到都营干。"宋祖琇撰《僧宝正续传》卷五:"虽自所得衬利,犹以三分之一归之常住,以补陪涉之费。"此言"陪涉"者。

用—开　《敦煌变文集·佛说阿弥陀经讲经文(四)》:"诸佛说法,意在如恩(按,当作"思",同"斯"),能不能,能者高声念阿弥陀佛,讲下时用阿弥陀经。"校记云:原"用"字,似"用"字。按,"用"字于义无取。今谓"用"字当是"开"字之误。"开"草书作"开"(见《中国书法大字典》),稍有变异——长其左竖,即为"同"(原卷即如此作,见校记)。过录者定为"用"字,非是。《敦煌变文集·金刚般若波罗蜜经讲经文》:"黄金座,紫金台,一法门中万法用。""用"亦"开"字之误,与下文"真言实语唱将来"的"来"字押韵,作"用"则失其韵矣。其致误之由与此同。"开经"系佛学术语,这里指演说经文前唱一段颂偈,作为说讲经文的开场语(详参《佛学大辞典》1068 页),故下文云:"此下唱经,以此开赞修多罗藏。"(原文"赞"下有","号,今不从。修多罗藏,三藏之一,在此作"开赞"的宾语。)"开赞修多罗藏",与上文"开阿弥陀经"同意。可知"用"为"开"字之误。

汝量—没量　《敦煌变文集·父母恩重经讲经文(一)》:"十月之内,受无限艰辛,三年之中,饥汝量多血乳。"按,最后一句不好理解。今谓"饥"当作"饮"。"饥"右部从"几",与"饮"之右部"欠"形相近,故误认。原卷此字正是"饮"字,唯右边"欠"字有点模糊而已,但不影响我们认知。下文"三年之中,饮母白血","直至三年,饮母胸前白乳",也可佐证。又,"汝量"当作"没量"。"没"草书作"没",与"汝"形近,故误认。据《说文》,"汝"是"攸"的异体,在此无义。"没量"即"无量",言其多也,与上文"无限"相对。《敦煌变文集·父母恩重经讲经文(一)》:"经说母亲临产月,受汝量多苦恼也唱将来。""汝量"亦即"没量",与此同例。查原卷 P.2418 号此字正作"没",唯右半部分略带草意,但认作"没",应无问题。没量,言数量之大、之多,佛学著作常见。《敦煌变文论文集》所录《维摩经讲经文》:"论情没量大因缘。"《五灯会元》卷四"黄檗希运禅师":"师辞南泉,泉门送,提起师笠曰:'长老身材没量大,笠子大小生?'"又卷十一"南院慧颙禅师":"你也恶发,我也恶发,近前来,我也没量罪过,你也没量罪过。瞎汉参堂去。"又卷十四"白马归喜禅师":"急走即蹉过,慢行赶不上。没量大衲僧无计奈何!有多口饶舌的出来。"皆其证。

等—算 《敦煌变文集新书·双恩记》:"恶友闻兄如此说,等应设计也唱将来。"按,"等"字于义无取,当是"算"字之误。"算"字变文常写作"筭",与"等"字形近,故误。"算应"是估摸之辞,本是"算料应当"的意思。《敦煌变文集·左街僧录大师压座文》:"算应未及甘罗贵,早被无常暗里追。"又《维摩诘经讲经文(四)》:"未委道场何寺宇,算应供养有幡花。"写作"筭应"者,《敦煌变文集新书·双恩记》:"损物人心终致患,利生天眼筭应闲(开)。"又:"筭应也会求财路,那个门中利最多。"可证。其他文献用例,唐秦韬玉《钓翁》:"世上无穷险巇事,算应难入钓船来。"杜荀鹤《秋日山中寄池州李常侍》:"但得中兴知己在,算应身未老樵渔。"归仁《牡丹》:"除却解禅心不动,算应狂杀五陵儿。"孙鲂《题未开牡丹》:"浑未盛时犹若此,算应开日合何如?"宋曹勋《杏花天慢·杏花》:"坛边曾见数枝,算应是真仙,故留春色。"晁端礼《上林春》:"再归见了,算应是、絮得些个。"李流谦《千秋岁·别情》:"清瘦也,算应都是风流过。"苏轼《雨中花慢》:"算应负你,枕前珠泪,万点千行。"又有"算料……应……",义同。《敦煌变文集·金刚般若波罗蜜经讲经文》:"算料别人应不敢,莫过长者须菩提。"又:"算料不应取次说,都公案上复如何?""算料……应"紧缩为"算应","算料不应"则为"算应"扩充后的否定形式。周绍良《敦煌变文论文集》所录《双恩记》作"算应",不误。潘氏曾取以对勘,而未能是正,可谓失之交臂。

旨受 《敦煌变文集·维摩诘经讲经文(一)》:"时宝积等旨受维摩劝诱,记当居士教招,重整威仪,再排队仵,皆往庵园,礼佛去也。"郭在贻师校"旨"为"皆",认为是草书"皆"字之讹;项楚先生校为"亶","亶"即"禀"。今按,二说皆误。"旨"即"旨"字草书,"旨"则"指"之省形字。"指授"恒见于佛教典籍和与佛学有关的著作。《敦煌变文集新书·祇园图记》:"须达言:'我不解仪则,令佛弟子与我指受。"《敦煌歌辞总编·悉昙颂》:"达摩和尚慈悲,广济群品,通经问道,识揽玄宗,穷达本原,皆蒙指受。"又

《归去来》:"归去来,离娑婆,常在如来听妙法。指授西方是释迦,是释迦。"《太平广记》卷九三"宣律师":"又蒙文殊指受,令其删定,特异恒伦,岂以别室见讥,顿亡玄致者也。"《祖堂集》卷二"弘忍和尚":"慧明云:'某甲虽在黄梅剃发,实不得宗乘面目,今蒙行者指授,也有入处。'"又卷四"丹霞和尚":"此珠无状非大小,昼夜圆明悉能照。用时无处复无踪,行住相随常了了。先圣相传相指授,信此珠人世稀有。智者号明不离珠,迷人将珠不识走。"又卷十六"古灵和尚":"为说百丈大师指授禅门心要,灵光洞耀,迥脱根尘。"又卷十八"仰山和尚":"今蒙指授入处,如人饮水,冷暖自知,从今日向后,行者即是慧明师。"诸例之"指授",皆"指示传授"的意思。《敦煌变文集·维摩诘经讲经文》的"指受",则是"接受"的意思。一为施事,一为受事,所谓施受同辞也。

没没 《敦煌变文集·破魔变文》:"一世似风灯虚没没,百年如春梦苦忙忙。"诸家于"没没"无说。《敦煌变文集校议》云:"乙二'没没'作'伇伇'。"亦未释义。今谓"没"是"伋伋"字之讹。草书"亻"旁与"氵"旁不分,"殳"旁与"及"旁相似,故二字形近。乙二本"没没"作"伇伇","伇"亦"伋"字之讹。伋,《广韵》云:"遽也。"《集韵》云:"急行也。"《广雅·释训》:"伋伋,勴也。"王念孙引《礼记·问丧》:"望望然,汲汲然,如有追而弗及也。"云:"汲与伋通。"是"伋伋"为"急忙"之义。此诗"虚伋伋"与"苦忙忙"相对,"伋伋"与"忙忙"同义相对。或曰,俗文学作品用词不当如此古雅。则"伋伋"读作"急急"可也,《广韵》《集韵》二字同音。且二字皆从"及"声,本为同源字。在心者为"急",在行者为"伋",皆得声于"及"。"急急"与"忙忙"相对,则是纯口语词,合乎俗文学的特点。《敦煌变文集·维摩诘经讲经文(四)》:"爱慕幡花虚急急,攀缘香火大伇伇。""虚急急"连文,可证。

校勘有法,有对校、理校。对校要求同一资料有众多版本,比较其异同。只要心细,有一定的语言文字基础和功底就可做到。理校则在没有别的版本做参照的前例下,据字形、字义和文例对工作文本进行校勘。最能有所突破者此法,最危险亦此法。此法要求校勘者对古书有相当好的语感,对文字、音韵、训诂有相当高的修养,否则会越校越乱,不仅不能做古书的功臣,反而会做古书之罪臣。慎之,慎之!

(三) 文例、语境求义

比类文例是近代汉语词汇研究的一个重要方法。在某种意义上说,它的重要性

第九章　近代汉语词义考释方法　　517

似乎在因声求义之上。因声求义，毕竟还有本字可求。而近代汉语的一些词语来源于方言俗语，由于文献不足征，我们很难、或者说不可能找出它们的本字和语源。在这种情况下，只有将相同的例证排比在一起，据上下文以推测其词义，这实际上是语感证义的具体运用。由语感发现问题，由语感揣测意义，然后把语感相同的句子放在一起，以证明揣测的正确。虽无故训可征，但若"揆之本文而协，验之他卷而通"，亦能得其确诂也。这种方法有如解密码，最具创造性。如"可中"一词，无论怎样因声求义，旁搜曲讨，都难以从字面上得到解释。张相先生排比了十二个相同的用例，据上下文意，认为"可中"是"假使"的意思，可谓得其真诂。他如：

打令　张可久《上小楼·春思》曲："东风酒家，西施堪画。打令续麻，擫竹分茶。"
按，"打令"不知何义。《云溪友议》卷下："二人又为新添声《杨柳枝》词，饮筵竞唱其词而打令也。"《梦粱录》卷十九"闲人"："更专以参随服役资生，旧有百业皆通者，如纽元子，学象生叫声，教虫蚁，动音乐，杂手艺，唱词，白话，打令，商谜。"《都城纪胜》"闲人"："又有专以参随服事为生，旧有百事皆能者，如纽元子、学象生、动乐器、杂手艺、唱叫、白词、相席、打令、传言送语、弄水使拳之类，并是本色。"米芾《画史》："（武）宗元乃为过海天王二十余身，各各高呈似其手，各作一样，一披之，如一群打令鬼神。"《董西厢》卷八"伊州衮曲"："怎禁当，衙门外，打牙打令，浑匹似闲咶哨。"《古尊宿语录》："李云：'似牸牛儿未用角时。'师云：'忙屈拳打令。'"《五灯会元》卷十七："宝峰相席打令，告诸禅德，也好冷处着把火。"《芦浦笔记》卷三："饮席有打马，打令，打杂剧，打诨。"元无名氏《粉蝶儿·阅世》："折末道谜、续麻、合笙，折末道字、说书、打令，诸般乐艺都曾领。"刘时中《朱履曲》："披着卧单学打令，生着豆枕演提魗，刁天撅地所事儿有。"据诸例比类，知"打令"是一种技艺，并可以之资生，故《梦粱录》《都城纪胜》将之列于"参随服事"之下，与"商谜、弄水使拳"连文，《武林旧事》将"商谜、使拳弄水"隶于"诸色使艺人"条下，元曲"诸般乐艺都曾领"，亦可证明。龙潜庵《宋元语言词典》据《容斋续笔》卷十六："唐人酒令，今人不复晓其法矣。惟优伶家犹用手打令以为戏云。"认为"打令"就是"行酒令"，误。《容斋续笔》"打令"的"令"指的是上文"唐人酒令"，"以手打令"言以手表达酒令内容，"打令"是一动宾结构，与专有名词"打令"不是同一个词。且擅于行酒令似乎难以为生，与《梦粱录》《都城纪胜》所说不合。今谓"打令"是酒席间的一种舞蹈，借以侑酒。《朱子语类》卷九二云："唐人俗舞谓之'打令'。

其状有四:曰招,曰摇,曰送,其一记不得。盖招则邀之之意,摇则摇手呼唤之意,送者送酒之意。旧尝见深村父老为余言,其祖父尝为之收得谱子,曰'兵火失去',舞时皆裹幞头,列坐饮酒,少刻起舞。有四句号云:'送摇招摇,三方一圆,分成四片,得在摇前。'人多不知,皆以为哑谜。"唯是舞,可供人取乐,故可借以资生。不仅与《梦粱录》所记相合,而且与《画史》"如一群打令鬼神"语相契。唯"打令"是舞,才有可能"各各高呈似其手,各作一样",才可以用来比喻二十余身画像栩栩如生的神态。元曲"披着卧单学打令",以卧单为袍,所谓"长袖善舞"也。《全唐诗·打令口号》:"送摇招,由三方,一圆分成四片,送在摇前。"与朱熹说的相似。

异同著便 《游仙窟》:"下官笑曰:'十娘机警,异同著便。'"

先师在贻先生收此词入"待质录",认为是"难以索解或缺乏旁证材料"的词语。今谓"异同著便"指在任何情况下都能得心应手,应付自如,处于优势。"异同"谓或异或同,泛指各种情况。"著便"即得便。著,在,处于……境状中。便,便宜,方便。此词的关键是"著便"。

《唐文拾遗》卷四八:"第一是吾著便,第二是汝著便,记取遣修表祝别皇王。"《古尊宿语录》卷五:"今日不著便。"又卷九:"山僧与上座,两家不著便。"又卷十五:"饶汝便向这里一时明得,亦是不著便汉。"又卷十六:"直饶与么,也是不著便。"又卷十七:"今日上堂,大众著便。"又卷三八:"亲人不著便。"《五灯会元》卷十四"芙蓉道楷禅师":"山僧今日向诸人面前说家门,已是不著便,岂可更去升堂入室,拈槌竖佛,……不唯屈沉上座,况亦辜负先圣。"又:"如今还有怎么快活不彻底汉么?若无,衔铁负鞍,各自著便。"又:"通忽悟曰:'荣者自荣,谢者自谢,秋露春风,好不著便。'"又卷十六:"灵光触处通,诸人何不荐?若不荐,净慈今日不著便。"又卷十九:"师曰:'汝来正其时也。先一日不著便,后一日蹉过了。'"《朱子语类》卷一二○:"子升问:'向来读书,病于草草,所以多疑而无益。今承先生之教,欲自大学温去。'曰:'然。只是著便把做事。如说持敬,便须入只脚在里面做,不可只作说话看了。'"

又作"著便宜"。《古尊宿语录》卷三九:"忽然一日眼光落地,入地狱如箭射,又图个什么?各自著便宜,又不是憨汉也。"《五灯会元》卷十八:"未透祖师关捩子,也须存意著便宜。"赵缩手《浪淘沙》:"觅个带修安稳路,休遣人知。须是著便宜。"《续金瓶梅》二四回:"一钵千家饱饭后,脚头到处著便宜。"

比合诸例,知"著便"即"得便、占便"的意思。著,附也。引申有"得"义。

刺头 《祖堂集》卷十七"西院":"既是明明个,为什摩刺头在里许?""刺头"何义,各种大小辞典未收。由语感得知,"刺头"可能与现代的"埋头""低头"意义相近。禅宗语录中同样的例证有:

《五灯会元》卷七"鼓山神晏国师":"今为诸仁者,刺头入他诸圣化门里,抖擞不出。"又卷十"杭州南院兴教院惟一禅师":"问:'如何是道?'师曰:'刺头入荒草。'"又卷十二"南岳云峰文悦禅师":"汝等诸人,与么上来,大似刺脑入胶盆。""刺脑"犹"刺头"。又卷十四"江州圆通青谷际静止禅师":"某方将脱世网,不着三界,岂复刺头入利名中邪?"又卷十六"洪州法昌倚遇禅师":"师曰:'你又刺头入胶盆作甚么?'"宋颐藏主集《古尊宿语录》卷三七:"又更刺头入他言句里意识中学,有什么交涉?"宋洪慧撰《禅林僧宝传》卷十六:"后生晚学,刺头向言句里,贪着义味,如驴舐尿处,棒打不回。"

此词的较早例证见于唐。杜荀鹤《小松》:"自小刺头深草里,而今渐觉出蓬蒿。"《敦煌变文集·百鸟铭》:"野鸭遥见角鸥来,刺头水底觅不得。"《朱子语类》卷十四:"'俛'字者,乃是刺着头,只管做将去底意思。"杨万里《题唐德明建一斋》:"平生刺头钻故纸,晚知此道无多子。"《元曲选·燕青博鱼》一折:"男儿不得便,刺头泥里陷。"

比合诸例,知"刺头"即"用头钻入"之义。"用头钻入"用于书籍,就是"埋头";用于名利,就是"钻刺"。从动作的形式看,"用头钻"则头必低下,故"刺头"又有"低头"之义。《朱子语类》的例证即是此义。刺,钻也。文献中常"钻刺"连文。

《朱子语类》卷十三:"心心念念,只要做得向上去,便逐人背后钻刺,求举觅荐,无所不至。"刘时中《端正好·上高监司》:"穷汉每将绰号称,把头每表德呼。巴不得登时事了干回付。向库中钻刺真强盗,却不财上分明大丈夫,坏尽今时务。"《水浒传》八一回:"哥哥再选两个乖觉的人,多将金宝前去京师探听消息,就行钻刺关节把衷情达知今上。"

"钻刺"连文,"刺"亦"钻"也。可证。

铺 《敦煌变文集·汉将王陵变》:"汉八年楚灭汉兴王陵变一铺。"

《汉语大词典》云:"量词。多用以表示面积或体积较大的物量。"释为量词没错,但据变文的上下文,似乎太笼统。而且"表示面积或体积较大的物量"也与变文例证的意义不符。变文有画有文,如果面积太大,则无法置于变文内,所以释为"表示面积或体积较大的物量"不合适。本例句写在变文末尾,"一铺"似是"一卷"的意思。《汉将王陵变》:"从此一铺,便是变初。"可证。但据《敦煌变文集·王昭君变文》:"上卷立铺毕,此入下卷。"则不能释为"卷"。《全唐文》卷三七六任华"西方变画赞序":"故尚书左丞赠太常卿汝南侯大祥,敬画《妙法莲华变》一铺。"据此,则"一铺"应是"一幅"的意思。盖变文与图画相配合,故变文亦称"铺"。变文中常用"××处若为陈说",以为由散文转为诗歌的套语,盖演唱者一边手指图画,一边说唱。《敦煌变文集·汉将王陵变》:"二将斫营处,谨为陈说。"又:"新妇检校田苗,见其兵马,敛袂堂前,说其本情处,若为陈说。"又:"祭礼处若为陈说。"又《李陵变文》:"李陵共单于斗战第三阵处若为陈说。"又:"李陵降服处,若为。"皆其证。《敦煌变文集·降魔变文》一面画劳度差斗圣的故事,一面写着与图相应的一段变文唱词;《大目犍连变文》标题为"大目乾连冥间救母变文并图一卷",更是明证。所以,我们说,"铺"是"图画"的量词,可能是"幅"的意思。用此义以释其他各例,皆词通义顺。其他的例证还有《太平广记》卷一一一"僧道宪":"时刺史元某欲画观世音七铺,以宪练行,委之勾当。"又卷一二二"华阳李尉":"张乃令于开元寺选一大院,遣蜀之众工绝巧者,极其妙思,作一铺木人音声。关戾在内,丝竹皆备。令百姓士庶,恣观三日。"又卷二一四"杂编":"有别画者,与人同游寺,看壁画音声一铺,曰:'此凉州第几遍。'不信,召乐官奏凉州,至画处,用指更无差异。"又:"故德州王使君椅家有笔一管约一寸,粗于常用笔管,两头各出半寸以来,中间刻从军行一铺。"原校:"铺原作幅,据明钞本改。"从这些例证来看,似乎此解没有问题。然考之《入唐求法巡礼行记》卷一:"三日,始画南岳、天台两大师像两铺各三副。"又:"五日,斋后,前画胎藏曼茶罗一铺五副了,但未彩色耳。"似乎"铺"并不等于"幅",而是比"幅"更大的图画计量单位,大概相当于现代"组画"的"组"。"组"由几幅意义有关联的图画构成,"铺"也当如是。《太平广记》改"铺"为"幅",可能是不知"铺""幅"之别而致。唐姚汝能《安禄山事迹》卷上:"又进玉石天尊一铺,请于道场所安置。"《全唐文》用例较多,今只举数例,以证其义。《全唐文》卷三"草堂寺为子祈疾疏":"今为男敬造石碑像一铺,愿此功德资益弟子男及合家大小,福德具足,永无灾眚。"又卷一七四"沧州弓高县实性寺释迦像碑":"于宝堂内敬画释迦尊像一铺。"又卷一八四"梓州慧义寺碑铭":"乃立弥勒下生像一铺,诸佛新变相一龛。"又卷二三〇"郿国长公主神道碑铭":"手写金字梵经三部,躬绣彩丝佛像二铺。"又卷二三四"弥勒尊佛碑":"去垂拱元年,发心敬造弥勒像一铺,奉为皇家帝主及州县官僚师僧父母一切庶类。"又卷二四三"贺天尊瑞石及雨表":"御像瑞石大妙至极天尊一铺,创造圣容,未施五色。宿昔之顷,画缋自然;不加之分,宛同神化。七十二相,合而成体;八十一好,散而成章。"又卷二五六"为韦驸马奉为先圣绣阿弥陀像赞":"奉为先圣三七日绣阿弥陀像一铺。"又卷二五九"造阿弥陀像记":"爰于七宝台内,敬造石龛阿弥陀佛像一铺,相好圆明,威仪具足。"又卷二八二"田义起石浮图颂":"敬造石浮图七级,释迦像二菩萨神王等一铺。"又卷三九六"唐思恒律师志铭":"造菩提像一铺,施者不能爱其宝;建涂山寺一所,仁者于是子而来。"又卷三九八"述二人德道行记":"迎得三藏邬帝弟婆将真容画像廿铺,舍利千余粒、三藏梵本二部。"又卷九一九"建功德碑铭":"更造功德一铺,数有十躯,家(阙一字)部一十五人,虔诚侍侧。"又卷九八七"敕还少林寺神王师子记":"菩萨仪容,……阿难、迦叶貌相肃然,……门外二金刚,……异相屡现,其师子者,乍着仪容,或嗔或喜,……二师子郎常相标弄,此一铺功德,不可思议。""功德一铺,数有十躯",则一铺可以有十来躯,我们说它是一组塑像应该是对的。

按,项楚《敦煌变文选注》云:"图画(或雕塑)一幅或一套画面称为'一铺'。"说与此近[①]。

前人 王梵志诗《佐史非台补》:"前人心里怯,干唤愧曹长。"又《前人敬吾重》:"前人敬吾重,吾敬前人深。"张锡厚校前句"前人"云:"疑是罪人。"

按,张校非是。"前人"一词,文献屡见:

《唐律疏议·十恶·不道》下:"厌魅者,其事多端,不可具述,皆谓邪俗阴行不轨,欲令前人疾苦及死者。"又《贼盗律疏议》:"有所憎嫌前人而造厌魅,厌事多方,罕能详悉。"又《斗讼律》:"反坐致罪,准前人入罪法,至死,而前人未决者,听减一等。"《疏议》:"……若有憎恶前人,……妄作纠弹者,并同诬告之律。反坐其罪,准前人入罪之法,至死而前人虽断讫未决者,反坐之人听减一等。……及赎者,谓诬告老、小废疾,若实,即前人合赎;虚,即反坐者亦依赎论。……诬告有荫之人,事合减、赎,反坐之者,不得准前人减、赎法。"又:"诸诬告人流罪以下,前人未加拷掠,而告人引虚者,减

[①] 项楚:《敦煌变文选注》,110页,巴蜀书社,1990年。

一等；若前人已拷者，不减。"《资暇集》卷中"座前"："身卑致书于宗属近戚，必曰座前，降几前之一等。案座者，座于床也。言卑末之使，不当授受，置其书于所座床之前，俟隙而发，不敢直进之意。今或贻书中外，言座前则以重，空前则以轻，遂创坐前，无义也。其字既不居下，使前人坐于地，非礼之甚欤！不尔，直云座字，空前可矣。"又"拜礼"："今卑谦太过，及不敢接捧，而鞠躬侧立惕受，翻令前人得以尽礼深拜。"《大唐新语》卷七"容恕"："师德曰：……夫前人唾者，发于怒也。汝今拭之，是逆前人怒也。唾不拭将自干，何如笑而受之？"《唐人小说·昆仑奴》："见前人戏弄一儿，可爱，未忍便下手。"《坛经》："若不同见解，无有志愿，在在处处，勿妄宣传，损彼前人，究竟无益。"《五灯会元》卷四："欲观前人，先观所使。"《太平广记》卷四二"李仙人"："我去之后，君宜以黄白自给，慎勿传人，不得为人广有点炼，非特损汝，亦恐尚不利前人。"又卷一〇五"宋参军"："初，宋问身既为人所杀，何以不报？云：'前人今尚为官，命未合死，所以未复云也。'"《梦溪笔谈》卷一："学士争槐厅，至有抵彻前人行李而强据之者。"比类诸例，"前人"当是"对方"的意思①。所引诸例，或指被诬者，或指受信者，或指施礼者，等等，皆与己相对者。日语中"前"字有"你"义，当是此义之引申。

按，《汉语大词典》释"前人"为"前面之人"。从字面上看，似乎没有问题；尤其当"前人"与"后人"上下文同用时，这种解释更有说服力。《唐律疏议》卷九："后人知而听者，减前人署置一等。……《疏议》曰：前人署置过限及不应置而置，后人知其剩员而听任者，减初置人罪一等。"这两个"前人"只能解释为"前面的人"。又卷四："若是兴生、出举而得利润，皆用后人之功，本无财主之力，既非孳生之物，不同蕃息之限，所得利物，合入后人。其有展转而得，知情者，蕃息物并还前主，不知情者，亦入后人。"文中的"前主"就是"前人"，即前面的人。"后人"是与"前人"相对的概念。项、段二位释为"对方"，虽然可以解释书中的大多数例证，但"前人"何以有"对方"义，仍未达一间。《史记·韩非列传》："故作《孤愤》《五蠹》《内外储》《说林》《说难》十万余言。"《索隐》："说难者，说前人行事与己不同而诘难之，故其书有《说难》篇。"又《韩非列传》：

---

① 项楚《王梵志诗校注》已发此义。见其书123页，上海古籍出版社，1991年。段观宋《文言小说语辞通释》释"前人"为"其人"，是"对方"的意思，与项说相近。见其书193—194页，广西人民出版社，1994年。段书出版虽然在项先生之后，但结论却是独自做出的，引例也大不相同。尽管如此，发明权还是归项先生。

"凡说之难,在知所说之心,可以吾说当之。"《正义》:"前者三说并未为难,凡说之难者,正在于此。言深辨知前人意,可以吾说当之,闇与前人心会,说则行,乃是难矣。"又《韩非列传》:"所说实为厚利而显为名高者也。"《正义》:"前人必欲厚利,诈慕名高,则阳收其说,实疏远之。"又《孙武列传》:"批亢捣虚。"《索隐》:"谓前人相亢,必须批之。彼兵若虚,则冲捣之。"又《蒙恬列传》:"臣故曰过可振而谏可觉也。"《索隐》:"此'故曰'者,必先志有此言,蒙恬引之以成说也,今不知出何书耳。振者,救也。然语亦倒,以言前人受谏可觉,则其过乃可救。"这些"前人"释为"对方"未尚不可,但释为"前面的人"更为恰当。"前面的人"可以是"前面提到的人",故可与"后人"对用;也可以是"面前的人","面前的人"就是对面的人,也就是对方,故可释为"对方",作为法律用语,也可理解为"当事人"。

赢垂　《敦煌变文集·佛说阿弥陀经讲经文(二)》:"烂捣椒姜满碗著,更兼好酒唱三台。不怕未来地狱生,如今且要肚赢垂。自家身上割些吃,有罪无罪便应知。"

"赢垂"何义,诸家无释。比以文义,"赢垂"当是饱食后肚皮圆滚而下垂的样子。文献中常见"累垂","赢垂"即"累垂"。唐白行简《天地阴阳交欢大乐赋》:"更有恶者,丑黑短肥,臀高而歆。或口大而甄□,或鼻曲如累垂。"如,而也。曲而累垂,言弯曲而下垂。徐光溥《题黄居寀秋山图》:"娑萝掩映迷仙洞,薜荔累垂缴古松。""累垂"亦下垂貌。《齐东野语》卷七:"有兽名野婆,黄发椎髻,跣足裸形,俨然一媪也。上下山谷如飞猱,自腰以下,有皮累垂盖膝,若犊鼻。"腰下皮能盖膝,当然是皮下垂所致。此句之"累垂"定是"下垂"之意,别无他解。唯字有"累""赢"之别,音近通用,"赢垂"即"累垂"。白朴《天净沙·夏》:"参差竹笋抽簪,累垂杨柳攒金。"明严从简《殊域周咨录》卷九"苏门答剌":"胡椒蔓生,延蔓附树,枝叶如扁豆,花间红白,结椒累垂。"明费信《星槎胜览》卷一:"古名须文达那,与花面国相接。村落傍海,田瘠少收。胡椒广产,椒藤延附树木而生,其叶如匾豆,其花开黄白,结椒乃累垂如棕榈子而粒少也。"陈诗教《花里活》卷下:"暮窥其室,用香炉盛上种柑子而卧,旦复窥之,则炉中有小柑树柑子累垂矣。"《红楼梦》四十回:"那些奇草仙藤愈冷逾苍翠,都结了实,似珊瑚豆子一般,累垂可爱。"

《朱子语类》卷三四:"问:'甚矣吾衰也。'曰:'不是孔子衰,是时世衰。'又曰:'与天地相应。若天要用孔子,必不教他衰。如太公武王皆八九十岁。夫子七十余,想见累垂。'"此例的"累垂",似是"衰老"的意思。《西游记》二三回:"猪八戒道:'哥啊,你只知道你走路轻省,那里管别人累坠?自过了流沙河,这一向爬山过岭,身挑着重担,老大难挨也。'""累坠"当是"笨重、疲劳"的意思,"衰老""疲苦"义相因,"垂""坠"音相近,当是一词的不同写法。

《说文》:"儽,垂貌。一曰懒解。""累"为"儽"之后出简化字。"累"作"垂"解,"累垂"为"下垂"之意。"累"作"懒解"解,"累垂"则是"疲劳、衰老"的意思。《广雅·释训》:"儽儽,疲也。"是其证。而"垂"则是"末垂"之义。亦为近义连文。《资治通鉴》卷二四八"唐会昌六年":"万一致一方不宁,……使垂年之母衔羞入地,何以见汝之先人乎!"胡注:"垂,末垂也;垂年,犹言末垂之年。"《说文》:"垂,边远也。""边远"为境之末,故"垂"有"末"义。

《五灯会元》卷十九"五祖法演禅师":"问:'牛头未见四祖时如何?'师曰:'头上戴累垂。'""累垂"为可戴之物,与此不同义,当是另一词。

短终 《敦煌变文集·八相押座文》:"长饥不食真修(当作'珍羞')饭,麻麦将来便短终。"

蒋礼鸿师收"短终"入《待质录》。袁宾谓"终"系"中"的音近借字,"短中"指短暂的斋食时间。郭在贻师《敦煌变文集校议》谓"短"当读作"断","中"指"中食"。"麻麦将来便断中"是指用以充斋的麻麦很有限,拿来不久就吃光了,以致常常"断中"。按,郭读"短"为"断",袁读"终"为"中",皆是。然释义有未当。今谓"断中"就是"吃午斋",没有长短、多少之分。《入唐求法巡礼行记》卷二"开成五年二月廿日":"向北行廿里,到望海村王家断中。"又"廿一日":"斋时,赴惠海寺极乐阁梨院断中。"又"廿六日":"早朝出招贤馆,行卅里到龙泉村斜山馆断中。"又"廿七日":"早朝,发,到辇车村宋日成宅断中。乞酱酢盐菜,专无一色。汤饭吃不得。"又"三月四日":"斋时,赴张家请。日本三僧、当寺典座僧到彼断中。"又"十九日":"平明,发,行廿里,到王稨村赵家断中。主有道心,供菜饱足。"又"十四日":"发,行卅里,到图丘馆王家断中。主人初见不肯,每事难易,终施盐菜周足。"又"四月十六日":"西行廿里,到清河县界合章流村刘家断中,吃榆叶羹。主人虽未解佛法,自出斋饭与僧等断中。"诸例的"断中"都是"吃午斋"的意思,无时间之长短、斋饭之多少的区别。"麻麦将来便断中"就是"麻麦拿来便作午斋"的意思。变文中还有"短午"一词,云从师云:"即断午,谓过午不食。"

第九章 近代汉语词义考释方法

按,"午"就"日"言,"中"就"天"言,《释氏要览》正食条:"今言中食,以天中日午时得食,当日中,故言中食。"是"断午"即"断中"。"断中"指以日中为断,日中时可斋食,过了日中则不能斋食。故过午不食称"断午",午时食称"断中",是一个概念的两个方面,所谓正反同辞。

挨获　《喻世明言》卷二六:"官吏回覆本府,本府差应捕挨获凶身。"又《宋四公大闹禁魂张》:"张富受苦不过,情愿责限三日,要出去挨获当带之人。三日获不着,甘心受罪。"又《汪信之一死救全家》:"漕司看了汪世雄首词,问了备细,差官锁押到临安府,挨获汪革,一面禀知枢密等院衙门去讫。"《醒世恒言》卷十九:"一面行文挨获程万里。"

《汉语大词典》《小说词语汇释》《宋元明清百部小说语词大辞典》皆未收此词。今谓"挨获"是"搜捕、捉拿"之意。《喻世明言》的"挨获凶身",下文或作"捕凶身"、或作"捉获凶身"可证。话本小说还有"挨捕""挨查""挨缉""挨寻""挨拿"诸词,"挨捕"即"搜捕","挨查"即"搜查","挨缉"即"搜缉","挨寻"即"搜寻","挨拿"就是"捉拿"。言"挨捕"者,《喻世明言》卷三九:"闻知官府挨捕紧急,料是藏躲不了,将客船凿沉湖底,将家小寄顿一个打鱼人家,多将金帛相赠,约定一年后来取。"言"挨查"者,《喻世明言》卷三六:"众做公的只得四散,分头各去,挨查缉获,不在话下。"《警世通言》卷二八:"见今开单,告官挨查,没捉人处。"《醒世恒言》《拍案惊奇》《二刻拍案惊奇》《豆棚闲话》皆有用例。言"挨缉"者,《醒世恒言》卷三六:"但这事非一时可毕,待我先教舍亲出个广捕到处挨缉。"言"挨寻"者,《喻世明言》卷四十:"乞爷爷定个限期,差人押小的挨寻沈襄,还那闻氏便了。"《欢喜冤家》一回:"地方总甲看道:'莫忙,现有血迹在此,大家都走不开,一步步挨寻将去,看在何处地方,必有分晓。'"言"挨拿"者,《喻世明言》卷二一:"做公的报知县尉,访着了这一伙姓名,尚未挨拿。"

比类诸例,"挨获"当是"搜捕、捉拿"之意。"挨获"为词,应是近义词素并列而成,"获"有"捉捕"之义可以理解,"挨"何以也有"搜捉"之义?"挨"古有"依傍、作靠"之义,《野客丛书》云:"今俗谓相抵曰挨。""相抵"即"相靠",由此引申为"依次、按顺序"。"挨"训"靠"而引申为"依、按",犹"依"既有"靠"义又有"依次"之义也。《元典章·兵部》三"给驿":"凡遇起马,照依元附文簿,自上而下挨次点差。"《喻世明言》卷三一:"随叫直日鬼吏,照单开四宗文卷原被告姓名,一齐唤到,挨次听审。"官吏公人依次到各家去办事,或搜捕,或查问。故"挨"引申有"搜"义,有"查问"义。"挨"单用的例子有《说郛》卷七五钱希白"洞微志"："有人喜食野物,挨鸦雏之毛者,以油涂之,复至窠中,至大肥,取食之,号鸦狖。"此"挨"只能作"搜寻"解释。至于"查问"义,则见于"挨问""挨访"这几个词的语素中。《喻世明言》卷三二："责令临安府府尹,立限挨访。"《二刻拍案惊奇》卷十一："恁哥哥在此做些小前程,干办已满,收拾回去,已顾下船在汴河,行李多下船了。各处挨问,得见兄弟。"

《汉语大词典》《水浒词典》收有"挨查""挨捕",释文为依次盘查,严密搜捕,仍未达一间。

投 《京本通俗小说·拗相公》："若自家雇赁,须要投个主家。"

从文义看,文中的"投"应是"找"的意思。话本小说其他的例子有《喻世明言》卷二："闻得家中老子身故,星夜要赶回。存下几百匹布,不曾发脱,急切要投个主儿,情愿让些价钱。"又："你也是呆话,做经纪的,那里折得起加二?况且只用一半,这一半我又去投谁?"《警世通言》卷二四："我要娶个小,你说可投着谁做媒?""投着谁做媒"即"找谁做媒"。

比类诸例,"投"为"找"义,殆无疑问。他书用例如《敦煌变文集·庐山远公话》："于是远公自入寺中,房房巡遍,院院皆行,是事皆有,只是小(少)水,无处投寻。"又《孝子传》："父母见银钱,争竞头觅。""头"读作"投"。日人圆仁《入唐求法巡礼行记》卷二"开成五年三月廿九日"："右圆仁等远涉沧波,投寻佛教。"《景德传灯录》卷二六"杭州报恩永安禅师"："师尤不喜俗务,拟潜往闽川,投访禅会。"诸例之"投",亦"找寻"之义。

篾片 《跻春台》卷二"审豺狼"："何二娃前番与史银匠当篾片时即与翠翠私通,今见史、朱二人已死,意欲独占,后来与客争锋,被客杀死,客远逃。"

"篾片"一词,常见于明清之际的拟话本小说,究为何义?《汉语大词典》释曰:"篾片,犹言清客。旧时豪富人家专门帮闲、凑趣、图取余润的门客。清李渔《意中缘·毒诓》:'[我]赌会记输赢,嫖会做篾片。'《负曝闲谈》五回:'现在上海公馆里,虽没有什么事可做,不妨做做现成篾片,等少东家得差缺,再作道理。'"乍看起来,《汉语大词典》似乎说得极是,似乎也适用于如下用例。《豆棚闲话·范少伯水葬西施》:"吴王是个苏州空头,只要肉肉麻麻奉承几句,那左右许多帮闲篾片,不上三分的,就说十分;不上五六分,就说千古罕见的了。"又《藩伯子散宅兴家》:"又或被帮闲篾片故意杂乱拆开,说道:'这书是不全的,只好做纸筋称掉了。'"《醉醒石》八回"假虎威古玩流殃,奋鹰击书生仗义":"有那强脱俗子弟,毕竟结纳些才人墨客,谈诗论古,学文墨。收纳些篯片陪堂,谈琴格物,学清致。"但《豆棚闲话》的作者艾纳居士对此词曾有解释。《虎丘山贾清客联盟》:"一名篯片,又叫忽板。这都是嫖行里话头。譬如嫖客本领不济的,望门流涕,不得受用,靠着一条篯片帮贴了方得进去,所以叫做篯片。大老官嫖了婊子,这些篯片陪酒夜深,巷门关紧,不便走动,就借一条板凳,一忽睡到天亮,所以叫做忽板。这都是时上旧话,不必提他。"《挂枝儿·咏部》注:"旧笑话云:嫖客阳萎,折笆上篯片帮之以入。问妓乐否,妓曰:客官尽善,嫌帮者太硬挣耳。吴中呼帮闲为篯片本此。"根据这些解释,"篯片"应特指嫖行中的帮闲,与一般的帮闲有区别。有些地方与一般的帮闲同义,应是泛指的结果。《汉语大词典》应予以说明。"清客""门客"云去,似乎抬高了"篯片"的身价。"篯片"有时省作"篯",可用作动词,是"做帮闲"的意思。《鼓掌绝尘》三八回:"徒犯道:'实不瞒老爷说,小的在洛阳县时,专靠篯几个大老官,赚些闲钱儿过活。后来出了名,绰号就叫做李篯。'"前一"篯"即用作动词。

扛帮　《醉醒石》九回:"王四到此,便十张口也辩不来,八只臂膊挣不出,二十双脚也跑不去。平日酒食扛帮光棍,一妻二妾,也只好眼睁,看他砍头罢了。"

陆澹安《小说词语汇释》释为"结党",引此例及《二刻拍案惊奇》十"专一捕风捉影,寻人家闲头脑,挑弄是非,扛帮生事"为证。《汉语大词典》释为"结帮",明显是袭用陆氏旧说。《宋元明清百部小说语词大辞典》未立此目,他们连陆氏的著作都未参考,竟编出了百多万字的大辞典,很有意思。

我们认为:"扛"是"顶替"的意思,"帮"是"帮衬"的意思,合为一例,则为"帮助、帮衬、帮闲"的意思;其中词素"扛"渐渐失去原来的意思,与"帮"的意义相近,成为近义连文。《醉醒石》除陆书所引以外,还有二例。十三回:"平日扛帮吃用他的光棍,都是光身,家中费用重大,无甚蓄积。"这是"帮闲"的意思。又十四回:"最下与主人做鹰犬,为学生做帮闲,为主人扛讼处事,为学生帮赌帮嫖帮钻刺,也可留得身定。""扛帮"拆开来用,"扛讼"即代替或帮助打官司。"扛""帮"上下对文,意义相近,这是"扛帮"一词应释为"帮衬、帮助、帮闲"的明证。此外,还有别的用例。《二刻拍案惊奇》卷三二:"不想自此之后,喇虎浑身生起癞来,起床不得,要出门来扛帮教唆,做些怠懒的事,再不能够了。"《禅真逸史》二九回:"这城中有一富户,姓甄名雍,原来是个破落户出身,为人刁钻奸巧,佛口蛇心,专务足恭诌佞,习成一家生理,俗言叫做'惯扛帮',又唤做'乌嘴虫'。帮衬着宦家子弟,赚得些钱钞。"《民抄董宦事实》:"群聚颇类扛帮,传札又似挟制。"从这个例证看,"扛帮"是聚集一批人帮人闹事,从中得好处。《隋唐演义》四六回:"翟让是个汉子,但恐久后被他手下人扛帮坏了,也是肘腋之患。"

奄物烧刺 《回回药方》卷十二"风癫紫白癜类"下:"阿夫忒蒙煎药:专治诸般风疾,又奄物烧刺病证。"

宋岘《回回药方考释》于"奄物烧刺"条下云:"为波斯语词'胡言乱语'(yāvesarā)音译。或为波斯语词'癫痫胡语'(yāveṣarā)的音译。待确考。"附波斯文作یاوهسرا(上册,375页)。按,据宋氏所附波斯文,此词应读[jaːwuhsaraː],与汉字"奄物烧刺"的读音有较大差距。"物"和"刺"的读音与[wuh][ra:]相近,"奄""烧"二字的读音则与[jaː][sa]相远。所以我们怀疑"奄物烧刺"并非波斯语词,而是汉语固有的词汇。

《回回药方》中"奄物烧刺"一词共出现二次。除上文所引外,还有一例。下册222页13行:

"又,煎药饮子,专能疏风,去奄物烧刺,又治紫白癜风,黑黡病疾。"其处方为:"黑诃子、黄诃子_{各熟一两}、无子干蒲萄_{一两}、柴胡_{半捣五钱}、云香_{二钱}、阿的黑儿_{三钱}、伯思把纳知_{五钱}、阿夫忒蒙_{一两}、阿你松_{即鲁迷茴香}、可剌夫失子_{各等三钱}、无花果_{一两}、甘草_{三钱}。"

制作说明云:"右用水一斤半,同煎至半斤,去渣,每一服水内,加牙剌亦肥古剌一钱,阿里公半钱,用蜜一同调服,后再有一煎药引子,方见众热门。"

我们在下册233页2行发现了一个与此处方完全相同的方子。除方名外,其药方完全相同。为方便比较,我们把它抄在下面:

双诃子散,治疏风,去热,又治紫白癜风,一应风疮。
黑诃子 黄诃子_{煮熟各等一两}、无子干白蒲萄_{一两}、柴胡_{五钱半捣}、云香_{二钱}、阿得黑儿三钱、伯思把牙五钱、阿夫忒蒙一两、茴香　可纳夫失子各等三钱、无花果一两、甘草根三钱。

制作说明云："右一同，用水六十两重，煎至二十两重，去渣，却加肥古剌水一钱，在煎药内再加阿里公半钱，同蜜调作膏，先吃，后服煎药，分作三服，作三日服。"

两相比较，两个处方基本相同。不同处有三：一、个别阿拉伯语对音词所用汉字有区别，而所代表的阿拉伯语词则相同。如上方"伯思把纳知"，下方作"伯思把牙"，其实都是"水龙骨"。原书与"伯思把牙"相对应的阿文作 سبايه（147/14）[①]，与"伯思把纳知"相对应的阿文作 بسنج（223/1），宋氏《考释》皆释为"阿拉伯语词水龙骨的音译"。如此，则二者为一词应无疑义。二、前一方"茴香"作"阿你松"，用的是阿拉伯语汉字对音词，后一方径用"茴香"，二者实为一物。三、前一方作"甘草"，后一方作"甘草根"，而甘草以根入药，故"甘草根"即"甘草"。所以我们认为这两个处方的内容是相同的，实为一个处方。

就制作方法而言，二方也完全相同。

既然方子相同，制作方法相同，则所治病症状亦相同。前一方的功用为"疏风，去奄物烧刺，又治紫白癜风，黑黠病疾"，后一方的功用为"疏风，去热，又治紫白癜风，一应风疮"。两相比较，知"去奄物烧刺"就是"去热"，"奄物烧刺"就是"热"。

《回回药方》屡见"奄物"或"奄"单用之例，也有"烧刺"不与"奄物""奄"连用之例。既然可以分用，则"奄物烧刺"不是波斯语词甚明。

"奄物烧刺"何以有"热"的意思？我们看"奄物"的例证。161/11："治诸般风痰，半身不遂，口眼歪斜，脑间病证，忘事，净其胸中奄物，散风，取下病根。"

能致病之物，就中医理论而言，应该是浊物，故"奄物"似乎是"浊物"的意思。如：

179/13："治风疾，因有奄物，烧出此疾。"180/11："又因肝力壮，奄物不离此病，即散烧热后，有此筋抽病者，多半死也。"189/9："论一年四季命性气力相应者，治，先可放血，乃是尽吐，血同诸般奄物相和，去者最妙。"341/14："治净胸中奄物，化痰，唤口香气，止口流水，煞肚中之虫，助肾，去砂淋，消食疏风，定心气痛，散肠风痔漏，止便

[①] 前面的数字是《回回药方考释》（中华书局，2000年）下册的页码，后面的数字表示行数。下同。

血,定乱风。助肝,壮阳,思饮食。"356/7:"治浑身禀性有冷,散浑身稠痰奄物,开其肝肾,紫白癜风,癫风,诸般疥疮脑病。"380/11:"却说调理身安,方书之中,先说血满而形奄物,浑湿而形,见如此者,便可而宣。吐泻,出血,都为者宣。有奄物者,吐去,有血放血。"381/14:"大粪臭者,系是有食不消,作急看治,小水臭者,有奄物停久者,却作发烧而治。"

还有"奄"与别的词搭配,形成与"奄物"相类的偏正结构,我们称之为"奄×"结构,"奄"为形容词。如:

137/3:"专治左瘫右痪,半身不遂,口眼歪斜,背疼脊疼,诸般因奄痰疼痛。"207/2:"治风癫或时风聚在身上,便生风疾在身,或奄风散在浑身,多者便生癫疾。"379/12:"若分食力弱者,血在本肝不净,或成黄水,或成风,或成痰,便生病证。从血而来,便有奄风聚在浑身,此形便是肝经力弱。"195/12:"若禀性是冷者,食前可饮陈酒十两重,食中下茴香、香菜之类,去其风也。多有奄冷薄物,化奄咸痰,去病,因此,风必慢也。"

我们怀疑"奄风"就是浊风,"奄痰"就是浊痰,"奄物"就是浊物。如:137/3"因奄痰疼痛"、同页15行"因痰骨节疼痛"、135/3"凡白痰根源证候等,若于所患之体上搽,亦得济"。言"痰",言"白痰",言"奄痰"。"白痰"为清痰,为净痰,"奄痰"则为"浊痰";总之,都为"痰"。207/5:"或净痰变成浊痰,面色改变,闭住旧热,因此力微,冷了浑浊。"又,《回回药方》有"奄浊"一词;"奄""浊"连用,"奄"犹"浊"也。148/9:"治风痰,半身不遂,口眼歪斜,脑中有病,忘事,净其胸膈奄浊之物,取胸中之力,疏风,能去病根,用此药而泻出。"可证。

还有"显奄"的说法,389/13:"或伤着筋肉系边,必重,绝其力也,发昏沉重,见识显奄也。或伤着膝前平处也重,善不得脱离。或是伤在肉系边,重,显见识奄者,莫止望医治者,除是横割肉系,断其此性,肯者为之。""显奄"的"奄"与"奄物、奄风、奄痰"的"奄"似乎有所不同。从文义来看,"显奄"是"露出昏迷"的意思,与"奄物"之"奄"意义不同,当是别一词。

再说"烧刺"。"烧刺"一词除在222页、250页的"奄物烧刺"中出现外,《回回药方》还有四例,都不与"奄物"连用。如:

343/12:"葫萝葡性热带温,通声音,软脏腑,去茎管烧刺,止嗽,通水道,去分外之物,止心气疼,助阳添力。又,软咽喉、肚腹、茎管,热丹田,无损。"346/12:"白膏药,治唇裂,肛门有裂为者,热痔烧刾,贴火烧疮亦可。"382/2:"小水淋沥者,作急而治,若是大粪烧刾肛门,作里急后重而治,小水过道烧刾者,却则有疮而治。"

跟"烧刾"相搭配的为"茎管、痔、肛门、小水过道"等名词。医药常识告诉我们,这些部位的疾病给人的感觉是灼热、刺痛,所以我们认为"烧刾"的"刾"字应是"刺"字之误。"烧刾"就是发热、刺痛。"刺""刾"二字只差一横,俗书常相混,故误。

既然"奄物"和"烧刾"都可单用,而"刾"又是"刺"字之误,则"奄物烧刾"不是波斯语词甚明,宋岘《考释》误。"奄物烧刾"就是浊物引起发烧刺痛的意思,故"去奄物烧刾"与"去热"意相近。

据上下文求义的一个重要方面是对文求义,即据文章的对偶关系,以推求词义。如:

提 《敦煌变文集·频婆娑罗王后宫彩女功德意供养塔生天因缘变》:"真(按,当做直)饶玉提金绣之徒,未免一械灰烬。"徐震堮校"提"为"缇"。然"缇"训"赤",于义无取。《敦煌变文集·破魔变文》也有同样的句子:"直饶玉提金绣之徒,未免于一械灰烬。"项楚先生校为"题"。云:"玉题:古代建筑椽头上的玉饰。"①今谓"提"字不误,"提"与"绣"相偶俪,"提"亦"绣"也。"提"与"绣"的区别是:"绣"用别色丝线在布上刺出花样。"提"不用别色丝线,在布原来的基地上,利用经纬的伸缩变化以产生花纹。由于无须刺绣,只是把经线或纬线提长一点,超出布平面,以形成图案,故称为"提"。今尚有"提花枕巾""提花被面"之说,可为参证。"提花枕巾"的"提"是动词,而此处的"提"是名词。《后汉书·宦者传序》:"狗马饰雕文,土木被缇绣。"西晋竺法护译《佛说月光童子经》:"树间皆悬罗縠、缇绣、珊瑚。"《全梁文》卷五"入屯阅武堂下令":"缇绣土木,菽粟犬马。"刘禹锡《游桃源一百韵》:"共安缇绣荣,不悟泥涂适。"段成式《酉阳杂俎续集·支诺皋下》:"主人延于堂中,珠玑缇绣,罗列满目。"《全唐文》卷九○一"上将辞第赋":"可不知池台之娱,缇绣之费,谅无勋业之重,徒冒宠章之贵。"《文献通考·乐考》二:"帝制新曲,教女伶数十百人,衣珠翠缇绣,连袂而歌。"从文例来看,与"缇绣"相对的皆为两名词连用,则"缇"也为名词;释变文的"提"为"缇",应是对的,但

---

① 项楚:《敦煌变文选注》,450页,巴蜀书社,1990年。

须补出"缇,名词,彩色的帛"。

踔　《敦煌变文集·大目乾连冥间救母变文》:"铁杷踔眼,赤血西流,铜叉刴腰,白膏东引。"踔,《广韵》云:"跛也。"于义无取。按此字与下文"刴"相对,当二字意义相类。"刴"有"斩截、砍斫"之义,则"踔"所代表的词也当有"击、斩、斫"之义。然"杷"非砍击之物,《西游记》中猪八戒的杷只用来筑。十九回:"那怪真个举起钯,着气力筑将来,'扑'的一下,钻起钯的火光焰焰,更不曾筑动一些儿头皮。"故"踔"所代表的字应与"筑"义相近。然"踔"并非"筑"的假借。踔,敕角切,"彻"纽,"觉"韵,开口三等;筑,张六切,"知"纽,"屋"韵,合口三等。二字虽可视为双声,但韵不相近。今谓"踔"当是"戳"的假借。《广韵》"戳"与"踔"同音,云:"刺也。"又同韵"直角切"小韵下也有"戳"字,云:"筑也,舂也。本又敕角切。"据又音则与"踔"同音,据"直角"之音则与"踔"音近。无论训"刺"训"筑",都与文义相合;但就"钯"字而言,当以训"筑"为当。

真实　《敦煌变文集·维摩诘经讲经文(一)》:"休白头头作妄缘,真须处处行真(斟)酌。"原校第二个"真"字为"斟",可商。"真"与"妄"相对,皆佛教术语。改为"斟",反失原旨。"酌"当作"实"。"真实"系佛教术语,指离迷情,绝虚妄,是与"妄缘"相对的一个概念。"行真实"是"真实行"的动词说法。"真实行"系佛教"十行"之一,详参《佛学大辞典》"十行"条。佛经常见"行真实"。东晋瞿昙僧伽提婆译《中阿含经》卷四九:"是谓行真实、空、不颠倒也。"刘宋求那跋陀罗译《杂阿含经》卷十五:"彼诸众生不行其义、不行法、不行善、不行真实,展转杀害,强者陵弱,造无量恶故。"姚秦竺佛念译《最胜问菩萨十住除垢断结经》卷三:"从无数劫求无上道,终不生念,我行真实。"隋阇那崛多译《善思童子经》卷二:"此菩萨行真实,能离一切欲相。"唐慧苑述《续华严经略疏刊定记》卷五:"三好行真实,四进修无怠。"唐慧能《金刚经解义》卷二:"悟得本来佛性,常行真实。"宋法天译《圣多罗菩萨一百八名陀罗尼经》卷一:"目净修广心行真实,瞻示三界一切平等。"天息灾译《大方广菩萨藏文殊师利根本仪轨经》卷十:"第一身业清净,第二口业清净,第三意业清净,第四行真实清净。"皆其证。又,从用韵的角度来看,"实"与上文"一"相韵,二字皆属"质"韵;若作"酌","酌"在"药"韵,不仅于义无取,而且于韵亦不甚协。此外,白,徒也,空也。"休白"与"直须"对文。原文"真须"当做"直须","真"为"直"之误。

对文的情况比较复杂。有同义相对,有近义相对的,也有近义、类义相对的。当视具体情况而定,不能一遇对文就视为同义。如此则有乖原义。徐仁甫先生的《广释词》,旨在增广《经传释词》诸书所不备,补其不足,多有发明。然也偶有阙失。而阙失所由,皆在对文(或互文)求义。如训"日"为"方、正"。云:"日犹方、正。时间副词,鲍照《和王丞相》:'秋心日迥绝,春思坐连绵。''日''坐'互文,'坐'犹'正'(已见'日'亦犹'正')。又《岐阳守风》:'飞云日东西,别鹤方楚越。'肖纲《上之回》:'桃林方灼灼,柳路日瞳瞳。'皆'方''日'互文。'日'犹'方'也。杜甫《假山》:'惟南将献寿,佳气日氤氲。'"诸例的"日"均可按"日益、今日、日日"解释。时间名词用作状语,故可与"坐""方、正"等副词相对,但"日"并不具"方、正"义。

还应指出,由于汉语句法的逻辑关系多用意合法,并不使用关联词。不要因为上下文具有某种逻辑关系,就硬性指定某词具有某义。由于不明此理,历来的虚词训释多有此病。自王引之以来诸贤,均不能免此。《经传释词》卷九:"之,犹若也。《书·盘庚》:邦之臧,惟女众。邦之不臧,惟予一人有佚罚。言邦若臧,邦若不臧也。……成二年《传》曰:大夫之许,寡人之愿也,若其不许,亦将见也。皆上言'之'而下言'若','之'亦'若'也。互文耳。"其实"之"只是一个助词,用于主谓结构之间所谓取消句子的独立性。王氏发现了上下两句有假借关系,遂坐定"之"训"若",殊不知句子的假设关系是通过意合法实现的。他如张相《诗词曲语辞汇释》之训"必"为"若",亦犯此病。所举例证,"必"皆可训"实、真的",假设关系也是通过意合法表现的,"必"非"若"也。他如训"诚"为"若",病与此同。例烦不赘。

(四) 语源求义

语源求义,即通过推求词的语源——事物的得名之由——以阐发词的意蕴,就是根据同源词的同义关系以考释词义。礼鸿师《敦煌变文字义通释》释"兀"(污)就是用的语源求义法。他如:

骨堆　《五灯会元》卷十六:"活人路上,死人无数,头钻荆棘林,将谓众生苦。拜扫事如何?骨堆上添土。"

推以文义,"骨堆"当是"坟墓"的意思。然坟墓何以称"骨堆"?盖"骨堆"与"果蓏"同源,皆取义于圆而上隆。圆滚之虫曰果蓏,兵器上圆者曰骨朵,腹大而圆者曰胍肛,食品之圆者曰馉饳,木之瘤节曰骨骴,皮肤小肿曰疙瘩,花之蓓蕾曰骨朵儿,土之隆起而圆者曰骨堆,皆一声之衍。《宋景文笔记》卷上:"关中人谓腹大者为胍肫,上胍下都。"《梦粱录》卷十六"荤素从食店":"常熟糍糕、馉饳,瓦铃儿,春饼……等点心。"《太平广记》卷二四八"山东人"条引《启颜录》:"道旁树有骨骴者,车拨伤。"《通俗编》:"今以皮肤小肿为疙瘩。""骨堆"较早的例证见于唐。《韩愈集·遗文》:"偶上城南土骨堆,共倾春酒三五杯。为逢桃树相料理,不觉中丞喝道来。"《古尊宿语录》卷三八:"与么则平地起骨堆。'"《五灯会元》卷十二:"问:'如何是祖师西来意?'师曰:'平地起骨堆。'"又卷十六:"诸禅德,直饶汝翻得转,也是平地骨堆。"《罗湖野录》卷二:"只道平地上休起骨堆,不知那个是他平地。"《禅林僧宝传·华严隆禅师》:"虚空钉铁橛,平地起骨堆。"《元曲选·盆儿鬼》三折:"呀!呆老子也!却原来是一个土骨堆。"又《李逵负荆》二折:"休怪我村沙样势,平地上起孤堆。"皆其证。盖坟墓亦圆而隆起,与土堆同形,故也可称"骨堆"。入声消失后,"骨""孤"同音,故又可称"孤堆"。称坟墓为"骨堆",犹唐人称坟墓为"土馒头",皆取其"圆而隆起"之义。文献中称"骨(孤)堆"者,或指坟墓,或指土堆,当视上下文义而定,不可一概而论。

趑趍 《敦煌变文集·百鸟名》:"涛河鸟,脚趑趍,寻常傍水觅鱼吃。""趑趍"即"趑趍"。云从师收入《待质录》,云:"按《广韵》入声二十三锡韵:'趑,郎击切。趑趍,行貌。'又二十二昔韵:'趍,七迹切,趑趍,行貌。'《教坊记》曲名有历剌子,剌,是'刺'的俗体,'趑趍''趑趍''历剌''历刺'都是一个词的异写。《广韵》只说'行貌',究为何种状态,略而不详。1935年刻本《云阳县志》卷十四,礼俗下,方言上:'趑趍,爽快也。'引《传灯录》语,又云'读若利率'。根据这个读若,应即现代语的'利索'。但是'率''趍'读音不同,《县志》所释,未必可据。"

按,《五灯会元》卷十五:"卖鞋老婆脚趑趍。"据上下文推测,"趑趍"当是赤脚走路,步履细小,行步不快,摇摇晃晃之貌。卖鞋人本应穿鞋,而贫苦无鞋可穿,故赤脚而行,加上年事已高,就更加步履细小,行走艰难。故"趑趍"当是脚步细小,立脚不稳,摇摇摆摆之貌。淘河鸟一摇一摆地在河边觅鱼,故曰"脚趑趍"。《类篇》走部"趑"下:"趑趍,小步。""趑趍""趑趍"双声,系一声之转。音变为"趔趄",《字汇补》云:"足不进也。""足不进"与"小步"意近。《元曲选·燕青博鱼》三折:"怪道我这脚趔趄站不定呵,原来那一盏盏都是瓮头青。"又《马陵道》四折:"脚趔趄,眼乜斜,恰便是酒酣时节。"又《任风子》二折:"添酒力晚风凉,助杀气秋云暮,尚兀自脚趔趄醉眼模糊。"《元曲选外编·绯衣梦》二折："足趔趄,家前后;身倒偃,门左右。"二词用法相同,音亦相近,显系同源。又作"列翅""列怯"。《董西厢》卷一:"列翅着脚儿,走到千遍。"刘庭信《折桂令·忆别》:"他那里鞍儿、马儿、身子儿劣怯,我这里眉儿、眼儿、脸脑儿乜斜。"又作"略斜"。"略"与"趔"双声。"斜"与"趄"皆在《中原音韵》的"车遮"韵;前者为"邪"母,读 s,后者为"清"母,读 ts',可视为准双声。《今古奇观·蒋兴哥重会珍珠衫》:"脚略斜的走入巷来。"音节顺序颠倒转而为"查梨"。《元曲选外编·调风月》二折:"见我这般微微喘息,语言恍惚,脚步儿查梨。"诸词音近,用法相同,当同源。是"趑趄"与"趔趄"同义。

蓝镱 《五灯会元》卷十九"保宁仁勇禅师":"有个汉,怪复丑,眼直鼻蓝镱,面南看北斗。"《太平广记》卷二五二"李任为赋":"蓝挱鼻孔,真同生铁之椎;觍𩑺骷髅,宛是熟铜之罐。"先师在贻先生云:"蓝挱"即"儑傸"之假借,《广韵》下平声二十三"谈"韵、《龙龛手镜》"人部"并云:"儑傸,形貌恶也。"今谓郭师说甚是,但犹有可补者。《五灯会元》与《太平广记》的"蓝镱"或"蓝挱"都用以形容鼻子,当是鼻子"尖长"之状。《五灯会元》"直"以状眼,"蓝镱"以状鼻,则"蓝镱"当与"直"义相类。《太平广记》亦以"蓝挱"状鼻,则"蓝挱"亦当为鼻貌。《广记》下文又出"真同生铁之椎"以比喻。其中生铁状其色——黑,与上文"旧患肝风,鼻上癞疹而黑"相应;"锥"状其形,故"蓝挱"之义当与"椎"形相应。"椎"之为物,长而且尖;以此推之,则"蓝挱"应为"尖而长"貌。如此解释,与"直"义亦相类,符合《五灯会元》的文义要求,且与《广韵》"儑傸"之训相成。鼻子又长又尖,当然是"形貌恶",二者并不矛盾。《集韵·谈韵》:"鹽𩑺,长面貌。""艦軅,身长貌。""鬓,引《说文》云:发长也。""鬖鬖,兽毛垂貌。"毛垂必长,与"长"义亦相成。"蓝镱"与诸词双声,当同出一源。可为佐证。

应当指出,通过推求同源字以考释词义,关键在于词源的推求是否正确。词源推求正确,则词义考释一定会正确;词源有误,则词义一定有误。故运用此法时,一定要谨慎地推寻语源,不可有误,否则全盘皆失。

(五)方言市语求义

方言是语言的地区性的反映,它在不同程度上保留了古代语言的音读和词汇。近代汉语词汇研究的主要对象是晚唐五代以来的通俗性文学作品,这些作品具有浓厚的地方色彩。因此，运用现代方言以证近代汉语词义，具有非常广阔的前景。如：

劀 《元曲选·金线池》三折："我便似那劀墙贼蝎螫索自忍。"又《柳毅传书》二折："钱塘龙逆水忙截，泾河龙淤泥便劀。"《元曲选外编·圯桥进履》一折："闲来时打家截盗，剜墙劀窟。"又《调风月》三折："我便似劀墙贼蝎螫噤声。"徐渭《豹子和尚》一："月黑时劀窟剜墙。"又作"贡"。《琵琶记》二五出："何用剜墙贡壁，强如黑夜偷儿；不索挟杖持刀，真个白昼劫贼。"按，劀，音 gǒng，湘方言凡钻入曰"劀"，如"劀进被窝""蛇劀进洞里去了"。《中原雅音》云："劀，鑽穴也。"是其义。

静办（净办、静扮） 《五灯会元》卷十六："喝散大众，非唯耳边静办，当使正法久住，岂不伟哉！"《元曲选·窦娥冤》一折："老身蔡婆婆，我一向搬在山阳县居住，尽也静办。"又《灰阑记》楔子："左右我的女儿在家，也受不得这许多气，便等他嫁了人去，倒也静办。"《警世通言》卷二十："戚青却年纪大，便不中那庆奴意，却整日闹吵，没一日静办。"《喻世明言》卷二一："我要寻个静办处打个盹。"作"净办"者，《儿女两团圆》楔子："分另了家私却也净办。"又："我两个不曾娶老婆哩，分另这家私，倒也净办。"《元曲选·冻苏秦》楔子："既然他两个要去，等他自揣盘缠求官去，省的在我耳朵根边终日'子曰，子曰'伊哩乌芦的这般闹炒，倒也净办。"又《抱妆盒》二折："我替你看着人，你将太子刺死，丢在金水桥河内，也是一个净办。"《武王伐纣平话》卷上："此玉女是古贞洁净办炼行之人，今为神女，他受香烟净水之供。"《清平山堂话本》："师父，怎地把我兄弟坏了性命？这事不得净办。"《水浒传》二十回："不曾有一个月净办，常教我受苦。这个便是怨你处。"《元曲选外编·陈母教子》三折："母亲要打我，番番不曾静扮。"王锳《诗词曲语辞例释》释为"清静或干净"，甚是。湖南祁东方言也有"静办"一词，义与此同。如："古地方（这地方）真静办。""古里（这里）太吵，找个静办的当（地方）读书。"可为佐证。又，《朱子语卷》也有"静办"一词，是"稳妥"的意思，义稍异。《朱子语卷》卷二六："故谓不如只作观己说，较静办。"比较上句"不如观己底稳贴"，知"静办"即"稳贴"。

包 《董西厢》卷七："甚娘身分，驼腰与龟胸，包牙缺上边唇。这般物类，教我怎不阴哂。"《西游记》三十回："锯牙包口，尖耳连眉。"包，突也，指牙齿突出。湘方言有此词，如："这人牙齿有点包。""包牙齿好吃西瓜。"《集韵》"爻"韵有"龅"字，训"齿露"，音"蒲交切"，当是其本字。"麻"韵有"齆"字，音"邦加切"，云："齆齘，齿出也。""祃"韵

第九章　近代汉语词义考释方法

亦有"龅"字,音"步化切",训"齿出貌"。当是"龅"字一声之转。

舞　《儒林外史》二回:"你各家照分子派,这事就舞起来了。"又三回:"舞了半日,渐渐喘息过来,眼睛明亮,不疯了。"陆澹安《小说词语汇释》释为"忙乱"。今按,陆释误。"舞"系方言词,是"做、搞、弄"的意思。湖南祁东方言"做事"说做"舞事","种蔬菜"说做"舞小菜",凡于体力劳动均可称"舞"。"辛辛苦苦舞了一年,最后什么都冒得到。"按,"舞"字此义,流行于南方方言区,江淮官话、西南官话、湘语、赣语和客家话皆有此词[①],章太炎《新方言》第二:"庐之合肥、黄之蕲州皆谓作事为舞。"亦其证。

吃挣　《元曲选·燕青博鱼》三折:"我这里呵欠罢翻身,打个吃挣。"又《倩女离魂》四折:"这的是俺娘的弊病,要打灭丑声,佯做个吃挣。"又《气英布》二折:"眼睁睁慢打回合,气扑扑重添吃挣。"又《梧桐雨》一折:"我恰待行,打个吃挣,怪玉笼中鹦鹉知人性。"《牡丹亭》二七出:"铺了些云霞帧,不由人打个吃挣。"字又作"吃挣""意挣""痴挣""立挣",例见元曲。比类文例,知"吃挣"是"寒颤、冷噤"的意思。湖南湘潭、茶陵方言也叫"寒颤、冷噤"为"吃挣子",如:"冻得我直打吃挣子。""小孩打吃挣子了,要屙尿了。""北风一吹,我一连打了几个吃挣子。"皆其证。

摆站　《西游记》二七回:"行者打杀他的女儿,又打杀他的婆子,这个正是他的老子寻将来了。我们若撞在他的怀里呵,师父,你便偿命,该个死罪;把老猪为从,问个充军;沙僧喝令,问个摆站。"又三三回:"他若有一日脱身出来,他肯饶你?就是从轻,土地也问个摆站,山神也问个充军,我们也领个大不应是。"又八十回:"纵无此事,也要问个拐带人口。师父追了度牒,打个小死;八戒该问充军;沙僧也问摆站;我老孙也不得干净,饶我口能,怎么折辩,也要问个不应。"按,李实《蜀语》:"充徒曰摆站。"明陆嘘云《诸书直音世事通考》下卷:"摆站,即无力徒也。"即其义。

咉　《跻春台》卷一"卖泥丸":"吃饭就把火手恨,晌午晏了咉先人。"又"哑女配":"人夫沾倒就开唣,一时还要咉祖先。"又卷二"捉南风":"过月不交钱,咉你祖和先。"又卷二"吃得亏":"忽门外二痞子大骂而来,连先人都咉了。"又:"胡二门外就闹起,咉了先人又唣爹。"又卷四"螺旋诗":"免得外人指背脊,咉先人骂你的妈和爹。"又:"你若再捡,我就要咉你。"又卷一"东瓜女":"媒人怕打脱谢钱,将何咉骂。"

---

① 许宝华等:《汉语方言大词典》,6860页,中华书局,1999年。

"映骂"连文,"映"就是"骂"。《汉语大词典》"映"字下注音 jué,其中一个义项是"骂",引《中国歌谣资料·川北南江民歌〈放牛娃儿好遭孽〉》"放牛娃儿好遭孽,出门离不得马桑叶,割起回去牛不吃,又挨打来又挨映"为证,说明是个蜀方言词,但例证太晚。又,徐州方言骂人也叫"嚼人",又有"骂骂嚼嚼"一词。"嚼"读阳平,与"映"同音。山西万荣、临猗、运城方言也称骂、训诫为"映"。看来并非蜀方言的专有词。字又写作"撅"。《醒世姻缘传》六四回:"我就只说了这两句,没说完,他就秃淫秃的撅了我一顿好的。""撅"是"映"的记音词,也是"骂"的意思。

估 《跻春台》卷一"东瓜女":"任随你告哀都不肯,估住我嫁妻要还清。"又"节寿坊":"怎奈五旬无子,娶一妾三年不孕,估住丈夫嫁了。"又卷三"审烟枪":"烧得你糊焦焦声声叹惜,估住你要吃他好不惨悽。"此词全书共出现七例。

按,估,逼也。《跻春台》卷一"十年鸡":"二叔叔,毒心肠,估逼为妻要下堂。""估逼"连文,"估"亦"逼"也。重庆、成都方言称"强迫、逼迫"为"估倒",如:"他们估倒把我推下车。""吃不下药估倒吃。"湖南祁东方言称"强迫"为"姑倒",如:"己(他)姑倒我要,我冒得法,就买了。"可为证明。《汉语大词典》"估"字下有"逼"这一义项,但举例为艾青《一个女人的悲剧》,似太晚。

市语,指市井之语,包括行话。近代汉语文献,尤其是元曲和明清小说,市语行话用得比较多。如《水浒传》的"挨光""顶老",都是市语。"挨光"是"调情"的市语,"顶老"是"妓女"的市语。如果不懂,就无法解释。

砌末 李伯瑜《小桃红·磕瓜》曲:"兀的般砌末,守着个粉脸儿色末,诨广笑声多。"无名氏《耍孩儿·拘刷行院》:"虎咽狼餐似趁熟,囉的十分透,鹅脯儿砌末包裹,羊腿子花篓里忙收。"《元曲选·梧桐雨》一折:"(正末与旦砌末科,云)这金钗一对,钿盒一枚,赐与卿者。"此金钗、钿盒叫作"砌末"。又《諕范叔》一折:"(卒子做托砌末上科)(邹衍云)贤士,小官奉主公之命,有黄金千两,权为路费,少助行色,莫嫌轻微也。"此黄金千两也叫"砌末",千两黄金应该很重了,不能叫"砌末",可能是银票之类的东西。又二折:"祇从人那里?将的他那茶饭来。(祇从做拿砌末放下科)(须贾云)祇从人,你着他自己揭开食用波。"此将茶饭叫作"砌末"。总之,皆指细小什物。《墨娥小录》卷十四"行院声嗽·器用":"什物,砌末。"戏剧中的细小道具称"砌末",由此可证。

查胡 《团圆梦》二折:"骂你个无廉耻泼东西,你觑那迎奸卖俏的查胡势。"陆澹

第九章　近代汉语词义考释方法　　539

安《戏剧词语汇释》释"查胡势"为"丑态"。今谓"查胡"指弄虚作假。《元曲选·渔樵记》一折："那一等本下愚，假扮做儒，他动不动一划地谎喳呼。""喳呼"与"谎"连文，"喳呼"亦"谎"也。《墨娥小录》卷十四"行院声嗽·人事"："虚谎，查呼。""胡""呼"音近，"查呼"即"查胡"。陆释误。今有"查呼""查查呼呼"的说法，也是"虚而无实"的意思，当是此义之引申。

梦撒撩丁　《元曲选·对玉梳》一折："有一日使的来赤手空拳，梦撒撩丁。"又《曲江池》二折："我直着你梦撒了撩丁，倒折了本。"徐嘉瑞《金元戏曲方言考》云："梦撒撩丁，梦醒空虚。"望文生训，大误。《墨娥小录》卷十四"行院声嗽·通用"："无，梦撒。"又，"撩丁"当指"银钱"。"撩"通"镣"。《宦门子弟错立身》戏文正作"镣丁"，可证。《说文》："镣，白金也。"白金即银。《尔雅·释器》："白金谓之银，其美者谓之镣。""镣丁"即"镣"，丁，块也，"镣丁"就是银块；也可解释为语助词，凑成双音节，但这种用法不经见，故不取。此以银代钱也。有人说"撩丁"即"辽丁"，因辽国的钱币铸有"丁"字，故称钱为"辽丁"，未必是。

白打　王建诗《宫词》："寒食内人长白打，库中先散与金钱。"韦庄《长安清明》："内官初赐清明火，上相闲分白打钱。"《佛说佛名经》卷十："捋捕白打双六围棋，群会屯聚饮酒食肉。"唐大觉撰《四分律行事钞批》卷七："儿每白打输钱，前后三百余贯。""白打"何义？有明以前均未得的解。陆游《老学庵续笔记》卷一："余在蜀，见东坡先生手书一轴曰：'黄幡绰问明皇，求作白打使。此官亦快人意哉！'味东坡语，似以'白打'为搏击之意。然王建《宫词》……，则'白打'似是博戏耳，不知公意果何如耳？"认为是"博戏"，但语在疑似之间。明代焦竑《焦氏笔乘》卷三"白打钱"："用修（笔者按：杨慎的字）云：'白打钱，戏名。'未明指为何事，按，《齐云论》：'白打，蹴鞠戏也。二人对踢为白打，三人角踢为官场。'"今按，焦说是。宋汪云程《蹴鞠谱》"二人场户"云："每人两踢名打二，曳开大踢名白打。"（《说郛》本）是知"白打"是"二人场户"中的一种踢法。踢鞠须下赌注，故有"闲分白打钱"之说。又《圆社锦语》："白打，远去。"（《玄览堂丛书三集·蹴鞠谱》）"锦语"所以名"远去"为"白打"，盖"白打"之戏须"曳开大踢"，大踢当然要在整个场户（约略如今之球场）内进行，故有是称。又，明周亮工《闽小记》卷一："杨用修曰：打钱戏名，未明指为何事。焦弱侯云：按《齐云论》，白打，蹴鞠戏也，两人对踢为白打，三人角踢为官场。予谓白打，即今之手搏，名短打者是也。昔人目手不持寸铁为白战,似即其意。武艺十八,终以白打,以白打为终,明乎其不持寸铁也,以为蹴鞠者非。"朱国帧《涌幢小品》卷十二:"白打即手搏之戏。唐庄宗用之赌郡,张敬儿仗以立功。俗谓之打拳,苏州人曰打手。"马愈《马氏日钞》:"较其试艺,十八事皆能。一弓、二弩……十八白打。"按,王建《宫词》前文有:"分朋闲坐赌樱桃,收却投壶玉腕劳。各把沈香双陆子,局中斗累阿谁高?""投壶""双陆"皆游戏名,则"白打"亦游戏名。明代十八件武艺的"白打"应是另一词,二者不能相混。周亮工混而言之,故以"蹴鞠戏"为非。《启颜录》卷上:"唐封抱一任益州九陇尉,与同列戏白打赌钱。"《片玉山房词话》:"儿童争赌。更白打闲分,翠妆戏簸,圆小积无数。"《琵琶记》三出:"〔净〕院公,和你踢气球耍子。〔末〕不好。〔净〕怎的不好?〔西江月〕〔末〕白打从来逞艺,官场自小驰名。"说"踢气球",说"圆社",点明了是蹴鞠之戏,与后世武林的"白打"不是一回事。关汉卿有《斗鹌鹑·蹴鞠》曲:"不离了花前柳影闲田地,斗白打官场小踢。竿网下世无双,全场儿占了第一。"更可证"白打"为蹴鞠。《万历野获编·补遗》卷四:"又蹴鞠家祀清源妙道真君,初入鞠场子弟必祭之,云即古二郎神,又云即徐知证、知谔。余思二徐已祀于京师灵济宫,恩宠逾制,何又司白打之戏耶?"《二刻拍案惊奇》卷四十:"一时偷儿中高手,有芦茄茄(骨瘦如青芦枝,探丸白打最胜)。"《古今诗话》:"鞠蹴惟柳三复能之,丁晋公亦好焉。晋公诗曰:'背装花屈膝,白打大廉斯。进前行两步,跷后立多时。'"《十国宫词》:"球场步障锦烂斑,白打春风入市廛。"又:"步障层围白打来,潜移早度锦城隈。……白打,即今之蹴鞠戏也。"《五代花月》:"更定球场开百步,官家白打斗腰身。"《汉语大词典》释"白打"为"古代蹴鞠戏的一种形式"和"徒手相搏之戏。即拳术",甚是。

吹木屑 《三刻拍案惊奇》三回:"王举人去背后把陆仲含推着道:'去!去!饮酒宿(娼),监学也管不着,就是不去的,也不曾见赏德行。今请你带挈我吹一个木屑吧!'"又八回:"那些妓者作娇,这两个帮闲吹木屑,轿马、船只都出在沈刚身上。"又十七回:"前日送来的鸡、鹅还在,可以作东,怎就走去?待小弟陪你也吹个木屑。"《天凑巧》三回:"况且一去看时,同伙吹木屑的又甚多,东道又盛。""吹木屑"一词颇费解,其实这是行院行话,是"不请自来"的意思。《金陵六院市语》:"'吹木屑'者,不请自来。"即其证。

闯寡门 《三刻拍案惊奇》二六回:"外面恰又妆饰体面,惯去闯寡门,吃空茶,假躭风月。"《石点头》卷十:"若是嫖的,不消说要到此地,就是没有钱钞不去嫖的,也要到此闯寡门,吃空茶。"他如《续欢喜冤家》《醉醒石》《照世杯》《无声戏》诸书皆有用例。"闯寡门"是明清话本小说的一个并不少见的语词。《金陵六院市语》:"闯寡门者,空谈而去。"指进妓院而未能嫖妓。多半是缺乏阿堵物,或是出于吝啬,进妓院调调口味,饱饱眼福,喝喝茶,有其名而无其实,故曰闯寡门。寡者,空也。与"寡酒""寡醋""寡饭"的"寡"同义。又作"撞寡门"。《挂枝儿·隙部五》"归迟":"既闲行,没甚事,(为甚摸到)三四更,(不信道)撞寡门吃寡茶。"《豆棚闲话》十则:"有好嫖的就同了去,撞寡门,觅私窠,骗小官,有好赌的就同去入赌场,或铺牌,或掷色,件件皆能。"

他如"瞑子里"是"暗地里"的意思,"卜儿"是"妓母"的意思,"勤儿"是"嫖客"(或称"子弟")的意思,元曲中常见。《墨娥小录》"行院声嗽"章:"暗地,瞑子。""子弟,勤儿。""南妓母,卜儿。"皆市语也。

(六) 据日语的汉语借词证义

中日交好源远流长。据《后汉书·东夷传》记载,汉武帝时,倭国就有使者与汉通好。汉光武时,倭国奉贡朝贺。此后,汉字就开始传入日本。汉字对日语的词汇产生了重要的影响,古代日语自不待论,就是现代日语也还保留着大量的汉字。这些汉字在记录日语的过程中,虽经日本人改造,但仍在一定程度上保留了一些汉字的中古、近代时期的音义。音韵学研究者们利用它来构拟古音,我们也可以用它来佐证词义。

欺 《裴铏传奇》:"春融雪彩,脸欺腻玉。"刘餗《隋唐嘉话》卷下:"近代音乐,卫道弼为最,天下莫能以声欺者。"《五灯会元》卷十二:"人人领略释迦,个个平欺达磨,及乎问着宗纲,束手尽云放过。"苏轼《徐大正闲轩》:"早眠不见灯,晚食或欺午。"《朱子语类》卷十:"如射弓,有五斗力,且用四斗弓,便可拽满,已力欺得他过。"《七国春秋平话》卷上:"内有孙子,谋欺吕尚。"《元曲选·伍员吹箫》一折:"文欺百里奚,武胜秦姬辇。"《三遂平妖传》十一回:"果然是慷慨文章欺李杜,贤良方正胜龚黄。"《水浒传》二四回:"开言欺陆贾,出口胜隋何。"比类文例,"欺"当是"胜过、超过"之义。盖欲欺人,则必有过人之技,故引申为"超过"。现代日语"欺人"一词也有"超过"义。如:"花を欺くような器量である。"意为"有羞花之貌",即"比花还漂亮"的意思。又如:"昼な欺く電灯。"即"胜过白昼的电灯光"之义,也可佐证。

余 《朝野佥载》卷一:"买肉必须含胎,肥脆可食,余瘦不堪。"《隋唐嘉话》卷中:"朝堂官退堂并出,俱来就看,余人未语,英国公徐勣先即诸宰相云:'此小儿恰似獠面,何得聪明。'"《敦煌变文集·八相变文》:"当时不当诸余国,示现权居兜率天。"又《太子成道经》:"余天不补,其佛定补在兜率陀天。"又:"歌舞不为别余事,伏愿大王乞一个儿。"又《庐山远公话》:"不问别余,即问上人《涅盘经疏抄》从甚处得来?"《祖堂集》卷十五:"觌面相呈,更无余事,珍重!"又卷十六:"但念水草,余无所知。"揣摩文意,"余"当是"别、其他"的意思。日语中"余"也有"别"的意思,"余事"即"别的事",可为佐证。详参蒋礼鸿师、王锳书。

次弟 白居易《观幻诗》:"次弟花生眼,须臾烛过风。"晏几道《咏梅》:"乍几日好景和风,次弟一齐催发。"元陈德载《栽桂》:"云边移得数株来,人老花应次弟开。"张相释"次弟"为迅急之辞,意为"顷刻、蓦忽",甚是。今按,现代日语"次弟"用作接助词,也有"马上、立刻"之义,堪可佐证。如:"用事が済み次第归る。"(事情办完,马上就回去。)

义 近代有"假"义,用于"义髻""义甲"等词组中。《新唐书·五行志》一:"杨贵妃常以假鬓为首饰,而好服黄裙,……时人为之语曰:'义髻抛河里,黄裙逐水流。'"宋乐史《杨太真外传》记载此事与之全同。刘言史《乐府雅词》二:"月光如雪金阶上,进却颇梨义甲声。"洪迈《容斋随笔》卷八:"自外入而非正者曰义,义父、义儿、义兄弟、义服是也。"明杨慎《升庵诗话》九:"其言义甲者,甲外有甲曰义,如假髻曰义髻,乐有义嘴笛,衣服有义襕,皆外也。"义父、义子、义兄弟虽以道义相合,然与真父子兄弟相比,皆"假"之异名,听起来悦耳一点而已。洪、杨释为"外","外"对"内"而言,与"假"对"真"同理。用词虽异,其实则同。日语中把假手(脚)叫作"义肢",假牙说成"义齿",与此相同,可为佐证。

注意,使用此法时必须掌握大量的文献资料,不能随意比附,而且也只能起佐证的作用。

必须指出,以上各法都有一定的片面性,使用时要注意综合运用,不可单打一,以免失误。

第十章　近代汉语常用词演变说略

研究常用词及其演变[①]至少要解决如下问题：一、什么是常用词；二、常用词如何演变；三、常用词为什么演变；四、常用词演变的结果。常用词的演变原因与其他词类演变的原因没有什么区别，无非是语义、语音、语法和语用的影响以及人们认知心理和社会文化的作用。在这些因素中，起主导作用的，应是语义、语用、人类认知心理和社会文化；再概括一点说，就是语言、语用、用语言的人和环境。这些我们在"近代汉语词义研究""近代汉语词汇与语言诸要素的关系""近代汉语词义与社会文化、生活"中已有论列，此不重复。常用词演变的结果，无非就是词义的扩大、缩小、转移和词义色彩的改变；用较具理论色彩的话说，就是词的组合关系、聚合关系的改变，以及词汇系统的调整。这些我们也在"近代汉语词义研究""近代汉语词汇与语言诸要素的关系""近代汉语词义与社会文化、生活"中有所论述，此不赘。故本章只讨论第一、第二个问题。

一、什么是常用词

常用词就是常用的词，汪维辉说："'常用词'是跟'疑难词'相对待的一个概念，……使用频率不是本书确定常用词的主要依据，更不是唯一依据。我们所说的常用词，主要是指那些自古以来在人们的日常生活中都经常会用到的、跟人类活动关系密切的词，其核心就是基本词。……有些词虽然很常用，但跟词汇的历时更替关系不

[①] 常用词研究的倡议人首推湘人黎锦熙，他提出了"国语常用词"的概念。后来王力多所倡导，并加以实践，其词汇史研究的主要内容就是常用词的演变研究。当今学者张永言、蒋绍愚皆有研究，李宗江的《汉语常用词演变研究》是第一部常用词演变的专著，汪维辉的《东汉—隋常用词演变研究》是又一部很见功力、描写详细的常用词演变专著。这些著作皆可参看。

大也不在我们的讨论范围之内,比如专有名词、一些新生事物的名称。"①如此看来,常用词就是人们日常生活中经常用到的词。至于与"人类活动关系密切"的内涵,则可有可无,"人们日常生活中经常用到"肯定会与"人类活动关系密切"。

二、常用词如何演变

常用词如何演变,指常用词演变的路径和方式。李宗江将其分为衍生性演变和交替性演变两类。衍生性演变下又分七小类,包括词义引申、实词虚化、重新分析、聚合类推、组合同化、语音变化、派生和复合。理论性很强,但觉太细。而且有些小类的界限不好划分或划分不清,比如引申和虚化,引申就不能虚化?虚化就不算引申?说不清。此外,类推和引申,宗江君也说界限难以划分;我们认为,所谓聚合类推就是同义词甲词受乙词的影响而朝同一方向发展,既然是同义词,就有向同一方向发展的可能性,很难说谁受谁的影响,谁因谁而类推。同义词甲当时没有此义位,同义词乙当时有此义位,后来甲也有此义位了,我们就说,甲由于乙的类推作用产生了新的义位。然则谁能说甲词不能独立引申出此义位,而一定要受乙的影响才有此义位呢?说不过去。既然同义,就有可能向同一方向演变。宗江君的交替性演变分为三小类,即1.旧范畴的消失;2.新范畴的产生;3.同范畴内成员的变化。所谓"交替性演变",从概念的字面意义来说,"交"指交互,"替"指替代,交互演变就是你变成我,我变成你,但这种情况很少,绝大多数应该是替代演变。与前文说的"衍生性演变"相比,前者着重于"生",后者着重于"变"。二者不在同一层面上。李君将它们分开说,是有道理的。

我们将常用词演变的方式概括为三点:一是消失,二是新兴,三是替代。

所谓消失,既包括事物的消失,也包括旧范畴的消失。王力说"古代事物现代已经不存在了"②,指的是事物的消失。旧的语法范畴和概念的消失,就是宗江君说的"旧范畴的消失"。

所谓新兴,既包括事物的新兴,也包括概念和范畴的新兴。古代没有的词,由于

---

① 汪维辉:《东汉—隋常用词演变研究》,11页,南京大学出版社,2000年。
② 王力:《龙虫并雕斋文集》第一册,414页,中华书局,1980年。下文的引文同此。

社会和语言的发展而产生了新词,包括新事物出现产生的新词和词义孳乳产生的新词和新义位。

所谓替代,就是王力说的"今字替代了古字""同义的两字竞争,结果是甲字战胜了乙字"和"由综合变成了分析,即由一个字变成几个字"。应该指出的是,其中的"字"要改为"词"。当时的学者们皆将"字"当作"词",在他们的心目中,"字"就是"词",这是时代的局限。

(一)消失

由于社会的发展,古代的事物不适合社会发展的需要,因而被淘汰了。在古代是常用词,到后世变成了消失了的古词。古今是个相对的概念,段玉裁于《说文》"谊"字下注云:"古今无定时,周为古则汉为今,汉为古则晋宋为今,随时异用者谓之古今字。""今"字下注:"云是时者,如言目前。则目前为今,目前已上皆古。如言赵宋,则赵宋为今,赵宋已上为古。如言魏晋,则魏晋为今,魏晋已上为古。"就近代汉语来说,魏晋为古,则唐宋为今;宋元为古,则明清为今。

消失的古词有:

犢 《说文》:"牛羊无子也。"中国古代是畜牧业比较发达的社会,而牛羊在畜牧业中占有重要的地位,故其分类相当精细。尤其是牛羊的繁衍,对当时的民众来说,相当重要,故造专字来表示"牛羊无子",这在当时应是常用词。随着中国由畜牧社会向农业社会的发展,牛羊的分类没有畜牧时代那么精细了,牛羊有不有子,也没有过去那么重要了,故这个概念逐渐消失。中古以降,此词不再用,在人们的常用词系统中消失了。

特 《说文》:"特牛也。从牛寺声。"段注:"铉本云:'朴特,牛父也。'按《天问》:'焉得夫朴牛。'洪氏引说文:'特牛,牛父也。言其朴特。'皆与锴本异。盖'言其朴特',乃注《说文》者语,铉本改窜上移耳。王逸、张揖皆云:'朴,大也。'《玉篇》'犢'训特牛。《广韵》'犢'训牛未剧。此因古有朴特之语而制'犢'字。特本训牡,阳数奇,引申之为凡单独之称。一与一为耦,故'实维我特','求尔新特',毛云:'特,匹也。'"按,"牛父"之训,后世不用,皆与社会的发展有关。

騽 《说文》:"马一岁也。从马一,绊其足。读若弦。一曰若环。"按,马在畜牧社会的地位比较高，马跑得快，放牧须骑马以约束牛羊，故马是畜牧社会的必需。没有马就不能能放牧，故人们对马的认识比较细，故有一岁马、二岁马的区分。随着畜牧社会向农业社会的发展，这种区分已没有意义，这个概念也就消失了，作为当时的常用词也就消失了。

驯 《说文》："马八岁也。从马八，八亦声。"随着畜牧社会向农业社会的发展，马八岁与马九岁、马 n 岁的区别已没有意义，这个概念也随之消失，作为当时的常用词也随之消失。

羜 《说文》："五月生羔也。从羊宁声，读若煮。"段注："谓羔生五月者也。《释畜》《毛传》皆云：'羜，未成羊也。'郭云：'俗呼五月羔为羜。'"按，随着社会的发展，五月生羔与其他月生羔的区别已没有意义，故此概念消失，而作为常用词的"羜"也随之消失。

𦎧 《说文》："小羊也。从羊大声，读若达同。㺗，𦎧或省。"段注："羊当作羔，字之误也。羜、𢹎皆曰羔，𦎧又小于羔，是初生羔也。薛综答韦昭云：'羊子初生名达，小名羔，未成羊曰羜，大曰羊。长幼之异名。'《初学记》引'𦎧，七月生羔也'，《艺文类聚》引'七月生羊也'，与陆德明、孔颖达所据不同，似未可信。按《生民》：'诞弥厥月，先生如达。'毛曰：'达，生也。姜嫄之子先生者也。'此不可通，当是经文作'𦎧'。传云：'𦎧，达也。先生，姜嫄之子先生者也。'达，他达切，即滑达字。凡生子始生较难，后稷为姜嫄始生子，乃如达出之易，故曰'先生如𦎧'。先释'𦎧'后释'先生'者，欲文义显箸，文法与《白华》传先释煁、后释桑薪正同。郑笺如字，训为羊子，云如羊子之生。嫌矣。尊祖之诗似不应若是，且兽类之生无不易者，何独取乎羊。寻《笺》不云'达'读为'𦎧'，则知《毛诗》本作'𦎧'，毛以'达'训'𦎧'，谓'𦎧'为'达'之假借也。凡故训传之通例如此。用毛说改《经》，改《传》，改《笺》，使文义皆不可通，则浅人之过而已。"于"𦎧或省"下注云："按此不当从人，当是从大。大，人也，故或从人。羊有仁义礼之德，故从人。"

按，随着社会的发展，"𦎧"的概念消失，作为当时常用词的"𦎧"也随之消失。

豜 《说文》："三岁豕，从豕幵声。"段注："《齐风·还》曰：'并驱从两肩兮。'《传》云：'兽三岁曰肩。'《豳·七月》：'献豜于公。'《传》曰：'三岁曰豜。'豜肩一物。豜本字，肩假借也。大司马先郑注云：'四岁为肩。肩相及者也。'也字今补。此以叠韵为训。肩相及者,谓与二岁之豕肩相差次。"

按,《说文》"豯"训"生三月豚","豵"训"生六月豚","豝"训"一曰二岁豕",分别甚细。随着时代的发展,人们的食物更加多样化,猪在人们食物链上的地位下降,虽仍为食中佳品,但人们对它的重视程度下降,其名称也就没有区分得那么细了,这些分类用的常用词也就消失了。

密 《说文》:"山如堂者。从山宓声。"段注:"土部曰:'堂,殿也。'《释山》曰:'山如堂者,密。'郭引《尸子》:'松柏之鼠不知堂密之有美枞。'按,密主谓山,假为精密字而本义废矣。"按,作为山状的"密",中古以降已不再用,而在上古则可能是常用词。

廣 《说文》:"廣,殿之大屋也。"(按,《说文》"廣"与"广"不是一字,简化字则用"广"为"廣"。为了区别,此用繁体。)段注:"覆乎上者曰屋,无四壁而上有大覆盖,其所通者宏远矣,是曰廣。"此字读作去声,又指兵车,亦指三十乘的兵车。《左传·襄公二十三年》:"貳廣,上之登御邢公,卢蒲癸为右。"杜预注:"貳廣,公副车。"《左传·宣公十二年》:"其君之戎分为二廣,廣有一卒;卒,偏之两。"江永《群经补义·春秋》:"楚廣及巫臣之偏皆十五乘者也,一偏十五乘,两偏三十乘。"按,这些概念后世不再用,作为当时的常用词也就消失了。

仆大夫 古官名。掌宫内之事。《左传·成公六年》:"韩献子将新中军,且为仆大夫。"杨伯峻注:"旧注皆以为即《周礼·夏官》大仆之官,掌管宫中之事。"《太平御览》卷九二九:"子张见鲁哀公,哀公不礼,托仆大夫而去,曰:'君之好士也,有似叶公子高之好龙也。'"后世有此职,但无此官名,由常用词变成了历史词,在口语中消失了。

中大夫 古代官名。周王室及诸侯各国卿以下有上大夫、中大夫、下大夫。《左传·僖公四年》:"及将立奚齐,既与中大夫成谋,姬谓太子曰:'君梦齐姜,必速祭之!'"《荀子·大略》:"上大夫、中大夫、下大夫,吉事尚尊,丧事尚亲。"《韩非子·外储说左下》:"晋国之法,上大夫二舆二乘,中大夫二舆一乘,下大夫专乘。"后世无此官名,由常用词变成了历史词,在口语中消失了。

以上是事物的消失。

夫 发语词。《左传·隐公四年》:"夫兵,犹火,弗戢,将自焚也。"《论语·雍也》:"夫仁者,己欲立而立人,己欲达而达人。"汉班固《东都赋》:"夫大汉之开元也,奋布衣以登皇位。"这种发语词,除文言的仿古外,后世不再使用,这种语法范畴后世已消失。

焉 上古汉语用作宾语提前的标志。《左传·隐公六年》:"我周之东迁,晋、郑焉依。"后世除仿古外,这种宾语提前的句式已经没有了,作为宾语提前的标志"焉"也就消失了。

他如上古时期各种句首助词、句中助词,中古以降不再使用,这类范畴也就消失了。

(二) 新兴

社会的发展产生新事物,思维的发展产生新概念,认识的深化产生新范畴,表现在语言的词汇上,就会产生新词或新义位。就语言自身而言,汉语词汇的双音节化也会产生一些新词。这些新词,一般以旧词为基础,加上新的构词语素而形成。我们在"近代汉语词汇的来源"中对因社会原因产生的新词已有所论列,现只介绍新范畴出现产生的新词、因思维发展产生的新词或新义位和因双音节化在旧词基础上产生的新词。

新的语法范畴出现产生的新词:

着 动态助词,产生于唐宋,是人们对动词认识深化的结果。人类动作有持续的,有不持续的,持续的动作在语言的表述上要不要与不持续动作有所区分? 如果要区分,怎样区分? 先人们认为应有所区分,而区分的办法就是将表"附着"的"着"用于动词后。在古人看来,事物一附着,连续就开始了,故可用"着"表示动作的持续。新的范畴——持续态——的产生,要求有新的词来表达,故产生了动态助词"着"。

却 唐代开始,产生动态助词用法。《说文》:"卩,却也。"段注:"各本作节欲也。误。今依《玉篇》欲为却,又改节为卩。卩却者,节制而却退之也。……俗作却。"却,退也。带宾语,就是使之退。使之退,就是将动词宾语去掉、除去,故引申有"去除"之义。吴支谦译《佛开解梵志阿颰经》卷一:"若心不止,当观恶露以却淫行。"又《斋经》卷一:"却悭贪意,如清净戒以一心习。"刘宋求那跋陀罗译《过去现在因果经》卷三:"即便下马,除却侍卫,脱诸仪服,前太子所,坐于一面,互相问讯。"又《过去现在因果经》卷四:"王即下舆,除却仪饰,步至佛前。"皆为"去除"义。如果放在非"除去"义动词的后面,"却"是"退"的意思,表示一种去向,是趋向补语。趋向对于某些向度动词①来说,也是

―――――
① 向度动词指动作带有方向性的动词。如"举",动作方向朝上;"击",动作方向朝外。

一种结果,故进一步引申为结果补语,与"却"的词汇意义"退、离去"再也没有关系,只是表示前面的动作产生了某种结果,其意义类似于后世的补语"掉"①。如西晋白法祖译《佛般泥洹经》卷一:"如人从军,健者众人共将跟在军前锋,难得复还,意欲悔却,羞其后人,以受净戒。"后秦佛陀耶舍共竺佛念译《长阿含经》卷十九:"犹如以木掷木,弹却还离,治彼罪人,亦复如是。"后秦弗若多罗共罗什译《十诵律》卷十八:"若比丘以兜罗绵贮卧具者,是比丘应摘破却兜罗绵,到僧中白言,我以兜罗绵贮卧具得波逸提罪,发露悔过不覆藏。僧应问,汝摘却未?若言已却,僧应问,汝见罪不?若言见罪,僧应约勒,汝如法悔过,后莫复作。若言未摘。应约勒令摘。"梁达摩述《达磨大师血脉论》卷一:"若自己不明了,须参善知识,了却生死根本。"唐裴休集《黄檗山断际禅师传心法要》卷一:"着力今生须了却,谁能累劫受余殃。"唐义净译《根本说一切有部毘奈耶破僧事》卷一:"王闻是语即大嗔怒,汝可往彼为吾杀却。"唐惠详撰《弘赞法华传》卷七:"待我食竟,杀却道人。"唐法成译《释迦牟尼如来像法灭尽之记》卷一:"有一苾刍,杀却彼王,自绍王位。"唐阇那多迦译《十六大罗汉因果识见颂》卷一:"一灯破却千年暗,照见堂厨总是非。"唐栖复集《法华经玄赞要集》卷一:"法华会上,破却二乘,即是閗门。"这些"却"都表示结果。结果对于前面的动词来说,就是动作的完成,故由此发展出表动作完成的助词用法。真正的动态助词用法见于唐代。其标志是,前面的动词不再只是"去除、消除"义("去除、消除"义本身含有结果的意义,且与"却"意义相近),而出现了表状态存在的动词,甚至形容词也可出现在"却"前,用作动词。《太平广记》卷七四:"吾早年好道,常隐居四明山,从道士学却老之术,有志未就,自晦迹于此。"又卷一七六:"我欲打汝一顿,大使打驿将,细碎事,徒涴却名声。若向你州县道,你即不存生命,且放却。"《旧唐书·黄巢传》:"金色蛤蟆争努眼,翻却曹州天下反。"刘氏云《有所思》:"浮云遮却阳关道,向晚谁知妾怀抱。"岑参《送费子归武昌》:"男儿何必恋妻子,莫向江村老却人。"杜甫《绝句九首》其九:"吹(一作飞)花随水去,翻却钓鱼船。"李白《悲歌》:"汉帝不忆李将军,楚王放却屈大夫。"储光羲《新丰主人》:"醉来忘却巴陵道,梦中疑是洛阳城。"赵嘏《今岁往辽西》:"祇谙新别苦,忘却旧时娇。"刘禹锡

---

① 曹广顺对动态助词"却"做了很好的研究,见其所著《近代汉语助词》,11—16页,语文出版社,1991年。本条的基本观点引自此书,唐代的例证也大多引自此书,特此致谢。

《浪淘沙》:"君看渡口淘沙处,渡却人间多少人?"郑良士《寄富洋院禅者》:"谁能学得空门士,冷却心灰守寂寥。"冯道《放鱼书所钥户》:"高却垣墙钥却门,监丞从此罢垂纶。"吴融《新安道中玩流水》:"上却征车再(一作更)回首,了然尘土(一作世)不相关。"杜荀鹤《春日行次钱塘却寄台州姚中丞》:"江南江北闲为客,潮去潮来老却人。"①钱起《江行无题一百首》其三一:"晚晴初(一作贪)获稻,闲却采莲(一作菱)船。"又,《送傅管记赴蜀军》:"勤君用却龙泉剑,莫负平生国士恩。"独孤及《送陈兼应辟兼寄高适贾至》:"预知大人赋,掩却归来词。"曹广顺君说:"助词'却'的产生,是汉语发展史上一个重要的变化,它改变了过去汉语中以副词、时间词语或结果补语、表示完成义的动词来表达动态完成的方法,产生了一个新的词类和一个新的语法格式。……唐代以后,汉语完成态助词有所更替,但由'却'奠定的完成态助词的功能、意义,及两种语法格式始终没有改变。"

晚唐至宋出现新的动态助词"了",并逐渐取代"却",成为表完成的动态助词的主流。

过　动态助词,表动作的完成和终结。过,本是"经过"的意思。《说文》:"过,度也。"经过必有所往,故可用作动词的趋向补语;"趋向"对于前面的行为动词来说,是一种结果,故又有结果补语的用法。在此基础上进一步虚化,就是动态助词,表动作的完毕和曾经的经过②。"过"的动态助词用法较早例证见于唐代。王建《赠华州郑大夫》:"报状拆开知足雨,敕书宣过喜无因。""过"与"开"相对,"开"是补语,"过"也应是补语。真正的动态助词应是如下例子。李频《汉上逢同年崔八》:"去岁曾(一作同)游帝里春,杏花开过各离秦。"齐己《对菊》:"莫嫌醒眼相看过,却是真心爱澹黄。"崔峒《春日忆姚氏外甥》:"落晖看过后,独坐泪沾衣。"唐义净译《根本说一切有部毘奈耶杂事》卷三二:"共相教诲,自是常途,岂比余人,何劳问过。"例证不多,只能说已见端倪。宋代例证渐多,尤其是口语性较强的《朱子语类》,例证比较集中。曹广顺君对此做过深入研究,读者可以参看。

---

① "却"有时应理解为"过",表比较。杜荀鹤《经九华费征君墓》:"不知三尺墓,高却九华山。"唐诗中的"却"用于形容词后者,有些是表比较的,不可一概而论。李白《别鲁颂》:"谁道泰山高,下却鲁连节。"李咸用《早秋游山寺》:"静于诸境静,高却众山高。"徐夤《咏写真》:"瘦于南国从军日,老却东堂射策年。"皆其例。

② 吕叔湘:《现代汉语八百词》,246—247页,商务印书馆,1999年。

第十章　近代汉语常用词演变说略

被　吃　教（叫）　皆可表被动。汉语的很多语法范畴没有形态标志,主动、被动要据上下文的句意推断,就是因果关系,也可用意合法来理解,无需用相关词汇来表达。故上古汉语的被动句大多没有形态标志,就是有名的"于字句"和"为字句",也有学者认为"于"和"为"不是表被动的形态标志,故上古汉语的施受同辞现象比较常见。中古以后,人们的思维更加缜密,对事物的认识也更加深化,从而要求语言表达更加精细,施受同辞给人们的理解带来不便。由于交际清晰性的需要,人们要求主动被动能有所区分,故人们在原来的基础上,用"被"作为"被动"的标志。较早的例证见于东汉蔡邕《被收时表》中的"臣被尚书召问",但东汉文献中似乎仅见此一例。南北朝文献中用例增多,《世说新语·言语》的"祢衡被魏武谪为鼓吏"、《颜氏家训·归心》的"若官未通显,每被公私使令,亦为猥役"、《后汉书·李膺传》的"士有被其容接者,名为登龙门"[1],皆其证。唐代产生新的被动标志"吃",较早的例证见于敦煌变文的《王昭君变文》"虎鹿从头吃箭川（穿）"。北宋、南宋间用例渐多。明代比较多见。"吃"表被动与"被"一样,也是"遭受"义虚化的结果。"教（叫）"的较早用例见于唐代。后世改用"叫"字,"叫"字句的较早用例见于明代。"教（叫）"表被动,来自其"使役"义。使令某人做某事,就某人来说,就是被人要求做某事,二者在意义上是相通的;加上汉语本有施受同辞的词汇现象,主动受动无需形式标志,故使令句和被动句在句法形式上是一样的;其区别只在于动词意义的主动和受动,只要句子中的第二个动词是受动意义,则使令词"教（叫）"就表被动。[2]　新的常用词就这样产生了。

把（捉）　"把"是"握持"的意思,"捉"也是"握持"的意思。首先是用作连动句的第一个动词,做第二个动词的工具和材料语。如果握持的不是第二个动词借以行为的工具和材料,第二个动词的行为又对"把（捉）"所带宾语产生作用,无论这种作用是认定,还是比较比喻,抑或是改变、命名[3],都是对"把（捉）"的宾语进行处置。这种处置式两个动词都带宾语,是把第一个宾语当作或变成什么,当然是一种处置。如果第二个动词不带宾语呢,则为一般处置式。这种处置是唐代的新发展,其前提是,第二

---

[1] 此数例引自孙锡信《汉语历史语法要略》,362 页,复旦大学出版社,1992 年。
[2] 参江蓝生《汉语使役与被动兼用探源》,见《近代汉语探源》,221—236 页,商务印书馆,2000 年。
[3] 太田辰夫:《中国语历史文法》（中译本）,241—242 页,北京大学出版社,1987 年。

个动词必须能够支配第一个动词的宾语,否则就是连动式,而不是处置式。"捉"表处置见于变文和明代吴语诗歌集《挂枝儿》和《山歌》,现代吴方言好像没有这种用法了。

认识深化产生的新词:

茎 量词,唐代新兴,用于称长条形之物。《通典》卷一八八:"大唐贞观中,遣使献鹦鹉,毛羽皓素,头上有红毛数十茎,与翅齐。"《独异志》卷中:"后汉卢景初生,项有一丛白毛,数之得四十九茎。"《韩愈集》卷十七:"两鬓半白,头发五分亦白其一,须亦有一茎两茎白者。"唐陶岘《西塞山下回舟作》:"白发数茎归未得,青山一望计还成。"岑参《叹白发》:"今朝两鬓上,更较数茎多。"《旧唐书·李光弼传》:"母李氏,有须数十茎,长五六寸,以子贵,封韩国太夫人。"宋潘阆《酒泉子》其九:"别来已白数茎头,早晚却重游。"苏轼《又送钱待制》:"白发千茎相送,深杯百罚休辞。"《水浒传》一〇五回:"宋军不曾烧毁半茎柴草,也未常损折一个军卒,夺获马匹衣甲金鼓甚多。"《醒世恒言》卷十五:"空照取出剃刀,把头发剃得一茎不存。"《儒林外史》二七回:"他当日来的时候,只得头上几茎黄毛,身上还是光光的。"按,"茎"本是植物除去根部和枝叶的中间部分,故凡与植物有关的都应看作名词,与植物无关的条形状对象,才能看作个体量词。

上 本指高处,《说文》:"上,高也。"如果紧贴着某物,则是在某物的表面,故"上"用在名词后,可表示在物体的表面。在物体的表面,实际上就是在物体的某个方面,故"上"用在名词后,又可表示事物的某一个方面。再由此引申,用在名词后,又可表示某种缘故。这都是因思维发展产生的新义位。表示缘故的如《元曲选·梧桐雨》二折:"可惜不近长安,因此上教驿使把红尘践。"《元曲选外编·东墙记》四折:"鱼沉雁杳,枕剩衾空,因此上泪滴满酥胸。"《水浒传》二回:"朱武道:'我们不是这条苦计,怎得性命在此。虽然救了一人,却也难得史进为义气上放了我们。'"又四六回:"上年间,做买卖,来到蓟州,因一口气上打死了同伙的客人,官司监在蓟州府里,杨雄见他说起拳棒都省得,一力维持救了他。"又五十回:"你敢见孝道,为义气上放了他?"

旗鼓 本指旗与鼓,古代军中指挥作战的用具。《左传·成公二年》:"师之耳目,在吾旗鼓,进退从之。"杨伯峻注:"《孙子·军争篇》引《军政》曰:'言不相闻,故为之金鼓;视不相见,故为之旌旗。夫金鼓、旌旗者,所以一人之耳目也。'"《国语·晋语》五:"三军之心,在此车也。其耳目在于旗鼓。车无退表,鼓无退声,军事集焉。吾子忍之,不可以言病。"旗鼓用于指挥,不同的内容有不同的击打和舞动方式,故旗鼓引申为武术中使棍棒的架势,增加了新的义项。《清平山堂话本·杨温拦路虎传》:"都去拿了一条棒做了一个旗鼓,杨官人也做了一个旗鼓。"《水浒传》二回:"去枪架上拿了一条棒在手里,来到空地上,使个旗鼓。"又九回:"庄客拿一束杆棒来,放在地下,洪教头先脱了衣裳,拽扎起裙子,掣条棒使个旗鼓,喝道:'来,来,来!'"又:"洪教头深怪林冲来,又要争这个大银子,又怕输了锐气。把棒来尽心使个旗鼓,吐个门户,唤做把火烧天势。"又一〇二回:"那使棒的汉,也掣棒在手,使个旗鼓,喝道:'来,来,来!'"《说岳全传》七回:"岳飞却不慌不忙,取过沥泉枪,轻轻的吐个旗鼓,叫做'丹凤朝天'势。"

水火 "水""火"为五行中的两种物质,由于人的大小便一出于前阴,来自肾脏,为液体,属阴水,一出于后阴,来自大肠,为固体,属阳火,故用"水""火"指代大小便。虽有委婉的修辞意义,但也有人们认识深化的原因。较早的例证见于明代。《元曲选·蝴蝶梦》三折:"(张千云)放水火!"《水浒传》五一回:"朱仝独自带过雷横,只做水火,来后面僻静处,开了枷,放了雷横。"又六九回:"小节级吃的半醉,带史进到水火坑边。"又八四回:"石秀说道:'我教他去宝藏顶上躲着,每日饭食,我自对付来与他吃。如要水火,直待夜间爬下来净手。'"《醒世恒言》卷三十:"众牢子到次早放众囚水火,看房德时,枷锁撇在半边,不知几时逃去了。"《喻世明言》卷二三:"数日之间,虽水火之事,亦自谨慎,梢人亦不知其为女人也。"《警世通言》卷二一:"公子教京娘掩上房门先寝。自家只推水火,带了刀棒绕屋而行。"《初刻拍案惊奇》卷十九:"水火之事,小心谨秘,并不露一毫破绽出来。"《二刻拍案惊奇》卷十七:"这些细微举动,水火不便的所在,那里妆饰得许多来?"又卷二五:"水火急时,直等日间床上无人时节,就床下暗角中撒放。"

又,古代衙门的衙役有"水火棍",其作用近似于现代的警棍。为什么叫作"水火棍"? 原因是此棍一头的颜色是红的,一头的颜色是黑的,红的属火,黑的属水,故称为水火棍。

双音节化产生的新词:

眼睛 上古说"目",中古说"眼",魏晋以后出现"眼睛",唐宋用例比较多,但并未完全取代"眼",就是现代汉语,"眼睛"也没有取代"眼",它只是一个因双音化而产生的新词。"眼睛"的较早用例见于三国魏。《全三国文》卷三三"以下篇名缺":"士有定形,二人察之,有得失。非苟相反,眼睛异耳。"吴康僧会译《六度集经》卷四:"吾之眼睛,耀射难当。"西晋竺法护译《无极宝三昧经》卷一:"眼见色者但是眼睛住,非是色也。"

佛经中的二例"眼睛",异文作"眼精",本指眼之精光,后来的"睛"是"眼"字类化的结果。后世词义发展,"精"的词义也受眼的类化,不再指精光,而是指眼睛了。东晋佛陀跋陀罗译《佛说观佛三昧海经》卷五:"恒沙铁叉挑其眼睛。"这就不指精光了。隋阇那崛多译《佛本行集经》卷十五:"净饭王闻诸大臣作是语已,泪下如雨,一心谛观太子之面,眼睛不瞬。"《南史·刘义恭传》:"断析义恭支体,分裂腹胃,挑取眼睛以蜜渍之,以为鬼目粽。"韩愈《月蚀诗效玉川子作》:"念此日月者,为天之眼睛。"白居易《西凉伎——刺封疆之臣也》:"刻木为头丝作尾,金镀眼睛银帖齿。"李贺《龙夜吟》:"卷发胡儿眼睛绿,高楼夜静吹横竹。"《全唐文》卷五二九"送张鸣谦适越序":"盘桓乎弋阳,其山霞锦,其水绀碧,其鸟好音,其草芳苾,夺人眼睛,犹未丽也。"《敦煌变文集·佛说阿弥陀经讲经文(二)》:"铁鹰来啅眼睛穿,铁狗竞来食心髓。"《云笈七签》卷三十:"肝之后户是死气之门,神公子严固守之,使左腋有玉光,引神明入眼睛。"《景德传灯录》卷七:"如人眼睛上,一物不可住。"又卷十八:"汝今欲觉此幻惑么。但识取汝金刚眼睛。"《能改斋漫录》:"其子张清,用左手提出眼睛,将铜针穿过,用小刀子割下眼睛,与母吃了。"《董西厢》卷一:"眼睛儿不转,仔细把莺莺偷看,早教措大心撩乱。"《元曲选·金线池》一折:"你可早耳朵闭、眼睛昏。"《元曲选外编·东墙记》三折:"盼得眼睛穿,何日同鸳帐?"明代用例更多,不烦举例。

应该指出,"眼"替代"目",而"眼睛"则与"眼"共存,至今尚未替代,只能算是新兴。纵使是替代,也不是全面的;有些情况不能替代,如"目"的用法,"眼"字不能完全替代。"目"可用作动词,"眼"则不能用作动词。如"目之再三",不能说"眼之再三"。在一些短语中,也不能随便代替。如可以说"目送",不能说"眼送";可以说"登临送目",不能说"登临送眼"。这是文言与口语的差别,也是语法发展阶段限制的结果。就"眼"与"眼睛"而言,"眼睛"的使用限制更多些。如说"眼看"(副词),不能说"眼睛看";说"眼见得",不能说"眼睛见得"。双音节词使用起来没有那么灵活。

肩膀 上古、中古说"肩",近代出现"肩膀"。"肩膀"是"肩"双音化的结果,但未能完全替代"肩",只能算新词。《说文》:"肩,髆也。"段注:"单呼曰肩,累呼曰肩甲。

甲之言盖也,肩盖乎众体也。"《说文》:"膀,胁也。""胁,两膀也。"段注"胁"字云:"膀言其前,肱言旁迫于肱者。"看来上面的叫作"肩","肩"的前面叫作"膀"。连类而及,叫"肩膀"。后世不再区别,"膀"就是"肩"。"肩膀"为同义连文。较早的例证见于元代。刘庭信《寨儿令·戒嫖荡》:"假若你便铜脊梁,者莫你是铁肩膀。也擦磨成,风月担儿疮。"《元曲选·扬州梦》四折:"我做了强项令肩膀硬,今日个完成,将这个俊娇娥手内擎。"又《朱砂担》三折:"我将这厮琅琅铁索把那厮肩膀绑,沉点点铁棍将那厮臂膊搪。"《挂枝儿》卷一"五更天":"肩膀上咬一口,你实说留滞在何方。"又卷二"问咬":"肩膀上现咬着牙齿印。你实说那个咬。我也不嗔。省得我逐日间将你来盘问。"《朴通事》:"三尺宽肩膀,灯盏也似两双眼,直挺挺的立地,山也似不动惮。咳,正是一条好汉。"《三国演义》七二回:"战不数合,被飞一矛刺中肩膀,翻身落马。"《金瓶梅》二九回:"须臾吃毕,搭伏着春梅肩膀儿,转过角门,来到金莲房中。"《警世通言》卷四十:"才把心窝的杵儿一抹,忽一杵在肩膀上一锥。"《醒世姻缘传》十四回:"晁大舍搭了小班鸠的肩膀,站在舱门外,挂了朱红竹帘,朝外看那沿河景致。"

耳朵　上、中古叫"耳",近代出现"耳朵",也是双音化出现的新词。较早的例证见于唐。唐栖复集《法华经玄赞要集》卷一:"君言大好耳朵大好鼻孔大好眼。"慧然集《五家语录(选录)》卷二:"虾蟆入你耳朵里,毒蛇穿你眼睛中。"郑綮《开天传信记》:"指头十挺墨,耳朵两张匙。"五代徐仲雅《闲居》残句:"屋面尽生人耳朵,篱头多是老翁须。"《古尊宿语录》卷二二:"从教熏天炙地,有耳朵者辨取。"《景德传灯录》卷二十:"曰:'和尚如何?'师曰:'风吹耳朵。'"《五灯会元》卷五:"有眼无耳朵,六月火边坐。"《董西厢》卷四:"牙儿抵着不敢子声,侧着耳朵儿窗外听,千古清风指下生。"杜遵礼《醉中天·妓歪口》:"每日长吁暖耳朵,正觑着傍边唾。"《元曲选·金线池》一折:"你可早耳朵闭、眼睛昏。"《西游记》三回:"那猴王恼起性来,耳朵中擎出宝贝,幌一幌,碗来粗细,略举手,把两个勾死人打为肉酱。"《水浒传》四回:"那和尚躲不迭,却待下禅床,智深把他劈耳朵揪住,将肉便塞。"

(三) 替代

同一个概念,近代汉语用另一个词表示,先前的词在口语中基本不用,如果用,也是在仿古或表述历史事件时使用,这种情况叫替代。为什么会产生替代呢?主要原因是口语词、方言词具有形象性,而某些文言词在使用过程中其形象性渐渐消失,故在语用的竞争中口语词、方言词获得优势,从而产生替代。其途径是俗文学作品的繁荣发展大大地影响了人们的生活、思想和语言,人们在这种影响下,不知不觉地将口语词、方言词带进了书面语;而新的语词极富生命力,极富生命力的语词理所当然地战胜生命力较弱的语词,从而产生了替代。如"喝"替代"饮","穿"替代"着"。还有个原因是词义本身的发展,词义在发展过程中,会消失或增加一些义位,消失的义位并不是消失的概念,义位消失,概念还存在,语言要用别的词的义位来表达这一概念,从而产生替代。如"走"的"疾行"义,近代渐渐消失,故用"跑"代替"走"。就替代的情况来说,大致有两种:一为词的替代,一为词的义位的替代。我们在同义词的演变中对词的替代曾有论及,其他的例证有:

徐—缓/慢 "徐"是缓行,引申为一般的"缓",与"缓"形成同义词。上古、中古多用"徐"和"缓",近代则多用"缓"和"慢"。"慢"本为"怠慢"之义。《说文》:"惰也。"是其义。其"徐缓"义似乎见于《诗经》。《郑风·太叔于田》:"叔马慢忌,叔发罕忌。"郑玄笺:"田事且毕,则其马行迟。"以"行迟"释"慢"。《说文》:"趱,行迟也。"朱骏声认为"慢"的行迟义是"趱"的假借。今按,"慢"训"惰",惰则行事迟,故引申有"缓慢"义。所以我们认为是词义引申,而"趱"则"慢"用于"行迟"的区别字。但"慢"的"迟缓"义汉魏未见用例,一般用"徐"和"缓"。

《说文》:"徐,安行也。"安行,即安稳之行;安稳之行必缓慢,故有"行迟"之义。又云:"俆,缓也。"段注:"与徐义略同。"《孟子·告子下》:"徐行后长者,谓之弟;疾行先长者,谓之不弟。"《礼记·玉藻》:"君与尸行接武,大夫继武,士中武,徐趋皆用是;疾趋则欲发,而手足毋移。"《孙子·军争》:"故其疾如风,其徐如林。"

用"缓"的例证如《国语·晋语》三:"丕郑如秦谢缓赂。"韦昭注:"缓,迟也。"《墨子》卷九:"吏不治则乱,农事缓则贫。"《战国策》卷三二:"魏急,其救赵必缓矣。"《韩诗外传》卷七:"天有燥湿,弦有缓急,柱有推移,不可记也。"用作行步缓慢的例证如《左传·哀公十二年》:"卫君之来,必谋于其众。其众或欲或否,是以缓来。"《墨子》卷一:"务言而缓行,虽辩必不听;多力而伐功,虽劳必不图。"《汉书·天文志》六:"凡君行急则日行疾,君行缓则日行迟。……故过中则疾,君行急之感也;不及中则迟,君行缓之象也。"《后汉书·孙堪传》:"尝为县令,谒府,趋步迟缓。"《三国志·蜀·郤正传》:"盍亦绥衡缓辔,回轨易涂。"又《吴·张昭传》裴注引《吴历》:"正复不克捷,缓步西归,亦无所虑。"晋湛方生《游园咏》:"任缓步以升降,历丘墟而四周。"西晋法炬译《阿阇世王授决经》卷一:"佛便晨出祇洹,徐徐缓行,随道为人民说法。"北凉昙无忏译《大方等大集经》卷三十:"求法不懈如救头然,无有我行不迟缓行。"《玉篇·纟部》:"缓,迟缓也。"谢灵运《九日从宋公戏马台集送孔令》:"河流有急澜,浮骖无缓辙。"《旧唐书·褚无量传》:"以其年老,每随仗出入,特许缓行。"《敦煌变文集·八相变》:"缓行慢行,粗喘细喘。"宋曾公亮、丁度撰《武经总要·前集》卷二:"左右骑军从北相掩相交,蹀躞缓行。"沈瀛《野庵曲》:"日将斜,园里缓行归。"《元曲选外编·尹伊耕莘》三折:"慢腾腾缓行着骏骑,喜孜孜列鼎而食。"《警世通言》卷十七:"德称因腹馁缓行了几步,被地方拿他做火头。"《西游记》五六回:"四众进山,缓行良久,过了山头。"看来,至迟在魏晋时期,除固定词组外,"缓"在口语中已基本取代了"徐"。及至现代汉语,"行迟"义的"缓"还在使用。

魏晋以后始出现"徐""缓"连用的例证,为"缓"替代"徐"提供了条件。《三国志·魏·邓艾传》:"然大举之后,将士疲劳,不可便用,且徐缓之。"《通典·兵》九:"其被抽之队,不得急走,须徐缓而行。"《孟子注疏·告子章句下》:"且以徐缓而行,后于长者,是谓之悌顺;急疾而行,先于长者,谓之不悌顺。夫徐缓而行者,岂凡人所不能如是哉!"《旧五代史·周·冯道传》:"纵急还,彼以筋脚马,一夕即追及,亦何可脱,但徐缓即不能测矣。"

"慢"的"行为速度缓慢"义,除上引《诗经》外,自先秦至魏晋六朝均未见用例;朱骏声将《诗经》的用例看作"趨"的假借,并非毫无道理。此义的较早例证见于唐。刘长卿《花石潭》:"人闲流更慢,鱼戏波难定。"王建《初授太府丞言怀》:"病童唤(一作嗔)着唯行慢,老马鞭多转放顽。"刘禹锡《和思黯忆南庄见示》:"台上看山徐举酒,潭中见月慢回舟。"李程《春台晴望》:"风慢游丝转,天开远水明。"白居易《琵琶行》:"轻拢慢捻抹复挑,初为霓裳后六幺(一作绿腰)。"《湖上招客送春泛舟》:"慢牵好向湖心去,恰似菱花镜上行。"姚合《迎春》:"风暖慢行寻曲水,天晴远望立高台。"章孝标《风不鸣条》:"慢逐清烟散,轻和瑞气饶。"李商隐《自喜》:"慢行成酩酊,邻壁有松醪。"这个"行"是"行酒"的行。陆龟蒙《钓筒》:"蓬差橹相应,雨慢烟交织。"方干《越中言事二首》其二:"百里湖波轻撼月,五更军角慢吹霜。"郑谷《赠下第举公》:"出去无憀归又闷,花(一作苑)南慢打讲钟声。"钱珝《江行无题一百首之六五》:"橹(一作芦)慢生轻浪,帆虚带白云。"可朋《句》:"乍当暖景飞仍慢,欲就芳丛舞更高。"孙光宪《风流子》:"无语,无绪,慢曳罗裙归去。"宋代用例如《景德传灯录》卷二:"人问汝何行急。即答云:'汝何行慢。'"陈德武《木兰花慢·咏风》:"软力慢扶花柳舞,禁不住颠狂处。"陈以庄《水龙吟记钱塘之恨》:"轻拢慢捻,哀弦危柱。"方岳《瑞鹧鸪》:"满斟绿醑歌檀口,慢拍红牙舞柳腰。"郭应祥《渔家傲·又丁卯岁寿内子》:"纷彩服,滟金杯。缓歌慢舞不须催。"元以后用例更多,不再举例。

唐代始出现"缓""慢"连用,从构词法上确定了"慢"的"缓"义。白居易《江上对酒二首》其一:"酒助疏顽性,琴资缓慢情。"《尚书正义·舜典第二》孔颖达疏:"宽弘者失于缓慢,故令'宽弘而庄栗'。"《春秋谷梁传注疏》卷十九:"定立今三年,始朝于晋,晋责其缓慢,不受其朝,公惧而反,非必季氏所谮。"易静《兵要望江南·占日第十一》:"城内有谋人不就,且饶缓慢看军情。一事也无成。"宋代用例如《苏轼集》卷五九:"今吴江岸阻绝,百川湍流缓慢,缓慢,则其势难以荡涤沙泥。"

"慢""缓"渐渐替代了"徐",唐诗中除了平仄和协韵需要以及某些固定词组外(如徐行、徐步),很少用"徐"。"慢"比"缓"出现得晚,但"慢"尚未替代"缓",能不能替代"缓",还很难预测。

迁—搬　上古用"迁",后世用"搬"。《说文》:"迁,登也。""登"是上升运动。《诗·小雅·伐木》:"出自幽谷,迁于乔木。"即其义。后来横向运动和搬运物品也叫作"迁"。前者为迁徙,一般为人的迁徙;后者为移动,搬迁,搬运,一般为物的移动。前者的例证如《书·盘庚上》:"盘庚五迁,将治亳殷。"《史记·五帝本纪》:"迁三苗于三危,以变西戎。"《论衡·龙虚篇》:"龙一雌死,潜醢以食夏后,夏后(烹)〔享〕之。既而使求,惧而不得,迁于鲁县,范氏其后也。""迁徙"的义位至今尚在使用。后者的例证如《诗·卫风·氓》:"以尔车来,以我贿迁。"《史记·殷本纪》:"既胜夏,欲迁其社,不可,作夏社。"又《齐太公世家》:"封比干墓,释箕子囚,迁九鼎,修周政,与天下更始,师尚父谋居多。"吴康僧会译《六度集经》卷八:"人命譬若牵牛市屠,牛一迁步,一近死地,人得一日犹牛一步,命之流去又促于此。"裴秀《大蜡诗》:"鳞集京师,交错留迁。"潘岳《金谷集作诗》:"饮至临华沼,迁坐登隆坻。"晋干宝《搜神记》卷十六:"闻君在此,故来相依。欲屈明日暂住须臾,幸为相迁高燥处。"张九龄《题画山水幛》:"尘事固已矣,秉意终不迁。"《敦煌变文集·故圆鉴大师二十四孝押座文》:"若是弟兄争在户,必招邻里暗迁墙。"赋梅《齐天乐·令狐金迁新廨》。辛弃疾《水调歌头·又》:"将迁新居不成,有感戏作。"张炎《台城路·迁居》。《元典章·刑部》卷十二:"发掘祖先坟墓,迁移骸骨,高价货卖穴地。不仁不孝,情罪非轻。"薛昂夫《朝天曲》:"孟母,丧夫,教子迁离墓。再迁市井厌屠沽,迁傍芹宫住。"《醒世恒言》卷一:"凡丈夫一向寄来的好绸好缎,曾做不曾做得,都迁入自己箱笼。"又卷十五:"如今也莫论有这事没这事,只把女儿卧房迁在楼下,临卧时将他房门上落了锁,万无他虞。"《二刻拍案惊奇》卷十四:"我日日自下而升,人人看见,毕竟免不得起疑。官人何不把房迁了下来?"

这些"迁",有些是"移"的意思,如"秉意终不迁";有些是"搬"的意思,如"迁居""迁(物品)"。似乎用于抽象者为"移",用于具体对象者为"搬"。"迁"的"搬"义,后来用"搬"表示,口语中用"搬"不用"迁";明清以后,除固定词组和文言说法外,"搬"基本上替代了"迁"。

"搬",《说文》有"擊",云:"擊擭,不正也。"朱骏声《说文通训定声》:"擊……今俗作搬,训迁运。"朱氏认为"搬"是"擊"的俗写。《说文》有"般",云:"辟也。象舟之旋,从舟,从殳。殳,令舟旋者也。""旋"是动的一种,故引申有"移动"的意思。移动就是离开物品的原点,故有"搬运"的意思。这个意义唐代开始出现。白居易《官牛》:"官牛官牛驾官车,浐水岸边般载沙。"罗隐《寄杨秘书》:"会待与君开秋瓮,满船般载镜中行。"周昙《韩惠王》:"何殊般肉供羸兽,兽壮安知不害身。"吕岩《谷神歌》:"修炼还须夜半子,河车般载上昆仑。"《敦煌变文集新书·双恩记》第七:"太子遂喜,选日开库般物。"又:"逐所要而一任般取,随希求而不障往来。"又《维摩诘所说经讲经文》:"要者随意令将,乞者一任般取。"又《十吉祥讲经文》:"何劳奈重专持送,不假龙神相共般。"《敦煌变文集·佛说阿弥陀经讲经文(一)》:"如似积柴过北协(斗|陛),车牛般载定应迟。"又《八相变》:"财物库藏,任意般将。"校勘者将"般"校为"搬",是不知"搬运"的"搬"本应作"般","殳"旁本含"手",再加"手"旁,表意重复。民间忘"殳"旁所含意义,故再加"手"旁。朱骏声认为"搬"是"擊"的俗写,未必正确。唐代文献已见"搬"字。庞蕴《杂诗》五:"神通并妙用,运水及搬柴。"吕岩《七言》其二七:"千日功夫不暂闲,河车搬载上昆山。"又《五言》其十一:"运宝泥丸在,搬精入上宫。"又《敲爻歌》:"一阵交锋定太平,三车搬运珍珠宝。"《通典》卷一四六:"诸营除六驮外,火别遣买驴一头,有

病疹,拟用搬运。"陆贽《冬至郊祀大赦天下制》:"江西湖南见运到襄州米一十五万石,设法搬赴上都,以救百姓荒馑。"《广异记》:"哲富于财,将搬移产避之。"《全唐文》卷五六"贷京畿义仓粟制":"其百姓职田,数额甚广,近缘水潦,道路不通,计搬运脚价,所费犹倍。"《旧唐书·懿宗纪》:"宜令三道据所搬米石数,牒报所在盐铁巡院。"《敦煌变文集·孟姜女变文》:"更有数个髑髅,无人搬运,姜女悲啼,向前借问。"又《庐山远公话》:"是你寺中有甚钱帛衣物,速须搬运出来!"《敦煌变文集新书·双恩记》:"并工搬运于天庭,簇手腾移于御库。"宋代及以后文献,大多用"搬"不用"般"。《广韵》"桓韵":"般,般运。"应是最早记录此义的辞书。唐栖复集《法华经玄赞要集》卷四:"又有解云:般者般运,舟者舟船。般运众生,同生西方。"

面—脸 王力在《汉语史稿》说:《说文》没有"脸"字。《集韵》:"脸,颊也。"《韵会》:"目下颊上也。"实际上,"脸"是面上搽胭脂的地方,所以古人称"脸"限于妇女。大约在第6世纪以后,才有"脸"字出现(胭脂在汉代已经有了)。……可见当时一个人有两个脸,不像现代一个人只有一个脸。由"颊"的意义引申到"面"的意义,这是词义扩大的典型例子[①]。

"脸"替代"面"的具体时间,王先生没有说。从他举的例证来看,宋代的"脸"还是指双颊。我们检索了《全宋词》,没有找到"脸"指"面"的例证。元代的大多数例证"脸"指双颊,但也有一部分是指"面"的。杜仁杰《耍孩儿·庄家不识勾栏》:"裹着枚皂头巾顶门上插一管笔,满脸石灰更着些黑道儿抹。""满脸石灰"的"脸"不可能只指"双颊",应该包括鼻子、眼睛、额头和腮巴,故这里的"脸"指的是"面"。《元曲选·柳毅传书》一折:"则我这头上风沙,脸上土,洗面皮惟泪雨,鬓蓬松除是冷风梳。"又《秋胡戏妻》二折:"把这厮劈头劈脸泼拳捶,向前来我可便挝挠了你这面皮。"前面说"脸",后面说"面",则"脸"即"面"。《元曲选·虎头牌》四折:"昨日个打我的可是该也那不该,把脸皮都撇在青霄外。"《元曲选外编·西厢记》四本一折:"不良会把人禁害,哈,怎不肯回过脸儿来?"能回过来的不仅是双颊,还包括眼睛、鼻子,故这里的"脸儿"就是"面"。《元曲选·王粲登楼》四折:"不由我肚儿里气夯,他有甚脸来俺门上。"又《连环计》三折:"纵然掬尽西江水,呸,难洗今朝脸上羞。"又《谢金吾》三折:"他两三番

[①] 王力:《汉语史稿》下册,566页,中华书局,1980年。

把咱支对,你怎么信口胡喷,抢白的我脸上无皮。"无名氏《柳营曲·题章宗出猎》:"红锦衣,皂雕旗,银盘也似脸儿打着练捶。"

以上是唱词中的例证,下面举些对白的例证。对白的例证可能是明代的语料了。《元曲选·丽春堂》二折:"我如今再打一会。若输了的,抹一个黑脸。"又《东堂老》三折:"小可是个卖茶的,今日早晨起来,我光梳了头,净洗了脸,开了这茶房,看有甚么人来。"又《生金阁》一折:"多把些肥皂与他洗了脸,再搽些胭粉,换些锦绣衣服,在后堂中安排酒肴,庆贺新得的夫人。"又《杀狗劝夫》二折:"諕得我一个脸描不的画不的,一双箸拿不的放不的。"又三折:"莫说他一定不肯,便肯时,我也没这脸见兄弟去。"《水浒传》二十回:"婆子看女儿也别转了脸,……你不把酒便罢,且回过脸来吃盏酒儿。"又:"宋江起来,面盆里冷水洗了脸。"又二一回:"宋江仰着脸,只顾踏将去。"又二三回:"那人立住了脚,意思要发作;回过脸来看时,却是一个妖娆的妇人。"又二四回:"与他梳了头,戴上巾帻,穿了衣裳,取双鞋袜与他穿了;将片白绢盖了脸。"又一〇四回:"脸皮都是三尺厚,脚板一般十寸长。"《醒世恒言》卷一:"忽一日,养娘担洗脸水,……当初在牙婆家,那个烧汤与你洗脸?"又卷三:"事到其间,秦重只得老着脸,上前作揖。"又卷二十:"亏他到挣得一副好老脸皮,全没一毫羞耻!"《西游记》六回:"那真君……青脸獠牙,朱红头发,恶狠狠,望大圣着头就砍。"又十二回:"我那小时见你,是你头上有草,脸上有泥,还不怕你。如今脸上无了泥,头上无了草,却象瘦了些,腰间又苦了一块大虎皮,与鬼怪能差多少?"

看来明代的口语中"脸"已基本取代了"面"。

依—靠 《说文》:"依,倚也。"在"依靠、依赖"的意义上上古、中古用"依",近代用"靠"。《说文》:"靠,相韦也。"段玉裁注:"相韦者,相背也。古人从非,今俗谓相依曰靠,古人谓相背曰靠,其义一也。""靠"的"依靠"义较早的例证见于唐,不过只有一例。《全唐诗》有两个"靠"字,皆"相背"之义。曹松《宿溪僧院》:"煎茶留静者,靠月坐苍山。"靠月,即背对月。梁藻《南山池》:"时沽村酒临轩酌,拟摘新茶靠石煎。"靠石煎,即搭两个石头作灶来煎茶,也是"相背"之义。不得为例证。《全唐诗补编》收易静《兵要望江南》有两个"靠"字。《兵要望江南·委任第一》:"攻敌策,谋乃胜之原。勿使迎兵交血刃,休凭角力靠兵官,勇是祸之端。"又《占虹霓第七》:"若是虹桥栏着路,且须盘泊犒(京本作'靠')军兵,不久却回程。"第二个"靠"字是"犒"的异文,施于原文不通,原文"槁"字应不误。实际上只有前一例可为例证。五代王仁裕《开元天宝遗事》卷三:"尔辈以谓右相之势,倚靠如泰山,以吾所见乃冰山也。"《敦煌变文集·无常经讲经文》:"却孤穷,无倚槁(靠),终日冤嗟怀懊恼。"唐五代只见到这三例。

宋代例证渐多。陈瓘《减字木兰花》:"急急加工,更靠硫黄与鹿茸。"陈著《真珠帘·又寿沿江大制使观文马裕斋同知》:"菜饭工夫,露香心事,惟靠天公分晓。"又《西江月·又寿吴景年》:"事业都随分定,儿孙也靠心传。"廖世美《好事近·夕景》:"楼上谁家红袖,靠阑干无力。"刘克庄《贺新郎·又杜子昕凯歌》:"也莫靠、长江能限。"陆凝之《夜游宫》:"靠那个屏风立地。"臞翁《满江红·孟史君祷而得雨》:"祷雨文昌,只全靠、心香一瓣。"魏了翁《唐多令·淮西总领蔡少卿范生日》:"万百般、倚靠苍旻。"宋词中除"依旧""依然""依依""依稀""依约"等固定用语和平仄、用韵要求外,其他的情况一般不太用"依";纵使用"依",也带有文言色彩。看来宋代"靠"已有替代"依"的倾向了。

"靠"在元代的使用情况如下。《元曲选·梧桐雨》一折:"靠着这招彩凤、舞青鸾、金井梧桐树影,虽无人窃听,也索悄声儿海誓山盟。"又四折:"险些把我气冲倒,身漫靠,把太真妃放声高叫。"又:"不合对梧桐并肩斜靠,尽言词絮絮叨叨。"又《伍员吹箫》四折:"这红颜因甚不自保,闪的你无依靠?"《元曲选外编·东墙记》三折:"倚床靠枕,身体斜挨。"又四折:"别无买卖营生,专靠我这药上盘费。"又《西蜀梦》二折:"这一场苦痛谁承望?再靠谁挟人捉将?再靠谁展土开疆?"又《拜月亭》二折:"您孩儿无挨靠,没倚仗,深得他本人将傍。"邓玉宾《村里迓鼓仕女圆社气球双关》:"扳搂儿搂定肩儿靠,锁腰儿锁住膝儿掉。"《琵琶记》十六出:"我家私没半分,靠着奴此身。"元曲中的"靠"已基本取代了"依"的"依靠"义,除了"依旧""依然"等固定用语和作"按照"义用的"依"外,只有在"依靠"和与"靠"对文的情况下才用"依",否则大多用"靠"。

从明代的用例来看,"靠"应较全面替代了"依"的"依靠"义。《水浒传》一回:"我等村农只靠大郎做主,梆子响时,谁敢不来?"又三回:"既蒙员外做主,洒家情愿做和尚,专靠员外照管。"《金瓶梅》一回:"权谋术智,一毫也用不着,亲友兄弟,一个也靠不着。"又:"结拜兄弟也好。只怕后日还是别个靠你的多哩。若要你去靠人,提傀儡儿上戏场——还少一口气儿哩。"又二回:"我的哥哥为人质朴,全靠嫂嫂做主。"《醒世恒言》卷三:"我们是门户人家,靠着粉头过活。"又卷五:"我自小靠爹娘过活,没处赚得一文半文。"《水浒传》《金瓶梅》等书的"依靠"义用"靠"不用"依","依"在三书中用的是"按照、依从"义。《金瓶梅》有"依倚"一词,只是作为语素参与构词。

蹴—踢　《说文》:"蹴,蹑也。"段注:"玄应云:《说文》:'蹴,蹋也。'以足逆蹋之曰蹴。"《说文》:"蹋,践也。"古代的"蹋"包括从上往下的"踢",也包括向左右前后的"踢",往左右和前的"蹋"就是"踢",故"蹋"有"踢"义。《史记·苏秦列传》:"临菑甚富而实,其民无不吹竽鼓瑟,弹琴击筑,斗鸡走狗,六博蹋鞠者。""蹋鞠"就是"踢鞠"。《汉书·戾太子刘据传》:"山阳男子张富昌为卒,足蹋开门。"《汉书·霍光传》:"霍氏奴入御史府,欲蹋大夫门,御史为叩头谢,乃去。""蹋门"就是"踢门"。所以"蹴"就是"踢"。

古代用"蹴",唐以后开始用"踢"。《孟子·告子上》:"呼尔而与之,行道之人弗受;蹴尔而与之,乞人不屑也。"《战国策》卷二八:"许异蹴哀侯而殪之,立以为郑君。"《史记·燕召公世家》:"将渠引燕王绶止之曰:'王必无自往,往无成功。'王蹵之以足。""蹵"为"蹴"之异体。又《司马相如列传》:"流离轻禽,蹴履狡兽。"《淮南子》卷十三:"黄衰微举足蹴其体,恭王乃觉,怒其失礼,奋体而起,……至其迫于患也,则举足蹴其体,天下莫能非也。"曹植《大司马曹休诔》:"足蹴白刃,手接飞镝。"晋赵至《与嵇茂齐书》:"蹴昆仑使西倒,蹋太山令东覆。""蹴""蹋"皆"踢"的意思。张华《游猎篇》:"仰手接游鸿,举足蹴犀兕。"东晋瞿昙僧伽提婆译《中阿含经》卷十六:"众人以足蹴螺。"刘宋求那跋陀罗译《杂阿含经》卷六:"我城郭,我舍宅,若于彼土聚爱尽、欲尽、念尽、渴尽,则以手拨足蹴,令其消散。"又《央掘魔罗经》卷二:"左脚蹴弊狗。"梁曼陀罗仙译《宝云经》卷一:"拳打刀杖,手脚蹴蹋,恶口骂詈。"《晋书·祖逖传》:"中夜闻荒鸡鸣,蹴琨觉曰:'此非恶声也。'因起舞。"齐张融《海赋》:"树遏日以飞柯,岭回峰以蹴月。"《全梁文》卷六九阙名"七召":"既前躏而后赴,亦左排而右蹴。"

"踢"字魏晋时期就有用例,但不是"踢蹴"之义。"踢"的踢蹴义的较早例证见于唐,但"蹴"仍然使用。除"蹴鞠""蹴球"外,"蹴"大多用其"蹋"义(从上向下踩),一般不用"踢"义(用足向左右和前方击打)。"踢"的"用脚击打"义用例如杜甫《留别公安太易沙门》:"先踢炉峯置兰若,徐飞锡杖出风尘。"归氏子《答日休皮字诗》:"一包闲气如长在,惹踢招拳卒未休。"吕岩《沁园春》:"捶碎王京,踢翻蓬岛,稽首虚皇玉案前。"

《洛阳缙绅旧闻记》:"焦生下以手用力推之,驴双脚踢焦生,焦生倒死,卧在地,驴亦归。"《祖堂集》卷十:"师见和尚切,依和尚处分,装裹一切了,恰去到岭上,踢着石头,忽然大悟。"

宋代的用例如秦观《品令二首》其二:"帘儿下时把鞋儿踢。语低低、笑咭咭。"王安石《诉衷情·和俞秀老鹤词》其三:"何如直截,踢倒军持(按:军持,一种盛水器),赢取沩山。"赵文《凤凰台上忆吹箫·转官球》:"疑是弓靴蹴鞠,刚一踢、误挂花间。"又《最高楼·又寿前人》:"便踢翻炉鼎,抛却蒲团,直恁俊鹘梢空时候。"宋词中仍用"蹴"字。除"蹴鞠"外,其余的"蹴"都应作"踩踏"解释。如"燕蹴"、"马蹴"等,都是"踩踏"的意思。自"踢"字出现,"蹴"和"蹋"不再用来表示"足的向左右前击打"的动作。

《三朝北盟会编》卷二○一:"顺昌城壁如此,可以靴尖踢倒。"《古尊宿语录》卷四七:"三脚驴子忒煞好,长放后园教吃草,等闲牵出向人前,踢倒湖南瞎长老。"《景德传灯录》卷十:"师以脚踢空吹一吹,云:'是什么义?'坐主云:'经中无此义。'"又卷十六:"师踢却水碗而去。"又卷十八:"有僧问:'如何是触目菩提?'师踢狗子作声'走'。僧无对,师曰:'小狗子不消一踢。'"《太平广记》卷四五九:"见一条物巨如椽,横于地,谓是门关,举足踢之,其物应足而起。"汪元量《张平章席上》:"舞余燕玉锦缠头,又着红靴踢绣球。"《五灯会元》卷九:"师踢倒净瓶便出去。"又卷十二:"手铄黄河干,脚踢须弥倒。"《朱子语类》卷三六:"踢着脚指头便是仁。"又卷一二五:"老子犹是欲敛手齐脚去做,他却将他窠窟一齐踢翻了。"《挥麈录余话》卷一:"忽一猫走前,肥者以足蹴之。上曰:'此猫偶尔而过,何为遽踢之?轻易如此,安能任重耶?'"前用"蹴",为叙述语言;后用"踢",为记录别人口语。二者有区别。宋代其他口语性较强的文献里,"蹴"用的是其"踩踏"义,一般不用来表示"踢",看来宋代的"踢"已基本取代了"蹴"。

元邓玉宾《村里迓鼓·仕女圆社气球双关》:"包藏着一团儿和气,踢弄出百般可妙,……子弟呵知他踢疼了你多多少少。"又《青歌儿》:"直踢的腮儿红脸儿热,眼见涎腰儿软。"《元曲选·竹叶舟》一折:"我与你踢倒鬼门关,打开这槐安路。"又《黑旋风》一折:"拳打的南山猛虎难藏隐,脚踢的北海蛟龙怎住停。"又《救风尘》一折:"早努牙突嘴,拳椎脚踢,打的你哭啼啼。"关汉卿《斗鹌鹑·蹴鞠》:"赶起了白踢,诸余里快收拾。"《元典章·刑部》卷三"踢死堂侄":"反行毁骂揪捽,因此将周季四踢伤身死。……周千六踢死周季四,系四从堂侄,缌麻之亲,咨请定夺。……有房侄张聚,带酒将秀毁骂,用元柱檀木拐一条,将张聚踢打身死。拟罚赎罪。……本部议得:张秀因房侄张聚骂詈,踢打身死,即系卑幼有罪,尊长殴击致死,例应杖断。钦遇诏恩,合行革拨,烧埋银两,依例追给。……反行毁骂揪捽,致被调千六踢打,经隔四日身死。"又卷四"踢打致死":"为是不伏,因斗将本人踢打身死。"元代口语程度较高的文献中,用"踢"远多于用"蹴";且"蹴"大多用于"踩踏",极少数用作"踢",是固定用语或文言用法,如《元曲》;而《元典章·刑部》则没有一个"蹴"字,看来"踢"在口语中已完全替代了"蹴"。

明代"踢"的用例如《金瓶梅》四回:"这金莲一面低着头,把脚尖儿踢着,笑道:'这不是你的箸儿!'"又五回:"武大矮小,正踢中心窝,扑地望后便倒了。"又:"你做的勾当,我亲手捉着你奸,你倒挑拨奸夫踢了我心。"《水浒传》二回:"那端王且不理玉玩器下落,却先问高俅道:'你原来会踢气球,你唤做甚么?'高俅叉手跪复道:'小的叫做高俅,胡乱踢得几脚。'端王道:'好!你便下场来踢一回耍。'高俅拜道:'小的是何等样人,敢与恩王下脚!'端王道:'这是齐云社,名为天下圆,但踢何伤?'高俅再拜道:'怎敢!'三回五次告辞,端王定要他踢,高俅只得叩头谢罪,解膝下场。"又三回:"望小腹上只一脚,腾地踢倒在当街上。"《西游记》二回:"他两个拳搥脚踢,一冲一撞。"又六回:"等我掣拳先捣窗棂,后踢门扇!"《醒世恒言》卷一:"养娘一脚踢起,去得势重了些,那球击地而起,连跳几跳的溜溜滚去,滚入一个地穴里。"又卷三:"吴公子是惯家,这些套子,怎也瞒得。分付家人扭断了锁,把房门一脚踢开。"除"蹴鞠""蹴球"外,只有《醒世恒言》卷三九用了一个"蹴"字,表示一般意义的"踢":"绰起袖子望头上一扑,把僧帽打下地来。又赶上一步,举起尖趫趫小脚儿一蹴,谷碌碌直滚开在半边,口里格格的冷笑。"但僧帽是圆的,与球相似,仍有"蹴鞠"有关联。

明代口语性较强的作品中,已不再用"蹴",而只用"踢"了。就是"蹴球",也只用了一次,其余的全部用"踢"字,如《水浒传》。

脂—油 《说文》:"脂,戴角者脂,无角者膏。"段注:"《考工记》郑注曰:'脂者牛羊属,膏者豕属。'《内则》注曰:'肥凝者为脂,释者为膏。'按上文'膏'系之人,则'脂'系之禽,此人物之辨也。有角无角者各异其名,此物中之辨也。"看来凡是凝结在一起的动物脂肪叫作脂,经过提炼的(释者)叫作膏(段玉裁认为,人曰膏,动物曰脂。强作区别,似乎没有必要);后世不再区别,脂亦膏,膏亦脂。由于脂膏的特点是滑,而植物中提炼出来的东西与膏相似,也是滑的,故将这类东西也叫作脂。如脂麻,《广雅·释草》:"钜胜,胡麻。"王念孙疏证:"今人通谓之脂麻。"按,脂麻,今写作"芝麻",其实"脂麻"更揭示出这种植物的本质。脂麻除叫作"胡麻"外,还叫"油麻"。"胡麻"就其来源地命名,"脂麻"就其特质命名。《本草纲目·谷一·胡麻》:"方茎以茎名,狗虱以形名,油麻、脂麻谓其多脂油也。"魏晋时期有"油麻""麻油","油麻"即"脂麻","麻油"即"麻榨的油"。"油麻""麻油"的出现应是"油"替代"脂"的最好例证。所以叫"油麻",是因为其子实能榨油。尽管"脂麻"一词比"油麻"晚见(见于宋),但"油麻"的使用,说明"油"正在替代"脂"。"油麻""麻油"的较早例证,均见于后汉译经。后汉支娄迦谶译《道行般若经》卷十:"悉如天上所有香,着油麻中,所净洁油麻好灯炷,自归头面着地,却然灯炷,加敬作礼承事。"后汉安世高译《七处三观经》卷译:"比丘有三大药,风者比丘大病,麻油大药,亦麻油辈。"后汉支娄迦谶译《佛说遗日摩尼宝经》卷一:"譬如麻油破一发作百分,持一分揾油麻中为出几所渧。"吴支谦译《斋经》卷一:"譬如以麻油澡豆沐头,垢浊得除。"吴康僧会译《六度集经》卷六:"礼敬有偏,终始无就,分卫麻油以供佛前,独母照然,贡不缺日。"西晋竺法护译《正法华经》卷十:"如合众麻油,麻油聚一处。"沈括《梦溪笔谈》"药议":"张骞始自大宛得油麻之种,亦谓之麻,故以胡麻别之,谓汉麻为大麻也。"似乎西汉时即有"油麻"之名。但此词未见诸当时文献,能见到的只有"油"字,是"油脂"的意思。《汉书·黄霸传》:"居官赐车盖,特高一丈,别驾主簿车,缇油屏泥于轼前,以章有德。"《后汉书·陈蕃传》:"又比年收敛,十伤五六,万人饥寒,不聊生活,而采女数千,食肉衣绮,脂油粉黛,不可赀计。"《后汉书·礼仪志》中:"谒者二人,中谒者仆射、中谒者副将作油缇帐以覆坑。"《后汉书·舆服志》上:"大贵人、贵人、公主、王妃、封君油画軿车。"看来"油脂"的"油"西汉已见使用,后世文献皆有用例。如《三国志》、张华《博物志》、《荆楚岁时记》、《齐民要术》等。后世尤其是唐宋以降,口语中多用"油"而少用"脂",而且大多用在"凝脂""面脂""脂膏""脂血""脂粉"等固定语词中,"油"的构词能力大一些,组合自由些。宋代开始,"脂"的构词能力已经丧失,除了旧的固定语词外,基本上没有作为构词成分参与构造新词;而"油"则的构词能力比较强,如"油灯""油葫芦""油菜花""青油""浓油",已经替代了"脂"。《汉语大词典》"油脂"条下说:"一般在常温下是液体的称做'油',固体或半固体的称作'脂'。"实际上现代汉语将固体的也叫作"油",尤其是动物。如:"买点猪油回去炸油。"猪油指固体的脂肪。人身的"油"则叫"脂肪"。

第十一章 俗字说略

研究近代汉语必须识俗字。不识俗字,近代汉语研究将难以进行。本着这一观点,我们辟专章介绍。

一、俗字的定义和范围

俗字是相对正字而言的。正字指可在《说文》中找到依据,可用六书条例进行分析,并且可以在高文大册中见到的字。俗字则指那些不见于《说文》,不能施于高文大典,民间所习用的字。唐颜元孙《干禄字书·序》说:

> 自改篆行隶,渐失本真。若总据《说文》,便下笔多碍,当去泰去甚,使轻重合宜。……具言正、通、俗三体。……所谓俗者,例皆浅近,唯籍账文案,券契药方,非涉雅言,用亦无爽;倘能改革,善不可加。所谓通者,相承久远,可以施表奏笺启,尺牍判状,固免诋诃。所谓正者,并有凭据,可以施著述文章,对策碑碣,将为允当。

颜氏将汉字分为"正""通""俗"三体,并加以界说,具有积极的意义。颜氏用的是三分法,我们使用的是两分法,颜氏的"通"我们将如何处理?归于正,还是归于俗?云从师认为:"就'规范'的观点来说,尺度放严格些,'通'也就可以属于俗字的范围。"[①]就字面意义而言,"通"是"通用、通行"的意思,将它归于俗字的范围是有道理的。但就颜元孙使用"通"字概念的实际情况而言,似乎并不那么简单。颜氏的界说

---

① 蒋礼鸿:《中国俗文字学研究导言》,《杭州大学学报》,1959 年第 3 期。

与实际使用有相矛盾的地方。他说的"通""俗",就《说文》而言,有时反而是正体。如:

肥　肥　上通,下正。按,《说文》:"肥,多肉也。从肉,从卪。""肥"乃篆体之楷化,应是正体,"肥"则是通用字。

辈　軰　上通,下正。按,《说文》:"辈,若军发车百两为辈,从车,非声。"是当以"辈"为正,从"北"者,其通用字也。段玉裁说:"非者两翅,形声中有会意。俗从北,非声也。"

皃　兒　貌　上俗,中通,下正。按,《说文》以"兒"为正篆,"貌"为籀文。中、下二字当都是正体。

潔　洁　上通,下正。按,二字的区别,在于左旁是两点还是三点。两点为冰,三点为水。清洁需水,没有水的洗涤,物的清洁难以保证,故洁字应从水,《说文新附》以此字入"水"部,当以上字为正。

颜氏以为正体者,也并非都以《说文》为准,其中不乏通行字或俗字。如:

冻　涷　上俗,下正。据《说文》,涷从"仌",应作二点。从"水"者俗字。

隘　阨　上俗,下正。按,二字皆见《说文》。形、音、义皆不同,不是一字,不存在正俗问题。

筞　筞　策　上俗,中、下正。按,"筞"字下从"宋",既非声,亦非义,于理无取。当是"策"字之讹变,应视为通用字或俗字。敦煌文书常书作"筞",柳公权《神策军碑》的"策"字也如此作。

惚　恼　上俗,下正。按,《说文》:"嬈,有所恨痛也。从女,甾声。""恼"字系后起字。无论从"心",从"女",右旁都应从"甾"为声。故知下字也不是正体。《龙龛手镜》将"恼"字作为今体,以"恼"为正体。《碑别字新编》亦收"恼"为别字,皆可佐证。

追溯其原因,盖颜氏"正""通""俗"三体的区别是以当时的书写规范为标准的,并非"总据《说文》",而且有些字的归类并非尽善。如果采用二分法,颜氏的"通"大致可归于"正"体一类。

我们的标准是:有历史渊源,经籍通行的字为正体(大致包括颜氏的"正""通")。书写变异字,民间习俗相因的新造字为俗体(包括颜氏的"俗"和少数"通")。与本字没有固定的对应关系的假借字,我们不认为是俗字。如"犹"通"由",也可通"游";"忘"可假作"望",也可假为"妄",还可假作"惘";"交"可借作"教",也可借作"校",还可借为"觉"(见《敦煌变文集》)。而那些与本字有固定对应关系的假借字,如"义"与"義"、"灯"与"燈",我们则认为是俗字。

二、俗字与正字的关系

俗字与正字的界限并不是绝对的。它们有相对的一面,也有相通、相转化的一面。由于时代的推移,人们书写风尚的改变,有些俗字变成了正字,而有些正字却变成了俗字。如:

萬　万　《干禄字书》云:"并正。"由于"万"字笔画太少,易被涂改,故以"萬"字为正,而"万"字反被视为俗字。"万"只见于俗文学作品中,如敦煌变文,而文人雅士则屏而不用。《通俗编》卷三二"数目"云:"《说文》十千为万(按,《说文》无'万'字),《古文尚书》凡'萬'字皆正作万。二王帖'萬'每作'万'。《瓮牖闲评》:萬者,蝎也。万者,十千也。二字之义全别。惟钱谷之数,惧有改移,故万借为萬,盖出乎不得已也。其余万字,既不惧改移,安用借为哉?《诗》《书》中如'萬邦为宪''以尔萬方',用'万'字甚多,皆误借为萬耳。"

暴　《说文》作"暴",云"旰"也。世以"暴"为正,而以"暴"为俗。见《龙龛手镜》入声"日"部。

曹　《说文》作"曺",而《龙龛手镜》以"曺"为俗。今则"曹"行而"曺"废。

规　《说文》"规"字从"矢"从"见"。由于篆改隶,"规"字写作从"夫"从"见",而从"矢"之"䂓"反为俗体。见《龙龛手镜》和《碑别字新编》。

由于文人讲求字字有来历,这种正体变俗体的情况并不多见,而俗体变正体的情况则是文字发展史上的常见现象。如:

妈　由于语音的演变,"母"字不再音 ma,口语的 ma 音与"母"字之音不相近,故另造一"妈"字。其始为俗字,由于它能较好地表示 ma 这个读音,遂被人们正式承认,进入了正体字的行列。《龙龛手镜》上声"女"部收有"妈"字,并未标明是俗体。

尖　正字本作"鑯"。《说文》云:"鑯,铁器也。一曰镵也。"徐铉云:"俗作尖。"《广雅·释诂》:"鑯,锐也。"王氏《疏证》曰:"今俗作尖。"《慧琳音义》卷九八:"鑯锐,或俗作尖。"《龙龛手镜》大部:"尖,即潜反,锐利也。"依《手镜》体例,认为是俗字者,则必标明"俗",并与正字同出。"尖"既未标明"俗",也无正字与之对应,大概已视为正体了。就文献的使用情况而言,较早的"尖"字见于隋卢旋芷墓志[①],唐代则已广泛使用。唐诗中有不少"尖"字,而"籤"则鲜被人用,很少有人知道它们的对应关系了。岑参《自潘陵尖还少室居止秋夕凭眺》:"月出潘陵尖,照见十六峰。"杜甫《魏将军歌》:"魏侯骨耸精爽紧,华岳峯尖见秋隼。"又《送张二十参军赴蜀州因呈杨五侍御》:"两行秦树直,万点(一作朵)蜀山尖。"唐诗中未见"籤"字。

稟 《说文》从"禾"作"稟"。《龙龛手镜》示部收有"禀",云:"彼锦反,以谷与人也。""禀"显然是"稟"之讹变,当是俗字。而行均并不标明"俗",说明当时"禀"已取得正字资格。

炒 《说文》作"鬻",云:"熬也。"徐铉云:"今俗作煼,别作炒。"《玄应音义》云:"崔寔《四民月令》作炒。"今"炒"行而"鬻"废。

村 《说文》作"邨"。徐铉云:"今俗作村,非是。"段玉裁注云:"本音豚,屯聚之意也。俗读此尊切,又变字为村。"宋元时期则多用"村",如"村务""村沙""村纣",即使是文人雅士,也用"村"不用"邨",可见已取得正字地位。

荷 《说文》"何,儋也。"徐铉云:"今俗别作担荷,非是。""荷"字上古汉语时期就已取得正字地位。《论语》之"荷蓧",《列子·汤问》之"荷担",皆作"荷"。《周易》:"何校灭耳。"王肃云:"何,荷担也。"以"荷"释"何",是以今字释古字。至少王肃时代"荷"字已取得正体地位。

晴 《说文》作"姓",云:"雨而夜除星见也。"徐铉云:"今俗别作晴,非是。"《玉篇》"日部":"暒,似盈切,雨过也,精明也,无云也。晴,同上。"《广韵》"清韵":"晴,天晴。"宋元以来,"晴"字已得到社会的承认,变成了正体,除了故意写古字以炫博学外,几乎无人再用"姓"字了。

抱 《说文》:"褒,裹也。"徐铉云:"今俗作抱,非是。抱与捊同。"按,《说文》:"捊,引取也。从手,孚声。抱,捊或从包。"是俗体借"抱"为"褒"。《庄子·天地》:"抱瓮而出灌。"若不是后人改易,庄子时代即已用"抱"字。

夙 《说文》作"舛",云:"早敬也。从丮持事,虽夕不休,早敬者也。"徐铉云:"今

[①] 臧克和主编:《汉魏六朝隋唐五代字形表》,263页,南方日报出版社,2011年。

第十一章 俗字说略

俗书作凤,讹。"《诗经》:"凤兴夜寐。"字作"夙",可见俗体"凤"很早就取得了正字资格。

歪 《说文》作"䃜",云:"不正也。"段注:"俗字作'歪'。"元代以降常用"歪"字,而"䃜"则不见用。马致远《残曲·集贤宾》:"酷吟得诗句稳,忙写得字儿歪。"《元曲选·范张鸡黍》一折:"他歪吟的几句诗,胡诌下一道文,都是些要人钱诌佞臣。"又《老生儿》一折:"你可便道他歪,不思量我年迈。"又《杀狗劝夫》一折:"吃的来东倒西歪,尽盘将军。"变成了正字,《字汇》收有"歪"字。

俗字来自民间,为人民群众所乐于使用。但由于未经规范,形体往往因地、因时而异,在某种程度上给文字的使用带来了混乱,所以它一直是正统文人所痛心疾首的,把它们作为处理、清除的对象。但由于它拥有广大群众的支持,笔画简省,一些合"理"的俗字反而取代了正字的地位,得到了社会的承认。这些被社会承认,取得了正字资格的俗字,一般具有以下特点:

1)笔画少。

眾—众 《敦煌变文集·庐山远公话》:"今朝苦劝听众。"人民文学出版社本 180 页"听众"字作"眾"。今覆按原卷 S.2073 号此字作"众",知作"眾"者系手民误植。《宋元以来俗字谱》收元刊《古今杂剧》有"众"字。今简化字作"众",成为正字。

蟲—虫 《敦煌变文集·长兴四年中兴殿应圣节讲经文》:"江头忽见小蛇虫,试与捻抛深水中。"又《庐山远公话》:"陷身五百劫,常作厕中虫。"又《搜神记》:"劈脑出虫,乃为魏武帝所杀。"皆作"虫"。今简化字亦作"虫",成为正字。

亂—乱 《敦煌变文集·佛说阿弥陀经讲经文(二)》:"今日还来恼乱我。"伦敦藏 S.6551 号卷子作"乱",人民文学出版社本作"亂",未能忠于原卷,潘重规本仍之。敦煌文献除此外,还有其他例证,如《敦煌变文集·长兴四年中兴殿应圣节讲经文》:"神武之言,称定乱安邦之业。"按,从"舌"的"乱"字见于晋鲁诠墓表[①],还见于北魏郑羲碑[②]。今简化字作"乱",成为正字。

憐—怜 《敦煌变文集·长兴四年中兴殿应圣节讲经文》:"点眼怜伊图守护,谁

[①] 臧克和主编:《汉魏六朝隋唐五代字形表》,37 页,南方日报出版社,2011 年。下文的墓志、碑刻文字除特别指出的外,皆出于此书。

[②] 秦公辑:《碑别字新编》,232 页,文物出版社,1985 年。

知反吠主人公。"又《佛说阿弥陀经讲经文（一）》："慈悲愿赐哀怜，今日特来酬贺。"又《佛说阿弥陀经讲经文（二）》："邓林公主似神仙，不但凡夫佛也怜。"《龙龛手镜》"心部"："怜，俗，通。"今简化字作"怜"，成为正字。

礙—碍（㝵） 《敦煌变文集·维摩诘经讲经文（四）》："缠绵于丈室枕床，妨碍于大城游履。"又："忍辱是道场，于诸众生心无碍故。"人民文学出版社本两"礙"字均作"碍"，见601、616页，但敦煌卷子P.2292号均作"㝵"。按，"㝵"字见于东汉《石门颂》，还见于北魏《刘碑造像铭》、北齐《无量义经》。《正字通》云："碍，俗礙字。"今简化字作"碍"，成为正字。

辭—辞 《履斋示儿编》卷二二："獻之献，國之国，廟之庙，辭之辞，……凡此皆俗书也。"《龙龛手镜》入声舌部："辞，俗，音词，正作辝。"今简化字作"辞"，成为正字。

斷—断 北魏元引墓志、常岳造像碑皆有"断"字，隋郑令妃墓志也有"断"字，《履斋示儿编》卷二二："繼之继，斷之断，……凡此皆俗书也。"今简化字作"断"，成为正字。

盡—尽 尽，拆开为"尺二"。《履斋示儿编》卷九"声画押韵贵乎审"："初，诚斋先生杨公考校湖南漕试，同寮有取易义为魁，先生见卷子上书'盡'字为'尽'，必欲摈弃，考官乃上庠人，力争不可，先生云：'明日揭榜，有喧传以为场屋取得个尺二秀才，则吾辈将胡颜。'竟黜之。"今简化字作"尽"，成为正字。

蠶—蚕 《敦煌变文集·长兴四年中兴殿应圣节讲经文》："令知织妇之劬劳，交识蚕家之忙迫。"又："蚕家辛苦事难裁，终日何曾近镜台。"《龙龛手镜》上声"虫"部作"蚕"，《履斋示儿编》卷二二云："字画之变，因循若此者甚多，如蠶字作蚕，不知蚕音腆。"今简化字作"蚕"，成为正字。

體—体 《履斋示儿编》卷二二："书體作体，体乃音捶。"今简化字作"体"，成为正字。

燭—烛 《通俗编》卷三八："以燭为烛，以燈为灯，以繡为绣，以擔为担，以園为园，以機为机，旧俱原有其字，而音义大殊。"今简化字作"烛"，成为正字。

2) 有音义而无字者。

方言里很多词没有相应的书写符号，为了记录语言的需要，人们分别给它们造个相应的字。这些词如果被大众语所吸收，这些新造的字也就随之进入了正字的行列。

第十一章 俗字说略

纵使这些方言词未曾进入大众语,如果有文人使用该方言进行创作,这些俗字也会保留下来,为人们所接受。

刟 音 gǒng,钻进也。见《篇海》《中原雅音》。

夯 用力以坚举物曰夯,呼讲切。《元曲选外编·调风月》二折:"痛连心除他外谁根前说,气夯破肚别人行怎又不敢提?"又四折:"气夯破胸脯,教燕燕两下里没是处。"《元曲选·金安寿》三折:"忍不住我怒气夯胸脯。"

丢 舍去曰丢,丁由切。《元曲选·黑旋风》楔子:"他做多少丢眉弄色。"又四折:"但吃着早麻撒撒,害得个魄丧魂丢。"又《救风尘》二折:"逐朝家如暴囚,怕不将性命丢!"

甩 弃掷曰甩,"环"去声。今不读"环"字去声。《型世言》二十回:"将次到山边,一个伞夫把伞'扑'地甩在地下,妆肚疼,再不起来,只得叫门子打伞。"又二四回:"他料然脱身不得,便满饮这杯,把杯劈脸望岑璋甩去。"

庹 两腕引长曰庹,音"托"。《椒园杂记》卷十二:"广西有庹姓,音托。今吴中人伸两臂量物曰托。庹既与度似,而又从尺,疑即此欤?"《四库全书总目提要》卷一四七"子部五十七":"庹为横展两臂,乙为以墨灭字。"

瞧 偷视曰瞧,音"樵"。今按,"瞧"本为"目昏花"之义。嵇康《难〈自然好学论〉》:"以六经为芜秽,以仁义为臭腐,睹文籍则目瞧,修揖让则变伛,袭章服则转筋,谭礼典则齿龋。"《全晋文》卷一二二"鹁鹋黄鸟":"鹁鹋之鸟,食之不瞧。"《能改斋漫录》卷十五:"行人失涎于下风,童仆空瞧而斜眄。"这些"瞧"皆是"目昏花"之义。后世用来表"偷看",元杜仁杰《庄家不识勾栏》:"木猫儿守窟瞧他甚,泥狗儿看家守甚黑。"《琵琶记》三十出:"撇呆打堕,早被那人瞧破,要同归知爹肯么?"关汉卿《朝天子》:"笑眼偷瞧,文谈回话,真如解语花。"《明清民歌时调集》:"俏冤家,人面前瞧奴怎地。"

晾 晒暴曰晾,音"亮"。《元曲选·秋胡戏妻》三折:"脱了我这衣服来,我试晾一晾咱。"又《城南柳》一折:"似这等风吹日晾,雪压霜欺,知他几时能勾脱生?"《元曲选外编·裴度还带》三折:"水头巾供桌上控着,泥脚靴土墙边晾着。"(以上诸字见《通俗编》卷三八"近造字",后面的例证系笔者补出)

橐 音"泡"。三十斤也。见《通雅·谚原》。今湘方言以为十斤之称。

3)有声符或声符能更好地表音者。

如果正字无表音成分,而俗字却是形声结构,可以表音,笔画也不太繁多,就很有可能成为正字,原先的正字则作为异体字被保留或废弃。正、俗字皆是形声结构,如俗字的声符更接近当时的读音,也极有可能取得正字资格。

a) 俗字是形声结构者:

华—花 《履斋示儿编》卷二二云:"以华为花,而制字之法扫地矣。"则以"花"为"华"之俗字。《集韵》"麻"韵以"花"为"华"之或体,未指明孰正孰俗,似一视同仁。《魏书》李谐《述身赋》:"树先春而动色,草迎岁而发花。"鲍照《拟行路难》:"百草含青俱作花。"杜甫诗:"花重锦官城。""黄四娘家花满溪。"欧阳修《花品序》:"洛阳人称花为某花某花,称牡丹则直曰花。"皆用"花"字,是"花"已成为正体。

自—堆 《说文》:"自,小阜也。"徐铉云:"今俗作堆。"段玉裁云:"其字俗作堆,堆行而自废矣。"《楚辞·九歌》:"陵魁堆以蔽视兮。"若非后人改易,则"堆"字先秦时即已使用。"堆"之所以取代"自"盖"堆"从"土","隹"声,有表音声符,而"自"则是象形字。

叩—喧 《说文》:"叩,惊呼也。从二口,凡叩之属皆从叩,读若讙。"徐铉云:"或通用讙,今俗别作喧,非是。"《集韵》平声"元"韵以"讙""喧"作为"叩"的异体,是已开始被社会所承认。经典中一般用"喧"而不用"叩","喧"已取得正体的地位。喧,形声字;叩,会意字。

b) 俗字声符更能表音者:

鉏—锄 《说文》:"鉏,立薅所用也。"段注云:"俗作锄。"《干禄字书》以"锄"为通,"鉏"为正。颜氏通体多是俗字已取得社会承认者,其实也是俗字。《楚辞·卜居》:"宁诛锄草茅以力耕乎?将游大人以成名乎?"《过秦论》:"锄耰棘矜。"字皆作"锄"。唐宋以降,除好古者外,"锄"字不再写作"鉏",可见已取得正字资格。二字皆是形声字,但"助"与"锄"字音较近,而"且"则较远,故"锄"行而"鉏"废。

煙—烟 《龙龛手镜》火部:"烟,俗;煙,正。"简化字以"烟"为正体。盖"因""垔"虽同音,而"垔"较僻,一般人不识,故取"烟"而去"煙"。

棲—栖 《龙龛手镜》以"栖"为俗,"棲"为正。按,"栖"为"西"之累增俗字,是"棲"字类化的结果。《说文》:"西,鸟在巢上。象形。日在西方而鸟栖,故因以为东西之西。凡西之属皆从西。棲,西或从木妻。"由于"西"用作东西之"西",经籍一般用"棲"为正字。由于"棲"的声符与"西"音稍隔,故世俗造"栖"字。今之简化字以"栖"为正。

繡—绣　"绣"本从"肅"声。由于语音变化的原因,"肅"与"绣"字的读音相差较远,不能起表音的作用,故俗借用从"秀"得声的"绣"。《集韵》去声"候"韵:"绣,吴俗谓绵一片。"音"他候切"。音义皆异。《通俗编》卷三八云:"乃今市井所用,不惟任意减除,且多犯别字,如……以繡为绣,以擔为担,……旧俱原有其字,而音义大殊。"今乃以"绣"为正体。

4)正字声符偏僻,俗字虽不表音却明白易识者。

正字虽属形声字,但声符不常见;除了有较高的文化修养的人外,一般百姓并不认识,它的表音作用等于零。在正俗相争的矛盾运动中,这种正字一般要让位于那些虽非形声结构但却明白易识的俗字。如:

淚—泪　淚,从"水","戾"声。由于"戾"字对一般百姓来说比较偏僻,已不能起表音作用,故另造从"水"从"目"的"泪"字。目中之水,当然是泪,会意非常明白直截,易认易识,故为人们所采用。"泪"字见于《大唐三藏取经诗话》《京本通俗小说》等书,有较长的使用历史,明梅膺祚《字汇》已收此字。今简化字用"泪"为正。

鑯—尖　鑯,形声;尖,会意。上小下大,当然是尖,故"尖"字取胜。此字唐时即已被广泛使用,宋元以来人们就只知有"尖"不知有"鑯"了。

欂—閂　《集韵》"删"韵:"欂,闭门机也。"其字从"木","虙"声。閂,从"门","一"以贯之。《宾退录》卷五引范成大《桂海虞衡志》云:"閂,音欂,门横关也。"由于"虙"字不常见,一般人并不认识,故已失去了表音作用;而"閂"明白易晓,易记易认,故今用"閂"为正字。按,此字本字当作"关"。《说文》:"关,以木横持门户也。"以木横持门户,当然是"閂"。由于某些方言叫"关"为 shuān,故又造"欂"字,段玉裁云:"《通俗文》作'欂'。"后来通语专用"关"作"关闭""机关""关系"用,故吸收方言的"欂"字代替"关"。

三、俗字形成的类型

俗字的形成可分为八类:

(一) 形体变误

变,指字形结构的上下左右变动;误,指字形笔画的讹误。如:

崔—嶉　《龙龛手镜》上声"此部"："崔，俗；嶉，正"。

㷋—欤　《龙龛手镜》上声"此部"："㷋，俗；欤，正"。

㙓—壨　《龙龛手镜》上声"土部"："㙓，俗；壨，正"。

烽—熢　《龙龛手镜》上声"火部"："烽，或作；熢，正"。

嶅—崟　《龙龛手镜》平声"山部"："嶅，俗；崟，正"。

形体讹误者有：

乡—多　《敦煌变文集·维摩诘经讲经文（二）》："日光兼与天边月，常向天边乡皎絜。"原校"乡"为"多"，是。又："讬圣力，赖慈悲，息却乡生无限迷。"原校"乡"为"众"，徐震堮校为"多"。按，徐校是。原卷 S.3872 号也作"乡"，但上部模糊，似是"多"字。"多生"是从纵的角度说的，"众生"是从横的角度说的。从个人的经历来说，应是纵向的。作"多生"为是。

匕—心　《敦煌变文集·太子成道变文》："众生有者决定之匕（心），……某乙在世，不生决定之匕（心）。"原校"匕"为"心"，甚是。"心"何以变成"匕"？缘于"心"字草书或缺其左边一点，遂与"止"字草书相似，继而将右边两点连成一横，故成"匕"形。原卷 S.4480 号与此形相似，可证。

豕—牙　《碑别字新编》录隋密长盛造像碑"不"字作"豕"。

犮—犬　《碑别字新编》录隋太中大夫元玨墓志"犬"字作"犮"。

莫—英　《碑别字新编》录常岳等造像记"英"字作"莫"。

柒—漆　《龙龛手镜》上声"水部"："柒，俗，通；漆，正。"

（二）别形、异体

别形，指同一结构的字而有不同的书写形式。今之楷书来源于隶，隶来源于篆。在由篆改隶、由隶变楷的过程中，由于对笔势的不同理解，本为相同结构的字，却产生了几种不同的书写形式。如：

壻—聓　《敦煌变文集》"壻"字常作"聓"，如《敦煌变文集·佛说阿弥陀经讲经文（二）》："妻若邪淫抛儿聓（壻），来生还感没丈夫。""壻"字作"聓"。按，"壻"篆文作"壻"，隶书为了使字形方正，将"土"旁置左上，变"○"为"口"，稍加变异，即成"聓"（《隶辨》），"聓"又"聓"之讹。

第十一章 俗字说略

有—肴　北魏元继墓志、隋苏恒墓志"有"字皆作此形,刻本《董西厢》亦作此形。按,"有"从"月""又"声,上部实"又"字。隶书取姿,将一捺写成一横,遂成今天的"有";若据篆文原形楷化,则成"肴"。

亦—灬　"灬"见《敦煌变文集》《玉篇零卷》。按,"亦",篆作"夾",从"大",象两亦之形。由于下部与"火"字形体相同,遂误以下部为"火"。《张家山汉墓竹简》的"亦"字下部皆从"火",可证[①]。而"火"字在下部者,楷书多写作四点,故"亦"俗写作"灬"。《敦煌变文集·祇园因由记》:"舍利弗独居一座,赤眼亦登其座。""亦"字即作"灬",人民文学本录作"灸",未忠于原文。

异体,指另造新字。另造新字有两种情况:一是完全抛开正字,用全新的构件以造新字;一是在原字的基础上,通过变换形符和声符,或改变造字方法以造新字。

用全新的构件以造新字者:

龛—矮，　　龕—斋，　　闿—稳，　　钽—胡，

㚏—终，　　恶—臣，　　埊—地，　　圣—人，

甫—罢，　　甦—苏；　　(参赵与旹《宾退录》卷五)

國—国；　　(参《履斋示儿编》卷二二)

淾—渗，　　栧—櫕。　(参《龙龛手镜》"水部"及"木部")

用这种方法造的字,除少数外,一般很难被社会接受,难以变成正字。因为它们多是统治者一人及其御用文人所造,没有群众基础。

不同书写形式者,可分三类:

1)改换或显化声符:

薅—芶　《说文》:"薅,从蓐,好省声。"除非专业文字、语言工作者,一般人已不知"女"即表示"好"声,故俗又造从"好"声的"芶"。见《龙龛手镜》上声"草部"。

坯—坏　坏,从"土","不"声。由于"不"不再读"方杯切",故另造"不"声的"坯"字。《龙龛手镜》上声"土部":"坯,俗,通,坏,正。"

遷—迁　《宋元以来俗字谱》所录《列女传》《通俗小说》《古今杂剧》《三国志平话》《太平乐府》《娇红记》《东窗记》和《金瓶梅》"遷"字皆作"迁"。

[①] 臧克和主编:《汉魏六朝隋唐五代字形表》,152 页,南方日报出版社,2011 年。

腻—肒　《宋元以来俗字谱》所录《太平乐府》"腻"字从"弍"声。

雕—雅　《宋元以来俗字谱》所录《目连记》"雕"字从"刁"声。

膽—胆　《宋元以来俗字谱》所录《通俗小说》《目连记》《金瓶梅》和《岭南逸事》"膽"字皆作"胆"。

隱—隐—阮　《宋元以来俗字谱》所录《列女传》《通俗小说》《太平乐府》《娇红记》《东窗记》和《岭南逸事》"隱"字作"隐"，《岭南逸事》或作"阮"。

檳—梹　《宋元以来俗字谱》所录《岭南逸事》"檳"字作"梹"。

新换的"千"声、"弍"声、"刁"声、"旦"声、"允"声、"兵"声，比原声符或更能表音或笔画简少。除"雅""阮""梹"等字外，其余各字均被现行简化字所接受。

2) 改换形符：

缸—瓨　缸，从"缶"，"工"声。《齐民要术》《敦煌变文集》作"瓨"，"江""工"音近，意符则变"缶"为"瓦"。

躺—倘　《宋元以来俗字谱》所录《白袍记》"躺"字作"倘"，变"身"为"人"。按，此字也可认为是音同借用，但"躺"与人有关，之所以借"倘"为"躺"，不只是音同，也与从"人"有一定关系。

黏—粘　《宋元以来俗字谱》所录《通俗小说》作"粘"，变意符"黍"为"米"。

豬—猪　"猪"字见《履斋示儿编》卷二二，又见《宋元以来俗字谱》所录《目连记》，意符"豕"变成了"犭"。

蝯—猿　《干禄字书》："猿，猨，蝯：上俗，中通，下正。"蝯，从"虫"。俗字"猿"，从"犬"。既改换了声符，也改变了意符。今"猿"字成为正体。

澌—渐　《干禄字书》云："上俗，下正。"按，澌，从"攴"，"斯"声。俗字从"水"。意符改变了。

黨—党　《说文》从"黑"，"尚"声。俗字"党"，从"儿"。儿，古文"人"字。由于"党"不再是"不鲜"（见《说文》），而是"朋党"的意思，而朋党离不开人，故改意符"黑"为"儿"。"党"见《宋元以来俗字谱》所录《太平乐府》《目连记》《金瓶梅》和《岭南逸事》诸书。

3) 改变造字方法：

a) 变形声为会意：

體—躰—体　《通俗篇》卷三八："體，亦作躰，见《洪武正韵》。凡此则皆沿用至今

第十一章 俗字说略

也。"《履斋示儿编》卷二二:"體之体,体音坋,……凡此非为讹失,是全不识字也。"又,《宋元以来俗字谱》所录《列女传》《大唐三藏取经诗话》《古今杂剧》《娇红记》诸书作"躰",《京本通俗小说》《三国志平话》《太平乐府》诸书作"体"。體、軆,或从"骨",或从"身",皆"豊"声。由于"豊"声与"体"的读音有隔,故另造会意字。躰,从"身"从"本",言体为身之本也,是会意。体,从"人"从"本",言身体为人之本,也是会意字,与从"人""本"声的"体"不同。

逃—迯 《敦煌变文集·祇园因由记》:"或缘自不能为,更召于伴耶?为复迯(逃)走〔去(P.2344号卷此字作'者',过录者认作'去',误)〕耶?""逃"字原卷 P.2344号写作"迯",《宋元以来俗字谱》所录《京本通俗小说》《古今杂剧》《太平乐府》诸书"逃"也有作"迯"者。字从"辶",从"外",言奔走于外也。形声变成了会意。

剑—釼 剑,从"刀","佥"声。《集韵·验韵》:"劒、剑,居欠切,《说文》:人所带兵也。或从刀,俗作釼,非是。"俗字"釼"从"金"从"刃",是会意字。S.2614号《大目乾连冥间救母变文》:"昔(借)问前头釼树苦,何如到碓斩人腰。"P.2305号《妙法莲华经讲经文(一)》:"釼树利兮森森,刀山耸兮岌岌。""釼"即"剑"字[1]。

涙—泪 说见上。

陰陽—阴阳 "陰"从"侌"声,"陽"从"昜"声。然能认识"侌"字和"昜"字的人并不多,也就失去了它们的表音功能,故另造会意的"阴"字和"阳"字。《宋元以来俗字谱》所录《京本通俗小说》《白袍记》《金瓶梅》和《岭南逸事》"陰"字作"阴","陽"字作"阳"。

b) 变会意为形声:

带—帯 《宋元以来俗字谱》所录《古今杂剧》"带"字作"帯",字从"巾","代"省声。多了一撇,系书写笔势所致。因书写方便而增笔,是俗字的一个普遍特点。"伐"即俗字"代"。

豚—肫 《说文》:"豚,小豕也。篆文从肉豕。"是会意字。敦煌文书有"肫"字,P.3724号《王梵志诗·富饶田舍儿》:"牛羊共成群,满圈养肫子。""肫"从"肉","屯"声,即"豚"字,由会意变成了形声。S.388号《正名要录》:"豚,肫。"可证[2]。

---

[1] 参张涌泉《敦煌俗字研究》,231页,上海教育出版社,1996年。
[2] 参张涌泉《敦煌俗字研究》,225页,上海教育出版社,1996年。

焚—燓　《说文》："焚，烧田也。从火林。"（段注本）为会意字。敦煌文书有"燓"字，《敦煌变文集·李陵变文》："鱼游鼎中，燕巢幕下，鼎燓鱼烂，幕动巢倾，势既不全，理难存立。"（人民文学本）"燓"即"焚"字，变会意为形声。慧琳撰《一切经音义》卷二七："焚烧（上扶云反，《广雅》：'焚，烧田也，字从火烧林意。古文作炎、燓二形，同。）"《集韵·文韵》将"焚燓"列为一字，亦可证①。

4）改变会意构件：

雙—双　《说文》："雙，隹二枚也。从雔又持之。"俗字"双"从二"又"。又，手也。用以会意的构件改变了。《宋元以来俗字谱》所录《列女传》《通俗小说》《古今杂剧》《三国志平话》《太平乐府》《娇红记》《东窗记》《金瓶梅》和《岭南逸事》"雙"字皆作"双"。

塵—尘　塵，从"鹿"，从"土"。《说文》作从三"鹿"，从"土"。皆会意字。《敦煌变文集·秋吟一本》："僧徒渴仰清②风，远陟③尘衢之路。"字正作"尘"，《敦煌变文集·金刚般若波罗蜜经讲经文》："言佛说微尘众，即非微尘众，是名微尘众者。"原卷P.2133号后两个"尘"字皆作"尘"，或从"小"从"土"，或从"少"从"土"，改变了会意构件。

（三）简省和合文

1. 简省

佛—仏　北齐义邑等造像、张龙伯造像、隋李领万造像、唐卢公则墓志"佛"字皆作"仏"，《敦煌变文集》的大多数"佛"字也作"仏"，恕不举例。

棄—弃　《通俗编》卷三八云："棄字，唐石经皆以避太宗讳变体为弃。"《宋元以来俗字谱》所录《列女传》《通俗小说》《古今杂剧》《三国志平话》《太平乐府》《娇红记》《白袍记》《目连记》和《金瓶梅》"棄"字俗写皆作"弃"。

庿—庙　"庙"之异体本从"苗"声，见《说文》。俗书简"苗"为"由"，遂成"庿"字。"庿"见《履斋示儿编》卷二二。《通俗编》卷三八云："至于庙字，《说文》载古文作庿，《仪礼》筮于庿门用此字，今更去草为庙。"《宋元以来俗字谱》所录《通俗小说》《古今杂

---

① 参张涌泉《敦煌俗字研究》，225页，上海教育出版社，1996年。
② 人民文学本录此字作"情"，校作"清"；原卷P.3618号本作"清"，左边为一竖，系三点水旁的草书。
③ 原卷左边为一点带一竖，应是"涉"字。

剧》《太平乐府》《娇红记》《东窗记》《目连记》《金瓶梅》和《岭南逸事》"廟"字皆作"庙"。

燭—烛　"燭"本从"蜀"声，简而为"烛"，见《通俗编》卷三八。《宋元以来俗字谱》所录《通俗小说》《古今杂剧》《太平乐府》《东窗记》《目连记》和《金瓶梅》"燭"字皆作"烛"。

節—笳、节　《宋元以来俗字谱》所录《通俗小说》和《岭南逸事》"節"作"节"，所录《目连记》作"笳"。

蟲—虫　见《履斋示儿编》卷二二。《宋元以来俗字谱》所录《三国志平话》《太平乐府》《东窗记》《目连记》《金瓶梅》和《岭南逸事》"蟲"皆作"虫"。

粮—籵　《宋元以来俗字谱》所录《目连记》"粮"字从"米"从"卜"。

他如："喜"之为"苛"、"奮"之为"奋"、"丝"之为"系"、"婦"之为"妇"、"能"之为"㐧"、"爺"之为"爷"、"聲"之为"声"，皆简省正体而成。例见《宋元以来俗字谱》。

2. 合文

䕬—菩提　《敦煌变文集》常如此作，例多不备举。

芓—菩萨　《敦煌变文集》常如此作，例多不备举，又见《龙龛手镜》"草部"。

乞—某乙　《敦煌变文集》常如此作，例多不备举。

苻—菩提　见《龙龛手镜》上声"草部"。

（四）借用

借用分两种：音同或音近借用，不同音借用。

1. 音同音近借用

義—义　"乂"是"义"的俗写。"義""乂"同音，故借"乂"为"義"，又可写作"义"。今"义"为正体。《宋元以来俗字谱》所录《通俗小说》《太平乐府》《白袍记》《目连记》《金瓶梅》和《岭南逸事》皆用"义"为"義"。《古今杂剧》《三国志平话》则用"乂"为"義"。

燈—灯　《玉篇》："灯，的庭切，火也。"《宋元以来俗字谱》所录《京本通俗小说》《三国志平话》俗字用"灯"为"燈"。

擔—担　《玉篇》："担，丁但切，拂也。"《宋元以来俗字谱》所录《太平乐府》《目连记》《金瓶梅》诸书俗写用"担"为"擔"。

幾—几　《说文》："几，居几也。"与"幾微"之"幾"不同字。《宋元以来俗字谱》《目连记》《金瓶梅》《岭南逸事》诸书以"几"代"幾"。

2.不同音借用

聽—听 《说文》:"听,笑貌也。从口,斤声。"徐铉音"宜引切",与"聽"不同音。俗借"听"代"聽"。《通俗编》卷三八云:"以聽为听(应作以听为聽),……旧俱原有其字,而音义大殊。"《宋元以来俗字谱》所录《京本通俗小说》《古今杂剧》诸书皆用"听"为"聽"。

聖—圣 《说文》:"圣,汝颍之间谓致力于地曰圣。从又从土,读若兔窟。"徐铉音"苦骨切"。俗书借"圣"为"聖"。《通俗编》卷三八:"以聖为圣(应作以圣为聖)。"《宋元以来俗字谱》所录《古今杂剧》《白袍记》《东窗记》《目连记》《金瓶梅》和《岭南逸事》皆用"圣"为"聖"。

肺—肺 《履斋示儿编》卷二二云:"书肺腑字为肺,不知肺字乃从弗,乃干肺之肺也。"

图—圖 《履斋示儿编》卷二二云:"以图牒之图为圖,圖乃音鄙。"《宋元以来俗字谱》所录《三国志平话》《娇红记》《白袍记》《东窗记》和《金瓶梅》皆用"圖"为"图"。

(五)采用古字

貌—皃 "皃"为"貌"之古字,敦煌变文常用"皃"为"貌"。《敦煌变文集·左街僧录大师压座文》:"十月处胎添相貌,三年乳餔(哺)作婴儿。"原卷S.3728号"貌"字作"皃"。《敦煌变文集·长兴四年中兴殿应圣节讲经文》:"貌无妆饰,手有胼胝。"原卷P.3808号"貌"字作"皃"。唐《多宝塔碑》《李画墓志》《石经五经》也以"皃"为"貌"。《宋元以来俗字谱》所录《列女传》《取经诗话》《古今杂剧》《三国志平话》《太平乐府》《娇红记》《白袍记》皆用"皃"为"貌"。

無—无 无,"無"之古文奇字。《易经》"无咎"皆用"无"字。《敦煌变文集》"无"字亦多如此作,如《父母恩重经讲经文(一)》:"侍奉终朝无一点,返张逐日有千般。"原卷P.2418号"無"字正作"无"。《宋元以来俗字谱》所录《列女传》《古今杂剧》《三国志平话》《太平乐府》《娇红记》《白袍记》《东窗记》《目连记》《金瓶梅》和《岭南逸事》皆用"无"为"無"。

彩—采 "采"为"彩"的本字。段玉裁"采"字下云:"凡文采之义本此。俗字手采作采,五采作彩,皆非古也。"由于俗字"彩"变成了正字,本字"采"反而不用以表示此义,故俗书又采用其本字。《宋元以来俗字谱》所录《京本通俗小说》《目连记》"色彩"之"彩"即用"采"字。

　　影—景　"影"为累增字,古"影"字作"景"。《敦煌变文集》有用"景"为"影"者。

　　燃—然　古燃字作"然","燃"为后起累增字。《敦煌变文集》"燃"或作"然"。

（六）草书楷定

　　間—间　敦煌卷子 P.2133 号《金刚般若波罗蜜经讲经文》凡"间"字皆作"问"。"间"草书或作"⼳",见《中国书法大字典》。楷定后即为问。他如"问""闻"亦然。

　　長—长　《宋元以来俗字谱》所录《古今杂剧》《目连记》"長"作"长"。"長"字草书作"长",楷定后即为"长"。

　　彎—弯　《宋元以来俗字谱》所录《京本通俗小说》《古今杂剧》《三国志平话》"彎"作"弯"。"彎"草书作"弯",楷定后即为"弯"。

　　盡—尽　"尽"字见于宋,"尺二秀才"的故事可证。《敦煌变文集·长兴四年中兴殿应圣节讲经文》:"雨露洗来怨气尽,皇风吹□瑞烟开(应为'升')。""尽"字原卷 P.3808 号不作"盡"而作"尽",可证。《宋元以来俗字谱》所录《列女传》《大唐三藏取经诗话》《京本通俗小说》"盡"也作"尽"。"盡"草书作"尽",见《中国书法大字典》。楷定后即为"尽"。

　　鄭—郑　《宋元以来俗字谱》所录《岭南逸事》"鄭"作"郑"。"鄭"草书作"郑",见《中国书法大字典》。楷定后为"郑"。

　　他如"专""头""实""学""坚""寿"诸字也是草书楷定的结果。

（七）累增

　　累增是汉字孳乳的一个重要手段。《说文》中有些正篆,实际上就是累增的结果。王筠《说文释例》卷八说:"字有不须偏旁而义已足者,则其偏旁为后人递加也。……其加偏旁而义仍不异者,是谓累增字。"如"怡"之于"台"、"逮"之于"隶"、"枝"之于"支"、"桓"之于"豆"、"派"之于"辰",皆累增字。累增有指示义类的作用,王氏所谓"古义深曲,加偏旁以表之者也"。俗字的累增现象,前人已有所论列。《野客丛书》卷二一"字文增减"条,详论"景""陈""随"诸字与"影""阵""隋"的关系,凿凿有据。《履斋示儿编》卷二二论之更详,云:"又有暴字之类者,上有日矣,旁又加日焉。类如莫之暮、基之榿、然之燃、冈之岗,凡此皆偏旁之赘者也。""又有尊樽字,只一字耳,而旁又加木焉,如昏之婚、女之汝、匊之掬、与之欤、回之囬、园之薗、果之菓、席之蓆,凡此皆偏旁之赘者。"其他的例子:

胃—䏒　敦煌文书 P.2718 号卷《茶酒论》"胃"字作"䏒"。《龙龛手镜》入声"月部""胃"字亦作"䏒",云"俗,通"。

燕—鷰　《敦煌变文集》"燕子赋"的"燕"写作"鷰"。

瓜—苽　《干禄字书》"瓜"字俗写"苽"。

眉—𣯛　《龙龛手镜》平声"毛部":"𣯛,俗音眉。"依《龙龛手镜》体例,知"𣯛"为"眉"的俗字。

焦—燋　《资暇集》卷中"俗字"条:"焦下已有火,今复更加一火,剩也。"

(八)其他

此指演变情况较复杂的俗字。它们多是通过书写取姿、楷定、音借、简省诸因素的综合作用,逐渐演变而成。

船—舡　敦煌文献如敦煌变文、敦煌歌辞常写"船"作"舡",例多不备举。考其由来,"船"的右旁因书法原因写作"公"(如"滚"写作"㴸"之比),北魏元瞻墓志、北齐毕文造像的"船"字右旁即作"公",可证。"公"与"工"同音,故又变而为"舡"。《龙龛手镜》平声"舟部""舡"下云:"又俗音舩。"希麟《续一切经音义》卷一:"船筏,《说文》从舟,从沿省声也,今作舩,俗字有作舡,非也。"又卷三:"船筏,《方言》云:关东曰船,关西曰舟。《说文》云:从舟,沿省声也。沿,与专反,铅锡之铅,沿流之沿,皆同。经文作舩,或作舡,皆非本字。"又卷八:"船舶,……律文从公作舩,作舡,皆俗字。"

罷—罢　《宋元以来俗字谱》所录《目莲记》《金瓶梅》《岭南逸事》"罷"字写作"罢"。考其由来,俗书"能"可简作"㠯"(见《宋元以来俗字谱》"肉部"),"熊"可简作"𤆆"(见《宋元以来俗字谱》"火部"),故"罷"亦可简作"罾"(见《宋元以来俗字谱》"网部")。由于书写的原因,"㠯"写成了"去",故"罾"变成"罢"。又,"能"字亦可写作

"骯",见《宋元以来俗字谱》"肉部"。《履斋示儿编》卷二二云:"邵陵王颇行伪字,'前'上为'艹','能'旁作'去'之类是也。"皆可佐证。

辦—办 《宋元以来俗字谱》所录《京本通俗小说》《古今杂剧》《娇红记》《白袍记》诸书皆以"办"为"辦"。考其由来,俗体取其中间"力",省其左右"辛"字,而以两点表示有所省略,遂成"办"。

還—还 《宋元以来俗字谱》所录《京本通俗小说》《古今杂剧》《三国志平话》《娇红记》《白袍记》诸书"還"字作"还"。考其由来,"還"草书作"3",见《中国书法大字典》,省其上部,并加以楷定,即成"还"字。"環"字准此。

四、俗字的特点

从上面的分析可以看出,俗字有如下特点:

1)简便性。

简化是俗字产生、存在的首要条件。失去了它,俗字就失去了存在的依据,失去了群众基础。正因为简便易记,才为老百姓所喜爱,才有可能转化为正字,为社会所承认。

文字是记录语言的符号系统。只要它具有符号的特点,自成系统,能很好地为语言服务。从理论上说,繁简并无优劣之分。既不要一味事繁,也不必刻意求简。但从普及的角度,从易学易记的角度来看,还是简便一点好,但必须照顾到文字自身的系统性。

2)表音性。

尽管有不少俗字是用会意法造成的,并不表音,如"笔""尖""泪";但从总的方面看,俗字的表音性还是明显地增强了。这表现在:a)正字是会意,俗字是形声。如"带"与"斋"。b)很多俗字是通过改换声符而成的,新的声符与原声符相比更与字音相近。c)大量的借音俗字的存在。d)同声符代用现象比较突出。有些字并不同音,但只要它们同声符,就可互相代用。如《敦煌变文集》"帛"写作"白","盘"写作"般","陪"写作"部"。

3)书写的随意性。

书写的随意性指俗字书写可随意增加笔画,不必斤斤于点画之辨。不仅很多偏旁相混，而且增笔减笔没有本质性的区别。

a)偏旁相混：

《履斋示儿编》卷二二云："如宜、宾、富、寇皆从宀，而俗书为宜、冨、冦（按，冥字不从宀，孙氏误），而从冖。冲、况、梁、凉皆从水，而俗书为冲、况、梁、凉，而从冫。冫，音冰字。厨、廳皆广，而俗皆从厂。博、协皆从十，俗皆从忄。""又有偏旁相错者，如召名相似，取耶相乱，束朿不分，奕弈无辨，佳隹通用，月肉同体。凡此皆俗书之讹也。"考诸敦煌文书，下面所列偏旁容易相混：

"扌"与"土"（人民文学版《敦煌变文集》76页，"搥"与"埵"）

"亻"与"彳"（77页，"待"与"侍"）

"彳"与"扌"（83页，"掠"作"㣗"）

"禾"与"木"（138页，"机"作"穖"）

"火"与"忄"（257页，"憔"作"燋"）

"氵"与"阝"（257页，"沅"作"阮"）

"氵"与"忄"（410页，"法"作"怯"）

"禾"与"示"（839页，"禳"作"穰"）

"忄"与"巾"（607页，"幡"作"憣"）

b)增减笔画：

"乏"作"之"（后者见《碑别字新编》录隋张轲墓志）

"仙"作"仚"（后者见《碑别字新编》录魏李仲旋碑）

"伏"作"伕""犾""仗"（后者见《碑别字新编》录汉白石神君碑、魏贾瑾墓志和隋寇炽墓志）

"辛"作"䇂"（后者见《碑别字新编》录齐比丘惠瑛造像）

"源"作"㴱"（后者见《碑别字新编》录隋张伻墓志）

"代"作"伐"（《敦煌变文集》"代"写作"伐"，《维摩诘经讲经文（二）》："子子孙孙，相承相伐（代）。""代"字写成了"伐"，原卷S.3872号正作"伐"；不同者，右上边一点写在一横下面而已）

4)有时缺乏严密的系统性。

俗字非成于一代，非造于一人。在创造和使用过程中，难免有顾此失彼的情况发生,从而影响到整个俗字系统的严密性。

歉　《宋元以来俗字谱》所录《东窗记》《目连记》《岭南逸事》"歉"作"欢"。"漢水"的"漢",俗体右部作"又","歉"字左边与"漢"字右边同,故类推为"欢"。

歡　《宋元以来俗字谱》所录《目连记》《金瓶梅》"歡"作"欢"。

二字同形,如果不同书籍出现这种情况尚可解释,同一书出现这种情况就自乱体系了。如《目连记》"歉"作"欢","歡"亦作"欢",字形上毫无区别,只有靠上下文推测才能分辨,给阅读者带来了不必要的麻烦,不符合文字的区别性原则。

喊　《敦煌变文集·王昭君变文》:"捶钟击鼓千军噉,叩角吹螺九姓围。""噉"为"喊"的俗写,而"噉"本有其字,而且俗书亦未废弃,形成二者相混的局面。

旧　臼,《宋元以来俗字谱》所录《京本通俗小说》《古今杂剧》写作"旧"。舅,《古今杂剧》《目连记》《金瓶梅》《岭南逸事》也写作"旧";舊,《京本通俗小说》《古今杂剧》《目连记》《金瓶梅》《岭南逸事》诸书还是写作"旧"。三字同形,有些还出现在同一书中,符号系统混乱。

燭　《京本通俗小说》《古今杂剧》《太平乐府》诸书写作"烛",《岭南逸事》写作"灼",与原来的"灼"字重复。

五、俗字研究的意义

研究俗字有三个方面的意义。

1)文字学意义。

中国文字学研究汉字的形成、产生和发展演变规律。当前学术界对甲、金、篆、隶的研究已初具规模,但要揭示整个文字产生、发展的全过程,仅凭这些研究是不够的。俗字是隋唐以来一直未能得到很好整理和研究的文字学资料。只有将俗字也纳进文字学的领域,才能勾勒出整个汉字发展的全过程,才是一部完整的文字演变史。尤其是创制俗字的几种方法,为传统文字学的六书说提供了新的内容。"六书说"说明上古文字的产生或许管用,而后代文字之产生却非"六书"所能包括的。如"甩""丢""实""坏""尽""郑""办"诸字的构形,仅靠"六书"是不能说明的。

为正字法提供根据。传统的文字学以《说文》和其他经典书籍有无其字作为正字的依据,凡不见于《说文》诸书者,都认为是俗字,皆在抛弃之列。通过对俗字的研究,我们认为,古人既然不弃"私""杉""草""航"而用"厶""樅""艸""航",就没有理由不加分析地将一切俗字都斥为不经,加以鄙薄。应该说,约定俗成是正字法的唯一原则。

检验简化字,为文字改革提供依据。国务院推行的简化字,大多有俗字依据,符合文字的发展规律,上文的分析已经提供了证明。但仍有少数可以商榷者。如:

"頭""買""實"原来无共同关系,经过简化,三字皆从"头"。"实"是"實"字草书楷定的结果。而"頭""買"或从"页""豆"声,或从"网"从"贝",似难以变为"头""买",俗字中也无将"頭"写作"头","買"写作"买"的字例。既无俗字依据,又无可信的书法渊源,而且也无类推的可能。"頭""買"的简化似欠根据。今谓"頭"字可依旧,"買"可简为"买",《宋元以来俗字谱》所录《古今杂剧》有此字形,可为例证。而"贯"则可简作"头",《古今杂剧》"贯"字写作"头",可证。"贯"之为"头",系草书楷化的结果,与"實"简作"实"同理。是"贯""實""頭""買"四字可写作"头""实""頭""买"。简化的字数相同,又照顾了文字的历史继承性,似乎较原方案为佳。考虑到"头""买"已被群众所接受,当然没有必要再改过来。这只是从理论上加以探讨,为以后的简化方案提供借鉴而已。

还有一些本可简化而未曾简化的字:

"镯",可简化为"钍"。"浊""独""烛""触"诸字皆从"蜀"声,而俗书中偏旁"蜀"皆简省为"虫",以此类推,"镯"不当例外。《宋元以来俗字谱》所录《金瓶梅》"镯"字正作"钍",可为依据。

"雕",可简化为"𫛛"。原声符"周"已不能表示"雕"的读音,改从"刁"声,与"雕"音正合。《宋元以来俗字谱》所录《目连记》"雕"字作"𫛛",可为依据。

2)为音韵学研究提供材料。

很多俗字是使用换声符的方法造成的。所采用的新声符当更接近字的读音。新旧声符相比较,可以窥探语音的演变发展。

膽—胆 "胆"字见于钞本《京本通俗小说》。"胆"本从"詹"声,属《中原音韵》的"监咸"韵,应收-m尾;而俗字以"旦"谐声,"旦"属"寒山"韵,说明当时(元代)-m尾与-n尾已经相混。《中原音韵》所以保留两个-m尾韵,系当时雅言的反映,有一定的守旧倾向。他如"擔"之作"担",亦可为证。"担"字见元刊本《太平乐府》,可知元代

-m、-n 已经相混。《中原音韵》将"胆""担"二字收入"监咸"韵,可能与实际语音有距离。

籍—蔪 "蔪"是"籍"的俗字,见人民文学版《敦煌变文集》773 页。字从"艹","精"声。"精"收-ng 尾而用作"籍"的声符,可见当时的西北方音 i、ing 已相混。这可与《老学庵笔记》卷六的"秦人讹青字,则谓青为葊,谓经为稽"、今人罗常培《唐五代西北方音》的 e、eng 同音相参证。

3)是研究敦煌文书和其他俗文学作品的津梁。

敦煌文书都是民间手抄,满纸俗字。如对俗字没有研究就无法整理。无法读懂,也就无法研究。王重民等六先生所编辑的《敦煌变文集》所以错误百出,原因之一就是忽视了俗字。尽管其中不乏书法名家。

《敦煌变文集·维摩诘经讲经文(一)》:"一国绮罗阗塞路,万门莫信满长街。"(543 页①,潘重规本同)徐校:"莫信"疑当作"慕信"。按,"慕信满长街",不仅文义不畅,而且与上文"绮罗"不偶,徐校非是。今谓"莫信"当是"英彦"之误。"英"俗书作"莫",(见《碑别字新编》所录常岳等造像记)与"莫"形近,故误。《敦煌变文集·孝子传》:"大者俄皇,小者女莫(英)。"又《伍子胥变文》:"捻脚攒形而暎(映)树。""英"和偏旁"英"皆作"莫"。"彦",变文中常写作"产",长其左下撇,则为"庐",与"信"字草书相似,故误。"万门英彦"与"一国绮罗"相对为文。下文"万千英彦"对"无数绮罗"(548 页),例与此同。

又:"欲应根机倾法宝,拟嗟群品雨珍中。"(552 页)按,此是韵文,"中"当与上文"猜""来""开"和下文"排"相韵,不协,字当有误。徐校为"瑰"。"瑰"虽押于诗韵,但与"中"字形体迥异,无由致讹。今谓字当作"才"。"才"即"财"之俗书,下文"惠(唯)虚假,只贪才"(583 页),可证。"珍财"与上文"法宝"相对,亦可协于诗韵,当是。殆"中"字草书作"才"(《中国书法大字典》18 页),与"才"字形近,故误。《敦煌变文集》"珍财"二字常连用:"净肯爱珍财"(572 页,"净"当作"争"),"珍财布施摄贫人"(590 页),"速指内外之珍财"(625 页,"指"当作"捐"),皆其辞例。"雨珍财",落珍财也。又,今覆案 S.4571 号原卷,此字正作"才",唯"才"字一撇与一横的末端相连而已;过录者认作"中",毫无道理。潘重规本已改正作"才",是。

---

① 王重民等:《敦煌变文集》,人民文学出版社,1957 年。下引诸例页码皆出于此书,下不出注。

附录：

壹　敦煌文献校勘方法说略

敦煌文书是近代汉语研究的重要文献。这些文献全由手书抄写而成，加以抄录者文化水平大多不高，故其中错讹相当严重。要想很好地利用这批材料，就必须对它进行校理。尤其是敦煌变文，虽经诸家勤加校勘，但仍存在不少错讹，而且有些讹误还是校勘者的条件、学识和当时的学术水平造成的，故仍有继续整理的必要。诸家的校勘实践，有成功的经验，也有失败的教训。总结这些经验教训，对敦煌变文和其他文书的整理，都有重要的意义。先师郭在贻先生等曾著有《敦煌变文整理校勘中的几个问题》，总结了变文整理的部分经验，是变文研究的一篇有分量的理论文章。笔者近年来曾数读敦煌变文和其他文书，绎习之余，偶有所得，遂笔之书札，成万余字。今抽绎其条例，论列如次：

一、必须识俗字、明草书

敦煌文献满纸俗字和草书，如不熟知，就无法对敦煌文书进行校勘。

《敦煌变文集·父母恩重经讲经文（一）》："伯叔及翁婆，由（犹）更嫌痴恼。"按，"恼"字出韵，当是"拙"字之误。"恼"字俗书可作"㤅"，与"拙"形近，故误。上文"忧㤅（恼）千般"（678 页），"恼"字正如此作。"痴拙"连文，二字义近。《涌幢小品》卷十："凡拙者收得好，尽自可观，且有滋味，不收则害，乃痴拙也。"《焚书》卷二："在世间顾目前者视之，似极痴拙，佛不痴拙也。""拙"在薛韵，与上文"节""裂""说""月"诸字相押。

《敦煌变文集·太子成道变文》："世尊到道场之内，叹者善男子善女人了后，众生有者决定之。匕（某）有毛堤子门之内，遍作个大池，一切众生，并总四面。"原校"匕"为"某"，误。今谓"匕"即"心"字草书之讹，当上属。"心"草书作 ，讹而为"匕"。

又:"某乙在世,不生决定之乚(心),无其信受。""心"字只写作"乚",讹变更甚。二者可互相证明。"者"为指示代词,今作"这"。"决定之心"即"决定心",佛学术语,六十心之第七心,言"尊教命如说修行也"。参丁福保《佛学大辞典》313页。

《敦煌变文集·维摩诘经讲经文(三)》:"日之与月,两耀齐明,一日一夜,照四天下消(晓)昏假(候)睹除热得凉。"(567页)原校"消"为"晓","假"为"候"。注云:原"假睹",不知何意。按,原校误。"假"即"役"之俗写。"睹"即"睹"。俗书"日""目"相混,故"睹"误作"睹"。"睹"即今之"曙"字。《说文》:"睹,旦明也。"消,除也,役,使也。"消昏役睹"者,消除黑暗,役使光明也。此与下文"除热得凉",皆言日月之功。"消昏役曙"言日,"除热得凉"言月。与上文"两耀齐明,一日一夜"义相成。句法上也与"除热得凉"相偶俪。四天下,佛学用语,指四大洲。《法华经·序品》:"威德自在,各领四天下。"校录者不知"睹"为"曙"之篆文,同时忽视了俗书中"日""目"相混的讹变现象,故云"假睹"不知何意。又,"四天下"后当逗。

《敦煌变文集·维摩诘经讲经文(一)》:"恶缘须向意中除,善事莫临苦正(止)境。"原校"正"为"止",与上句"中"字不偶;"境"与上下文韵脚字"识""擗"诸字不押韵,同时"苦止境"义亦不贯。故原校非是。今谓"正"是"上"字之误。敦煌文书中"上""止"有互讹者,如"进止"(皇帝的命令)讹为"进上"(220页,223页,452页),而"止"与"正"则只争上横画之有无,故俗书常混。经展转抄写,"止"继而误为"正"。《敦煌变文集》716页"止吟林",乙卷作"正吟林",773页"颜貌平正",原卷作"平止",皆其比。故"正"应是"上"字之误,与上文"中"对文。又,"境"当是"忆"字之误。"忆"从"心""意"声。"意"与"竟"形近,故讹。俗书"心"旁写作"忄",一竖稍作回锋,即成"土"字,此其致误之由。"莫向苦上忆"与"须向意中除"文意相对。且"忆"属"职"韵,与韵脚字"识""擗""益"诸字相押。

二、必须知俗语,通佛学术语

变文是对老百姓说唱的通俗文学,它的语言当然是老百姓喜闻乐见的,故其中多有方言俗语。就其内容而言,变文多是演唱佛经或历史故事。佛经自不待说,就是历史故事;由于编写者多是沙门或是深受佛教影响的士子,也有相当数量的佛教术语。

要校理变文,就必须知方言俗语和佛学术语。

《敦煌变文集·维摩诘经讲经文(三)》:"无其形影,不见踪内。"按,"内"当作"由",形近而误。"踪由"系唐宋熟语,是"踪迹"的意思。又《叶净能诗》:"数日寻逐,都无踪由。"又:"搜获更无踪由。"又:"即变身入殿柱中,莫睹踪由。"又《大目乾连冥间救母变文》:"追放纵(按,同访踪)由天地边。"唐冯翊《桂苑丛谈·沙弥辩诗意》:"僧人大悟,追前人,杳无踪由。"《全唐文》卷七八〇"王炼师黄箓斋文":"始闻寻索,旋得踪由。"《旧唐书·武宗纪》:"遥揣深意,似恃姻好之情;每睹踪由,实为弛突之计。"《欧阳修集》卷九三:"然事出暧昧,上烦天造累行诘问,必见踪由。"《太平广记》卷一九一:"后丹阳频奏盗贼踪由,后主疑之,而惜其材力,舍而不问。"《朱子语类》卷六八:"鬼神是有一个渐次形迹,神则忽然如此,忽然不如此,无一个踪由。"宋陈鹄《耆旧续闻》卷六:"(吕洞宾诗)卖墨年年到鼎州,无端知府问踪由。"《喻世明言》卷三六:"滕大尹差王七殿直王遵,看贼踪由。"明孟称舜《娇红记》二四出:"因缘浅,行云去后,杳不见踪由。""踪由"还可解作"缘由、原因"。《敦煌变文集·维摩诘经讲经文(四)》:"我要知此踪由。"《全唐文》卷一〇七"赐任圜自尽诏":"自收汴垒,备见踪由。"《董西厢》卷四:"莫心忧,解元听妄话踪由。"

《敦煌变文集·父母恩重经讲经文(一)》:"更深上(尚)未眠,颠坠身羸劳。"按,"劳"当作"劣",形近而误。"劣"草书作"𫝹"(《中国书法大字典》),与"劣"字草书形近,故误。"羸劣"为当时俗语,是"瘦弱"的意思。《敦煌变文集·八相变》:"忽见一人,四体极其羸劣。"又《降魔变文》:"身体羸劣。"《慧琳音义》卷四、卷十二均收"羸劣"一词,亦可佐证。此词中古即有用例。《太平经》卷一一四"大寿诫第二百":"计念之日夜羸劣,饭食复少,不能消尽谷,五藏不安。"《全后汉文》卷十"临命上疏":"臣内自省视,气力羸劣,日夜浸困。"《北史·费穆传》:"乃简练精骑,伏于山谷,使羸劣之众为外营以诱之。"白居易《和微之诗二十三首·和祝苍华》:"禀质本羸劣,养生仍莽卤。"《祖堂集》卷六:"争奈今时羸劣何?"就音韵而言,"劣"与上文韵脚"节""彻""割""裂""说"诸字相韵,"劳"则失韵。

《王梵志诗·当乡何物贵》:"差科取高户,赋役数千般,处分须平等,併㩅出时难。"按:"併㩅"诸家无说。今谓"併㩅"当作"併挡","挡"与"㩅"形近,故误。"併挡"系当时俗语,是"收拾、料理"的意思。与上文"处分"相对。此句言"处理事情要平等,料理(赋税)以出时难"也。"併挡"又写作"屏当""并当""摒挡"。《世说新语·雅量》:"有人诣祖,见料视财物,客至,屏当未尽。"又《德行》:"恒与曹夫人并当箱箧。"《玄应音义》卷十二:"摒当,谓扫除也。"又卷十六:"摒挡,《通俗文》:'除物曰摒挡。'"《敦煌变文集·佛说观弥勒菩萨上生兜率天经讲经文》:"地狱兴心全并当,畜生有意总教空。""扫除"与"收拾、料理"义亦相成。《能改斋漫录》:"并当(去声)二字,俗训收拾,然晋已有此语。"

《敦煌变文集·维摩诘经讲经文(一)》:"调柔诸外道,伏练众魔冤(窟)。"原校"冤"为"窟"。按,"窟"字出韵,原校误。今谓"冤"与上下文的韵脚"关""园""传""缠"诸字相韵,当通"怨"。"魔怨"为佛教术语。魔是佛之怨敌,故称"魔怨"。吴支谦译《太子瑞应本起经》卷一:"吾以不复用兵器,等行慈心却魔怨。"后汉竺大力共康孟祥译《修行本起经》卷二:"今持无上慧,降伏诸魔怨。"西晋竺法护译《普曜经》卷一:"诸愿具足降伏魔怨,善救外业诸异邪径。"刘宋求那跋陀罗译《杂阿含经》卷十一:"摧伏众魔怨,度生死彼岸。"姚秦鸠摩罗什译《维摩诘所说经》卷一:"降伏魔怨,制诸外道。"唐不空译《仁王护国般若波罗蜜多经》卷一:"摧伏魔怨,双照二谛。"意与此同。又,上文"普使于魔冤(窟)稽首",亦校"冤"为"窟",误与此同。又,唐宋译家或竟作"魔冤"。可能的原因是唐宋以前译作"魔怨",唐宋则或译作"魔冤",如此,则"魔冤"不误,无须校作"魔怨"。唐不空译《金刚顶一字顶轮王瑜伽一切时处念诵成佛仪轨》卷一:"魔冤不能侵,虎狼诸毒虫。"唐法藏述《般若波罗蜜多心经略疏》卷一:"无有恐怖者,外无魔冤之怖,即恶缘息也。"唐澄观译《大方广佛华严经疏》卷二九:"一断染果降魔冤,谓止恶缘拔欲刺,断恶因也。"宋施护译《佛说大迦叶问大宝积正法经》卷二:"譬如魔冤领四军兵,欲界诸天不能降彼。"宋法贤译《佛说圣多罗菩萨经》卷一:"诸闇烦恼销,魔冤贼悉破。"宋法天译《毘俱胝菩萨一百八名经》卷一:"若有念此毘俱胝名者,菩萨恒时救护,所有诸恶魔冤而来逼恼,是时菩萨密放身光,遍照虚空如百千日,其光炽盛烁殄魔冤。"皆其证。

《敦煌变文集·维摩诘经讲经文(三)》:"如何净心?不嫉,不妒,不谄,不诳,不娇慢,不掉举,不两舌,不恶口……。"或校"掉举"为"掉鬼"。云:"鬼举一声之转,掉鬼也写作'调鬼'。……掉鬼、调鬼都是捣鬼、搞鬼、耍花招的意思。系唐宋以前口语。"按此说误。"掉举"乃佛教术语,系八缠之一,又称作"掉",指不安静之烦恼。《俱舍论》

四:"掉谓掉举,令心不静。"《慧琳音义》卷一、卷四、卷五一、卷六六都收有"掉举"一词。唐般若译《大乘本生心地观经》卷六:"或有菩萨,常以掉举而为恐怖,心不寂静生散乱故。"唐地婆诃罗译《方广大庄严经》卷三:"愚痴无智憍慢贡高,掉举心乱不遵法律。"玄奘译《大般若波罗蜜多经》卷三二六:"若不退转位菩萨摩诃萨,决定不与五盖共居,所谓贪欲、瞋恚、惛沈睡眠、掉举恶作、疑盖。"宋日称等译《父子合集经》卷二:"令除掉举与憍慢,王发净心善调伏。"宋惟静等译《佛说海意菩萨所问净印法门经》卷十一:"一者不信而常掉举。"皆可为证。

三、必须熟悉音韵学,尤其是唐五代西北方音

敦煌文书所记录的语言有很浓的地方色彩。尤其是语音,地方色彩更加明显。有些语音现象是独特的,不能用当时正统的韵书所记录的语音来衡量。如敦煌方音某些韵的 i、y 相混,i、ing 同音现象,就很能说明问题。故校理敦煌文书必须熟悉音韵学,尤其是唐五代西北方音,否则有些现象就无法解决。

《敦煌变文集·太子成道经》:"鱼透碧波堪上岸,无忧花树最宜观。"按,"上岸"当作"赏玩",音近而误。"上""赏"叠韵,声仅清浊之别,故可借用。"岸""玩"双声,"岸"在"翰"韵,"玩"在"换"韵,仅开合之别。故"岸"可借作"玩"。"堪赏玩"与"最宜观"意正相对,若作"上岸"则失其对矣。又,"鱼透碧波堪赏玩"正作"赏玩",可证。

《敦煌变文集·长兴四年中兴殿应圣节讲经文》:"雨露洗来怨气尽,皇风吹□瑞烟开。"徐校:"吹"下当是"处"字,"开"疑当作"生"。按徐说可商。"生"虽合于文义、诗韵,但不合于字形。"生""开"形体迥异,致讹无由,"生"断难讹为"开"。今谓"开"当是"昇"字之误。"开"从"门","昇"从"日",而"门"字草书与"日"字草书相近(见《中国书法大字典》),"升"字施于此,形、音、义皆安,庶几近是。又,缺字左边比较模糊,但其一撇之形尚可辨,右半似是"⊃",当是"得"字草书的右半。"来""得"相对,合于文意。又,此卷"后"字常作草书,与"得"字草书相似,认作"后"字,亦通。

《敦煌变文集·金刚般若波罗蜜经讲经文》:"黄金座,紫金台,一法门中万法用。"按,"用"字出韵,当作"开",以与上下文"台""来"相押。原卷 P.2133 号此字字形与"用"相近,但其二横画左边突出在一撇之外,应是"开"字草书;由于左边的两竖超出

了第一横,"门"草书作"丁",故被误认为"用"。

《敦煌变文集·无常经讲经文》:"有钱财,不布施,更拟贪监(婪)于自己。"原校"监"为"婪",非是。今谓"监"同"嚂",同声符字通用。《玉篇》"口部":"嚂,贪也。""嚂"音"力暂切",与"滥"同音。《水浒传》有"滥官污吏"一语,"滥官"即"贪官","滥"盖即"嚂"借用字。《水浒传》三七回:"那人为官贪滥,作事骄奢。"又四四回:"为因朝廷除将一员贪滥知府到来。"又五八回:"那厮为官贪滥,非理害民。"又八三回:"谁想这伙官员,贪滥无厌,循私作弊,克减酒肉。"《警世通言》卷三三:"相公是蔡州人,姓黄,名正大,为人奸狡,贪滥酷刑。"《金瓶梅》三四回:"大小也问了几件公事。别的到也罢了,只吃了他贪滥踮婪的,有事不论青水皂白,得了钱在手里就放了,成什么道理。"《续金瓶梅》十一回:"有一个徐通判极是个贪滥的,就使了三百两人情,求本道批他署印,要得这金子。"皆"贪滥"连文,可证。

《敦煌变文集·太子成道经》:"大王遂问旨臣,(旨臣)答曰:'助大王喜,合生贵子。'"按,"旨"当作"诸",音之误也。"旨""诸"双声,一在上声旨韵,一在平声鱼韵。鱼虞模的很多字在唐五代西北方音中与支脂之微同音,皆读 i。如"诸"音 ci,而"之""支"也音 ci[①]。则二字仅平上之别。故二字音近,可相借用。下文"诸臣奏曰"(290页),《八相变》:"其时被诸大臣道,……诸臣猜道是妖奸,……密见诸臣不识是出世之仙,……莫取诸臣言教,细意再思。"皆"诸臣"连文,可证。

《敦煌变文集·维摩诘经讲经文(三)》:"叶(业)庄痴心莫可当,不悟年秋身有病。"按,"庄"即"壮"的俗写。"壮"通"障"。壮,侧亮切;障,之亮切。二字同韵。唯声有"庄""章"之别。由于唐五代西北方音中"正齿音二三等不分"[②],故二字双声,可以借用。业障,佛学术语,恶业妨碍正道,是成正道的障碍,故叫"业障"。

《敦煌变文集·父母恩重经讲经文(一)》:"孝子事亲,晨省暮省。"按,此文是韵文,第二"省"字当是"看"字之误。"看"与下文"寒""欢""餐""安""看""冠""难"相韵。"看""省"形相近,故讹。北京图书馆藏新 948 号卷子《太公家教》:"晨省暮䁖。""䁖"为"看"之俗字,正作"看",此其确证。或曰"省"当为"参"字之误。唐五代西北方音

[①] 罗常培:《唐五代西北方音》,43 页,科学出版社,1961 年。

[②] 罗常培:《唐五代西北方音》,16 页,科学出版社,1961 年。

-m尾正在消变,故可与"寒""欢"等相韵。又:"暮省朝参勤奉侍。""省""参"相对,亦可备一说。但"参"与"省"字形不相近,讹误的可能性不大。

《敦煌变文集·丑女缘起》:"左右宫人,令皆总急。"按,"令"字于义无取。字当作"例",音之误也。令,力政切,来纽,去声劲韵;例,力制切,来纽,祭韵。"令"字失去-ng尾,即是"例"字之音,故"例"音误为"令"。这种 i、ing 相混现象(当时可能读 e,eng),是唐五代西北方音所特有的。《老学庵笔记》卷六:"四方之音有讹者,则一韵尽讹。……秦人讹'青'字,则谓'青'为'萋',谓'经'为'稽'。"今人罗常培先生根据对音材料研究唐五代西北方音,亦将"祭""清"(举平以该上去)同归于 e 摄 e 韵。此皆"令""例"二字在当时西北方音中同音之证。"例皆总"三字同义连文。文献中三字同义连文多有其例,除《楚辞》的"观览相"形式外,近代的有《敦煌变文集·韩夋虎话本》:"例皆同沾福利。"又《佛说阿弥陀经讲经文(一)》:"瞻礼悉能皆灭罪。"《朱子语类》卷十八:"而今人读书,全一例说好底,固不是;但取圣人书,而以为后世底皆不足信,也不是。""例皆同""悉能皆""全一例"皆三字同义或近义连文,可证。

四、必须明卷子的书写习惯

书写习惯指书写时用于表示改点、倒乙、省略、重文的习惯。敦煌文书表示改点,或加点,或加圈,或补写正字于旁,或补正字于天头地脚(此多见于韵文,上句有误字则补正字于天头,下句有误字则补于地脚),或注"卜"或"ミ"于旁,表示省略则加"――"号或"勹"号,表示重文则用"ミ""ㄥ""彡",表乙倒则加钩号(√)。

《敦煌变文集·大目乾连冥间救母变文》:"感得天龙奉行其前,亦得天女来迎接,一往迎前刀(切)利天受快乐,最初说偈度俱轮。"按,"行"原卷作"引",当据正。北京盈字七十六号卷"刀利天"三字右旁皆有"勹"号,当是删除符号。"刀利天"三字不应过录。原句当作"一往迎前受快乐"。

《敦煌变文集·庐山远公话》:"远公造船,不用凡间料物,也不要诸般,自持无漏大乘,已为揽索。"按,"也不要诸般"语意未完。考原 S.2073 号卷子,"也不要诸般"五字右旁皆有"点"号,表示五字当删。过录者不知,遂照文移录,误。

又:"绿柳随风而尾婀娜。"按,原卷"尾"字有墨涂之迹,应予删去,不宜过录。

又:"视礼行忠孝,挞遣出九农。"按,"九农"不通。考原卷"农"字实是"众"字。字有涂改痕迹,盖原本欲书"农"字,书犹未完,发现有误,遂因其笔画,改而为"众"。"农""众"繁体形近,过录者未加细辨,故误认为"农"。"九众"为佛学术语,分别是:一、比丘,持具足戒之男众;二、比丘尼,持具足戒之女众;三、六法尼,持六法之女众;四、沙弥,持十戒之男众;五、沙弥尼,持十戒之女众;六、出家,持八戒斋之男众;七、出家尼,持八戒斋之女众;八、优婆塞,持五戒之男众;九、优婆夷,持五戒之女众。参《佛学大辞典》。

此皆不明删点、改写习惯而误者。

《敦煌变文集·韩擒虎话本》:"擒虎侧(责)言,不缘未辞本主,左胁下与一百铁棒。"按,原卷作"缘不未辞本主"。"不"字右侧有一"√"号,表示"不"字当删去。过录者误认此处"√"为乙号,遂置"不"于"缘"字前,造成文义不通,误。

此混淆删点,乙倒符号而误者。

又:"心口思量,升厅而坐,由未定。"按,原卷"坐"下有一"〢"号,系重文的标志。原文当做:"升厅而坐,坐由未定。"

此不明重文符号而误者。

《敦煌变文集·金刚般若波罗蜜经讲经文》:"大众敛心合掌着,高声〢[为唱将罗罗]。"按,括号五字系校注者所补。今谓"〢"为省略符号,由于末一句为讲经套语,读者见前即可知后,故抄写者将其省去,只用一"〢"号,以表示省去了套语"好为唱将罗"。下文"长行好为唱〢"亦然。省略符号又可写作"了",与"了"形近。又:"衣前好了。""了"也表示省略了"为唱将罗"。校注者既已补出省略语,却又保持原省略号,非是。

此不明省略习惯者。

又:"信脚夜行迷暗走,不知南北与东西。"按,"西"字出韵,当与"东"互乙,以与韵脚字"风""空""中""聋"相韵。考原卷"东西"之间有一"√"号,表示"东西"应乙为"西东"。过录者粗忽,未加乙正,误。

此忽略乙改符号而误者。

《敦煌变文集·佛说阿弥陀经讲经文(二)》:"言水净者,所有泉自水池,具八功德。"按,"自水"当是"泉"字。古时书写直行,"泉"字上部误为"自",书写时结构松散,即为"自水"二字。变文中因书写松散而误认为二字者并非仅见。如《敦煌变文集·维摩诘经讲经文（一）》："紫云楼上排丝竹，白玉庭前舞拓(柘)枝。""白玉"二字人民文学本录作"皇"，潘本才纠正。又如"妾"误为"六安"，"达"误为"士达"。前者人民文学本云："六安二字，未详。"项楚认为是"妾"字，甚是。"占"误为"上上"，"与日"误为"誉"，皆其例。两"泉"字连文，其一当衍。

此不明文字结构松紧和书写走向而误者。

五、必须明当时习俗、制度

《敦煌变文集·孝子传》："郭巨，字大举，河内人也。"项楚校："'大'当作'文'。886页《搜神记》'郭巨'条：郭巨者，字文气，河内人也，……可正《孝子传》'大'字之误。"今谓"大"字不误。《搜神记》之"文"乃"大"字之误，不得以彼证此。古人名字相应，巨者，大也。名"巨"，故字"大举"。若作"文举"，则失名字相应之旨。《搜神记》之"气"当是"举"字之误。"举"草书作"兵"，与从"米"之"气"形近，故误。

《敦煌变文集·下女夫词》："本是三州游奕。"徐校"奕"为"侠"，误。"游奕"为唐代军官名。《敦煌变文集·伍子胥变文》："傔奏（走）偷路而行，游奕经余一月。"原校"奏"为"走"，误。《敦煌变文集·汉将王陵变》："游奕探着，奏上霸王。"可证。"傔奏""游奕"皆军职名，见《通典》。

六、必须尊重原文，不可妄加校订

自敦煌文书出土到80年代中期，敦煌文书的校理者们一般未见原卷，多是根据专家们过录的本子进行理校。由于受时代、学术水平的限制和其他原因，这些过录本与原卷存在着不同程度的差别。后来者把校理建立在这种基础上，难免会出现这样、那样的新的失误。

《敦煌变文集·韩擒虎话本》："皇帝亦（按，通"一"）见，满目泪流，遂执盖酹酒，祭而言日。"或校"盖"为"榼"，认为二字双声，系一声之转。今考写本原卷此字实作"盏"。校者据过录本因声求义，误。又，"日"当作"曰"，原卷即误。

《敦煌变文集·父母恩重经讲经文(一)》:"不会怀躭(胎)煞苦辛,岂知乳甫(哺)多疲惓。"原校"躭"为"胎"。今谓原文不误。"躭"是"躭"的俗写。"怀躭"又作"怀担",言怀孕如担重物也。又:"阿娘怀子,十月间(艰)辛,起坐不安,如擎重担,饮食不下,如长病人。""如擎重担"即是"怀躭"一词的最好注脚。P.2044号《劝善文》:"发愿耶娘长万福,怀担十月受苦辛。"S.4438号《十恩德》有"怀躭守护恩"。《敦煌变文集新书·盂兰盆经讲经文》:"想得当初养育我,受苦怀担不可论。"又:"第一怀担守护恩,十月胎中常负重。"宋法天译《佛说大乘日子王所问经》:"若父母生产儿子,其事甚难,世所共知,处胎之时怀担十月,苦恼疼痛种种般。"《琵琶记》三四出:"凡人养子,最是十月怀担苦,更三年劳役抱负。"《元曲选·赵氏孤儿》五折:"你则那三年乳哺曾无旷,可不胜怀担十月时光。"又《虎头牌》三折、《冻苏秦》二折、《合同文字》二折、《争报恩》二折皆有"怀躭"一词,亦可为证。

《敦煌变文集·父母恩重经讲经文(一)》:"不念二亲恩养力,辜绕弃(养)育也唱将来。"原校"弃"为"养"。按,"弃""养"二字形音迥异,致讹无由,原校无据,误。("養"从"食","羊"声。今之"养"字系"養"字的草书楷定,元代才开始出现,参《宋元以来俗字谱》"食部"所录《京本通俗小说》的俗字。)今谓"弃"字不误,所误乃"育"字。"育"实"背"字之误。原卷此字作"育",实"背"字之草书。《淳化阁帖》"北"字恒做"⺊⁓",可证。"弃背"指"弃德背恩"。同页"弃德背恩行不孝""弃德背恩",下文"弃德辈(背)恩多五逆",皆"弃""背"对举,可证。

贰 论近代汉语的上限

近代汉语词汇研究首先得解决语言材料的时代问题。哪些材料属近代,哪些不属近代,涉及近代汉语的上下限。上下限不解决,没有取材标准,势必会影响结论的准确性。

关于近代汉语的上下限,语言学界有不同意见。约而言之,共有四种:

1) 王力先生认为,公元13世纪到19世纪(鸦片战争)为近代。并概括了近代汉语的三个特点:a)全浊声母在北方话里的消失。b)m尾韵在北方话的消失。c)入声在北方话里的消失。

2) 潘允中先生认为:"自宋元明清到鸦片战争以前,是汉语史的近代时期。"概括近代汉语语法特点为:a)在近代,提宾句又增加了一种,是用介词和副词联结成一个特殊的结构"连……也",如"连这句俗话难道也不明白?"b)复句有较繁复而精密的结构。c)动补结构有了新的发展。结构助词"得"的后面可以带上一连几个句子[①]。

3) 吕叔湘先生提出了两种意见:a)以晚唐五代为界,把汉语的历史分成古代汉语和近代汉语两个大的阶段。至于现代汉语,那只是近代汉语内部的一个分期,不能跟古代汉语和近代汉语鼎足三分。又说:建议把近代汉语的开始定在晚唐五代即第9世纪。并认为,现代汉语只是近代汉语的一个阶段,它的语法是近代汉语的语法,它的常用词汇是近代汉语的常用词汇,只是在这个基础上加以发展而已。b)"以语法和词汇而论,秦汉以前的是古代汉语,宋元以后的是近代汉语,这是没有问题的。"考虑到长时期的言文分离,又建议将汉语史分为三个部分:语音史、文言史、白话史。

4) 胡明扬先生认为:近代汉语的上限不晚于隋末唐初,下限不晚于《红楼梦》以前,《红楼梦》对话部分反映的口语是现代汉语。其分期标准为:a)语音上阴阳入对应的严整格局开始动摇,入声韵尾-p、-t、-k相混到消失;全浊声母的消失;-m韵尾的消

[①] 潘允中:《汉语语法史概要》,17页,中州书画社,1982年。

失。b)语法上"的、了、哩/呢"的出现和全面替代旧的助词系统;"这那"替代"彼此";"将/把"字句的出现和发展;"动+将+趋"的出现、发展和消失。c)语汇中"我、你、他"(还有"们")的出现和全面替代"吾汝其"等古汉语人称代词。

王、潘说年限相近,可合而为一。综而言之,实际上只有三说。

我们不同意"隋末唐初"说。胡氏所立的三项标准,无一项是在隋末唐初就出现了的。

胡氏的第一条理由是隋唐之际语音上入声韵尾-p、-t、-k相混到消失,全浊声母的消失,-m韵尾的消失。

"入声韵尾的消失",胡氏是依尉迟治平同志的论文《周、隋长安方音初探》立说的。尉迟根据梵汉对音,认为"长安方音中山、臻两摄入声韵为[-t]尾;咸、深两摄入声韵尾[-p]已经失落;宕、江、通、曾、梗五摄入声韵收[-k]尾,但[-k]尾不太稳定,已经开始失落"。我们认为,对译材料确实是研究古汉语语音的重要材料,古音的重建,非借助对译材料不可。但对音材料不是万能的。由于受对译语种自身语音系统的制约,对译只能是近似的。因此,使用对译材料时,必须有汉语本身材料佐证。尉治同志《初探》的准确度如何,笔者不敢妄议;但有一点可以断言,尉治同志的结论只能是个近似值,是周隋长安方音的一个轮廓。今覆按尉治原文,-p尾失落的例证寥寥无几。胡氏据此立说,只能是得其影子的影子,难以尽信。

"全浊声母清化、-m韵尾的消失",胡氏是据邵荣芬先生的论文《敦煌俗文学中的别字异文和唐五代西北方音》立说的。经复核邵氏原文,我们发现,邵文所举十五个阴入相代的例子,有三例系误校,一例邵氏取音有误,七例有明确年代,只有四例年代难定,尚在疑似之间。故不能为胡氏说提供证明。

1)误校者:

a)旨、质代用例:

比,旨;必,质。(1,变660,《无》)[①]

按,《敦煌变文集》660页只有一个"必"字,全句是"必竟于身为大患"。"必竟"即

[①] 简称仍邵荣芬《敦煌俗文学中的别字异文和唐五代西北方音》一文之旧,原文见《中国语文》,1963年第3期。

"毕竟",要说通,也只能通"毕",不是通"比"。"毕""必"《广韵》同音,皆入声字。

b)御、屋三等代用例:

祝,屋三;助,御。(3,变23,《伍》;130,《子》;173,《山》)

按,"助快""助喜"的"助",不能校作"祝",说详云从师《敦煌变文字义通释》。

c)未、缉代用例:

泣,缉;气,未。(1,变21《伍》)

按,《敦煌变文集·伍子胥变文》:"鱼龙饮气。"原校"气"为"泣"。项楚云:《变文集》校气为泣,误。"饮气"固唐人语也。如七页:"偷踪窃道,饮气吞声。"[①]按,项说是。"饮气"不只是唐人语,唐以前文献已有用例。《淮南子》卷五:"西至三危之国,石城金室,饮气之民,不死之野,少皞、蓐收之所司者,万二千里。"《晋书·郭瑀传》:"遂还酒泉南山赤崖阁,饮气而卒。"《魏书·韩麒麟传》:"及会公卿,议王之罪,莫不俯眉饮气,唯咨是从。"《全梁文》卷六七"为汝南王檄魏文":"痛桑梓沦芜,室家颠殒;饮气吞声,志申雠怨。"《北史·王孝籍传》:"安可齰舌缄唇,吞声饮气,恶呻吟之响,忍酸辛之酷哉!"唐宋的用例有《唐摭言》卷六:"其不得举者,无媒无党,有行有才,处卑位之间,仄陋之下,吞声饮气,何足算哉!"张文成《游仙窟》:"饮气吞声,天道人情。"《全唐文》卷二八八"荆州谢上表":"臣不即饮气取死,岂敢辄惜馀命?"骆宾王《畴昔篇》:"含冤欲谁道,饮气独居怀。"宋晁端礼《一落索》:"满眼里汪汪地,向道不须如此,转吞声饮气。"《张协状元》三二出:"孩儿饮气,尽日没情没绪。"元张养浩《赴詹事丞召至通州感疾还家》:"带行人所望无成,管伴使饮气吞声。"无名氏《十二月过尧民歌》:"一个乌江岸饮气自挥了头,一个大梁王彭越醢了尸首。""饮"间或写作"噾""窨"。朱庭玉《青杏子·思忆》:"情性儿点水滴冻,噾气吞声,形容憔悴。"《董西厢》卷四:"阁不定粉泪涟涟,吞声窨气埋冤。"皆其例。

2)邵氏误取音者:

尤、屋三代用例:

覆,屋三;副,宥。(1变12《伍》)

按,《广韵》宥韵"副"字下云:"贰也,佐也。敷救切。"同小韵下收有"覆"字,云:

[①] 项楚:《伍子胥变文补校》,《文史》第十七辑,1983年。

"盖也。又敷六切。"《集韵》宥韵下亦"覆""副"两收。可知"覆""副"相代,并非尤屋代用,而是同小韵字代用。

况原文:"白草遍地覆平原。"(12页)"覆"训"盖",本应取"宥"韵"敷救切"之音,而屋韵"敷六切"之"覆"乃训"反复,败,倒,审",义亦不合。邵氏仅据又音立说,非是。

3) 有明确年代者:

a) 止、质代用例:

以,止;一,质。(1,变172,《山》)

一,质;以,止。(1,变133,《子》)

按,二例出《敦煌变文集》中的《舜子变》和《庐山远公话》,二文皆有明确年代。《舜子变》末尾有"天福十五年岁当己酉朱明蕤宾之日蒗生拾肆叶写毕记"题记。历史上以"天福"命年者有二:一为后晋高祖石敬瑭,一为后汉高祖刘知远。皆五代时人。故知此文抄写年代当在五代。《庐山远公话》末尾题有"开宝五年张长继书记"数字,"开宝"系宋太宗年号,此文当抄写于宋初。

b) 微、迄代用例:

岂,尾;乞,迄。(4,变197,198,201,203《虎》)

讫,迄;既,未。(1,变37,《汉》)

按,前例采自《敦煌变文集·韩朋虎话本》,《韩》文有"会昌既临朝之日,不有三宝"之句,"会昌"系唐武宗年号。说话者既敢直斥"会昌",可以肯定,此文不可能作于唐武宗时,也不可能作于唐朝尚有力量控制天下局势之时,否则,当招杀身之祸。我们推论,此文创作年代不会早于唐灭前,很可能出于五代或宋人之手。退一步说,纵使此文作于唐武宗时,也只能是晚唐作品。后例采自《敦煌变文集·汉将王陵变》,此文末尾有"天福四年八月十六日孔目官阎物成写记"题记,抄写时代亦在五代。

c) 屋三、尤代用例:

服,屋三;负,有。(1,变199,《虎》)

按,此例亦采自《敦煌变文集·韩朋虎话本》,很可能创作于五代或宋。说见上。

d) 未、缉代用例:

既,未;及,缉。(1,变170,《山》)

按,此例采自《敦煌变文集·庐山远公话》,亦有明确年代,说见上。

e)暮、屋一代用例：

沐，屋一；暮，暮。(1,变118,《张》附二)

按，此例出《敦煌变文集·张义潮变文》。据文中"先去大中十载"和"十一年八月五日"的记载，则此文写作不得早于大中十一年。"大中"系唐宣宗年号，属晚唐。

以上五类七例，皆标有或可间接推出具体年代。邵氏以之证唐五代西北方音，固无可厚非。胡氏用以证隋末唐初"入声消失"，似有证据年代与论点不合之嫌。

"全浊声母的消失"，胡氏没有展开论证。

"-m尾的消失"，胡氏认为，"可能到十五六世纪还有个别字保留-m韵尾"。十五六世纪是中国历史上的明代。"-m尾到明代才消失"与"隋末唐初说"似乎没有必然的联系。

胡氏的第二条理由是："的了哩/呢"的出现和全面替代旧的助词系统，"这那"替代"彼此"，"将/把"字句的出现和发展，"动＋将＋趋"的出现、发展和消失。

胡氏自称用吕先生说，"的(地)"起源于唐。今覆按吕先生原文，吕先生并未提出"的(地)"起源于唐代说。他只提出"底出于者"的论点，并讨论了唐宋时期"底"和"地"的使用情况。虽云唐宋，其取例均来自宋时作品，如《陆氏语录》、《景德传灯录》、叶绍翁《四朝闻见录》、《二程语录》、张镃《南湖诗余》、王铚《默记》、《朱子语类》、《旧五代史》、《稼轩词》、《后村长短句》、《东坡词》、《刘知远诸宫调》、《晁元礼词补遗》、《董西厢》、柳永《乐章集》、朱敦儒《樵歌》、李清照《漱玉词》、周邦彦《片玉词》、《上蔡语录》、《三朝北盟会编》、白玉蟾《玉蟾诗余》等书，无一唐代作品，不得辄言"底"起源于"唐"，不能为"隋末唐初说"提供证明。

"了"胡氏据潘维桂说起源于唐末五代，"呢"据吕先生说始见于宋，均与"隋末唐初"年代不合。

"动＋将＋趋"句型的出现，胡氏举王梵志诗"逢头捉将去"为证，认为不晚于唐代。其实王梵志诗中"将"字并未虚化，"将"在句中作"持"解，与后代"打将起来"中的"将"有本质的区别；尽管"将"的这种用法是"捉将去"中"将"字虚化的结果，但二者不能等同，不能作为"动＋将＋趋"句型出现的例证。

"这"和"那"的起源胡氏认为不晚于唐代，但未加论证。今据吕先生研究，"这"字多见于《敦煌变文集》和《祖堂集》，但与"此"字同文互见，并未完全取代"此"字。"那"字源出于"若"，所举较早的例证出于《太平广记》和五代王衍《醉妆词》，亦与"隋末唐初说"年代相左。

只有"我、你、他"的出现年代与"隋末唐初说"相合,但仅此是不能立说的。

我们也不同意王力先生的13世纪上限说。13世纪是宋末元初。王氏以全浊声母、-m韵尾、入声韵尾在北方话里的消失为近代汉语的特点。姑且不论王氏概括的三个特点是否全面,仅就这三个特点本身而言,至少有两项(如全浊声母、入声韵尾的消失)并不是在元代才出现的(说详下文),故王说不可从。

吕先生的意见很有道理,但我们不同意他的古代、近代二分说。我们认为近代汉语与现代汉语有质的不同,应该有所区别。

语言的基本要素是语音、词汇和语法。语言史的分期当以三者的变化作为主要标准。其中词汇变化最快,语音次之,语法最慢。但又相互制约、相互影响。我们讨论语言史的分期,当三者兼顾,统一考虑。

我们主张将汉语史分为四期:

上古:2世纪以前;

中古:魏晋—中唐(2—8世纪末);

近代:晚唐五代—明末清初(9—17世纪);

现代:清末—今(18世纪至今)

参照中古、现代两期汉语的特点,近代汉语的分期标准可以是:

1)音韵上,轻唇音已分化,舌上音已与照三合流,全浊声母、入声韵尾开始消失,-m韵尾开始动摇。

2)词汇上,方俗语大量使用,"头""子""老""打"等构词成分的出现和大量使用,双音节词增多,新义大量出现,外来词大量进入。

3)语法上,出现了新的指代词、新的语气词,被字句、把字句有了新的发展。

一、语音

(一)轻唇音已分化

钱大昕证明了古无轻唇音。今考中古时期的音韵学著作和语音材料,轻重唇仍然不分，故陆法言《切韵》、陆德明《经典释文》、玄应《一切经音义》的反切皆轻重音互用。详参李荣、邵荣芬、王力等人的研究论文，此不赘。

只有到了近代，轻唇音才开始从重唇音中分出。徐锴《说文解字系传》所用朱翱反切可以证明。朱氏系南唐人，他的反切与《唐韵》大不相同，当是据当时实际语音而作，故朱氏反切可作为晚唐五代语音的代表。

朱翱反切轻重唇分用，界线划然。如：
帮母：
  猋 王二甫遥 朱氏必遥；
  彪 王三甫休 朱氏彼虬；
滂母：
  篇 王二芳便 朱氏僻连；
  杓 王二抚遥 朱氏片邀；
並母：
  频 王二符邻 朱氏婢民；
  便 王二房连 朱氏婢篇；
明母：
  苗 王二武僄 朱氏眉昭；
  明 王三武兵 朱氏眉平。

凡《切韵》用轻唇切重唇者，朱翱反切均改用重唇。这说明朱翱所依据的语音轻重唇已经分化。

敦煌变文的别字异文也未发现轻、重唇字互讹、互代的例子。虽有一些诸如以"补"代"辅"（407页）、以"甫"代"哺"（674页）的例证，但都是同声符字相代。而同声符字相代是变文书写的一大特点，不能作为轻重唇音不分的证据。

唐五代西北方音中轻重唇也已分别。罗常培说："非敷两母在这四种藏音里除出四个例外一律变成p'音；奉母在《千字文》跟《大乘中宗见解》里也逐渐有变为p'音的趋势，因此我觉得轻唇音在那时候已经开始分化了。……我们可以设想非敷奉三母在这一系方音里似乎也有了变成[pf']或[f]的痕迹，因为藏文没有相当的音，所以才勉强拿 p' 音来替代。"①由于根据的是对音材料,而对音材料要受各自语音系统的制约,在准确程度上,要打一定折扣,故罗先生的语气不怎么肯定,态度十分谨慎。但若证以朱翱反切和变文材料,以及稍后的朱熹《诗集传》《楚辞集注》的反切,则轻重唇音已经分化是可以肯定的。

(二) 舌上音已开始与照三合流

朱翱反切中,知照两系分别井然,尚未发现合流的迹象。但朱熹《诗集传》《楚辞集注》中的反切,却知照合一。朱熹是南宋人,严格地说,他的反切只能代表宋代的语音。但语音发展是渐变的,总有一个由量变到质变的过程;如果朱熹时代照知两系已经合流是正确的话,那么我们说这种合流在晚唐五代的实际语音中已经开始,并不是毫无根据的臆测。没有百来年的语音变化,这种渐变是不能完成的。敦煌变文的别字异文和罗常培先生的《唐五代西北方音》可为此提供证明。

《敦煌变文集》的例证:

知章代用:

中代终(25 页)　　　　中,知;终,章。

志代智(244 页)　　　　志,章;智,知。

诸代知(256 页注 33)　　诸,章;知,知。

众代中(744 页)　　　　众,章;中,知。

章代张(239 页注 40)　　章,章;张,知。

彻昌代用:

鸱代痴(251 页)　　　　鸱,昌;痴,彻。

罗常培根据《开蒙要训》的注音,得出了敦煌方音知章不分的结论。以下是罗书中的例证(81 页):

知照互注:

震:镇　震,章;镇,知。

疹:镇　疹,章;镇,知。

---

① 罗常培:《唐五代西北方音》,18 页,科学出版社,1961 年。

麘:张　　麘,章;张,知。

劚:捉　　劚,知;捉,章。

以昌注彻例：

痴:侈　　痴,彻;侈,昌。

两种材料均是方音。是否可以说,晚唐五代的某些方音中章知二系已开始合流,而正统的雅音却仍有分别呢？大概朱翱反切所采用的是当时雅音,故章知二系区域井然。但只要有一种方音出现了合流现象,我们说当时的实际语音中知章二系已开始合流就不是没有根据的。正因为有此,二百年后的朱熹时代才有可能实现彻底的合二为一。

（三）全浊声母开始清化乃至消失

朱翱反切中全浊声母还完整地保留着,但宋代朱熹反切却已全部消失。据王力先生研究,"並母平声并入了帮滂两母,奉母并入了非敷两母,澄母并入了知彻两母,床母平声并入了照穿两母,床神禅并入了穿审两母,群母并入了见溪两母,匣母并入了晓母"[①]。全部消失必须有个过程。我们认为,晚唐五代时,全浊声母已经开始清化。

罗常培研究汉藏对音材料,得出了浊音开始清化的结论:"床大部分由禅变审,但澄却变成照的全浊。""摩擦音的浊音禅邪匣变同清母审心晓。""全浊声母的字在《大乘中宗见解》里大多数变成次清,那显然更近代化了。"(《唐五代西北方音·自序》)

敦煌变文的别文异字也有不少清浊互代例。

倍:辈(456)　　倍,並;辈,帮。

保:抱(405)　　保,帮;抱,並。

抱:抛(351)　　抱,並;抛,帮。[②]

辈:背(696)　　辈,帮;背,並。

被:配(260)　　被,並;配,滂。

傅:负(90)　　傅,非;负,奉。

[①] 王力:《汉语语音史》,261页,中国社会科学出版社,1985年。

[②] 《敦煌变文集》作"把(抛)却王位"。考微型胶卷,"把"本作"抱",过录者误认耳。

服：腹(181)　　服，奉；腹，非。
附：覆(246)　　附，奉；覆，敷。
剧：屐(8)　　　剧，见；屐，群。
答：达(92)　　　答，端；达，定。
到：道(396)　　到，端；道，定。
倒：道(814)　　倒，端；道，定。
胀：肠(757)　　胀，知；肠，澄。

假借字不一定完全同音。正如郑玄所说："其始书之也，仓促无其字，或以音类比方假借为之，趣于近之而已。"（见陆德明《经典释文·叙录》）但变文相代用者，都是常用字，并非生涩罕见者，与郑玄说的情况不同；抄写者所以用此代彼，是因为在他看来二字完全同音，否则不会用以互代。所以我们把它作为浊音开始清化的证据。

（四）入声韵尾开始失落

《中原音韵》中入声韵尾已经消失（陆志韦、杨耐思认为《中原音韵》仍有入声，本文不采用）。入声从开始失落到完全消失并被韵书记录，得需要一段相当长的时间。根据我们的研究，实际语音中，入声至迟在晚唐五代就已开始消失。敦煌文书的用韵和异文别字可以证明。

《敦煌变文集·破魔变文》"却""斜""花"相韵(354)；

《敦煌变文集·汉将王陵变》"母""苦""助""郁"韵(46)；

《敦煌变文集·丑女缘起》"窕""小""小""笑""脚"韵(789)；

《敦煌歌辞总编·鱼歌子》"悄""窦""祷""少"韵(276)。

"却""郁""脚""窦"均是入声，却能分别与平声"斜""花"、上声"母""苦""小""笑""悄""祷"、去声"助"相韵，这说明它们的韵母已十分相近。如果"却""脚""窦"仍完整地保留着入声韵尾-k、"郁"保留着韵尾-t（"郁郁葱葱"的"郁"在物韵，与"郁郁乎文哉"之"郁"不同音），它们就无法协韵，至少读起来不顺口，不和谐。所以我们说当时"却""脚""窦""郁"的入声韵尾处于有无之间——正在失落或已经失落。

下面是《敦煌变文集》异文别字中阴入相代的例子。胡明扬先生用来证明隋末唐初时入声已经消失，例证与时代不合，自难立说；但用来证明晚唐五代时入声开始消失,倒是合适的。

以:一(133)　一,质;以,止。

讫:既(37)　讫,迄;既,未。

益:意(245)　益,昔;意,志。

诣:亿(796)　诣,霁;亿,职。

沐:暮(118)　沐,屋;暮,暮。

拂:赴(157)　拂,物;赴,遇。

罗常培在研究《开蒙要训》的注音时说:"我还发现一个以薛注齐的例:

三一〇·1·5　栖　先稽切,siei,齐心开四;

　　　　　　　薛　和(冀骋按,当作私)列切,siet,薛心开四。

这必得两音都变成*se或*sye才有相通的可能呢。由这一个例子很可使我们推想'山摄'入声的-t收声,在这时候已然逐渐从t>d>r>o了。"

又说:"陌韵三等有一个跟鱼韵合用的例:

三〇七·2·6　屐　奇逸切,g'jiek,陌群开三;

　　　　　　　巨　其吕切,g'jio,语群开三。

'巨'字应读为'ki',可以用'緫:巨'(三〇六·8·11)的对音来证明;现在既然用它来注'屐'字,那么'屐'字的读音,很可表现'屐'的'-g'收声,已然有了消失的朕兆。"[①]

某些语词书写形式的改变,也可看出入声开始消失的痕迹。如"什么"可写作"甚没",也可写作"什摩""甚摩",初期写作"是物""是勿"。

"唤作是物?"——"不唤作是物。"(《神会和尚遗集》,115页)

"是勿是生灭?"——"三世是生灭。"(同上,104页)

前生为什没不修行?(《敦煌变文集》,462页)

单于问:"是甚没人!……作甚没来?"(同上,88页)

汝是俗人,问我此事作什摩?(《祖堂集》卷二"弘忍和尚")

疏山和尚近日有什摩言句?(同上,卷九"罗山和尚")

[①] 上二例分别见罗常培《唐五代西北方音》,117页、119页,科学出版社,1961年。

和尚对圣人说个甚摩事？（同上，卷十三"报慈和尚"）①

神会和尚是初唐人，敦煌变文和《祖堂集》是五代作品。初唐的"是物""是勿"到五代已变为"是没""什没"和"什摩"。《集韵》上声果韵"没"字注："不知而问曰拾没。""拾没"即"是物""什没"的另一书写形式，而"拾没"的"没"音"母果切"，与"摩""么"同音，已不是入声字。语词"是物"变为"是没""什摩"正是入声消失的反映。退一步说，纵使"没"仍读入声，《敦煌变文集》的"是没"《祖堂集》作"什摩"这一现象亦足以证明唐末五代入声韵尾正在消失。

《敦煌变文集》还有"熠没""只没"，实为"这么"一词的早期书写形式。《敦煌变文集·李陵变文》："更作熠没捡挍，斩煞令军。"又《大目乾连冥间救母变文》："积善之家有余庆，皇天只没杀无辜。"但在同书或时代较近的作品里，又写作"只磨""只么"：

《敦煌变文集·无常经讲经文》："只磨贪婪没尽期，也须支准前程道。"

《景德传灯录》卷十三："僧再喝，师曰：'遮瞎汉，只么乱喝作么？'"

又有"异没""与摩""伊摩"，义同"这么"，实一词之异写。

异没时作勿生？（石井本，敦煌出土神会录）②

师云："正伊摩时行鸟道。"（《祖堂集》8·169）

到与摩时整理手脚不得。（同上，14·275）

入声"没"变成了阴声"摩""磨""么"，表示当时有些入声字已经开始失落韵尾，与阴声字合流了。

（五）-m 尾已开始与-n 或-ng 尾混同，出现消失的朕兆

没有-m 韵尾是现代汉语语音的一大特点。-m 尾从动摇到消失则是近代汉语语音的一大特点。至于-m 尾究竟在什么时候才完全消失，目前学术界尚无定论。王力先生认为消失完成于明清时期。胡明扬认为可能到 15、16 世纪还有个别字保留-m 韵尾（《语言论集》第一辑，人大）。杨耐思认为"16 世纪初叶以前，汉语共同语中的-m 韵尾已经全部转变为-n 韵尾"（《语言学论丛》，第七辑，北大）。麦耘认为"在共同语

---

① 这些例证引自吕叔湘《近代汉语指代词》，123—124 页，学林出版社，1985 年。
② 以下三例采自吕叔湘《近代汉语指代词》，299 页，学林出版社，1985 年。照原格式转录。

音北支中，-m韵尾消变于《青郊杂著》与《正音捃言》之间，即16世纪晚期；而在共同语音南支中，-m韵尾消变的上限就要到18世纪初叶，至于其下限，还有待新的材料来揭示"（《广州青年语言学论丛》，第二辑）。

王力先生研究明清音系主要依据徐孝的《等韵图经》。徐孝生活于万历年间，则此书系16世纪晚期、17世纪初叶的作品。故王说与麦说并无本质的区别。胡氏没有提出消失下限，可以不讨论。杨氏"16世纪初叶以前"似嫌笼统，15、14乃至1世纪皆为"16世纪以前"，没有一个确定的界线。如果杨氏旨在说明16世纪初-m尾已消失，则与王、麦所定年限相差不超过50年，而50年在整个语音史上是无足轻重的。三说并无本质的不同。故我们采用16世纪-m尾完全消失说。

前面已经说过，语音的任何一种演变都不是突变，都要经历一个由量变到质变的演变过程。-m尾的消变也是如此，它虽然到16世纪才在北方话里完全消失，但它的动摇和演变，可以上推到晚唐五代。

有如下证明：

《敦煌变文集》的别文异字中，有不少-m尾与-n尾、-ng尾相通的例证：

以谭代弹（156）　谭，覃；弹，寒。

以南代兰（273）　南，覃；兰，寒。

以梵代饭（377）　梵，梵；饭，愿。

以斤代金（138）　斤，殷；金，侵。

敦煌文书的用韵有-m、-n、-ng相协者：

"念"协"面""叹""眷"（《敦煌变文集》，596）

"染"协"线""转""玩"（597）

"潜"协"缠""缘""船"（787）

"验"协"汉""贱"（788）

"金"协"论""群""恩"（61）

"沉"协"卿""生""憎"（504）

"深"协"缨""臣""明"（《敦煌歌辞总编》卷一"凤归云"，102）

"心"协"人""征""程""贞"（同上，103）

"协"字以前诸字皆收-m尾，以后诸字皆收-n尾或-ng尾。

《全唐诗·谐谑》胡曾"戏妻族语不正":"呼十却为石,唤针将作真,忽然云雨至,总道是天因。"胡妻籍贯无从考,但读"针"为"真",读"阴"为"因",亦是-n、-m相混。

罗常培研究唐五代西北方音所采用的材料中,-m尾并未与-n或-ng尾相混,只有注音本《开蒙要训》中有一"以敬注禁"例是-m、ng互注的。罗先生说:"那末-m收声无疑已然露了消变的痕迹了。可惜我们所得的例子太少,还不能够下确定的断案。然而无论如何,我们对于这个有力的暗示是不可忽视的。"①

柳永《满江红》其四下阙"感""馆""暖""满""短"相韵。"感"收-m尾,余字收-n尾,亦-m、n相混。

或许有人会怀疑:本文举例多取于敦煌文书和罗氏《唐五代西北方音》,纵使能证明上述论点,也只能说明晚唐五代西北(特别是敦煌一带)的方音情况,不能说明当时的官话系统也出现了这种演变。是的,我们只要能证明当时的西北方音有这些变化就行了,并不想证明官话系统乃至整个汉语系统都发生了这些变化。因为语音的演变是有地域性的,即使在现代,南方很多方音都不同程度地保留着入声韵尾、-m韵尾和浊音,就是轻唇音也还有些方音未完全分出(如广州话),我们不能以之否定现代北方语音的现实。就近代汉语而论,俗文学作品是它的主要研究对象,它的语音系统、词汇系统在开始的时候都带有较大的方俗色彩。我们把唐五代西北方音作为近代汉语语音的一个重要考察点,就是基于这种考虑。

二、词汇

(一)方俗、口语的大量使用

上、中古汉语②虽也吸收方俗语词,但为数较少。士庶多以典雅为美,方俗俚语被认为不能登大雅之堂,皆在排斥、屏弃之列。像《世说新语》那样较多地运用口语进行创作的作品,可说是凤毛麟角。即使是《世说》,所用亦属士族间使用的口语,与引

---

① 罗常培:《唐五代西北方音》,110页,科学出版社,1961年。
② 指书面语。

车卖浆者流的日常口语仍有较大差别。至于《齐民要术》,虽用口语写就,但却郑重声明:"鄙意晓示家童,未敢闻之有识。故丁宁周至,言提其耳,每事指斥,不尚浮辞,览者无或嗤焉。"(《齐民要术·序》①)竟怕因用口语而招来非议,可见当时人们对口语使用的态度。魏晋时期的译经也有较多的口语,由于翻译者的文化水平较高,所用口语,也属上层社会所用口语,与市民和社会底层民众所用还是有区别的。故上、中古时的汉语词汇,方俗、口语的成分较少。晚唐五代以来,市民文学,特别是戏曲、话本、小说和其他通俗文学形式的兴起,方俗、口语在作品中大量出现,使这一时期的词汇具有明显的区别特征。

《敦煌变文集·李陵变文》:

其时匈奴落节,输汉便宜,直至黄昏,收兵不了。着刀者重重着刀,着箭者重重着箭。单于见阵输失,心怀不分,直至明朝,乃共老臣伊袄平章:昨日见汉将卒徒寡鲜,旗鼓缁缕,举动迂回,状同陇种。朕本意发遣三五千人,把搭马索,从头缚取。奈何十万余骑,不敌五千,可得嗔他大语。看陵形势,言作长盈,(足)得纵横。战由未息,追取左贤王下兵马数十万人,四面围之,一时搁取。汉将得脱,归报帝知,言我单于,一一不济。仍差有旨拨者,西南取红挠山入,东南取骆驼峰已来,先令应接。如有汉贼渡河来走,一任诸军随时扑扫,自余家口,向北远行。

若与正宗的文言相比较、区别立见。一个是典雅的书面语,一个是俚俗的形诸口吻的口头语。其中的"落节""便宜""输失""不分""平章""把搭""从头""可得""一时""已来""自余""一任""家口""旨拨"诸词,皆当时口语。在一段不足一百八十字的短文中,竟使用了十四个口语词,可见变文中口语成分之重。

他如"者(这)""使头""手力""保见""房卧""打(饮也)""下脱""感荷""家常""台举""了手""奸便""只首""一向""早晚""乍可""隔是""遮莫""可中""大晒""为复""什没"等口语词在变文、禅宗语录、笔记小说、诗、词、曲中大量出现,说明近代汉语的词汇系统与上、中古汉语有了明显的区别。

---

① 据今人研究,此序系后人伪托。尽管如此,也可由此看出人们对俗语的态度。

（二）广泛使用词头词尾"子""头""老""打"以创造新词

"子""头""老""打"均由实词虚化而来。"子"字虚化较早,它是由"小称"的"子"演变而来的。《礼记·檀弓》:"使吾二婢子夹我。"《释名·释形体》:"瞳子,童,重也,肤幕相裹重也。子,小称也,主谓其精明者也。""婢子""瞳子"的"子"即为名词词尾。但这种情况并不常见,不带普遍性。魏晋以后,"子"作为词尾逐渐活跃起来,出现频率也逐渐增高。如"衫子""手帕子""袄子""柚子""笠子""隔子""镊子"。但在意义上仍与"小称"有一定联系,与原词意义也完全相等。使用上也受到一定的限制:必须加在名词后,而未见与动词或其他词组合以构成新词者。晚唐五代以后,"子"的使用更加普遍,虽然新词在意义上多与原词相同,但也有意义不同的,而且"子"还可同动词组合,构成新的名词。

加"子"后与原词意义相同者：

刀子、扇子、盘子、钩子、碟子、床子、枕子、笠子、篮子(《五灯会元》)。

这与中古汉语情况相同。

加"子"后与原词意义不同者：

方子、叫子、挂子、障子、划子、拂子(《五灯会元》),望子、交子(《东京梦华录》)。

其中"方子"不等于"方","叫子"不等于"叫"。尽管与原词意义上有关联,但其内涵、用法、词性皆有质的不同。余可类推。

这是近代汉语才出现的。

"子"可附于动词后以构成名词：

投子、伴子(《祖堂集》),叫子、铲子、障子、拂子、挂子(《五灯会元》),望子(《东京梦华录》),交子、会子(《宋史·食货志》)。

"子"还可与一些表约数的指代词组合,构成新的名词：

多子、些子、妙子、若子(《祖堂集》),惹子(《敦煌变文集》),点子(《朱子语类》)。

"子"还可附在复音词后面：

和尚子、和痒子、树楂子、橄榄子、关掾子、野鸭子、老婆子(《祖堂集》),风车子、灯笼子、火把子、厕坑子、毛球子、卧单子(《五灯会元》)。

这些也是近代汉语才出现的。

还有一些词,现代汉语不带"子"字词尾,而近代汉语却加"子"字:

门子(即门,与守门人之"门子"异义)、山子、蛇子(不指小蛇)、酒子(《五灯会元》)。

"头"用作词尾,六朝已经出现。如"膝头"(《水经注》)、"前头""后头"(《企喻歌》)。但使用并不普遍,而且只能附在名词、方位词之后。晚唐五代以后,不仅"头"可附于名词、方位词后,而且还可与动词、形容词组合,构成新词,构词能力已大大提高。

"头"附于名词、方位词后:

口头、上头、下头、山头、心头、拳头、日头、木头、路头、门头(《祖堂集》)。

"头"附于动词、形容词后:

问头(《祖堂集》),念头(《京本通俗小说》),参头、渡头、话头、和头(和,指和好、和事。《五灯会元》),滑头(《罗湖野录》)。

虚头、明头、暗头、方头(《祖堂集》),实头(《五灯会元》)。

"老"字用作词头,王力先生认为见于唐代,如"老兄""老姊"。潘允中先生用钱大昕《十驾斋养新录》说,认为始见于六朝,如"老石"。实际上,"老兄"的"老"有尊敬意,"老姊"之"老"有"年长"义,与作"哥""姐"解的"老兄""老姊"有区别。至于"老石",原文是一种自称,隐含一种傲气,与现代的"老王""老李"有异。

我们认为真正的"老"字词尾到晚唐五代才见诸文献。

《唐国史补》卷上:"大虫老鼠俱为十二相属,何怪之有?"

《祖堂集》卷五:"师问道,吾老兄家风作摩生?"又卷十六:"老鸦衔红柿子来放师面前。"又:"焰水觅鱼痴老鸦。"

值得注意的是,近代汉语的一些市语多用"老"做词尾,附于物品或身体器官名词后面以构成新词:

爪老,手;听老,耳;奄老,腹;渌老,眼;拆老,脚。

海老,酒;滑老,油;鲍老,面条。

这种现象是近代汉语所特有的。

"打"字用作动词词头,是近代汉语才开始出现的。欧阳修《归田录》卷二说:"今世俗言语之讹,而举世君子小人皆同其缪者,惟'打'字尔。(打,丁雅反。)其义本谓考击,故人相殴,以物相击,皆谓之打,而工造金银器亦谓之打可矣,盖有槌击之义也。至于造舟车者曰'打船''打车',网鱼曰'打鱼',汲水曰'打水',役夫饷饭曰'打饭',兵士给衣粮曰'打衣粮',从者执伞曰'打伞',以糊黏纸曰'打黏',以丈尺量地曰'打量',举手试眼之昏明曰'打试',至于名儒硕学语皆如此,触事皆谓之打。而遍检字书,了无此字(丁雅反者),其义主'考击'之'打',自音'谪耿',以字学言之,打字从手,从丁,丁又击物之声,故音'谪耿'为是。不知因何转为'丁雅'也。"刘昌诗《芦浦笔记》卷三:"然世间言打字尚多:左藏有打套局,诸库支酒谓之打发,诸军请粮谓之打请,印文书谓之打印,结算谓之打算,贸易谓之打博,装饰谓之打扮,请酒醋谓之打醋、打酒,盐场装发谓之打袋,席地而睡谓之打铺,包裹谓之打角,收拾为打叠,又曰打迸。畚筑之间有打号,行路有打火,打包,打轿。负钱于身为打腰。饮席有打马,打令,打杂剧,打诨。僧道有打化,设斋有打供。荷胡床为打交椅,舞傩为打驱傩。又宋歌曲词:'打坏木楼床,谁能坐相思。'又有打睡,打嚏喷,打话,打闹,打斗,打和,打合(读作阁),打过,打勾,打了,至于打糊,打面,打饼,打线,打百索,打绦,打帘,打荐,打席,打篱巴。街市戏谑有打砌、打调之类,因并记之。"

上文所引"打"字可分两种情况:"打+名"和"打+动"。在"打+名"结构中,"打"可随所跟名词的词义要求而具有不同的意义。打船的"打"可理解为"造",打饭的"打"可理解为"吃",打伞的"打"可理解为"撑",跟英语的"have"有点相似,意义已经开始虚化。"打+动"结构中的"打"是"打+名"结构中"打"字的发展,词义更加虚化,可以理解为动词词头。这种情况多见于晚唐五代。如:

打睡、打过(作"经过"解)、打动(击鼓也)、打坐(《祖堂集》),打强、打扑、打硬、打扳(《敦煌变文集》),打叠(《五灯会元》)。

宋代以后,这种形式逐渐增多,如:

打撑、打撤、打熬、打摸、打化、打渲、打睃、打搅、打断(断决也)、打探、打捱、打调、打捞、打挣、打挟、打拦、打夺、打动、打勾、打弄(取笑)。

现代汉语中,"打"的构词能力就弱得多了。

(三) 双音节词大量出现

由于语音的简化,同音字大量增加。本来有语音差异的变成了无差别,语词在物质形式上的区别特征逐渐模糊,从而影响到语言的交际功能。为了解决这个矛盾,人们不得不通过制造双音词来增强语词间在物质形式方面的区别特征,以达到更好地交际的目的。①

如上所述,近代汉语浊声、入声正在消失,-m尾正在消变,知系大部分字开始与章系合流,这就使音节大大简化,同音字暴增。语言需要区别与语音逐渐简化的矛盾尤为突出。故近代汉语双音节词大大增多,出现频率几乎接近现代汉语。如果说,上古汉语以单音节词为主,中古汉语单、复音节词参半的话,那么近代汉语则双音节词已开始占优势。所以,我们把双音节词的大量出现作为近代汉语分期的一个重要标准。

下面是一张双音节词出现比率调查表②:

书名	调查字数	复音词数	百分比
《论语》	15883	378	约 2.4%
《孟子》	35402	651	约 2%
《论衡》	3582	270	约 7.5%
《世说新语》	1998	190	约 9.5%
《敦煌变文集》	2580	349	约 14%
《西厢记》	1473	257	约 17%
《红楼梦》	2628	466	约 18%

从上表可以看出,变文时代的复音词数与《论衡》《世说》相比,已有很大的增加,与元代的《西厢记》已经相接近了。我们将近代汉语的上限定在晚唐五代,恰与这种变化相合。

(四)出现大量新词新义

每一个时代都有一批新词产生,同时也有一批旧词消亡。即使同一个词,在不同的时代,也可以有不同的用法,具有不同的意义。尽管继承是主要的,但一定程度的差异仍然存在。尤其是晚唐五代以来,由于俗文学的兴起,人民群众的日常口语被保

---

① 语音简化是双音词大量出现的一个原因,但不是全部原因,这里不讨论。
② 本表采用随机抽样调查法,除《论》《孟》外,每书抽五页,统计其字数和复音词数,以见双音节词增加情况之大概。《论》《孟》复音词数采自程湘清主编的《先秦汉语研究》,山东教育出版社,1992年。其他各书抽样调查的页码是:《世说》据上海古籍出版社1982年影印本,101~102、307~308、354~357、370~371、454~457。《论衡》据中华书局1954年版《诸子集成》第七册,页码是:104、130、144、164、171。《敦煌变文集》的页码是:44、138、174、224、249。《西厢记》据上海古籍出版社1978年版,页码是:1、6、30、46、49。所据皆为宾白,不取唱词。《红楼梦》所据为人民文学出版社1972年版,页码为:66、163、244、269、295。

留了下来,故近代汉语时期出现的新词新义比以往任何时期都多。如:

开门见山、天花板、五代史、长工、东西、包(保证也)、写生、打交道、有(在也)、死心塌地、老婆、设法、没巴鼻、新闻、合下(当初,当时也)。

这些词都不见于前代,多数仍活跃在现代汉语中。溯其源,则始见于晚唐、宋元时期。

又如"填置"有"埋怨"义,"慜"有"抚养"义,"怀耽"作"怀孕"解,"家常"作"酒饭"解,"伴涉"作"陪伴"解,"加被"作"保佑、帮助、恩赐"解,皆见于《敦煌变文集》;"钝置"作"愚弄"解,"怯"作"不好"解,"触"作"污"解,则见于《祖堂集》和《五灯会元》。

(五)出现一批新的外语借词

六朝隋唐时期,佛教盛行,因翻译佛经的需要,汉语借用了不少梵语词汇。但由于当时的俗文学作品少见流传,这些梵语借词只有在佛教典籍中才能见到,故对正宗的文言文影响较少。晚唐以来,俗文学兴盛,其作品也被保留了下来,为我们提供了宝贵的语言研究材料。《敦煌变文集》就是目前所能见到的最早的俗文学作品之一,我们从中发现了不少梵语借词。如:

野干(《伍子胥变文》)、骨咄(《韩擒虎话本》)、劫石(《王昭君变文》)、由旬、舍勒、三故。

元代,蒙古族入主中原,汉语吸收了大量蒙古语词。元代杂剧中的蒙古借词出现频率最高,连汉语的一些基本词汇也使用蒙古语。如:

抹邻(马)、牙不(走)、莎塔八(酒)、米罕(肉)、歹。

三、语法

(一)出现了新的指代词

指代词包括人称代词和指示代词。晚唐五代新出的人称代词有:

奴(阿奴、孥)　我也,六朝人多自称"侬"。《夜度娘》:"夜来冒霜雪,晨去履风波。虽得叙微情,奈侬身苦何?"(《先秦汉魏晋南北朝诗·陈诗》)晚唐五代自称"奴","奴"即"侬"之音转也。唐昭宗《菩萨蛮》:"何处是英雄,迎侬归故宫。"《唐诗纪事》载此词为:"何处是英雄,迎奴归故宫。""侬"变成了"奴"。《敦煌变文集·王昭君变文》:"异方歌乐,不解奴愁。"又《韩擒虎话本》:"阿奴来日,前朝自几(己)宣问,若也册立使君为军(君),万事不言。"又:"阿奴今拟兴兵,收伏狂秦,卿意者(若)何?"又:"阿奴无德,槛(滥)处为军(君)。"《太平广记》卷二八二:"孥凡歌六七曲,有长须者频抛觥。方饮次,外有发瓦来,第二中孥额。"云从师云:"第一人称代词,和'我'相同,男女尊卑都可通用。"按,侬,《广韵》"奴冬切",音韵学家或拟作 nuoŋ;奴,《广韵》"乃都切",音韵学家或拟作 nuo。"侬"去掉后鼻音,与"奴"同音,故音转为"奴"。

新出现的指示代词有:

这(遮、者、拓、只)　《祖堂集》多写作"这"或"者",《景德传灯录》写作"遮",《敦煌变文集》则"这""者""遮""拓""只"五种形式皆具,都是今语"这"的早期形式。溯其源,皆出于晚唐五代。

下面是《敦煌变文集》的例子:

《太子成道经》:"贱妾者一身犹乍可,莫交辜负一孩儿。"

《韩擒虎话本》:"叵耐遮贼临阵交锋,认识亲情,坏却阿奴社稷。"

《欢喜国王缘》:"人人皆道天年尽,无计留他这个人。"又:"金殿乍开(闻)皆失色,只言知了尽悲伤。"

《李陵变文》:"拓回放,后庭还来,小弱不诛,大必有患。"

那　较早的例证见于晚唐五代。

五代王衍《醉妆词》:"者边走,那边走,只是寻花柳。那边走,者边走,莫厌金杯酒。"
《敦煌歌辞总编》卷二"望江南":"我是曲江临池柳,者人折了那人攀,恩爱一时间。"
《祖堂集》卷九:"任汝世界烂坏,那人亦不眯女。"又卷十一:"古人道,这里则易,那里则难;这里则且从,那里事作么生?"又:"你道这个与那个别不别?"

什么　疑问代词"什么"的较早形式是"是物""是勿"。《神会和尚遗集》:"唤作是物?——不唤作是物。""是勿是生灭?——三世是生灭。"但用例较少。晚唐五代以后,才真正普遍使用起来,书写形式为"没""阿没""阿莽""什没""甚没"和"什摩""甚摩",前者见《敦煌变文集》,后者见《祖堂集》。如:

没　《敦煌变文集·燕子赋》:"不曾触犯豹尾,缘没横罗鸟灾?"又《大目乾连冥间救母变文》:"和尚,缘有何事,诈认狱中罪人是阿娘,缘没事谩语?"又《李陵变文》:"缘没不攒身入草,避难南皈(归)?"

阿没 《敦煌变文集·燕子赋》:"更被枷禁不休,于身有阿没好处?"

阿莽 《敦煌变文集·燕子赋》:"伊且单身独手,喽我阿莽孽斫?"又:"如今及阿莽次第?五下乃是调子。"

夜莽 《敦煌变文集·燕子赋》:"如今会遭夜莽赤推,总是者黑厮儿作祖。""夜"在喻四,"阿"在影母。罗常培《唐五代西北方音》所据材料没有"夜"字,但有"野"字。"夜"与"野"的区别只是上声与去声的区别,而声母则相同。"野"在《千字文》里读ya,当时的喻四已读零声母;而"阿"在《千字文》里读a,也是零声母,主要元音与"野"相同。故转而为与"野"读音相近的"夜"。

什没 《敦煌变文集·佛说阿弥陀经讲经文(二)》:"前生为什没不修行?今日还来恼乱我。"

甚没 《敦煌变文集·李陵变文》:"单于问:'是甚没人?''李陵官决果管敢。'单于言:'作甚没来?'"《敦煌变文集新书·维摩诘所说经讲经文》:"这日未知承命否,经中道甚没唱将来。"

什摩 《祖堂集》卷十四:"僧云:'一切众生为什摩不病?'"又卷二十:"寺有老宿问:'月中断井索,时人唤作蛇,未审吾师唤作甚摩?'"

(二) 出现了新的助词

新的助词"着""了""过""哩""呢""么"的出现是语言史上的一件大事,同时也是近代汉语语法的一个显著特点。

着 表示动作、状态的持续和动作的进行,是唐以来汉语的新兴用法,这种用法是由其动词义"附着"语法化而来的。"附着"必须是"持续"的,故"着"如果跟在表动作的动词后面,就有可能语法化为表持续的助词;无论这个动词表示的动作是持续的还是不能持续的,持续的自不待言,不能持续的,只要动作的结果会保留下来,就可用"着"来表达。"持续"的如果是前面所附动词的动作,则表示此动作正在进行,一般用于"V1+着+V2"格式中,"V1+着"用来表示"V2"进行时的状态[①]。

[①] 此段论述基本上采自吴福祥《敦煌变文语法研究》,306 页,岳麓书社,1996 年。

表动作、状态的持续者：

《敦煌变文集·押座文(二)》："必若当初逢着佛,争肯将身向者(这)里来。"又《金刚般若波罗蜜经讲经文》："微尘可得遇着风,当时幅塞满虚空。"又《维摩诘经讲经文(四)》："初闻道着我名时,心里不妨怀喜庆。"又《无常经讲经文》："韵清玲,声琦珇,听着令人皆出离。"又《父母恩重经讲经文(一)》："亲情劝着何曾听,父母教招似不闻。"又："佛向经中说着里,依文便请唱将来。"又《大目乾连冥间救母变文》："目连前行,至一地狱,相去一百余步,被火气吸着,而欲仰倒。"又："风吹毒气遥呼吸,看着身为一聚灰。"《敦煌变文集新书·双恩记》："既有难思珠内宝,何须恋着海中财。"又《维摩碎金》："如人半夜下高台,黑地踏着破断索。"

表动作的进行者：

《敦煌变文集·长兴四年中兴殿应圣节讲经文》："皇帝忽然赐叿马,交臣骑着满京夸。"又《佛说阿弥陀经讲经文(三)》："好韵宫商申雅调,高着声音唱将来。"按,此二例引自吴福祥《敦煌变文语法研究》。第二例可能有问题,"高着声音唱将来"是高高地用声音唱起来的意思,"着"应理解为"用"。如此,则仅为一例。

了　动态助词"了"是动词"了"的"终了"义语法化的结果,较早的文献记录见于唐。

唐诗的例证如卢仝《与马异结交诗》："补了三日不肯归堉家,走向日中放老鸦。"白居易《和张十八秘书谢裴相公寄马》："洗了领花翻假锦,走时蹄汗躏真珠。"沈传师《寄大府兄侍史》："将军破了单于阵,更把兵书仔细看。"张乔《赠友人》："几时献了相如赋,共(一作去)向嵩山采茯苓。"章谒《下第有怀》："迁来莺语虽堪听,落了杨花也怕看。"吕岩《五言》其九："吃了瑶台宝,升天任海枯。"又《绝句》其二四："神仙不肯分明说,迷了千千万万人。"佚名《青萝帐女赠穆郎(榕树)》："团圆今夕色光辉,结了同心翠带垂。"白居易《如梦令》："凝了一双秋水。"许岷《木兰花》："若还猜妾情人书,误了平生多少事。"《敦煌变文集》的例证如《敦煌变文集·难陀出家缘起》："各请万寿蹶起去,见了师兄便入来。"又《唐太宗入冥记》："唱喏走入,拜了起居,再拜走出。"又《汉将王陵变》："大难过了,更有小难,如何过得了?"又《父母恩重经讲经文(一)》："佛交浊世男兼女,成长了直须孝父母。"《敦煌变文集新书·悉达太子修道因缘》："寻时缚了彩楼,集得千万个室女。"又《维摩碎金》："前皇后帝万千年,死了不知多与少。"

除最后两例外,这些都是"V＋了＋O"的例证。有人主张以"V＋了＋O"格式作

贰　论近代汉语的上限　　　623

为"了"成为动态助词的形式标志,但据吴福祥的研究,实际上是先有"V+了",然后才有"V+了+O","V+了+O"是"V+了"的扩展式。"V+了"的"了"在某些条件下只能理解为动态助词,如:瞬间动词+了、状态动词+了、形容词+了、动补结构+了、"V+了"的否定形式"未+了"、"V+了+O"与"V+了"同义并用①。

宋代则有较多用例,下面是《朱子语录》中的例证:

卷三:"只才散,便无了。"又卷六:"义如利刀相似,胸中许多劳劳攘攘,到此一齐割断了。"又卷七:"古人自入小学时,已自知许多事了。"又卷十一:"看文字须是虚心。莫先立己意,少刻多错了。"又:"圣贤言语,当虚心看,不可先自立说去撑拄,便喎斜了。"

这是随手捡来的几个例证,可见朱熹时代已大量使用动态助词"了"。至于元明,则广泛使用,无需举例了。

过　动态助词"过"是从动词"过"的"经过"义语法化而来的。其语法化过程是先作为连动式的第二个动词,后来渐渐虚化,成为第一动词的补语,表示动词的位移趋向,再在此基础上语法化为表示完成、结束的动态助词。其动态助词的产生时代应在唐,下面是些例证:

王建《赠华州郑大夫》:"报状拆开知足雨,敕书宣过喜无因。"李频《汉上逢同年崔八》:"去岁曾(一作同)游帝里春,杏花开过各离秦。"《敦煌变文集·庐山远公话》:"贱奴念得一部十二卷,昨夜总念过。"圆仁《入唐求法巡礼行记》卷二:"蒙使君报云:'本司检过。'"又:"从山谷西北行廿五里,见过一羊客驱五百许羊。"又卷三:"当州未是极海之处。既是准敕递过,不敢停留。"《祖堂集》卷四:"阖院一齐上来,于和尚前收过。"又:"师曰:'此沙弥有些子气息。'吾曰:'村里男女有什摩气息？未得草草,更须勘过始得。'"又卷八:"师云:'向上事作摩生？'安云:'则非重玄。'师云:'不得。'同安不肯。在后收过,改前语云:'谁言到不到？'"又卷十三:"直是道得十成,亦须痛决过。"又卷十五:"此事贬上眉毛,早已差过也。"《太平广记》卷九四:"每至义理深微,常不能解处,闻醉僧诵过经,心自开解。"②

---

①　吴福祥:《敦煌变文语法研究》,293—294页,岳麓书社,1996年。
②　唐诗、《入唐求法巡礼行记》的第一例、太平广记的例证皆引自刘坚等《近代汉语虚词研究》,104页,语文出版社,1992年。变文的例证引自吴福祥《敦煌变文语法研究》,308页,岳麓书社,1996年。

哩　据吕叔湘先生《汉语语法论文集》考证,"哩"源于"在里"。他说:"唐人多单言'在',以'在'概'里',宋人多单言'里',以'里'概'在'。""'里'字本从'衣',俗书简作'里',本义既湮,遂更着'口'。传世宋代话本,率已作'哩',或宋世已然,或后人改写,殆未易定。"

下面是吕文的一些例证,我们照其行文格式转录:

后明皇帝幸蜀,至中路,曰:"恁郎亦一遍到此来里。"及德宗幸梁是也。(《嘉话录》,5 页)

若还替得你,可知好里。(曾三异《同话录》,23 页)

莫嫌白发不思量,也须有思量去里。(《稼轩词》,乙集,28 页)

未要去,还有人哩。(《清平山堂话本》2.7)

若嫁得这个官人,可知好哩。①(《京本通俗小说》12.32)

"哩"是否来自"在里",我们在"虚实引申"中有不同意见,不一定正确,其来源可以再讨论,但语气词"哩(里)"的出现却是近代汉语的一个重要特点。

呢　"呢"字的较早形式可能是"那"。它的出现年代当在晚唐五代,详参《近代汉语新兴虚词例举》章。

还有结构助词"底(的)""地""得"的出现,也在唐代中期以后。此不详论。尽管《世说新语》有"使君如馨地,宁可斗战求胜",但只有此一例,不排除后世不明"馨"的意义而增"地"字。"馨"本是表形貌的助词,不需再加"地"字。这个"地"也可解释为"地方""地步",不一定要解释为助词。

(三)"被"字句的使用有了新发展

1. 引进主动者方面

上古汉语"被"字句一般不引进主动者;中古汉语"被"字句可以引进主动者,但为数不多,且有限制:主动者均是单音词。如《颜氏家训·归心》:"举体如被刀刺。"《朝野金载》卷二:"皮袋被贼盗去。"晚唐五代以降,引进主动者的情况逐渐增多,对主动者

---

① 潘允中先生认为"哩"来源于古汉语的"尔"。"尔,泥母,来泥相混(n—l 不分),是有可能的。"(《汉语语法史概要》,184 页,中州书画社,1982 年)

的限制也少了。它可以是具体名词,也可以是抽象名词,还可以是名词性的短语结构。

具体名词:

《祖堂集》卷十四:"钦师又被马师惑。"

《敦煌变文集·燕子赋》:"终日被他作祖。"

抽象名词:

《祖堂集》卷十四:"对五欲八风,不被见闻觉知所缚。"

名词性短语结构:

《祖堂集》卷九:"今时学人,触目有滞,盖为依他数量作解?被他数量该括得定,分寸不能移易,所以见不逾色。"又卷十四:"自己但不被一切有无诸境转。"又:"却被知解境风漂却,归生死海里。"

2. 动词带宾语方面

中古时期,"被"字句动词一般不带宾语。中唐以后,这种现象逐渐增多。如白居易诗:"常被老元偷格律。"晚唐五代以降,"被"字句动词带宾语的现象日见普遍:

《朝野佥载》卷一:"果被御史李全交致其罪,敕令处尽。"又:"果有窥鼎之志,被郑克等斩之。"

《敦煌变文集·王昭君变文》:"纵有衰蓬欲成就,旋被流沙剪断根。"又《丑女缘起》:"恐被王郎耻嫌丑陋。"《敦煌变文集新书·祇园图记》:"被舍利弗化火遮之。"

《祖堂集》卷二:"吾自到此土,六度被人下药。"又卷四:"只如上座,过在什么处,即被打之。"又卷八:"奈何缘,被人识得伊。"

3. 动词前后的状语、补语方面

唐以前"被"字句动词前置状语的情况比较少见,动词后带补语也为数不多。杜甫诗:"江上被花恼不彻,无处告诉只颠狂。""不彻"可看作"恼"的补语,但这种情况比较少见。而且诗歌要受格律的限制,不一定具有普遍性。晚唐五代以后,这种情况日见普遍。

"被"与动词之间加状语者:

《祖堂集》卷六:"早被你蓦头拗却也。"又卷十八:"被新罗僧金大悲将钱雇。"又卷十九:"则被师拦胸托出云:'某甲自住此山,未曾睡却一个师僧眼。'"

《敦煌变文集·唐太宗入冥记》:"应莫被使者于崔判官说朕恶事?"

动词后带补语者：

《隋唐嘉话》卷上："元吉再三来刺,既不少中,而槊皆被夺去。"又补遗："梁武帝被围台城。"

《祖堂集》卷二："有一铜铃被风摇响。"又："时太子被囚深宫,并不得食。"又卷七："无对,被师推出。"

《敦煌变文集·孟姜女变文》："命尽便被筑城中。"又《丑女缘起》："于是王郎既被唬倒,左右宫人,一时扶接,以水洒面,良久乃苏。"《敦煌变文集新书·祇园图记》："彼被趁急,遂失脚走。"

"被"字句的这四种发展,是晚唐以来的新的语言现象,是近代汉语语法区别于古汉语的一个重要特征。

(四)"把"(将)字句有了新发展

1."把"(将)字的宾语可以是名词性的短语结构

《敦煌变文集·搜神记》："帝知柱杀孝真,即将梁元纬等罪人于真墓前杀之讫。"又《妙法莲华经讲经文(一)》："只将人世绮罗,裁作天宫模样。"又《无常经讲经文》："望儿孙,嘱鬼神,把阎王橙子千回跪。"又《大目乾连冥间救母变文》："目连将饭并钵奉上,阿娘恐被侵夺,举眼连看四伴,左手郭钵,右手团食。"

《祖堂集》卷九："汝将多少钱与匠人?"又卷十四："汝将生死不净之心口头取办。"又卷十五："大师把政上座耳拽。"又卷十八："怪和尚把大家底行人事。"

2.动词前后可附状语、补语

初唐以前的"把"(将)字句,动词比较单纯,一般不附补语或状语。晚唐五代以后,动词后开始出现补语,"把/将"字后开始出现状语。宋元以来这种情况更加普遍。

《刘宾客嘉话录·韦绚等大中十年自序》："把他堂印将去。"

《祖堂集》卷一："我今将正法眼付嘱于汝。"又卷十四："汝将生死不净之心{口头}取办。"

《敦煌变文集·搜神记》："即将梁之纬等罪人{于真墓前}杀之讫。"

《朱子语类》卷五："如今将礼、义、廉、耻{一切}扫除了。"

《京本通俗小说·志诚张主管》："小夫人把适来说的话{从头}说了一遍。"

通过对语音、词汇、语法三个方面的综合考察，我们认为将近代汉语的上限定在晚唐五代是比较合适的。但语言史的分期不可能一刀切，近代汉语的某些语言现象也许在唐初，甚至魏晋时期就已出现，但不能执此将近代汉语的上限推到六朝或隋唐。因为一二个文献例证的出现，还不足以改变语言的本质。同时，文献本身可能还有后人改窜的情况。前人的"例不十，法不立"是有道理的。

近代汉语的下限我们定在明末清初。这一点语言学界意见比较一致，这里不拟证明。

引用和参考文献

《十三经注疏》　　　　　　　　　　　　北京：中华书局，2009。
《诸子集成》　　　　　　　　　　　　　北京：中华书局，2002。
《战国策》　　　　　　　　　　　　　　上海：上海古籍出版社，1998。
《黄帝内经素问》（王冰）　　　　　　　上海：商务印书馆，1931。
《史记》（司马迁）　　　　　　　　　　北京：中华书局，1959。
《汉书》（班固）　　　　　　　　　　　北京：中华书局，1962。
《东观汉记》（班固等）　　　　　　　　北京：中华书局，1985。
《论衡》（王充）　　　　　　　　　　　上海：上海人民出版社，1974。
《风俗通义》（应劭）　　　　　　　　　北京：中华书局，1985。
《太平经》（于吉）　　　　　　　　　　上海：上海古籍出版社，1993。
《太平经合校》（王明）　　　　　　　　北京：中华书局，1960。
《后汉书》（范晔）　　　　　　　　　　北京：中华书局，1965。
《三国志》（陈寿撰，裴松之注）　　　　北京：中华书局，1959。
《魏书》（魏收）　　　　　　　　　　　北京：中华书局，1974。
《宋书》（沈约）　　　　　　　　　　　北京：中华书局，1974。
《南齐书》（萧子显）　　　　　　　　　北京：中华书局，1972。
《北齐书》（李百药）　　　　　　　　　北京：中华书局，1972。
《梁书》（姚思廉）　　　　　　　　　　北京：中华书局，1973。
《陈书》（姚思廉）　　　　　　　　　　北京：中华书局，1972。
《隋书》（魏徵等）　　　　　　　　　　北京：中华书局，1973。
《周书》（令狐德棻等）　　　　　　　　北京：中华书局，1971。
《晋书》（房玄龄等）　　　　　　　　　北京：中华书局，1974。
《南史》（李延寿）　　　　　　　　　　北京：中华书局，1975。
《北史》（李延寿）　　　　　　　　　　北京：中华书局，1974。
《旧唐书》（刘昫等）　　　　　　　　　北京：中华书局，1975。
《旧五代史》（薛居正等）　　　　　　　北京：中华书局，1976。
《新唐书》（欧阳修等）　　　　　　　　北京：中华书局，1975。
《新五代史》（欧阳修）　　　　　　　　北京：中华书局，1974。
《宋史》（脱脱等）　　　　　　　　　　北京：中华书局，1977。
《辽史》（脱脱等）　　　　　　　　　　北京：中华书局，1974。
《金史》（脱脱等）　　　　　　　　　　北京：中华书局，1975。
《资治通鉴》（司马光等）　　　　　　　北京：中华书局，1957。
《续资治通鉴长编》（李焘）　　　　　　北京：中华书局，2004。
《三朝北盟会编》（徐梦莘）　　　　　　上海：上海古籍出版社，1987。
《元史》（宋濂等）　　　　　　　　　　北京：中华书局，1976。

《元典章》(陈高华等点校)	北京:中华书局;天津:天津古籍出版社,2011。
《元朝秘史》(佚名)	北京:中华书局,1985。
《明史》(张廷玉等)	北京:中华书局,1974。
《世说新语》(刘义庆)	上海:上海古籍出版社,1982。
《幽明录》(刘义庆)	北京:文化艺术出版社,1988。
《文心雕龙》(刘勰)	上海:上海古籍出版社,1984。
《文选》(萧统编,李善注)	北京:中华书局,1977。
《还冤志》(颜之推)	北京:商务印书馆,2013。
《颜氏家训集解》(王利器)	上海:上海古籍出版社,1980。
《齐民要术》(贾思勰)	北京:中华书局,1956。
《神仙传》(葛洪)	北京:中华书局,1991。
《搜神记》(干宝)	北京:中华书局,1979。
《周氏冥通记》(陶弘景)	北京:中华书局,1985。
《先秦汉魏晋南北朝诗》(逯钦立辑校)	北京:中华书局,1983。
《全上古三代秦汉三国六朝文》(严可均辑)	北京:中华书局,1958。
《全唐文》(董诰编)	北京:中华书局,1983。
《全唐诗》(彭定求等编)	北京:中华书局,1960。
《全唐诗补编》(陈尚君辑校)	北京:中华书局,1992。
《全唐五代词》(曾昭岷等编)	北京:中华书局,1999。
《花间集校》(赵崇祚辑,李一氓校)	北京:人民文学出版社,1958。
《唐国史补》(李肇)	上海:上海古籍出版社,1983。
《玄怪录》(牛僧孺)	上海:上海古籍出版社,2012。
《隋唐嘉话》(刘餗)	北京:中华书局,1979。
《朝野佥载》(张鷟)	北京:中华书局,1997。
《因话录》(赵璘)	上海:上海古籍出版社,1979。
《大唐新语》(刘肃)	北京:中华书局,1984。
《刘宾客嘉话录》(韦绚)	北京:中华书局,1985。
《游仙窟》(张文成)	上海:古典文学出版社,1955。
《坛经校释》(慧能著,郭朋校释)	北京:中华书局,1983。
《神会和尚禅话录》(杨曾文编校)	北京:中华书局,1996。
《集异记》(薛用弱)	北京:中华书局,1980。
《岭表录异》(刘恂)	北京:中华书局,1985。
《入唐求法巡礼行记》(圆仁)	上海:上海古籍出版社,1986。
《云溪友议》(范摅)	北京:中华书局,1985。
《唐摭言》(王定保)	上海:上海古籍出版社,2012。
《寒山子诗校注》(徐光大)	西安:陕西人民出版社,1991。
《寒山子诗集》(寒山子)	苏州:寒山寺,2003。
《王梵志诗校注》(项楚)	上海:上海古籍出版社,1991。
《敦煌变文集》(王重民、王庆菽、向达等)	北京:人民文学出版社,1957。
《敦煌变文集补编》(周绍良、白化文、李鼎霞编)	北京:北京大学出版社,1989。
《敦煌变文集新书》(潘重规)	台北:文津出版社,1994。
《敦煌变文校注》(黄征、张涌泉校注)	北京:中华书局,1997。

《全宋词》(唐圭璋等编)　　　　　　　　　　北京：中华书局，1965。
《册府元龟》(王钦若)　　　　　　　　　　　北京：中华书局，1960。
《太平御览》(李昉)　　　　　　　　　　　　北京：中华书局，1960。
《太平广记》(李昉)　　　　　　　　　　　　北京：中华书局，1961。
《宋会要辑稿》(徐松)　　　　　　　　　　　北京：中华书局，1957。
《类篇》(司马光)　　　　　　　　　　　　　上海：上海古籍出版社，1988。
《乐府诗集》(郭茂倩)　　　　　　　　　　　北京：中华书局，1979。
《北梦琐言》(孙光宪)　　　　　　　　　　　北京：中华书局，1985。
《唐会要》(王溥)　　　　　　　　　　　　　北京：中华书局，1985。
《唐语林》(王谠)　　　　　　　　　　　　　北京：中华书局，2007。
《云笈七签》(张君房)　　　　　　　　　　　济南：齐鲁书社，1988。
《祖堂集》(静、筠二禅师)　　　　　　　　　北京：中华书局，2007。
《古尊宿语录》(赜藏主)　　　　　　　　　　北京：中华书局，1994。
《景德传灯录》(释道原)　　　　　　　　　　上海：上海书店出版社，2010。
《五灯会元》(普济)　　　　　　　　　　　　北京：中华书局，1984。
《碧岩录》(圜悟克勤)，《中国禅宗典籍丛刊》　郑州：中州古籍出版社，2011。
《河南程氏遗书》(朱熹)　　　　　　　　　　上海：商务印书馆，1935。
《苏轼诗集》(苏轼)　　　　　　　　　　　　北京：中华书局，1982。
《曾巩集》(曾巩)　　　　　　　　　　　　　北京：中华书局，1984。
《范石湖集》(范成大)　　　　　　　　　　　上海：上海古籍出版社，1981。
《朱子语类》(黎靖德)　　　　　　　　　　　北京：中华书局，1986。
《邵氏闻见录》(邵伯温)　　　　　　　　　　北京：中华书局，1983。
《邵氏闻见后录》(邵博)　　　　　　　　　　北京：中华书局，1983。
《挥麈录》(王明清)　　　　　　　　　　　　上海：上海古籍出版社，2012。
《老学庵笔记》(陆游)　　　　　　　　　　　北京：中华书局，1979。
《云麓漫钞》(赵彦卫)　　　　　　　　　　　北京：中华书局，1985。
《梦粱录》(吴自牧)，《丛书集成初编》　　　 上海：商务印书馆，1939。
《演繁露》(程大昌)　　　　　　　　　　　　北京：中华书局，1991。
《齐东野语》(周密)　　　　　　　　　　　　北京：中华书局，2012。
《武林旧事》(周密)　　　　　　　　　　　　北京：中华书局，2007。
《鹤林玉露》(罗大经)　　　　　　　　　　　北京：中华书局，1983。
《学林》(王观国)　　　　　　　　　　　　　北京：中华书局，1988。
《湘山野录》(文莹)　　　　　　　　　　　　北京：中华书局，1984。
《对床夜语》(范晞文)　　　　　　　　　　　北京：中华书局，1985。
《东京梦华录》(孟元老)　　　　　　　　　　上海：古典文学出版社，1956。
《瓮牖闲评》(袁文)　　　　　　　　　　　　上海：上海古籍出版社，1985。
《白獭髓》(张仲文)　　　　　　　　　　　　北京：中华书局，1985。
《大宋宣和遗事》(佚名)　　　　　　　　　　上海：商务印书馆，1934。
《大唐三藏取经诗话》(佚名)　　　　　　　　上海：古典文学出版社，1954。
《张协状元》(九山书会著，胡雪冈校释)　　　上海：上海社会科学院出版社，2006。
《新编五代史平话》(佚名)　　　　　　　　　北京：人民文学出版社，1954。
《古本董解元西厢记》(董解元)　　　　　　　上海：上海古籍出版社，1984。

《西厢记》(王实甫) 北京：人民文学出版社，1954。
《攻媿集》(楼钥) 北京：人民文学出版社，1985。
《刘知远诸宫调校注》(廖珣英) 北京：中华书局，1993。
《京本通俗小说》(佚名) 上海：上海古籍出版社，1988。
《全相平话五种》(无名氏) 北京：文学古籍刊行社，1956。
《前汉书平话》(佚名) 北京：中华书局，1959。
《南村辍耕录》(陶宗仪) 北京：中华书局，1959。
《赵氏孤儿》(纪君祥著，范希衡译) 上海：上海古籍出版社，2010。
《琵琶记》(高明) 北京：中华书局，1960。
《三国志平话》(佚名) 上海：古典文学出版社，1955。
《孝经直解》(唐满先、汤祺廷、徐朝华编著)，《十三经直解》第四卷 南昌：江西人民出版社，1993。
《大学直解》(来可弘) 上海：复旦大学出版社，1998。
《元曲选》(臧懋循) 北京：中华书局，1989。
《元曲选外编》(隋树森) 北京：中华书局，1959。
《全元散曲》(隋树森) 北京：中华书局，1991。
《新校元刊杂剧三十种》(徐沁君) 北京：中华书局，1980。
《六十种曲》(毛晋编) 北京：中华书局，1958。
《朴通事谚解》 朝鲜印刷株式会社，1943。
《永乐大典戏文三种校注》(钱南扬) 北京：中华书局，2009。
《南词叙录》(徐渭著，李复波、熊澄宇注释) 北京：中国戏剧出版社，1989。
《清平山堂话本》(洪楩) 上海：上海古籍出版社，1957。
《古本平话小说集》(路工、谭天编) 北京：人民文学出版社，1984。
《西湖游览志余》(田汝成) 北京：中华书局，1958。
《万历野获编》(沈德符) 北京：中华书局，1959。
《菽园杂记》(陆容) 北京：中华书局，1985。
《水浒传》(100回本)(施耐庵) 北京：人民文学出版社，1997。
《水浒传》(120回本)(施耐庵) 上海：上海古籍出版社，2009。
《三国演义》(罗贯中) 北京：人民文学出版社，1953。
《三遂平妖传》(罗贯中) 上海：上海古籍出版社，1994。
《西游记》(吴承恩) 北京：人民文学出版社，1980。
《金瓶梅词话》(兰陵笑笑生) 北京：人民文学出版社，1985。
《醒世恒言》(冯梦龙) 北京：人民文学出版社，1956。
《喻世明言》(冯梦龙) 北京：人民文学出版社，1958。
《警世通言》(冯梦龙) 北京：人民文学出版社，1956。
《挂枝儿》(冯梦龙) 北京：中华书局，1962。
《拍案惊奇》(凌濛初) 北京：人民文学出版社，1991。
《二刻拍案惊奇》(凌濛初) 北京：人民文学出版社，1996。
《三宝太监西洋记》(罗懋登) 北京：华夏出版社，1995。
《封神演义》(许仲琳) 北京：中华书局，2002。
《型世言》(陆人龙) 成都：巴蜀书社，1995。
《禅真后史》(方汝浩) 杭州：浙江古籍出版社，1987。
《国初群雄事略》(钱谦益) 北京：中华书局，1982。

《南越笔记》（李调元）　　　　　　　　　　　北京：中华书局，1985。
《浪迹续谈》（梁章钜）　　　　　　　　　　　福州：福建人民出版社，1983。
《通俗编》（翟灏）　　　　　　　　　　　　　北京：商务印书馆，1958。
《全本新注聊斋志异》（蒲松龄著，朱其铠主编）　北京：人民文学出版社，1989。
《聊斋俚曲》（陈玉琛）　　　　　　　　　　　济南：山东文艺出版社，2004。
《说岳全传》（钱彩）　　　　　　　　　　　　上海：上海古籍出版社，1979。
《红楼梦》（曹雪芹）　　　　　　　　　　　　北京：人民文学出版社，1996。
《儒林外史》（吴敬梓）　　　　　　　　　　　北京：人民文学出版社，1981。
《歧路灯》（李海观）　　　　　　　　　　　　上海：上海古籍出版社，1994。
《飞龙全传》（吴璇）　　　　　　　　　　　　北京：人民文学出版社，1981。
《孝义雪月梅传》（镜湖逸叟）　　　　　　　　北京：北京师范大学出版社，1993。
《醒世姻缘传》（西周生）　　　　　　　　　　上海：上海古籍出版社，1981。
《三侠五义》（石玉昆）　　　　　　　　　　　上海：上海古籍出版社，1980。
《七剑十三侠》（唐芸洲）　　　　　　　　　　上海：上海古籍出版社，2012。
《醋葫芦》（西湖伏雌教主）　　　　　　　　　天津：百花文艺出版社，1992。
《荡寇志》（俞万春）　　　　　　　　　　　　北京：人民文学出版社，1981。
《儿女英雄传》（文康）　　　　　　　　　　　北京：人民文学出版社，1983。
《续儿女英雄传》（佚名）　　　　　　　　　　太原：山西人民出版社，1999。
《万花楼演义》（李雨堂）　　　　　　　　　　南京：江苏古籍出版社，1996。
《绿野仙踪》（李百川）　　　　　　　　　　　北京：人民文学出版社，1987。
《玉楼春》（白云道人）　　　　　　　　　　　香港：中国文艺出版社，2001。
《彭公案》（贪梦道人）　　　　　　　　　　　上海：上海古籍出版社，2011。
《老残游记》（刘鹗）　　　　　　　　　　　　北京：人民文学出版社，1979。
《镜花缘》（李汝珍）　　　　　　　　　　　　北京：人民文学出版社，1955。
《二十年目睹之怪现状》（吴趼人）　　　　　　北京：人民文学出版社，1959。
《官场现形记》（李宝嘉）　　　　　　　　　　北京：中华书局，2013。
《海上花列传》（韩邦庆）　　　　　　　　　　北京：人民文学出版社，1982。
《孽海花》（曾朴）　　　　　　　　　　　　　上海：上海古籍出版社，1980。
《狐狸缘全传》（醉月仙人）　　　　　　　　　南昌：江西人民出版社，1989。
《正音撮要》（长泽规矩也编），《明清俗语辞书集成》三　上海：上海古籍出版社，1989。
《清稗类钞》（徐珂）　　　　　　　　　　　　北京：中华书局，1984。
《旧京琐记》（夏仁虎）　　　　　　　　　　　北京：北京古籍出版社，1986。
《说唐三传》（无名氏）　　　　　　　　　　　郑州：中州古籍出版社，1990。
《三侠剑》（张杰鑫）　　　　　　　　　　　　长春：吉林大学出版社，2011。
《花随人圣庵摭忆》（黄浚）　　　　　　　　　上海：上海古籍出版社，1983。
《负曝闲谈》（蘧园）　　　　　　　　　　　　上海：上海古籍出版社，1985。
《俗语考原》（李鉴堂）　　　　　　　　　　　上海：上海文艺出版社，1985。
《四部丛刊》（张元济等辑）　　　　　　　　　上海：商务印书馆，1934。
《大正新修大藏经》（大藏经刊行会编）　　　　台北：新文丰出版公司，1996。
《朝鲜时代汉语教科书丛刊》（汪维辉）　　　　北京：中华书局，2005。
《朝鲜时代汉语教科书丛刊续编》（汪维辉）　　北京：中华书局，2011。
《说文解字注》（段玉裁）　　　　　　　　　　上海：上海古籍出版社，1981。

《尔雅义疏》(郝懿行)	北京：中华书局，1982。
《广雅疏证》(王念孙)	上海：上海古籍出版社，1983。
《玉篇》(顾野王)	北京：北京市中国书店，1983。
《玉篇零卷》(顾野王)	北京：中华书局，1985。
《方言笺疏》(钱绎)	上海：上海古籍出版社，1984。
《释名疏证补》(王先谦)	上海：上海古籍出版社，1984。
《宋本广韵》(陈彭年)	北京：北京市中国书店，1982。
《玄应音义》(玄应)，《丛书集成初编》	上海：商务印书馆，1939。
《正续一切经音义》(慧琳等)	上海：上海古籍出版社影印，1986。
《干禄字书》(颜元孙)，《丛书集成初编》	上海：商务印书馆，1939。
《龙龛手镜》(释行均)	北京：中华书局，1985。
《类篇》(司马光等)	北京：中华书局，1984。
《正字通》(张自烈)，《文渊阁四库全书》	台北：商务印书馆，1983年。
《通雅》(方以智)	上海：上海古籍出版社，1988年。
《唐五代韵书集成》(周祖谟辑)	北京：中华书局，1983。
《集韵》(丁度)	北京：北京市中国书店，1983。
《中原音韵》(周德清)，《中国古典戏曲论著集成》	北京：中国戏剧出版社，1959。
《唐五代西北方音》(罗常培)	北京：科学出版社，1961。
《切韵研究》(邵荣芬)	北京：中国社会科学出版社，1982。
《宋元以来俗字谱》(刘復、李家瑞编)	北京：文字改革出版社，1957。
《碑别字新编》(秦公辑)	北京：文物出版社，1985。
《中国书法大字典》(林宏光)	香港：中外出版社，1976。
《助语辞》(卢以纬)	合肥：黄山书社，1985。
《助字辨略》(刘淇)	北京：中华书局，1954。
《金元戏曲方言考》(徐嘉瑞)	北京：商务印书馆，1956。
《诗词曲语辞汇释》(张相)	北京：中华书局，1979。
《诗词曲语辞例释》(王锳)	北京：中华书局，1986。
《元曲释词》(顾学颉、王学奇)	北京：中华书局，1983。
《唐宋笔记语辞汇释》(王锳)	北京：中华书局，1990。
《广释词》(徐仁甫)	成都：四川人民出版社，1981。
《宋元语言词典》(龙潜庵)	上海：上海辞书出版社，1985。
《佛学大辞典》(丁福保)	北京：文物出版社，1984。
《小说词语汇释》(陆澹安)	上海：上海古籍出版社，1964。
《魏晋南北朝小说词语汇释》(江蓝生)	北京：语文出版社，1988。
《水浒词典》(胡竹安)	上海：汉语大词典出版社，1989。
《金瓶梅方言俗语汇释》(李申)	北京：北京师范学院出版社，1992。
《敦煌变文字义通释》(蒋礼鸿)	杭州：浙江教育出版社，2001。
《佛经词语汇释》(李维琦)	长沙：湖南师范大学出版社，2004。
《汉语史稿》(王力)	北京：中华书局，1980。
《龙虫并雕斋文集》(王力)	北京：中华书局，1980。
《现代汉语八百词》(吕叔湘等)	北京：商务印书馆，1980。
《近代汉语指代词》(吕叔湘)	上海：学林出版社，1985。

《汉语语法论文集》(吕叔湘)	北京：商务印书馆，1984。
《汉语构词法》(任学良)	北京：青年出版社，1981。
《汉语语法史概要》(潘允中)	郑州：中州书画社，1982。
《怀任斋文集》(蒋礼鸿)	上海：上海古籍出版社，1986。
《义府续貂》(蒋礼鸿)	北京：中华书局，1990。
《训诂丛稿》(郭在贻)	上海：上海古籍出版社，1985。
《训诂学》(郭在贻)	上海：上海古籍出版社，1986。
《词汇学简论》(张永言)	武汉：华中工学院出版社，1982。
《训诂学简论》(张永言)	武汉：华中工学院出版社，1985。
《许政扬文存》(许政扬)	北京：中华书局，1984。
《中国中世语法史研究》(志村良治)	日本：三冬社，1984。
《近代汉语读本》(刘坚)	上海：上海教育出版社，1985。
《近代汉语虚词研究》(刘坚等)	北京：语文出版社，1992。
《水浒词汇研究》(香坂顺一)	台北：文津出版社，1987。
《中国语历史文法》(太田辰夫)	北京：北京大学出版社，1987。
《汉语史通考》(太田辰夫)	重庆：重庆出版社，1991。
《简明汉语史》(向熹)	北京：高等教育出版社，1993。
《汉语历史语法要略》(孙锡信)	上海：复旦大学出版社，1992。
《敦煌变文语法研究》(吴福祥)	长沙：岳麓书社，1996。
《魏晋南北朝历史语法》(柳士镇)	南京：南京大学出版社，1992。
《近代汉语词汇研究》(蒋冀骋)	长沙：湖南教育出版社，1991。
《敦煌文书校读研究》(蒋冀骋)	台北：文津出版社，1993。
《近代汉语纲要》(蒋冀骋、吴福祥)	长沙：湖南教育出版社，1997。
《近代汉语概论》(袁宾)	上海：上海教育出版社，1992。
《近代汉语研究概况》(蒋绍愚)	北京：北京大学出版社，1994。
《近代汉语助词研究》(曹广顺)	北京：语文出版社，1995。
《近代汉语探源》(江蓝生)	北京：商务印书馆，2000。
《古白话词汇研究论稿》(徐时仪)	上海：上海教育出版社，2000。
《玄应和慧琳〈一切经音义〉研究》(徐时仪)	上海：上海世纪出版集团，2009。
《〈入唐求法巡礼行记〉词汇研究》(董志翘)	北京：中国社会科学出版社，2000。
《敦煌、吐鲁番社会经济文献词汇研究》(黑维强)	北京：民族出版社，2010。
《中古近代汉语词汇研究》(方一新)	北京：商务印书馆，2010。
《敦煌俗字研究》(张涌泉)	北京：上海教育出版社，1996。
《敦煌写本文献学》(张涌泉)	兰州：甘肃教育出版社，2013。
《〈龙龛手镜〉研究》(郑贤章)	长沙：湖南师范大学出版社，2004。
《〈新集藏经音义随函录〉研究》(郑贤章)	长沙：湖南师范大学出版社，2007。
《〈郭逘经音〉研究》(郑贤章)	长沙：湖南师范大学出版社，2010。
《〈分门琐碎录〉校注》(化振红)	成都：巴蜀书社，2009。
《回回药方考释》(宋岘)	北京：中华书局，2000。
《上古汉语音系》(金理新)	合肥：黄山书社，2002。
《汉语方言大词典》(许宝华等)	北京：中华书局，1999。
《中古汉语词汇史》(王云路)	北京：商务印书馆，2010。

《管锥编》(钱钟书) 北京:中华书局,1979。
《汉语缩略研究》(俞理明) 成都:巴蜀书社,2005。
《音系学基础》(王理嘉) 北京:语文出版社,1991。
《词汇化:汉语双音节词的衍生和发展》(董秀芳) 北京:商务印书馆,2011。
《〈太平经〉动词及相关基本句法研究》(刘文正) 长沙:湖南师范大学博士论文,2012。
《汉语史论集》(郭锡良) 北京:商务印书馆,2005。
《汉语动词重叠的历史考察》(崔应贤) 北京:光明日报出版社,2011。
《汉语形容词重叠形式的历史发展》(石锓) 北京:商务印书馆,2010。
《上古音系》(郑张尚芳) 上海:上海教育出版社,2003。
《文字训诂论集》(刘又辛) 北京:中华书局,1993。
《东汉—隋常用词演变研究》(汪维辉) 南京:南京大学出版社,2000。
《唐诗语言研究》(蒋绍愚) 郑州:中州古籍出版社,1990。
《蒋绍愚自选集》(蒋绍愚) 郑州:大象出版社,1994。
《思考中医》(刘力红) 桂林:广西师范大学出版社,2006。
《苏州方言词典》(叶祥苓编) 南京:江苏教育出版社,1993。
《扬州方言词典》(王世华、黄继林编) 南京:江苏教育出版社,1996。
《汉魏六朝隋唐五代字形表》(臧克和主编) 广州:南方日报出版社,2011。
《浏阳方言研究》(夏剑钦) 长沙:湖南教育出版社,1998。

语词索引[*]

A

阿	83
阿伯	84
阿带	91
阿爹	88
阿堵	2
阿公	87
阿家(gū)	87
阿舅	88
阿郎	86
阿老	91
阿妈	76
阿莽	88、621
阿没	621
阿那	88
阿你	89
阿娘	84
阿奴	89
阿婆	84
阿汝	90
阿师	86
阿谁	89
阿兄	86
阿爷	86
阿者	76
腌臢	420
哀	344
挨	423
挨获	525
嗳唺	30
安排	304
安隐	366
安置	46
俺	458

暗头	115
肮脏	420
䯒賍	420
䯒糟	420
傲慢	171

B

八搭麻鞋	56
馻	546
把	465
把 持	263
把定	195
把(捉)	551
白草	44
白打	539
白邓邓	222
白垩 白善	380
白溶溶	221
摆站	537
拜堂	51
扮	26
伴涉	140
邦老	116
帮涉	140
棒	28
包	436、536
包弹	452、454
胞	436
鲍	436
饱	339
保全	194
报复	306
报怨	37
豹尾	401

---

[*] 说明:1.收录本书正文及附录部分解释和考证的词条;2.举例而未解释的词条不收录;3.俗文字章节(第十一章)举例不收录。

语词索引

鲍老	117		抄手	183
悲歌	28		超垛	347
背子	28、55		朝定	76
被	551		车	349
惫赖	445		嗔拳	58
绷定	199		沉点点	222
鼻儿＝鼻	102		辰勾	401
比数	200		成办	33
笔/不律	228		承床	25
鄙	385		城府	386
毕罗	449		盛子	106
碧澄澄	222		吃	274、551
碧落	418		喫（吃）	473
碧岩岩	221		匙匙	209
便	63		叱般	74
便乃	155		叱半	73
别	5、481		赤条条	222
病痛	355		赤资资	221
波查	31		冲开—潼关	454
波逃	138		虫虫	211
剥征	45		抽脚	181
薄	61		踌躇	316
薄怯怯	222		出	340
不成	487		出场	409
不妨	503		处	309
不伏烧埋	411		俶落始	258
不借	449		船只	134
不请	62		闯寡门	540
不审	33、391		吹木屑	540
不争	491		吹霎	393
步步	206		吹嘘	307
			踔	532
C			绰	61
			醍茶	54
采	71		次	311
苍极	204		次弟	542
草刷儿	49		刺头	519
侧理	456		醋大	25
参差	228		蹴—踢	563
叉手	389		揎箱	412
汊	437		摧屈	500
岔	437		翠	37
跞	437		村	384
差较	255		村坊	129
差异	255		存取	120
拆老	117		撮弄	32
肠断	357			
常住	186		**D**	
抄	349		牵	546

637

打	94、349、469		点心	397
打扮	96		点穴	396
打并	95		点子	107
打点	326		吊	426
打叠	95		吊	427
打凤捞龙	454		吊场	404
打搅	95		调	427
打量	94		调子	104
打令	517		掉	373、427
打论	35		掉举	512
打听	6、95		爹爹	208
打透	197		蹀躞	229
打坐	95		顶老	68、117
大设设	221		定盘星	407
大武	69		丢	427
大小便—出恭	380		东壁	400
大丈夫儿＝大丈夫	101		东床	203
呆	431		东家	118
呆答孩	234		东坦	203
呆邓邓	223		东西	160、354
獃	431		懂	422
懛	431		动	248
歹	6、78		冻剥剥	222
待	421		都	386
丹棘	26		都公	187
丹朱	448		都子	69
丹猪	448		督邮	377
单	479		端公	409
狙（旦）	57		短促促	223
当	310		短终	524
党	422		断送	57
道　路	266		堆	423
道情	57		钝置	505
道学	415		多管—多敢	368
灯盏	132		朵	68
等	421		朵朵	209
等—算	515		垛	423
凳	441		稞	423
底（的）	493			
底老	117		**E**	
地	122			
弟子	351		恶发	173
第	94		恶狠狠	222
点点	206		饿纹	58
点儿＝点子，点	102		儿	101
点化	418		耳朵	555
点汤	50		耳根	416

F

发	61
发业	180
番	24
方寸乱	25
房卧	130
放倒	197
放关	183
飞飞	207
分龙	60
分首	182
分义	127
分张	35
纷禳禳	221
风流	358
风头	109
佛郎机	78
夫	547
扶疏	230
服	425
服(复)	363
罘罳	450
袱	425
幞	425
复	425
複	425

G

改张	200
盖老	68、117
干当	507
冈	436
掆(扛)	436
扛帮	527
高低	159
哥哥	207
庚癸	413
哽喳喳	222
公凭	43
功夫	323
剐	536、573
勾(句)留	137
估	538
姑山	447、453
孤老	117
孤山	447、453
古爽爽	223
骨堆	533
挂搭	417
挂子	106
乖	356
拐子	66
官人	348
贯文	130
灌溉	170
光	480
光灿灿	222
光老	117
光塌塌	222
廣	547
归	289
龟	358
过	550、623
过　度	254

H

哈喇	77
还	489
海郎	71
海老	117
汗火	71
汗酒	54
好	336
欱(哈、呵、喝)	433
合酪	54
合下	478
何处	247
何楼	452
和买	45
黑洞洞	223
黑甜	66
很	474
恨恨	207
烘堂	62
红定	405
红漠漠	221
红灼灼	222
后部—右辅	456
后头	110
胡禄	75
花朵	133
划船	31
滑老	117
滑头	115

话头	113	脚	354
喁	545	脚脚	209
缓急	162	叫化	416
黄甘甘	222	叫子	106
黄六	453	轿	444
谎溜	453	较(校)	285
幌子	428	教(叫)	551
挥霍	228	教头	114
回	313	接茶	406
会	328	节妇	415
会子	106	节拍	402
浑不是	449	洁郎	68
馄饨	451	解 放	257
豁口大王	448	解 能	256
火把节	50	解箭	181
火不思	78	芥辣瓜儿＝芥辣瓜	102
火急	189	斤两	130
		金定娄金	401
J		紧急鼓	449、456
几合—几乎	369	锦鸡鼓	449、456
几乎	476	禁绝	194
即便	151	茎	552
极头	113	警迹人	47
急煎煎	222、223	静办(净办、静扮)	536
急穰穰	223	九百	31
记取	120	九佰	65
伎俩	359	九夏	188
家	118	酒	52
家尝	35	拘	232
家常	35	拘拘	232
家家	207	拘挛	232
假惺惺	222	惧 怕	269
驾	342	呋	537
尖儿	377		
尖恰恰	222	**K**	
肩膀	554	开场	31
豻	546	开呵	404
剪拂	380	开江	200
减损	170	看看	213
简单	147	看取	120
见	382	亢	436
渐	478	科	57
将	346	磕塔	226
讲究	308	可	244
椒/椒聊	227	可憎	355
交子	106	可中	490
娇滴滴	221	刻子	104
绞	341	客作	176

语词索引

肯酒	405		漏	289
恳	343		渌老	68、116
空荡荡	222		露	339
口	353		绿潺潺	221
口吃	175		绿沉	450、454
口茄目瞠—口结目瞠	370		乱—陪	513
扣老	117		乱蓬蓬	223
苦上忆	500		略畔	453
块儿＝块	102		罗寔鸡	72
快	312		罗悉鸡	72
快活	322		落节	180
困腾腾	222		落悉无	72

L

婪尾	26
蓝镵	535
狼狈	452、454
牢笼	454
捞龙	454
老	81、116
老表	82
老哥	81
老虎	82
老郎	81
老婆	81
老鼠	82
老兄	81
老鸦	82
乐蟠	453
羸垂	523
冷清清	222
哩	624
离合	162
里	386
里头	110
立地	122
趔趄	534
两两	206
嫽（僚）	429
撩	429
了	336、622
料	429
灵盖	388
令坦	204
留连	142
六出	377
六阳会首	393
娄罗	26

M

妈妈	208
麻	408
马留	69
马匹	135
卖阵	316
脉子	393
忙怕	283
毛病	171
毛氏	454
卯酉子午	414
貌	363、426
没	620
汶量—没量	514
没没	516
没兴	504
没有	481
每常	153
美丽	145
闷腾腾	222
孟/孟浪	228
梦撒	69
梦撒撩丁	539
迷闷	143
密	547
密匝匝	223
面—脸	560
面染	173
面善	173
面生	172
面食	52
面熟	172
描	426
邈	426
邈绵绵	221

乜斜	64		盼盼	212
篾片	526		抛	432
明丢丢	222		跑	301
明目张胆	359		泡老	117
明头	115		炮	432
命	381		疱	436
磨旗	375		砲	432
莫	477、503		礟	432
蓦	363、472		陪涉	140
蓦地	123		陪侍涉	140
墨鱼	451		彭郎	447
目	340		彭郎矶	453
幕幕	206		澎浪	447
			澎浪矶	453
N			批子	107
拿	39		琵琶	450
那堪—那看	369		偏	249
那	620		偏颇	257
纳败阙（缺）	180		片片	209
耐可	32		飘飘	207
男阴/左边的	380		撇道	67
南头	111		瞥地	123
闹	382		拼量	27
闹炒炒	222		坡	408
闹垓垓	223		泼	446
呢	497、624		破白	184
内亲	185		破费	179
恁地	123		破天荒	181
能	328		扑	61
拈尽	199		扑簌簌	222
年年	205		铺	519
年头	111		仆大夫	547
念	299		菩提	447、454
念头	112		蒲池	447、454
嬢嬢 娘娘	208		普遍	149
鸟	426			
尿	426		**Q**	
捏合	195		妻房	135
您	5		欺	541
宁馨儿	454		旗鼓	552
牛表牛筋—牛金牛表	369		乞	288
牛皮	377		气昂昂	222
奴（阿奴、孥）	619		气拍	412
努眼	183		泣泪	128
爊房	50		砌末	538
喏	389		器量	192
			迁—搬	558
P				
耙	443			

语词索引

牵巾	49		日子	104
前后	163		如馨	3
前人	521		入马	32
前头	109		软揣揣	222
钱陌	133		软设设	222
揳老	117		若	503
敲才	412		弱事	188
瞧	302			
悄蹙蹙	223		**S**	
亲切	303		撒敦	77
青	340		撒剌	76
青楼	352		三姑	448
青鸦鸦	222		三孤	448
轻易	146		三脚猫	66
倾	506		三停	59
清潏潏	221		三休	33
清亮	144		塞	424
情恳	175		塞离	511
亲家	119		傻瓜	5
穷滴滴	222		傻角	31
求守	40		伤心	357
屈	381		上	552
屈期	36		上手/上首	392
取	96、120		上头	110
取别	98		上下	159
取害	100		烧饼	52
取闹	99		稍	407
取齐	98		稍物	407
取扰	99		芍药	26
取杀	100		哨马	200
取笑	6、96		蛇矛	455
去去	206		设	344
全取	120		设法	353
却	241、548		射柳	48
确实	148		什摩	621
阙口庙	448		什么	620
逡巡	286		什没	621
			甚没	621
R			生口	133
饶	246		生缘	417
扰扰	212		晟子	106
惹子	107		樬子	106
人人	206、210		賸(剩)	285
人中	393		尸灵	129
荏苒	504		失賺	163
日日	205		湿津津	222
日头	108		湿浸浸	222
			鎩	455

时时	205		坦床	204	
实头	115		坦腹	203	
市	387		塘	319	
事	366		涛邻	454	
事干	367		犆	545	
事件	366		桃林	454	
事节	367		特	545	
事情	366		特地	122	
事体	367		提	531	
事物(物事)	366		体段	134	
事须	361		体取	120	
收呵	404		天狼	400	
手手	209		天行	393	
受用	325		填	367	
瘦弓弓	222		填偿	367、368	
疏头	113		填还	367、368	
双双	206		挑	62	
水火	553		条条	209	
说破	196		调	429	
说说	211		挑开	199	
丝斤	136		誂	429	
思量	191		厅	443	
厮	424、480		听老	68、117	
死—不在	380		同子骨	55	
四百四病	417		铜斤	135	
四星	400		头	108、354	
四远	187		头回	403	
四柱	59		头匹	131	
送路	50		投	526	
俗字	25		投机	417	
诉	34		投下	47	
趚	534		突	74	
算	346		团	231、372、435	
随身灯	50		团栾	231	
随邪	38		团衫	56	
岁岁	205		团团	231	
损减	258		抟	435	
所	345		漙	435	
索妇	4		篿	435	
			糰	435	
T			忒	474	
台	436		屯氏—毛氏	454	
抬	300、436		脱白换绿	411	
臺	436		脱空	314	
孋	431		庹	573	
籉	436				
太太	208		**W**		
儓	431		瓦子	402	

歪剌骨	448		闲遥遥	222
外头	110		线道	71
晚禾	60		乡谈	385
晚头	112		相	424
万福	390		想头	114
往反	161		相火	395
往复	161		小姐	357
望	471		笑笑	211
望头	114		些儿＝些子,些	102
望望	206		些子	107
望×兴叹	454		新渝县	453
望洋兴叹	454		信口开合—信口开河	370
望子	105、428		信受	139
委	317		行钱	404
文无	26		行头	114
闻	382、472		行行	206
稳拍拍	223		性子	105
问头	113		兄兄	207
卧酒/醋	53		休	487
齷齪	420		修理	353
呜嗶	37		嗅老	117
无	364		虚没没	221
无图	502		虚头	115
五星	414		徐—缓/慢	556
五行	413		宣头	113
五岳	59		寻趁	250
舞	537			
兀	91		**Y**	
兀擦	78		牙不	77
兀底(的)	92		胭	27
兀那	92		焉	548
兀谁	92		燕脂	28
兀秃	34		颜	320
			奄老	68、117
X			奄物烧剌	528
西王母	447、454		眼儿＝眼睛	102
吸嚼	70		眼根—眼斤	373
悉皆	152		眼见	176
喜孜孜	222		眼睛	553
呷	433		演撒	69
瞎	349		洋铜	185
下茶	406		样子	105
下官	348		杳悠悠	221
下梢	354		爷爷	207
下头	111		野	385
先天	415		曳剌	75
先陀婆	78		夜莽	621

夜头	111		早禾	60
夜夜	205		早晚	157
一部	511		则个	496
一篦牙齿	65		则剧—作剧	373
一发	480		则声—做声	373
一块儿＝一块	102		查胡	538
一条鞭	46		喳呼	70
一一	206		札子	45
伊	461		斋蚕	60
依	423		展	371
依—靠	561		站	77
漪	344		站户	48
疑	345		骉	40、445
疑误(悮)	141		张　看　望	277
椅	438		丈人	350
义	542		障子	106
议论	171		朝朝	205
异同著便	518		棹	440
吃挣	537		照田蚕	51
意	422		照虚耗	50
意故	170		着	242、548、621
银两	134		遮莫	492
饮　吃　喝	274		这(遮、者、拓、只)	620
隐	365、422		珍重	33
隐便	366		真	419
隐审	366		真实	532
影	422、583		振晴	510
用—开	514		镇时/镇日	189
犹豫	451、454		睁	430
西字牌	401		整齐	146
又……又……	488		挣	430
右辅	456		帧	430
余	542		韔	430
愉　豫	261		支生生—直争争	371
与么	463		知归	204
羽林	448		脂—油	565
雨淋	448		直裰	55
郁萋萋	221		只管	475
冤家	119、355		只无	73
远近	158		旨	352
曰　说　道	279		盲受	515
约莫	154		志诚	177
月月	205		志量	191
云	380		治愈	194
云子	66		质孙	56
			陟厘—侧理	456
Z			智量	190
在	329			

语词索引

中大夫	547	子	103
助发	204	子声	34
疗	546	姊姊	207
篅篅	209	总甲	48
爪老	67、116	走　行	267
传邃	260	走作	63
赚	57	足下	452
庄　严	257	喠酒	30
装定	198	嘴吃	174
装么	31	最	376
卓	509	醉醺醺	222
卓齿	510	左右	387
捉	337、467	作	250
捉获	142	作家	119
桌	439	作兴	501
斫破	194	坐地	122
着　挂　穿	270		

后　　记

该说的都说了,剩下的只有遗憾和感激。

笔者读书不多,资质愚钝。虽经师友熏陶,仍属"不在不通之列"。以有限之识,求无限真境,当然是不可能的。书写成这样,也是意料之中的,有负诸师厚望,唯有惭愧而已。

应该感激的是诸位业师和前辈对本书写作的指导和奖掖。郭师在贻先生引我进入近代汉语词汇的研究领域,指示门径,教以方法,传以心得,为我以后的研究打下了基础。在确定毕业论文选题时,郭师站在整个学术史的高度,从所报数个选题中,反复斟酌,替我确定《近代汉语词汇研究》这一课题,并审订了我的写作大纲。正当我收集好资料、从事写作时,先生身染痼疾,一病不起。痛失恩师,有如孤燕失巢,彷徨无所。现在书稿已就,而郭师已魂归道山,学生的作业能否及格,他已不能审阅,既不能颦眉示非,也不能点头首肯,只有置于堂前,遥祭而已。

郭师音容虽杳,而蒋师灵光岿然。在蒋礼鸿云从师的指导下,我的毕业论文才得以完成。更令人感动的是蒋师以73岁高龄、羸弱的身体,顶着酷暑,从头至尾审阅了全稿,或补充资料,或提出修改意见。奖掖之情,充满字里行间,令人感愧不已。

修改过程中,还得到周秉钧、张永言、刘坚、许威汉、李维琦、樊维纲、祝鸿熹诸先生的指导,在此一并致谢。

俗话说:老婆别人的好,文章自己的好。在我看来,这两句话应该倒过来:老婆自己的好,文章别人的好。老婆云云,姑置不论。至于文章,我自信"毫无过人之处",当然是"别人的好"。错讹、不通在所难免,敬祈方家指正。

在有关部门的支持下,我们正在撰写"近代汉语研究丛书"。此事体大,非一时一日可以成功。如何进行,欢迎海内外专家给予指导。

蒋冀骋

一九八九年初、再稿于杭州大学中文系

一九九〇年三稿于湖南师范大学文史所

增订本后记

社会进步了,学术进步了,自己怎么样?是否与社会、学术一样,也进步了?谨慎的回答:不知道。大胆的回答:进步了。

真的进步了吗?需要检验。

检验分两种:一为自我检验,一为外部检验。自我检验分两种。一为带自恋情结的检验:老子天下第一,文章我无第二。纵使是癞子,在自己看来,也比别人的亮,也将成为照耀黑暗的明灯。一为带自卑心态的检验:万般不如人,卑之勿甚高论,以至于不敢表而出之。所以自我检验很难做到实事求是。至于外部检验,也可分两种:一是学友的检验,一是非学友的检验。学友的检验,多是扬善隐恶,表扬多于批评;纵使批评,也是为了表扬。故谀书之风盛行,这种检验信不得。它无益于学术,不利于个人进步。非学友的检验,有可能做到是则是,非则非,甚至专门挑刺,从论点到论据,从前提到论证过程,横挑竖刺,绝不放过,正如胡传魁说的"这小刁一点面子也不讲"。但正是这种不讲情面的批评,能帮助你重新审视自己的观点,促使你进步,促进学术的发展。我们需要这种检验。

现在的学界,几乎没有批评。一遇批评,似乎天塌了,地坠了,十八代祖坟被挖了。力弱者,默默忍受,"暗洒闲抛竟向谁",一蹶不振。这种人没出息。力强者,或大发雷霆,或恶语相攻,学术批评变成了人身攻击和相互谩骂,一辈子不相能,或成为仇敌。其心胸之窄,其境界之低,岂一个"陋"字了得?这种人比"没出息"更没出息。由此我想到了杜威和罗素。二位都是20世纪的大哲学家,但他们的学术观点不一样,一为实用主义哲学,一为分析哲学,是学术上的对手和论敌。但当罗素被禁止在纽约城市学院教书时,杜威挺身而出,捍卫学术自由,为罗素伸张正义。与他们相比,我们差远了,无论是为学还是为人。

表扬使人舒服,使人沉醉,故人人喜欢表扬。社会上阿谀奉承之风蔓延,适应了人性的这种需要。表扬对后进者、落伍者有激励作用,可增其自信,促其自强,而对先进者和不前不后者,则增其自大,促其狂妄,对学术和为人都没有好处。人是在逆境中成长和完善的。批评不顺耳,使人不舒服,这就是"逆"。但这种逆,助人进步,促人完善。舒服的东西未必就是好东西。酒肉使人舒服,但天天酒肉,使你得高血压、糖尿病;锻炼使你不舒服,但天天锻炼,使你健康,助你平安。古人说"生于忧患,死于安乐",《尚书》诫人"无逸",就是这个道理。

对学术著作的评价,要看它是否推进了学术的进步。就学界而言,其成果是否超越了前人;对作者而言,是否超越了自己。至于推进,黑格尔说:推进有两层意义,即向前走和向后走(《小逻辑》,118页,商务印书馆,1980年)。实际上,就某种意义来说,向后也是一种进步。当你走错了方向,向后就是进步。社会如此,学术也是如此。当今学术路径并没走错,我希望这本书对学术能有所推进,且这种推进是向前的。如此,则善哉!善哉!

本书对业师云从先生、在贻先生的观点也提出了一些不同意见,非是不尊师,实则是"吾爱吾师,吾更爱真理"。正因为尊和爱,才提出不同意见,以图使师说臻于完善。对其他先生的观点也提出了不同见解,同样出于尊和敬。特此说明,以祈理解。

这本书1991年由湖南教育出版社出版过,那只是纲领性的,很多问题没有展开。这次修订再版,增加了近40万字;除例证外,扩充了论述,增加了一些新的内容。此书的修订花了3年多的时间,尽管我努了力,但书中的错讹、非是仍然难免,恳请读者批评。我会真心感谢对此书提出批评的读者,无论是前辈、同辈还是后辈。

徐朝红君为此书的出版做了很多联络工作,友生张国良、李帅、凌宏惠等为本书做了校勘工作,尤其是凌宏惠,在统一全书体例,核对有关例证方面做了大量的工作,在此一并致谢。

其他师友的指教和帮助皆在尾注中做了说明,此不一一。

感谢商务印书馆的周洪波、乔永先生,他们为本书的出版给予了多方面的帮助,责任编辑黄御虎先生为此书的出版付出了辛勤的劳动,在此一并致谢。

数不尽的星星,说不尽的感谢。但最重要、最关键的是要感谢正在读"后记"的您,没有您的支持,这本书没有办法存活,谢谢!

蒋冀骋

二〇一四年十月十五日于湖南师范大学无知斋